우남 이승만 전집 8

신영한사전

우남이승만전집발간위원회
연세대학교 이승만연구원 편

연세대학교 출판문화원

우남 이승만 전집 8

신영한사전

박홍근 해제
우남이승만전집발간위원회 / 연세대학교 이승만연구원 편

연세대학교 이승만연구원
전화 02)3216-7742 / smrhee@yonsei.ac.kr

발 행 연세대학교 출판문화원
주 소 서울특별시 서대문구 연세로 50
http://www.yonsei.ac.kr/press
ysup@yonsei.ac.kr
전 화 02)2123-3380~2
팩 스 02)2123-8673
등 록 1955년 10월 13일 제9-60호
인 쇄 (주)동국문화

2022년 10월 20일 1판 1쇄
ISBN 978-89-6850-677-2 (94080)
978-89-6850-274-3 (세트)

값 30,000원

발간사

2019년 봄, 이승만 전집 발간의 첫 열매로 세 권의 책, 곧 『독립정신』, 『독립정신 영인본』, 『한국교회핍박 외』가 발간되었습니다. 연이어 3권의 책, 곧 『청일전기』, 박사학위 논문인 『미국의 영향을 받은 중립』, 한시집인 『체역집』이 발간되었습니다. 간행 작업은 계속되어 올해에 이르러 『옥중잡기』에 이어 1903년 한성감옥 투옥 시절에 만들기 시작했던 『신영한사전』이 발간되었습니다.

1890년 언더우드(Horace G. Underwood)와 1897년 게일(James S. Gale) 등 재한선교사들은 한국어를 체계적으로 공부하기 위해 사전을 만들었습니다. 선교의 목적입니다. 이승만의 영한사전은 미국의 근대문명을 제대로 알기 위한 목적이었습니다. 한국이 근대문명을 빠르게 받아들이기 위해서 언어의 학습이 필수적이라는 의식이었습니다.

아시다시피 우남 이승만 대통령은 1897년 배재학당 첫 졸업식에서 '나라의 독립'을 주제로 영어연설을 했습니다. 이 자리에 참석한 각국의 외교관들과 600여 명의 내빈은 우남의 뛰어난 영어 실력에 감탄을 금치 못했습니다만, 여기에서 알 수 있듯이 우남이 영어를 소중하게 여겼던 것은 나라의 독립과 연결되어 있기 때문입니다. 우남은 미국과 같은 민주주의를 꿈꾸었고 한국이 그런 근대 국가가 되길 기대했습니다. 한성감옥에서 회심

체험을 한 이후, 우남이 기대하던 나라는 자연스럽게, 미국과 같은, 하나님이 중심이 되는 나라였습니다. 영어는 이를 이루기 위한 당연한 조건이었습니다. 아무쪼록 우남의 영한사전 발간을 통해 대한민국 건국의 목표를 다시 한번 확인하는 계기가 되었으면 합니다.

우리 발간위원회가 추진하고 있는 『우남 이승만 전집』 간행사업은 우남 이승만의 업적을 빛내는 것에 그치는 것이 아니라, 우남이 이룩하고자 했던 대한민국의 건국 사상을 조명하는 일이 될 것입니다. 바로 건국의 정신과 그 가치는 우리의 기준이 되고 정체성이 될 것이기 때문입니다. 특별히 기독교가 구령(救靈)에 그치는 것이 아니라 나라 구원의 사명이 있음도 아울러 확인하는 계기가 될 것입니다. 우리 발간위원회는 이 일을 위해 밀알의 역할을 다할 것입니다.

이승만 박사의 후손인 이인수 박사님 내외분을 비롯하여, 한미동맹재단의 이건수 명예이사장님, 이승만건국대통령기념사업회 황교안 회장님과 문무일 사무총장님, 미국에 계신 양동자 전 하워드대 총장님, 이승만기념사업회 미주 총회장인 김남수 목사님 등 각계 인사들, 전집 발간을 위해 함께 하신 여러 목사님과 장로님들, 그리고 교회 직분자들께서 아낌없는 격려와 후원을 해 주셨습니다. 특별히 이번 발간에 새롭게 이승만연구원 원장이 되신 최연식 교수의 노고가 많았습니다. 또한 우남의 영한사전 발간을 위해 열정을 갖고 임하신 연세대학교 영어영문학과의 박홍근 박사님께도 감사를 드립니다.

2022년 9월
우남이승만전집 발간위원장
이규학 감독(Bishop)

목차

우남 이승만 전집 8

신영한사전

Apr. 20th 1903.
Chongno, Seoul Korea.

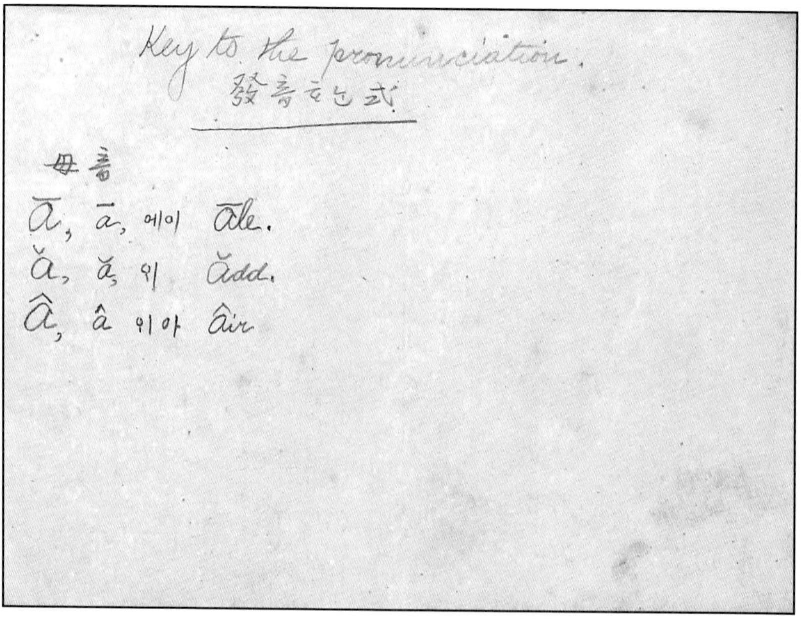
Key to the pronunciation.
發音ᄒᆞᄂᆞᆫ式

~~母~~ 音
ā, ā, 에이 āle.
ă, ă, ᄋᆡ ădd.
â, â ᄋᆡ아 âir

May 12th 1903
The Central Jail, 7th cell the schoolroom.
癸卯四月十六日

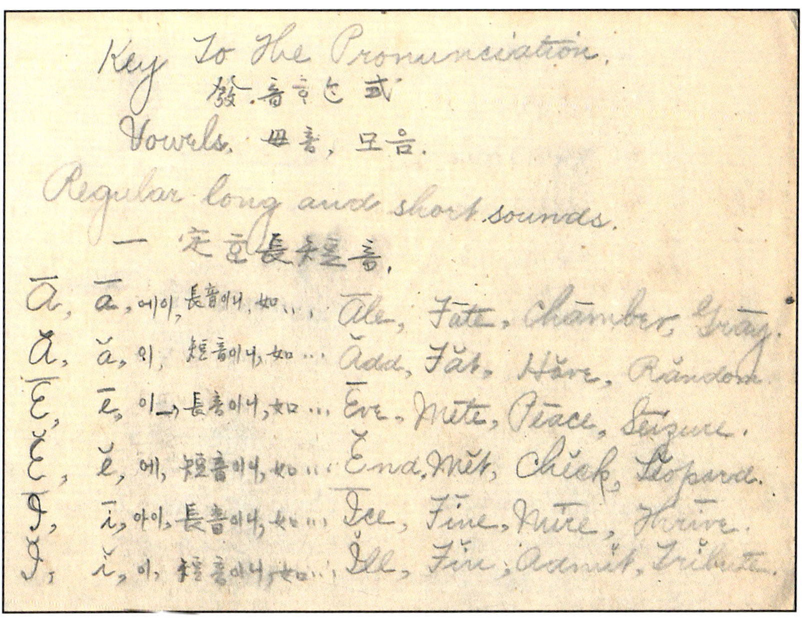
Key To The Pronunciation.
發音ᄒᆞᄂᆞᆫ式
Vowels. 母音, 모음.
Regular long and short sounds.
一定ᄒᆞᆫ長短音.
Ā, ā, 에이, 長音이니, 如... Āle, Fāte, Chāmber, Grāy.
Ă, ă, 애, 短音이니, 如... Ădd, Făt, Hăve, Răndom.
Ē, ē, 이-, 長音이니, 如... Ēve, Mēte, Pēace, Sēizure.
Ĕ, ĕ, 에, 短音이니, 如... Ĕnd, Mĕt, Chĕck, Lĕopard.
Ī, ī, 아이, 長音이니, 如... Īce, Fīne, Mīre, Thrīve.
Ĭ, ĭ, 이, 短音이니, 如... Ĭll, Fĭn, Admĭt, Trĭbute.

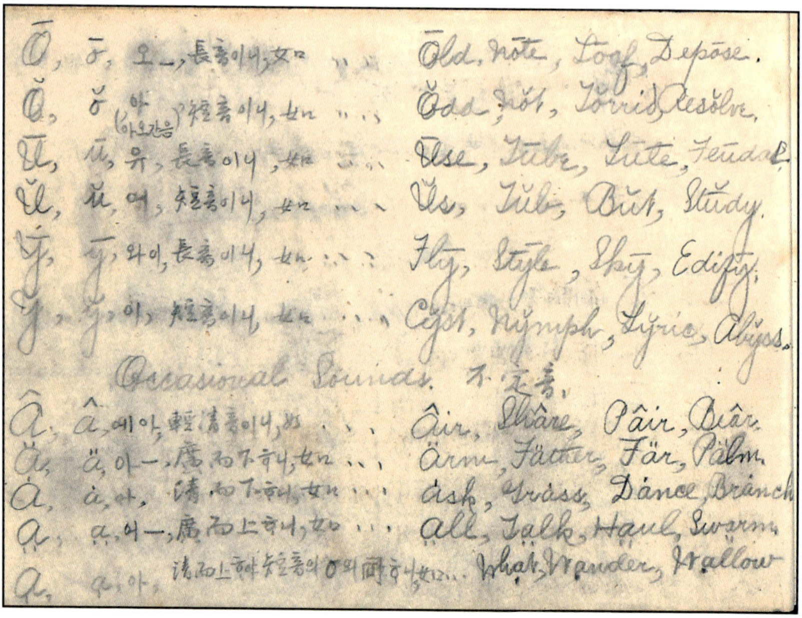

Ō, ō, 오—, 長音이니, 如 … Ōld, nōte, Lōaf, Depōse.
Ŏ, ŏ, 아(아오간음) 短音이니, 如 … Ŏdd, nŏt, Tŏrrid, Resŏlve.
Ū, ū, 유, 長音이니, 如 … Ūse, Tūbe, Lūte, Feudal.
Ŭ, ŭ, 어, 短音이니, 如 … Ŭs, Tŭb, Bŭt, Stŭdy.
Ȳ, ȳ, 와이, 長音이니, 如 … Flȳ, Stȳle, Skȳ, Edifȳ.
Y̆, y̆, 이, 短音이니, 如 … Cyst, Nymph, Lyric, Abyss.
Occasional Sounds. 不定音.
Â, â, 에아, 輕清音이니, 如 … Âir, Shâre, Pâir, Bêar.
Ä, ä, 아—, 廣而下하니, 如 … Ärm, Fäther, Fär, Pälm.
Ȧ, ȧ, 아, 清而下하니, 如 … Ȧsk, Grȧss, Dȧnce, Brȧnch
A̤, a̤, 어—, 廣而上하니, 如 … A̤ll, Ta̤lk, Ha̤ul, Swa̤rm.
Ạ, ạ, 아, 清而上하야 短音의 ŏ와 同하니, 如 … Whạt, Wạnder, Wạllow

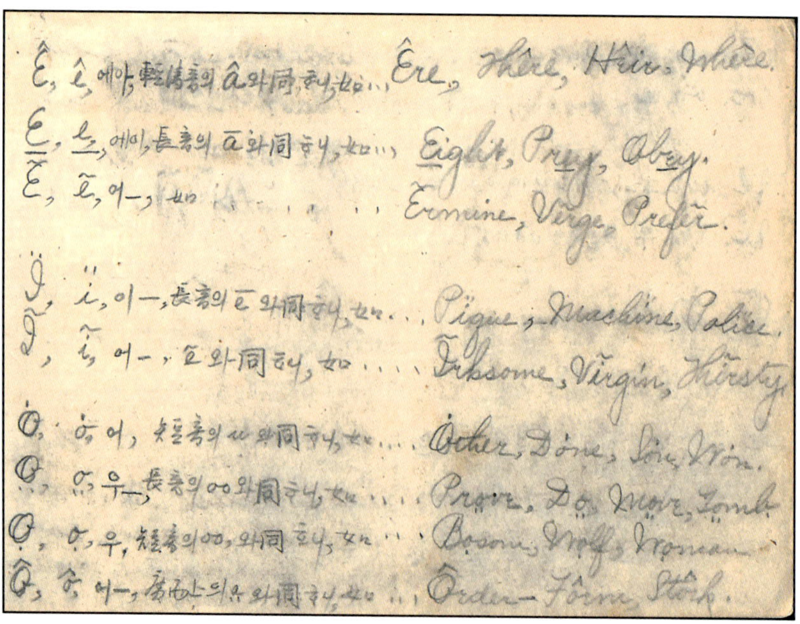

Ê, ê, 에아, 輕清音의 â와 同하니, 如 … Êre, Thêre, Hêir, Whêre.
E, e, 에이, 長音의 ā와 同하니, 如 … Eight, Prey, Obey.
Ẽ, ẽ, 어—, 如 … Ẽrmine, Vẽrge, Prefẽr.
Ï, ï, 이—, 長音의 ē와 同하니, 如 … Pïque, Machïne, Polïce.
Ĩ, ĩ, 어—, ẽ와 同하니, 如 … Ĩrksome, Vĩrgin, Thĩrsty.
Ȯ, ȯ, 어, 短音의 ŭ와 同하니, 如 … Ȯther, Dȯne, Sȯn, Wȯn.
O̤, o̤, 우—, 長音의 oo와 同하니, 如 … Pro̤ve, Do̤, Mo̤ve, To̤mb.
Ọ, ọ, 우, 短音의 oo와 同하니, 如 … Bọsom, Wọlf, Wọman.
Ô, ô, 어—, 廣而上의 a̤와 同하니, 如 … Ôrder, Fôrm, Stôrk.

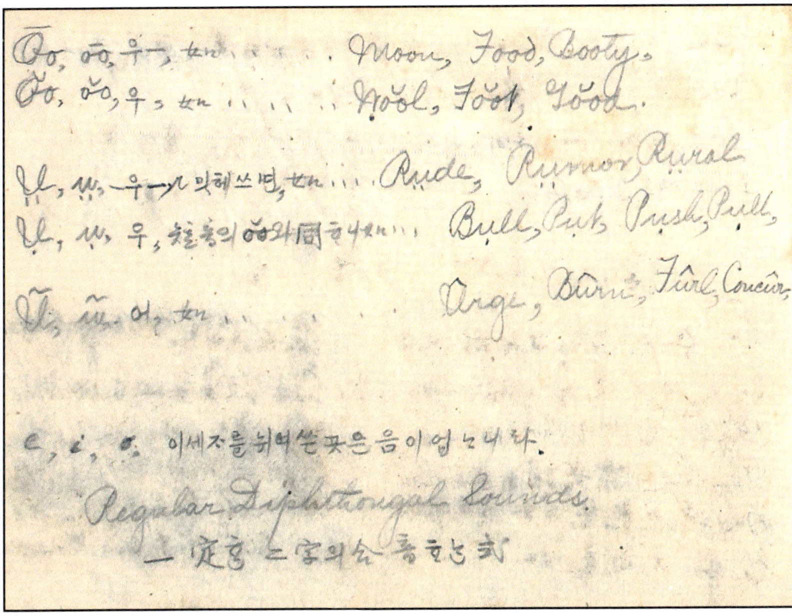

Ōo, ōo, 우-, 如 ...... Moon, Food, Booty.
Ŏo, ŏo, 우, 如 ...... Wŏŏl, Fŏŏt, Gŏŏd.

Ụ, ụ, 우-ᄀ 익혜쓰면, 如 ... Rude, Rumor, Rural
U̇, u̇, 우, 철종의 ŏŏ와同ᄒ니如 ... Bull, Put, Push, Pull,
Ũ, ũ, 어, 如 ... Urge, Burn, Furl, Concur,

e, i, o. 이세자를뉘여쓴곳은음이업ᄂ니라.

Regular Diphthongal Sounds.
一定ᄒ 二字의合音ᄒᄂ式

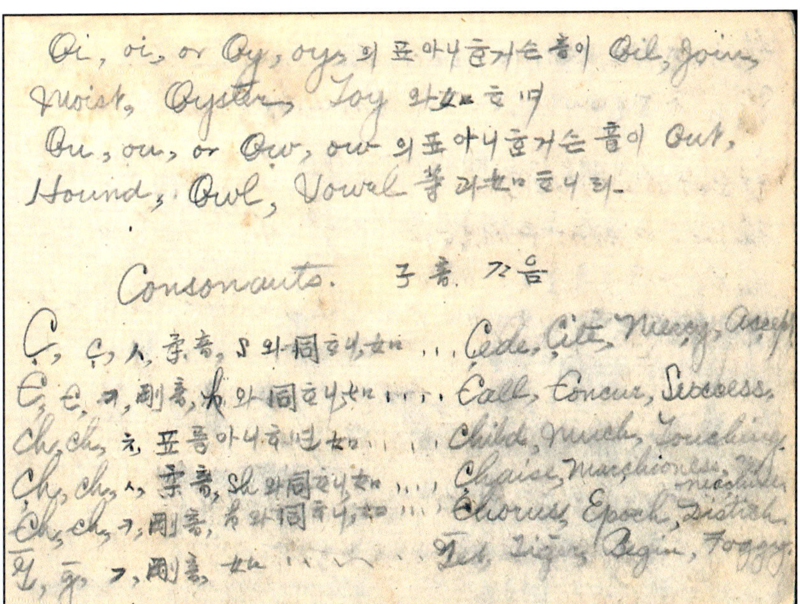

Oi, oi, or Oy, oy, 의 표아니ᄒ거ᄉ 音이 Oil, Join, Moist, Oyster, Toy 와如ᄒ며
Ou, ou, or Ow, ow 의표아니ᄒ거ᄉ 音이 Out, Hound, Owl, Vowel 等과如ᄒ니라.

Consonants. 子音 ᄌ음

Ç, ç, ㅅ, 柔音, s 와同ᄒ니, 如 ... Çede, Çite, Mercy, Accept
C, c, ㄱ, 剛音, k 와同ᄒ니, 如 ... Call, Concur, Success.
Ch, ch, ㅊ, 표音아니ᄒ면 如 ... Child, Much, Touching.
Ch, ch, ㅅ, 柔音, Sh 와同ᄒ니, 如 ... Chaise, Marchioness, machine
Ch, ch, ㄱ, 剛音, k 와同ᄒ니, 如 ... Chorus, Epoch, Distich
Ḡ, ḡ, ㄱ, 剛音, 如 ... Get, Tiger, Begin, Foggy.

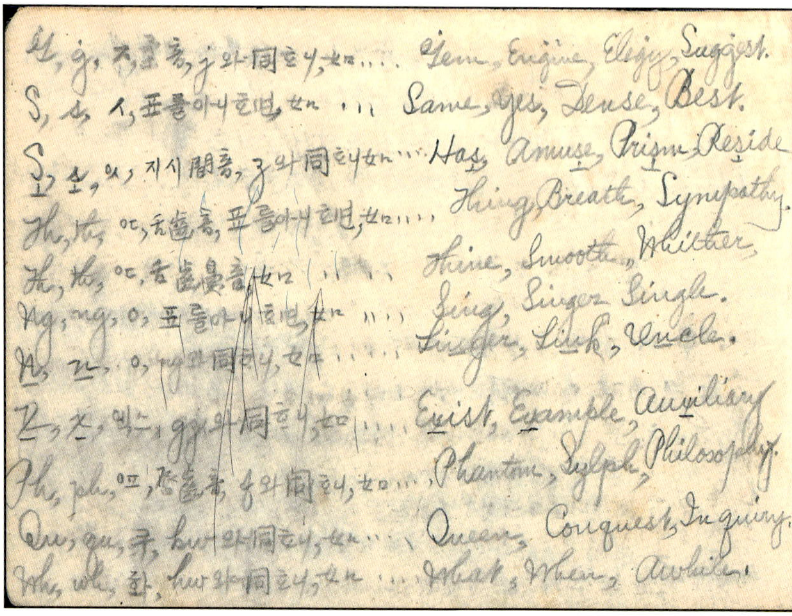

Gem, Engine, Elegy, Suggest.
Same, yes, Dense, Best.
Has, Amuse, Prism, Reside
Thing, Breath, Sympathy.
Thine, Smooth, Whither,
Sing, Singer, Single.
Linger, Link, Uncle.
Exist, Example, Auxiliary
Phantom, Sylph, Philosophy.
Queen, Conquest, Inquiry.
What, When, Awhile.

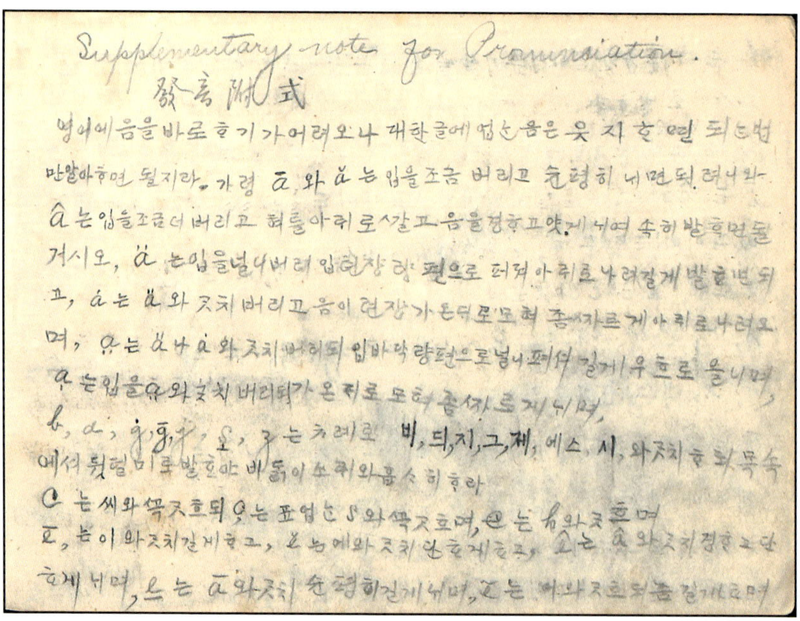

Supplementary note for Pronunsiation.

發音附式

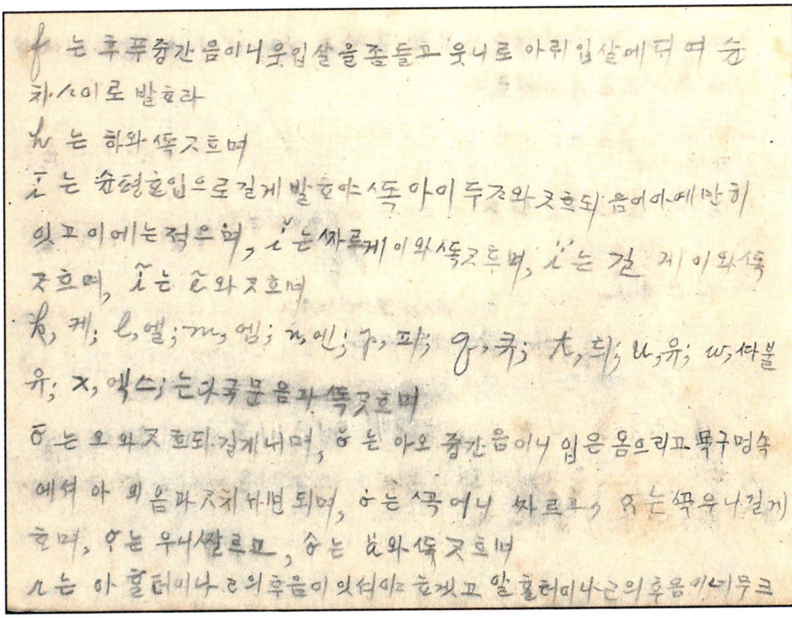

f 는 후푸즁간음이니웃입살을좀들고 웃니로 아리입살에대며 숨
차ㅅ이로 발ᄒᆞ라
h 는 하와ᄯᅩᆨ곳ᄒᆞ며
i 는 숨혀ᄒᆞᆫ입으로길게발ᄒᆞ야ᄯᅩᆨ 아이두ᄌᆞ와곳ᄒᆞ되 음이아ᄉᆞ에만히
잇고이에는적으며, ĭ 는ᄶᆞ르게이와ᄯᅩᆨ곳ᄒᆞ며, ï 는 길게이와ᄯᅩᆨ
곳ᄒᆞ며, ĩ 는 e 와곳ᄒᆞ며
k, 케; l, 엘; m, 엠; n, 엔; p, 피; q, 큐; t, 티; u, 유; w, ᄯᅥ블
유; x, 엑스; 는다국문음과ᄯᅩᆨ곳ᄒᆞ며
ō 는 오와곳ᄒᆞ되 길게내며, ŏ 는 아오즁간음이니 입은옴으리고 목구멍속
에서 아 의음과ᄀᆞ치내변되며, ŏ 는 ᄶᆞ름어니 ᄶᆞ르고, ö 는 ᄯᅮᆨ우니길게
ᄒᆞ며, ŏ 는 우니ᄶᆞᆯ르고, ô 는 ü 와ᄯᅩᆨ곳ᄒᆞ며
r 는 아 흘터이나 ㄹ의후음이 잇서야ᄒᆞ겟고 알흘터이나ㄹ의후음이너무크

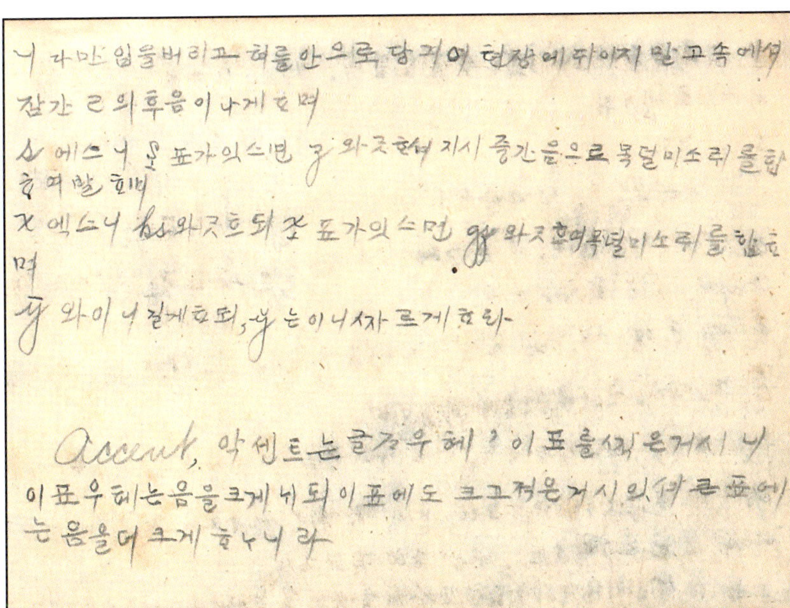

니 다만입을버리고 혀를안으로 당겨여 텬장에두이지말고속에서
잠간 ㄹ의후음이나게ᄒᆞ며
s 에스니 ś 표가잇스면 z 와곳ᄒᆞ여 지시 즁간음으로 목덜미소리를합
ᄒᆞ여발ᄒᆞ며
x 엑스니 ks 와곳ᄒᆞ되 ẋ 표가잇스면 gz 와곳ᄒᆞ며목덜미소리를합ᄒᆞ
며
y 와이니길게ᄒᆞ되, y̆ 는이니ᄶᆞ르게ᄒᆞ라

accent, 악센트는글ᄌᆞ우헤 ' 이표를ᄶᅵ온거시니
이표우헤는음을크게내되이표에도 크고적은거시잇서큰표에
는음을더크게ᄒᆞᄂᆞ니라

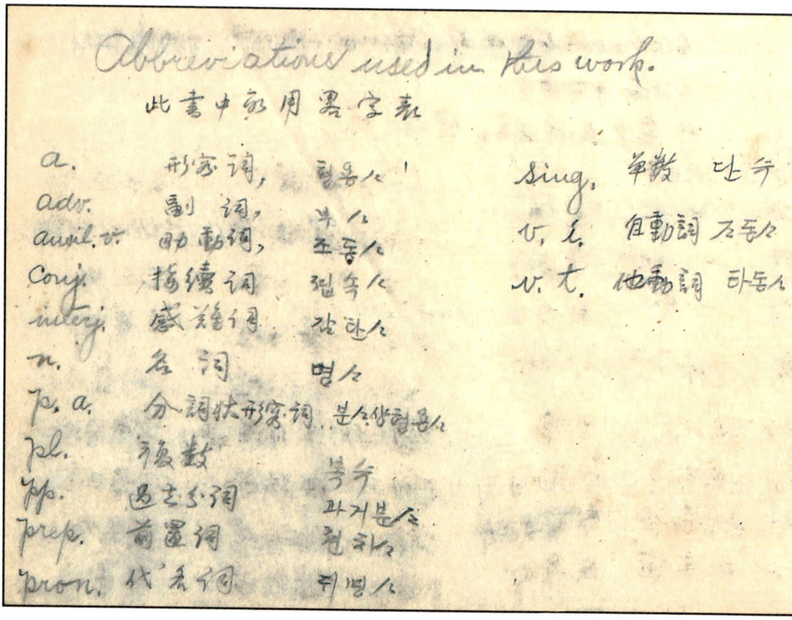

Abbreviations used in this work.

此書中所用畧字表

a.	形容詞,	형용ᄉ
adv.	副詞,	부ᄉ
auxil. v.	助動詞,	조동ᄉ
conj.	接續詞	접속ᄉ
interj.	感嘆詞	감탄ᄉ
n.	名詞	명ᄉ
p. a.	分詞狀形容詞	분ᄉ상형용ᄉ
pl.	複數	복수
pp.	過去分詞	과거분ᄉ
prep.	前置詞	전치ᄉ
pron.	代名詞	대명ᄉ
sing.	單數	단수
v. i.	自動詞	자동ᄉ
v. t.	他動詞	타동ᄉ

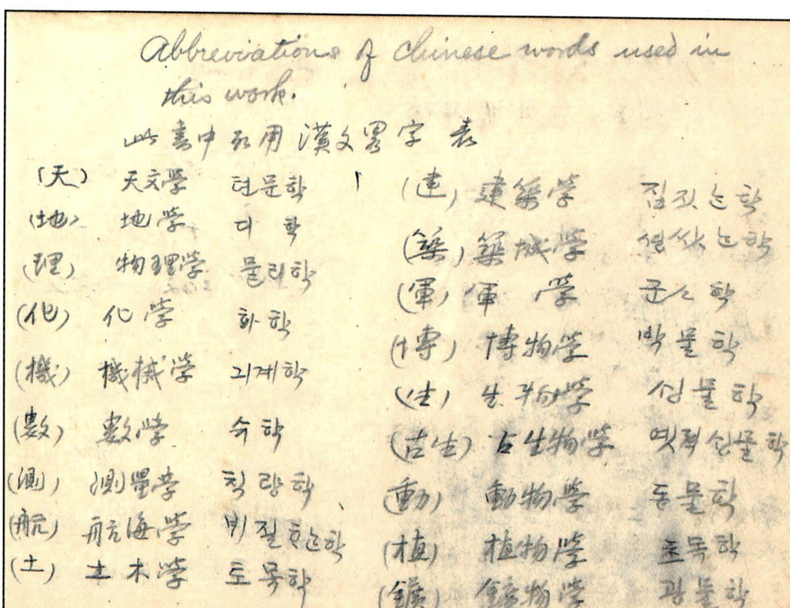

Abbreviations of Chinese words used in this work.

此書中所用漢文畧字表

(天)	天文學	텬문학
(地)	地學	디학
(理)	物理學	물리학
(化)	化學	화학
(機)	機械學	긔계학
(數)	數學	수학
(測)	測量學	측량학
(航)	航海學	ᄇᆡ질ᄒᆞᄂᆞᆫ학
(土)	土木學	토목학
(建)	建築學	집짓ᄂᆞᆫ학
(築)	築城學	셩쌋ᄂᆞᆫ학
(軍)	軍學	군ᄉ학
(博)	博物學	박물학
(生)	生物學	싱물학
(古生)	古生物學	녯적싱물학
(動)	動物學	동물학
(植)	植物學	초목학
(鑛)	鑛物學	광물학

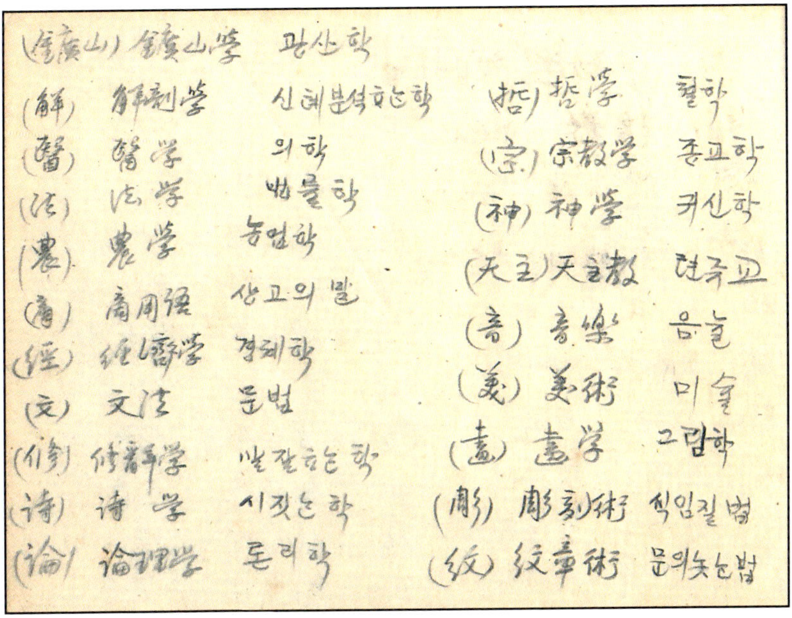
(鑛山) 鑛山學 광산학

(解) 解剖學 신체분석하는학

(醫) 醫学 의학

(法) 法学 법률학

(農) 農学 농업학

(商) 商用語 상고의 말

(經) 經濟学 경제학

(文) 文法 문법

(修) 修辭学 말잘하는 학

(詩) 詩学 시짓는 학

(論) 論理学 론리학

(哲) 哲学 철학

(宗) 宗教学 종교학

(神) 神学 귀신학

(天主) 天主教 텬주교

(音) 音樂 음률

(美) 美術 미술

(畵) 畵学 그림학

(彫) 彫刻術 새김질법

(紋) 紋章術 문의놓는법

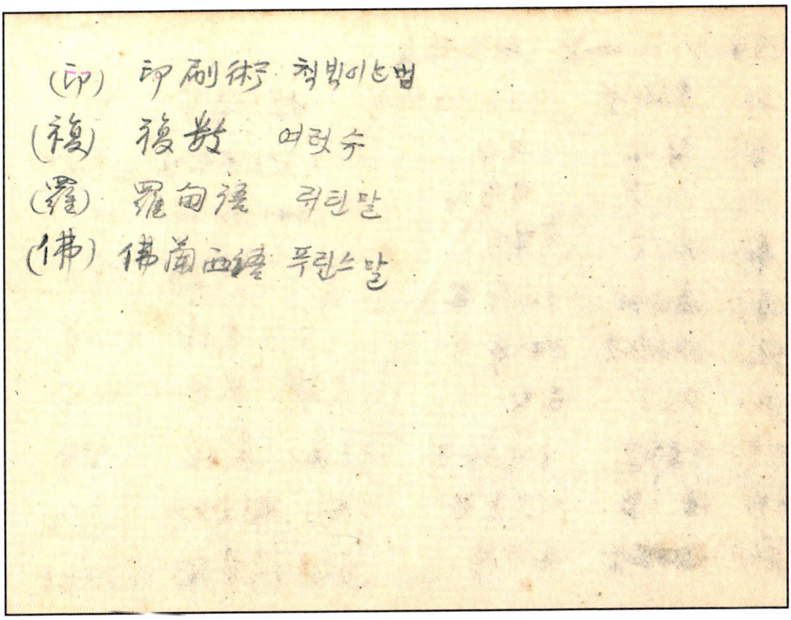
(印) 印刷術 책박이는법

(複) 複数 여럿수

(羅) 羅甸語 라틴말

(佛) 佛蘭西語 프란스말

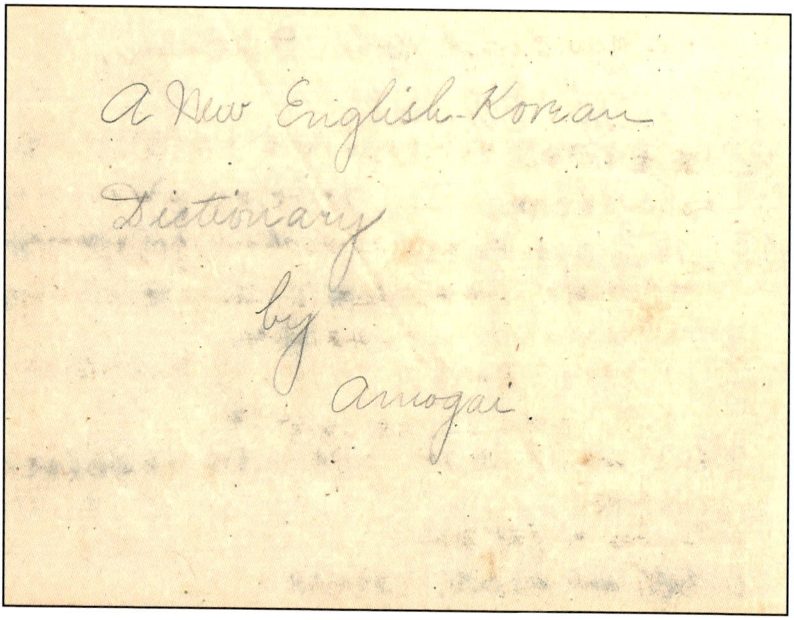
A New English-Korean Dictionary
by
Amogai

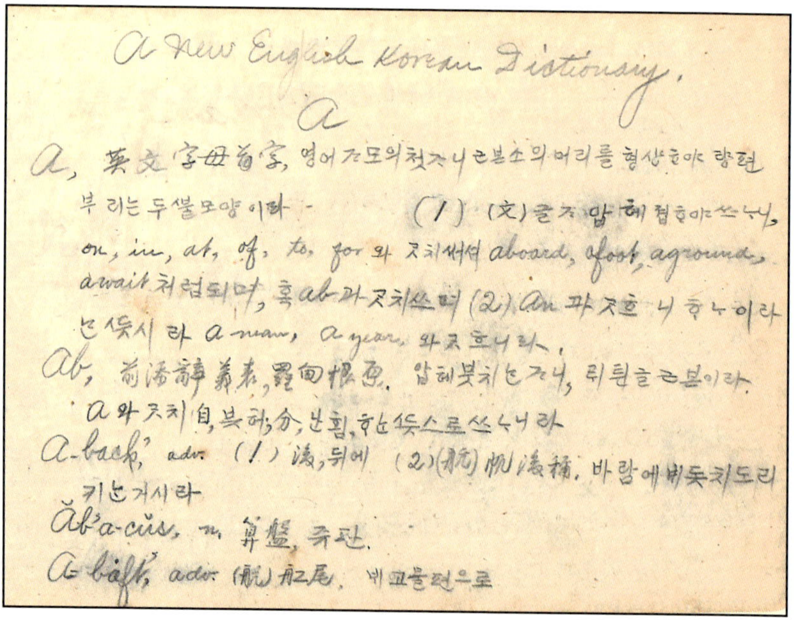
A New English Korean Dictionary.

A

a, 英文字母首字, 영어ᄌᆞ모의첫ᄌᆞᄂᆞᆫ본소의머리를형상ᄒᆞ야 량편
부리는두셜모양이라 - (1) (文)글ᄌᆞ압헤졉ᄒᆞ야쓰ᄂᆞ니,
on, in, at, of, to, for 와 ᄀᆞᆺ치써셔 aboard, afoot, aground,
await 처럼되며, 혹 ab 과 ᄀᆞᆺ치쓰며 (2) an 과 ᄀᆞᆺᄒᆞ니 ᄒᆞᄂᆞ이라
ᄂᆞᆫ ᄯᅳᆺ시라 a man, a year, 와ᄀᆞᆺᄒᆞ니라.
ab, 前添辭義表, 離向根原. 압헤붓치ᄂᆞᆫᄌᆞ니, 뒤뒨늘근본이라.
a 와 ᄀᆞᆺ치 自, 브허; 分, 난힘, ᄒᆞᄂᆞᆫ ᄯᅳᆺ으로쓰ᄂᆞ니라
a-back, adv. (1) 後, 뒤에 (2)(航) 帆後桶, 바람에비ᄯᅳᆺ치도리
키ᄂᆞᆫ거시라
ăb'a-cŭs, n. 算盤, 주판.
a-baft, adv. (航) 船尾, 배고물편으로

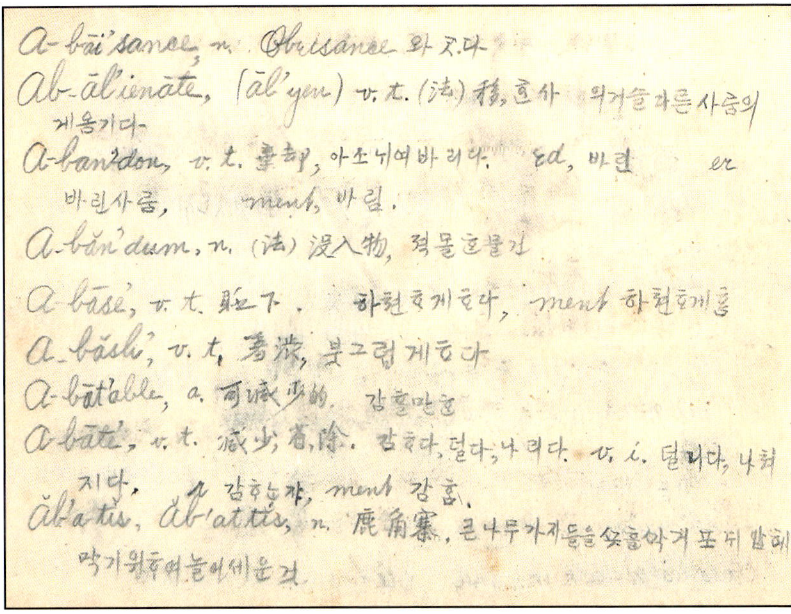

a-bāi'sance, n. Obeisance 와 갓다

ab-āl'ienāte, (āl'yen) v. t. (法) 移讓, 自己 의거슬다른사ᄅᆞᆷ의 게옮기다

a-ban'don, v. t. 棄却, 아조니여바리다. ed, 바린 er 바린사ᄅᆞᆷ, ment, 바림.

a-băn'dum, n. (法) 沒入物, 적몰ᄒᆞᆫ물건

a-bāse', v. t. 貶下. 하천ᄒᆞ게ᄒᆞ다, ment 하천ᄒᆞ게홈

a-băsh', v. t. 羞澁, 붓그럽게ᄒᆞ다

a-bāt'able, a. 可減少的. 감ᄒᆞᆯ만ᄒᆞᆫ

a-bāte', v. t. 減少, 省除. 감ᄒᆞ다, 덜다, 나리다. v. i. 덜니다, 나춰지다. er 감ᄒᆞᄂᆞᆫ자, ment 감홈.

ăb'a-tis, ăb'attis, n. 鹿角寨, 큰나무가지들을 쑈족ᄒᆞ게 ᄭᅡᆨ가 적의 압헤 막기위ᄒᆞ여놓어세운것

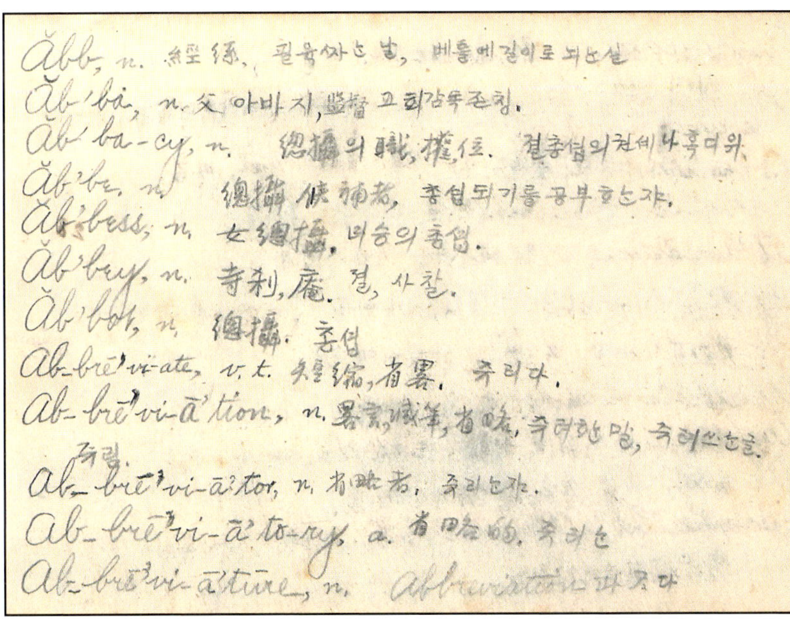

ăbb, n. 經緯, 필육ᄶᆞᄂᆞᆫ 날, 베틀에길이로 되ᄂᆞᆫ실

ăb'bà, n. 父 아바지, 監督 고회감독존칭.

ăb' ba-cy, n. 總攝의 職, 權位. 절총섭의 권세나 혹 디위.

ăb'be, n. 總攝候補者, 총섭되기를 공부ᄒᆞᄂᆞᆫ자.

ăb'bess, n. 女總攝, 녀승의 총섭.

ăb'bey, n. 寺刹, 庵. 절, 사찰.

ăb'bot, n. 總攝. 총섭

ab-brē'vi-ate, v. t. 短縮, 省畧. 주리다.

ab-brē'vi-ā'tion, n. 畧言, 減筆, 省略, 주려ᄒᆞᆫ말, 주려쓰ᄂᆞᆫ글, 주림.

ab-brē'vi-ā'tor, n. 省略者, 주리ᄂᆞᆫ자.

ab-brē'vi-ā'to-ry, a. 省略的, 주리ᄂᆞᆫ

ab-brē'vi-ā'ture, n. abbreviation 과 갓다

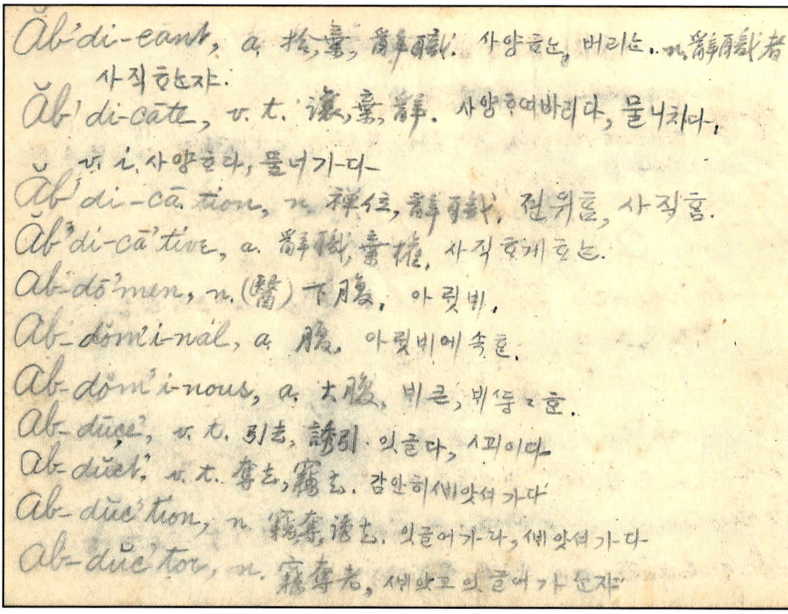

Ăb'di-cant, a. 捨,棄, 辭職. 사양ᄒᆞᄂᆞᆫ, 버리ᄂᆞᆫ. n. 辭職者 사직ᄒᆞᄂᆞᆫ자.
Ăb'di-cāte, v. t. 讓,棄,辭. 사양ᄒᆞ여버리다, 물너치다, v. i. 사양ᄒᆞ다, 물너가다
Ăb'di-cā'tion, n. 禪位, 辭職, 전위홈, 사직홈.
Ăb'di-cā'tive, a. 辭職,棄權, 사직ᄒᆞ게ᄒᆞᄂᆞᆫ.
ab-dō'men, n. (醫) 下腹, 아랫ᄇᆡ,
ab-dŏm'i-nal, a. 腹, 아랫ᄇᆡ에 속ᄒᆞᆫ.
ab-dŏm'i-nous, a. 大腹, ᄇᆡ큰, ᄇᆡ뚱ᄯᅮᆼᄒᆞᆫ.
ab-dūce', v. t. 引去, 誘引. 이끌다, ᄭᅬ이다
ab-dŭct', v. t. 奪去, 竊去. 감안히ᄲᅢ앗셔가다
ab-dŭc'tion, n. 竊奪,誘去. 이끌어가다, ᄲᅢ앗셔가다
ab-dŭc'tor, n. 竊奪者, ᄲᅢ앗고 이끌어가ᄂᆞᆫ자

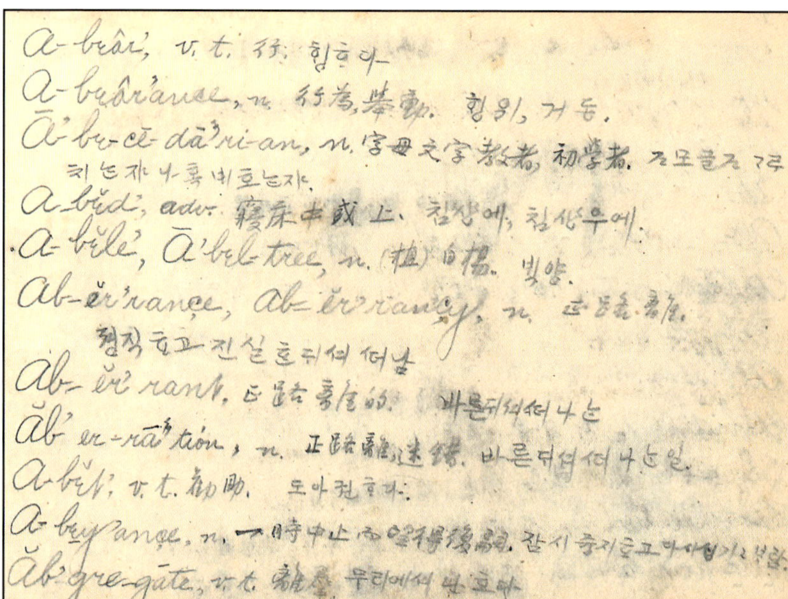

a-bēar', v. t. 行. 힝ᄒᆞ다
a-bēar'ance, n. 行爲,擧動. 힝위, 거동.
ā'be-cē-dā'ri-an, n. 字母文字敎者, 初學者. 자모글ᄌᆞ ᄀᆞᄅᆞ치ᄂᆞᆫ자 나 초ᄇᆡ호ᄂᆞᆫ자.
a-bĕd', adv. 寢床中或上. 침상에, 침상우에.
a-bēle', ā'bel-tree, n. (植) 白楊. ᄇᆡᆨ양.
ab-ĕr'rance, ab-ĕr'ran-cy, n. 正路離,錯. 정직ᄒᆞ고 진실ᄒᆞᆫ데셔 떠남
ab-ĕr'rant, 正路離脫的. 바른데셔 떠나ᄂᆞᆫ
ăb'er-rā'tion, n. 正路離脫,迷錯. 바른데셔 떠나ᄂᆞᆫ일.
a-bĕt', v. t. 勸助. 도아권ᄒᆞ다.
a-bey'ance, n. 一時中止 ... 잠시 중지ᄒᆞ고 ...
ăb'gre-gāte, v. t. 離群, 무리에셔 ᄲᅢ오다

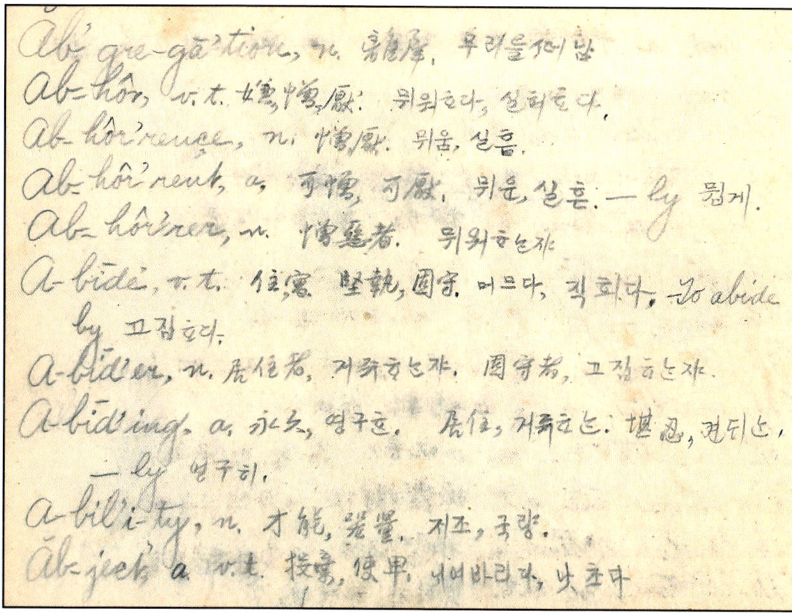

ab'gre-gā'tion, n. 離羣, 무리를 떠남
ab-hôr', v.t. 嫌, 憎, 厭. 뮈워ᄒᆞ다, 실희ᄒᆞ다.
ab-hôr'rence, n. 憎, 厭. 뮈움, 실흠.
ab-hôr'rent, a. 可憎, 可厭, 뮈운, 실흔. — ly 뮙게.
ab-hôr'rer, n. 憎惡者. 뮈워ᄒᆞ는자
a-bīde', v.t. 住, 寓, 堅執, 固守. 머므다, 직히다. To abide by 고집ᄒᆞ다.
a-bīd'er, n. 居住者, 거쥬ᄒᆞ는자. 固守者, 고집ᄒᆞ는자.
a-bīd'ing, a. 永久, 영구ᄒᆞᆫ. 居住, 거쥬ᄒᆞᄂᆞᆫ. 堪忍, 견ᄃᆡᄂᆞᆫ, — ly 영구히.
a-bil'i-ty, n. 才能, 器量. 지조, 국량.
ăb-ject' a. v.t. 棄, 使卑. 내여바리다, 낫초다

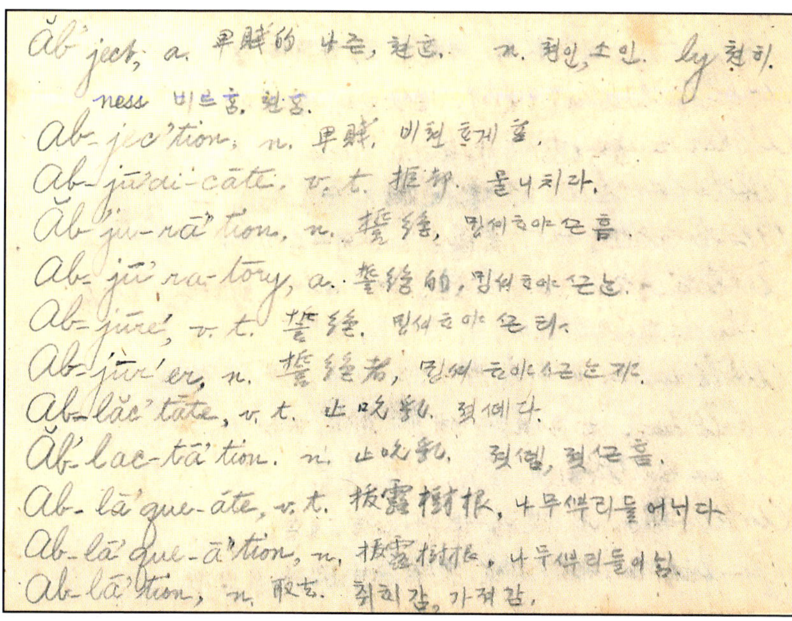

ăb'ject, a. 卑賤的 나즌, 천ᄒᆞᆫ. n. 천인, 소인. ly 천히.
ness 비ᄅᆞᆷ, 천ᄒᆞᆷ.
ab-jec'tion, n. 卑賤, 비천ᄒᆞ게 됨.
ab-ju'di-cāte, v.t. 拒却. 물니치다.
ăb'ju-rā'tion, n. 誓絶, 맹세ᄒᆞ야 끈흠.
ab-jū'ra-tōry, a. 誓絶的, 맹세ᄒᆞ야 끈ᄂᆞᆫ.
ab-jūre', v.t. 誓絶. 맹세ᄒᆞ야 끈타.
ab-jūr'er, n. 誓絶者, 맹세ᄒᆞ야 끈는자.
ab-lăc'tāte, v.t. 止吃乳. 젖떼다.
ăb'lac-tā'tion. n. 止吃乳. 젖뗌, 젖끈흠.
ab-lā'que-āte, v.t. 拔露樹根, 나무ᄲᅮ리들어내다
ab-lā'que-ā'tion, n. 拔露樹根, 나무ᄲᅮ리들어냄.
ab-lā'tion, n. 取去. 취히감, 가져감.

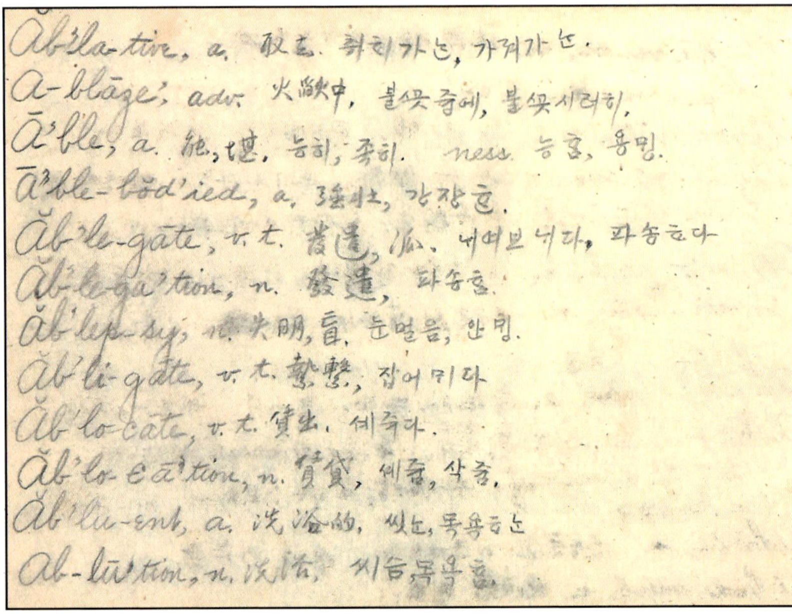

ab'la-tive, a. 取去. 취ᄒᆞ여가는, 가져가는.
a-blāze', adv. 火燄中, 불쏫중에, 불쏫시러히,
ā'ble, a. 能, 堪, 능히, 족히. -ness 능ᄒᆞᆷ, 용밍.
ā'ble-bŏd'ied, a. 强壯, 강장ᄒᆞᆫ.
ăb'le-gāte, v.t. 發遣, 派, 내여보내다, 파송ᄒᆞ다
ăb'le-gā'tion, n. 發遣, 파송ᄒᆞᆷ.
ăb'lep-sy, n. 失明, 盲, 눈멀음, 안밍.
ăb'li-gāte, v.t. 繫, 잡어미다
ăb'lo-cāte, v.t. 貸出. 세주다.
ăb'lo-cā'tion, n. 賃貸, 세줌, 삭줌.
ăb'lu-ent, a. 洗浴的, 씻는, 목욕ᄒᆞᄂᆞᆫ
ab-lū'tion, n. 洗浴, 씨슴, 목욕ᄒᆞᆷ.

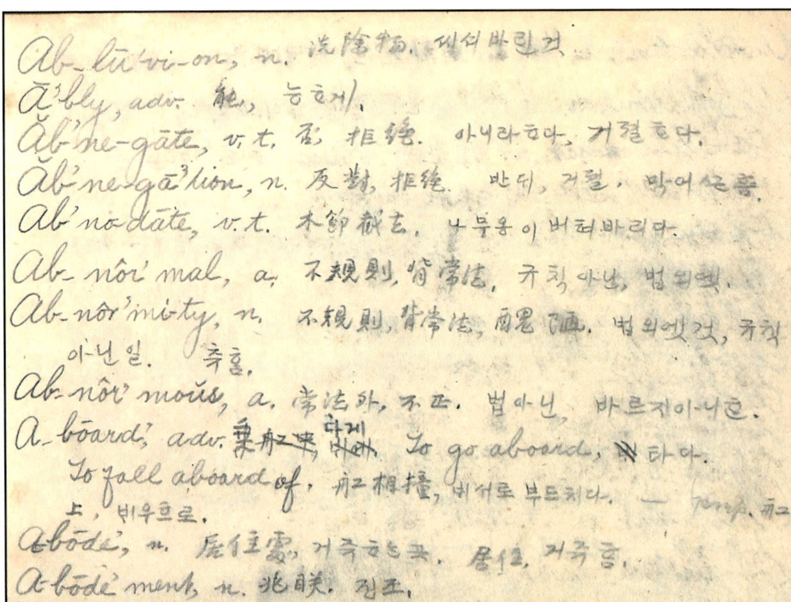

ab-lū'vi-on, n. 洗除物, 씻서바린것.
ā'bly, adv. 能, 능ᄒᆞ게.
ăb'ne-gāte, v.t. 否, 拒絶. 아니라ᄒᆞ다, 거절ᄒᆞ다.
ăb'ne-gā'tion, n. 反對, 拒絶. 반ᄃᆡ, 거절, 막어주음.
ab'no-dāte, v.t. 木節截去, 나무옹이 버혀바리다.
ab-nôr'mal, a. 不規則, 背常法, 규칙아닌, 법외엣.
ab-nôr'mi-ty, n. 不規則, 背常法, 醜陋. 법외엣것, 규칙아닌일. 추ᄒᆞᆷ.
ab-nôr'mous, a. 常法外, 不正. 법아닌, 바르지아니ᄒᆞᆫ.
a-bōard', adv. ~~乘船中~~ 타게. To go aboard, ᄇᆡ타다.
To fall aboard of, 船相撞, ᄇᆡ서로부드치다. — temp. 船上, ᄇᆡ우흐로.
a-bōde', n. 居住處, 거주ᄒᆞᄂᆞᆫ곳. 居住, 거주ᄒᆞᆷ.
a-bōde'ment, n. 兆朕. 징조.

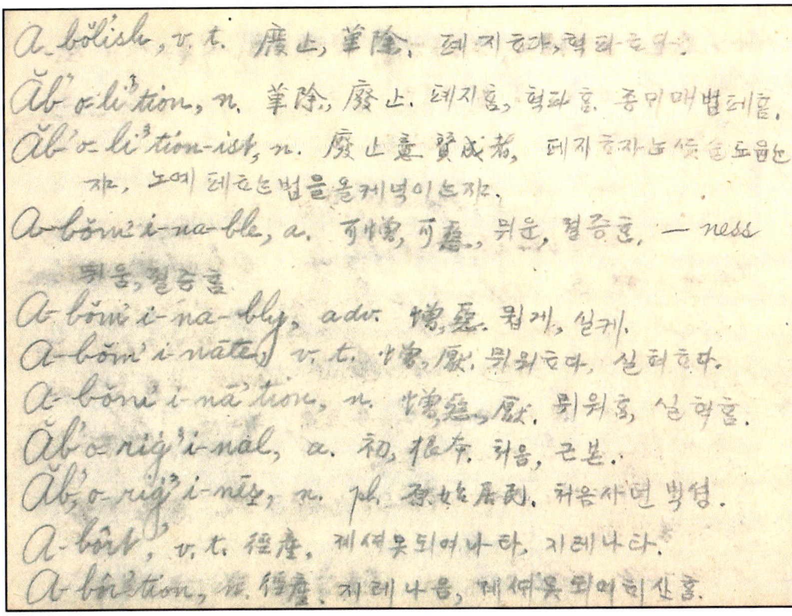

a-bŏlish, v. t. 廢止, 革除. 폐지ᄒᆞ다, 혁파ᄒᆞ다.

ăb'o-li'tion, n. 革除, 廢止. 폐지홈, 혁파홈. 종미매법폐홈.

ăb'o-li'tion-ist, n. 廢止意贊成者, 폐지ᄒᆞᄂᆞᆫ자 노예[illegible]도읍ᄂᆞᆫ자, 노예폐ᄒᆞᄂᆞᆫ법을 올케녁이ᄂᆞᆫ자.

a-bŏm'i-na-ble, a. 可憎, 可惡, 믜운, 혐증ᄒᆞᆫ. —ness 믜움, 혐증홈

a-bŏm'i-na-bly, adv. 憎惡. 뮙게, 실케.

a-bŏm'i-nāte, v. t. 憎, 厭. 믜워ᄒᆞ다, 실혀ᄒᆞ다.

a-bŏm'i-nā'tion, n. 憎惡, 厭. 믜워홈, 실혀홈.

ăb'o-rig'i-nal, a. 初, 根本. 처음, 근본.

ăb'o-rig'i-nēs, n. pl. 最始居民. 처음사던 백셩.

a-bôrt', v. t. 經產. 제석못되여나다, 지레나다.

a-bôr'tion, n. 經產. 지레나음, 제석못되여히산홈.

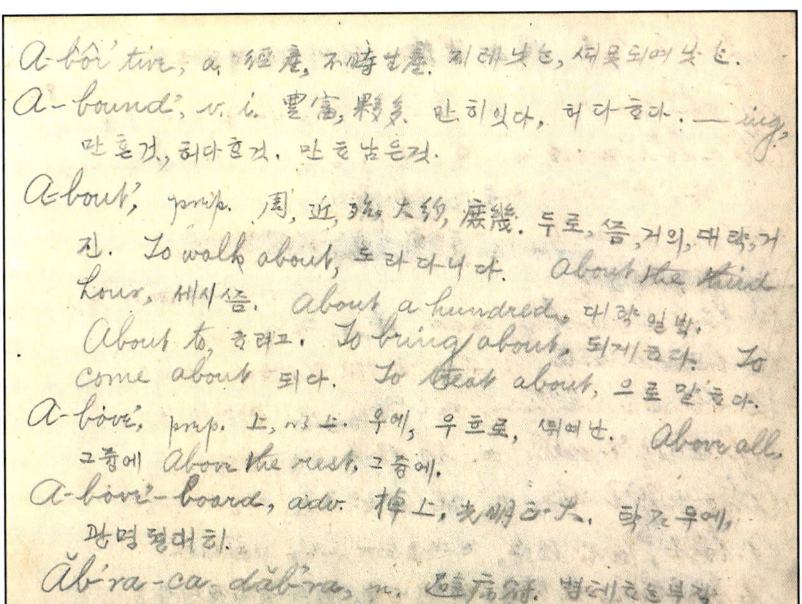

a-bôr'tive, a. 經產, 不時生產. 지레낫ᄂᆞᆫ, 석못되여낫ᄂᆞᆫ.

a-bound', v. i. 豐富, 夥多. 만히잇다, 허다ᄒᆞ다. —ing, 만ᄒᆞᆫ것, 허다ᄒᆞᆫ것. 만ᄒᆞᆫ남은것.

a-bout', prep. 周, 近, 殆, 大約, 麽幾. 두로, 즘, 거의, 대략, 거진. To walk about, 도라다니다. About the third hour, 세시즘. About a hundred, 대략일백. About to, ᄒᆞ려고. To bring about, 되게ᄒᆞ다. To come about 되다. To beat about, 으로말ᄒᆞ다.

a-bōve', prep. 上, 以上. 우에, 우흐로, 넘어난. Above all, 그즁에 Above the rest, 그즁에.

a-bōve'-board, adv. 棹上, 光明正大. 탁ᄌᆞ우에, 광명졍대히.

ăb'ra-ca-dăb'ra, n. 魔法字. 법레ᄒᆞᄂᆞᆫ부작

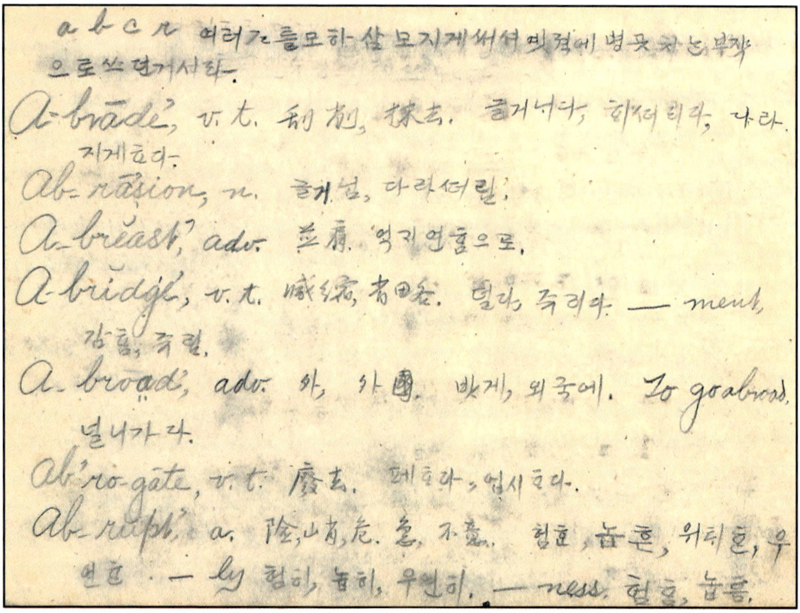

a b c r 여러가지를 모하사 모지게 써서 면경에 별뜻 잇는 부작으로 쓰던거시라.
a-brāde', v. t. 刮削, 擦去. 글거내다, 헤여티다, 다라지게 하다.
ab-rāsion, n. 글거냄, 다라여림.
a-breast', adv. 並肩. 엇지연홈으로.
a-bridge', v. t. 減縮, 省略. 덜다, 줄이다. — ment, 감홈, 줄임.
a-broad', adv. 外, 外國. 밧게, 외국에. To go abroad. 널니가다.
ab'ro-gāte, v. t. 廢去. 폐하다, 업시하다.
ab-rupt', a. 險峭, 危. 急, 不意. 험한, 놉흔, 위티한, 우연한. — ly 험히, 놉히, 우연히. — ness. 험함, 놉흠.

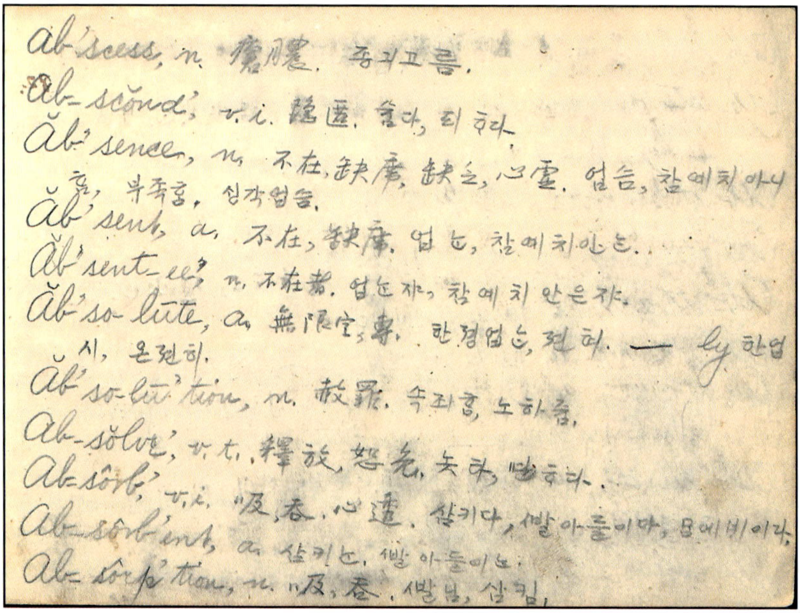

ab'scess, n. 瘡膿. 종기고름.
ab-scŏnd', v. i. 隱匿. 숨다, 피하다.
ăb'sence, n. 不在, 缺席, 缺乏, 心空. 업슴, 참예치 아니함, 부족함, 심각업슴.
ăb'sent, a. 不在, 缺席. 업는, 참예치 안는.
ăb'sent-ee', n. 不在者. 업는 자, 참예치 안은 자.
ăb'so-lūte, a. 無限定, 專. 한정업는, 전혀. — ly 한업시, 온전히.
ăb'so-lū'tion, n. 赦罪. 속죄홈, 노하줌.
ab-sŏlve', v. t. 釋放, 赦免. 놋타, 면하다.
ab-sôrb', v. i. 吸, 呑, 心遣. 삼키다, 쌜아들이다, 몸에 비이다.
ab-sôrb'ent, a. 삼키는, 쌜아들이는.
ab-sôrp'tion, n. 吸, 呑. 쌜님, 삼킴.

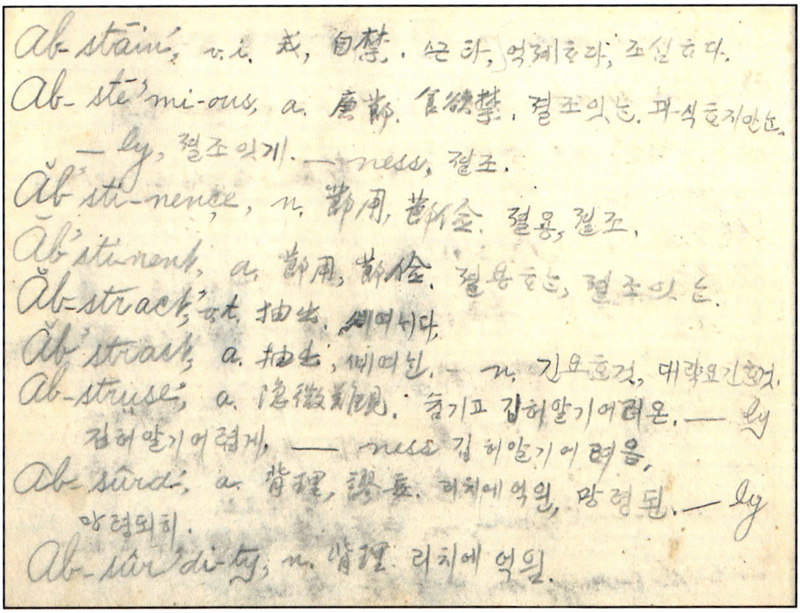

ab-stain', v.i. 戒, 自禁. 삼가다, 억제하다, 조심하다.
ab-ste'mi-ous, a. 廉節, 食慾禁. 절조있는, 과식하지안는.
—ly, 절조잇게. —ness, 절조.
ăb'sti-nence, n. 節用, 節儉. 절용, 절조.
ăb'sti-nent, a. 節用, 節儉. 절용하는, 절조있는.
ăb-stract', v.t. 抽出. 빼여내다.
ăb'stract, a. 抽出, 빼여낸. — n. 긴요한것, 대략요긴한것.
ab-struse', a. 隱微難見. 숨기고 깁허알기어려운. — ly 깁허알기어렵게, — ness 깁허알기어려움.
ab-sûrd', a. 背理, 謬妄. 리치에억읜, 망령된. — ly 망령되히.
ab-sûr'di-ty, n. 背理. 리치에 억읨.

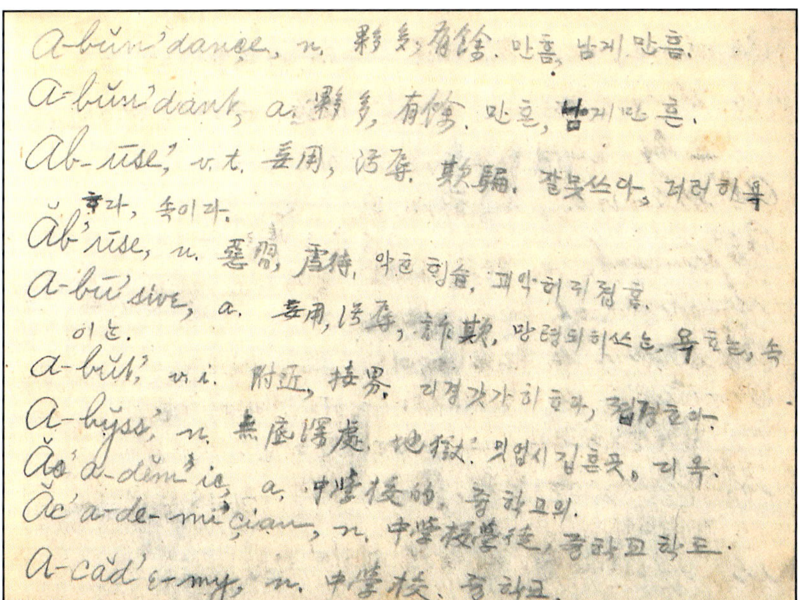

a-bŭn'dance, n. 夥多, 有餘. 만흠, 남게 만흠.
a-bŭn'dant, a. 夥多, 有餘. 만흔, 남게만흔.
ab-ūse', v.t. 妄用, 汚辱, 欺騙. 잘못쓰다, 더러히욕하다, 속이다.
ăb'ūse, n. 惡習, 虐待. 악한 습관, 괴악히 대접흠.
a-bū'sive, a. 妄用, 汚辱, 詐欺. 망령되히쓰는, 욕하는, 속이는.
a-bŭt', v.i. 附近, 接界. 지경갓가히하다, 접경하다.
a-byss', n. 無底深處, 地獄. 밋업시깁흔곳, 디옥.
ăc'a-dĕm'ic, a. 中學校的. 중학교의.
ăc'a-de-mi'cian, n. 中學校學徒, 중학교학도.
a-căd'e-my, n. 中學校. 중학교.

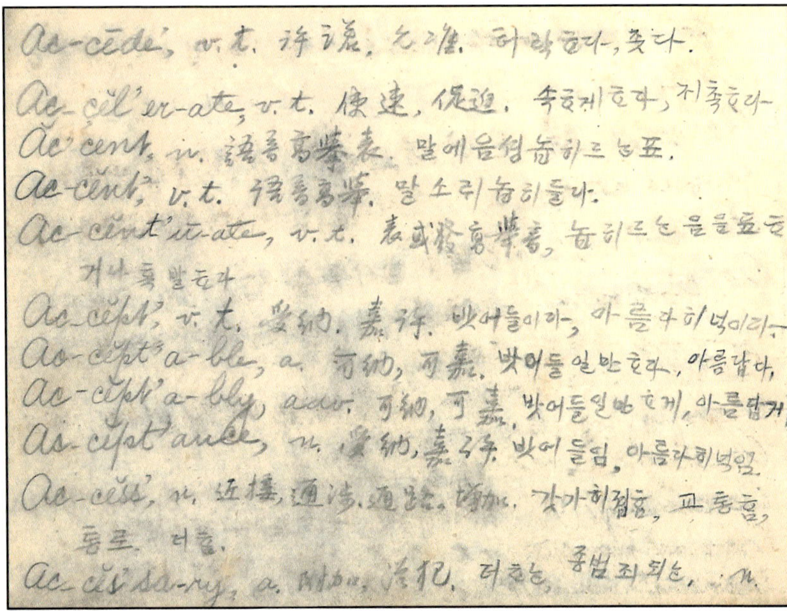

ac-cēde', v. t. 許諾, 允准. 허락ᄒᆞ다, 좃다.

ac-cĕl'er-ate, v. t. 使速, 促進. 속ᄒᆞ게ᄒᆞ다, 지촉ᄒᆞ다.

ăc'cent, n. 語音高峯表. 말에음성놉히드ᄂᆞᆫ표.

ac-cĕnt', v. t. 語音高峯. 말소리놉히들다.

ac-cĕnt'u-ate, v. t. 表或發高峯音, 놉히드ᄂᆞᆫ음을표ᄒᆞ거나혹발ᄒᆞ다

ac-cĕpt', v. t. 受納. 嘉許. 밧어들이다, 아름다히넉이다.

ac-cĕpt'a-ble, a. 可納, 可嘉. 밧어들일만ᄒᆞ다, 아름답다,

ac-cĕpt'a-bly, adv. 可納, 可嘉. 밧어들일만ᄒᆞ게, 아름답게.

ac-cĕpt'ance, n. 受納, 嘉許. 밧어들림, 아름다히넉임.

ac-cĕss', n. 近接, 通涉, 通路. 增加. 갓가히접ᄒᆞᆷ, 교통ᄒᆞᆷ, 통로. 더ᄒᆞᆷ.

ac-cĕs'sa-ry, a. 附加, 從犯. 더ᄒᆞᄂᆞᆫ, 종범죄되ᄂᆞᆫ, n.

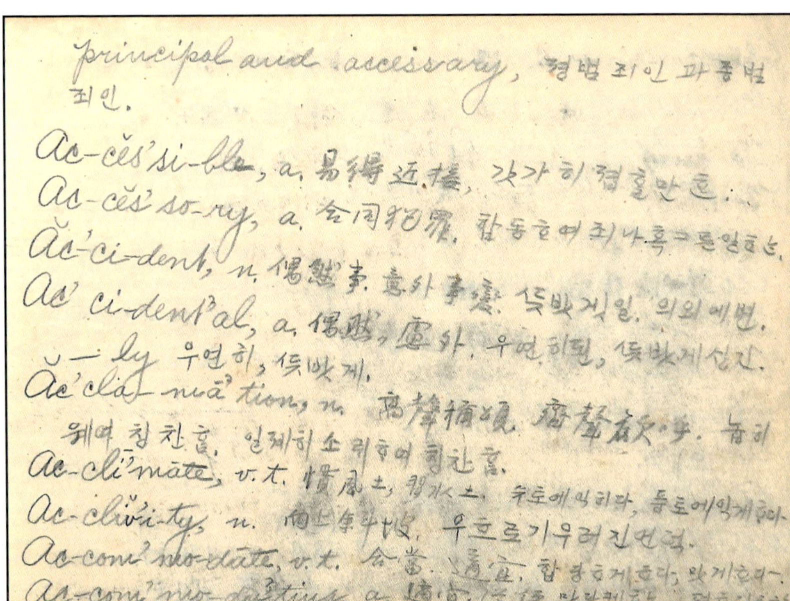

principal and accessary, 정범죄인과종범죄인.

ac-cĕs'si-ble, a. 易得近接, 갓가히접ᄒᆞᆯ만ᄒᆞᆫ.

ac-cĕs'so-ry, a. 合同犯罪. 합동ᄒᆞ여죄나혹그른일ᄒᆞᄂᆞᆫ.

ăc'ci-dent, n. 偶然事. 意外事變. 뜻밧긔일. 의외에변.

ac'ci-dent'al, a. 偶然, 意外. 우연히된, 뜻밧게심긴.

ă — ly 우연히, 뜻밧게.

ăc'cla-mā'tion, n. 高聲稱頌. 齊聲歎美. 놉히웨여칭찬ᄒᆞᆷ. 일제히소리ᄒᆞ여칭찬ᄒᆞᆷ.

ac-clī'māte, v. t. 慣風土, 習水土. 수토에익히다, 풍토에익게ᄒᆞ다.

ac-clĭv'i-ty, n. 向上傾斜坂. 우흐로기우러진언덕.

ac-com'mo-dāte, v. t. 合當. 適宜. 합당ᄒᆞ게ᄒᆞ다, 맛게ᄒᆞ다.

ac-com'mo-dā'ting, a. 適宜, 便便, 맛당케ᄒᆞᄂᆞᆫ, 편ᄒᆞ게ᄒᆞᄂᆞᆫ.

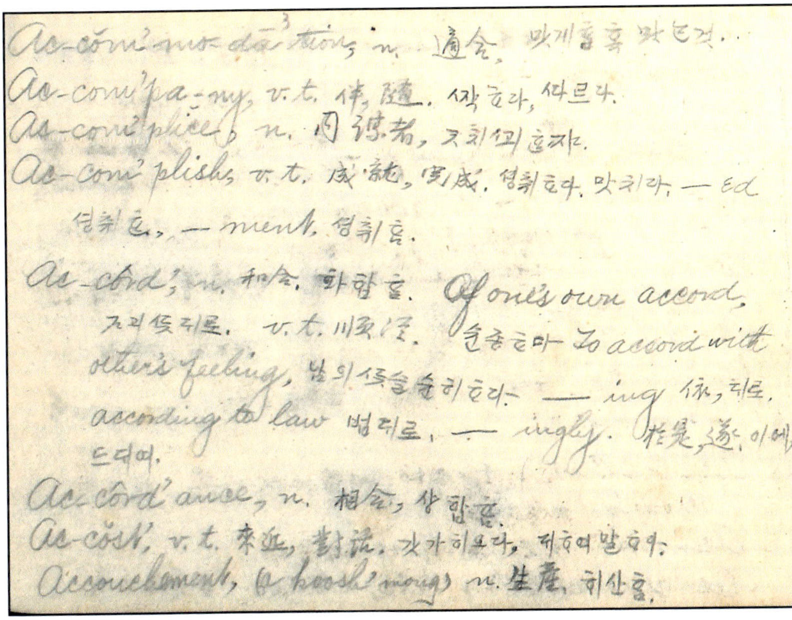

Ac-cŏm'mo-dā'tion, n. 適合, 맛게홈, 맛는것.
Ac-com'pa-ny, v.t. 伴, 隨. 쟉ᄒᆞ다, ᄯᅡ르다.
Ac-com'plice, n. 同謀者, 갓치ᄭᅬᄒᆞᆫ자.
Ac-com'plish, v.t. 成就, 完成. 셩취ᄒᆞ다. 맛치다, — ed 셩취ᄒᆞᆫ, — ment. 셩취홈.
Ac-cōrd', n. 和合. 화합홈. Of one's own accord, 자긔ᄯᅳᆺ대로. v.t. 順從. 순종ᄒᆞ다 To accord with other's feeling, 남의ᄯᅳᆺ을슌히ᄒᆞ다. — ing 依, 대로. according to law 법대로, — ingly. 於是, 遂. 이에, 드대여.
Ac-cōrd'ance, n. 相合, 샹합홈.
Ac-cŏst', v.t. 來近, 對話. 갓가히오다, 대ᄒᆞ여말ᄒᆞ다.
Accouchement, (a koosh'mong) n. 生産. 해산홈.

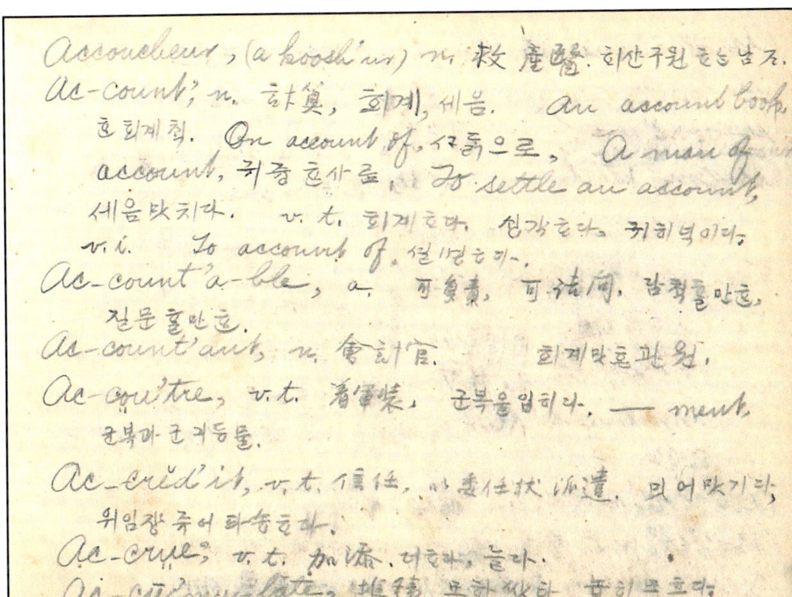

Accoucheur, (a koosh'ur) n. 救産醫. 해산구원ᄒᆞᄂᆞᆫ남ᄌᆞ.
Ac-count', n. 計算, 회계, 세음. An account book, ᄒᆞᆫ회계칙. On account of, ᄭᅡ닭으로, A man of account, 귀중ᄒᆞᆫ사ᄅᆞᆷ, To settle an account, 세음맛치다. v.t. 회계ᄒᆞ다. 싱각ᄒᆞ다. 귀히녁이다. v.i. To account of. 셜명ᄒᆞ다.
Ac-count'a-ble, a. 可負責, 可詰問. 담칙ᄒᆞᆯ만ᄒᆞᆫ, 질문ᄒᆞᆯ만ᄒᆞᆫ.
Ac-count'ant, n. 會計官. 회계맛ᄒᆞᆫ관원.
Ac-cou'tre, v.t. 着軍裝. 군복을입히다. — ment 군복과군긔등물.
Ac-crĕd'it, v.t. 信任, 以委任狀派遣. 밋어맛기다, 위임장주어파송ᄒᆞ다.
Ac-crue', v.t. 加添. 더ᄒᆞ다, 늘다.
Ac-cū'mu-late, 堆積, 모하ᄊᆞᆺ타, 쌓히모호다.

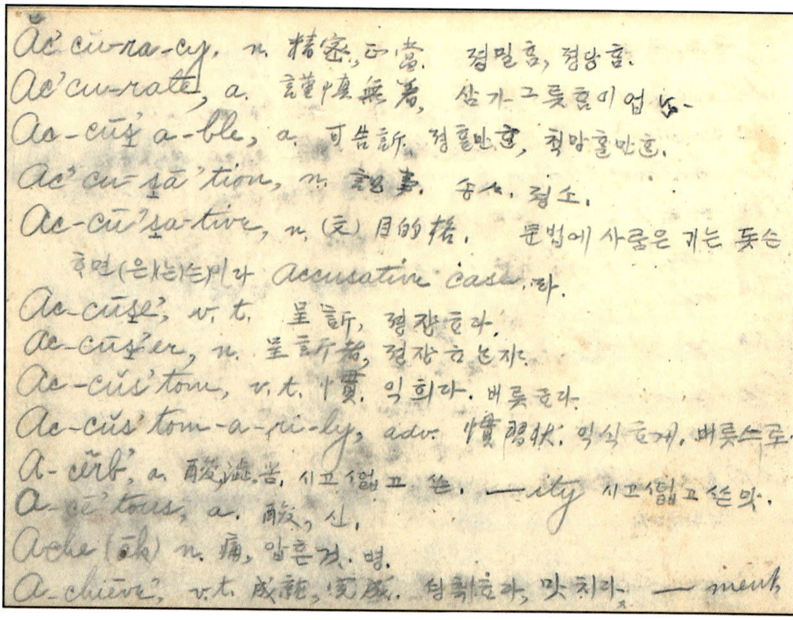
ăc'cu-ra-cy, n. 精密, 正當. 정밀홈, 정당홈.
ac'cu-rate, a. 謹愼無差, 삼가 그릇홈이 업는.
ac-cus'a-ble, a. 可告訴, 정홀만홈, 칙망홀만홈.
ac'cu-sa'tion, n. 訟事. 송ᄉ, 졍소.
ac-cu'sa-tive, n. (文) 目的格, 문법에 사룸을 가는 뜻을 ᄒ면(은/는/을)이라 accusative case 라.
ac-cuse', v.t. 呈訴, 졍장ᄒ다.
ac-cus'er, n. 呈訴者, 졍장ᄒ는자.
ac-cus'tom, v.t. 慣, 익히다. 버릇ᄒ다.
ac-cus'tom-a-ri-ly, adv. 慣習狀, 익숙ᄒ게, 버릇스로.
a-cerb', a. 酸澁苦, 시고 쩗고 쓴, —ity 시고 쩗고 쓴 맛.
a-ce'tous, a. 酸, 신.
ache (āk) n. 痛, 압흔것, 병.
a-chieve', v.t. 成就, 實成, 셩취ᄒ다, 맛치다. —ment

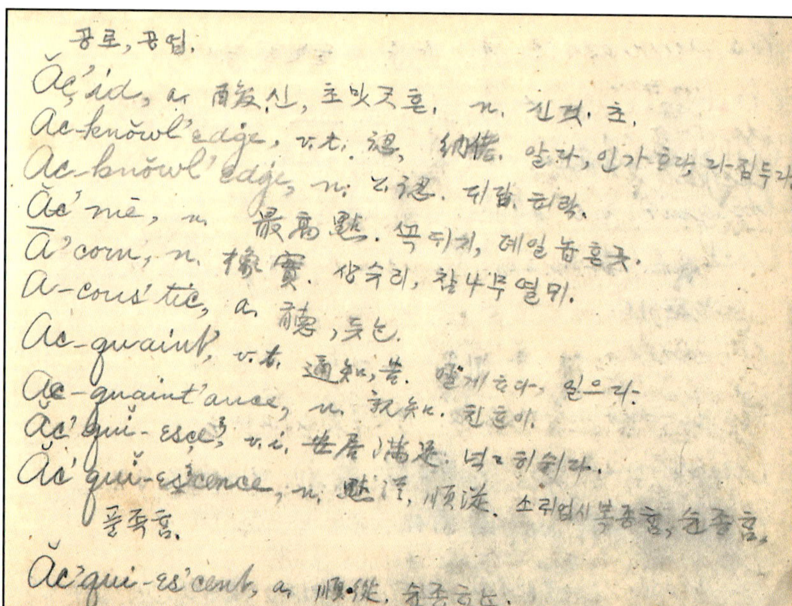
공로, 공업.
ăç'id, a. 酸 신, 초맛ᄀ흔, n. 산적, 초.
ac-knowl'edge, v.t. 認, 納信, 알다, 인가ᄒ다, 리-집두다.
ac-knowl'edge, n. 公認, 되갑, 회락.
ac'mē, n. 最高點, 꼭ᄃ기, 뎨일 놉흔곳.
ā'corn, n. 橡實, 상수리, 참나무 열미.
a-cous'tic, a. 聽, 듯는.
ac-quaint', v.t. 通知, 告, 알게ᄒ다, 알으리.
ac-quaint'ance, n. 親知, 친ᄒ이.
ăc'qui-esce', v.i. 安居, 滿足, 넉넉히 녁이다.
ăc'qui-es'cence, n. 默從, 順從, 소리업시 복종홈, 순종홈, 굴죡홈.
ăc'qui-es'cent, a. 順從, 순종ᄒ는.

ac-quir'a-ble, a. 可得. 엇을만ᄒᆞᆫ.
ac-quire', v.t. 得, 엇다. — ment 엇음, 엇은것.
ac'qui-si'tion, n. 得, 엇음; 엇은것.
ac-quit', v.t. 釋免. 놋타, 면ᄒᆞ다, — ment, 노음.
a'cre, n. 畝. 밧고랑. 一 acre 가 영국 yard 로 4,840, 방쳑이라.
ac'rid, a. 辣, 辛. 미운, — ness 미운것.
ac'ri-mo'ni-ous, a. 酸辣. 시고매운.
ac'ri-mo-ny, n. 苦辣. 嚴刻. 킵게쓰ᄂᆞᆫ셩질.
ac'ro-bat, n. 乘空戱, 줄타ᄂᆞᆫ광ᄃᆡ.
a-cross', prp. 横, 건너. 빗기.

act, v.t. 作, 行. ᄒᆞ다, 짓다, ᄒᆡᆼᄒᆞ다. n. 지음, ᄒᆡᆼᄒᆞᆷ, ᄒᆡᆼ실, ᄒᆡᆼ위. — ing, ᄒᆡᆼᄒᆞᄂᆞᆫ, 시려보ᄂᆞᆫ, 뒤ᄒᆡᆼᄒᆞᄂᆞᆫ. 107
ac'tion, n. 行爲, ᄒᆡᆼ위.
act'ive, a. 活動, 捷, 速. 활발ᄒᆞᆫ, 민쳡ᄒᆞᆫ, 속ᄒᆞᆫ.
ac-tiv'i-ty, n. 活動. 敏快. 활발ᄒᆞᆷ, 민쳡ᄒᆞᆷ, 속ᄒᆞᆷ.
act'or, n. 行者, 俳優. ᄒᆡᆼᄒᆞᄂᆞᆫ자. 광대.
act'ress, n. 女倡, 녀광대.
act-u-al, a. 實行, 現在. 실샹ᄒᆞᄂᆞᆫ, 지금잇ᄂᆞᆫ, — ly 실샹으로, 실로, 확실히.
act'u-ary n. 書記. 셔긔, 문서맛흔자.
act'u-ate, v.t. 使行, 激勵. ᄒᆡᆼᄒᆞ게ᄒᆞ다, 격동식이다.
a-cu'men, n. 聰明, 伶俐. 총명, 령리ᄒᆞᆷ.
a-cu'mi-nate, v.t. 尖銳, ᄲᆡ죽ᄒᆞᆫ, 날카온.

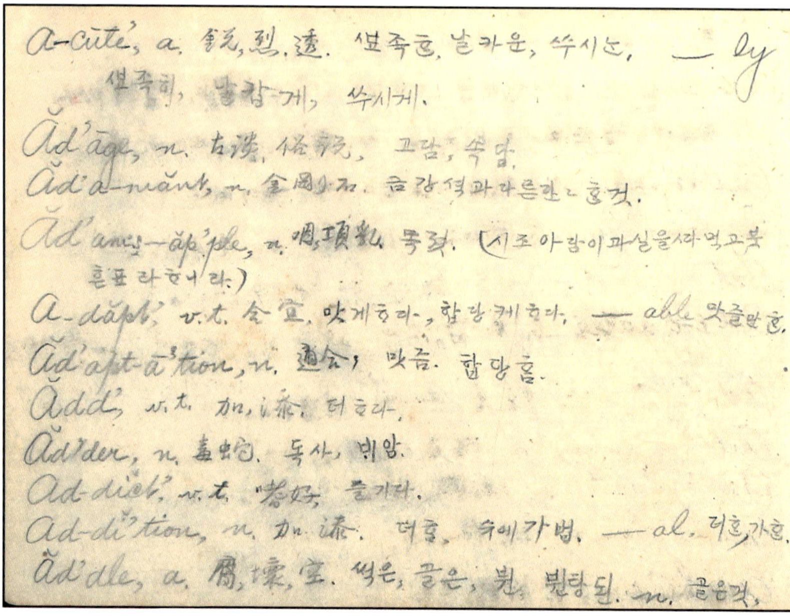

a-cute', a. 銳, 利, 透. 샢족훈, 날카운, 쑤시는, — ly 샢족히, 날캅게, 쑤시게.
Ăd'āge, n. 古諺, 俗說, 고담, 속담.
Ăd'a-mănt, n. 金剛石. 금강셕과다른단〃훈것.
Ăd'ams-ăp'ple, n. 咽頂骨. 목젖. (시조아람이파실을시다먹고북흔표라ᄒᆞ니라.)
a-dăpt', v.t. 合宜. 맛게ᄒᆞ다, 합당케ᄒᆞ다, — able 맛즐만훈.
Ăd'apt-ā'tion, n. 適合, 맛즘. 합당홈.
Ădd', v.t. 加, 添. 더ᄒᆞ다.
Ăd'der, n. 毒蛇. 독사, 비암.
ad-dict', v.t. 嗜好, 즐기다.
ad-di'tion, n. 加添. 더홈, 수에가법, — al, 더훈, 가훈.
Ăd'dle, a. 腐, 壞, 空. 썩은, 골은, 빈, 뷘탕된. n. 골은것,

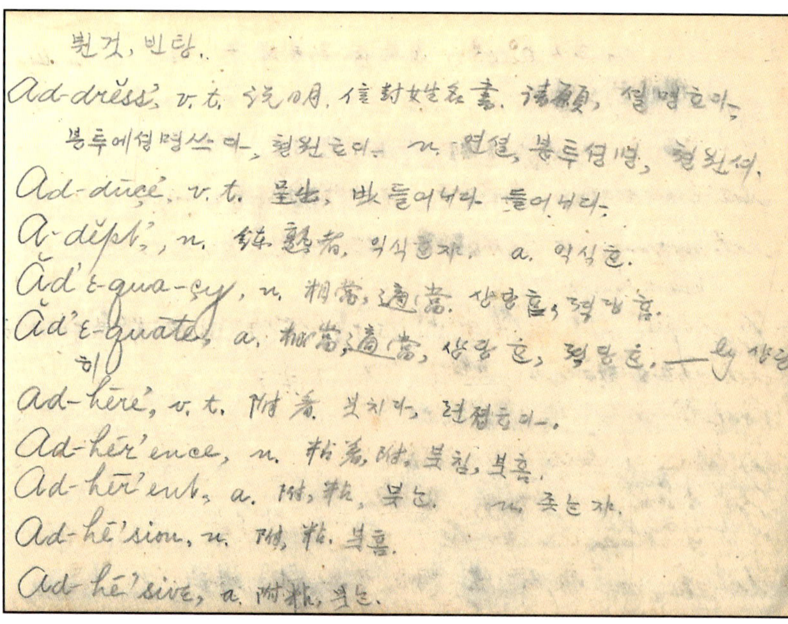

뷘것, 빈탕.
ad-drĕss', v.t. 說明, 信封姓名書, 請願, 설명ᄒᆞ다, 봉투에셩명쓰다, 쳥원ᄒᆞ다. n. 연설, 봉투셩명, 쳥원셔.
ad-dūçe', v.t. 呈出, 밧들어내다 들어내다.
a-dĕpt', n. 練熟者, 익식훈자. a. 익식훈.
Ăd'e-qua-cy, n. 相當, 適當. 샹당홈, 뎍당홈.
Ăd'e-quate, a. 相當, 適當, 샹당훈, 뎍당훈, — ly 샹당히
ad-hēre', v.t. 附着. 붓치다, 련졉ᄒᆞ다.
ad-hēr'ence, n. 粘着, 附. 붓침, 붓흠.
ad-hēr'ent, a. 附, 粘, 붓는. n. 좃는자.
ad-hē'sion, n. 附, 粘. 붓흠.
ad-hē'sive, a. 附粘, 붓는.

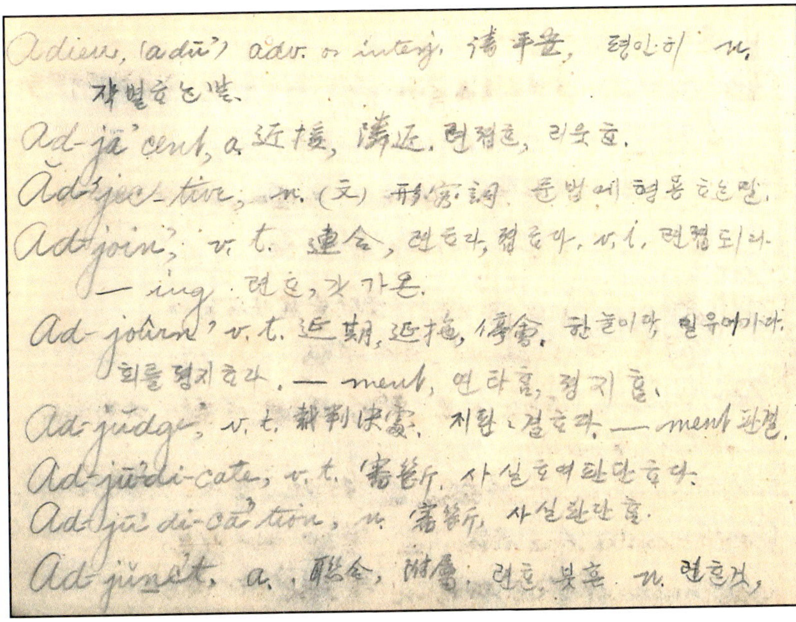

Adieu, (a dū') adv. or interj. 請平安, 평안히 가, 작별ᄒᆞᄂᆞᆫ말.
ad-jā'cent, a. 近接, 隣近. 련졉ᄒᆞᆫ, 리웃ᄒᆞᆫ.
ăd'jec-tive, n. (文) 形容詞. 문법에 형용ᄒᆞᄂᆞᆫ말.
ad-join', v.t. 連合, 련ᄒᆞ다, 졉ᄒᆞ다. v.i. 련졉되다.
— ing. 련ᄒᆞᆫ, 갓가온.
ad-journ', v.t. 延期, 延捱, 停會. ᄒᆞᆫ날이나 일우에가나 회를 뎡지ᄒᆞ다. — ment, 연타ᄒᆞᆷ, 뎡지ᄒᆞᆷ.
ad-judge', v.t. 裁判決定. 지판ᄒᆞ야 결ᄒᆞ다. — ment 판결.
ad-jū'di-cate, v.t. 審斷. 사실ᄒᆞ여 판단ᄒᆞ다.
ad-jū'di-cā'tion, n. 審斷. 사실판단ᄒᆞᆷ.
ad-junct, a. 聯合, 附屬. 련ᄒᆞᆫ, 붓흔. n. 련ᄒᆞᆫ것,

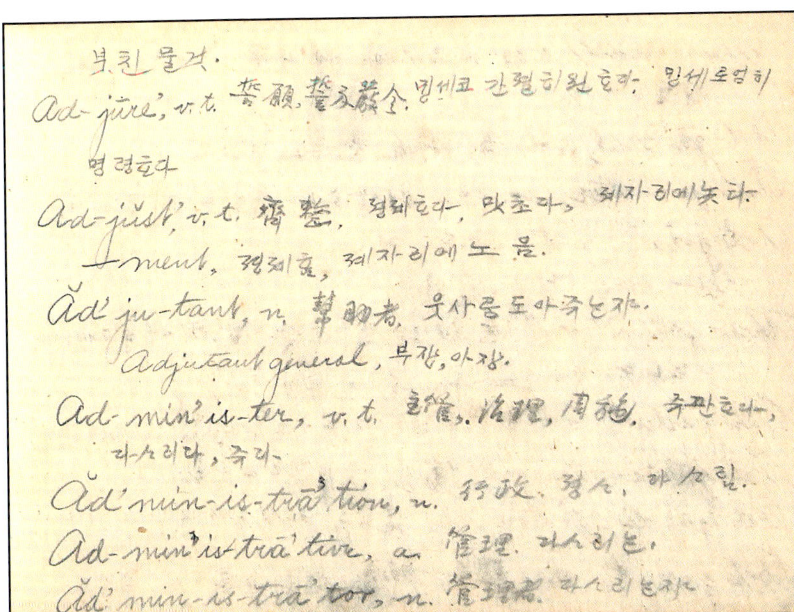

붓친물건.
ad-jūre', v.t. 誓願, 誓又嚴令. 밍세코 간졀히원ᄒᆞ다. 밍세로엄히 명령ᄒᆞ다
ad-just', v.t. 齊整, 졍졔ᄒᆞ다, 맛초다, 졔자리에놋다.
— ment, 졍졔ᄒᆞᆷ, 졔자리에 노음.
ăd'ju-tant, n. 幫助者. 웃사ᄅᆞᆷ도아주ᄂᆞᆫ자.
adjutant general, 부장, 아쟝.
ad-min'is-ter, v.t. 主管, 治理, 周給. 주관ᄒᆞ다, 다ᄉᆞ리다, 주다.
ăd'min-is-trā'tion, n. 行政. 졍ᄉᆞ, 다ᄉᆞ림.
ad-min'is-trā'tive, a. 管理. 다ᄉᆞ리ᄂᆞᆫ.
ăd'min-is-trā'tor, n. 管理者. 다ᄉᆞ리ᄂᆞᆫ자.

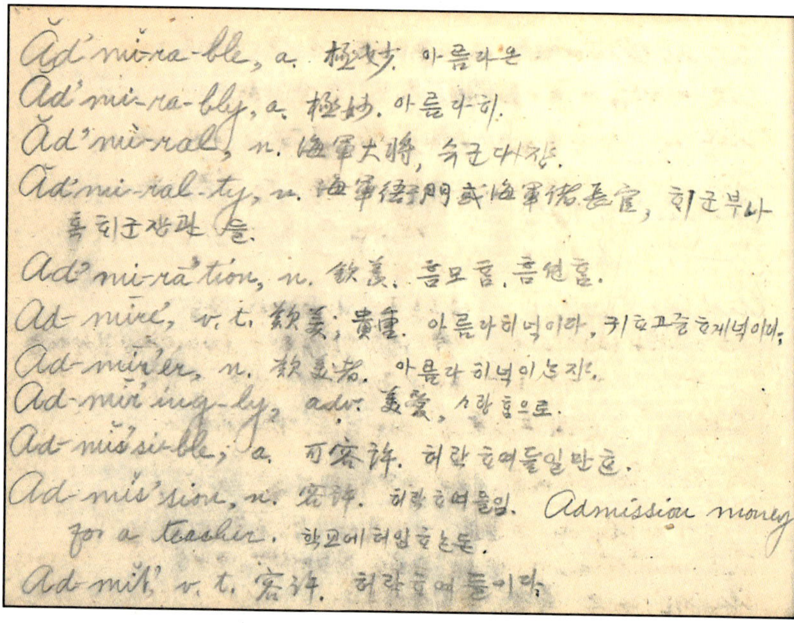

Ăd'mĭ-ra-ble, a. 極妙. 아름다온

Ad'mi-ra-bly, a. 極妙. 아름다히.

Ăd'mi-ral, n. 海軍大將, 슈군대장.

Ad'mi-ral-ty, n. 海軍衙門或海軍諸長官, 히군부나 혹히군장관들.

Ad'mi-rā'tion, n. 欽羨. 흠모ᄒᆞᆷ. 흠션ᄒᆞᆷ.

Ad-mīre', v. t. 欽羨; 貴重. 아름다히넉이다, 귀ᄒᆞ고즁ᄒᆞ게넉이다;

Ad-mīr'er, n. 欽羨者. 아름다히넉이ᄂᆞᆫ자.

Ad-mīr'ing-ly, adv. 美愛, ᄉᆞ랑ᄒᆞᆷ으로.

Ad-mĭs'si-ble, a. 可容許. 허락ᄒᆞ여들일만ᄒᆞᆫ.

Ad-mĭs'sion, n. 容許. 허락ᄒᆞ여들임. Admission money for a teacher. 학교에허입ᄒᆞᄂᆞᆫ돈.

Ad-mit', v. t. 容許. 허락ᄒᆞ여들이다;

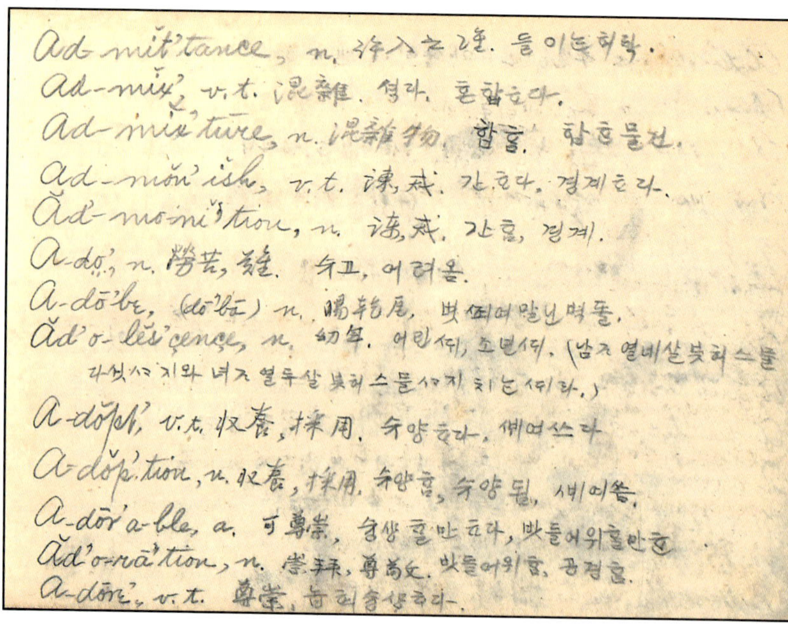

Ad-mĭt'tance, n. 許入之權. 들이ᄂᆞᆫ허락.

Ad-mĭx', v. t. 混雜. 셕다. 혼합ᄒᆞ다.

Ad-mĭx'ture, n. 混雜物. 합ᄒᆞᆷ. 합ᄒᆞᆫ물건.

Ad-mŏn'ish, v. t. 諫, 戒. 간ᄒᆞ다. 경계ᄒᆞ다.

Ăd'mo-nĭ'tion, n. 諫, 戒. 간ᄒᆞᆷ, 경계.

A-do', n. 勞苦, 艱難. 수고, 어려옴.

A-dō'be, (dō'bā) n. 陽乾[illegible], 볏ᄯᅦ여말닌벽돌.

Ăd'o-lĕs'cence, n. 幼年. 어린ᄯᅢ, 소년ᄯᅢ. (남ᄌᆞ 열네살븟허 스물다섯ᄭᆞ지와 녀ᄌᆞ 열두살븟허 스믈ᄭᆞ지 치ᄂᆞᆫᄯᅢ라.)

A-dŏpt', v. t. 收養, 採用. 수양ᄒᆞ다, ᄲᅢ여쓰다

A-dŏp'tion, n. 收養, 採用. 수양ᄒᆞᆷ, 수양됨, ᄲᅢ여씀.

A-dōr'a-ble, a. 可尊崇, 숭상ᄒᆞᆯ만ᄒᆞ다, 밧들어위ᄒᆞᆯ만ᄒᆞᆫ.

Ăd'o-rā'tion, n. 崇拜, 尊尚之. 밧들어위ᄒᆞᆷ, 공경ᄒᆞᆷ.

A-dōre', v. t. 尊崇, 놉히숭상ᄒᆞ다.

A-dorn', v. t. 華飾. 빗나게 ᄭᅮᆷ이다, 단장ᄒᆞ다.
A-down' adv. 下. 아래로.
A-drift', a. & adv. 漂流. 떠다니는, 떠다니게. 표ᄅᆞ, 둥실둥실.
A-droit', a. 熟, 捷, 익숙ᄒᆞᆫ, 민첩ᄒᆞᆫ.
Ăd'ū-lā'tion, n. 諂諛. 아첨.
Ăd'ū-lā'tor, n. 諂諛者, 아첨ᄒᆞᄂᆞᆫ자.
A-dŭlt', a. 成熟, 장성ᄒᆞᆫ, 익은. n. 장성ᄒᆞᆫ사ᄅᆞᆷ, 익은것.
A-dŭl'ter-ate, v. t. 淆雜敗壞. 섞어드럽게 만들다. a. 잡된.
A-dŭl'ter-ā'tion, n. 淆雜敗壞, 드럽고 잡됨
A-dŭl'ter-er, n. 姦夫, 간부, 샛서방.
A-dŭl'ter-ess, n. 淫女, 음녀, 음난ᄒᆞᆫ계집.
A-dŭl'ter-ous, a. 姦淫. 음란ᄒᆞᆫ.
Adŭl'tery, n. 姦淫. 음난.

Ad-vance', v. t. 前進, 改良, 압흐로 나가게ᄒᆞ다, 곳쳐 진보식
히다. v. i. 압흐로 나가다, 곳쳐진보ᄒᆞ다, n. 나아감, 놉나
감. — ment, 나가게ᄒᆞᆷ, 나아감. 진보됨.
Ad-van'tage, n. 利益. 리, 리로움
Ăd'van-tā'geous, a. 利益. 리로운.
Ăd'vent, n. 降臨, 救主降臨. 강림ᄒᆞ심. 예수강림ᄒᆞ심. 예수
탄일전 네주일동안.
Ad-vent'ūre, n. 偶然事. 冒險事. 우연ᄒᆞᆫ일, 위험ᄒᆞᆷ을 무릅쓰고
행ᄒᆞᄂᆞᆫ일. v. t. 무릅쓰다, v. i. 감히ᄒᆞ다.
Ad-vĕnt'ūr-er, n. 冒險者, 위험ᄒᆞᆷ을 무릅쓰ᄂᆞᆫ자.
Ad-vĕnt'ūr-ous, a. 危險, 膽大. 위험ᄒᆞᆫ, 담대ᄒᆞᆫ.
— ly 담대히.
Ăd'verb, n. (文) 副詞, 문법에 부사니 도케, 속게, 감히ᄒᆞ면
케, 게, 히가 다 부사니라.

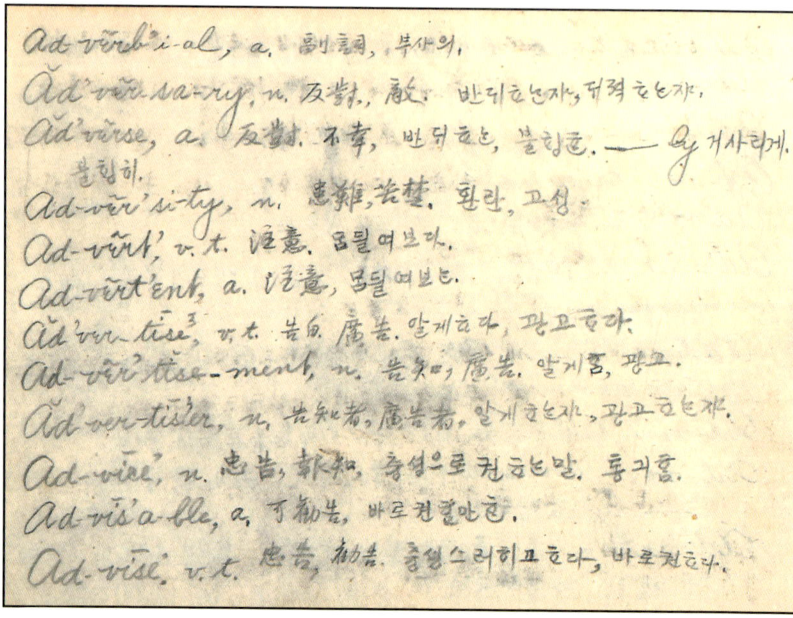

ad-vĕrb'i-al, a. 副詞, 부사의,
ăd'vĕr-sa-ry, n. 反對, 敵. 반대ᄒᆞᄂᆞᆫ자, 대적ᄒᆞᄂᆞᆫ자,
ăd'vĕrse, a. 反對. 不幸, 반대ᄒᆞᄂᆞᆫ, 불행ᄒᆞᆫ. —ly 거사리게. 불행히.
ad-vĕr'si-ty, n. 患難, 苦楚. 환란, 고생.
ad-vĕrt', v.t. 注意. 돌릴여보다.
ad-vĕrt'ent, a. 注意, 돌릴여보는.
ăd'vĕr-tīse, v.t. 告白. 廣告. 알게ᄒᆞ다, 광고ᄒᆞ다.
ad-vĕr'tise-ment, n. 告知, 廣告. 알게ᄒᆞᆷ, 광고.
ăd'ver-tis-er, n. 告知者, 廣告者, 알게ᄒᆞᄂᆞᆫ자, 광고ᄒᆞᄂᆞᆫ자.
ad-vice', n. 忠告, 報知, 충셩으로권ᄒᆞᄂᆞᆫ말. 통긔ᄒᆞᆷ.
ad-vis'a-ble, a. 可勸告, 바로권할만ᄒᆞᆫ.
ad-vise', v.t. 忠告, 勸告. 충셩스러히고ᄒᆞ다, 바로권ᄒᆞ다.

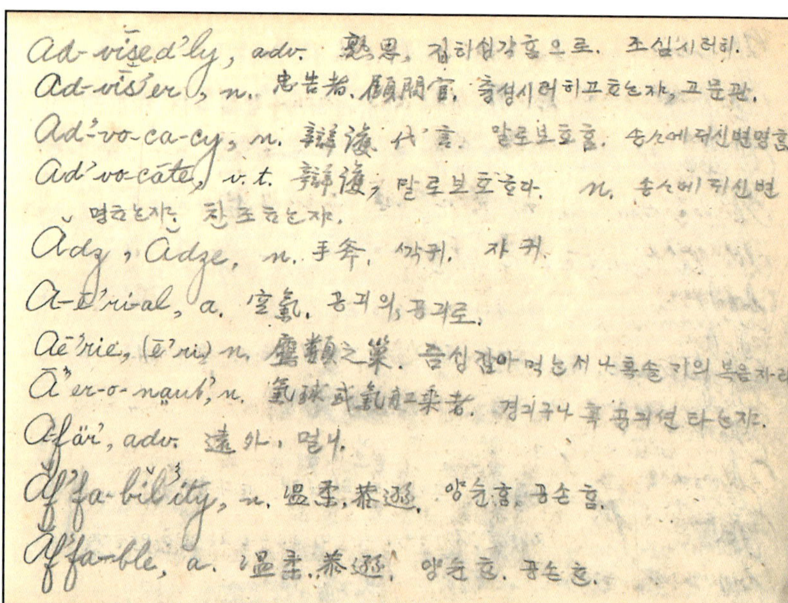

ad-vised'ly, adv. 熟思. 깁히생각ᄒᆞᆷ으로. 조심스러히.
ad-vis'er, n. 忠告者. 顧問官. 충셩시러히고ᄒᆞᄂᆞᆫ자, 고문관.
ad'vo-ca-cy, n. 辯護. 代言. 말로보호ᄒᆞᆷ. 송ᄉᆞ에대신변명ᄒᆞᆷ
ad'vo-cate, v.t. 辯護, 말로보호ᄒᆞ다. n. 송ᄉᆞ에대신변명ᄒᆞᄂᆞᆫ자. 찬조ᄒᆞᄂᆞᆫ자.
ădz, adze, n. 手斧. 셕귀. 자귀.
a-ē'ri-al, a. 空氣. 공긔의, 공긔로.
aē'rie, (ē'ri) n. 鷹鸇之巢. 즘싱잡아먹는새나혹솔개의보금자리
ā'er-o-naut, n. 氣球或氣船乘者. 경긔구나혹공긔션타ᄂᆞᆫ자.
a-fär', adv. 遠外, 멀니.
af'fa-bil'i-ty, n. 溫柔, 恭遜. 양순ᄒᆞᆷ, 공손ᄒᆞᆷ.
af'fa-ble, a. 溫柔, 恭遜. 양순ᄒᆞᆫ. 공손ᄒᆞᆫ.

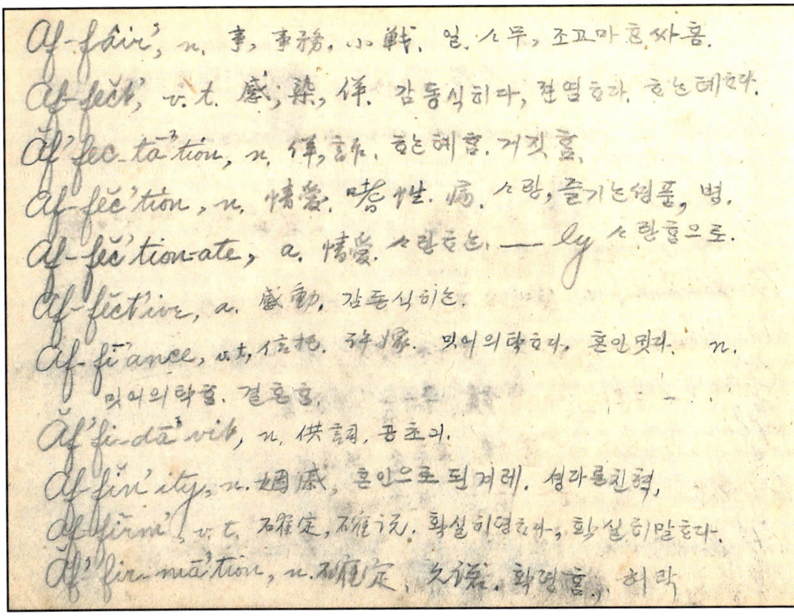

af-fâir', n. 事, 事務, 小戰. 일, ᄉᆞ무, 조고마ᄒᆞᆫ 싸홈.
af-fĕct', v. t. 感, 染, 佯. 감동식히다, 전염ᄒᆞ다. ᄒᆞᄂᆞᆫ톄ᄒᆞ다.
ăf'fec-tā'tion, n. 佯, 詐. ᄒᆞᄂᆞᆫ톄ᄒᆞᆷ. 거짓ᄒᆞᆷ.
af-fĕc'tion, n. 情愛. 嗜性. 病. ᄉᆞ랑, 즐기ᄂᆞᆫ셩품, 병.
af-fĕc'tion-ate, a. 情愛. ᄉᆞ랑ᄒᆞᄂᆞᆫ, —ly ᄉᆞ랑ᄒᆞᆷ으로.
af-fĕct'ive, a. 感動. 감동식히ᄂᆞᆫ.
af-fī'ance, v. t. 信托. 許嫁. 밋어의탁ᄒᆞ다. 혼인뎡ᄒᆞ다. n. 밋어의탁ᄒᆞᆷ. 결혼ᄒᆞᆷ.
ăf'fi-dā'vit, n. 供詞, 공초ᄀᆡ.
af-fĭn'ity, n. 姻戚, 혼인으로 된겨레. 셩다른친쳑,
af-firm', v. t. 確定, 確說. 확실히뎡ᄒᆞ다, 확실히말ᄒᆞ다.
ăf'fir-mā'tion, n. 確定, 允諾. 확뎡ᄒᆞᆷ, 허락

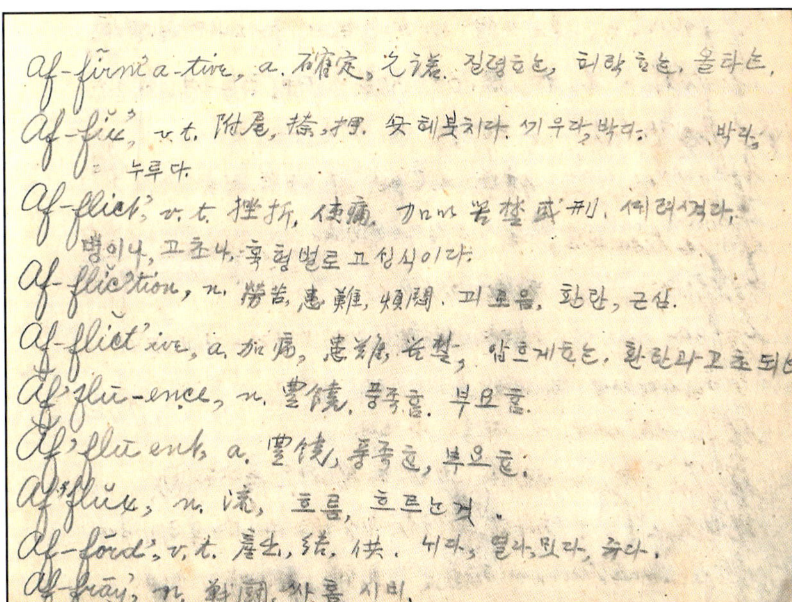

af-fĭrm'a-tive, a. 確定, 允諾. 질뎡ᄒᆞᄂᆞᆫ, 허락ᄒᆞᄂᆞᆫ, 올타ᄂᆞᆫ,
af-fĭx', v. t. 附屬, 捺, 押. 갓다붓치다. 끼우다, 박다. 박다, 누루다.
af-flict', v. t. 挫折, 使痛. 加以苦楚或刑. 쎄러지게ᄒᆞ다, 병이나, 고초나, 혹형벌로 고심식이다.
af-flĭc'tion, n. 勞苦, 患難, 煩悶. 괴로옴, 환란, 근심.
af-flĭct'ive, a. 加痛, 患難, 苦楚, 압흐게ᄒᆞᄂᆞᆫ, 환란과고초되ᄂᆞᆫ
af'flū-ence, n. 豐饒, 풍족ᄒᆞᆷ. 부요ᄒᆞᆷ.
af'flū-ent, a. 豐饒, 풍족ᄒᆞᆫ, 부요ᄒᆞᆫ.
af'flŭx, n. 流, 흐름, 흐르ᄂᆞᆫ것.
af-fōrd', v. t. 產出, 給, 供. 내다, 열니다, 밧다, 주다.
af-frāy', n. 戰鬪, 싸홈, 시비.

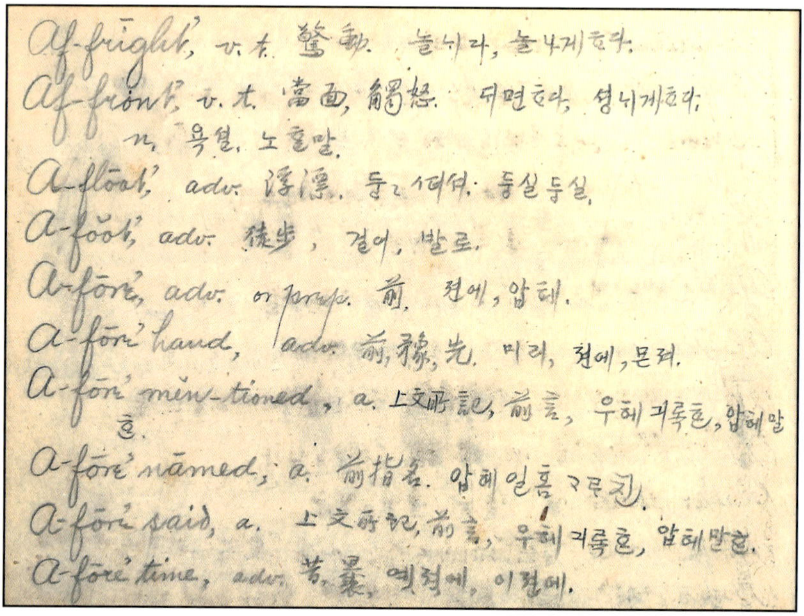

Af-fright', v. t. 驚動. 놀니다, 놀나게ᄒᆞ다.
Af-front', v. t. 當面, 觸怒. 디면ᄒᆞ다, 셩나게ᄒᆞ다;
n. 욕설, 노홉말.
A-float', adv. 浮漂. 둥ㄷ 떠셔. 둥실둥실.
A-foot', adv. 徒步, 걸어, 발로.
A-fore', adv. or prep. 前. 젼에, 압헤.
A-fore'hand, adv. 前, 豫, 先. 미리, 젼에, 몬져.
A-fore'men-tioned, a. 上文所記, 前言, 우헤 긔록ᄒᆞᆫ, 압헤 말ᄒᆞᆫ.
A-fore'named, a. 前指名. 압헤 일홈 ᄀᆞᄅᆞ친.
A-fore'said, a. 上文所記, 前言, 우헤 긔록ᄒᆞᆫ, 압헤 말ᄒᆞᆫ.
A-fore'time, adv. 昔, 曩, 옛젹에, 이젼에.

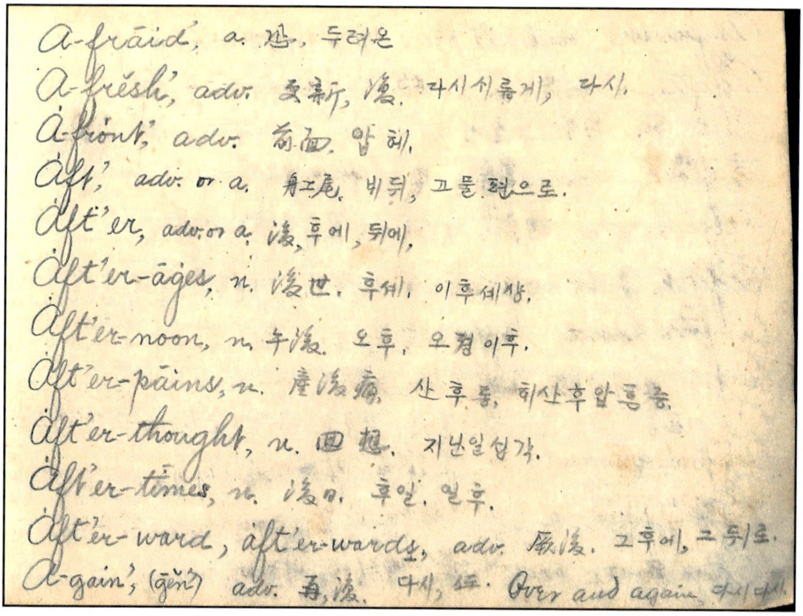

A-fraid', a. 恐, 두려온
A-fresh', adv. 更新, 復. 다시 새롭게, 다시.
A-front', adv. 前面. 압헤.
Aft', adv. or a. 船尾. 비뒤, 고물 편으로.
Aft'er, adv. or a. 後, 후에, 뒤에.
Aft'er-ages, n. 後世. 후세, 이후 세샹.
Aft'er-noon, n. 午後. 오후, 오졍 이후.
Aft'er-pains, n. 産後痛. 산후통, 히산후 압흔 증.
Aft'er-thought, n. 回想. 지난일 ᄉᆡᆼ각.
Aft'er-times, n. 後日. 후일, 일후.
Aft'er-ward, aft'er-wards, adv. 厥後. 그후에, 그 뒤로.
A-gain', (gĕn) adv. 再, 復. 다시, 또. Over and again, 다시 다시.

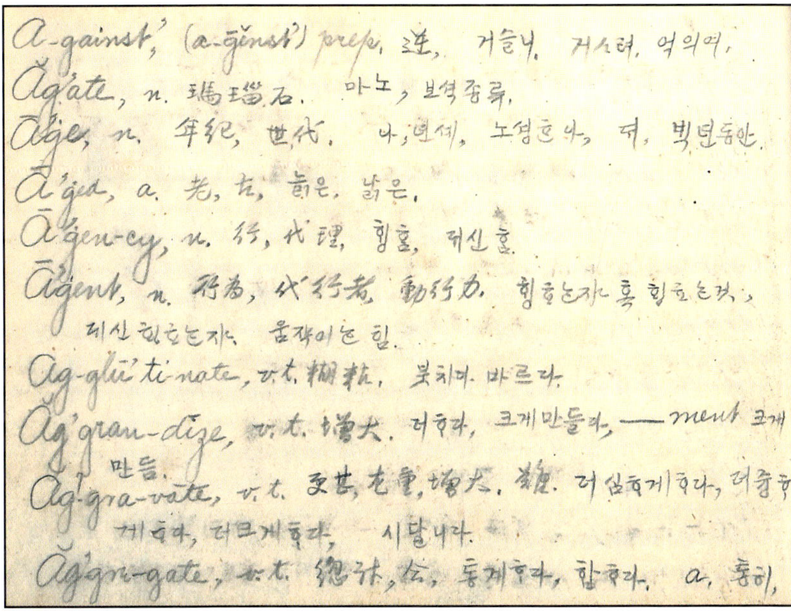
a-gainst', (a-gĕnst') prep. 逆, 거슬니, 거스려, 억의여,
Ăg'ate, n. 瑪瑙石. 마노, 보석종류,
Āge, n. 年紀, 世代. 나; 연세, 노셩호나, 뎌, 빅년동안.
Ā'ged, a. 老, 古, 늙은, 낡은,
Ā'gen-cy, n. 行, 代理, 힝홈, 대신홈.
Ā'gent, n. 行爲, 代行者, 動行力. 힝호는자, 혹 힝호는것, 대신 힝호는자, 움쟉이는 힘.
Ăg-glū'ti-nate, v.t. 糊粘, 붓치다. 바르다.
Ăg'gran-dize, v.t. 增大. 더호다, 크게만들다, —ment 크게 만듬.
Ăg'gra-vate, v.t. 更甚, 尤重, 增大. 激怒. 더심호게호다, 더즁호게호다, 더크게호다, 시달니다.
Ăg'gre-gate, v.t. 總計, 合, 통계호다, 합호다. a. 총히,

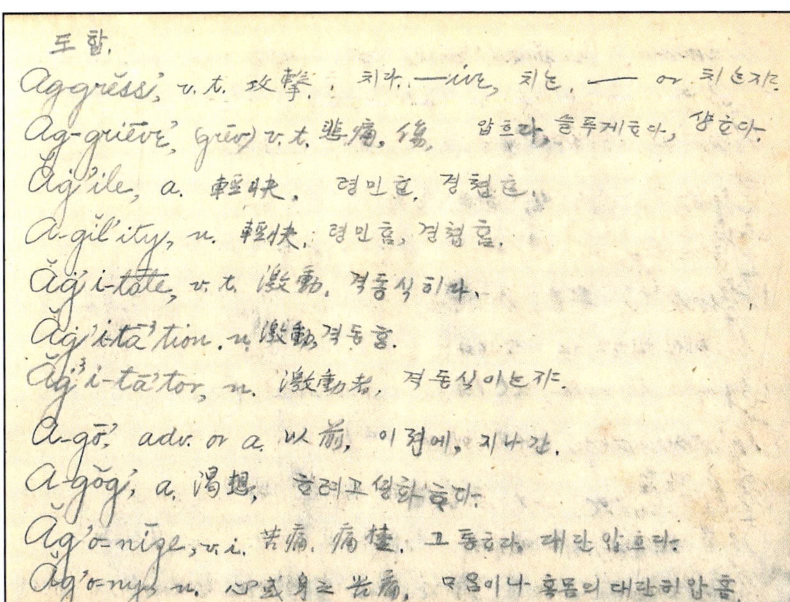
도합,
ag-grĕss', v.t. 攻擊, 치다, —ive, 치는, —or 치는자.
ag-griēve', (grēv) v.t. 悲痛, 傷, 압호다, 슬푸게호다, 샹호다.
Ăg'ile, a. 輕快. 령민호, 경쳡호,
a-gil'ity, n. 輕快. 령민홈, 경쳡홈.
Ăg'i-tate, v.t. 激動, 격동식히다.
Ăg'i-tā'tion, n. 激動, 격동홈.
Ăg'i-tā'tor, n. 激動者, 격동식이는자.
a-gō', adv. or a. 以前, 이젼에, 지나간.
a-gog', a. 渴想, 호려고 열화호다.
Ăg'o-nize, v.i. 苦痛, 痛楚, 고통호다, 대단 압호다.
Ăg'o-ny, n. 心或身之苦痛, 마음이나 혹몸의 대단히 압홈.

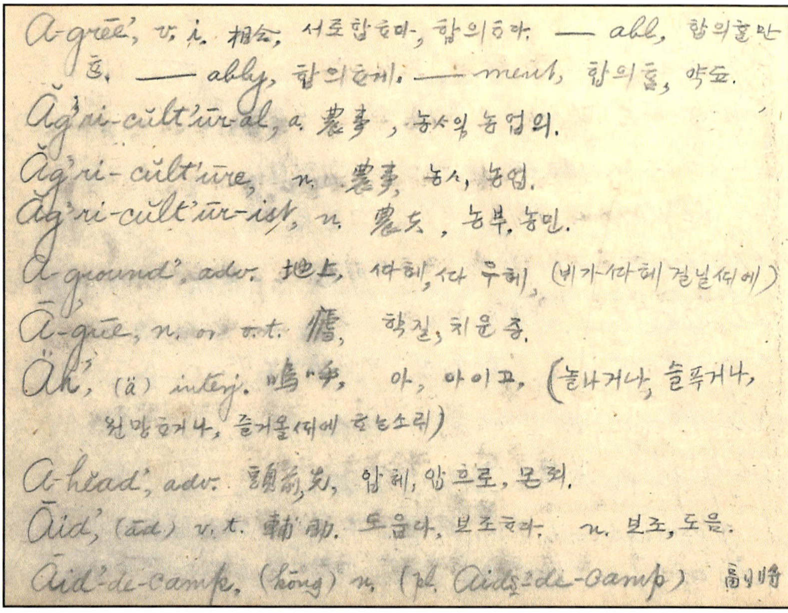
a-grēē', v. i. 相合, 서로합ᄒᆞ다, 합의ᄒᆞ다. — able, 합의ᄒᆞᆯ만ᄒᆞᆫ. — ably, 합의ᄒᆞ게. — ment, 합의ᄒᆞᆷ, 약됴.
ăg'ri-cŭlt'ūr-al, a. 農事, 농ᄉᆞ의 농업의.
ăg'ri-cŭlt'ūre, n. 農事, 농ᄉᆞ, 농업.
ăg'ri-cŭlt'ūr-ist, n. 農夫, 농부, 농민.
a-ground', adv. 地上, ᄯᅡ헤, ᄯᅡ우헤, (ᄇᆡ가 ᄯᅡ헤 걸닐ᄯᅢ에)
ā'gūe, n. or v.t. 瘧, 학질, 치운증.
äh', (ä) interj. 嗚呼, 아, 아이고, (놀나거나, 슬프거나, 원망ᄒᆞ거나, 즐거울ᄯᅢ에 ᄒᆞᄂᆞᆫ소리)
a-head', adv. 頭前,先, 압헤, 압흐로, 몬저.
āid', (ād) v.t. 輔助. 도읍다, 보조ᄒᆞ다. n. 보조, 도음.
āid'-de-camp, (kŏng) n. (pl. aids-de-camp) 副將

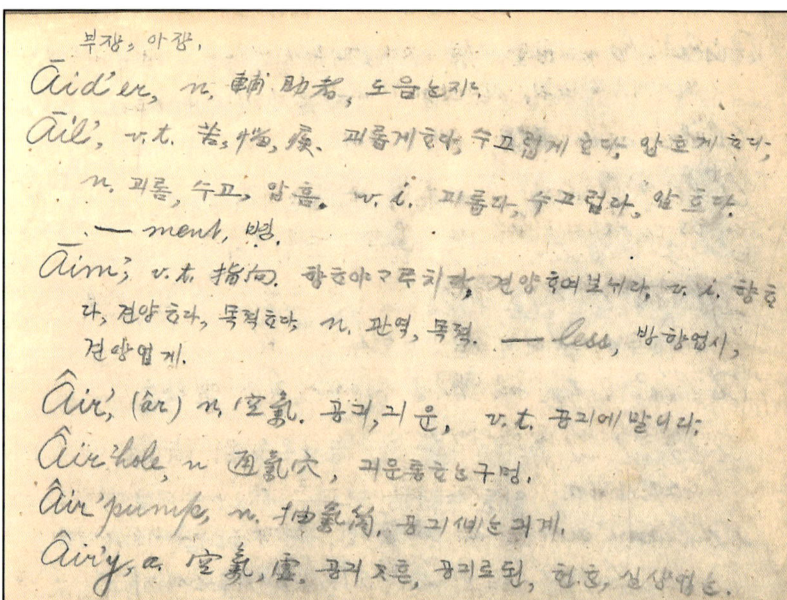
부장, 아장,
āid'er, n. 輔助者, 도음ᄂᆞᆫ자.
āil', v.t. 苦,惱,疾, 괴롭게ᄒᆞ다, 수고럽게ᄒᆞ다, 압ᄒᆞ게ᄒᆞ다; n. 괴롬, 수고, 압흠. v.i. 괴롭다, 수고럽다, 압ᄒᆞ다. — ment, 병.
āim', v.t. 指向, 향ᄒᆞ야ᄀᆞ루치다, 견양ᄒᆞ여보ᄂᆡ다, v.i. 향ᄒᆞ다, 견양ᄒᆞ다, 목적ᄒᆞ다; n. 관역, 목적. — less, 방향업시, 견양업게.
âir', (âr) n. 空氣. 공긔, 긔운, v.t. 공긔에ᄇᆞᆯ니다;
âir'-hole, n. 通氣穴, 긔운통ᄒᆞᄂᆞᆫ구멍.
âir'-pump, n. 抽氣筒, 공긔ᄲᆡᄂᆞᆫ긔계.
âir'y, a. 空氣, 虛. 공긔ᄀᆞᆺ흔, 공긔로된, 허ᄒᆞᆫ, 실상업ᄂᆞᆫ.

Aisle', (īl) n. 會堂長廊, 會堂內講壇升路. 회당에 너어
걸게지은 횡낭치, 회당안에서 전도ᄒᆞ는 단에 올나가는 길.
A-jär', adv. 半開, 반즘 열어,
A-kin', a. 血屬. 피셋긴, 친척되는, 혈성ᄀᆞᆺ흔.
Ăl'a-băs'ter, n. 大理石, 문치잇서 물건 만드는 돌,
A-lăck', A-lăck'a-day, interj. 哀哉, 悲夫.
슬프다, 가련타, 불상ᄒᆞ도다.
A-lăc'ri-ty, n. 歡喜. 快活, 기쁨, 쾌활ᄒᆞᆷ.
A-lärm', n. 警報, 警駭, 놀나온소문, 놀나옴, v.t.
소동식히다, 잠을 ᄭᆡ우다, —ing, 놀나온
A-lärm' clock, n. 眠覺鐘, 면각종, 잠ᄭᆡ는 ᄌᆞ명종.
A-lärm' watch, n. 眠覺時計, 잠ᄭᆡ우는 시계,

A-lás', interj. 噫, 惜哉, 앗차, 알뫼, 아불카, 아뿔사.
Ăl'ba-tross, n. 海鵝. 바다에 큰 새니 오리발 ᄀᆞᆺ치 발가락
붓흔 새라.
Al-bē'it, conj. 雖然, 雖全. 그러나, 비록 그러키로.
Al-bī'no, n. 白孫, 빅손. (온몸이 머리털ᄭᆞ지 이상히 흰 사
ᄅᆞᆷ이니 속명에 빅손이라 ᄒᆞᄂᆞ니라.)
Ăl'bum, n. 書畫帖. 흰책이니 유명ᄒᆞᆫ 글시와 사진 너두는 것.
Al-bū'men, n. 蛋白, 알에 흰자위.
Ăl'co-hol, n. 火酒. 酒精, 화쥬.
Ăl'cōve, n. 閨房. 골방.
Al'der-man, n. 執綱, 尊位. 집강, 존위.
Āle, n. 麥酒. 믹쥬
Āle'house, n. 麥酒家. 믹쥬집.

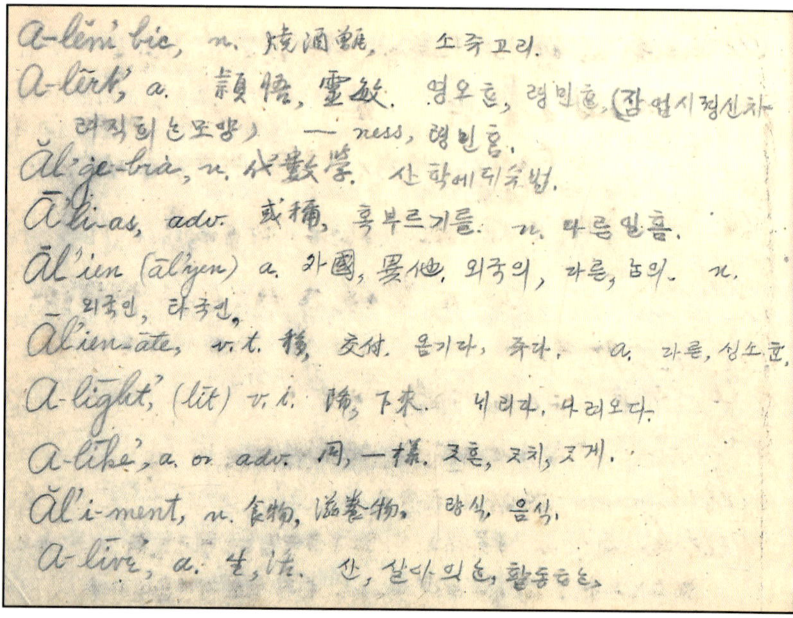

a-lĕm'bic, n. 燒酒甑, 소주고리.
a-lĕrt', a. 穎悟, 靈敏. 영오훈, 령민훈, (잠업시정신차려직히는모양) — ness, 령민홈.
ăl'ge-bra, n. 代數學. 산학에디슈법.
ā'li-as, adv. 或稱, 혹부르기를. n. 다른일홈.
āl'ien (āl'yen) a. 外國, 異他, 외국의, 다른, 남의. n. 외국인, 타국인.
āl'ien-āte, v.t. 移, 交付. 옴기다, 주다. a. 다른, 싱소훈.
a-light', (līt) v.i. 降, 下來. 나리다, 나려오다.
a-like', a. or adv. 同, 一樣. 굿훈, 굿치, 굿게.
ăl'i-ment, n. 食物, 滋養物. 량식, 음식.
a-live', a. 生, 活. 산, 살아잇는, 활동ᄒᆞᄂᆞᆫ.

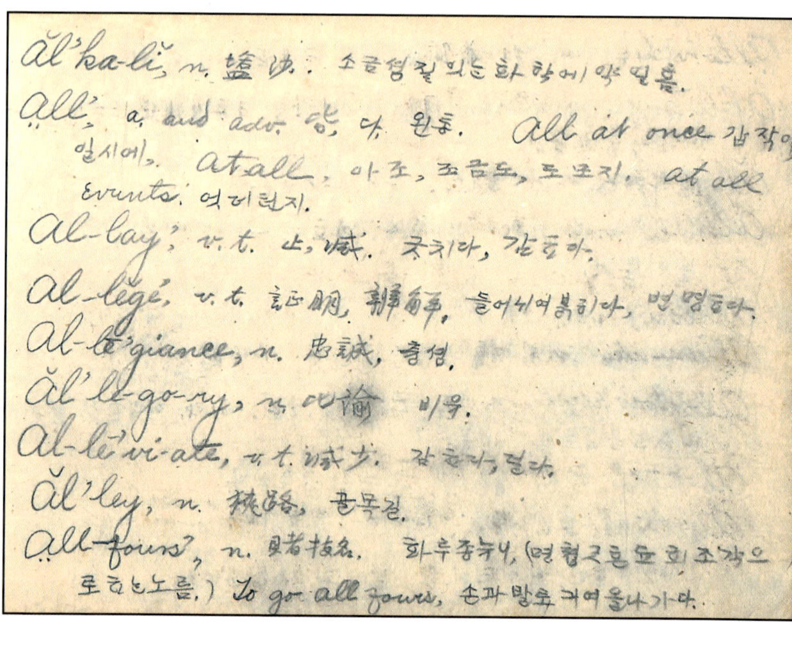

ăl'ka-lī, n. 鹽沙. 소금성질잇는화학에약일홈.
all', a. and adv. 皆, 다, 왼통. All at once 갑작이 일시에. at all, 아조, 조곰도, 도모지. at all events, 엇지던지.
al-lay', v.t. 止, 減. 긋치다, 감ᄒᆞ다.
al-lege', v.t. 証明, 辯解, 들어내여붉히다, 변명ᄒᆞ다.
al-le'giance, n. 忠誠, 충셩.
ăl'le-go-ry, n. 比喩 비유.
al-le'vi-ate, v.t. 減少. 감ᄒᆞ다, 덜다.
ăl'ley, n. 狹路, 골목길.
all-fours', n. 賭技名. 화투종뉴니, (몃청그른뇨흐 조각으로ᄒᆞ는노름.) To go all fours, 손과발로긔여올나가다.

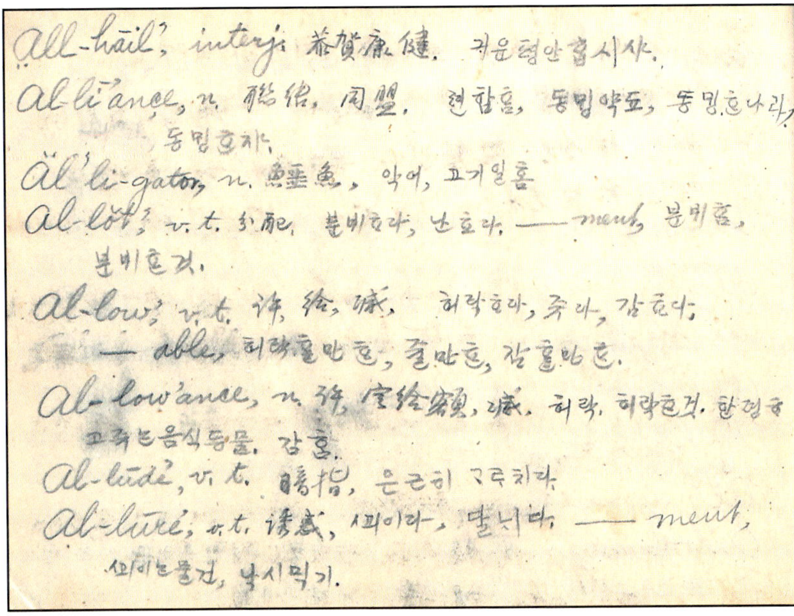
all-hail', interj. 恭賀康健. 귀윤평안홉시사.
al-li'ance, n. 聯合, 同盟. 련합홈, 동밍약됴, 동밍ᄒᆞᆫ나라, 동밍ᄒᆞᆫ자,
al'li-gator, n. 鰐魚, 악어, 고기일홈
al-lot', v.t. 分配, 분비ᄒᆞ다, 난호다, —ment, 분비홈, 분비ᄒᆞᆫ것.
al-low', v.t. 許, 給, 減, 허락ᄒᆞ다, 주다, 감ᄒᆞ다; —able, 허락홀만ᄒᆞᆫ, 줄만ᄒᆞᆫ, 감홀만ᄒᆞᆫ.
al-low'ance, n. 許, 定給額, 減. 허락, 허락ᄒᆞᆫ것. 한졍ᄒᆞ고 주는음식등물. 감홈.
al-lude', v.t. 暗指, 은근히 ᄀᆞᄅᆞ치다.
al-lure', v.t. 誘惑, 쇠이다, 달니다; —ment, 쇠이는물건, 낙시미기.

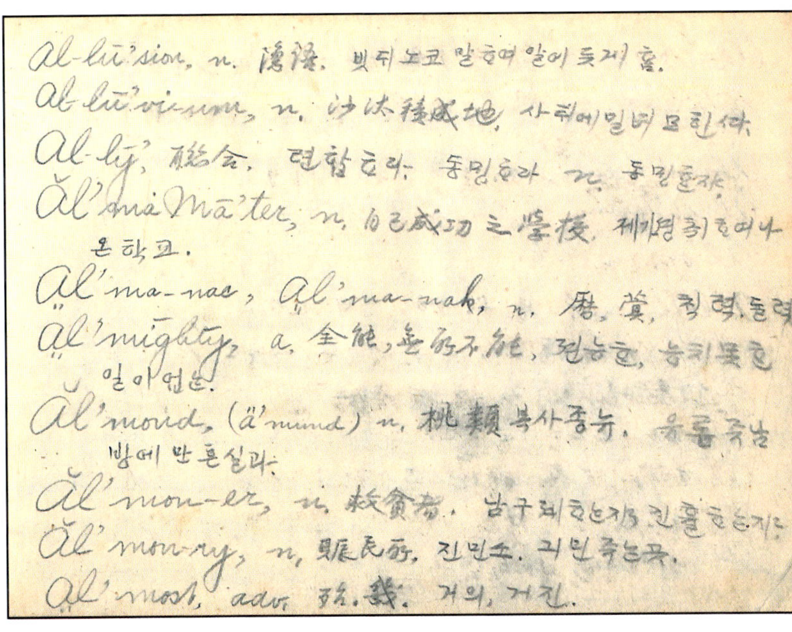
al-lu'sion, n. 隱語. 빗디노코 말ᄒᆞ여 알어듯게홈.
al-lu'vi-um, n. 沙汰積成地, 사태에밀녀모힌ᄯᅡ.
al-ly', 聯合. 련합ᄒᆞ다; 동밍ᄒᆞ다 [illegible] 동밍ᄒᆞᆫ자,
Al'ma Ma'ter, n. 自己成功之學校 제가졸업ᄒᆞ여나온학교.
al'ma-nac, al'ma-nak, n. 曆, 算, 칙력, 돌력,
al'mighty, a. 全能, 無所不能, 전능ᄒᆞᆫ, 능치못ᄒᆞᆫ일이업는.
al'mond, (ä'mund) n. 桃類 복사종뉴. 살구ᄀᆞᆺ흔 방에 만흔실과.
al'mon-er, n. 救貧者. 남구제ᄒᆞ는자, 진휼ᄒᆞ는자.
al'mon-ry, n. 賑民所, 진민소. 긔민주는곳.
al'most, adv. 殆, 幾. 거의, 거진.

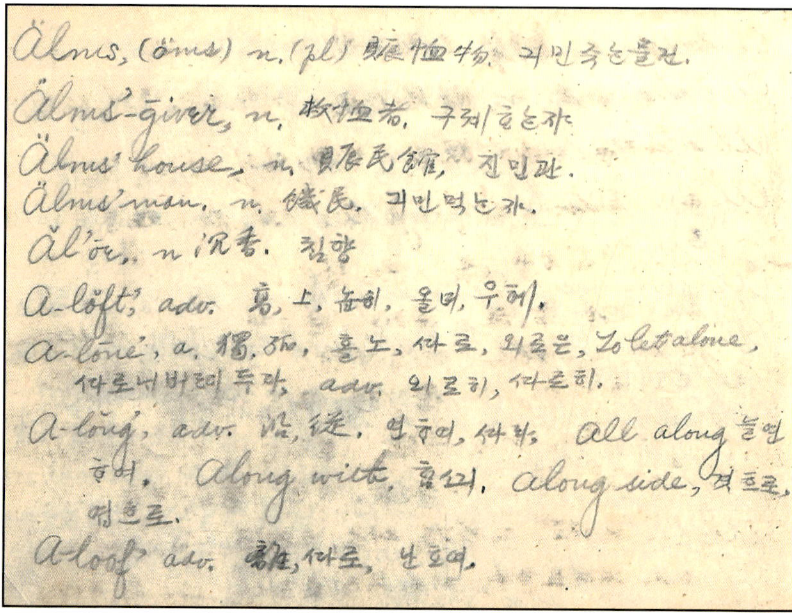

Älms, (ämz) n. (pl) 賑恤物. 긔민주는물건.
Älms-giver, n. 救恤者. 구졔ᄒᆞᄂᆞᆫ자
Älms'house, n. 賑民舘. 진민관.
Älms'man, n. 饑民. 긔민먹는자.
Ăl'oe, n 沉香. 침향
a-lŏft', adv. 高,上, 놉히, 올녀, 우헤.
a-lōne', a. 獨,孤, 홀노, ᄯᅡ로, 외로운, To let alone, ᄯᅡ로버려두다, adv. 외로히, ᄯᅡ로히.
a-lŏng', adv. 沿,從, 연ᄒᆞ여, ᄯᅡ라, all along 늘연ᄒᆞ여, along with, ᄒᆞᆷᄭᅴ. along side, 겻흐로, 엽흐로.
a-loof' adv. 離, ᄯᅡ로, 난호여.

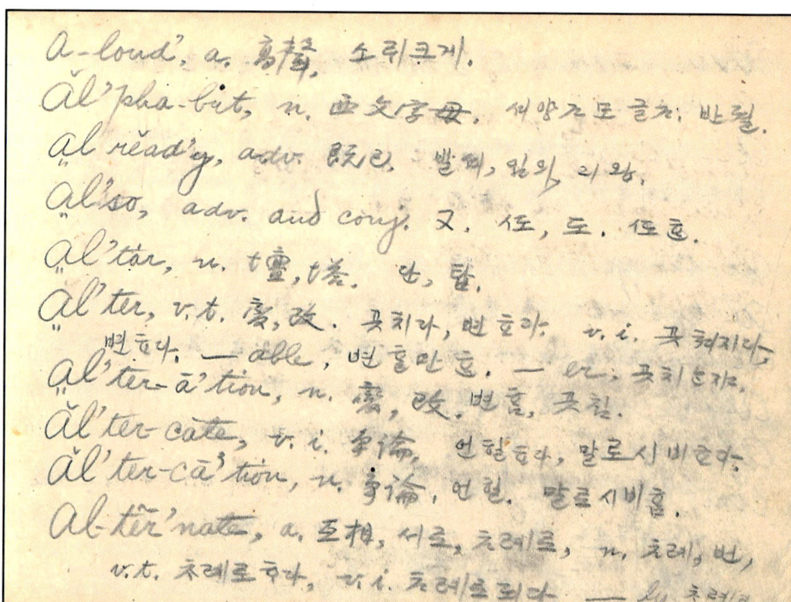

a-loud', a. 高聲. 소리크게.
Ăl'pha-bĕt, n. 西文字母. 서양국문글자; 반졀.
al read'y, adv. 旣已. 벌ᄶᅥ, 임의, 이왕.
al'so, adv. and conj. 又. ᄯᅩ, 도. ᄯᅩᄒᆞᆫ.
al'tar, n. 壇,塔. 단, 탑.
al'ter, v.t. 變,改. 곳치다, 변ᄒᆞ다. v.i. 곳쳐지다, 변ᄒᆞ다. —able, 변ᄒᆞᆯ만ᄒᆞᆫ. —er, 곳치ᄂᆞᆫ자.
al'ter-ā'tion, n. 變,改. 변ᄒᆞᆷ, 곳침.
ăl'ter-cate, v.i. 爭論. 언힐ᄒᆞ다, 말로시비ᄒᆞ다.
ăl'ter-cā'tion, n. 爭論. 언힐. 말로시비ᄒᆞᆷ.
al-tĕr'nate, a. 互相, 서로, ᄎᆞ례로, n. ᄎᆞ례, 번, v.t. ᄎᆞ례로ᄒᆞ다, v.i. ᄎᆞ례로되다. —ly ᄎᆞ례로.

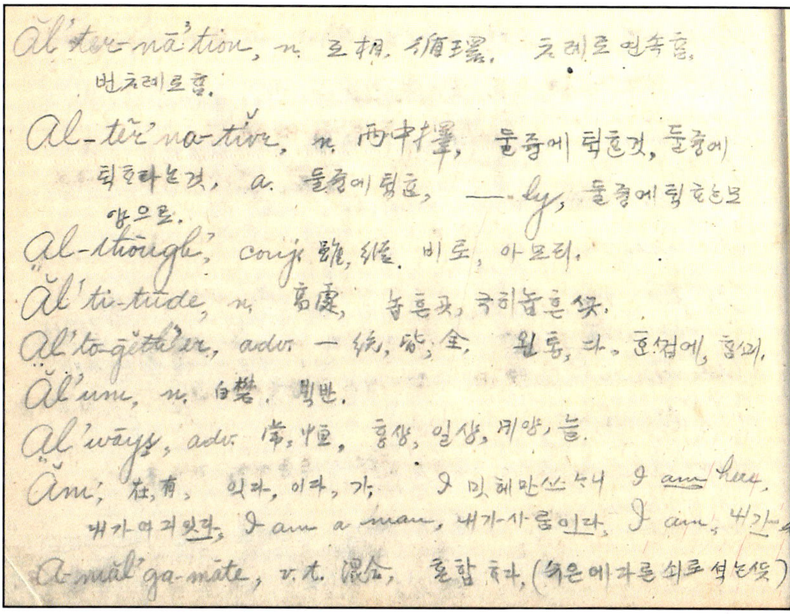

ăl'ter-nā'tion, n. 互相. 循環. 차례로 련속ᄒᆞᆷ. 번차례로ᄒᆞᆷ.

al-tẽr'na-tĭve, n. 兩中擇, 둘즁에 ᄐᆡᆨᄒᆞᆫ것, 둘즁에 ᄐᆡᆨᄒᆞ라ᄂᆞᆫ것, a. 둘즁에 ᄐᆡᆨᄒᆞᆫ, —ly, 둘즁에 ᄐᆡᆨᄒᆞᄂᆞᆫ모양으로.

al-though', conj. 雖, 縱. 비록, 아모리.

ăl'ti-tude, n. 高度, 놉흔곳, 극히놉흔ᄃᆡ.

al'to-gĕther, adv. 一統, 皆, 全, 왼통, 다, ᄒᆞᆫ셤에, ᄒᆞᆫᄭᅴ.

ăl'um, n. 白礬. ᄇᆡᆨ반.

al'wāys, adv. 常, 恒, ᄒᆞᆼ샹, 일샹, ᄆᆡ양, ᄂᆞᆯ.

ăm, 在, 有, 잇다, 이다, 가; I 밋헤만쓰ᄂᆞ니 I am here. 내가여긔잇다, I am a man, 내가사ᄅᆞᆷ이다, I am, 내가

a-măl'ga-māte, v.t. 混合, 혼합ᄒᆞ다, (수은에다른쇠로섯ᄂᆞᆫᄃᆞᆺ)

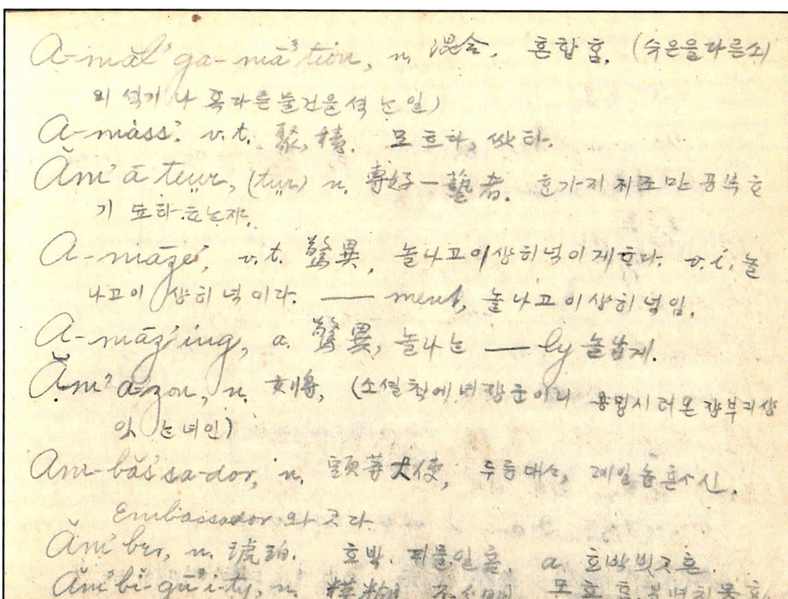

a-măl'ga-mā'tion, n. 混合, 혼합ᄒᆞᆷ, (수은을다른쇠와 섯거나 꼭다른물건을섯ᄂᆞᆫ일)

a-măss', v.t. 聚, 積. 모흐다, ᄡᅡ다.

ăm'ā-teur, (tur) n. 專好一藝者. ᄒᆞᆫ가지 재조만 공부ᄒᆞ기 됴하ᄒᆞᄂᆞᆫ쟈.

a-māze', v.t. 驚異, 놀나고이샹히녁이게ᄒᆞ다, v.i. 놀나고이샹히녁이다. —ment, 놀나고이샹히녁임.

a-māz'ing, a. 驚異, 놀나ᄂᆞᆫ —ly 놀납게.

ăm'a-zon, n. 女將, (소셜책에녀장군이니 용맹시러온장부긔샹잇ᄂᆞᆫ녀인)

am-băs'sa-dor, n. 頭等大使, 두등대ᄉᆞ, 제일놉흔ᄉᆞ신. Embassador와ᄀᆞᆺ다.

ăm'ber, n. 琥珀. 호박. 져울일홈. a. 호박빗ᄀᆞᄐᆞᆫ.

ăm'bi-gū'i-ty, n. 模糊, 不分明. 모호ᄒᆞᆷ, 분명치못ᄒᆞᆷ.

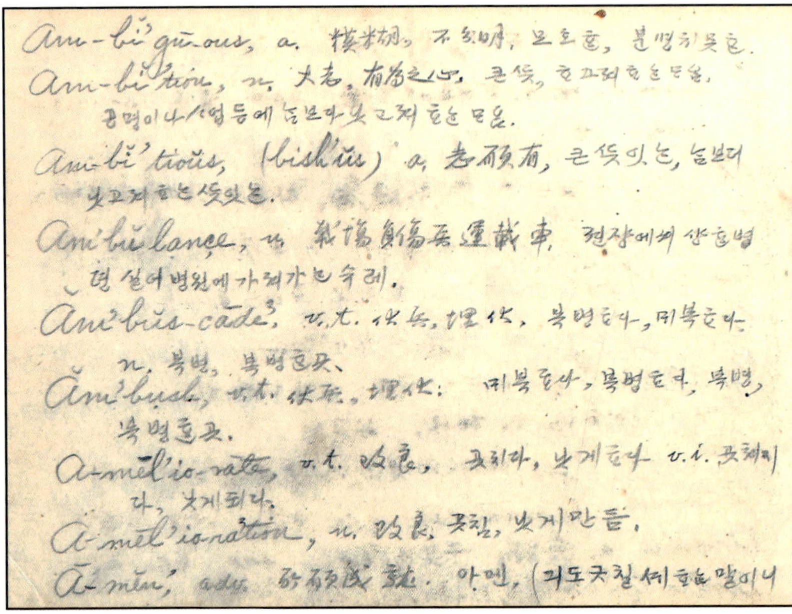
ăm-bĭg'ū-ous, a. 模糊, 不分明, 모호ᄒᆞᆫ, 분명치못ᄒᆞᆫ.
am-bĭ'tion, n. 大志, 有為之心, 큰뜻, ᄒᆞ고져ᄒᆞᄂᆞᆫ ᄆᆞ음, 공명이나 ᄉᆞ업 등에 남보다 낫고져 ᄒᆞᄂᆞᆫ ᄆᆞ음.
am-bĭ'tious, (bish'ŭs) a. 志願有, 큰뜻잇ᄂᆞᆫ, 남보다 낫고져ᄒᆞᄂᆞᆫ 뜻잇ᄂᆞᆫ.
ăm'bū-lance, n. 戰場負傷兵運載車, 젼쟝에셔 상ᄒᆞᆫ병뎡 실어 병원에 가져가ᄂᆞᆫ 수레.
ăm'bŭs-cāde', v.t. 伏兵, 埋伏, 복병ᄒᆞ다, 미복ᄒᆞ다 n. 복병, 복병ᄒᆞᆫ곳.
ăm'bush, v.t. 伏兵, 埋伏: 미복ᄒᆞ다, 복병ᄒᆞ다, 복병, 복병ᄒᆞᆫ곳.
a-mēl'io-rate, v.t. 改良, 곳치다, 낫게ᄒᆞ다 v.i. 곳쳐지다, 낫게되다.
a-mēl'ioration, n. 改良, 곳침, 낫게만듬.
ā-mĕn', adv. 所願成就. 아멘, (긔도긋칠제ᄒᆞᄂᆞᆫ 말이니

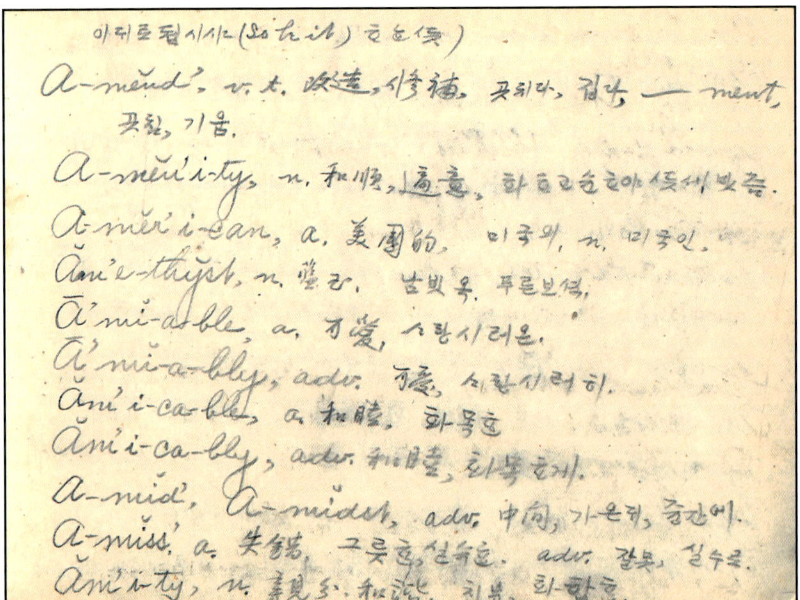
이대로될시사(So be it) ᄒᆞᄂᆞᆫ 뜻)
a-mĕnd', v.t. 改造, 修補, 곳치다, 깁다, — ment, 곳침, 기움.
a-mĕn'i-ty, n. 和順, 適意, 화ᄒᆞ고순ᄒᆞ야 뜻에맛즘.
a-mĕr'i-can, a. 美國的, 미국의, n. 미국인.
ăm'e-thyst, n. 藍玉, 남빗옥, 푸른보셕.
ā'mi-a-ble, a. 可愛, ᄉᆞ랑시러온.
ā'mi-a-bly, adv. 可愛, ᄉᆞ랑시러히.
ăm'i-ca-ble, a. 和睦, 화목ᄒᆞᆫ
ăm'i-ca-bly, adv. 和睦, 화목ᄒᆞ게.
a-mid', a-midst, adv. 中間, 가온ᄃᆡ, 즁간에.
a-miss', a. 失錯, 그릇ᄒᆞᆫ, 실수ᄒᆞᆫ. adv. 잘못, 실수로.
ăm'i-ty, n. 親分, 和諧, 친분, 화합ᄒᆞᆫ.

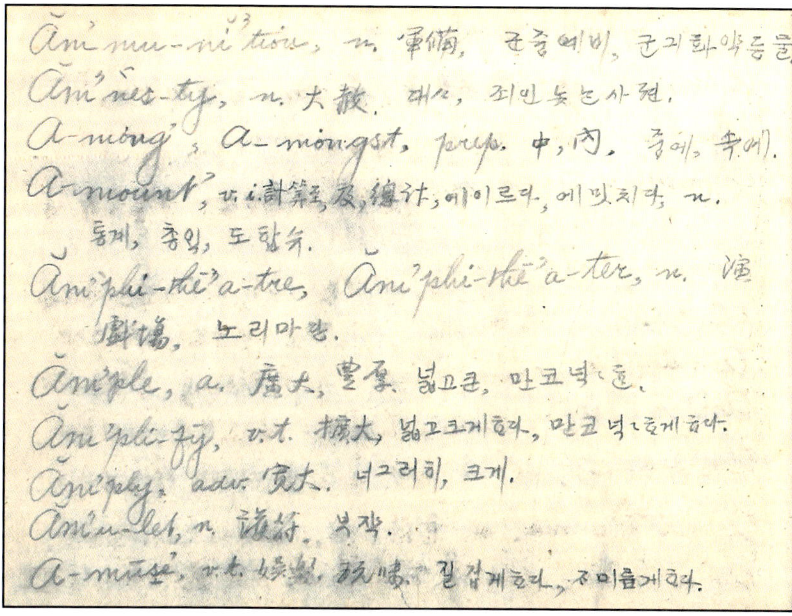

Ăm'mu-ni'tion, n. 軍備, 군즁예비, 군긔화약등물.
Ăm'nes-ty, n. 大赦. 대사, 죄인놋는사뎐.
a-mong', a-mongst, prep. 中, 內. 즁에, 속에.
a-mount', v. i. 計算, 總計, 에이르다, 에밋치다; n. 통계, 총익, 도합수.
Ăm'phi-thē'a-tre, Ăm'phi-thē'a-ter, n. 演戲場, 노리마당.
Ăm'ple, a. 廣大, 豐厚, 넓고큰, 만코넉〻호.
Ăm'pli-fy, v. t. 擴大, 넓고크게호다, 만코넉〻호게호다.
Ăm'ply, adv. 寬大. 너그러히, 크게.
Ăm'u-let, n. 護符. 부작.
a-mūse', v. t. 娛樂, 玩博, 질겁게호다, 조미롭게호다.

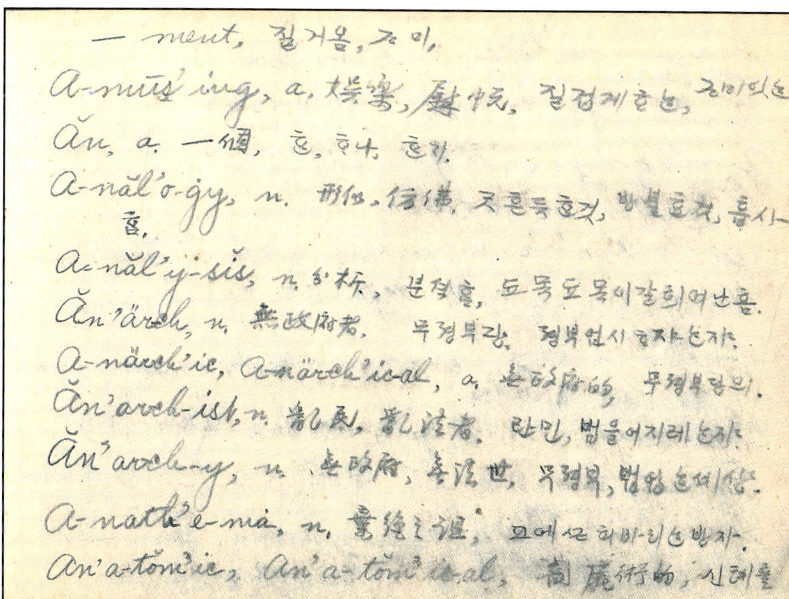

— ment, 질거움, 조미,
a-mūs'ing, a, 娛樂, 愉快, 질겁게호논, 조미잇논.
Ăn, a. 一個, 호, 호나, 호치.
a-năl'o-gy, n. 形似, 相似, 굿혼듯호것, 방블호것, 흡사훔.
a-năl'y-sis, n. 分析, 분석훔, 도목도목이갈희여난홈.
Ăn'ärch, n. 無政府者, 무정부당, 정부업시호자논자.
a-närch'ic, a-närch'ic-al, a, 無政府的, 무정부당의.
Ăn'arch-ist, n. 亂民, 亂法者, 란민, 법을어지러논자.
Ăn'arch-y, n. 無政府, 無法世, 무정부, 법업논세상.
a-nath'e-mà, n. 棄絶之詛, 교에셔히바리논방자.
ăn'a-tŏm'ic, ăn'a-tŏm'ic-al, 解剖術的, 신톄를

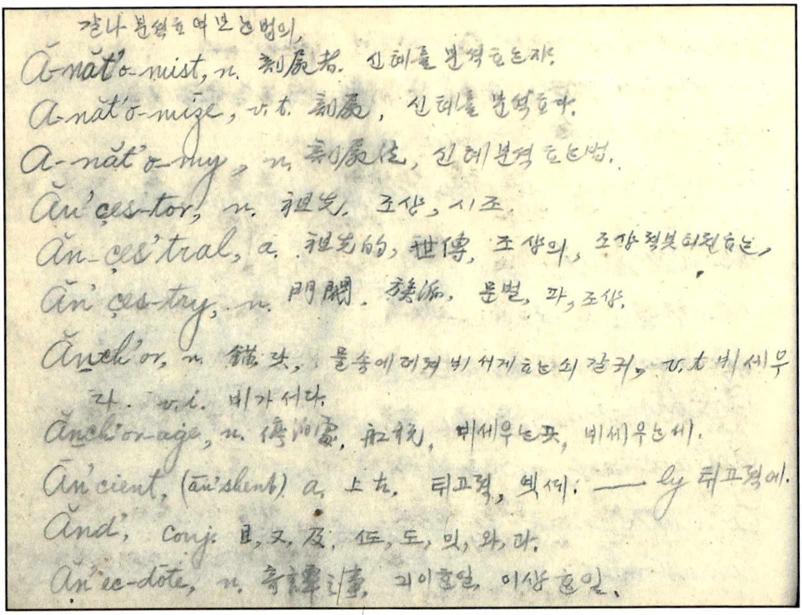
갈나 분석ᄒᆞ여 보ᄂᆞᆫ 법의,
ă-năt'o-mist, n. 剖屍者. 신톄를 분석ᄒᆞᄂᆞᆫ자.
a-năt'o-mize, v.t. 剖屍, 신톄를 분석ᄒᆞ다.
a-năt'o-my, n. 剖屍法, 신톄분석ᄒᆞᄂᆞᆫ법.
ăn'ces-tor, n. 祖先, 조샹, 시조.
ăn-ces'tral, a. 祖先的, 世傳, 조샹의, 조샹적븟허전ᄒᆞᄂᆞᆫ,
ăn'ces-try, n. 門閥. 族派, 문벌, 파, 조샹.
ăn'chor, n. 錨 닷, 물속에 더져 ᄇᆡ 서게 ᄒᆞᄂᆞᆫ 쇠 갈궈, v.t. ᄇᆡ 세우다. v.i. ᄇᆡ가 서다.
ăn'chor-age, n. 停泊處, 船稅, ᄇᆡ세우ᄂᆞᆫ곳, ᄇᆡ세우ᄂᆞᆫ세.
ān'cient, (ān'shent) a. 上古, 뎌고적, 녯셰; —ly 뎌고적에.
ănd, conj. 且, 又, 及, 또, 도, 밋, 와, 과.
ăn'ec-dōte, n. 奇譚話, 긔이ᄒᆞᆫ일, 이샹ᄒᆞᆫ일.

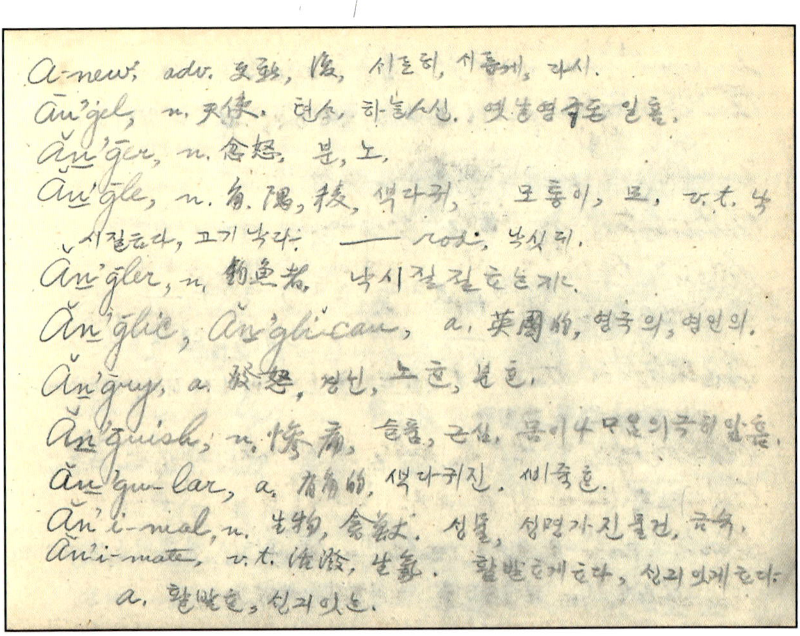
a-new, adv. 更新, 復, 새로히, 새롭게, 다시.
ān'gel, n. 天使. 텬ᄉᆞ, 하ᄂᆞᆯ사신. 녯날에 ... 일홈.
ăn'ger, n. 忿怒, 분, 노.
ăn'gle, n. 角. 隅, 稜, 색다귀, 모퉁이, 모, v.t. 낙시질ᄒᆞ다, 고기 낙다; — rod, 낙싯대.
ăn'gler, n. 釣魚者, 낙시질 잘ᄒᆞᄂᆞᆫ자.
ăn'glic, ăn'gli-can, a. 英國的, 영국의, 영인의.
ăn'gry, a. 發怒, 졍닌, 노ᄒᆞᆫ, 분ᄒᆞᆫ.
ăn'guish, n. 慘痛, 슬픔, 근심, 몸이나 ᄆᆞ음의 극히 압흠.
ăn'gu-lar, a. 有角的, 색다귀진, 세죽ᄒᆞᆫ.
ăn'i-mal, n. 生物, 禽獸. 싱물, 싱명가진 물건, 금슈.
ăn'i-mate, v.t. 活潑, 生氣. 활발ᄒᆞ게 ᄒᆞ다, 신긔 잇게 ᄒᆞ다.
a. 활발ᄒᆞᆫ, 신긔 잇ᄂᆞᆫ.

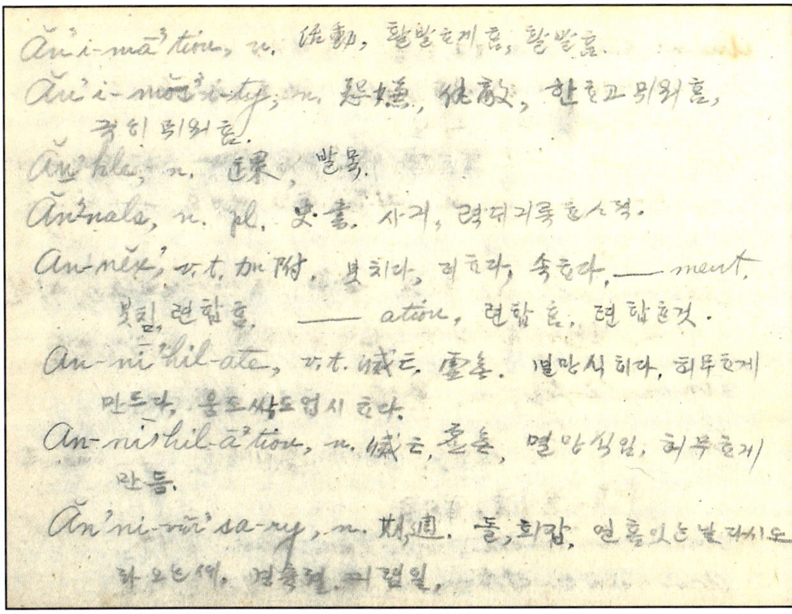

ăn-i-mā'tion, n. 活動, 활발ᄒᆞ게 홈, 활발홈.
ăn'i-mŏs'i-ty, n. 怨嫌, 仇敵, 한ᄒᆞ고 뮈워홈, 극히 뮈워홈.
ăn'kle, n. 踝, 발목.
ăn'nals, n. pl. 史書, 사긔, 력ᄃᆡ긔록ᄒᆞᆫ ᄎᆡᆨ.
an-nĕx', v.t. 加附, 붓치다, 더ᄒᆞ다, 속ᄒᆞ다, —ment, 붓침, 련합홈. —ation, 련합홈, 련합ᄒᆞᆫ것.
an-ni'hil-ate, v.t. 滅亡, 虛無. 멸망식히다, 허무ᄒᆞ게 만드다, 흔적도업시 ᄒᆞ다.
an-ni'hil-ā'tion, n. 滅亡, 虛無, 멸망식힘, 허무ᄒᆞ게 만듬.
ăn'ni-vẽr'sa-ry, n. 期, 週. 돌, 회갑, 연고잇ᄂᆞᆫ날 다시도라오ᄂᆞᆫ ᄯᆡ, 명절, 긔렴일.

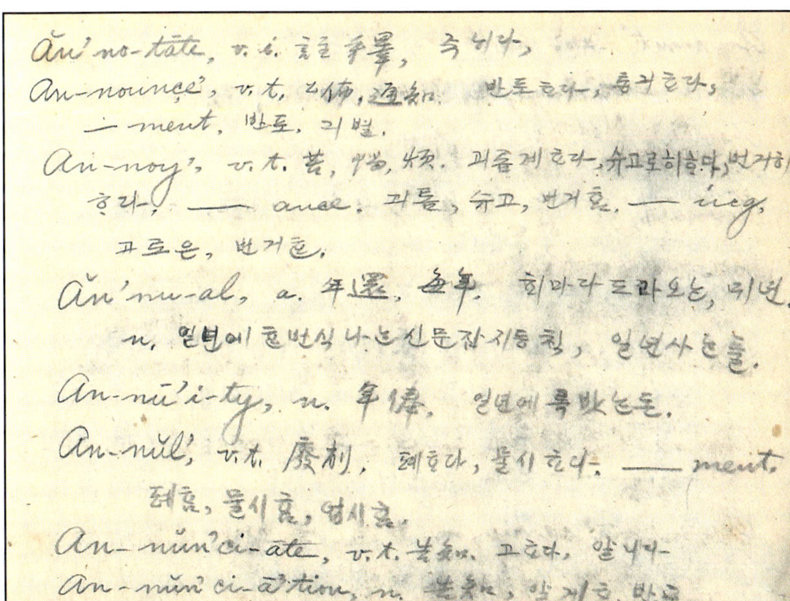

ăn'no-tāte, v.i. 註釋, 주내다,
an-nounce', v.t. 公佈, 通知. 반포ᄒᆞ다, 통긔ᄒᆞ다, —ment, 반포, 긔별.
an-noy', v.t. 苦, 惱, 煩. 괴롭게ᄒᆞ다, 슈고로히ᄒᆞ다, 번거히ᄒᆞ다, —ance. 괴롬, 슈고, 번거홈. —ing, 괴로온, 번거ᄒᆞᆫ.
ăn'nu-al, a. 年還, 每年. ᄒᆡ마다 도라오ᄂᆞᆫ, ᄆᆡ년. n. 일년에 ᄒᆞᆫ번식 나ᄂᆞᆫ 신문잡지등 칭, 일년사ᄂᆞᆫ 풀.
an-nū'i-ty, n. 年俸, 일년에 록받ᄂᆞᆫ돈.
an-nŭl', v.t. 廢制, 폐ᄒᆞ다, 물시ᄒᆞ다. —ment. 폐홈, 물시홈, 업시홈.
an-nŭn'ci-āte, v.t. 告知, 고ᄒᆞ다, 알니다.
an-nŭn'ci-ā'tion, n. 告知, 알게홈, 반포.

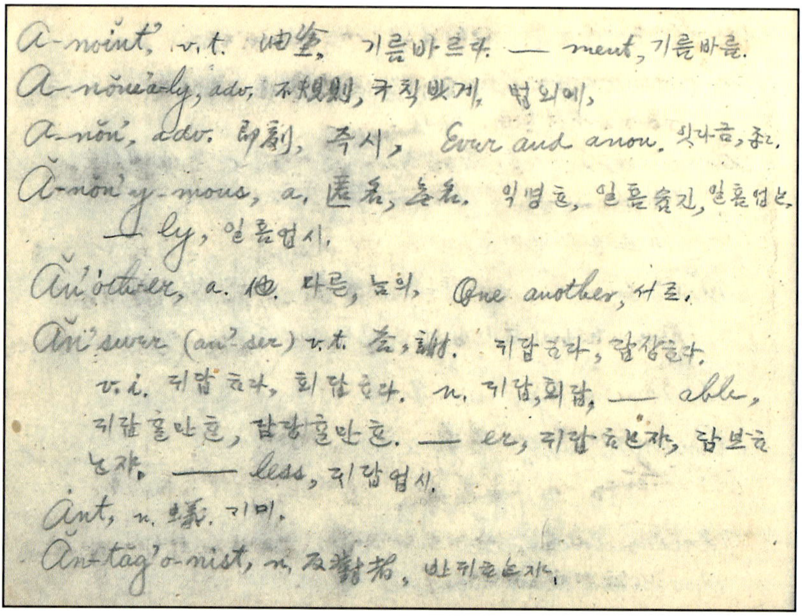

a-noint', v.t. 油塗, 기름바르다. — ment, 기름바름.
a-nŏm'a-ly, adv, 不規則, 규칙밧게, 법외에,
a-nŏn', adv. 卽刻, 즉시, Ever and anon, 잇다금, 종종.
ă-nŏn'y-mous, a, 匿名, 無名. 익명ᄒᆞᆫ, 일홈숨긴, 일홈업는,
— ly, 일홈업시,
ăn'oth'er, a. 他. 다른, 남의, One another, 서로.
ăn'swer (an'ser) v.t. 答, 謝. 디답ᄒᆞ다, 답장ᄒᆞ다.
v.i. 디답ᄒᆞ다, 회답ᄒᆞ다. n. 디답, 회답, — able,
디답ᄒᆞᆯ만ᄒᆞᆫ, 답장ᄒᆞᆯ만ᄒᆞᆫ. — er, 디답ᄒᆞᄂᆞᆫ자, 답보ᄒᆞ
ᄂᆞᆫ자. — less, 디답업시.
ant, n. 蟻. 기미.
ăn-tag'o-nist, n. 反對者, 반디ᄒᆞᄂᆞᆫ자.

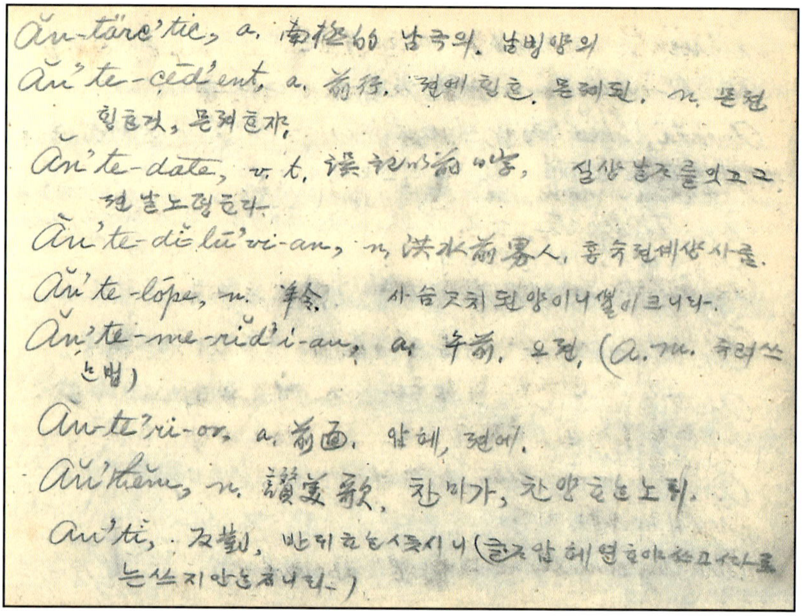

ăn-tarc'tic, a. 南極的 남극의. 남빙양의
ăn'te-cĕd'ent, a. 前行. 전에 힝ᄒᆞᆫ. 몬져된. n. 몬져
힝ᄒᆞᆫ것, 몬져ᄒᆞᆫ자.
ăn'te-date, v.t. 誤記以前日字, 실상 날ᄌᆞ를 엇고 그
전 날노 뎍ᄂᆞ다.
ăn'te-dĭ-lu'vi-an, n. 洪水前世人, 홍수전세상사ᄅᆞᆷ.
ăn'te-lōpe, n. 羚羊 사슴ᄀᆞᆺ치된양이니 셀이크니라.
ăn'te-me-rĭd'i-an, a. 午前. 오전, (a.m. 줄려쓰
는법)
an-te'ri-or, a. 前面. 압헤, 전에.
ăn'them, n. 讚美歌, 찬미가, 찬양ᄒᆞᄂᆞᆫ노ᄅᆡ.
an'ti, 反對, 반디ᄒᆞᄂᆞᆫ ᄯᅳ시니 (글ᄌᆞ압헤 연ᄒᆞ야쓰고 ᄯᅡ로
는쓰지안ᄂᆞᆫ니라)

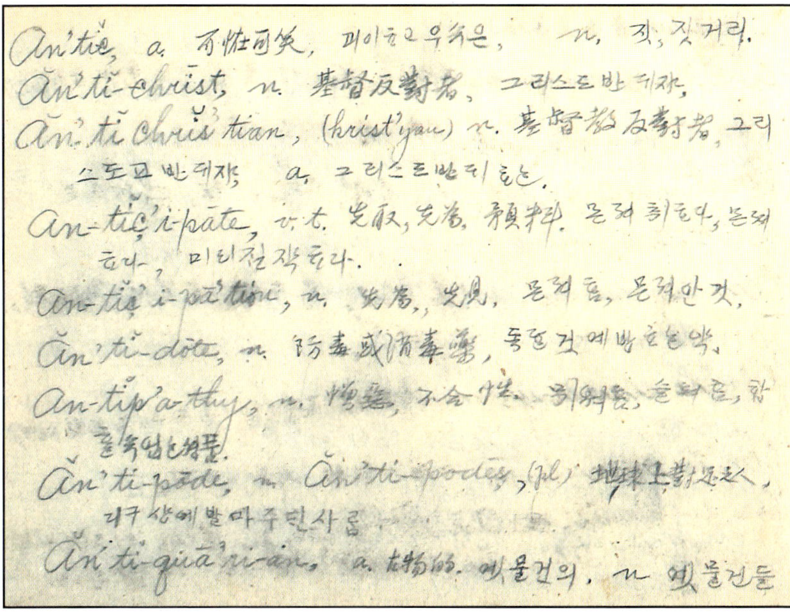

An'tic, a. 可怪可笑, 괴이ᄒᆞ고우ᄉᆞ은, n. 짓, 짓거리.
Ăn'ti-christ, n. 基督反對者, 그리스도반ᄃᆡ쟈.
Ăn'ti-chris'tian, (krist'yan) n. 基督教反對者, 그리스도교반ᄃᆡ쟈; a. 그리스도반ᄃᆡᄒᆞᄂᆞᆫ.
An-tic'i-pate, v.t. 先取, 先當, 預料. 몬져 취ᄒᆞ다, 몬져ᄒᆞ다, 미리짐작ᄒᆞ다.
An-tic'i-pa'tion, n. 先當, 先見, 몬져ᄒᆞᆷ, 몬져안것,
Ăn'ti-dote, n. 防毒或消毒藥, 독된것예방ᄒᆞᄂᆞᆫ약.
An-tip'a-thy, n. 憎惡, 不合性, 슬희ᄒᆞᆷ, 합ᄒᆞᆯ수업ᄂᆞᆫ셩품.
Ăn'ti-pode, n. Ăn'ti-podes, (pl.) 地球上對足人, 디구상에발마주딘사ᄅᆞᆷ.
Ăn'ti-quā'ri-an, a. 古物的. 옛물건의, n. 옛물건들

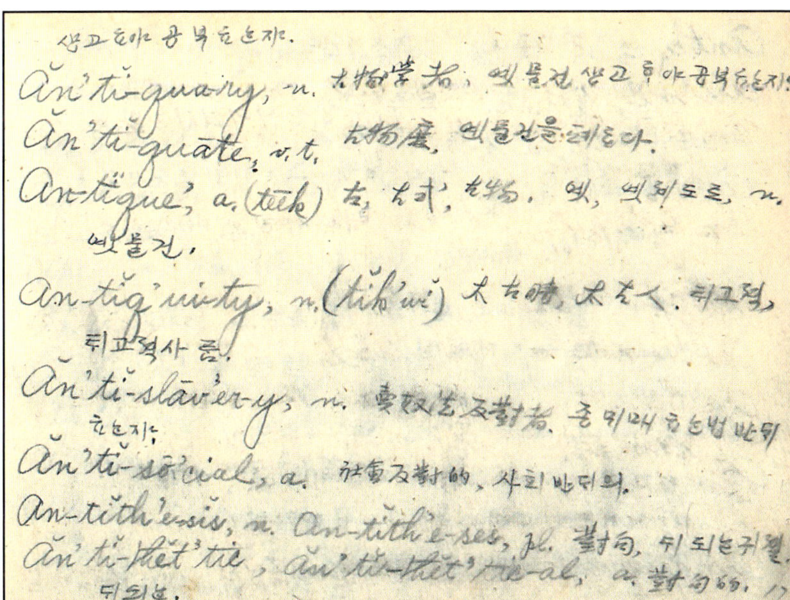

샹고ᄒᆞ야공부ᄒᆞᄂᆞᆫ쟈.
Ăn'ti-qua-ry, n. 古物學者, 옛물건샹고ᄒᆞ야공부ᄒᆞᄂᆞᆫ쟈.
Ăn'ti-quate, v.t. 古物處, 옛물건을폐ᄒᆞ다.
An-tique', a. (teek) 古, 古式, 古物. 옛, 옛적도로, n. 옛물건.
An-tiq'ui-ty, n. (tik'wi) 太古時, 太古人. 되고젹, 되고젹사ᄅᆞᆷ.
Ăn'ti-slāv'er-y, n. 賣奴隷反對者. 종미매ᄒᆞᄂᆞᆫ법반ᄃᆡᄒᆞᄂᆞᆫ쟈.
Ăn'ti-sō'cial, a. 社會反對的, 사회반ᄃᆡ의.
An-tith'e-sis, n. An-tith'e-ses, pl. 對句, ᄃᆡ되ᄂᆞᆫ귀절.
Ăn'ti-thet'ic, ăn'ti-thet'ic-al, a. 對句的, ᄃᆡ되ᄂᆞᆫ. 17

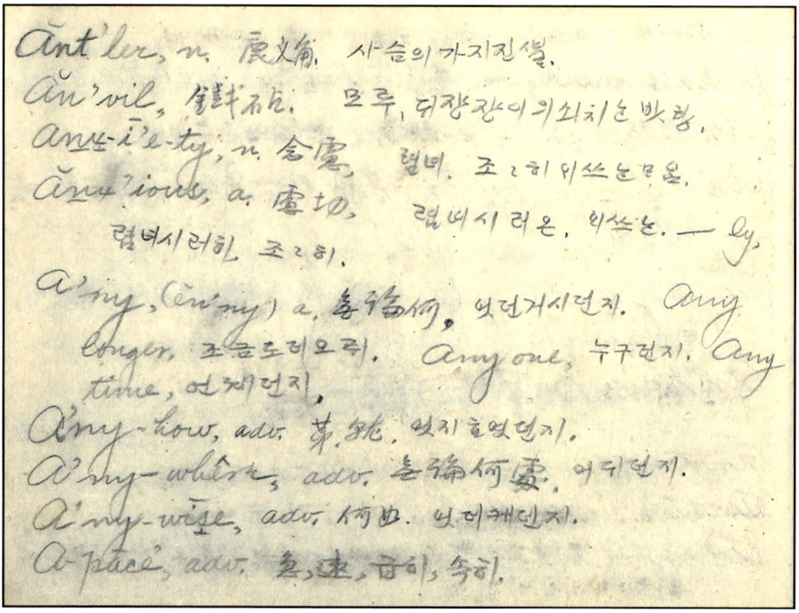
ănt'ler, n. 鹿角. 사슴의 가지진 뿔.
ăn'vil, 鐵砧. 모루, 대장장이의 쇠치는 바탕.
anx-ī'e-ty, n. 念慮, 렴려. 조조히 애쓰는 ᄆᆞ음.
ănx'ious, a. 憂切, 렴려시러온, 애쓰는. —ly, 렴려시러히, 조조히.
ā'ny, (ĕn'ny) a. 毋論何, 어던거시던지. Any longer, 조금도 더 오래. Any one, 누구던지. Any time, 언제던지.
ā'ny-how, adv. 某樣, 엇지ᄒᆞ엿던지.
ā'ny-whêre, adv. 毋論何處, 어디던지.
ā'ny-wise, adv. 何也. 엇더케던지.
a-pace', adv. 急, 速, 급히, 속히.

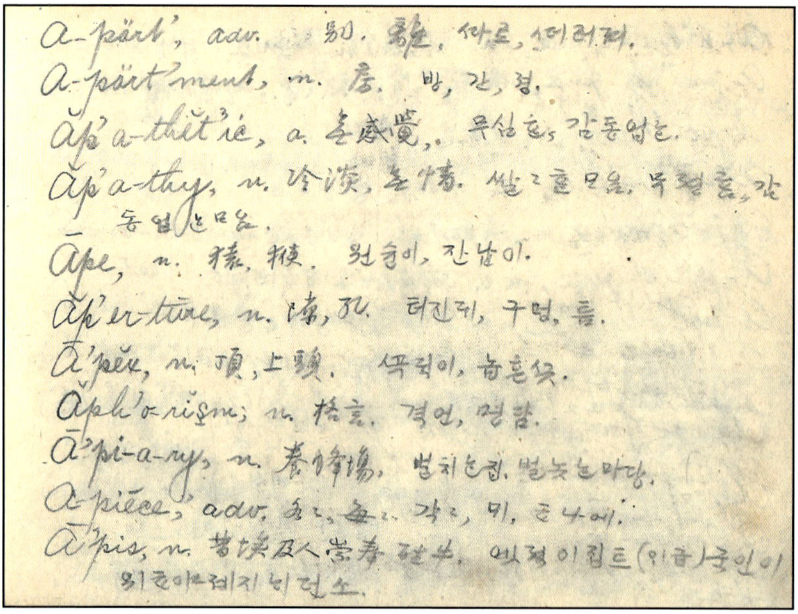
a-pärt', adv. 別. 離, 따로, 떠러져.
a-pärt'ment, n. 房. 방, 간, 청.
ăp'a-thĕt'ic, a. 無感覺, 무심ᄒᆞᆫ, 감동업는.
ăp'a-thy, n. 冷淡, 無情. 쌀쌀ᄒᆞᆫ ᄆᆞ음, 무졍ᄒᆞᆷ, 감동업는 ᄆᆞ음.
āpe, n. 猿, 猴. 원숭이, 잔납이.
ăp'er-ture, n. 隙, 孔. 터진데, 구멍, 틈.
ā'pĕx, n. 頂, 上頭. 꼭닥이, 놉흔곳.
ăph'o-rism, n. 格言. 격언, 명담.
ā'pi-a-ry, n. 養蜂場, 벌치는집, 벌놋는마당.
a-piece', adv. 各各, 每每, 각각, 매, ᄒᆞᆫ나에.
ā'pis, n. 昔埃及人崇奉聖牛. 예젼 이집트(애급)국인이 위ᄒᆞ야 례지내던 소.

a-pŏc'a-lypse, n. 默示錄. 묵시록, 신약젼서 끗장.
a-pŏc'ry-phă, n. pl. 背正教之書. 셩경과 합지 안는 글.
a-pŏl'ly-on, n. 魔鬼. 마귀, 요귀.
a-pŏl'o-gĕt'ic, a. 辯明, 발명ᄒᆞᄂᆞᆫ
a-pŏl'o-gist, n. 辯明者, 발명ᄒᆞᄂᆞᆫ자.
a-pŏl'o-gize, v. i. 辯明. 발명ᄒᆞ다.
a-pŏl'o-gīz'er, n. 辯明者, 발명ᄒᆞᄂᆞᆫ자.
a-pŏl'o-gy, n. 辯明, 謝罪. 발명, 사죄.
ăp'o-thegm, ăp'oph-thegm, n. (apothĕm) 訓戒, 教訓. 훈계, 교훈.
ăp'o-plec'tic, a. 卒中症的. 별안간에 쓰러진 병의.
ăp'o-plex'y, n. 卒中症. 별안간 쓰러진 병.
a-pŏs'ta-sy, n. 背教, 背黨. 교 비반ᄒᆞᆷ, 편당 비반ᄒᆞᆷ.

a-pŏs'tate, a. 反教, 背黨. 교 비반ᄒᆞᄂᆞᆫ. 편당 비반ᄒᆞᄂᆞᆫ. n. 교 비반ᄒᆞᄂᆞᆫ자, 편당 비반ᄒᆞᄂᆞᆫ자.
a-pŏs'ta-tīze, v. i. 反教, 背黨. 교를 비반ᄒᆞ다, 편당 비반ᄒᆞ다.
a-pŏs'tle, (posl) n. 使徒, 耶蘇弟子. 사도, 예수의 뎨자.
ăp'os-tŏl'ic, ăp'os-tŏl'ic-al, a. 使徒的, 耶蘇弟子的. 사도의, 예수뎨자의.
a-pŏs'tro-phe, n. 省字表. 글자 빠진 표.
a-pŏth'e-ca-ry, n. 藥材製賣者. 약재료 만들어 파는 자
ap-pall', v. t. 恐赫, 놀내다, 위협ᄒᆞ다, v. i. 놀나다, — ing, 놀내는, — ment 놀남, 위협.
ăp'pan-āge, n. 親王采地, 資生料. 친왕 봉ᄒᆞ여 준 따. 먹고 사는 저료.
ăp'pa-ră'tus, n. ăp'pa-ră'tus-es, pl. 器具, 연장.

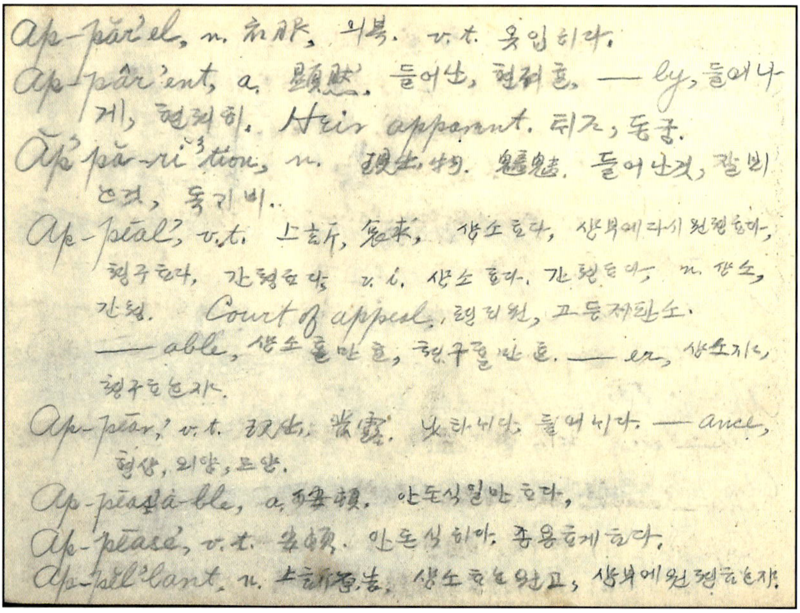
ap-păr'el, n. 衣服, 의복. v.t. 옷입히다.
ap-pâr'ent, a. 顯然. 들어난, 현저훈. —ly, 들어나게, 현저히. Heir apparent. 태자, 동궁.
ăp'pă-ri'tion, n. 現出物. 鬼魅. 들어난것, 잘뵈는것, 독기비..
ap-peal', v.t. 上訴, 請求, 상소호다, 상부에다시원정호다, 청구호다, 간청호다, v.i. 상소호다. 간청호다, n. 상소, 간청. Court of appeal, [illegible], 고등재판소.
—able, 상소홀만훈, 청구홀만훈. —er, 상소자, 청구호는자.
ap-pear', v.i. 現出, 出露. 나타나다, 들어나다. —ance, 현상, 외양, 모양.
ap-peas'a-ble, a. 可安頓. 안돈식일만호다,
ap-pease', v.t. 安頓. 안돈식히며, 죵용호게호다.
ap-pel'lant, n. 上訴原告, 상소호는원고, 상부에원정호는자.

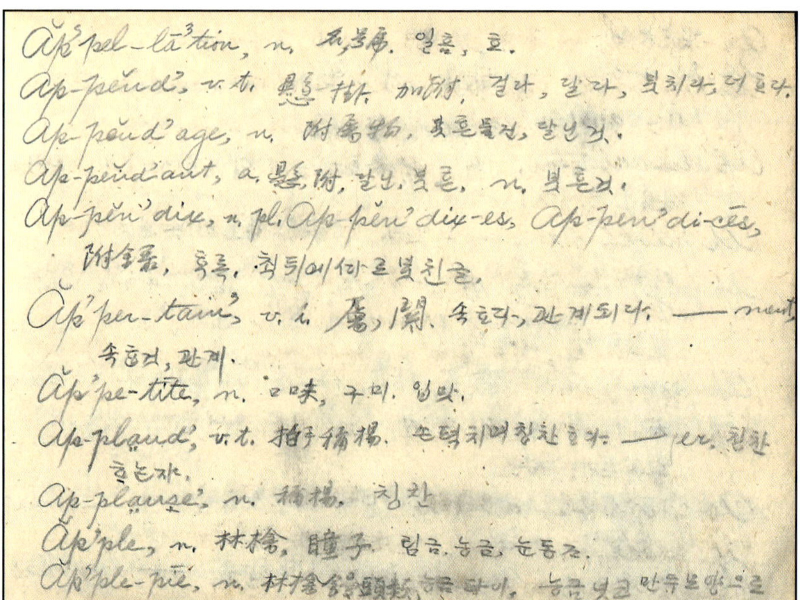
ăp'pel-lā'tion, n. 名號. 일흠, 호.
ap-pend', v.t. 懸掛, 加附, 걸다, 달다, 붓치다, 더호다.
ap-pend'age, n. 附屬物, 붓흔물건, 달닌것.
ap-pend'ant, a. 懸附, 달닌, 붓흔, n. 붓흔것.
ap-pen'dix, n. pl. ap-pen'dix-es, ap-pen'di-cēs, 附錄, 부록, 척뒤에다로붓친글.
ăp'per-tain', v.i. 屬, 關. 속호다, 관계되다. —ment, 속호것, 관계.
ăp'pe-tite, n. 口味, 구미. 입맛.
ap-plaud', v.t. 拍手稱揚. 손뼉치며칭찬호다. —er, 칭찬호는자.
ap-plause', n. 稱揚, 칭찬
ăp'ple, n. 林檎, 瞳子. 림금, 능금, 눈동ᄌᆞ.
ăp'ple-pie, n. 林檎包饅頭, 능금파이, 능금넣고만든보양으로

만든음식,

ap-pli'a-ble, a. 適用, 쓸만흔.

ap'pli-ca-ble, a. 適用, 쓸만흔.

ăp'pli-cant, n. 適用者, 請求者, 합당히스는자, 쳥구흐
는자,

ăp'pli-cā'tion, n. 適用, 請求; 합당히씀, 쳥구흠.

ap-ply', v.t. 置, 用, 求. 두다, 놋다, 스다, 구흐다. v.i.
합당흐다, 쳥구흐다.

ap-point', v.t. 設置, 指定, 任授. 베풀어두다, 그르쳐보아라,
맛기다, 식이다, 질뎡흐다. —— ment, 맛김, 베플식힘,
비치흐야 노음.

ap-pōr'tion, v.t. 分配. 분비흐다, 갓치난호다. —— ment,
분비흠, 난흠.

ăp'po-site, a. 適當. 젹당흔, 상합흔. —— ly, 젹당히,

ăp'po-si'tion, n. 添加, 더흠.

ap-praiṣ'al, n. 定價, 갑슬뎡흐는일.

ap-praiṣe', v.t. 定價, 갑슬뎡흐다, 거간굿흔사름으로갑뎡
흐다 —— ment, 갑뎡흠.

ap-praiṣ'er, n. 評價官, 牙門人, 물건갑뎡흐는관원,
물건거간군,

ap-prē'çi-a-ble, a. 可貴重. 귀중히넉일만흔.

ap-prē'çiate, v.t. 貴重. 귀중히넉이다.

ap-prē'çi-ā'tion, n. 貴重, 귀중히넉임.

ap-pre-hĕnd', v.t. 捕, 執, 理會, 恐懼. 잡다, 알어듯다, 두
려워흐다.

ap-pre-hĕn'si-ble, a. 可捉, 可思]. 잡을만흔, 알어들을
만흔.

ap-pre-hĕn'sion, n. 捕捉, 思想, 恐懼. 잡음, 싱각, 두려옴.

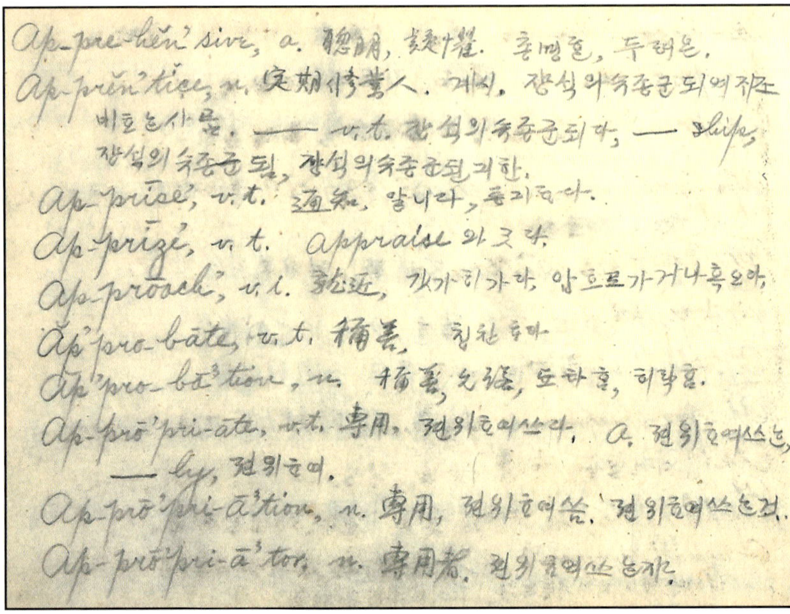

ap-pre-hen'sive, a. 聰明, 恐懼. 총명훈, 두려운.
ap-pren'tice, n. 定期修業人. 계시, 장식의 숙종군 되여 지조 배호는 사름. — v.t. 장식의 숙종군 되다, — ship, 장식의 숙종군 됨, 장식의 숙종군 된 긔한.
ap-prise', v.t. 通知, 알니다, 통지호다.
ap-prize', v.t. appraise 와 굿다.
ap-proach', v.i. 就近, 갓가히 가다, 압흐로 가거나 혹 오다,
ap'pro-bate, v.t. 稱善, 칭찬호다
ap'pro-ba'tion, n. 稱善, 允許, 도타훈, 허락훔.
ap-pro'pri-ate, v.t. 專用, 전위호여쓰다, a. 전위호여쓰는,
— ly, 전위호여.
ap-pro'pri-a'tion, n. 專用, 전위호여씀, 전위호여쓰는것.
ap-pro'pri-a'tor, n. 專用者, 전위호여쓰는자.

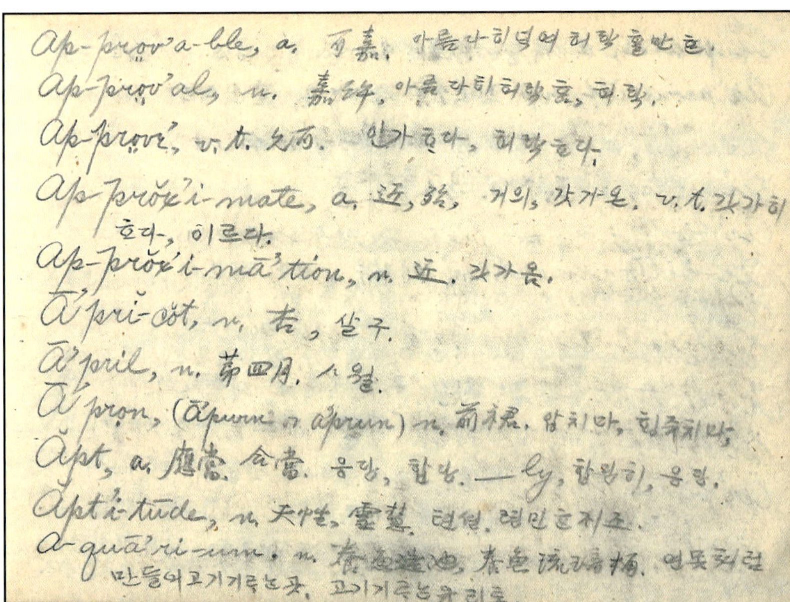

ap-prov'a-ble, a. 可嘉, 아름다히 녁여 허락훌만훈.
ap-prov'al, n. 嘉許, 아름다히 허락훔, 허락.
ap-prove', v.t. 允可. 인가호다, 허락호다.
ap-prox'i-mate, a. 近, 約, 거의, 갓가온. v.t. 갓가히 호다, 이르다.
ap-prox'i-ma'tion, n. 近. 갓가옴.
a'pri-cot, n. 杏, 살구.
A'pril, n. 第四月. 사월.
a'pron, (āpurn or āprun) n. 前裙. 압치마, 힝주치마.
apt, a. 應當, 合當. 응당, 합당. — ly, 합당히, 응당.
apt'i-tude, n. 天性, 靈慧. 텬셩, 령민훈 지조.
a-qua'ri-um, n. 養魚池, 養魚琉璃桶. 연못처럼 만들어 고기 기르는 곳, 고기 기르는 유리통.

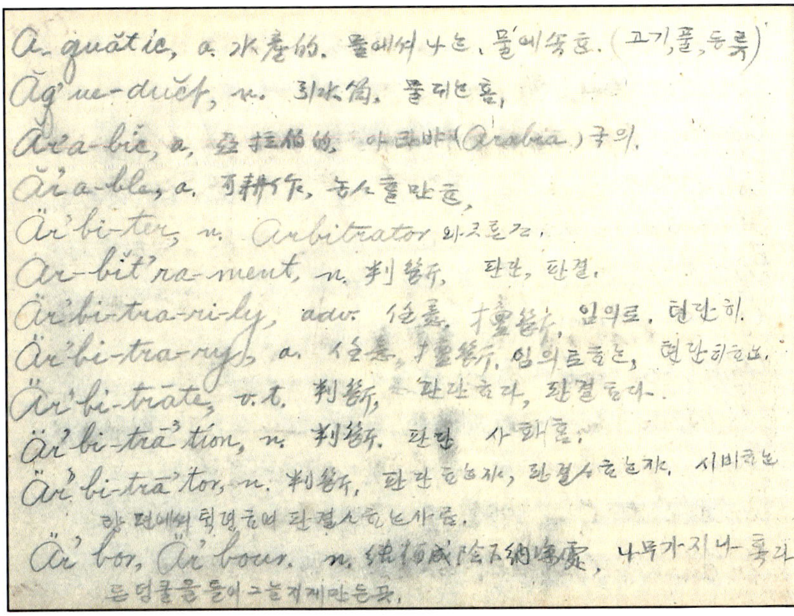
Ā-quăt'ic, a. 水產的. 물에서 나는, 물에 속한. (고기, 풀, 등류)
Ăq'ue-duct, n. 引水筒. 물 대는 홈,
Ăr'a-bic, a. 亞拉伯的. 아라비아(Arabia)국의.
Ăr'a-ble, a. 可耕作, 농사 할 만한,
Är'bi-ter, n. Arbitrator 와 같은 것.
Ar-bit'ra-ment, n. 判斷. 판단, 판결.
Är'bi-tra-ri-ly, adv. 任意. 擅斷. 임의로, 천단히.
Är'bi-tra-ry, a. 任意. 擅斷. 임의로 하는, 천단하는.
Är'bi-trāte, v.t. 判斷. 판단하다, 판결하다.
Är'bi-trā'tion, n. 判斷. 판단 사화함.
Är'bi-trā'tor, n. 判斷, 판단하는 자, 판결하는 자. 시비하는 양편에서 택정하여 판결하는 사람.
Är'bor, Är'bour, n. 纏樹成陰下納涼處, 나뭇가지나 혹 다른 덩굴을 틀어 그늘지게 만든 곳.

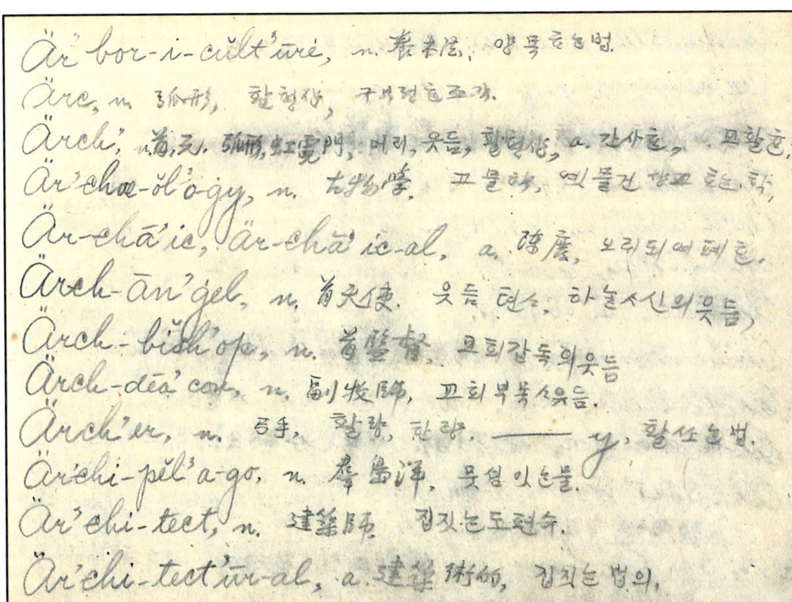
Är'bor-i-cult'ūre, n. 養木法. 양목하는 법.
Ärc, n. 弧形. 활형상, 구부정한 조각.
Ärch, n. 首, 長. 弧形, 虹霓門. 머리, 웃듬, 활형상. a. 간사한, 교활한.
Är'chae-ŏl'o-gy, n. 古物學. 고물학, 옛 물건 상고하는 학.
Är-chā'ic, är-chā'ic-al, a. 陳腐. 오래되어 폐한.
Ärch-ān'gel, n. 首天使. 웃듬 천사. (하늘 사신의 웃듬)
Ärch-bish'op, n. 首監督. 교회 감독의 웃듬
Ärch-dēa'con, n. 副牧師. 교회 부목사 웃듬.
Ärch'er, n. 弓手, 활량, 한량. ——y, 활 쏘는 법.
Är-chi-pĕl'a-go, n. 群島洋. 뭇 섬 있는 물.
Är'chi-tect, n. 建築師 집 짓는 도편수.
Är'chi-tect'ūr-al, a. 建築術的, 집 짓는 법의.

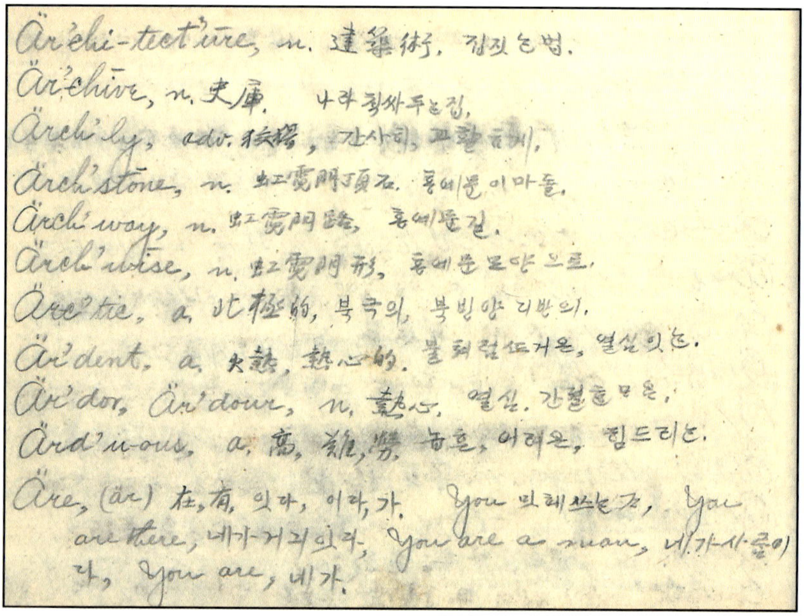

Är'chi-tect'ure, n. 建築術, 집짓는법.
Är'chive, n. 史庫, 나라칙싸두는집.
Ärch'ly, adv. 狡猾, 간사히, 교활ᄒᆞ게.
Ärch'stone, n. 虹霓門頂石, 홍예문이마돌.
Ärch'way, n. 虹霓門路, 홍예문길.
Ärch'wise, n. 虹霓門形, 홍예문모양으로.
Ärc'tic, a. 北極的, 북극의, 북빙양디방의.
Är'dent, a. 火熱, 熱心的. 불처럼뜨거운, 열심잇는.
Är'dor, Är'dour, n. 熱心, 열심. 간절ᄒᆞᆫ마음,
Ärd'u-ous, a. 高, 難, 勞 놉흔, 어려운, 힘드리는.
Äre, (är) 在, 有, 잇다, 이다, 가. You 모혀쓰는것, You are there, 네가거긔잇다, You are a man, 네가사ᄅᆞᆷ이다, You are, 네가.

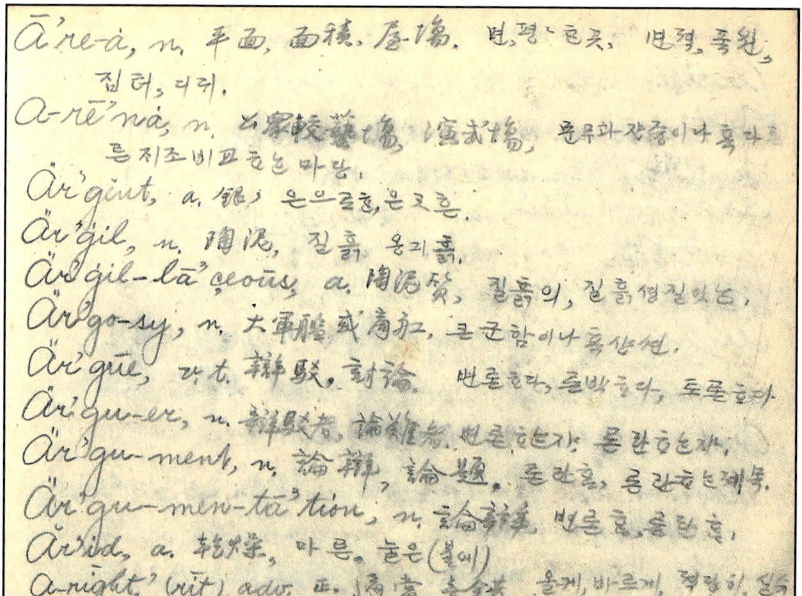

Ā're-a, n. 平面, 面積, 庭場. 벌, 평ᄒᆞᆫ곳, 면젹, 폭원, 집터, 디리.
A-rē'na, n. 比賽較藝場, 演武場, 운무와 장즘이나 혹 다른 재조비교ᄒᆞᄂᆞᆫ마당.
Är'gent, a. 銀, 은으로ᄒᆞᆫ, 은ᄀᆞᆺ흔.
Är'gil, n. 陶泥, 질흙, 옹기흙.
Är'gil-lā'ceous, a. 陶泥質, 질흙의, 질흙셩질잇는,
Är'go-sy, n. 大軍艦 或 商船, 큰군함이나 혹 상선.
Är'gue, v.t. 辯駁, 討論. 변론ᄒᆞ다, 졀박ᄒᆞ다, 토론ᄒᆞ다.
Är'gu-er, n. 辯駁者, 論難者, 변론ᄒᆞᄂᆞᆫ자, 론란ᄒᆞᄂᆞᆫ자,
Är'gu-ment, n. 論辯, 論題, 론란홈, 론란ᄒᆞᄂᆞᆫ제목.
Är'gu-men-tā'tion, n. 論辯, 변론홈, 론란홈,
Är'id, a. 乾燥, 마른. 눌은(불에)
A-right' (rit) adv. 正. 適當, 合當, 올게, 바르게, 적당히, 실수

엽시.

A-rise', v. i. 起, 登, 出現. 일허나다, 올흐다, 나다, 싱기다.

Ăr'is-tŏc'ra-cy, n. 貴族政府, 貴族. 귀족졍부, (졔일 귀한 사롬들만 掌장호는 졍부) 귀족.

Ăr'is-to-crăt'ic, a. 貴族政府的, 貴族的, 귀족졍부의, 귀족의.

A-rith'me-tic, n. 算術, 산슐, 산법.

Ăr'ith-mĕt'ic-al, a. 算術的, 산슐의, 산법의.

A-rith'me-tĭ'cian, (tĭsh'an) n. 算學者, 산슐잘호는자.

Ärk, n. 小箱, 巨舟, 젹은상ᄌᆞ, 큰배.

Ärm, n. 膊, 枝, 軍器, 팔, 나무가지, 군긔, v. t. 군긔준비식히다, v. i. 군긔잡다.

Är'ma-ment, n. 海陸軍隊, 戰艦隊, 大砲彈丸等軍備, 히륙군ᄒᆞ나흘합ᄒᆞ, 대포 탄알화약등 군물.

Ärm'ful, a. 一抱, 팔에가득훈, 아름.

Ärm-hōle, n. 腋下, 袖口, 겨드랑이, 수구, 소미구멍.

Är'mis-tice, n. 停戰, 暫息干戈, 싸홈ᄎᆞᆷ, 젼장에셔 잠시싸홈긋치는것.

Ärm-let, n. 臂環, 비환, 팔에ᄭᅵ는가락지.

Är'mor, Är'mour, n. 甲冑, 身上之鐵甲, 갑옷, 몸에입히는쇠.

Är'mor-beârer, n. 荷甲從者, 갑옷메고ᄒᆞ종ᄒᆞ는자.

Är'mo-rer, n. 軍器匠, 軍器看守者, 군긔장인, 군긔간수ᄒᆞ는자.

Är'mo-ry, n. 武庫, 軍器製造者, 군긔두는고, 군긔제조ᄒᆞ는곳.

Ärm'pit, n. 腋下, 겨드랑이.

Ärms', n. 軍器, 군긔.

Är'my, n. 軍兵, 大衆, 군ᄉᆞ, 무리.

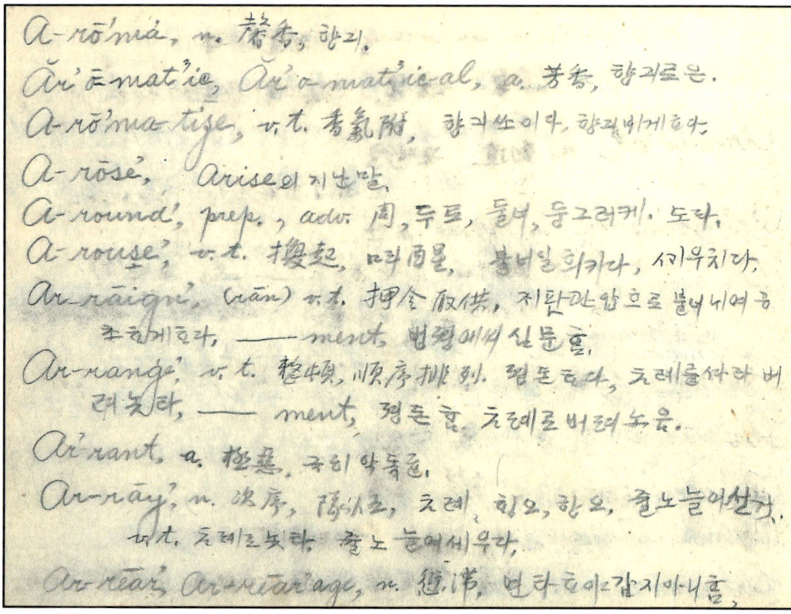

a-rō'ma, n. 馨香, 향긔.
ăr'o-mat'ic, ăr'o-mat'ic-al, a. 芳香, 향긔로은.
a-rō'ma-tize, v.t. 香氣附, 향긔쓰이다, 향긔비게ᄒᆞ다.
a-rōse', arise의 지난말.
a-round', prep., adv. 周, 두로, 둘너, 둥그러케. 도라.
a-rouse', v.t. 搜起, 叫面星, 불너일희키다, 세우치다.
ar-raign', (rān) v.t. 押令取供, 죄인을 법관압흐로 불너내여 공초ᄒᆞ게ᄒᆞ다, ——ment, 법정에서 심문홈.
ar-range', v.t. 整頓, 順序排列. 졍돈ᄒᆞ다, 초례를ᄯᅡ라 버려놋타, ——ment, 졍돈홈. 초례로 버려놓음.
ar'rant, a. 極惡, 극히 악독ᄒᆞᆫ.
ar-rāy', n. 次序, 陳列, 초례, 항오, 항오, 줄노늘어선것. v.t. 초례로놋타. 줄노 늘어세우다.
ar-rēar', ar-rēar'age, n. 遲滯, 연타ᄒᆞ여갑지아니홈.

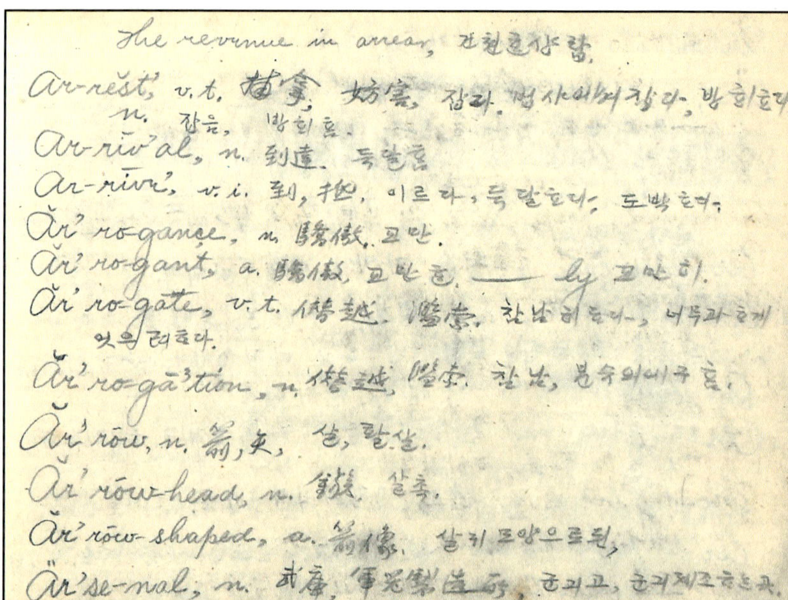

The revenue in arrear, 잔쳔ᄒᆞᆫ상랍.
ar-rest', v.t. 捕拿, 妨害, 잡다. 법사에셔 잡다, 방해ᄒᆞ다. n. 잡음, 방해홈.
ar-rīv'al, n. 到達, 득달홈.
ar-rīve', v.i. 到, 抵, 이르다, 득달ᄒᆞ다, 도박ᄒᆞ다.
ăr'ro-gance, n. 驕傲, 교만.
ăr'ro-gant, a. 驕傲, 교만ᄒᆞᆫ, ——ly 교만히.
ăr'ro-gate, v.t. 僭越, 濫索, 참남히ᄒᆞ다, 너무과ᄒᆞ게 엇으려ᄒᆞ다.
ăr'ro-gā'tion, n. 僭越, 濫索, 참남, 분수외에구홈.
ăr'rōw, n. 箭, 矢, 살, 활살.
ăr'rōw-head, n. 鏃, 살촉.
ăr'rōw-shaped, a. 箭像, 살ᄀᆡ모양으로된.
ăr'se-nal, n. 武庫, 軍器製造所, 군긔고, 군긔제조ᄒᆞᄂᆞᆫ곳.

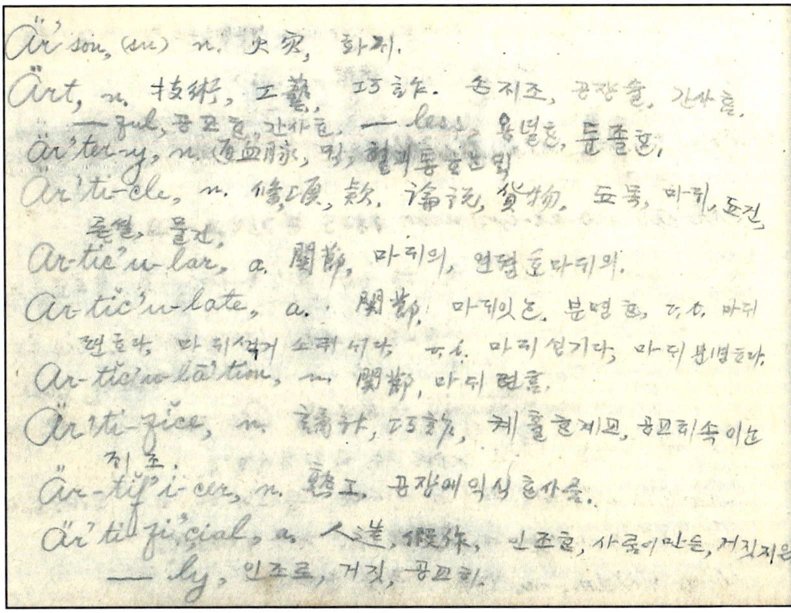

Är'son, (sn) n. 火災, 화재.

Ärt, n. 技術, 工藝, 巧詐. 손직조, 공장술, 간사홈.
—ful, 공교홈, 간사홈. —less, 용렬홈, 둔졸홈.

är'ter-y, n. 血脈, 맥, 혈맥통ᄒᆞᄂᆞᆫ 맥.

är'ti-cle, n. 條項, 款, 論說, 貨物. 됴목, 마듸, 됴건, 론셜, 물건.

ar-tic'u-lar, a. 關節, 마듸의, 연럽ᄒᆞᆫ마듸의.

ar-tic'u-late, a. 關節, 마듸잇ᄂᆞᆫ, 분명ᄒᆞᆫ, v.t. 마듸
련ᄒᆞ다, 마듸ᄭᅥᆨ거 소리 내다, v.i. 마듸 잇기다, 마듸 분명ᄒᆞ다.

ar-tic'u-lā'tion, n. 關節, 마듸 련홈.

är'ti-fice, n. 詭計, 巧詐, 처홀ᄒᆞᆫ계교, 공교히속이ᄂᆞᆫ
지조.

är-tif'i-cer, n. 巧工, 공장에익숙ᄒᆞᆫ사ᄅᆞᆷ.

är'ti-fi'cial, a. 人造, 假作, 인조ᄒᆞᆫ, 사ᄅᆞᆷ이만든, 거짓지은,
—ly, 인조로, 거짓, 공교히.

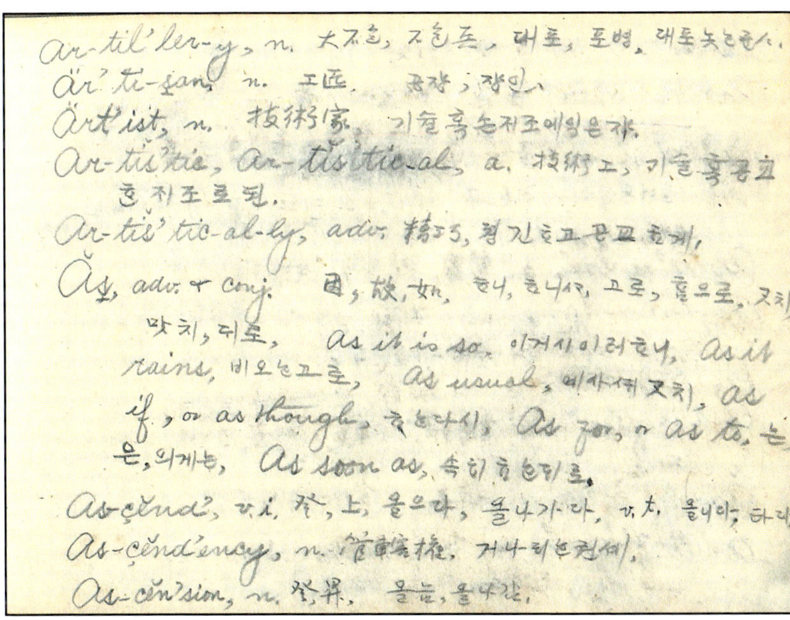

ar-til'ler-y, n. 大砲, 砲兵, 대포, 포병, 대포놋ᄂᆞᆫ군ᄉᆞ.

är'ti-san, n. 工匠. 공장, 장인.

ärt'ist, n. 技術家. 기술홍손직조에잇ᄂᆞᆫ자.

ar-tis'tic, ar-tis'tic-al, a. 技術工, 기술홍공교
ᄒᆞᆫ 지조로 된.

ar-tis'tic-al-ly, adv. 精巧, 정긴ᄒᆞ고 공교ᄒᆞ게.

Ăs, adv. & conj. 因, 故, 如, ᄒᆞ니, ᄒᆞ니ᄭᆞ, 고로, ᄒᆞᆷ으로, ᄀᆞᆺ치,
맛치, 대로, as it is so. 이거시이러ᄒᆞ니, as it
rains, 비오ᄂᆞᆫ고로, as usual, 예사ᄯᅢᄀᆞᆺ치, as
if, or as though, ᄒᆞᄂᆞᆫ다시, as for, or as to, ᄂᆞᆫ,
은, 의게ᄂᆞᆫ, as soon as, 속히ᄒᆞᆫᄂᆞᆫ대로.

as-cĕnd', v.i. 登, 上, 올으다, 올나가다, v.t. 올니이다.

as-cĕnd'ency, n. 管轄權, 거나리ᄂᆞᆫ권세.

as-cĕn'sion, n. 登昇, 올ᄂᆞᆷ, 올나감.

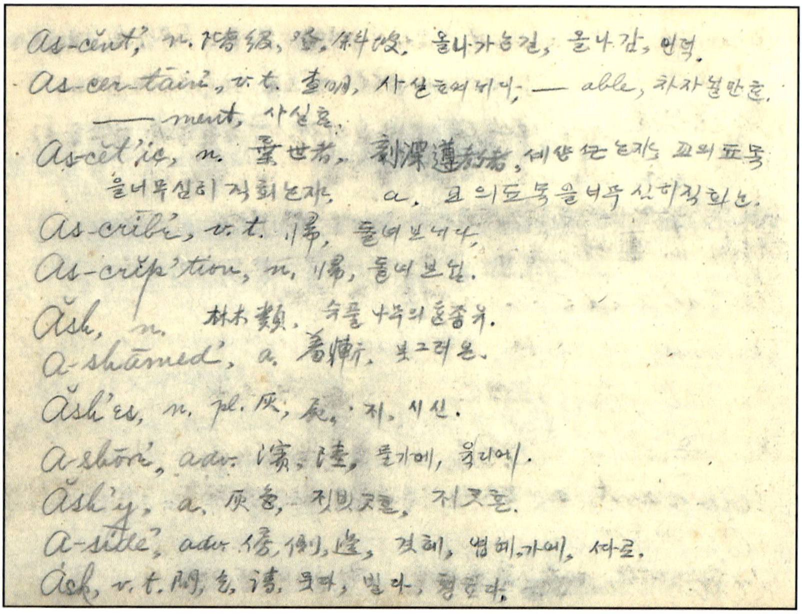
as-cent', n. 陞級, 登, 斜坡. 올나가ᄂᆞᆫ길, 올나감, 언덕.
as-cer-tain', v. t. 查明, 사실ᄒᆞ여내다; — able, 차자낼만ᄒᆞᆫ.
— ment, 사실ᄒᆞᆷ.
as-cet'ic, n. 棄世者, 刻深道德者, 세상을ᄇᆞ리ᄂᆞᆫ자, 교의도덕
을너무심히직히ᄂᆞᆫ자; a. 교의도덕을너무심히직히ᄂᆞᆫ.
as-cribe', v. t. 歸, 돌녀보내다.
as-crip'tion, n. 歸, 돌녀보냄.
ăsh, n. 林木類. 숩풀나무의ᄒᆞᆫ종류.
a-shāmed', a. 羞慚. 붓그러온.
ăsh'es, n. pl. 灰, 屍, 재, 시신.
a-shōre', adv. 濱, 陸, 물가에, 륙디에.
ăsh'y, a. 灰色, 재빗갓흔, 재갓흔.
a-side', adv. 傍, 側, 邊, 겻헤, 엽헤, 가에, ᄯᅡ로.
ȧsk, v. t. 問, 乞, 請, 뭇다, 빌다, 청ᄒᆞ다.

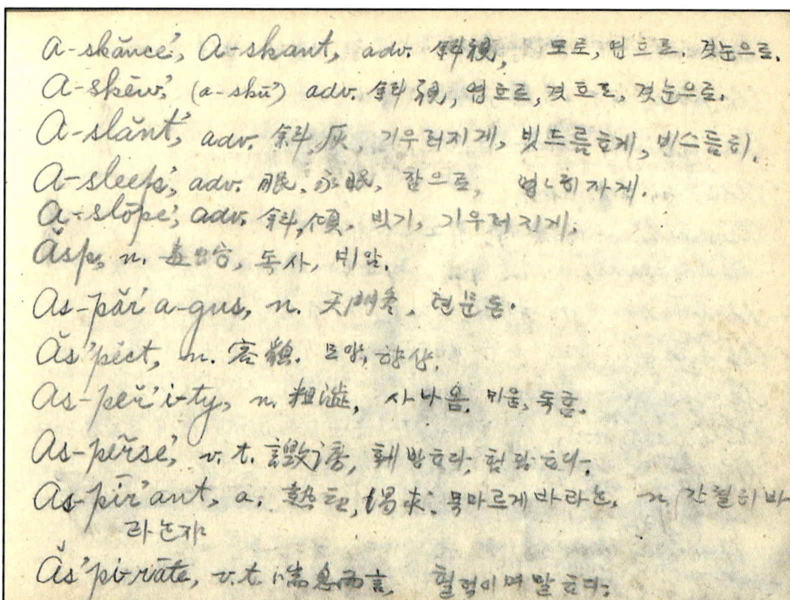
a-skănce', a-skant', adv. 斜視, 모로, 엽흐로, 겻눈으로.
a-skew', (a-skū') adv. 斜視, 엽흐로, 겻흐로, 겻눈으로.
a-slănt', adv. 斜, 仄, 기우러지게, 빗드름ᄒᆞ게, 빗스듬히.
a-sleep', adv. 眠, 永眠, 잠으로, 영ᄂᆡ히자게.
a-slōpe', adv. 斜, 傾, 빗기, 기우러지게.
ăsp, n. 毒蛇, 독사, 비암.
as-păr'a-gus, n. 天門冬, 텬문동.
ăs'pĕct, n. 容貌, 모양, 형상.
as-pĕr'i-ty, n. 粗澁, 사나옴, 미움, 독ᄒᆞᆷ.
as-pĕrse', v. t. 譏謗, 훼방ᄒᆞ다, 험담ᄒᆞ다.
as-pīr'ant, a. 熱望, 渴求, 목마르게바라ᄂᆞᆫ, n. 간절히바
라ᄂᆞᆫ자
ăs'pi-rāte, v. t. 喘息而言, 헐덕이며말ᄒᆞ다.

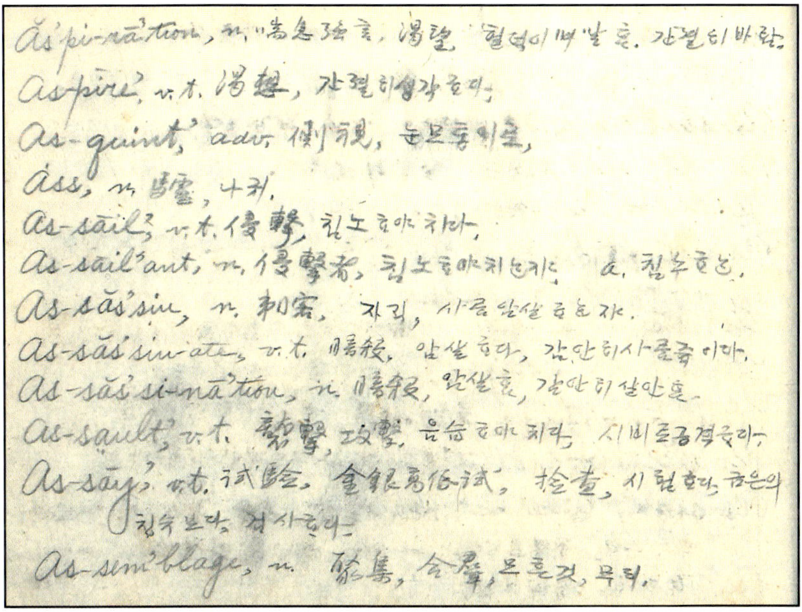

ăs'pi-rā'tion, n. 喘息發言, 渴望, 헐덕이며 발ᄒᆞᆷ. 간절히 바람.
as-pīre', v.t. 渴想, 간절히 ᄉᆡᆼ각ᄒᆞ다.
a-squint', adv. 側視, 눈으로 흘기로,
ăss, n. 驢, 나귀.
as-sāil', v.t. 侵擊, 침노ᄒᆞ야 치다.
as-sāil'ant, n. 侵擊者, 침노ᄒᆞ야 치ᄂᆞᆫ자. a. 침노ᄒᆞᄂᆞᆫ.
as-săs'sin, n. 刺客, 자객, 사ᄅᆞᆷ 암살ᄒᆞᄂᆞᆫ자.
as-săs'sin-ate, v.t. 暗殺, 암살ᄒᆞ다, 감안히 사ᄅᆞᆷ 죽이다.
as-săs'si-nā'tion, n. 暗殺, 암살ᄒᆞᆷ, 감안히 살아ᄒᆞᆷ.
as-sault', v.t. 襲擊, 攻擊, 음습ᄒᆞ야 치다, 시비로 공격ᄒᆞ다.
as-sāy', v.t. 試驗, 金銀分拆試, 檢查, 시험ᄒᆞ다, 금은의
칭수보다, 검사ᄒᆞ다.
as-sem'blage, n. 聚集, 會聚, 모흔것, 무리.

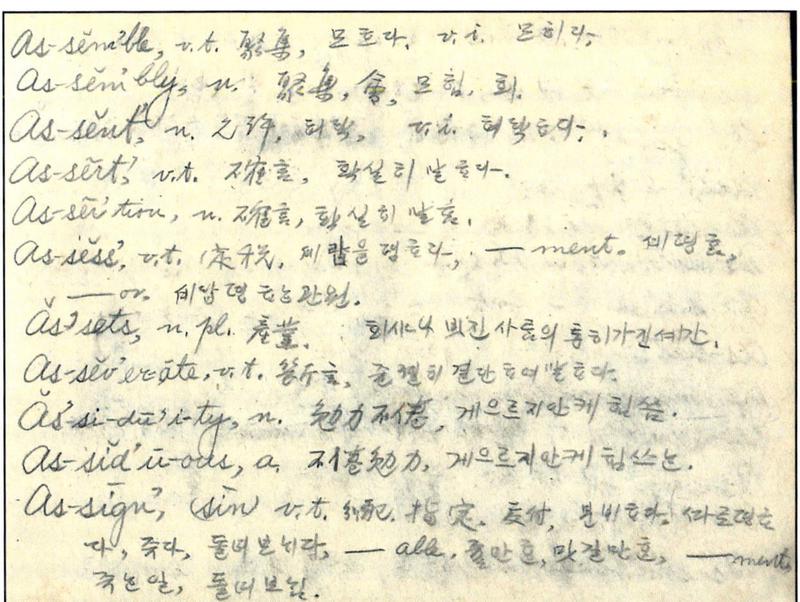

as-sĕm'ble, v.t. 聚集, 모흐다, v.i. 모히다.
as-sĕm'bly, n. 聚集, 會, 모힘, 회.
as-sĕnt', n. 允許, 허락, v.i. 허락ᄒᆞ다.
as-sẽrt', v.t. 確言, 확실히 말ᄒᆞ다.
as-sẽr'tion, n. 確言, 확실히 말ᄒᆞᆷ.
as-sĕss', v.t. 定稅, 세랍을 뎡ᄒᆞ다, — ment. 세뎡ᄒᆞᆷ,
— or. 세랍뎡ᄒᆞᄂᆞᆫ관원.
ăs'sets, n. pl. 產業. 회사나 빗진 사ᄅᆞᆷ의 돈이가진셰간.
as-sĕv'er-āte, v.t. 誓言, 굳게히 결단ᄒᆞ여 말ᄒᆞ다.
ăs-si-dū'i-ty, n. 勉力不倦, 게으르지안케 힘씀.
as-sĭd'ū-ous, a. 不倦勉力, 게으르지안케 힘쓰ᄂᆞᆫ.
as-sīgn', (sīn) v.t. 分配. 指定. 交付, 분배ᄒᆞ다, 셔로뎡ᄒᆞ
다, 주다, 돌녀보내다, — able, 줄만ᄒᆞᆫ, 맛길만ᄒᆞᆫ, — ment.
주ᄂᆞᆫ일, 돌녀보냄.

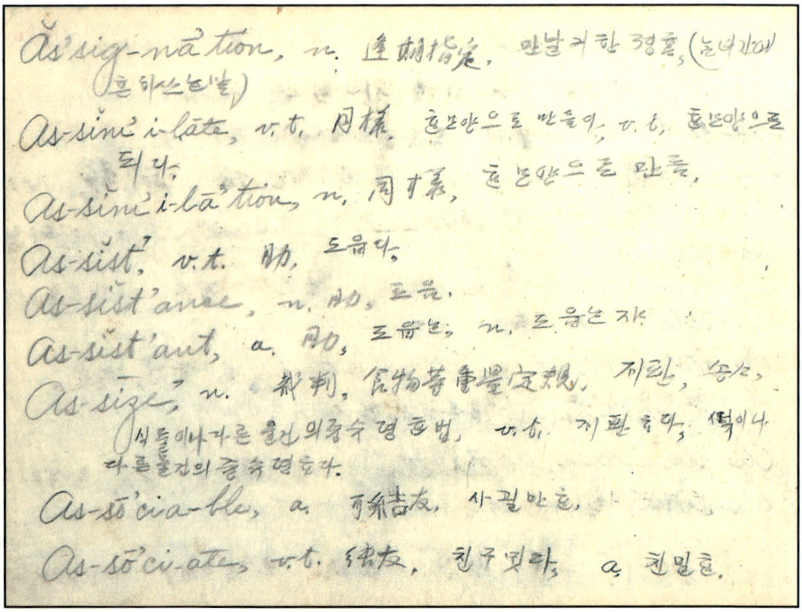

ăs'sig-nā'tion, n. 逢期指定, 만날긔한 뎡홈, (남녀간에 ᄒᆞᆫ하ᄂᆞᆫ 긔별)
as-sim'i-lāte, v.t. 同樣, ᄒᆞᆫ모양으로 만들어, v.i. ᄒᆞᆫ모양으로 되다,
as-sim'i-lā'tion, n. 同樣, ᄒᆞᆫ모양으로 만듦,
as-sist', v.t. 助, 도웁다,
as-sist'ance, n. 助, 도움,
as-sist'ant, a. 助, 도웁는, n. 도웁는 자,
as-size', n. 裁判, 食物等重量定規, 재판, 송ᄉᆞ, 식물이나 다른 물건의 중수 뎡ᄒᆞᆫ 법, v.t. 재판ᄒᆞ다, 떡이나 다른 물건의 즁수 뎡ᄒᆞ다.
as-sō'cia-ble, a. 可結友, 사귈만ᄒᆞᆫ,
as-sō'ci-āte, v.t. 結友, 친구되다, a. 친밀ᄒᆞᆫ.

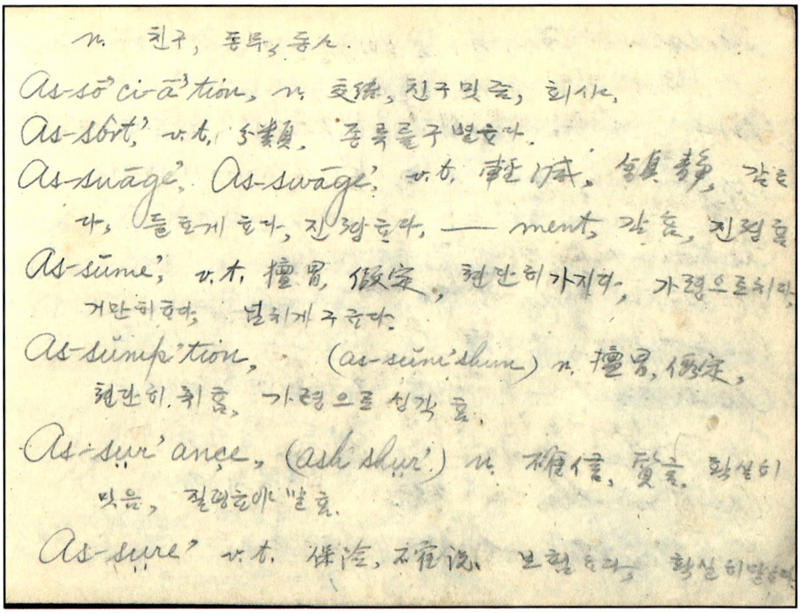

n. 친구, 동류, 동ᄉᆞ.
as-sō'ci-ā'tion, n. 交際, 친구맺음, 회사,
as-sort', v.t. 分類, 종류를 구별ᄒᆞ다.
as-suage', as-swāge', v.t. 輕減, 鎭靜, 감ᄒᆞ다, 들ᄒᆞ게 ᄒᆞ다, 진정ᄒᆞ다, — ment, 감홈, 진정홈
as-sūme', v.t. 擅冒, 假定, 천단히 가지다, 가령으로 취ᄒᆞ다, 거만히 ᄒᆞ다, 널리게 구다.
as-sŭmp'tion, (as-sŭm'shun) n. 擅冒, 假定, 천단히 취홈, 가령으로 ᄉᆡᆼ각홈.
as-sur'ance, (ash-shur') n. 確信, 質言, 확실히 믿음, 질뎡ᄒᆞᆫ 말홈.
as-sure' v.t. 保險, 確定, 보험ᄒᆞ다, 확실히 말ᄒᆞ다

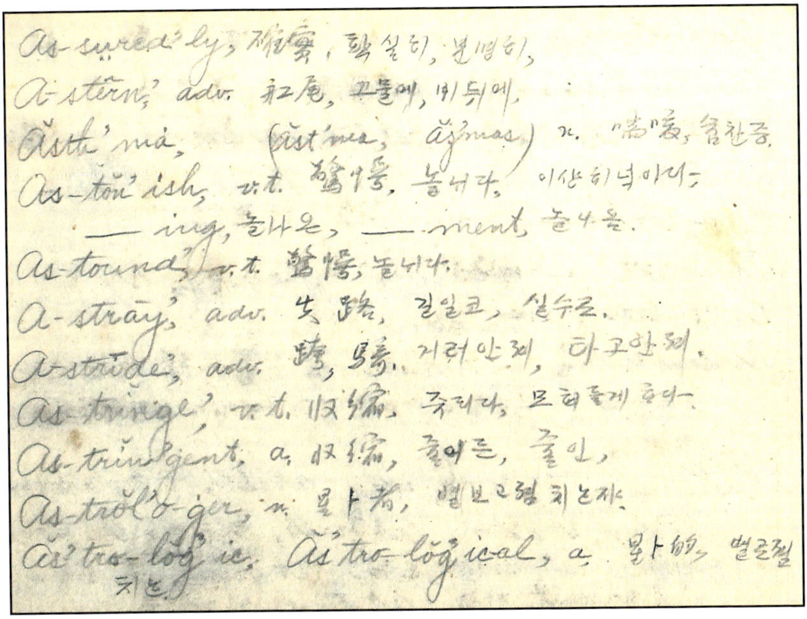

As-sured'ly, 確實, 확실히, 분명히,
a-stern', adv. 船尾, 고물에, 비뒤에,
ăsth'má, (ăst'mea, ăz'mas) n. 喘嗽, 숨찬증,
As-tŏn'ish, v.t. 驚愕, 놀내다, 이상히녁이다,
— ing, 놀나온, — ment, 놀나움.
As-tound', v.t. 驚愕, 놀내다.
a-strāy', adv. 失路, 길일코, 실수로.
a-strīde', adv. 跨, 騎, 거러안저, 타고안저.
As-tringe', v.t. 収縮, 줄치다, 모히둘게 하다.
As-trĭn'gent, a. 収縮, 줄어든, 줄인,
As-trŏl'o-ger, n. 星卜者, 별보고점치는자.
ăs'tro-lŏg'ic, ăs'tro-lŏg'ical, a. 星卜的, 별로점치는.

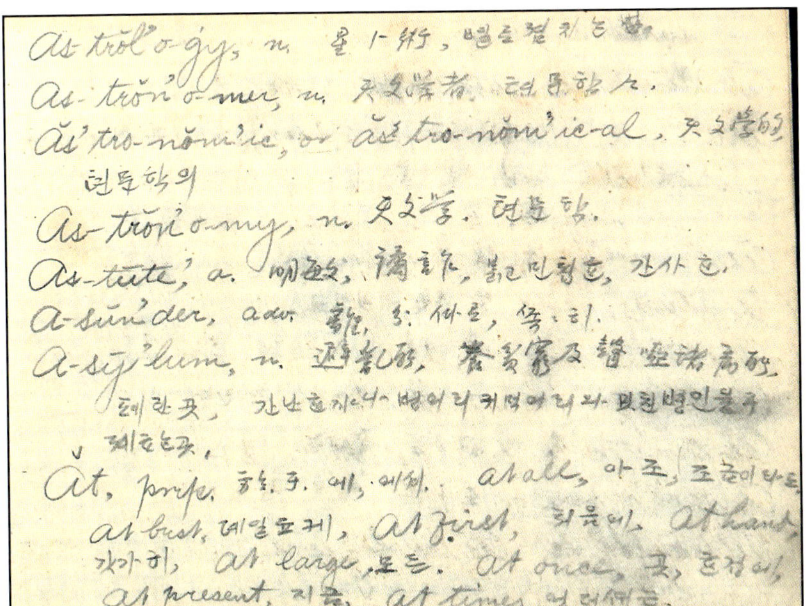

As-trŏl'o-gy, n. 星卜術, 별로점치는 法.
As-trŏn'o-mer, n. 天文學者, 텬문학人.
ăs'tro-nŏm'ic, or ăs'tro-nŏm'ic-al, 天文學的, 텬문학의
As-trŏn'o-my, n. 天文學, 텬문학.
As-tūte', a. 明敏, 譎詐, 붉고민첩한, 간사한,
a-sŭn'der, adv. 離, 分, 새로, 쪽쪽히.
a-sȳ'lum, n. 避亂所, 養貧窮及聾啞諸病所, 피란곳, 가난한자나 벙어리 귀먹어리와 미친병인을 구제하는곳,
ăt, prep. 於, 乎, 에, 에셔. at all, 아조, 조곰이라도, at best, 제일됴케, at first, 처음에, at hand, 갓가히, at large, 모든. at once, 곳, 한정에, at present, 지금, at times, 여러번은.

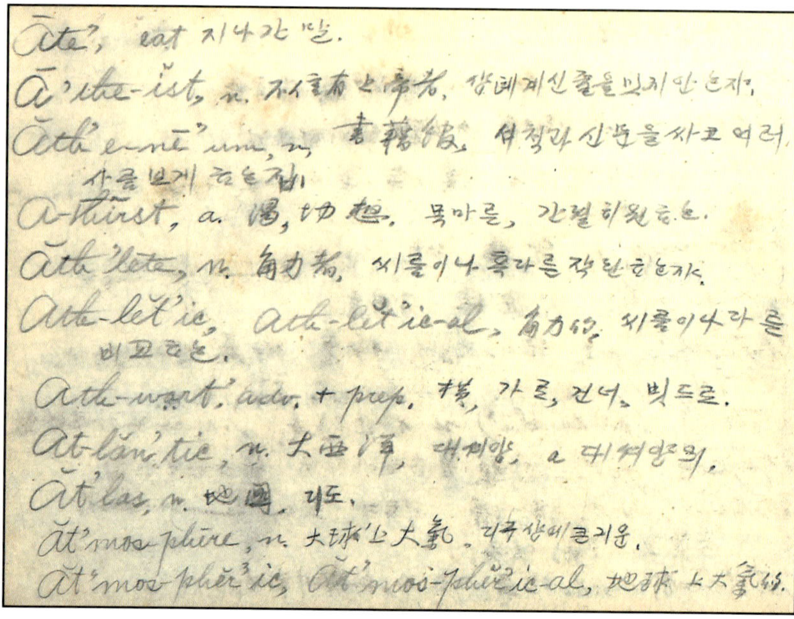
ăte', eat 지나간 말.
ā'the-ist, n. 不信有上帝者, 상뎨계신줄을 믿지안는자.
ăth'e-nē'um, n. 書籍館, 서책과 신문을 싸코 여러 사름보게 ᄒᆞᄂᆞᆫ집.
a-thirst, a. 渴, 切想. 목마른, 간절히원ᄒᆞᄂᆞᆫ.
ăth'lete, n. 角力者, 씨름이나 혹다른 작란ᄒᆞᄂᆞᆫ자.
ath-let'ic, ath-let'ic-al, 角力的, 씨름이나 다른 비교ᄒᆞᄂᆞᆫ.
ath-wart', adv. + prep. 横, 가로, 건너, 빗드로.
at-lăn'tic, n. 大西洋, 대서양, a 대서양의.
ăt'las, n. 地圖, 디도.
ăt'mos-phēre, n. 大球上大氣, 디구상에큰긔운.
ăt'mos-phĕr'ic, ăt'mos-phĕr'ic-al, 地球上大氣的.

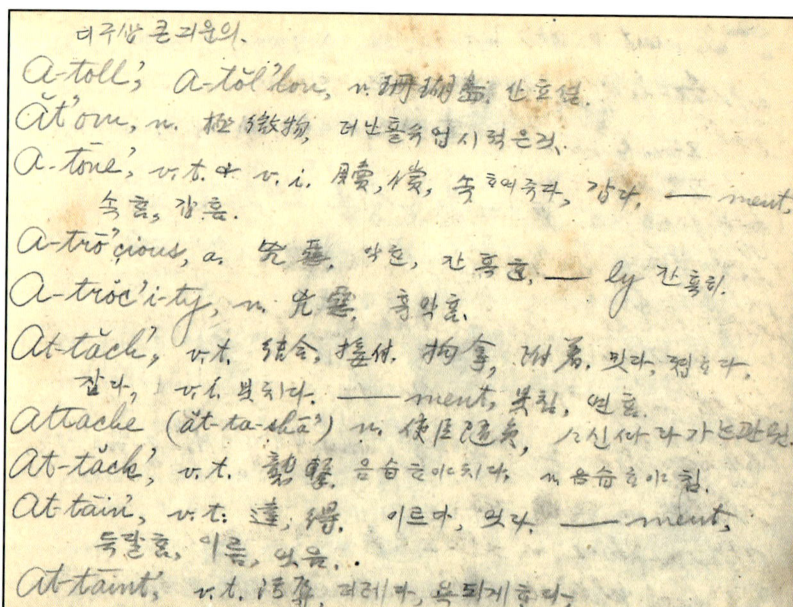
디구상 큰긔운의.
a-toll'; a-tŏl'lon, n. 珊瑚島. 산호셤.
ăt'om, n. 極微物, 더난홀수업시적은것.
a-tone', v.t. + v.i. 贖, 償, 속ᄒᆞ여주다, 갑다, — ment, 속홈, 갑홈.
a-trō'cious, a. 兇惡, 악ᄒᆞᆫ, 잔혹ᄒᆞᆫ, — ly 잔혹히.
a-trŏc'i-ty, n. 兇惡, 흉악홈.
at-tăch', v.t. 结合, 接付. 拘拿, 附着. 붓다, 졉ᄒᆞ다, 잡다, v.i. 붓치다. — ment, 붓침, 연홈.
attaché (ăt-ta-shā') n. 使臣隨員, 사신ᄯᆞ라가는관원.
at-tăck', v.t. 襲擊, 음습ᄒᆞ여치다, n. 음습ᄒᆞ여침.
at-tain', v.t. 達, 得. 이르다, 엇다. — ment, 득달홈, 이름, 엇음.
at-taint', v.t. 污辱, 더러피, 욕되게ᄒᆞ다.

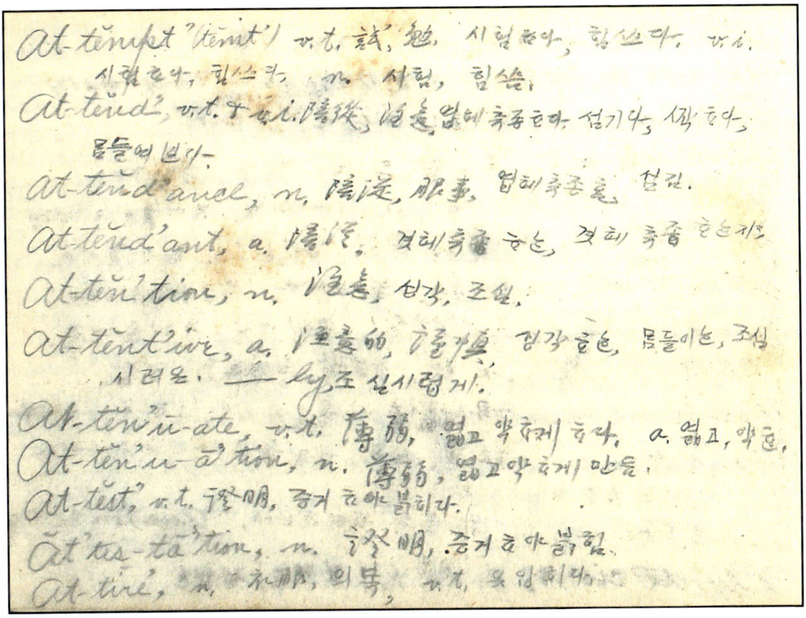

at-tempt' (tĕmt') v.t. 試, 勉, 시험ᄒᆞ다, 힘쓰다. v.i. 시험ᄒᆞ다, 힘쓰다, n. 시험, 힘씀.
at-tend', v.t. & v.i. 陪從, 注意, 압헤 ᄌᆞ종ᄒᆞ다, 섬기다, 생각ᄒᆞ다, 몸들여 보다.
at-tend'ance, n. 陪從, 服事, 엽헤 ᄌᆞ종홈, 섬김.
at-tend'ant, a. 陪從, 겻헤 ᄌᆞ종ᄒᆞᄂᆞᆫ, 겻헤 ᄌᆞ종ᄒᆞᄂᆞᆫ자.
at-ten'tion, n. 注意, 생각, 조심.
at-tent'ive, a. 注意的, 深慎, 생각ᄒᆞᄂᆞᆫ, 몸들이ᄂᆞᆫ, 조심시러온. —ly, 조심시럽게.
at-ten'u-ate, v.t. 薄弱, 엷고 약ᄒᆞ게 ᄒᆞ다. a. 엷고, 약ᄒᆞᆫ.
at-ten'u-a'tion, n. 薄弱, 엷고 약ᄒᆞ게 만듬.
at-test', v.t. 證明, 증거ᄒᆞ야 볼키다.
ăt'tes-tā'tion, n. 證明, 증거ᄒᆞ야 볼킴.
at-tire', n. 衣服, 의복, v.t. 옷 입히다.

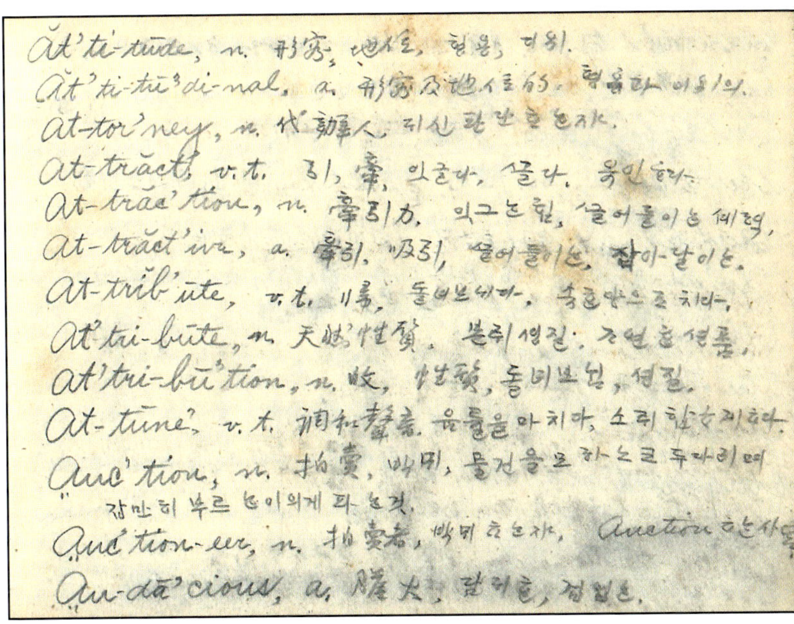

ăt'ti-tude, n. 形容, 地位, 형용, 디위.
ăt'ti-tū'di-nal, a. 形容及地位的, 형용과 디위의.
at-tor'ney, n. 代辦人, 디신 판단ᄒᆞᄂᆞᆫ자.
at-tract', v.t. 引, 牽, 잇글다, 쓸다, 유인ᄒᆞ다.
at-trac'tion, n. 牽引力, 잇그ᄂᆞᆫ힘, 쓸어들이ᄂᆞᆫ 세력.
at-tract'ive, a. 牽引, 吸引, 쓸어들이ᄂᆞᆫ, 잡아ᄃᆞᆼ기ᄂᆞᆫ.
at-trib'ute, v.t. 歸, 돌녀보내다, 속ᄒᆞᆫ것으로 치다.
at'tri-bute, n. 天賦性質, 본ᄅᆡ 셩질, 주신 [illegible].
at'tri-bū'tion, n. 歸, 性質, 돌녀보냄, 셩질.
at-tune', v.t. 調和聲音, 음률을 마치다, 소리 [illegible]ᄒᆞ다.
auc'tion, n. 拍賣, 박미, 물건을 모하노코 두다리며 값만히 부르ᄂᆞᆫ이의게 파ᄂᆞᆫ것.
auc'tion-eer, n. 拍賣者, 박미ᄒᆞᄂᆞᆫ자, auction ᄒᆞᄂᆞᆫ사ᄅᆞᆷ.
au-dā'cious, a. 膽大, 담대ᄒᆞᆫ, 겁업ᄂᆞᆫ.

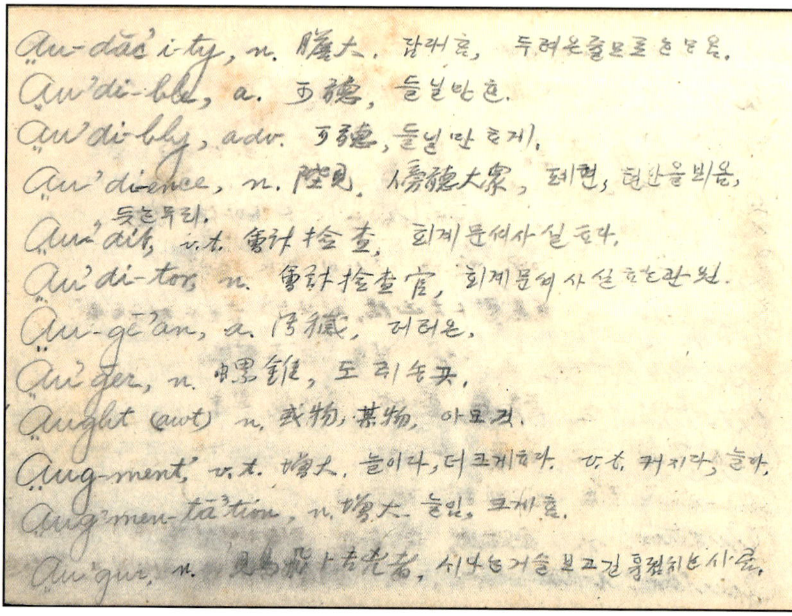
au-dac'i-ty, n. 膽大. 담대홈, 두려온줄모로ᄂᆞᆫᄆᆞᄋᆞᆷ.
au'di-ble, a. 可聽, 들닐만ᄒᆞᆫ.
au'di-bly, adv. 可聽, 들닐만ᄒᆞ게.
au'di-ence, n. 陛見. 傍聽大衆, 폐현, 현반을뵈옴, 듯ᄂᆞᆫ무리.
au'dit, v.t. 會計檢査, 회계문서사실ᄒᆞ다.
au'di-tor, n. 會計檢査官, 회계문서사실ᄒᆞᄂᆞᆫ관원.
au-gē'an, a. 汚穢, 더러온.
au'ger, n. 螺錐, 도래송곳.
aught (awt) n. 或物, 某物, 아모것.
aug-ment', v.t. 增大, 늘이다, 더크게ᄒᆞ다. v.i. 커지다, 늘다.
aug'men-tā'tion, n. 增大. 늘임, 크게홈.
au'gur, n. 見鳥飛卜吉凶者, 새나ᄂᆞᆫ거ᄉᆞᆯ보고길흉뎜치ᄂᆞᆫ사ᄅᆞᆷ.

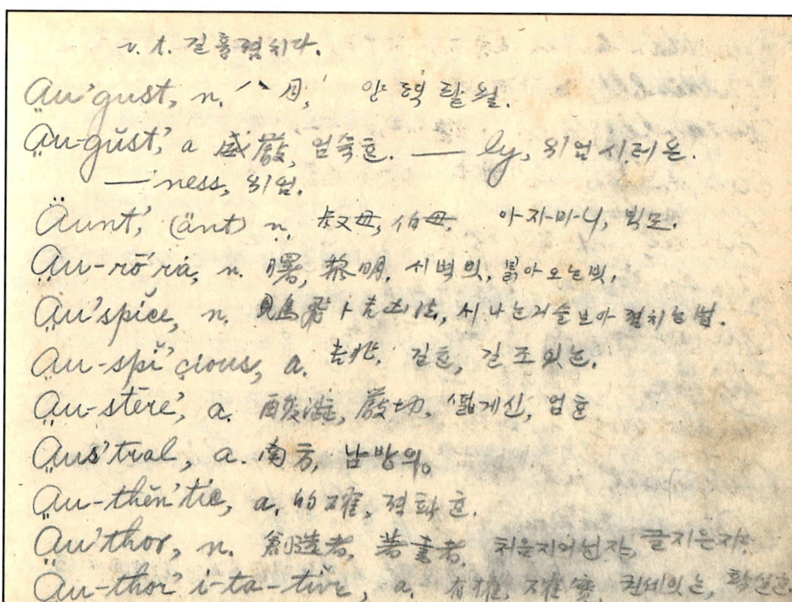
v.t. 길흉뎜치다.
au'gust, n. 八月, 양력팔월.
au-gŭst', a 威嚴, 엄숙ᄒᆞᆫ. —ly, 위엄시러온.
—ness, 위엄.
äunt, (änt) n. 叔母, 伯母, 아자마니, 백모.
au-rō'ra, n. 曙, 黎明, 서벽의, 붉아오ᄂᆞᆫ빗,
au'spice, n. 見鳥飛卜吉凶法, 새나ᄂᆞᆫ거ᄉᆞᆯ보아뎜치ᄂᆞᆫ법.
au-spi'cious, a. 吉兆, 길ᄒᆞᆫ, 길조잇ᄂᆞᆫ.
au-stēre', a. 酸澁, 嚴切, 셜게신, 엄ᄒᆞᆫ
aus'tral, a. 南方, 남방의.
au-thĕn'tic, a. 的確, 뎍확ᄒᆞᆫ.
au'thor, n. 創造者, 著書者, 처음지어낸자, 글지은자.
au-thor'i-ta-tive, a. 有權, 確實, 권세잇ᄂᆞᆫ, 확실ᄒᆞᆫ.

Au-thŏr'i-ty, n. 權, 有權者, 憑據, 권세, 권세가진 관원, 빙거, 증거.

Au'thor-ize, v.t. 任權, 設立, 憑據, 권세맛기다. 설립ᄒᆞ다, 증거되다.

Au'to-bi-ŏg'ra-phy, n. 自己傳, ᄌᆞ긔의ᄉᆞ젹긔록ᄒᆞᆫ칙.

Au-tŏc'ra-cy, n. 自主權, 獨斷政治, ᄌᆞ쥬ᄒᆞᄂᆞᆫ권세, 혼자임의로 판단ᄒᆞᄂᆞᆫ졍치.

Au'to-crat, n. 獨斷君主, 홀노임의 판단ᄒᆞᄂᆞᆫ님군.

Au'to-graph, n. 自筆, ᄌᆞ긔글시, 친필.

Au'to-grăph'ic, Au'to-grăph'ic-al, a. 自筆的, 친필의

Au-tŏg'ra-phy, n. 自筆, 친필.

Au'to-măt'ic, Au'to-măt'ic-al, a. 自動力的,

톄힘으로된.

Au-tŏm'a-ton, n. 自動機, 사람과즘승ᄀᆞᆺ치톄속에잇ᄂᆞᆫ긔계로동ᄒᆞᄂᆞᆫ긔계.

Au-tŏn'o-my, n. 自治權. ᄌᆞ쥬ᄒᆞ야다ᄉᆞ리ᄂᆞᆫ권리.

Au'tumn, (aw'tam) n. 秋, 가을.

Au-tŭm'nal, a. 秋的, 가을의.

Aux-il'ia-ry, a. 助, 副, 도읍ᄂᆞᆫ, 다음, n. 도읍ᄂᆞᆫ쟈.

A-vail', v.t. 乘機, 利益, 助, 긔회타다, 리롭게ᄒᆞ다, 도읍다. v.i. 리되다, n. 리익. —— able, 리될만ᄒᆞᆫ, 효험잇ᄂᆞᆫ.

Ăv'a-lănche, n. 氷雪或土壞崩壞, 어름이나 눈이나 흙이 덩어리로크게흐어져나리ᄂᆞᆫ것.

Ăv'a-rice, n. 貪慾, 탐ᄒᆞᄂᆞᆫ욕심.

Ăv'a-ri'cious, a. 貪慾, 탐욕잇ᄂᆞᆫ.

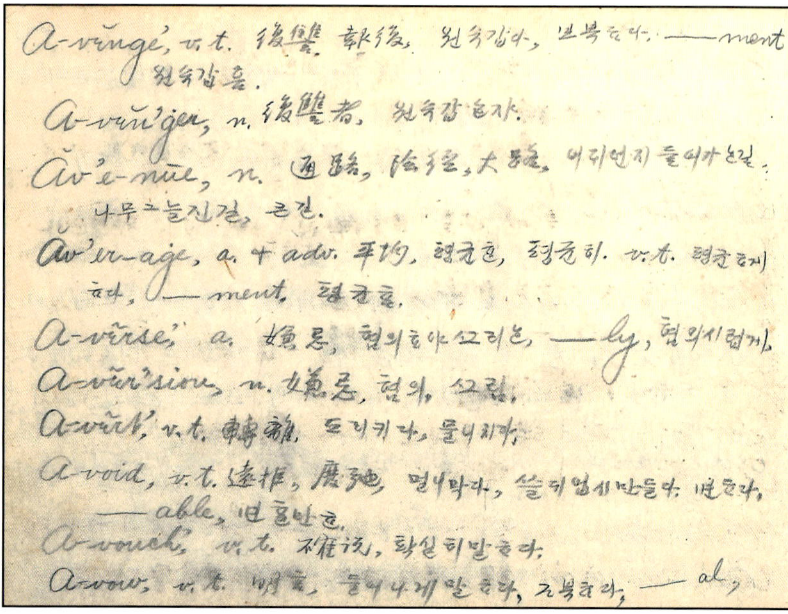

a-venge', v.t. 復讐 報復, 원슈갑다, 보복ᄒᆞ다. —ment 원슈갑흠.
a-ven'ger, n. 復讐者, 원슈갑ᄂᆞᆫ자.
av'e-nue, n. 通路, 徐徑, 大路, 어ᄃᆡ던지 들어가ᄂᆞᆫ길, 나무느늘진길, 큰길.
av'er-age, a. + adv. 平均, 평균ᄒᆞᆫ, 평균히. v.t. 평균ᄒᆞ게 ᄒᆞ다, —ment, 평균ᄒᆞᆷ.
a-verse', a. 嫌忌, 혐의ᄒᆞ야 ᄉᆞ리ᄂᆞᆫ, —ly, 혐의시럽게.
a-ver'sion, n. 嫌忌, 혐의, ᄉᆞ림.
a-vert', v.t. 轉離, 도리키다, 물니치다.
a-void, v.t. 遠推, 廢弛, 멀니ᄒᆞ다, 쓸ᄃᆡ업시만들다, 면ᄒᆞ다, —able, 면ᄒᆞᆯ만ᄒᆞᆫ.
a-vouch', v.t. 確說, 확실히말ᄒᆞ다.
a-vow, v.t. 明言, 들어나게말ᄒᆞ다, 고복ᄒᆞ다, —al,

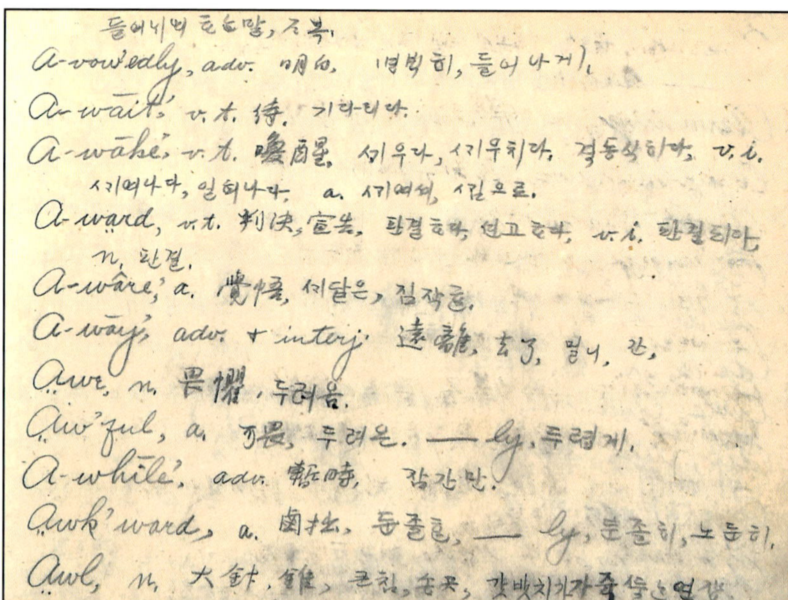

들어나게ᄒᆞᄂᆞᆫ말, 고복.
a-vow'edly, adv. 明白, 명ᄇᆡᆨ히, 들어나게.
a-wait', v.t. 待, 기다리다.
a-wake', v.t. 喚醒, ᄭᆡ우다, ᄭᆡ우치다, 경동식히다, v.i. ᄭᆡ여나다, 일허나다. a. ᄭᆡ여서, ᄭᆡᆷ으로.
a-ward, v.t. 判決, 宣告, 판결ᄒᆞ다, 선고ᄒᆞ다, v.i. 판결되다, n. 판결.
a-ware', a. 覺悟, ᄭᆡ달은, 짐작ᄒᆞᆫ.
a-way', adv. + interj. 遠離, 去了, 멀니, 간.
awe, n. 畏懼, 두려움.
aw'ful, a. 可畏, 두려온. —ly, 두렵게.
a-while', adv. 暫時, 잠간만.
awk'ward, a. 鹵拙, 둔졸ᄒᆞᆫ, —ly, 둔졸히, 노둔히.
awl, n. 大針, 錐, 큰침, 송곳, 갓밧치가 ᄌᆞ슐ᄂᆞᆫ 연장.

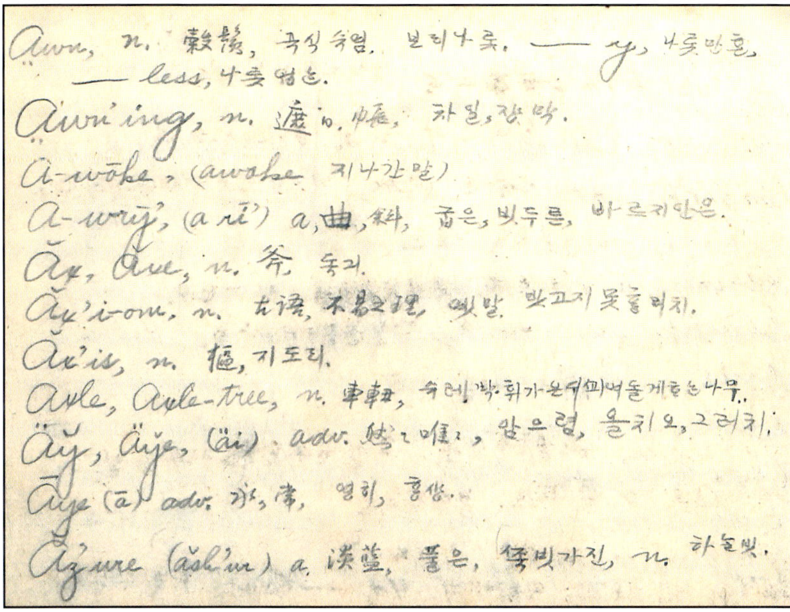

Awn, n. 穀鬚, 곡식수염. 보리나룻. — y, 나룻만흔,
— less, 나룻 업는.
Awn'ing, n. 遮日. 帳幕, 차일, 장막.
A-woke, (awake 지나간말)
A-wry', (a rī') a, 曲, 斜, 굽은, 빗두른, 바르지안은.
Ăx, Axe, n. 斧 독긔.
Ăx'i-om, n. 古語, 不易之理, 옛말. 밧고지못홀리치.
Ax'is, n. 樞, 지도리.
Axle, Axle-tree, n. 車軸, 수레박휘가운데끼여돌게ᄒᆞᄂᆞᆫ나무.
Āy, Āye, (äi) adv. 然ㄷ唯ㄷ, 암으렴, 올치오, 그러치.
Āye (ā) adv. 永, 常, 영히, 홍상.
Ăzure (ăsh'ur) a. 淡藍, 풀은, 쪽빗가진, n. 하놀빗.

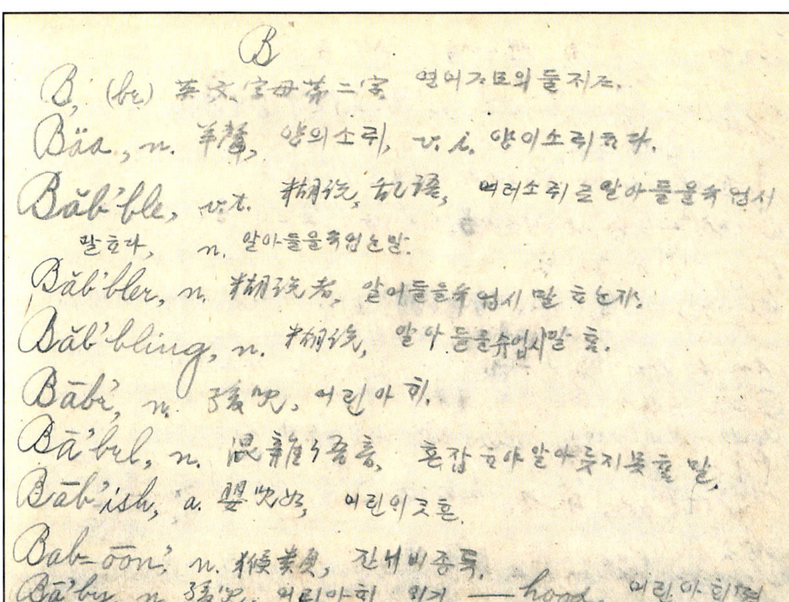

B

B, (bē) 英文字母第二字 영어자모의둘재자.
Bäa, n. 羊聲, 양의소리, v. i. 양이소리ᄒᆞ다.
Băb'ble, v. t. 糊說, 亂語, 떠러소리로알아들을슈업시 말ᄒᆞ다, n. 알아들을슈업는말.
Băb'bler, n. 糊說者, 알어들을슈업시말ᄒᆞᄂᆞᆫ자.
Băb'bling, n. 糊說, 알아들을슈업시말홈.
Bābe, n. 孩兒, 어린아히.
Bā'bel, n. 混雜之語音, 혼잡ᄒᆞ야알아듯지못홀말.
Bāb'ish, a. 嬰兒的, 어린이굿흔.
Bab-ōōn', n. 猴類, 잔나비종류.
Bā'by, n. 孩兒, 어린아히, 아기, — hood, 어린아히젹.

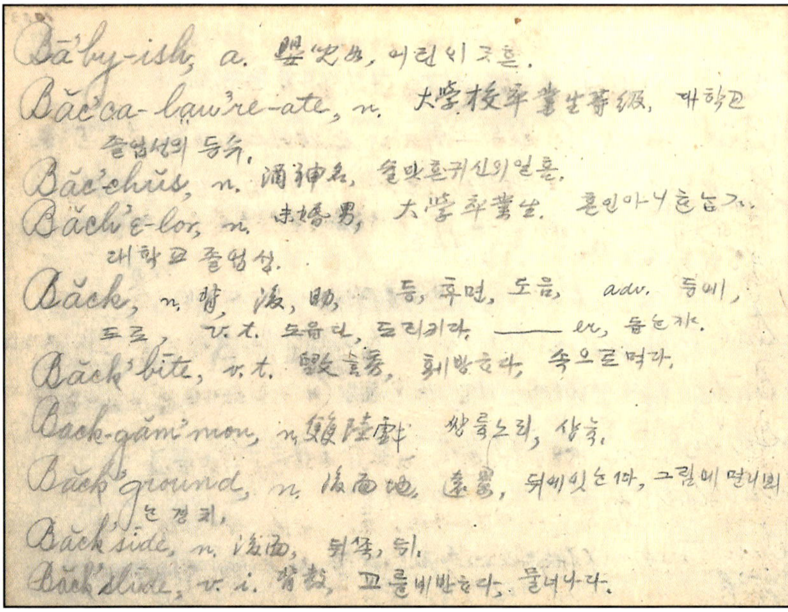

Bā'by-ish, a. 嬰兒的, 어린ᄋᆡ 곳흔.
Băc'ca-lau're-ate, n. 大學校卒業生等級, 대학교 졸업생의 등수.
Băc'chus, n. 酒神名, 술맛흔귀신의일홈.
Băch'e-lor, n. 未婚男, 大學卒業生. 혼인아니ᄒᆞᆫ놈ᄌᆞ, 대학교 졸업생.
Băck, n. 背, 後, 助, 등, 후면, 도음, adv. 등에, 도로, v.t. 도읍다, 드리키다, —— er, 돕는자.
Băck'bite, v.t. 毁言家, 훼방ᄒᆞ다, 속으로먹다.
Back-găm'mon, n. 雙陸戱 쌍륙노리, 상늌.
Băck'ground, n. 後面地, 遠景, 뒤에잇ᄂᆞᆫ따, 그림에 멀니뵈는 경치.
Băck'side, n. 後面, 뒤ᄶᅩᆨ, 뒤.
Băck'slide, v.i. 背教, 교를비반ᄒᆞ다, 물너나다.

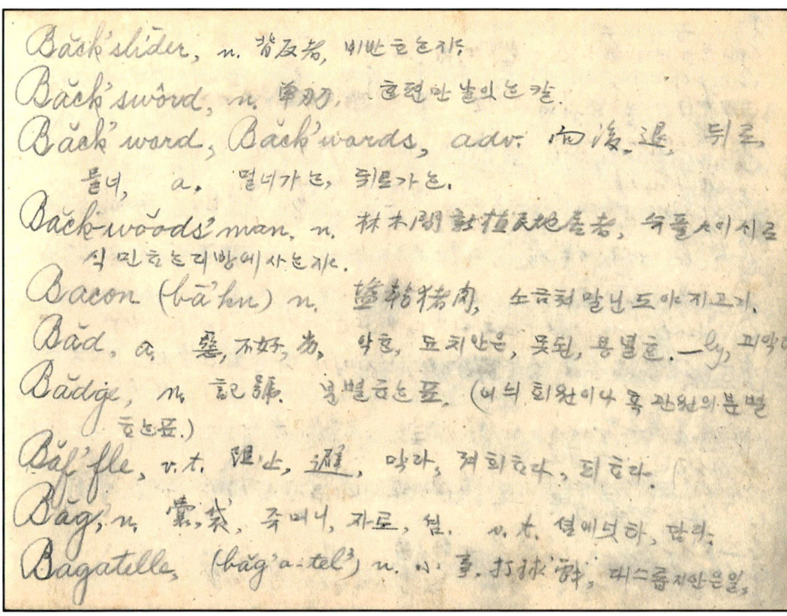

Băck'slider, n. 背反者, 비반ᄒᆞᄂᆞᆫ자.
Băck'swôrd, n. 單刀, ᄒᆞᆫ편만 날잇ᄂᆞᆫ칼.
Băck'ward, Băck'wards, adv. 向後, 退, 뒤로, 물너, a. 멀너가는, 뒤로가는.
Băck-wŏŏds'man, n. 林木開墾植民地居者, 숩풀ᄉᆞ이서 식민ᄒᆞᄂᆞᆫ디방에사ᄂᆞᆫ자.
Bacon (bā'kn) n. 鹽乾猪肉, 소금쳐말닌도야지고기.
Băd, a. 惡, 不好, 劣, 악ᄒᆞᆫ, 됴치안은, 못된, 용렬ᄒᆞᆫ. —ly, 괴악히
Bădge, n. 記號. 분별ᄒᆞᄂᆞᆫ표. (어ᄂᆡ 회원이나 혹 관원의 분별ᄒᆞᄂᆞᆫ표.)
Băf'fle, v.t. 阻止, 避, 막다, 져희ᄒᆞ다, 피ᄒᆞ다.
Băg, n. 囊, 袋, 주머니, 자로, 셤. v.t. 셤에넛타, 담다.
Bagatelle, (băg'a-tel') n. 小事. 打球戱, 대수롭지안은일,

공치는노리. (상우에셔나무로공을치는노리)

Băg'gage, n. 行李, 輜重, 妓女, 행장, 군ᄉᆞ의의복쟝막긔명등물, 기집.

Băg'ging, n. 製袋布, 자루만드는뵈나혹다른감.

Bagnio, (băn'yo.) n. 浴室, 青樓, 목욕집, 기생집,

Bāil, v.t. 保放, 죄인을보ᄒᆞ고놋타. n. 보ᄒᆞ여준사ᄅᆞᆷ, 보증ᄒᆞᆫ물건.

Bāil'iff, n. 裁判所廷吏, 재판소정니,

Bāit, n. 餌, 誘引物, 낙시미기, 유인ᄒᆞᆫ는물건, 믹기놋타, 유혹ᄒᆞ다.

Bāize, n. 粗毛織, 굴게혈노ᄶᆞᆫ필목.

Bāke, v.t. 焼, 익히다, 화덕에음식익히다, v.i. 익다.

Bāke'house, n. 麵包舖, 면보집, 음식익히는집.

Bāk'er, n. 餅及菓子類製造者, 떡이나과ᄌᆞ등속만드는자.

Bāk'er-y, n. 麵包製造業. 면보만드는실업, 면보만드는집,

Băl'ance, n. 秤, 権衡, 平均, 餘勝, 저울, 저울질ᄒᆞ는것, 평균ᄒᆞᆫ총수, v.t. 저울질다, 평균ᄒᆞ게ᄒᆞ다, v.i. 주저ᄒᆞ다.

Băl'co-ny, n. 露樓, 벽밧게우ᄒᆞ로놉히마루노코난간친곳,

Bald, a. 禿, 脱, 머리버진, 무지러진, 버스러진, 벗슨.

Bal'dric, n. 肩帶横帶. ᄒᆞᆫ편엇기에걸어셔다른편겨드랑이로니려가게ᄯᅴᆫᄯᅴ.

Bāle. n. 束包, 災, 뭇, 묵금, 덩이, 필. v.t. 묵다, ᄊᆞ다, 필만들다, 재앙, —ful, 불힝ᄒᆞᆫ.

Bāle'fire, n. 烽, 号烽火, 봉화, 놀나온소식젼ᄒᆞ는불, 군호ᄒᆞ는불.

Balk, (bawk) n. 大樑, 阻止, 失望, 큰들보, 막음, 낙심. v.i. 막히다. 굿치다, 낙심ᄒᆞ다.

Ball, n. 球, 丸, 둥근것, 공, 탄알.

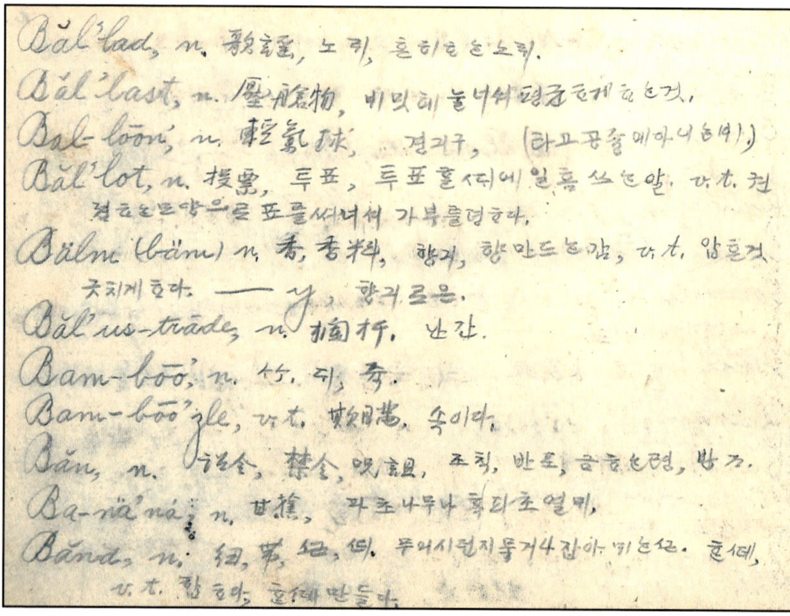

Băl'lad, n. 歌謠, 노래, 흔히 하는 노래.
Băl'last, n. 壓艙物, 배 밑에 눌러서 평균하게 하는 것.
Bal-loon', n. 輕氣球, 경긔구, (타고 공즁에 다니는 배)
Băl'lot, n. 投票, 투표, 투표할 때에 일홈 쓰는 알. v.t. 천거하는 뜻으로 표를 써너셔 가부를 뎡하다.
Bälm (bäm) n. 香, 香料, 향긔, 향 만드는 감, v.t. 압흔 것 긋치게 하다. —y, 향긔로운.
Băl'us-trāde, n. 欄杆, 난간.
Bam-boo', n. 竹, 대, 죽.
Bam-boo'zle, v.t. 欺瞞, 속이다.
Băn, n. 詛咒, 禁令, 呪詛, 조칙, 반포, 금하는 령, 방가.
Ba-nä'ná, n. 甘蕉, 파초나무나 혹 긔 초열매.
Bănd, n. 紐, 帶, 組, 隊. 무어시던지 묵거 잡아 매는 것. 한 떼, v.t. 합하다, 한 떼 만들다.

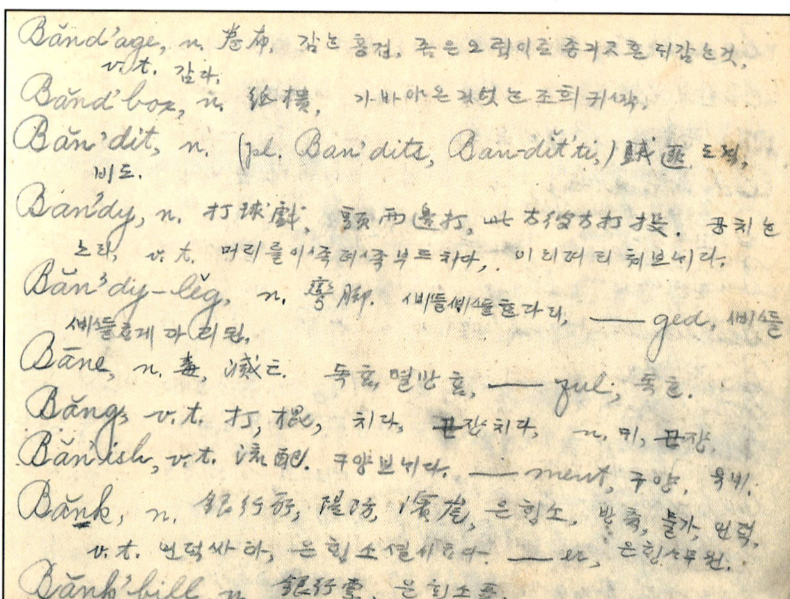

Bănd'age, n. 卷布, 감는 헝겁, 즉 은오락이를 죵긔 ... 되감는 것, v.t. 감다.
Bănd'box, n. 紙櫃, 가바야온 것 하는 조희 궤짝.
Băn'dit, n. (pl. Ban'dits, Ban-dit'ti,) 賊匪, 도적, 비도.
Băn'dy, n. 打球戲, 頭兩邊打, 此去彼去打換. 공치는 노리, v.t. 머리를 이쪽 뎌쪽 부드치다, 이리뎌리 쳐보내다.
Băn'dy-lĕg, n. 彎脚. 새발들 ... 다리, —ged, 새발들하게 다리된.
Bāne, n. 毒, 滅亡. 독함, 멸망함, —ful, 독한.
Băng, v.t. 打, 棍, 치다, 곤장치다, n. 매, 곤장.
Băn'ish, v.t. 流配. 구양보내다. —ment, 구양, 욕배.
Bănk, n. 銀行所, 隄防, 濱涯, 은행소, 방쥭, 물가, 언덕, v.t. 언덕 싸다, 은행소에 시하다. —er, 은행소 자본.
Bănk'bill, n. 銀行票, 은행소표.

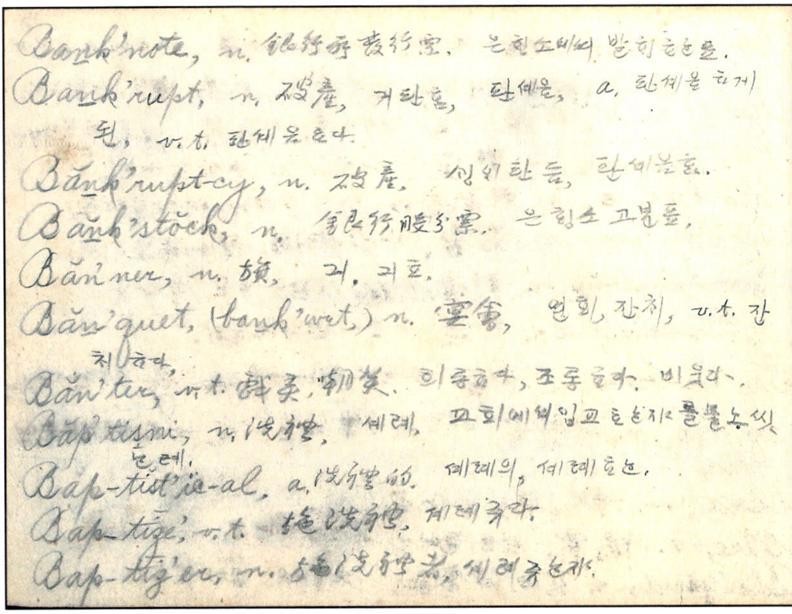

Bank'note, n. 銀行所發行票. 은행소에서 발행ᄒᆞᄂᆞᆫ 표.
Bank'rupt, n. 破產, 거판ᄒᆞᆫ, 판세운, a. 판세운 ᄒᆞ게
된, v.t. 판세운 ᄒᆞ다.
Bănk'rupt-cy, n. 破產, 성이ᄒᆞᆫ 듯, 판세운ᄒᆞᆷ.
Bănk'stŏck, n. 銀行股分票. 은행소 고본표,
Băn'ner, n. 旗, 긔, 긔호.
Băn'quet, (bank'wet,) n. 宴會, 연회, 잔치, v.t. 잔
치ᄒᆞ다,
Băn'ter, v.t. 戲弄, 嘲笑. 희롱ᄒᆞ다, 조롱ᄒᆞ다, 비웃다.
Băp'tism, n. 洗禮, 세례, 교회에셔 입교ᄒᆞᄂᆞᆫ자ᄅᆞᆯ 물노 씻
ᄂᆞᆫ 례.
Bap-tist'ic-al, a. 洗禮的. 세례의, 세례ᄒᆞᄂᆞᆫ.
Bap-tize', v.t. 施洗禮, 세례주다.
Bap-tiz'er, n. 施洗禮者, 세례주ᄂᆞᆫ자.

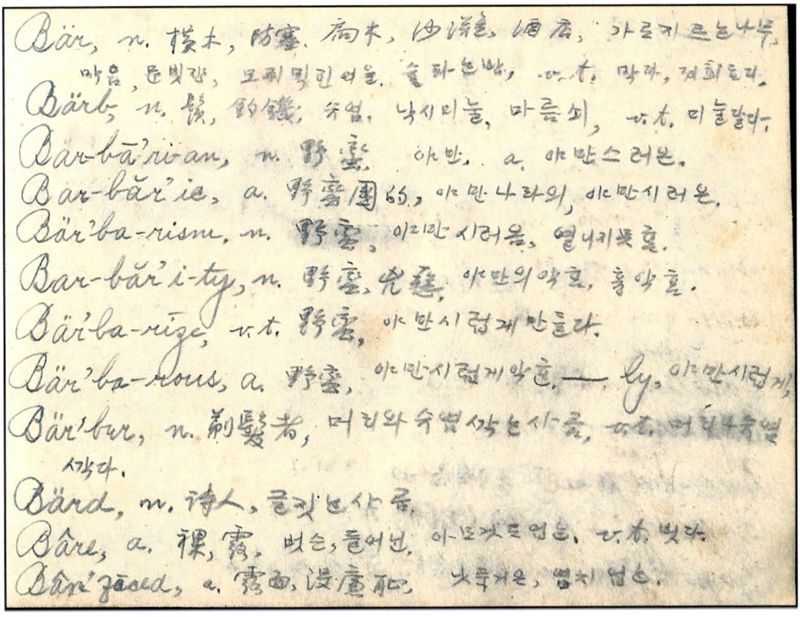

Bär, n. 橫木, 防塞, 扃木, 沙灘, 酒店, 가로지르ᄂᆞᆫ나무,
마음, 문빗장, 모래밀린여울, 술파ᄂᆞᆫ방, v.t. 막다, 제회ᄒᆞ다.
Bärb, n. 鬚, 釣鐖; 수염, 낙시미늘, 마름쇠, v.t. 미늘달다.
Bar-bā'ri-an, n. 野蠻. 야만. a. 야만스러운.
Bar-băr'ic, a. 野蠻國的, 야만나라의, 야만시러운.
Bär'ba-rism, n. 野蠻, 야만시러움, 열네지못ᄒᆞᆷ.
Bar-băr'i-ty, n. 野蠻, 兇惡, 야만의악ᄒᆞᆷ, 흉악ᄒᆞᆷ.
Bär'ba-rize, v.t. 野蠻, 야만시럽게 만들다.
Bär'ba-rous, a. 野蠻, 야만시럽게악ᄒᆞᆫ, —ly. 야만시럽게,
Bär'ber, n. 剃髮者, 머리와 수염 ᄭᆞᆨᄂᆞᆫ사ᄅᆞᆷ, v.t. 머리와수염
ᄭᆞᆨ다.
Bärd, n. 詩人, 글짓ᄂᆞᆫ사ᄅᆞᆷ.
Bâre, a. 裸, 露, 벗은, 들어난, 아모것도업ᄂᆞᆫ, v.t. 벗다.
Bâre'fāced, a. 露面, 沒廉耻, 낫드러운, 염치업ᄂᆞᆫ.

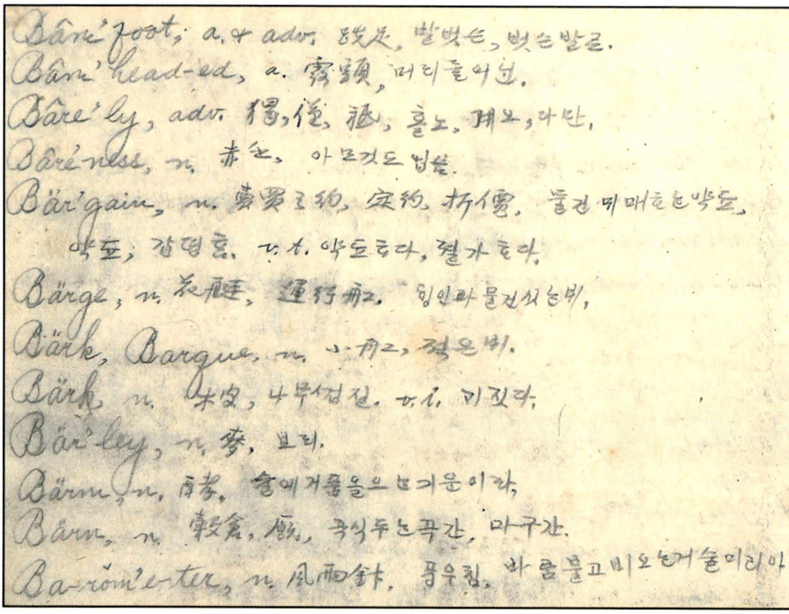

Bâre'foot, a. & adv. 跣足, 발벗은, 벗은발로.
Bâre'head-ed, a. 露頭, 머리들어낸.
Bâre'ly, adv. 獨, 僅, 祇, 홀노, 계우, 다만,
Bâre'ness, n. 赤身, 아모것도 업슴.
Bär'gain, n. 賣買之約, 定約, 折價, 물건 미매ᄒᆞᄂᆞᆫ약됴, 약됴, 갑뎡홈. v.t. 약됴ᄒᆞ다, 졀가ᄒᆞ다.
Bärge, n. 花艇, 運貨舡. 됭인과 물건싯ᄂᆞᆫ비,
Bärk, Barque, n. 小舡, 젹은ᄇᆡ.
Bärk, n. 木皮, 나무겁질. v.i. 지짓다.
Bär'ley, n. 麥, 보리.
Bärm, n. 酵, 술에거품을으ᄂᆞᆫ긔운이라,
Bärn, n. 穀倉, 廐, 곡식두ᄂᆞᆫ곡간, 마구간.
Ba-rom'e-ter, n. 風雨針, 풍우침. 바람불고비오ᄂᆞᆫ거슬미리아

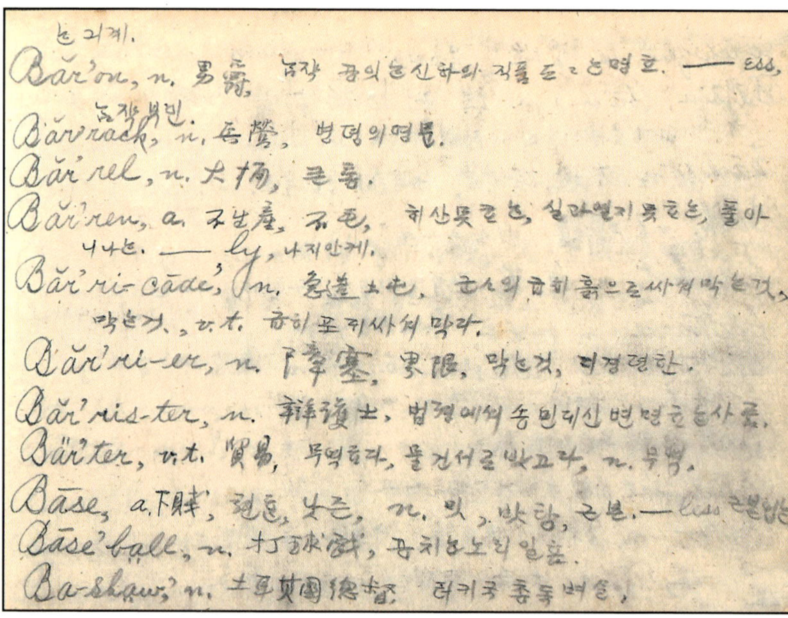

ᄂᆞᆫ긔계.
Băr'on, n. 男爵, 남작 공의ᄂᆞᆫ신하의 직품됴ᄂᆞᆫ명호. —ess, 남작부인.
Băr'rack, n. 兵營, 병뎡의영문.
Băr'rel, n. 大桶, 큰통.
Băr'ren, a. 不生産, 不毛, 히산못ᄒᆞᄂᆞᆫ, 실과열지못ᄒᆞᄂᆞᆫ, 풀아니나ᄂᆞᆫ. —ly, 나지안케.
Băr'ri-cāde', n. 急造土屯, 군ᄉᆞ의급히흙으로싸셔막ᄂᆞᆫ것, 막ᄂᆞᆫ것. v.t. 급히포지싸셔막다.
Băr'ri-er, n. 障塞, 界限, 막ᄂᆞᆫ것, 지경뎡한.
Băr'ris-ter, n. 辯護士, 법졍에셔송민대신변명ᄒᆞᄂᆞᆫ사ᄅᆞᆷ.
Bär'ter, v.t. 貿易, 무역ᄒᆞ다, 물건서로밧고다, n. 무역.
Bāse, a. 下賤, 쳔ᄒᆞᆫ, 낫즌, n. 밋, 밧탕, 근본. —less 근본업ᄂᆞᆫ
Bāse'ball, n. 打毬戲, 공치ᄂᆞᆫ노리일홈.
Ba-shaw', n. 土耳其國總督, 터키국총독벼슬,

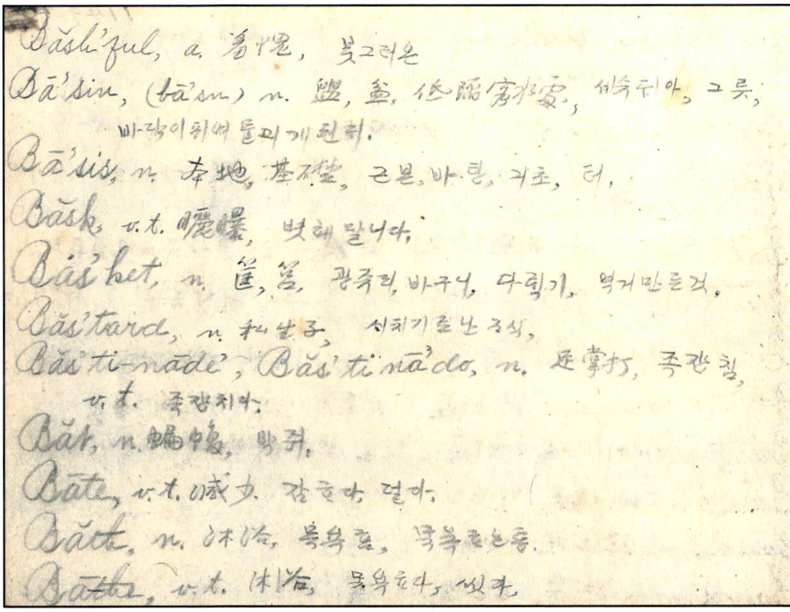

Băsh'ful, a. 羞愧, 붓그러온

Bā'sin, (bā'sn) n. 盥, 盆, 低陷窩穴, 셰슈대야, 그릇, 바다이둘너 물괴게된데.

Bā'sis, n. 本地, 基礎, 근본, 바탕, 긔초, 터,

Băsk, v.t. 曬曝, 볏헤말니다.

Băs'ket, n. 筐, 筥, 광주리, 바구니, 다락기, 엮거만든것.

Băs'tard, n. 私生子, 서자기로난 조식,

Băs'ti-nāde, Băs'ti-nā'do, n. 足掌打, 족장침, v.t. 족장치다.

Băt, n. 蝙蝠, 박쥐.

Bāte, v.t. 減少, 감흐다, 덜다.

Băth, n. 沐浴, 목욕흠, 목욕흐는곳.

Bāthe, v.t. 沐浴, 목욕흐다, 씻다.

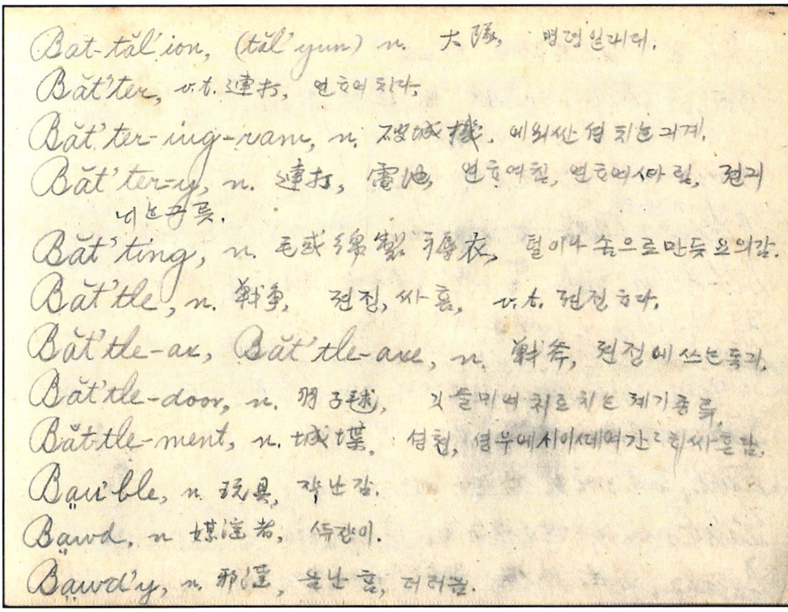

Bat-tăl'ion, (tăl'yun) n. 大隊, 병뎡일대대.

Băt'ter, v.t. 連打, 련ㅎ여치다.

Băt'ter-ing-ram, n. 碎城機, 에워싼셩치는긔계.

Băt'ter-y, n. 連打, 電池, 련ㅎ여침, 련ㅎ여싸림, 전긔 내는긔구.

Băt'ting, n. 毛或綿製襦衣, 털이나솜으로만든요의감.

Băt'tle, n. 戰爭, 전징, 싸홈, v.t. 전징흐다.

Băt'tle-ax, Băt'tle-axe, n. 戰斧, 전징에쓰는독긔.

Băt'tle-door, n. 羽子毬, 깃슬미여치로치는제기종류.

Băt'tle-ment, n. 城堞, 셩첩, 셩우에사이사이여간그히싸흔담.

Bau'ble, n. 玩具, 쟉난감.

Bawd, n. 媒淫者, 뚜장이.

Bawd'y, n. 邪淫, 음난흠, 더러옴.

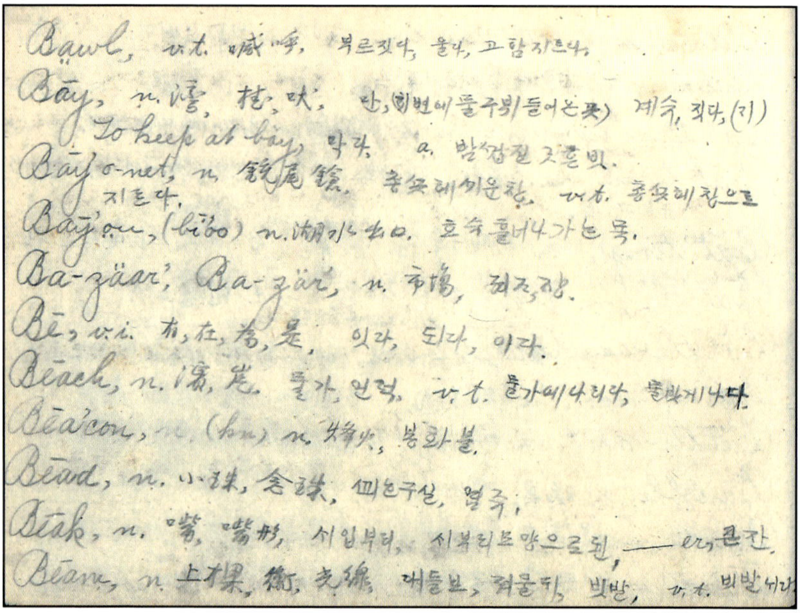

Bawl, v.t. 喊呼, 부르짓다, 울다, 고함지르다.
Bay, n. 灣, 桂, 吠, 만, (해변에 물주뫼들어온 곳) 계수, 짓다, (지)
To keep at bay, 막다, a. 밤색갈질 갓흔빗.
Bay'o-net, n. 銃尾鎗, 총끗헤꼬이운창, v.t. 총끗헤창으로 지른다.
Bay'ou, (bibo) n. 湖水出口, 호수흘너나가는 목.
Ba-zäar, Ba-zär, n. 市場, 뎌자, 장.
Bē, v.i. 有, 在, 為, 是, 잇다, 되다, 이다.
Bēach, n. 濱, 岸, 물가, 언덕, v.t. 물가에나리다, 물밧게나다.
Bēa'con, n. (bēkn) n. 烽火, 봉화불.
Bēad, n. 小珠, 念珠, 꾀는구실, 염주,
Bēak, n. 嘴, 嘴形, 새입부리, 새부리모양으로된, — er, 큰잔.
Bēam, n. 上樑, 衡, 光線, 대들보, 저울대, 빗발, v.t. 빗발내다.

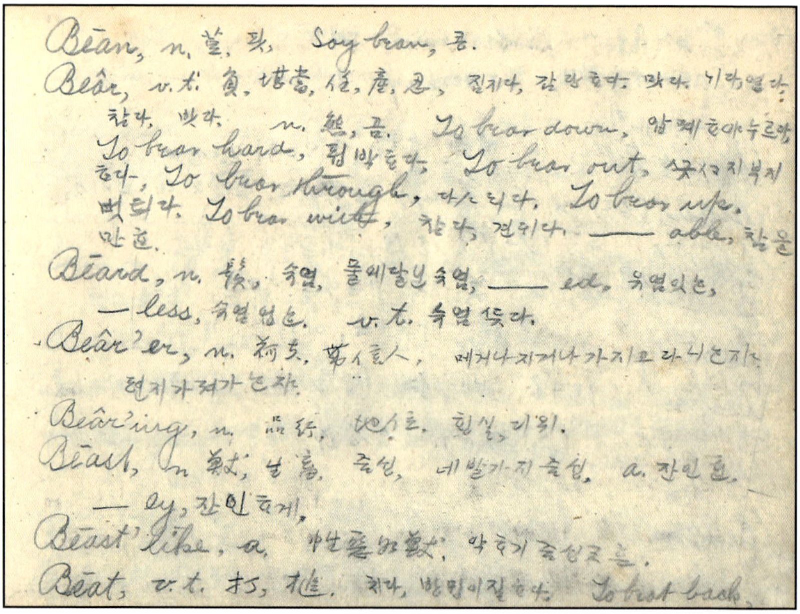

Bēan, n. 荳, 팟, Sōy bean, 콩.
Bēar, v.t. 負, 堪當, 生, 產, 忍, 짐지다, 감당하다, 맛다, 나다, 열다, 참다, 밧다. n. 熊, 곰. To bear down, 압제하야누르다, To bear hard, 핍박하다, To bear out, 숨기지부지하다, To bear through, 다스리다. To bear up, 버틔다. To bear with, 참다, 견듸다. — able, 참을만한.
Bēard, n. 鬚, 수염, 물에달닌수염, — ed, 수염잇는, — less, 수염업는. v.t. 수염쓰다.
Bēar'er, n. 荷夫, 第人言人, 메거나지거나가지고다니는자, 편지가져가는자.
Bēar'ing, n. 品行, 地方, 힘실, 지위.
Bēast, n. 獸, 生畜, 즘생, 네발가진즘생, a. 잔인한. — ly, 잔인하게,
Bēast'like, a. 性惡如獸, 악하기즘생갓흔.
Bēat, v.t. 打, 椎, 치다, 방망이질하다. To beat back,

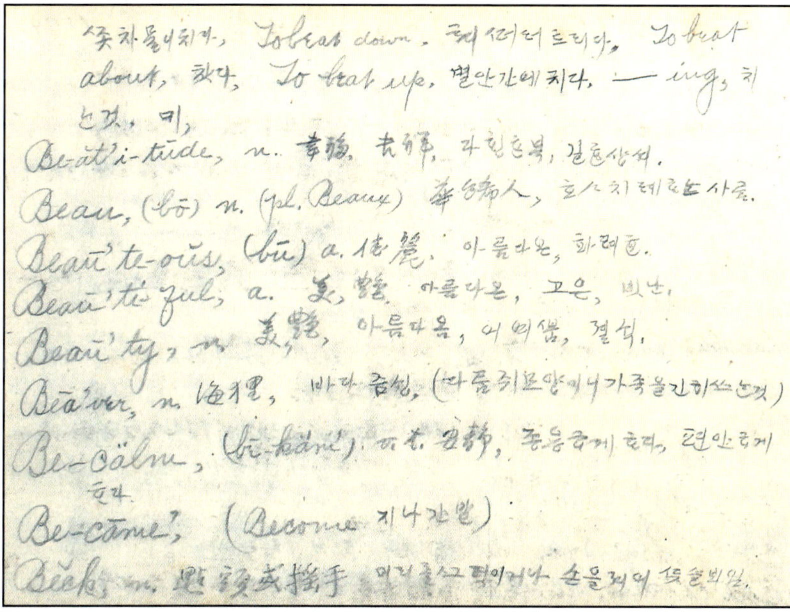

솟차몰니치다, To beat down. 쳐셔 떠러트리다, To beat about, 찻다, To beat up. 별안간에 치다. — ing, 치는것, 매,
Be-at'i-tude, n. 幸福, 去俸, 다힝혼복, 길혼상서.
Beau, (bō) n. (pl. Beaux) 華美衞人, 호사치레호는 사룸.
Beau'te-ous, (bū) a. 佳麗, 아름다온, 화려혼.
Beau'ti-ful, a. 美, 艶, 아름다온, 고은, 빗난,
Beau'ty, n. 美, 艶, 아름다옴, 어여쁨, 절식,
Bea'ver, n. 海狸, 바다 즘싱, (다름쥐모양에 가죽을 긴히쓰는것)
Be-calm', (be-käm') v. t. 安靜, 종용호게 호다, 편안호게 호다.
Be-came', (Become 지나간말)
Beck, n. 點頭或搖手 머리를 스덕이거나 손을 져어 뜻을 뵈임.

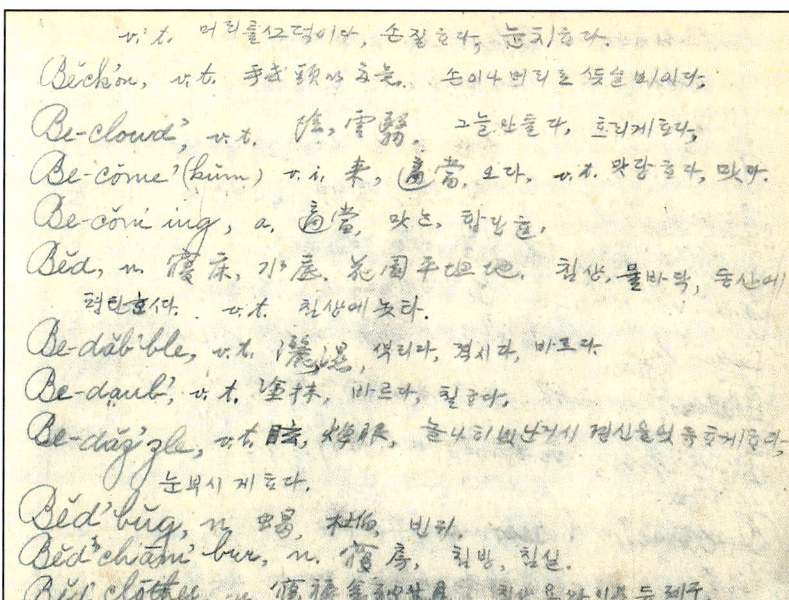

v. t. 머리를 스덕이다, 손질호다, 눈치호다.
Beck'on, v. t. 手或頭以示意. 손이나 머리로 뜻을 뵈이다.
Be-cloud', v. t. 陰, 雲翳. 그늘 만들다, 흐리게호다,
Be-come' (kum) v. i. 來, 適當, 오다, v. t. 맛당호다, 맛다.
Be-com'ing, a. 適當, 맛는, 합당혼,
Bed, n. 寢床, 花園平坦地. 침상, 물바닥, 동산에 평탄훈 다. v. t. 침상에 놋다.
Be-dab'ble, v. t. 灑濕, 색리다, 젹시다, 바르다.
Be-daub', v. t. 塗抹, 바르다, 칠호다.
Be-daz'zle, v. t. 目眩, 焯眼, 눈 너머 빗나거시 정신을 어둡게호다, 눈부시게 호다.
Bed'bug, n. 蟲蠹, 杜伯, 빈대.
Bed'cham'ber, n. 寢房, 침방, 침실.
Bed'clothes, n. 寢褥衾被等具, 침상 요 이불 등 제구.

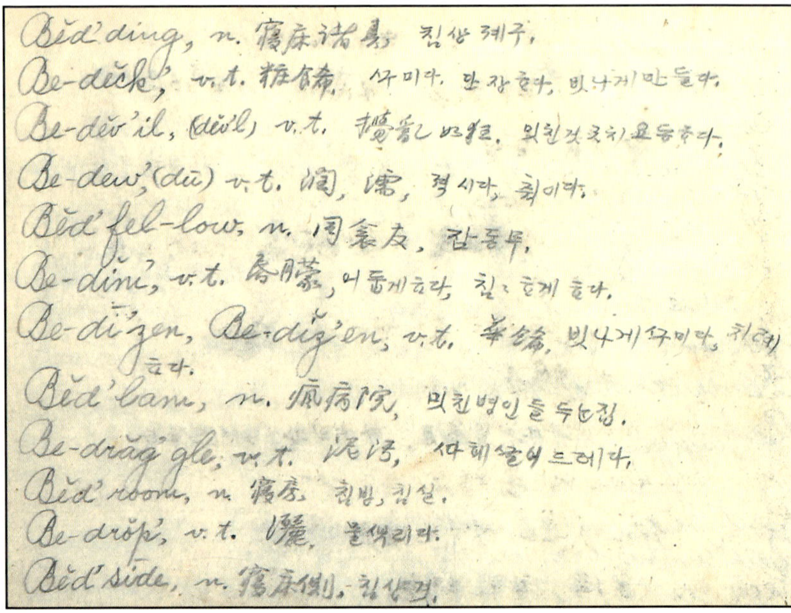

Bĕd'ding, n. 寢床諸具, 침상 졔구,
Be-dĕck', v.t. 粧飾, ᄭᅮ미다, 단장ᄒᆞ다, 빗나게만들다,
Be-dĕv'il, (dĕv'l) v.t. 擾亂以鬼, 미친것ᄀᆞ치요동ᄒᆞ다,
Be-dew', (dū) v.t. 潤, 濡, 젹시다, 축이다,
Bĕd'fel-low, n. 同衾友, 잠동무,
Be-dim', v.t. 昏朦, 어둡게ᄒᆞ다, 침침ᄒᆞ게ᄒᆞ다.
Be-di'zen, Be-diz'en, v.t. 華飾, 빗나게ᄭᅮ미다, 치례ᄒᆞ다.
Bĕd'lam, n. 瘋病院, 미친병인을두ᄂᆞᆫ집.
Be-drăg'gle, v.t. 泥汚, ᄉᆞ매헤흙어드러이다,
Bĕd'room, n. 寢房, 침방, 침실.
Be-drŏp', v.t. 灑, 물ᄲᅳ리다.
Bĕd'side, n. 寢床側, 침상겻.

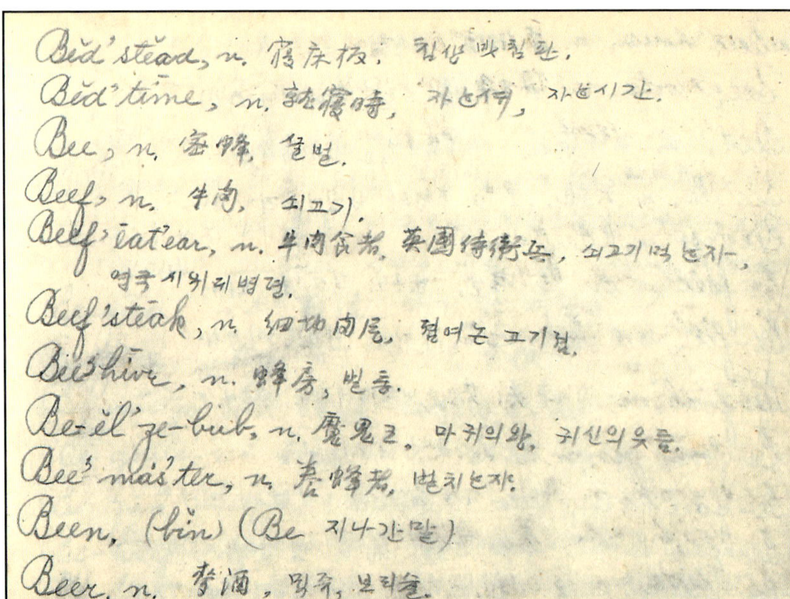

Bĕd'stead, n. 寢床板, 침상ᄇᆞ침판.
Bĕd'time, n. 就寢時, 자ᄂᆞᆫ때, 자ᄂᆞᆫ시간.
Bee, n. 蜜蜂, ᄭᅮᆯ벌.
Beef, n. 牛肉, 쇠고기.
Beef'eat'er, n. 牛肉食者, 英國侍衛兵, 쇠고기먹ᄂᆞᆫ자, 영국시위대병정.
Beef'steak, n. 細切肉片, 절여논고기점.
Bee'hive, n. 蜂房, 벌통.
Be-ĕl'ze-bub, n. 魔鬼王, 마귀의왕, 귀신의웃듬.
Bee'măs'ter, n. 養蜂者, 벌치ᄂᆞᆫ자.
Been, (bĭn) (Be 지나간말)
Beer, n. 麥酒, ᄆᆡᆨ쥬, 보리술.

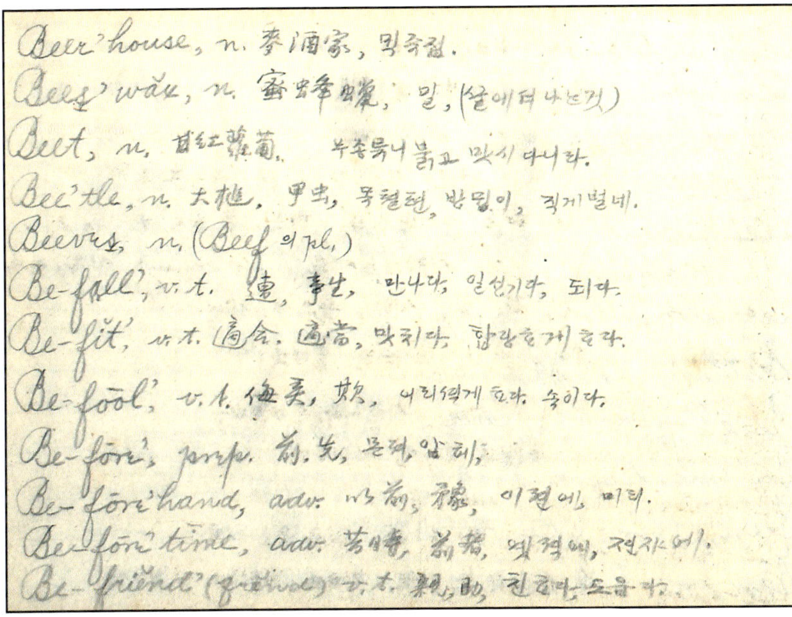

Beer'house, n. 麥酒家, 믹쥬집.
Bees'wăx, n. 蜜蜂蠟, 밀, (꿀에셔 나는것)
Beet, n. 甘紅蘿蔔. 부층뭇니 붉고 맛시 다니라.
Bee'tle, n. 大槌, 甲虫, 목철편, 방뭉이, 딱게벌네.
Beeves, n. (Beef 의 pl.)
Be-fall', v.t. 遭, 事生, 만나다, 일싱기다, 되다.
Be-fĭt', v.t. 適合, 適當, 맛치다, 합당ᄒᆞ게 ᄒᆞ다.
Be-fool', v.t. 侮弄, 欺, 어리셕게 ᄒᆞ다. 속이다.
Be-fōre', prep. 前, 先, 몬져, 압헤,
Be-fōre'hand, adv. 以前, 豫, 이젼에, 미리.
Be-fōre'time, adv. 昔時, 前者, 옛젹에, 젼자에.
Be-friĕnd' (frĕnd) v.t. 親, 助, 친ᄒᆞ다, 도읍다.

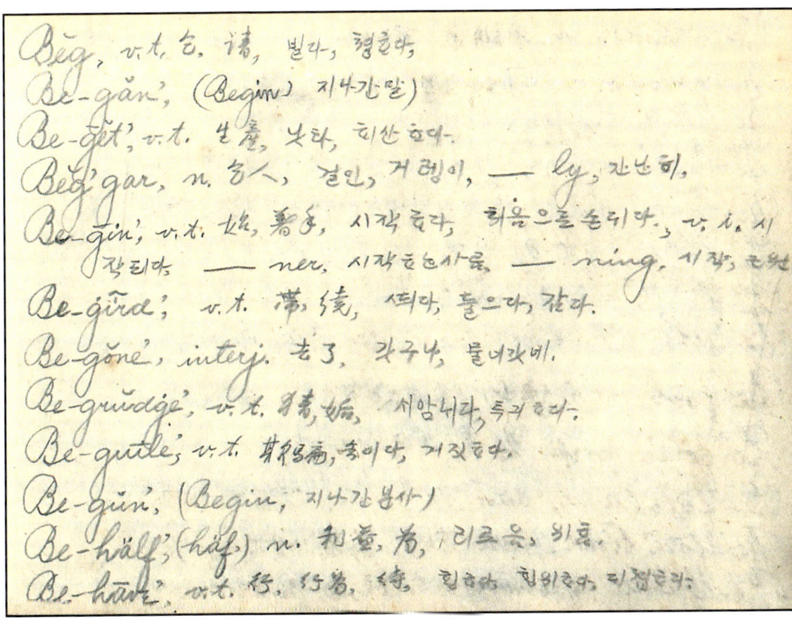

Bĕg, v.t. 乞, 請, 빌다, 쳥ᄒᆞ다,
Be-găn', (Begin 지나간말)
Be-gĕt', v.t. 生產, 낫다, 히산ᄒᆞ다.
Bĕg'gar, n. 乞人, 걸인, 거렁이, — ly, 간난히,
Be-gĭn', v.t. 始, 着手, 시작ᄒᆞ다, 처음으로 손되다., v.i. 시작되다. — ner, 시작ᄒᆞᄂᆞᆫ사ᄅᆞᆷ, — ning, 시작, ᄒᆞᆫ[illegible].
Be-gĭrd', v.t. 帶, 繞, 씌다, 둘으다, 감다.
Be-gōne', interj. 去了, 갓구나, 물너갓네.
Be-grŭdge', v.t. 猜, 妬, 시암내다, 투긔ᄒᆞ다.
Be-guīle', v.t. 欺騙, 속이다, 거짓ᄒᆞ다.
Be-gŭn', (Begin, 지나간분사)
Be-hälf', (häf) n. 利益, 為, 리로움, 위ᄒᆞᆷ.
Be-hāve', v.t. 行, 行為, 待, 힝ᄒᆞ다, 힝위ᄒᆞ다, 디졉ᄒᆞ다.

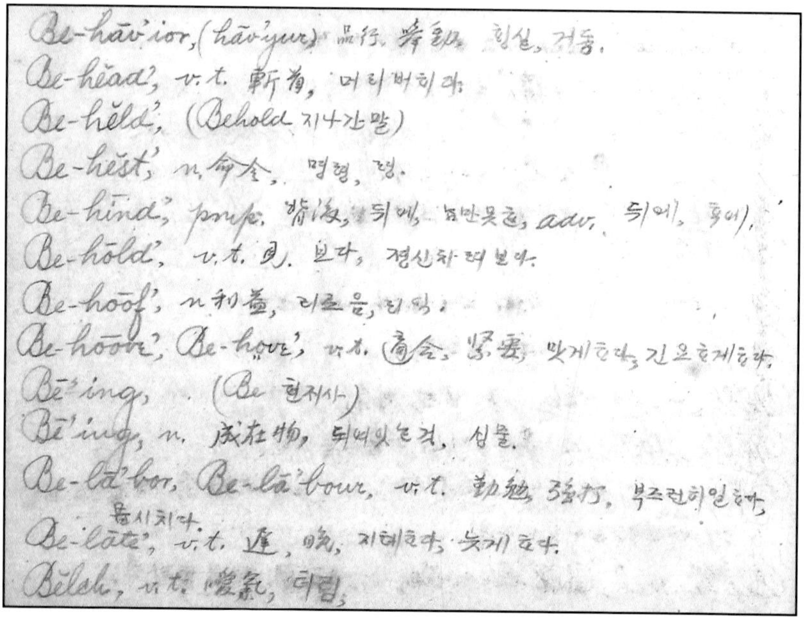
Be-hāv'ior, (hāv'yur) 品行, 擧動, 힝실, 거동.
Be-hĕad', v.t. 斬首, 머리버히다.
Be-hĕld', (Behold 지나간말)
Be-hĕst', n. 命令, 명령, 령.
Be-hind', prep. 背後, 뒤에, 미만못흔, adv. 뒤에, 후에,
Be-hōld', v.t. 見, 보다, 정신차려보다.
Be-hoof', n. 利益, 리로음, 리익.
Be-hoove', Be-hove', v.t. 適合, 緊要, 맛게흐다, 긴요흐게흐다.
Bē'ing, (Be 현재사)
Bē'ing, n. 成在物, 되여잇는것, 싱물.
Be-lā'bor, Be-lā'bour, v.t. 勤勉, 强打, 부즈런히일흐다, 욕시치다.
Be-lāte', v.t. 遲, 晩, 지톄흐다, 늣게흐다.
Bĕlch, v.t. 噯氣, 트림,

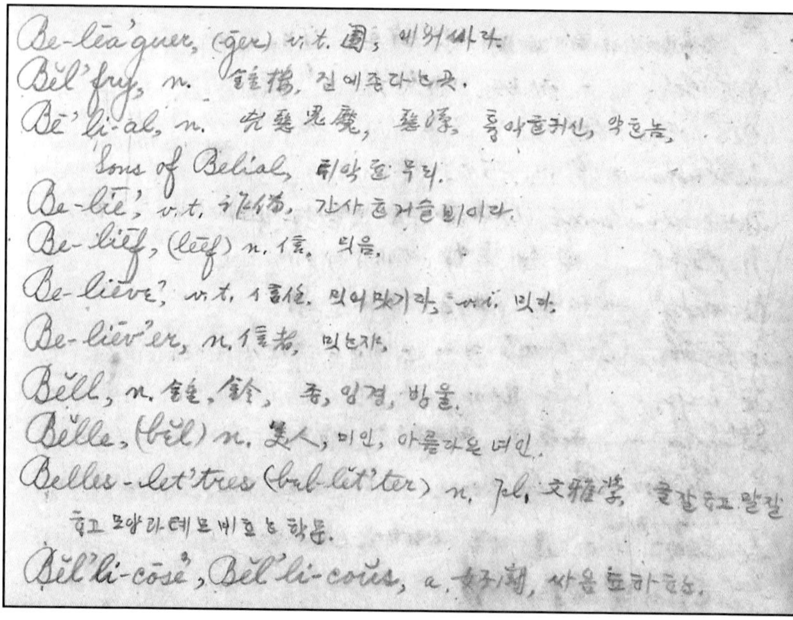
Be-lēa'guer, (-ger) v.t. 圍, 에워싸다.
Bĕl'fry, n. 鐘樓, 집에죵다는곳.
Bē'li-al, n. 兇惡鬼魔, 惡漢, 흉악흔귀신, 악흔놈,
Sons of Belial, 흉악흔무리.
Be-lie', v.t. 詐偽, 간사흔거슬뵈이다.
Be-lief', (leef) n. 信, 믿음.
Be-lieve', v.t. 信任, 믿어맛기다, v.i. 믿다.
Be-liev'er, n. 信者, 믿는자.
Bĕll, n. 鐘, 鈴, 종, 잉경, 방울.
Bĕlle, (bĕl) n. 美人, 미인, 아름다온녀인.
Belles-let'tres (bal-let'ter) n. pl. 文雅學, 글잘흐고말잘흐고모양라톄므비호는학문.
Bĕl'li-cōse', Bĕl'li-cous, a. 好鬪, 싸홈됴하흐는.

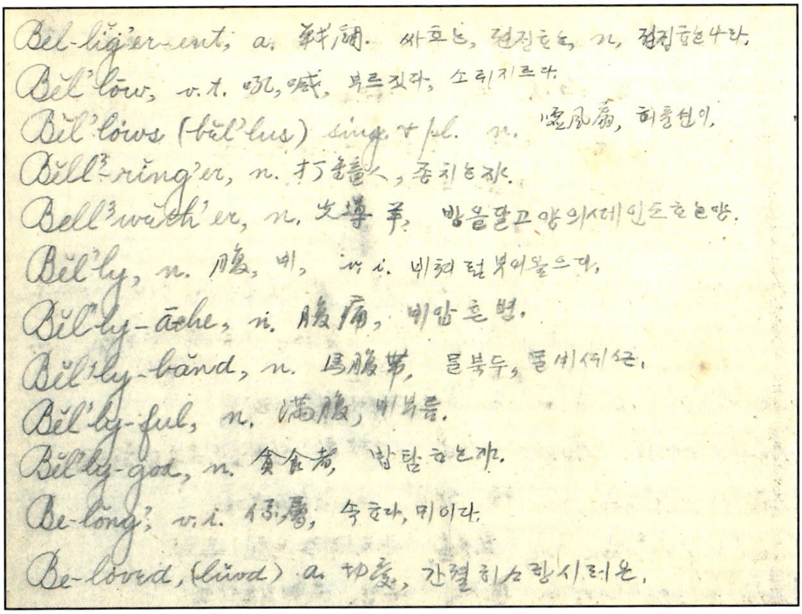

Bel-lig'er-ent, a. 戰鬪. 싸호는, 전쟁ᄒᆞ는, n. 전쟁ᄒᆞᄂᆞᆫ나라.
Bel'low, v.t. 吼, 喊, 부르짖다, 소리지르다.
Bel'lows (bĕl'lus) sing. & pl. n. 吹風扇, 풀무.
Bell'-ring'er, n. 打鐘人, 종치는자.
Bell'-weth'er, n. 先導羊, 방울달고 양의ᄯᅦ인도ᄒᆞ는양.
Bel'ly, n. 腹, 배, v.i. 배처럼부어올으다.
Bel'ly-ache, n. 腹痛, 배압흔병.
Bel'ly-band, n. 馬腹帶, 뱃대끈.
Bel'ly-ful, n. 滿腹, 배부름.
Bel'ly-god, n. 貪食者, 탐식ᄒᆞᄂᆞᆫ자.
Be-long', v.i. 係屬, 속ᄒᆞ다, ᄆᆡ이다.
Be-loved, (lŭvd) a. 切愛, 간절히ᄉᆞ랑시러운.

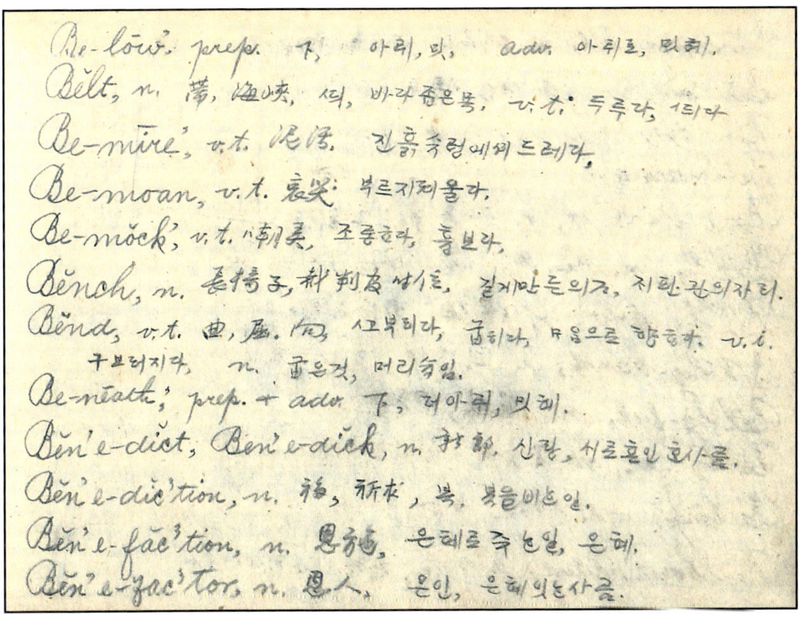

Be-low', prep. 下, 아래, 밑, adv. 아래로, 밋헤.
Belt, n. 帶, 海峽, ᄯᅴ, 바다좁은목, v.t. 두르다, ᄯᅴ다
Be-mire', v.t. 泥汚, 진흙속렁에ᄲᅡ드리다.
Be-moan, v.t. 哀哭, 부르지저울다.
Be-mock', v.t. 嘲弄, 조롱ᄒᆞ다, 흉보다.
Bench, n. 長椅子, 裁判官坐席, 길게만든의자, 재판관의자리.
Bend, v.t. 曲, 屈, 向, ᄭᅮ부리다, 굽히다, 무음으로 향ᄒᆞ다. v.i. 구브러지다, n. 굽은것, 머리숙임.
Be-neath', prep. & adv. 下, 저아래, 밋헤.
Ben'e-dict, Ben'e-dick, n. 新郞, 신랑, 새로혼인ᄒᆞᆫ사ᄅᆞᆷ.
Ben'e-dic'tion, n. 福, 祈求, 복, 복을비는일.
Ben'e-fac'tion, n. 恩施, 은혜로주는일, 은혜.
Ben'e-fac'tor, n. 恩人, 은인, 은혜있는사ᄅᆞᆷ.

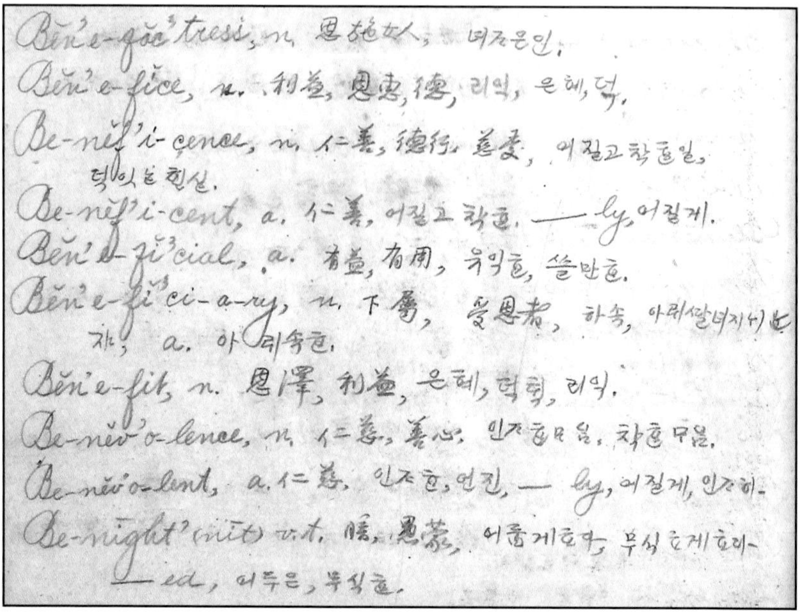

Bĕn'e-făc'tress, n. 恩施女人, 녀즈은인;
Bĕn'e-fice, n. 利益, 恩惠, 德, 리익, 은혜, 덕.
Be-nĕf'i-cence, n. 仁善, 德行, 慈愛, 어질고 착훈일, 덕잇는 힝실.
Be-nĕf'i-cent, a. 仁善, 어질고 착훈. — ly, 어질게.
Bĕn'e-fi'cial, a. 有益, 有用, 유익훈, 쓸만훈.
Bĕn'e-fi'ci-a-ry, n. 下屬, 受恩者, 하속, 아릭살너지ㄴ[illegible] 자; a. 아릭속훈.
Bĕn'e-fit, n. 恩澤, 利益, 은혜, 덕퇵, 리익.
Be-nĕv'o-lence, n. 仁慈, 善心, 인즈훈모음, 착훈모음.
Be-nĕv'o-lent, a. 仁慈, 인즈훈, 언진, — ly, 어질게, 인즈히.
Be-night' (nīt) v.t. 暗, 愚蒙, 어둡게호다, 무식호게호다.
— ed, 어두은, 무식훈.

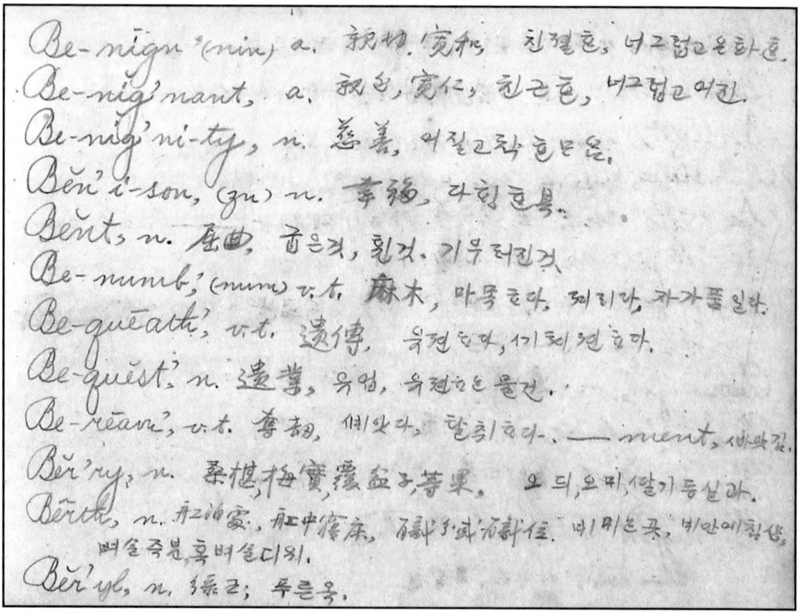

Be-nign' (nīn) a. 親切, 寬和, 친절훈, 너그럽고 온화훈.
Be-nig'nant, a. 親仁, 寬仁, 친근훈, 너그럽고 어진.
Be-nig'ni-ty, n. 慈善, 어질고착훈모음.
Bĕn'i-son, (zn) n. 幸福, 다힝훈복.
Bĕnt, n. 屈曲, 굽은것, 휜것, 기우러진것
Be-numb', (num) v.t. 麻木, 마목호다, 저리다, 자가품일다.
Be-quēath', v.t. 遺傳, 유젼호다, 니기뎨젼호다.
Be-quĕst', n. 遺業, 유업, 유젼호는물건.
Be-rēave', v.t. 奪剝, 셰앗다, 탈취호다. — ment, 셰앗김.
Bĕr'ry, n. 桑椹, 梅實, 覆盆子, 等果, 오듸, 오미, 쌀기등실과.
Bĕrth, n. 船泊處, 船中寢床, 職分或行職位. 비미는곳, 비안에침상, 벼슬죽분, 혹벼슬디위.
Bĕr'yl, n. 綠玉; 푸른옥.

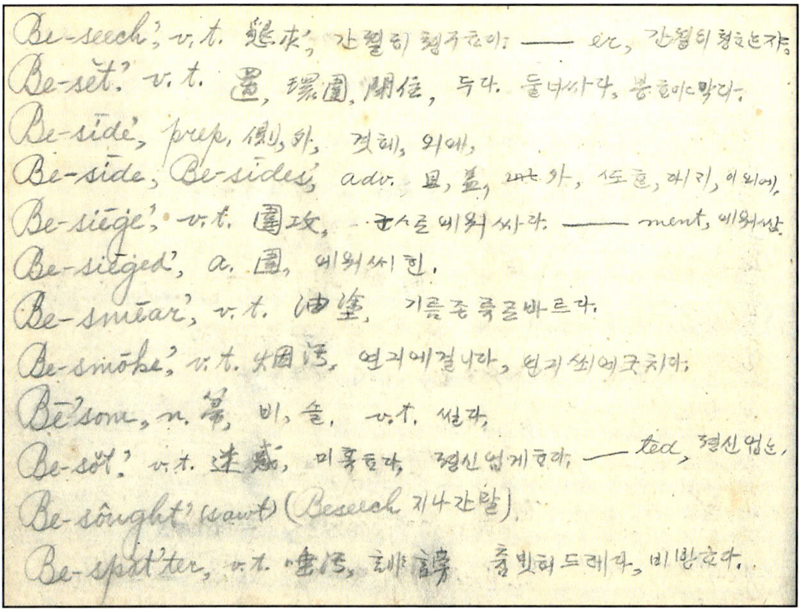

Be-seech', v.t. 懇求, 간절히 청구ᄒᆞ다. —— er, 간절히 청ᄒᆞᄂᆞᆫ쟈.
Be-set', v.t. 置, 環圍, 關住, 두다. 둘너싸다, 봉ᄒᆞ야막다.
Be-side', prep. 側, 外, 겻헤, 외에,
Be-side', Be-sides', adv. 且, 並, 그밧긔, ᄯᅩᄒᆞᆫ, 더구나, 이외에,
Be-siege', v.t. 圍攻, 군ᄉᆞ로 에워싸다. —— ment, 에워쌈.
Be-sieged', a. 圍, 에워싸인.
Be-smear', v.t. 油塗, 기름조록로바르다.
Be-smoke', v.t. 烟污, 연긔에걸니다, 연긔쇠에그치다.
Be'som, n. 箒, 비, 솔. v.t. 쓸다.
Be-sot', v.t. 迷惑, 미혹ᄒᆞ다, 졍신업게ᄒᆞ다. —— ted, 졍신업ᄂᆞᆫ.
Be-sought' (sawt) (Beseech 지나간말).
Be-spat'ter, v.t. 唾污, 誹謗, 춤밧허드리다, 비방ᄒᆞ다.

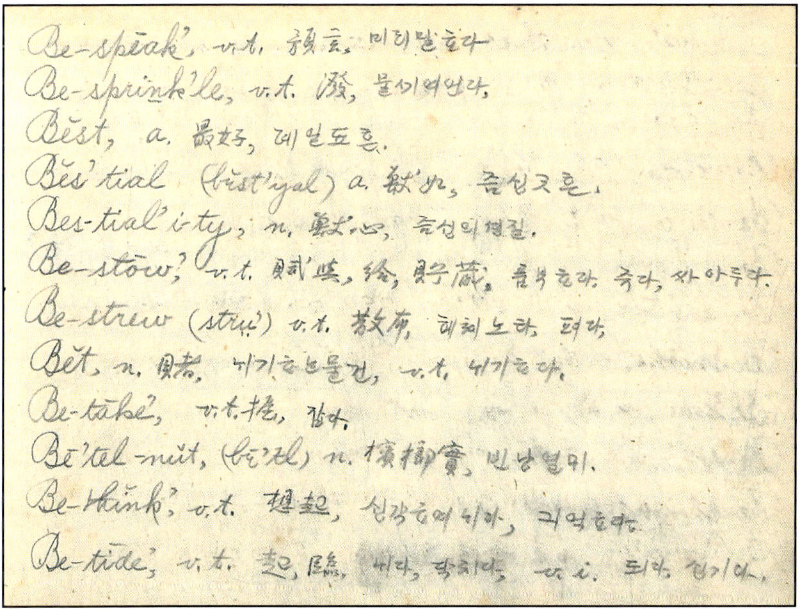

Be-speak', v.t. 預言, 미리말ᄒᆞ다
Be-sprin'kle, v.t. 潑, 물ᄲᅳ려던다.
Bĕst, a. 最好, 뎨일됴흔.
Bĕs'tial (bĕst'yal) a. 獸心, 즘ᄉᆡᆼ갓흔.
Bes-tial'i-ty, n. 獸心, 즘ᄉᆡᆼ의셩질.
Be-stow', v.t. 賦與, 給, 貯藏, 품부ᄒᆞ다. 주다, 싸아두다.
Be-strew (strū') v.t. 散布, 헤쳐노타, 펴다.
Bĕt, n. 賭, 내기ᄒᆞᄂᆞᆫ물건, v.t. 내기ᄒᆞ다.
Be-take', v.t. 捷, 잡다.
Bē'tel-nut, (bē'tl) n. 檳榔實, 빈낭열ᄆᆡ.
Be-think', v.t. 想起, ᄉᆡᆼ각ᄒᆞ여내다, 긔억ᄒᆞ다.
Be-tide', v.t. 起, 臨, 내다, 닥치다, v.i. 되다. 생기다.

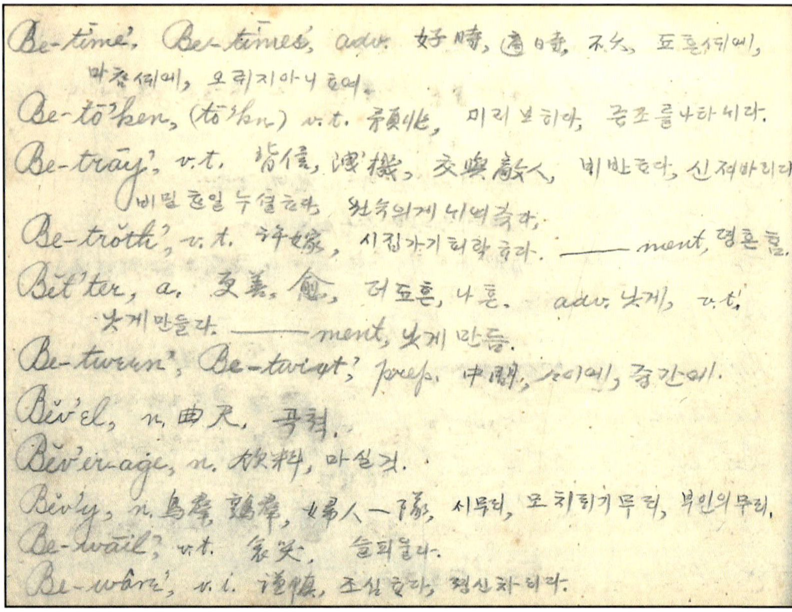

Be-time', Be-times', adv. 好時, 適時, 不久, 됴흔때에, 마츰때에, 오래지아니ᄒᆞ여.
Be-tō'ken, (tō'kn) v.t. 預兆, 미리보히다, 굠조를나타내다.
Be-tray', v.t. 背信, 洩機, 交與敵人, 배반ᄒᆞ다, 신졍바리다, 비밀ᄒᆞᆫ일누셜ᄒᆞ다, 원수의게내여주다.
Be-troth', v.t. 許嫁, 시집가기허락ᄒᆞ다. —— ment, 뎡혼홈.
Bet'ter, a. 更善, 愈, 더됴흔, 나흔. adv. 낫게, v.t. 낫게만들다. —— ment, 낫게만듬.
Be-tween', Be-twixt', prep. 中間, ᄉᆞ이에, 즁간에.
Bĕv'el, n. 曲尺, 곡쳑.
Bĕv'er-age, n. 飲料, 마실것.
Bĕv'y, n. 鳥群, 鶉群, 婦人一隊, 새무리, 모치리기무리, 부인의무리.
Be-wail', v.t. 哀哭, 슬피울다.
Be-wâre', v.i. 謹愼, 조심ᄒᆞ다, 졍신차리다.

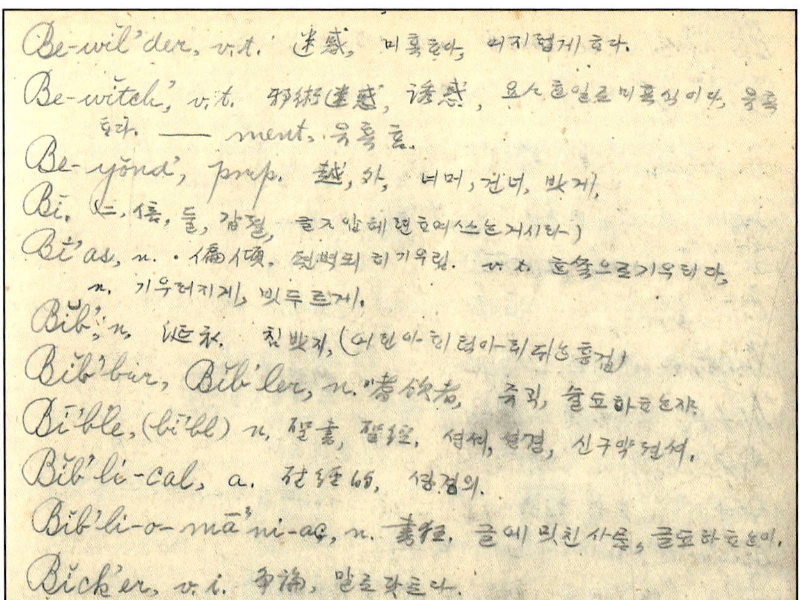

Be-wil'der, v.t. 迷惑, 미혹ᄒᆞ다, 어지럽게ᄒᆞ다.
Be-witch', v.t. 邪術迷惑, 誘惑, 요ᄉᆞᄒᆞᆫ일로미혹식이다, 유혹ᄒᆞ다. —— ment, 유혹홈.
Be-yŏnd', prep. 越, 外, 너머, 건너, 밧게.
Bī. 二, 倍, 둘, 갑절, (글ᄌᆞ앏헤련ᄒᆞ여스ᄂᆞᆫ거시라)
Bī'as, n. 偏傾, 한편으로기우림. v.t. ᄒᆞᆫ쪽으로기우리다, n. 기우러지게, 빗두루게.
Bib, n. 涎衣, 침밧지, (어린아ᄒᆡ턱아래ᄃᆡᄂᆞᆫ홋것)
Bib'ber, Bib'ler, n. 嗜飮者, 술군, 술됴하ᄒᆞᄂᆞᆫᄌᆞ.
Bī'ble, (bī'bl) n. 聖書, 聖經, 셩셔, 셩경, 신구약젼셔.
Bib'li-cal, a. 聖經的, 셩경의.
Bib'li-o-mā'ni-ac, n. 書狂, 글에밋친사ᄅᆞᆷ, 글됴하ᄒᆞᄂᆞᆫ이.
Bĭck'er, v.i. 爭論, 말로닷토다.

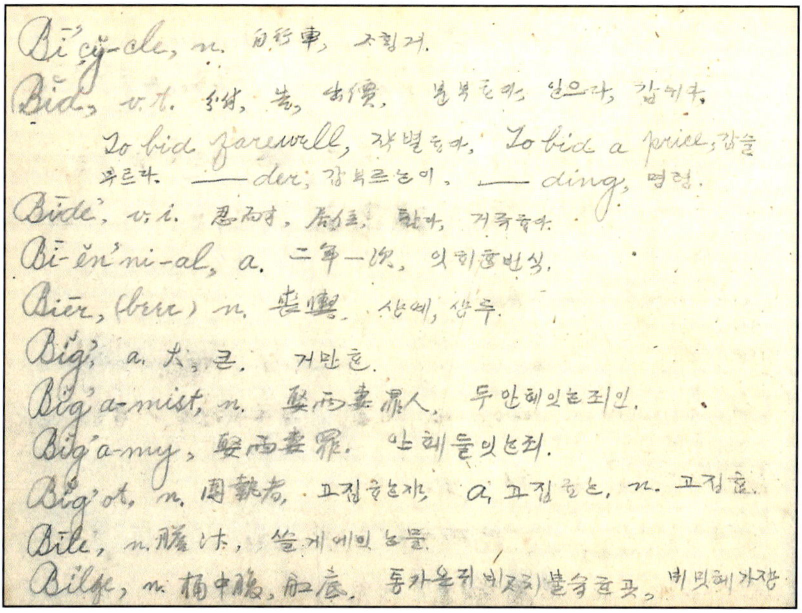
Bi'cy-cle, n. 自行車, 즈힝거.
Bĭd, v.t. 命令, 告, 出價, 분부ᄒᆞ여, 일으다, 갑쥬다.
To bid farewell, 작별ᄒᆞ다, To bid a price, 갑슬 부르다. —der, 갑부르ᄂᆞᆫ이. —ding, 명령.
Bīde, v.i. 忍耐, 居住, 참다, 거쥬ᄒᆞ다.
Bī-ĕn'ni-al, a. 二年一次, 이희ᄒᆞᆫ번식.
Biēr, (beer) n. 喪輿, 상예, 상두.
Bĭg, a. 大, 큰, 거만ᄒᆞᆫ.
Bĭg'a-mist, n. 娶兩妻罪人, 두안해잇ᄂᆞᆫ죄인.
Bĭg'a-my, 娶兩妻罪. 안해둘잇ᄂᆞᆫ죄.
Bĭg'ot, n. 固執者, 고집ᄒᆞᄂᆞᆫ자, a. 고집ᄒᆞᄂᆞᆫ, n. 고집ᄒᆞᆷ.
Bīle, n. 膽汁, 쓸게에잇ᄂᆞᆫ물.
Bilge, n. 桶中腹, 舡底, 통가온ᄃᆡ 비ᄌᆞ지 불숙ᄒᆞᆫ곳, 배밋헤가장

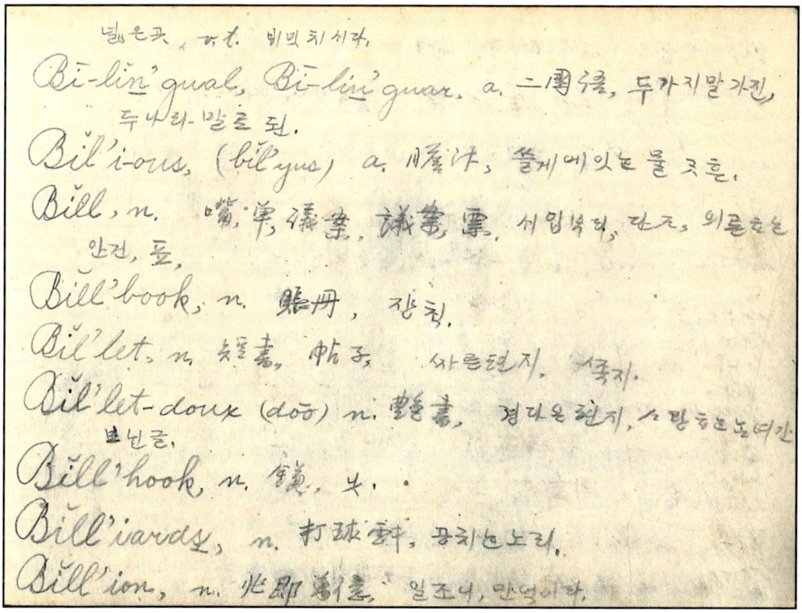
널ᄇᆞᆫ곳, v.t. 배밋치시다.
Bī-lin'gual, Bī-lin'guar, a. 二國語, 두가지말가진, 두나라말로된.
Bĭl'i-ous, (bĭl'yus) a. 膽汁, 쓸게에잇ᄂᆞᆫ물 ᄀᆞᄐᆞᆫ.
Bĭll, n. 嘴, 單, 議案, 議案, 票, 새입부리, 단ᄌᆞ, 의론ᄒᆞᄂᆞᆫ 안건, 표.
Bĭll'book, n. 賬冊, 장칙.
Bĭl'let, n. 短書, 帖子, 쟈른편지, 쳡지.
Bĭl'let-doux (doo) n. 艶書, 정다온편지, ᄉᆞ랑ᄒᆞᄂᆞᆫ놈이간 보낸글.
Bĭll'hook, n. 鎌, 낫.
Bĭll'iards, n. 打球戲, 공치ᄂᆞᆫ노리.
Bĭll'ion, n. 兆 即 萬億, 일조나, 만억이라.

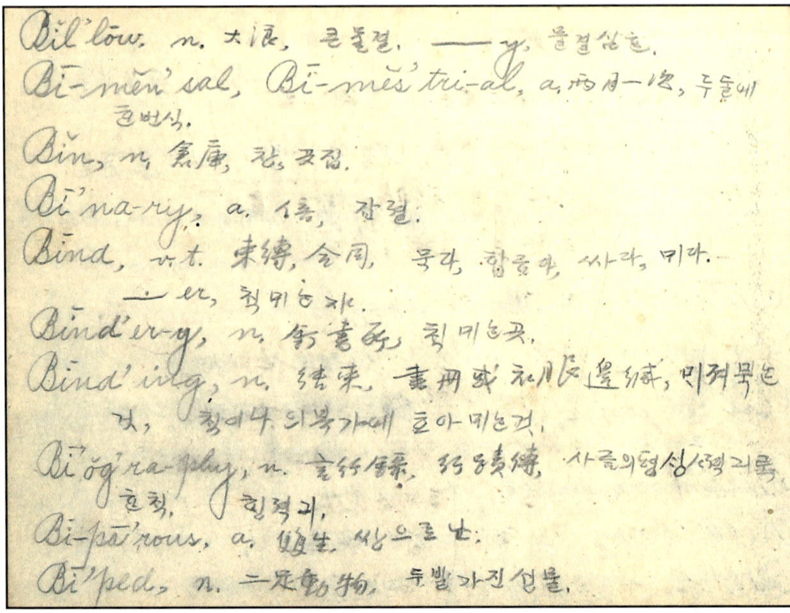

Bil'lōw, n. 大浪, 큰물결, ——y, 물결심ᄒᆞᆫ.
Bī-mĕn'sal, Bī-mĕs'tri-al, a. 兩月一次, 두ᄃᆞᆯ에 ᄒᆞᆫ번식.
Bĭn, n. 倉庫, 창, 곳집.
Bī'na-ry, a. 一倍, 갑절.
Bīnd, v.t. 束縛, 合同, 묵다, 합ᄒᆞ다, ᄊᆞ다, ᄆᆡ다.
——er, 칙ᄆᆡᄂᆞᆫ자.
Bīnd'er-y, n. 釘書所, 칙ᄆᆡᄂᆞᆫ곳.
Bīnd'ing, n. 結束, 書冊或衣服邊緣, ᄆᆡ져묵ᄂᆞᆫ것, 칙이나 의복가에 ᄒᆞ야ᄆᆡᄂᆞᆫ것.
Bī-ŏg'ra-phy, n. 言行錄, 行實績, 사ᄅᆞᆷ의ᄒᆡᆼ실ᄒᆞᆫ긔록ᄒᆞᆫ칙, 힝젹긔.
Bi-păr'ous, a. 雙生, ᄊᆞᆼ으로 남.
Bī'ped, n. 二足動物, 두발가진싱물.

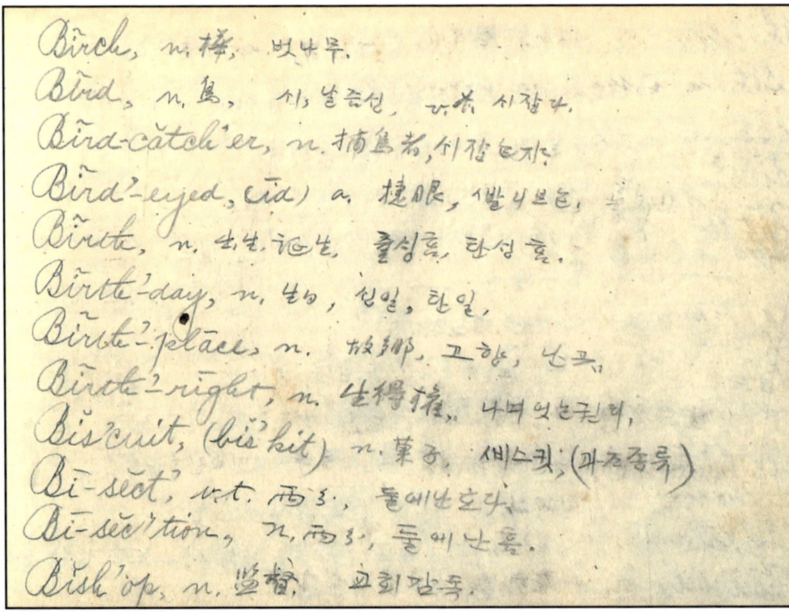

Bĩrch, n. 樺, 벗나무.
Bĩrd, n. 鳥, ᄉᆡ, 날즘ᄉᆡᆼ, v.i. ᄉᆡ잡다.
Bĩrd-cătch'er, n. 捕鳥者, ᄉᆡ잡ᄂᆞᆫ자.
Bĩrd'-eyed, (īd) a. 捷眼, ᄲᆞᆯ니보ᄂᆞᆫ.
Bĩrth, n. 出生, 誕生, 출싱ᄒᆞᆷ, 탄싱ᄒᆞᆷ.
Bĩrth'-day, n. 生日, 싱일, 탄일.
Bĩrth'-plāce, n. 故鄕, 고향, 난곳.
Bĩrth'-right, n. 生得權, 나며잇ᄂᆞᆫ권리.
Bĭs'cuit, (bĭs'kit) n. 菓子, ᄇᆡ스킷, (과ᄌᆞ죵류)
Bī-sĕct', v.t. 兩分, 둘에난호다.
Bī-sĕc'tion, n. 兩分, 둘에난홈.
Bĭsh'op, n. 監督, 교회감독.

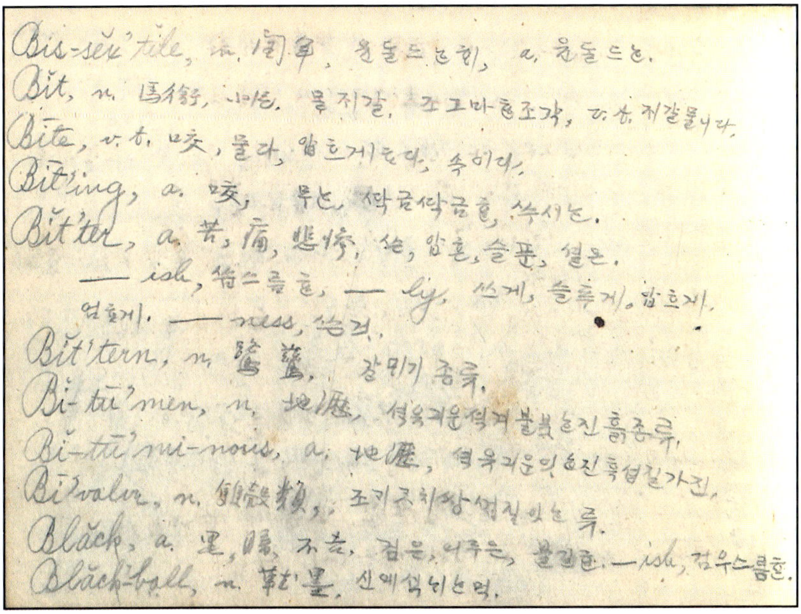
Bis-sĕx'tile, n. 閏年, 윤돌드ᄂᆞᆫ해, a. 윤돌드ᄂᆞᆫ.
Bit, n. 馬銜, 小片. 물지갈, 조그마ᄒᆞᆫ조각, v. t. 지갈물니다.
Bite, v. t. 咬, 물다, 압ᄒᆞ게ᄒᆞ다, 속히다.
Bit'ing, a. 咬, 무ᄂᆞᆫ, 싹금싹금ᄒᆞᆫ, 쏘시ᄂᆞᆫ.
Bĭt'ter, a. 苦, 痛, 悲慘, 쓴, 압ᄒᆞᆫ, 슬픈, 설은.
— ish, 쓴스름ᄒᆞᆫ, — ly, 쓰게, 슬프게, 압ᄒᆞ게, 엄ᄒᆞ게. — ness, 쓴것.
Bĭt'tern, n. 鷺鷥, 갈믜기종류.
Bi-tū'men, n. 地瀝, 석유기운석겨불붓ᄂᆞᆫ진흙종류.
Bi-tū'mi-nous, a. 地瀝, 석유기운잇ᄂᆞᆫ진흙성질가진.
Bi'valve, n. 雙殼類, 조기조치쌍성질잇ᄂᆞᆫ류.
Blăck, a. 黑, 暗, 不吉, 검은, 어두은, 불길ᄒᆞᆫ. — ish, 검우스름ᄒᆞᆫ.
Blăck-ball, n. 革墨, 신에식히ᄂᆞᆫ먹.

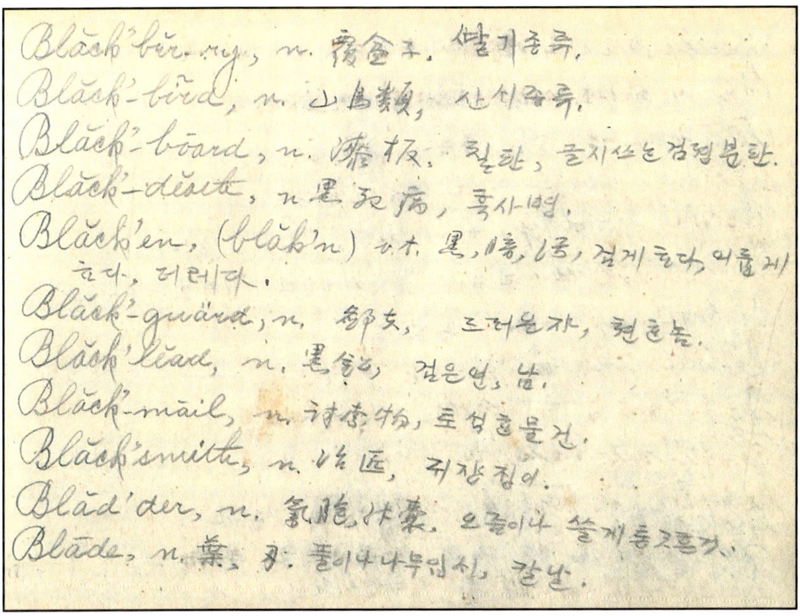
Blăck'bĕr-ry, n. 覆盆子. 쌀기종류.
Blăck-bird, n. 山鳥類, 산새종류.
Blăck'-bōard, n. 漆板, 칠판, 글지쓰ᄂᆞᆫ검정널판.
Blăck-dĕath, n. 黑死病, 흑사병.
Blăck'en, (blăk'n) v. t. 黑, 暗, 污, 검게ᄒᆞ다, 어둡게ᄒᆞ다, 더럽다.
Blăck'-guărd, n. 鄙夫, 드러운자, 천ᄒᆞᆫ놈.
Blăck'lĕad, n. 黑鉛, 검은연, 납.
Blăck-māil, n. 討索物, 토색ᄒᆞᆫ물건.
Blăck'smith, n. 冶匠, 대장장이.
Blăd'der, n. 氣胞, 水囊, 오줌이나 쓸게ᄀᆞᆺ흔것.
Blāde, n. 葉, 刃. 풀이나나무입사귀, 칼날.

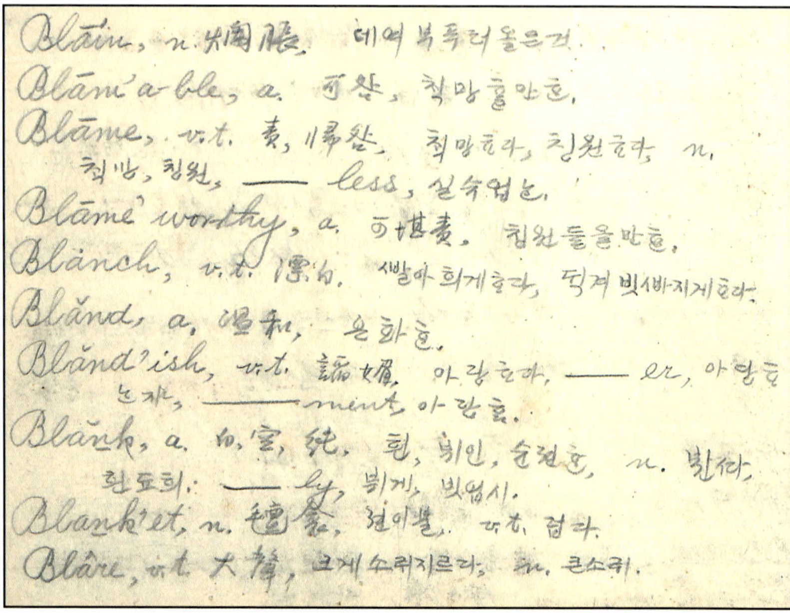
Blāin, n. 火闈膿. 데여 부풀어 올은것.
Blām'a-ble, a. 可咎, 책망홀만훈.
Blāme, v.t. 責, 歸咎, 책망ᄒᆞ다, 칭원ᄒᆞ다, n. 책망, 칭원, —— less, 실수업는.
Blāme'worthy, a. 可堪責. 칭원들을만훈.
Blánch, v.t. 漂白. ᄲᅡᆯ아 희게ᄒᆞ다, 덕겨 빗ᄲᅢ지게ᄒᆞ다.
Blănd, a. 溫和, 온화훈.
Blănd'ish, v.t. 諂媚, 아당ᄒᆞ다, —— er, 아당ᄒᆞ는자, —— ment, 아당훔.
Blănk, a. 白, 空, 純, 흰, 뷔인, 순젼훈, n. 빈ᄃᆡ, 흰도희; —— ly, 뷔게, 빗업시.
Blank'et, n. 毛氈衾, 털이불. v.t. 덥다.
Blâre, v.t. 大聲, 크게소릭지르다, n. 큰소릭.

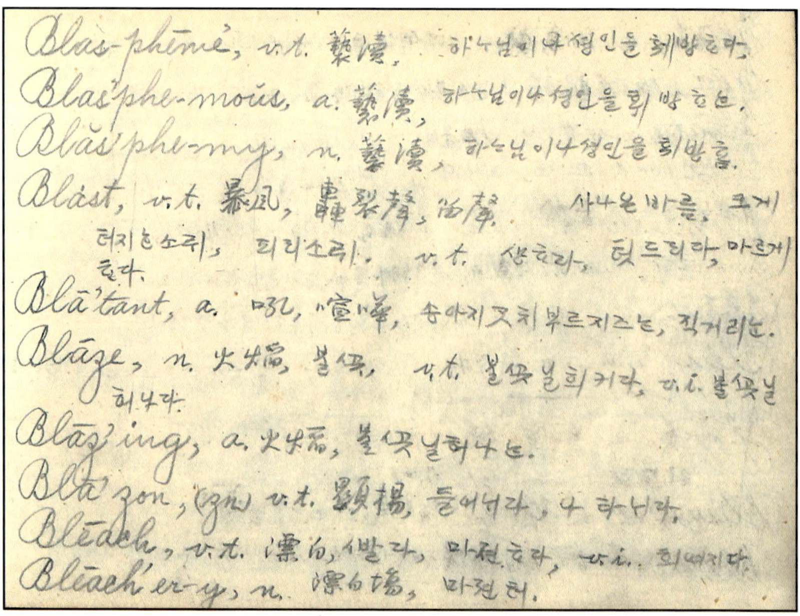
Blas-phēme', v.t. 褻瀆, 하ᄂᆞ님이나 셩인을 훼방ᄒᆞ다.
Blas'phe-mous, a. 褻瀆, 하ᄂᆞ님이나 셩인을 훼방ᄒᆞ는.
Blăs'phe-my, n. 褻瀆, 하ᄂᆞ님이나 셩인을 훼방홈.
Blást, v.t. 暴風, 轟裂聲, 笛聲. 사나온바름, 크게 터지는소릭, 피리소릭. v.t. 샹ᄒᆞ다, 터드리다, 마르게 ᄒᆞ다.
Blā'tant, a. [illegible], 喧嘩, 송아지ᄀᆞ치부르지즈는, 직거리는.
Blāze, n. 火焰, 불쏫, v.t. 불쏫닐희키다, v.i. 불쏫닐희나다.
Blāz'ing, a. 火焰, 불쏫닐희나는.
Blā'zon, (zn) v.t. 顯揚, 들어내다, ᄂᆞ타내다.
Blēach, v.t. 漂白, ᄲᅡᆯ다, 마젼ᄒᆞ다, v.i. 희여지다.
Blēach'er-y, n. 漂白場, 마젼터.

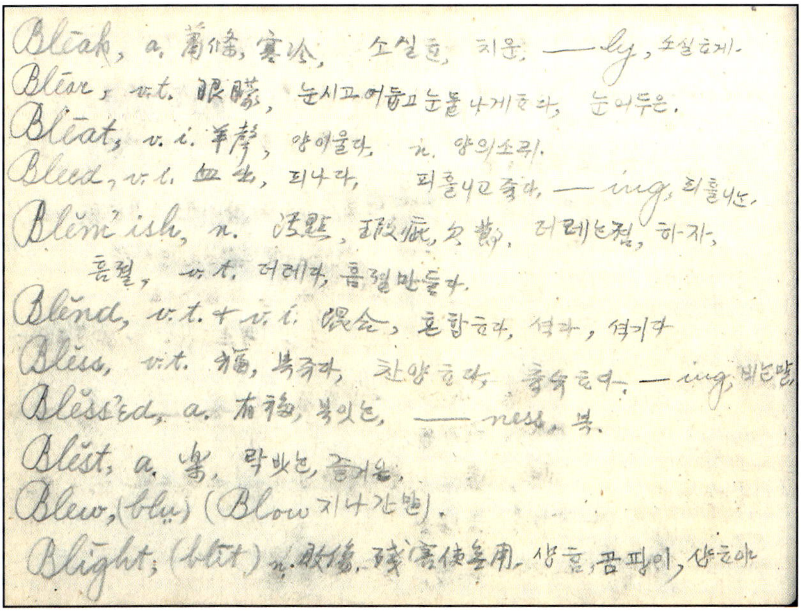

Blĕak, a. 蕭條, 寒冷, 소실호, 치운, —ly, 소실호게.
Blēar, v.t. 眼矇, 눈시고 어둡고 눈물나게호다, 눈어두은.
Blēat, v.i. 羊聲, 양이울다, n. 양의소리.
Bleed, v.i. 血出, 피나다, 피흘니고죽다, —ing, 피흘니는.
Blĕm'ish, n. 汚點, 瑕疵, 欠, 더레는점, 허자,
흠절, v.t. 더레다, 흠절만들다.
Blĕnd, v.t. & v.i. 混合, 혼합호다, 석다, 셕기다
Blĕss, v.t. 福, 복주다, 찬양호다, 축슈호다, —ing, 비는말,
Blĕss'ed, a. 有福, 복잇는, —ness, 복.
Blĕst, a. 樂, 락밧는, 즐거온.
Blew, (blu) (Blow 지나간번).
Blight, (blīt) n. 敗傷, 殘害使無用, 상홈, 곰팡이, 상호야

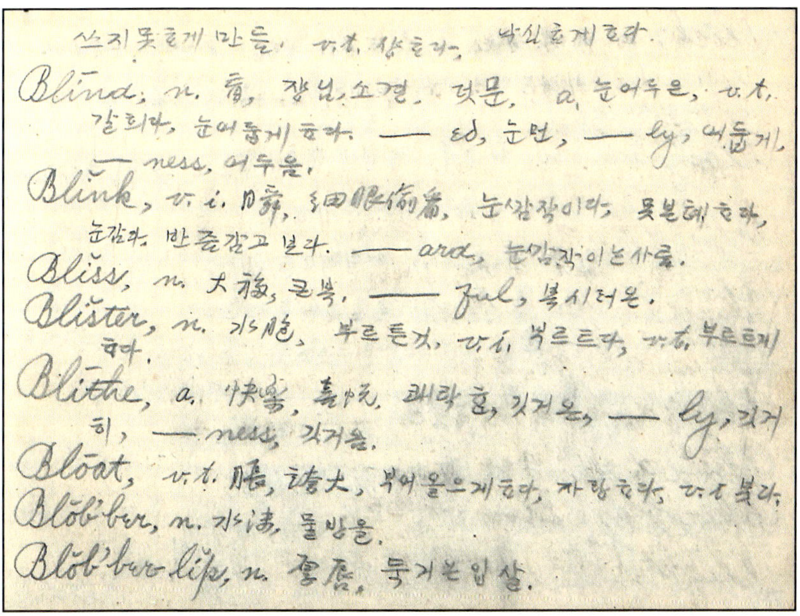

쓰지못호게 만듬, v.t. 상호다, 낙심호게호다.
Blīnd, n. 盲, 장님, 소경, 덧문, a. 눈어두은, v.t.
갈희다, 눈어둡게호다. —ed, 눈먼, —ly, 어둡게,
—ness, 어두움.
Blĭnk, v.i. 瞬, 細眼偷看, 눈깜작이다, 못본톄호다,
눈감다, 반즘감고보다. —ard, 눈깜작이는사롬.
Blĭss, n. 大福, 큰복, —ful, 복시러온.
Blĭster, n. 水胞, 부르튼것, v.i. 부르트다, v.t. 부르트게
호다.
Blīthe, a. 快樂, 喜悅, 쾌락호, 깃거온, —ly, 깃거
히, —ness, 깃거움.
Blōat, v.t. 脹, 誇大, 부어올으게호다, 자랑호다, v.i. 붓다.
Blŏb'ber, n. 水泡, 물방울.
Blŏb'ber-lip, n. 厚唇, 둑거온입살.

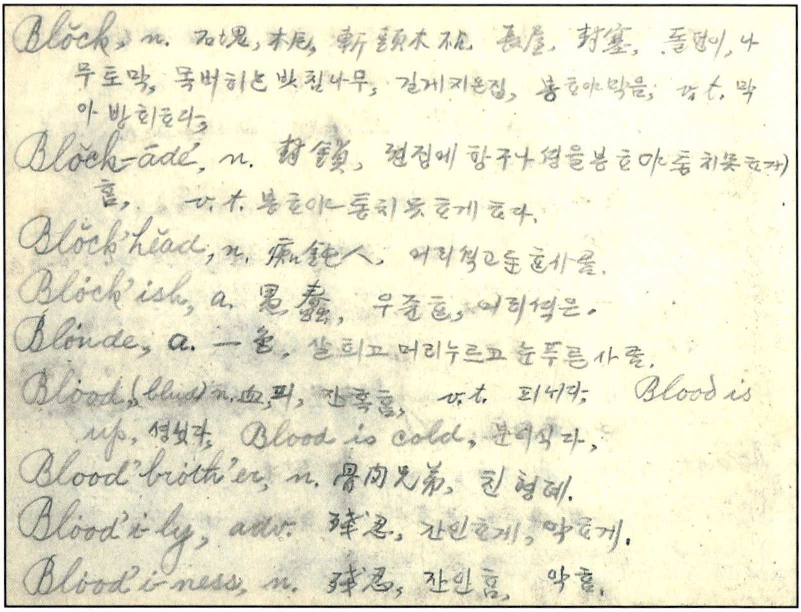

Blŏck, n. 石塊, 木片, 斬頭木礎, 衣屋, 封塞, 돌덩이, 나무토막, 목버히는 밧침나무, 길게지은집, 봉ᄒᆞ야막음; v. t. 막아 방히ᄒᆞ다,
Blŏck-āde, n. 封鎖, 젼집에 항구나 셩을봉ᄒᆞ야 통치못ᄒᆞ게)ᄒᆞᆷ, v. t. 봉ᄒᆞ야 통치못ᄒᆞ게 ᄒᆞ다.
Blŏck'hĕad, n. 痴鈍人, 머리젹고둔ᄒᆞᆫ사ᄅᆞᆷ.
Blŏck'ish, a. 愚蠢, 우준ᄒᆞᆫ, 머리젹은.
Blŏnde, a. 一色, 살희고 머리누르고 눈푸른사ᄅᆞᆷ.
Blood, (blud) n. 血, 피, 잔혹ᄒᆞᆷ, v. t. 피내다; Blood is up, 셩내다, Blood is cold, 분이삭다,
Blood'broth'er, n. 骨肉兄弟, 친형뎨.
Blood'i-ly, adv. 殘忍, 잔인ᄒᆞ게, 악ᄒᆞ게.
Blood'i-ness, n. 殘忍, 잔인ᄒᆞᆷ, 악ᄒᆞᆷ.

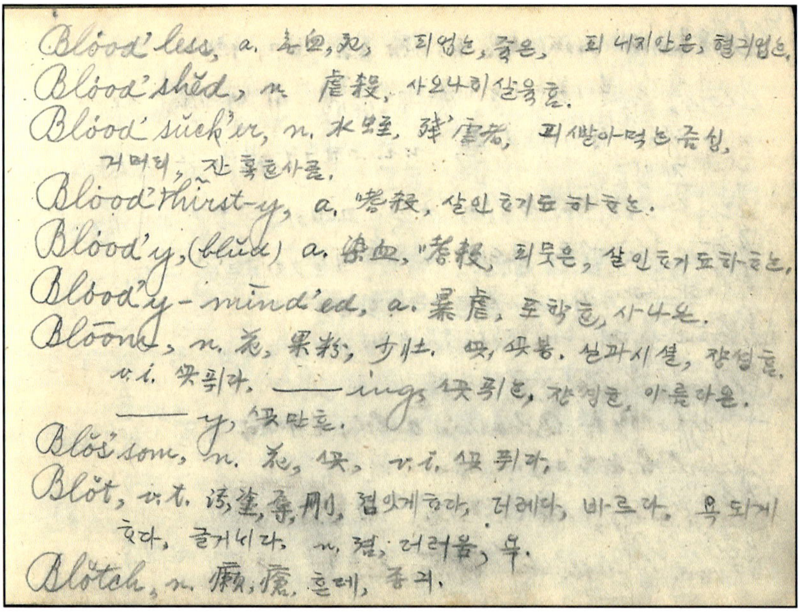

Blood'less, a. 無血, 死, 피업는, 죽은, 피내지안은, 혈긔업는,
Blood'shĕd, n. 虐殺, 사오나히살육ᄒᆞᆷ.
Blood'sŭck'er, n. 水蛭, 殘害者, 피ᄲᆞ라먹는즘승, 거머리, 잔혹ᄒᆞᆫ사ᄅᆞᆷ.
Blood'thirst-y, a. 嗜殺, 살인ᄒᆞ기됴하ᄒᆞ는.
Blood'y, (blud) a. 染血, 嗜殺, 피뭇은, 살인ᄒᆞ기됴하ᄒᆞ는,
Blood'y-mind'ed, a. 暴虐, 포학ᄒᆞᆫ, 사나온.
Blōom, n. 花, 果粉, 少壯, 꼿, 꼿봉, 실과시셜, 장셩ᄒᆞᆷ. v. i. 꼿픠다. ——ings, 꼿픠는, 장셩ᄒᆞᆫ, 아름다온. ——y, 꼿만흔.
Blŏs'som, n. 花, 꼿, v. i. 꼿픠다,
Blŏt, v. t. 汚, 塗, 乘, 刪, 졈잇게ᄒᆞ다, 더레다, 바르다, 욕되게ᄒᆞ다, 글거내다, n. 졈, 더러옴, 욕.
Blŏtch, n. 癩, 瘡, 흔뎨, 종긔.

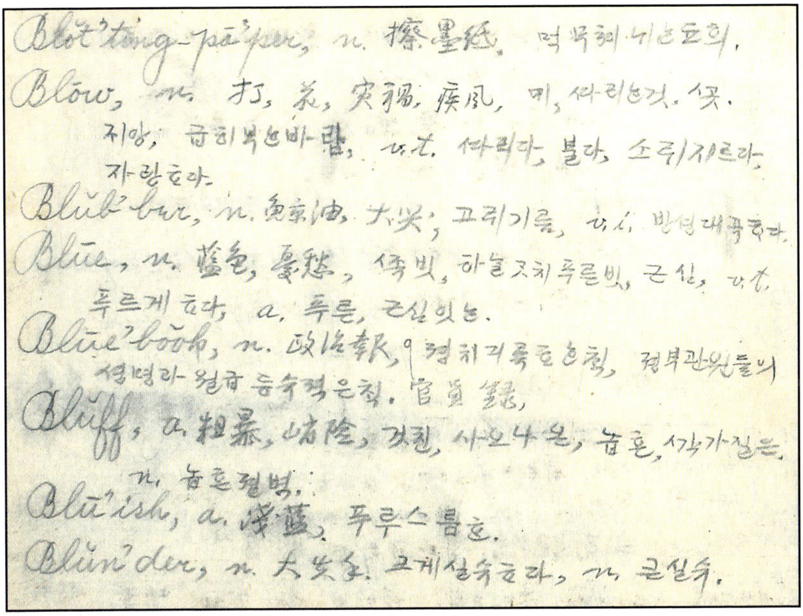

Blŏt'ting-pā'per, n. 擦墨紙. 먹빨혀내는조희.
Blōw, n. 打, 花, 災禍, 疾風, 매, 때리는것, 꽃, 자랑, 급히부는바람, v.t. 때리다, 불다, 소리지르다, 자랑ᄒᆞ다.
Blŭb'ber, n. 鯨油, 大哭; 고래기름, v.i. 방성대곡ᄒᆞ다.
Blūe, n. 藍色, 憂愁, 쪽빗, 하ᄂᆞᆯᄀᆞᆺ치푸른빗, 근심, v.t. 푸르게ᄒᆞ다, a. 푸른, 근심잇ᄂᆞᆫ.
Blūe'bŏŏk, n. 政治報, 정치긔록ᄒᆞᆫᄎᆡᆨ, 정부관원들의 셩명과 월급 등속적은ᄎᆡᆨ. 官員錄,
Blŭff, a. 粗暴, 峭險, 거친, 사오나온, 놉흔, ᄉᆡᆼ각가질은, n. 놉흔절벽.
Blū'ish, a. 淺藍, 푸루스름ᄒᆞᆫ.
Blŭn'der, n. 大失手. 크게실수ᄒᆞ다, n. 큰실수.

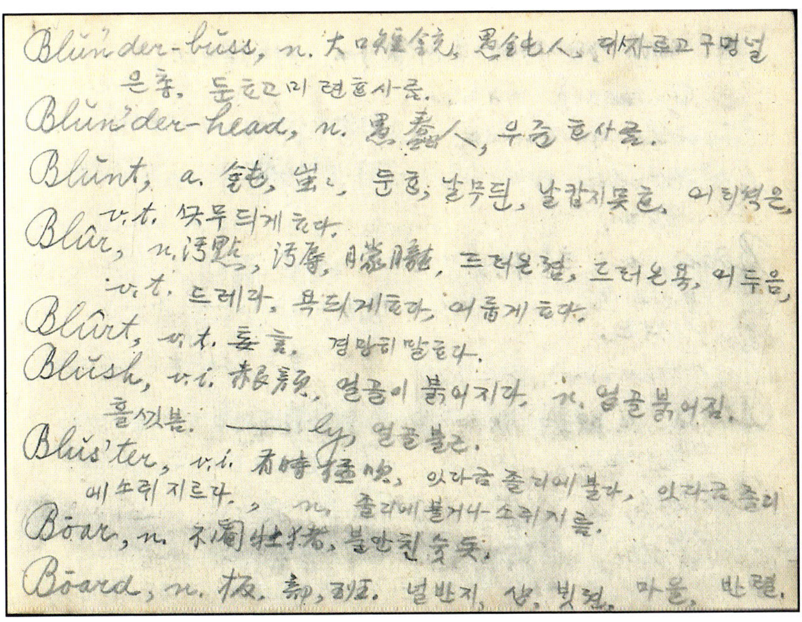

Blŭn'der-bŭss, n. 大口徑銃, 愚鈍人, 대자로고구멍넓은총, 둔ᄒᆞ고미련ᄒᆞᆫ사ᄅᆞᆷ.
Blŭn'der-head, n. 愚蠢人, 우준ᄒᆞᆫ사ᄅᆞᆷ.
Blŭnt, a. 鈍, 直, 둔ᄒᆞᆫ, 날무딘, 날카롭지못ᄒᆞᆫ, 어리석은, v.t. 칼무듸게ᄒᆞ다.
Blŭr, n. 汚點, 汚辱, 朦朧, 드러운졈, 드러운욕, 어두음, v.t. 드레다, 욕되게ᄒᆞ다, 어둡게ᄒᆞ다.
Blûrt, v.t. 妄言, 경망히말ᄒᆞ다.
Blŭsh, v.i. 赧顔, 얼골이붉어지다, n. 얼골붉어짐, 흘깃봄. ——ly, 얼골붉은.
Blŭs'ter, v.i. 有時猛吹, 잇다금 졸디에불다, 잇다금 졸디에소리지르다, n. 졸디에불거나소리지름.
Bōar, n. 不閹牡猪, 불안친숫돗.
Bōard, n. 板, 部, 班, 널반지, 상, 빗졉, 마을, 반렬.

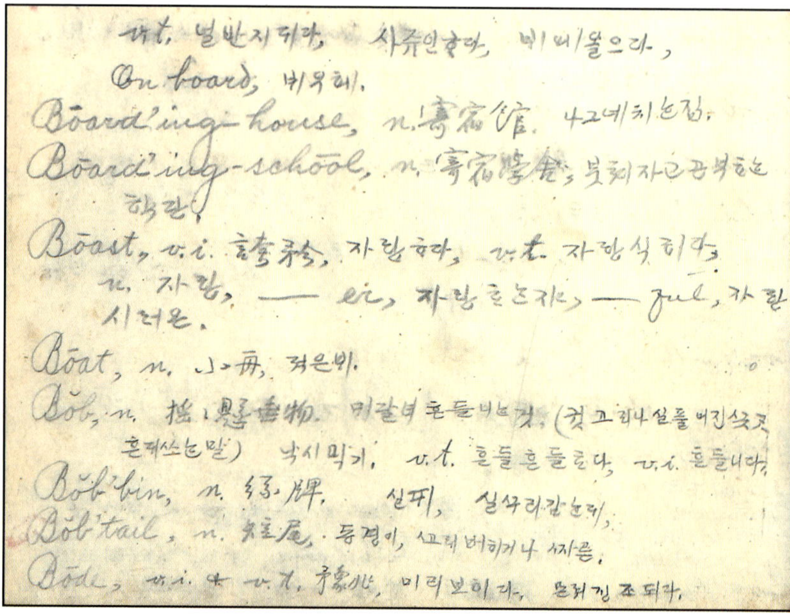

v.t. 널반지되다, 사쥬인ᄒᆞ다, 비에올으다,
On board, 비우헤.
Bōard'ing-house, n. 寄宿館. 나그네치는집.
Bōard'ing-school, n. 寄宿學舍, 붓쳐자고공부ᄒᆞ는
학관.
Bōast, v.i. 言誇矜, 자랑ᄒᆞ다, v.t. 자랑식히다,
n. 자랑, — er, 자랑ᄒᆞ는자, — ful, 자랑
시러온.
Bōat, n. 小舟, 적은비.
Bŏb, n. 搖動之物. 머리ᄭᅳᆺ흔들니는것. (귀고리나 실둘버진ᄭᅳᆺ
흔재쓰는말) 낙시믹기. v.t. 흔들흔들ᄒᆞ다, v.i. 흔들니다,
Bŏb'bin, n. 線牌, 실패, 실삭리감는ᄃᆡ,
Bŏb'tail, n. 短尾, 둥경이, ᄭᅩ리버히거나 ᄶᅡ른.
Bōde, v.i. & v.t. 預兆, 미리보이다, 몬저징조되다.

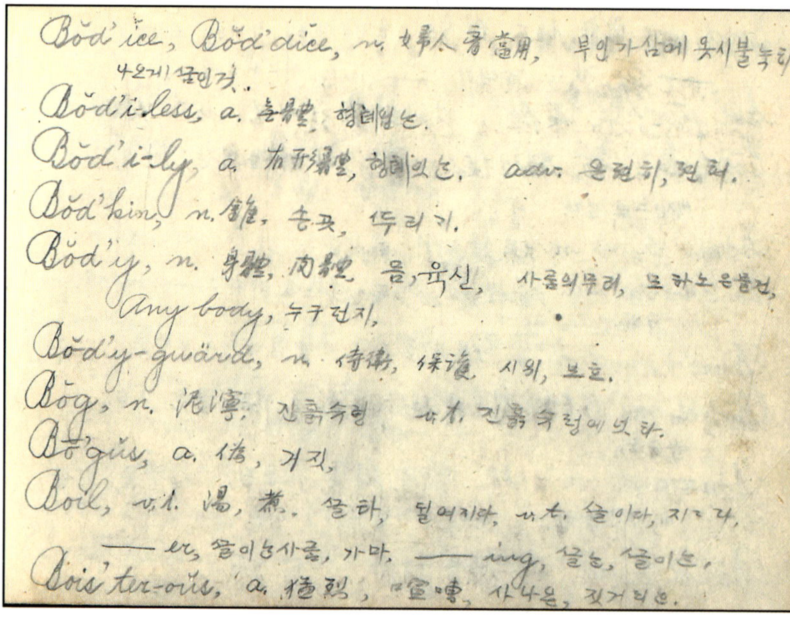

Bŏd'ice, Bŏd'dice, n. 婦人胸當用, 부인가삼에옷시불녹히
나오게ᄭᅵᆫ것.
Bŏd'i-less, a. 無體, 형톄업는.
Bŏd'i-ly, a. 有形體, 형톄잇는. adv. 온젼히, 젼혀.
Bŏd'kin, n. 錐, 송곳, 뚜러기.
Bŏd'y, n. 身體, 肉體, 몸, 육신, 사ᄅᆞᆷ의무리, 모히노은물건,
Any body, 누구던지,
Bŏd'y-guärd, n. 侍衛, 保護, 시위, 보호.
Bŏg, n. 泥濘, 진흙수렁 v.t. 진흙수렁에넛타.
Bō'gus, a. 僞, 거짓,
Boil, v.i. 湯, 煮. 끌하, 뛸어지다, v.t. 끌이다, 지ᄅᆞ다,
— er, 끌이는사ᄅᆞᆷ, 가마. — ing, 끌는, 끌이는,
Bois'ter-ous, a. 猛烈, 喧嘩, 사나온, 짓거리는.

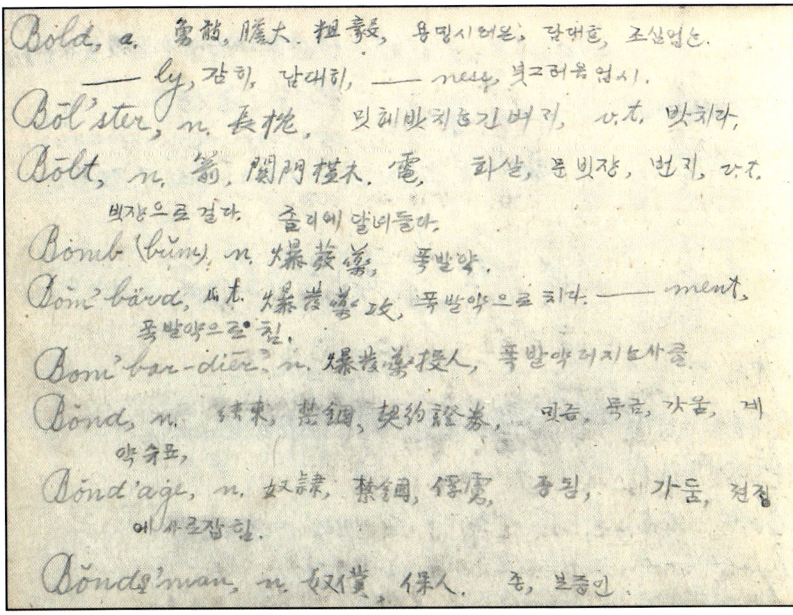

Bōld, a. 勇敢, 膽大. 粗豪, 용명시러온, 담대훈, 조심업눈.
— ly, 감히, 담대히, — ness, 부그러움업시.
Bōl'ster, n. 長枕, 밋헤밧치눈긴벼개, v.t. 밧치다,
Bōlt, n. 箭, 關門橫木. 電, 화살, 문빗장, 번개, v.t. 빗장으로걸다. 줄더에 달녀들다.
Bŏmb (bŭm), n. 爆發藥, 폭발약.
Bŏm'bärd, v.t. 爆發藥攻, 폭발약으로치다. — ment, 폭발약으로 침.
Bom'bar-dier, n. 爆發藥投人, 폭발약더지눈사롬.
Bŏnd, n. 結束, 禁錮, 契約證券, 미음, 묵금, 가둠, 계약쥬표,
Bŏnd'age, n. 奴隷, 禁錮, 俘虜, 종됨, 가둠, 전징에 사로잡힘.
Bŏnds'man, n. 奴僕, 保人. 종, 보증인.

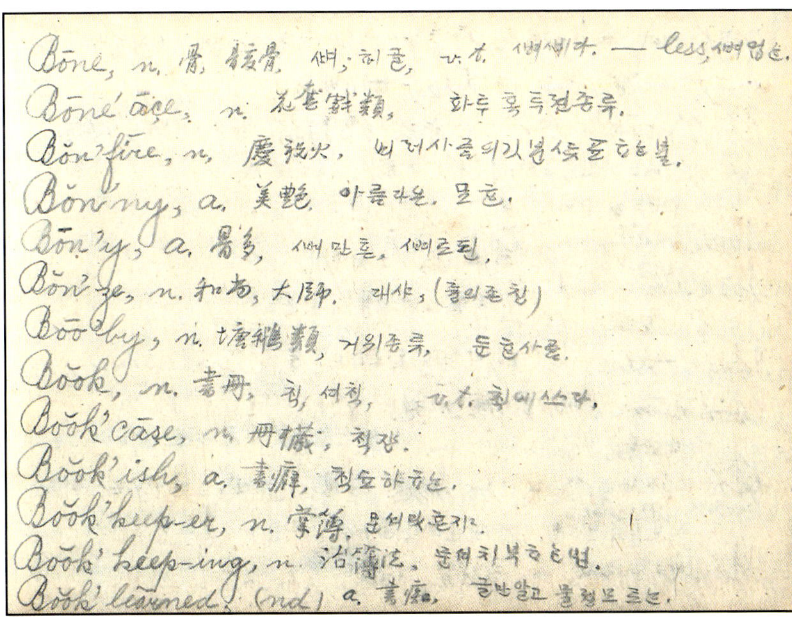

Bōne, n. 骨, 骸骨, 뼈, 해골, v.t. 뼈빼다. — less, 뼈업눈.
Bōne'āce, n. 花套鰈類, 화투 혹 투젼종류.
Bŏn'fire, n. 慶祝火, 버러사롬의긔념식을 호눈불.
Bŏn'ny, a. 美艷, 아름다온. 묘훈.
Bōn'y, a. 骨多, 뼈만훈. 뼈르된.
Bŏn'ze, n. 和尙, 大師. 대사, (즁의존칭)
Bōō'by, n. 塘鵝類, 거위종류, 둔훈사롬.
Bŏŏk, n. 書冊, 칙, 셔칙, v.t. 칙에쓰다.
Bŏŏk'cāse, n. 冊欌, 칙장.
Bŏŏk'ish, a. 書癖, 칙됴하호눈.
Bŏŏk'keep-er, n. 掌簿, 문셔맛혼자.
Bŏŏk'keep-ing, n. 治簿法. 문셔치부호눈법.
Bŏŏk'learned (nd) a. 書癡, 글만알고 물정모르눈.

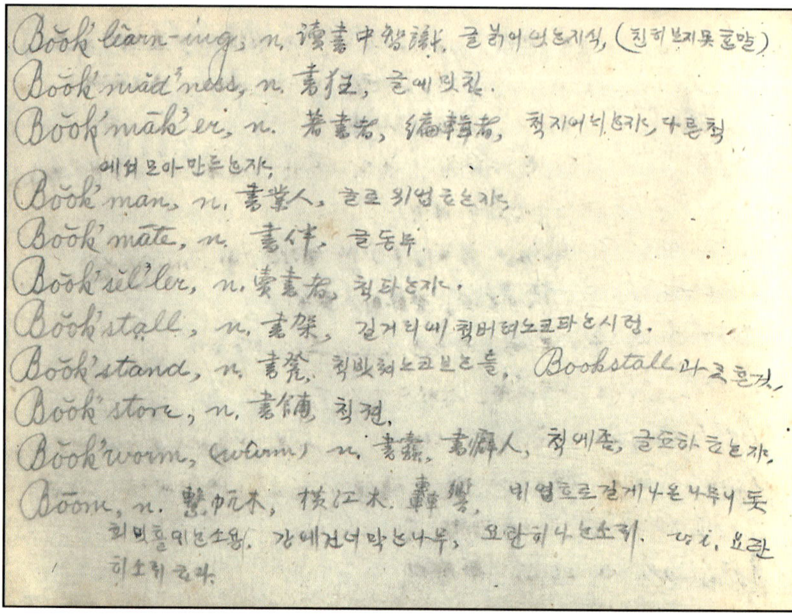

Book'lĕarn-ing, n. 讀書中智識, 글 읽어 얻ᄂᆞᆫ 지식, (친히 보지 못ᄒᆞᆫ 말)
Book'măd'ness, n. 書狂, 글에 미친.
Book'māk'er, n. 著書者, 編輯者, 책 지어내ᄂᆞᆫ 자, 다른 책에서 모아 만드ᄂᆞᆫ 자,
Book'man, n. 書業人, 글로 외업ᄒᆞᄂᆞᆫ 자,
Book'māte, n. 書伴, 글동무.
Book'sĕl'ler, n. 賣書者, 책 파ᄂᆞᆫ 자.
Book'stall, n. 書架, 길거리에 책 버려노코 파ᄂᆞᆫ 시렁.
Book'stand, n. 書凳, 책 ᄡᅡ어노코 보ᄂᆞᆫ 틀, Bookstall과 ᄀᆞᆺᄒᆞᆫ 것,
Book'store, n. 書舖 책전,
Book'worm, (wŭrm) n. 書蠹, 書癖人, 책에 좀, 글 조하ᄒᆞᄂᆞᆫ 자,
Boom, n. 繫帆木, 橫江木, 轟響, 비엽흐로 걸게 나온 나무니 돗희 밋흘 미ᄂᆞᆫ 소용, 강에 건너 막ᄂᆞᆫ 나무, 요란히 나ᄂᆞᆫ 소리. v. i. 요란히 소리ᄒᆞ다.

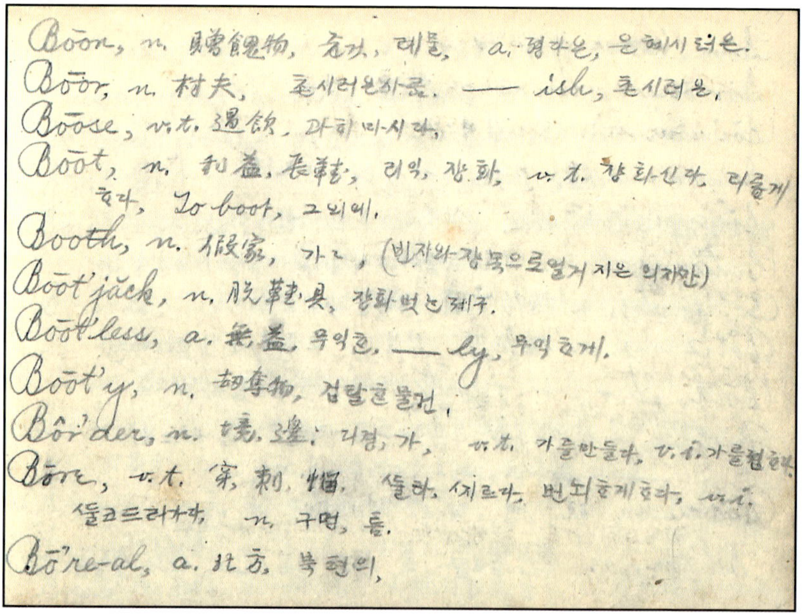

Boon, n. 贈饋物, 준 것, 례물, a. 평ᄒᆞᆫ, 은혜시러온.
Boor, n. 村夫, 촌시러온 사ᄅᆞᆷ. — ish, 촌시러온,
Boose, v. t. 過飮, 과히 마시다,
Boot, n. 利益, 長鞾, 리익, 장화, v. t. 장화 신다, 리롭게 ᄒᆞ다, To boot, 그 외에.
Booth, n. 假家, 가ᄀᆞ, (빈자와 장목으로 얼거 지은 외자만)
Boot'jăck, n. 脫鞾具, 장화 벗ᄂᆞᆫ 제구.
Boot'less, a. 無益, 무익ᄒᆞᆫ, — ly, 무익ᄒᆞ게.
Boot'y, n. 劫奪物, 겁탈ᄒᆞᆫ 물건,
Bôr'der, n. 境, 邊; 디경, 가, v. t. 가를 만들다, v. i. 가를 접ᄒᆞ다.
Bōre, v. t. 穿, 刺, 惱, 뚤타, 지르다, 번뇌ᄒᆞ게 ᄒᆞ다, v. i. 뚤코 드러가다, n. 구멍, 틈.
Bō're-al, a. 北方, 북편의,

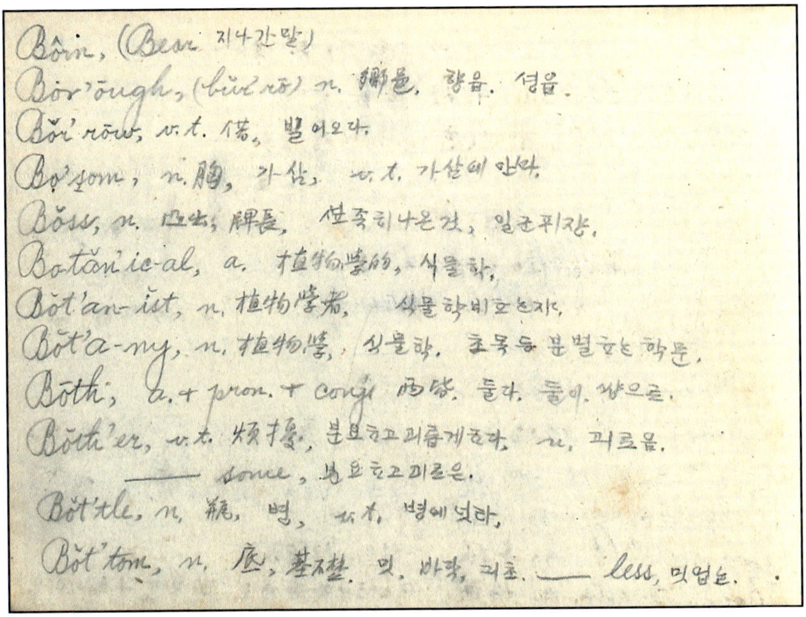

Bôrn, (Bear 지나간말)
Bŏr'ough, (bŭr'rō) n. 鄕邑. 향읍. 셩읍.
Bŏr'rōw, v.t. 借. 빌어오다.
Bo̱'som, n. 胸, 가삼, v.t. 가삼에 안다.
Bŏss, n. 凸出, 牌長, 불죡히나온것, 일군퍼장.
Bo-tăn'ic-al, a. 植物學的, 식물학.
Bŏt'an-ist, n. 植物學者, 식물학비호는자.
Bŏt'a-ny, n. 植物學, 식물학. 초목등 분별호는 학문.
Bōth, a. + pron. + conj. 兩皆. 둘다. 둘이. 쌍으로.
Bŏth'er, v.t. 煩擾, 분요호고괴롭게호다. n. 괴로움.
—— some, 분요호고괴로운.
Bŏt'tle, n. 瓶, 병, v.t. 병에넣다.
Bŏt'tom, n. 底, 基礎. 밋. 바닥, 긔초. —— less, 밋업는.

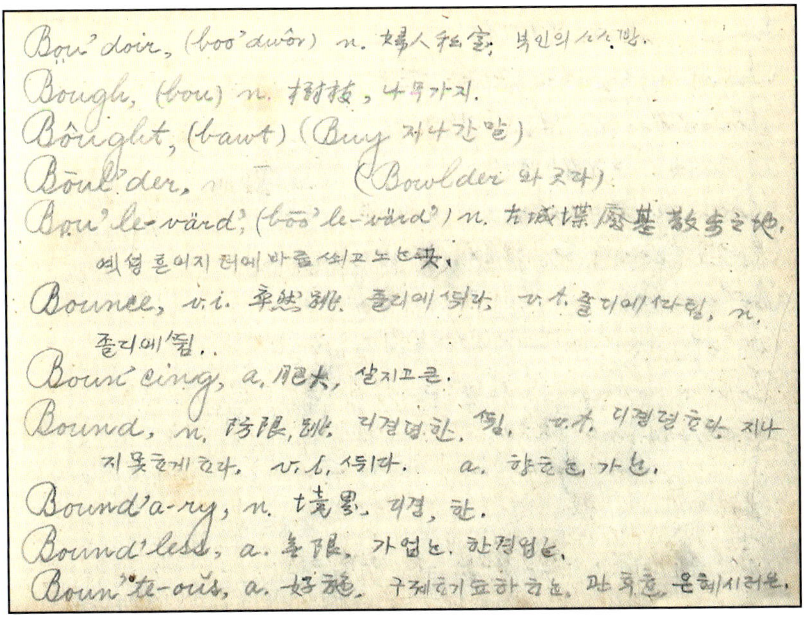

Bo̱u'doir, (boo'dwôr) n. 婦人私室, 부인의ㅅㅅ방.
Bough, (bou) n. 樹枝, 나무가지.
Bôught, (bawt) (Buy 지나간말)
Bōul'der, n. (Bowlder 와갓다)
Bo̱u'le-värd, (bōō'le-värd) n. 古城堞廢基散步之地.
예셩흔이지러에바람쐬고노는곳.
Bounce, v.i. 卒然跳. 졸디에뛰다. v.t. 졸디에다림, n.
졸디에뜀..
Boun'cing, a. 肥大, 살지고큰.
Bound, n. 界限, 跳. 디경뎡한. 뜀. v.t. 디경뎡호다. 지나
지못호게호다. v.i. 뛰다. a. 향호는, 가는.
Bound'a-ry, n. 境界. 디경, 한.
Bound'less, a. 無限. 가업는. 한졍업는.
Boun'te-oŭs, a. 好施. 구제호기됴하호는. 관후호, 은혜시러운.

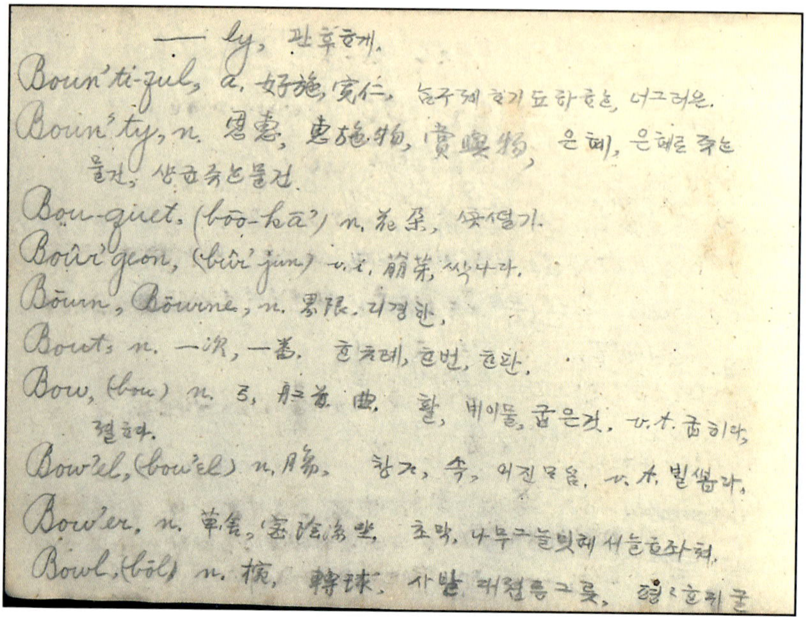

— ly, 관후ᄒᆞ게.
Boun'ti-ful, a. 好施, 寬仁, 남주기 됴하ᄒᆞᄂᆞᆫ, 너그러온.
Boun'ty, n. 恩惠, 惠施物, 賞與物, 은혜, 은혜로 주ᄂᆞᆫ 물건, 상급주ᄂᆞᆫ물건.
Bou-quet, (bōō-kā') n. 花朶, 꽃셜기.
Bour'geon, (bŭr'jun) v.i. 萌芽, 싹나다.
Bōurn, Bōurne, n. 界限, 디경한.
Bout, n. 一次, 一番. ᄒᆞᆫ차례, ᄒᆞᆫ번, ᄒᆞᆫ판.
Bow, (bou) n. 弓, 船首, 曲. 활, 배이물, 굽은것. v.t. 굽히다, 절ᄒᆞ다.
Bow'el, (bou'el) n. 腸, 창자, 속, 어진ᄆᆞ음. v.t. 빌쌔다.
Bow'er, n. 草舍, 密陰涼坐, 초막, 나무그늘밋헤 서늘ᄒᆞᆫ쳐.
Bowl, (bōl) n. 碗, 轉球, 사발, 대졉등그릇, [illegible]ᄒᆞ치굴

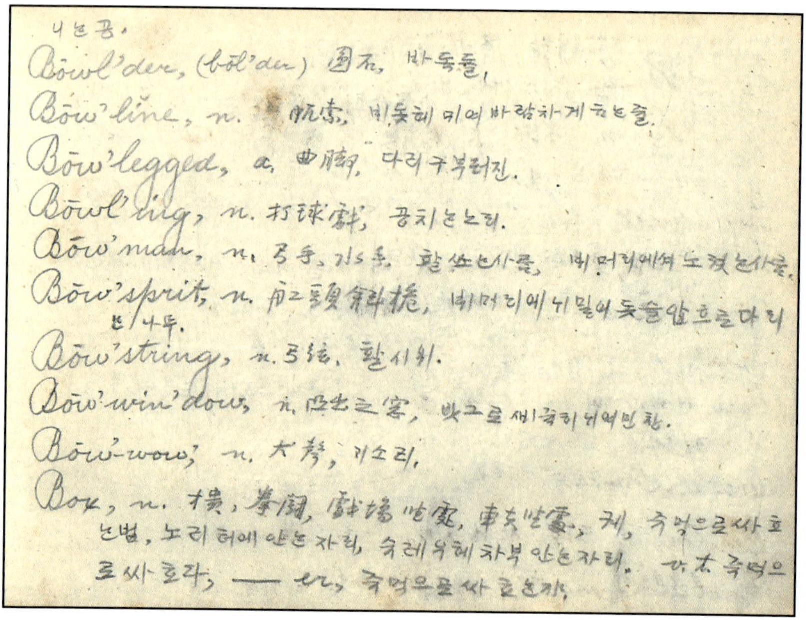

니ᄂᆞᆫ공.
Bōwl'der, (bōl'der) 圓石, 바독돌,
Bōw'line, n. 帆索, 비돗헤 미여 바람치게 ᄒᆞᄂᆞᆫ줄.
Bōw'legged, a. 曲脚, 다리구부러진.
Bōwl'ing, n. 打球戲, 공치ᄂᆞᆫ노리.
Bōw'man, n. 弓手, 船首手, 활쏘ᄂᆞᆫ사ᄅᆞᆷ, 배머리에셔 노젓ᄂᆞᆫ사ᄅᆞᆷ.
Bōw'sprit, n. 船頭斜桅, 배머리에 니밀어 돗슬 압흐로 ᄃᆞ리ᄂᆞᆫ 나무.
Bōw'string, n. 弓弦, 활시위.
Bōw'win'dow, n. 凸出之窓, 밧그로 새ㅣ족히 내여민 창.
Bōw'-wow, n. 犬聲, 개소리.
Box, n. 櫃, 拳鬪, 戲場坐處, 車夫坐處, 궤, 주먹으로 싸호ᄂᆞᆫ법, 노리터에 안ᄂᆞᆫ자리, 술레우헤 차부 안ᄂᆞᆫ자리. v.t. 주먹으로 싸호다, — er, 주먹으로 싸호ᄂᆞᆫ자.

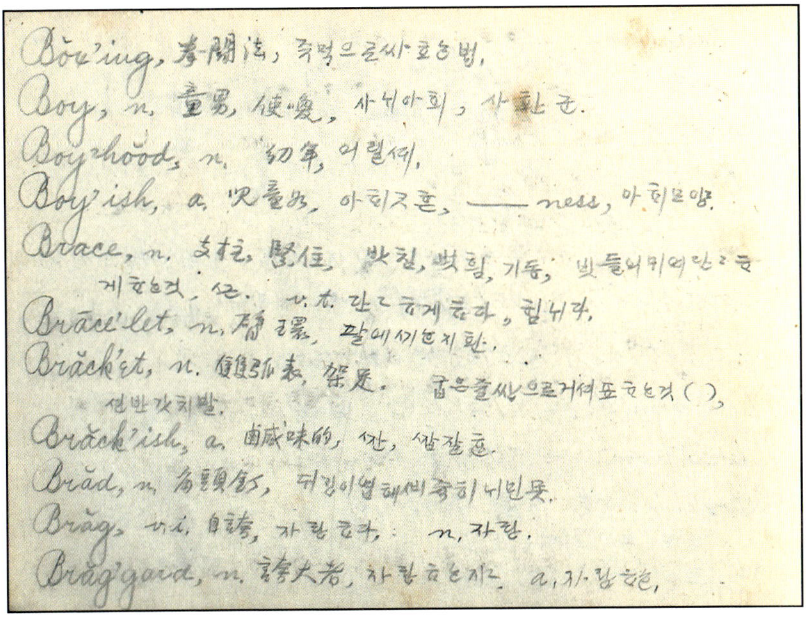

Bŏx'ing, 拳鬪法, 주먹으로싸호는법,
Boy, n. 童男, 使喚, 사나아희, 사환군.
Boy'hŏŏd, n. 幼年, 어릴셰,
Boy'ish, a. 兒童的, 아희즈흔, —— ness, 아희모양.
Brace, n. 支柱, 堅住, 밧침, 벗힘, 기동, 빗들어미여단단흐게흐는것, 쌍. v.t. 단단흐게흐다, 힘쓰다,
Brāce'let, n. 釧環, 팔에씨는지환.
Brăck'et, n. 雙弧表, 架足. 굽은줄쌍으로거셔표흐는것 ( ), 선반갓치발.
Brăck'ish, a. 鹹味的, 쨘, 쨥잘흔.
Brăd, n. 角頭釘, 디김이업해서죡히나빈못.
Brăg, v.i. 自誇, 자랑흐다, : n. 자랑.
Brăg'gard, n. 誇大者, 자랑흐는자, a. 자랑흐는,

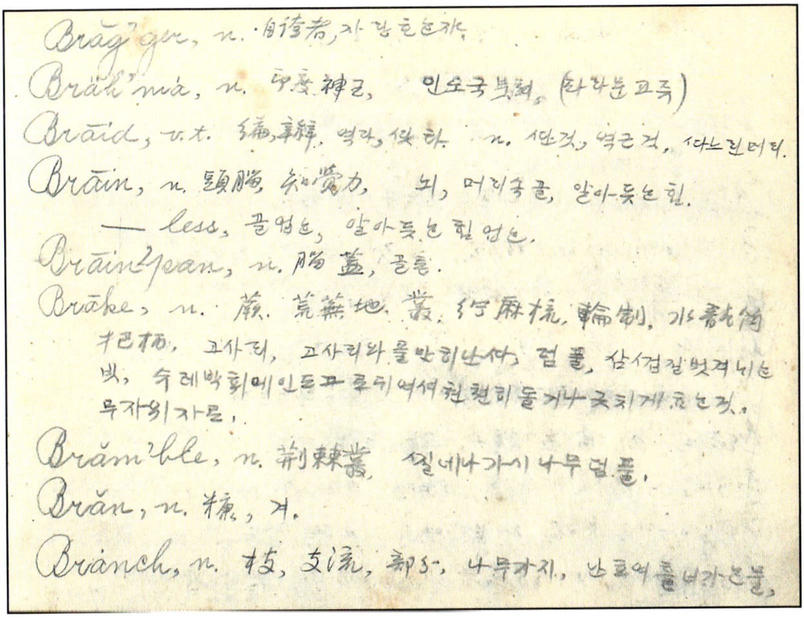

Brăg'ger, n. 自誇者, 자랑흐는자.
Brăh'mă, n. 印度神名, 인도국부처, (라마눈교주)
Brāid, v.t. 編, 辮, 역다, 땋다. n. 땋은것, 역근것, 따느린머리.
Brāin, n. 頭腦, 知覺力, 뇌, 머리속골, 알아듯는힘.
—— less, 골업는, 알아듯는힘업는.
Brāin'pan, n. 腦蓋, 골통.
Brāke, n. 蕨, 荒蕪地, 叢, 打麻梳, 輪制, 把柄, 고사리, 고사리와풀만히난셔, 덤불, 삼셤질벗겨니는빗, 수레박회에인드고루어여서천쳔히돌거나굿치게흐는것, 무자외자루,
Brăm'ble, n. 荊棘叢 찔네나가시나무덤풀,
Brăn, n. 糠, 겨.
Brănch, n. 枝, 支流, 部分, 나무가지, 난호여흘너가는물,

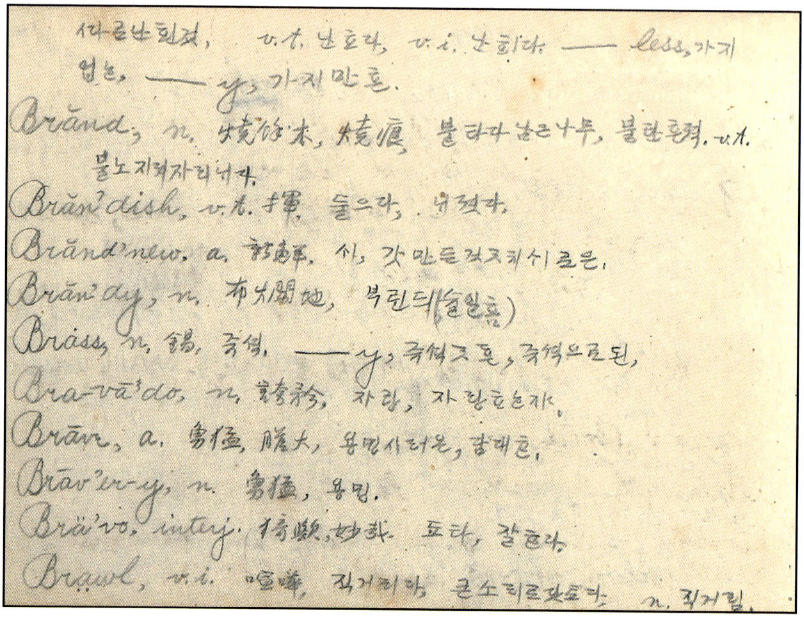

시다른날희젓, v.t. 날흐다, v.i. 날희다 —— less, 가지 업는, —— y, 가지만흔.

Brănd, n. 燒餘木, 燒痕, 불타다남은나무, 불탄흔젹. v.t. 불노지져자리너다.

Brăn'dish, v.t. 揮, 들으다, 너젓다.

Brănd'new, a. 新鮮, 새, 갓만든것조치새로은.

Brăn'dy, n. 布蘭地, 부란듸(술일홈)

Bràss, n. 錫, 주셕, —— y, 주셕조흔, 주셕으로된.

Bra-vā'do, n. 誇矜, 자랑, 자랑ᄒᆞᄂᆞᆫ자.

Brāve, a. 勇猛, 膽大, 용맹스러운, 담대ᄒᆞᆫ.

Brāv'er-y, n. 勇猛, 용맹.

Brä'vo, interj. 稱歎, 妙哉. 묘다, 잘ᄒᆞᆫ다.

Brawl, v.i. 喧嘩, 짓거리다, 큰소리로꾸지다. n. 짓거림.

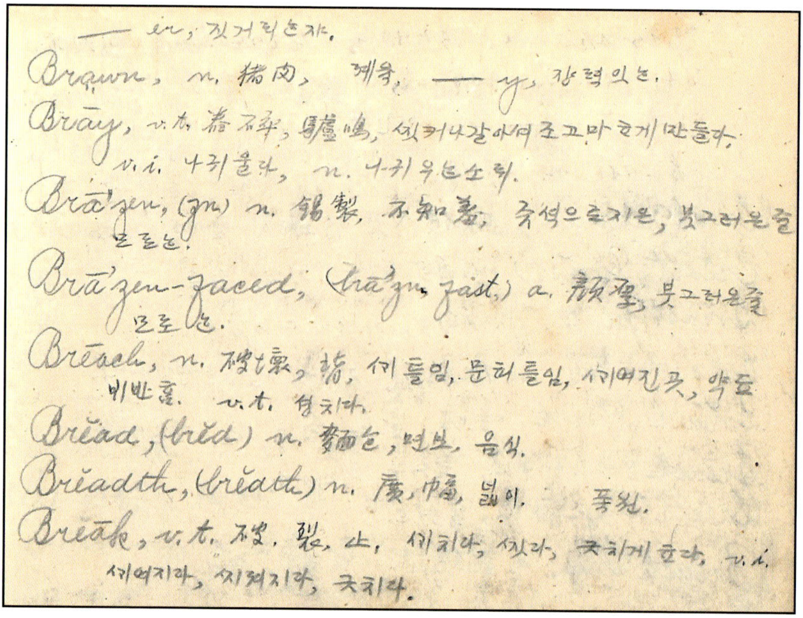

—— er, 짓거리ᄂᆞᆫ자.

Brawn, n. 豬肉, 제육, —— y, 강력잇ᄂᆞᆫ.

Bray, v.t. 搗碎, 驢鳴, 섞거나갈아서조고마ᄒᆞ게만들다. v.i. 나귀울다, n. 나귀우ᄂᆞᆫ소리.

Brā'zen, (zn) n. 錫製, 不知羞, 주셕으로지은, 붓그러온줄 모르ᄂᆞᆫ.

Brā'zen-faced, (brā'zn fāst) a. 厚顔, 붓그러온줄 모르ᄂᆞᆫ.

Brēach, n. 破壞, 背, 씨트림, 문허트림, 씨여진곳, 약됴 비반ᄒᆞᆷ. v.t. 셕치다.

Brĕad, (brĕd) n. 麵包, 면보, 음식.

Brĕadth, (brĕadth) n. 廣, 幅, 넓이. 폭원.

Break, v.t. 破, 裂, 止, 씨치다, 씻다, 긋치게ᄒᆞ다. v.i. 씨여지다, 씨져지다, 긋치다.

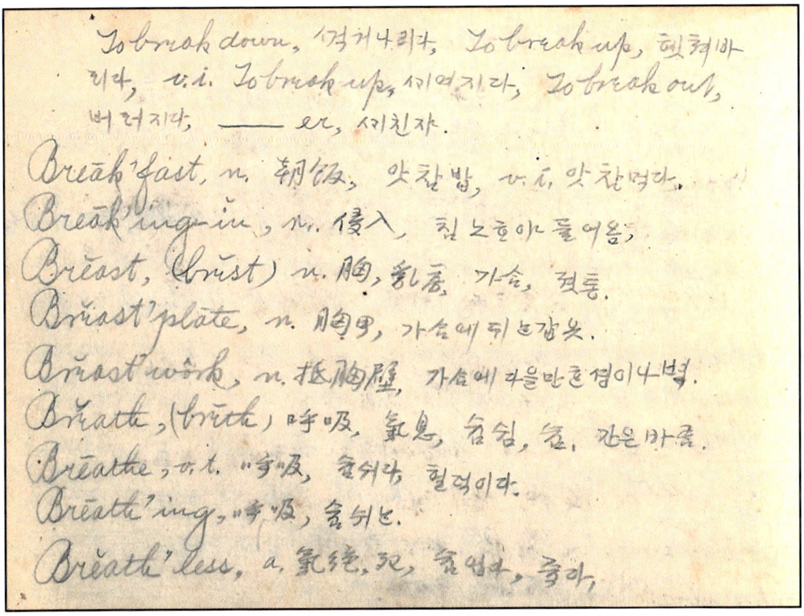

To break down, 석거나리다, To break up, 헤쳐바리다, v.i. To break up, 시여지다, To break out, 버러지다, —— er, 시친자.
Break'fast, n. 朝飯, 앗참밥, v.i. 앗참먹다.
Break'ing-in, n. 侵入, 침노ᄒᆞ야 들어옴;
Breast, (brĕst) n. 胸, 乳房, 가슴, 젓통.
Breast'plate, n. 胸甲, 가슴에 되는갑옷.
Breast'work, n. 抵胸壁, 가슴에 다을만ᄒᆞᆫ 셩이나 벽.
Breath, (brĕth) 呼吸, 氣息, 숨쉼, 숨, 가는바ᄅᆞᆷ.
Breathe, v.t. 呼吸, 숨쉬다, 헐덕이다.
Breath'ing, 呼吸, 숨쉬는.
Breath'less, a. 氣絶, 死, 숨업다, 죽다,

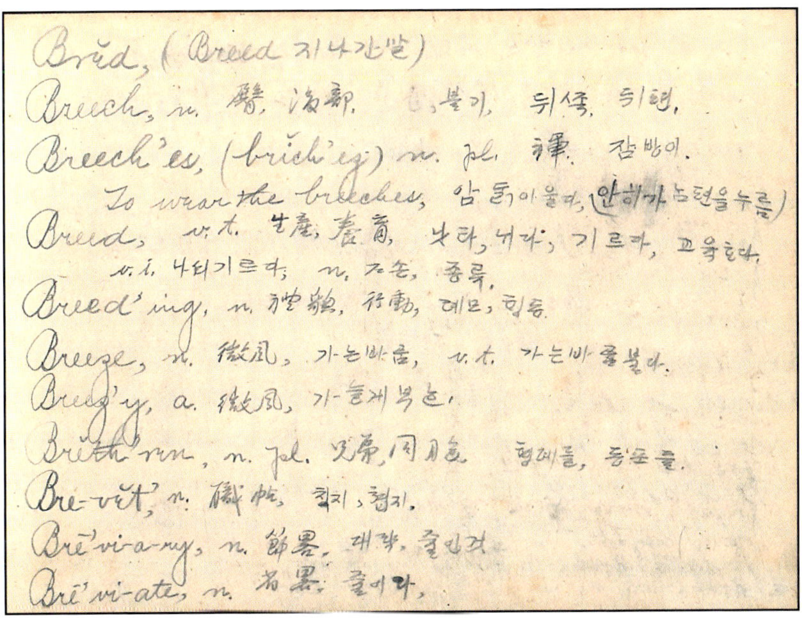

Brĕd, (Breed 지나간말)
Breech, n. 臀, 後部, [illegible], 볼기, 뒤ᄉᆞᆨ, 뒤편,
Breech'es, (brĭch'ez) n. pl. 褌. 잠방이.
To wear the breeches, 암ᄃᆞᆰ이울다, (안해가 남편을 누름)
Breed, v.t. 生産, 養育, 낫다, 내다; 기르다, 교육ᄒᆞ다,
v.i. 나되기르다; n. 子孫, 종류.
Breed'ing, n. 禮貌, 行動, 례모, 힝동.
Breeze, n. 微風, 가는바ᄅᆞᆷ, v.t. 가는바ᄅᆞᆷ불다.
Breez'y, a. 微風, 가늘게부ᄂᆞᆫ,
Breth'ren, n. pl. 兄弟, 同胞, 형뎨들, 동포들.
Bre-vet', n. 職帖, 칙지, 첩지.
Brē'vi-a-ry, n. 節畧, 대략, 줄인것
Brē'vi-ate, n. 省畧, 줄이다,

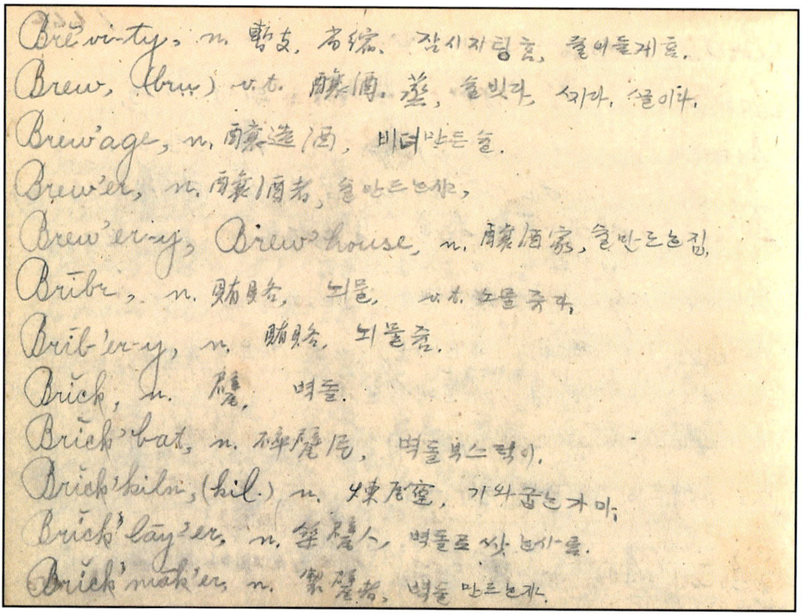

Bre'vi-ty, n. 暫支, 簡縮, 잠시지랑홈, 줄여들게홈.
Brew, (bru) v.t. 釀酒, 蒸, 술빗다, 섞다, 술이다,
Brew'age, n. 釀造酒, 비져만든술.
Brew'er, n. 釀酒者, 술만드는사람,
Brew'er-y, Brew'house, n. 釀酒家, 술만드는집,
Bribe, n. 賄賂, 뇌물, v.t. 뇌물주다,
Brib'er-y, n. 賄賂, 뇌물줌.
Brick, n. 甎, 벽돌.
Brick'bat, n. 碎甎片, 벽돌부스럭이.
Brick'kiln, (kil.) n. 燒瓦窯, 기와굽는가마;
Brick'lay'er, n. 築甎人, 벽돌로싸는사람.
Brick'mak'er, n. 製甎者, 벽돌만드는자.

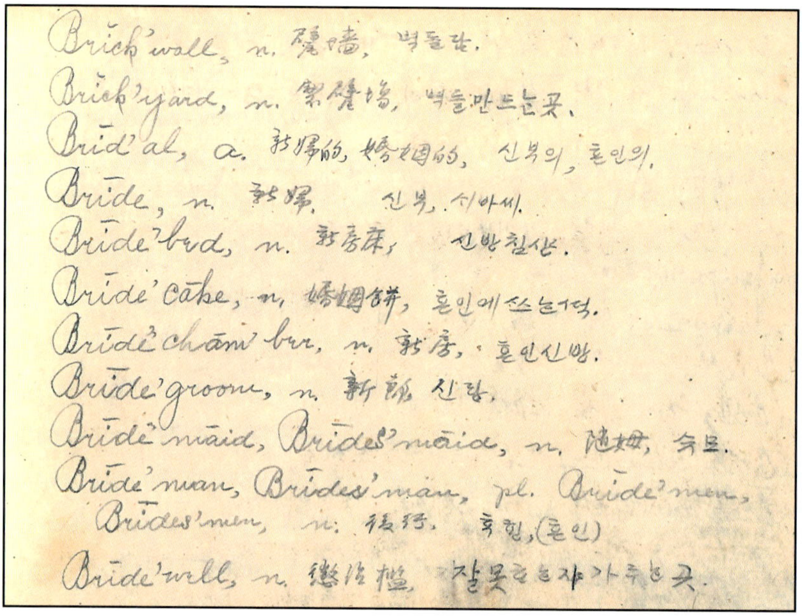

Brick'wall, n. 甎墻, 벽돌담.
Brick'yard, n. 製甎場, 벽돌만드는곳.
Brid'al, a. 新婦的, 婚姻的, 신부의, 혼인의.
Bride, n. 新婦, 신부, 식아씨.
Bride'bed, n. 新房床, 신방침상.
Bride'cake, n, 婚姻餅, 혼인에쓰는떡.
Bride'cham'ber, n. 新房, 혼인신방.
Bride'groom, n. 新郞 신랑.
Bride'maid, Brides'maid, n. 隨姆, 수모.
Bride'man, Brides'man, pl. Bride'men,
Brides'men, n: 儐錫, 후힝,(혼인)
Bride'well, n. 懲治檻, 잘못ᄒᆞᄂᆞᆫ자가두ᄂᆞᆫ곳.

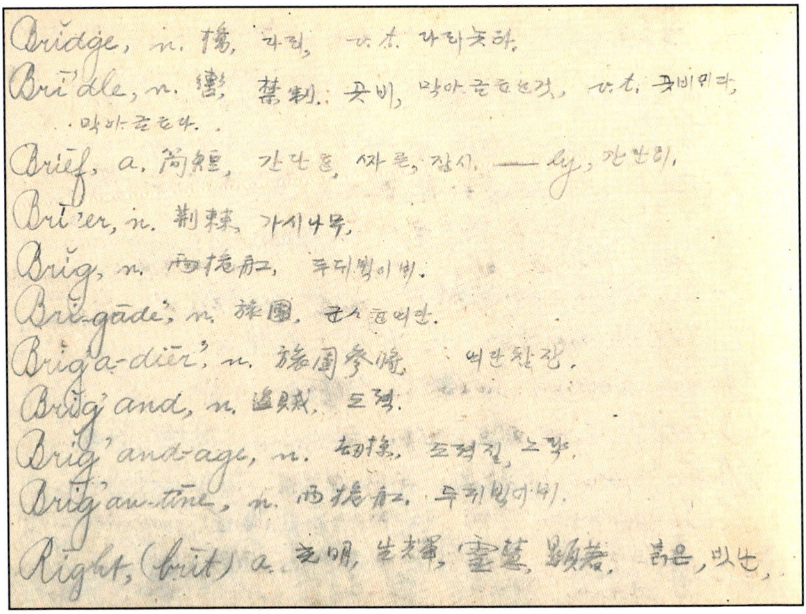

Bridge, n. 橋, 다리, v.t. 다리놋하.
Bri'dle, n. 轡, 禁制, 굴비, 막아금ᄒᆞᄂᆞᆫ것, v.t. 굴비미다, 막아금ᄒᆞ다.
Brief, a. 簡短, 간단ᄒᆞᆫ, ᄶᆞ른, 잠시. —ly, 간단히.
Bri'er, n. 荊棘, 가시나무.
Brĭg, n. 兩檣船, 두대ᄇᆡᆨ이배.
Bri-gāde', n. 旅團, 군ᄉᆞ흔떼안.
Brig'a-dier', n. 旅團參領, 떼안참장.
Brig'and, n. 盜賊, 도적.
Brig'and-age, n. 劫掠, 도적질, 노략.
Brig'an-tine, n. 兩檣船, 두대ᄇᆡᆨ이배.
Right, (brit) a. 光明, 光輝, 靈慧, 顯著, 흙은, 빗난,

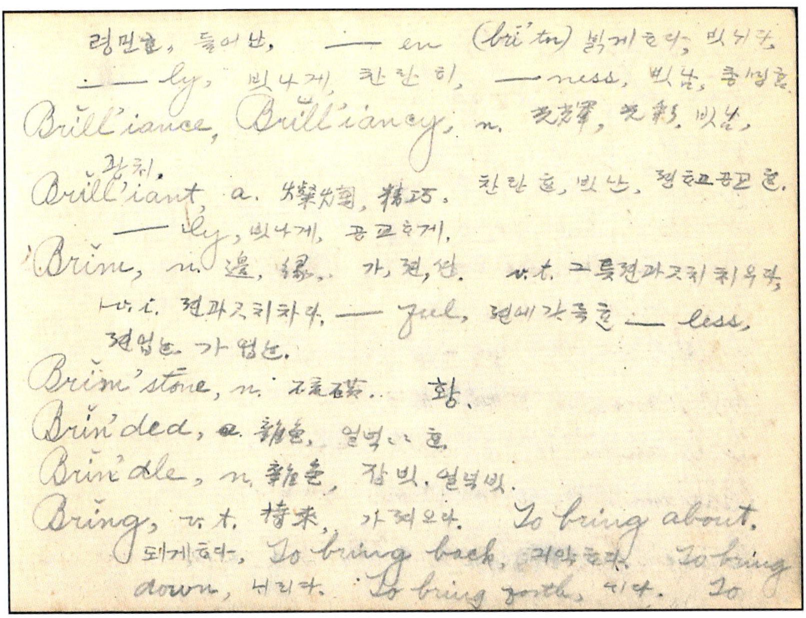

령민ᄒᆞᆫ, 들어난, —en (bri'tn) 빗게ᄒᆞ다, 빗나다,
—ly, 빗나게, 찬란히, —ness, 빗남, 총명ᄒᆞᆫ
Brill'iance, Brill'iancy, n. 光輝, 光彩, 빗남, 광치.
Brill'iant, a. 燦爛, 精巧, 찬란ᄒᆞᆫ, 빗난, 정ᄒᆞ고공교ᄒᆞᆫ.
—ly, 빗나게, 공교ᄒᆞ게.
Brĭm, n. 邊, 緣, 가, 전, 섭. v.t. 그릇전과ᄀᆞᆺ치 ᄎᆡ우다, v.i. 전과ᄀᆞᆺ치차다. —ful, 전에가득ᄒᆞᆫ —less, 전업ᄂᆞᆫ, 가업ᄂᆞᆫ.
Brĭm'stone, n. 硫磺, 황.
Brĭn'ded, a. 斑色, 얼넉〻ᄒᆞᆫ.
Brĭn'dle, n. 斑色, 잡빗, 얼넉빗.
Bring, v.t. 持來, 가져오다. To bring about, 되게ᄒᆞ다, To bring back, 귀화ᄒᆞ다. To bring down, 나리다. To bring forth, ᄂᆞ다. To

bring to, 소복ᄒᆞ다; To bring up, 기르다.
Brīn'ish, a. 鹽, 소금ᄀᆡ운 잇는, ᄶᆞᆫ.
Brink, n. 峭崖, 절벽ᄭᅳᆺ ᄀᆞᆺ흔곳.
Brisk, a. 活潑, 淸爽. 활발ᄒᆞᆫ, ᄉᆞᆯ눈. ——ly, 활발히.
——ness, 활발홈, ᄉᆞᆯ음.
Bris'tle, (bris'l) n. 剛毛, ᄲᅧᆺ〃ᄒᆞᆫ 머리, 거슬〃ᄒᆞᆫ털.
v. i. ᄲᅧᆺ〃시 일러나다.
Bris'tly, (bris'ly) a. 剛毛, 털ᄲᅧᆺ〃ᄒᆞᆫ.
Brit'ish, a. 英國的. 영국의, 영인의.
Brit'on, n. 英國土人. 영국 본토인종.
Brittle, a. 易碎, 잘부서지는.
Brōoch, n. 鑽飾具, 활빈이. ᄲᅮ로취(옷버러지는뒤시ᄂᆞᆫ바

늘) v. t. ᄭᅳᆯ다.
Broad, (brawd) a. 廣, 大. 넓은, 큰. ——ly, 널니.
Broad'cast, n. 散播, 널니ᄲᅵ셔ᄯᅳᆷ, adv. 널니허지게.
Broad'en, v. i. 廣, 널어지다, v. t. 널게ᄒᆞ다.
Broad'seal, n. 國璽, 옥새.
Broad'side, n. 舷, 船一邊齊發砲. 뱃전, 배ᄒᆞᆫ편에 총을
일제히노흠.
Broad'sword, (brawd'sōrt) n. 闊刀, 날넓은칼.
Broad'wise, adv. 廣, 광으로, 넓이로.
Bro-cāde', n. 花緞, 금이나은으로 문노아ᄶᆞᆫ비단.
Brō'cāge, Brō'kage, Brokerage, 와 ᄀᆞᆺ다.
Brōgue, (brōg) n. 粗革鞋, 크고거칠게만든신.
Broid'er, v. t. 繡, 수놋다.

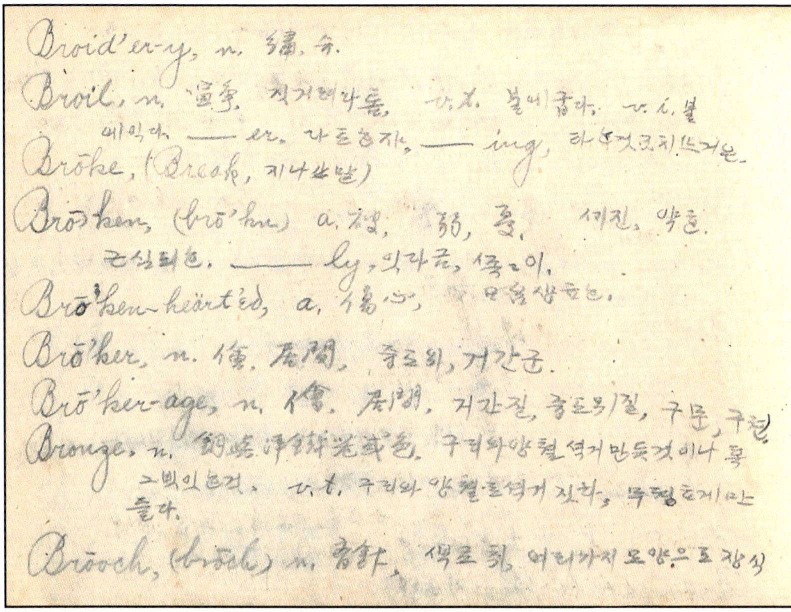

Broid'er-y, n. 繡, 슈.
Broil, n. 喧爭, 직거데라툼, v.t. 불에굽다. v.i. 불에익다. — er. 다토는자, — ing, 하우것코치쓰거운.
Brōke, (Break, 지나쓰말)
Brō'ken, (brō'kn) a. 破, 弱, 衰, 깨진, 약한, 근실되는. — ly, 익다금, [illegible]이.
Brō'ken-heärt'ed, a. 傷心, 마음상한.
Brō'ker, n. 儈, 居間, 중도외, 거간군.
Brō'ker-age, n. 儈, 居間, 거간질, 중도외질, 구문, 구전.
Bronze, n. 銅錫[illegible]色, 구리와양철섞거만든것이나 [illegible]빛의는것, v.t. 구리와 양철을섞거 짓하, [illegible]케만들다.
Brōoch, (brōch) n. [illegible], 색코치, 여러가지 모양으로 장식

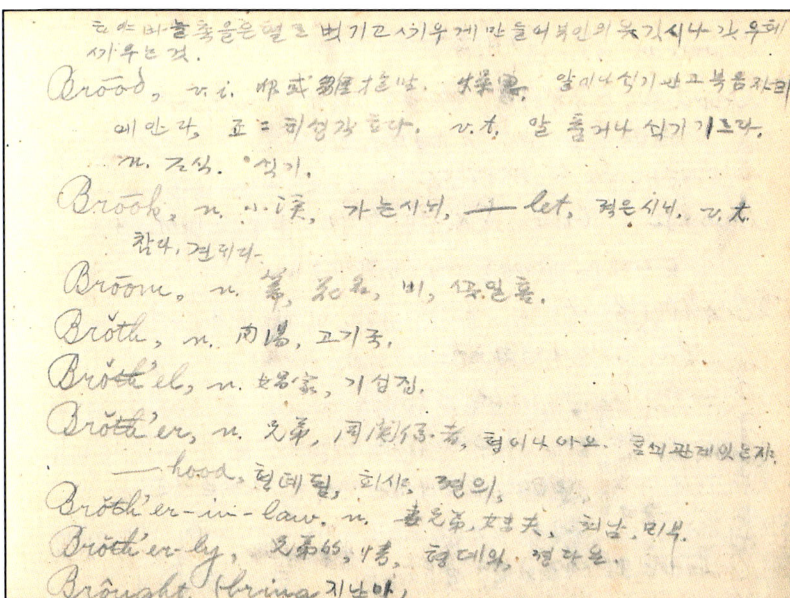

한 [illegible] 축음은 [illegible] 벗기고 시키우게 만들어 부인의 옷깃이나 갓 우헤 시키우는것.
Brōod, v.i. 卵或雛[illegible], [illegible], 알이나 식기[illegible] 복음자리에 안다, [illegible]히생각하다. v.t. 알 품거나 식기 기르다. n. [illegible]. 식기.
Brōok, n. 小溪, 가는시내, — let, 적은시내. v.t. 참다, 견디다.
Brōom. n. 帚, [illegible], 비, [illegible]일홈.
Brŏth, n. 肉湯, 고기국.
Brŏth'el, n. 妓家, 기생집.
Brŏth'er, n. 兄弟, 同[illegible], 형이나 아오. [illegible]의관계있는자. — hood, 형데됨, 회사, 정의,
Brŏth'er-in-law, n. 妻兄弟, 妹夫, 처남, 매부.
Brŏth'er-ly, 兄弟的, [illegible], 형데와, 정다운.
Brôught, (bring 지난말)

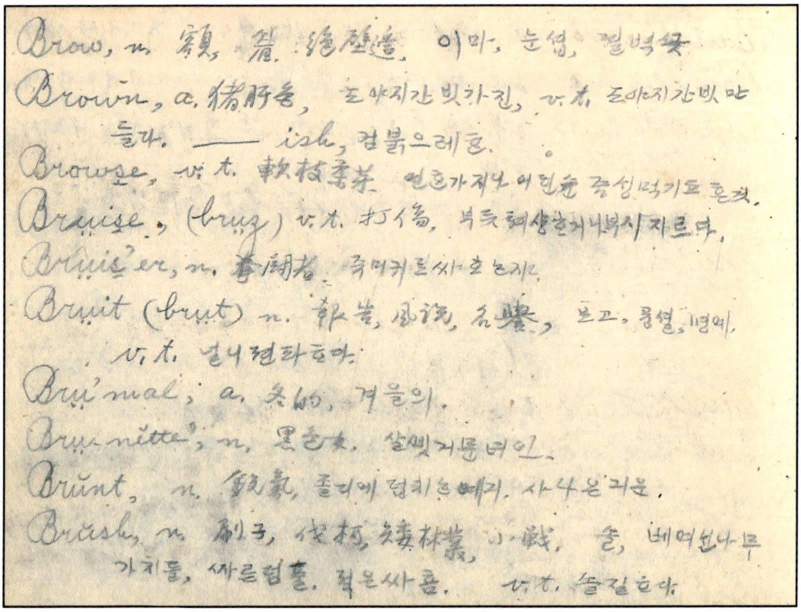

Brow, n. 額, 眉, 絶壁邊, 이마, 눈섭, 절벽가

Brown, a. 猪肝色, 도야지간 빗ᄀᆞ진, v. t. 도야지간빗 만들다. —— ish, 검붉으레ᄒᆞᆫ.

Browse, v. t. 軟枝素菜 연ᄒᆞᆫ가지나 어린ᄂᆞ물 즘싱먹기도 ᄒᆞᆫ것.

Bruise, (bruz) v. t. 打傷, 복득 ᄒᆡ상ᄒᆞ거나 부시지르다,

Bruis'er, n. 拳鬪者. 주머귀로싸호ᄂᆞᆫ자.

Bruit (brut) n. 報告, 風說, 名譽, 보고, 풍셜, 명예, v. t. 널니젼파ᄒᆞ다.

Bru'mal, a. 冬的, 겨울의.

Bru-nette', n. 黑色女, 살빗거문녀인.

Brunt, n. 銳氣, 졸디에 덤치ᄂᆞᆫ예기. 사나온긔운.

Brush, n. 刷子, 伐柯, 矮林叢, 小戰, 솔, 베여ᄂᆞᆫ나무 가지들, ᄲᆞ른덤불. 적은싸흠. v. t. 솔질ᄒᆞ다.

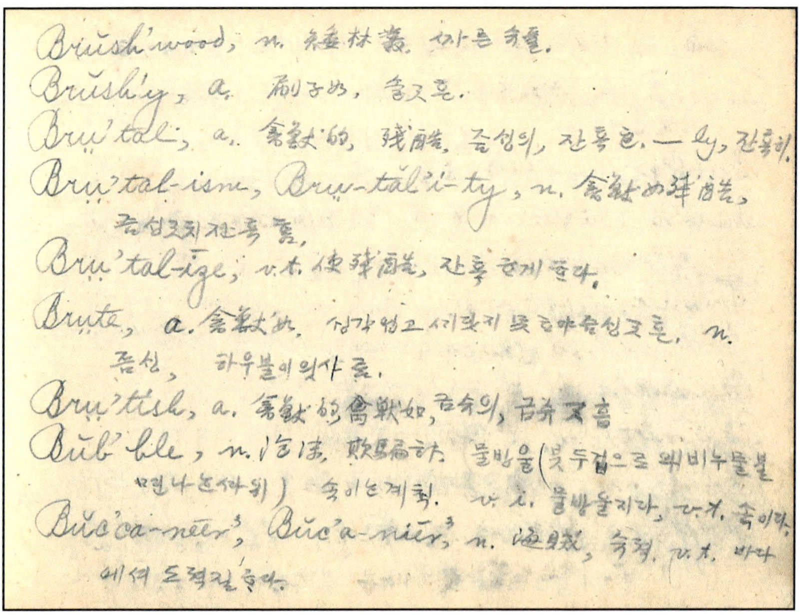

Brush'wood, n. 矮林叢. ᄲᆞ른덤불.

Brush'y, a. 刷子如, 솔ᄀᆞᆺᄒᆞᆫ.

Bru'tal, a. 禽獸的, 殘酷, 즘싱의, 잔혹ᄒᆞᆫ. — ly, 잔혹히.

Bru'tal-ism, Bru-tal'i-ty, n. 禽獸如殘酷, 즘싱ᄀᆞᆺ치 잔혹홈,

Bru'tal-ize, v. t. 使殘酷, 잔혹ᄒᆞ게 ᄒᆞ다.

Brute, a. 禽獸如. 싱각업고 ᄭᆡᄃᆞᆺ지 못ᄒᆞ야 즘싱ᄀᆞᆺᄒᆞᆫ, n. 즘싱, 하우불이의사ᄅᆞᆷ.

Bru'tish, a. 禽獸的, 禽獸如, 금수의, 금수ᄀᆞᆺ흠

Bub'ble, n. 泡沫, 欺騙計. 물방울(붓두겁으로 ᄇᆡ비누물불 면나ᄂᆞᆫ셰와) 속이ᄂᆞᆫ계획. v. i. 물방울지다, v. t. 속이다.

Buc'ca-neer', Buc'a-nier', n. 海賊, 슈적. v. t. 바다에셔 도젹질ᄒᆞ다.

Bŭck, n. 牡鹿, 牡兎, 花郎. 숫사슴, 물에 풀이는 잿물 이나 혹 잿물에 담근 옷. 호화스런 이. v.i. 잿물에 적시다, 음식 흉내 하다.

Bŭck'et, n. 水桶, 물통.

Bŭck'le, (bŭk'l) n. 帶扣, 띠쇠 (양복 또는 봇짐 끝에 입구 쇠에 허리 띠 좋은 장식.) v.t. 띠쇠로 조르다, 동여매고 치리다.

Bŭck'ler, n. 楯, 방패.

Bŭd, n. 芽, 움, 싹. v.i. 싹나다, 꽃피다. v.t. 나무접붙치다.

Bụd'dha, (bōōd'dȧ) n. 佛, 부처.

Bụd'dhism, n. 佛教 불교.

Bŭdg'et, (bŭj'et) n. 袋, 政府豫算. 자루. 정부의 일년예산

Bŭff, n. 柔皮, 淺黃色, 결은 얇은 가죽. 누르스름한 빛. a 연한 가죽으로 만든. 누르스름한.

Bŭf'fa-lō, n. 野牛, 소 종류 들짐승.

Bŭf'fer, n. 防衝具 새에 방석이나 용수철로 한 변장을 하루 거 끝에 대어 부드쳐도 상치 안케 하는 것.

Bŭf'fet, 碗櫥, 拳打, 방 한편에 그릇 두는 장, 주먹으로 침. v.t. 주먹으로 치다,

Bŭf-fōōn', n. 花郎, 화랑이, 말 노릇과 익살로 남을 웃게 하는 자.

Bŭf-fōōn'er-y, n. 花郎之行. 화랑이의 짓거리.

Bŭg, n. 木蟲, 나무벌레 여러가지 종류.

Bŭg, Bŭg'bear, Bŭg'a-boo, n. 如丈夫鬼面之物, 귀신 모양처럼 놀날만 한 것.

Bŭg'gy, n. 單馬車, 몰 한 필이 끄는 수레.

Bū'gle, n. 喇叭, 나팔.

Bū'gler, n. 喇叭手, 나팔수.

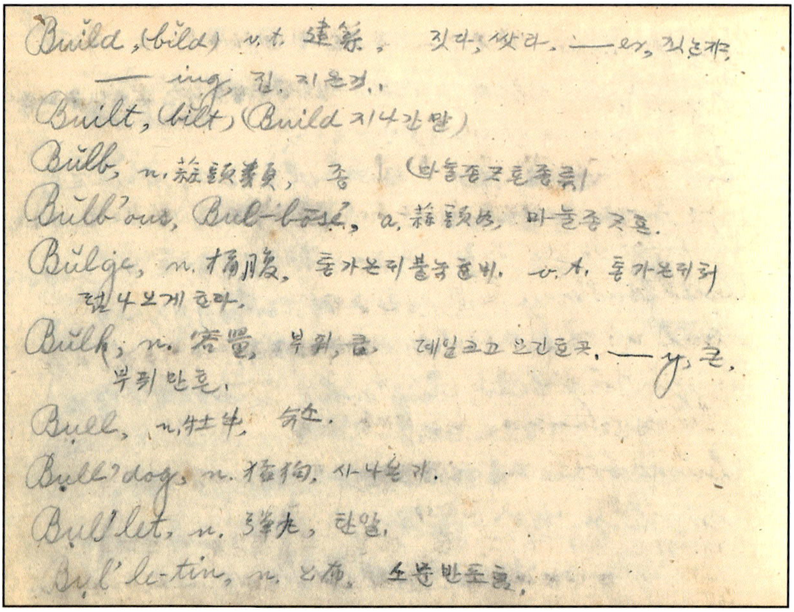

Build, (bild) v. t. 建築, 짓다, 쌋다. —er, 짓는재,
—ing, 집, 지은것,
Built, (bilt) (Build 지나간말)
Bulb, n. 蒜頭類, 종 (마늘종ㄱ흔종류)
Bulb'ous, Bul-bose, a. 蒜頭的, 마늘종ㄱ흔.
Bulge, n. 桶腹, 통가온디불눅흔비. v. i. 통가온디뒤
텰나보게ᄒᆞ다.
Bulk, n. 容量, 부피, 큼. 뎨일크고 온간흔곳, —y, 큰,
부피만흔,
Bull, n. 牡牛, 슈소.
Bull'dog, n. 猛狗, 사나온개.
Bul'let, n. 彈丸, 탄알,
Bul'le-tin, n. 告示, 소문반포흠.

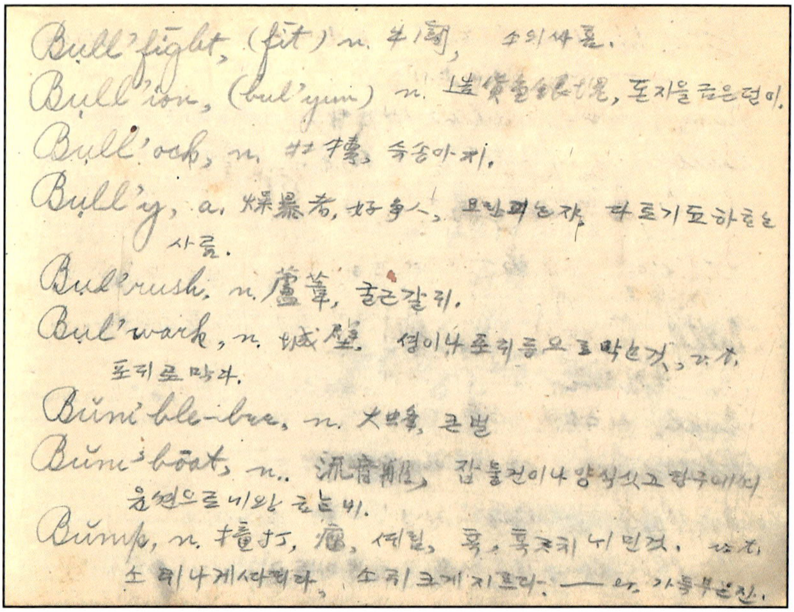

Bull'fight, (fit) n. 牛鬪, 소의싸홈.
Bull'ion, (bul'yun) n. 未造貨金銀塊, 돈지을금은덩이.
Bull'ock, n. 牡犢, 슈송아지.
Bull'y, a. 燥暴者, 好爭人, 요란피는자, 다토기됴하ᄒᆞ는
사름.
Bul'rush, n. 蘆葦, 굴근갈리.
Bul'wark, n. 城壁, 셩이나조리등으로막는것, v. t.
포리로막다.
Bum'ble-bee, n. 大蜂, 큰벌
Bum'boat, n. 流售船, 잡물건이나양식싣고항구에서
윤션으로니왕ᄒᆞ는비.
Bump, n. 撞打, 瘤, 쳐됨, 혹, 혹ᄀᆞ치나민것. v. t.
소리나게ᄉᆞ다리다, 소리크게지르다. —er, 가득부은잔.

Bŭmp'kin (bŭm'kin) n. 粗鄙野人. 촌시럽게 막된사람.
— ly, 막되고촌시럽게.

Bŭn, Bŭnn, n. 菓子名, 썬; 적고달게민든과ㅈ 일흠.

Bŭnch, n. 隆起物, 瘤, 塊, 把, 束, 朶, 세죽히서민것, 혹, 덩어리, 줄, 뭇, 포기, 떨기. v. t. 묶다, 꼬거만들다. v. i. 혹나다, 멍울성기다.

Bŭn'dle, n. 束, 包. 뭇, 뭉치. v. t. 묶다, 뭉치다.

Bŭng, n. 桶腹孔. 통가온데ㅅ들난구멍, 통허리구멍막이. v. t. 통배에구멍막이지르다.

Bŭn'ga-low, n. 小舍, 인뎌아국에서 양인이외층으로 조고마케 지은집.

Bŭng'hōle, n. 桶孔. 장군통숫들이.

Bŭn'gle, v. t. 拙作, 뭉별히ㅎ다. 못되게짓다.

Bŭnk, n. 平床, 평상, [illegible]

Bŭnt'ing, n. 旗布, 털노알게[illegible]서 긔빨만드는것.

Buoy, n. 浮標, 물에ㅅ떠서 깁고얏흔것라 바위잇는거슬 표ㅎ는것. v. t. 뜰에를만들다, v. i. 뜨다.

Buoy'ance, n. 輕浮, 가바아히 ㅅ뜸.

Buoy'ant, a. 輕浮, 가바아히 ㅅ뜨는.

Bûr'den, (bûr'dn) n. 擔負, 積載物, 累, 困苦, 짐, 싸은물건, 누, 걱정, 곤란. v. t. 지우다, 싯다, 누ㅅ깃치다.

Bûr'den-some, a. 煩擾, 困苦, 괴롭고 곤ㅎ.

Bū'reau, (bū'rō) n. 寫字檯, 衣櫃, 局, 혈랍잇서조희넛코 그우혜 퍼고글시쓰는 제4혹그계잇는ㅣ방, 옷궤, 국, (각마을국장잇는쳐소)

Bu-reau'cra-cy (bu-rō') n. 各部專行政治, 각마을에서 명령만좇힘치아니ㅎ고 일졍ㅎ권리를잡의고ㅎ는정치.

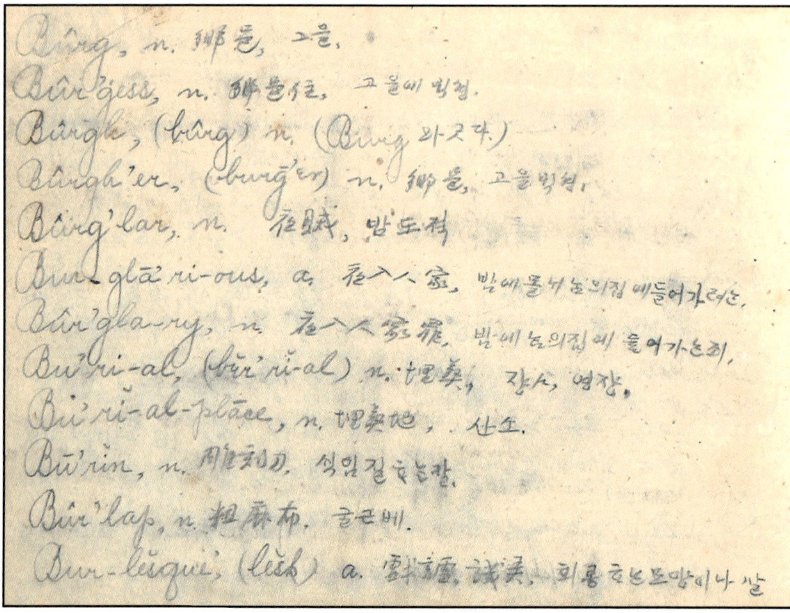

Bûrg, n. 鄕邑, 고을.
Bûr'gess, n. 鄕邑住, 고을에 빅셩.
Bûrgh, (bûrg) n. (Burg 와 굿다.)
Bûrgh'er, (burg'er) n. 鄕邑, 고을빅셩.
Bûrg'lar, n. 夜賊, 밤도젹
Bur-glā'ri-ous, a. 夜入人家, 밤에 몰니 남의집에 들어가려는.
Bûr'gla-ry, n. 夜入人家罪, 밤에 남의집에 들어가는죄.
Bu'ri-al, (bĕr'ĭ-al) n. 埋葬, 장ᄉᆞ, 영장.
Bu'ri-al-plāce, n. 埋葬地, 산소.
Bū'rin, n. 彫刻刀, 석임질ᄒᆞᄂᆞᆫ칼.
Bûr'lap, n. 粗麻布. 굵은베.
Bur-lĕsque', (lĕsk) a. 戱謔, 譏笑, 희롱ᄒᆞᄂᆞᆫ모양이나 살

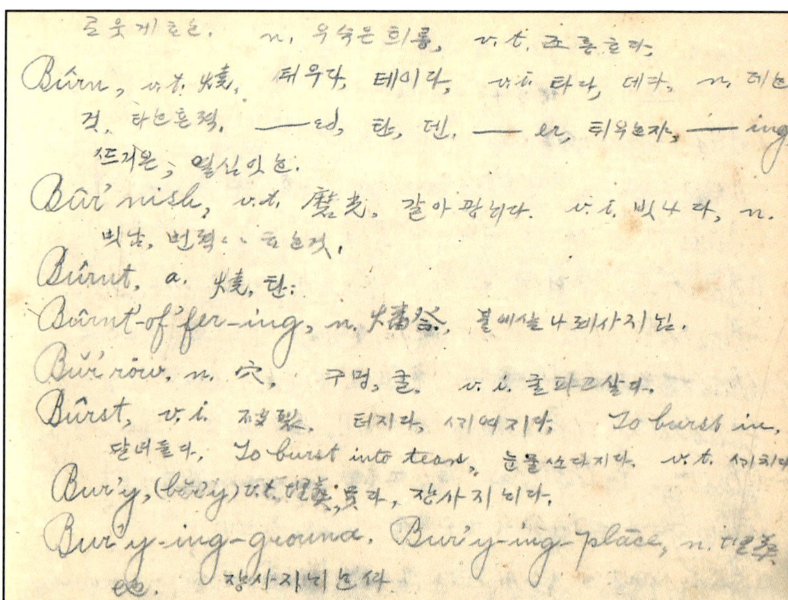

ᄂᆞ웃게ᄒᆞᄂᆞᆫ. n. 우숙은 희롱, v. t. 조롱ᄒᆞ다.
Bûrn, v. t. 火燒, 태우다, 데이다, v. i. 타다, 데다, n. 데는
 것, 타는흔젹, —ed, 탄, 덴, —er, 태우는자, —ing,
 뜨거운, 열심잇는.
Bûr'nish, v. t. 磨光, 갈아광내다. v. i. 빗나다, n.
 빗남, 번젹〃ᄒᆞᄂᆞᆫ것.
Bûrnt, a. 火燒, 탄.
Bûrnt-of'fer-ing, n. 火燔祭, 불에ᄉᆞᆯ나 제ᄉᆞ지내는.
Bŭr'rōw, n. 穴, 구멍, 굴. v. i. 굴파고살다.
Bûrst, v. i. 破裂, 터지다, ᄭᆡ여지다. To burst in,
 달녀들다, To burst into tears, 눈물ᄊᆞ다지다. v. t. ᄭᆡ치다.
Bur'y, (bĕr'y) v. t. 埋葬, 묻다, 장ᄉᆞ지내다.
Bur'y-ing-ground. Bur'y-ing-place, n. 埋葬
 地. 장ᄉᆞ지내는곳.

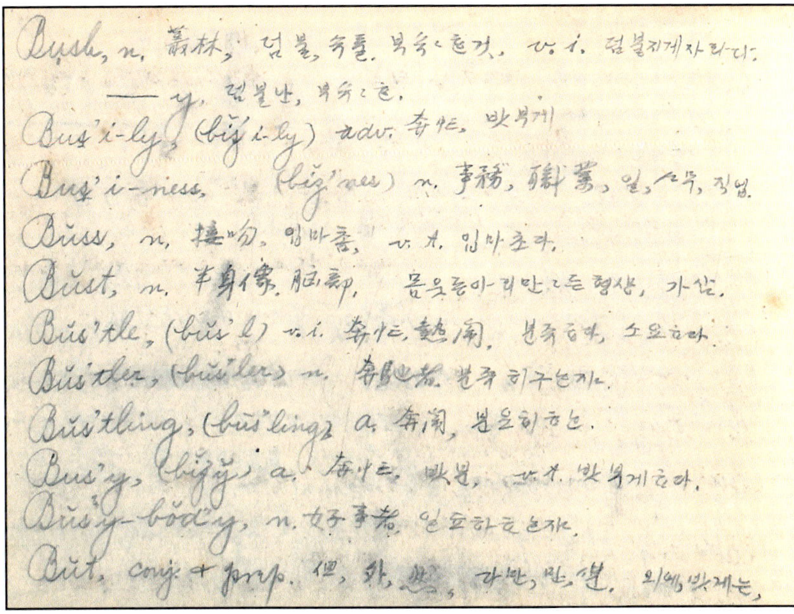
Bush, n. 叢林, 덤불, 숙풀. 북숙ㄷ한것. v. i. 덤불지게자라다.
—y, 덤불난, 북숙ㄷ한.
Bus'i-ly, (biz'i-ly) adv. 奔忙, 밧부게
Bus'i-ness, (biz'ness) n. 事務, 職業, 일, 사무, 직업.
Buss, n. 接吻, 입마춤, v. t. 입마초다.
Bust, n. 半身像. 胸部, 몸웃둥이만 ㄷ든 형상, 가삼.
Bus'tle, (bus'l) v. i. 奔忙, 熱鬧, 분주ㅎ다, 소요ㅎ다.
Bus'tler, (bus'ler) n. 奔[illegible]者 분주히구는자.
Bus'tling, (bus'ling) a. 奔鬧, 분요히ㅎ는.
Bus'y, (biz'y) a. 奔忙, 밧뿐, v. t. 밧부게ㅎ다.
Bus'y-bod'y, n. 好事者 일됴하ㄷ는자.
But, conj. + prep. 但, 外, [illegible], 다만, 만, 뿐, 외에, 밧재는,

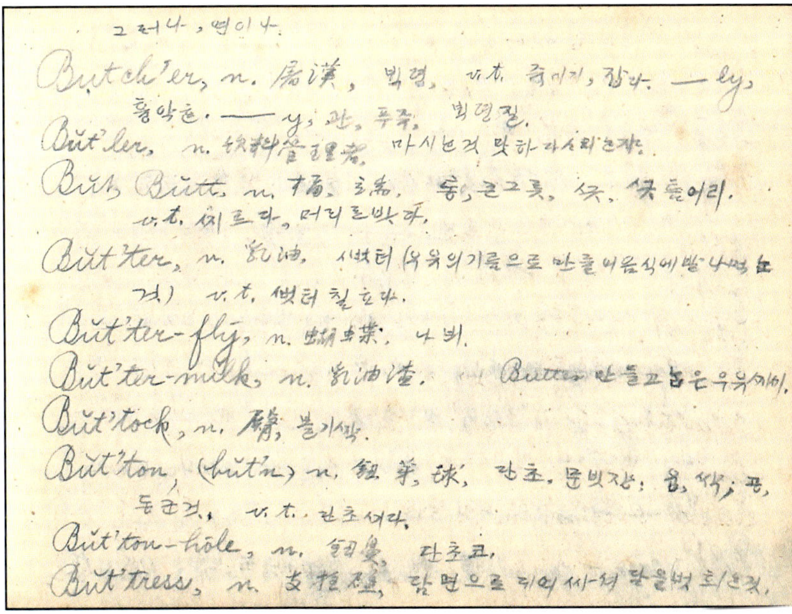
그러나, 변이나.
Butch'er, n. 屠漢, 백졍, v. t. 죽이기, 잡다. —ly,
흉악ㅎ. —y, 관, 푸주, 백뎡질.
But'ler, n. 飲料管理者 마시는것 맛하다스리는자.
But, Butt, n. 桶. 主[illegible], 통, 큰그릇, 솟, 솟둥어리.
v. t. 씨르다, 머리로박다.
But'ter, n. 乳油, 쌔터 (우유의기름으로 만들어음식에발나먹ㄷ
것) v. t. 쌔터 칠ㅎ다.
But'ter-fly, n. 蝴蝶, 나뷔.
But'ter-milk, n. 乳油渣. Butter 만들고남은우유찌꺼.
But'tock, n. 臀, 볼기짝.
But'ton, (but'n) n. 鈕 芽, 球, 단추, 문빗장; 움, 싹; 공,
둥근것, v. t. 단추끼다.
But'ton-hole, n. 鈕[illegible], 단추고.
But'tress, n. 支柱石, 담면으로 디여 싸셔 담을버티는것,

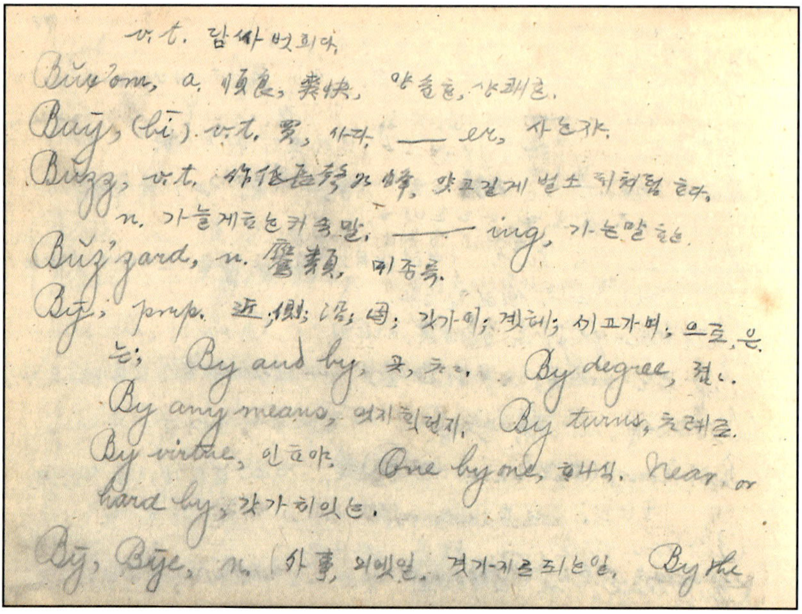

v.t. 담싸 벗희다.
Bux'om, a. 順良, 爽快, 양슌ᄒᆞᆫ, 상쾌ᄒᆞᆫ.
Buy, (bī). v.t. 買, 사다. —— er, 사ᄂᆞᆫ자.
Buzz, v.t. 作低言聲如蜂, 얏고길게 벌소리처럼 ᄒᆞ다.
n. 가늘게ᄒᆞᄂᆞᆫ귀속말, —— ing, 가ᄂᆞᆫ말ᄒᆞᄂᆞᆫ.
Buz'zard, n. 鷹類, 매종류.
By, prep. 近; 側; 沿; 因; 갓가이; 곗헤; 시고가며; 으로, 은, 는; By and by, 곳, 추ᄎᆞ. By degree, 졈ᄎᆞ. By any means, 엇지ᄒᆞ던지. By turns, ᄎᆞ례로. By virtue, 인ᄒᆞ야. One by one, ᄒᆞ나식. Near or hard by, 갓가히잇ᄂᆞᆫ.
By, Bye, n. 外事, 외엣일. 겻가지로되ᄂᆞᆫ일. By the

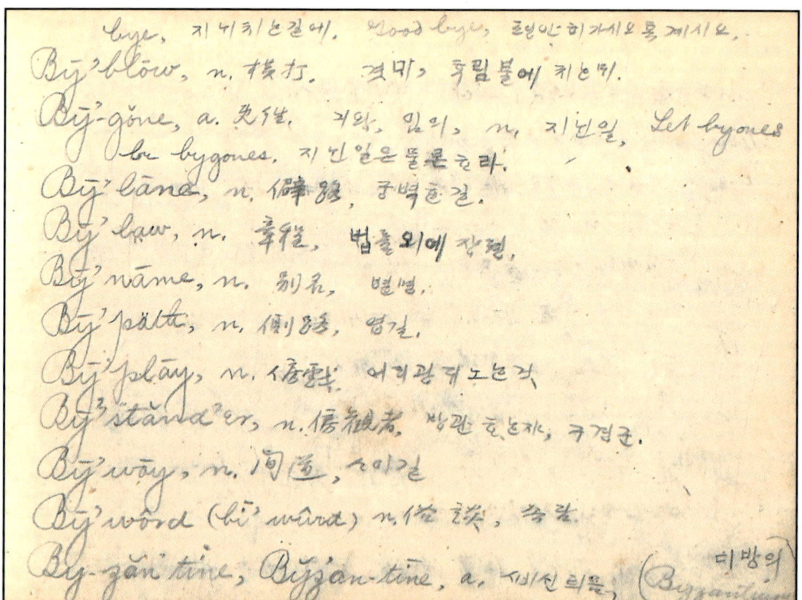

bye, 지나치ᄂᆞᆫ길에. Good bye, 평안히가시오 롤계시오.
By'blōw, n. 橫打. 겻매, 혹림불에 치ᄂᆞᆫ매.
By-gōne, a. 先往, 지왕, 임의, n, 지난일, Let bygones be bygones. 지난일은 뭇론ᄒᆞ라.
By'lāne, n. 僻路, 궁벽ᄒᆞᆫ길.
By'law, n. 章程, 법률외에 장뎡.
By'nāme, n. 別名, 별명.
By'path, n. 側路, 엽길.
By'play, n. 偏戲, 어히광뎌 노ᄂᆞᆫ것.
By'stand'er, n. 傍觀者, 방관ᄒᆞᄂᆞᆫ자, 구경군.
By'way, n. 間道, ᄉᆞ잇길.
By'word (bī'wûrd) n. 俗談, 속담.
By-zăn'tine, Byzăn-tine, a. 셔비신희롱, (Byzantinque 미방의)

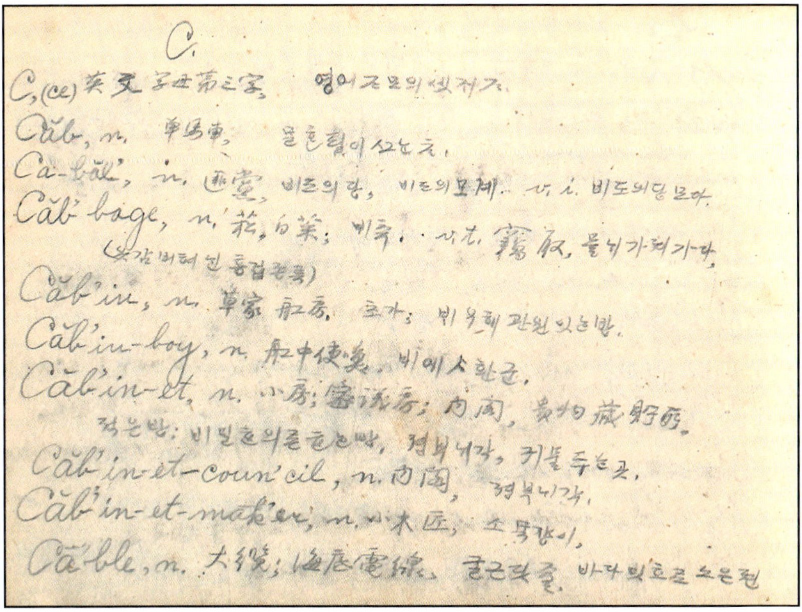

C.

C, (ce) 英文字母第三字, 영어ᄌᆞ모의셋재자.

Căb, n. 單馬車, 물혼필이ᄭᅳ는챠.

Ca-băl', n. 匪黨, 비도의당, 비도의모게. v. i. 비도의당모아.

Căb'bage, n. 菘, 白菜; 배추. v. t. 竊取, 물뇌가져가다, (옷감베허낸즘겁조각)

Căb'in, n. 草家, 船房, 초가; 비ᄋᆡ에관원잇는방.

Căb'in-boy, n. 船中使喚, 비에ᄉ환군.

Căb'in-et, n. 小房; 密議房; 內閣, 貴物藏貯所. 적은방; 비밀ᄒᆞᆫ의론ᄒᆞᄂᆞᆫ방, 정부니각, 귀물두ᄂᆞᆫ곳.

Căb'in-et-coun'cil, n. 內閣, 정부니각.

Căb'in-et-mak'er, n. 小木匠, 소목장이.

Ca'ble, n. 大纜; 海底電線, 굴근닷줄, 바다밋흐로ᄂᆞ은젼

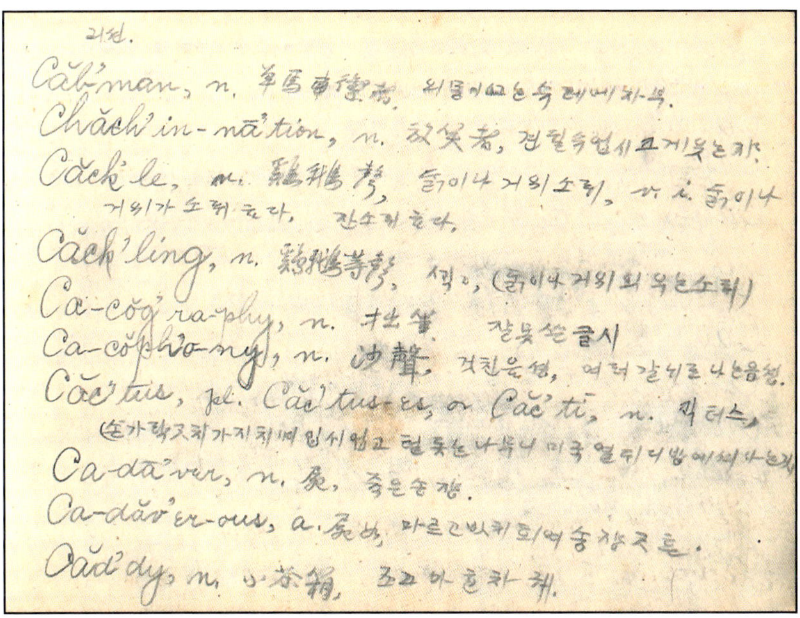

긔션.

Căb'man, n. 單馬車御者, 외몰이ᄭᅳᄂᆞᆫ슈레에차부.

Chăch'in-nā'tion, n. 放笑者, 절제엄시크게웃는자.

Căck'le, n. 雞鵝聲, 닭이나거위소리, v. i. 닭이나 거위가소리ᄒᆞᆫ다, 잔소리ᄒᆞᆫ다.

Căck'ling, n. 雞鵝等聲, 색ᄀᆞ, (닭이나거위의욱는소리)

Ca-cŏg'ra-phy, n. 拙筆, 잘못쓴글시

Ca-cŏph'o-ny, n. 沙聲, 거친음셩, 여러갈내로나는음셩.

Căc'tus, pl. Căc'tus-es, or Căc'ti, n. 칵터스, (손가락ᄀᆞᆺ치가지치메입시엄고털돗ᄂᆞᆫ나무니미국열대디방에서나는것)

Ca-dā'ver, n. 屍, 죽은송장.

Ca-dăv'er-ous, a. 屍如, 마르고ᄲᅡ치되여송장ᄀᆞᄐᆞᆫ.

Căd'dy, n. 小茶箱, 조고마ᄒᆞᆫ차궤.

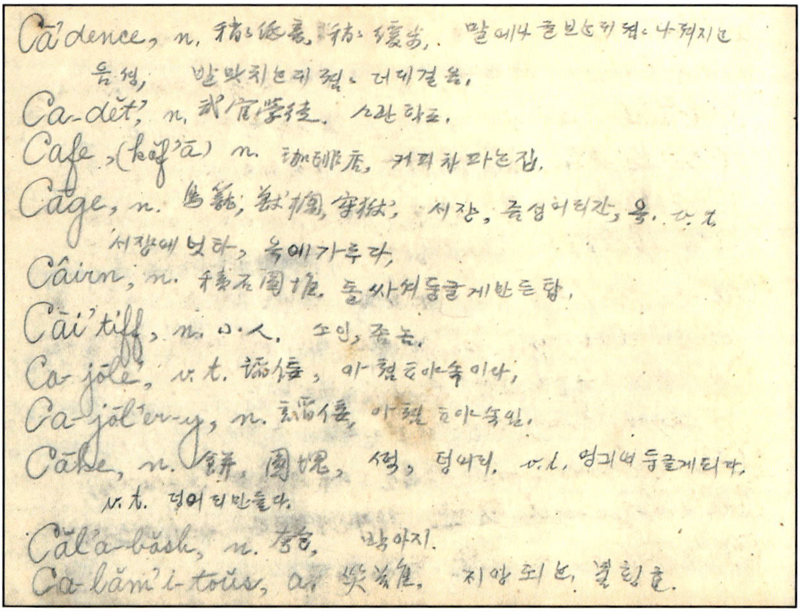

Ca'dence, n. 語之低音, 語之緩弱. 말에서 혼 븬ᄒᆞᆫ 데 나 쳐지는
음성, 발맛치는 데 졈ᄒᆞ 더디걸음.
Ca-dĕt', n. 武官學徒. 무관 학도.
Cafe, (kăf'ā) n. 珈琲店, 커피차 파는 집.
Cāge, n. 鳥籠, 獸檻, 牢獄; 새장, 즘승 어퇴간, 옥. v.t.
새장에 넣다, 옥에 가두다.
Câirn, n. 積石圓塔. 돌 싸서 둥글게 만든 탑.
Cāi'tiff, n. 小人. 소인, 좀놈.
Ca-jōle', v.t. 諂佞, 아첨ᄒᆞ야 속이다.
Ca-jōl'er-y, n. 諂佞, 아첨ᄒᆞ야 속임.
Cāke, n. 餅, 團塊, 떡, 덩어리. v.i. 엉기어 둥글게 되다.
v.t. 덩어리 만들다.
Căl'a-băsh, n. 瓠, 박아지.
Ca-lăm'i-tous, a. 災害的, 재앙되는, 불행ᄒᆞᆫ.

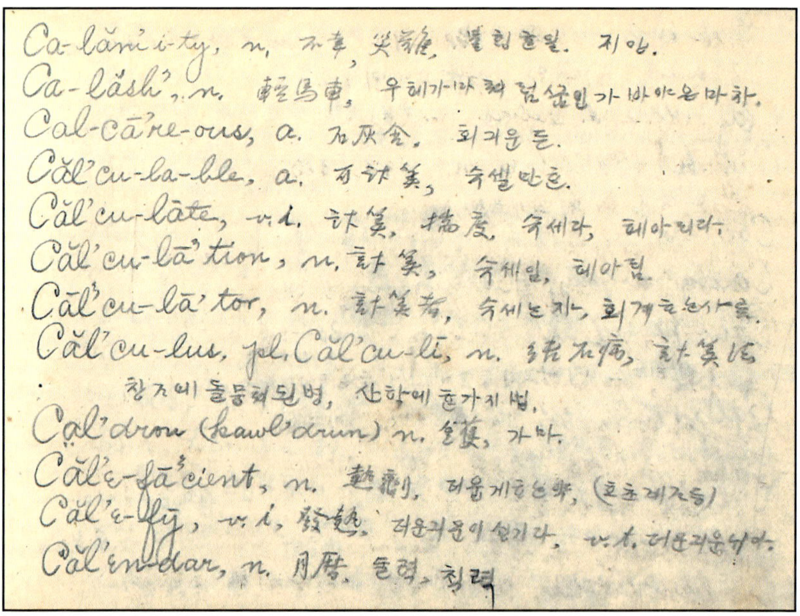

Ca-lăm'i-ty, n. 不幸, 災難, 불행ᄒᆞᆫ 일. 재앙.
Ca-lăsh', n. 輕馬車, 우헤 가리개 덥는 가벼운 마차.
Cal-cā're-ous, a. 石灰含. 회 가운 든.
Căl'cu-la-ble, a. 可計算, 수 셀 만ᄒᆞᆫ.
Căl'cu-lāte, v.i. 計算, 揣度, 수 세다, 헤아리다.
Căl'cu-lā'tion, n. 計算, 수 세임, 헤아림.
Căl'cu-lā'tor, n. 計算者, 수 세는 자, 회계ᄒᆞ는 사ᄅᆞᆷ.
Căl'cu-lus, pl. Căl'cu-lī, n. 結石病, 計算法
창자에 돌뭉쳐 된 병, 산학에 ᄒᆞᆫ가지 법.
Cal'dron (kawl'drun) n. 釜鑊, 가마.
Căl'e-fā'cient, n. 熱劑, 더웁게 ᄒᆞ는 약, (호초 겨자 등)
Căl'e-fȳ, v.i. 發熱. 더운 기운이 생기다. v.t. 더운 기운 넣어.
Căl'en-dar, n. 月曆. 월력, 책력

Căl'en-der, n. 砑光布機, 다듬이돌, v.t. 다듬이질 하다.
Căl'ends, n. 朔日, 로마 고에 매삭초하로.
Cälf, (Köf) pl. Calves, n. 犢, 腓, 송아지, 정겅이뒤 종아리.
Căl'i-ber, Căl'i-bre, n. 口徑, 才局, 총구녁것흔것바로지는척수, 지조의국량.
Căl'i-co, n. 白棉布, 물안들인양목, 혹각식물들인양목.
Ca-lĭg'ra-phy, Calligraphy 와 갓다.
Căl'i-pers, Căl'i-per-com'pass-es, n. 圓體度器, 칼리퍼스, (직게것치둥글게되여 둥근물건의척수지는연장)
Căl'is-thĕn'ics, n. 體操, 톄조홈.
Cā'lix, n. Calyx, 와 갓다.
Cạlk, (kawk) v.t. 用絮塞漏, 배에새는구멍을솜으로박다.
Cạll, v.t. 喚, 召徵, 名, 불으다, 오라고명호다, 일홈불으다.
To back, 다시성각호다, To call for, 청호다, 구호다.

To call forth, 불너내세다. To call off, 불너가다,
To call on, 심방호다. To call out, 싸홈도도다,
— er, 심방호는자.
Căl'li-grăph'ic, Căl'li-grăph'ic-al, a. 妙筆的, 글시잘씨는.
Cal-lĭg'ra-phy, n. 妙筆, 잘쓴글시.
Cạll'ing, n. 呼, 業, 불너청홈, 직업.
Cal-lŏs'i-ty, n. 胼胝, 살에못박인것.
Căl'lous, a. [illegible]堅, 心堅, 굿은, 단〃호, 무정호, — ly, 무정히.
Căl'lus, n. [illegible], 살에못
Cälm, (käm) a. 靜, 平穩, 종용호, 고요호, 평안호, n. 종용홈, 평정홈. v.t. 종용호게만들다. — ly, 종용히, 평안히. — ness, 평정호것.
Căl'o-mel, n. 輕粉, 경분, (약일홈)
Ca-lŏr'ic, n. 火性, 熱氣, 불성질, 불기운.

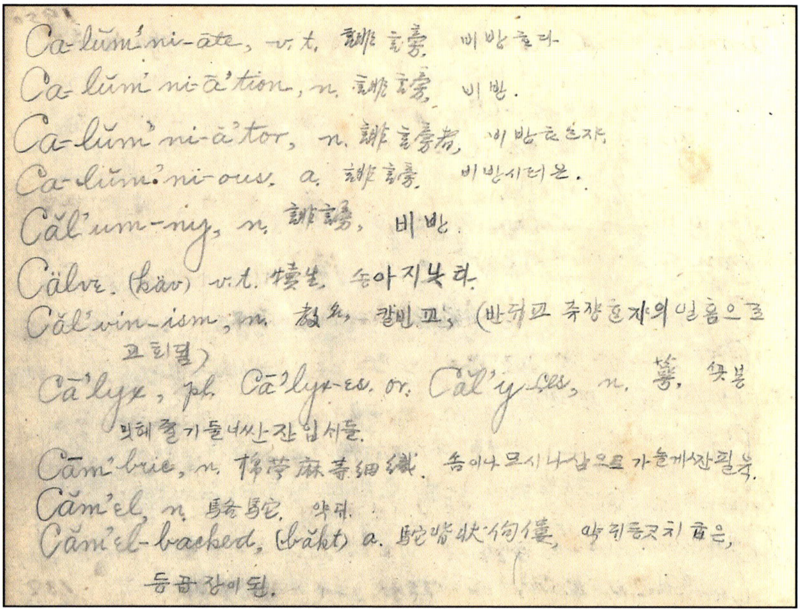

Ca-lŭm'ni-āte, v.t. 誹謗 비방ᄒᆞ다

Ca-lŭm'ni-ā'tion, n. 誹謗 비방.

Ca-lŭm'ni-ā'tor, n. 誹謗者, 비방ᄒᆞᄂᆞᆫ자,

Ca-lŭm'ni-ous. a. 誹謗 비방시러운.

Căl'um-ny, n. 誹謗, 비방.

Cälve. (käv) v.t. 犢生, 송아지낫타.

Căl'vin-ism; n. 敎名, 칼빈교, (반쥐교 쥬장ᄒᆞᆫ자의일홈으로 교회일홈)

Cā'lyx, pl. Cā'lyx-es. or. Căl'y-ces, n. 萼, 꼿봉 오리츨기들너싼잔입사귀들.

Căm'bric, n. 棉苧麻等細織. 솜이나모시나삼으로가늘게ᄶᆞᆫ필목.

Căm'el, n. 駱駝, 약대.

Căm'el-backed, (băkt) a. 駝背狀佝僂, 약대등ᄀᆞᆺ치굽은, 등곱장이된.

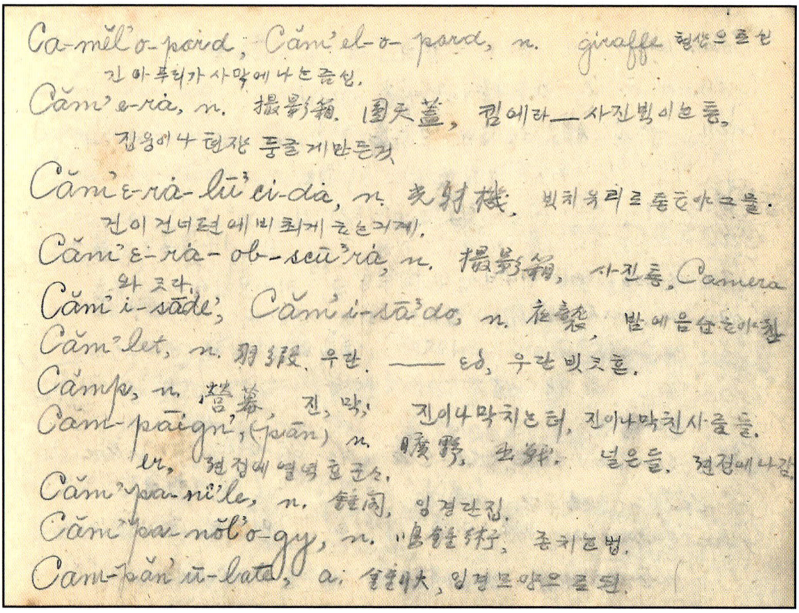

Ca-mĕl'o-pard; Căm'el-o-pard, n. giraffe 형상으로된 긴 아푸리가사막에나ᄂᆞᆫ즘승.

Căm'e-rȧ, n. 撮影箱. 圓天蓋, 킴에라—사진박이ᄂᆞᆫ통, 집웅이나천쟝둥굴게만든것

Căm'e-rȧ-lū'ci-dȧ, n. 光射機. 빗치유리로좃ᄎᆞ아그물건이건너편에비최게ᄒᆞᄂᆞᆫ긔계.

Căm'e-rȧ-ob-scū'rȧ, n. 撮影箱, 사진통. Camera와ᄀᆞᆺ다.

Căm'i-sāde; Căm'i-sā'do, n. 夜襲, 밤에음습ᄒᆞ야침

Căm'let, n. 羽緞. 우단. —— ed, 우단빗ᄀᆞᆺ흔.

Cămp, n. 營幕, 진, 막, 진이나막치ᄂᆞᆫ터, 진이나막친사ᄅᆞᆷ들.

Cam-pāign', (pān) n. 曠野, 出戰. 널은들. 젼쟝에나감 er, 젼쟝에열력ᄒᆞᆫ군ᄉᆞ.

Căm'pa-nī'le, n. 鐘閣, 잉경단집.

Căm'pa-nŏl'o-gy, n. 鳴鐘術, 종치ᄂᆞᆫ법.

Cam-păn'ū-late, a. 鐘形, 잉경모양으로된.

Căm'phor, n. 樟腦. 캄퍼— 장뇌라ᄒᆞᄂᆞᆫ약일홈.
Cam-phŏr'ic, a. 樟腦, 캄퍼—장뇌의.
Căn, v.i. 能, 능히ᄒᆞ다. ᄒᆞᆯ슈잇다. I can not but do so, 내가이러케ᄒᆞᆯ슈밧게업다.
Căn, n. 桶, 筒, 잔, 통, (쇠로만든것)
Ca-năl', n. 溝, 기ᄉᆡᆼ. 기천, 슈로, 음식이나물통ᄒᆞᄂᆞᆫ창자
Ca-nā'ry, n. 카나리셤에서만드ᄂᆞᆫ술, 카나리셤에묘ᄒᆞᆫ새일홈.
Căn'cel, v.t. 取消, 삭지다, 의다, 삭지다.
Căn'cel-lā'tion, n. 取消, 삭제바림, 삭칠. (문서나묘에긋ᄂᆞᆫ일)
Căn'cer, n. 蟹, 癌瘡, 北緯熱帶, 게, 번지ᄂᆞᆫ창병, 북켠더운디방표.
Căn'de-lā'brum, pl. Căn'de-lā'bra, or Căn'de-lā'brums, n. 燭臺, 빗나게ᄉᆞᆷ이고우헤여러것가지만든촛ᄃᆡ.
Căn'did, a. 明白, 正直, 誠實, 명ᄇᆡᆨᄒᆞᆫ, 정직ᄒᆞᆫ, 간졀ᄒᆞᆫ.
Căn'di-dāte, n. 候補者, ᄇᆡ슬ᄒᆞᆯ지의, 쳔망에든자.

Căn'dle, n. 燭. 초, 불혀ᄂᆞᆫ것.
Căn'dle-light, (-lit) n. 燭光, 초불빗.
Căn'dle-mas, n. 聖燭節, 셩마리아의졔사날, (이월이일)
Căn'dle-stick, n. 燭臺 촛ᄃᆡ.
Căn'dor, Căn'dour, n. 公平, 誠實, 공평ᄒᆞᆷ, 진실ᄒᆞᆷ.
Căn'dy, n. 糖, 엿, 사탕엿. v.t. 엿처럼엉긔게ᄒᆞ다, v.i. 엉겨붙다.
Cāne, n. 杖, 竹藤類, 집팡이; 대와등것흔여러가지종류.
Cāne'brāke, n. 竹藤類叢, 대와등의덤풀.
Cángue, (cang) n. 枷, 칼, (죄인목에씨우ᄂᆞᆫ것)
Ca-nīne', a. 犬的, 개의,
Căn'is-ter, n. 罇, 茶或珈琲箱, 잔, 차나커피두ᄂᆞᆫ상ᄌᆞ.
Căn'ker, n. 口瘡, 腐蝕病, 입속허ᄂᆞᆫ병. 썩고먹어들어가ᄂᆞᆫ병.
Căn'ker-ous, a. 腐壞, 잡병ᄀᆞ치썩ᄂᆞᆫ.

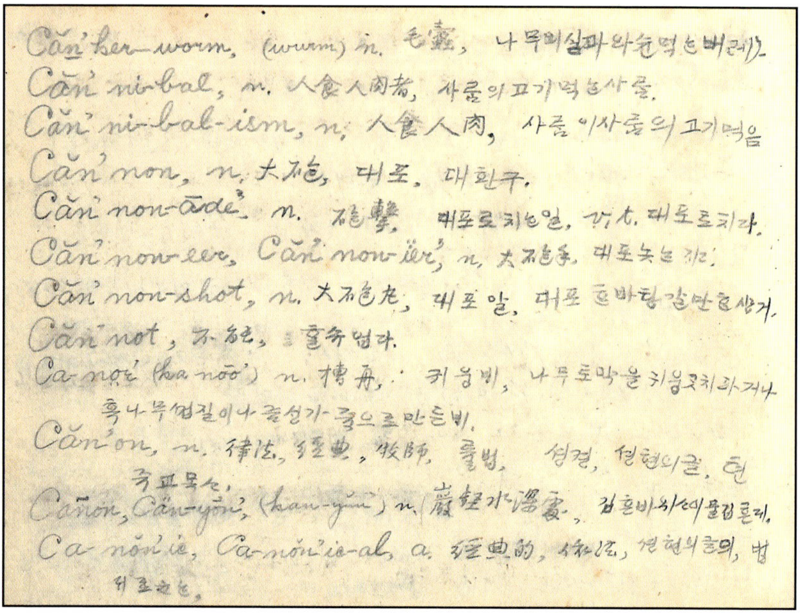
Căn'ker-worm, (wurm) n. 毛蟲, 나무의실과와순먹는버레).
Căn'ni-bal, n. 人食人肉者, 사룸의고기먹는사룸.
Căn'ni-bal-ism, n. 人食人肉, 사룸이사룸의고기먹음
Căn'non, n. 大砲, 대포. 대환구.
Căn'non-āde' n. 砲擊, 대포로치는일, v.t. 대포로치다.
Căn'non-eer, Căn'non-ier', n. 大砲手, 대포놋는자.
Căn'non-shot, n. 大砲丸, 대포알, 대포ᄒᆞᆫ바탕갈만ᄒᆞᆫ상거.
Căn'not, 不能, ᄒᆞᆯ수업다.
Ca-noe' (ka-noō') n. 樗舟, 키움비, 나무토막을키움ᄀᆞᆺ치파거나 혹나무껍질이나풀섭가죽으로만든비.
Căn'on, n. 律法, 經典, 牧師, 률법, 셩경, 셩현의글, 현 주교목ᄉᆞ,
Cañon, Căn'yon', (kan-yŭn) n. 巖壁水溜處, 깁흔바위ᄉᆡ이물깁흔데.
Ca-nŏn'ic, Ca-nŏn'ic-al, a. 經典的, 依法, 셩현의글의, 법 되로ᄒᆞᄂᆞᆫ.

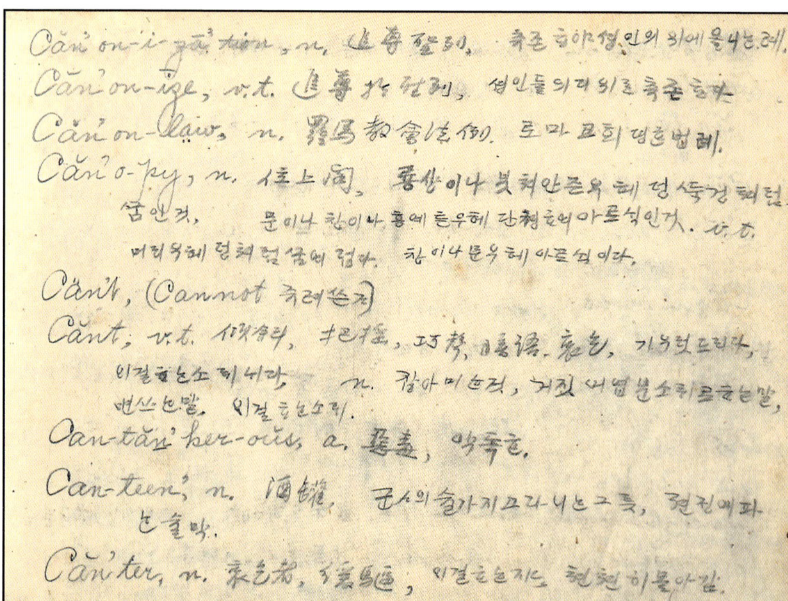
Căn'on-i-za'tion, n. 追尊聖列, 추존ᄒᆞ야셩인의위에올니ᄂᆞᆫ례.
Căn'on-ize, v.t. 追尊於聖列, 셩인들의자리로추존ᄒᆞ다.
Căn'on-law, n. 羅馬敎會法例. 로마교회뎡ᄒᆞᆫ법례.
Căn'o-py, n. 御上閣, 룡상이나븍쳐안ᄂᆞᆫ우헤덥ᄉᆞ듯ᄀᆞᆺ치덥게 삼은것, 문이나창이나흠예ᄂᆞᆫ우헤단청ᄒᆞ야아로삭인것. v.t. 머리우헤덥게덥게삼어덥다, 창이나문우헤아로삭이다.
Căn't, (Cannot 축려쓰지)
Cănt, v.t. 假作聲, 哀怜, 巧葉, 偽語, 哀乞, 기우럿드리다, 의걸ᄒᆞᄂᆞᆫ소ᄅᆡᄂᆡ다, n. 참아미ᄉᆞᆫ것, 거짓너엽븐소ᄅᆡ로ᄒᆞᄂᆞᆫ말, 변ᄉᆞᄂᆞᆫ말. 의걸ᄒᆞᄂᆞᆫ소ᄅᆡ.
Can-tăn'ker-ous, a. 惡毒, 악독ᄒᆞᆫ.
Can-teen', n. 酒罐, 군ᄉᆞ의술가지고다니ᄂᆞᆫ그릇, 진영에파 ᄂᆞᆫ술막.
Căn'ter, n. 哀乞者, 緩馬走, 의걸ᄒᆞᄂᆞᆫ자, 현현히몰아감.

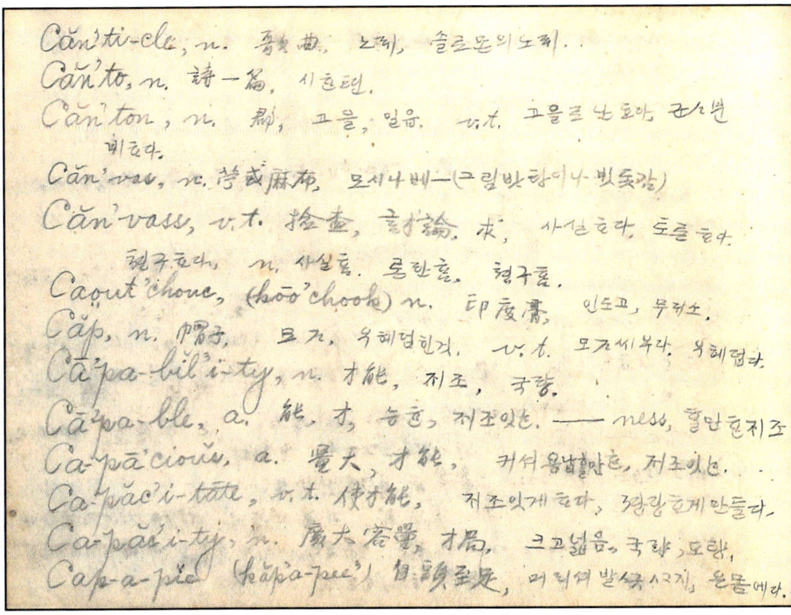

Căn'ti-cle, n. 頌歌曲, 노래, 솔로몬의노래.
Căn'to, n. 詩一篇, 시흔편.
Căn'ton, n. 郡, 고을, 일읍. v.t. 고을로난호아 군ㅅ분
비흐다.
Căn'vas, n. 苧或麻布, 모시나베—(그림박탕이나 빗좃감)
Căn'vass, v.t. 搜查, 討論, 求, 사실흐다, 토론흐다.
청구흐다, n. 사실흠. 론란흠. 청구흠.
Caout'chouc, (kōō'chook) n. 印度膠, 인도고, 무리소.
Căp, n. 帽子, 모자, 웃헤덥흔것. v.t. 모자씨우다. 웃헤덥다.
Cā'pa-bil'i-ty, n. 才能, 지조, 국량.
Cā'pa-ble, a. 能, 才, 능흔, 지조잇는. —— ness, 놀만흔지조.
Ca-pā'cious, a. 量大, 才能, 커서용납흘만흔, 지조잇는.
Ca-păc'i-tate, v.t. 使才能, 지조잇게흐다, 3량강흔게만들다.
Ca-păc'i-ty, n. 廣大容量, 才局, 크고넓음, 국량, 모량,
Cap-a-pie (kăp'a-pee') 自頭至足, 머리서발ㅅ긋ㅅ지, 온몸에다.

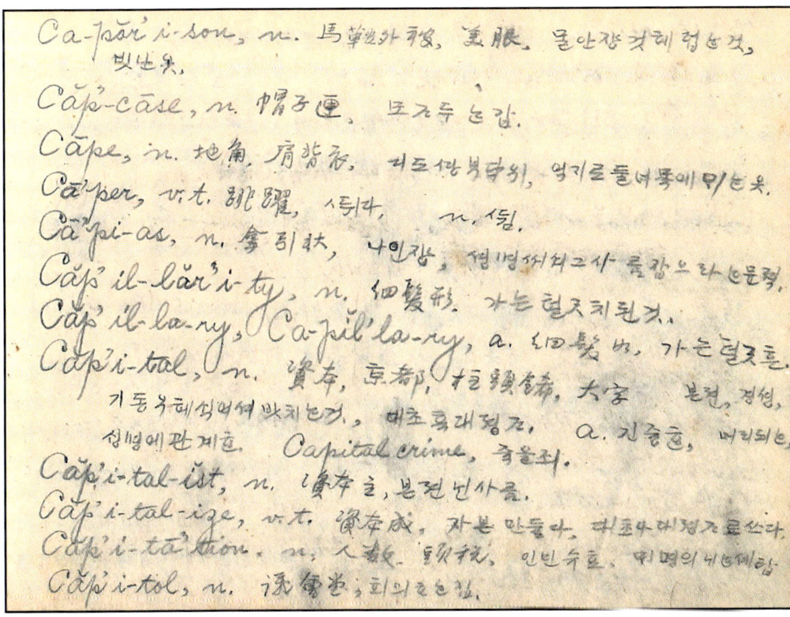

Ca-păr'i-son, n. 馬鞍外被, 盛服. 물안장것헤덥는것,
빗난옷.
Căp-cāse, n. 帽子匣, 모자두는갑.
Cāpe, n. 地角, 肩背衣, 지도상북단쇠, 엇기로둘녀목에미는옷.
Cā'per, v.t. 跳躍, ㅅ뒤다, n. ㅅ뒴.
Cā'pi-as, n. 拿引状, 나인장, 법ㅣ명셔리그사룸잡으라는문적,
Căp'il-lăr'i-ty, n. 細髮形, 가는털ㅅ치된것.
Căp'il-la-ry, Ca-pĭl'la-ry, a. 細髮的, 가는털ㅅ흔.
Căp'i-tal, n. 資本, 京都, 柱頭飾, 大字 본젼, 경셩,
기동웃헤식여셔빗치는것, 머초롤대졍자, a. 긴즁흔, 머리되는,
성명에관계흔. Capital crime, 죽을죄.
Căp'i-tal-ĭst, n. 資本主, 본젼닛사룸.
Căp'i-tal-ize, v.t. 資本成, 자본만들다, 머초나대졍자로쓰다.
Căp'i-tā'tion, n. 人數. 頭稅, 인빈슈효, 미명의내는세랍
Căp'i-tol, n. 議會堂, 회의흐는집.

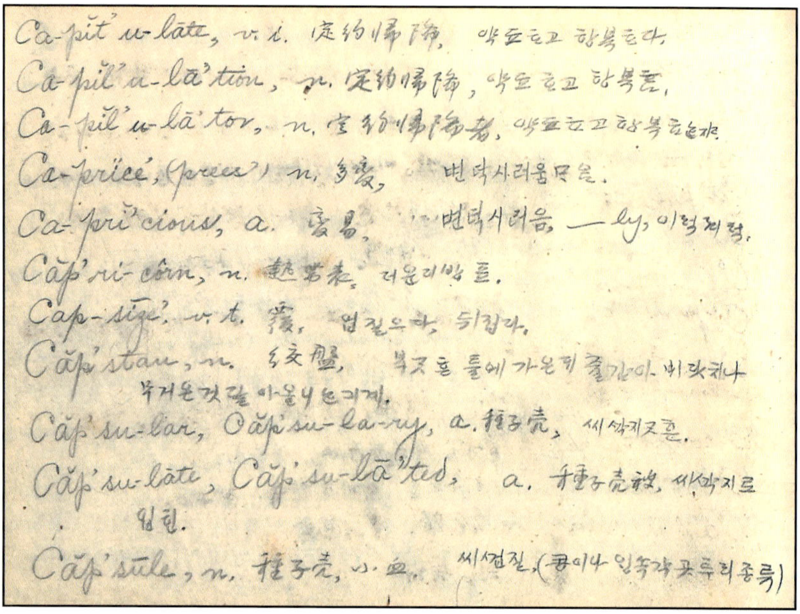

Ca-pit'u-lāte, v.i. 定約歸降, 약됴ᄒᆞ고 항복ᄒᆞ다.
Ca-pit'u-lā'tion, n. 定約歸降, 약됴ᄒᆞ고 항복ᄒᆞᆷ.
Ca-pit'u-lā'tor, n. 定約歸降者, 약됴ᄒᆞ고 항복ᄒᆞᄂᆞᆫ자.
Ca-price', (prees') n. 多變, 변덕스러움 ᄆᆞ음.
Ca-pri'cious, a. 變易, 변덕스러음, —ly, 이럭저럭.
Căp'ri-côrn, n. 越冬表, 더운디방 표.
Cap-size', v.t. 覆, 엽질으다, 뒤집다.
Căp'stan, n. 絞盤, 복ᄀᆞᆫ 틀에 가온ᄃᆡ 줄감아 ᄇᆡ닷ᄏᆡ나 무거운것을 이올니ᄂᆞᆫ 긔계.
Căp'su-lar, Căp'su-la-ry, a. 種子殼, 씨ᄭᅥᆸ지ᄀᆞᆺᄒᆞᆫ.
Căp'su-lāte, Căp'su-lā'ted, a. 種子殼被, 씨ᄭᅥᆸ지로 입힌.
Căp'sūle, n. 種子殼, 小血, 씨ᄭᅥᆸ질, (콩이나 일속각곳들의 종류)

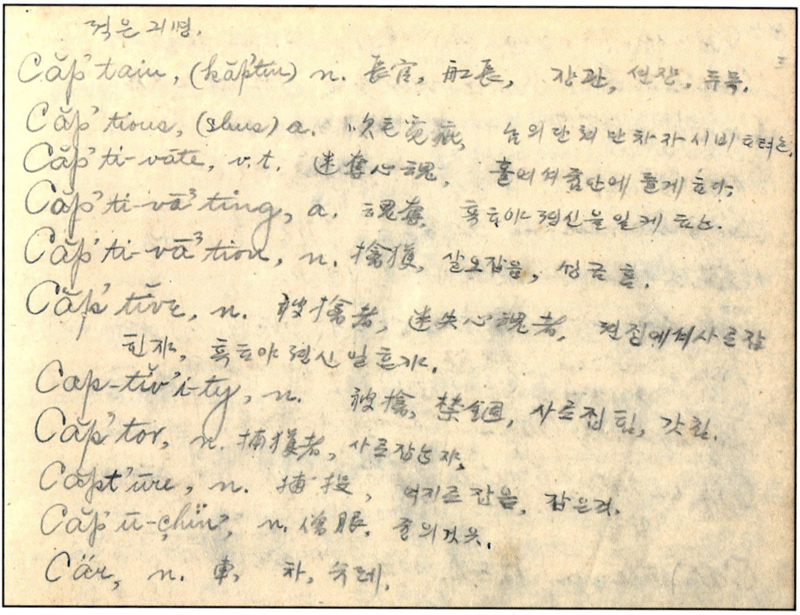

적은 긔명.
Căp'tain, (kăptin) n. 長官, 船長, 장관, 션쟝, 두목.
Căp'tious, (shus) a. 吹毛覓疵, 술의 단처만 차자 시비ᄒᆞ려ᄂᆞᆫ.
Căp'ti-vāte, v.t. 迷奪心魂, 홀여셔 졍신에 들게 ᄒᆞ야.
Căp'ti-vā'ting, a. 魂奪, 혹ᄒᆞ이ᄂᆞ 졍신을 일케 ᄒᆞᄂᆞᆫ.
Căp'ti-vā'tion, n. 擒獲, 산오잡음, 싱금ᄒᆞᆷ.
Căp'tĭve, n. 被擒者, 迷失心魂者, 젼장에셔 사로잡힌자, 혹ᄒᆞ야 졍신 일ᄒᆞᆫ자.
Cap-tĭv'i-ty, n. 被擒, 禁錮, 사로잡힘, 갓침.
Căp'tor, n. 捕獲者, 사로잡ᄂᆞᆫ자.
Căpt'ūre, n. 捕獲, 억지로 잡음, 잡은것.
Căp'ū-chin', n. 僧服, 즁의갓옷.
Cär, n. 車, 차, 수레.

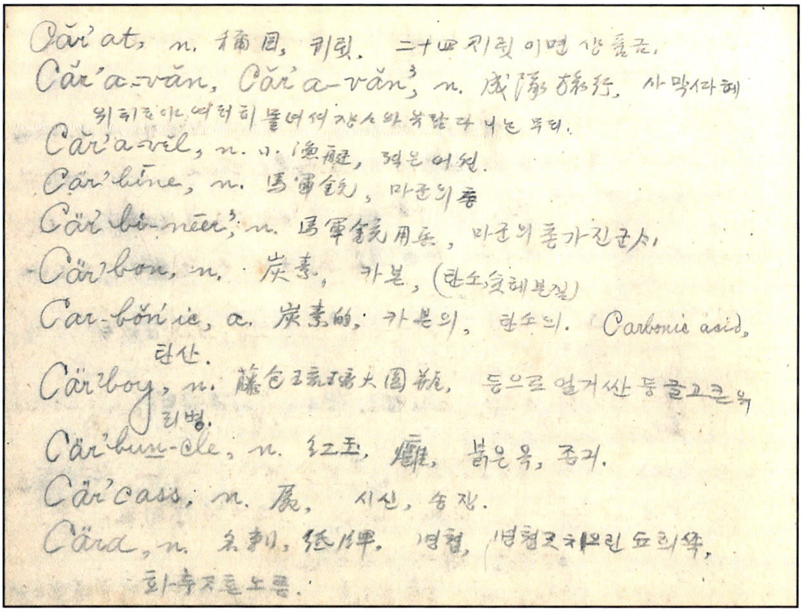

Căr'at, n. 稱目, 캐럿. 二十四지릿이면 상품금.
Căr'a-văn, Căr'a-văn', n. 成隊旅行, 사막지대에 위험ᄒᆞᆫ 여러히 뭉쳐서 장사와 순례 다니는 무리.
Căr'a-vĕl, n. ㄱ. 漁艇, 적은 어선.
Căr'bīne, n. 馬軍銃, 마군의 총
Căr'bi-nēer', n. 馬軍銃用兵, 마군의 총가진 군ᄉᆞ.
Căr'bon, n. 炭素, 카본, (탄소, 원체본질)
Car-bŏn'ic, a. 炭素的, 카본의, 탄소의. Carbonic asid, 탄산.
Căr'boy, n. 藤包玻璃大圓瓶, 등으로 얽어싼 둥글고 큰 유리병.
Căr'bun-cle, n. 紅玉, 癰, 붉은 옥, 종기.
Căr'cass, n. 屍, 시신, 송장.
Cärd, n. 名刺, 紙牌. 명첩, 명첩 같이 모린 쇼희쪽, 화투 같은 노름.

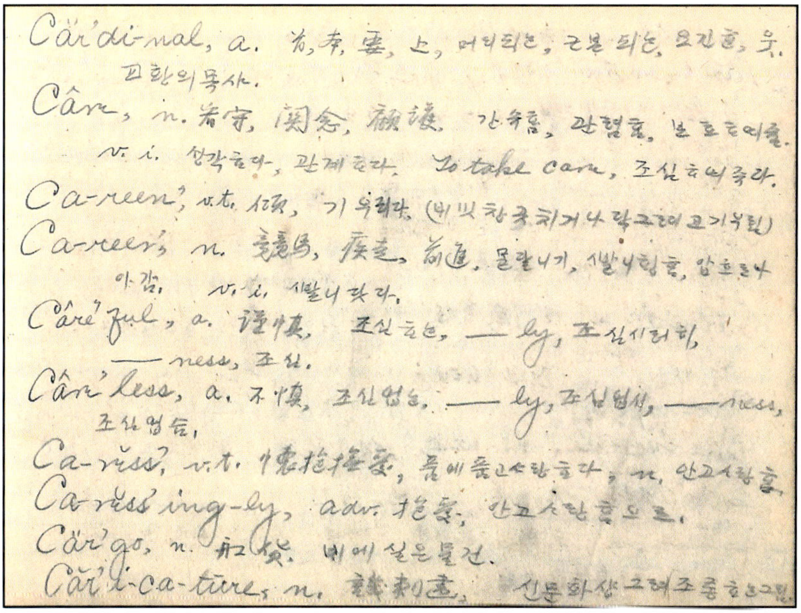

Căr'di-nal, a. 首, 本, 要, 上, 머리되는, 근본되는, 요긴ᄒᆞᆫ, 웃. 교황의 목사.
Câre, n. 看守, 關念, 顧護, 간슈홈, 관렴홈, 보호ᄒᆞᄂᆞᆫ 마음. v. i. 생각ᄒᆞ다, 관계ᄒᆞ다. To take care, 조심ᄒᆞ여 주다.
Ca-reen', v.t. 傾, 기울리다 (배 밑창 긁히거나 닥고려고 기울림)
Ca-reer', n. 競馬, 疾走, 前進, 몰달니기, 시발니림홈, 압흐로 나아감. v.i. 시발니 닥다.
Câre'ful, a. 謹愼, 조심ᄒᆞᄂᆞᆫ, —ly, 조심스러히, —ness, 조심.
Câre'less, a. 不愼, 조심없ᄂᆞᆫ. —ly, 조심없시, —ness, 조심없슴.
Ca-ress', v.t. 懷抱撫愛, 품에 품고 ᄉᆞ랑ᄒᆞ다, n. 안고 ᄉᆞ랑홈.
Ca-ress'ing-ly, adv. 抱愛, 안고 ᄉᆞ랑홈으로.
Căr'go, n. 船貨. 배에 실은 물건.
Căr'i-ca-ture, n. 諷刺畫, 신문 화상 그려 조롱ᄒᆞᄂᆞᆫ 그림.

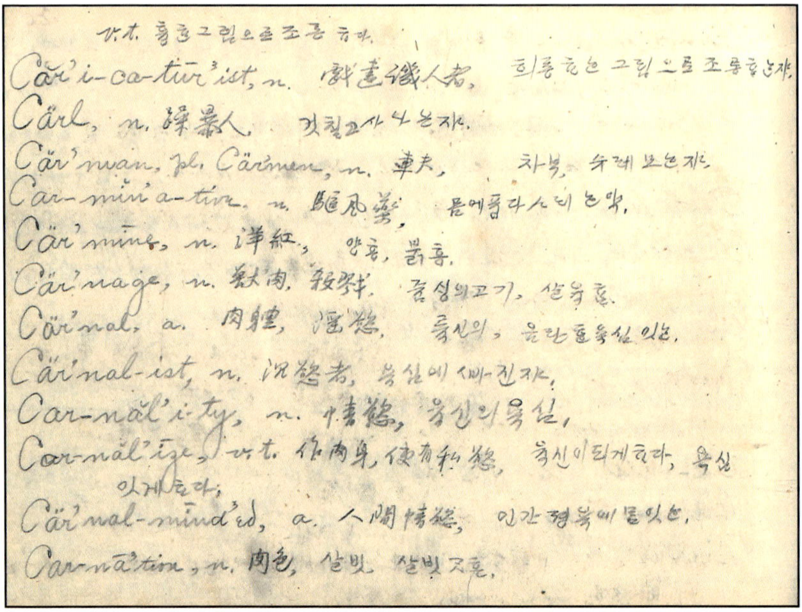

v.t. 흉ᄒᆞᆫ그림으로 조롱ᄒᆞ다.
Căr'i-ca-tūr'ist, n. 戲畫譏人者, 희롱ᄒᆞᄂᆞᆫ 그림으로 조롱ᄒᆞᄂᆞᆫ자.
Cärl, n. 躁暴人. 거칠고 사나운자.
Cär'man, pl. Cärmen, n. 車夫, 차부, 수레 모ᄂᆞᆫ자.
Car-min'a-tive. n. 驅風藥, 몸에 풍 다ᄉᆞ리ᄂᆞᆫ 약.
Cär'mine, n. 洋紅, 양홍, 붉홍.
Cär'nage, n. 獸肉, 殺戮. 즘ᄉᆡᆼ의 고기, 살육ᄒᆞᆷ.
Cär'nal, a. 肉體, 淫慾, 육신의, 음란ᄒᆞᆫ 욕심 잇ᄂᆞᆫ.
Cär'nal-ist, n. 沉慾者, 욕심에 ᄲᅡ진자.
Car-năl'i-ty, n. 情慾, 육신의 욕심,
Car-năl'ize, v.t. 作肉身, 使有私慾, 육신이 되게ᄒᆞ다, 욕심 잇게ᄒᆞ다,
Cär'nal-mīnd'ed, a. 人間情慾, 인간 정욕에 뜻잇ᄂᆞᆫ.
Car-nā'tion, n. 肉色, 살빗, 살빗ᄀᆞᆺᄒᆞᆫ.

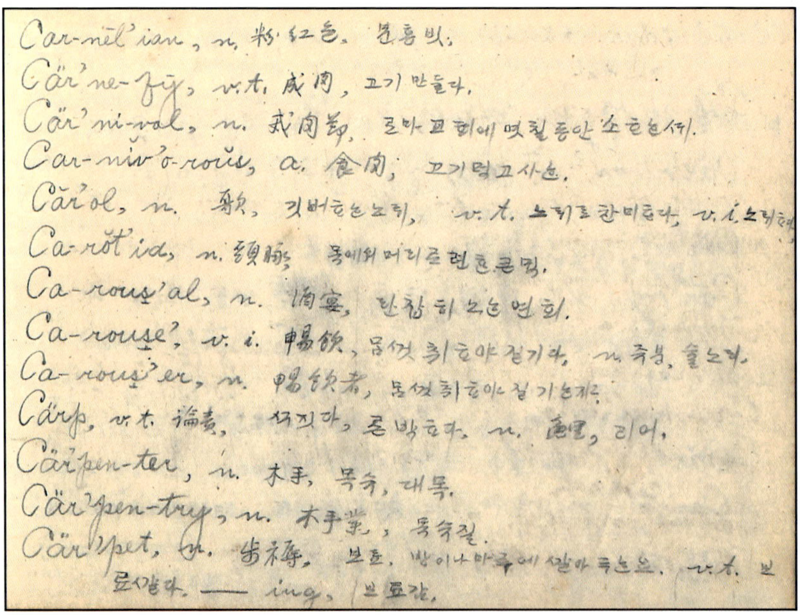

Car-nēl'ian, n. 粉紅色, 분홍빗;
Cär'ne-fy, v.t. 成肉, 고기 만들다.
Cär'ni-val, n. 戒肉節, 로마교회에 몃칠동안 소ᄒᆞᄂᆞᆫ셰.
Car-nĭv'o-rous, a. 食肉; 고기 먹고사ᄂᆞᆫ.
Căr'ol, n. 歌, 깃버ᄒᆞᄂᆞᆫ 노릭, v.t. 노릭로 찬미ᄒᆞ다, v.i. 노릭ᄒᆞ
Ca-rŏt'id, n. 頸脈, 목에서 머리로 련ᄒᆞᆫ 큰 ᄆᆡᆨ.
Ca-rous'al, n. 酒宴, 난잡히 노ᄂᆞᆫ 연회.
Ca-rouse', v.i. 暢飮, 몹시 취ᄒᆞ야 질기다, n. 축배, 술노리.
Ca-rous'er, n. 暢飮者, 몹시 취ᄒᆞ야 질기ᄂᆞᆫ자.
Cärp, v.t. 論責, 사ᄭᅵ다, 론박ᄒᆞ다. n. 鯉魚, 리어.
Cär'pen-ter, n. 木手, 목수, 대목.
Cär'pen-try, n. 木手業, 목수질.
Cär'pet, n. 步褥, 보료, 방이나 마루에 ᄭᆞ라 두ᄂᆞᆫ요. v.t. 보료ᄭᆞᆯ다. —— ing, 보료감.

Căr'riage, (kăr'rij) n. 運搬, 馬車, 行動, 실어옴기는일. 차, 마차, 힝동.

Căr'ri-er, n. 運搬者, 擔夫, 실어옴기는자, 쉬는것. 짐군, 가지고가는자.

Căr'ri-on, n. 臭屍, 腐肉, 냄시나는시신, 썩는살. a. 살썩는, 고기먹고사는.

Căr'rot, n. 紅蘿蔔, 붉은무종류.

Căr'ry, v.t. 運搬, 擔荷, 擄, 推, 包含, 옴기다, 메다, 들다, 싣다, 밀다, 속에넛타, To carry off, 죽이다, To carry on, 힘ᄒᆞ여가다, 연속ᄒᆞ다, To carry out, 보젼ᄒᆞ다, 실시ᄒᆞ다, To carry through, 시종지키다.

Cärt, n. 二輪運車, 두박회만들어 물건싯는차, —er, 차모는자.

Car-tel' n. 兩戰國互換俘虜之約, 전장에셔두나라히피차 사로잡은군사 밧고자는약됴.

Căr'ti-lage, n. 軟骨, 연ᄒᆞᆫ뼈, (속이묽고연ᄒᆞ여먹을만ᄒᆞᆫ뼈니 코속에잇는것과 외)

Car-tog'ra-phy, n. 地圖繪畫術, 디도그리는법.

Căr'ton, n. 厚紙, 두터히ᄒᆞ여널판조흔조희, 두터운벽지로만든궤.

Car-toon', n. 畫圖型, 치쉭입힌도형.

Car-touch', (tootch) n. 火藥筒, 화약통.

Căr'tridge, n. 含藥彈殼, 카트리지 (화약든탄알껍질)

Cärt'way, n. 車路, 차다니는길.

Cärt'wright, (rit) n. 車匠, 수레만드는장인.

Căr'un-cle, n. 雞冠, 닭의볏.

Cärve, v.t. 雕刻, 싁이다, v.i. 싁임질ᄒᆞ다.

Cärv'er, n. 雕刻工, 싁임장이.

Cärv'ing, a. 雕刻, 싁이는.

Cas-cāde', n. 瀑布, 폭포슈.

Cāse, n. 套, 匣, 櫃, 箱, 事件, 關係, 싸우는껍질, 곽, 갑, 궤

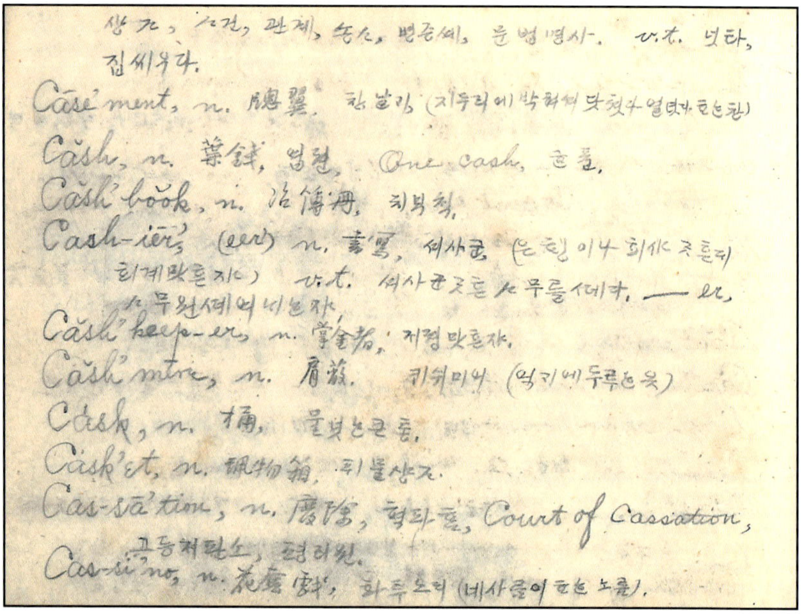

상자, 사건, 관계, 송사, 변론씨, 문법 명사. v.t. 넣다, 집씨우다.

Case'ment, n. 牕翼. 창날개 (지두리에 박혀서 닫쳤다 열었다 하는 창)

Cash, n. 葉錢, 엽전. One cash, 한 푼.

Cash'book, n. 治簿冊, 치부책.

Cash-ier, (eer) n. 書寫, 서사군 (은행이나 회사 같은데 회계 맡은 자) v.t. 서사군 같은 사무를 떼이다. — er, 사무 원세에서 내는 자,

Cash'keep-er, n. 掌金者, 재정 맡은 자.

Cash'mere, n. 肩毯. 캐쉬미어 (억개에 두르는 옷)

Cask, n. 桶, 물 넣는 큰 통.

Cask'et, n. 珮物箱, 패물상자.

Cas-sa'tion, n. 廢除, 혁파함, Court of Cassation, 고등재판소, 평리원.

Cas-si'no, n. 花鬪戲, 화투노리 (네 사람이 하는 노름).

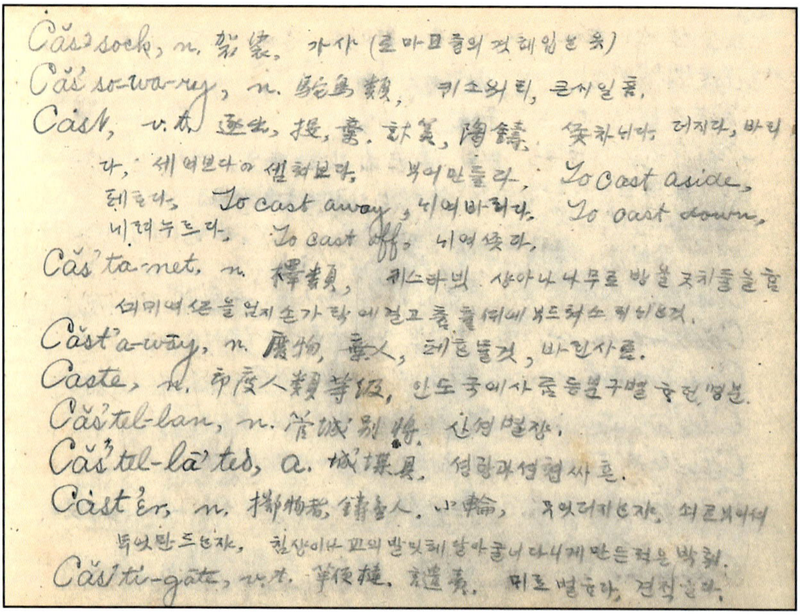

Cas'sock, n. 袈裟, 가사 (로마교 중의 겉에 입는 옷)

Cas'so-wa-ry, n. 駝鳥類, 카소워리, 큰 새 일종.

Cast, v.t. 逐出, 投, 棄, 計算, 陶鑄. 쫓아내다, 던지다, 버리다, 세어보다 or 셈쳐보다, 부어 만들다, To cast aside, 폐하다, To cast away, 내어버리다. To cast down, 내려누르다. To cast off, 내어쫓다.

Cas'ta-net, n. 響板, 캐스타넷 상아나 나무로 방울 같이 둥글게 만든 것을 손가락에 걸고 춤출 때에 부딪쳐 소리 내는 것.

Cast'a-way, n. 廢物, 棄人, 폐한 물건, 버린 사람.

Caste, n. 印度人類等級, 인도국에 사람들 분구별한 명분.

Cas'tel-lan, n. 管城別將, 산성별장.

Cas'tel-la'ted, a. 城堞具. 성랑과 성첩 있는.

Cast'er, n. 擲物者, 鑄金人, 小輪, 무엇 던지는 자, 쇠로 부어서 무엇 만드는 자, 침상이나 교의 발 밑에 달아 굴러 다니게 만든 적은 박퀴.

Cas'ti-gate, v.t. 笞鞭撻, 譴責. 매로 벌하다, 견책하다.

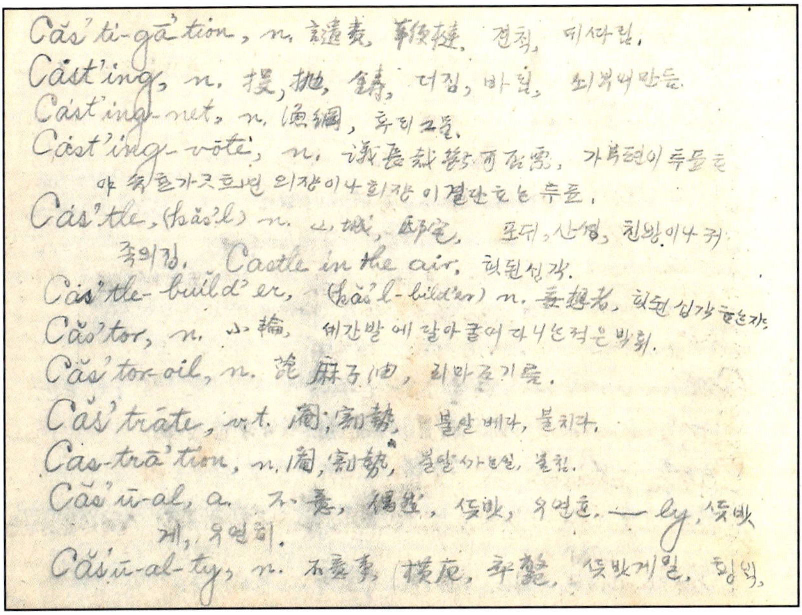

Căs'ti-gā'tion, n. 譴責, 鞭撻, 견척, 때다림.
Cȧst'ing, n. 投, 抛, 鑄, 더짐, 바림, 쇠부어만듬.
Cȧst'ing-net, n. 漁網, 후리그물.
Cȧst'ing-vōte, n. 議長裁決可否票, 가부편이 투등ᄒᆞ야 쇽ᄒᆞᆫ가지ᄒᆞ면 의장이나 회장이 결단ᄒᆞᄂᆞᆫ 투표.
Cȧs'tle, (kȧs'l) n. 山城, 邸宅, 포대, 산셩, 친왕이나 귀족의집. Castle in the air. 헛된성각.
Cȧs'tle-build'er, (kȧs'l-bild'er) n. 妄想者, 헛된 싱각ᄒᆞᄂᆞᆫ자.
Căs'tor, n. 小輪, 책상발에 달아굴여다니ᄂᆞᆫ적은박휘.
Căs'tor-oil, n. 蓖麻子油, 피마즈기름.
Căs'trāte, v.t. 閹, 割勢, 불알베다, 불치다.
Cas-trā'tion, n. 閹, 割勢, 불알사ᄂᆞᆫ일, 불침.
Căs'ū-al, a. 不意, 偶然, 뜻밧, 우연ᄒᆞᆫ. —ly, 뜻밧게, 우연히.
Căs'ū-al-ty, n. 不意事, 橫死, 卒變, 뜻밧게일, 횡ᄉᆞ,

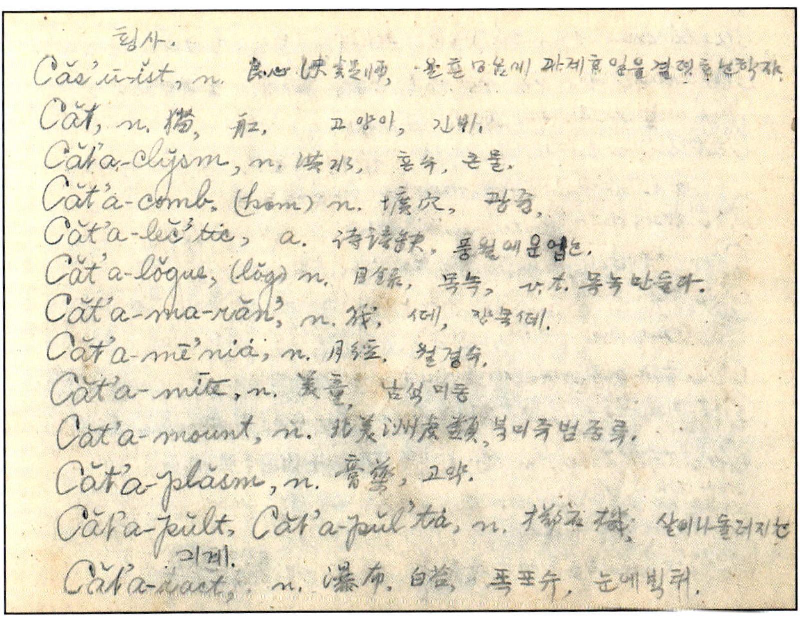

횡사.
Căs'ū-ist, n. 良心決疑師, 올ᄒᆞᆫ마음에 관계ᄒᆞᆫ일을 결뎡ᄒᆞᄂᆞᆫ학자.
Căt, n. 猫, 舡, 고양이, 거비.
Căt'a-clysm, n. 洪水, 홍슈, 큰물.
Căt'a-comb, (kōm) n. 壙穴, 광혈.
Căt'a-lĕc'tic, a. 詩韻缺, 풍월에운업ᄂᆞᆫ.
Căt'a-lŏgue, (lŏg) n. 目錄, 목녹, v.t. 목녹만들다.
Căt'a-ma-răn', n. 筏, 떼, 장목떼.
Căt'a-mē'niȧ, n. 月經, 월경슈.
Căt'a-mīte, n. 美童, 남석미동
Căt'a-mount, n. 北美洲虎類, 북미쥬범종류.
Căt'a-plăsm, n. 膏藥, 고약.
Căt'a-pult, Căt'a-pul'tȧ, n. 擲石機, 살이나돌던지ᄂᆞᆫ 기계.
Căt'a-ract, n. 瀑布, 白瞖, 폭포슈, 눈에빅ᄎᆡ.

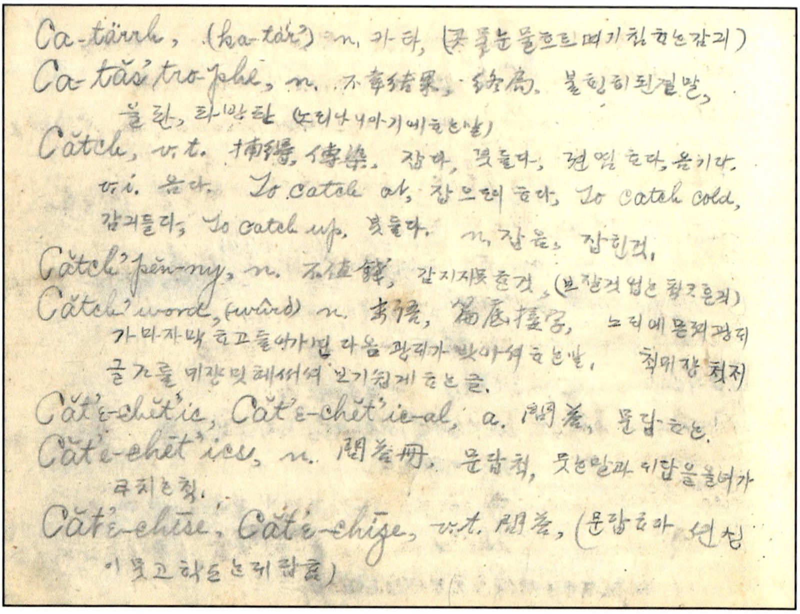

Ca-tärrh, (ka-tär) n. 카타, (코풀눈물흐르며기침ᄒᆞᄂᆞᆫ감긔)
Ca-tăs'tro-phe, n. 不幸結果, 終局. 불힝히된결말, 물란, 파란 (노릐나 니야기에ᄒᆞᄂᆞᆫ말)
Cătch, v.t. 捕縛, 傳染. 잡다, 걸들다, 젼염ᄒᆞ다, 옮기다. v.i. 옮다. To catch at, 잡으려ᄒᆞ다, To catch cold, 감긔들다, To catch up, 붓들다. n. 잡음, 잡힌것.
Cătch'pĕn-ny, n. 不値錢, 갑지지못ᄒᆞᆫ것, (쓰잘것업ᄂᆞᆫ활ᄏᆞ흔것)
Cătch'word, (wûrd) n. 韻語, 篇底接字, 노릐에몬져광릐가미자막ᄒᆞ고들어가면다음광릐가밧아셔ᄒᆞᄂᆞᆫ말, 칙미장첫저글ᄌᆞ를미쟝밋헤써셔보기쉽게ᄒᆞᄂᆞᆫ글.
Căt'e-chĕt'ic, Căt'e-chĕt'ic-al, a. 問答, 문답ᄒᆞᄂᆞᆫ.
Căt'e-chĕt'ics, n. 問答冊, 문답칙, 뭇ᄂᆞᆫ말과ᄃᆡ답을늘어가ᄅᆞ치ᄂᆞᆫ칙.
Căt'e-chise, Căt'e-chize, v.t. 問答, (문답ᄒᆞ야 션싱이뭇고학ᄉᆡᆼᄃᆡ답ᄒᆞ)

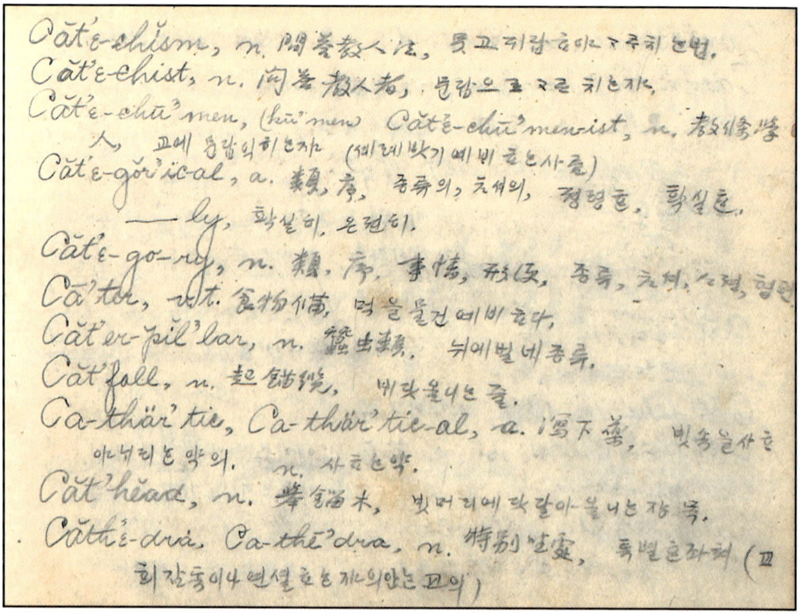

Căt'e-chĭsm, n. 問答敎人法, 뭇고ᄃᆡ답ᄒᆞ야ᄀᆞᄅᆞ치ᄂᆞᆫ법.
Căt'e-chist, n. 問答敎人者, 문답으로ᄀᆞᄅᆞ치ᄂᆞᆫ자,
Căt'e-chū'men, (kū'men) Căt'e-chū'men-ist, n. 敎備學人, 교에문답익히ᄂᆞᆫ자 (셰례밧기예비ᄒᆞᄂᆞᆫ사ᄅᆞᆷ)
Căt'e-gŏr'ic-al, a. 類, 序, 종류의, 츠셔의, 졍명ᄒᆞᆫ, 확실ᄒᆞᆫ.
—ly, 확실히, 온젼히.
Căt'e-go-ry, n. 類, 序, 事情, 形便, 종류, 츠셔, 스졍, 형편
Cā'ter, v.t. 食物備, 먹을물건예비ᄒᆞ다,
Căt'er-pĭl'lar, n. 蠶虫類, 누에벌네종류.
Căt'fall, n. 起錨纜, 비닷올니ᄂᆞᆫ줄.
Ca-thär'tic, Ca-thär'tic-al, a. 瀉下藥, 빗속을사ᄒᆞ야나리ᄂᆞᆫ약의. n. 사ᄒᆞᄂᆞᆫ약.
Căt'hĕad, n. 掛錨木, 빗머리에ᄃᆞᆯ아올니ᄂᆞᆫ장목.
Căth'e-dra, Ca-thē'dra, n. 特別坐處, 특별ᄒᆞᆫ좌처 (교회감독이나연셜ᄒᆞᄂᆞᆫ자의안ᄂᆞᆫ교의)

Ca-thē'dral, n. 首禮拜堂, 웃듬례비당. a. 웃듬되는.
Căth'e-ter, n. 導尿管, 오즘나오는신경.
Căth'o-lic, a. 通用, 天主敎, 통용ᄒᆞᆫ — 넉넉히다ᄒᆞᄂᆞᆫ.
Catholic church, 텬쥬교. n. 텬쥬교인.
Ca-thŏl'i-cism, n. 通用, 統基督敎信心, 羅馬敎信心, 廣大, 통용ᄒᆞᆷ, 온세상이라ᄒᆞᆷ, 그리스도교회의 통히믿음, 로마교의 믿음. 넙으럽고큰ᄉᆞ랑.
Căt'kin, n. 葇. 쏫곳흔거시너ᄅᆞ들기지밤소곰 참나무느ᄌᆞ럼이종류다.
Căt'like, a. 猫如, 고양이갓흔.
Căt'tle, (kăt'tl) pl. n. 家畜, 집에기르ᄂᆞᆫ네발가진즘싱.
Căt'tle-show, n. 家畜會, 집에기르ᄂᆞᆫ네발가진즘싱들의 박남회.
Căt'ty, n. 斤, 근. (저울)

Cau-cā'sian, a. 白人種的, 코키시아의, 빅인죵의. n. 빅인.
Cau'cus, n. 候補者選定會, 정치상회의를 위원을 될만ᄒᆞᆫ사ᄅᆞᆷ을 미리 의론ᄒᆞ기 위ᄒᆞ야 모져모히ᄂᆞᆫ 회.
Cau'dle, n. 溫米飮, 술계란셜사탕등속을 섯거 더웁게만들어 병인마시게ᄒᆞᄂᆞᆫ 미음.
Caught, (kawt) (Catch, 지나간말)
Caul, n. 婦人髮網, 부인쪽진머리에 씨-우ᄂᆞᆫ 그믈.
Cau'li-flow'er, n. 白菜類, 비추죵류.
Cause, (kawz) n. 原因, 緣由, 訟事, 근인, 사ᄅᆞᆷ, 연고, 송ᄉᆞᄒᆞᄂᆞᆫ 사건, v.t. 만들다, 나다, 생기게ᄒᆞ다. —— less, ᄉᆞ고업ᄂᆞᆫ.
Cause'way, Cau'sey, n. 高築路. 물이나수렁을인연ᄒᆞ야 놉히싸흔길.
Caus'tic, Caus'tic-al, a. 燒, 腐, 타ᄂᆞᆫ, 석ᄂᆞᆫ, 넉어들어가ᄂᆞᆫ, 쓰다로은.

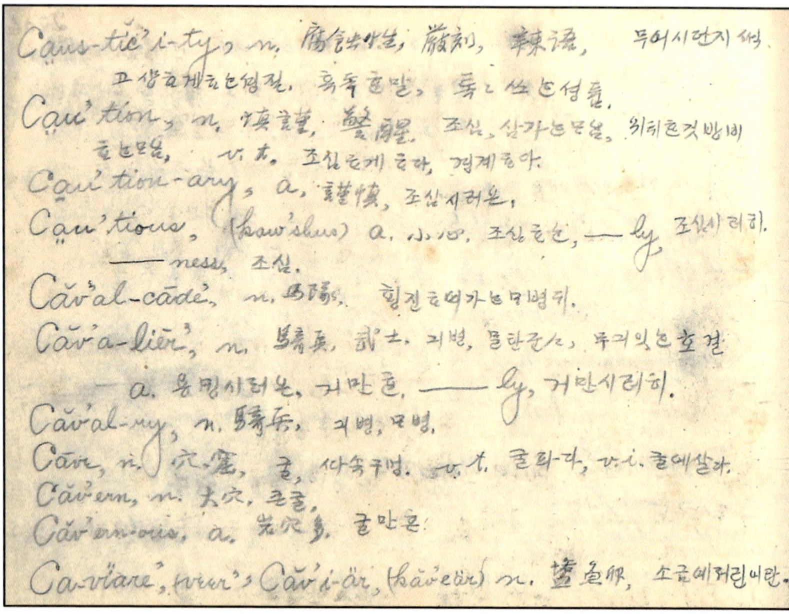
Caus-tic'i-ty, n. 腐蝕性, 嚴刻, 辛辣語, 무어시던지 썩고 상ᄒᆞ게ᄒᆞᄂᆞᆫ셩질, 혹독ᄒᆞᆫ말, 독ᄒᆞᆫ 쓰ᄂᆞᆫ셩품.
Cau'tion, n. 愼謹, 警醒, 조심, 삼가ᄂᆞᆫ모음, 위ᄐᆡᄒᆞᆫ것방비ᄒᆞᄂᆞᆫ모음, v.t. 조심ᄒᆞ게ᄒᆞ다, 경계ᄒᆞ다.
Cau'tion-ary, a. 謹愼, 조심시러온,
Cau'tious, (kaw'shus) a. 小心, 조심ᄒᆞᆫ, —ly, 조심시러히.
—ness, 조심.
Căv'al-cāde', n. 馬隊, 횡진ᄒᆞ여가ᄂᆞᆫ마병ᄃᆡ.
Căv'a-lier', n. 馬兵, 武士, 긔병, 물탄군ᄉᆞ, 두긔잇ᄂᆞᆫ호걸
— a. 용밍시러온, 거만ᄒᆞᆫ, —ly, 거만시러히.
Căv'al-ry, n. 騎兵, 긔병, 마병.
Cāve, n. 穴, 窟, 굴, 산속구멍. v.t. 굴파다, v.i. 굴에살다.
Căv'ern, n. 大穴, 큰굴,
Căv'ern-ous, a. 岩穴多, 굴만흔.
Ca-viare', (veer') Căv'i-är, (kăv'e-ăr) n. 鹽魚卵, 소금에저린어란.

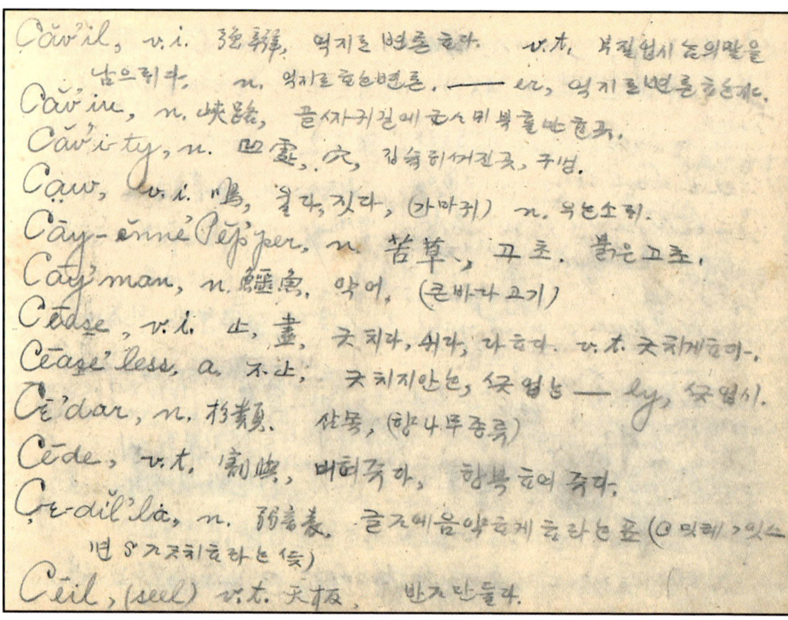
Căv'il, v.i. 強辯, 억지로변론ᄒᆞ다. v.t. 부질업시 남의말을 남으ᄅᆡ다. n. 억지로ᄒᆞᄂᆞᆫ변론. —er, 억지로변론ᄒᆞᄂᆞᆫ자.
Căv'in, n. 峽路, 골ᄶᅡ기길에군ᄉᆞ미복ᄒᆞᆯᄆᆞᆫᄒᆞᆫ곳.
Căv'i-ty, n. 凹處, 穴, 깁숙히ᄭᅥ진곳, 구멍.
Caw, v.i. 鳴, 울다, 짓다, (가마귀) n. 우ᄂᆞᆫ소ᄅᆡ.
Cāy-enne' Pĕp'per, n. 苦草, 고초. 붉은고초.
Cāy'man, n. 鰐魚, 악어, (큰바다고기)
Cēase, v.i. 止, 盡, 긋치다, 쉬다, 다ᄒᆞ다. v.t. 긋치게ᄒᆞ다.
Cēase'less, a. 不止, 긋치지안ᄂᆞᆫ, 쉿업ᄂᆞᆫ —ly, 쉿업시.
Cē'dar, n. 杉類, 삼목, (향나무종류)
Cēde, v.t. 割與, 베혀주다, 항복ᄒᆞ여주다.
Ce-dil'la, n. 弱音表, 글ᄌᆞ에음약ᄒᆞ게ᄒᆞ라ᄂᆞᆫ표(C밋헤 ,잇스면 S가치ᄒᆞ라ᄂᆞᆫ것)
Cēil, (seel) v.t. 天板, 반ᄌᆞ만들다.

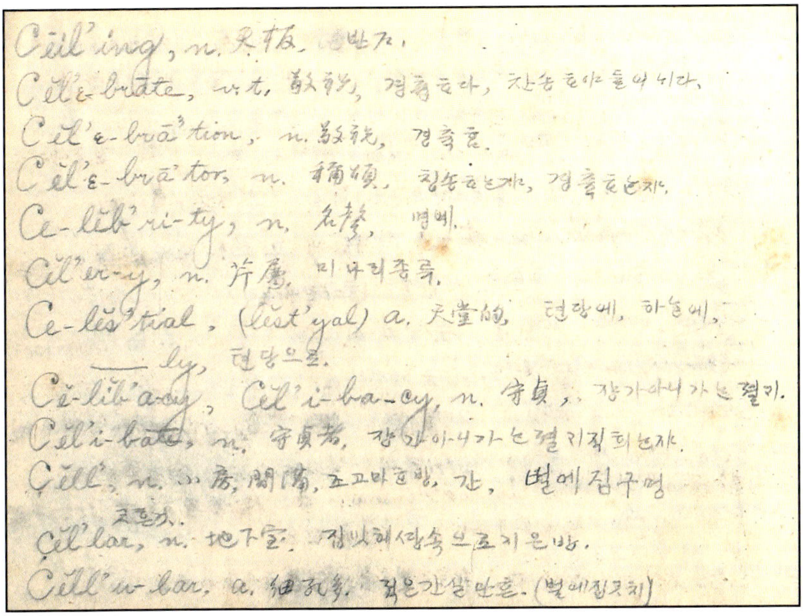

Cēil'ing, n. 天板, 반자.
Cĕl'e-brate, v.t. 敬祝, 경축ᄒᆞ다, 찬송ᄒᆞ야 놀니다.
Cĕl'e-brā'tion, n. 敬祝, 경축ᄒᆞᆷ.
Cĕl'e-brā'tor, n. 稱頌, 칭송ᄒᆞᄂᆞᆫ자, 경축ᄒᆞᄂᆞᆫ자.
Ce-lĕb'ri-ty, n. 名譽, 명예.
Cĕl'er-y, n. 芹屬, 미나리종류.
Ce-lĕs'tial, (lĕst'yal) a. 天堂的, 텬당에, 하ᄂᆞᆯ에,
—— ly, 텬당으로.
Cē-lĭb'a-cy, Cĕl'i-ba-cy, n. 守貞, 장가아니가ᄂᆞᆫ졀ᄀᆡ.
Cĕl'i-bate, n. 守貞者, 장가아니가ᄂᆞᆫ졀ᄀᆡ직히ᄂᆞᆫ자.
Cĕll, n. 小房, 關縮, 조고마ᄒᆞᆫ방, 간, 벌에집구멍
조흔것.
Cĕl'lar, n. 地下室, 집밋헤셔땅속으로지은방.
Cĕll'u-lar, a. 細孔多, 적은간살만흔. (벌에집ᄀᆞᆺ치)

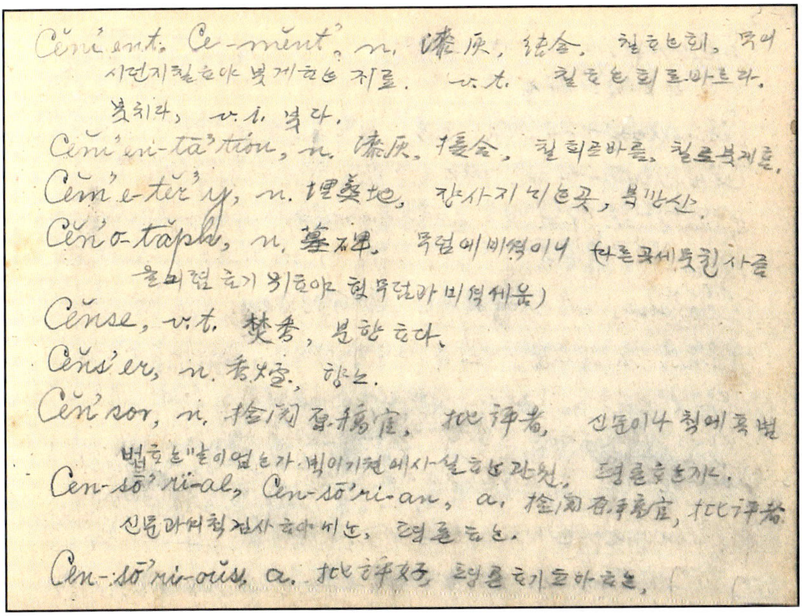

Cĕm'ent, Ce-mĕnt', n. 漆灰, 結合, 칠ᄒᆞᄂᆞᆫ회, 무어
시던지칠ᄒᆞ야 붓게ᄒᆞᄂᆞᆫ 재료. v.t. 칠ᄒᆞᄂᆞᆫ회로바르다,
붓치다, v.i. 붓다.
Cĕm'en-tā'tion, n. 漆灰, 接合, 칠회로바름, 칠로붓게홈.
Cĕm'e-tĕr'y, n. 埋葬地, 장사지내ᄂᆞᆫ곳, 북망산.
Cĕn'o-tăph, n. 墓碑, 무덤에비셕이나 (다른곳셔죽은사ᄅᆞᆷ
을긔렴ᄒᆞ기위ᄒᆞ야 헛무덤과비셕세움)
Cĕnse, v.t. 焚香, 분향ᄒᆞ다.
Cĕns'er, n. 香爐, 향로.
Cĕn'sor, n. 檢閱員, 稿定, 批評者, 신문이나 칙에흑별
별ᄒᆞᄂᆞᆫ"ᄂᆞᆯ이업ᄂᆞᆫ가 빗이기쳔에사실ᄒᆞᄂᆞᆫ관청, 평론ᄒᆞᄂᆞᆫ자.
Cen-sō'ri-al, Cen-sō'ri-an, a. 檢閱員, 稿定, 批評者
신문과여칙검사ᄒᆞ야써ᄂᆞᆫ, 평론ᄒᆞᄂᆞᆫ.
Cen-sō'ri-oŭs, a. 批評好, 평론ᄒᆞ기됴와ᄒᆞᄂᆞᆫ.

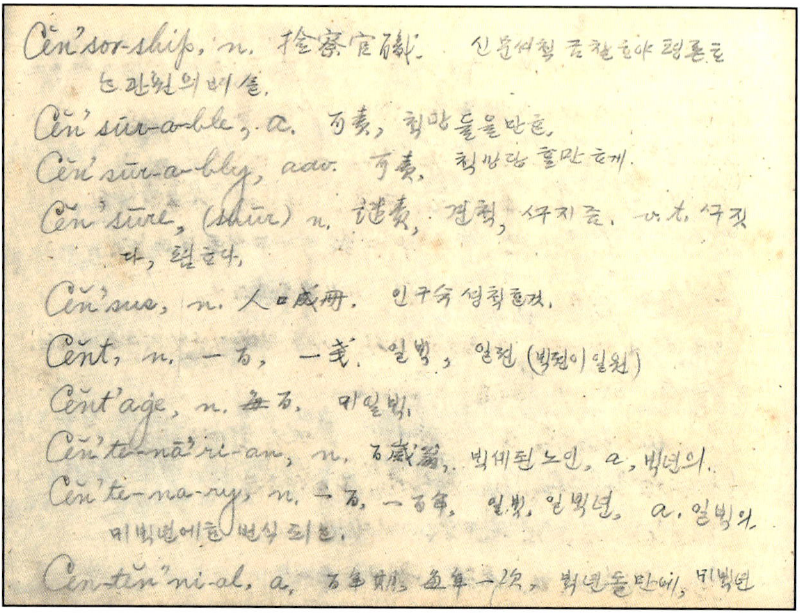

Cĕn'sor-ship, n. 檢察官職. 신문서칙 검찰ᄒᆞ야 평론ᄒᆞ는 관원의 벼슬.
Cĕn'sūr-a-ble, a. 可責, 칙망들을 만ᄒᆞᆫ,
Cĕn'sūr-a-bly, adv. 可責, 칙망당ᄒᆞᆯ만ᄒᆞ게.
Cĕn'sūre, (shūr) n. 譴責, 경칙, 시구지즘. v. t. 시구짓다, 칙ᄒᆞ다,
Cĕn'sus, n. 人口成冊. 인구수 성칙ᄒᆞᆫ것,
Cĕnt, n. 一百, 一錢. 일빅, 일전 (빅젼이 일원)
Cĕnt'age, n. 每百, 미일빅,
Cĕn'te-nā'ri-an, n. 百歲翁, 빅세된 노인, a, 빅년의.
Cĕn'te-na-ry, n. 一百, 一百年, 일빅, 일빅년, a, 일빅의, 미빅년에ᄒᆞᆫ번식 되는.
Cĕn-tĕn'ni-al, a. 百年期, 每年一次, 빅년올만에, 미빅년

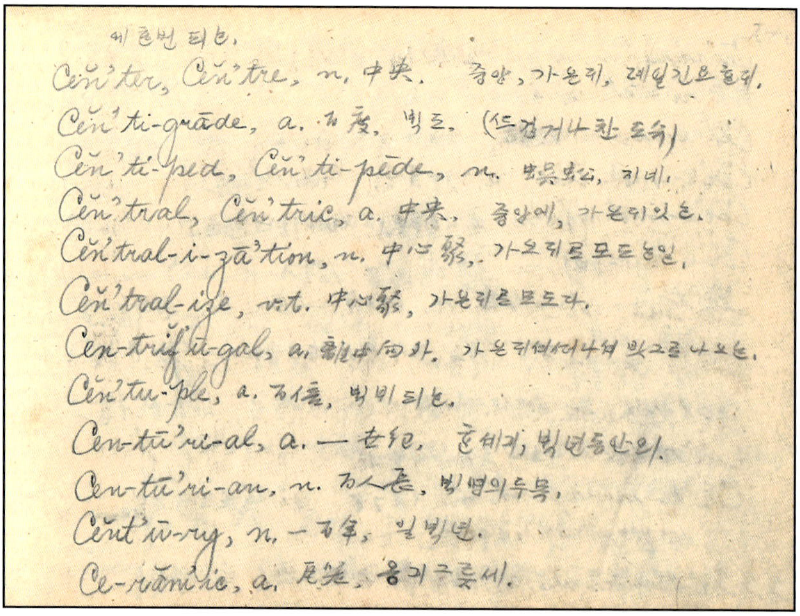

세ᄒᆞᆫ번 되는,
Cĕn'ter, Cĕn'tre, n. 中央. 중앙, 가온뒤, 제일긴요ᄒᆞᆫ뒤,
Cĕn'ti-grāde, a. 百度, 빅도. (스드겁거나 찬 도수)
Cĕn'ti-ped, Cĕn'ti-pēde, n. 蜈蚣, 지네,
Cĕn'tral, Cĕn'tric, a. 中央, 중앙에, 가온뒤잇는.
Cĕn'tral-i-zā'tion, n. 中心聚, 가온뒤로모드는일,
Cĕn'tral-ize, v.t. 中心聚, 가온뒤로모도다,
Cen-trĭf'u-gal, a. 離中向外. 가온뒤에셔나셔 밧그로나오는.
Cĕn'tu-ple, a. 百倍, 빅비되는.
Cen-tū'ri-al, a. 一世紀, ᄒᆞᆫ세기, 빅년동안의.
Cen-tū'ri-an, n. 百人長, 빅명의두목,
Cĕnt'ū-ry, n. 一百年, 일빅년.
Ce-răm'ic, a. 瓦器, 옹기구릇세.

Cē'rate, n. 膏藥. 고약. (밀기름 종류)
Cē'rā-ted, a. 蠟塗, 밀칠한.
Cē're-al, n. 穀類, 곡식 종류 (밀보리 등류) a. 곡식의.
Cĕr'e-mō'ni-al, a. 禮式的, 례도 절차의.
Cĕr'e-mō'ni-ous, a. 依禮式, 례식 절차되로.
Cĕr'e-mo-ny, n. 禮式, 례식 절차.
Cĕr'tain, (sĕr'tin) a. 的確, 一定, 某. 적확한, 일정한, 엇던. —ly, 적실히, 아무렴, —ty, 의심업는 일, 일뎡한일.
Cer-tif'i-cate, n. 憑書, 글시써 빙거할표. v.t. 글시로 증거 만들다, 학도의 졸업증서 주다.
Cĕr'ti-fi-cā'tion, n. 保證, 글시쓴표로 보증함.
Cĕr'ti-fi'er, n. 保證人. 보증인.
Cĕr'ti-fy, v.t. 保證, 보증서다.

Cĕr'ti-tude, n. 實事, 無疑事, 실상일, 의심업는일.
Ce-ru'le-an, Ce-ru'le-ous, a. 天色蒼, 하늘빛ᄀᆞᆺ치 푸른.
Ce-ru'men, n. 耳蠟, 귀지.
Cĕss, n. 地租, 디세.
Cĕss'ant, a. 止, 긋치는, 쉬는.
Ces-sā'tion, n. 停止, 정지함, 긋침.
Cĕs'si-ble, a. 可割讓, 버혀줄만한.
Cĕs'sion, n. 讓與, 허락ᄒᆞ여줌, 사양ᄒᆞ야 ᄯᅥ러짐.
Cĕss'pool, n. 放水渠, 기현에 바리노 드러운 것 모히는 웅덩이.
Chāfe, v.t. 摩擦發熱, 激怒, 부벼셔 더운긔 운나게한다, 격노식히다. v.i. 셩나다. n. 노함, 문질너 닭드림.
Chăff, n. 糠, 廢物, 겨, ᄉᆞ각지, 바리는 물건.
Chăffy, a. 糠, 無用, 겨ᄀᆞᆺ혼, 겨잇는, 쓸데업는.

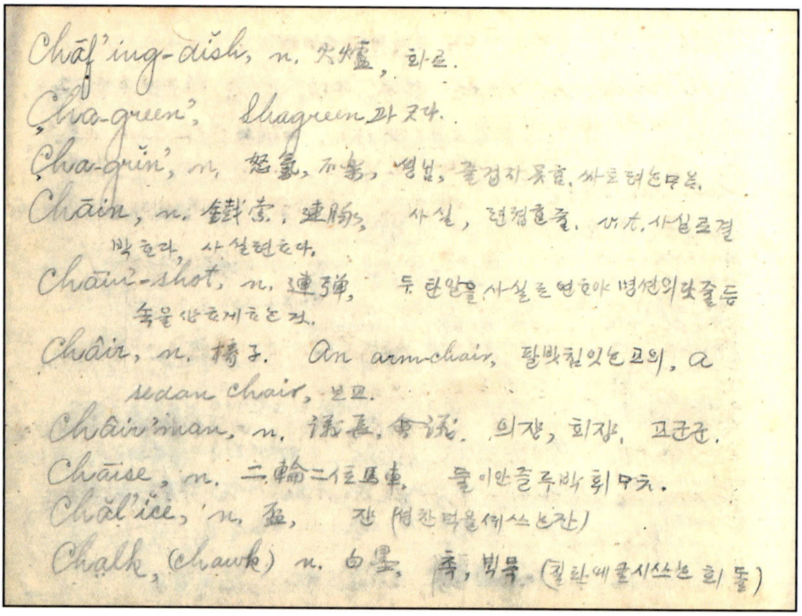

Chāf'ing-dish, n. 火爐, 화로.
Cha-green', Shagreen과 갓다.
Cha-grin', n. 怒氣, 不樂, 셩남, 즐겁지 못홈, 싸호려눈모양.
Chāin, n. 鐵索; 連貫, 사실, 련쳡홈줄. v.t. 사실로결박ᄒᆞ다, 사실ᄒᆞ다.
Chāin-shot, n. 連彈, 두 탄알을 사실로 련ᄒᆞ야 병션의돗줄등속을상ᄒᆞ게ᄒᆞᄂᆞᆫ것.
Châir, n. 椅子. An arm-chair, 팔벗칠잇ᄂᆞᆫ교의, a sedan chair, 보교.
Châir'man, n. 議長, 會議. 의장, 회장, 교군군.
Chāise, n. 二輪二佳馬車, 둘이안즐수박휘모ᄎᆞ.
Chăl'ice, n. 盃, 잔 (셩찬먹을ᄯᅢ쓰ᄂᆞᆫ잔)
Chalk, (chawk) n. 白墨, 粉, 빅묵 (칠판에글시쓰ᄂᆞᆫ회돌)

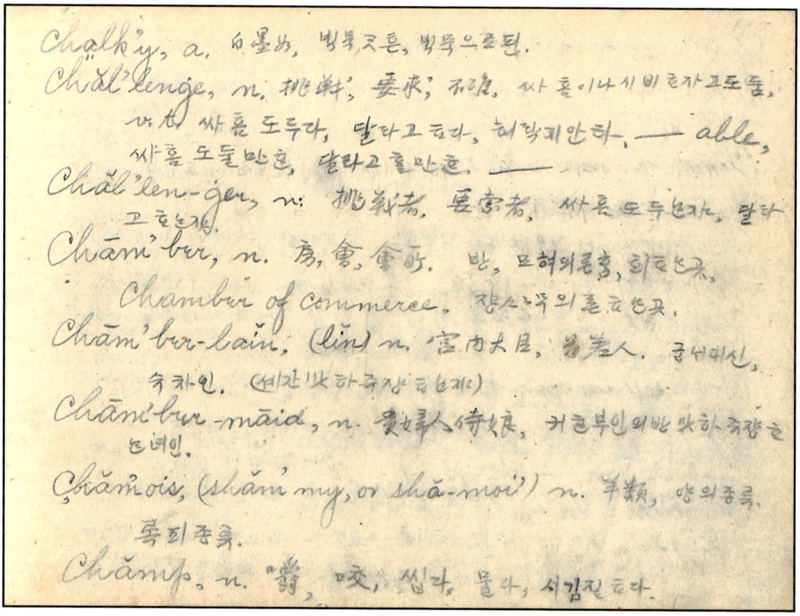

Chalk'y, a. 白墨的, 빅묵깃흔, 빅묵으로된.
Chăl'lenge, n. 挑戰; 要求; 不許. 싸홈이나시비ᄒᆞ자고도돔. v.t. 싸홈 도두다, 달나고ᄒᆞ다, 허락지안타, —— able, 싸홈 도둘만ᄒᆞᆫ, 달라고홀만ᄒᆞᆫ. ——
Chăl'len-ger, n. 挑戰者, 要索者, 싸홈 도두ᄂᆞᆫ자, 달다고ᄒᆞᄂᆞᆫ자.
Chām'ber, n. 房, 會, 會所. 방, 모혀의론홈, 회ᄒᆞᄂᆞᆫ곳, Chamber of commerce. 장ᄉᆞ국의론ᄒᆞᄂᆞᆫ곳.
Chām'ber-lain, (lĭn) n. 宮內大臣, 看差人. 궁내대신, 슈차인. (셔간ᄯᅢ하주장ᄒᆞᄂᆞᆫ재)
Chām'ber-māid, n. 貴婦人侍娘, 귀ᄒᆞᆫ부인의방ᄯᅢ하주장ᄒᆞᄂᆞᆫ녀인.
Chămois, (shăm'my, or shă-moi') n. 羊類, 양의종류, 록피종류.
Chămp, n. 嚼, 咬, 씹다, 물다, 서김질ᄒᆞ다.

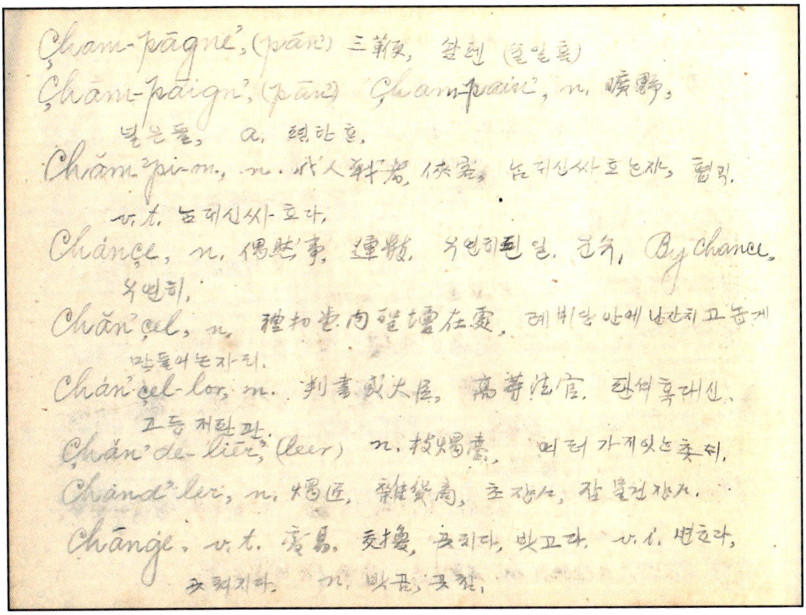

Cham-pāgne', (pān) 三鞭酒, 삼펜 (술일홈)
Chăm-pāign', (pān) Champain', n. 曠野, 벌은들, a. 평탄호.
Chăm'pi-on, n. 代人戰者, 俠客, 남대신싸호는자, 협직.
v. t. 남대신싸호다.
Chánce, n. 偶然事, 運數, 우연히된일. 운수, By chance. 우연히.
Chăn'cel, n. 禮拜堂內壇在處, 례비당안에난간치고놉게 만들어논자리.
Chán'cel-lor, n. 判書或大臣, 高等法官, 판서혹대신, 고등재판관.
Chăn'de-liēr', (leer) n. 枝燭臺, 여러가지잇는촛대.
Chánd'ler, n. 燭匠, 雜貨商, 초장사, 잡물전장사.
Chānge, v. t. 變易, 交換, 곳치다, 밧고다. v. i. 변호다, 곳쳐지다. n. 밧곰, 곳침.

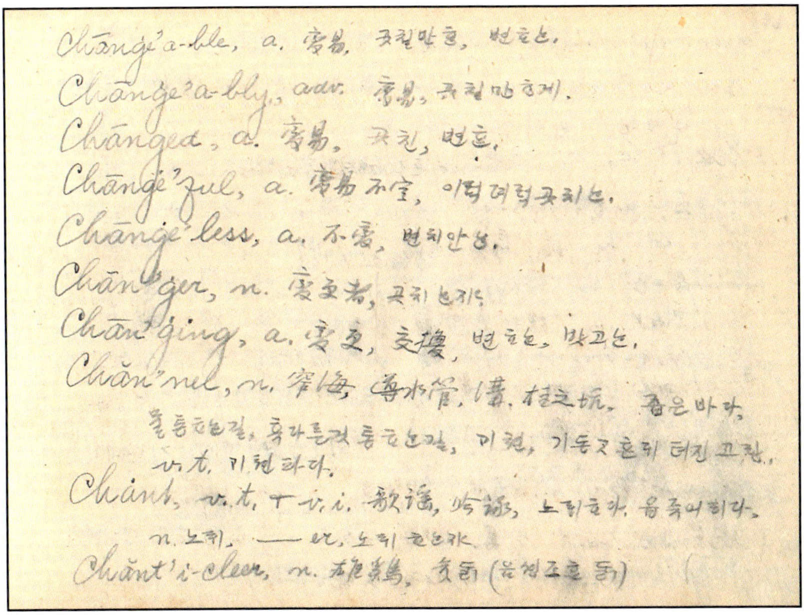

Chānge'a-ble, a. 變易, 곳칠만호, 변호는.
Chānge'a-bly, adv. 變易, 곳칠만호게.
Chānged, a. 變易, 곳친, 변호.
Chānge'ful, a. 變易不定, 이럭뎌럭곳치는.
Chānge'less, a. 不變, 변치안는.
Chān'ger, n. 變更者, 곳치는자.
Chān'ging, a. 變更, 交換, 변호는, 밧고는.
Chăn'nel, n. 窄海, 導水管, 溝, 柱之坑, 좁은바다, 물통호는길, 혹다른것통호는길, 기천, 기동ㅅ훈디 허진고랑.
v. t. 기천파다.
Chánt, v. t. + v. i. 歌謠, 吟詠, 노릭호다, 읍죠어리다.
n. 노릭, —er, 노릭호는자.
Chănt'i-cleer, n. 雄鷄, 숫닭 (음섭조호닭)

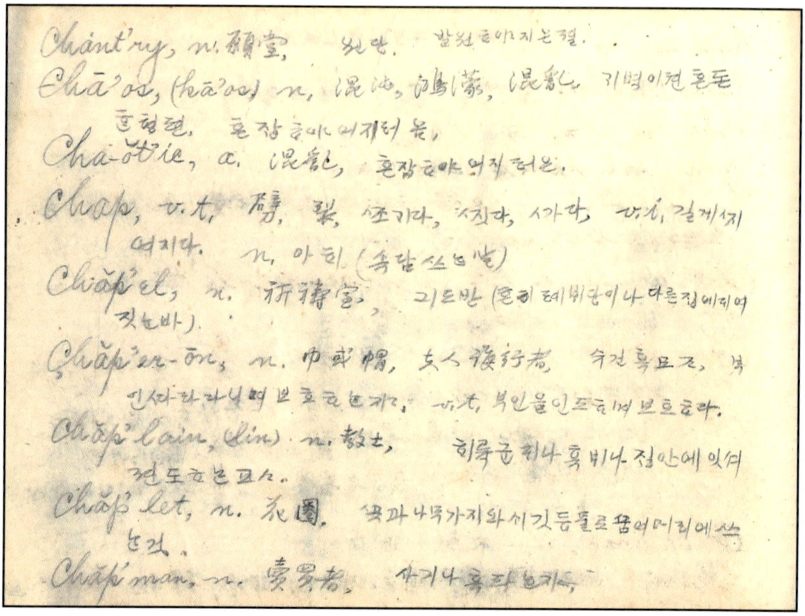

Chănt'ry, n. 願堂, 원당. 발원ᄒᆞ야지은절.

Chā'os, (kā'os) n. 混沌, 鴻濛, 混亂, 기벽이젼혼돈ᄒᆞᆫ형뎨, 혼잡ᄒᆞ야어지러운,

Cha-ŏt'ic, a. 混亂, 혼잡ᄒᆞ야어지러운.

Chap, v.t. [illegible], [illegible], 쏘기다, 쏘친다, 쏘가다, v.i. 갈게ᄯᅵ여지다. n. 아ᄒᆡ (속담쓰ᄂᆞᆫ말)

Chăp'el, n. 祈禱堂, 긔도반 (혹히 례ᄇᆡ당이나 다른집에ᄃᆡ여짓ᄂᆞᆫ바).

Chăp'er-ōn, n. 巾或帽, 女人護行者, 수건혹모ᄌᆞ, 부인ᄃᆞ라ᄃᆞ니며보호ᄒᆞᄂᆞᆫ자, v.t. 부인을인도ᄒᆞ며보호ᄒᆞ다.

Chăp'lain, (lin) n. 教士, 희록ᄒᆞᆫ히나혹ᄇᆡ나집안에잇셔젼도ᄒᆞᄂᆞᆫ교ᄉᆞ.

Chăp'let, n. 花圈. 쏫과나모가지와시깃등물로뭄여머리에쓰ᄂᆞᆫ것.

Chăp'man, n. 賣買者, 사거나혹파ᄂᆞᆫ자,

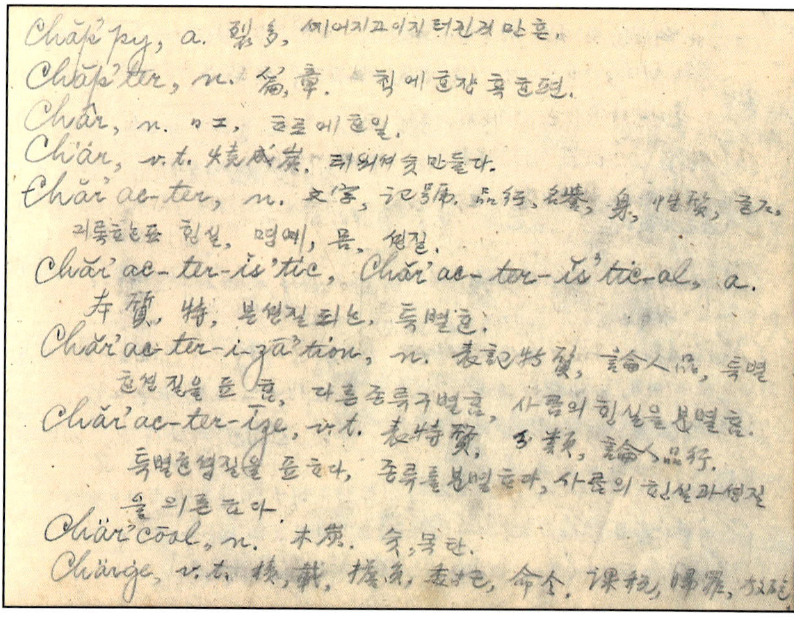

Chăp'py, a. 裂多, ᄶᅵ여지고이지러진것만흔.

Chăp'ter, n. 篇, 章. 책에ᄒᆞᆫ장혹ᄒᆞᆫ편.

Chăr, n. 日工, ᄒᆞ로에ᄒᆞᆫ일.

Chär, v.t. 燒成炭, ᄐᆡ워셔숫만들다.

Chăr'ac-ter, n. 文字, 記錄, 品行, 名譽, 身, 性質, 글ᄌᆞ, 긔록ᄒᆞᄂᆞᆫ표 힝실, 명예, 몸, 셩질.

Chăr'ac-ter-is'tic, Chăr'ac-ter-is'tic-al, a. 本質, 特, 본셩질되ᄂᆞᆫ, 특별ᄒᆞᆫ.

Chăr'ac-ter-i-zā'tion, n. 表記特質, 言論人品, 특별ᄒᆞᆫ셩질을드ᄂᆞᆫ, 다른종류구별ᄒᆞᆫ, 사ᄅᆞᆷ의힝실을분별ᄒᆞᆷ.

Chăr'ac-ter-īze, v.t. 表特質, 分類, 言論人品行. 특별ᄒᆞᆫ셩질을드ᄂᆞᆫ다, 종류를분별ᄒᆞ다, 사ᄅᆞᆷ의힝실과셩질을의론ᄒᆞ다.

Chär'cōal, n. 木炭. 숫, 목탄.

Chärge, v.t. 擔, 載, 擔負, 委托, 命令, 課稅, 歸罪, [illegible]

싸다, 신다, 지우다, 메우다, 부탁ᄒᆞ다, 맛기다, 명령ᄒᆞ다, 식히다, 세물내다, 죄를돌녀보내다, 총놋타, n. 맛긴 물건이나혹사ᄅᆞᆷ, 맛김, 책임, 짐, 부탁, 분부, 주ᄂᆞᆫ돈, 죄명.

Chärge'a-ble, a. 課徵, 告訴, 可擔, 세물낼만ᄒᆞᆫ, 걸어뎌ᄒᆞᆯ 만ᄒᆞᆫ, 담당ᄒᆞᆯ만ᄒᆞᆫ.

Chärge'a-bly, adv. 費多, 부비만케, 감당히.

Chärge d' Affaires, (shär-zhä' daf-fâr') n. 代理之使, 대리공사. (넉지ᄂᆞᆫ슈되ᄂᆞᆫ공사)

Chärger, n. 委任人或物, 告訴人, 戰馬, 大盤, 맛긴물건이나 혹사ᄅᆞᆷ, 송사ᄒᆞᄂᆞᆫ사ᄅᆞᆷ, 젼장에쓰ᄂᆞᆫ말, 큰그릇.

Chăr'i-ot, n. 戰車, 四輪馬車, 젼장에쓰ᄂᆞᆫ수레, 네박회 마차.

Chăr'i-ot-eer', n. 馭者, (젼장수레나 네박회마차모ᄂᆞᆫ자)

Chăr'i-ta-ble, a. 仁愛好施, 어질고착ᄒᆞ야구졔ᄒᆞ기조하ᄒᆞᄂᆞᆫ.

Chăr'i-ta-bly, adv. 仁愛, 어질고착ᄒᆞ게.

Chăr'i-ty, n. 仁慈, 好施心, 賙施物, 어질고착ᄒᆞᆫ마ᄋᆞᆷ, ᄂᆞᆷ구졔ᄒᆞ기조하ᄒᆞᆷ, 구졔ᄒᆞ여주ᄂᆞᆫ물건.

Chär'la-tan, n. 自衒者, 庸醫, 익식ᄒᆞᆫ톄ᄒᆞᄂᆞᆫ자, 돌파리의원.

Chär'la-tăn'ic-al, a. 誇大的, 庸醫的, 아ᄂᆞᆫ톄ᄒᆞᄂᆞᆫ, 돌파리의원의.

Chär'la-tan-ry, n. 自衒, 庸醫, 익슉ᄒᆞᆫ톄ᄒᆞᆷ, 돌파리의 원질.

Chärm, n. 謢符, 女貌豔色令人失魂, 부작, 어엽버셔 졍신잃게 ᄒᆞᆷ, 미혹식힘. v.t. 부작붓치다, 아리다와셔졍신쎽다, 미혹ᄒᆞ다. v.i. 미혹ᄒᆞ다, —er, 요술로혹ᄒᆞ게ᄒᆞᄂᆞᆫ자, —ful, 혹ᄒᆞ게아름다온.

Chärm'ing, a. 迷惑, 極好, 미혹식히ᄂᆞᆫ, 졀묘ᄒᆞᆫ, 질겁게ᄒᆞᄂᆞᆫ, —ly, 아름다히, 질겁게.

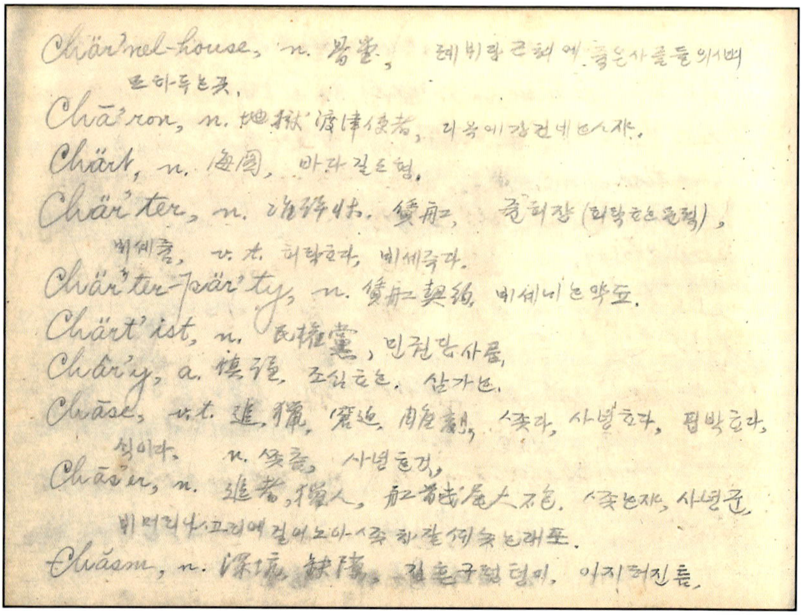
Chär'nel-house, n. 骨堂, 례비당 근쳐에 죽은사름들의 써 묘하두는곳.
Chā'ron, n. 地獄渡津使者, 디옥에 강 건네주는자.
Chärt, n. 海圖, 바다 길 그림.
Chär'ter, n. [illegible], 賃船, 특허장(허락호는 문적), 비세흠, v. t. 허락호다, 비세주다.
Chär'ter-pär'ty, n. 賃船契約, 비셰니는 약됴.
Chärt'ist, n. 民權黨, 민권당사룸.
Châr'y, a. 慎[illegible], 조심호는, 삼가는.
Chāse, v. t. 追, 獵, 窘追, [illegible], 쪼추다, 사냥호다, 핍박호다, 쉭이다. n. 狩獵, 사녕호것.
Chās'er, n. 追者, 獵人, 舡[illegible], 쪼추는자, 사냥군, 비머리나 꼬리에 걸어노아 쪼차 가는 [illegible].
Chăsm, n. 深壙, 缺隙, [illegible] 구덩이, 이지러진 틈.

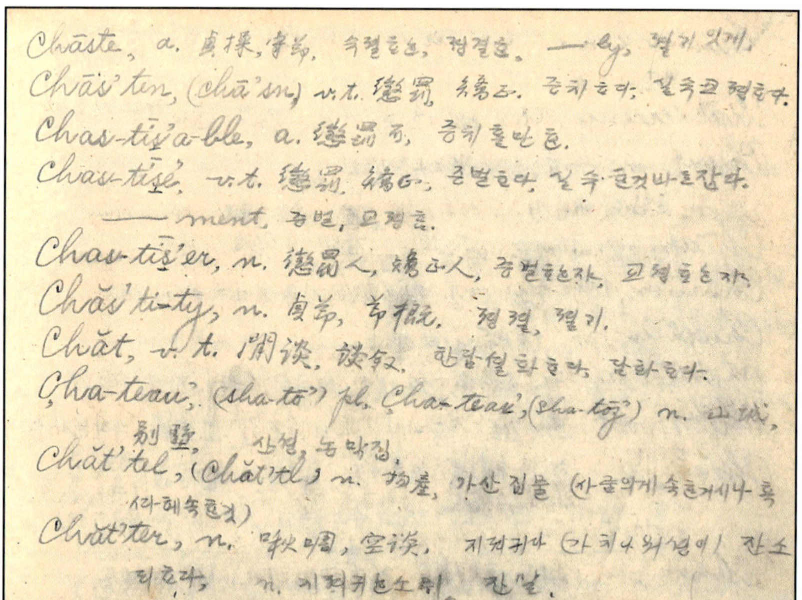
Chāste, a. 貞操, 守節, 슈졀호는, 정결호. —ly, 졀기 잇게.
Chās'ten, (chā'sn) v. t. 懲罰, 矯正. 증치호다, 실속고 졍호다.
Chas-tīs'a-ble, a. 懲罰可, 증치홀만호.
Chas-tīse', v. t. 懲罰, 矯正, 증벌호다, 실속호것바로잡다.
—ment, 증벌, 교졍홈.
Chas-tīs'er, n. 懲罰人, 矯正人, 증벌호는자, 교졍호는자.
Chăs'ti-ty, n. 貞節, 節概, 졍졀, 졀기.
Chăt, v. t. 閒談, 談叙, 한담셜화호다, 담화호다.
Cha-teau', (sha-tō') pl. Cha-teaux', (sha-tōz') n. 山城, 別墅, 산셩, 농막집.
Chăt'tel, (chăt'tl) n. 物產, 가산집물(사룸의게 속호거시나 혹 [illegible]에 속호것)
Chăt'ter, n. 啾喝, 空談, 지져귀다 (가치나 [illegible]) 잔소리호다, n. 지져귀는소리, 잔말.

Chat'ter-box, Chat'ter-er, 多言者, 말만히ᄒᆞᄂᆞᆫ자, 잔소리군.
Chat'ter-ing, a. 啾啁, 饒舌, 지져귀ᄂᆞᆫ, 잔소리ᄒᆞᄂᆞᆫ.
Chaw, v.t. 咬, 嚼, 씹다, 널다, 물다, 시김질ᄒᆞ다. n. ᄒᆞᆫ입에ᄯᅦ문것.
Chēap, a. 低價, 下賤, 갑싼, 헐ᄒᆞᆫ, 낫즌.
Chēap'en, (chē'pn) v.t. 減價, 갑ᄯᅡᆨᄒᆞ다, 싸게ᄒᆞ다.
Chēap'ly, a. 價賤, 싸게.
Chēap'ness, n. 賤價, 싼갑.
Chēat, v.t. 欺, 詐, 속이다, n. 속임, —er, 속이ᄂᆞᆫ사ᄅᆞᆷ.
Chĕck, n. 禁止, 防碍, 銀行票, 將軍, 금ᄒᆞ야막음, 못ᄒᆞ게홈, 방해, 은힝표, 장군(장긔ᄭᅩᆺᄒᆞᆫ뒤), v.t. 막다, 장부르다. ——less, 막ᄂᆞᆫ것업ᄂᆞᆫ.
Chĕck'er, n. 碁, 防碍者, 바독, 막ᄂᆞᆫ자, v.t. 바독판ᄀᆞᆺᄒᆞᆫ문의ᄂᆞᇂ다, 각식으로ᄀᆞᆺ지안케만들다.
Chĕck'er-board, n. 碁局, 바독판.
Chĕck'ers, n. pl. 碁, 바독.
Chĕck'māte, n. 停子君, 장긔에장군부르ᄂᆞᆫ말, v.t. 장부르다.
Cheek, n. 頰, 臉, ᄲᅣᆷ.
Cheer, n. 心氣, 歡喜, 宴會, 敬祝, 呼叫, 심긔, 질거움, 잔치, 경축, 만세부름, v.t. 질겁게ᄒᆞ다. 긔운돕게ᄒᆞ다, 만세부르다, —er, 질겁게ᄒᆞᄂᆞᆫ자.
Cheer'ful, a. 歡喜, 질거운. —ly, 질거히, —ness, 질거움.
Cheer'i-ly, adv. 歡喜, 깃비.
Cheer'i-ness, n. 快樂, 쾌락홈.
Cheer'ing, a. 歡喜, 질겁게ᄒᆞᄂᆞᆫ.
Cheer'less, a. 不樂, 낙업ᄂᆞᆫ, 근심시러운.

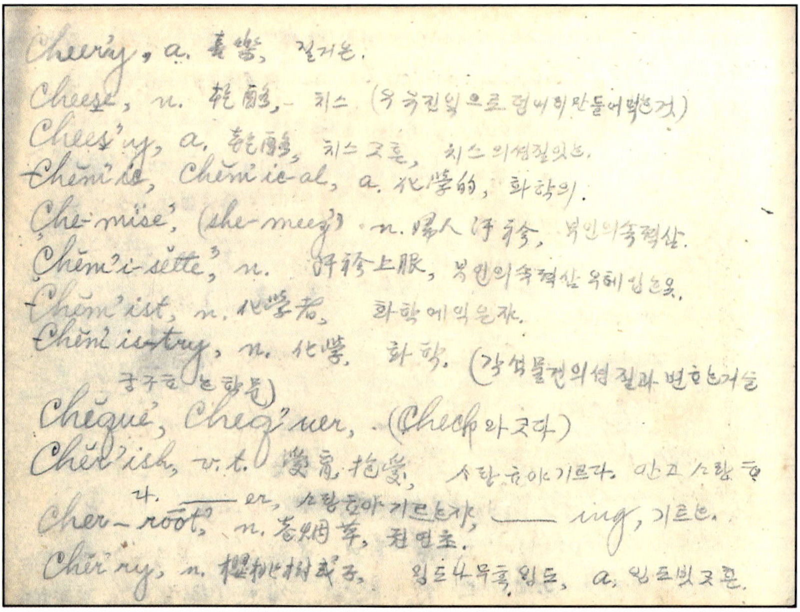

Cheer'y, a. 喜樂, 질거온.
Cheese, n. 乾酪, 치스 (우유진익으로 덩어리만들어먹는것)
Chees'y, a. 乾酪, 치스 곳혼, 치스의성질잇는.
Chĕm'ic, Chĕm'ic-al, a. 化學的, 화학의.
Che-mise', (she-meez') n. 婦人汗衫, 부인의속젹삼.
Chĕm'i-sĕtte', n. 汗衫上服, 부인의속젹삼 우헤입는옷.
Chĕm'ist, n. 化學者, 화학에익은자.
Chĕm'is-try, n. 化學, 화학. (각식물건의셩질과 변호는거슬 궁구호는학문)
Chĕque', Chĕq'uer, (Check와 굿다)
Chĕr'ish, v.t. 愛育, 抱愛, 스랑호야기르다. 안고 스랑호다.
———er, 스랑호야기르는자, ——— ing, 기르는.
Cher-root', n. 卷烟草, 권연초.
Chĕr'ry, n. 櫻桃樹或子, 잉도나무혹잉도, a. 잉도빗곳흔.

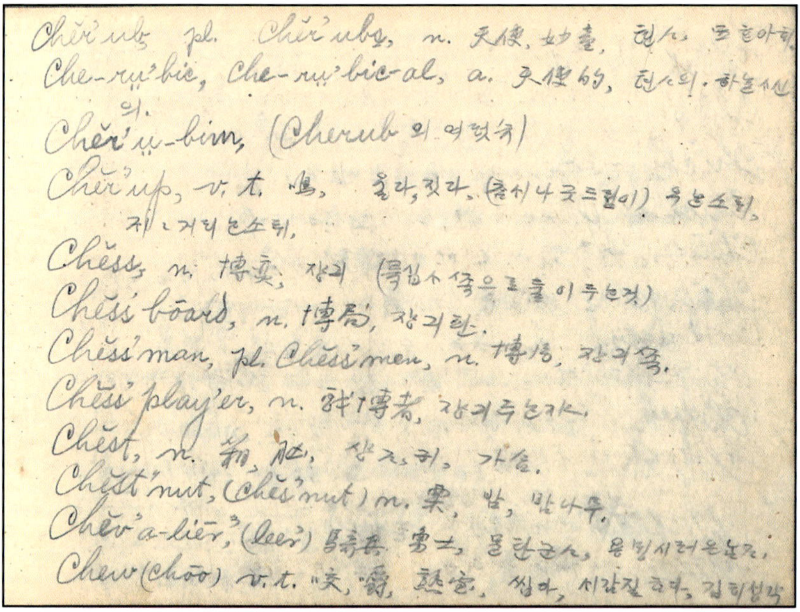

Chĕr'ub, pl. Chĕr'ubs, n. 天使, 妙童, 텬ᄉ. 묘혼아히.
Che-ru'bic, Che-ru'bic-al, a. 天使的, 텬ᄉ의. 하놀ᄉ신의.
Chĕr'u-bim, (Cherub의 여럿슈)
Chĕr'up, v.t. 鳴, 울다, 짓다. (츄시나 굿트됨이) 우는소릐, 재ᄌ거리는소릐.
Chĕss, n. 博奕, 장긔 (륙십사쪽으로 놀이두는것)
Chĕss'bōard, n. 博局, 장긔판.
Chĕss'man, pl. Chĕss'men, n. 博子, 장긔쪽.
Chĕss' play'er, n. 對博者, 장긔두는자.
Chĕst, n. 箱, 胸, 상ᄌ, 궤, 가슴.
Chĕst'nut, (chĕs'nut) n. 栗, 밤, 밤나무.
Chĕv'a-liēr', (leer') 騎兵, 勇士, 물탄군ᄉ, 용밍시러온놈ᄌ.
Chew (chōō) v.t. 咬, 嚼, 熟念, 씹다, 시감질호다, 깁히싱각

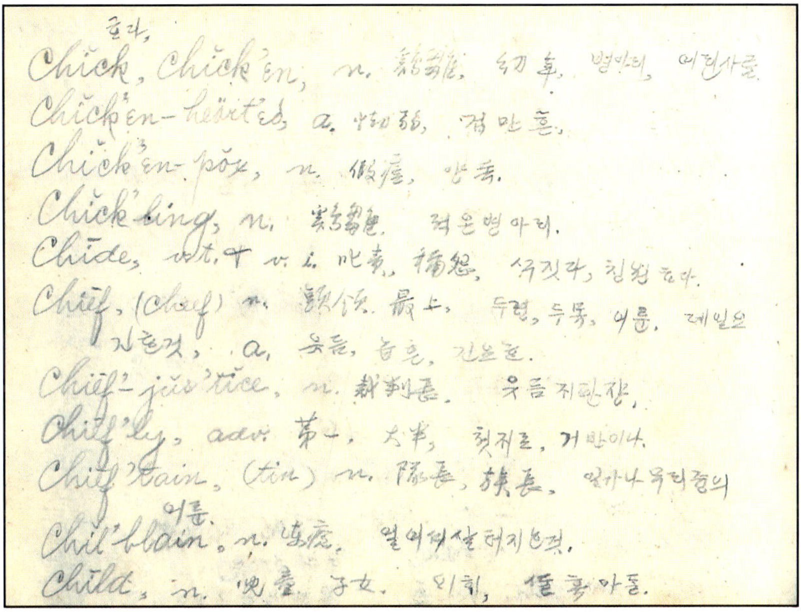
ᄒᆞᆫ다,
Chick, chick'en, n. 雛雞, 幼年, 병아리, 어린사ᄅᆞᆷ
Chick'en-heart'ed, a. 怯弱, 겁만흔.
Chick'en-pŏx, n. 假痘, 양두.
Chick'ling, n. 小雛雞, 적은병아리.
Chide, v.t. & v.i. 叱責, 稱怨, 꾸짓다, 칭원ᄒᆞ다.
Chief, (chef) n. 頭領, 最上, 두령, 두목, 어룬, 뎨일오
지ᄒᆞᆫ것, a. 웃듬, 首ᄒᆞᆫ, 긴요ᄒᆞᆫ.
Chief-jus'tice, n. 裁判長, 웃듬재판장,
Chief'ly, adv. 第一, 大半, 첫재로, 거반이나.
Chief'tain, (tin) n. 隊長, 族長, 떼거나 무리즁의
어룬.
Chil'blain, n. 凍瘡, 얼어서살헤지ᄂᆞᆫ것.
Child, n. 兒童, 子女, 아ᄒᆡ, [illegible] 아ᄃᆞᆯ.

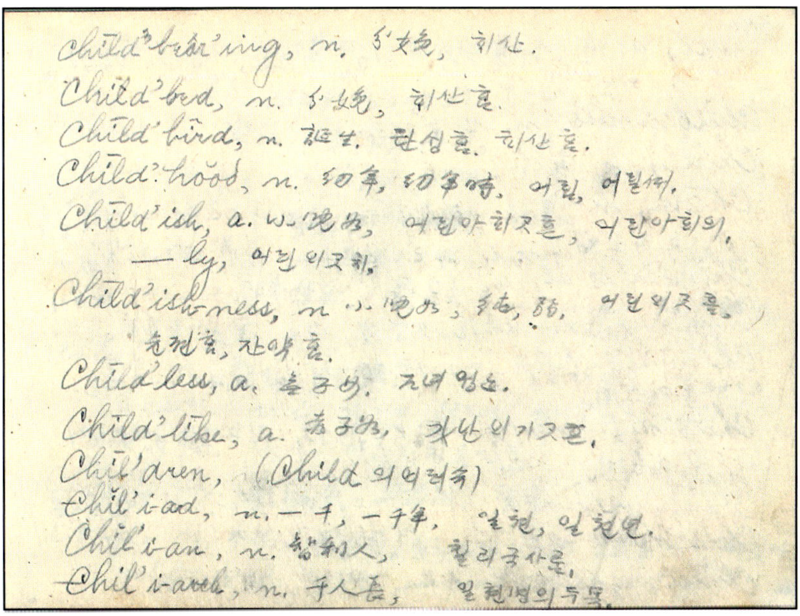
Child-bear'ing, n. 分娩, 해산.
Child'bed, n. 分娩, 해산ᄒᆞᆷ.
Child'birth, n. 誕生, 탄생ᄒᆞᆷ, 해산ᄒᆞᆷ.
Child'hood, n. 幼年, 幼年時, 어림, 어릴ᄯᅢ.
Child'ish, a. 小兒如, 어린아희ᄀᆞᆺ흔, 어린아희의,
— ly, 어린아희ᄀᆞᆺ치.
Child'ish-ness, n. 小兒如, 幼, 弱, 어린아희ᄀᆞᆺ흠,
유천ᄒᆞᆷ, 잔약ᄒᆞᆷ.
Child'less, a. 無子女, 자녀업ᄂᆞᆫ.
Child'like, a. 赤子如, 갓난아기ᄀᆞᆺᄒᆞᆫ.
Chil'dren, (Child 의 여러수)
Chil'i-ad, n. 一千, 一千年, 일천, 일천년.
Chil'i-an, n. 智利人, 칠리국사ᄅᆞᆷ.
Chil'i-arch, n. 千人長, 일천명의두목.

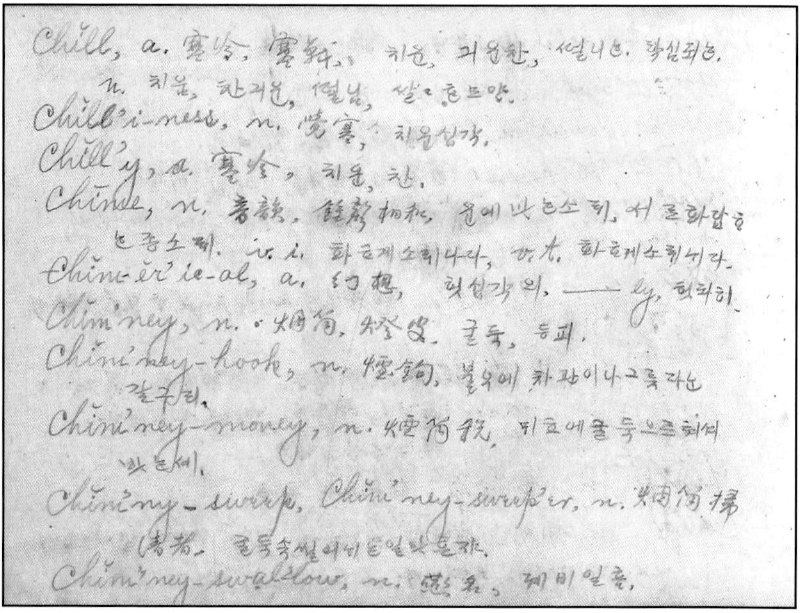

Chill, a. 寒冷, 寒氣, 치운, 괴옹찬, 썰니는. 학실죄는.
n. 치움, 찬긔운, 썰님, 살ㅅ흔드랑.
Chill'i-ness, n. 覺寒, 치운심각.
Chill'y, a. 寒冷, 치운, 찬.
Chime, n. 音韻, 鍾聲相和, 울에맛는소리, 서로화답ᄒ는종소리. v.i. 화ᄒ게소리나다, v.t. 화ᄒ게소리내다.
Chi-mer'ic-al, a. 幻想, 헛심각의. —— ly, 헛되히.
Chim'ney, n. 烟筒, 烟突, 굴뚝, 등피.
Chim'ney-hook, n. 爐鉤, 불우에 차관이나그릇다는 갈구리.
Chim'ney-money, n. 烟筒稅, 미호에굴뚝으로혜셔 밧는세.
Chim'ney-sweep, Chim'ney-sweep'er, n. 烟筒掃除者, 굴뚝속쓸어내는일ᄒ는자.
Chim'ney-swallow, n. 燕名, 제비일홈.

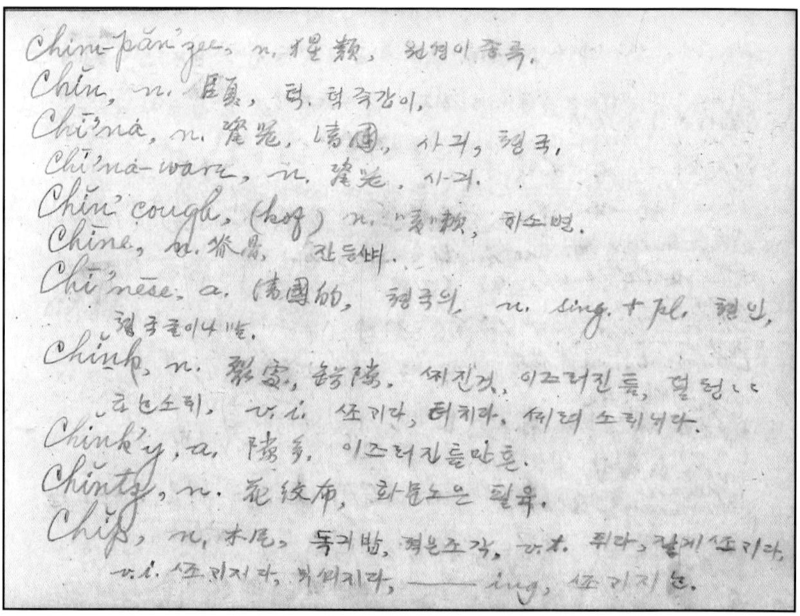

Chim-pan'zee, n. 猩類, 성셩이종류.
Chin, n. 頤, 턱, 턱주감이.
Chi'na, n. 瓷器, 清國, 사긔, 청국.
Chi'na-ware, n. 瓷器, 사긔.
Chin'cough, (kof) n. 咳嗽, 히소병.
Chine, n. 脊骨, 잔등뼈.
Chi'nese, a. 清國的, 청국의, n. sing. + pl. 청인, 청국놈이나ᄯᅡᆼ.
Chink, n. 裂空, 缺隙, 쪼개진것, 이즈러진틈, 덜렁ᄂᄂᄒ는소리. v.i. 쪼기다, 터치다. 써려 소리내다.
Chink'y, a. 隙多, 이즈러진틈만흔.
Chintz, n. 花紋布, 화문노은 필육.
Chip, n. 木屑, 독기밥, 젹은조각, v.t. 쥐다, 잘게쪼기다, v.i. 쪼기지다, 벗셔지다, —— ing, 쪼기지는.

Chī-rŏg′ra-phy, n. 筆藝, 自筆, 글시스는지조, 친필,
Chī-rŏl′o-gy, n. 手話藝, 손가락으로 형용ᄒᆞ야 말ᄒᆞᄂᆞᆫ지조.
Chī′ro-măn′cy, n. 掌卜, 손금보ᄂᆞᆫ일,
Chĩrp, v. i. 啁, 鳴, 울다, 지ᄂᆞ거리다 (참새나 귀뚜라미)
n. 지ᄂᆞ거리ᄂᆞᆫ소릐.
Chĭr′rup, v. i. 鳴, 啁, 지ᄂᆞ거리다, 울다, n. 지ᄂᆞ거리
ᄂᆞᆫ소릐,
Chī-rûr′geon, (kī-rûr′jun) Surgeon 과 ᄀᆞᆺ다.
Chĭs′el, n. 鑿, 쓸, v. t. 쓸로파다,
Chĭt, n. 芽, 小兒, 싹, 눈, 어린아희.
Chĭt′chat, 閑談, 한담셜화.
Chĭv′al-ry, (shĭv′) n. 騎馬武士, 英國爵名, 용맹ᄒᆞᆫ반,
호걸, 영국벼슬일흠.
Chīves, pl. n. 花鬚, 꼿수염,

Chlō′ro-fôrm, n. 클로로폼 (명ᄀᆞᆺ칠ᄯᅢ 정신일케ᄒᆞᄂᆞᆫ약)
Chŏc′o-late, n. 초콜네잇 (Cacao 의집신물이나 가루로만든음식)
Choice, n. 擇擇, 제일죠ᄒᆞ여보ᄂᆞᆫ것, 죠ᄒᆞ야 ᄐᆡᆨᄒᆞᆫ것, 가려
냄, 분별홈. a. 죠ᄒᆞᆫ, 만ᄒᆞᆫ, 특별홈으로.
Choir, (kwīr) n. 唱歌人一隊, 唱歌처所, 노릐ᄒᆞᄂᆞᆫ사
ᄅᆞᆷ의ᄯᅦ, 회당에노릐ᄒᆞᄂᆞᆫ쳐소
Chōke, v. t. 哽塞, 阻遏, 숨막다, 막다, 머히다; v. i. 막
히다, — ful, 가득ᄒᆞᆫ.
Chōke′damp, n. 井坑等窒積聚炭氣, 빈우물이나집
흔ᄌᆞ리에싸히불ᄭᅥ지고숨도못쉬게ᄒᆞᄂᆞᆫ탄긔)
Chōk′er, n. 窒塞物或人, 막ᄂᆞᆫ것혹막ᄂᆞᆫ者.
Chōk′y, a. 窒塞, 막으려ᄒᆞ오,
Chŏl′er, n. 膽汁, 怒氣, 쓸개물, 셩낸긔운.
Chŏl′er-ra, n. 怪疾, 괴질병, 쥐통. Cholera

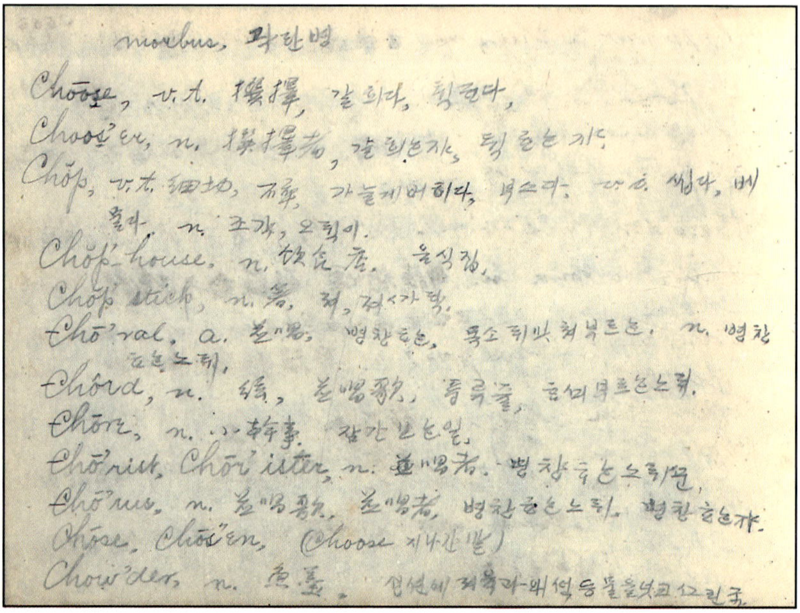
morbus, 곽란병
Choose, v.t. 撰擇, 갈희다, 퇵ㅎ다,
Choos'er, n. 撰擇者, 갈희는자, 퇵ㅎ는 자.
Chŏp, v.t. 細切, 斫碎, 가늘게버히다, 부스다; v.i. 씹다, 베흘다. n. 조각, 오픠이.
Chŏp'-house, n. 飲食店. 음식집,
Chŏp stick, n. 箸, 저, 저ㅅ가락,
Chō'ral, a. 並唱, 병창ㅎ는, 목소릐ㅅ처부르는, n. 병창ㅎ는노릐,
Chōrd, n. 絃, 並唱歌, 풍류줄, 음셩부르는노릐.
Chōre, n. 小幹事. 잠간ㅎ는일,
Chō'rist, Chŏr'ister, n. 並唱者. 병창ㅎ는노릐ㅅ군,
Chō'rus, n. 並唱歌, 並唱者, 병창ㅎ는노릐, 병창ㅎ는자.
Chōse, Chōs'en, (Choose 지나간말)
Chow'der, n. 魚羹. 생선에 돼육과 와석 등물을넣고 끄린국.

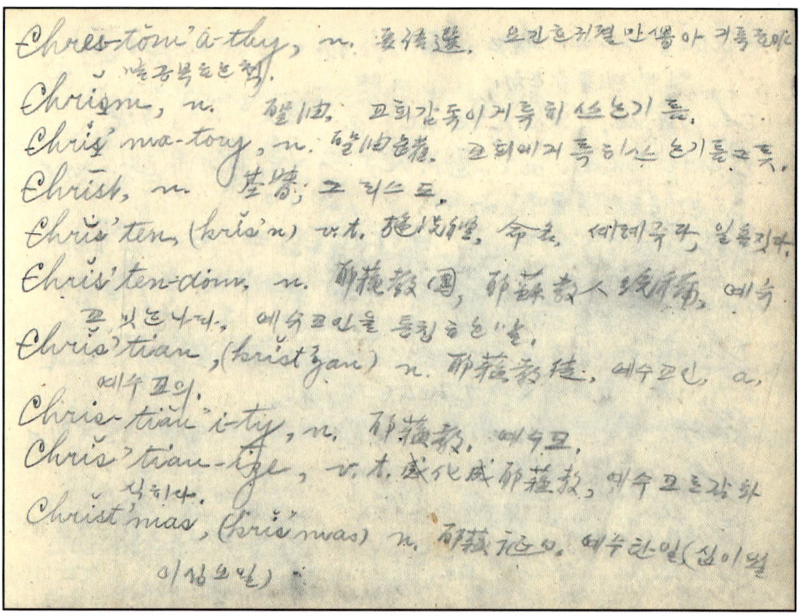
Chres-tom'a-thy, n. 要結選. 요긴ㅎ귀절만뽑아 거룩ㅎ이 맞공부ㅎ는 책.
Chrism, n. 聖油. 교회가득이거룩히쓰는기름.
Chris'ma-tory, n. 聖油盒. 교회에거룩히쓰는기름그릇.
Christ, n. 基督; 그리스도.
Chris'ten, (kris'n) v.t. 施洗禮, 命名. 세례주다, 일홈짓다.
Chris'ten-dom, n. 耶穌教國, 耶穌教人總稱, 예수교밋는나라, 예수교인을 통칭ㅎ는말.
Chris'tian, (krist'yan) n. 耶穌教徒, 예수교인, a. 예수교의.
Chris-tian'i-ty, n. 耶穌教, 예수교.
Chris'tian-ize, v.t. 感化成耶穌教, 예수교로감화식히다.
Christ'mas, (kris'mas) n. 耶穌誕日. 예수탄일(십이월이십오일).

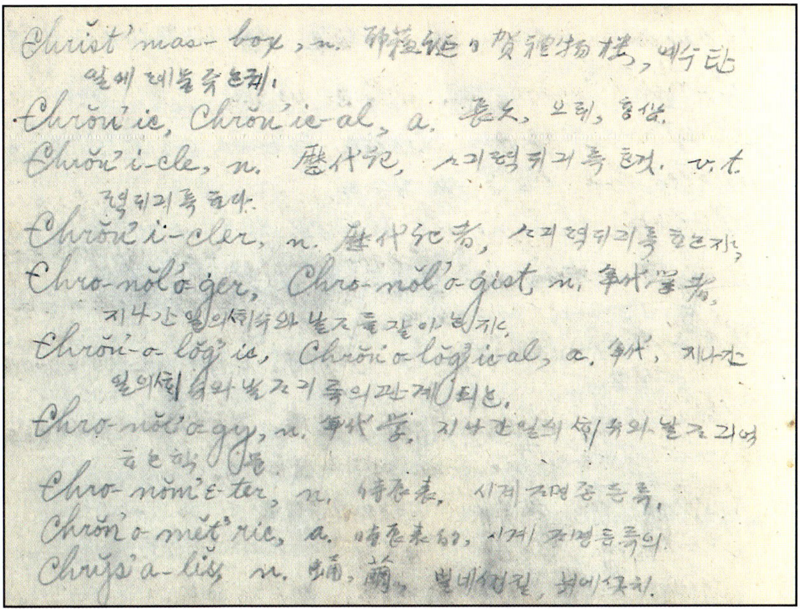

Christ'mas-box, n. 耶蘇誕日賀禮物, 예수탄일에 례물주는궤.
Chrŏn'ic, Chrŏn'ic-al, a. 長久, 오래, 항상.
Chrŏn'i-cle, n. 歷代記, 스긔력되긔록흔것. v.t. 력되긔록흐다.
Chrŏn'i-cler, n. 歷代記者, 스긔력되긔록흐는자.
Chro-nŏl'o-ger, Chro-nŏl'o-gist, n. 年代學者, 지나간일의셰쉬와날즈룰잘아는자.
Chrŏn-o-lŏg'ic, Chrŏn-o-lŏg'ic-al, a. 年代, 지나간일의셰쉬와날즈긔록의관계되는.
Chro-nŏl'o-gy, n. 年代學, 지나간일의셰쉬와날즈긔억흐는학문.
Chro-nŏm'e-ter, n. 時辰表, 시계자명종등쇽.
Chrŏn'o-mĕt'ric, a. 時辰表的, 시계자명종등쇽의.
Chrys'a-lis, n. 蛹, 繭, 벌네씹질, 버이숙치.

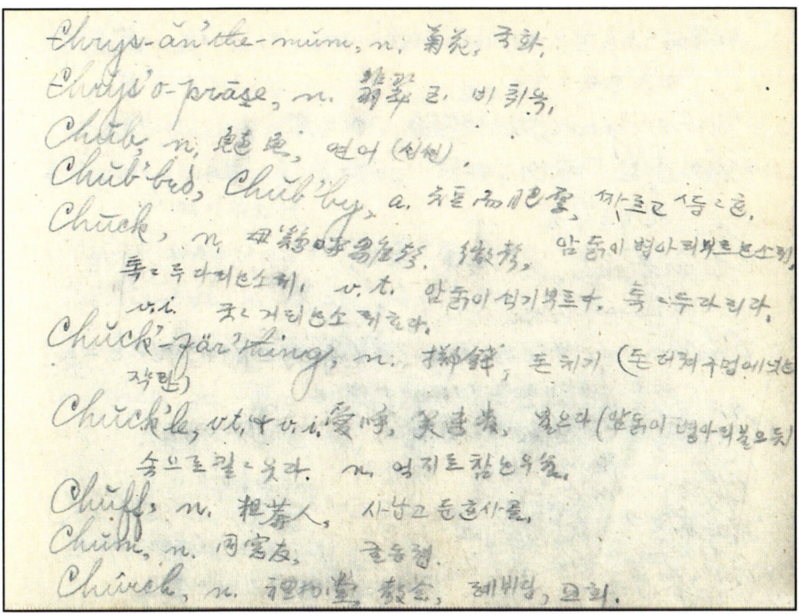

Chrys-ăn'the-mum, n. 菊花, 국화.
Chrys'o-prāse, n. 翡翠玉, 비취옥.
Chub, n. 鰱魚, 연어(생선).
Chŭb'bed, Chŭb'by, a. 矮而肥壯, 싹르고스듬흔.
Chŭck, n. 母鷄喚雛聲, 微聲, 암둙이병아리부르는소래, 툭툭두다리는소래. v.t. 암둙이쉬기부르다. 툭툭두다리다. v.i. 킥킥거리는소리흐다.
Chŭck'-fär'thing, n. 擲錢, 돈치기 (돈더져구멍에넛는작란).
Chŭck'le, v.t. & v.i. 愛呼, 笑吉吉, 불으다(암둙이병아리불으듯) 숨으로킬킬웃다. n. 억지로참는우숨.
Chŭff, n. 粗莽人, 사납고둔흔사룸.
Chŭm, n. 同窓友, 글동졉.
Chûrch, n. 禮拜堂, 敎會, 례비당, 교회.

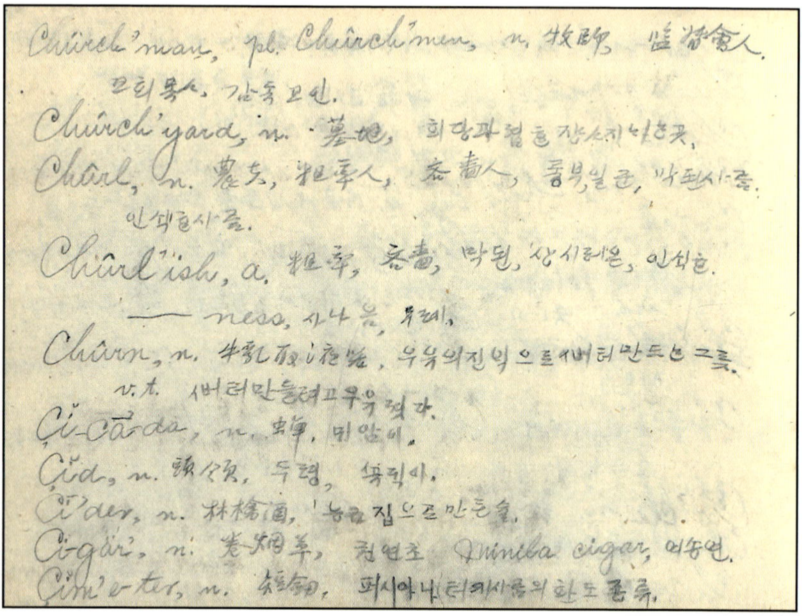
Church'man, pl. Church'men, n. 牧師, 監督會人.
교회목人, 감독교인.
Church'yard, n. 墓地, 회당과 접한 장사지내는 곳,
Churl, n. 農夫, 粗率人, 吝嗇人, 농부, 일군, 막된 사람,
인색한 사람.
Churl'ish, a. 粗率, 吝嗇, 막된, 상스러운, 인색한.
—— ness, 사나움, 무례,
Churn, n. 牛乳取油器, 우유의 진액으로 버터 만드는 그릇.
v.t. 버터 만들려고 우유 젓다.
Ci-ca'da, n. 蟬, 매암이.
Cid, n. 頭領, 두령, 족장이.
Ci'der, n. 林檎酒, 능금즙으로 만든 술.
Ci-gar', n. 卷烟草, 권연초 Manila cigar, 여송연.
Cim'e-ter, n. 短劍, 페시아나 터키 사람의 환도 종류.

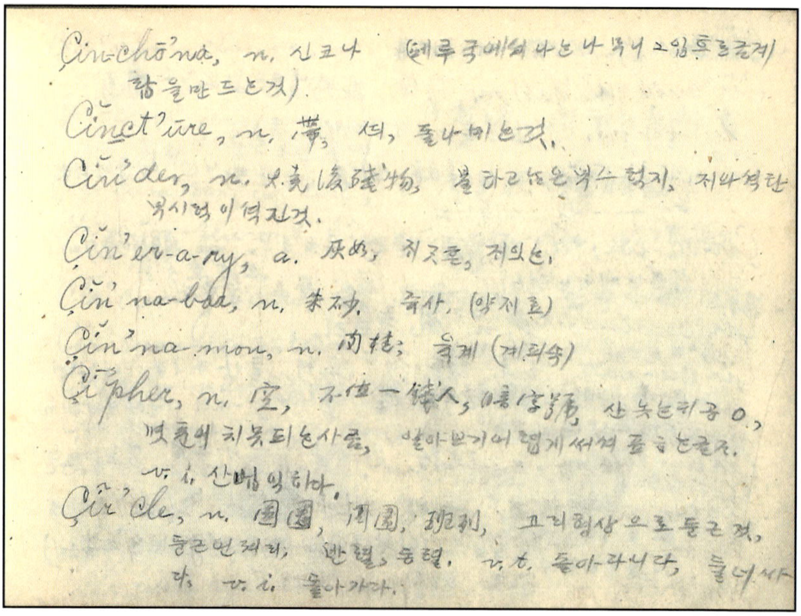
Cin-cho'na, n. 신코나 (페루국에서 나는 나무니 그 잎으로 금계
랍을 만드는 것).
Cinct'ure, n. 帶, 띄, 둘러매는 것.
Cin'der, n. 火炭燼物, 불타고 남은 부스럭지, 재와 석탄
부스럭이 섞인 것.
Cin'er-a-ry, a. 灰的, 재 같은, 재의는.
Cin'na-bar, n. 朱砂, 주사, (약재로)
Cin'na-mon, n. 肉桂, 육계 (계피속)
Ci'pher, n. 空, 不值一錢人, 暗號字體, 산술의 거공 0,
몇 축에 치못되는 사람, 알아보기 어렵게 써서 통하는 글자.
v.i. 산법 익히다.
Cir'cle, n. 圓圈, 周圍, 黨派, 고리 형상으로 둥근 것,
둥근 언저리, 반렬, 동렬. v.t. 돌아다니다, 둘너싸
다, v.i. 돌아가다.

Cir'clet, n. 小環, 젹은고리.

Cir'cuit, (sir'kit) n. 旋轉, 裁判度巡回地方, 周圍, 돌아다님, 재판하러돌아다니는디방, 주위.

Cir-cu'i-tous, a. 旋轉, 間接, 돌아다니는, 에돌너셔는. — ly, 에돌너셔.

Cir-cu-lar, a. 圓, 徧, 둥근, 두루하는, n. 여러사람의게 두루보게하는편지. — ly, 두루, 둥글게.

Cir'cu-lăr'i-ty, n. 圓, 둥근것.

Cir'cu-lāte, v.i. 環行, 流行, 돌아다니다, 이리뎌리 이곳뎌곳 이손뎌손으로 돌아단니다. v.t. 돌아다니게하다, 통용하다.

Cir'cu-lā'tion, n. 環行, 迴周線, 돌아다님, 통용하는도.

Cir'cum-cise, v.t. 割禮. 버히는례[illegible]하다 (전에죠다[illegible]과모하메교인들이남자의신[illegible]흘버혀 몸을[illegible]히한다는교중례) 거룩하게하다.

Cir'cum-cis'ion, n. 割禮, 버히는례. (남자의자지[illegible]흘버혀조흘하게하는례)

Cir-cŭm'fer-ence, n. 周圍線, 둥근것둘으는줄, 주위, 둥근물건둘네.

Cir-cŭm'fer-ĕn'tial, a. 周圍的, 둥근테속한.

Cir-cŭm'flu-ent, Cir-cŭm'flu-ous, a. 周流. 돌나흐르는.

Cir'cum-jā'cent, a. 周圍相接, 도라가며[illegible]경을접한.

Cir'cum-lo-cū'tion, n. 迂回語, 에둘네하는말.

Cir'cum-năv'i-gate, v.t. 周航, 배질하여돌다.

Cir'cum-năv'i-gā'tion, n. 周航, 배질하여돌아다님.

Cir'cum-scrib'a-ble, a. 可防限, 방한할만한.

Cir'cum-scribe', v.t. 防限, 방한하다, 더못하게하다.

Cir'cum-spect, a. 謹愼, 조심하는.

Cir'cum-spĕc'tion, n. 謹愼, 조심

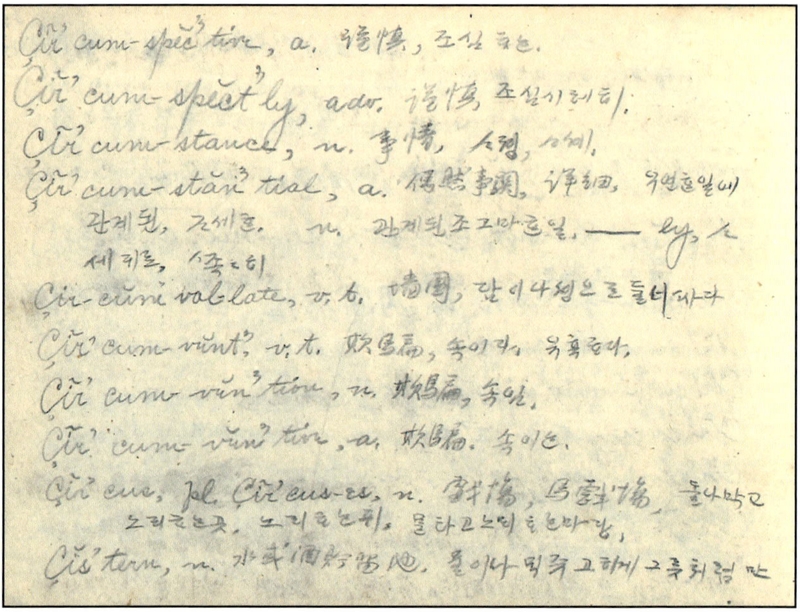
Çir cum-spec tive, a. 謹慎, 조심 ᄒᆞᄂᆞᆫ.
Çir cum-spect ly, adv. 謹慎, 조심시레히.
Çir cum-stance, n. 事情, ᄉᆞ졍, ᄉᆞ세.
Çir cum-stan tial, a. 偶然事關, 詳細, 우연ᄒᆞᆫ일에 관계된, ᄌᆞ세ᄒᆞᆫ. n. 관계된조고마ᄒᆞᆫ일. —— ly, ᄌᆞ세히로, ᄌᆞ족ᄒᆞ히
Çir-cum vallate, v. t. 墻圍, 담이나셩으로둘너ᄊᆞ다
Çir cum-vent, v. t. 欺騙, 속이다, 욕혹ᄒᆞ다.
Çir cum-ven tion, n. 欺騙, 속임.
Çir cum-ven tive, a. 欺騙. 속이ᄂᆞᆫ.
Çir cus, pl. Çir cus-es, n. 戲場, 馬戲場, 둘너막고 노리ᄒᆞᄂᆞᆫ곳, 노리ᄒᆞᄂᆞᆫ뎨, 말타고노리ᄒᆞᄂᆞᆫ마당,
Çis tern, n. 水或酒貯藏池. 물이나 뭐슬 고히게 그릇처럼 만

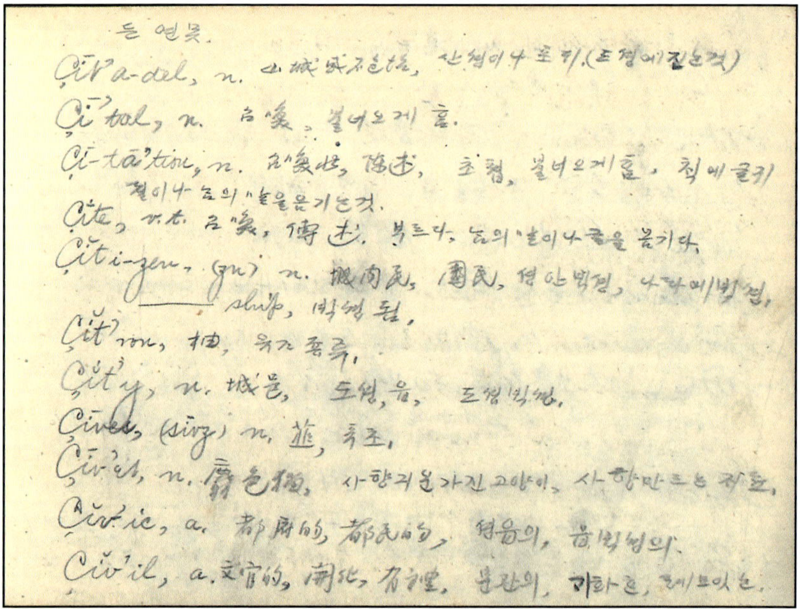
든 연못.
Çit a-del, n. 山城或不危塔, 산셩이나 포ᄃᆡ.(도셩에집ᄂᆞᆫ것)
Çi tal, n. 召喚, 불너오게 ᄒᆞᆷ.
Çi-ta tion, n. 召喚狀, 陳述, 초쳡, 불너오게ᄒᆞᆷ, 칙에글귀 절이나 ᄂᆞᆷ의 "ᄆᆞᆯ을옴기ᄂᆞᆫ것.
Çite, v. t. 召喚, 傳述. 부르다, ᄂᆞᆷ의 "ᄆᆞᆯ이나 글을 옴기다,
Çit i-zen, (zn) n. 城內民, 國民, 셩안ᄇᆡᆨ셩, 나라에ᄇᆡᆨ셩,
—— ship, ᄇᆡᆨ셩됨,
Çit ron, 柚, 유ᄌᆞ 종류,
Çit y, n. 城邑, 도셩, 읍, 도셩ᄇᆡᆨ셩.
Çives, (sivz) n. 韮, 부조,
Çiv et, n. 麝香猫, ᄉᆞ향긔운가진 고양이, ᄉᆞ향만드ᄂᆞᆫ 져ᄒᆞᆫ,
Çiv ic, a. 都府的, 都民的, 셩읍의, 읍ᄇᆡᆨ셩의.
Çiv il, a. 文官的, 開化, 有禮, 문관의, 개화ᄒᆞᆫ, 례모잇ᄂᆞᆫ.

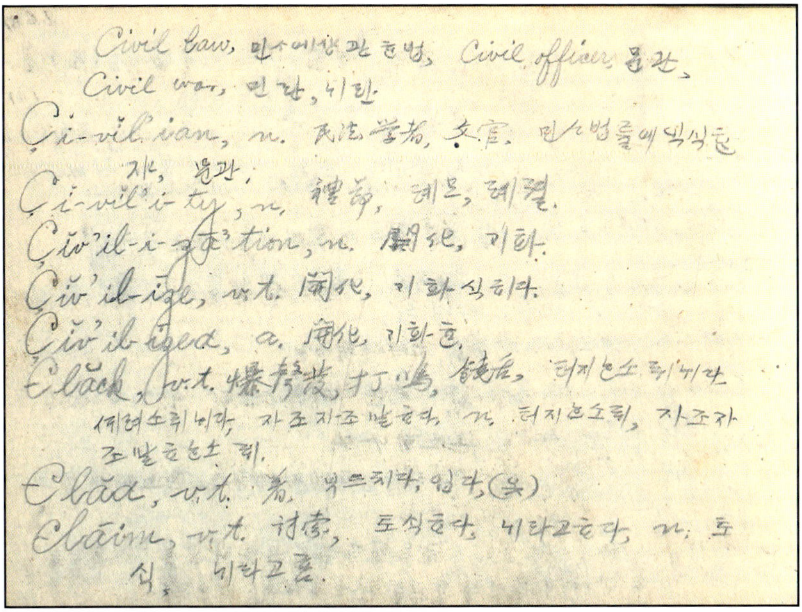

Civil law, 민ᄉᆞ에관ᄒᆞᆫ법, Civil officer, 문관,
Civil war, 민란, 니란.
Çi-vil'ian, n. 民法學者, 文官. 민ᄉᆞ법률에닉숙ᄒᆞᆫ자, 문관.
Çi-vil'i-ty, n. 禮節, 례모, 례졀.
Çiv'il-i-za'tion, n. 開化, 기화.
Çiv'il-ize, v.t. 開化, 기화식히다.
Çiv'il-ized, a. 開化, 기화ᄒᆞᆫ.
Clăck, v.t. 爆聲發, 打鳴, 饒舌, 터지ᄂᆞᆫ소ᄅᆡ나다, 떠러소ᄅᆡ나다, 자조자조말ᄒᆞ다, n. 터지ᄂᆞᆫ소ᄅᆡ, 자조자조말ᄒᆞᄂᆞᆫ소ᄅᆡ.
Clăd, v.t. 着, 닙으키다, 입다,(옷)
Clāim, v.t. 討索, 토식ᄒᆞ다, 니라고ᄒᆞ다, n. 토식, 니라고홈.

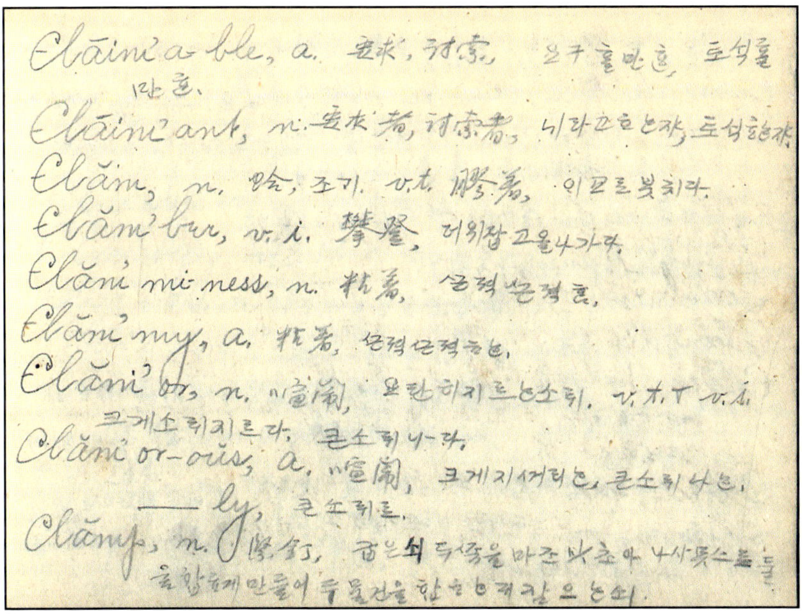

Clāim'a-ble, a. 要求, 討索, 요구ᄒᆞᆯ만ᄒᆞᆫ, 토식ᄒᆞᆯ만ᄒᆞᆫ.
Clāim'ant, n. 要求者, 討索者, 니라고ᄒᆞᄂᆞᆫ자, 토식ᄒᆞᄂᆞᆫ자.
Clăm, n. 蛤, 조기. v.t. 膠着, 이교로붓치다.
Clăm'ber, v.i. 攀登, 더위잡고올나가다.
Clăm'mi-ness, n. 粘着, 끈젹끈젹ᄒᆞᆷ.
Clăm'my, a. 粘着, 끈젹끈젹ᄒᆞᆫ.
Clăm'or, n. 喧鬧, 요란히지르ᄂᆞᆫ소ᄅᆡ. v.t. & v.i. 크게소ᄅᆡ지르다, 큰소ᄅᆡ나다.
Clăm'or-ous, a. 喧鬧, 크게지ᄭᅥ리ᄂᆞᆫ, 큰소ᄅᆡ나ᄂᆞᆫ.
—— ly, 큰소ᄅᆡ로.
Clămp, n. 緊釘, 굽은쇠 두ᄭᅳᆺ을마조ᄇᆞᆺ초아 나사못스로 둘을합ᄒᆞ게만들어 두물건을함ᄭᅴ 잡으ᄂᆞᆫ쇠.

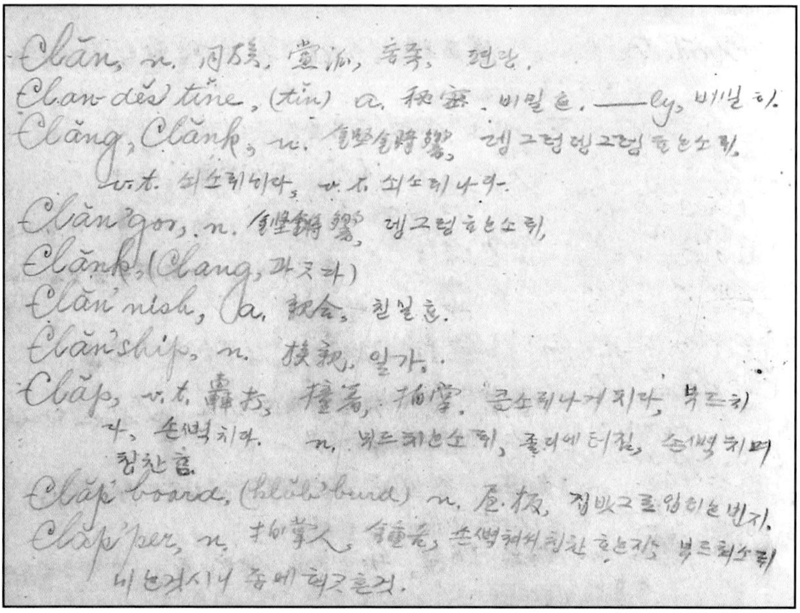

Clăn, n. 同族, 黨派, 종족, 편당.
Clan-dĕs'tine, (tĭn) a. 秘密. 비밀흔. —ly, 비밀히.
Clăng, Clănk, n. [illegible]響, 뎅그렁뎅그렁 ᄒᆞᄂᆞᆫ소리.
v.t. 쇠소리내다, v.i. 쇠소리나다.
Clăn'gor, n. [illegible]響, 뎅그렁ᄒᆞᄂᆞᆫ소리,
Clănk, (Clang, 과ᄀᆞᆺ다)
Clăn'nish, a. 親合, 친밀ᄒᆞᆫ.
Clăn'ship, n. 族親, 일가.
Clăp, v.t. [illegible], [illegible], 拍掌. 큰소리나게치다, 북드ᄃᆡ리다, 손ᄲᅧᆨ치다. n. 북드리ᄂᆞᆫ소리, 졸디에터짐, 손ᄲᅧᆨ치며 칭찬홈.
Clăp'board, (blŭb'burd) n. 屋板, 집밧그로입히ᄂᆞᆫ널지.
Clăp'per, n. 拍掌人, [illegible], 손ᄲᅧᆨ쳐셔칭찬ᄒᆞᄂᆞᆫ자, 북드리ᄂᆞᆫ소리내ᄂᆞᆫ것시나 죵에혀ᄀᆞᆺᄒᆞᆫ것.

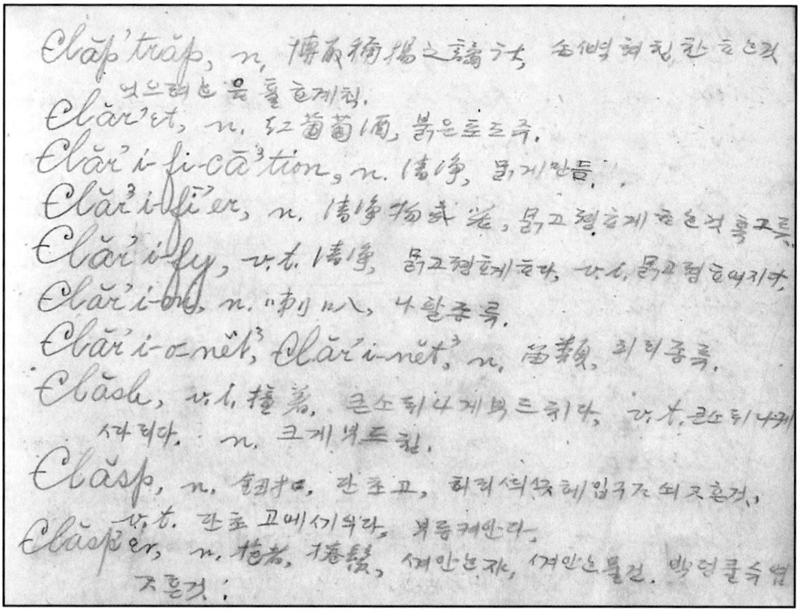

Clăp'trăp, n. 博取稱揚之言論 ᄀᆞᆺ, 손ᄲᅧᆨ쳐칭찬ᄒᆞᄂᆞᆫ것 벗으려ᄒᆞᄂᆞᆫ 을 틀흔계칙.
Clăr'et, n. 紅葡萄酒, 붉은포도쥬.
Clăr'i-fi-cā'tion, n. 淸淨, 묽게만듦.
Clăr'i-fi'er, n. 淸淨物式[illegible], 묽고졍ᄒᆞ게ᄒᆞᄂᆞᆫ것 혹그릇.
Clăr'i-fy, v.t. 淸淨, 묽고졍ᄒᆞ게ᄒᆞ다, v.i. 묽고졍ᄒᆞ여지다.
Clăr'i-on, n. 喇叭, 나팔종류.
Clăr'i-o-nĕt', Clăr'i-nĕt', n. 笛類, 피리종류.
Clăsh, v.i. 撞着, 큰소리나게부드치다, v.t. 큰소리나게 ᄭᆡ트리다. n. 크게부드침.
Clăsp, n. 鈕扣, 간초고, 허리ᄯᅴ쇠나혹ᄎᆡ입구지되ᄀᆞᆺᄒᆞᆫ것,
v.t. 간초고에ᄭᅵ우다, 부듬켜안다.
Clăsp'er, n. 抱者, 捲鬚, ᄭᅧ안ᄂᆞᆫ자, ᄭᅧ안ᄂᆞᆫ물건. 박덩굴슈염ᄀᆞᆺᄒᆞᆫ것;

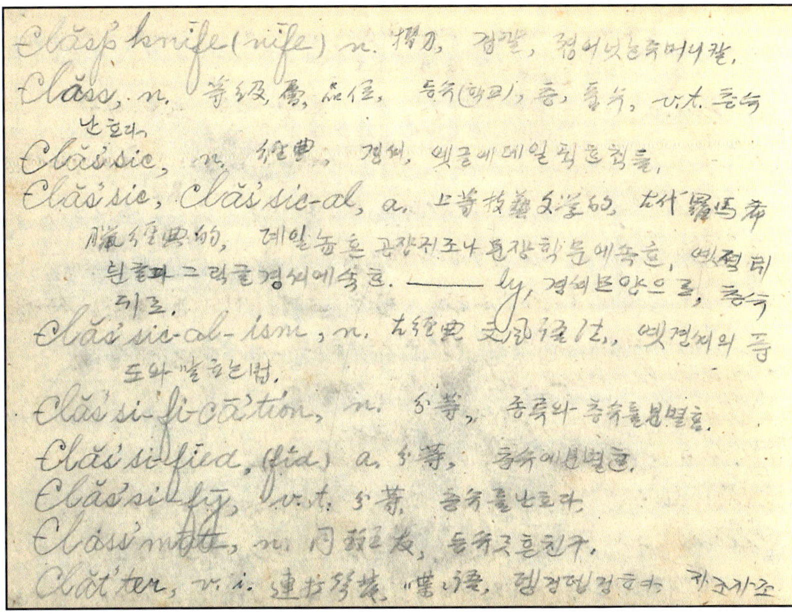

Clăsp knife (nife) n. 摺刀, 졉칼, 졉어넛는주머니칼,
Clăss, n. 等級, 屬, 品位, 등슈(학교), 층, 죵슈, v.t. 층슈 난호다,
Clăs'sic, n. 經典, 경셔, 녯글에뎨일됴흔칙들,
Clăs'sic, clăs'sic-al, a. 上等技藝文學的, 古代羅馬希臘經典的, 뎨일놉흔공장지조나문장학문에쇽흔, 녯젹희랍과 라틴글경셔에쇽흔. —— ly, 경셔본양으로, 층슈 디로.
Clăs'sic-al-ism, n. 古經典文風格法, 녯경셔의풍도와 말흐는법.
Clăs'si-fi-cā'tion, n. 分等, 종류와 층슈를분별흠.
Clăs'si-fied, (fid) a. 分等, 층슈에분별흔.
Clăs'si-fy, v.t. 分等, 층슈를난호다.
Clăss'mate, n. 同級之友, 동슈곳흔친구.
Clăt'ter, v.i. 連打作聲, 嘵譊, 덜걱덜걱흐다, 자조자조

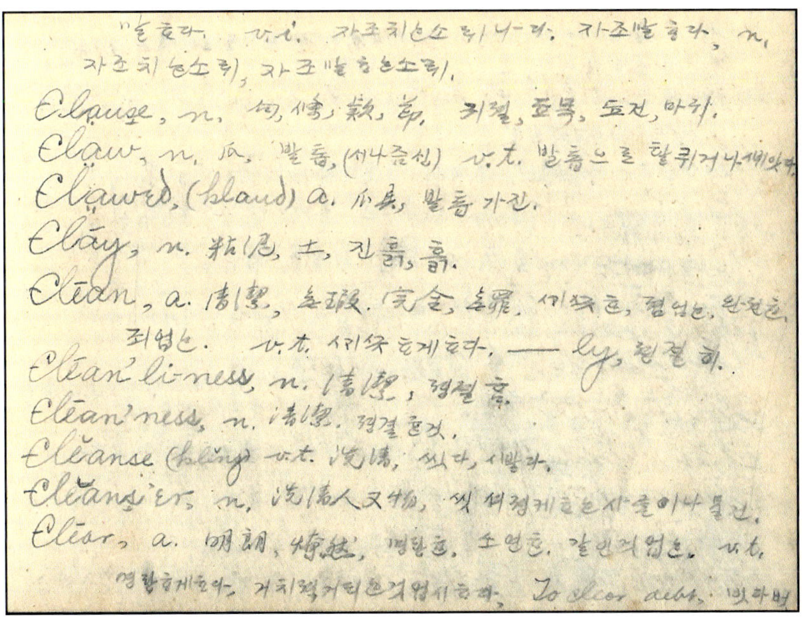

말흐다, v.i. 자조치는소리나다, 자조말흐다, n. 자조치는소리, 자조말흐는소리.
Clause, n. 句, 條, 款, 節, 귀절, 됴목, 됴건, 마디.
Claw, n. 爪, 발톱, (새나즘싱) v.t. 발톱으로 할퀴거나새이다
Clawed, (klawd) a. 爪具, 발톱가진.
Clāy, n. 粘泥, 土, 진흙, 흙.
Clēan, a. 淸潔, 無瑕, 完全, 無罪, 서긋흔, 졈업는, 완젼흔, 죄업는. v.t. 서긋흐게흐다, —— ly, 청결히.
Clēan'li-ness, n. 淸潔, 졍결흠.
Clēan'ness, n. 淸潔, 졍결흔것.
Clĕanse (klĕnz) v.t. 洗淸, 씻다, 시뿔다.
Clĕans'er, n. 洗淸人又物, 씻서졍게흐는사룸이나물건.
Clēar, a. 明朗, 燎然, 명랑흔, 소연흔, 걸닌것업흔. v.t. 명랑흐게흐다, 거치적거리는것업시흐다, To clear debt, 빗갑다

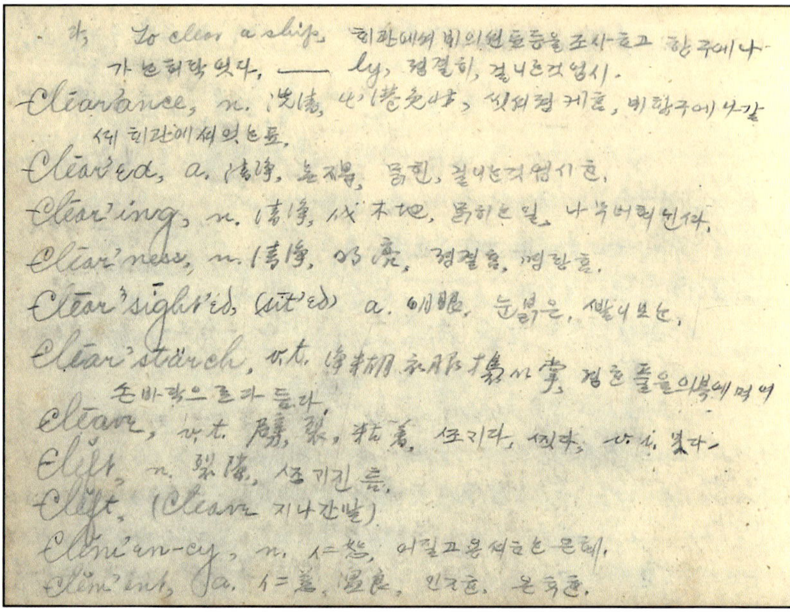

· 다, To clear a ship, 회관에서 배의 선표 등을 조사하고 항구에 나가는 허락 얻다, —— ly, 정결히, 걸니는 것 업시.
Clearance, n. 洗淸, 出港免狀, 씻어 정케 홈, 배 항구에 나갈 새 회관에서 얻는 표.
Cleared, a. 淸淨, 免罪, 몸한, 걸니는 것 업시 한,
Clearing, n. 淸淨, 伐木地, 몸하는 일, 나무 버려 논 터,
Clearness, n. 淸淨, 明亮, 정결홈, 명랑홈.
Clear sighted, (sit'ed) a. 明眼, 눈 밝은, 쌀니 보는,
Clear starch, v.t. 淨米糊衣服, 정한 풀을 의복에 먹여 손바닥으로 코라 들다.
Cleave, v.t. 劈裂, 粘着, 쪼기다, 쩍다, v.i. 붓다.
Cleft, n. 裂隙, 쪼기진 틈,
Cleft, (Cleave 지나간 말)
Clemency, n. 仁慈, 어질고 용서하는 은혜,
Clement, a. 仁慈, 溫良, 인자한, 온유한.

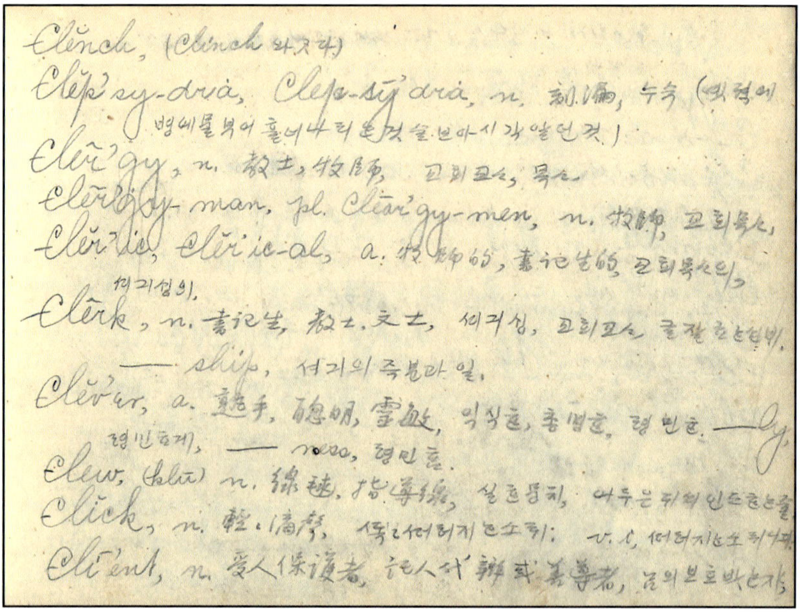

Clench, (Clinch 와 갓다)
Clepsydra, Clepsydra, n. 刻漏, 누수 (옛적에 병에 물 붓어 흘너 나리는 것 보아 시각 알던 것.)
Clergy, n. 敎士, 牧師, 교회 교사, 목사.
Clergyman, pl. Clergymen, n. 牧師, 교회 목사,
Cleric, Clerical, a. 牧師的, 書記生的, 교회 목사의, 서기생의,
Clerk, n. 書記生, 敎士, 文士, 서기생, 교회 교사, 글 잘 하는 선비.
—— ship, 서기의 즉분과 일,
Clever, a. 能手, 聰明, 靈敏, 익숙한, 총명한, 령민한. —— ly, 령민하게, —— ness, 령민홈.
Clew, (klū) n. 線毬, 指導線, 실 한 뭉치, 어두운 데서 인도하는 줄,
Click, n. 輕滴聲, 똑똑 떠러지는 소리; v.i. 떠러지는 소리 나다,
Client, n. 受人保護者, 託人代辯或善導者, 남의 보호 받는 자,

贊襄학ᄉᆞ의게 뒤신ᄉᆞ홈ᄒᆞ거나 지을가ᄒᆞ허 ᄌᆞ긔ᄌᆞ기를 칭ᄒᆞᄂᆞᆫ字.

Cliff, n. 石壁, 絶壁, 석벽, 졀벽.

Cli-măc'ter, n. 厄年, 악회의 ᄂᆞᆫ회

Cli-măc'ter-ic, Cli-măc'ter-ic-al, a. 厄年的, 악회 잇ᄂᆞᆫ 회의.

Clī'māte, n. 氣候, 風土, 긔후, 풍토.

Clī-măt'ic, a. 氣候的, 긔후의,

Clī'ma-tŏl'o-gy, n. 氣候学, 긔후와 풍토 학문.

Clī'max, n. 至高端, 뎨일 놉흔 뎡.

Clīmb, (klīm) v.t. & v.i. 攀登, 더위잡아 올으다.

Clīme, n. 地方風土, 흔디방 풍토.

Clĭnch, v.t. 握, 緊合, 잡다, 단ᄃᆞ히 합ᄒᆞ다, To clinch a nail, 못을 단ᄃᆞ히 박다, To clinch the fist, 주머귀 단ᄃᆞ히 쥐다.

Clĭng, v.t. 緊着, 纏着, 단ᄃᆞ히 붓다, 감겨 놋치 안타.

Clĭng'y, a. 纏着, 粘着, 감겨 붓기 잘ᄒᆞᄂᆞᆫ, ᄉᆞᆫ젹ᄉᆞᆫ젹ᄒᆞᄂᆞᆫ.

Clĭn'ic, Clĭn'ic-al, a. 在床病臥, 항상 병 들어 자리에 일지 못ᄒᆞᄂᆞᆫ. n. 항상 병 알ᄂᆞᆫ 사ᄅᆞᆷ.

Clĭnk, v.t. 打々鳴, 뎅그렁 뎅그렁 ᄒᆞ다, n. 뎅그렁 뎅그렁 ᄒᆞᄂᆞᆫ 소리.

Clĭp, v.t. 剪斷, 가위로 ᄒᆞᆫ번에 버히다, 버혀 짜르게 ᄒᆞ다, n. 버힘, 깍금.

Clĭp'per, n. 剪者, 快船, 버히ᄂᆞᆫ 자, ᄲᆞᆯ니 가ᄂᆞᆫ ᄇᆡ.

Clĭque, (kleek) n. 徒黨, 무리, 당.

Clōak, n. 外套, 掩托, 것헤 입ᄂᆞᆫ 널은 옷, 칭탁, 핑계, v.t. 옷 입히다, 숨기다.

Clŏck, n. 時鐘, 자명종, 시종.

Clŏck'-māk'er, n. 時鐘匠, 자명종 만드ᄂᆞᆫ 재.

Clŏg, n. 駄累, 阻止, 妨害, 짐, 누되ᄂᆞᆫ 것, 막ᄂᆞᆫ 것, 방해, v.t. 누되게 ᄒᆞ다, 잡히다, 방해ᄒᆞ다.

Clois'ter, n. 修道院, 庵, 절에 도닥ᄒᆞᄂᆞᆫ 집, 암ᄌᆞ, v. t. 절에 들어가 도닥ᄒᆞ다, ——er, 도닥ᄒᆞᄂᆞᆫ 자.
Clois'tral, a. 修道院的, 도닥ᄒᆞᄂᆞᆫ 집의, 절에 들어간.
Clōse, v. t. 閉, 塞, 封, 完, 닷다, 막다, 봉ᄒᆞ다, 맛치다, v. i. 닷쳐지다, 숫나다, n. 결말, 쯧, a. 친근ᄒᆞᆫ, 각가온, 세ᄆᆡᆨᄒᆞᆫ.
Clōsed, a. 密閉, 完結, 닷친, 맛친.
Clōse'ly, adv. 親近, 緊密, 친근히, 세ᄆᆡᆨᄒᆞ히, 촘촘히.
Clōse'ness, n. 親近, 緊密, 친근ᄒᆞᆷ, 세ᄆᆡᆨᄒᆞᆷ.
Clos'et, n. 挾房, 小房, 곗방, 골방, 귀ᄒᆞᆫ 것과 세간 두ᄂᆞᆫ 적은 방, v. t. 골방에 닷치고 비밀ᄒᆞᆫ 의논ᄒᆞ다, Water closet, 뒤간.
Clos'ure, n. 閉, 閉物, 結局, 圍障, 닷침, 닷치ᄂᆞᆫ 것, 결말, 담이나 울노 둘너막은 곳.
Clot, n. 凝結, 엉겨 덩어리 된 것, v. i. 엉긔다.
Cloth, pl. Cloths, n. 布, 天鵝絨, 필육, 실노 ᄶᆞ서 만든 의복감.
Clothe, v. t. 着衣, 옷 입히다, 의복 주다, v. i. 옷 입다.
Clothes, (klothz) n. 衣服, 衾褥, 의복, 침상에 덥ᄂᆞᆫ 이불 요의.

Clothes'-bas'ket, n. 衣箱, 옷상ᄌᆞ.
Cloth'ier, (yer) n. 裁縫工, 의복 지어 파ᄂᆞᆫ 자.
Cloth'ing, n. 衣服, 의복.
Clot'ty, a. 凝結的, 엉긘 뭉치 만흔.
Cloud, n. 雲, 烟塵, 雲紋, 沉暗, 群衆, 구룸, 연긔 띄ᄭᅳᆯ 등 흑의 ᄯᅦ, 구룸 ᄀᆞᆺᄒᆞᆫ 문채, 흐리고 검ᄉᆞᄒᆞᆷ, 근심시러온 빗, 무리, ᄯᅦ, v. t. 구룸으로 가리다, 구룸 문늬 ᄒᆞ다, —— ed, 구룸 낀.
Cloud'i-ly, adv. 暗, 어둡게, 침침히.
Cloud'i-ness, n. 雲蔽, 구룸 가림.
Cloud'less, a. 無雲, 구룸 업ᄂᆞᆫ.
Cloud'y, a. 雲蔽, 陰黑, 憂愁, 雲紋, 朦朧, 구룸 낀, 흐린, 슬픈, 구룸 문늬 ᄒᆞᆫ, 세 맛기어려온.
Clout, n. 布片, 西洋鏡, 흔겁 조각, 관역 징흔, v. t. 흔겁으로 깁다.
Clōve, n. 丁香, 뎡향, (약일홈)

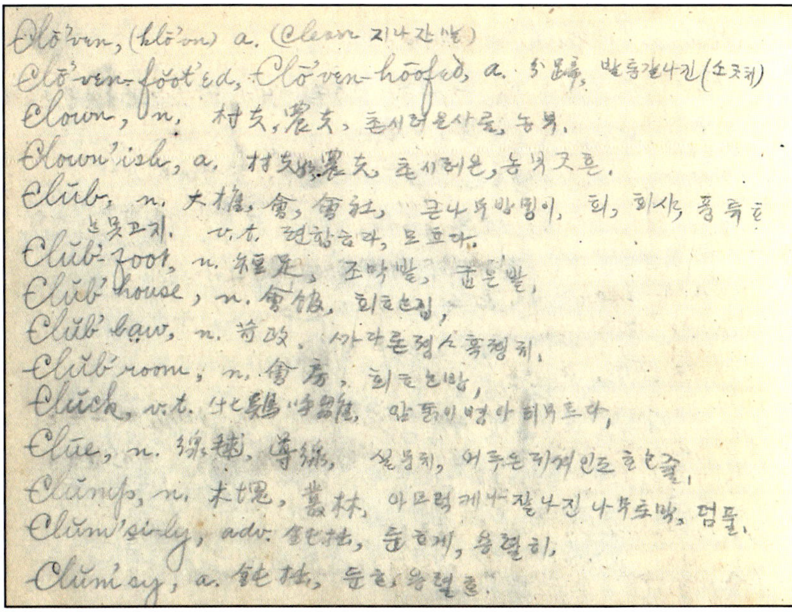

Clō'ven, (klō'vn) a. (Cleave 지나간 ᄯᅢ)
Clō'ven-fŏŏt'ed, Clō'ven-hōōfed, a. 分蹄, 발톱갈나진(소ᄀᆞᆺᄒᆡ)
Clown, n. 村夫, 農夫, 촌시러운사ᄅᆞᆷ, 농부.
Clown'ish, a. 村夫的, 農夫, 촌시러운, 농부ᄀᆞᆺᄒᆞᆫ.
Clŭb, n. 大棍, 會, 會社, 큰나무방멍이, 회, 회사, 흉륙ᄒᆞᆫ 모고치. v.t. 련합ᄒᆞ다, 모흐다.
Clŭb-foot, n. 短足, 조막발, 굽은발,
Clŭb'house, n. 會館, 회ᄒᆞᄂᆞᆫ집,
Clŭb'law, n. 苛政, 사나운정ᄉᆞ 혹정치,
Clŭb'room, n. 會房, 회ᄒᆞᄂᆞᆫ방,
Clŭck, v.t. 作七鷄鳴(?), 암톡이병아리부르다,
Clūe, n. 線毬, 導線, 실뭉치, 어두운데에인도ᄒᆞᄂᆞᆫ줄,
Clŭmp, n. 木塊, 叢林, 아모렇게나 잘나진 나무토막, 덤풀,
Clŭm'sily, adv. 鈍拙, 둔ᄒᆞ게, 용렬히,
Clŭm'sy, a. 鈍拙, 둔ᄒᆞᆫ, 용렬ᄒᆞᆫ.

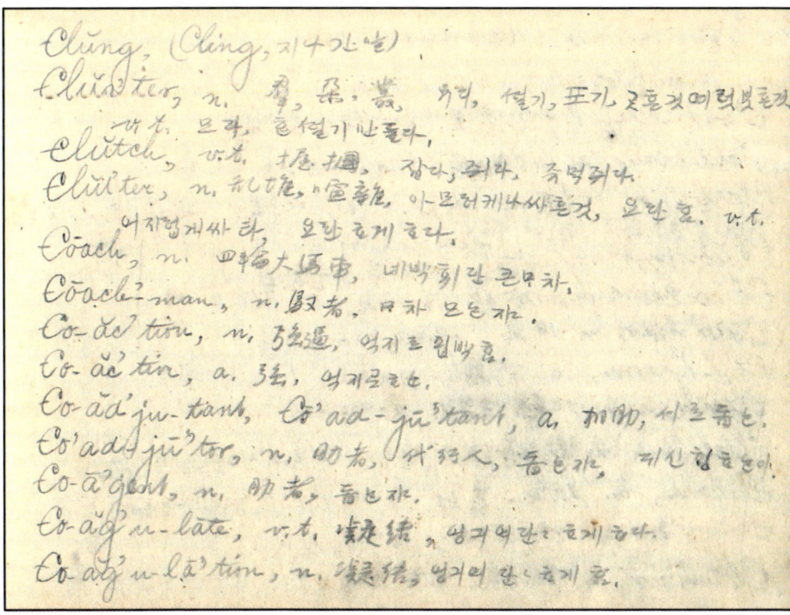

Clŭng, (Cling, 지나간 ᄯᅢ)
Clŭs'ter, n. 房, 朶, 叢, ᄯᅦ, 열기, 포기, ᄀᆞᆺᄒᆞᆫ것여럿붙ᄒᆞᆫ것 v.t. 모다, ᄒᆞᆫ열기만들다,
Clŭtch, v.t. 握, 捆, 잡다, 쥐다, 죽먹쥐다.
Clŭt'ter, n. 亂堆, 喧噪, 아모러케나싸ᄒᆞᆫ것, 요란ᄒᆞᆷ. v.t. 어지럽게싸다, 요란ᄒᆞ게ᄒᆞ다.
Cōach, n. 四輪大馬車, 네박휘단 큰마차,
Cōach-man, n. 馭者, 마차 모ᄂᆞᆫ자.
Co-ăc'tion, n. 強逼, 억지로핍박ᄒᆞᆷ.
Co-ăc'tive, a. 強, 억지로ᄒᆞᄂᆞᆫ.
Co-ăd'ju-tant, Cō'ad-jū'tant, a. 加助, 서로돕ᄂᆞᆫ.
Cō'ad-jū'tor, n. 助者, 代行人, 돕ᄂᆞᆫ자, 대신ᄒᆞᄂᆞᆫ이.
Co-ā'gent, n. 助者, 돕ᄂᆞᆫ자.
Co-ăg'u-late, v.t. 凝結, 엉긔여단단ᄒᆞ게ᄒᆞ다.
Co-ăg'u-lā'tion, n. 凝結, 엉긔여 단단ᄒᆞ게 ᄒᆞᆷ.

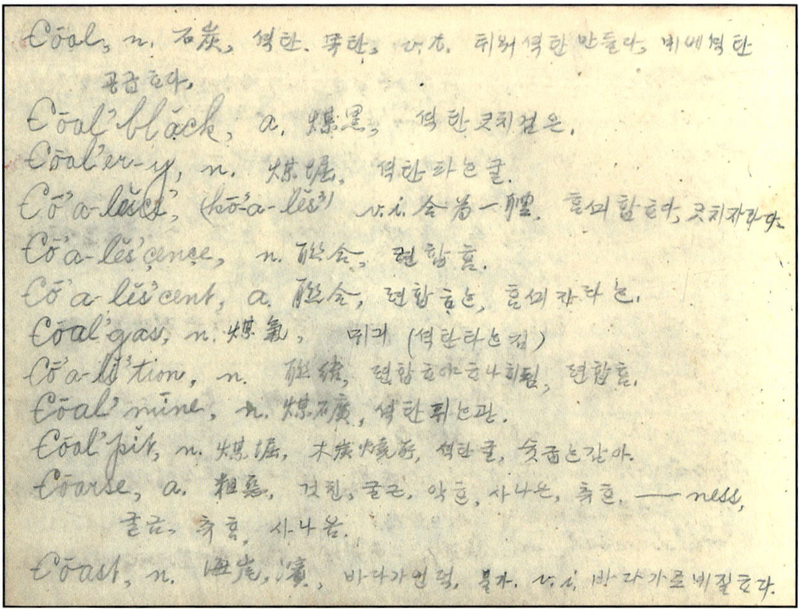

Cōal, n. 石炭, 셕탄. 목탄, v.t. 튀워셕탄 만들다, 배에셕탄 공급ᄒᆞ다.

Cōal'black, a. 煤黑, 셕탄곳치검은.

Cōal'er-y, n. 煤壙, 셕탄파는굴.

Cō'a-lĕsce', (kō-a-lĕs') v.i. 合爲一體, ᄒᆞᆫ듸합ᄒᆞ다, 곳치자라다.

Cō'a-lĕs'cence, n. 聯合, 련합ᄒᆞᆷ.

Cō'a-lĕs'cent, a. 聯合, 련합ᄒᆞᄂᆞᆫ, ᄒᆞᆫ듸자라ᄂᆞᆫ.

Cōal'gas, n. 煤氣, 떡괴 (셕탄타ᄂᆞᆫ김)

Cō'a-lĭ'tion, n. 聯結, 련합ᄒᆞ야ᄒᆞᄂᆞ히됨, 련합ᄒᆞᆷ.

Cōal'mine, n. 煤礦, 셕탄캐ᄂᆞᆫ관.

Cōal'pit, n. 煤壙, 木炭燒處, 셕탄굴, 숫굽ᄂᆞᆫ곳이.

Cōarse, a. 粗惡, 것친, 굴근, 악ᄒᆞᆫ, 사나온, 추ᄒᆞᆫ. — ness, 굴금, 추ᄒᆞᆷ, 사나옴.

Cōast, n. 海岸, 濱, 바다가언덕, 물가. v.i. 바다가로배질ᄒᆞ다.

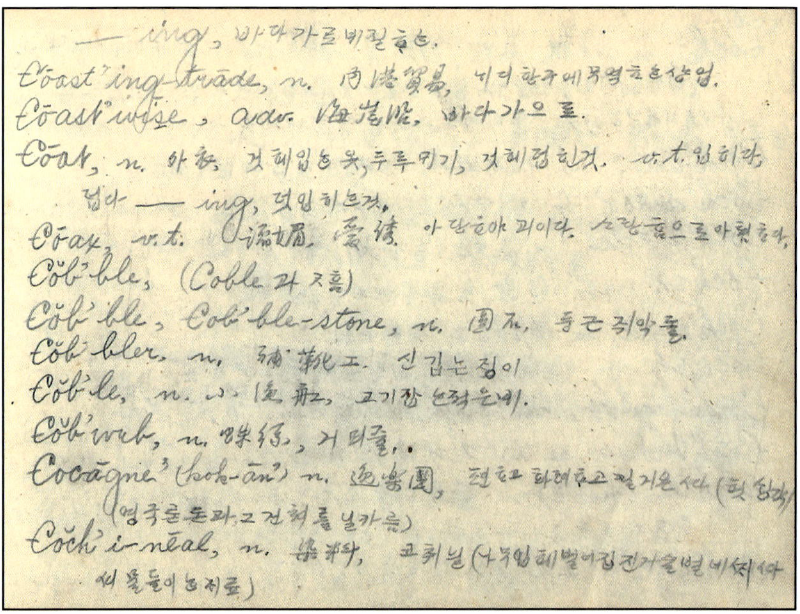

— ing, 바다가로배질ᄒᆞᄂᆞᆫ.

Cōast'ing-trāde, n. 內港貿易, 니디항구에무역ᄒᆞᄂᆞᆫ상업.

Cōast'wise, adv. 海岸沿, 바다가으로.

Cōat, n. 外衣, 것헤입ᄂᆞᆫ옷, 두루마기, 것헤덥힌것. v.t. 입히다, 덥다 — ing, 덧입히ᄂᆞᆫ것.

Cōax, v.t. 諂媚, 愛誘 아당ᄒᆞ야꾀이다. ᄉᆞ랑ᄒᆞᆷ으로아첨ᄒᆞ다.

Cŏb'ble, (Coble 과 ᄀᆞᆺ흠)

Cŏb'ble, Cob'ble-stone, n. 圓石, 둥근쟉막돌.

Cŏb'bler, n. 補靴工, 신깁ᄂᆞᆫ장이

Cŏb'le, n. 小漁船, 고기잡ᄂᆞᆫ적은배.

Cŏb'web, n. 蛛絲, 거믜줄.

Cocagne' (kok-ān') n. 逸樂園, 편ᄒᆞ고화려ᄒᆞ고질거온ᄯᅡ(런던과 (영국룬돈과그근처를닐카름)

Cŏch'i-nēal, n. 染料, 고취닐(나무닙헤벌어진진거슬별비셔서 물들이ᄂᆞᆫ지료)

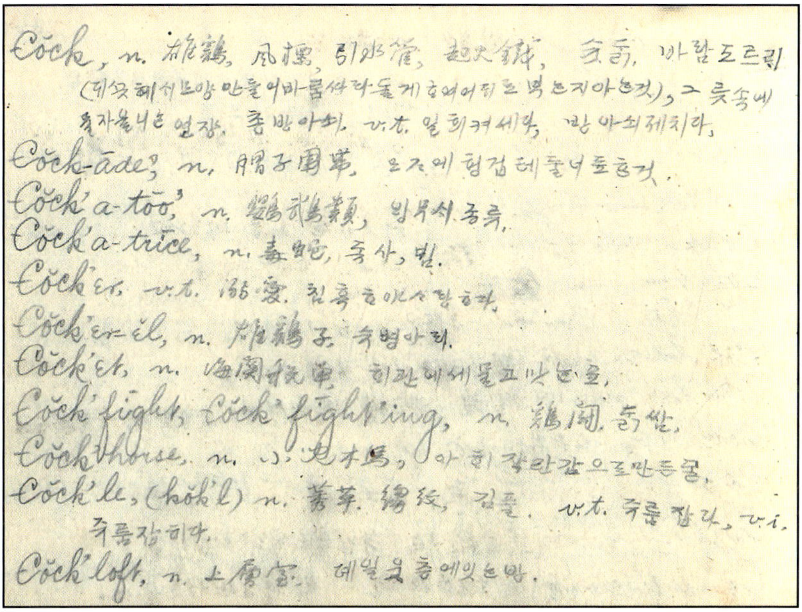

Cŏck, n. 雄鷄, 風標, 引水管, 起火鐵, 쇠촉, 바람도르리 (뒤웃헤서모양만들어바람셔러돌게ᄒᆞ여어듸로부는지아는것), 그릇속에 물자올내는열장, 총방아쇠. v.t. 일희켜세우, 방아쇠제치다,

Cŏck-āde', n. 帽子圍帶. 모자에휘갑쳐돌녀돌ᄒᆞᆫ것.

Cŏck'a-too', n. 鸚鵡類, 앵무새종류.

Cŏck'a-trice, n. 毒蛇, 독사, 뱀.

Cŏck'er, v.t. 溺愛. 침혹ᄒᆞ야ᄉᆞ랑ᄒᆞ다.

Cŏck'er-ĕl, n. 雄鷄子. 숫병아리.

Cŏck'et, n. 海關稅單. 히관에세물고맛ᄂᆞᆫ표.

Cŏck'fight, Cŏck'fight'ing, n. 鷄鬪. 닭싸홈.

Cŏck'horse, n. 小兒木馬, 아ᄒᆡ작란감으로만든물.

Cŏck'le, (kŏk'l) n. 莠草. 縐紋, 김풀. v.t. 주름잡다, v.i. 주름잡히다.

Cŏck'loft, n. 上層室. 뎨일웃층에잇ᄂᆞᆫ방.

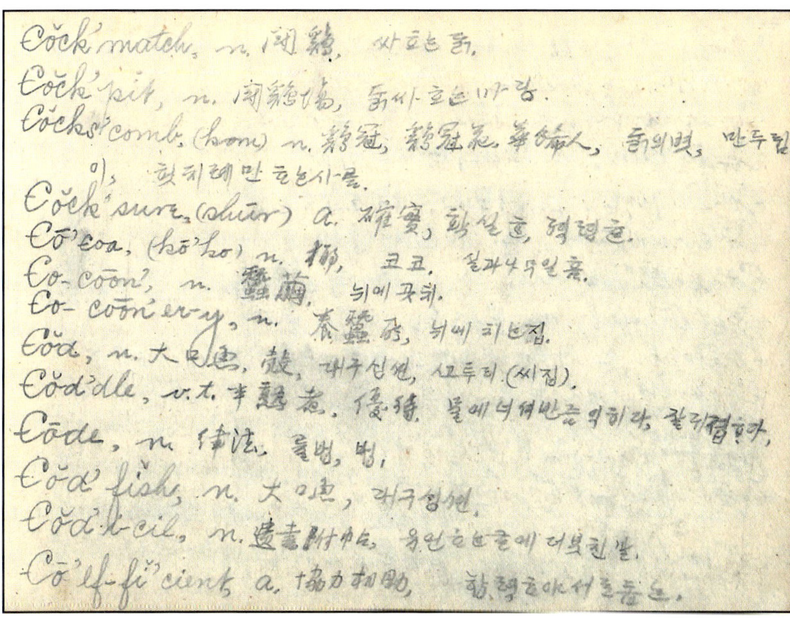

Cŏck'match, n. 鬪鷄, 싸호ᄂᆞᆫ닭.

Cŏck'pit, n. 鬪鷄場, 닭싸호ᄂᆞᆫ마당.

Cŏcks'comb, (kōm) n. 鷄冠, 鷄冠花, 華飾人, 닭의볏, 만드람이, 홋치레만ᄒᆞᄂᆞᆫ사ᄅᆞᆷ.

Cŏck'sure, (shŭr) a. 確實, 확실ᄒᆞᆫ, 뎍뎡ᄒᆞᆫ.

Cō'coa, (kō'ko) n. 椰, 코코. 실과나무일홈.

Co-coon', n. 蠶繭. 누에고치.

Co-coon'er-y, n. 養蠶所, 누에치ᄂᆞᆫ집.

Cŏd, n. 大口魚, 莢, 대구싱션, ᄭᅩ투리(씨집).

Cŏd'dle, v.t. 半熟煮. 優待. 물에너허반슉식히다, 잘대졉ᄒᆞ다,

Cōde, n. 律法. 률법, 법,

Cŏd'fish, n. 大口魚, 대구싱션.

Cŏd'i-cil, n. 遺書附帖, 유언ᄒᆞᆫ글에더부친말.

Cō'ef-fi'cient, a. 協力相助, 합력ᄒᆞ야서로돕ᄂᆞᆫ.

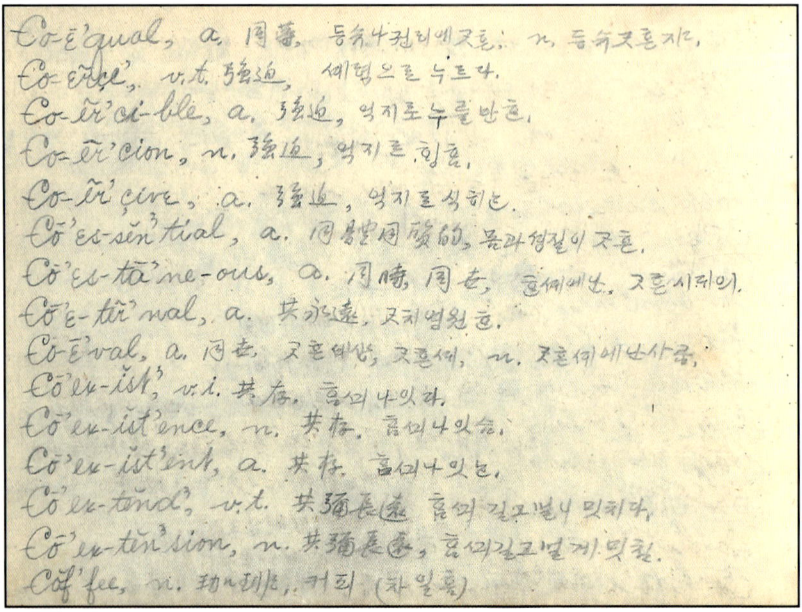

Co-e'qual, a. 同等, 등수나 권리에 ᄀᆞᆺᄒᆞᆫ; n. 등수 ᄀᆞᆺᄒᆞᆫ 자,
Co-erce', v.t. 強迫, 세력으로 누르다.
Co-er'ci-ble, a. 強迫, 억지로 누를 만ᄒᆞᆫ.
Co-er'cion, n. 強迫, 억지로 힘ᄒᆞᆷ.
Co-er'cive, a. 強迫, 억지로 식히는.
Co'es-sen'tial, a. 同體同質的, 몸과 셩질이 ᄀᆞᆺᄒᆞᆫ.
Co'es-ta'ne-ous, a. 同時, 同世, ᄒᆞᆫ 세에 난, ᄀᆞᆺᄒᆞᆫ 시ᄃᆡ의.
Co'e-ter'nal, a. 共永遠, ᄀᆞᆺ치 영원ᄒᆞᆫ.
Co-e'val, a. 同世, ᄀᆞᆺᄒᆞᆫ 세상, ᄀᆞᆺᄒᆞᆫ 세, n. ᄀᆞᆺᄒᆞᆫ 세에 난 사ᄅᆞᆷ,
Co'ex-ist', v.i. 共存, ᄒᆞᆷ긔 나 잇다.
Co'ex-ist'ence, n. 共存, ᄒᆞᆷ긔 나 잇슴.
Co'ex-ist'ent, a. 共存, ᄒᆞᆷ긔 나 잇는.
Co'ex-tend', v.t. 共彌長遠, ᄒᆞᆷ긔 길고 널니 밋치다.
Co'ex-ten'sion, n. 共彌長遠, ᄒᆞᆷ긔 길고 널게 밋침.
Cof'fee, n. 珈琲, 커피 (차 일홈)

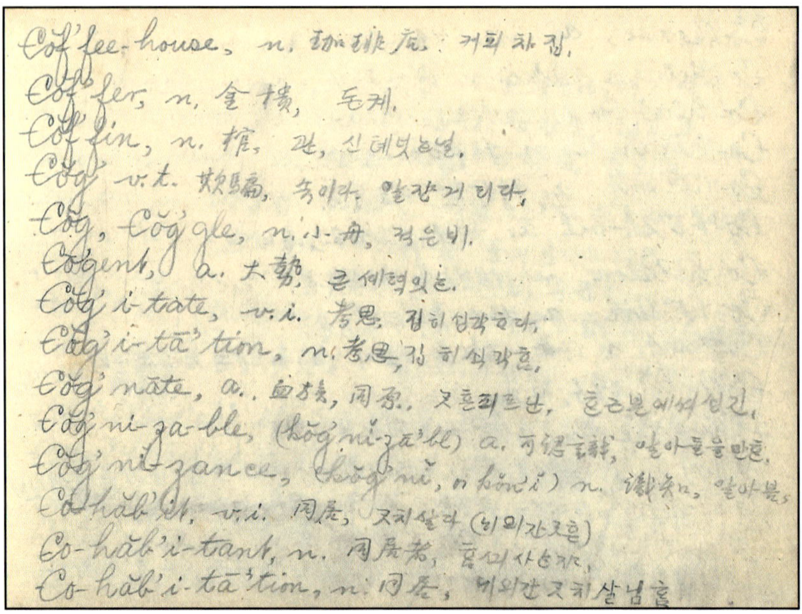

Cof'fee-house, n. 珈琲店, 커피 차집,
Cof'fer, n. 金櫃, 돈궤.
Cof'fin, n. 棺, 관, 신톄 넛는 널.
Cog, v.t. 欺騙, 속이다, 알잔거리다,
Cog, Cog'gle, n. 小舟, 적은 ᄇᆡ.
Co'gent, a. 大勢, 큰 세력 잇는.
Cog'i-tate, v.i. 考思, 깁히 ᄉᆡᆼ각ᄒᆞ다,
Cog'i-ta'tion, n. 考思, 깁히 ᄉᆡᆼ각ᄒᆞᆷ.
Cog'nate, a. 血族, 同原, ᄀᆞᆺᄒᆞᆫ 피로 난, ᄒᆞᆫ 근본에셔 ᄉᆡᆼ긴,
Cog'ni-za-ble, (kŏg'nĭ-zā'bl) a. 可得認識, 알아볼 만ᄒᆞᆫ.
Cog'ni-zance, (kŏg'nĭ, or kŏn'ĭ) n. 識知, 알아봄,
Co-hab'it, v.i. 同居, ᄀᆞᆺ치 살다 (ᄇᆡ외간 ᄀᆞᆺᄒᆞᆫ)
Co-hab'i-tant, n. 同居者, ᄒᆞᆷ긔 사는 자,
Co-hab'i-ta'tion, n. 同居, ᄇᆡ외간 ᄀᆞᆺ치 살님ᄒᆞᆷ

Co-heir', (ko-âr') n. 同分給, 홈씌 분깃ᄒᆞᄂᆞᆫ자.
Co-heir'ess, (âr'es) n. 同分給女, 홈씌분깃ᄒᆞᄂᆞᆫ부인.
Co-hēre', v.i. 相粘附, 서로 븟다.
Co-hēr'ence, n. 相粘附 서로 븟흠.
Co-hēr'ent, a. 相粘附 서로 븟ᄂᆞᆫ.
Co-hē'si-ble, a. 相粘着, 서로븟흘만ᄒᆞᆫ.
Co-hē'sion, n. 相粘着, 서로븟흠.
Co-hē'sive, a. 相粘着, 서로 븟ᄂᆞᆫ.
Cō'hort, n. 兵一方旅團, 로마국 옛적에 군ᄉᆞ 오륙빅명 되ᄂᆞᆫ셰데.
Coif, n. 巾帽子, 모ᄌᆞ.
Coif'fūre, n. 首飾, 머리에 쓰ᄂᆞᆫ것.
Coil, v.t. 捲繞, 실 테ᄀᆞᆺ치 감다. n. 밧줄이나 다른 줄 서리서
리ᄒᆞ여 감아노흔것.
Coin. n. 貨幣, 外角, 돈, 밧그로난 색다귀, v.t. 돈짓다.

Coin'age, n. 造幣, 주젼ᄒᆞᆷ.
Cō'in-cide', v.i. 相合, 相適, 서로 합ᄒᆞ다, 서로 맛다.
Co-in'ci-dence, n. 相合, 合意, 상합ᄒᆞᆷ, 합의ᄒᆞᆷ.
Co-ĭn'ci-dent, a. 相合, 合意, 상합ᄒᆞᆫ, 합의ᄒᆞᆫ.
Coin'er, n. 鑄貨者, 創出者, 주젼ᄒᆞᄂᆞᆫ자, 서로 지어 낸자.
Cō'in-hĕr'it-or, n. 同分給者, 홈씌 분깃ᄒᆞᄂᆞᆫ자.
Coin'ing, n. 創作, 鑄貨, 새로지어냄, 주젼ᄒᆞᆷ.
Co-ĭ'tion, (ish'un) n. 交媾, 남녀교합ᄒᆞᆷ, 암컷수컷 흘네.
Cōld, a. 寒冷, 無情, 치운, 찬, 무졍ᄒᆞᆫ. n. 치위, 감긔,
무졍ᄒᆞᆷ.
Cōld'blood'ed, (blŭd') 冷淡, 無情, 쌀ᄉᆞᆯᄒᆞᆫ, 무졍ᄒᆞᆫ.
Cōld'heärt'ed, a. 薄情, 冷淡, 무졍ᄒᆞᆫ, 쌀ᄉᆞᆯᄒᆞᆫ.
Cōld'ly, adv. 無情, 冷淡, 무졍히, 쌀ᄉᆞᆯ히.
Cōld'ness, n. 無情, 冷淡, 무졍ᄒᆞᆷ, 쌀ᄉᆞᆯᄒᆞᆷ.
Cō'le-ŏp'ter-al, Cō'le-ŏp'ter-ous, a. 甲虫類的, (식

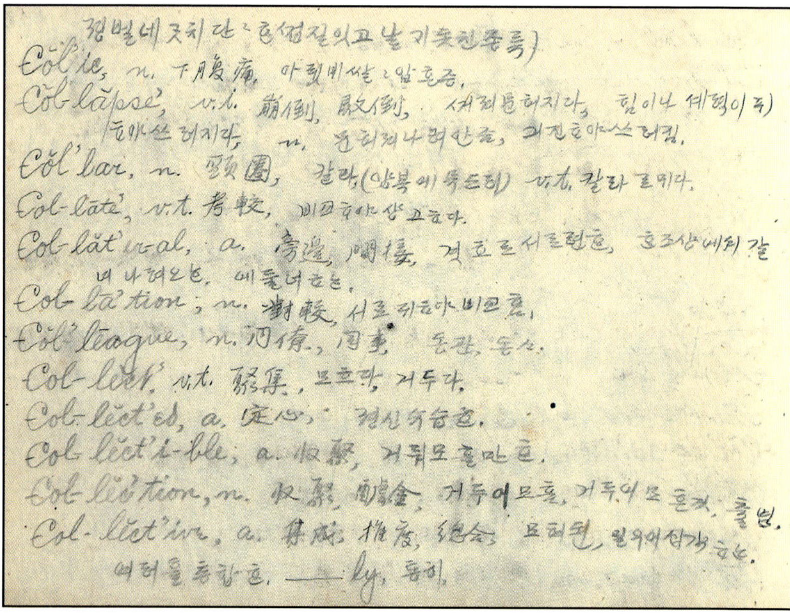

(정벌네굿치단ᄒᆞᆫ셤질잇고날기ᄉᆞᆫ친종류)
Col'ic, n. 下腹痛, 아랫배쌀ᄒᆞᆫ압흔증.
Col-lapse', v.i. 崩倒, 敗倒, 새여문허지다, 힘이나 세력이 주)
ᄒᆞ야쓰러지다, n. 문허져나려안ᄌᆞᆷ, 긔진ᄒᆞ야쓰러짐.
Col'lar, n. 項圈, 칼라(양복에목드리) v.t. 칼라로ᄆᆡ다.
Col-late', v.t. 考較, 비교ᄒᆞ야상고ᄒᆞ다.
Col-lat'er-al, a. 旁邊, 附接, 겻흐로서로련ᄒᆞᆫ, ᄒᆞᆫ조상에셔갈
네나려오ᄂᆞᆫ, 에둘너ᄒᆞᄂᆞᆫ.
Col-la'tion, n. 對較, 서로ᄃᆡᄒᆞ야비교ᄒᆞᆷ.
Col'league, n. 同僚, 同事, 동관, 동ᄉᆞ.
Col-lect', v.t. 聚集, 모흐다, 거두다.
Col-lect'ed, a. 定心, 정신수습ᄒᆞᆫ.
Col-lect'i-ble, a. 收聚, 거둬모흘만ᄒᆞᆫ.
Col-lec'tion, n. 收聚, 醵金, 거두어모흠, 거두어모흔것, 출렴.
Col-lect'ive, a. 集成, 總度, 總合, 모혀된, 합ᄒᆞ야셩가ᄒᆞᄂᆞᆫ.
여러흘총합ᄒᆞᆫ. ——ly, 통히.

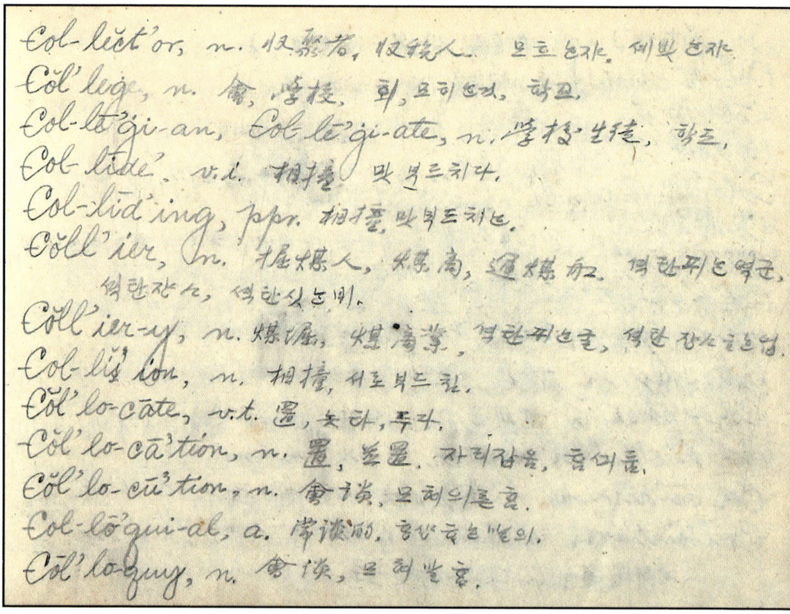

Col-lect'or, n. 收聚者, 收稅人. 모흐ᄂᆞᆫ자, 세밧ᄂᆞᆫ자.
Col'lege, n. 會, 學校, 회, 모히ᄂᆞᆫ것, 학교.
Col-le'gi-an, Col-le'gi-ate, n. 學校生徒, 학도,
Col-lide', v.i. 相撞, 맛부드치다.
Col-lid'ing, ppr. 相撞, 맛부드치ᄂᆞᆫ.
Col'lier, n. 掘煤人, 煤商, 運煤船. 석탄파ᄂᆞᆫ역군,
석탄쟝ᄉᆞ, 석탄싯ᄂᆞᆫ배.
Col'lier-y, n. 煤壙, 煤商業, 석탄파ᄂᆞᆫ굴, 석탄장ᄉᆞᄒᆞᄂᆞᆫ업.
Col-lis'ion, n. 相撞, 서로부드침.
Col'lo-cate, v.t. 置, 노타, 두다.
Col'lo-ca'tion, n. 置, 安置, 자리잡음, 둠어둠.
Col'lo-cu'tion, n. 會談, 모혀의론ᄒᆞᆷ.
Col-lo'qui-al, a. 常談的, 흔히ᄒᆞᄂᆞᆫ말의.
Col'lo-quy, n. 會談, 모혀말ᄒᆞᆷ.

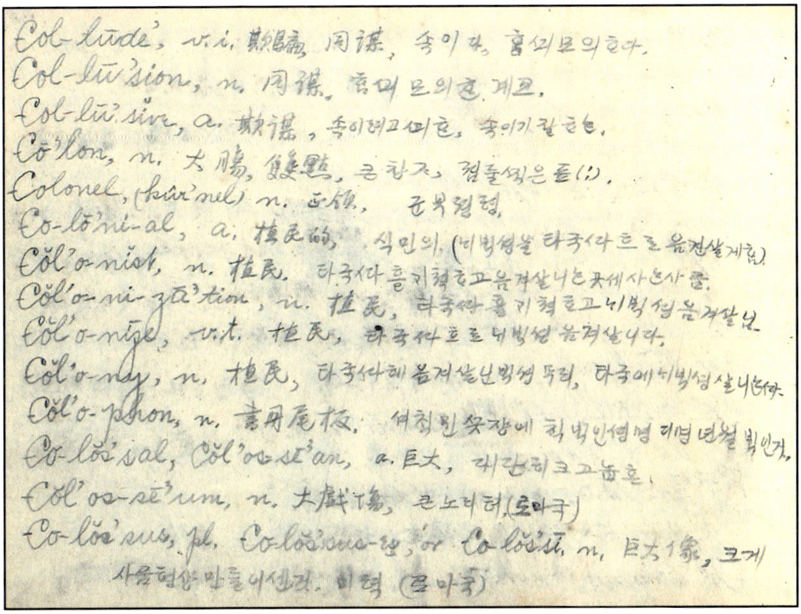

Col-lūde', v.i. 欺騙, 同謀, 속이다, 홈쯰모의ᄒᆞ다.
Col-lū'sion, n. 同謀, 홈ᄭᅴ모의ᄒᆞᆫ 계교.
Col-lū'sive, a. 欺謀, 속이려고ᄭᅬᄒᆞᆫ, 속이기잘ᄒᆞᄂᆞᆫ.
Cō'lon, n. 大腸, 雙點, 큰창ᄌᆞ, 점둘ᄶᅵᆨ은표(:).
Colonel, (kŭr'nel) n. 正領, 군부졍령.
Co-lō'ni-al, a. 植民的, 식민의. (ᄇᆡᆨ셩을 타국ᄯᅡ흐로 옴겨살게ᄒᆞᆷ)
Cŏl'o-nist, n. 植民. 타국ᄯᅡ흘기쳑ᄒᆞ고옴겨살니ᄂᆞᆫ곳에사ᄂᆞᆫ사ᄅᆞᆷ.
Cŏl'o-ni-zā'tion, n. 植民, 타국ᄯᅡ흘기쳑ᄒᆞ고ᄇᆡᆨ셩옴겨살님.
Cŏl'o-nize, v.t. 植民, 타국ᄯᅡ흐로ᄇᆡᆨ셩옴겨살니다.
Cŏl'o-ny, n. 植民, 타국ᄯᅡ헤옴겨살닌ᄇᆡᆨ셩ᄯᅦ리, 타국에ᄇᆡᆨ셩살니ᄂᆞᆫᄯᅡ.
Cŏl'o-phon, n. 書冊尾板. 셔칙ᄆᆞᆺ장에 ᄎᆡᆨ박인셩명 ᄯᅢ와 년월 박인것.
Co-lŏs'sal, Cŏl'os-sē'an, a. 巨大, ᄃᆡ단히크고놉ᄒᆞᆫ.
Cŏl'os-sē'um, n. 大戲場, 큰노리터(로마국)
Co-lŏs'sus, pl. Co-lŏs'sus-es, or Co-lŏs'si, n. 巨大像, 크게
사ᄅᆞᆷ형상만들어세운것. 비텩(로마국)

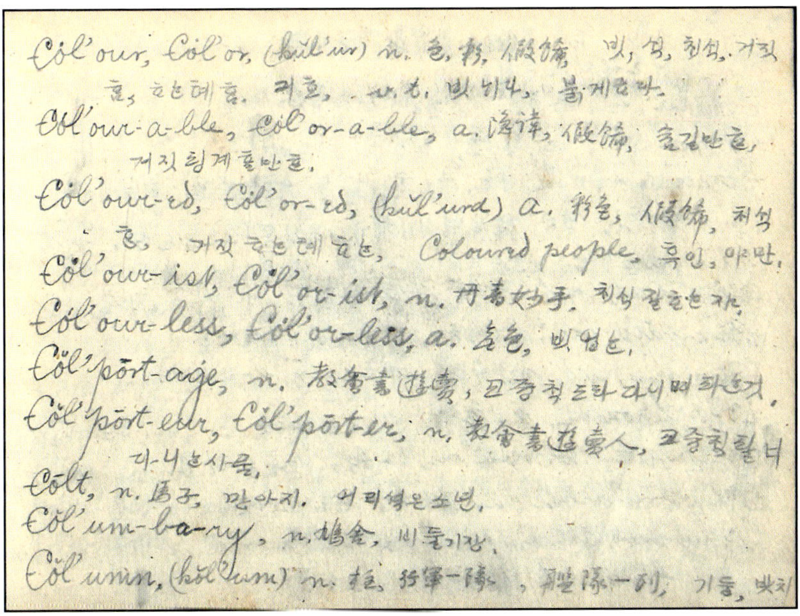

Cŏl'our, Cŏl'or, (kŭl'ur) n. 色, 彩, 假飾, 빗, 석, 치식, 거짓
ᄒᆞᆫ, ᄒᆞᄂᆞᆫ톄ᄒᆞᆷ. 긔호, v.t. 빗니다, 붉게ᄒᆞ다.
Cŏl'our-a-ble, Cŏl'or-a-ble, a. 論諱, 假飾, ᄒᆞᆯ길만ᄒᆞᆫ,
거짓칭계ᄒᆞᆯ만ᄒᆞᆫ.
Cŏl'our-ed, Cŏl'or-ed, (kŭl'urd) a. 彩色, 假飾, 치식
ᄒᆞᆫ, 거짓ᄒᆞᄂᆞᆫ톄ᄒᆞᄂᆞᆫ, Coloured people, 흑인, 야만.
Cŏl'our-ist, Cŏl'or-ist, n. 丹青妙手. 치식잘ᄒᆞᄂᆞᆫ자.
Cŏl'our-less, Cŏl'or-less, a. 無色, 빗업ᄂᆞᆫ.
Cŏl'pōrt-age, n. 教會書遊賣, 교회칙ᄂᆞ라다니며파ᄂᆞᆫ것.
Cŏl'pōrt-eur, Cŏl'pōrt-er, n. 教會書遊賣人, 교회칙팔너
다니ᄂᆞᆫ사ᄅᆞᆷ.
Cōlt, n. 馬子, 망아지. 어리셕은소년.
Cŏl'um-ba-ry, n. 鳩舍, 비둘기장.
Cŏl'umn, (kŏl'um) n. 柱, 行軍一隊, 艦隊一列, 기동, 벗치

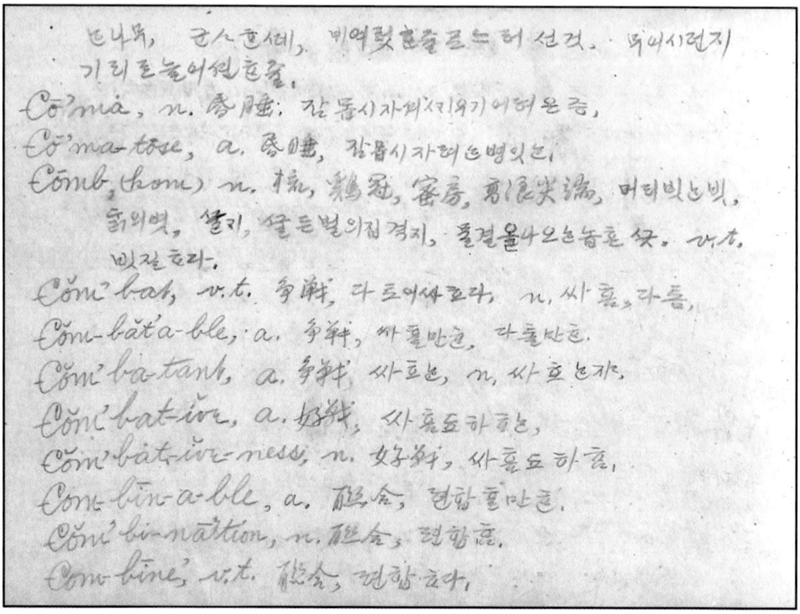

는나무, 군ᄉᆞᄒᆞᆫ새, 비여뵛ᄒᆞᆫ촐르는 허 선것. 뫼어시련지 기리로늘어설ᄒᆞᆫ줄.

Cō'ma, n. 昏睡; 잠몹시자되(깨기어려운증,

Cō'ma-tose, a. 昏睡, 잠몹시자려는병잇는,

Cōmb, (kōm) n. 梳, 鷄冠, 蜜房, 高浪尖端, 머리빗는빗, 닭의볏, 살지, 살든벌의집격지, 물결올나오는놉흔ᄭᅳᆺ. v.t. 빗질ᄒᆞ다.

Cŏm'bat, v.t. 爭戰, 다토어싸호다, n. 싸홈, 다톰,

Cŏm-băt'a-ble, a. 爭戰, 싸홀만ᄒᆞᆫ, 다톨만ᄒᆞᆫ.

Cŏm'ba-tant, a. 爭戰 싸호는, n. 싸호는자,

Cŏm'bat-ĭve, a. 好戰, 싸홈됴하ᄒᆞᄂᆞᆫ,

Cŏm'băt-ĭve-ness, n. 好戰, 싸홈됴하ᄒᆞᆷ,

Cŏm-bīn-a-ble, a. 聯合, 연합ᄒᆞᆯ만ᄒᆞᆫ.

Cŏm'bi-nā'tion, n. 聯合, 연합ᄒᆞᆷ.

Cŏm-bīne', v.t. 聯合, 연합ᄒᆞ다,

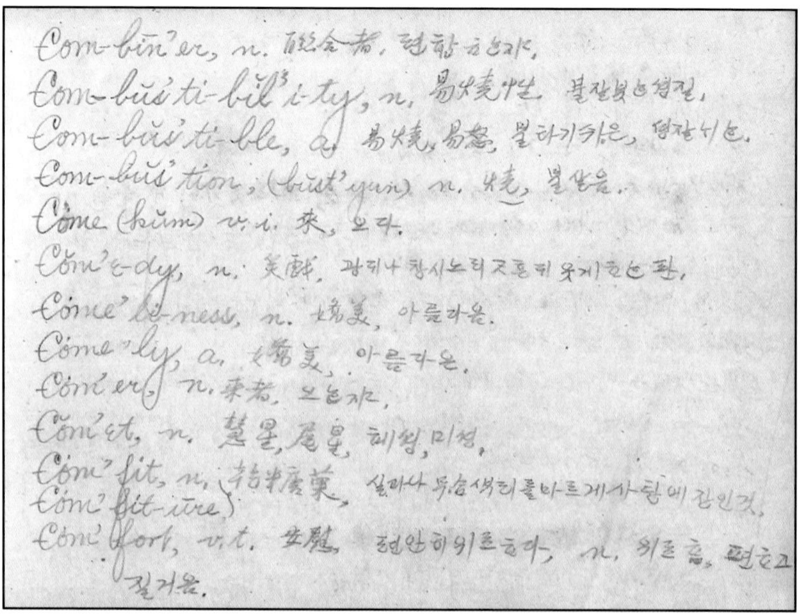

Com-bīn'er, n. 聯合者, 연합ᄒᆞᄂᆞᆫ자,

Com-bŭs'ti-bil'i-ty, n. 易燒性, 불잘붓는셩질,

Com-bŭs'ti-ble, a. 易燒, 易燃, 불타기쉬운, 불잘붓ᄂᆞᆫ.

Com-bŭs'tion, (bŭst'yun) n. 燒, 불살음.

Cŏme (kŭm) v.i. 來, 오다.

Cŏm'e-dy, n. 笑劇, 광대나 창시노리것흔데 웃게ᄒᆞᄂᆞᆫ판,

Cŏme'li-ness, n. 嫵美, 아름다움.

Cŏme'ly, a. 嫵美, 아름다운.

Cŏm'er, n. 來者, 오는자,

Cŏm'et, n. 彗星, 尾星, 혜셩, 미셩,

Cŏm'fit, n., Cŏm'fit-ūre) 糖果, 실과나 무슨ᄲᅮ리를 마르게 사탕에 잠인것,

Cŏm'fort, v.t. 安慰, 편안히위로ᄒᆞ다, n. 위로ᄒᆞᆷ, 편ᄒᆞ고 질거움.

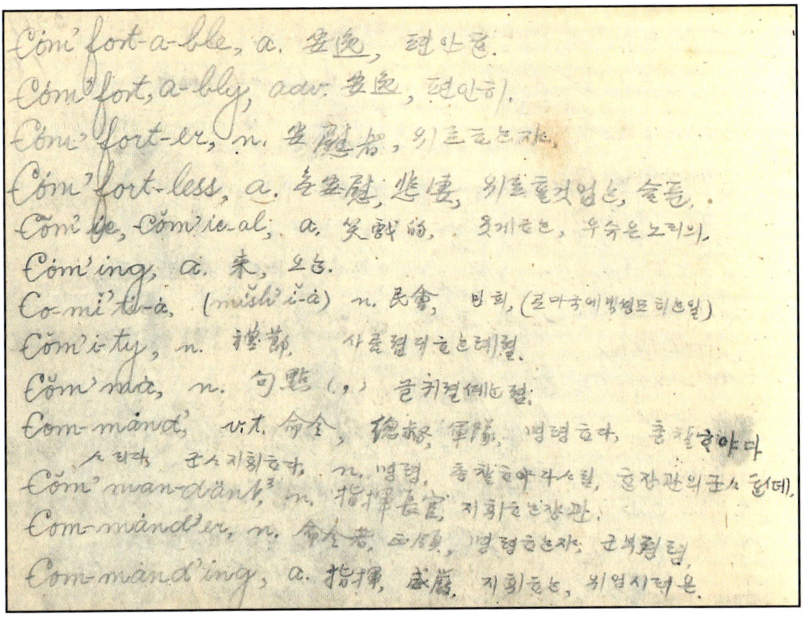

Com'fort-a-ble, a. 安逸, 편안ᄒᆞᆫ.
Com'fort-a-bly, adv. 安逸, 편안히.
Com'fort-er, n. 安慰者, 위로ᄒᆞᄂᆞᆫ자.
Com'fort-less, a. 無安慰, 悲悽, 위로ᄒᆞᆯ것업ᄂᆞᆫ, 슬픈.
Com'ic, Com'ic-al, a. 笑戲的, 웃기ᄒᆞᄂᆞᆫ, 우숩은노리의.
Com'ing, a. 來, 오ᄂᆞᆫ.
Co-mi'ti-a, (mish'i-a) n. 民會, 민회, (로마국에ᄇᆡᆨ셩모히ᄂᆞᆫ일)
Com'i-ty, n. 禮節, 사ᄅᆞᆷ렵ᄃᆡᄒᆞᄂᆞᆫ례졀.
Com'ma, n. 句點 (,) 글귀졀ᄯᅦᄂᆞᆫ졈.
Com-mand', v.t. 命令, 總督, 軍隊, 명령ᄒᆞ다, 총찰ᄒᆞ야다스리다, 군ᄉᆞ지휘ᄒᆞ다, n. 명령, 총찰ᄒᆞ야다스림, ᄒᆞᆫ장관의군ᄉᆞ됨ᄯᅢ,
Com'man-dant', n. 指揮長官, 지휘ᄒᆞᄂᆞᆫ장관.
Com-mand'er, n. 命令者, 正領, 명령ᄒᆞᄂᆞᆫ자, 군ᄉᆞ졍령,
Com-mand'ing, a. 指揮, 威嚴, 지휘ᄒᆞᄂᆞᆫ, 위엄시러운.

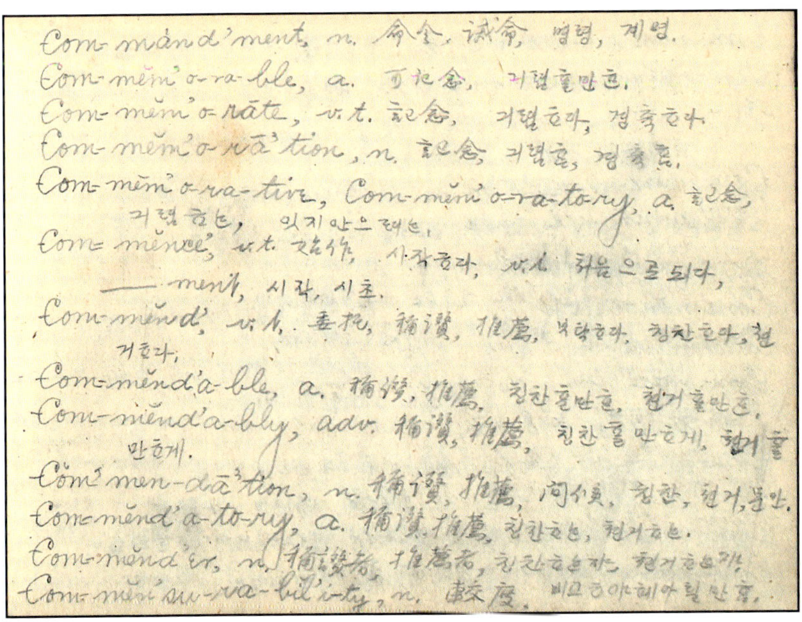

Com-mand'ment, n. 命令, 誡命, 명령, 계명.
Com-mem'o-ra-ble, a. 可記念, 긔렴ᄒᆞᆯ만ᄒᆞᆫ.
Com-mem'o-rate, v.t. 記念, 긔렴ᄒᆞ다, 경축ᄒᆞ다.
Com-mem'o-ra'tion, n. 記念, 긔렴ᄒᆞᆷ, 경축ᄒᆞᆷ.
Com-mem'o-ra-tive, Com-mem'o-ra-to-ry, a. 記念, 긔렴ᄒᆞᄂᆞᆫ, 잇지안으랴ᄂᆞᆫ,
Com-mence', v.t. 始作, 시작ᄒᆞ다, v.i. 처음으로되다, ——ment, 시작, 시초.
Com-mend', v.t. 委托, 稱讚, 推薦, 부탁ᄒᆞ다, 칭찬ᄒᆞ다, 쳔거ᄒᆞ다,
Com-mend'a-ble, a. 稱讚, 推薦, 칭찬ᄒᆞᆯ만ᄒᆞᆫ, 쳔거ᄒᆞᆯ만ᄒᆞᆫ,
Com-mend'a-bly, adv. 稱讚, 推薦, 칭찬ᄒᆞᆯ만ᄒᆞ게, 쳔거ᄒᆞᆯ만ᄒᆞ게.
Com'men-da'tion, n. 稱讚, 推薦, 問候, 칭찬, 쳔거, 문안.
Com-mend'a-to-ry, a. 稱讚 推薦, 칭찬ᄒᆞᄂᆞᆫ, 쳔거ᄒᆞᄂᆞᆫ.
Com-mend'er, n. 稱讚者, 推薦者, 칭찬ᄒᆞᄂᆞᆫ자, 쳔거ᄒᆞᄂᆞᆫ자,
Com-men'su-ra-bil'i-ty, n. 較度, 비교ᄒᆞ야헤아릴만ᄒᆞᆷ.

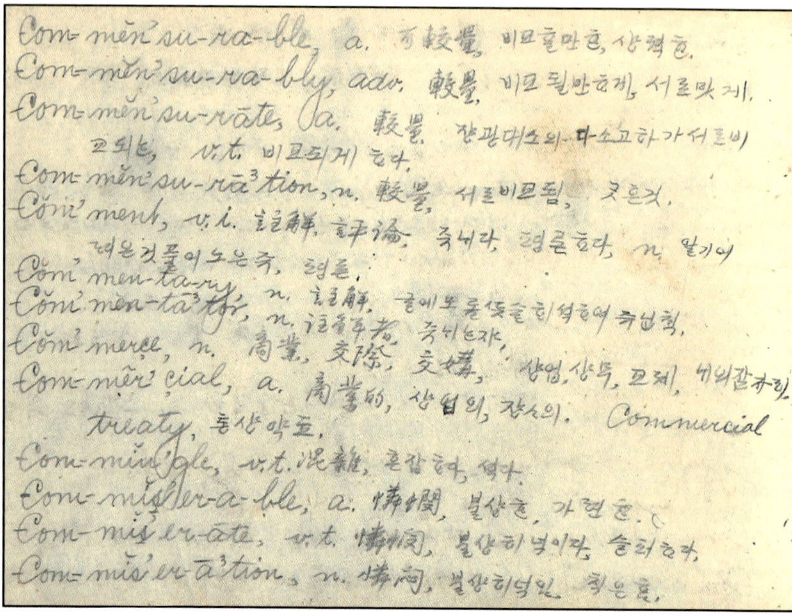

Com-mĕn'su-ra-ble, a. 可較量, 비교홀만훈, 상적훈.
Com-mĕn'su-ra-bly, adv. 較量, 비교될만호게, 서로맛게.
Com-mĕn'su-rāte, a. 較量, 잔광대소의 다소고하가 서로비교되는, v.t. 비교되게 호다.
Com-mĕn'su-rā'tion, n. 較量, 서로비교됨, 굿흔것.
Cŏm'ment, v.i. 註解, 評論, 주내다, 평론호다, n. 알기어려운것풀어노은주, 평론.
Cŏm'men-ta-ry, n. 註解, 글에모흔뜻슬히셕호여주낸칙,
Cŏm'men-tā'tor, n. 註解者, 주내는자,
Cŏm'merce, n. 商業, 交際, 交媾, 상업, 상무, 교제, 남녀갑자리.
Com-mĕr'cial, a. 商業的, 상업의, 장사의. Commercial treaty, 통상약됴.
Com-min'gle, v.t. 混雜, 혼잡호다, 섯다.
Com-mĭs'er-a-ble, a. 憐憫, 불상훈, 가련훈.
Com-mĭs'er-āte, v.t. 憐憫, 불상히넉이다, 슬허호다,
Com-mĭs'er-ā'tion, n. 憐憫, 불상히넉임, 칙은훈.

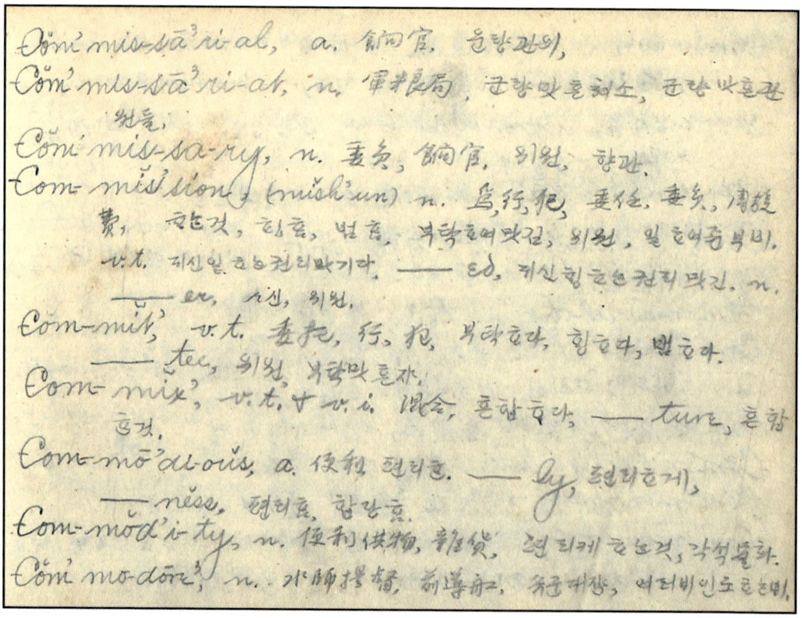

Cŏm'mis-sā'ri-al, a. 餉官, 은량관의,
Cŏm'mis-sā'ri-at, n. 軍粮局, 군량맛흔쳐소, 군량맛흔관원들,
Cŏm'mis-sa-ry, n. 委員, 餉官, 위원, 향관.
Com-mĭs'sion, (mĭsh'un) n. 爲, 行, 犯, 委任, 委員, 周旋費, 호는것, 힝홈, 범홈, 부탁호여맛김, 위원, 일호여쥰부비. v.t. 지신일호는권리맛기다, —— ed, 지신힝호는권리맛긴. n. —— er, 사신, 위원.
Com-mĭt', v.t. 委托, 行, 犯, 부탁호다, 힝호다, 범호다.
—— tee, 위원, 부탁맛흔자.
Com-mix', v.t. & v.i. 混合, 혼합호다, —— ture, 혼합훈것.
Com-mō'di-ous, a. 便利 편리훈. —— ly, 편리호게,
—— ness, 편리훈, 합당훈.
Com-mŏd'i-ty, n. 便利供物, 雜貨, 편리케호는것, 각석물화.
Cŏm'mo-dōre', n. 水師提督, 前導船, 수군대장, 여러비인도호는비,

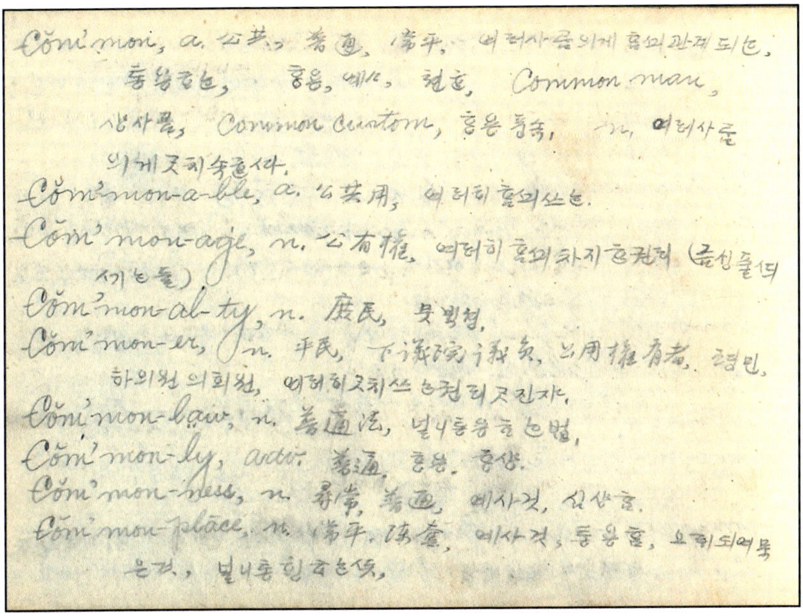

Cŏm'mon, a. 公共, 普通, 常平, 여러사ᄅᆞᆷ의게 ᄒᆞᆷ긔관계되ᄂᆞᆫ, 통용ᄒᆞᄂᆞᆫ, ᄒᆞᆫ용, 예ᄉᆞ, 쳔ᄒᆞᆫ, Common man, 상사ᄅᆞᆷ, Common custom, ᄒᆞᆫ용풍속, n. 여러사ᄅᆞᆷ의게ᄀᆞᆺ치속ᄒᆞᆫᄯᅡ.

Cŏm'mon-a-ble, a. 公共用, 여러히ᄒᆞᆷ긔쓰ᄂᆞᆫ.

Cŏm'mon-age, n. 公有權, 여러히ᄒᆞᆷ긔차지ᄒᆞᆫ권리 (금싱졸ᄯᅴ 시기ᄂᆞᆫ들)

Cŏm'mon-al-ty, n. 庶民, 뭇ᄇᆡᆨ셩.

Cŏm'mon-er, n. 平民, 下議院議員, 公用權有者, 평민, 하의원의회원, 여러히ᄀᆞᆺ치쓰ᄂᆞᆫ권리ᄀᆞᆺ진자.

Cŏm'mon-law, n. 普通法, 널니통용ᄒᆞᄂᆞᆫ법,

Cŏm'mon-ly, adv. 普通, ᄒᆞᆫ용, ᄒᆞᆼ상.

Cŏm'mon-ness, n. 尋常, 普通, 예사것, 심상ᄒᆞᆷ.

Cŏm'mon-plāce, n. 常平, 陳套, 예사것, 통용ᄒᆞᆷ, 요긔되여뭇은것, 널니ᄒᆞᆯ힘ᄒᆞᄂᆞᆫᄯᅳᆺ,

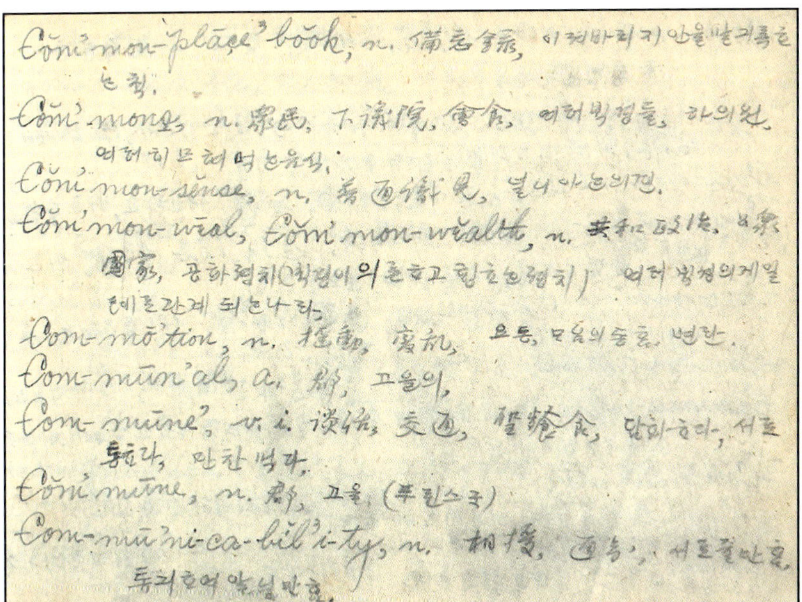

Cŏm'mon-plāce'bŏŏk, n. 備忘錄, 이져바리지안을ᄆᆞᆯ긔록ᄒᆞᄂᆞᆫ칙.

Cŏm'mons, n. 衆民, 下議院, 會食, 여러ᄇᆡᆨ셩들, 하의원, 여러히모혀먹ᄂᆞᆫ음식,

Cŏm'mon-sĕnse, n. 普通識見, 널니아ᄂᆞᆫ의견.

Cŏm'mon-wēal, Cŏm'mon-wĕalth, n. 共和政治, 民衆國家, 공화졍치(ᄇᆡᆨ셩이의론ᄒᆞ고힘ᄒᆞᄂᆞᆫ졍치) 여러ᄇᆡᆨ셩의게일ᄎᆡ로관계되ᄂᆞᆫ나라,

Com-mō'tion, n. 搖動, 變亂, 요동, 모음의츙혼, 변란.

Com-mū'nal, a. 郡, 고을의,

Com-mūne', v. i. 談話, 交通, 聖餐食, 담화ᄒᆞ다, 서로통ᄒᆞ다, 만찬먹다.

Cŏm'mūne, n. 郡, 고을 (푸란스국)

Com-mū'ni-ca-bil'i-ty, n. 相攘, 通告, 서로줄만ᄒᆞᆷ, 통리ᄒᆞ여알님만ᄒᆞᆷ.

Com-mū'ni-ca-ble, a. 相接, 交通, 서로 줄만 ᄒᆞᆫ, 서로 통섭홀만 ᄒᆞᆫ,

Com-mū'ni-cant, n. 聖餐會人, 셩찬먹ᄂᆞᆫ자, (교회에셔 샹뎨의 피 먹 ᄯᅥᆨ 먹ᄂᆞᆫ 례에 참례ᄒᆞᄂᆞᆫ자)

Com-mū'ni-cate, v. t. 相接, 交通, 서로주고, 서로 통섭ᄒᆞ다.

Com-mū'ni-cā'tion, n. 施與, 通路, 消息, 照會, 서로주ᄂᆞᆫ일, 통섭ᄒᆞᄂᆞᆫ길, 소식, 통긔, 보고, 조회,

Com-mū'ni-ca-tive, a. 交通, 傳接, 서로 통ᄒᆞ려ᄒᆞᄂᆞᆫ, 남의게 젼ᄒᆞ려ᄂᆞᆫ,

Com-mūn'ion, n. 交接, 聖餐禮, 교접, 교제, 셩찬먹ᄂᆞᆫ례,

Cŏm'mu-nism, n. 社會共產論, 빈쳔 사회를 다시 조직ᄒᆞ야 ᄌᆡ산을 평균히 분빈ᄒᆞ자ᄂᆞᆫ의론,

Cŏm'mū-nist, n. 社會共產論者, 빈쳔의 사회를 다시 조직ᄒᆞ야 ᄌᆡ산을 평균히 분빈ᄒᆞ자ᄂᆞᆫ자,

Com-mū'ni-ty, n. 共有, 共有權有者, 民衆, 여러히 홈씌 가진 것, 여러히 차지ᄒᆞᆫ 권리에 참예ᄒᆞᆫ자, 모든 ᄇᆡᆨ셩의 무리.

Com-mūt'a-ble, a. 交換, 서로 밧울만ᄒᆞᆫ.

Cŏm'mu-tā'tion, n. 交換, 交易, 刑罰減等, 변ᄒᆞᆷ, 서로 밧곰, 중ᄒᆞᆫ 벌을 경ᄒᆞ게 감등ᄒᆞᆷ,

Com-mūt'a-tive, a. 交換, 밧고ᄂᆞᆫ,

Com-mute, v. t. + v. i. 交換, 輕減, 밧고다, 감ᄒᆞ다, ᄃᆞ리로 갑ᄒᆞ변 ᄒᆞᆯ 너 감ᄒᆞᆫ이 [illegible] 들ᄒᆞ다, 감감ᄒᆞ고 ᄒᆞᆫ졍ᄒᆞ다.

Cŏm'pact, n. 契約, 聯合, 약됴, 련합ᄒᆞᆷ.

Com-păct', a. 密合, 簡畧, 친밀히 합ᄒᆞᆫ, 간략ᄒᆞᆫ, v. t. 견고ᄒᆞ게 ᄒᆞ다, 굿게 련합ᄒᆞ다, —ly, ᄲᅢᆨᄲᅢᆨ히, 친밀히, —ness. 친밀ᄒᆞᆷ, ᄲᅢᆨᄲᅢᆨᄒᆞᆷ.

Com-păn'ion, (păn'yun) n. 伴侶, ᄶᅡᆨ, 동무, 친구,

Com-păn'ion-a-ble, a. 作伴, 작반홀만ᄒᆞᆫ, 사괼만ᄒᆞᆫ.

Com-păn'ion-a-bly, adv. 作伴, 작반ᄒᆞᆯ만ᄒᆞ게, 사괼만ᄒᆞ게,

Com-păn'ion-less, a. 無伴, 짝업ᄂᆞᆫ, 외로온.
Com-păn'ion-ship, n. 交誼, 교분, 사괴임.
Com'pa-ny, n. 伴侶, 會衆, 賓, 會社, 小軍隊, 서짝, 동무,
모힌무리, 손님, 회사, 군ᄉᆞ의적은무리, v.i. 서짝짓다, 동무되다.
Cŏm'pa-ra-ble, a. 可比較, 비교ᄒᆞᆯ만ᄒᆞᆫ.
Cŏm'pa-ra-bly, adv. 比較, 비교ᄒᆞᆯ만ᄒᆞ게.
Com-păr'a-tive, a. 比較, 비교ᄒᆞᄂᆞᆫ. —— ly, 비교ᄒᆞ여.
Com-pâre', v.t. & v.i. 比較, 비교ᄒᆞ다.
Com-păr'i-son, (sun or sn) n. 比較, 비교, 비유.
Com-pärt', v.t. 區分, 구별ᄒᆞ야난호다.
Cŏm'par-ti'tion, n. 區分, 구별ᄒᆞ야난홈.
Com-pärt'ment, n. 區分, 난호어노은방이나간이나 조각.
Cŏm'pass, n. 周圍, 環圍, 範圍, 주회, 둥글게돌나막은ᄃᆡ.
막아한뎡ᄒᆞᆫ것, ᄅᆡ경, 비우헤셔방위가르치ᄂᆞᆫ지남쳘. v.t.
돌나가다, 돌나막다, 잔악에넛다, 圖ᄒᆞ다.

Cŏm'pass-es, pl. n. 規, 둥근금그리ᄂᆞᆫ연장.
Com-păs'sion, n. 惻隱心, 칙은ᄒᆞᆫᄆᆞᄋᆞᆷ.
Com-păs'sion-āte, (păsh'un) v.t. 憐憫, 불상히녁이다,
a. 칙은히녁이ᄂᆞᆫ, —— ly, 은혜시럽게.
Com-păt'i-bil'i-ty, n. 適合, 합당ᄒᆞᆷ, 서로맛즘.
Com-păt'i-ble, a. 適合, 합당ᄒᆞᆫ, 서로맛즌, —— ness.
상합ᄒᆞᆷ.
Com-păt'i-bly, adv. 適合, 합당히, 맛게.
Com-pā'tri-ot, n. 共國忠愛人, ᄒᆞᆫ나라에ᄀᆞᆺ치춤셔ᄒᆞᄂᆞᆫ사ᄅᆞᆷ.
Com-peer', n. 同輩, 伴侶, ᄀᆞᆺᄒᆞᆫ유, 짝, 동무.
Com-pel, v.t. 強逼, 協挾, 억지로ᄒᆞ다, 위협ᄒᆞ다, 겁탈ᄒᆞ다.
Com-pĕl'la-ble, a. 強逼, 억지로핍박ᄒᆞᆯ만ᄒᆞᆫ.
Com'pend, Com-pĕn'di-ŭm, n. 要略, 요긴ᄒᆞᆫ것ᄲᅢ아츅린것.
Com-pĕnd'i-ous, a. 要略, 추려간략히ᄒᆞᆫ.

Cŏm'pen-sāte, v.t. & v.i. 報, 賠償, 갑다, 비샹 물다.
Com'pen-sā'tion, n. 報, 賠償, 갑흠, 비샹.
Com-pĕn'sa-tive, Com-pĕn'sa-to-ry, a. 報償, 갑하주ᄂᆞᆫ.
Com-pēte', v.i. 爭競, 다토다.
Cŏm'pe-tençe, Com'pe-ten-cy, n. 適當, 豊足, 젹당홈,
세간넉〻홈, 지조나국량이나셰력.
Cŏm'pe-tent, a. 充足, 合宜, 넉〻ᄒᆞᆫ, 젹당ᄒᆞᆫ권리가진.
Cŏm'pe-tĭ'tion, n. 爭競, 다톰.
Com-pĕt'i-tive, a. 爭競, 다토ᄂᆞᆫ.
Com-pĕt'i-tor, n. 爭競者, 다토ᄂᆞᆫ자.
Cŏm'pi-lā'tion, n. 編輯, 다른ᄃᆡ셔ᄲᅦ여모흔것, 혹모흐ᄂᆞᆫ일.
Com-pīle', v.t. 編輯, 다른ᄃᆡ셔ᄲᅦ여모흐다.
Com-pīl'er, n. 編輯者, ᄲᅦ여모흐ᄂᆞᆫ자.
Com-plā'çençe, Com-plā'cen-cy, n. 喜悅, 滿足, 禮節.
깃버홈, 흡족히넉임, 례모, 례졀.

Com-plā'cent, a. 滿足, 喜悅, 흡족ᄒᆞᆫ, 깃븐, —— ly.
흡족히, 깃브게.
Com-plāin', v.i. 不平鳴, 怨言, 恨歎, 告訴, 몸에 불편ᄒᆞᆫ
소리나다, 원망ᄒᆞ다, 한탄ᄒᆞ다, 앓ᄂᆞᆫ소리ᄒᆞ다, 논을걸어졍소ᄒᆞ다.
—— er, 한탄ᄒᆞᄂᆞᆫ자, 졍소ᄒᆞᄂᆞᆫ자.
Cŏm-plāin'a-ble, a. 恨歎, 抑菀, 한탄홀만ᄒᆞᆫ, 억울ᄒᆞᆫ.
Cŏm-plāin'ant, n. 恨歎者, 原告, 한탄ᄒᆞᄂᆞᆫ자, 졍소ᄒᆞᄂᆞᆫ원고.
Cŏm-plāint', n. 憂愁, 疾病, 冤抑. 근심, 질병, 원통.
Cŏm'plai-sănce', n. 謙讓, 禮節. 겸손ᄒᆞ고사양홈, 례졀.
Com'plai-sant', a. 款曲, 有禮, 관곡ᄒᆞᆫ, 례모잇ᄂᆞᆫ. —— ly.
관곡히, 례다이.
Com'ple-ment, n. 充實, 成全, 수효치우ᄂᆞᆫ것, 완젼케ᄒᆞᄂᆞᆫ것,
가득히치움, 완젼홈. —— al, 부족ᄒᆞᆫ것 치우ᄂᆞᆫ.
Cŏm'ple-mĕnt'a-ry, a. 補足, 부족ᄒᆞᆫ것 치우ᄂᆞᆫ.

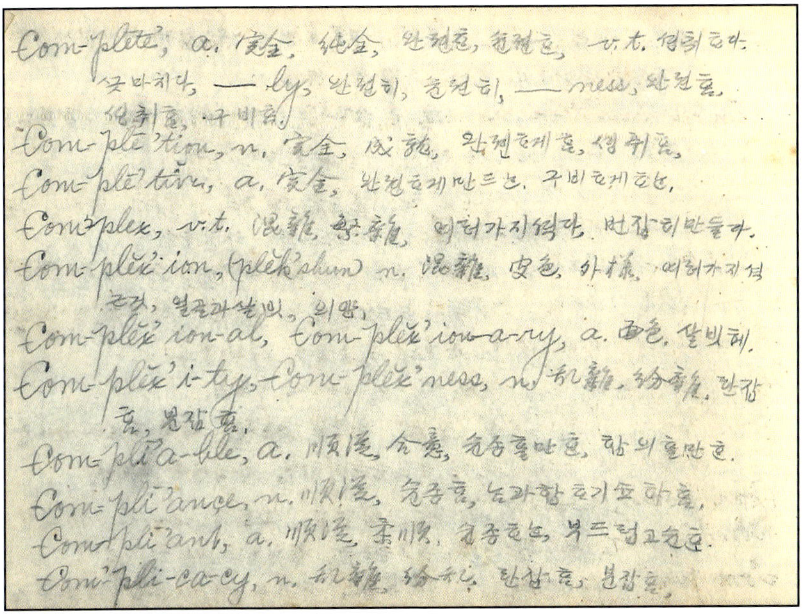
Com-plete', a. 完全, 純全, 완젼ᄒᆞᆫ, 온젼ᄒᆞᆫ, — v.t. 셩취ᄒᆞ다. 끗마치다, — ly, 완젼히, 온젼히, — ness, 완젼ᄒᆞᆷ, 셩취ᄒᆞᆷ, 구비ᄒᆞᆷ.
Com-ple'tion, n. 完全, 成就, 완젼ᄒᆞ게ᄒᆞᆷ, 셩취ᄒᆞᆷ.
Com-ple'tive, a. 完全, 완젼ᄒᆞ게만드ᄂᆞᆫ, 구비ᄒᆞ게ᄒᆞᄂᆞᆫ,
Com'plex, v.t. 混雜, 錯雜, 여러가지셕다, 번잡히만들다.
Com-plex'ion, (plek'shun) n. 混雜, 容色, 外樣, 여러가지셕ᄂᆞᆫ것, 얼골과살빗, 외양.
Com-plex'ion-al, Com-plex'ion-a-ry, a. 面色, 살빗헤.
Com-plex'i-ty, Com-plex'ness, n. 紛雜, 紛錯, 번잡ᄒᆞᆷ, 복잡ᄒᆞᆷ.
Com-pli'a-ble, a. 順從, 合意, 순종ᄒᆞᆯ만ᄒᆞᆫ, 합의ᄒᆞᆯ만ᄒᆞᆫ.
Com-pli'ance, n. 順從, 순종ᄒᆞᆷ, 남과합ᄒᆞ기쉬운ᄒᆞᆷ,
Com-pli'ant, a. 順從, 柔順, 순종ᄒᆞᄂᆞᆫ, 부드럽고순ᄒᆞᆫ.
Com'pli-ca-cy, n. 紛雜, 紛糾, 번잡ᄒᆞᆷ, 복잡ᄒᆞᆷ.

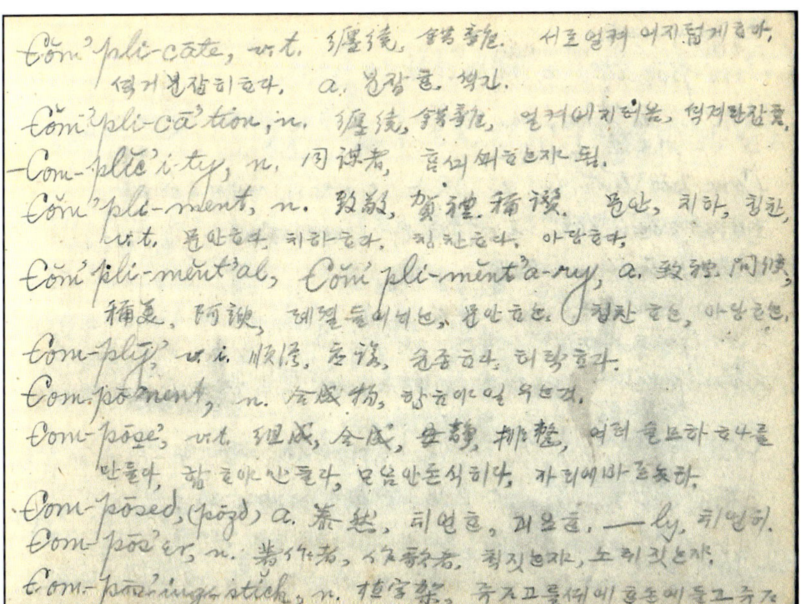
Com'pli-cate, v.t. 纏繞, 錯雜. 서로얼켜어지럽게ᄒᆞ야, 셕거복잡히ᄒᆞ다, a. 복잡ᄒᆞᆫ, 섞긴.
Com'pli-ca'tion, n. 纏繞, 錯雜, 얼거에치ᄂᆞᆫ것, 셕겨번잡ᄒᆞᆷ.
Com-plic'i-ty, n. 同謀者, ᄒᆞᆷᄭᅴ꾀ᄒᆞᄂᆞᆫ자 됨.
Com'pli-ment, n. 致敬, 賀禮, 稱讚. 문안, 치하, 칭찬, v.t. 문안ᄒᆞ다, 치하ᄒᆞ다, 칭찬ᄒᆞ다, 아당ᄒᆞ다,
Com'pli-ment'al, Com'pli-ment'a-ry, a. 致禮, 問候, 稱美, 阿諛, 례졀들어내ᄂᆞᆫ, 문안ᄒᆞᄂᆞᆫ, 칭찬ᄒᆞᄂᆞᆫ, 아당ᄒᆞᄂᆞᆫ,
Com-ply', v.i. 順從, 應諾, 순종ᄒᆞ다, 허락ᄒᆞ다.
Com-po'nent, n. 合成物, 합ᄒᆞ야일우ᄂᆞᆫ것,
Com-pose', v.t. 組成, 合成, 安靜, 排整, 여러슌드하ᄒᆞ나를 만들다, 합ᄒᆞ야만들다, 마음안존식히다, 자리에바로놋타.
Com-posed', (pozd) a. 泰然, 티연ᄒᆞᆫ, 고요ᄒᆞᆫ, — ly, 태연히.
Com-pos'er, n. 著作者, 作曲者, 척짓ᄂᆞᆫ자, 노래짓ᄂᆞᆫ자.
Com-pos'ing-stick, n. 植字架, 주ᄌᆞ고를ᄯᅢ에ᄒᆞᆫ손에들고주ᄌᆞ

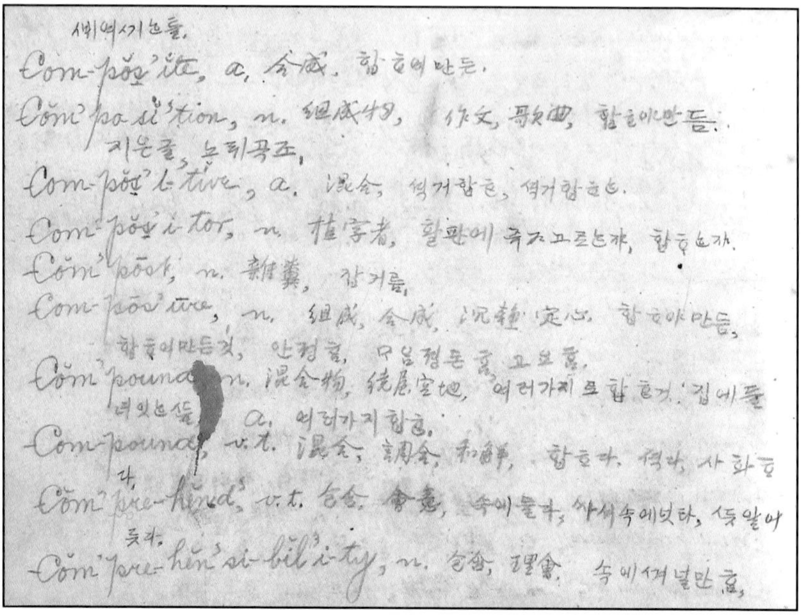

ㅅ비여ㅅ기는들.
Com-pŏs'ite, a. 合成. 합ᄒᆞ여만든.
Cŏm'po-si'tion, n. 組成物, 作文, 歌曲, 합ᄒᆞ여만듬. 지은글, 노래곡조.
Com-pŏs'i-tive, a. 混合, 석거합ᄒᆞᆫ, 석거합ᄒᆞᄂᆞᆫ.
Com-pŏs'i-tor, n. 植字者, 활판에 글ᄌᆞ고르ᄂᆞᆫ자, 합ᄒᆞᄂᆞᆫ자.
Cŏm'pŏst, n. 雜糞, 잡거름.
Com-pō'sure, n. 組成, 合成, 沉靜, 定心. 합ᄒᆞ야만듬, 합ᄒᆞ여만든것, 안졍홈, ᄆᆞ음졍돈홈, 고요홈.
Cŏm'pound, n. 混合物, 繞屋空地, 여러가지로 합ᄒᆞᆫ것. 집에둘너잇ᄂᆞᆫ ᄯᅳᆯ. a. 여러가지합ᄒᆞᆫ.
Com-pound', v.t. 混合, 調合, 和解, 합ᄒᆞ다. 석다, 사화ᄒᆞ다.
Cŏm'pre-hĕnd', v.t. 包含, 會意, 속에몰다, 싸서속에넛다, ᄯᅳᆺ알아듯다.
Cŏm'pre-hĕn'si-bil'i-ty, n. 包含, 理會. 속에ᄭᅧ널만홈,

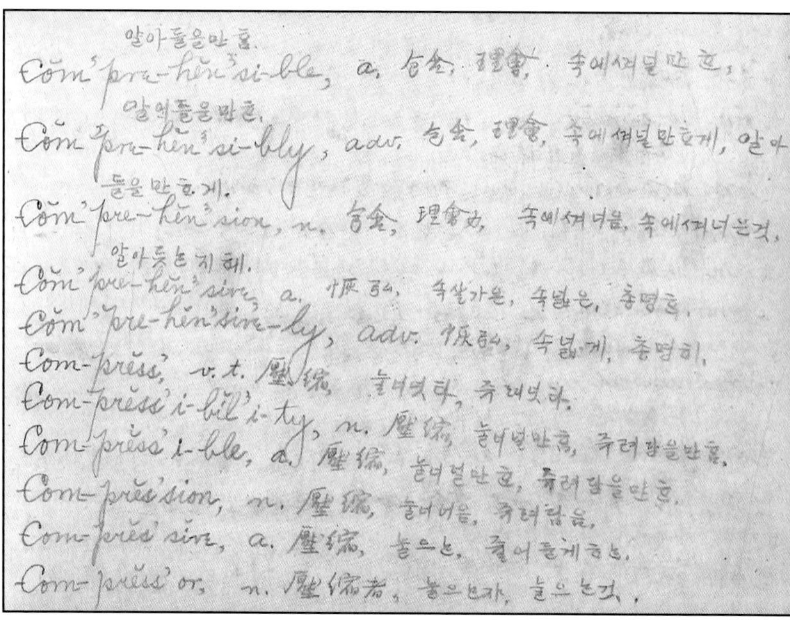

알아들을만홈.
Cŏm'pre-hĕn'si-ble, a. 包含, 理會, 속에ᄭᅧ널만ᄒᆞᆫ, 알아들을만ᄒᆞᆫ.
Cŏm'pre-hĕn'si-bly, adv. 包含, 理會, 속에ᄭᅧ널만ᄒᆞ게, 알아들을만ᄒᆞ게.
Cŏm'pre-hĕn'sion, n. 包含, 理會力, 속에ᄭᅧ너흠, 속에ᄭᅧ너ᄂᆞᆫ것, 알아듯ᄂᆞᆫ지혜.
Cŏm'pre-hĕn'sive, a. 慷慨, 속살가온, 속넓은, 총명ᄒᆞᆫ.
Cŏm'pre-hĕn'sive-ly, adv. 慷慨, 속넓게, 총명히.
Com-prĕss', v.t. 壓縮, 눌너넛다, 주려넛다.
Com-prĕss'i-bil'i-ty, n. 壓縮, 눌너널만홈, 주려짐을만홈.
Com-prĕss'i-ble, a. 壓縮, 눌너널만ᄒᆞᆫ, 주려짐을만ᄒᆞᆫ.
Com-prĕs'sion, n. 壓縮, 눌너넘, 주려짐.
Com-prĕs'sive, a. 壓縮, 눌으ᄂᆞᆫ, 줄어들게ᄒᆞᄂᆞᆫ.
Com-prĕss'or, n. 壓縮者, 눌으ᄂᆞᆫ자, 눌으ᄂᆞᆫ것.

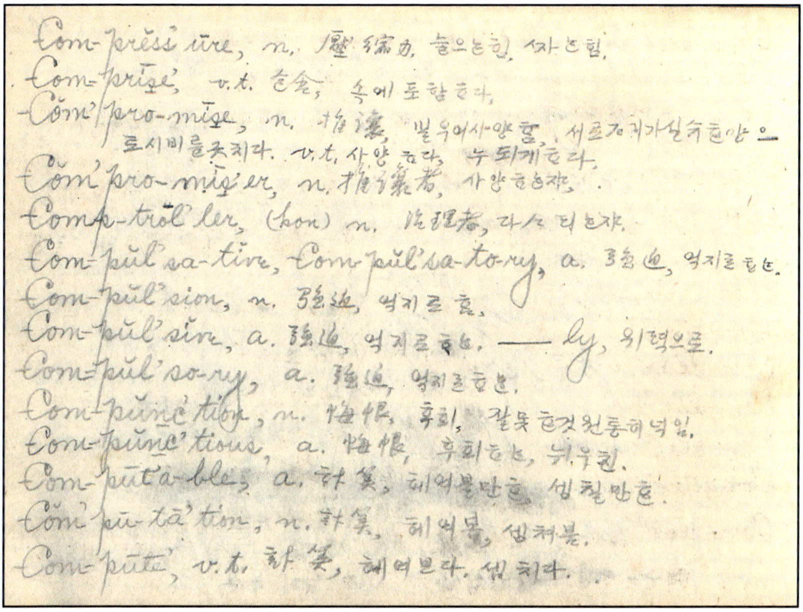
Com-press'ive, n. 壓縮力, 눌으는힘, 짜는힘.
Com-prise', v.t. 包含, 속에 포함하다.
Com'pro-mise, n. 相讓, 밀우어사양함, 서로가지가실수한양으로시비를끈치다. v.t. 사양하다, 누되게하다.
Com'pro-mis'er, n. 相讓者, 사양하는자.
Comp-trol'ler, (kon) n. 治理者, 다스리는자.
Com-pul'sa-tive, Com-pul'sa-to-ry, a. 強迫, 억지로하는.
Com-pul'sion, n. 強迫, 억지로함.
Com-pul'sive, a. 強迫, 억지로하는. —ly, 위력으로.
Com-pul'so-ry, a. 強迫, 억지로하는.
Com-punc'tion, n. 悔恨, 후회, 잘못한것원통히넉임.
Com-punc'tious, a. 悔恨, 후회하는, 뉘우친.
Com-put'a-ble, a. 計算, 헤여볼만한, 셈칠만한.
Com'pu-ta'tion, n. 計算, 헤여봄, 셈쳐봄.
Com-pute', v.t. 計算, 헤여보다, 셈치다.

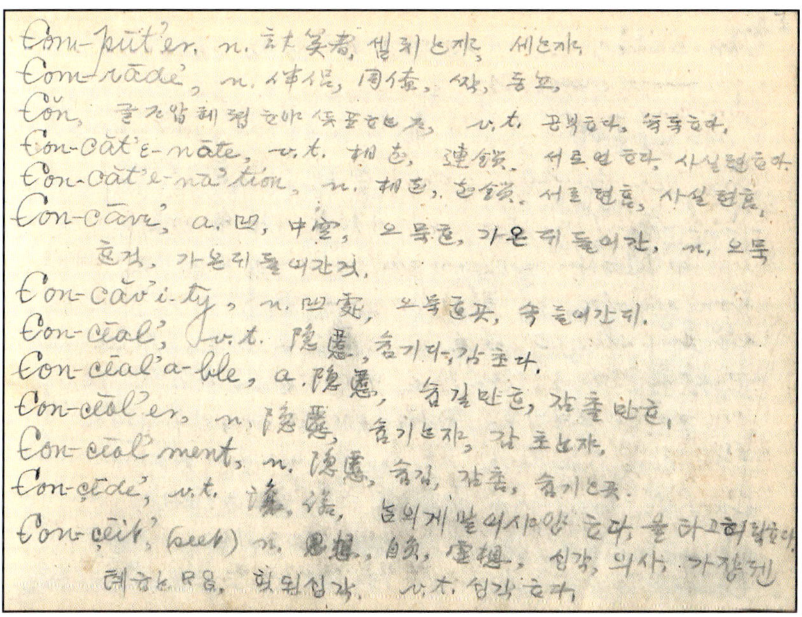
Com-put'er, n. 計算者, 셈치는자, 세는자.
Com-rade', n. 伴侶, 同儕, 짝, 동모.
Con, 글자앞에첨하야反對하는것, v.t. 공부하다, 숙독하다.
Con-cat'e-nate, v.t. 相連, 連鎖, 서로연하다, 사실련하다.
Con-cat'e-na'tion, n. 相連, 連鎖, 서로련함, 사실련함.
Con-cave', a. 凹, 中空, 오목한, 가온데들어간, n. 오목한것, 가온데들어간것.
Con-cav'i-ty, n. 凹處, 오목한곳, 속들어간데.
Con-ceal', v.t. 隱匿, 숨기다, 감초다.
Con-ceal'a-ble, a. 隱匿, 숨길만한, 감출만한.
Con-ceal'er, n. 隱匿, 숨기는자, 감초는자.
Con-ceal'ment, n. 隱匿, 숨김, 감춤, 숨기는곳.
Con-cede', v.t. 讓給, 남의게밀어사양하다, 을하고허락하다.
Con-ceit', (seet) n. 思想, 自負, 虛想, 생각, 의사, 가장젠체하는모음, 헛된생각. v.t. 생각하다.

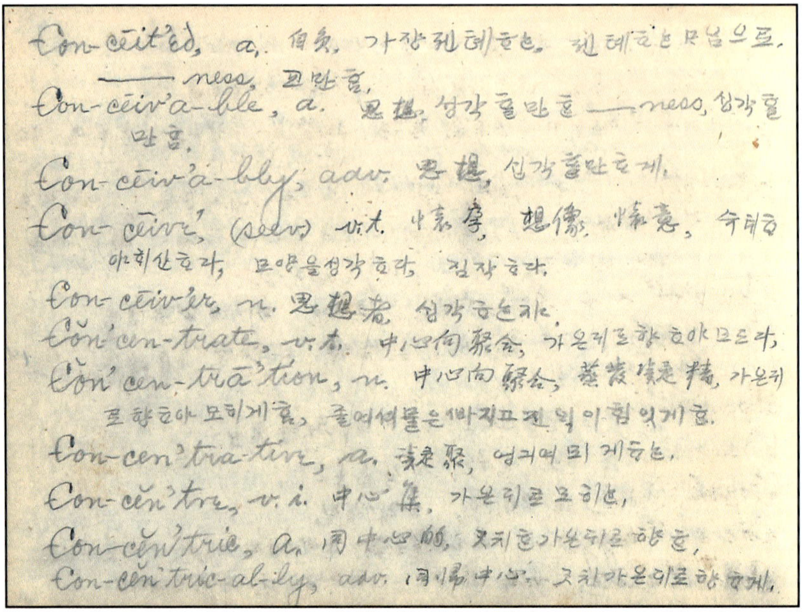

Con-ceit'ed, a. 自負, 가장쳬ᄒᆞᄂᆞᆫ, 쳬ᄒᆞᄂᆞᆫ마ᄋᆞᆷ으로,
—— ness, 교만ᄒᆞᆷ,
Con-ceiv'a-ble, a. 思想, ᄉᆡᆼ각ᄒᆞᆯ만ᄒᆞᆫ —— ness, ᄉᆡᆼ각ᄒᆞᆯ만ᄒᆞᆷ,
Con-ceiv'a-bly, adv. 思想, ᄉᆡᆼ각ᄒᆞᆯ만ᄒᆞ게,
Con-ceive', (seev) v.t. 懷孕, 想像, 懷意, 수태ᄒᆞ야회산ᄒᆞ다, 모양을ᄉᆡᆼ각ᄒᆞ다, 짐작ᄒᆞ다,
Con-ceiv'er, n. 思想者, ᄉᆡᆼ각ᄒᆞᄂᆞᆫ자,
Con'cen-trate, v.t. 中心向聚合, 가온ᄃᆡ로향ᄒᆞ야모드다,
Con'cen-tra'tion, n. 中心向聚合, 蒸發積之精, 가온ᄃᆡ로향ᄒᆞ야모히게ᄒᆞᆷ, 졸여셔물은ᄲᅡ지고진익이힘잇게ᄒᆞᆷ.
Con-cen'tra-tive, a. 積之聚, 엉긔여모히게ᄒᆞᄂᆞᆫ,
Con-cen'tre, v.i. 中心集, 가온ᄃᆡ로모히ᄂᆞᆫ,
Con-cen'tric, a. 同中心的, 갓치ᄒᆞᆫ가온ᄃᆡ로향ᄒᆞᆫ,
Con-cen'tric-al-ly, adv. 同歸中心, 갓치가온ᄃᆡ로향ᄒᆞ게.

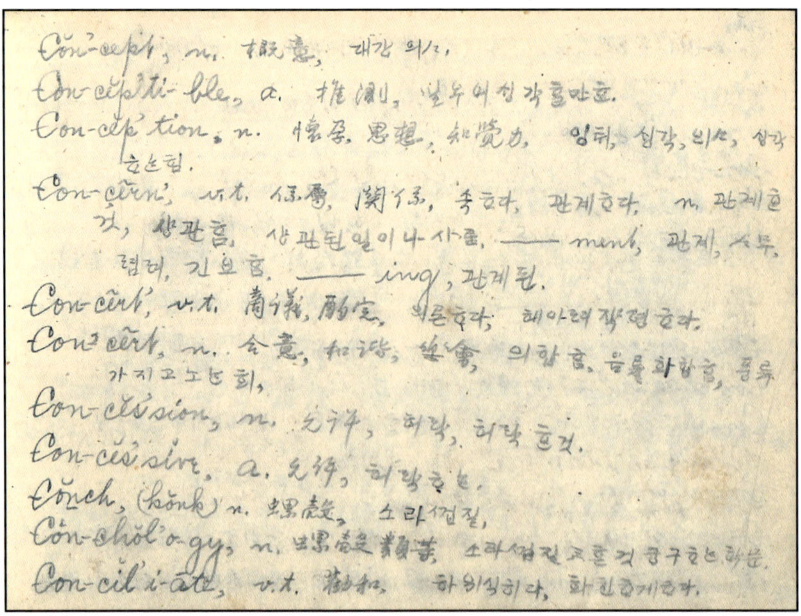

Con'cept, n. 概意, 대강의ᄉᆞ,
Con-cep'ti-ble, a. 推測, 빌우어ᄉᆡᆼ각ᄒᆞᆯ만ᄒᆞᆫ.
Con-cep'tion, n. 懷孕, 思想, 知覺力, 잉ᄐᆡ, ᄉᆡᆼ각, 의ᄉᆞ, ᄉᆡᆼ각ᄒᆞᄂᆞᆫ힘.
Con-cern', v.t. 係屬, 關係, 속ᄒᆞ다, 관계ᄒᆞ다, n. 관계ᄒᆞᆫ것, 샹관ᄒᆞᆷ, 샹관된일이나사ᄅᆞᆷ, —— ment, 관계, ᄉᆞ무, 렴려, 긴요ᄒᆞᆷ. —— ing, 관계된.
Con-cert', v.t. 商議, 酌定, 의론ᄒᆞ다, 헤아려작뎡ᄒᆞ다.
Con'cert, n. 合意, 和諧, 樂會, 의합ᄒᆞᆷ, 음률화합ᄒᆞᆷ, 풍류가지고노ᄂᆞᆫ회,
Con-ces'sion, n. 允許, 허락, 허락ᄒᆞᆫ것.
Con-ces'sive, a. 允許, 허락ᄒᆞᄂᆞᆫ.
Conch, (konk) n. 螺殼, 소라껍질,
Con-chol'o-gy, n. 螺殼類學, 소라껍질ᄀᆞᆺᄒᆞᆫ것궁구ᄒᆞᄂᆞᆫ학문.
Con-cil'i-ate, v.t. 勸和, 화의식히다, 화친ᄒᆞ게ᄒᆞ다.

Con-cil'i-ā'tion, n. 勸和, 하위식힘, 화친ᄒᆞ게홈.
Con-cil'i-ā'tor, n. 勸和者, 하위식히ᄂᆞᆫ쟈.
Con-cil'i-a-to-ry, a. 溫和, 온화ᄒᆞᆫ.
Con-cīse', a. 簡而明, 간랸ᄒᆞ고분명ᄒᆞᆫ. n. 간랸ᄒᆞ고ᄌᆞ세홈.
Con-cĭ'sion, n. 割去, 버혀바림, 옛적교회에버히ᄂᆞᆫ례.
Con'clāve, n. 密室, 密會, 天主教教師가 選擧教皇事 密議所,
비밀ᄒᆞᆫ방, 비밀히모히ᄂᆞᆫ회, 텬쥬교에목ᄉᆞ들이교황션뎡ᄒᆞ려고비
밀히의론ᄒᆞᄂᆞᆫ곳.
Con-clūde', v.t. & v.i. 完結, 決定, ᄭᅳᆺ마치다, 결뎡ᄒᆞ다.
Con-clūd'er, n. 完結人, 決定者, ᄭᅳᆺ마치ᄂᆞᆫ사ᄅᆞᆷ, 결뎡ᄒᆞᄂᆞᆫ자.
Con-clū'sion, n. 終末, 決定, 結實, 무ᄉᆞ시련지나죵되ᄂᆞᆫ것, 결뎡,
결실.
Con-clū'sive, a. 結末, ᄭᅳᆺ나ᄂᆞᆫ, 결말나ᄂᆞᆫ.
Con-cŏct', v.t. 消化, 成熟, 謀計, 삭히다, 완전히익히다, ᄭᅬᄒᆞ다.
Con-cŏc'tion, n. 消化, 成熟, 謀計, 음식소화홈, 셩실히익음,
계교홈.

Con-coc'tive, a. 消化, 삭히ᄂᆞᆫ, 소화식히ᄂᆞᆫ.
Con-cŏm'i-tance, Con-cŏm'i-tan-cy, n. 作伴, 작반홈.
Con-cŏm'i-tant, a. 作伴, 작반ᄒᆞᄂᆞᆫ, n. 작반ᄒᆞᄂᆞᆫ자.
Cŏn'cord, n. 和諧, 配合, 諧音, 화목홈, 련합홈, 서로
맛ᄂᆞᆫ풍류소리.
Con-côrd'ance, n. 合意, 합의홈, 글속에잇ᄂᆞᆫ뎨목초ᄒᆞᆫ목록.
Con-côrd'ant, a. 合意, 합의ᄒᆞᆫ. —ly, 의합히.
Cŏn'course, n. 並行, 集會, 흠의힘ᄒᆞ거나ᄯᅡ라나ᄂᆞᆫ것, 모힌것,
무리.
Cŏn-crēte', v.i. 凝結, 엉긔여들다, v.t. 엉긔여들게ᄒᆞ다.
Cŏn'crēte, a. 凝結, 엉긔여드ᄂᆞᆫ. —ly, 엉긔여드ᄂᆞᆫ모양으로,
n. 엉긔여드ᄂᆞᆫ것.
Con-crē'tion, n. 凝結, 엉긔여듬, 엉긘뭉치.
Con-crē'tive, a. 凝結, 엉긔여들게ᄒᆞᄂᆞᆫ.
Con-cū'bi-nage, n. 蓄妾, 쳡엇음.

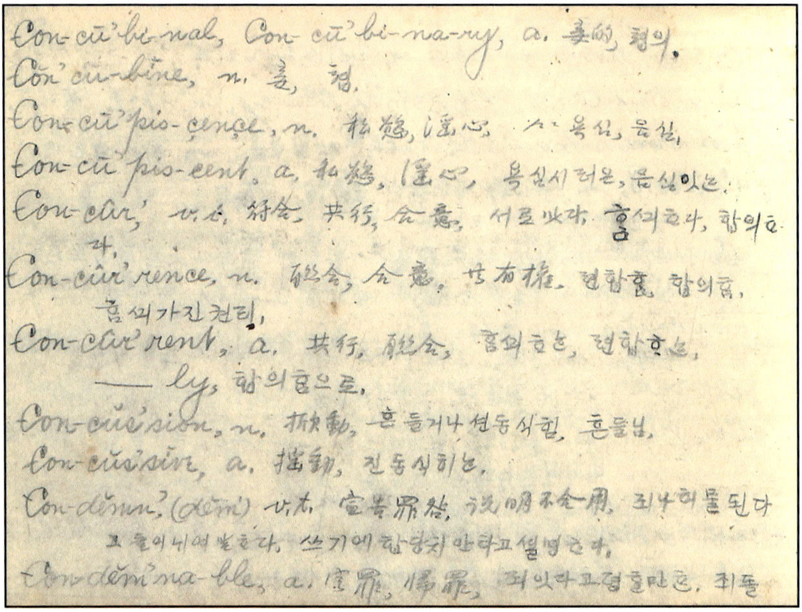

Con-cū'bi-nal, Con-cū'bi-na-ry, a. 妾的, 쳡의.
Con'cu-bine, n. 妾, 쳡.
Con-cū'pis-cence, n. 私慾, 淫心, 〃 욕심, 음심,
Con-cū'pis-cent, a. 私慾, 淫心, 욕심스러운, 음심잇는.
Con-cur', v.i. 符合, 共行, 合意, 서로맛다, 홈쎄ᄒᆞ다, 합의ᄒᆞ다.
Con-cur'rence, n. 聯合, 合意, 共有權, 련합홈, 합의홈, 홈쎄가진권리,
Con-cur'rent, a. 共行, 聯合, 홈쎄ᄒᆞᄂᆞᆫ, 련합ᄒᆞᄂᆞᆫ,
—— ly, 합의홈으로,
Con-cus'sion, n. 振動, 흔들거나 선동식힘, 흔들님,
Con-cus'sive, a. 搖動, 진동식히는,
Con-demn' (dem) v.t. 宣告罪名, 說明不合用, 죄나허물된다고 들어내여 발ᄒᆞ다, 쓰기에 합당치 안타고 설명ᄒᆞ다,
Con-dem'na-ble, a. 宣罪, 歸罪, 죄잇다고 뎡홀만ᄒᆞᆫ, 죄돌

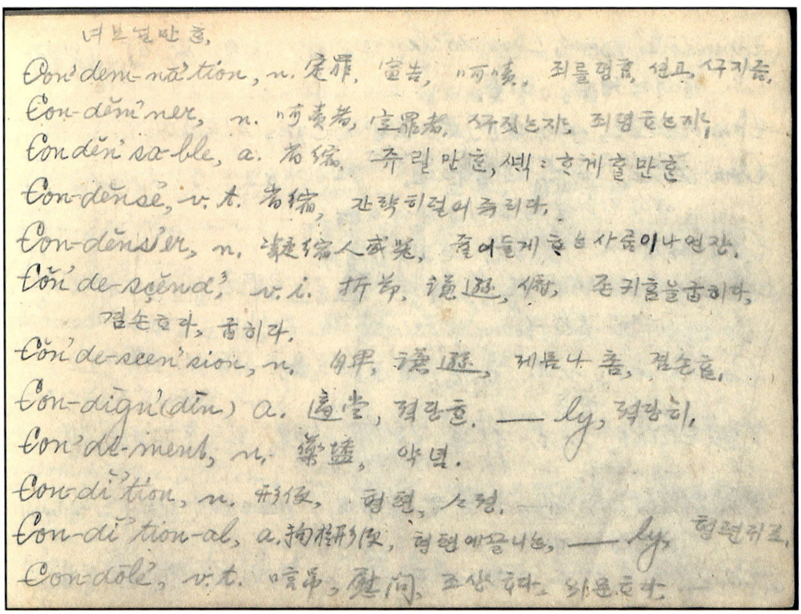

너보낼만ᄒᆞᆫ,
Con'dem-na'tion, n. 定罪, 宣告, 呵責, 죄를 뎡홈, 선고, 〃꾸지람,
Con-dem'ner, n. 呵責者, 定罪者, 꾸짓는자, 죄뎡ᄒᆞ는자,
Con-den'sa-ble, a. 省縮, 츄릴만ᄒᆞᆫ, 색ᄀᆞ게홀만ᄒᆞᆫ
Con-dense', v.t. 省縮, 간략히 절어주리다,
Con-dens'er, n. 凝縮人或器, 줄어들게ᄒᆞᄂᆞᆫ사ᄅᆞᆷ이나 연장,
Con'de-scend', v.i. 折節, 謙遜, 俯, 존귀홈을 굽히다,
겸손ᄒᆞ다, 굽히다.
Con'de-scen'sion, n. 自卑, 謙遜, 제몸나춤, 겸손홈,
Con-dign' (dīn) a. 適當, 적당ᄒᆞᆫ. —— ly, 적당히,
Con'di-ment, n. 藥鹽, 약념.
Con-di'tion, n. 形役, 형편, 〃졍,
Con-di'tion-al, a. 拘於形役, 형편에 들니는, —— ly, 형편ᄯᆞ라,
Con-dole', v.t. 唁弔, 慰問, 조상ᄒᆞ다, 위문ᄒᆞ다.

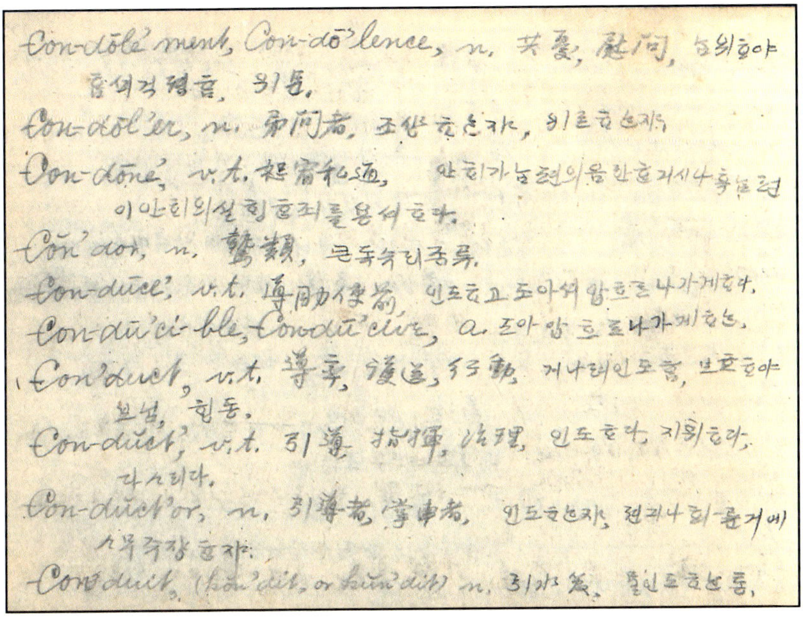

Con-dōle'ment, Con-dō'lence, n. 共憂, 慰問, 문위ᄒᆞ야
ᄒᆞᆷ셔긔쳥ᄒᆞᆷ, 위문.
Con-dōl'er, n. 弔問者, 조상ᄒᆞᄂᆞᆫ자, 위로ᄒᆞᄂᆞᆫ자.
Con-dōne', v.t. 赦寄私通, 안희가남편의음란ᄒᆞᆫ거시나혹남편이안희의실힝ᄒᆞᆫ죄를용셔ᄒᆞ다.
Cŏn'dor, n. 鷲類, 큰독수리죵류.
Con-dūce', v.t. 導助傳前, 인도ᄒᆞ고도아셔압흐로나가게ᄒᆞ다.
Con-dū'ci-ble, Con-dū'cive, a. 도아압흐로나가게ᄒᆞᄂᆞᆫ.
Con'duct, v.t. 導率, 護送, 行動, 거나리인도ᄒᆞᆷ, 보호ᄒᆞ야보냄, 힝동.
Con-duct', v.t. 引導, 指揮, 治理, 인도ᄒᆞ다, 지휘ᄒᆞ다, 다ᄉᆞ리다.
Con-duct'or, n. 引導者, 掌車者, 인도ᄒᆞᄂᆞᆫ자, 젼긔나화륜거에ᄉᆞ무쥬장ᄒᆞᆫ자.
Con'duit, (kon'dit, or kun'dit) n. 引水管, 물인도ᄒᆞᄂᆞᆫ통.

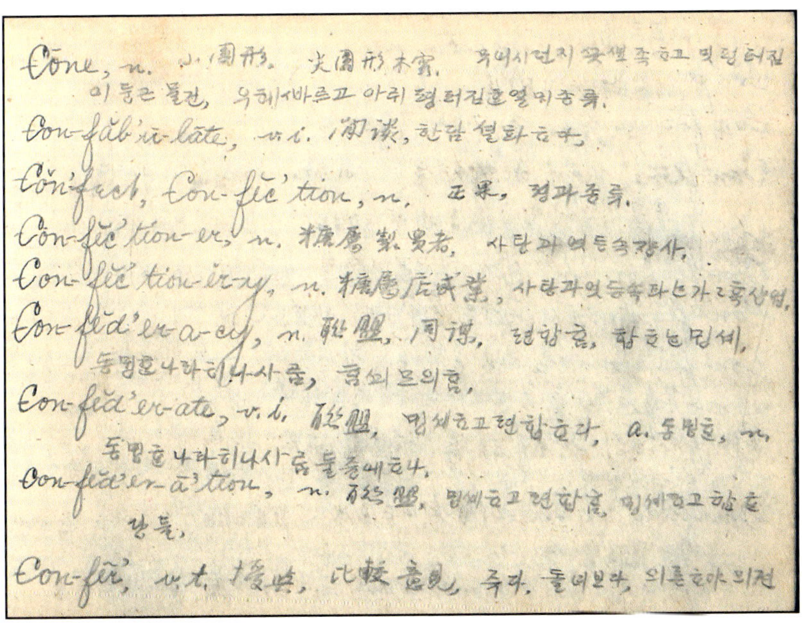

Cōne, n. 小圓形, 尖圓形木實, 우에시련지쏫섀족ᄒᆞ고밋헌터진이둥근물건, 우헤ᄂᆞᆫ바르고아릭ᄂᆞᆫ펑퍼짐ᄒᆞᆫ열미죵류.
Con-fab'u-late, v.i. 閑談, 한담셜화ᄒᆞ다.
Cŏn'fect, Con-fec'tion, n. 正果, 졍과죵류.
Cŏn-fec'tion-er, n. 糖屬製賣者, 사탕과엿등속쟝사.
Con-fec'tion-er-y, n. 糖屬店或業, 사탕과엿등속파ᄂᆞᆫ가가혹산업.
Con-fed'er-a-cy, n. 聯盟, 同謀, 련합ᄒᆞᆷ, 합ᄒᆞᄂᆞᆫ밍셰, 동밍ᄒᆞᆫ나라히나사ᄅᆞᆷ, ᄒᆞᆷᄭᅴ모의ᄒᆞᆷ.
Con-fed'er-ate, v.i. 聯盟, 밍셰ᄒᆞ고련합ᄒᆞ다, a. 동밍ᄒᆞᆫ, n. 동밍ᄒᆞᆫ나라히나사ᄅᆞᆷ들총애ᄒᆞ다.
Con-fed'er-ā'tion, n. 聯盟, 밍셰ᄒᆞ고련합ᄒᆞᆷ, 밍셰ᄒᆞ고합ᄒᆞᆫ단톄.
Con-fer', v.t. 授與, 比較意見, 주다, 둘너보다, 의론ᄒᆞ야의견

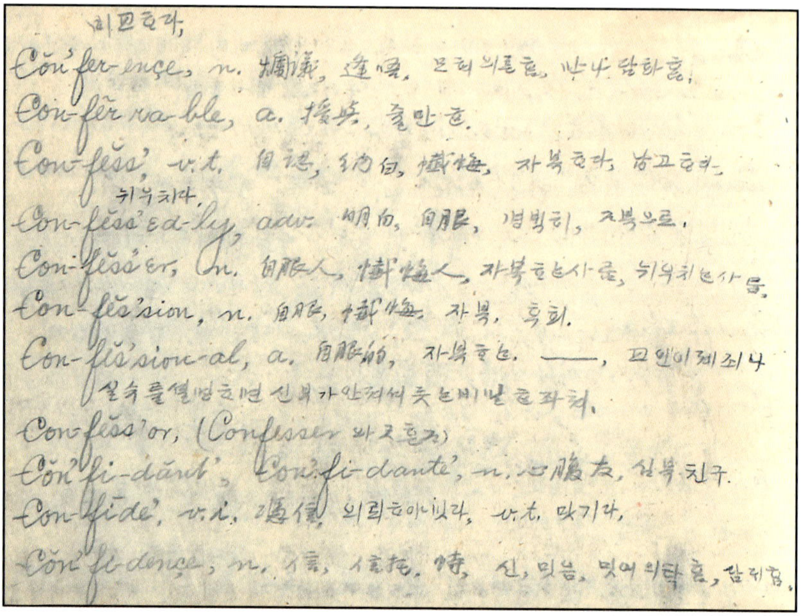

비교ᄒᆞ다;
Cŏn'fer-ençe, n. 協議, 逢晤, 모혀의론홈, 맛나담화홈.
Con-fĕr'ra-ble, a. 授與, 줄만ᄒᆞᆫ.
Con-fĕss', v.t. 自認, 納白, 懺悔, 자복ᄒᆞ다, 남고ᄒᆞ다, 뉘우치다,
Con-fĕss'ed-ly, adv. 明白, 自服, 명백히, 자복으로,
Con-fĕss'er, n. 自服人, 懺悔人, 자복ᄒᆞᄂᆞᆫ사ᄅᆞᆷ, 뉘우치ᄂᆞᆫ사ᄅᆞᆷ.
Con-fĕs'sion, n. 自服, 懺悔, 자복, 후회.
Con-fĕs'sion-al, a. 自服的, 자복ᄒᆞᄂᆞᆫ. ——, 교인이제죄나 실슈를설명ᄒᆞ면 신부가안져서듯ᄂᆞᆫ비밀ᄒᆞᆫ좌처.
Con-fĕss'or, (Confesser 와ᄀᆞᆺ흠)
Cŏn'fi-dănt', Con'fi-dante', n. 心腹友, 심복친구.
Con-fīde', v.i. 憑信, 의뢰ᄒᆞ야밋다, v.t. 맛기다,
Cŏn'fi-dençe, n. 信, 信托, 恃, 신, 밋음, 밋어의탁홈, 담대홈.

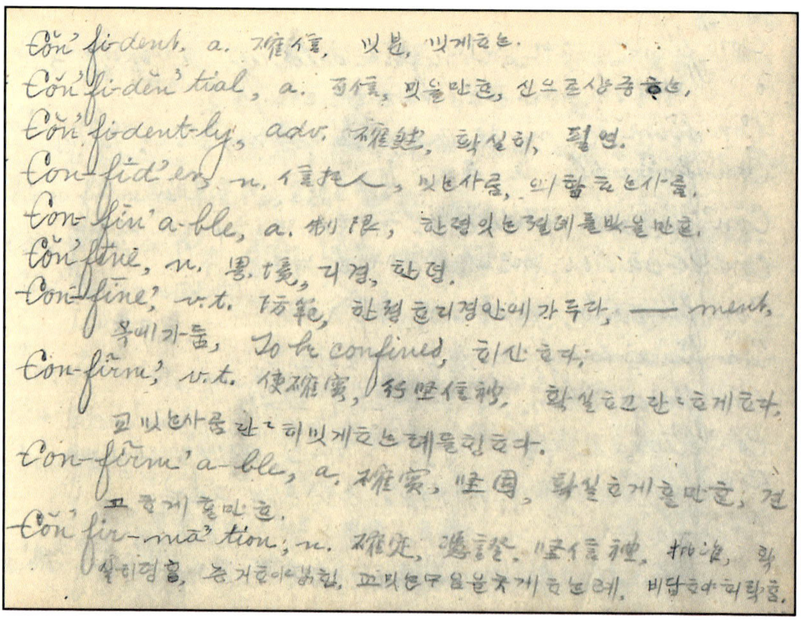

Cŏn'fi-dent, a. 確信, 밋ᄂᆞᆫ, 밋게ᄒᆞᄂᆞᆫ.
Cŏn'fi-dĕn'tial, a. 可信, 밋을만ᄒᆞᆫ, 신으로샹종ᄒᆞᄂᆞᆫ,
Cŏn'fi-dent-ly, adv. 確然, 확실히, 필연.
Con-fīd'er, n. 信托人, 밋ᄂᆞᆫ사ᄅᆞᆷ, 의탁ᄒᆞᄂᆞᆫ사ᄅᆞᆷ.
Con-fīn'a-ble, a. 制限, 한정잇ᄂᆞᆫ경계를밧을만ᄒᆞᆫ.
Cŏn'fīne, n. 界境, 디경, 한졍.
Con-fīne', v.t. 防範, 한졍ᄒᆞᆫ디경안에가두다, —— ment, 옥에가둠, To be confined, 히산ᄒᆞ다;
Con-fīrm', v.t. 使確實, 紛堅信禮, 확실ᄒᆞ고 간간ᄒᆞ게ᄒᆞ다, 교밋ᄂᆞᆫ사ᄅᆞᆷ간간히밋게ᄒᆞᄂᆞᆫ례를칭ᄒᆞ다.
Con-fīrm'a-ble, a. 確實, 堅固, 확실ᄒᆞ게홀만ᄒᆞᆫ, 견고ᄒᆞ게홀만ᄒᆞᆫ.
Cŏn'fir-mā'tion, n. 確定, 憑證, 堅信禮, 批准, 확실히뎡홈, 증거ᄒᆞ야밝힘, 교밋ᄂᆞᆫᄆᆞᄋᆞᆷ을붓게ᄒᆞᄂᆞᆫ례, 비답ᄒᆞ야허락홈.

Con-fĭrm'a-tive, Con-fĭrm'a-to-ry, a. 堅確, 굿고
 확실ᄒᆞ게ᄒᆞᄂᆞ, 교단ᄂᆞ히딧게ᄒᆞᄂᆞᆫ례와 속ᄒᆞᆫ.
Con-fĭrm'er, n. 堅確者, 굿고확실ᄒᆞ게ᄒᆞᄂᆞᆫ자, 증거인.
Con-fĭs'ca-ble, a. 屬公, 속공ᄒᆞᆯ만ᄒᆞᆫ, 젹몰ᄒᆞᆯ만ᄒᆞᆫ.
Cŏn'fis-cate, v.t. 屬公, 속공ᄒᆞ다, 젹몰ᄒᆞ다. a. 젹몰ᄒᆞᆫ.
Cŏn'fis-cā'tion, n. 屬公, 속공ᄒᆞᆷ, 젹몰ᄒᆞᆷ.
Cŏn'fis-cā'tor, n. 屬公者, 속공ᄒᆞᄂᆞᆫ자.
Con-fĭs'ca-to-ry, a. 屬公, 속공되ᄂᆞᆫ.
Cŏn'fla-grā'tion, n. 大火, 큰불, 화재.
Cŏn'flict, n. 撞着, 鬪爭, 맛부드침, 반대나의의ᄅᆡ고다톰.
Con-flĭct', v.i. 撞着, 鬪爭, 맛부드치다, 닷토다.
Cŏn'flu-ence, n. 合流, 聚集人衆, 합ᄒᆞ야 흐름, 합ᄒᆞ야흐
 르ᄂᆞᆫ곳, 여러사ᄅᆞᆷ뫼ᄂᆞᆫ곳.

Cŏn'flu-ent, a. 合流, 合體, 小河, 합ᄒᆞ야흐르ᄂᆞᆫ, 몸을
 서로엇맛겨된. n. 큰물노들어가ᄂᆞᆫ실기쳔.
Con-fôrm', v.t. 像, 符從, ᄯᅡ라ᄒᆞ다, 쥬로ᄒᆞ다. v.i. 좃다,
 ᄯᅡ르다.
Con-fôrm'a-ble, a. 似, 整齊, 順從, 곳ᄒᆞᆫ, 졍졔ᄒᆞᆫ, 순종ᄒᆞᄂᆞ.
Con-fôrm'a-bly, adv. 適合, 맛게, 합ᄒᆞ히.
Cŏn'for-mā'tion, n. 合意, 和合, 形體, 합의ᄒᆞᆷ, 화합ᄒᆞᆷ, 형
 톄로된것.
Con-fôrm'er, n. 依遵者, 좃ᄂᆞᆫ자, ᄯᅡ라ᄒᆞᄂᆞᆫ자.
Con-fôrm'ist, n. 英國教會信人, 영국교회좃ᄂᆞᆫ자.
Con-fôrm'i-ty, n. 相似, 相合, 遵守由來教規, 곳ᄒᆞᆷ, 상합
 ᄒᆞᆷ, 젼브터나려오ᄂᆞᆫ교회규모좃ᄎᆞᆷ.
Con-found', v.t. 混合難分, 攪亂, 석거분별ᄒᆞ기어렵게ᄒᆞ다,

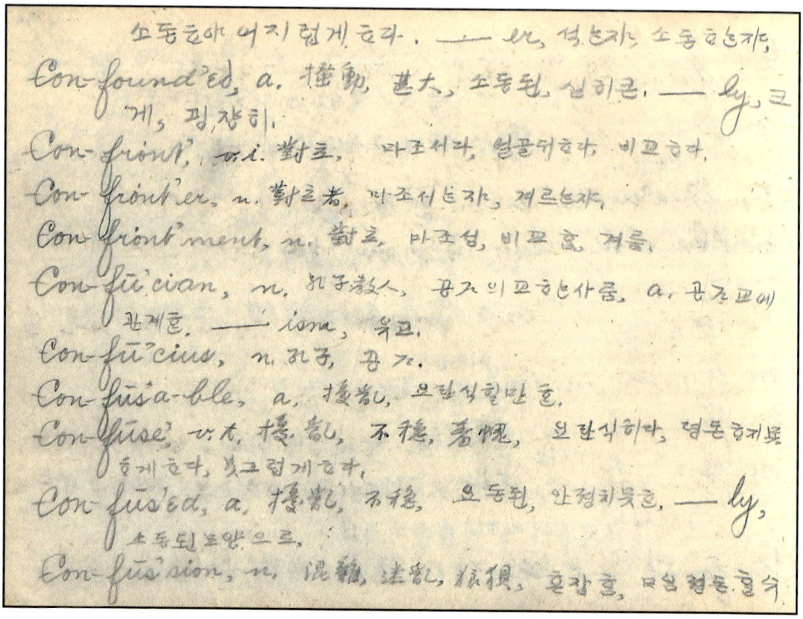

소동ᄒᆞ야 어지럽게ᄒᆞ다. — er, 석ᄂᆞᆫ자, 소동ᄒᆞᄂᆞᆫ자,
Con-found'ed, a. 擾動, 甚大, 소동된, 심히큰. — ly, 크게, 굉장히.
Con-front', v.i. 對立, 마조서다, 얼골뒤ᄒᆞ다, 비교ᄒᆞ다.
Con-front'er, n. 對立者, 마조서ᄂᆞᆫ자, 겨르ᄂᆞᆫ자,
Con-front'ment, n. 對立, 마조섬, 비교ᄒᆞᆷ, 겨름.
Con-fū'cian, n. 孔子教人, 공즈의교ᄒᆞᄂᆞᆫ사ᄅᆞᆷ. a. 공즈교에 관계ᄒᆞᆫ. —ism, 유교.
Con-fū'cius, n. 孔子, 공즈.
Con-fūs'a-ble, a. 擾亂, 요란식힐만ᄒᆞᆫ.
Con-fūse', v.t. 擾亂, 不穩, 羞愧, 요란식히다, 혐돈ᄒᆞ게못ᄒᆞ게ᄒᆞ다, 붓그럽게ᄒᆞ다,
Con-fūs'ed, a. 擾亂, 不穩, 요동된, 안정치못ᄒᆞᆫ. — ly, 소동된모양으로,
Con-fū'sion, n. 混雜, 迷亂, 狼狽, 혼잡ᄒᆞᆷ, 마음혐돈ᄒᆞᆯ수

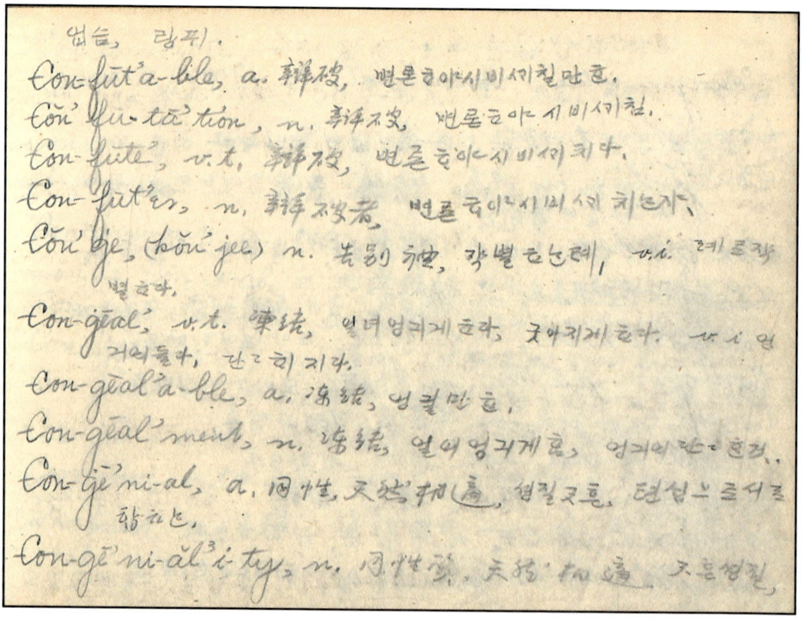

업슴, 랑패.
Con-fūt'a-ble, a. 辯破, 변론ᄒᆞ야시비ᄭᅢ칠만ᄒᆞᆫ.
Cŏn'fu-tā'tion, n. 辯破, 변론ᄒᆞ야시비ᄭᅢ침.
Con-fūte', v.t. 辯破, 변론ᄒᆞ야시비ᄭᅢ치다.
Con-fūt'er, n. 辯破者, 변론ᄒᆞ야시비ᄭᅢ치ᄂᆞᆫ자,
Cŏn'ge, (kŏn'jee) n. 告別禮, 작별ᄒᆞᄂᆞᆫ례, v.i. 례로작별ᄒᆞ다.
Con-gēal', v.t. 凍結, 얼녀엉긔게ᄒᆞ다, 굿어지게ᄒᆞ다. v.i. 엉긔어들다, 단단히지다.
Con-gēal'a-ble, a. 凍結, 엉길만ᄒᆞᆫ.
Con-gēal'ment, n. 凍結, 얼어엉긔게ᄒᆞᆷ, 엉긔여단단ᄒᆞᆫ것.
Con-gē'ni-al, a. 同性, 天然相適, 성질ᄀᆞᆺᄒᆞᆫ, 텬성으로서로합ᄒᆞᄂᆞᆫ.
Con-gē'ni-ăl'i-ty, n. 同性質, 天然相適, ᄀᆞᆺᄒᆞᆫ성질,

텬셩으로샹합홈.
Con-gĕn'i-tal, Con-gĕn'ite, a. 同時生, 한ᄯᅢ에난.
Con-gĕst', v.t. 堆集, 모하뎌덩어리만들다.
Con-gĕs'tion, n. 堆集, 凝血, 모혀덩어리된것, 몸에매여되던 지피몰녀뭉친것.
Con-glō'bate, v.t. 聚成球, 뭉쳐공ᄀᆞ치만들다.
Cŏn'glo-bā'tion, n. 成球, 공ᄀᆞ치둥굴게홈, 공ᄀᆞᆺ흔것.
Con-glŏm'er-ate, v.t. 聚塊, 모아덩어리만들다.
Con-glŏm'er-ā'tion, n. 聚塊, 모아덩어리만듬.
Con'go, Con'gou, n. 黑茶名, 검뎡차일홈.
Con-grăt'u-late, v.t. 慶賀, 치하ᄒᆞ다.
Con-grăt'u-lā'tion, n. 慶賀, 치하.
Con-grăt'u-lā'tor, n. 慶賀者, 치하ᄒᆞᄂᆞᆫ쟈.
Con-grăt'u-la-to-ry, a. 慶賀, 치하ᄒᆞᄂᆞᆫ.

Con'gre-gate, v.t. 聚會, 모다, v.i. 모히다.
Con'gre-gā'tion, n. 聚會, 모흠, 모힘, 교인이나다른회.
Con'gre-gā'tion-al, a. 聚會的, 교회나혹다른회의관계ᄒᆞᆫ.
Con'gress, n. 會遇, 國會, 맛나모힘, 국회.
Con'gru-ous, a. 相合, 샹합ᄒᆞᆫ.
Cŏn'ic, Cŏn'ic-al, a. 尖圓形的, 아래둥글고우헤ᄲᅮ족ᄒᆞᆫ.
Con-jĕct'ur-a-ble, a. 推測, 밀우어칙량홀만ᄒᆞᆫ.
Con-jĕct'ur-al, a. 推測, 밀우어칙량ᄒᆞᆫ.
Con-jĕct'ure, v.i. 推測, 밀우어칙량ᄒᆞ다. n. 칙량ᄒᆞᆫ생각.
Con-jĕct'ur-er, n. 推度者, 밀우어헤아리ᄂᆞᆫ쟈.
Con-join', v.t.+v.i. 相連, 서로련ᄒᆞ다, 합ᄒᆞ다.
Con-joint', a. 連結, 련ᄒᆞ야미즌. —ly, 련합ᄒᆞ여, 합심으로.

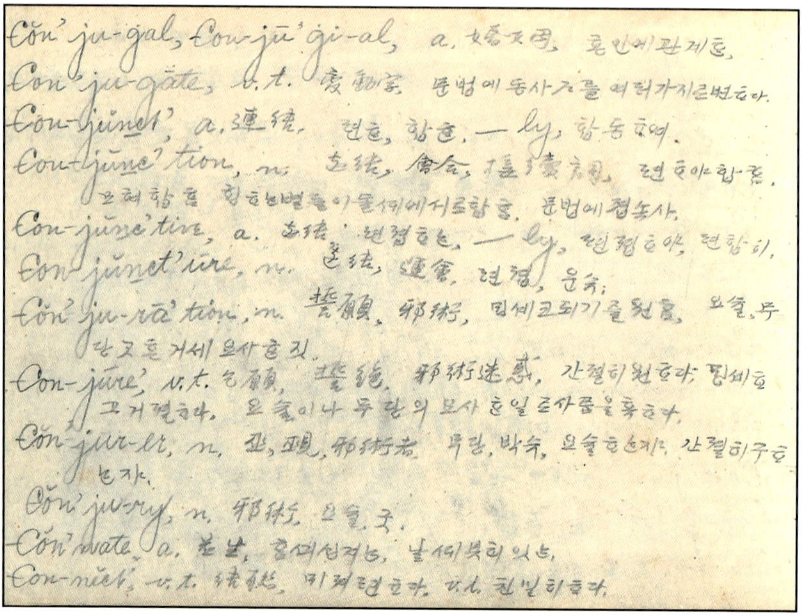

Cŏn'ju-gal, Con-jū'gi-al, a. 婚姻, 혼인에관계훈,
Cŏn'ju-gāte, v.t. 變動字 문법에 동사ᄌᆞ를 여러가지로변ᄒᆞ다.
Con-jŭnct', a. 連結, 련훈, 합훈, — ly, 합동ᄒᆞ여.
Con-jŭnc'tion, n. 連結, 會合, 接續詞, 련ᄒᆞ야합홈, 교회합홈 ᄒᆞ는별들이일셩에서로합홈, 문법에접속사,
Con-jŭnc'tive, a. 連結 련졉ᄒᆞ는, — ly, 련졉ᄒᆞ야, 련합히,
Con-jŭnct'ure, n. 連結, 連會, 련졉, 운수;
Cŏn'ju-rā'tion, n. 誓願, 邪術, 맹세코되기를원홈, 요술, 무당ᄀᆞᆺ흔거세요사ᄒᆞᆫ짓.
Con-jūre', v.t. 乞願, 誓絶, 邪術迷惑, 간졀히원ᄒᆞ다; 맹세ᄒᆞ고거졀ᄒᆞ다, 요술이나 무당의 요사ᄒᆞᆫ일로사름을혹ᄒᆞ다,
Cŏn'jur-er, n. 巫, 覡, 邪術者 무당, 박슈, 요술ᄒᆞᄂᆞᆫ자, 간졀히구ᄒᆞᄂᆞᆫ자.
Cŏn'ju-ry, n. 邪術, 요술, 굿.
Cŏn'nate, a. 本生, ᄒᆞᆫ세상ᄭᅴᄂᆞᆫ, 날ᄯᅢ븟허 잇ᄂᆞᆫ,
Con-nĕct', v.t. 結聯, 미져련ᄒᆞ다. v.i. 친밀히ᄒᆞ다.

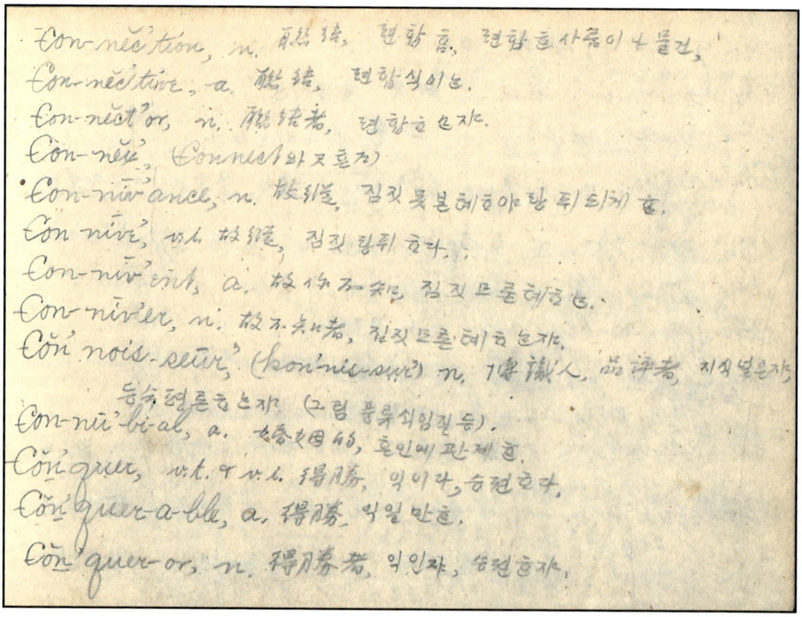

Con-nĕc'tion, n. 聯結, 련합홈, 련합ᄒᆞᆫ사름이나물건,
Con-nĕc'tive, a. 聯結, 련합식이ᄂᆞᆫ.
Con-nĕct'or, n. 聯結者, 련합ᄒᆞᄂᆞᆫ자.
Con-nĕx', (Connect와ᄀᆞᆺ흔것)
Con-nīv'ance, n. 故縱, 짐짓못본톄ᄒᆞ야탈뒤되게홈,
Con-nīve', v.i. 故縱, 짐짓탈뒤ᄒᆞ다,
Con-nīv'ent, a. 故作不知, 짐짓모른톄ᄒᆞᄂᆞᆫ.
Con-nīv'er, n. 故不知者, 짐짓모른톄ᄒᆞᄂᆞᆫ자,
Cŏn'nois-seūr', (kon'nis-sur') n. 博識人, 品評者, 지식만은자, 능숙평론ᄒᆞᄂᆞᆫ자 (그림 풍류식힘질등).
Con-nū'bi-al, a. 婚姻的, 혼인에관계훈.
Cŏn'quer, v.t. & v.i. 得勝, 익이다, 승젼ᄒᆞ다,
Cŏn'quer-a-ble, a. 得勝 익일만훈.
Cŏn'quer-or, n. 得勝者, 익인자, 승젼ᄒᆞᆫ자,

Cŏn'quest, n. 勝戰, 승젼, 익일.
Cŏn'san-guin'e-oŭs, a. 血屬, 혈쇽되는.
Cŏn'săn-guĭn'i-ty, n. 血屬, 혈쇽되는텬기.
Cŏn'science, n. 天良心, 是非之心, 양심, 올흔본심, 시비갈희는
모음,
Cŏn'sci-ĕn'tious, a. 守良心, 양심직히는. — ly, 양심되로.
Cŏn'scion-a-ble, a. 公正, 공졍호.
Cŏn'scion-a-bly, adv. 公正, 공졍히.
Cŏn'sciouŭs, a. 知覺, 제부용아는지각잇는, 지식잇는. — ness.
지식. 지각, — ly, 지각잇게.
Cŏn'script, n. 抽籤當兵者, 제비뽑아셔 병뎡박힌자. a. 일
홈 칙에올은.
Con-scrip'tion, n. 登錄, 強充兵籍, 일홈긔록홈, 억지로군ᄉ
뽑음.
Cŏn'se-crate, v.t. 封為神聖, 尊崇, 놉혀신명이나셩현을만들다,
존숭ᄒ다.
Cŏn'se-crā'tion, n. 行尊聖封神之禮, 셩현을존숭ᄒ거나신
명을숭봉ᄒ는례식을힝홈.
Cŏn'se-crā'tor, n. 尊聖封神者, 셩현을존숭ᄒ거나신명을놉히는자,
Cŏn'se-cū'tion, n. 連續, 련쇽홈, 차름차ᄌ치서로련홈,
Con-sĕc'ū-tive, a. 連續, 련쇽ᄒ는, — ly, 련쇽히.
Cŏn-sĕnt', n. 同意, 一致, 許允, 생각, 허락홈, 승낙홈, 허락홈.
v.i. 의합ᄒ다, 허락ᄒ다.
Cŏn'se-quence, n. 結果, 當由, 결실, 연히되는일, 관련된일.
In consequence, 연고로, 써문에, Of consequence,
긴중호.
Cŏn'se-quent, a. 因緣, 畢竟, 인연호, 필경되는. n. 생아되는
일, 결실, — ly, 필경히, 그런으로.
Cŏn'se-quĕn'tial, a. 畢竟, 自大, 필경되는, 쳔대ᄒ는. — ly,

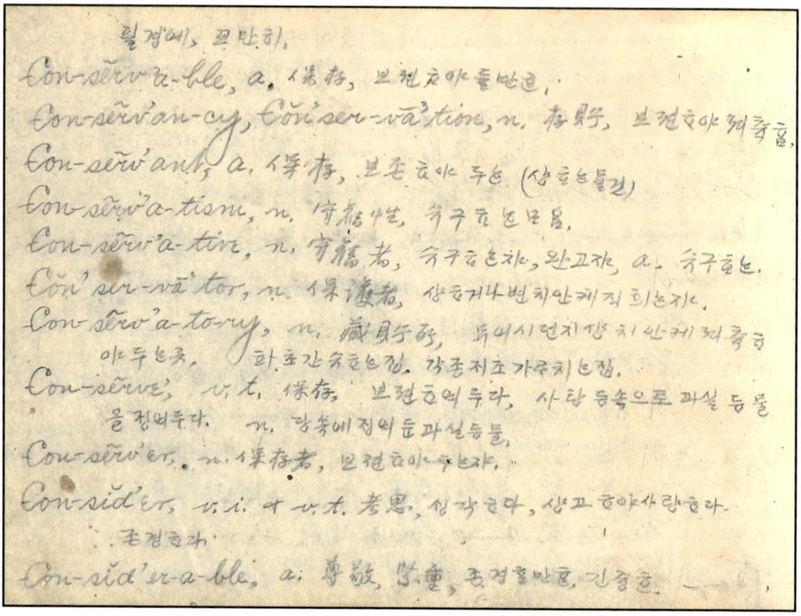

릴경에, 끄반히,
Con-sẽrv'a-ble, a. 保存, 보젼ᄒᆞ야둘만ᄒᆞᆫ,
Con-sẽrv'an-cy, Cŏn'ser-vā'tion, n. 存貯, 보젼ᄒᆞ야 저축홈,
Con-sẽrv'ant, a. 保存, 보존ᄒᆞ야 두ᄂᆞᆫ (상ᄒᆞᄂᆞᆫ물건)
Con-sẽrv'a-tism, n. 守舊性, 슈구ᄒᆞᄂᆞᆫ본셩,
Con-sẽrv'a-tive, n. 守舊者, 슈구ᄒᆞᄂᆞᆫ자, 완고자, a. 슈구ᄒᆞᄂᆞᆫ,
Cŏn'ser-vā'tor, n. 保護者, 상ᄒᆞ거나변치안케직희ᄂᆞᆫ자,
Con-sẽrv'a-to-ry, n. 藏貯所, 둑어시런지샹치안케저축ᄒᆞ야두ᄂᆞᆫ곳, 화초간슈ᄒᆞᄂᆞᆫ집, 각종저초가루치ᄂᆞᆫ집,
Con-sẽrve', v.t. 保存, 보젼ᄒᆞ여두다, 사탕등속으로 과실 등물을 절여두다. n. 당속에절인ᄒᆞᆫ과실등물,
Con-sẽrv'er, n. 保存者, 보젼ᄒᆞ야두ᄂᆞᆫ자,
Con-sid'er, v.i. or v.t. 考思, 싱각ᄒᆞ다, 샹고ᄒᆞ야사량ᄒᆞ다, 존경ᄒᆞ다
Con-sid'er-a-ble, a. 尊敬, 緊重, 존경홀만ᄒᆞᆫ, 긴중ᄒᆞᆫ,

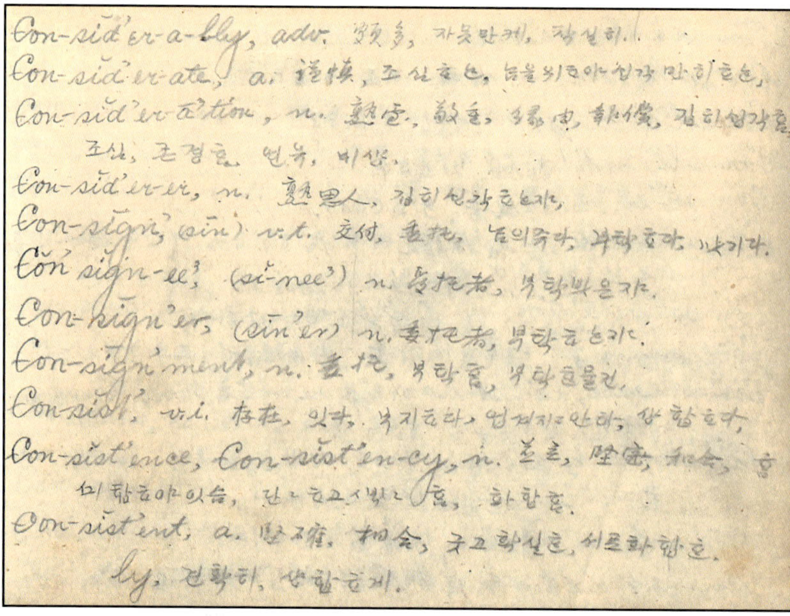

Con-sid'er-a-bly, adv. 頗多, 자못만케, 착실히,
Con-sid'er-ate, a. 謹慎, 조심ᄒᆞᄂᆞᆫ, 남을위ᄒᆞ야싱각만히ᄒᆞᄂᆞᆫ,
Con-sid'er-ā'tion, n. 熟念, 敬重, 緣由, 報償, 깁히싱각홈, 조심, 존경홈, 연유, 비샹,
Con-sid'er-er, n. 熟思人, 깁히싱각ᄒᆞᄂᆞᆫ자,
Con-sign', (sīn) v.t. 交付, 委托, 남의주다, 부탁ᄒᆞ다, 맛기다,
Cŏn'sign-ee', (sī-nee') n. 受托者, 부탁밧은자,
Con-sign'er, (sīn'er) n. 委托者, 부탁ᄒᆞᄂᆞᆫ자,
Con-sign'ment, n. 委托, 부탁홈, 부탁ᄒᆞᆫ물건,
Con-sist', v.i. 存在, 잇다, 부지ᄒᆞ다, 업셔지지안타, 샹합ᄒᆞ다,
Con-sist'ence, Con-sist'en-cy, n. 存立, 堅定, 和合, ᄒᆞᆫ되합ᄒᆞ야잇슴, 단단ᄒᆞ고시밧ᄂᆞᆫ홈, 화합홈,
Con-sist'ent, a. 堅確, 相合, 굿고확실ᄒᆞᆫ, 서로화합ᄒᆞᆫ, -ly, 견확히, 샹합ᄒᆞ게,

Con-sŏl'a-ble, a. 藉慰, 위로홀만호.
Cŏn'so-lā'tion, n. 安慰, 위로, 위로호는것,
Con-sŏl'a-to-ry, a. 藉慰, 위로호는.
Con-sōle', v.t. 藉慰, 위로호다.
Con-sōl'er, n. 接慰者, 위로호는자.
Con-sŏl'i-dāte, v.t. 固結, 단단히합호게호다, 여럿을 호나만들다
v.i. 단단히모히다. 合心 합호다.
Con-sŏl'i-dā'tion, n. 固結, 단단히 합호게홈.
Cŏn'sols, n. pl. 英國의債證書, 령국정부에서 보조호국채증서.
Cŏn'so-nance, Cŏn'so-nan-cy, n. 諧音, 合意, 일제히화합
호소리, 합의호.
Cŏn'so-nant, a. 相合, 和睦, 상합호, 화목호, n. 영어자음
글자. —— ly, 상합호게.
Cŏn'sort, n. 伴, 配, 伙, 짝, 동무, 배필,
Con-sôrt', v.t. & v.i. 相交, 結婚, 사괴다, 혼인호다,

Con-spĭc'ū-oŭs, a. 顯著, 有名, 현저호, 나타는, 유명호. —— ly.
현저히, 유명히. —— ness, 들어남.
Con-spĭr'a-cy, n. 結黨, 당모홈, 동모호.
Con-spĭr'a-tor, n. 陰謀者. 모의호는자.
Con-spīre', v.t. 結黨同盟. 당을 미져 동맹호다.
Cŏn'sta-ble, n. 中代王室高官, 警察官, 중간세대에 왕의궁즁
에놉흔관원, 경찰관.
Con-stăb'ū-la-ry, a. 警察官的, 경찰관의.
Cŏn'stan-cy, n. 不變, 恒心, 剛毅, 여일히변치안음, 항심,
굿세고강직홈.
Cŏn'stant, a. 如一, 不變, 恒常, 여일호, 변치안는, 항상호는.
n. 변치안을것, —— ly, 여일히, 항상,
Cŏn'stel-lāt'ed, a. 會光的, 어러빗트친.
Cŏn'stel-lā'tion, n. 衆星會光, 여러별이 합쳐 비침.
Cŏn'ster-nā'tion, n. 恐怖, 놀남, 혼남.

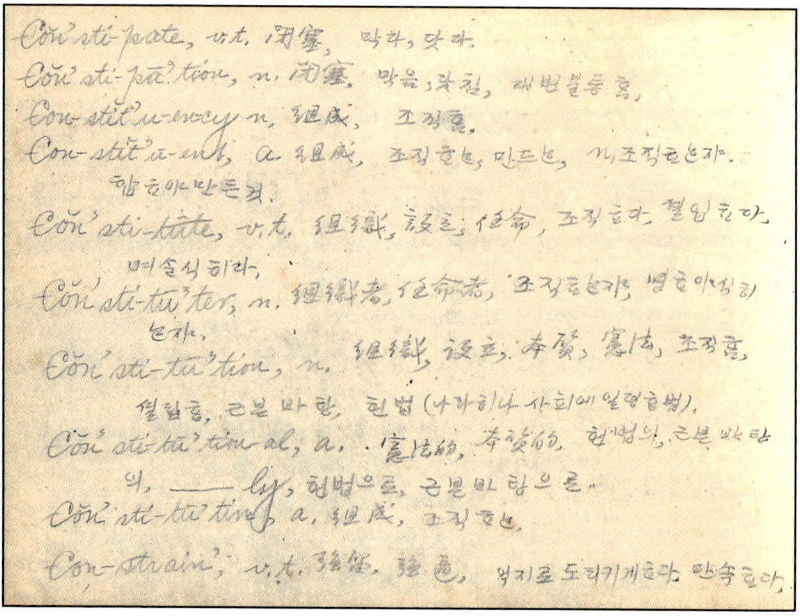

Cŏn'sti-pate, v.t. 閉塞, 막다, 닷다.
Cŏn'sti-pā'tion, n. 閉塞, 막음, 닷침, 대변불통홈,
Con-stit'u-en-cy n. 組成, 조직홈.
Con-stit'u-ent, a. 組成, 조직ᄒᆞᄂᆞᆫ, 만드ᄂᆞᆫ, n. 조직ᄒᆞᄂᆞᆫ자. 합ᄒᆞ야만든것.
Cŏn'sti-tūte, v.t. 組織, 設立, 任命, 조직ᄒᆞ다, 셜립ᄒᆞ다, 벼슬식히다,
Cŏn'sti-tū'ter, n. 組織者, 任命者, 조직ᄒᆞᄂᆞᆫ자, 벼ᄉᆞᆯ식히ᄂᆞᆫ자.
Cŏn'sti-tū'tion, n. 組織, 設立, 本質, 憲法, 조직홈, 셜립홈, 근본바탕, 헌법(나라히나 사회에 일뎡ᄒᆞᆫ법).
Cŏn'sti-tū'tion-al, a. 憲法的, 本質的, 헌법의, 근본바탕의, ——ly, 헌법으로, 근본바탕으로.
Cŏn'sti-tū'tive, a. 組成, 조직ᄒᆞᄂᆞᆫ.
Con-strain', v.t. 強留, 強迫, 억지로 도리키게ᄒᆞ다, 만속ᄒᆞ다,

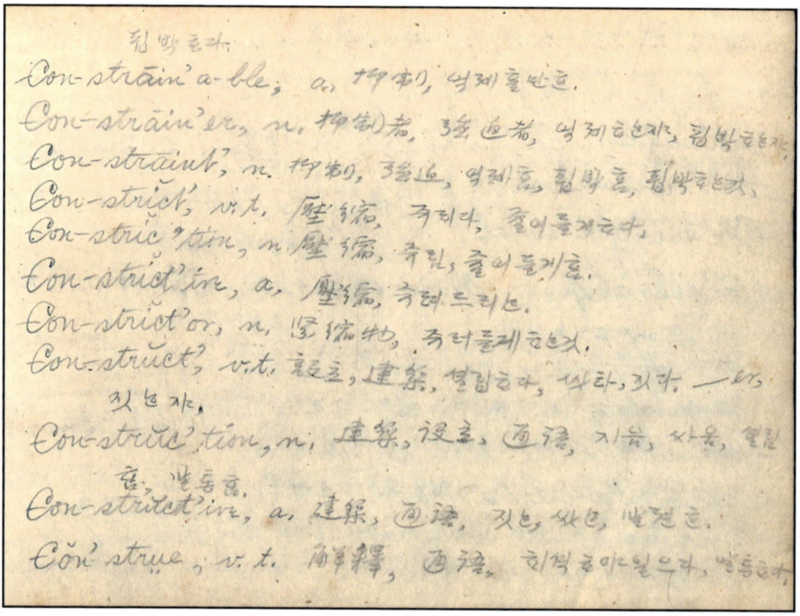

핍박ᄒᆞ다.
Con-strāin'a-ble, a. 抑制, 억제홀만ᄒᆞᆫ.
Con-strāin'er, n. 抑制者, 強迫者, 억제ᄒᆞᄂᆞᆫ자, 핍박ᄒᆞᄂᆞᆫ자,
Con-straint', n. 抑制, 強迫, 억제홈, 핍박홈, 핍박ᄒᆞᄂᆞᆫ것,
Con-strict', v.t. 壓縮, 줄이다, 줄어들게ᄒᆞ다,
Con-stric'tion, n. 壓縮, 줄임, 줄어들게홈.
Con-strict'ive, a. 壓縮, 줄혀드리ᄂᆞᆫ.
Con-strict'or, n. 壓縮物, 줄어들게ᄒᆞᄂᆞᆫ것.
Con-struct', v.t. 設立, 建築, 셜립ᄒᆞ다, 쌋다, 짓다, ——er, 짓ᄂᆞᆫ자.
Con-struc'tion, n. 建築, 設立, 通譯, 지음, 싸음, 셜립홈, 번둥홈.
Con-struct'ive, a. 建築, 通譯, 짓ᄂᆞᆫ, 싸ᄂᆞᆫ, 번역ᄒᆞᆫ.
Cŏn'strue, v.t. 解釋, 通譯, 히셕ᄒᆞ야닐으다, 번둥ᄒᆞ다,

Cŏn'sub-stăn'tial, a. 同性質, 셩질ᄀᆞᆺᄒᆞᆫ.
Cŏn'sul, n. 領事, 령ᄉᆞ.
Cŏn'su-lar, Cŏn'su-la-ry, a. 領事的, 령ᄉᆞ관에관계ᄒᆞᆫ.
Cŏn'su-late, n. 領事館, 령ᄉᆞ관, 령ᄉᆞ의벼슬.
Cŏn'sul-gĕn'er-al, n. 總領事, 총령ᄉᆞ.
Cŏn'sul-ship, n. 領事之職或任期, 령ᄉᆞ의벼슬이나벼
슬가지고잇ᄂᆞᆫ긔한.
Con-sult', v.i. & v.t. 商議, 의론ᄒᆞ다. 의견뭇다.
Cŏn'sul-ta'tion, n. 商議, 의론ᄒᆞᆷ, 의견뭇옴.
Con-sult'er, n. 商議者, 의론ᄒᆞᄂᆞᆫ자.
Con-sum'a-ble, a. 消滅, 소멸ᄒᆞᆯ만ᄒᆞᆫ, 업시ᄒᆞᆯ만ᄒᆞᆫ.
Con-sume', v.t. 멸망식히다, 업시ᄒᆞ다. 허비업시다, v.i. 점점
업서지다, 쇠ᄒᆞ다.

Con-sum'er, n. 消費者, 업시ᄒᆞᄂᆞᆫ자, 허비ᄒᆞᄂᆞᆫ자.
Cŏn'sum-māte, v.t. 完成, 완젼히셩취ᄒᆞ다, 다일우다.
Con-sŭm'māte, a. 完全, 완젼ᄒᆞᆫ.
Cŏn'sum-mā'tion, n. 完成, 완젼히일움, 다셩취ᄒᆞᆷ.
Con-sŭmp'tion, n. 消費, 肺病, 업시ᄒᆞᆷ, 허비ᄒᆞᆷ, 업시질
되고ᄂᆞᆫ병, 폐경샹ᄒᆞᄂᆞᆫ병.
Con-sŭmp'tive, a. 消費, 肺病, 업시ᄒᆞᄂᆞᆫ, 허비ᄒᆞᄂᆞᆫ, 몸쇠
ᄒᆞᆫ, 폐경샹ᄒᆞᄂᆞᆫ.
Cŏn'tact, n. 相接, 相摩, 서로ᄃᆡ임, 다침, 건드림.
Con-tā'gion, (jun) n. 傳染, 병올마다님, 올마다니ᄂᆞᆫ병.
Con-tā'gious, a. 傳染, 젼염ᄒᆞᄂᆞᆫ, 올마다니ᄂᆞᆫ, 염병의.
Con-tain', v.t. 包含, 容納, 싸고잇다, 속에용납ᄒᆞ다, v.i.
스ᄉᆞ로절조를직히다. —— able, 속에용납ᄒᆞᆯ만ᄒᆞᆫ.
Con-tăm'i-nāte, v.t. 汚穢, 더럽히다.

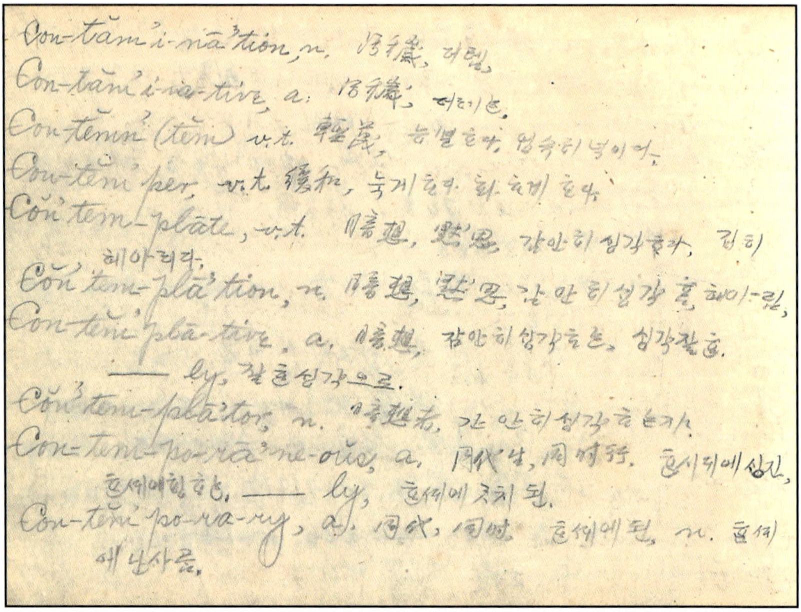

Con-tăm'i-nā'tion, n. 汚穢, 더럽힘,
Con-tăm'i-na-tive, a. 汚穢, 더러이는.
Con-temn' (tĕm) v.t. 輕蔑, 능멸ᄒᆞ다, 업슈히 녁이다.
Con-tĕm'per, v.t. 緩和, 늑거ᄒᆞ다. 화ᄒᆞ게 ᄒᆞ다.
Cŏn'tem-plāte, v.t. 瞻想, 黙思, 감안히 심각ᄒᆞ다, 깁히 혜아리다.
Cŏn'tem-plā'tion, n. 瞻想, 黙思, 감안히 심각홈, 혜아림,
Con-tĕm'plā-tive, a. 瞻想, 감안히 심각ᄒᆞᄂᆞᆫ, 심각잘ᄒᆞᆫ.
—— ly, 잘ᄒᆞᆫ심각으로.
Cŏn'tem-plā'tor, n. 瞻想者, 감안히 심각ᄒᆞᄂᆞᆫ자.
Con-tem-po-rā'ne-ous, a. 同代生, 同時存, ᄒᆞᆫ시ᄃᆡ에 삼긴, ᄒᆞᆫ세에 함ᄒᆞᄂᆞᆫ. —— ly, ᄒᆞᆫ세에 ᄎᆞ치 된.
Con-tĕm'po-ra-ry, a. 同代, 同時, ᄒᆞᆫ세에 된, n. ᄒᆞᆫ세에 난 사ᄅᆞᆷ.

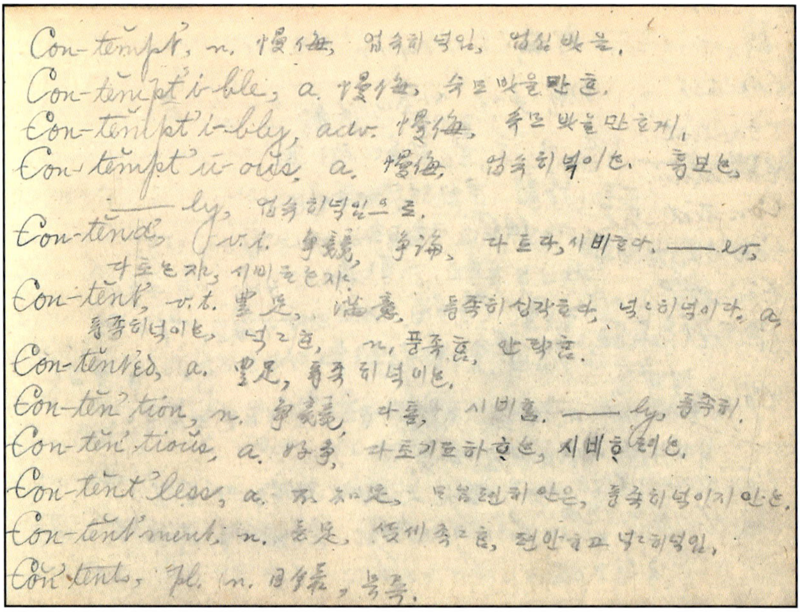

Con-tĕmpt', n. 慢侮, 업슈히 녁임, 업심 밧음.
Con-tĕmpt'i-ble, a. 慢侮, 슈모 밧을 만ᄒᆞᆫ.
Con-tĕmpt'i-bly, adv. 慢侮, 슈모 밧을 만ᄒᆞ게,
Con-tĕmpt'u-ous, a. 慢侮, 업슈히 녁이ᄂᆞᆫ, 흉보ᄂᆞᆫ,
—— ly, 업슈히 녁임으로.
Con-tĕnd', v.t. 爭競, 爭論, 다토다, 시비ᄒᆞ다. —— er, 다토ᄂᆞᆫ자, 시비ᄒᆞᄂᆞᆫ자.
Con-tĕnt', v.t. 豐足, 滿意, 흡죡히 심각ᄒᆞ다, 넉넉히 녁이다. a, 흡죡히 녁이ᄂᆞᆫ, 넉넉ᄒᆞᆫ, n, 풍죡ᄒᆞᆷ, 안락ᄒᆞᆷ.
Con-tĕnt'ed, a. 豐足, 흡죡히 녁이ᄂᆞᆫ.
Con-tĕn'tion, n. 爭競, 다톰, 시비ᄒᆞᆷ. —— ly, 흡죡히.
Con-tĕn'tious, a. 好爭, 다토기를 ᄒᆞᄂᆞᆫ, 시비ᄒᆞ려ᄂᆞᆫ.
Con-tĕnt'less, a. 不知足, 만족ᄒᆞ지 안은, 흡죡히 녁이지 안ᄂᆞᆫ.
Con-tĕnt'ment, n. 知足, 넉넉ᄒᆞᆷ, 편안ᄒᆞ고 넉넉히 녁임,
Cŏn'tents, pl. n. 目錄, 목록.

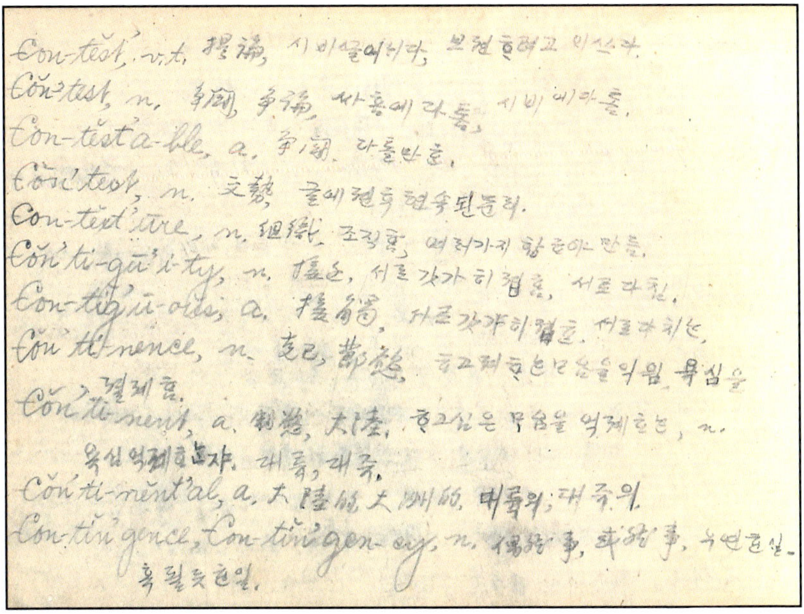

Con-test', v.t. 爭論, 시비슐에이다, 브젼호려고 이쓰다.
Cŏn'test, n. 爭鬪, 爭論, 싸홈에다톰, 시비에다톰.
Con-tĕst'a-ble, a. 爭鬪. 다톨만호.
Cŏn'text, n. 文勢, 글에젼후 련속된뜻리.
Con-text'ure, n. 組織, 조직홈, 여러가지 합호야 만듬.
Cŏn'ti-gū'i-ty, n. 接近, 서로 갓가히 졉홈, 서로 다침.
Con-tig'ū-ous, a. 接觸, 서로갓가히졉호, 서로다치는.
Cŏn'ti-nence, n. 克己, 節慾, 힝고져호는마음을익임, 욕심을 졀제홈.
Cŏn'ti-nent, a. 制慾, 大陸, 힝고십은 무음을 억제호는, n. 욕심억제호는자, 대륙, 대주.
Cŏn'ti-nĕnt'al, a. 大陸的 大洲的, 대륙의; 대주의.
Con-tin'gence, Con-tin'gen-cy, n. 偶然事, 或然事, 우연호일. 혹될듯호일.

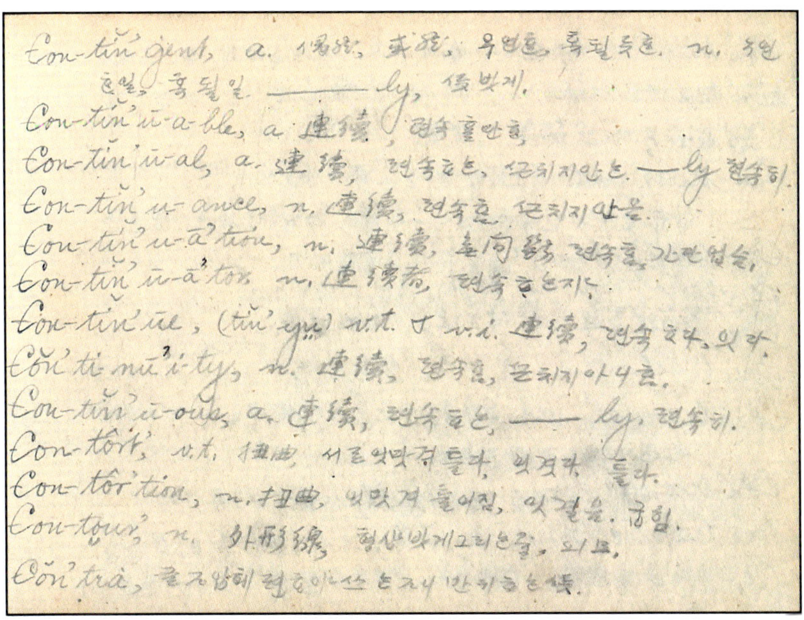

Con-tin'gent, a. 偶然, 或然, 우연호, 혹될듯호. n. 우연호일, 혹될일. —— ly, 뜻밧게.
Con-tin'ū-a-ble, a. 連續, 련속홀만호.
Con-tin'ū-al, a. 連續, 련속호는, 긋치지안는. —— ly 련속히.
Con-tin'u-ance, n. 連續, 련속홈, 긋치지않음.
Con-tin'u-ā'tion, n. 連續, 永向節, 련속홈, 가만업슴.
Con-tin'ū-ā'tor, n. 連續者, 련속호는자.
Con-tin'ue, (tin'yu) v.t. & v.i. 連續, 련속호다, 잇다.
Cŏn'ti-nū'i-ty, n. 連續, 련속홈, 끈치지아니홈.
Con-tin'ū-ous, a. 連續, 련속호는, —— ly, 련속히.
Con-tort', v.t. 扭曲, 서로엇맛져틀다, 엇겻다 틀다.
Con-tor'tion, n. 扭曲, 엇맛져 틀어짐, 엇결음. 근힘.
Con-tour', n. 外形線, 형상박게그리는줄, 외모.
Cŏn'tra, 글조와혜련호야쓰는자니반히호는뜻.

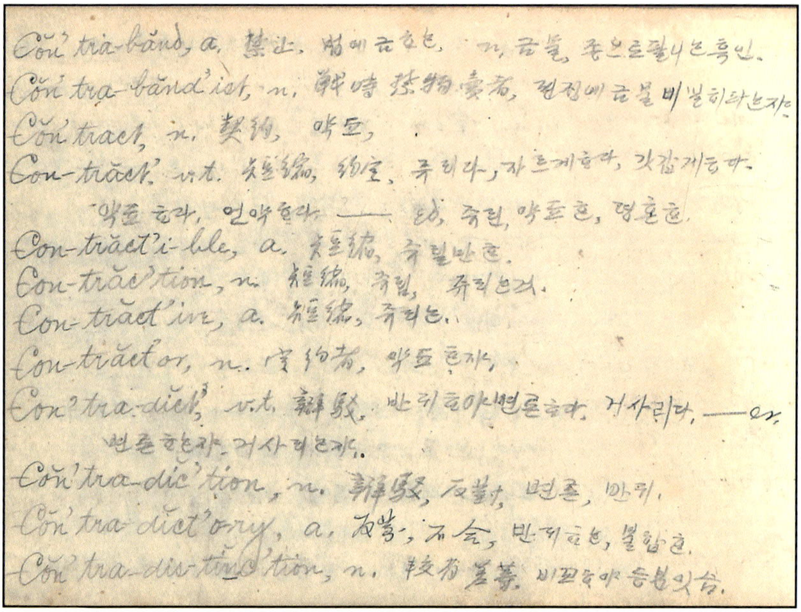

Cŏn'tra-bănd, a. 禁止. 법에금ᄒᆞᆫ. n. 금물, 죵으로팔니ᄂᆞᆫ흑인.
Cŏn'tra-bănd'ist, n. 戰時禁物賣者, 전쟁에금물비밀히파ᄂᆞᆫ자.
Cŏn'tract, n. 契約, 약됴,
Con-trăct' v.t. 縮, 約定, 쥬리다, 자르게ᄒᆞ다, 갓갑게ᄒᆞ다.
약죠ᄒᆞ다, 언약ᄒᆞ다. —— ed, 쥬린, 약됴ᄒᆞᆫ, 뎡ᄒᆞᆫ.
Con-trăct'i-ble, a. 縮, 쥬릴만ᄒᆞᆫ.
Con-trăc'tion, n. 縮, 쥬림, 쥬리ᄂᆞᆫ것.
Con-trăct'ive, a. 縮, 쥬리ᄂᆞᆫ.
Con-trăct'or, n. 定約者, 약됴ᄒᆞᆫ자,
Con'tra-dict', v.t. 辯駁, 반ᄃᆡᄒᆞ야변론ᄒᆞ다. 거사리다, —— er,
변론ᄒᆞᄂᆞᆫ자, 거사리ᄂᆞᆫ자.
Cŏn'tra-dic'tion, n. 辯駁, 反對, 변론, 반ᄃᆡ.
Cŏn'tra-dict'ory, a. 反對, 不合, 반ᄃᆡᄒᆞᄂᆞᆫ, 불합ᄒᆞᆫ.
Cŏn'tra-dis-tĭnc'tion, n. 較有差等. 비교ᄒᆞ야등분잇슴.

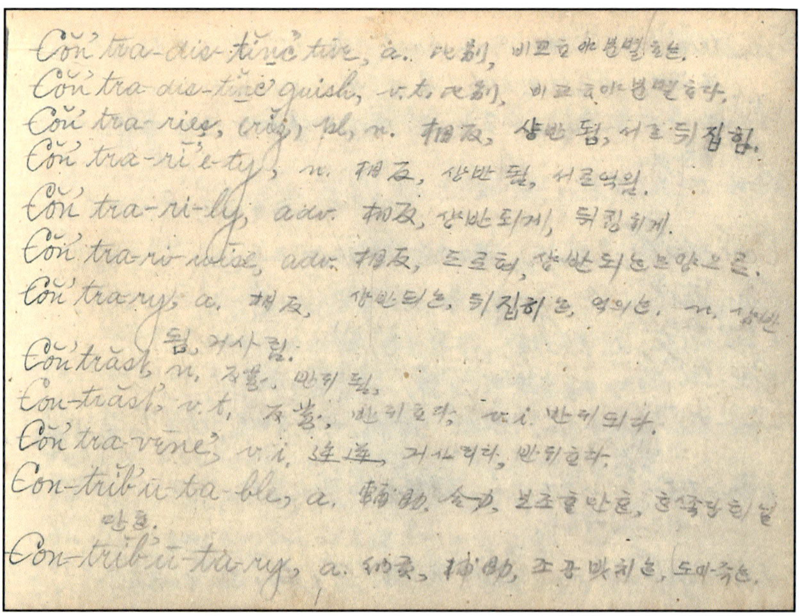

Cŏn'tra-dis-tĭnc'tive, a. 比別, 비교ᄒᆞ야분별ᄒᆞᄂᆞᆫ.
Cŏn'tra-dis-tĭn'guish, v.t. 比別, 비교ᄒᆞ야분별ᄒᆞ다.
Cŏn'tra-ries, (rĭz) pl. n. 相反, 샹반됨, 서로뒤집힘.
Cŏn'tra-rī'e-ty, n. 相反, 샹반됨, 서로억읨.
Cŏn'tra-ri-ly, adv. 相反, 샹반되게, 뒤집히게.
Cŏn'tra-ri-wise, adv. 相反, 드로혀, 샹반되ᄂᆞᆫ모양으로.
Cŏn'tra-ry, a. 相反, 샹반되ᄂᆞᆫ, 뒤집히ᄂᆞᆫ, 억의ᄂᆞᆫ. n. 샹반
됨, 거사림.
Cŏn'trăst, n. 反對, 반ᄃᆡ됨,
Con-trăst', v.t. 反對, 반ᄃᆡᄒᆞ다. v.i. 반ᄃᆡ되다.
Cŏn'tra-vēne', v.i. 違逆, 거사리다, 반ᄃᆡᄒᆞ다.
Con-trib'ū-ta-ble, a. 輔助, 合力, 보조ᄒᆞᆯ만ᄒᆞᆫ, ᄒᆞᆷ긔도아쥴
만ᄒᆞᆫ.
Con-trib'ū-ta-ry, a. 納貢, 補助, 조공밧치ᄂᆞᆫ, 도아쥬ᄂᆞᆫ.

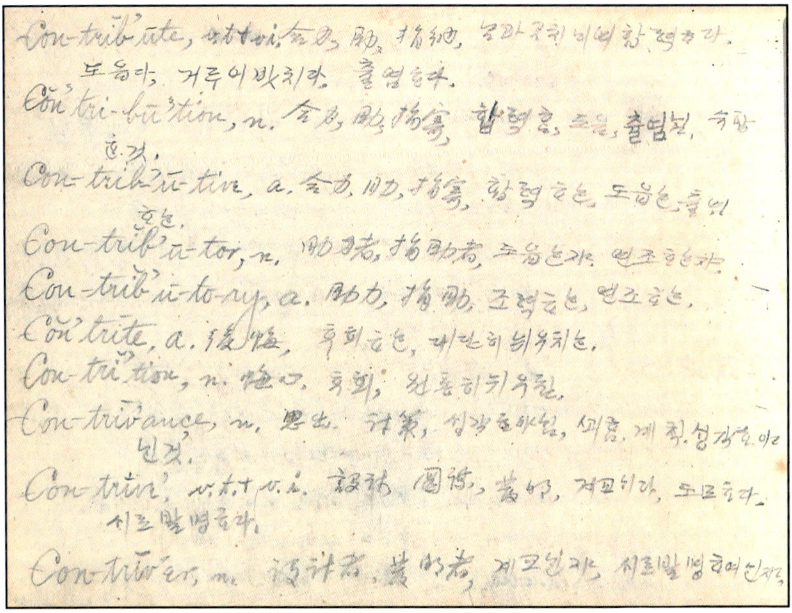

Con-trib'ute, v.t.&v.i. 合力, 助, 捐納, 남과 힘을 합하다, 협력하다. 도웁다, 거루어 받치다. 출연하다.
Con'tri-bu'tion, n. 合力, 助, 捐納, 합력함, 도움, 출연함, 기부한 것.
Con-trib'u-tive, a. 合力, 助, 捐納, 합력하는, 도웁는, 출연하는.
Con-trib'u-tor, n. 助力者, 捐助者, 도웁는 자, 연조하는 자.
Con-trib'u-to-ry, a. 助力, 捐助, 조력하는, 연조하는.
Con'trite, a. 後悔, 후회하는, 대단히 뉘우치는.
Con-tri'tion, n. 悔心, 후회, 철통히 뉘우침.
Con-triv'ance, n. 思出, 計策, 생각하여 냄, 꾀함, 계책, 생각하여 낸 것.
Con-trive', v.t.&v.i. 設計, 圖謀, 發明, 계교하다, 도모하다, 새로 발명하다.
Con-triv'er, n. 設計者, 發明者, 계교한 자, 새로 발명하여 낸 자.

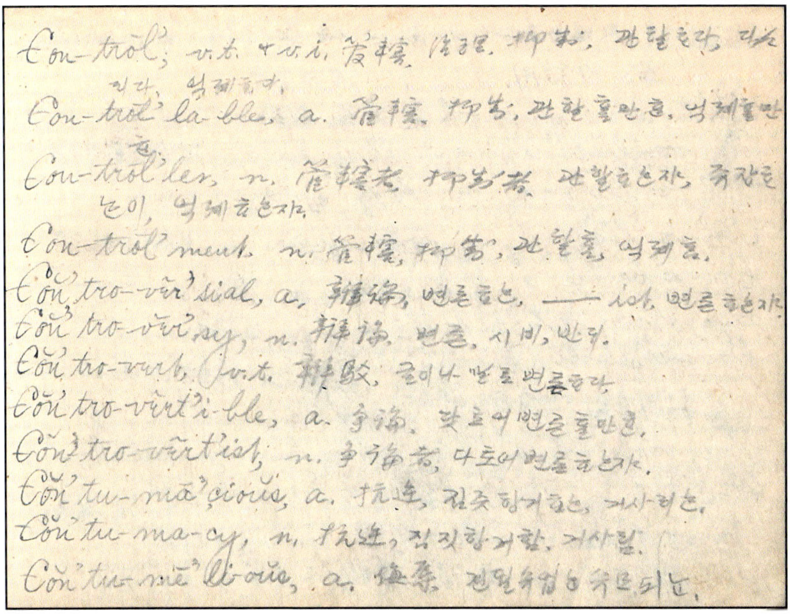

Con-trol', v.t.&v.i. 管轄, 管理, 抑制, 관할하다, 다스리다, 억제하다.
Con-trol'la-ble, a. 管轄, 抑制, 관할할 만한, 억제할 만한.
Con-trol'ler, n. 管轄者, 抑制者, 관할하는 자, 주장하는 이, 억제하는 자.
Con-trol'ment, n. 管轄, 抑制, 관할함, 억제함.
Con'tro-ver'sial, a. 辯論, 변론하는, —ist, 변론하는 자.
Con'tro-ver'sy, n. 辯論, 변론, 시비, 반대.
Con'tro-vert, v.t. 辯駁, 글이나 말로 변론하다.
Con'tro-vert'i-ble, a. 爭論, 서로에 변론할 만한.
Con'tro-vert'ist, n. 爭論者, 다토어 변론하는 자.
Con'tu-ma'cious, a. 抗逆, 집즛 항거하는, 거사리는.
Con'tu-ma-cy, n. 抗逆, 짐짓 항거함, 거사림.
Con'tu-me'li-ous, a. 侮辱, 전일 무엄히 욕되는.

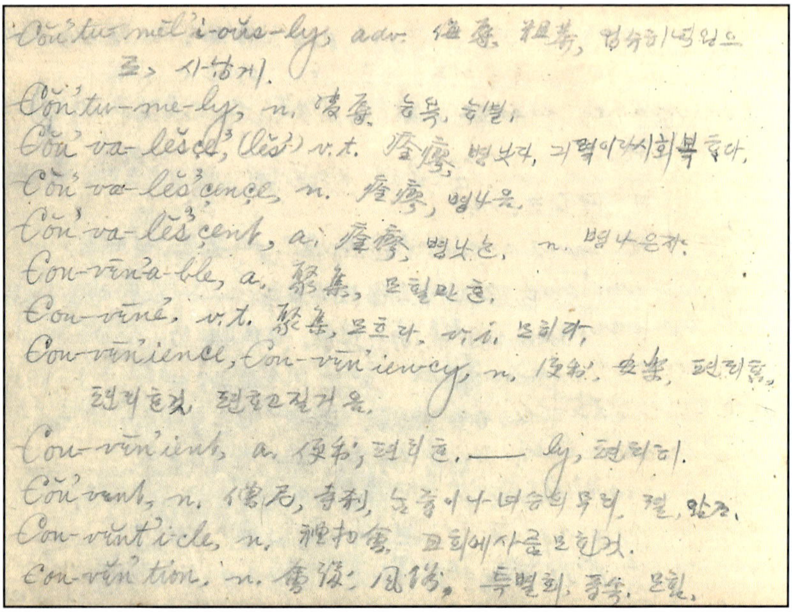

Con-tu-mel'i-ous-ly, adv. 侮辱, 粗暴, 업수히너김으로, 사납게.
Con'tu-me-ly, n. 凌辱, 능욕, 능멸,
Con'va-lesce', (les') v.t. 痊瘳, 병낫다, 긔력이다시회복ᄒᆞ다,
Con'va-les'cence, n. 痊瘳, 병나음,
Con'va-les'cent, a. 痊瘳, 병낫ᄂᆞᆫ, n. 병나은자.
Con-ven'a-ble, a. 聚集, 모힐만ᄒᆞᆫ.
Con-vene', v.t. 聚集, 모흐다. v.i. 모히다,
Con-ven'ience, Con-ven'ien-cy, n. 便利, 安寧, 편리홈, 편리ᄒᆞᆫ것, 편ᄒᆞ고질거옴.
Con-ven'ient, a. 便利, 편리ᄒᆞᆫ. —— ly, 편리히.
Con'vent, n. 僧尼, 寺刹, 는중이나녀승의무리, 절, 암자.
Con-ven'ti-cle, n. 禮拜會, 교회에사름모힌것.
Con-ven'tion, n. 會議, 風俗, 특별회, 풍속, 모힘.

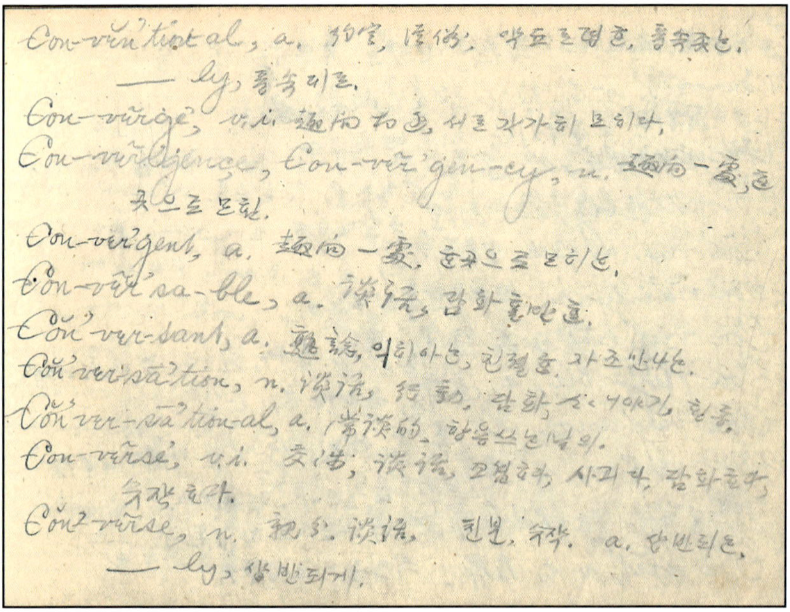

Con-ven'tion-al, a. 約定, 風俗, 약됴로뎡ᄒᆞᆫ, 풍속좃ᄂᆞᆫ.
—— ly, 풍속대로.
Con-verge', v.i. 趣向和合, 서로각가히모히다,
Con-ver'gence, Con-ver'gen-cy, n. 趣向一處, ᄒᆞᆫ곳으로모힘.
Con-ver'gent, a. 趣向一處, ᄒᆞᆫ곳으로모히ᄂᆞᆫ.
Con-ver'sa-ble, a. 談話, 담화ᄒᆞᆯ만ᄒᆞᆫ.
Con'ver-sant, a. 熟諳, 익히아ᄂᆞᆫ, 친절ᄒᆞᆫ, 자조만나ᄂᆞᆫ.
Con'ver-sa'tion, n. 談話, 行動, 담화, 수ᄉᆞ이야기, 힝동.
Con'ver-sa'tion-al, a. 常談的, 항용쓰ᄂᆞᆫ말의.
Con-verse', v.i. 交結, 談話, 교접ᄒᆞ다, 사괴다, 담화ᄒᆞ다, 수작ᄒᆞ다.
Con'verse, n. 親交, 談話, 친분, 수작. a. 상반되ᄂᆞᆫ.
—— ly, 상반되게.

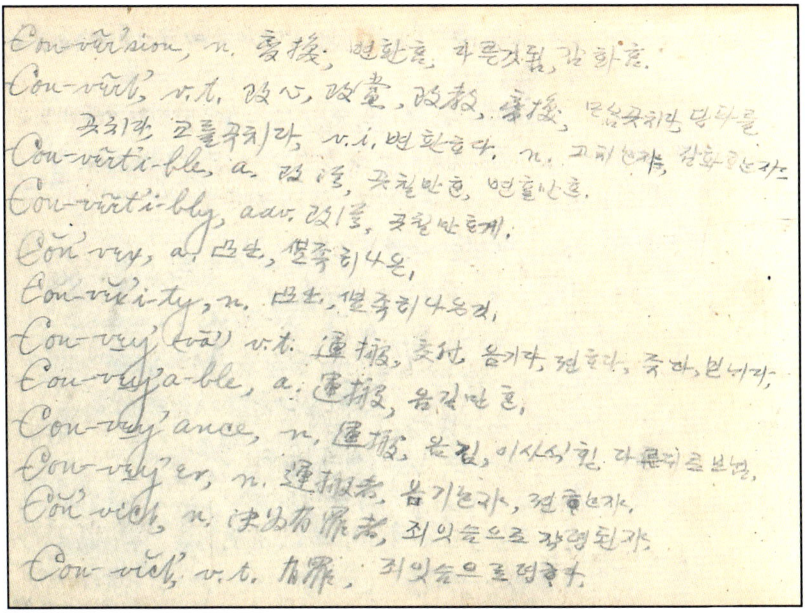

Con-vĕr'sion, n. 變換, 변환ᄒᆞᆷ, 다른것됨, 감화ᄒᆞᆷ.
Con-vĕrt', v.t. 改心, 改黨, 改敎, 變換, ᄆᆞᄋᆞᆷ곳치다, 당파를
곳치다, 교를곳치다, v.i. 변환ᄒᆞ다. n. 교회ᄒᆞᆫ자, 감화ᄒᆞᆫ자.
Con-vĕrt'i-ble, a. 改, 곳칠만ᄒᆞᆫ, 변ᄒᆞᆯ만ᄒᆞᆫ.
Con-vĕrt'i-bly, adv. 改ᄒᆞᆯ, 곳칠만ᄒᆞ게.
Cŏn'vex, a. 凸出, 볼쏙히나온.
Con-vĕx'i-ty, n. 凸出, 볼쏙히나온것.
Con-vey' (vā) v.t. 運搬, 交付, 옴기다, 전ᄒᆞ다, 주다, 보내다.
Con-vey'a-ble, a. 運搬, 옴길만ᄒᆞᆫ.
Con-vey'ance, n. 運搬, 옴김, 이사식힘, 다른이ᄅᆞᆯ보냄.
Con-vey'er, n. 運搬者, 옴기ᄂᆞᆫ자, 전ᄒᆞᄂᆞᆫ자.
Cŏn'vict, n. 決為有罪者, 죄잇슴으로작뎡된자.
Con-vict', v.t. 有罪, 죄잇슴으로뎡ᄒᆞ다.

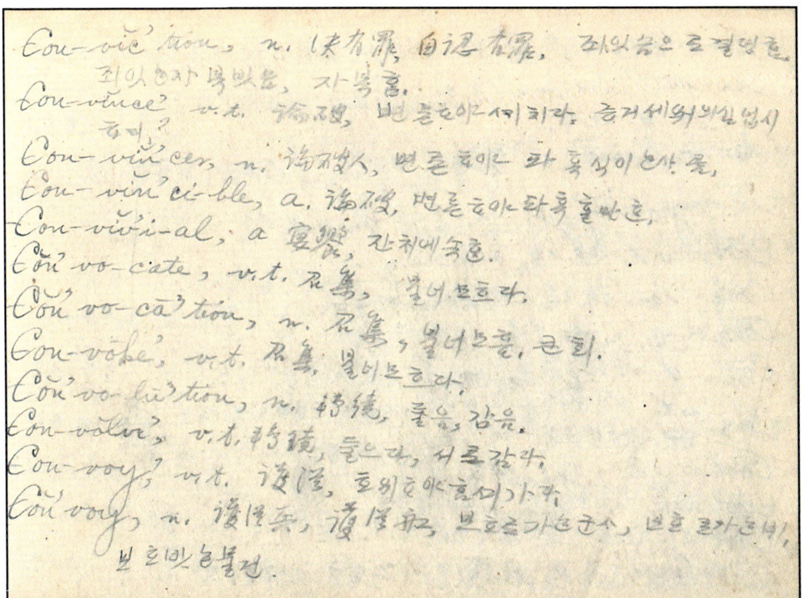

Con-vic'tion, n. 決有罪, 自認有罪, 죄잇슴으로결뎡ᄒᆞᆷ.
죄잇ᄂᆞᆫ자복밧음, 자복ᄒᆞᆷ.
Con-vince', v.t. 論破, 변론ᄒᆞ야ᄭᆡ치다, 증거세워의심업시
ᄒᆞ게?
Con-vin'cer, n. 論破人, 변론ᄒᆞ야 파혹식이ᄂᆞᆫ사ᄅᆞᆷ.
Con-vin'ci-ble, a. 論破, 변론ᄒᆞ야파혹ᄒᆞᆯ만ᄒᆞᆫ.
Con-viv'i-al, a 宴饗, 잔치에속ᄒᆞᆫ.
Cŏn'vo-cate, v.t. 召集, 불너모흐다.
Cŏn'vo-cā'tion, n. 召集, 불너모흠, 큰회.
Con-voke', v.t. 召集, 불너모흐다.
Cŏn'vo-lū'tion, n. 捲繞, 둘음, 감음.
Con-volve', v.t. 捲繞, 둘으다, 서로감다.
Con-voy', v.t. 護送, 호위ᄒᆞ야ᄒᆞᆷᄭᅴ가다.
Cŏn'voy, n. 護送兵, 護送船, 보호ᄒᆞ가ᄂᆞᆫ군ᄉᆞ, 보호ᄒᆞ가ᄂᆞᆫ배,
보호ᄒᆞ야가ᄂᆞᆫ물건.

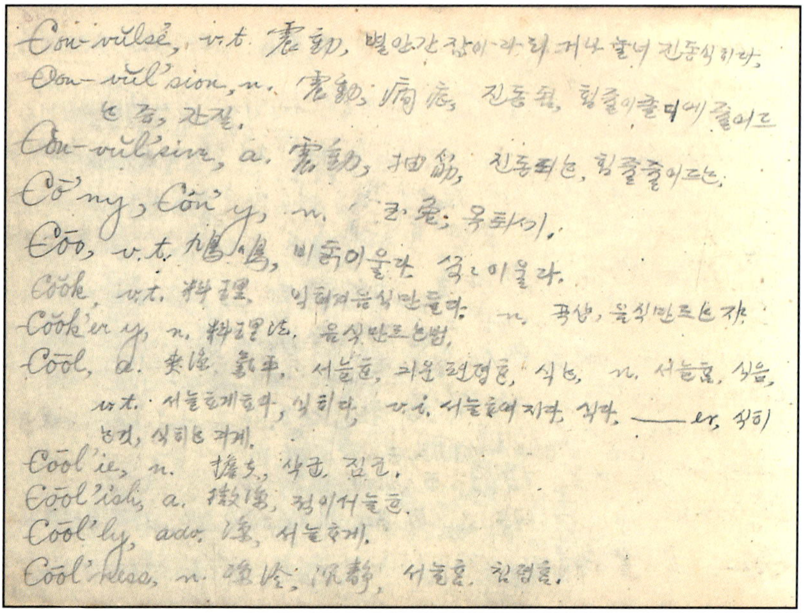

Con-vulse, v.t. 震動, 별안간 잡아다리거나 흔드러 진동식히다,
Con-vul'sion, n. 震動, 病症, 진동함, 힘줄이 졸디에 졸아드는 증, 간질.
Con-vul'sive, a. 震動, 抽筋, 진동되는, 힘줄 졸아드는,
Co'ny, Con'y, n. 兎, 옥토끼.
Coo, v.t. 鳩鳴, 비둘기울다 식식이울다.
Cook, v.t. 料理, 익혀져 음식 만들다, n. 숙수, 음식 만드는 자.
Cook'er-y, n. 料理法, 음식 만드는 법.
Cool, a. 爽凉, 氣平, 서늘한, 차운 침정한, 식는, n. 서늘함, 식음, v.t. 서늘하게 하다, 식히다, v.i. 서늘하여지다, 식다. ——er, 식히는 것, 식히는 기계.
Cool'ie, n. 擔夫, 삯군, 짐군.
Cool'ish, a. 微凉, 적이 서늘한.
Cool'ly, adv. 凉, 서늘하게.
Cool'ness, n. 涼冷, 沉靜, 서늘함, 침정함.

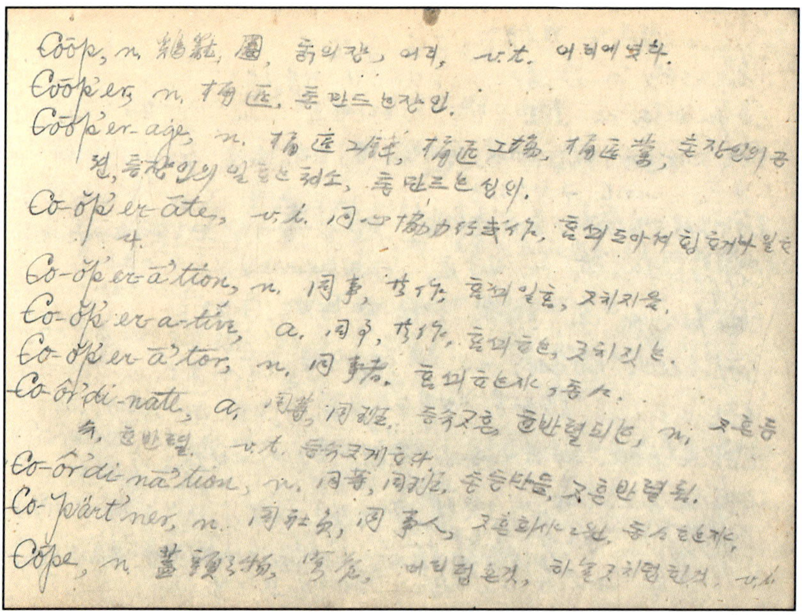

Coop, n. 雞籠, 圈, 닭의 장, 어리, v.t. 어리에 넣다.
Coop'er, n. 桶匠, 통 만드는 장인.
Coop'er-age, n. 桶匠工錢, 桶匠工場, 桶匠業, 통장인의 공전, 통장인의 일하는 처소, 통 만드는 실업.
Co-op'er-ate, v.i. 同心協力行事, 한마음으로 힘을 합하여 일하다.
Co-op-er-a'tion, n. 同事, 協作, 함께 일함, 같이 지음.
Co-op'er-a-tive, a. 同事, 協作, 함께 하는, 같이 짓는.
Co-op'er-a'tor, n. 同事者, 함께 하는 자, 동사.
Co-or'di-nate, a. 同等, 同班, 등수 같은, 한 반열되는, n. 같은 등수, 한 반열, v.t. 등수 같게 하다.
Co-or'di-na'tion, n. 同等, 同班, 등수 같음, 같은 반열됨.
Co-part'ner, n. 同社員, 同事人, 같은 회사 사원, 동사하는 자,
Cope, n. 蓋頭之物, 穹蒼, 머리 덮는 것, 하늘같이 덮힌 것, v.i.

하호다, 적용되다,

Cŏp'i-er, n. 抄寫人, 글벗기는자, 긔록ᄒᆞᄂᆞᆫ자,

Cō'pi-ous, a. 多數 만흔, 대단히 만흔. —— ly, 만히, 풍족히,

Cŏp'per, n. 銅, 銅貨, 銅釜. 동, 구리, 동전, 구리로만든가마,
 v.t. 구리입히다.

Cŏp'per-plate, n. 銅版, 글자삭인구리판, 구리판에글박이는것.

Cŏp'per-smith, n. 銅匠, 구리그릇만드는쟝인,

Cŏp'per-y, a. 銅製, 구리로지은, 구리든, 구리ᄀᆞᄐᆞᆫ,

Cŏp'pice, Cŏpse, n. 矮林, 짜른 숩풀,

Cŏp'sy, a. 矮林의, 짜른숩풀만흔.

Cŏp'ū-late, v.t. + v.i. 交構, 너외잡자리ᄒᆞ다, 흘네ᄒᆞ다,

Cŏp'ū-lā'tion, n. 交構, 잠자리, 흘네.

Cŏp'y, n. 抄本, 原本, 模本, 글시베기는초본, 본문, 본보기, 획
 줄, v.t. + v.i. 베기다, 등셔ᄒᆞ다, 본쓰다,

Cŏp'y-book, n. 習字本, 획줄받은책,

Cŏp'y-ist, n. 抄寫人, 초후바베기는자.

Cŏp'y-right, (rit) n. 出版權, 서책출판ᄒᆞᄂᆞᆫ권리.

Co-quĕt', v.t. 賣美風情, 아릿다온ᄐᆡ도를지어남의ᄉᆞ랑ᄒᆞ게만들다,

Co-quette', (kĕt') n. 賣美之女, 남을미혹식혀 혼인ᄒᆞ자고ᄒᆞ도록
 만들고 나죵에실타ᄂᆞᆫ녀인,

Co-quĕt'tish, a. 賣美的, 남의ᄉᆞ랑을엇으려ᄂᆞᆫ,

Cŏr'al, n. 珊瑚, 산호.

Côrd, n. 繩索, 노끈, 가는줄, v.t. 노로뭐다,

Côrd'age, n. 繩索, 노끈, 줄,

Côr'di-al, a. 肝膽出, 信實, 和悅, 간담에서나오ᄂᆞᆫ, 신실ᄒᆞᆫ, 화ᄒᆞ고
 깃븐. —— ly, 진실히, 깃브게.

Côr-di-ăl'i-ty, n. 誠心, 懇篤, 진실ᄒᆞᆫ무ᄋᆞᆷ, 간절ᄒᆞᆫ, 졍ᄆᆞᄋᆞᆷ.

Cor-dil'le-ra, n. 連山, 일자로련ᄒᆞᆫ여러산.

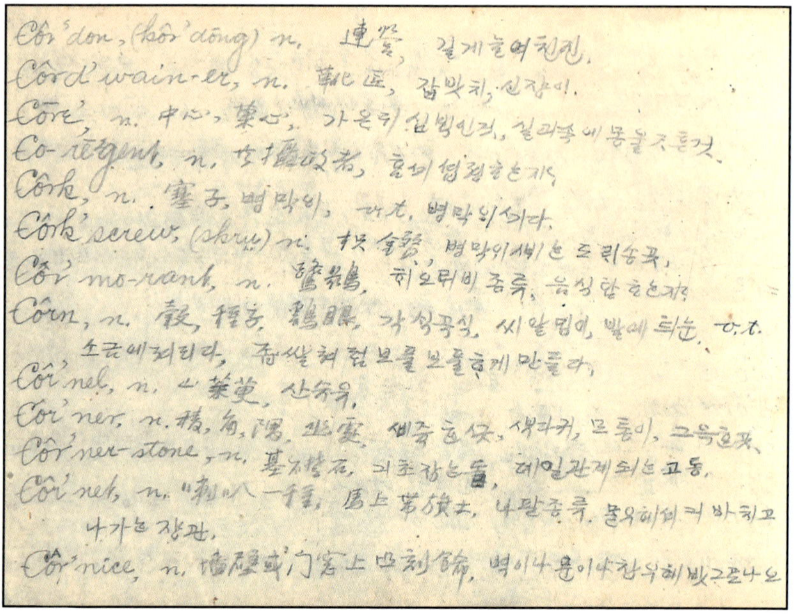

Côr'don, (kôr'dông) n. 連[illegible], 길게놀여친진.
Côrd'wain-er, n. 靴匠, 갑바치, 신장이.
Côre', n. 中心, 菓心, 가온뒤 심빅신것, 실과속에 몽놀스흔것.
Co-rē'gent, n. 共攝政者, 홈씌셥졍호는자.
Côrk, n. 塞子, 병막이, v.t. 병막이스다.
Côrk'screw, (skrū) n. 拔[illegible], 병막이쎄는 도리송곳,
Côr'mo-rant, n. 鸕鶿, 히오리비 종류, 음식탐호는자.
Côrn, n. 穀, 種子, 鷄眼, 각식곡식, 씨알멈이, 발에 티눈, v.t. 소금에저리다, 좁쌀처럼 보를 보룰호게 만들다,
Côr'nel, n. 山茱萸, 산슈유.
Côr'ner, n. 稜, 角, 隅, 幽處, 쎄죽호 삿, 새라커, 모퉁이, 그윽호곳.
Côr'ner-stone, n. 基礎石, 긔초장는돌, 데일관계되는고동.
Côr'net, n. "喇叭一種, 馬上掌旗士, 나팔종류, 말우헤셔긔 바치고 나가는 장관.
Côr'nice, n. 墻壁或门窗上凸刻[illegible], 벽이나 문이나 창우헤 밧그로나오

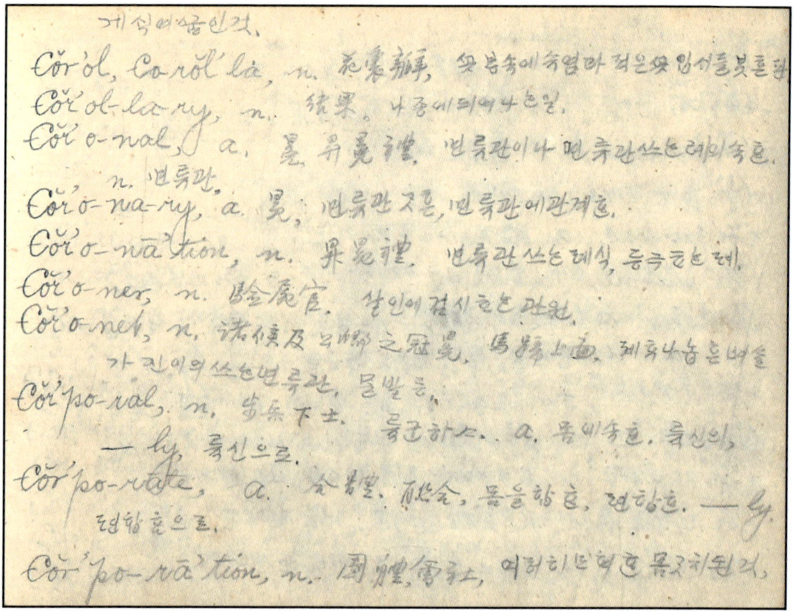

게삭여솟은것,
Cŏr'ol, Co-rŏl'la, n. 花裏瓣, 꼿봉속에 숙염마 적은꼿 입서들붓흔 것
Cŏr'ol-la-ry, n. 結果, 나중에되여나는일.
Cŏr'o-nal, a. 冕, 유冕禮, 면류관이나 면류관쓰는례의속흔. n. 면류관.
Cŏr'o-na-ry, a. 冕, 면류관 굿흔, 면류관에관계흔.
Cŏr'o-nā'tion, n. 昇冕禮, 면류관쓰는례식, 등극흐는례.
Cŏr'o-ner, n. 檢屍官, 살인에검시흐는관원.
Cŏr'o-net, n. 諸侯及[illegible]之冠冕, 馬[illegible]上面, 제후나놉흔벼슬가진이의쓰는면류관, 물발흔,
Cŏr'po-ral, n. 步兵下士, 륙군하사. a. 몸에속흔, 육신의, —ly, 륙신으로.
Cŏr'po-rate, a. 合體, 聯合, 몸을합흔, 련합흔. —ly. 련합흔으로,
Cŏr'po-rā'tion, n. 團體, 會社, 여러히모혀흔몸깃치된것,

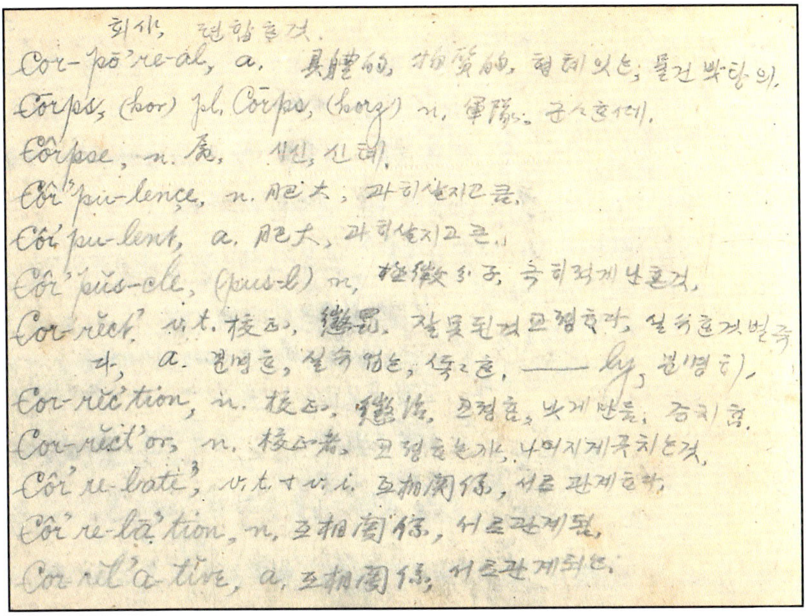

회사, 련합ᄒᆞᆫ것.
Cor-pō're-al, a. 具體的, 物質的, 형톄잇ᄂᆞᆫ; 물건바탕의.
Côrps, (kor) pl. Côrps, (korz) n. 軍隊. 군ᄉᆞᄒᆞᆫ떼.
Côrpse, n. 屍, 시신, 신톄.
Côr'pu-lence, n. 肥大; 과히살지고큼.
Côr'pu-lent, a. 肥大, 과히살지고큰.
Côr'pus-cle, (pus-l) n. 極微分子, 극히적게난ᄒᆞᆫ것.
Cor-rĕct', v.t. 校正, 懲罰. 잘못된것고쳥ᄒᆞ다, 실슈ᄒᆞᆫ것벌주다, a. 분명ᄒᆞᆫ, 실슈없ᄂᆞᆫ, 옥옥ᄒᆞᆫ, ——ly, 분명히.
Cor-rĕc'tion, n. 校正, 懲治, 고쳥ᄒᆞᆷ, 낫게만듦; 증치ᄒᆞᆷ.
Cor-rĕct'or, n. 校正者, 고쳥ᄒᆞᄂᆞᆫ자, 나머지제곳치ᄂᆞᆫ것.
Côr're-late', v.t. & v.i. 互相關係, 서로관계ᄒᆞ다.
Côr're-lā'tion, n. 互相關係, 서로관계됨.
Cor-rĕl'a-tive, a. 互相關係, 서로관계되ᄂᆞᆫ.

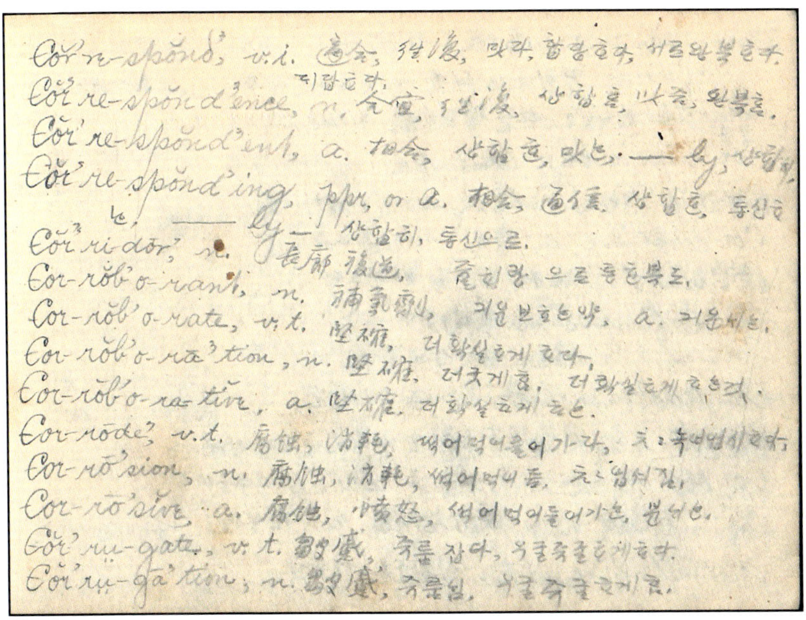

Cŏr're-spŏnd', v.i. 適合, 往復, 맛다, 합당ᄒᆞ다, 서로왕복ᄒᆞ다. 디답ᄒᆞ다.
Cŏr're-spŏnd'ence, n. 合宜, 往復, 상합ᄒᆞᆷ, 맛ᄂᆞᆷ, 왕복ᄒᆞᆷ.
Cŏr're-spŏnd'ent, a. 相合, 상합ᄒᆞᆫ, 맛ᄂᆞᆫ, ——ly, 상합히.
Cŏr're-spŏnd'ing, ppr. or a. 相合, 通信, 상합ᄒᆞᆫ, 통신ᄒᆞᄂᆞᆫ, ——ly—상합히, 통신으로.
Cŏr'ri-dôr, n. 長廊 複道, 긴회랑 으로통ᄒᆞᆫ복도.
Cor-rŏb'o-rant, n. 補氣劑, 긔운보ᄒᆞᄂᆞᆫ약. a. 긔운씨ᄂᆞᆫ.
Cor-rŏb'o-rate, v.t. 堅確, 더확실ᄒᆞ게ᄒᆞ다.
Cor-rŏb'o-rā'tion, n. 堅確, 더굿게ᄒᆞᆷ, 더확실ᄒᆞ게ᄒᆞᄂᆞᆫ것.
Cor-rŏb'o-ra-tive, a. 堅確, 더확실ᄒᆞ게ᄒᆞᄂᆞᆫ.
Cor-rōde', v.t. 腐蝕, 消耗, 썩어먹어들어가다, ᄎᆞᄎᆞ녹여없시ᄒᆞ다.
Cor-rō'sion, n. 腐蝕, 消耗, 썩어먹어들, ᄎᆞᄎᆞ없서짐.
Cor-rō'sive, a. 腐蝕, 憤怒, 썩어먹어들어가ᄂᆞᆫ, 분ᄂᆞᆫ.
Cŏr'ru-gate, v.t. 皺蹙, 주름잡다, 우굴죽굴ᄒᆞ게ᄒᆞ다.
Cŏr'ru-gā'tion, n. 皺蹙, 주름됨, 우굴죽굴ᄒᆞ게ᄒᆞᆷ.

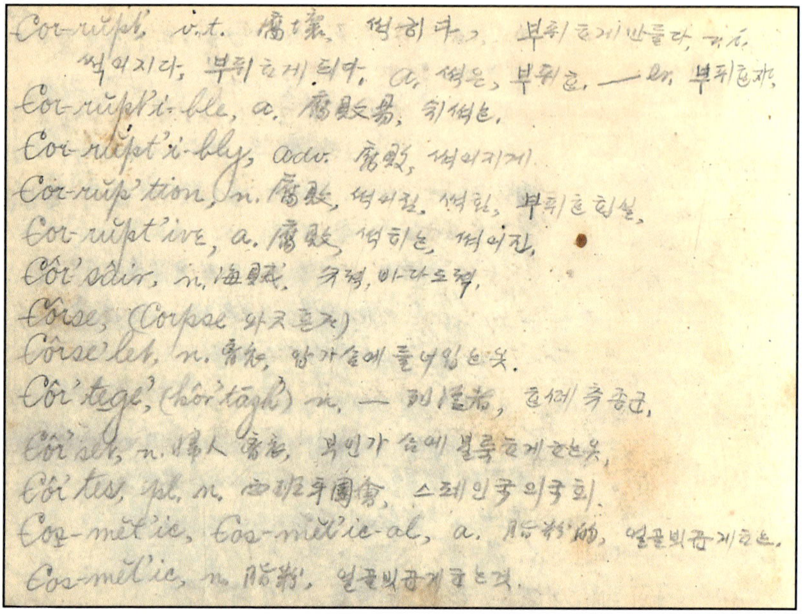
Cor-rupt, v.t. 腐壞, 썩히다, 부취ᄒᆞ게 만들다, v.i. 썩어지다, 부취ᄒᆞ게 되다, a. 썩은, 부취ᄒᆞᆫ, — er, 부취ᄒᆞᆫ자,
Cor-rupt'i-ble, a. 腐敗之易, 쉬 썩는,
Cor-rupt'i-bly, adv. 腐敗, 썩어지게
Cor-rup'tion, n. 腐敗, 썩어짐, 썩힘, 부취ᄒᆞᆫ 힘실,
Cor-rupt'ive, a. 腐敗, 썩히는, 썩어진,
Côr'sair, n. 海賊, 수적, 바다도적,
Côrse, (Corpse 와 ᄀᆞᆺ흔자)
Côrse'let, n. 胄衣, 앞가슴에 둘너입는 옷.
Côr'tege', (kôr'tāzh) n. — 列隊者, ᄒᆡ례 측 종군,
Côr'set, n. 婦人 胄衣, 부인가 슴에 블룩ᄒᆞ게 ᄒᆞ는 옷,
Côr'tes, pl. n. 西班牙國會, 스페인국 의국회.
Cos-met'ic, Cos-met'ic-al, a. 脂粉的, 얼골빗곱게 ᄒᆞ는.
Cos-met'ic, n. 脂粉, 얼골빗곱게 ᄒᆞ는 것.

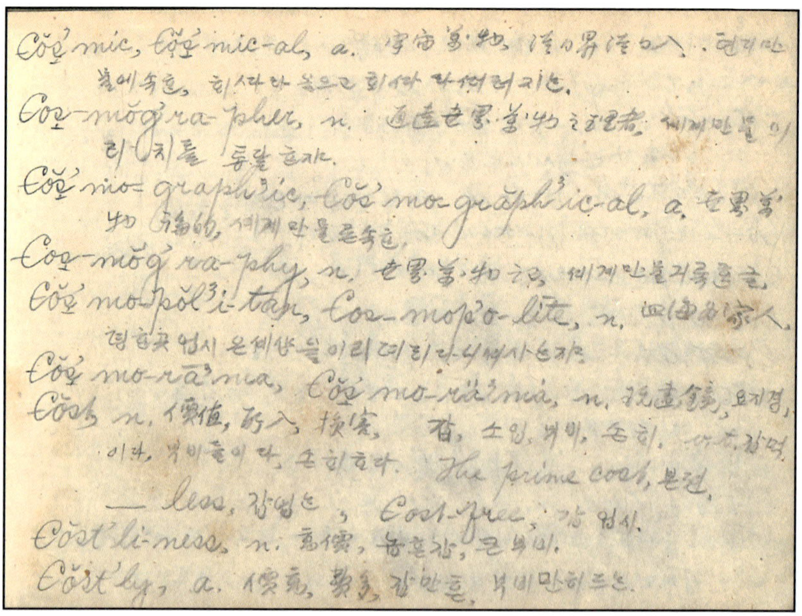
Cŏs'mic, Cŏs'mic-al, a. 宇宙萬物, [illegible], 천지만물에 속ᄒᆞᆫ, 희ᄉᆡ다 다 늙으ᄆᆡ 희어 다 썩어지는.
Cos-mŏg'ra-pher, n. 通達世界萬物之理者, 세계만물 이치를 통달ᄒᆞᆫ자.
Cŏs'mo-graph'ic, Cŏs'mo-graph'ic-al, a. 世界萬物 記錄的, 세계만물 론ᄒᆞᆫ,
Cos-mŏg'ra-phy, n. 世界萬物之論, 세계만물 기록ᄒᆞᆫ 글,
Cŏs'mo-pŏl'i-tan, Cos-mop'o-lite, n. 四海爲家人, 뎡ᄒᆞᆫ곳 업시 온세상을 이리뎌리 다니ᄂᆞᆫ자.
Cŏs'mo-rā'ma, Cŏs'mo-rä'mä, n. 說畫鏡, 요지경,
Cŏst, n. 價值, 所入, 損害, 苦, 소입, 비용, 손해. v.t. 갑먹이다, 비용들이다, 손해ᄒᆞ다. The prime cost, 본전,
— less, 갑업ᄂᆞᆫ, Cost-free, 갑 업시.
Cŏst'li-ness, n. 高價, 높흔갑, 큰 비용.
Cŏst'ly, a. 價高, 費多, 갑만흔, 비용만히드는.

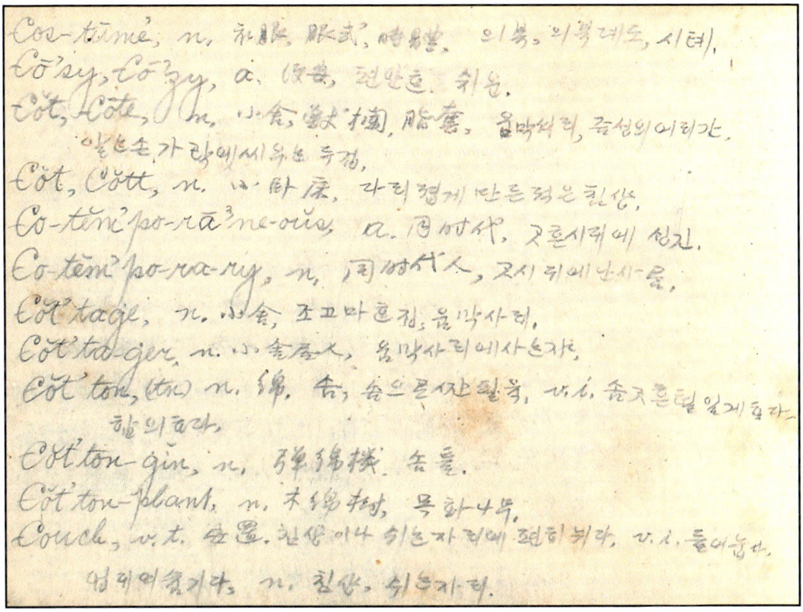

Cos-tūme', n. 衣服, 服式, 時體. 의복, 의복톄도, 시톄,
Cō'sy, Cō'zy, a. 便安, 편안훈. 쉬운.
Cŏt, Cōte, n. 小舍, 獸欄, 指套, 움막쉬리, 즘싱의 어리간, 알는손가락에 씨우는 두겁,
Cŏt, Cŏtt, n. 小臥床, 다리 졉게 만든 젹은 침상,
Co-tĕm'po-rā'ne-oŭs, a. 同時代, 굿흔시대에 싱긴.
Co-tĕm'po-ra-ry, n. 同時代人, 굿시대에 난사룸,
Cŏt'tage, n. 小舍, 조고마훈집, 움막사리,
Cŏt'ta-ger, n. 小舍居人, 움막사리에사는자,
Cŏt'ton, (tn) n. 綿. 솜, 솜으로 싼 필목, v.i. 솜굿흔털 일게 ᄒᆞ다, 합의ᄒᆞ다,
Cŏt'ton-gin, n. 彈綿機. 솜틀.
Cŏt'ton-plant, n. 木綿樹, 목화나무,
Couch, v.t. 安置. 침상이나 쉬는자리에 편히 뉘다, v.i. 들어눕다, 엎듸여 숨기다, n. 침상, 쉬는자리.

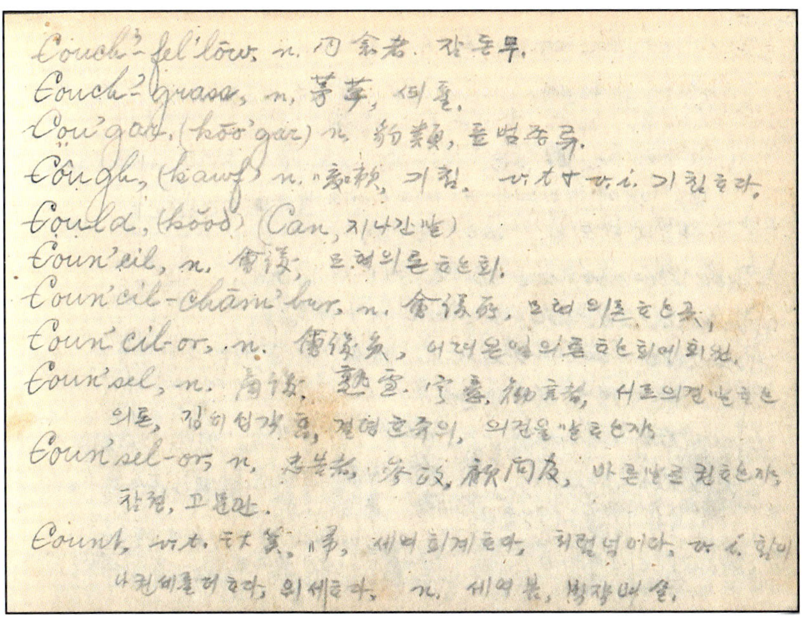

Couch'-fel'lōw, n. 同衾者. 잠동무.
Couch'-grass, n. 茅草, 띄풀.
Cou'gar, (kōō'gar) n. 豹類, 표범종류.
Cough, (kawf) n. 咳嗽, 기침. v.t. & v.i. 기침ᄒᆞ다,
Could, (kŏŏd) (Can, 지나간 말)
Coun'cil, n. 會議, 모혀의론ᄒᆞ는회.
Coun'cil-chām'ber, n. 會議所, 모혀 의론ᄒᆞ는곳,
Coun'cil-or, n. 會議員, 여러온일의론ᄒᆞ는회에회원.
Coun'sel, n. 商議, 熟考, 定意, 勸言者, 서로의견 말ᄒᆞ는 의론, 깁히 싱각홈, 결뎡훈주의, 의견을 말ᄒᆞ는자,
Coun'sel-or, n. 忠告者, 參政, 顧問官, 바른말로 권ᄒᆞ는자, 참졍, 고문관.
Count, v.t. 計算, 計, 세여 회계ᄒᆞ다, 허락넉이다, v.i. 힘이나 권세를 더ᄒᆞ다, 의세ᄒᆞ다, n. 세여봄, 빅쟉 伯爵.

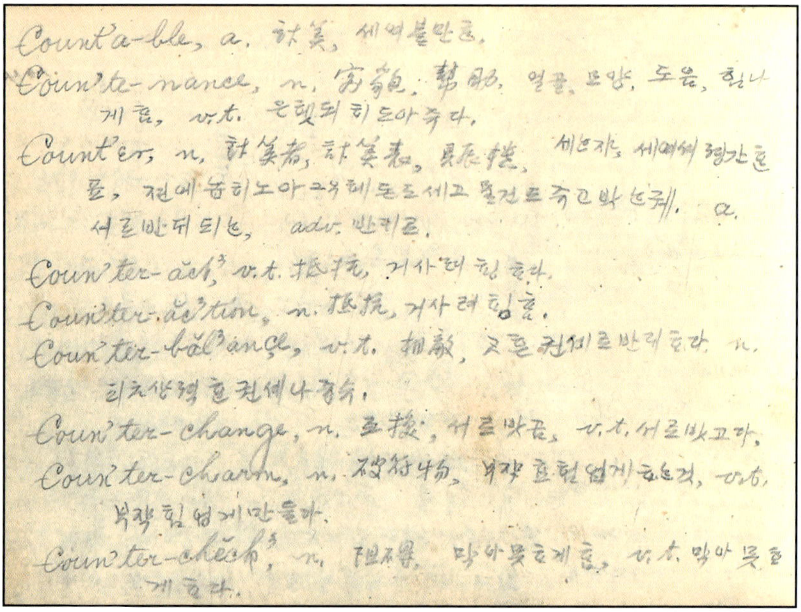

Count'a-ble, a. 計算, 세여볼만ᄒᆞᆫ.
Coun'te-nance, n. 容貌, 幇助, 얼골, 모양, 도음, 힘나게ᄒᆞᆷ, v.t. 은혜되히도아주다.
Count'er, n. 計算者, 計算表, 買賣棧, 세ᄂᆞᆫ자, 세여셔 평가ᄒᆞᄂᆞᆫ 표, 젼에 놉히노아 그우헤 돈을 세고 물건을 주고밧ᄂᆞᆫ궤. a. 서로반대되ᄂᆞᆫ, adv. 반ᄃᆡ로.
Coun'ter-act', v.t. 抵抗, 거사려 힘ᄒᆞᆫ다.
Coun'ter-ac'tion, n. 抵抗, 거사려 힘ᄒᆞᆷ.
Coun'ter-bal'ance, v.t. 相敵, ᄀᆞᆺ흔 권세로 반대ᄒᆞᆫ다. n. 피ᄎᆞ상젹ᄒᆞᆫ 권세나 중슈.
Coun'ter-change, n. 交換, 서로밧곰, v.t. 서로밧고다.
Coun'ter-charm, n. 破符物, 부작ᄒᆞᆫ 힘 업게ᄒᆞᄂᆞᆫ것, v.t. 부작힘업게만들아.
Coun'ter-check', n. 阻碍, 막아못ᄒᆞ게ᄒᆞᆷ, v.t. 막아못ᄒᆞ게ᄒᆞᆫ다.

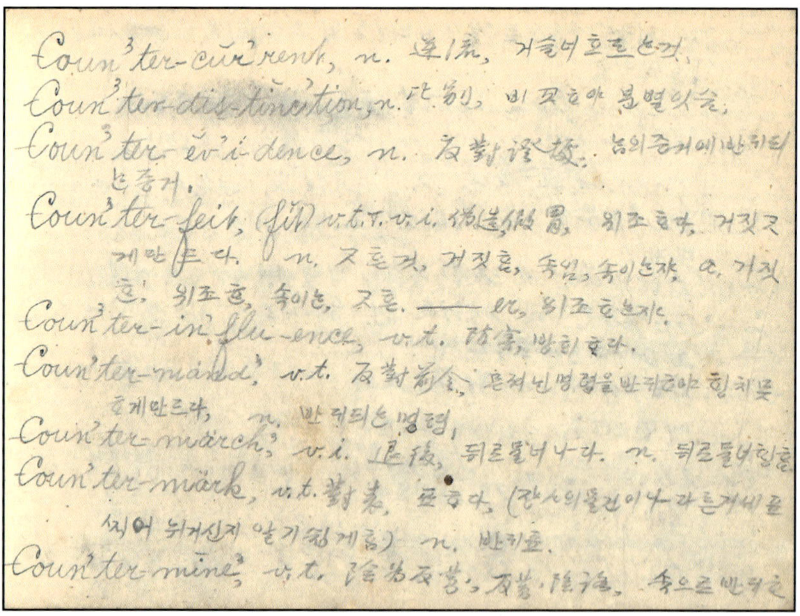

Coun'ter-cur'rent, n. 逆流, 거슬너흐르ᄂᆞᆫ것.
Coun'ter-dis-tinction, n. 比別, 비교ᄒᆞ야 분별잇슴.
Coun'ter-ev'i-dence, n. 反對證據, 놈의증거에 반ᄃᆡ되ᄂᆞᆫ증거.
Coun'ter-feit, (fit) v.t. & v.i. 偽造假冒, 위조ᄒᆞ다, 거짓ᄀᆞᆺ게만든다. n. ᄀᆞᆺ흔것, 거짓ᄒᆞᆫ, 속임, 속이ᄂᆞᆫ자, a. 거짓ᄒᆞᆫ, 위조ᄒᆞᆫ, 속이ᄂᆞᆫ, ᄀᆞᆺ흔. —— er, 위조ᄒᆞᄂᆞᆫ자.
Coun'ter-in'flu-ence, v.t. 防害, 방해ᄒᆞ다.
Coun'ter-mand', v.t. 反對前令, 몬져난명령을 반대ᄒᆞ야 힘치못ᄒᆞ게만드다, n. 반대되ᄂᆞᆫ명령.
Coun'ter-march', v.i. 退後, 뒤로물너나다. n. 뒤로물너감.
Coun'ter-mark, v.t. 對表, 표ᄒᆞ다. (장ᄉᆞ의물건이나 다른게시표 씨어 뉘거신지 알기쉽게ᄒᆞᆷ) n. 반대표.
Coun'ter-mine', v.t. 陰謀反謀, 反謀, 陰謀, 속으로반대ᄒᆞ

다, 적군이 ᄯᅡ속으로 ᄯᅮᆯ어오ᄂᆞᆫ거슬 마조 ᄯᅮᆯ어 반ᄃᆡᄒᆞ야, ᄯᅡ속으로 ᄯᅮᆯ어 반ᄃᆡᄒᆞᆷ.

Coun'ter-mō'tion, n. 反對運動, 반ᄃᆡᄒᆞᄂᆞᆫ운동.

Coun'ter-move'ment, n. 反對運動, 반ᄃᆡ운동.

Coun'ter-nat'ū-ral, a. 與天性反, 텬셩과 반ᄃᆡ되ᄂᆞᆫ.

Coun'ter-pärt, n. 相似, 反對, 서로 ᄀᆞᆺ흔것, 본ᄇᆞ기. 반ᄃᆡ.

Coun'ter-plēa, n. 反對答辯, 법졍에셔 반ᄃᆡᄒᆞᄂᆞᆫ 변명.

Coun'ter-plot, n. 將計之計, 놈의계교 ᄭᅢ치ᄂᆞᆫ계교. v.t. 계교ᄭᅢ치ᄂᆞᆫ계교내다.

Coun'ter-point, n. 對點, 床被, 마조리ᄒᆞ여잇ᄂᆞᆫ뎜, 침상에 덥ᄂᆞᆫ이불.

Coun'ter-poise, n. 平衡, 량편이 ᄀᆞᆺ흔 즁슈나 권세나 힘. v.t. 량편이 다 ᄀᆞᆺ치 반ᄃᆡᄒᆞ다.

Coun'ter-poi'son, (zn) n. 消毒藥, 소독ᄒᆞᄂᆞᆫ약.

Coun'ter-sign, (sīn) n. 相著記名, 약됴나 문셔에 일흠 쓰ᄂᆞᆫ외에 아ᄅᆡ관원의 일흠 더써셔 빙거ᄒᆞᄂᆞᆫ것. v.t. 일흠 더써셔 빙거숩다.

Coun'ter-sig'nal, n. 答號令, 대답ᄒᆞᄂᆞᆫ 군호.

Coun'ter-tide, n. 逆潮, 거사려올으ᄂᆞᆫ조슈.

Coun'ter-vail', n. 相敵, ᄀᆞᆺ흔힘이나 권세로 반ᄃᆡᄒᆞᆷ. v.t. ᄀᆞᆺ흔힘이나 권세로 반ᄃᆡᄒᆞ다.

Count'ess, n. 伯爵夫人, 백작의부인.

Count'ing-house, Count'ing-rōom, n. 會計房, 회계ᄒᆞᄂᆞᆫ방.

Count'less, a. 無數, 수업ᄂᆞᆫ, 셀수업ᄂᆞᆫ.

Coŭn'try, (kŭn'try) n. 國, 本土, 鄕村, 나라, 본토, 싀골, 촌. a. 싀골에 속ᄒᆞᆫ.

Coun'try-man, n. 同國民, 鄕民. ᄀᆞᆺ흔나라사ᄅᆞᆷ, 싀골사ᄅᆞᆷ

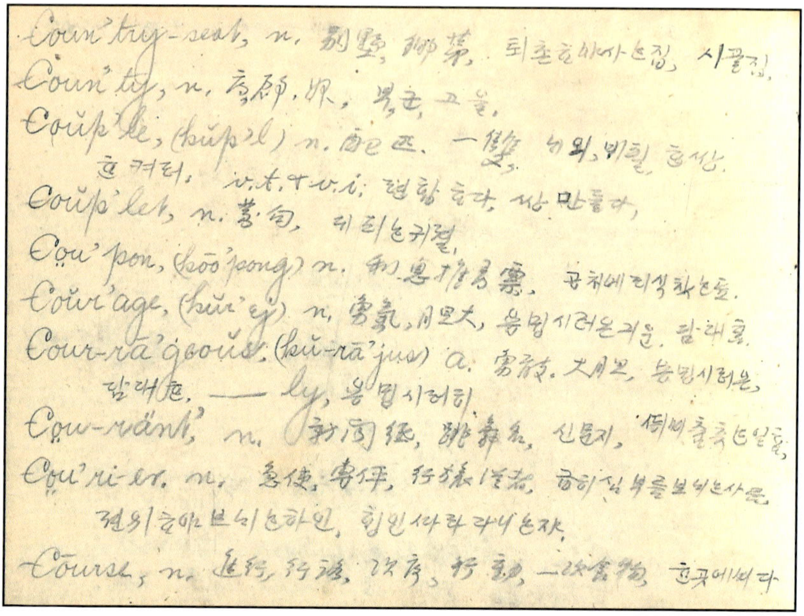

Coun'try-seat, n. 別墅, 鄉第, 퇴촌ᄒᆞ야사ᄂᆞᆫ집, 시골집.
Coun'ty, n. [illegible], 郡, 골, 고을.
Coup'le, (kŭp'l) n. 配匹, 一雙, 닉외, 비필, ᄒᆞᆫ쌍,
ᄒᆞᆫ켜레. v.t. & v.i. 련합ᄒᆞ다, 쌍만들다,
Coup'let, n. 對句, [illegible]ᄂᆞᆫ귀절,
Cou'pon, (kōō'pong) n. 利息[illegible]票, 공채에리식찻ᄂᆞᆫ표.
Cour'age, (kŭr'ej) n. 勇氣, 膽大, 용밍시러온긔운, 담대ᄒᆞᆷ.
Cour-ra'geous, (kŭ-rā'jus) a. 勇敢, 大膽, 용밍시러온,
담대ᄒᆞᆫ, —— ly, 용밍시러히.
Cou-rant', n. 新聞紙, [illegible], 신문지, [illegible]
Cou'ri-er, n. 急使, 專伻, 行旅[illegible]者, 급히심부름보내ᄂᆞᆫ사ᄅᆞᆷ,
[illegible]ᄒᆞ야브리ᄂᆞᆫ하인, 힝인ᄯᅡ라다니ᄂᆞᆫ자,
Course, n. 進行, 行路, 次序, 行動, 一次食物, ᄒᆞᆫ곳에서다

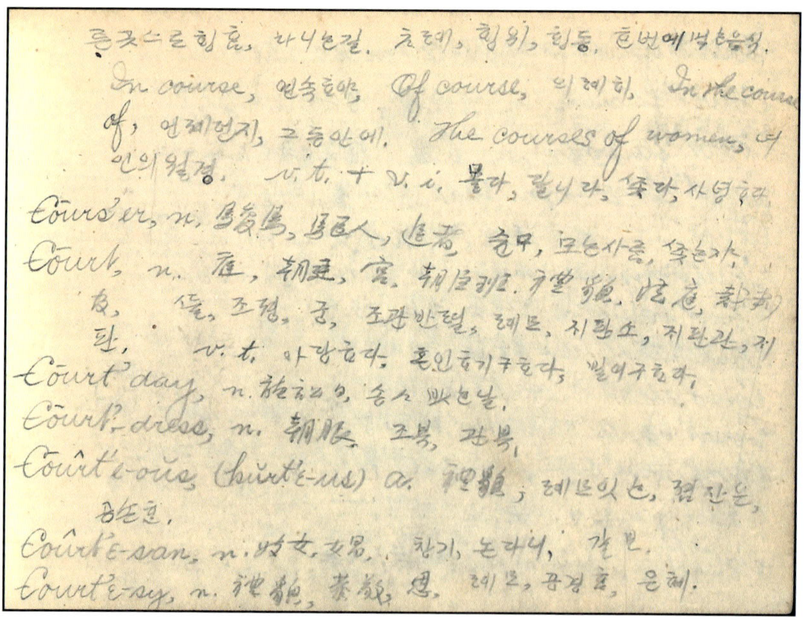

ᄅᆞᆫ곳으로힝ᄒᆞᆷ, 다니ᄂᆞᆫ길, ᄎᆞ례, 힝위, 힝동, ᄒᆞᆫ번에먹ᄂᆞᆫ음식.
In course, 연속ᄒᆞ야, Of course, 의례히, In the course
of, 언제던지, 그동안에. The courses of women, 녀
인의월경. v.t. + v.i. 몰다, 달니다, 쫏다, 사녕ᄒᆞ다.
Cours'er, n. 駿馬, 獵人, 追者, 준마, 모ᄂᆞᆫ사ᄅᆞᆷ, 쫏ᄂᆞᆫ자,
Court, n. 庭, 朝廷, 宮, 朝臣列立, 禮貌, 法庭, 裁判
友, 뜰, 조뎡, 궁, 조관반렬, 례모, 재판소, 재판관, 재
판, v.t. 아당ᄒᆞ다, 혼인ᄒᆞ기구ᄒᆞ다, 빌어구ᄒᆞ다,
Court'day, n. 聽訟日, 송ᄉᆞ보ᄂᆞᆫ날.
Court'-dress, n. 朝服, 조복, 관복,
Court'e-ous, (kŭrt'e-us) a. 禮貌, 례모잇ᄂᆞᆫ, 졈잔은,
공손ᄒᆞᆫ,
Court'e-san, n. 妓女, 女娼, 창기, 논다니, 갈보.
Court'e-sy, n. 禮貌, 恭敬, 恩, 례모, 공경ᄒᆞᆷ, 은혜.

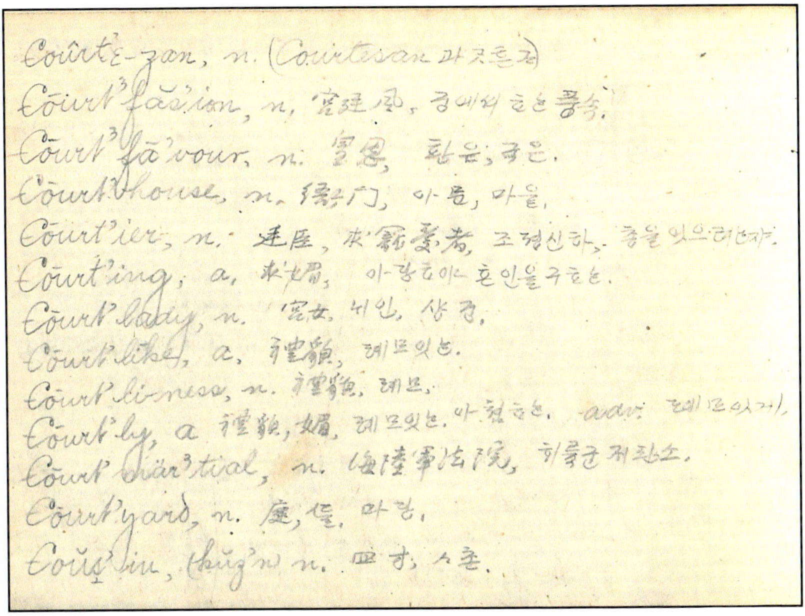

Cŏurt'e-zan, n. (Courtesan 과 곳흔 것)
Cōurt'fă'sion, n. 宮廷風, 궁에서 흔는 풍속.
Cōurt'fā'vour, n. 寵恩, 환은, 궁은.
Cōurt'house, n. 縣門, 아문, 마을.
Cōurt'ier, n. 廷臣, 求寵愛者, 조정신하, 총을 엇으려는자.
Cōurt'ing, a. 求婚, 아랑흔이ㄴ 혼인을 구흔는.
Cōurt'lady, n. 宮女, 너인, 상궁.
Cōurt'like, a. 禮貌, 례모잇는.
Cōurt'li-ness, n. 禮貌, 례모.
Cōurt'ly, a 禮貌, 媚, 례모잇는. 아첨흔는. adv. 례모잇게.
Cōurt'mär'tial, n. 海陸軍法院, 해륙군재판소.
Cōurt'yard, n. 庭, 뜰, 마당.
Cous'in, (kŭz'n) n. 四寸, 사촌.

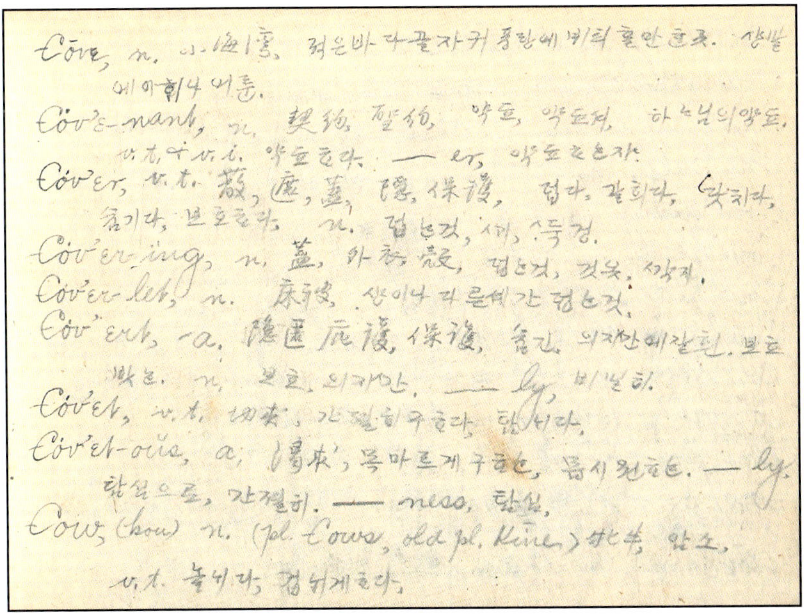

Cōve, n. 小海灣. 적은바다골자귀 풍랑에 비켜 홀만흔곳. 상선에 이회사 내룬.
Cov'e-nant, n. 契約, 盟約, 약됴, 약됴서, 하느님의약됴. v.t. & v.i. 약됴흔다. — er, 약됴흔는자.
Cov'er, v.t. 蔽, 庇, 蓋, 隱, 保護, 덥다. 가리다, 덮치다, 숨기다, 보호흔다. n. 덥는것, 새, 소득경.
Cov'er-ing, n. 蓋, 外表, 殼, 덥는것, 것옷, 겁질.
Cov'er-let, n. 床被, 상이나 다른세간 덥는것.
Cov'ert, a. 隱匿 庇護, 保護, 숨긴, 외지안에감춘. 보호밧는. n. 보호, 외지안. — ly, 비밀히.
Cov'et, v.t. 切求, 간절히 구흔다, 탐니다.
Cov'et-ous, a. 慾求, 목마르게 구흔는, 몹시원흔는. — ly, 탐심으로, 간절히. — ness, 탐심.
Cow, (kou) n. (pl. Cows, old pl. Kine) 牝牛, 암소. v.t. 놀니다, 겁니게흔다.

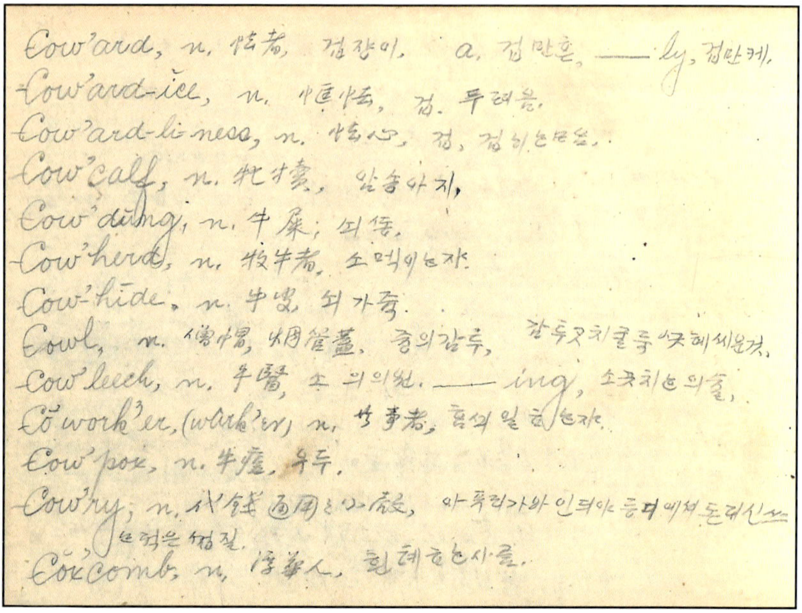

Cow'ard, n. 怯者, 겁쟁이. a. 겁만흔, ——ly, 겁만케.
Cow'ard-ice, n. 恇怯, 겁. 두려움.
Cow'ard-li-ness, n. 怯心, 겁, 겁히는모양.
Cow'calf, n. 牝犢, 암송아지,
Cow'dung, n. 牛糞; 쇠똥.
Cow'herd, n. 牧牛者, 소먹이는자.
Cow'hide, n. 牛皮, 쇠가죽.
Cowl, n. 僧帽, 烟筒蓋, 중의감투, 칼두웃치굴둑꼭헤씌운것,
Cow'leech, n. 牛醫, 소의의원. ——ing, 소고치는의술,
Cō-work'er, (wŭrk'er) n. 共事者, 홈의 일ᄒᆞ는자.
Cow'pox, n. 牛痘, 우두.
Cow'ry, n. 代錢 西國之小貝, 아프리가와 인듸아 등디에서 돈대신쓰는적은셩질.
Cŏx'comb, n. 浮華人, 허례ᄒᆞ는사름.

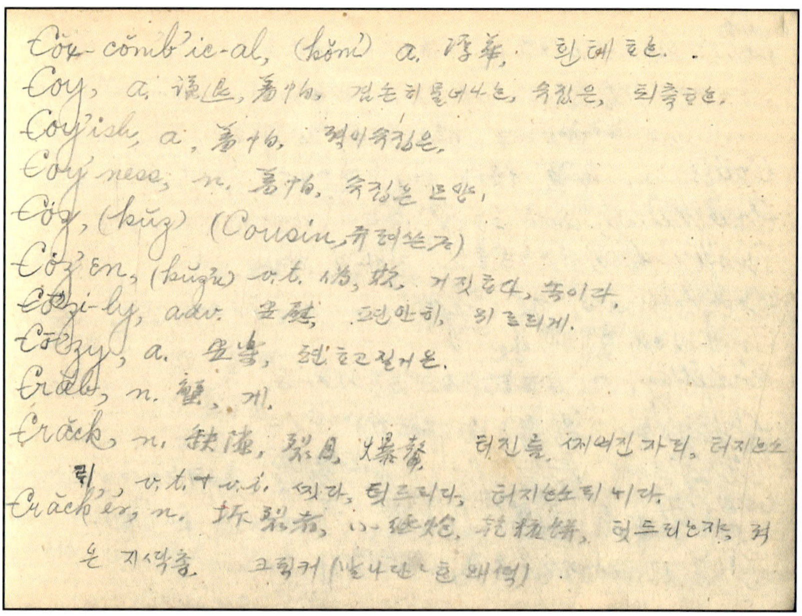

Cŏx-cŏmb'ic-al, (kŏm) a. 浮華, 허례ᄒᆞᆫ.
Coy, a. 謙遜, 羞怕, 겸손히물너나는, 숙끄는, 퇴축ᄒᆞᆫ.
Coy'ish, a. 羞怕, 젹이숙끄는.
Coy'ness, n. 羞怕, 숙끄는모양,
Cŏz, (kŭz) (Cousin, 줄혀쓴것)
Cŏz'en, (kŭzn) v.t. 僞, 欺, 거짓ᄒᆞ다, 속이다.
Cō'zi-ly, adv. 安穩, 편안히, 위로되게.
Cō'zy, a. 安穩, 편ᄒᆞ고질거운.
Crab, n. 蟹, 게.
Crăck, n. 缺陷, 裂目, 爆聲 터진틈, 께여진자리, 터지는소리, v.t. & v.i. 쎄다, 텃트리다, 터지는소리나다.
Crăck'er, n. 坼裂者, 小爆竹, 乾麵餠, 텃드리는자, 적은지사딱총, 크랙커(빨나만ᄒᆞᆫ뼥).

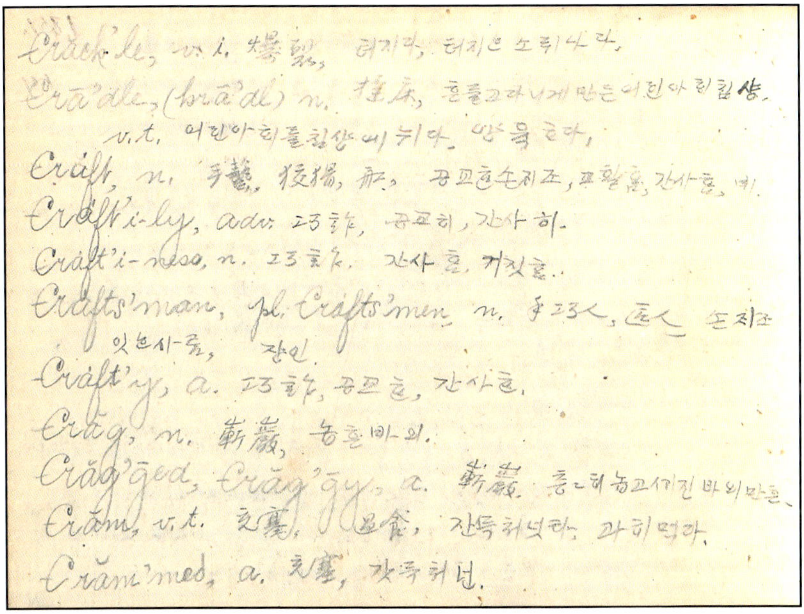

Crack'le, v.i. 爆裂, 터지다, 터지는 소리나다,
Cra'dle, (krā'dl) n. 搖床, 흔들고자니게 만든어린아희침상,
v.t. 어린아희를침상에 뉘이다, 양육ᄒᆞ다,
Craft, n. 手藝, 狡猾, 船, 공교ᄒᆞᆫ손재조, 교활ᄒᆞᆷ, 간사ᄒᆞᆷ, 배.
Craft'i-ly, adv. 巧詐, 공교히, 간사히.
Craft'i-ness, n. 巧詐ᄒᆞᆷ, 간사ᄒᆞᆷ, 거짓ᄒᆞᆷ..
Crafts'man, pl. Crafts'men, n. 手工人, 匠人 손재조 잇는사ᄅᆞᆷ, 장인.
Craft'y, a. 巧詐ᄒᆞᆫ, 공교ᄒᆞᆫ, 간사ᄒᆞᆫ.
Crag, n. 嶄巖, 놉흔바위.
Crag'ged, Crag'gy, a. 嶄巖, 흠ㄷ히놉고시긴바위만흔.
Cram, v.t. 充塞, 過食, 잔득채넛타, 과히먹다.
Cram'med, a. 充塞, 잔득채넌.

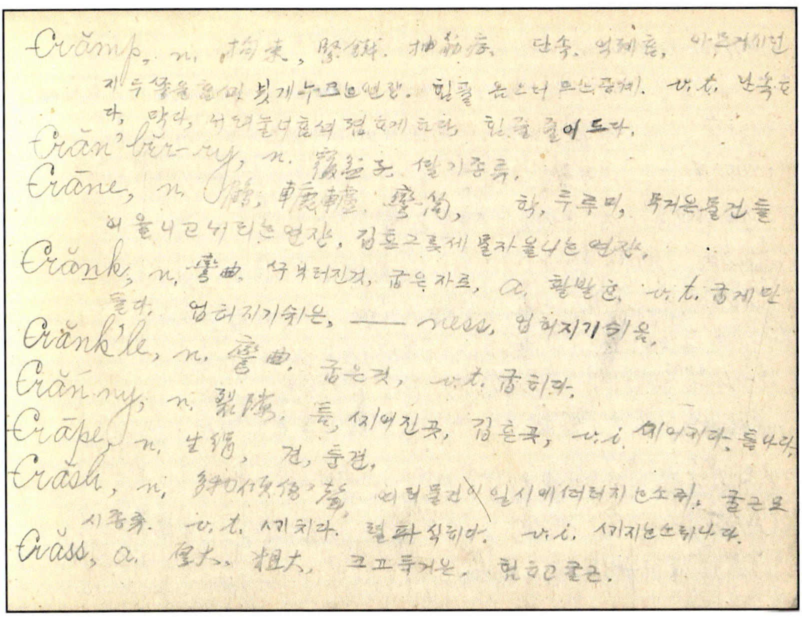

Cramp, n. 拘束, 緊鐵, 抽筋症, 단속, 억제ᄒᆞᆷ, 아프게시던 지두쇠을ᄒᆞᆫ때 빗게누르는연장. 힘쥴 올느리 모는증세. v.t. 단속ᄒᆞ다, 막다, 쇠더불너ᄒᆞᆫ쇠 쳠ᄒᆞ게ᄒᆞ다, 힘쥴 쥴어드다.
Cran'ber-ry, n. 蔓越橘, 딸기종류.
Crane, n. 鶴, 轆轤, 彎筒, 학, 두루미, 무거은물건을 써올니고너리는연장, 김ᄒᆞ고롯세 물자올니는 연장.
Crank, n. 彎曲, 수부러진것, 굽은자로, a. 활발ᄒᆞᆫ, v.t. 굽게만들다, 엄허지기쉬운, —— ness, 엄허지기쉬움,
Cran'kle, n. 彎曲, 굽은것, v.t. 굽히다.
Cran'ny, n. 裂隙, 틈, 쎄여진곳, 김흔곳, v.i. 쎄여지다, 틈나다,
Crape, n. 生綃, 견, 능견,
Crash, n. 粉碎傷之聲, 여러물건이 일시에여러지는소리, 굴근모시종류. v.t. 세기치다, 폴파식히다. v.i. 세지는소리나다.
Crass, a. 厚大, 粗大, 크고둑거운, 험ᄒᆞᆫ굴근.

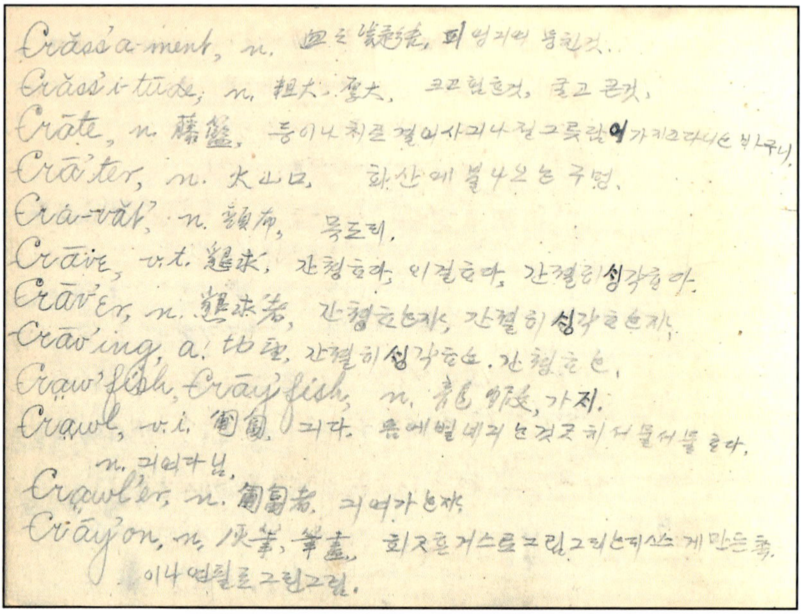
Crăss'a-ment, n. 血之濃厚, 피엉긔여 뭉친것.
Crăss'i-tūde, n. 粗大. 厚大, 크고헌헌것, 굵고 큰것,
Crāte, n. 藤籃, 등이나 치로 결어사긔나 질그릇감이가지고다니ᄂᆞᆫ 바구니,
Crā'ter, n. 火山口, 화산에 불나오ᄂᆞᆫ 구멍,
Cra-văt', n. 領布, 목도리,
Crāve, v.t. 懇求, 간청ᄒᆞ다, 이걸ᄒᆞ다, 간절히 생각ᄒᆞ다.
Crāv'er, n. 懇求者, 간청ᄒᆞᄂᆞᆫ자, 간절히 생각ᄒᆞᄂᆞᆫ자,
Crāv'ing, a. 切望, 간절히 생각ᄒᆞᄂᆞᆫ. 간청ᄒᆞᄂᆞᆫ,
Craw'fish, Crāy'fish, n. 龍蝦, 가재.
Crawl, v.i. 匍匐 긔다. 몸에 벌네 긔ᄂᆞᆫ것ᄀᆞ치 서물서물 ᄒᆞ다,
n. 긔여다님,
Crawl'er, n. 匍匐者, 긔여가ᄂᆞᆫ자,
Crā'yon, n. 便筆, 筆畫, 회ᄌᆞ흔 거스로 그림그리ᄂᆞᆫ데 쓰게 만든 붓,
이나 연필로 그린그림.

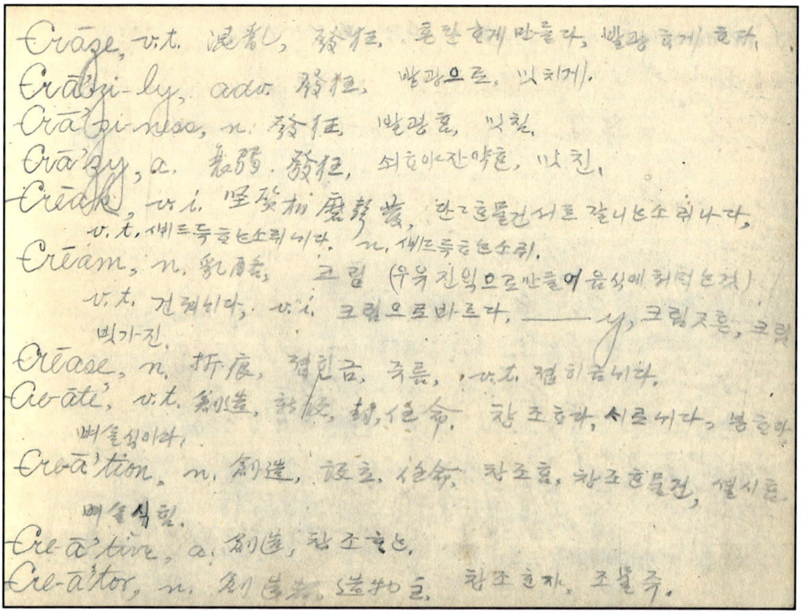
Crāze, v.t. 混亂, 發狂, 혼란ᄒᆞ게 만들다, 발광ᄒᆞ게 ᄒᆞ다,
Crā'zi-ly, adv. 發狂, 발광으로, 밋치게,
Crā'zi-ness, n. 發狂, 발광홈, 밋침,
Crā'zy, a. 衰弱. 發狂, 쇠ᄒᆞ야 잔약ᄒᆞᆫ, 밋친,
Creak, v.i. 堅硬相磨聲發, 단단ᄒᆞᆫ물건서로 갈니ᄂᆞᆫ소리나다,
v.t. 새ᄅᆞ득ᄒᆞᄂᆞᆫ소리내다. n. 새ᄅᆞ득ᄒᆞᄂᆞᆫ소리.
Crēam, n. 乳脂, 크림 (우유진익으로만들어 음식에 치ᄂᆞᆫ것),
v.t. 건져내다, v.i. 크림으로바르다, ——y, 크림ᄀᆞ흔, 크림
빗가진,
Crēase, n. 折痕, 접힌금, 주름, v.t. 접히금내다.
Cre-āte', v.t. 創造, 設始, 封, 任命, 창조ᄒᆞ다, 시작ᄒᆞ다, 봉ᄒᆞ다
벼슬식이다,
Cre-ā'tion, n. 創造, 設立, 任命, 창조홈, 창조ᄒᆞᆫ물건, 셜시ᄒᆞᆫ,
벼슬식힘.
Cre-ā'tive, a. 創造, 창조ᄒᆞᄂᆞᆫ,
Cre-ā'tor, n. 創造者, 造物主, 창조ᄒᆞᆫ자, 조물주.

Creat'ure, n. 受生物, 人畜禽獸, 係賴者. 창조호바눈물건. 사룸이나 혹즘승, 의지호눈자,

Crē'dence, n. 信任, 信據, 밋어맛김, 밋게호눈증거.

Cre-dĕn'tial, n. 憑信, 印信. 신젹, 인신, 공사의신임호빙문,
a. 밋을만호,

Crĕd'i-ble, a. 信, 밋을만호,

Crĕd'i-bly, adv. 信, 밋을만호게,

Crĕd'it, n. 信, 名譽, 權勢, 賒賣, 신, 밋음, 명예, 권세, 외샹.
v.t. 밋다, 의뢰호다, 외샹으로팔다, 외샹으로거룩호다,

Crĕd'i-ta-ble, a. 名譽, 명예잇눈, 밋눈.

Crĕd'i-ta-bly, adv. 信, 名譽. 신으로, 명예잇게.

Crĕd'it-or, n. 貸主 債主, 빌닌자, 외샹쥰자, 빗밧을이,

Cre-dū'li-ty, n. 輕信, 경솔히밋음,

Crĕd'ū-lous, a. 輕信, 경솔히밋눈. —— ly, 경솔히밋음으로.

Telegram Sept 21일 一九一八年八月一日

Creed, n. 信條, 밋눈도복, 교의밋눈것,

Creek, n. 小溪, 젹은내천, 시내, 바다구벅.

Creel, n. 笭箵, 버들가지로만든낙시다락기.

Creep, v.i. 匍匐, 蔓延, 긔다, 덩굴벗다. —— er, 긔눈자, 긔눈것.

Cre-mā'tion, n. 焚, 火葬. 불에퇴움, 화장홈.

Crē'ole, n. 美洲或西印度中所生歐人. 或美洲熱帶地方生人. 아메리가쥬나혹서인도등디에셔난구라파인종, 혹아메리가쥬열디디방근쳐에난사룸.

Crĕpt, (Creep, 지난말)

Crĕs'cent, n. 新月, 초싱돌, 토이기국긔호, a. 자라눈, 느눈.

Crĕs'set, n. 引火燈, 비인도호눈등뒤에넛눈불.

Crĕst, n. 鷄冠, 波浪或山頂, 盔의벼, 물결녁곡뒤이나혹산봉.

Crĕst'fallen, (fawln) a. 銳氣, 긔운업건, 낙심호.

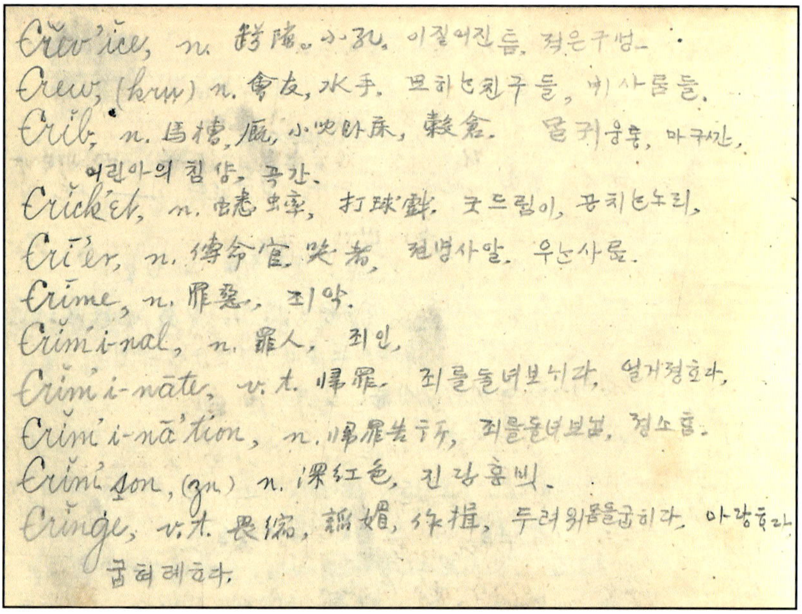

Crev'ice, n. 罅隙, 小孔. 이질어진 틈, 적은 구멍.
Crew, (krū) n. 會友, 水手. 모히ᄂᆞᆫ 친구들, 배사ᄅᆞᆷ들.
Crib, n. 馬槽, 廐, 小兒臥床, 穀倉. 말귀융통, 마구깐, 어린아의 침상, 곡간.
Crick'et, n. 蟋蟀, 打球戲. 귀드람이, 공치ᄂᆞᆫ노리.
Cri'er, n. 傳命官, 哭者, 전령사알. 우는사ᄅᆞᆷ.
Crime, n. 罪惡, 죄악.
Crim'i-nal, n. 罪人, 죄인,
Crim'i-nāte, v.t. 歸罪. 죄를돌녀보니다, 설거정ᄒᆞ다,
Crim'i-nā'tion, n. 歸罪告訴, 죄를돌녀보냄, 정소ᄒᆞᆷ.
Crim'son, (zn) n. 深紅色, 진ᄒᆞᆼ홍빗.
Cringe, v.t. 畏縮, 諂媚, 作揖, 두려워몸을굽히다, 아당ᄒᆞ다 굽혀례ᄒᆞ다.

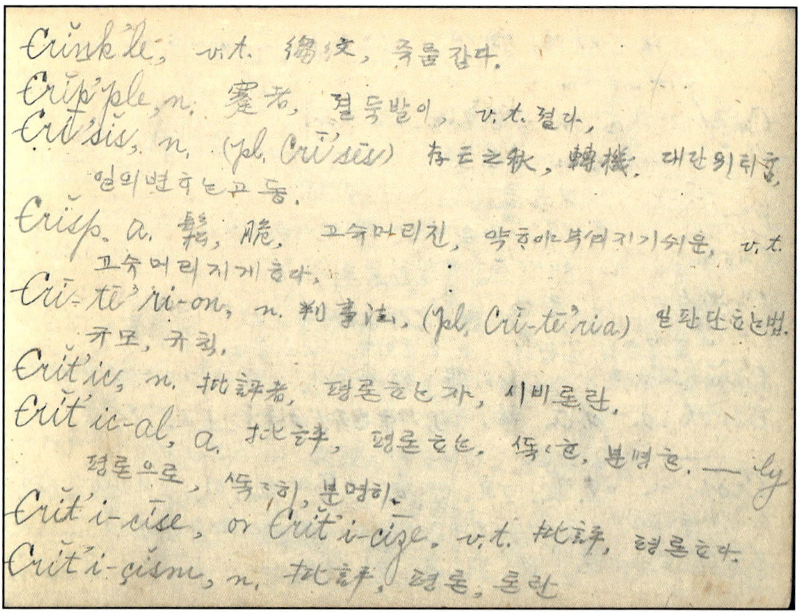

Crin'kle, v.t. 縐紋, 주름잡다.
Crip'ple, n. 蹇者, 절둑발이, v.t. 절다,
Cri'sis, n. (pl. Cri'sēs) 存亡之秋, 轉機. 대란위태ᄒᆞᆫ 일의변ᄒᆞᄂᆞᆫ고동.
Crisp. a. 鬈, 脆, 고슈머리친, 약ᄒᆞ야부셔지기쉬운, v.t. 고슈머리지게ᄒᆞ다.
Cri-tē'ri-on, n. 判事法, (pl. Cri-tē'ria) 일판단ᄒᆞᄂᆞᆫ법. 규모, 규칙.
Crit'ic, n. 批評者, 평론ᄒᆞᄂᆞᆫ자, 시비론란.
Crit'ic-al, a. 批評, 평론ᄒᆞᄂᆞᆫ, 똑ᄯᆞᆨᄒᆞᆫ, 분명ᄒᆞᆫ. —ly 평론으로, 똑똑히, 분명히.
Crit'i-cīse, or Crit'i-cīze. v.t. 批評, 평론ᄒᆞ다.
Crit'i-cism, n. 批評, 평론, 론란

Crōak, v. i. 蛙鳴, 鴉噪, 개고리울다, 가마귀짓다. n. 지저귀는소리.

Crŏck'er-y, n. 陶瓷器. 질그릇.

Crŏc'o-dile, n. 鰐魚, 악어, (바다에 큰고기 밀홈) — tear, 거짓눈물.

Crōne, n. 老婦, 늙은계집. (욕설에 ᄒᆞᄂᆞᆫ말)

Crō'ny, n. 知心友, 졀친ᄒᆞᆫ 친구,

Crŏŏk, n. 屈曲, 監牧師或牧童之杖, 굽은것, 감목사나혹목동의 집평이, v. t. 굽히다, v. i. 굽다

Crŏŏk-back, n. 佝僂, 곱사등이,

Crŏŏk'ed, p. a. 曲, 鉤, 굽은, 갈키진, — ly 굽게, — ness, 굽음.

Crŏp, n. 嗉囊, 頂, 收獲, 닭의 멀떠귀, 아모것에던지 곱흔이마, 추수(곡식이나 과실등류) v. t. 추수ᄒᆞ다.

Crŏp-eared, a. 割耳, 귀 버힌

Crŏs'let, n. 小十字形, 적은십자 형상

Crŏss, n. 十字架, 苦難, 십자가, 십자 뫼형샹, 고란, a. 성낸 노ᄒᆞᆫ, v. t. 건너가다, 가로질으다.

Crŏss'-ăr'row, n. 弩箭 소뇌활살

Crŏss'-bar, n. 閂 가로지르는 빗장.

Crŏss'-bow, n. 弩弓, 소뇌활,

Crŏss'-ex-ăm'i-nā'tion, n. 橫詰, 법정에서 피첵의증인의게 힐문ᄒᆞᆷ,

Crŏss'-ex-ăm'ine, v. t. 橫詰去, 법정에서 피첵의증인의게 힐문ᄒᆞ다.

Crŏss-eyed, (īd) a. 橫視, 두눈이서로 엇맛져보ᄂᆞᆫ.

Crŏss'ly, adv. 橫, 빗기, 엇먹져.

Crŏss'ness, n. 橫逆, 怒, 빗기거시름, 성님.

Crŏss'-way, n. 橫路, 가로건너지른길.

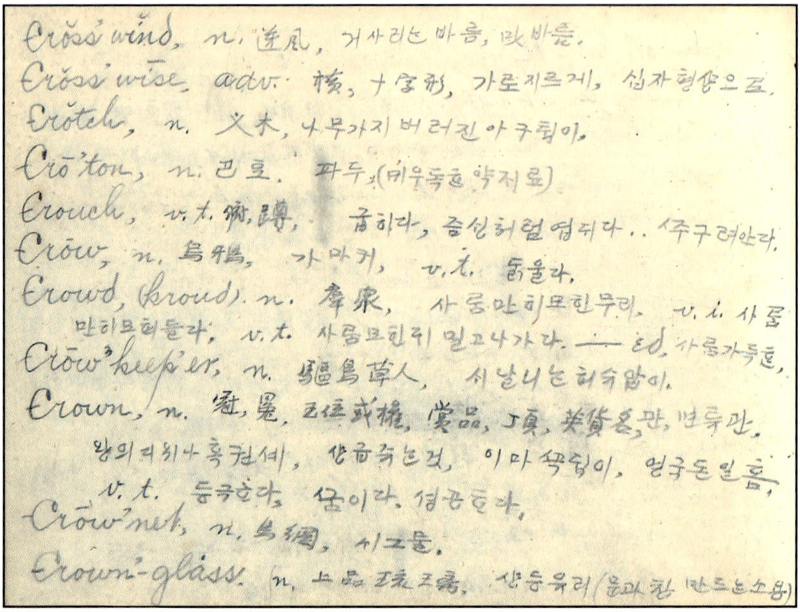

Cross'wind, n. 逆風, 거사리는 바람, 맛바람.
Cross'wise, adv. 横, 十字形, 가로지르게, 십자형상으로.
Crotch, n. 叉木, 나무가지 버러진 아구렁이.
Cro'ton, n. 巴豆. 파두.(비우독한 약재료)
Crouch, v.i. 俯, 蹲, 굽히다, 즘싱처럼 엎되다.. 쭈구려안다.
Crow, n. 烏鴉, 가마귀, v.i. 닭울다.
Crowd, (kroud). n. 羣衆, 사름만히모힌무리. v.i. 사름만히모혀들다. v.t. 사름모힌뒤 밀고나가다. —— ed. 사름가득한,
Crow'keep'er, n. 驅鳥草人, 새날니는 허수압이.
Crown, n. 冠, 冕, 王位或權, 賞品, 頂, 英貨名, 관, 면류관. 왕의디위나 혹권세, 상급주는것, 이마 꼭닥이, 영국돈일홈, v.t. 등극한다, 싸이다. 성공한다.
Crow'net, n. 烏網, 새그물.
Crown'-glass. n. 上品玻璃, 상등유리(문과 창 만드는소용)

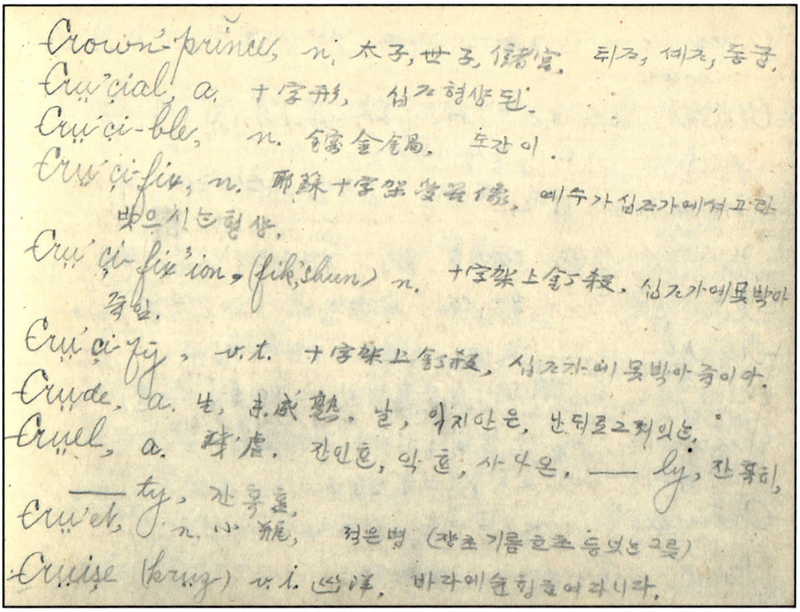

Crown'-prince, n. 太子, 世子, 儲宮. 태자, 세자, 동궁.
Cru'cial, a. 十字形, 십자형상된.
Cru'ci-ble, n. 鎔金盒, 도가니.
Cru'ci-fix, n. 耶蘇十字架受苦像. 예수가십자가에셔고랑박으시는형상.
Cru'ci-fix'ion, (fik'shun) n. 十字架上釘殺. 십자가에못박아죽임.
Cru'ci-fy, v.t. 十字架上釘殺, 십자가에못박아죽이다.
Crude, a. 生, 未成熟. 날, 익지안은, 반되로그저잇는.
Cruel, a. 殘虐. 잔인한, 악한, 사나온. —— ly, 잔혹히, —— ty, 잔혹홈,
Cru'et, n. 小瓶, 적은병 (장초기름한초 등넛는그릇)
Cruise (kruz) v.i. 巡洋, 바다에순항하여다니다.

Cruis'er, n. 巡洋者, 巡洋艦, 바다에순힝ᄒᆞᄂᆞᆫ자, 순양ᄒᆞᄂᆞᆫ군함.

Crŭmb, (krŭm) n. 碎片, 麵包屑, 부셔진조각, 면보부시럭이, v.t. 부스지르다,

Crŭm'ble, v.t. 破碎, 씨치다, 부서트리다, v.i. 부서지다,

Crŭm'my, a. 碎屑多, 軟, 부셔진조각만ᄒᆞᆫ, 연ᄒᆞᆫ.

Crŭm'ple, v.t. 皺, 縮, 주룸잡다, v.i. 주룸잡히다.

Crŭnch, v.t. 咬嚼, 입쌜로소리나게씹다.

Crŭp'per, n. 革秋(馬) 말안장밀치 (꼬리밋흐로뒤ᄂᆞᆫ줄)

Cru-sāde', n. 十字軍, 십ᄌᆞ군 (예수교인이회회교인과싸화셔예수나신싸을회복ᄒᆞ려ᄒᆞᆫ뎐징을 Crusade war 라홈)

Cru-sād'er, n. 十字軍士, 십ᄌᆞ뎐징의군ᄉᆞ.

Cruse, n. 小杯, 적은잔, 호병.

Cru'set, n. 鎔金鍋, 금녹이ᄂᆞᆫ도간이.

Crŭsh, v.t. 壓碎, 눌너부서트리다, v.i. 눌녀부서지다.

Crŭst, n. 硬皮, 것테란ᄒᆞᆫ썹질, v.t. 썹질씨우다, v.i. 엉긔여썹질단ᄃᆞᆫᄒᆞ여지다. —y, 썹질단ᄃᆞᆫᄒᆞᆫ, 셩뷘.

Crus-tā'cea, (tā'she) n. 甲殼類, 썹질잇ᄂᆞᆫ동물. (가지새우게등류)

Crus-tā'ceous, a. 甲殼質有, 썹질가진.

Crŭtch, n. 跛者杖, 절ᄂᆞᆫ발이져ᄃᆞ린이의헤밧치ᄂᆞᆫ작ᄃᆡ쇠이,

Crȳ, v.i. 哭, 叫, 呼, 울다, 부르짓다, 불느다, 크게말ᄒᆞ다, To — to, 간쳥ᄒᆞ다, To — down, 훼방ᄒᆞ다, To — up, 칭찬ᄒᆞ다, —ing, 우ᄂᆞᆫ, n. 울음.

Cry-oph'o-rus, n. 凝水械, 어름만드ᄂᆞᆫ긔계.

Cryp-tŏg'raphy, n. 暗號術, 암호글ᄌᆞ, 암호쓰ᄂᆞᆫ법(ᄒᆞ

모로게 약속ᄒᆞ고 ᄊᆞ는 글ᄌᆞ)

Cryp-tŏl'o-gy, n. 隱語, 변ᄉᆞ는 말.

Crys'tal, n. 水晶, 上品琉璃, 수정, 샹품유리, 무어시던지 수정이나 유리부ᄉᆞ러기 ᄀᆞᆺ치 반작반작ᄒᆞᄂᆞᆫ 것,

Crys'tal, Crys'tal-line, a, 水晶如, 수정 ᄀᆞᆺᄒᆞᆫ,

Crys'tal-lize, v.t. 結晶, 수졍쳐럼 엉긔게 만들다, v.i. 수졍쳐럼 엉긔다.

Cŭb, n. 獸子, 즘ᄉᆡᆼ의 ᄉᆡᆨ기, 곰의 ᄉᆡᆨ기,

Cūbe, n. 立方體, 여섯모 ᄉᆞ독 ᄀᆞᆺ치 난 물건

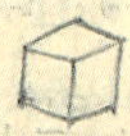

Cū'bic, Cū'bic-al, a. 立方, 세워 노아ᄉᆞ 방 ᄀᆞᆺ치 모진.

Cū'bit, n. 尺名, 쳑수일홈, 팔굼치서 잔손가락ᄭᆞᆺᄭᆞ지 잘만ᄒᆞᆫ 기리,

Cuck'ōō, n. 杜鵑, ᄲᅥᆨ국이,

Cū'cum-ber, n. 黃瓜, 호박.

Cŭd, n. 反嚼之食, 嚼食烟草, 소나 혹 다른 즘ᄉᆡᆼ의 ᄉᆡᆨ임질 ᄒᆞᄂᆞᆫ 음식, ᄊᆡᆸ어 먹ᄂᆞᆫ 담배,

Cŭd'dle, v.i. 愛抱, 사랑ᄒᆞ야 품에 ᄭᅧ안기다,

Cŭd'dy, n. 舡房, 배속에 적은 방,

Cŭd'gel, n. 棒, 手棍, 방망이, 손 쳔장, v.t. 때리다.

——er, 때리ᄂᆞᆫ 자.

Cūe, (kū) n. 辮髮, 머리 ᄯᅡᄂᆞᆫ 딘것,

Cŭff, n. 掌打, 叫手 손빡으로 ᄯᅢ림, 토수, v.t. 손바닥으로 치다,

Cui-răss' (kwē-răs') n. 鐵甲, 목에셔 허리ᄭᆞ지 닙ᄂᆞᆫ 갑옷,

Cui'ras-sier' (kwē'ras-sēr') n. 甲兵, 갑옷 입은 군ᄉᆞ.

Cū'li-na-ry, a. 庖廚, 음식 만드ᄂᆞᆫ 방에, 음식 만드ᄂᆞᆫ 법에,

Cŭll, v.t. 擇出, ᄀᆞᆯᄒᆡ여 내다.

Cŭl'mi-nate, v. i. 極高點達, 극히놉흔곳헤이르다,
Cŭl'mi-nā'tion, n. 極高點達, 극히놉흔곳에이름,
Cŭl'pa-ble, a. 可責, 칙망홀만훈, 허물잇는,
Cŭl'pa-bly, adv. 可責, 칙망들을만ᄒᆞ게,
Cŭl'prit, n. 犯罪人, 죄지은자, 죄인,
Cŭlt, n. 崇敬, 공경ᄒᆞ야섬김, 위홈,
Cŭl'ti-va-ble, a. 可耕作, 기쳑홀만훈,
Cŭl'ti-vāte, v. t. 耕作, 敎化, 토디기쳑ᄒᆞ다, 빅셩교화식히다,
Cŭl'ti-vā'tion, n. 耕作, 敎化, 토디기쳑홈, 빅셩교화
식힘,
Cŭl'ti-vā'tor, n. 農作者, 敎化者, 農具, 농ᄉᆞᄒᆞ는자,
교화퍼치는자, 셩파셔일우는농ᄉᆞ긔계,
Cŭl'ture, n. 耕作, 셩기쳑홈,

Cŭm'ber, v. t. 阻碍, 煩擾, 방히롭게ᄒᆞ다, 괴롭게ᄒᆞ다,
Cŭm'ber-some, a. 煩苦, 번뇌훈, 괴로운. —— ly,
괴로히,
Cŭm'in, n. 茴香, 회향 (약명)
Cū'mu-late, v. t. 積聚, 모아싸타,
Cū'mu-lā'tion, n. 積聚, 모아싸음,
Cū'ne-ate, Cu-nē'i-form, a 楔狀, 쐐기박는나모
Cŭn'ning, a. 狡猾, 교활훈, 속이기잘ᄒᆞ는. —— ly, 교활
ᄒᆞ게,
Cŭn'ning-man, n. 占卦者, 졈장이,
Cŭp, n. 杯, 杯中物, 잔, 잔에담은것,
Cŭp'bear'er, n. 行酒者, 연회에술부어돌니는자,
Cŭp'board, (kŭb'urd) n. 碗碟欌, 잔과그릇넣는궤,
Cŭp'ful, n. 滿酌, 가득히부은잔,

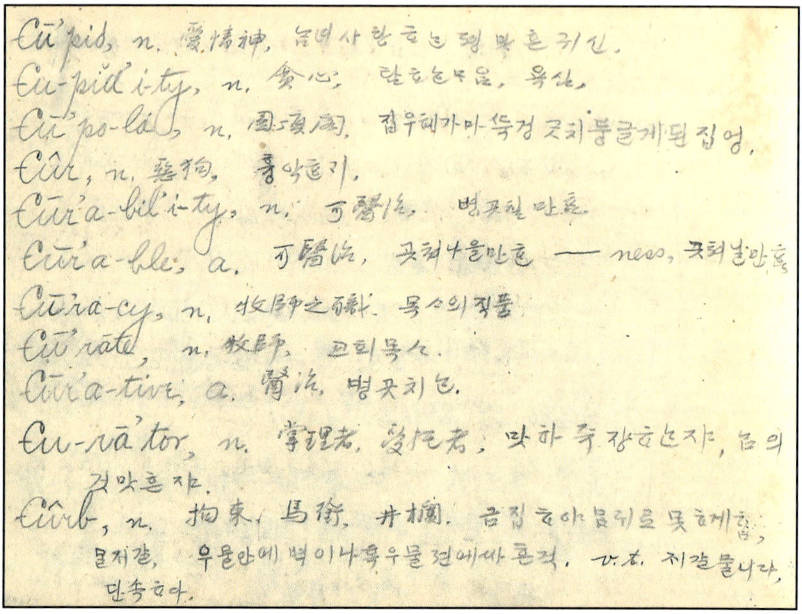

Cū'pid, n. 愛情神, 남녀사랑ᄒᆞᄂᆞᆫ 뎡ᄇᆞᆨ(?)ᄒᆞᆫ 귀신.
Cu-pid'i-ty, n. 貪心, 탐ᄒᆞᄂᆞᆫ ᄆᆞ음, 욕심.
Cū'po-la, n. 圓頂閣, 집우헤가마ᄯᅮᄭᅥᆼ 곳치 둥글게된 집엉.
Cûr, n. 惡狗, 흉악ᄒᆞᆫ 개.
Cūr'a-bil'i-ty, n. 可醫治, 병곳칠만ᄒᆞᆷ.
Cūr'a-ble, a. 可醫治, 곳쳐나을만ᄒᆞᆫ —ness, 곳쳐날만ᄒᆞᆷ
Cū'ra-cy, n. 牧師之職. 목ᄉᆞ의 직품
Cū'rate, n. 牧師, 교회목ᄉᆞ.
Cūr'a-tive, a. 醫治, 병곳치ᄂᆞᆫ.
Cu-rā'tor, n. 掌理者, 受托者, ᄆᆞᆺ하 주장ᄒᆞᄂᆞᆫ자, ᄂᆞᆷ의 것 맛흔자.
Cûrb, n. 拘束, 馬銜, 井欄. 금집ᄒᆞ야 ᄆᆞᆷ대로 못ᄒᆞ게ᄒᆞᆷ, 말지갈, 우물안에 벽이나 혹 우물젼에 ᄊᆞ흔것. v.t. 지갈물니다, 단속ᄒᆞ다.

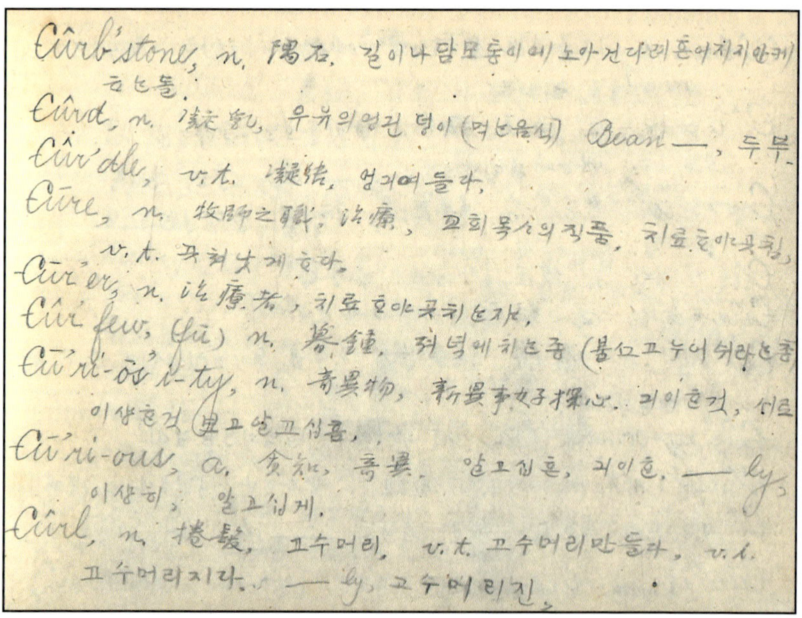

Cûrb'stone, n. 隅石, 길이나 담모퉁이에 노아 건다리ᄒᆞᆫ어지지 안케 ᄒᆞᄂᆞᆫ돌.
Cûrd, n. 凝乳, 우유의 엉긘 덩이(먹ᄂᆞᆫ음식) Bean—, 두부.
Cûr'dle, v.t. 凝結, 엉긔여 들다.
Cūre, n. 牧師之職, 治療, 교회목ᄉᆞ의 직품, 치료ᄒᆞ야 곳침, v.t. 곳쳐낫게ᄒᆞ다.
Cūr'er, n. 治療者, 치료ᄒᆞ야 곳치ᄂᆞᆫ자.
Cûr'few, (fū) n. 暮鐘, 저녁에 치ᄂᆞᆫ 종 (불ᄭᅳ고 누어 쉬라ᄂᆞᆫ 종
Cū'ri-ŏs'i-ty, n. 奇異物, 新異事好探心. 긔이ᄒᆞᆫ것, 서로 이상ᄒᆞᆫ것 보고 알고십흠.
Cū'ri-ous, a. 貪知, 奇異, 알고십흔, 긔이ᄒᆞᆫ. —ly, 이상히, 알고십게.
Cûrl, n. 捲髮, 고수머리, v.t. 고수머리 만들다, v.i. 고수머리지다. —ly, 고수머리진.

Cûr'ren-cy, n. 流通, 行貨, 時價, 통힝홈, 통힝ᄒᆞᄂᆞᆫ돈, 시셰에통힝ᄒᆞᄂᆞᆫ금.

Cûr'rent, a. 逆流, 通行, 급히흘으ᄂᆞᆫ, 통힝ᄒᆞᄂᆞᆫ, n. 급히 흐르ᄂᆞᆫ물, 세상에통힝ᄒᆞᄂᆞᆫ것, —— ly, 항상, 흔히,

Cur-ric'ū-lum, n. 競馬塲, 科程, 몰달니ᄂᆞᆫ마당, 학교에.교졍.

Cûr'ri-er, n. 皮匠, 가죽다르ᄂᆞᆫ장식.

Cûr'rish, a. 猛惡, 사납고악ᄒᆞᆫ.

Cûr'ry, n. 藥塩, 鷄魚等蒸, 약념, 둙이나싱션씸; v.t. 몰솔질식히다.

Cûr'ry-comb, (kom) n. 馬梳, 몰빗기ᄂᆞᆫ글겅이.

Cûrse, v.t. & v.i. 呪詛, 방자ᄒᆞ다, 악담ᄒᆞ다, n. 방자, 악담

Cûrs'ed, a. 嫌惡, 미운, 괴악ᄒᆞᆫ. —— ly, 밉게, 괴악히.

Cûrs'er, n. 呪詛者, 방자ᄒᆞᄂᆞᆫ자.

Cûr'so-ri-ly, adv. 急速, 급히, 발님으로.

Cûr'so-ry, a. 急速, 급ᄒᆞᆫ, 이ᄇᆞ러케나급히ᄒᆞᆫ.

Cûrt, a. 簡短, 간단ᄒᆞᆫ. —— ly, 간단히,

Cur-tail', v.t. 省略, 減, 간략히죽이다, 감ᄒᆞ다.
—— er, 죽이ᄂᆞᆫ자, —— ment, 죽여감ᄒᆞᆫ.

Cûr'tain, (tin) 帷, 帳, 幔, 장, 방장, 족자. v.t. 장치다,

Cûr'tain-lec'ture, n. 床中妻述夫之言, 침상에ᄉᆞ어녀인히가남편에게권ᄒᆞᄂᆞᆫ말,

Cûr'vā-ted, a. 彎曲, 구부졍ᄒᆞᆫ,

Cur-vā'tion, n. 彎曲, 구부졍ᄒᆞ게만듬.

Cŭr'va-ture, n. 彎曲, 구부졍홈

Cŭrve, n. 彎曲, 구부졍ᄒᆞᆫ것, v.t. & v.i. 구부졍ᄒᆞ게ᄒᆞ다,

Cush'ion, 坐褥, 솜아안ᄂᆞᆫ요, 방셕.

Cŭs'tard, n. 菓子, 우유와계란에사당셕거만든과ᄌᆞ.

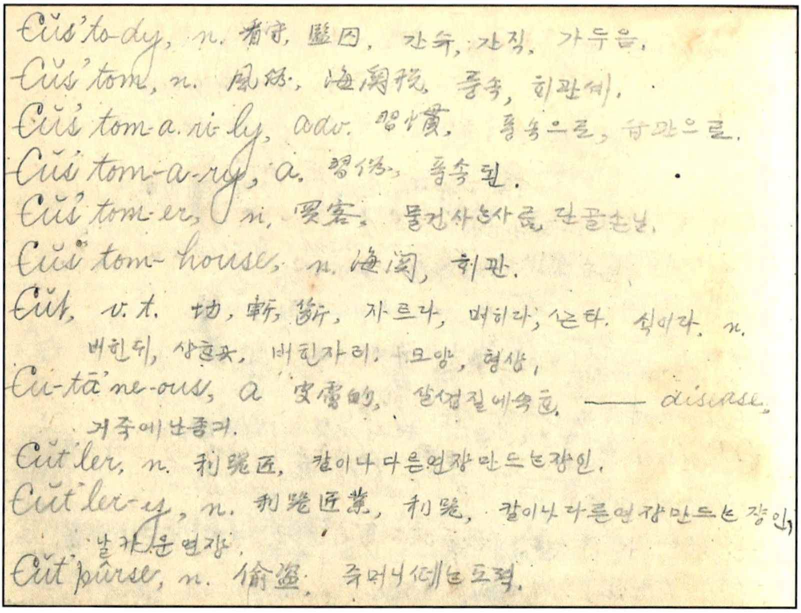
Cŭs'to-dy, n. 看守, 監囚, 간수, 가직, 가두음.
Cŭs'tom, n. 風俗, 海關稅, 풍속, 히관세.
Cŭs'tom-a-ri-ly, adv. 習慣, 풍속으로, 습관으로.
Cŭs'tom-a-ry, a. 習俗, 풍속된.
Cŭs'tom-er, n. 買客, 물건사는사름, 단골손님.
Cŭs'tom-house, n. 海關, 히관.
Cŭt, v.t. 切, 斬, 斷, 자르다, 버히다, 쓴다. 쇡이다. n. 버힌뒤, 상호곳, 버힌자리, 모양, 형상,
Cu-tā'ne-ous, a. 皮膚的, 살셤질에속혼. —— disease. 거죽에난죵긔.
Cŭt'ler, n. 利器匠, 칼이나 다른연장만드는장인.
Cŭt'ler-y, n. 利器匠業, 利器, 칼이나다른연장만드는장인, 날가운연장.
Cŭt'pŭrse, n. 偸盜. 쥬머니쎄는도적.

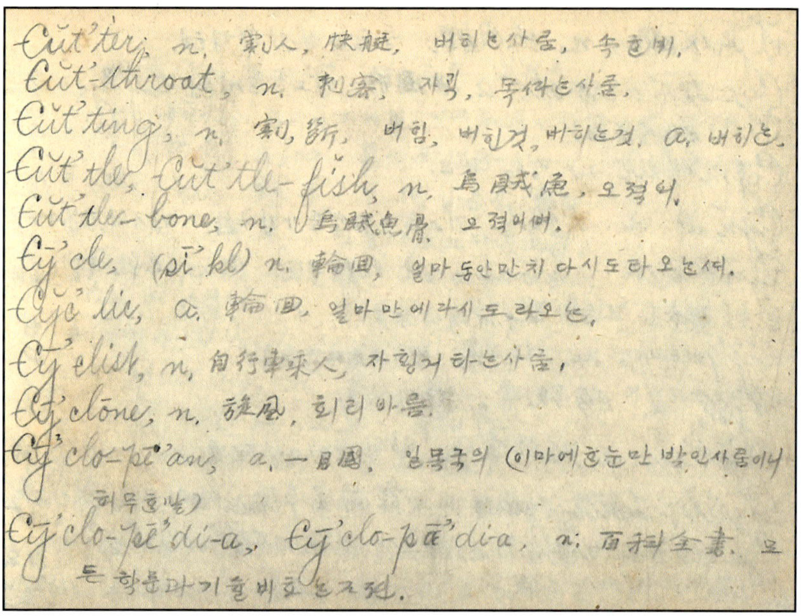
Cŭt'ter, n. 割人, 快艇, 버히는사롬, 속훈배.
Cŭt-throat, n. 刺客, 자긱, 목쎄는사롬.
Cŭt'ting, n. 割, 斷, 버힘, 버힌것, 버히는것. a. 버히는.
Cŭt'tle, Cŭt'tle-fish, n. 烏賊魚, 오젹어.
Cŭt'tle-bone, n. 烏賊魚骨. 오젹어뼈.
Cȳ'cle, (sī'kl) n. 輪回, 얼마동안만치 다시도라오는셰.
Cy̆c'lic, a. 輪回, 얼마만에다시도라오는.
Cȳ'clist, n. 自行車乘人, 자힝거타는사롬,
Cȳ'clōne, n. 旋風, 회리바롬.
Cy̆'clo-pē'an, a. 一目國. 일목국의 (이마에훈눈만박인사롬이나 허무훈말)
Cy̆'clo-pē'di-a, Cy̆'clo-pæ'di-a, n. 百科全書. 모든학문과기술비호는즈젼.

Cyl'in-der, n. 長圓體. 둥글고길게된형톄.

Cy-lin'dric-al, a. 長圓形, 길고둥글게된, —ly, 길고둥근모양으로.

Cym'bal, n. 鐃鈸, 제금.

Cyn'ic, n. 犬性人, 기ㅅ치악한셩품가진사람. 기ㅅ치셩품사나온.

Cyn'o-sure (sin'o-shur) n. 北極星宿, 衆心歸向點, 북극별들, 모든사람의추향하는곳.

Cy'press, n. 柏類, 잣나무젼나무종류.

Cyst, n. 膀胱囊, 방자광치.

Cyst'ic, a. 膀胱囊的, 방자광치에속한.

Czar, Tsar, (zär) n. 露國皇帝稱, 아라사황뎨의칭호.

Czar-i'na, (za-re'na) n. 露國皇后稱, 아라사황후의칭호.

Czar'o-witz, (wits) n. 露國太子稱, 아라사황태자의칭호.

Oct 26 年 1903 九月七日 癸卯 -

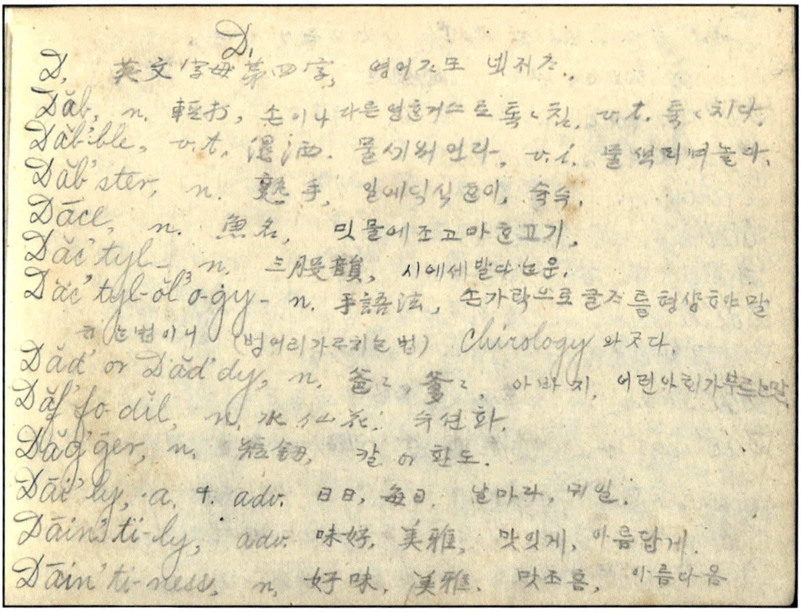

D.

D, 英文字母第四字, 영어ᄌᆞ모 넷재ᄌᆞ.

Dăb, n. 輕打, 손이나 다른 연ᄒᆞᆫ거스로 톡〻침, v.t. 톡〻치다.

Dăb'ble, v.t. 濕洒, 물시러 뿌리다, v.i. 물 색여 놀다.

Dăb'ster, n. 熟手, 일에 익실ᄒᆞᆫ이, 숙수.

Dāce, n. 魚名, 민물에 조고마ᄒᆞᆫ 고기.

Dăc'tyl, n. 三腰韻, 시에 세발다ᄂᆞᆫ 운.

Dăc'tyl-ŏl'o-gy, n. 手語法, 손가락으로 글ᄌᆞ를 형상ᄒᆞ야 말ᄒᆞᄂᆞᆫ 법이니 (벙어리 가르치ᄂᆞᆫ 법) Chirology와 ᄀᆞᆺ다.

Dăd or Dăd'dy, n. 爺〻, 爹〻, 아바지, 어린아ᄒᆡ가 부르ᄂᆞᆫ 말.

Dăf'fo-dil, n. 水仙花, 수선화.

Dăg'ger, n. 短劍, 칼, 환도.

Dāi'ly, a. & adv. 日日, 每日, 날마다, 매일.

Dāin'ti-ly, adv. 味好, 美雅, 맛잇게, 아름답게.

Dāin'ti-ness, n. 好味, 美雅, 맛조흠, 아름다움

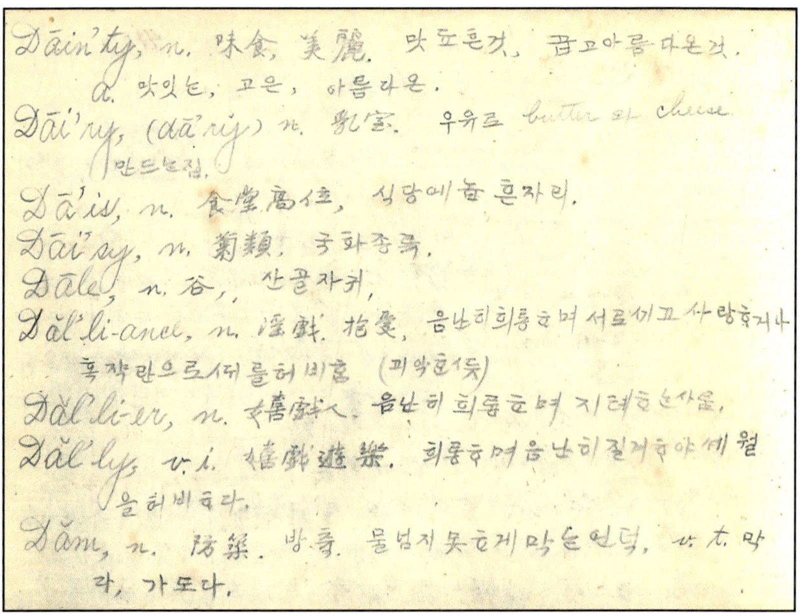

Dāin'ty, n. 味食, 美麗, 맛조흔것, 곱고 아름다온것.
a. 맛잇ᄂᆞᆫ, 고은, 아름다온.

Dāi'ry, (dā'ry) n. 乳室, 우유로 butter와 cheese 만드ᄂᆞᆫ 집.

Dā'is, n. 食堂高位, 식당에 놉흔자리.

Dāi'sy, n. 菊類, 국화종류.

Dāle, n. 谷, 산골자귀,

Dăl'li-ance, n. 淫戲, 抱愛, 음난히 희롱ᄒᆞ며 서로 ᄭᅧ고 사랑ᄒᆞ거나 혹 작란으로 세월을 허비홈 (괴악ᄒᆞᆫ 듯)

Dăl'li-er, n. 嬉戲人, 음난히 희롱ᄒᆞ며 지레ᄒᆞᄂᆞᆫ 사ᄅᆞᆷ.

Dăl'ly, v.i. 嬉戲遊樂, 희롱ᄒᆞ며 음난히 질게ᄒᆞ야 세월을 허비ᄒᆞ다.

Dăm, n. 防築, 방축, 물넘지 못ᄒᆞ게 막ᄂᆞᆫ 언덕, v.t. 막다, 가로다.

Dăm'age, n. 損害, 破傷, 賠償. 손해, 상ᄒᆞᆫ것, 비샹, v.t. 상ᄒᆞ다, 손해ᄒᆞ다,
Dăm'ask, a. 뎀아스크다메속ᄒᆞᆫ, 장미빗ᄀᆞᆺᄒᆞᆫ. n. 화문노은비단. v.t. 섞이다, 채리다,
Dame, n. 小姐, 夫人, 소져, 부인, 아씨, 학교에녀교사,
Dămn, (dăm) v.t. 定罰, 罰落地獄, 벌을뎡ᄒᆞ다, 벌주어디옥에너타,
Dăm'na-ble, a. 可受罰, 可落地獄, 벌줄만ᄒᆞᆫ, 디옥에너흘만ᄒᆞᆫ
Dăm'na-bly, adv. 甚, 可罰, 밉게, 벌밧을만ᄒᆞ게.
Dam-na'tion, n. 永落地獄, 영히디옥에ᄯᅥ러ᄯᅳ림.
Dămned, (dămd) p. or a. 定罪受苦, 可惡, 죄뎡ᄒᆞ여벌밧ᄂᆞᆫ, 미운.
Damp, a. 濕, 沉鬱 합ᄒᆞᆫ, 축축ᄒᆞᆫ, 므음답답ᄒᆞᆫ, v.t.

젹시다, 취기다, 낙심ᄒᆞ게ᄒᆞ다, n. 습긔, 장긔, 낙심됨.
——en, (damp'n) 젹시다, 취기다. ——er, 젹시ᄂᆞᆫ것, 화덕에불ᄭᅥ지게ᄒᆞᄂᆞᆫ문, ——ness, 저즌것,
Dămp'ish, a. 濕, 저즌, 축축ᄒᆞᆫ,
Dăm'sel, n. 處子, 쳐녀.
Dăm'son, (dăm'zn) n. 梅子, 오미.
Dance, v.t. or v.i. 舞, 跳, 춤추다, 춤취다, 쒸다.
Dan'cer, n. 舞者, 춤추ᄂᆞᆫ자. ——ess, 춤추ᄂᆞᆫ녀인.
Dan'cing, n. 舞, 춤.
Dăn'de-li'on, n. 車前子, 차젼ᄌᆞ (풀일홈) 질경이,
Dăn'dle, v.t. 嬰兒才美, 지롱식히다, 어린아희처럼사랑ᄒᆞ야뒤졉ᄒᆞ다.
Dăn'dler, n. 小兒愛美人, 어린아희놀니며사랑ᄒᆞᄂᆞᆫ자.
Dan'driff, Dăn'druff, n. 頭垢, 머리비듬,

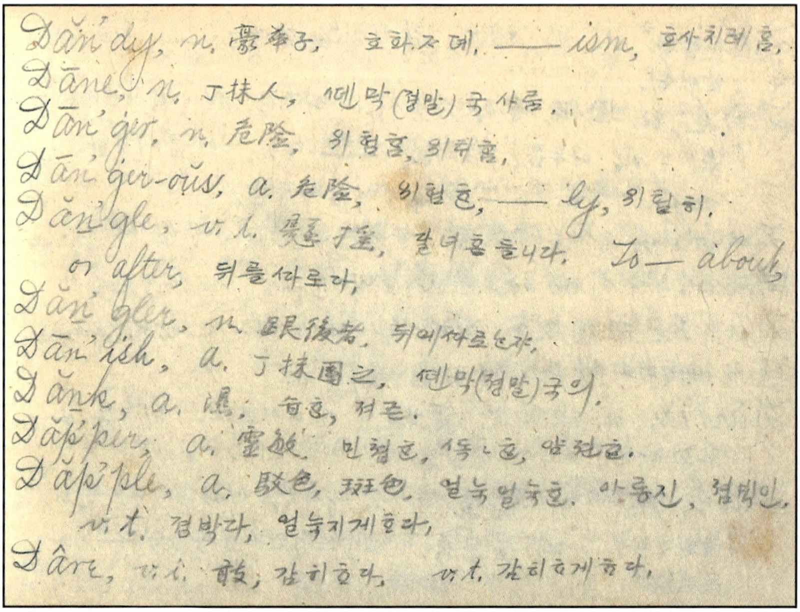

Dăn'dy, n. 豪華子, 호화ᄌᆞ뎨, —— ism, 호사치레ᄒᆞᆷ.
Dāne, n. 丁抹人, 쏀막(뎡말)국 사ᄅᆞᆷ.
Dān'ger, n. 危險, 위험ᄒᆞᆷ, 위태ᄒᆞᆷ.
Dān'ger-ous, a. 危險, 위험ᄒᆞᆫ, —— ly, 위험히.
Dăn'gle, v.i. 懸搖, 달녀흔들니다. To —— about or after, 뒤를ᄯᅡ로다.
Dăn'gler, n. 跟後者, 뒤에ᄯᅡ로는자.
Dān'ish, a. 丁抹國之, 쏀막(뎡말)국의.
Dănk, a. 濕, 습ᄒᆞᆫ, 져즌.
Dăp'per, a. 靈敏, 민첩ᄒᆞᆫ, 신속ᄒᆞᆫ, 암전ᄒᆞᆫ.
Dăp'ple, a. 駁色, 斑色, 얼눅얼눅ᄒᆞᆫ, 아롱진, 졈박인, v.t. 졈박다, 얼눅지게ᄒᆞ다.
Dâre, v.i. 敢, 감히ᄒᆞ다, v.t. 감히ᄒᆞ게ᄒᆞ다.

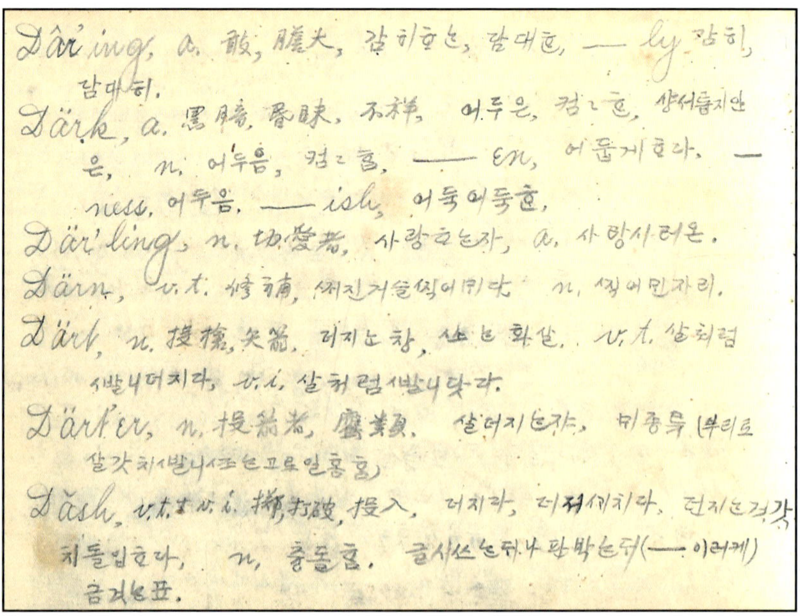

Dâr'ing, a. 敢, 膽大, 감히ᄒᆞ는, 담대ᄒᆞᆫ, —— ly 감히, 담대히.
Därk, a. 黑暗, 昏昧, 不祥, 어두은, 컴컴ᄒᆞᆫ, 샹서롭지안은, n. 어두음, 컴컴ᄒᆞᆷ, —— en, 어둡게ᄒᆞ다. —— ness, 어두음, —— ish, 어둑어둑ᄒᆞᆫ.
Där'ling, n. 切愛者, 사랑ᄒᆞ는자, a. 사랑시러온.
Därn, v.t. 縫補, ᄯᅥ러진거슬쐬여매다, n. 쐬여민자리.
Därt, n. 投槍, 矢箭, 더지는창, 쏘는화살, v.t. 살처럼ᄲᅡᆯ니더지다, v.i. 살처럼ᄲᅡᆯ니닷다.
Där'ter, n. 投鎗者, 鷹類, 살더지는자, 미종류 (부리로 살갓치ᄲᅡᆯ니쏘는고로일홈ᄒᆞᆷ).
Dăsh, v.t. & v.i. 擲, 打破, 投入, 더지다, 더져ᄭᅢ치다, 던지는거ᄉᆞ 치돌입ᄒᆞ다, n. 충돌ᄒᆞᆷ, 글시쓰는데나판박는데(—— 이러케) 금긋는표.

Dăsh'ing, a. 衝突, 충돌ᄒᆞ는. — ly, 충돌홈으로.
Dăs'tard, n. 心怯人, 겁장이, a. 겁잇는. — ize, 겁나게ᄒᆞ다. — ly, 겁만히.
Dăs'tard-li-ness, n. 怯心, 겁만흔모양.
Dā'ta, n. pl. 實事, 실의심거나는근본. (Datum의 pl.)
Dāte, n. 日子, 年式, 波斯國棗, 날ᄌᆞ. 년월일. 파사국 디조. v. t. 년월일긔록ᄒᆞ다, v. i. 시작ᄒᆞ다.
Dā'tive, n. (文) 名詞第三格, 문법에 명사의저격이나 to 나 for ᄌᆞ흔격.
Dā'tum, n. (pl. Data) 實事, 실샹ᄉᆞ실.
Daub, v. t. 塗沫, 바르다, 칠ᄒᆞ다, 아첨ᄒᆞ다, n. 바름, 칠홈, — er, 바르는사ᄅᆞᆷ. 칠ᄒᆞ는자, 아첨ᄒᆞ는자.
Daub'er-y, n. 塗沫, 欺騙 바름, 칠홈. 속여넘김.

Daugh'ter, (daw) n. 女兒, ᄯᆞᆯ. 녀식.
Daugh'ter-in-law, n. 媳婦, 子婦, 며나리, ᄌᆞ부.
Daugh'ter-ly, a. 女息如, 孝誠. ᄯᆞᆯ갓흔, 효셩시러온.
Däunt, v. t. 驚嚇, 놀내다. 긔운썩기게ᄒᆞ다.
Däunt'less, a. 勇猛, 膽大. 용밍시러온, 담대ᄒᆞᆫ.
Dau'phin, n. 佛國太子, 푸란스(법국) 틔ᄌᆞ,
Dau'phin-ess, n 佛國太子妃. 푸란스(법국)틔ᄌᆞ비.
Daw, n. 鳥類, 가마귀종류.
Daw'dle, v. i. 些小事費時, 적은일에시간을허비ᄒᆞ다.
Daw'dler, n. 小事費時人, 대슈롭지안은일에시간허비ᄒᆞ는자.
Dawn, v. i. 向曙, 發現, 날이시다, 붉어오다, 흥왕ᄒᆞ기 시작ᄒᆞ다, n. 서벽, 희ᄭᅳᆷ녁, 흥왕ᄒᆞ기시작홈.
Dawn'ing, n. 天明, 서벽, 붉어옴, a. 붉어오는, 시작되는.

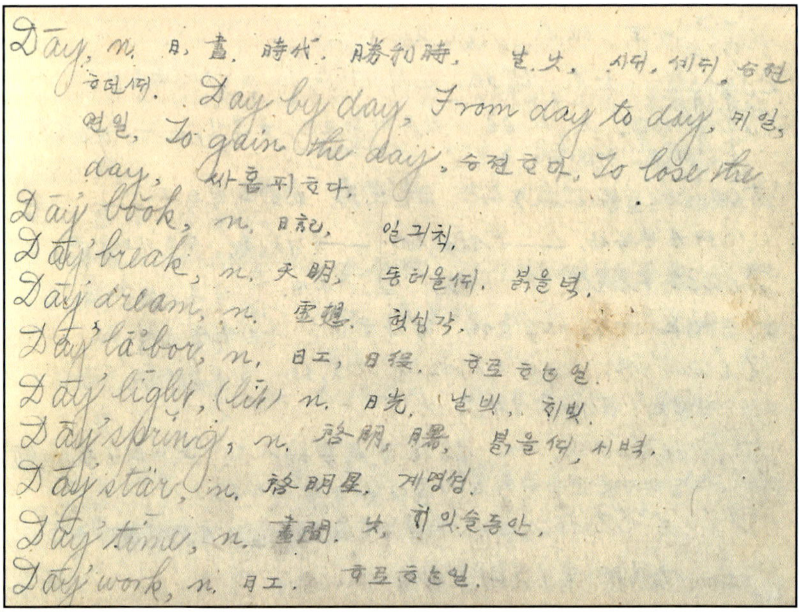

Day, n. 日, 晝. 時代. 勝利時. 날. 낫. 시대. 세뒤. 승젼ᄒᆞ던ᄯᅢ. Day by day, From day to day, 귀일, 연일, To gain the day, 승젼ᄒᆞ다. To lose the day, 싸홈피ᄒᆞ다.

Day book, n. 日記, 일긔칙.

Day'break, n. 天明, 동터올ᄯᅢ. 밝을녁.

Day'dream, n. 虛想. 헛심각.

Day'lābor, n. 日工, 日役. ᄒᆞ로ᄒᆞᄂᆞᆫ일.

Day'light, (līt) n. 日光, 날빗, 히빗.

Day'spring, n. 啓明, 曙, 밝을ᄯᅢ, 시벽.

Day'stär, n. 啓明星. 계명셩.

Day'time, n. 晝間. 낫, 히잇슬동안.

Day'work, n. 日工. ᄒᆞ로ᄒᆞᄂᆞᆫ일.

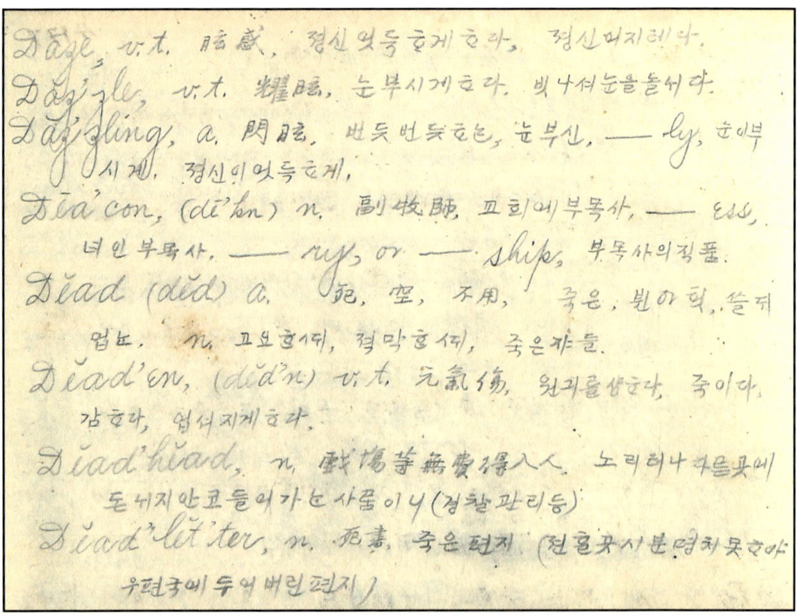

Dāze, v.t. 眩惑, 정신엇득ᄒᆞ게ᄒᆞ다, 정신머지게ᄒᆞ다.

Dăz'zle, v.t. 耀眩, 눈부시게ᄒᆞ다. 빗나셔눈을놀네다.

Dăz'zling, a. 閃眩, 번듯번듯ᄒᆞᆫ, 눈부신, — ly, 눈이부시게, 정신이엇득ᄒᆞ게,

Dēa'con, (dē'kn) n. 副牧師, 교회에부목사, — ess, 녀인부목사. — ry, or — ship, 부목사의직품.

Dĕad (dĕd) a. 死, 空, 不用, 죽은, 뷔여히, 슬뒤업ᄂᆞᆫ. n. 고요ᄒᆞᆫᄯᅢ, 젹막ᄒᆞᆫᄯᅢ, 죽은쟈들.

Dĕad'en, (dĕd'n) v.t. 元氣傷, 원긔를상ᄒᆞ다, 죽이다, 감ᄒᆞ다, 업서지게ᄒᆞ다.

Dĕad'hĕad, n. 戱場等無費得入人. 노리터나다른곳에 돈내지안코들어가ᄂᆞᆫ사ᄅᆞᆷ이니(경찰관리등)

Dĕad'lĕt'ter, n. 死書, 죽은편지 (젼할곳시분명치못ᄒᆞ야 우편국에두어버린편지)

Dĕad' lift. n. 極力事 힘써 처음.
Dĕad' light (lit) n. 舡窓. 배안에두터온유리로만든창.
Dĕad' li-ness. n. 毒害性. 상ᄒᆞ고 해ᄒᆞ게ᄒᆞᄂᆞᆫ성질.
Dĕad' ly, a. 致死, 죽게ᄒᆞᄂᆞᆫ. 해롭게ᄒᆞᄂᆞᆫ, 독ᄒᆞᆫ. adv. 해롭게, 독ᄒᆞ게
Dĕad' märch, n. 送葬樂, 장사지낼ᄯᅢᄒᆞᄂᆞᆫ풍류.
Dĕad' ness. n. 死如, 感覺無, 冷淡. 죽은듯ᄒᆞᆫ, 죽음, 생나서닷지못ᄒᆞᆫ. 무정ᄒᆞᆷ, 쌀쌀ᄒᆞᆷ.
Dĕad' wa' ter, n. 舡後死水, 배가ᄂᆞᆫ뒤에ᄯᅡᆯ녀물결치지안ᄂᆞᆫ물.
Dĕaf, (dĕf) a. 聾, 귀먹은, 듯기슬혀ᄒᆞᄂᆞᆫ. —— en, 귀먹게ᄒᆞ다. —— ness, 귀먹음.
Dĕaf' mute. n. 聾啞. 귀먹은벙어리.
Dĕal, n. 部分, 分配. 杉松等板. 난혼것, 분배ᄒᆞᆫ것, 소나무종류로만든널판. a great ——, 만히, 무수히, v. t. 난호다, 분배ᄒᆞ다, v. i. 난호여보내다, 장사ᄒᆞ다, To —— by, 대접ᄒᆞ다, To —— in, 흥정ᄒᆞ다, To —— with, 대접ᄒᆞ다. —— er, 장사ᄒᆞᄂᆞᆫ사ᄅᆞᆷ, 조처ᄒᆞᄂᆞᆫ자, —— ing, 힝ᄒᆞᆷ, 장사, 분배ᄒᆞᆷ.
Dēan, n. 副牧師, 교회부목사, 영국악스포드와캠브릿쥐대학교장. 학교선긔섭
Dēan' er-y, n. 副牧師之職品給俸居宅或管轄. 부목사의직품이나 월급이나거쳐ᄒᆞᄂᆞᆫ곳시나 관할ᄒᆞᄂᆞᆫ권리.
Dēar, a 親愛, 貴重, 高價. 친ᄒᆞ고사랑ᄒᆞᄂᆞᆫ, 귀중ᄒᆞᆫ, 갑만흔, 빗산. n. 사랑ᄒᆞᄂᆞᆫ자, —— ly, 사랑시러히, 귀ᄒᆞ게, —— ness, 갑만흠, 귀중ᄒᆞᆷ. —— y, 사랑ᄒᆞᄂᆞᆫ자.
Dēarth (dĕrth) n. 窮乏, 饑饉. 궁핍ᄒᆞᆷ. 주림. 흉년,

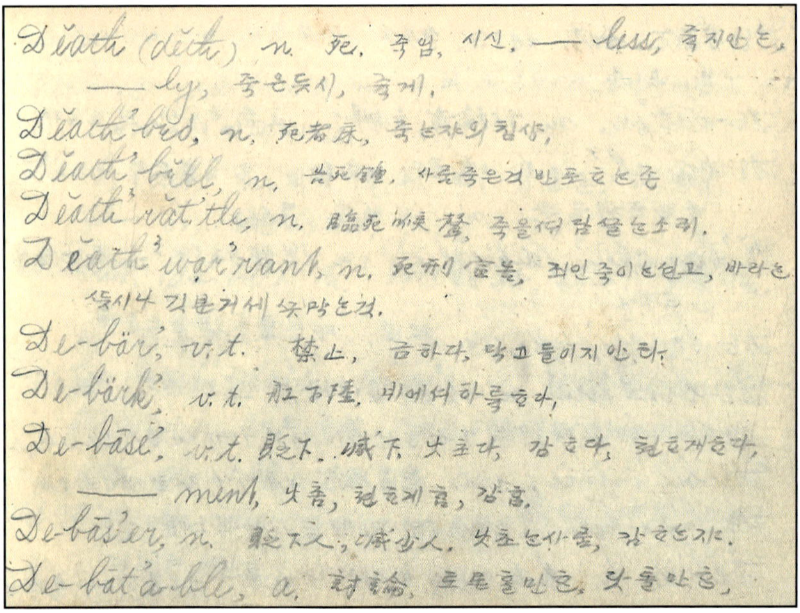
Dēath (dĕth) n. 死. 죽엄, 시신. — less, 죽지안는,
— ly, 죽은듯시, 죽게.
Dēath'bed, n. 死者床, 죽는자의 침상,
Dēath'bell, n. 告死鐘, 사ᄅᆞᆷ죽은것 반포ᄒᆞ는종
Dēath'rat'tle, n. 臨死喉聲, 죽을ᄯᅢ 담쓸는소리.
Dēath'war'rant, n. 死刑宣告, 죄인죽이는선고, 바라는
ᄯᅳᆺ시나 깃븐거세 ᄯᅳᆺ막는것.
De-bär', v.t. 禁止, 금하다, 막고들이지안터.
De-bärk', v.t. 舡下陸, 배에셔하륙ᄒᆞ다,
De-bāse', v.t. 貶下. 減下. 낫초다, 감ᄒᆞ다, 천ᄒᆞ게ᄒᆞ다,
— ment, 낫촘, 천ᄒᆞ게ᄒᆞᆷ, 감ᄒᆞᆷ.
De-bās'er, n. 貶下人, 減少人, 낫초는사ᄅᆞᆷ, 감ᄒᆞ는자.
De-bat'a-ble, a. 討論, 토론ᄒᆞᆯ만ᄒᆞᆫ, 닷홀만ᄒᆞᆫ,

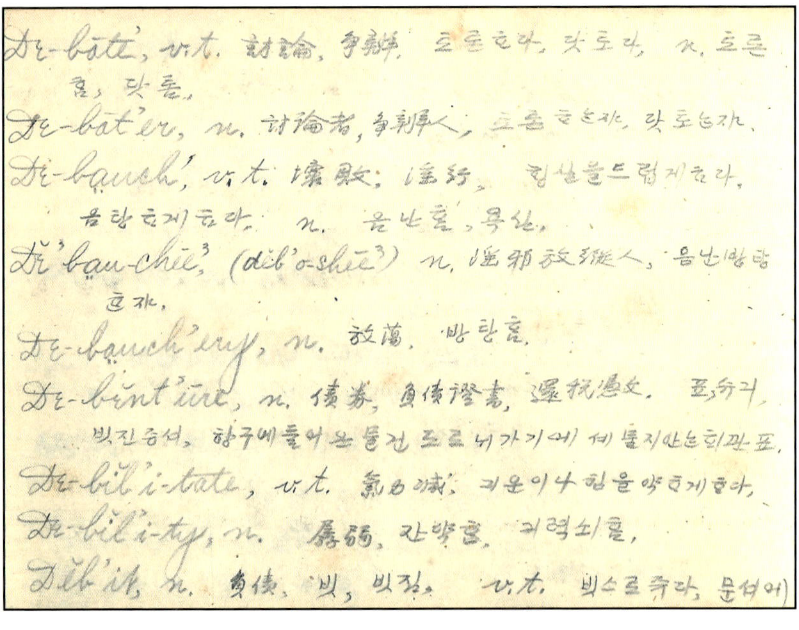
De-bāte', v.t. 討論, 爭辯, 토론ᄒᆞ다, 닷토다, n. 토론
ᄒᆞᆷ, 닷톰,
De-bat'er, n. 討論者, 爭辯人, 토론ᄒᆞ는자, 닷토는자.
De-bauch', v.t. 壞敗, 淫行, 행실을더럽게ᄒᆞ다,
음탕ᄒᆞ게ᄒᆞ다. n. 음난ᄒᆞᆷ, 폭식.
Dĕ'bau-chee' (dĕb'o-shee') n. 淫邪放縱人, 음난방탕
ᄒᆞᆫ자.
De-bauch'er-y, n. 放蕩, 방탕ᄒᆞᆷ.
De-bĕnt'ūre, n. 債券, 負債證書, 還稅憑文, 표, 수긔,
빗진증서, 항구에들어온물건 도로 니가기에 세물지안는회ᄭᅡᆼ표.
De-bil'i-tate, v.t. 氣力減, 긔운이나 힘을 약ᄒᆞ게ᄒᆞ다,
De-bil'i-ty, n. 孱弱, 잔약ᄒᆞᆷ, 긔력쇠ᄒᆞᆷ,
Dĕb'it, n. 負債, 빗, 빗짐. v.t. 빗수로쥬다, 문셔에

올니다,

Dē-bris (dā-brē') n. 山或石碎物, 산이나돌 부럭이 흐어져나려 밋헤 싸힌것.

Dĕbt, (dĕt) n. 負債, 過失, 빗, 갑흘돈, 죄, 허물.

—— or, 빗준자, 채주,

Dē-bu̇t', (dā-bü') n. 初次試驗, 新入. 처음시험, 처음으로 참예ᄒᆞᆷ.

Dé-bu-tant', (dā'bu-tong') n. (녀인은 Dé-bu-tante 라ᄒᆞ다) 初出席者, 처음으로녀러좌석에나온자.

Dĕc'ade, n. 十數, 열되는수,

De-cā'dence, De-cā'den-cy, n. 衰敗, 零落, 쇠퇴ᄒᆞᆷ, 써러져 쇠잔ᄒᆞᆷ.

De-cā'dent, a. 衰敗, 頹廢, 쇠ᄒᆞ야퇴ᄒᆞᄂᆞᆫ, 썩어폐ᄒᆞᄂᆞᆫ.

Dĕc'a-gŏn, n. 十角, 十面, 열모진것, 열쪽으로된것,

Dĕc'a-logue, (dĕk'a-lŏg) n. 十誡, 하ᄂᆞ님의열가지계명.

De-cămp', v.i. 移營, 逃脫, 진을옴기다, 도망ᄒᆞ다,

—— ment, 진옴김.

De-cănt', v.t. 移傾, 다른그릇세옴겨ᄯᅡ르다 (독말이나 다른건지안흔서셔웃물ᄯᅡ름)

De-cănt'er, n. 酒移傾器, 술옴겨ᄯᅡ로ᄂᆞᆫ그릇.

De-căp'i-tāte, v.t. 斬頭, 머리버히다,

De-căp'i-tā'tion, n. 斬頭, 머리버힘.

De-cāy', v.i. 衰敗, 零落, 凋謝, 쇠ᄒᆞ야퇴ᄒᆞ다, 써러지다, 이우러지다, 상ᄒᆞ다, 썩다, n. 쇠ᄒᆞᆷ, 썩음, 써러짐, 상ᄒᆞᆷ,

De-çēase', n. 死, 卒逝, 죽음, 도라감, 졸서ᄒᆞᆷ, v.i. 죽다, 졸서ᄒᆞ다, 도라가다.

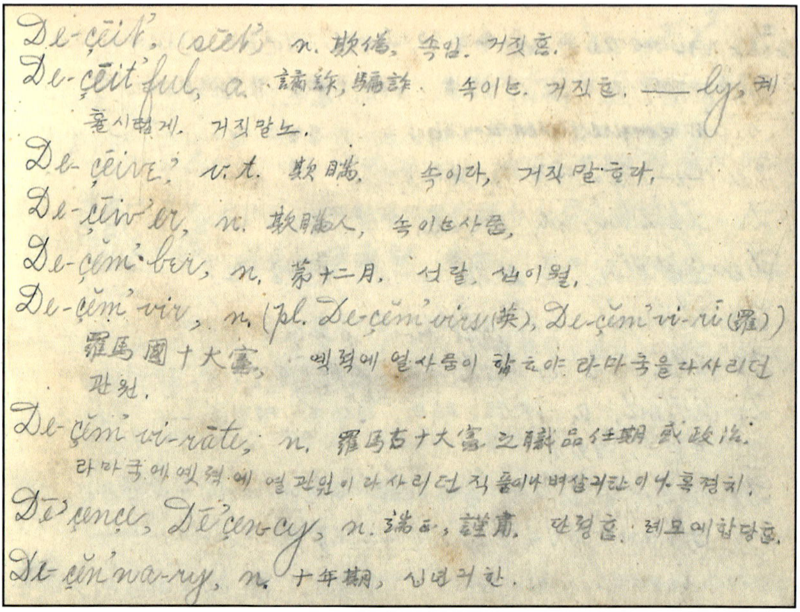

De-çeit', (seet) n. 欺僞, 속임. 거즛ᄒᆞᆷ.
De-çeit'ful, a. 譎詐, 騙詐. 속이ᄂᆞᆫ. 거짓ᄒᆞᆫ. —— ly, 궤휼시럽게. 거짓말노.
De-çeive', v.t. 欺瞞, 속이다, 거짓말ᄒᆞ다,
De-çeiv'er, n. 欺瞞人, 속이ᄂᆞᆫ사ᄅᆞᆷ,
De-çem'ber, n. 第十二月. 섯달, 십이월,
De-çĕm'vir, n. (pl. De-çĕm'virs(英), De-çĕm'vi-ri(羅)) 羅馬國十大憲, 옛적에 열사ᄅᆞᆷ이 합ᄒᆞ야 라마국을 다사리던 관원.
De-çĕm'vi-rate, n. 羅馬古十大憲之職品任期或政治. 라마국에 옛적에 열관원이 다사리던 직품이나 벼살기한이나 혹 정치,
Dē'çençe, Dē'çen-çy, n. 端正, 謹肅. 단정ᄒᆞᆷ. 례모에합당ᄒᆞᆷ.
De-çĕn'na-ry, n. 十年期, 십년기한.

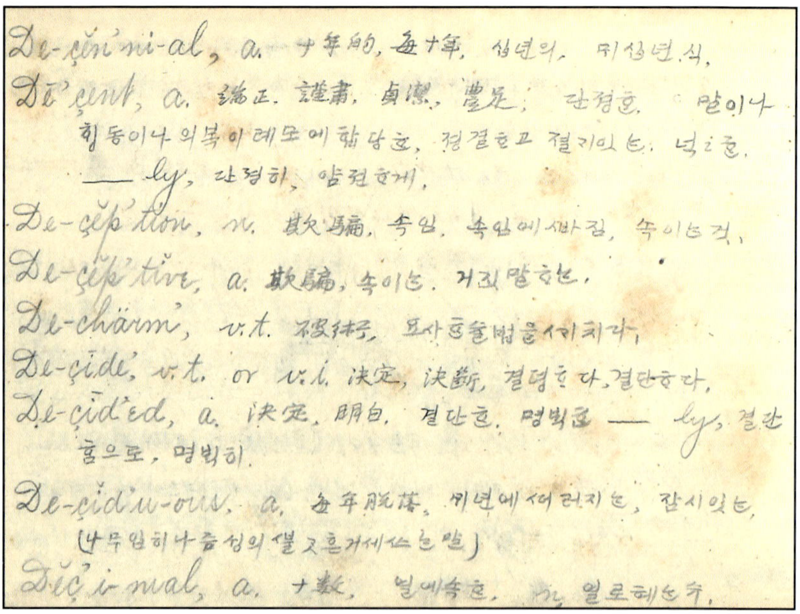

De-çĕn'ni-al, a. 十年的, 每十年. 십년의, 매십년식,
Dē'çent, a. 端正. 謹肅. 貞潔, 豊足; 단정ᄒᆞᆫ. 말이나 ᄒᆡᆼ동이나 의복이 례모에 합당ᄒᆞᆫ, 정결ᄒᆞ고 절리잇ᄂᆞᆫ. 넉넉ᄒᆞᆫ.
—— ly, 단정히, 얌전ᄒᆞ게,
De-çĕp'tion, n. 欺騙. 속임. 속임에ᄲᅡ짐, 속이ᄂᆞᆫ것,
De-çĕp'tive, a. 欺騙, 속이ᄂᆞᆫ. 거짓말ᄒᆞᄂᆞᆫ.
De-chärm', v.t. 破邪術, 요사ᄒᆞᆫ술법을ᄭᆡ치다,
De-çide', v.t. or v.i. 決定, 決斷, 결뎡ᄒᆞ다, 결단ᄒᆞ다,
De-çīd'ed, a. 決定, 明白. 결단ᄒᆞᆫ. 명ᄇᆡᆨᄒᆞᆫ —— ly, 결단ᄒᆞᆷ으로, 명ᄇᆡᆨ히.
De-çĭd'u-ous, a. 每年脫落, ᄆᆡ년에 ᄯᅥ러지ᄂᆞᆫ, 잠시잇ᄂᆞᆫ, (나무입히나 즘ᄉᆡᆼ의 ᄲᅮᆯ 굿ᄒᆞᆫ거세 쓰ᄂᆞᆫ말)
Dĕç'i-mal, a. 十數, 열에속ᄒᆞᆫ. n. 열로셰ᄂᆞᆫ수,

Dĕç'i-māte, v.t. 十中抽一, 十中一人死刑, 減三, 열에 ᄒᆞ나를 ᄲᅢ여 니다, 제비ᄲᅡ아셔 키 열저 사ᄅᆞᆷ을 죽는 벌에 처ᄒᆞ다, 멸망식히다.

Dĕç'i-mā'tion, n. 十中抽一, 每十人中抽籤處死刑, 열중에 ᄒᆞ나 ᄲᅡ아냄, 제비ᄲᅡ아 셔 미 열저 사ᄅᆞᆷ을 죽임.

De-çī'pher, v.t. 字意解, 尋出, 글자 ᄯᅳᆺ 히제 니다, ᄯᅳᆺ 차자 니다.

De-çĭs'ion, n. 定案, 決意, 지판결뎡ᄒᆞᆫ 보고, 결단, 판결, 작뎡ᄒᆞᆫ ᄯᅳᆺ, 시비결단ᄒᆞᆷ.

De-çī'sive, a. 決定, 決斷, 결뎡ᄒᆞᄂᆞᆫ, 결단ᄒᆞᄂᆞᆫ. — battle, 승부결단ᄒᆞᄂᆞᆫ 전정. — ly, 좌우간 결뎡ᄒᆞ게. — ness, 결뎡ᄒᆞᆷ.

Dĕck, v.t. 蓋, 覆, 飾裝, 덥다, 씨우다, ᄭᅮ미다, 차리다.

n. 갑판 or 배우에 덥힌 널판.

Dĕck'er, n. 裝飾人, 甲工, 빗나게 ᄭᅮ미ᄂᆞᆫ 사ᄅᆞᆷ, 배 선척.

De-clāim', v.i. 演說, 高談, 연설ᄒᆞ다, 고담준론ᄒᆞ다. — er, 연설ᄒᆞᄂᆞᆫ 자, 고담준론ᄒᆞᄂᆞᆫ 자.

Dĕc'la-mā'tion, n. 演說, 雄辯, 公然論議, 연설, 말잘ᄒᆞᆷ, 여러사ᄅᆞᆷ의게 공번되히 의론ᄒᆞᆷ.

Dĕc'la-rā'tion, n. 告白, 確說, 베풀어 고ᄒᆞᆷ, 반포ᄒᆞᆷ, 확실히 설명ᄒᆞᆷ.

De-clăr'a-tive, a. 告白, 說明, 고ᄒᆞ야 알니ᄂᆞᆫ, 설명ᄒᆞᄂᆞᆫ.

De-clâre', v.t. + v.i. 告知, 說明, 고ᄒᆞ야 알니다, 설명ᄒᆞ다, 확실히 말ᄒᆞ다.

De-clĕn'sion, n. 傾斜, 衰敗, 退讓, 기우러짐, 쇠ᄒᆞ야 퇴ᄒᆞᆷ, 물너나 사양ᄒᆞᆷ.

Dĕc'li-nā'tion, n. 下傾, 衰敗, 趨下, 偏行, 아릭로 기우러짐, 쇠ᄒᆞ야퍼홈, 아릭로향홈. ᄒᆞᆫ쪽으로텬벽ᄒᆞ여향홈.
De-cline', v. i. 下向, 衰微, 離正路, 退讓, 아릭로향ᄒᆞ다, 쇠ᄒᆞ다, 샛길로가다, 물너나사양ᄒᆞ다, 물니치다.
De-clin'er, n. 推讓者, 사양ᄒᆞᄂᆞᆫ자, 밧지안ᄂᆞᆫ자,
De-cliv'i-ty, n. 傾斜, 斜坂, 기우러짐, 언덕이나 비두러진곳.
De-coct', v. t. 煎, 熹, 消化, 데리다, 스리다, 삭히다. 소화ᄒᆞ다.
De-coc'tion, n. 煎熹, 熹餅物, 삶아익히다, 스리다. 스려익혀 된물건, 삭게홈.
De-cŏl'late, v. t. 斬首, 머리버히다, 참ᄒᆞ다.
Dē'col-lā'tion, n. 斬首. 머리버힘, 참홈.
De-cŏl'or; De-cŏl'our, (kŭl'ur) v. t. 渝色, 빗변ᄒᆞ다.

Dē'com-pōse', v. t. + v. i. 元素分析, 물건셩질분셕ᄒᆞ다.
De-cŏm'po-si'tion, n. 元素分析, 물건에본셩질분셕홈,
Dĕc'o-rate, v. t. 華飾, 빗나게ᄭᅮ미다, 치례ᄒᆞ다.
Dĕc'o-rā'tion, n. 華飾, 玩好飾, 빗나게ᄭᅮᆷ임, 치례ᄒᆞᄂᆞᆫ것,
Dĕc'o-ra-tive, a. 華飾, 빗나게ᄭᅮᆷ이ᄂᆞᆫ, 치례ᄒᆞᄂᆞᆫ.
Dĕc'o-rā'tor, n. 華飾人. 빗나게ᄭᅮᆷ이ᄂᆞᆫ사ᄅᆞᆷ,
De-cō'rous, a. 適宜, 뎍당ᄒᆞᆫ, 합당ᄒᆞᆫ, —— ly, 합당히.
De-cō'rum, n. 適禮, 말과모양과 힝동이다 례모에합당홈.
De-coy', v. t. 誘引, 유인ᄒᆞ다, . n. 유인홈, 그물이나 덧세ᄭᅩ여들임.
De-crēase', v. t. + v. i. 減少, 감ᄒᆞ다, 적어지다, 쇠ᄒᆞ다. n. 감홈, 적어짐, 쇠홈,
De-crēe', n. 命令, 定規, 宗教法律, 명령, 분부, 뎡ᄒᆞᆫ법,

—— v.t. 명ᄒᆞ야결뎡ᄒᆞ다. v.i. 결뎡ᄒᆞ다,

Dĕc're-ment. n. 耗損, 減去. 덜님, 감ᄒᆞᆷ, 덜녀업버림,

De-crĕp'it. a. 老衰. 늙어쇠ᄒᆞᆫ.

De-crĕp'i-tūde, n. 老衰, 늙어잔약ᄒᆞᆷ.

De-crē'tal, n. 命令, 教皇命令, 명령, 교황의명령,
a. 명령에속ᄒᆞᆫ,

De-crī'al, n. 誹謗. 비방, 남을취셕ᄒᆞᄂᆞᆫ말,

De-crī'er, n. 誹謗人, 비방ᄒᆞᄂᆞᆫ사ᄅᆞᆷ. 훼방ᄒᆞᄂᆞᆫ사ᄅᆞᆷ.

De-crȳ', v.t. 誹謗. 비방ᄒᆞ다. 사졍업시척망ᄒᆞ다,

Dĕc'ū-ple, n. 十倍, 열갑졀. a. 열갑졀되ᄂᆞᆫ.

De-cū'ri-on, n. (羅馬) 十長, 라마국병뎡의십쟝,

Dĕd'i-cate, v.t. 奉獻. 들이다, 밧치다, 외셩ᄒᆞ다.

Dĕd'i-cā'tion, n. 奉獻. 들임, 밧침, 외셩ᄒᆞᆷ.

Dĕd'i-cā'tor, n. 奉獻者. 들이ᄂᆞᆫ자, 바치ᄂᆞᆫ자,

De-dūçe', v.t. 推知. 밀우어알다, 본리ᄒᆞ야졀단ᄒᆞ다,
—— ment, 밀우어짐작ᄒᆞᆷ. 밀우어아ᄂᆞᆫ것,

De-dū'çi-ble. a. 可推知, 밀우어알만ᄒᆞᆫ, 측량ᄒᆞᆯ만ᄒᆞᆫ.

De-dŭct', v.t. 除減, 졔ᄒᆞ다, 덜어내다,

De-dŭc'tion, n. 推知. 除減. 밀우어짐작ᄒᆞᆷ, 덜어냄,

De-dŭc'tĭve, a. 推知. 밀우어아ᄂᆞᆫ, —— ly, 추량ᄒᆞᄂᆞᆫ법
으로.

Deed, n. 所行. 功勞, 文券, 힝ᄒᆞᆫ것, 힝ᄒᆞᆷ. 공로, 문셔,
문권.

Deem, v.t. 思想. 싱각ᄒᆞ다, 녁이다, 사듯ᄒᆞ게알다,

Deep, a. 深, 暗. 깁흔, 심, 어두은. n. 바다, 대양,

Deep'en. (dēp'n) v.t. 深, 暗. 깁게ᄒᆞ다. 어둡게ᄒᆞ다.
v.i. 깁허지다, 어두어지다.

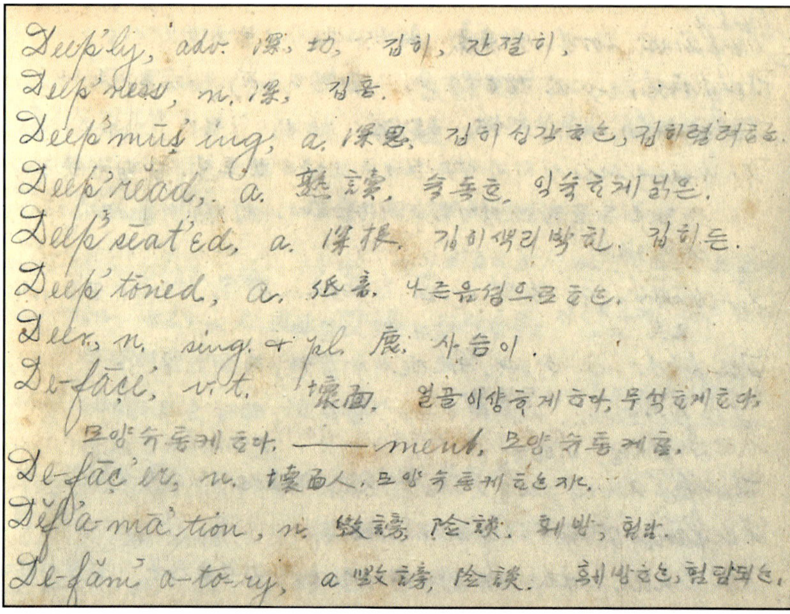

Deep'ly, adv. 深, 切, 깁히, 간졀히,
Deep'ness, n. 深, 깁흠.
Deep'mus'ing, a. 深思, 깁히 ᄉᆡᆼ각ᄒᆞᄂᆞᆫ, 깁히렴려ᄒᆞᄂᆞᆫ.
Deep'read, a. 熟讀, 숙독ᄒᆞᆫ, 익숙ᄒᆞ게닑은.
Deep'seat'ed, a. 深根, 깁히ᄲᅮ리박힌, 깁히든.
Deep'toned, a. 低音, 나즌음셩으로ᄒᆞᄂᆞᆫ.
Deer, n. sing. & pl. 鹿, 사ᄉᆞᆷ이.
De-face', v.t. 壞面, 얼골이상ᄒᆞ게ᄒᆞ다, 무식ᄒᆞ게ᄒᆞ다,
모양숭ᄒᆞ게ᄒᆞ다. —— ment, 모양숭ᄒᆞ게홈.
De-fac'er, n. 壞面人, 모양숭ᄒᆞ게ᄒᆞᄂᆞᆫ자.
Def'a-ma'tion, n. 毁謗, 陰談. 훼방, 험담.
De-fam'a-to-ry, a 毁謗, 陰談. 훼방ᄒᆞᄂᆞᆫ, 험담되ᄂᆞᆫ.

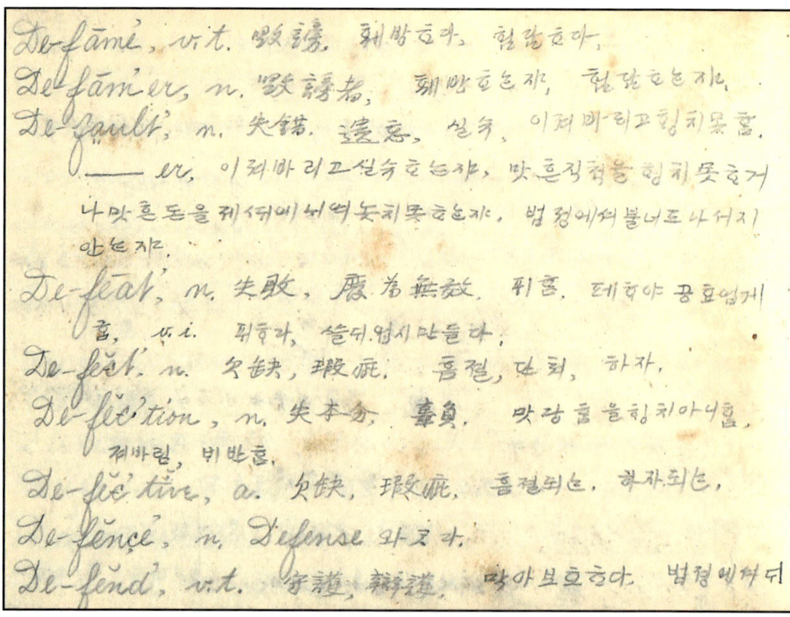

De-fame', v.t. 毁謗. 훼방ᄒᆞ다, 험담ᄒᆞ다,
De-fam'er, n. 毁謗者, 훼방ᄒᆞᄂᆞᆫ자, 험담ᄒᆞᄂᆞᆫ자.
De-fault', n. 失錯. 違忘, 실수, 이저ᄇᆞ리고힝치못홈.
—— er, 이저ᄇᆞ리고실수ᄒᆞᄂᆞᆫ자, 맛흔직책을힝치못ᄒᆞ거
나맛흔돈을제ᄯᅢ에버여놋치못ᄒᆞᄂᆞᆫ자, 법졍에셔불너도나서지
안ᄂᆞᆫ자.
De-feat', n. 失敗, 廢為無效. 픠홈, 폐ᄒᆞ야공효업게
홈, v.i. 픠ᄒᆞ다, 쓸ᄃᆡ업시만들다,
De-fect', n. 欠缺, 瑕疵. 흠졀, ᄐᆡ최, 하자.
De-fec'tion, n. 失本分. 辜負. 맛당홈을힝치아니홈,
져ᄇᆞ림, 비반홈.
De-fec'tive, a. 欠缺, 瑕疵. 흠졀되ᄂᆞᆫ, 하자되ᄂᆞᆫ,
De-fence', n. Defense 와ᄀᆞᆺ다.
De-fend', v.t. 守護, 辯護, 막아보호ᄒᆞ다. 법졍에셔ᄃᆡ

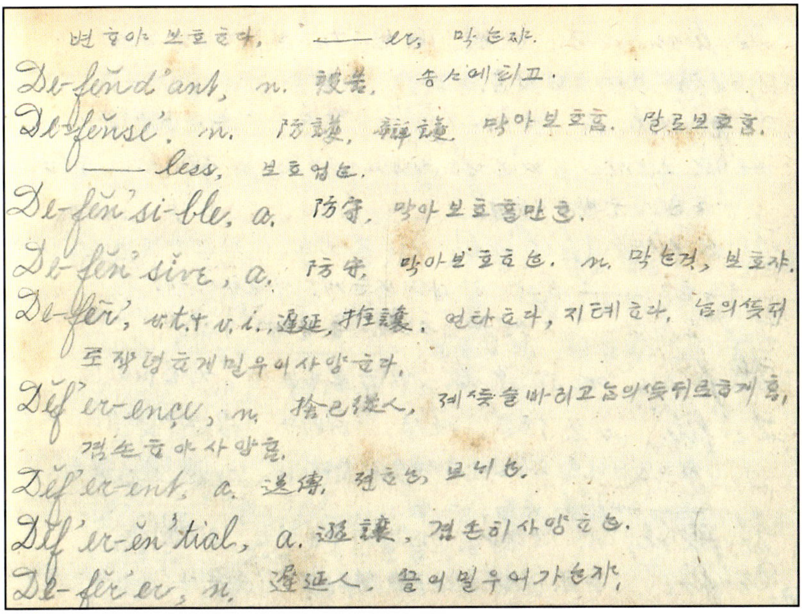

변ᄒᆞ야 보호ᄒᆞ다, —— er, 막ᄂᆞᆫ자.
De-fend'ant, n. 被告. 송ᄉᆞ에피고.
De-fense', n. 防護, 辯護. 막아보호ᄒᆞᆷ. 말로보호ᄒᆞᆷ.
—— less, 보호업ᄂᆞᆫ.
De-fen'si-ble, a. 防守, 막아보호ᄒᆞᆯ만ᄒᆞᆫ.
De-fen'sive, a. 防守, 막아보호ᄒᆞᄂᆞᆫ. n. 막ᄂᆞᆫ것, 보호자.
De-fer', v.t. & v.i., 遲延, 推讓. 연타ᄒᆞ다, 지톄ᄒᆞ다, ᄂᆞᆷ의ᄯᅳᆺ뒤로작뎡ᄒᆞ게밀우어사양ᄒᆞ다.
Def'er-ence, n. 捨己從人, 졔ᄯᅳᆺ슬바리고ᄂᆞᆷ의ᄯᅳᆺ뒤르ᄒᆞ게ᄒᆞᆷ, 겸손ᄒᆞ야사양ᄒᆞᆷ.
Def'er-ent, a. 遞傳, 젼ᄒᆞᄂᆞᆫ, 보내ᄂᆞᆫ.
Def'er-en'tial, a. 遜讓, 겸손히사양ᄒᆞᄂᆞᆫ.
De-fer'er, n. 遲延人, 일을밀우어가ᄂᆞᆫ자.

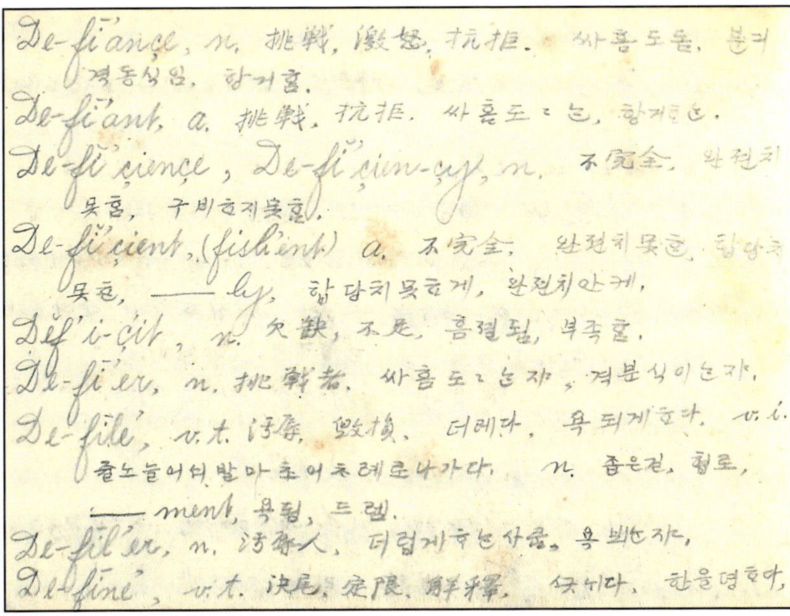

De-fi'ance, n. 挑戰, 激怒, 抗拒. 싸홈도도옴, 분긔격동식힘, 항거ᄒᆞᆷ.
De-fi'ant, a. 挑戰, 抗拒. 싸홈도ᄃᆞᄂᆞᆫ, 항거ᄒᆞᄂᆞᆫ.
De-fi'cience, De-fi'cien-cy, n. 不完全, 완젼치못ᄒᆞᆷ, 구비ᄒᆞ지못ᄒᆞᆷ.
De-fi'cient, (fish'ent) a. 不完全, 완젼치못ᄒᆞᆫ, 합당치못ᄒᆞᆫ, —— ly, 합당치못ᄒᆞ게, 완젼치안케.
Def'i-cit, n. 欠缺, 不足, 흠결됨, 부족ᄒᆞᆷ.
De-fi'er, n. 挑戰者. 싸홈도ᄃᆞᄂᆞᆫ자, 격분식이ᄂᆞᆫ자.
De-file', v.t. 汚辱, 毁損. 더레다, 욕되게ᄒᆞ다. v.i. 줄노늘어셔발마초어ᄎᆞ례로나가다. n. 좁은길, 협로,
—— ment, 욕됨, 드럽.
De-fil'er, n. 汚辱人, 더럽게ᄒᆞᄂᆞᆫ사ᄅᆞᆷ. 욕뵈ᄂᆞᆫ자,
De-fine', v.t. 決定, 定限, 解釋. ᄯᅳᆺ니다, 한을뎡ᄒᆞ다,

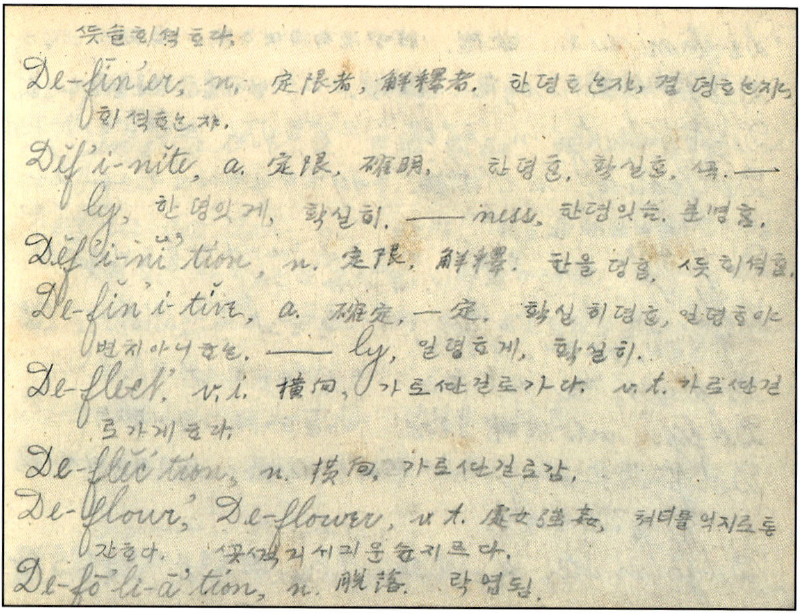

ᄯᅳᆺ을 ᄒᆡ셕ᄒᆞ다.
De-fin'er, n. 定限者, 解釋者. 한뎡ᄒᆞᄂᆞᆫ자, 결뎡ᄒᆞᄂᆞᆫ자, ᄒᆡ셕ᄒᆞᄂᆞᆫ자.
Def'i-nite, a. 定限, 確明. 한뎡ᄒᆞᆫ, 확실ᄒᆞᆫ, 쇽. —ly, 한뎡잇게, 확실히. —ness, 한뎡잇슴, 분명홈.
Def'i-ni'tion, n. 定限, 解釋. 한을뎡홈, ᄯᅳᆺ ᄒᆡ셕홈.
De-fin'i-tive, a. 確定, 一定. 확실히뎡ᄒᆞᆫ, 일뎡ᄒᆞ야변치아니ᄒᆞᄂᆞᆫ. —ly, 일뎡ᄒᆞ게, 확실히.
De-flect', v.i. 橫向, 가로ᄯᅵᆫ길로가다. v.t. 가로ᄯᅵᆫ길로가게ᄒᆞ다.
De-flec'tion, n. 橫向, 가로ᄯᅵᆫ길로감.
De-flour', De-flower, v.t. 處女强姦, 쳐녀를억지로통간ᄒᆞ다. ᄭᅩᆺᄭᅥᆨ거 시긔운슬지르다.
De-fo'li-a'tion, n. 脫落. 락엽됨.

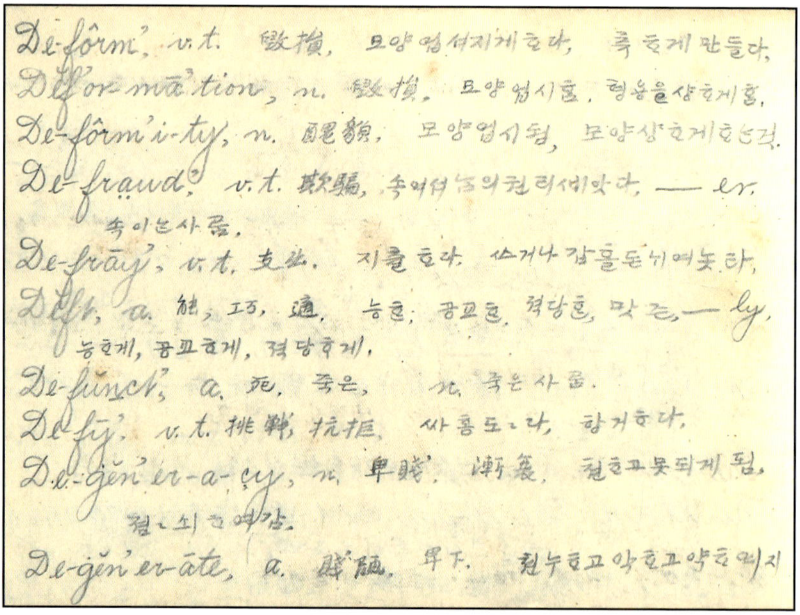

De-form', v.t. 毁損, 모양업서지게ᄒᆞ다, 흉ᄒᆞ게만들다.
Def'or-ma'tion, n. 毁損. 모양업시홈, 형용을상ᄒᆞ게홈.
De-form'i-ty, n. 醜貌, 모양업시됨, 모양상ᄒᆞ게ᄒᆞᄂᆞᆫ것.
De-fraud', v.t. 欺騙, 속여서남의권리ᄲᅢ앗다. —er. 속이ᄂᆞᆫ사ᄅᆞᆷ.
De-fray', v.t. 支出. 지츌ᄒᆞ다. 쓰거나갑흘돈내여놋타.
Deft, a. 能, 工巧, 適. 능ᄒᆞᆫ; 공교ᄒᆞᆫ, 젹당ᄒᆞᆫ, 맛ᄂᆞᆫ. —ly, 능ᄒᆞ게, 공교ᄒᆞ게, 젹당ᄒᆞ게.
De-funct', a. 死, 죽은, n. 죽은사ᄅᆞᆷ.
De-fy', v.t. 挑戰, 抗拒. 싸홈도ᄃᆞ다, 항거ᄒᆞ다.
De-gen'er-a-cy, n. 卑賤, 漸衰. 쳔ᄒᆞ고못되게됨, 졈졈쇠ᄒᆞ여감.
De-gen'er-ate, a. 賤陋. 卑下. 쳔누ᄒᆞ고악ᄒᆞ고약ᄒᆞᆫ뫼지

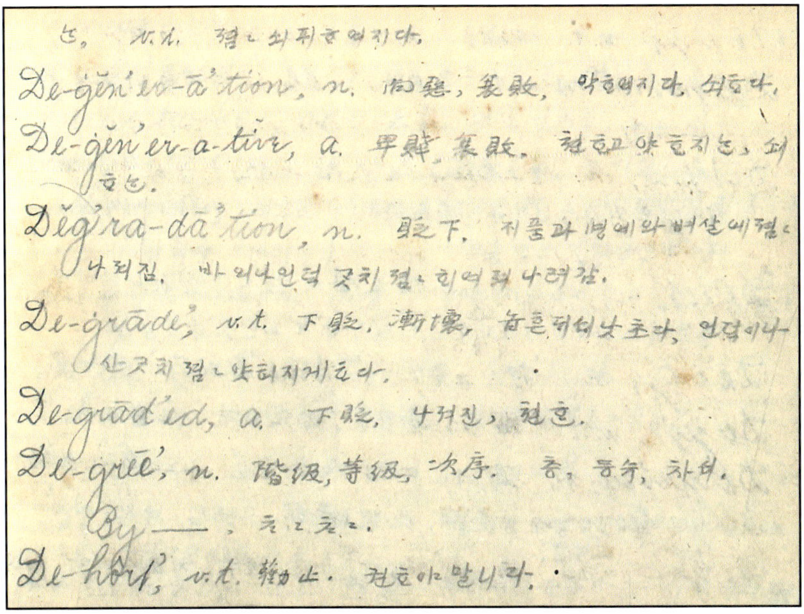

ᄂᆞᆫ, v.i. 졈ᄂᆞ 쇠퍼ᄒᆞ여지다.

De-gĕn'er-ā'tion, n. 惡惡, 衰敗, 악ᄒᆞ여지다, 쇠ᄒᆞ다.

De-gĕn'er-a-tive, a. 卑賤, 衰敗. 천ᄒᆞ고 약ᄒᆞ지는, 쇠ᄒᆞᄂᆞᆫ.

Dĕg'ra-dā'tion, n. 貶下. 지품과 명예와 벼살에 졈ᄂᆞ 나려짐. 바위나언덕 ᄀᆞᆺ치 졈ᄂᆞ 희여져 나려감.

De-grāde', v.t. 下貶, 漸壞, 품흔 뎌여 낫초다, 언덕이나 산ᄀᆞᆺ치 졈ᄂᆞ 약히지게ᄒᆞ다.

De-grad'ed, a. 下貶, 나려진, 천ᄒᆞᆫ.

De-grēe', n. 階級, 等級, 次序. 층, 등슈, 차뎨.

By ——, ᄎᆞᄎᆞ.

De-hort', v.t. 勸止. 권ᄒᆞ야 말니라.

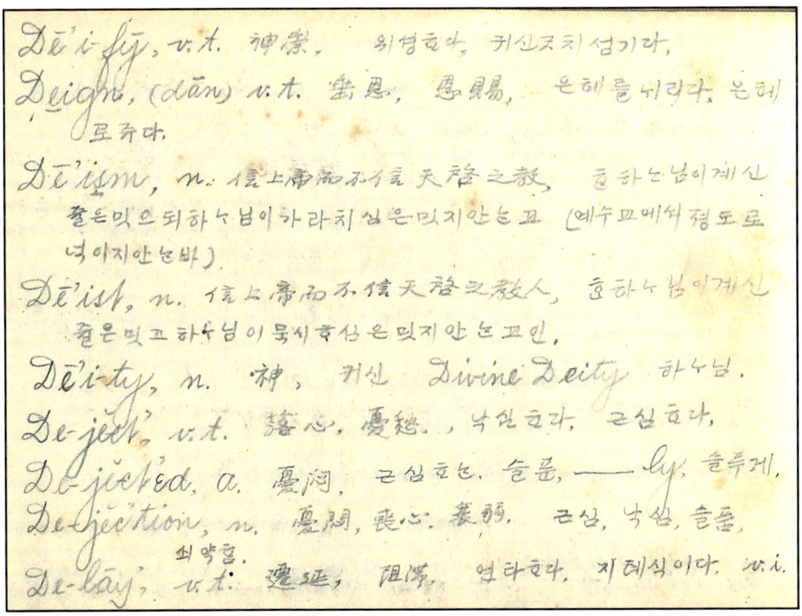

Dē'i-fy, v.t. 神崇, 위셩ᄒᆞ다, 귀신ᄀᆞᆺ치 셤기다.

Deign, (dān) v.t. 垂恩, 恩賜, 은혜를 나리다, 은혜로 주다.

Dē'ism, n. 信上帝而不信天啓之敎, ᄒᆞ나님이 계신줄은 믿으되 하ᄂᆞ님이 가라치심은 믿지안는 교 (예수교에서 정도로 녁이지안는바)

Dē'ist, n. 信上帝而不信天啓之敎人, ᄒᆞ나님이 계신줄은 믿고 하ᄂᆞ님이 묵시ᄒᆞ심은 믿지안는 교인.

Dē'i-ty, n. 神, 귀신 Divine Deity 하ᄂᆞ님.

De-ject', v.t. 落心, 憂愁, 낙심ᄒᆞ다, 근심ᄒᆞ다.

De-jĕct'ed, a. 憂悶, 근심ᄒᆞᄂᆞᆫ. 슬픈, ——ly, 슬프게.

De-jĕc'tion, n. 憂悶, 喪心, 衰弱. 근심, 낙심, 슬픔, 쇠약홈.

De-lāy', v.t. 遲延, 阻滞, 연타ᄒᆞ다, 지톄식이다. v.i.

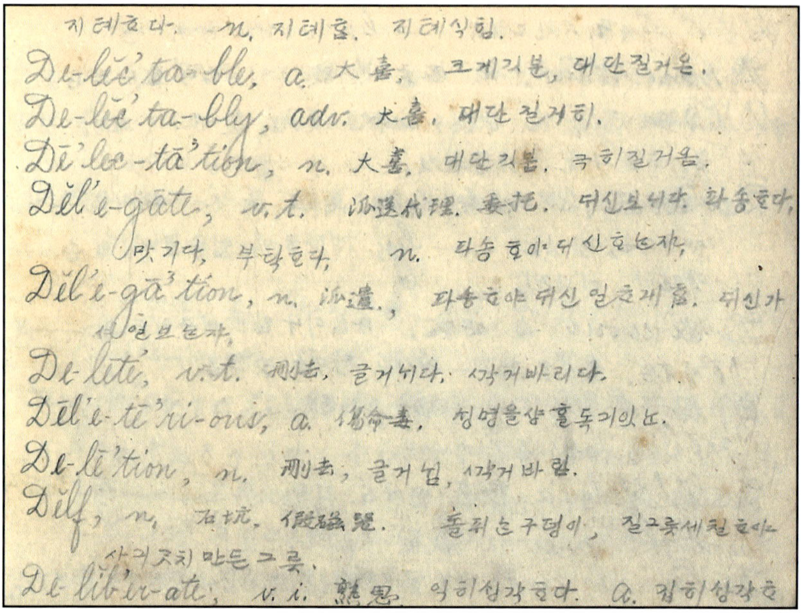

지혜ᄒᆞ다. n. 지혜ᄒᆞᆷ. 지혜식힘.
De-lĕc'ta-ble, a. 大喜, 크게깃븐, 대단질거온.
De-lĕc'ta-bly, adv. 大喜. 대단 질거히.
Dē'lec-tā'tion, n. 大喜. 대단깃븜. 극히질거옴.
Dĕl'e-gāte, v.t. 派遣代理. 委托. 대신보내다. 파송ᄒᆞ다, 맛기다, 부탁ᄒᆞ다, n. 파송ᄒᆞ야대신ᄒᆞᄂᆞᆫ자,
Dĕl'e-gā'tion, n. 派遣., 파송ᄒᆞ야 대신 일ᄒᆞ게ᄒᆞᆷ. 대신가서 일보ᄂᆞᆫ자.
De-lēte', v.t. 刪去. 글거내다. 시각거바리다.
Dĕl'e-tē'ri-ous, a. 傷命毒. 성명을상ᄒᆞᆯ독기잇ᄂᆞᆫ.
De-lē'tion, n. 刪去, 글거냄, 시각거바림.
Dĕlf, n. 石坑. 假磁器. 돌캐ᄂᆞᆫ구덩이, 질그릇세칠ᄒᆞ야사긔ᄀᆞᆺ치만든그릇.
De-lĭb'er-ate, v.i. 熟思 익히생각ᄒᆞ다. a. 깁히생각ᄒᆞ

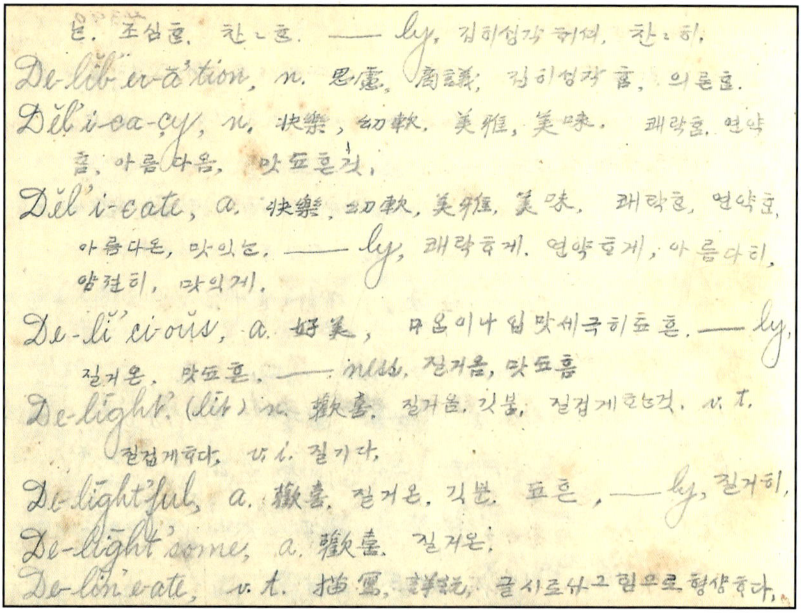

ᆫ. 조심ᄒᆞᆫ. 찬찬ᄒᆞᆫ. —— ly, 깁히생각ᄒᆞ여, 찬찬히.
De-lĭb'er-ā'tion, n. 思慮. 商議; 깁히생각ᄒᆞᆷ, 의론ᄒᆞᆷ.
Dĕl'i-ca-cy, n. 快樂, 幼軟. 美雅, 美味. 쾌락ᄒᆞᆷ. 연약ᄒᆞᆷ, 아름다옴, 맛됴흔것.
Dĕl'i-cate, a. 快樂, 幼軟, 美雅, 美味. 쾌락ᄒᆞᆫ, 연약ᄒᆞᆫ, 아름다온, 맛잇ᄂᆞᆫ. —— ly, 쾌락ᄒᆞ게. 연약ᄒᆞ게, 아름다히, 얌전히, 맛잇게.
De-lĭ'ci-oŭs, a. 好美, ᄆᆞ옴이나 입맛세극히됴흔. —— ly, 질거온. 맛됴흔. —— ness, 질거옴, 맛됴흠
De-light' (līt) n. 歡喜. 질거옴. 깃붐, 질겁게ᄒᆞᄂᆞᆫ것. v.t. 질겁게ᄒᆞ다, v.i. 질기다,
De-light'ful, a. 歡喜. 질거온. 깃븐. 됴흔, —— ly, 질거히,
De-light'some, a. 歡喜. 질거온.
De-lĭn'e-ate, v.t. 描寫, 詳說, 글시로나그림으로형상ᄒᆞ다,

ᄌᆞ세히 말ᄒᆞ다,

De-lin'e-a'tion, n. 描寫, 그림이나글시로형샹ᄒᆞᆷ, 셜명ᄒᆞᆷ.

De-lin'quen-cy (link'wen-sy), n. 過失, 실슈ᄒᆞᆷ, 직칙이나힝위에실슈ᄒᆞᆷ,

De-lin'quent, n. 過失人. 직칙을힝치못ᄒᆞᆫ사ᄅᆞᆷ, 범과ᄒᆞᆫ쟈, a. 실슈ᄒᆞᆫ,

De-lir'i-ous, a. 癲狂, 失真. 발광ᄒᆞᄂᆞᆫ, 실진ᄒᆞᆫ.

De-lir'i-um, n. 發狂. 發動. 발광, 발동.

De-liv'er, v.t. 解放. 救出. 交付. 傳送, 產娩. 演述, 풀어놋타, 구원ᄒᆞ여내다, 주다, 보내다, 통신ᄒᆞ다, 히산ᄒᆞ다, 말ᄒᆞ다, —— ance, 노아줌, 구원ᄒᆞᆷ, 주어보냄, 연셜ᄒᆞᆷ. —— er, 구원ᄒᆞᄂᆞᆫ쟈, 노아주ᄂᆞᆫ쟈, —— y, 노아줌, 구원ᄒᆞᆷ, 주어넘김, 연셜ᄒᆞᆷ, 히산ᄒᆞᆷ,

Dell, n. 幽谷, 으슥ᄒᆞᆫ골자귀.

Del'ta, n. 希臘國字 Δ, 三稜洲, 그릭(희랍)글에세모진글ᄌᆞ Δ, 세모진따히나강두갈니로난사이,

De-lude', v.t. 誘惑, 失心, 유인ᄒᆞ다, ᄭᅬ이다, 실심ᄒᆞ다;

De-lud'er, n. 誘惑者, 유혹ᄒᆞᄂᆞᆫ쟈, ᄭᅬ이ᄂᆞᆫ사ᄅᆞᆷ.

Del'uge, n. 洪水. 災禍. 홍슈. 큰쟝마물. 재앙, v.t. 큰물가다.

De-lu'sion, n. 欺騙. 迷惑, 속임, 속음, 혹ᄒᆞᆷ.

De-lu'sive, a. 蠱惑. 혹ᄒᆞ게ᄒᆞᄂᆞᆫ. 속이ᄂᆞᆫ. —ly, 혹ᄒᆞ게,

Delve, v.t. & v.i. 堀鑿, 파다, 피다.

Delv'er, n. 堀鑿. 파ᄂᆞᆫ사ᄅᆞᆷ.

Dem'a-gog'ism, n. 籠絡羣衆, 모든사ᄅᆞᆷ을속여거나리ᄂᆞᆫ정치수단.

Dem'a-gogue (gŏg) n. 籠絡羣衆之首領. 여러사ᄅᆞᆷ을속여정

치수단으로 엉솔ᄒᆞᄂᆞᆫ 괴슈.

De-mand', n. 要求, 質問. 요구홈, 청구홈, 질문홈, v.t. 요구ᄒᆞ다, 질문ᄒᆞ다. —— er, 요구ᄒᆞᄂᆞᆫ자.

De-mand'a-ble, a. 可要求, 質問. 요구홀만ᄒᆞᆫ, 질문홀만ᄒᆞᆫ.

De-mand'ant, n. 要求者, 原告. 요구ᄒᆞᄂᆞᆫ자, 송사에 원고.

Dē'mar-kā'tion, Dē'mar-cā'tion, n. 畫定界限, 디경을 한뎡홈, 디경.

De-mēan', v.t. 處理, 行爲, 卑下. 조처ᄒᆞ다, 다사리다, 힝동ᄒᆞ다, 낫초다, 쳔ᄒᆞ게ᄒᆞ다. —— or, 힝위, 힝동.

De-mĕr'it, n. 過失, 瑕疵. 허물, 하자, 잘못홈, 독홈.

Dĕm'i, 前添表意, 글ᄌᆞ압헤 연속ᄒᆞ야 ᄯᅳᆺ표ᄒᆞᄂᆞᆫ거시니 반(半)이라ᄒᆞᄂᆞᆫ ᄯᅳᆺ.

Dĕm'i-gŏd, n. 半神半人. 반은 귀신이오 반은 사ᄅᆞᆷ이니 영웅이라ᄂᆞᆫ ᄯᅳᆺ.

De-mise', n. 給與, 崩, 薨逝. 주어보냄, 죽음, 도라감, 국상, v.t. 주다, 젼ᄒᆞ다.

De-mĭs'sion, n. 低下, 降等. 낫게홈, 등슈낫촘.

De-mit', v.t. 低下, 나리다, 떠러치다.

De-mŏc'ra-cy, n. 共和政治. 民政, 공화졍치, 빅셩이 주장ᄒᆞᄂᆞᆫ졍사. 미국졍치현당의 일홈이니 공화당의주의.

Dĕm'o-crat, n. 共和黨人, 공화당사ᄅᆞᆷ. 빅셩이주장ᄒᆞᄂᆞᆫ졍치를 ᄯᅡ르ᄂᆞᆫ사ᄅᆞᆷ.

Dĕm'o-cră'tic, Dĕm'o-cra'tic-al, a. 共和的, 공화졍치의, 빅셩이주장ᄒᆞᄂᆞᆫ졍치의.

De-mŏl'ish, v.t. 毁拆, 破滅, 헐어업시ᄒᆞ다. 파ᄒᆞ야 멸ᄒᆞ다.

De-mŏl'ish-er, n. 毁拆者, 헐어업시ᄒᆞᄂᆞᆫ자.

Dĕm'o-lĭ'tion, n. 毁折, 헐어업시ᄒᆞᆷ.

Dē'mon, n. 神人間在精靈, 妖鬼. 사ᄅᆞᆷ과귀신ᄉᆞ이에잇ᄂᆞᆫ혼령, 귀신, 요귀.

De-mō'ni-ac, n. 鬼逑人. 독갑이붙닌사ᄅᆞᆷ.

De-mō'ni-ac, De-mō'ni-ac-al, a. 魔鬼如, 마귀ᄀᆞᆺᄒᆞᆫ, 혹ᄒᆞᆫ.

Dē'mon-ŏl'a-to-ry, n. 邪神崇奉, 독갑이위ᄒᆞᆷ.

Dē'mon-ŏl'o-gy, n. 邪神論, 요사ᄒᆞᆫ귀신론란ᄒᆞᆫ글.

De-mŏn'stra-ble, a. 可證明, 증거ᄒᆞ야들어낼만ᄒᆞᆫ.

De-mŏn'stra-bly, adv. 可證明, 증거ᄒᆞ야ᄇᆞᆰ힐만ᄒᆞ게.

De-mŏn'strāte, v.t. 指明, 證明. 가라쳐내다, ᄇᆞᆰ혀들어내다.

Dĕm'on-strā'tion, n. 證明, 表示, 行軍示威. ᄇᆞᆰ혀들어냄. 표ᄒᆞ야보힘, 군사로위엄보힘.

De-mŏn'stra-tive, a. 證明. ᄇᆞᆰ혀들어내ᄂᆞᆫ.

Dĕm'on-strā'tor, n. 證明者, ᄇᆞᆰ혀들어내ᄂᆞᆫ자.

De-mŏr'al-i-zā'tion, n. 壞敗風俗. 풍속을괴악히만듬.

De-mŏr'al-īze, v.t. 壞敗風俗, 풍속을드러다, 덕힘을문허ᄯᅳ리다.

De-mûr', v.i. 遲疑, 지톄ᄒᆞ다, 의심의셔즉시결뎡치못ᄒᆞ다.

De-mūre', a. 謹嚴, 단졍ᄒᆞ고엄숙ᄒᆞᆫ. —— ness, 엄숙홈.

De-mūre'ly, adv. 謹嚴, 단졍ᄒᆞ고엄숙ᄒᆞ게.

De-mûr'rer, n. 遲延者, 지톄ᄒᆞᄂᆞᆫ자.

Dĕn, n. 穴, 山窟, 巢穴. 굴, 구멍, 굴혈. 물녀가숨기ᄂᆞᆫ곳.

Dĕn'a-ry, n. 十數. 열되ᄂᆞᆫ수, a. 열, 열갑절.

De-nā'tion-al-īze, v.t. 除籍本國, 본국호적에 빼여 타국에 속ᄒᆞ다.

De-nāt'ū-ral-īze, v.t. 變性, 除籍, 본성질을 변ᄒᆞ다, 본국에 호적을 끄처 타국에 입적ᄒᆞ다,

Den-drŏl'o-gy, n. 樹木論, 각식나무를 론난ᄒᆞᆷ.

De-nī'a-ble, a. 可拒絶, 아니라고 할만ᄒᆞᆫ.

De-nī'al, n. 拒絶, 거절ᄒᆞᆷ, 아니라고 ᄒᆞᆷ.

De-nī'er, n. 拒絶者, 거절ᄒᆞᄂᆞᆫ자, 아니라고 ᄒᆞᄂᆞᆫ자,

Dĕn'i-zā'tion, n. 入籍, 입적ᄒᆞᆷ, 타국에 호적ᄒᆞᆷ.

Dĕn'i-zen, (zn) n. 入籍民, 居住民, 입적ᄒᆞᆫ백셩, 타국에 와서 호적ᄒᆞᆫ백셩, 거류ᄒᆞᄂᆞᆫ백셩.

De-nŏm'i-nāte, v.t. 命名, 일홈짓다, 일홈짓다.

De-nŏm'i-nā'tion, n. 命名, 일홈지음, 명목,

사람무리를 합ᄒᆞ야 닐컷ᄂᆞᆫ일홈, ——al, 교회나 다른 일홈에 속ᄒᆞᆫ.

De-nŏm'i-nā-tive, a. 名稱, 일홈짓ᄂᆞᆫ, 일홈가진.

De-nŏm'i-nā-tor, n. 命名者, 일홈짓ᄂᆞᆫ자, 분ᄒᆞᄂᆞᆫ수에 밋헤쓰ᄂᆞᆫ수.

De-nōt'a-ble, a. 可指明, 가르쳐볼만ᄒᆞᆫ, 가르쳐보일만ᄒᆞᆫ.

Dĕn'o-tā'tion, n. 指示, 가르쳐보임, 표ᄒᆞ야 들어냄,

De-nōte', v.t. 指示, 標記, 가르쳐보이다, 표ᄒᆞ여 뇌다,

De-nounce', v.t. 災殃告知, 威嚇, 지앙을 고ᄒᆞ다, 반포ᄒᆞ다, 위협ᄒᆞ다, ——ment, 지앙을 알게ᄒᆞᆷ, 위협ᄒᆞᆷ.

De-noun'cer, n. 災殃告知人, 지앙을 고ᄒᆞᄂᆞᆫ자,

Dĕnse, a. 稠密, 빽빽ᄒᆞᆫ, 촘촘ᄒᆞᆫ, ——ly, 빽빽히.

Dĕn'si-ty, n. 稠密, ᄲᅵᆨᄲᅵᆨᄒᆞᆷ, 촘촘ᄒᆞᆷ.
Dĕnt, n. 打痕, 凹, ᄯᅥ려 이지러진 자리, 이ᄲᆞᆯ시 긋치 우묵ᄒᆞᆫ 틈, v.t. ᄯᅥ려 우묵ᄒᆞ게 ᄒᆞ다.
Dĕn'tal, a. 齒的, 이ᄲᆞᆯ의, 이에 속ᄒᆞᆫ, n. 이ᄲᆞᆯ시로 내는 음셩,
Dĕn'tate, Dĕn'tā-ted, a. 鋸齒形, 톱의 이 곳흔, 이빌인.
Den-tā'tion, n. 齒形, 이ᄲᆞᆯ형샹, 이ᄲᆞᆯ됨.
Dĕn'tist, n. 齒醫, 이ᄲᆞᆯ곳치ᄂᆞᆫ 의원, —ry, 이곳치ᄂᆞᆫ 의술이나 혹 그 직업.
Den-tĭ'tion, n. 生齒, 이ᄲᆞᆯ 싱김, 이ᄲᆞᆯ 나ᄂᆞᆫ ᄯᅢ.
Dĕn'ū-dā'tion, n. 衣服脫解, 의복 벗김, 물에 돌 싯겨 ᄂᆡ림.
De-nūde', v.t. 衣服脫解, 의복 벗기다.

De-nŭn'ci-āte, v.t. 災殃告知, 威嚇, 재앙을 고ᄒᆞ야 알니다, 위협ᄒᆞ다,
De-nŭn'ci-ā'tion, n. 災殃告知, 威嚇, 재앙 고ᄒᆞ야 알게 ᄒᆞᆷ, 위협ᄒᆞᆷ,
De-nŭn'ci-ā-tor, n. 災殃告知者, 威嚇者, 재앙 고ᄒᆞᄂᆞᆫ 자, 위협ᄒᆞᄂᆞᆫ 자,
De-ny', v.t. 拒絶, 反對, 거절ᄒᆞ다, 아니라고 ᄒᆞ고, 반ᄃᆡᄒᆞ다.
De-ō'dor-i-zā'tion, n. 除臭, 냄ᄉᆡ 제ᄒᆞᆷ.
De-ō'dor-ize, v.t. 除臭, 냄ᄉᆡ 제ᄒᆞ다,
De-ō'dor-iz'er, n. 除臭者, 냄ᄉᆡ 제ᄒᆞᄂᆞᆫ 자, 냄ᄉᆡ 제ᄒᆞᄂᆞᆫ 것.
De-pärt', v.i. 離去, ᄯᅥ나가다, ᄯᅥ러지다, 세상 이별ᄒᆞ다,
De-pärt'ment, n. 州縣, 郡, 衙廳, 郡邑, 고을.

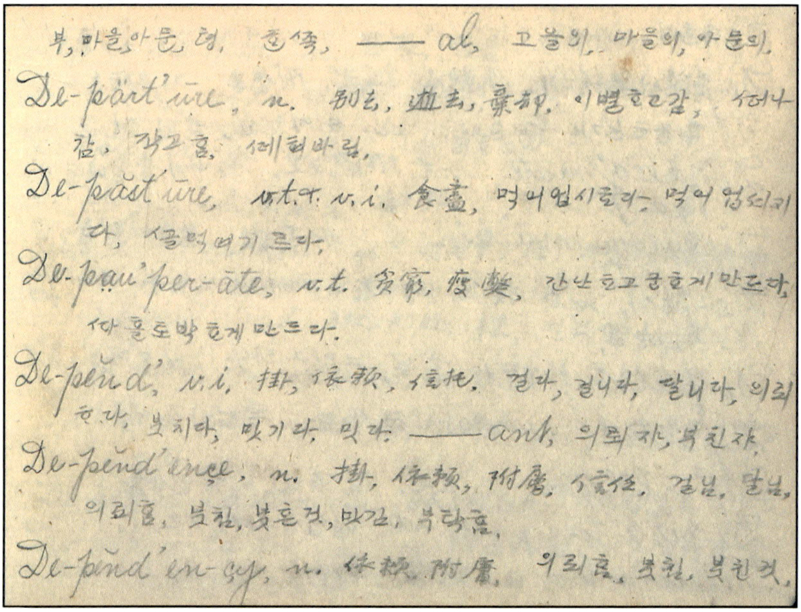
부, 마을, 아문, 현, ᄒᆞᆫ 속, —— al, 고을의, 마을의, 아문의,
De-pärt'ūre, n. 別去, 逝去, 棄却, 이별ᄒᆞ고 감, 써나
감, 작고ᄒᆞᆷ, 셰상 버림,
De-păst'ūre, v.t. or v.i. 食盡, 먹어 업시ᄒᆞ리다, 먹어 업서지
다, 풀 먹여 기르다,
De-pau'per-āte, v.t. 貧窮, 疲弊, 간난ᄒᆞ고 군ᄒᆞ게 만드다,
ᄇᆡᆨ셩을 도탄ᄒᆞ게 만드다.
De-pĕnd', v.i. 掛, 依賴, 信托, 걸다, 걸니다, 달니다, 의뢰
ᄒᆞ다, 붓치다, 맛기다, 밋다. —— ant, 의뢰자, 붓친자,
De-pĕnd'ence, n. 掛, 依賴, 附屬, 信任, 걸님, 달님,
의뢰ᄒᆞᆷ, 붓침, 붓ᄒᆞᆫ것, 맛김, 부탁ᄒᆞᆷ,
De-pĕnd'en-cy, n. 依賴, 附屬, 의뢰ᄒᆞᆷ, 붓침, 붓친것,

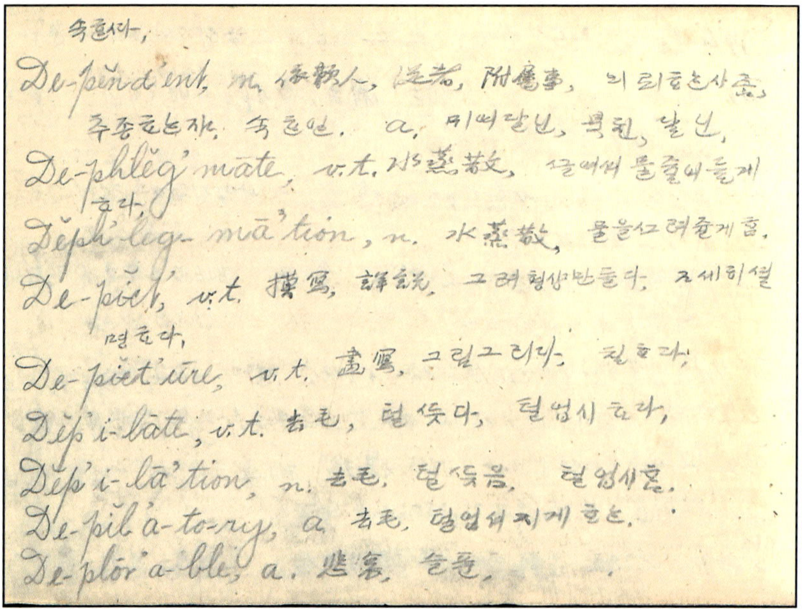
속ᄒᆞᆫ 나라,
De-pĕnd'ent, n. 依賴人, 從者, 附屬者, 의뢰ᄒᆞᄂᆞᆫ 사ᄅᆞᆷ,
추종ᄒᆞᄂᆞᆫ자, 속ᄒᆞᆫ인. a. 미더 달닌, 붓친, 달닌,
De-phlĕg'māte, v.t. 水蒸散, 술에서 물 줄어 들게
ᄒᆞ다,
Dĕph'leg-mā'tion, n. 水蒸散, 물을 스러 줄게 ᄒᆞᆷ.
De-pĭct', v.t. 描寫, 詳說, 그려 형상 만들다, 자세히 설
명ᄒᆞ다,
De-pĭct'ūre, v.t. 畫寫, 그림 그리다, 칠ᄒᆞ다,
Dĕp'i-lāte, v.t. 去毛, 털 ᄲᅩᆸ다, 털 업시 ᄒᆞ다,
Dĕp'i-lā'tion, n. 去毛, 털 ᄲᅩᆸ음, 털 업시ᄒᆞᆷ.
De-pĭl'a-to-ry, a. 去毛, 털 업서지게 ᄒᆞᄂᆞᆫ.
De-plōr'a-ble, a. 悲哀, 슬픈,

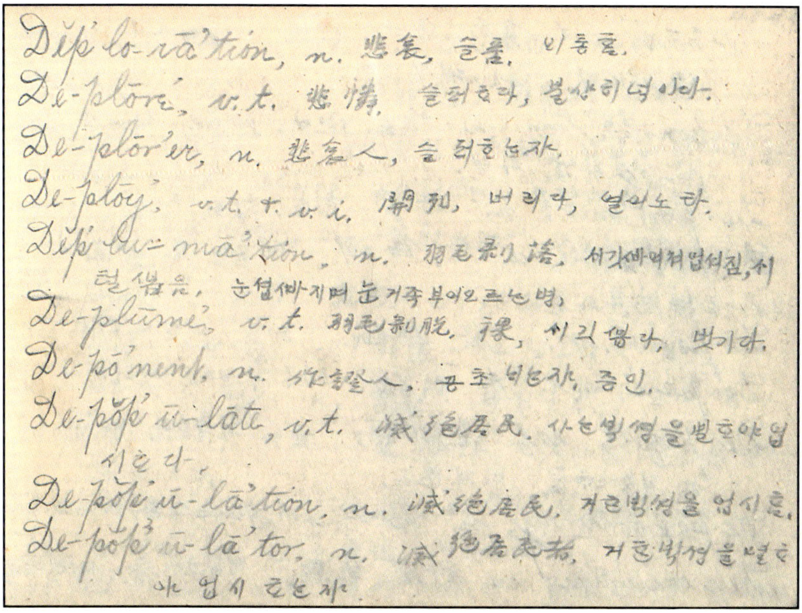

Dĕp′lo-rā′tion, n. 悲哀, 슬픔, 비통홈.
De-plōre′, v.t. 悲憐, 슬퍼ᄒᆞ다, 불상히녁이다.
De-plōr′er, n. 悲哀人, 슬퍼ᄒᆞᄂᆞᆫ자.
De-ploy′, v.t. & v.i. 開列, 버리다, 벌어노타.
Dĕp′lu-mā′tion, n. 羽毛剝落, 서캭빠여져업서짐, 시혈샘음, 눈섭빠지며 눈거죽부어오르ᄂᆞᆫ병.
De-plūme′, v.t. 羽毛剝脫, 裸, 시리샘다, 벗기다.
De-pō′nent, n. 供證人, 공초바ᄂᆞᆫ자, 증인.
De-pŏp′ū-lāte, v.t. 滅絶居民, 사ᄂᆞᆫ빅셩을벌ᄒᆞ야업시ᄒᆞ다.
De-pŏp′ū-lā′tion, n. 滅絶居民, 거ᄒᆞᆫ빅셩을업시홈.
De-pŏp′ū-lā′tor, n. 滅絶居民者, 거ᄒᆞᆫ빅셩을멸ᄒᆞ야업시ᄒᆞᄂᆞᆫ자.

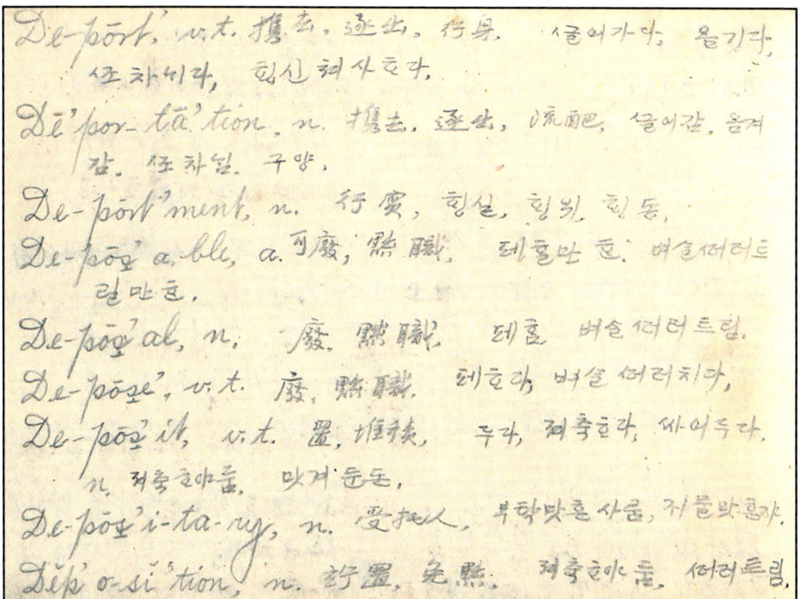

De-pōrt′, v.t. 携去, 逐出, 行身. 실어가다, 옮기다, 쏘차내다, 힝신쳐사ᄒᆞ다.
Dē′por-tā′tion, n. 携去, 逐出, 流配, 실어감, 옮겨감, 쏘차냄, 구양.
De-pōrt′ment, n. 行實, 힝실, 힝위, 힝동.
De-pōs′a-ble, a. 可廢, 黜職, 폐홀만ᄒᆞᆫ, 벼슬떠러트릴만ᄒᆞᆫ.
De-pōs′al, n. 廢, 黜職, 폐홈, 벼슬떠러트림.
De-pōse′, v.t. 廢, 黜職, 폐ᄒᆞ다, 벼슬떠러치다.
De-pŏs′it, v.t. 置, 堆積, 두다, 저축ᄒᆞ다, 싸어두다. n. 저축ᄒᆞ야둠, 맛겨둔돈.
De-pŏs′i-ta-ry, n. 受托人, 부탁맛ᄒᆞᆫ사ᄅᆞᆷ, 저블받ᄒᆞᆫ자.
Dĕp′o-si′tion, n. 貯置, 免黜, 저축ᄒᆞ야둠, 떠러트림.

De-pŏs'i-tor, n. 受託人, 맛긴사ᄅᆞᆷ, 부탁ᄒᆞᆫ자.
De-pŏs'i-to-ry, n. 貯蔵所, 저축ᄒᆞ야두ᄂᆞᆫ곳.
De-pōt', (de-pō') n. 貯蔵所, 停車場, 軍車或軍糧處所.
저축ᄒᆞᄂᆞᆫ곳, 정거장, 군사의수레나 군량저축ᄒᆞᄂᆞᆫ곳.
Dĕp'ra-vā'tion, n. 壞敗人心. 인심을 더럽고괴악히
만듬.
De-prāve', v.t. 壞敗人心. 인심을 더럽고 악ᄒᆞ게ᄒᆞ다;
De-prāv'ed-ly, a. 邪惡, 더럽고악ᄒᆞ게.
De-prăv'i-ty, n. 邪惡. 극히악ᄒᆞᆷ.
Dĕp're-cāte, v.t. 乞免, 深恨, 면ᄒᆞ기를비걸ᄒᆞ다, 깁히
한탄ᄒᆞ다.
Dĕp're-cā'tion, n. 乞免. 면ᄒᆞ기를비걸ᄒᆞᆷ.
Dĕp're-cā'tor, n. 乞免者. 비걸ᄒᆞᄂᆞᆫ자.
De-prē'ci-āte, v.t. 輕賤, 減價. 천히넉이다, 갑슬감

ᄒᆞ다, v.i. 써러지다, 내리다, 감ᄒᆞ다.
De-prē'ci-ā'tion, n. 輕視, 減下. 낫게넉임, 감ᄒᆞᆷ, 갑
이써러짐. 명예적어짐.
De-prē'ci-ā'tive, a. 輕視, 減下, 낫게넉이ᄂᆞᆫ, 갑
슬감ᄒᆞᄂᆞᆫ.
De-prē'ci-ā'tor, n. 輕減者, 경ᄒᆞ게만드ᄂᆞᆫ자, 갑
써러트리ᄂᆞᆫ자.
Dĕp're-dāte, v.t. 奪掠, 呑蝕. 노략ᄒᆞ다, 쌔앗다, 삼
키다, 먹다.
Dĕp're-dā'tion, n. 奪掠, 呑蝕. 노략ᄒᆞᆷ, 쌔앗김, 먹
음, 먹힘.
De-prĕss', v.t. 壓下, 抑制, 憂, 妨, 落價; 누르다, 나
리게ᄒᆞ다, 억제ᄒᆞ다, 근심되게ᄒᆞ다, 방해롭게ᄒᆞ다, 갑적게

호다
De-prĕs'sion, n. 壓下, 低陷, 卑下, 憂悶, 妨害, 눌너
너림, 얏허짐, 새려쌔진곳, 낫초아너림, 근심홈, 방해롭게
홈.
De-prĕss'ive, a. 壓下, 눌너너리는, 얏게호는,
De-prĕss'or, n. 壓制者, 누르는자, 압제호는자,
De-priv'a-ble, a. 可奪廢, 쌔아셔업시홀만호.
Dĕp'ri-vā'tion, n. 奪廢, 喪失, 缺乏, 쌔아슴, 쌔앗
김, 일허바림, 필절홈.
De-prive', v.t. 奪廢, 쌔아셔 업시호다.
Dĕpth, n. 深, 幽隱, 沉低, 깁홈, 침ㄷ홈, 잇흠,
Dĕp'ū-rāte, v.t. 淸淨, 묽히다, 절호게호다, 거지호다.
Dĕp'ū-rā'tion, n. 淸淨, 묽힘, 졍게홈, 거지홈.

Dĕp'ū-tā'tion, n. 代理派送, 대리홀사룸 파송홈,
대리호는자,
De-pūte', v.t. 代理派送, 대리홀사룸 파송호다,
Dĕp'ū-ty, n. 代人, 代理者, 대신보는사룸, 대리호는자,
대리, 소신,
De-rānge', v.t. 混雜, 紊亂, 發狂, 섞겨혼잡호게
호다, 규모를 문란케호다, 발광호게호다, —— ment,
문란홈, 혼잡홈, 발광홈,
Dĕr'e-lict, n. 見棄, 너여바린것, a. 바린, 폐홈.
Dĕr'e-lic'tion, n. 見棄, 너여바림, 폐홈.
De-rīde', v.t. 嘲笑, 조롱호다, 흉보다.
De-rīd'er, n. 嘲笑者, 조롱호는자, 흉보는자,
De-rĭs'ion, n. 嘲笑, 조롱홈, 조롱거리,

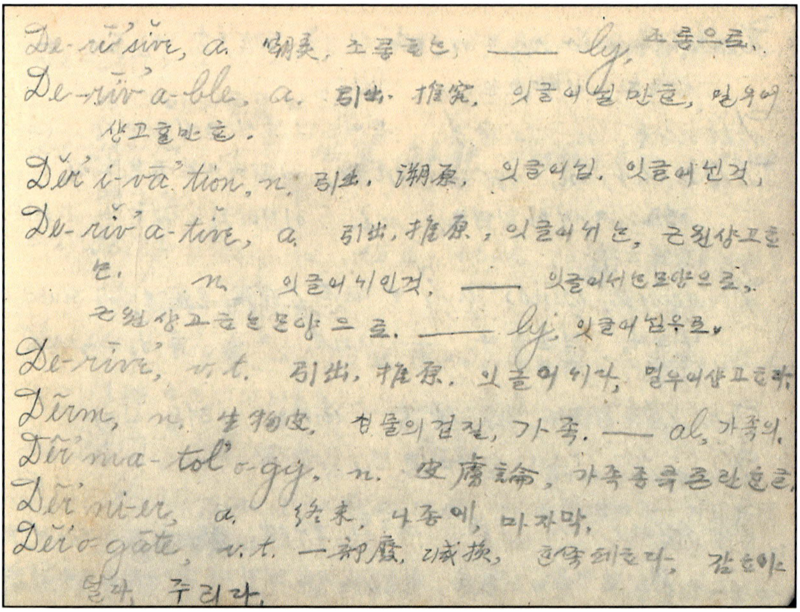
De-ri'sive, a. 嘲笑, 조롱ᄒᆞᄂᆞᆫ, —— ly, 조롱으로.
De-riv'a-ble, a. 引出, 推究, 잇글어낼만ᄒᆞᆫ, 밀우어 상고할만ᄒᆞᆫ.
Dĕr'i-va'tion, n. 引出, 溯原, 잇글어냄, 잇글어낸것,
De-riv'a-tive, a. 引出, 推原, 잇글어내ᄂᆞᆫ, 근원상고ᄒᆞᄂᆞᆫ. n. 잇글어낸것, —— 잇글어낸ᄂᆞᆫ모양으로, 근원상고ᄒᆞᄂᆞᆫ모양으로. —— ly, 잇글어냄으로.
De-rive', v.t. 引出, 推原, 잇글어내다, 밀우어상고ᄒᆞ다,
Dĕrm, n. 生物皮, 생물의겁질, 가족. —— al, 가족의,
Dĕr'ma-tol'o-gy, n. 皮膚論, 가족종류론란ᄒᆞᆫ글,
Dĕr'ni-er, a. 終末, 나종에, 마자막,
Dĕr'o-gāte, v.t. 一部廢, 減損, ᄒᆞᆫ쪽폐ᄒᆞ다, 감ᄒᆞ야 덜다, 주리다.

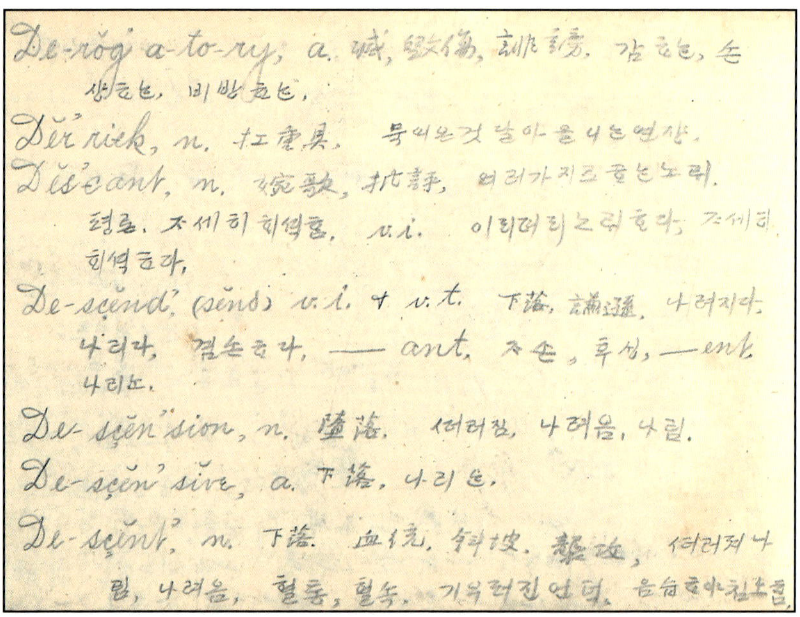
De-rŏg'a-to-ry, a. 減, 毁傷, 誹謗, 감ᄒᆞᄂᆞᆫ, 손상ᄒᆞᄂᆞᆫ, 비방ᄒᆞᄂᆞᆫ,
Dĕr'rick, n. 扛重具, 무거운것날아올니ᄂᆞᆫ연장.
Dĕs'cant, n. 婉歌, 批評, 여러가지로ᄒᆞᄂᆞᆫ노래. 평론, 자세히 희석함. v.i. 이리저리노래ᄒᆞ다, 자세히 희석ᄒᆞ다,
De-scend' (sĕnd) v.i. & v.t. 下落, 謙遜, 나려지다, 나리다, 겸손ᄒᆞ다, —— ant, 자손, 후성, —— ent, 나리ᄂᆞᆫ.
De-scĕn'sion, n. 墮落, 떠러짐, 나려옴, 나림.
De-scĕn'sive, a. 下落, 나리ᄂᆞᆫ.
De-scĕnt', n. 下落, 血統, 斜坡, 襲攻, 떠러져나림, 나려옴, 혈통, 혈속, 기울러진언덕, 음습ᄒᆞ야침노함.

De-scrib'a-ble, a 描寫, 詳解, 그려형샹ᄒᆞᆯ만ᄒᆞᆫ, ᄌᆞ세히 긔록ᄒᆞᆯ만ᄒᆞᆫ.

De-scribe', v.t. 描寫, 詳解, 그려형샹ᄒᆞ다, ᄌᆞ세히셜명ᄒᆞ다.

De-scrip'tion, n. 描寫, 說明, 記載, 그려형샹ᄒᆞᆷ, 셜명ᄒᆞᆷ, 긔직ᄒᆞᆷ,

De-scrip'tive, a. 描寫, 說明, 記載, 그려형샹ᄒᆞᄂᆞᆫ, 셜명ᄒᆞᄂᆞᆫ, 긔직ᄒᆞᄂᆞᆫ, —— ly, 긔직ᄒᆞᆷ으로.

De-scry', v.t. 瞠察. 멀니보아살피다,

Des'e-crate, v.t. 聖物誤用, 셜만ᄒᆞ게ᄒᆞ다, 거륵ᄒᆞᆫ물건을 한만히쓰다,

Des'e-cra'tion, n. 聖物誤用, 셜만ᄒᆞ게ᄒᆞᆷ, 거륵ᄒᆞᆫ물건들ᄃᆞ

헙게ᄒᆞᆷ,

De-sert', v.t. 棄, 脫走, 바리다, 버셔나다, 몰니몰니가다, v.i. 뎐장에셔 도망ᄒᆞ다, —— a. 버려바린, 폐ᄒᆞ여바린, n. 沙漠, 사막, 큰모래사장, —— er, 뎐장버셔ᄂᆞᆫ쟈, 뎐장에셔 도망ᄒᆞᄂᆞᆫ쟈,

De-ser'tion, n. 棄, 背, 逃走, 바림, 버바림, 버셔나가버림,

De-serve', v.t. 當勝得, 합당ᄒᆞ게잇다, v.i. 합당ᄒᆞ다.

Des-ha-bille, [dĕs'ā-bil'] n. 便服, 관인이나병뎡이 례복외에입ᄂᆞᆫ복쟝.

De-sic'cant, a. 乾燥, 말니ᄂᆞᆫ, 마르게ᄒᆞᄂᆞᆫ, n. 종긔나생처마르게ᄒᆞᄂᆞᆫ약,

Des'ic-cate, v.t. 乾燥, 말니다, v.i. 마르다.

Des'ic-ca'tion, n. 乾燥, 말님, 마르게ᄒᆞᆷ.

Des'ic-ca-tive, a. ᄆᆞ론, 말니는.
De-sĭd'er-āte, v.t. 必要, 요긴히넉이다, 업지못ᄒᆞ게넉이다.
De-sĭd'er-a-tĭve, a. 所願, 원ᄒᆞᄂᆞᆫ.
De-sĭd'e-rā'tum, n. (pl. De-sĭd'e-rā'ta) 必要, 요긴ᄒᆞᆫ것, 원ᄒᆞᄂᆞᆫ것,
De-sign' (sīn) v.t. 描寫, 擇定, 計畫, 그려도형ᄒᆞ다, 택ᄒᆞ야뎡ᄒᆞ다, 계교ᄒᆞ다, 의사뎡ᄒᆞ다, v.i. 주의뎡ᄒᆞ다. n. 의사, 주의, 도형.
Dĕs'ig-nāte, v.t. 表示, 區別, 選任, 표ᄒᆞ야뵈이다, 구별ᄒᆞ다, 택ᄒᆞ야맛기다.
Dĕs'ig-nā'tion, n. 表示, 選任, 名目, 표ᄒᆞ야뵈임, 택뎡ᄒᆞ야맛김, 명목, 명식.
De-sign'ed-ly, adv. 企圖, 故意, ᄒᆞ려ᄂᆞᆫ뜻으로,

짐짓,
De-sign'er, n. 圖形者人, 企圖者, 도형ᄒᆞᄂᆞᆫ사ᄅᆞᆷ, 도모ᄒᆞᄂᆞᆫ자.
De-sign'less, a. 偶然, 無意, 우연ᄒᆞᆫ, 뜻업시된,
De-sir'a-ble, a. 願, 원ᄒᆞᆯ만ᄒᆞᆫ,
De-sire', v.t. 願, 欲, 求, 원ᄒᆞ다, ᄒᆞ고져ᄒᆞ다, 구ᄒᆞ다, 원, 욕심, 구ᄒᆞᄂᆞᆫ것,
De-sir'ous, a. 願, 欲, 貪, 원ᄒᆞᄂᆞᆫ, ᄒᆞ고져ᄒᆞᄂᆞᆫ, 탐내ᄂᆞᆫ. —ly, 원으로.
De-sist', v.t. 停止, 뎡지ᄒᆞ다, 굿치다,
De-sist'ance, n. 停止, 뎡지ᄒᆞᆷ, 굿침,
Dĕsk, n. 寫字床, 講臺, 글시쓰ᄂᆞᆫ칙상, 올나서셔연셜ᄒᆞᄂᆞᆫ단

Dĕs'o-lāte, v.t. 絶人烟, 壞滅, 사룸업시ᄒᆞ다, 멸ᄒᆞ야 황무ᄒᆞ게 만드다, a. 멸망ᄒᆞᆫ, 쓸쓸ᄒᆞᆫ, 적적ᄒᆞᆫ, 아무도업ᄂᆞᆫ. —— ly, 적적히, 쓸쓸ᄒᆞ게,

Dĕs'o-lā'ter n. 壞滅人, 멸망식히ᄂᆞᆫ자.

Dĕs'o-lā'tion, n. 壞滅, 荒蕪地, 멸망식힘, 쓸쓸ᄒᆞᆷ, 황무ᄒᆞ다.

De-spâir', v.i. 失望, 실심ᄒᆞ다, 바라던것 업서지다; n. 낙심, 실심, 낙망; —— ing-ly, 낙심ᄒᆞᆷ으로.

De-spătch', n. Dispatch 를 보라.

Dĕs'per-ā'do, n. 兇漢, 狂人, 흉악ᄒᆞᆫ놈, 광인, 미친놈.

Dĕs'per-ate, a. 失望, 狂猛, 낙망ᄒᆞᆫ, 바랄것 업ᄂᆞᆫ, 사나온, 미친, 흉ᄒᆞᆫ. —— ly, 낙심ᄒᆞ야.

Dĕs'pe-rā'tion, n. 失望, 실망ᄒᆞᆷ, 바랄것업서짐.

Dĕs'pi-ca-ble, a. 卑賤, 凌侮, 천ᄒᆞᆫ, 업수히녁일만ᄒᆞᆫ, 값지지안은.

Dĕs'pi-ca-bly, adv. 卑賤, 凌侮, 천ᄒᆞ게, 업심밧을만ᄒᆞ게.

De-spīs'a-ble, a. 賤, 천ᄒᆞᆫ.

De-spīs'a-bly, adv. 賤, 천히, 천ᄒᆞ게.

De-spīse', v.t. 輕視, 侮慢, 업수히녁이다, 경히녁이다.

De-spīs'er, n. 輕視者, 侮慢人, 업수히녁이ᄂᆞᆫ자, 경히녁이ᄂᆞᆫ자.

De-spīs'ing-ly, adv. 輕侮, 업수히녁임으로.

De-spīte', n. 輕侮, 極恨, 업수히녁임, 극히미워ᄒᆞᆷ. prep. 불계ᄒᆞ고, 관계ᄒᆞ지안고.

De-spīte'ful, a. 忿恨, 분히녁이ᄂᆞᆫ, 독ᄒᆞᆫ.

—— ly, 분히넉임으로, 독ᄒᆞ게.
De-spoil', v.t. 剝奪 벗겨쎼앗다, 노략ᄒᆞ다, —— er, 쎼앗ᄂᆞᆫ자
De-spō'li-ā'tion, n. 劫掠. 노략ᄒᆞᆷ, 탈취ᄒᆞᆷ.
De-spŏnd', v.i. 絶望, 바라던것ᄉᆞᆫ허지다, 긔운썩기다.
De-spŏnd'ence, De-spŏnd'en-cy, n. 絶望, 바라던 것ᄉᆞᆫ허짐, 긔운썩김,
De-spŏnd'ent, a. 絶望, 바라든것ᄉᆞᆫ허진, 긔운썩긴.
—— ly, 낙심ᄒᆞᆫ으로, 긔운이썩게.
Dĕs'pot, n. 專制君主. 暴君, 전제ᄒᆞᄂᆞᆫ님군, 사나온님군.
—— ic, 사나온님군의, —— ism, 전제ᄒᆞᄂᆞᆫ주의, 악ᄒᆞᆫ 정사. 한량업ᄂᆞᆫ권세,
Des-sert', n. 飯後菓. 음식뒤에먹ᄂᆞᆫ실과나과ᄌᆞ,
Dĕs'ti-nā'tion, n. 預定, 撻走. 미리질뎡ᄒᆞ여노흔것,
가려고질뎡ᄒᆞ여노은곳시나 힘ᄒᆞ려고마련ᄒᆞᆫ닐,
Dĕs'tine, v.t. 預定, 確誌, 미리뎡ᄒᆞ다, 확실히셜 뎡ᄒᆞ다,
Dĕs'ti-ny, n. 預定, 天運, 미리뎡ᄒᆞᆷ. 운수, 텬운,
Dĕs'ti-tute, a. 欠缺, 窮乏, 업ᄂᆞᆫ. 부족ᄒᆞᆫ, 빈궁ᄒᆞᆫ.
Dĕs'ti-tū'tion, n. 貧窮, 빈궁, 간난ᄒᆞᆷ. 법습.
De-stroy', v.t. 破壞, 勦滅, 파ᄒᆞ야업시ᄒᆞ다, 멸 망식히다, 쳐멸ᄒᆞ다. —— er, 멸망식히ᄂᆞᆫ자,
De-stroy'a-ble, a. 毁壞, 滅絶. 헐어업시ᄒᆞᆯ만ᄒᆞᆫ. 멸ᄒᆞ야업시ᄒᆞᆯ만ᄒᆞᆫ.
De-struc'ti-ble, a. 毁滅, 헐어업시ᄒᆞᆯ만ᄒᆞᆫ,
De-struc'tion, n. 破滅 쳐멸ᄒᆞᆷ, 멸망식힘.
De-struc'tive, a. 破壞, 멸망식히ᄂᆞᆫ, —— ly.

멸망식힘으로. —— ness, 멸망식히는성질,
Dĕs'ū-dā'tion, n, 發汗, 새암내임, 발한홈,
Dĕs'ul-to-ri-ly, adv. 倫次不定, 초서업시, 혼잡히,
Dĕs'ul-to-ry, a. 倫次不定, 초서업는, 착란호,
De-tăch', v. t. 分離, 分派, 난호이내다, 난호이파송호다,
De-tăch'ment, n. 分離, 分派, 난호이냄, 난호이파송홈, 파송호는군사나군함.
De-tāil', v. t. 詳細論, 特派, 자세히론란호다, 특별호일에파송호다, n. 됴목, 됴건, 론란, 특별히뒥호자,
De-tāin', v. t. 押留, 阻滯, 잡아두다, 머물너두다, 막아못호게호다, —— er, 잡아두는자, 막아못호게호는자, —— ment, 잡아둠, 막아못호게홈,

De-tĕct', v. t. 搜出 現出, 뒤져내다, 발각호다, 나타내다,
De-tĕc'tion, n. 搜出, 現露, 뒤져냄, 들어냄,
De-tĕct'ĭve, n. 捕校, 別巡檢, 포교, 별순검, a. 두져내는, 잡으려는,
De-tĕn'tion, n. 押留, 禁錮, 阻滯, 잡아머물너둠, 가도아둠, 막아지톄호게홈,
De-tĕr', v. t. 嚇阻, 阻止, 위협으로막다, 막아그치다,
De-tĕrge', v. t. 洗淨, 씨서정호게호다, 씻다,
De-tĕr'gĕnt, a, 洗淨, 정호게씻는, n, 씨서내리는약,
De-tē'ri-o-rāte, v. t. 漸壞為惡, 점ㄹ더악호게호다, v. i. 점ㄹ더악호여지다,

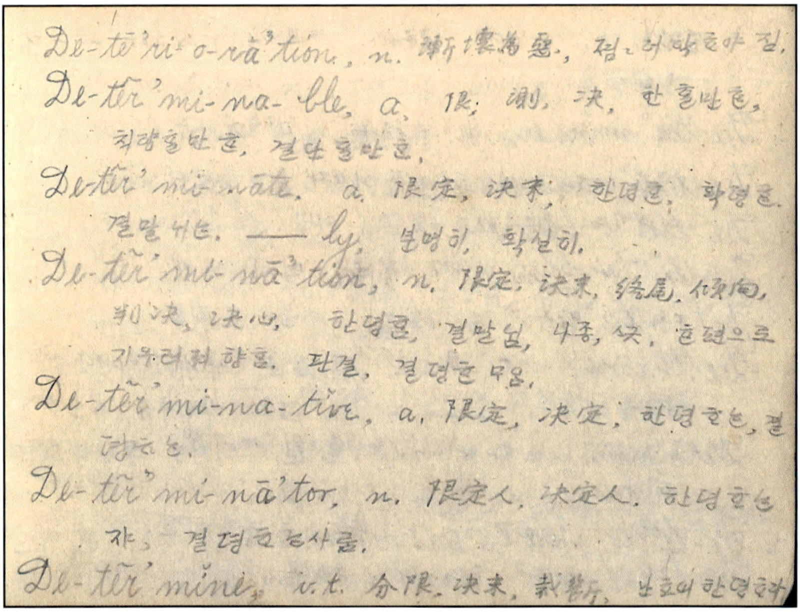

De-tē'ri-o-rā'tion, n. 漸壞爲惡, 점ㄴ 더 악ᄒᆞ야 짐.
De-tẽr'mi-na-ble, a. 限; 測, 決, 한졍ᄒᆞᆯ만ᄒᆞᆫ,
측량ᄒᆞᆯ만ᄒᆞᆫ, 결단ᄒᆞᆯ만ᄒᆞᆫ,
De-tẽr'mi-nāte, a. 限定, 決末, 한뎡ᄒᆞᆫ, 확뎡ᄒᆞᆫ,
결말내ᄂᆞᆫ. —— ly, 분명히, 확실히.
De-tẽr'mi-nā'tion, n. 限定, 決末, 結尾, 傾向,
判決, 決心, 한뎡ᄒᆞᆷ, 결말냄, 나죵, ᄭᅳᆺ, ᄒᆞᆫ편으로
기우러져향ᄒᆞᆷ. 판결, 결뎡ᄒᆞᆫ ᄆᆞ음.
De-tẽr'mi-na-tive, a. 限定, 決定, 한뎡ᄒᆞᄂᆞᆫ, 결
뎡ᄒᆞᄂᆞᆫ.
De-tẽr'mi-nā'tor, n. 限定人, 決定人, 한뎡ᄒᆞᄂᆞᆫ
자, 결뎡ᄒᆞᄂᆞᆫ사ᄅᆞᆷ.
De-tẽr'mǐne, v.t. 分限, 決末, 裁斷, 난호아한뎡ᄒᆞ야

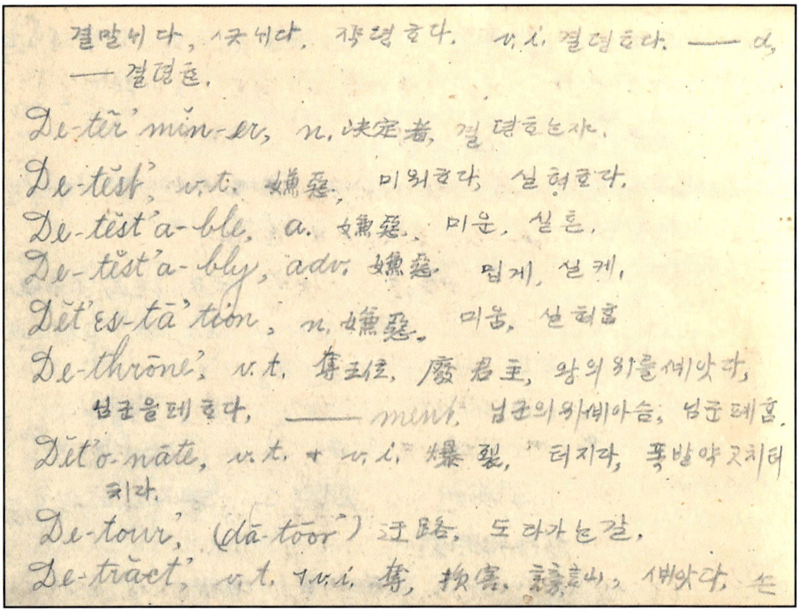

결말내다, ᄭᅳᆺ내다, 작뎡ᄒᆞ다. v.i. 결뎡ᄒᆞ다. —— d,
—— 결뎡ᄒᆞᆫ.
De-tẽr'mǐn-er, n. 決定者, 결뎡ᄒᆞᄂᆞᆫ자.
De-tĕst', v.t. 嫌惡, 미워ᄒᆞ다, 실혀ᄒᆞ다.
De-tĕst'a-ble, a. 嫌惡, 미운, 실흔,
De-tĕst'a-bly, adv. 嫌惡 밉게, 실케,
Dĕt'es-tā'tion, n. 嫌惡. 미움, 실혀ᄒᆞᆷ
De-thrōne', v.t. 奪王位, 廢君主, 왕의위ᄅᆞᆯ세앗다,
님군을폐ᄒᆞ다, —— ment, 님군의위ᄅᆞᆯ세아슴, 님군폐ᄒᆞᆷ.
Dĕt'o-nāte, v.t. + v.i. 爆裂, 터지다, 폭발약ᄀᆞᆺ치터
지다.
De-tour', (dā-toor') 迂路, 도라가ᄂᆞᆫ길.
De-trăct', v.t. + v.i. 奪, 損害, 譭謗, 세앗다, 손

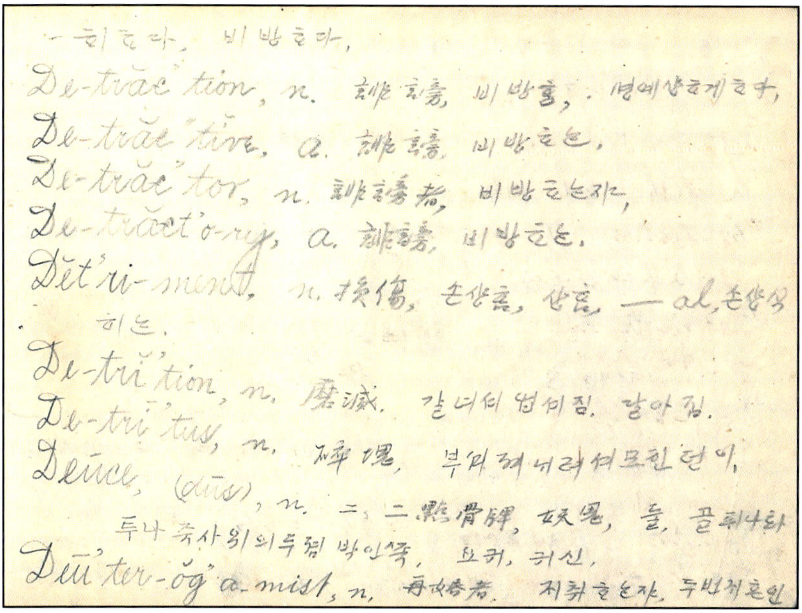
-히ᄒᆞ다, 비방ᄒᆞ다,
De-trăc'tion, n. 誹謗, 비방홈, 명예상ᄒᆞ게ᄒᆞᆷ,
De-trăc'tive, a. 誹謗, 비방ᄒᆞᄂᆞᆫ,
De-trăc'tor, n. 誹謗者, 비방ᄒᆞᄂᆞᆫ자,
De-trăct'o-ry, a. 誹謗, 비방ᄒᆞᄂᆞᆫ,
Dĕt'ri-ment, n. 損傷, 손상홈, 상홈, —al, 손상식히ᄂᆞᆫ,
De-trĭ'tion, n. 磨滅, 갈니여 벗어짐, 닳아짐,
De-trī'tus, n. 碎塊, 부싀혀 너러져모힌 덩이,
Deūce, (dūs), n. 二, 二點骨牌, 妖鬼, 둘, 골픽나 퇴투나 죽사위의 두졈 박인 쪽, 요귀, 귀신,
Deū'ter-ŏg'a-mist, n. 再娶者, 지취ᄒᆞᄂᆞᆫ자, 두번재혼인

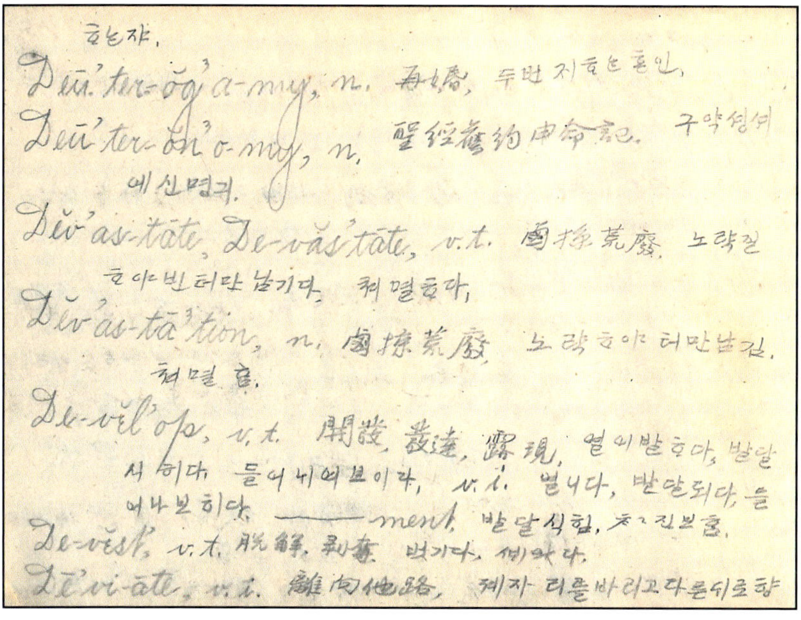
ᄒᆞᄂᆞᆫ자,
Deū'ter-ŏg'a-my, n. 再婚, 두번지ᄒᆞᄂᆞᆫ혼인,
Deū'ter-ŏn'o-my, n. 聖經舊約申命記, 구약성셔에 신명긔,
Dĕv'as-tāte, De-văs'tāte, v.t. 虜掠荒廢, 노략질ᄒᆞ야빈터만남기다, 쳐멸ᄒᆞ다,
Dĕv'as-tā'tion, n. 虜掠荒廢, 노략ᄒᆞ야 터만남김, 쳐멸홈,
De-vĕl'op, v.t. 開發, 發達, 露現, 열어발ᄒᆞ다, 발달식히다, 들어내여보이다, v.i. 열니다, 발달되다, 들어나보히다, ——ment, 발달식힘, 차차진보홈,
De-vĕst, v.t. 脫解, 剝奪, 벗기다, 쎽앗다,
Dē'vi-āte, v.t. 離向他路, 제자리를바리고다른뒤로향

호다,
Dē'vi-ā'tion, n. 常規離, 錯行, 규모어김, 그릇산 길로향홈, 실슈.
De-vice', n. 計畫, 機謀, 創出, 계교호야냄, 쐬홈, 창출홈,
Dĕv'il, (dĕv'l) n. 惡魔. 極惡人, 印刷所小兒, 마귀, 독갑이, 대단히악호사룸, 칙방이는 활판소에셔 심부름호는아히,
Dĕv'il-ish, a. 惡魔如. 마귀ᄀᆞᆺ흔, 극히악혼. —ly 귀신ᄀᆞᆺ치, 악호게.
Dĕv'il-try, n. 大惡, 극히악홈.
Dē'vi-ous, a. 正路離, 失錯, 바른길 니여바린, 샛길로 가는, 실슈호는. —ly. 샛길로, 실수로.
De-vis'a-ble, a. 計畫, 쐬호야낼만혼, 계ᄡ낼만혼.

De-vise', v.t. 考出, 計畫, 싱각호여내다, 계교호여내다,
De-vis'er, n, 計畫者, 계교호여내인자, 쐬로낸자.
De-void', a. 空, 無, 빈, 업눈.
Dĕv'o-lu'tion, n. 轉落, 相傳, 굴너써러짐, 서로젼홈.
De-vŏlve', v.t. 轉落, 傳授, 굴너써러트리다, 젼호야주다, v.i. 굴너써러지다, 젼호야니리다,
De-vōte', v.t. 係放, 專心, 도라가족게호다, 복종식히다, 젼력호야힘쓰다, —ly, 젼력호는힘으로.
De-vōt'ed-ness, n. 專心. 젼심호야힘씀.
De-vōt'er, n. 熱心者, 열심호는자, 젼력호는자,
De-vō'tion, n. 依敀, 供奉, 敬虔, 도라가의탁홈, 밧들어올님, 바침, 바치는것, 셤김, 쇠셩홈, 열심, —al, 밧드는, —ly, 열심으로,

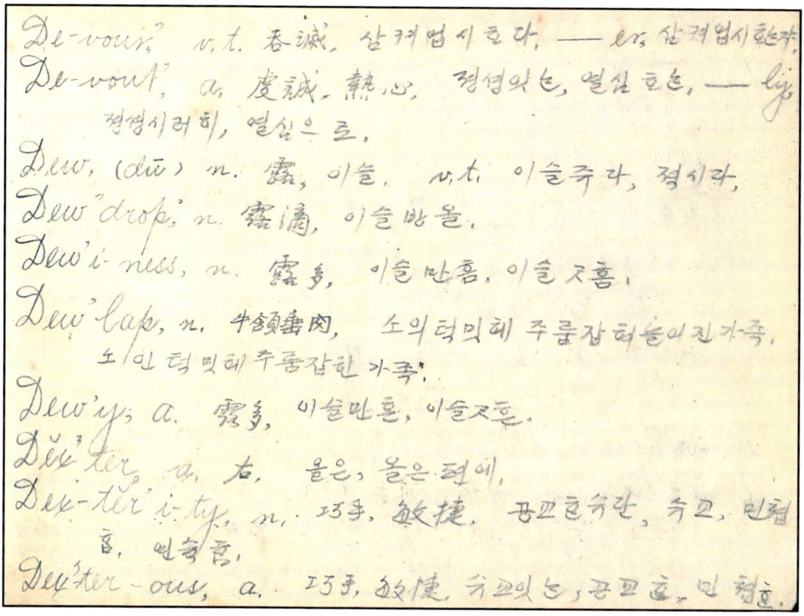

De-vour', v.t. 吞滅, 삼켜업시ᄒᆞ다, —er, 삼켜업시ᄒᆞᄂᆞᆫ자,
De-vout', a. 虔誠, 熱心, 졍셩잇ᄂᆞᆫ, 열심ᄒᆞᄂᆞᆫ, —ly, 졍셩시러히, 열심으로,
Dew, (dū) n. 露, 이슬, v.t. 이슬주다, 적시다,
Dew'drop, n. 露滴, 이슬방울,
Dew'i-ness, n. 露多, 이슬만흠, 이슬ᄌᆞ흠,
Dew'lap, n. 牛頷垂肉, 소의턱밋헤 주룸잡혀늘어진가죽, 소의턱밋헤주룸잡힌가죽.
Dew'y, a. 露多, 이슬만흔, 이슬ᄌᆞ흔.
Dĕx'ter, a. 右, 올은, 올은편에,
Dex-ter'i-ty, n. 巧手, 敏捷, 공교ᄒᆞᆫ숙란, 숙고, 민쳡ᄒᆞᆷ, 민쳡ᄒᆞᆷ,
Dex'ter-ous, a. 巧手, 敏捷, 숙고잇ᄂᆞᆫ, 공교ᄒᆞᆫ, 민쳡ᄒᆞᆫ.

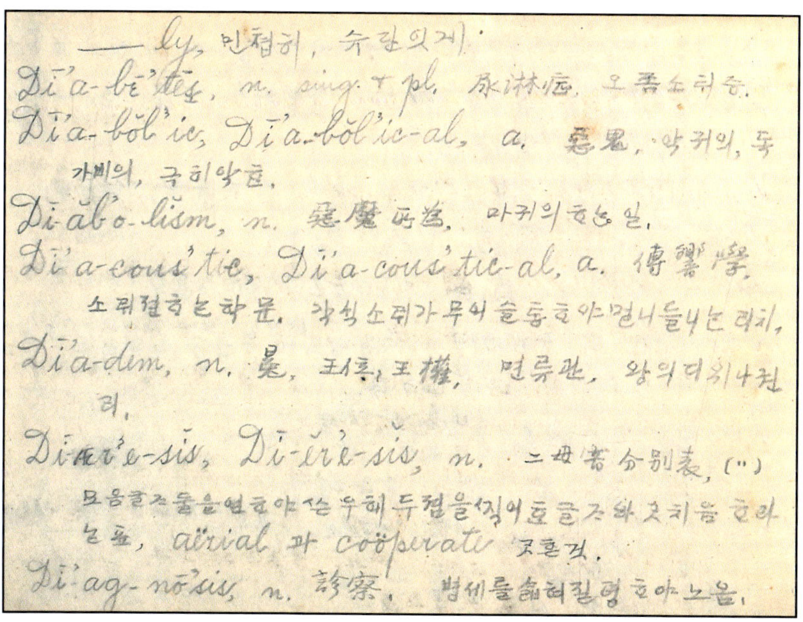

—ly, 민쳡히, 숙란잇게.
Dī'a-bē'tēs, n. sing. & pl. 尿淋病, 오줌소태증.
Dī'a-bŏl'ic, Dī'a-bŏl'ic-al, a. 惡鬼, 악귀의, 독가비의, 극히악ᄒᆞᆫ,
Di-ab'o-lism, n. 惡魔所為, 마귀의ᄒᆞᄂᆞᆫ일,
Dī'a-cous'tic, Dī'a-cous'tic-al, a. 傳響學, 소리젼ᄒᆞᄂᆞᆫ학문, 각식소리가무엇을통ᄒᆞ야멀니들니ᄂᆞᆫ리치,
Dī'a-dem, n. 冕, 王位, 王權, 면류관, 왕의디위나권리,
Di-aer'e-sis, Di-ēr'e-sis, n. 二母音分別表, (") 모음글ᄌᆞ둘을연ᄒᆞ야ᄡᅳᄂᆞᆫ우헤두졈을ᄶᅵᆨ어ᄒᆞᆫ글ᄌᆞ와ᄀᆞᆺ치음을난호ᄂᆞᆫ표, aërial 과 coöperate ᄀᆞᆺ흔것.
Di'ag-nō'sis, n. 診察, 병세를ᄉᆞᆲ혀질명ᄒᆞ야노음,

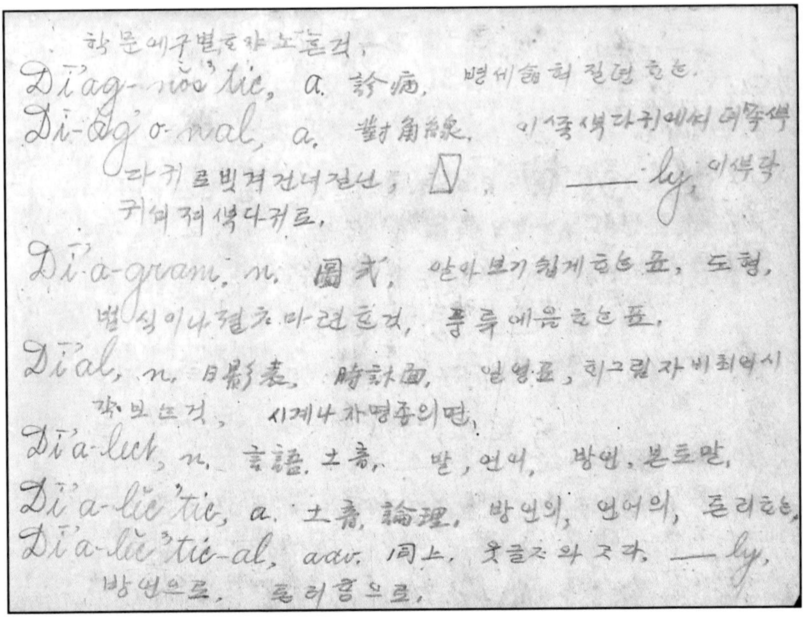

학문에구별ᄒᆞ자노ᄂᆞᆫ것,
Dī'ag-nŏs'tic, a. 診病, 병세ᄉᆞᆯ펴 질병ᄒᆞᄂᆞᆫ.
Dī-ăg'o-nal, a. 對角線, 이ᄉᆞ쪽ᄉᆡᆨ다귀에셔 뎌쪽ᄉᆡᆨ
다귀로빗겨건너질선, ◸, —— ly, 이ᄉᆡᆨ각
귀에져ᄉᆡᆨ다귀로,
Dī'a-gram, n. 圖式, 알아보기쉽게ᄒᆞᄂᆞᆫ표, 도형,
별식이나철ᄎᆞ마련ᄒᆞᆫ것, 종류에응ᄒᆞᄂᆞᆫ표,
Dī'al, n. 日影表, 時計面, 일영표, ᄒᆡ그림자비최여시
각보ᄂᆞᆫ것, 시계나자명종의면,
Dī'a-lect, n. 言語, 土音, 말, 언어, 방언, 본토말,
Dī'a-lĕc'tic, a. 土音, 論理, 방언의, 언어의, 론리ᄒᆞᄂᆞᆫ,
Dī'a-lĕc'tic-al, adv. 同上, 웃글ᄌᆞ와ᄀᆞᆺ다, —— ly,
방언으로, 론리홈으로,

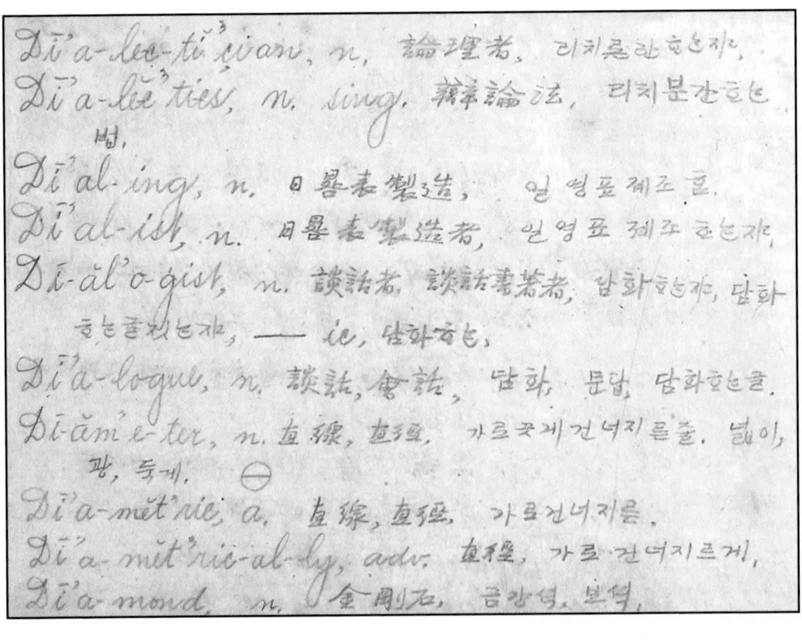

Dī'a-lec-tĭ'cian, n, 論理者, 리치론란ᄒᆞᄂᆞᆫ자,
Dī'a-lĕc'tics, n. sing. 辯論法, 리치분간ᄒᆞᄂᆞᆫ
법,
Dī'al-ing, n. 日影表製造, 일영표제조ᄒᆞᆷ,
Dī'al-ist, n. 日影表製造者, 일영표제조ᄒᆞᄂᆞᆫ자,
Dī-ăl'o-gist, n. 談話者, 談話書著者, 담화ᄒᆞᄂᆞᆫ자, 담화
ᄒᆞᄂᆞᆫ글짓ᄂᆞᆫ자, —— ic, 담화ᄒᆞᄂᆞᆫ,
Dī'a-logue, n. 談話, 會話, 담화, 문답, 담화ᄒᆞᄂᆞᆫ글,
Dī-ăm'e-ter, n. 直線, 直徑, 가로곳게건너지른줄, 넓이,
광, 둑게, ⊖
Dī'a-mĕt'ric, a. 直線, 直徑, 가로건너지른,
Dī'a-mĕt'ric-al-ly, adv. 直徑, 가로건너지르게,
Dī'a-mond, n, 金剛石, 금강셕, 보셕,

Dī'a-per, n. 衣布, 手巾, 문의노은슈건감, 슈건.
Dī-ăph'a-nous, a. 透明, 빗통ᄒᆞᆫ, 빗취ᄂᆞᆫ.
Dī'a-pho-rē'sis, n. 發汗, ᄯᆞᆷ냄, 발한식힘.
Dī'a-pho-rĕt'ic, n. 發汗藥, ᄯᆞᆷ내ᄂᆞᆫ약. a. ᄯᆞᆷ내ᄂᆞᆫ,
Dī'a-phrăgm, (frăm) n. 膈膜. 얇은거ᄉᆞ로ᄉᆞ이막은것, 가슴과복통ᄉᆞ이에막힌ᄭᅥᆸ질.
Dī'a-phrag-măt'ic, a. 膈膜, 얇은거ᄉᆞ로ᄉᆞ이에막은.
Dī-ā'ri-an, a. 日記, 每日, 일긔ᄒᆞᄂᆞᆫ, 매일.
Dī'a-rist, n. 日記者, 일긔ᄒᆞᄂᆞᆫ자.
Dī'ar-rhœ'a. (rē'a) n. 痢症, 리질.
Dī'ar-rhĕt'ic, Dī'ar-rhœt'ic, a. 痢症, 리질ᄒᆞᄂᆞᆫ.

Dī'a-ry, n. 日記, 일긔, 일긔ᄒᆞᄂᆞᆫ책.
Dī-ăch'e-sis, n. 病根, 병의근원.
Dī'a-tribe, n. 連續爭論, 罵責. 련속히다토ᄂᆞᆫ의론, ᄭᅮ짓ᄂᆞᆫ말.
Dĭb'ble, n. 穿孔器, 도려송곳굿치손잡이ᄒᆞ야박히여씨심을데에ᄯᅡᆼ을ᄯᅮᆯᄂᆞᆫ연장. 씨ᄲᅮ릴구멍ᄯᅮᆯ다,
Dīçe, n. Die의 pl. 僥倖擲子, 쥬사외, v. i. 쥬사외치다,
Dĭck'en, n. 惡鬼, 악귀, 귀신,
Dĭck'ey, Dĭck'y, n. 車後馬夫坐處. 차뒤에마부안ᄂᆞᆫ자리,
Dĭc'tate, v. t. 口授使人筆記, 命令, 分付, 입으로불너위ᄒᆞ이밧아스게ᄒᆞ다, 명령ᄂᆞ리다, 분부ᄒᆞ다,

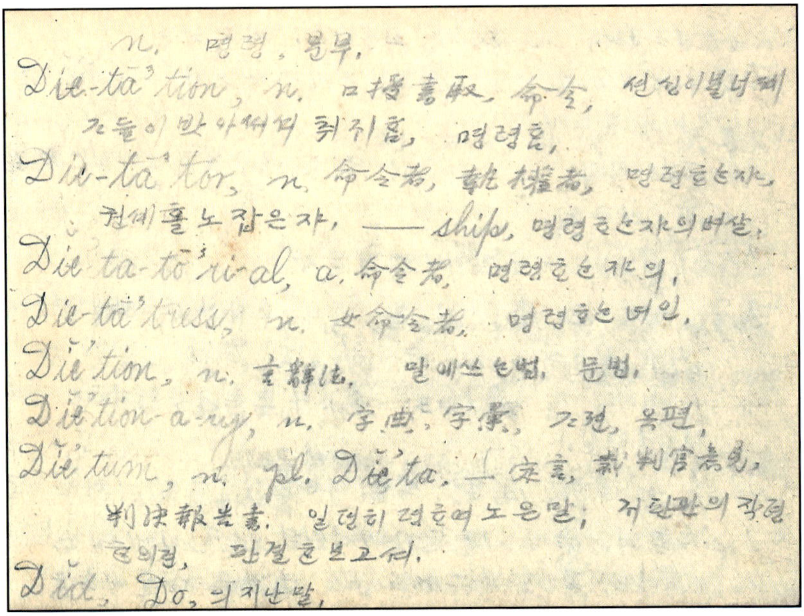

n. 명령, 분부.
Dic-tā'tion, n. 口授書取, 命令, 선싱이불너제 ᄌᆞ들이 받아써셔 취지홈, 명령홈,
Dic-tā'tor, n. 命令者, 執權者, 명령ᄒᆞᄂᆞᆫ자, 권세를 노잡은자, —— ship, 명령ᄒᆞᄂᆞᆫ자의벼살,
Dic-ta-tō'ri-al, a. 命令者, 명령ᄒᆞᄂᆞᆫ자의,
Dic-tā'tress, n. 女命令者, 명령ᄒᆞᄂᆞᆫ녀인,
Dĭc'tion, n. 言辭法, 말에쓰ᄂᆞᆫ법, 문법,
Dĭc'tion-a-ry, n. 字典, 字彙, ᄌᆞ뎐, 옥편,
Dĭc'tum, n. pl. Dĭc'ta. 定言, 裁判官意見, 判決報告書. 일뎡히 뎡ᄒᆞ여노은말, 재판관의 작뎡ᄒᆞᆫ의견, 판결ᄒᆞᆫ보고서.
Dĭd, Do, 의지난말,

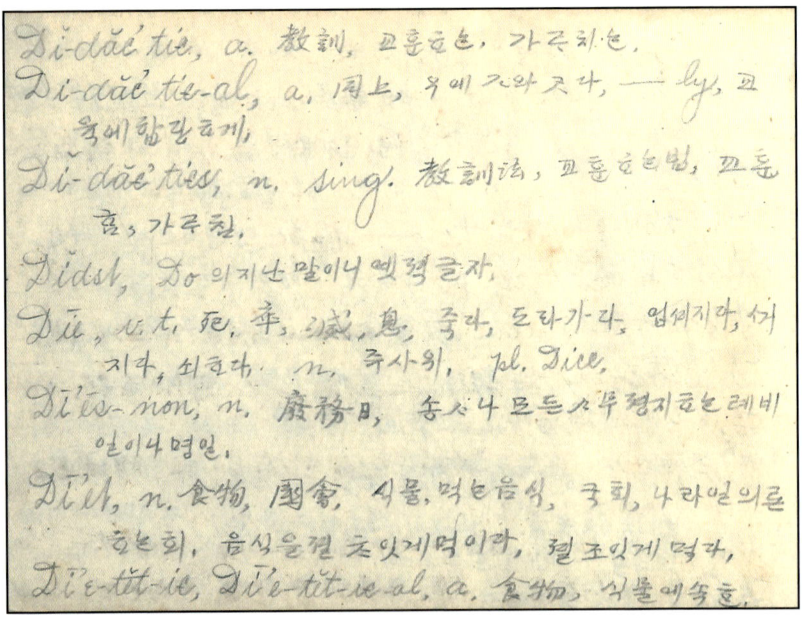

Dĭ-dăc'tic, a. 教訓, 교훈ᄒᆞᄂᆞᆫ, 가ᄅᆞ치ᄂᆞᆫ,
Di-dăc'tic-al, a. 同上, 우에ᄌᆞ와ᄀᆞᆺ다, —— ly, 교육에합당ᄒᆞ게,
Dĭ-dăc'tics, n. sing. 教訓法, 교훈ᄒᆞᄂᆞᆫ법, 교훈홈, 가ᄅᆞ침,
Dĭdst, Do 의지난말이니 옛책글자,
Dī̄e, v. t. 死, 卒, 滅, 息, 죽다, 도라가다, 업서지다, ᄉᆡ지다, 쉬ᄒᆞ다, n. 주사위, pl. Dice,
Dī'es-non, n. 廢務日, 송ᄉᆞ나 모든ᄉᆞ무뎡지ᄒᆞᄂᆞᆫ례비일이나 명일.
Dī'et, n. 食物, 國會, 식물, 먹ᄂᆞᆫ음식, 국회, 나라일의론ᄒᆞᄂᆞᆫ회, 음식을절ᄎᆞ잇게먹이라, 절조잇게 먹다,
Dī'e-tet-ic, Dī'e-tet-ic-al, a. 食物, 식물에속ᄒᆞᆫ,

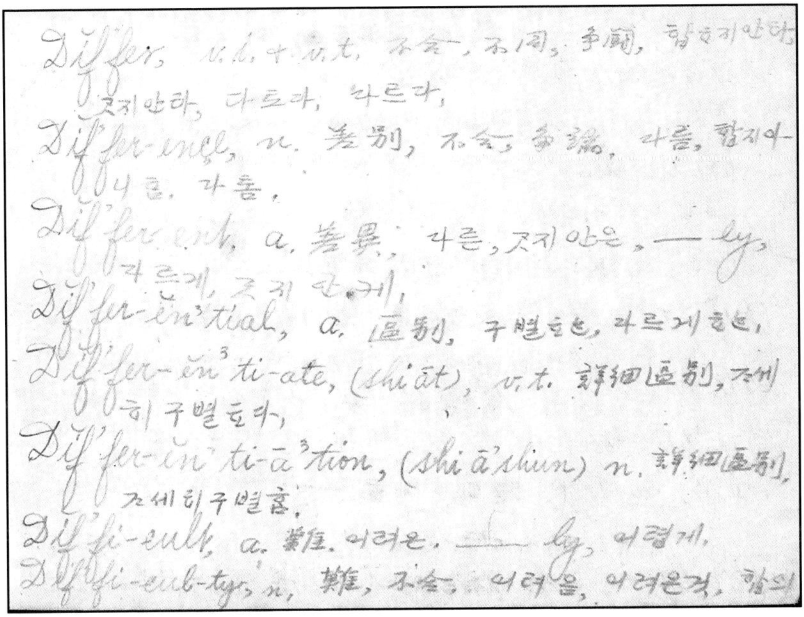
Differ, v.i. + v.t. 不合, 不同, 爭論, 합ᄒᆞ지안타, 곳지안타, 다ᄅᆞ다, 다르다,
Dif'fer-ence, n. 差別, 不合, 爭論, 다름, 합지아니홈, 다름.
Dif'fer-ent, a. 差異, 다른, 곳지안은, —ly, 다르게, 곳지안케,
Dif'fer-en'tial, a. 區別, 구별ᄒᆞᄂᆞᆫ, 다르게ᄒᆞᄂᆞᆫ,
Dif'fer-en'ti-ate, (shiāt), v.t. 詳細區別, ᄌᆞ세히구별ᄒᆞ다,
Dif'fer-en'ti-a'tion, (shiā'shun) n. 詳細區別, ᄌᆞ세히구별홈.
Dif'fi-cult, a. 艱難. 어려온. —ly, 어렵게.
Dif'fi-cul-ty, n, 艱難, 不合, 어려움, 어려온것, 합의

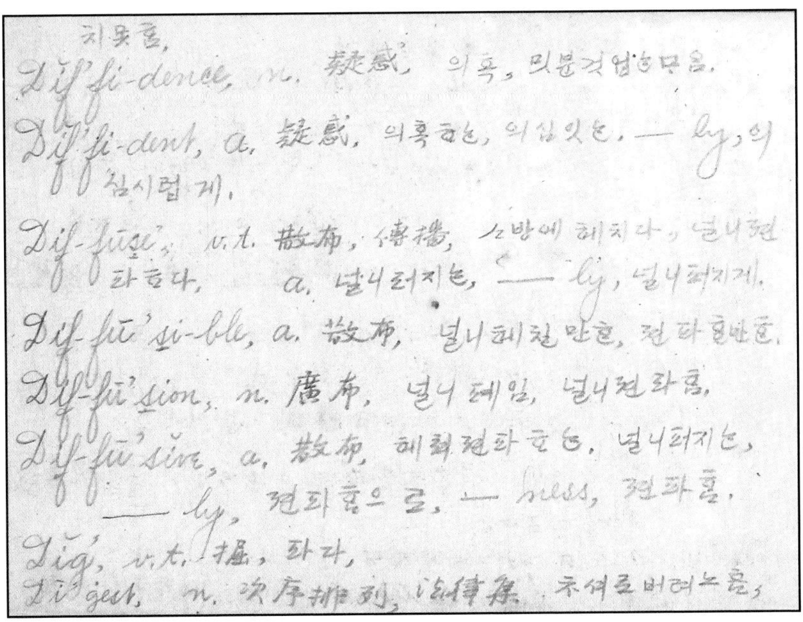
치못홈,
Dif'fi-dence, n. 疑惑, 의혹, 믿ᄇᆞᆯ것업ᄂᆞᆫᄆᆞ음.
Dif'fi-dent, a. 疑惑, 의혹ᄒᆞᄂᆞᆫ, 의심잇ᄂᆞᆫ. —ly, 의심시럽게.
Dif-fuse', v.t. 散布, 傳播, ᄉᆞ방에헤치다, 널니젼파ᄒᆞ다, a. 널니퍼지ᄂᆞᆫ, —ly, 널니퍼지게.
Dif-fu'si-ble, a. 散布, 널니헤칠만ᄒᆞᆫ, 젼파ᄒᆞᆯ만ᄒᆞᆫ.
Dif-fu'sion, n. 廣布, 널니헤임, 널니젼파홈,
Dif-fu'sive, a. 散布, 헤쳐젼파ᄒᆞᄂᆞᆫ, 널니퍼지ᄂᆞᆫ, —ly, 젼파홈으로, —ness, 젼파홈.
Dig', v.t. 掘, 파다,
Di'gest, n. 次序排列, 法律集, 추셔로버려노홈,

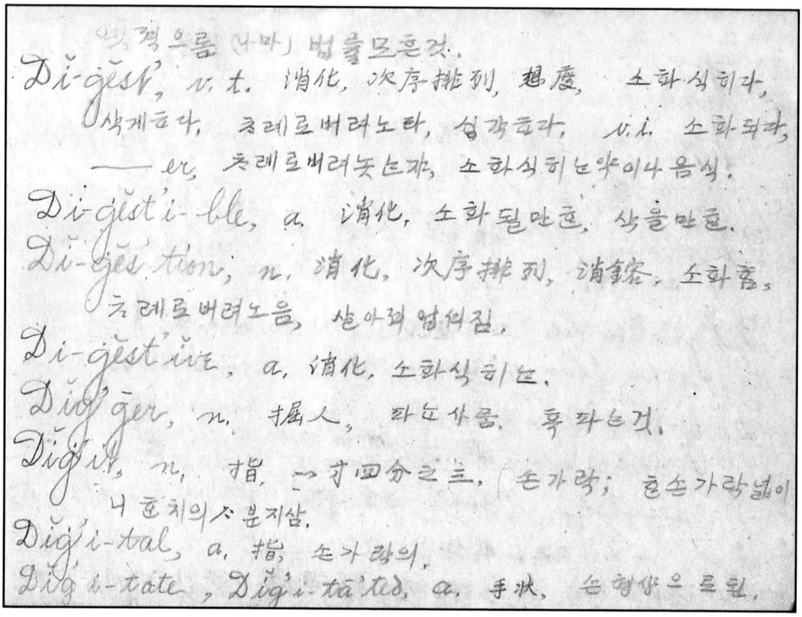

...직으름 (나마) 법률모흔것.
Di-gĕst', v. t. 消化, 次序排列, 想度, 소화식히다, 삭게ᄒᆞ다, ᄎᆞ례로버려노타, 싱각ᄒᆞ다, v. i. 소화되다, —— er, ᄎᆞ례로버려놋ᄂᆞᆫ자, 소화식히ᄂᆞᆫ약이나 음식.
Di-gĕst'i-ble, a. 消化, 소화될만ᄒᆞᆫ, 삭을만ᄒᆞᆫ.
Di-gĕs'tion, n. 消化, 次序排列, 消鎔, 소화ᄒᆞᆷ, ᄎᆞ례로버려노음, 삭아져 업어짐.
Di-gĕst'ive, a. 消化, 소화식히ᄂᆞᆫ.
Dĭg'ger, n. 掘人, 파ᄂᆞᆫ사ᄅᆞᆷ, 혹 파ᄂᆞᆫ것.
Dĭg'it, n. 指, 一寸四分之三, 손가락; ᄒᆞᆫ손가락넓이 니 ᄒᆞᆫ치의 ᄉᆞ분지삼.
Dĭg'i-tal, a. 指, 손가락의.
Dĭg'i-tate, Dĭg'i-tā'ted, a. 手狀, 손형상으로된.

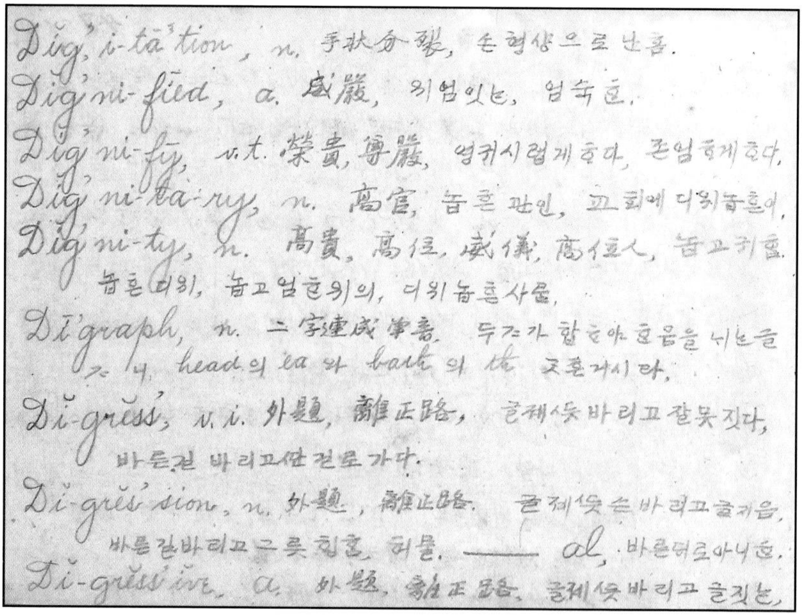

Dĭg'i-tā'tion, n. 手狀分裂, 손형상으로 난ᄒᆞᆷ.
Dĭg'ni-fied, a. 威嚴, 위엄잇ᄂᆞᆫ, 엄숙ᄒᆞᆫ.
Dĭg'ni-fy, v. t. 榮貴, 尊嚴, 영귀시럽게ᄒᆞ다, 존엄ᄒᆞ게ᄒᆞ다.
Dĭg'ni-ta-ry, n. 高官, 놉흔관인, 교회에 디위놉흔이,
Dĭg'ni-ty, n. 高貴, 高位, 威儀, 高位人, 놉고귀ᄒᆞᆷ. 놉흔디위, 놉고엄ᄒᆞᆫ위의, 디위놉흔사ᄅᆞᆷ.
Dī'graph, n. 二字連成單音, 두ᄌᆞ가 합ᄒᆞ야 ᄒᆞᆫ음을 내ᄂᆞᆫ글ᄌᆞ니, head의 ea 와 bath 의 th 곳흔거시라.
Di-grĕss', v. i. 外題, 離正路, 글졔ᄉᆞ 바리고 잘못짓다, 바른길 바리고 다른길로 가다.
Di-grĕs'sion, n. 外題, 離正路, 글졔ᄉᆞ 바리고 글지음, 바른길바리고 그릇침ᄒᆞᆷ, 허물. —— al, 바른대로 아니ᄒᆞᆫ.
Di-grĕss'ive, a. 外題, 離正路, 글졔ᄉᆞ 바리고 글짓ᄂᆞᆫ,

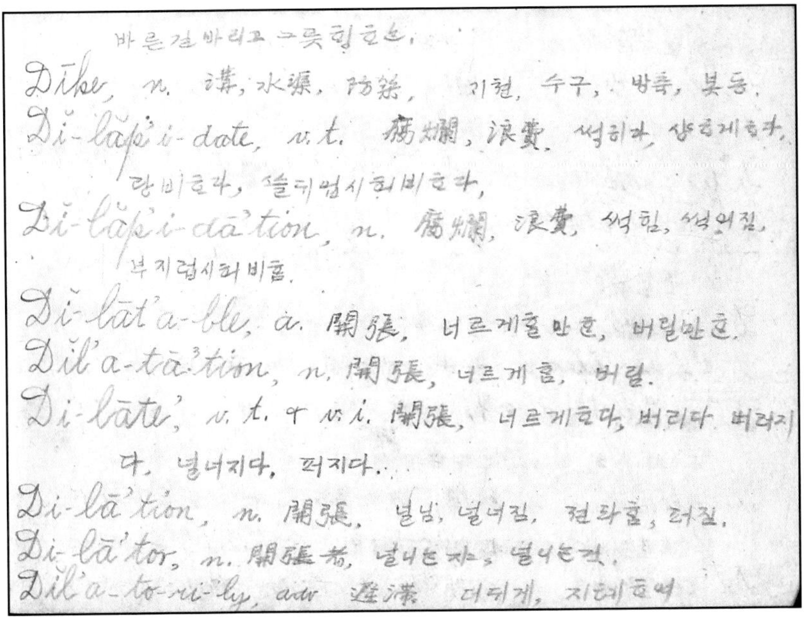

바른길바리고 그릇힝ᄒᆞᄂᆞᆫ,
Dīke, n. 溝, 水渠, 防築, 기쳔, 수구, 방축, 뵈둑.
Di-lăp'i-date, v.t. 腐爛, 浪費. 썩히다, 상ᄒᆞ게ᄒᆞ다, 랑비ᄒᆞ다, 쓸ᄃᆡ업시허비ᄒᆞ다,
Di-lăp'i-dā'tion, n. 腐爛, 浪費, 썩힘, 썩어짐, 부지럽시허비홈.
Di-lāt'a-ble, a. 開張, 너르게될만ᄒᆞᆫ, 버릴만ᄒᆞᆫ.
Dĭl'a-tā'tion, n. 開張, 너르게홈, 버림.
Di-lāte', v.t. & v.i. 開張, 너르게ᄒᆞ다, 버리다 버러지다. 널너지다, 퍼지다.
Di-lā'tion, n. 開張. 널님, 널너짐, 젼파홈, 퍼짐.
Di-lā'tor, n. 開張者, 널니ᄂᆞᆫ자, 널니ᄂᆞᆫ것.
Dĭl'a-to-ri-ly, adv 遲滯 더듸게, 지톄ᄒᆞ여

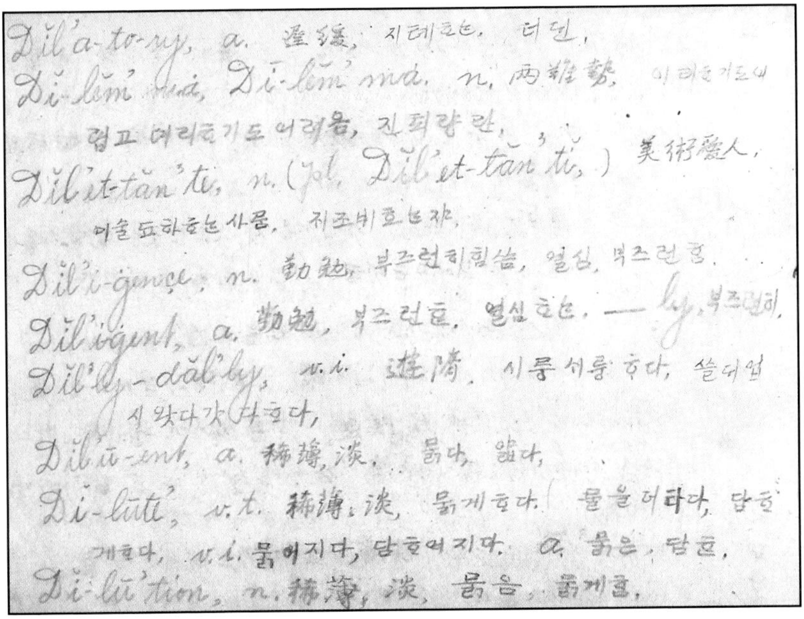

Dĭl'a-to-ry, a. 遲緩, 지톄ᄒᆞᄂᆞᆫ, 더듼,
Di-lĕm'ma, Di-lĕm'ma. n. 兩難勢, 이리ᄒᆞ기도어렵고 뎌리ᄒᆞ기도어려움, 진퇴량란,
Dĭl'et-tăn'te, n. (pl. Dĭl'et-tăn'ti,) 美術愛人, 미술됴하ᄒᆞᄂᆞᆫ사름, 지조비호ᄂᆞᆫ자,
Dĭl'i-gence, n. 勤勉, 부즈런히힘씀, 열심, 부즈런홈.
Dĭl'i-gent, a. 勤勉, 부즈런ᄒᆞᆫ, 열심ᄒᆞᄂᆞᆫ. —ly, 부즈런히,
Dĭl'ly-dăl'ly, v.i. 遲惰. 시룽서룽ᄒᆞ다, 쓸ᄃᆡ업시왓다갓다ᄒᆞ다,
Dĭl'u-ent, a. 稀薄, 淡. 묽다, 엷다,
Di-lūte', v.t. 稀薄, 淡, 묽게ᄒᆞ다 (물을ᄐᆞ다, 담ᄒᆞ게ᄒᆞ다, v.i. 묽어지다, 담ᄒᆞ여지다. a. 묽은, 담ᄒᆞᆫ.
Di-lū'tion, n. 稀薄, 淡, 묽음, 묽게홈,

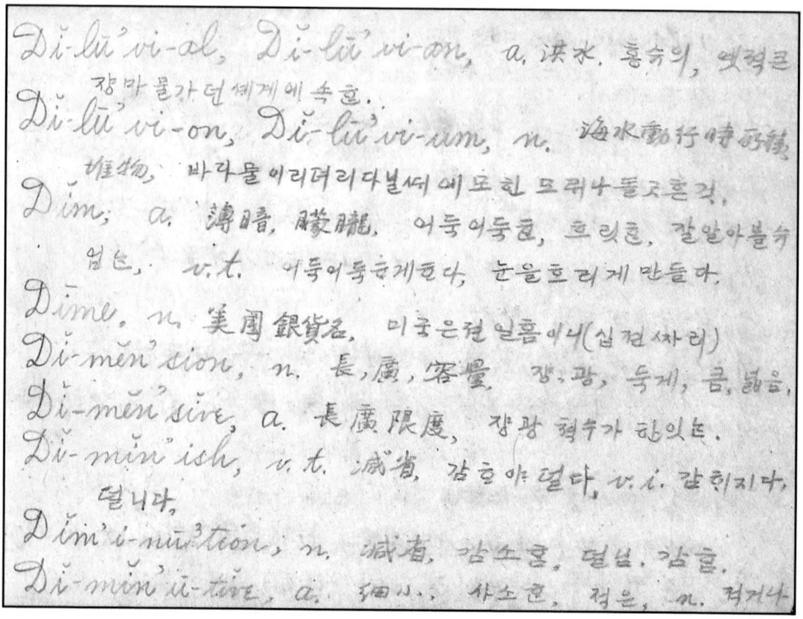

Dĭ-lū'vi-al, Dĭ-lū'vi-an, a. 洪水. 홍슈의, 옛젹큰 장마 물가던 셰계에 속훈.
Dĭ-lū'vi-on, Dĭ-lū'vi-um, n. 海水動行時所積堆物, 바다물이리뎌리다닐셰에 모힌 모래나 돌갓흔것.
Dĭm, a. 薄暗, 朦朧. 어둑어둑훈, 흐릿훈, 잘알아볼슈 업는, v.t. 어둑어둑훈게훈다, 눈을흐리게 만들다.
Dime, n. 美國銀貨名. 미국은젼 일홈이니(십젼쌔리)
Dĭ-mĕn'sion, n. 長,廣,容量 장,광, 둑게, 큼, 넓음.
Dĭ-mĕn'sive, a. 長廣限度, 장광 혁슈가 잇는.
Dĭ-mĭn'ish, v.t. 減省, 감호야 덜다, v.i. 감히지다, 덜니다,
Dĭm'i-nū'tion, n. 減省, 감소훈, 덜님, 감홈.
Dĭ-mĭn'ū-tive, a. 細小, 샤소훈, 젹은, n. 젹거나

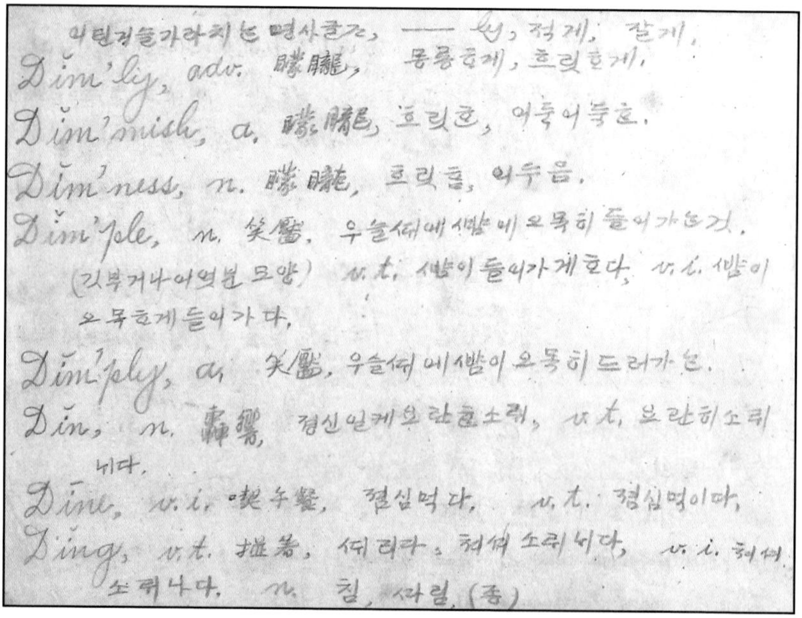

어린것을가라치는 명사훈것, —— ly, 적게, 잘게,
Dĭm'ly, adv. 朦朧, 몽롱호게, 흐릿호게,
Dĭm'mish, a. 朦朧, 흐릿훈, 어둑어둑훈.
Dĭm'ness, n. 朦朧, 흐릿홈, 어두움.
Dĭm'ple, n. 笑靨. 우슬셰에 쌤에 오목히 들어가는것. (깃붑거나어엿븐 모양) v.t. 쌤이 들어가게호다, v.i. 쌤이 오목호게들어가다,
Dĭm'ply, a. 笑靨, 우슬셰에 쌤이 오목히 드러가는.
Dĭn, n. 轟響 경신일케요란훈소릐, v.t. 요란히소릐 니다.
Dine, v.i. 喫午饗, 졈심먹다, v.t. 졈심먹이다,
Ding, v.t. 擲着, 셰리다. 쳐셔 소릐니다, v.i. 쳐셔 소릐나다. n. 침, 쌔림.(종)

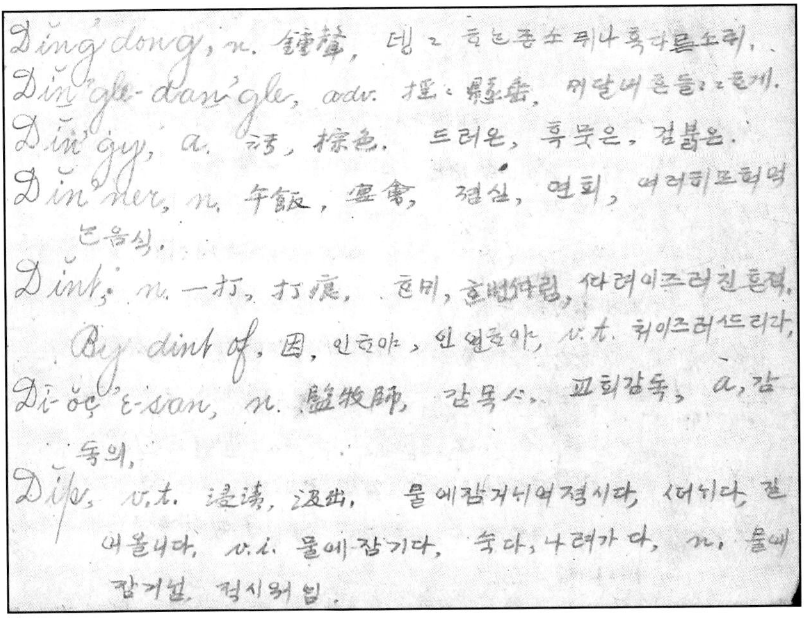

Ding'dong, n. 鍾聲, 뎅ㄱ 하는 종소리나 혹 다른 소리,
Din'gle-dan'gle, adv. 搖搖懸垂, 매달녀 흔들흔들하게.
Din'gy, a. 汚, 棕色. 드러온, 흑 묻은, 검붉은.
Din'ner, n. 午飯, 宴會, 점심, 연회, 여러히 모혀 먹는 음식.
Dint, n. 一打, 打痕, 한 매, 한 번 때림, 때려 이즈러진 흔적,
By dint of, 因, 인하야, 인연하야, v.t. 쳐 이즈러 드리다,
Di-oc'e-san, n. 監牧師, 감목ㅅ, 교회감독, a. 감독의,
Dip, v.t. 浸濡, 汲出, 물에 잠거니 여 적시다, 떠내다, 길어 올니다, v.i. 물에 잠기다, 숙다, 나려가다, n. 물에 잠거넘, 적시워 넘.

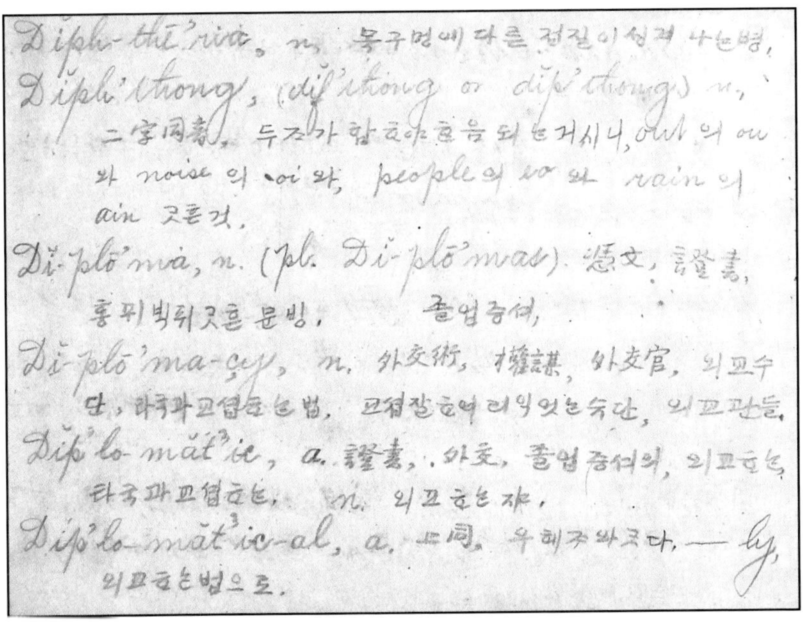

Diph-the'ri-a, n. 목구멍에 다른 껍질이 생겨 나는 병,
Diph'thong, (dif'thong or dip'thong) n., 二字同音, 두 자가 합하야 한 음 되는 거시니, out 의 ou 와 noise 의 oi 와, people 의 eo 와 rain 의 ain 갓흔 것.
Di-plō'ma, n. (pl. Di-plō'mas) 憑文, 證書, 홍패 빅패 갓흔 문빙, 졸업증서,
Di-plō'ma-cy, n. 外交術, 權謀, 外交官, 외교수단, 타국과 교섭하는 법, 교섭 잘하여 리익 엇는 수단, 외교관들,
Dip'lo-măt'ic, a. 證書, 外交, 졸업증서의, 외교하는, 타국과 교섭하는, n. 외교하는 자,
Dip'lo-măt'ic-al, a. 上同, 우 헤와 갓다, —ly, 외교하는 법으로.

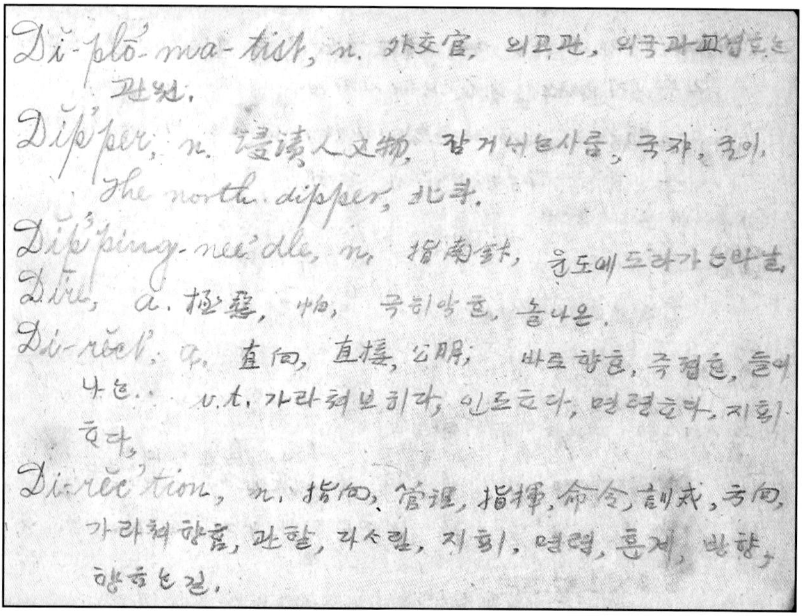

Di-plo'ma-tist, n. 外交官, 외교관, 외국과교섭ᄒᆞᄂᆞᆫ 관원.
Dip'per, n. 漫讀人之物, 잠거니ᄂᆞᆫ사름, 국자, 쿡이, The north dipper, 北斗.
Dip'ping-nee'dle, n. 指南針, 운도에ᄃᆞ라가ᄂᆞᆫ바늘.
Dire, a. 極惡, 怕, 극히악ᄒᆞᆫ, 놀나온.
Di-rect', a. 直向, 直接, 公明; 바로향ᄒᆞᆫ, 즉접ᄒᆞᆫ, 들어나ᄂᆞᆫ. v.t. 가라쳐보히다, 인도ᄒᆞᄂᆞ다, 명령ᄒᆞ다, 지휘ᄒᆞ다.
Di-rec'tion, n. 指向, 管理, 指揮, 命令, 訓戒, 方向, 가라쳐향ᄒᆞᆷ, 관할, 다스림, 지휘, 명령, 훈계, 방향, 향ᄒᆞᄂᆞᆫ길.

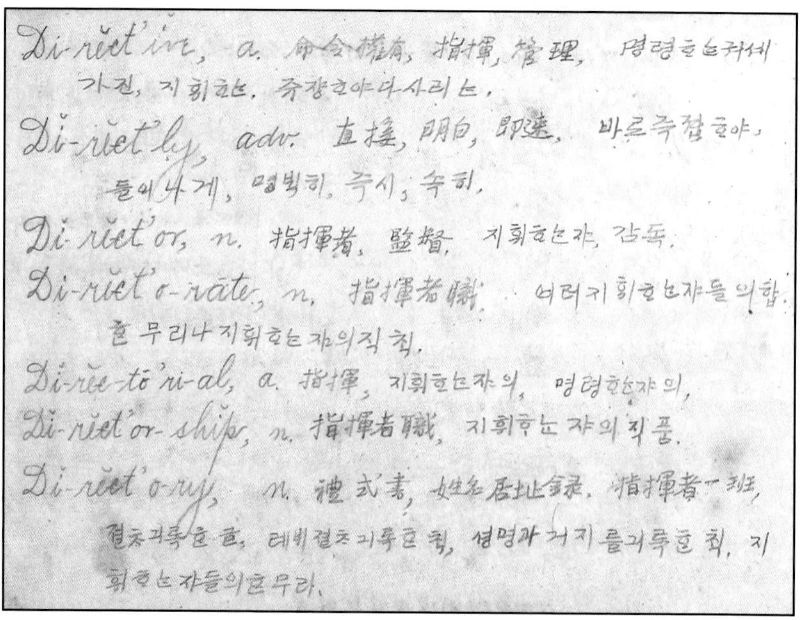

Di-rect'ive, a. 命令權有, 指揮, 管理, 명령ᄒᆞᄂᆞᆫ권세가진, 지휘ᄒᆞᄂᆞᆫ, 주장ᄒᆞ야다ᄉᆞ리ᄂᆞᆫ.
Di-rect'ly, adv. 直接, 明白, 即速, 바로즉접ᄒᆞ야, 들어나게, 명백히, 즉시, 속히.
Di-rect'or, n. 指揮者, 監督, 지휘ᄒᆞᄂᆞᆫ자, 감독.
Di-rect'o-rate, n. 指揮者職, 여러지휘ᄒᆞᄂᆞᆫ자들의합ᄒᆞᆫ무리나지휘ᄒᆞᄂᆞᆫ자의직칙.
Di-rec-to'ri-al, a. 指揮, 지휘ᄒᆞᄂᆞᆫ자의, 명령ᄒᆞᄂᆞᆫ자의,
Di-rect'or-ship, n. 指揮者職, 지휘ᄒᆞᄂᆞᆫ 자의 직품.
Di-rect'o-ry, n. 禮式書, 姓名居址錄, 指揮者一班, 절ᄎᆞ긔록ᄒᆞᆫ책, 례비절ᄎᆞ긔록ᄒᆞᆫ 책, 셩명과거지를긔록ᄒᆞᆫ책, 지휘ᄒᆞᄂᆞᆫ자들의ᄒᆞᆫ무리.

Di-rect'ress, n. 指揮女, 지휘ᄒᆞᄂᆞᆫ녀인,
Dire'ful, a. 可驚怕, 놀납고두려온. —— ly, 놀납게,
Dirge, n. 悲歌, 薤露歌, 슯흔노래, 상두소리,
Dirk, n. 短劍, 匕首, 쟈른금, 비수, v.t. 금으로치다,
Dirt, n. 汚物, 泥土, 垢臟, 드러온것, ᄯᅵ, ᄯᅵ곱젹이,
흙부시러기, v.t. 흙뭇치다, ᄯᅵ무치다, 드레이다,
Dirt'i-ly, adv. 汚, 드럽게, 부졍히,
Dirt'y, a. 汚穢, 下賤, 드러온, 부졍ᄒᆞᆫ, ᄯᅵ뭇은, 하쳔ᄒᆞᆫ,
v.t. 드레다, 드럽게욕ᄒᆞ다,
Dis. 글ᄌᆞ압헤련ᄒᆞ야쓰ᄂᆞᆫ표니 ᄯᅦ에버리ᄂᆞᆫᄯᅳᆺ
Dis'a-bil'i-ty, n. 無力, 無才, 無能, 힘업슴, ᄌᆡ조업슴, ᄒᆞᆯ수
업슴, 무어시던지ᄒᆞᆯ수업ᄂᆞᆫ자품,

Dis-ā'ble, v.t. 無力, 資格奪, 힘이나 ᄌᆡ조 업시ᄒᆞ다,
자품과ᄌᆞ격을무어시던지못ᄒᆞ게ᄆᆡᆫ들나,
Dĭs'a-būse', v.t. 解惑, 파혹식이다, 속지안케ᄒᆞ다,
Dĭs'ac-cŏm'mo-date, v.t. 不便利, 편리치못ᄒᆞ게ᄒᆞ다,
Dĭs'ac-cŏm'mo-dā'tion, n. 不便利, 편리치아니ᄒᆞᆷ,
Dĭs'ac-cŭs'tom, v.t. 習慣除去, 힝습을바리다, 풍속
을졔ᄒᆞ다,
Dĭs'ac-quaint'ance, n. 絶交, 졀교ᄒᆞᆷ, 친구ᄭᅳᆫᄒᆞᆷ,
Dĭs'ad-văn'tage, n. 不利益, 損失, 리익업슴,
손ᄒᆡ됨, 방ᄒᆡ됨, v.t. 리익업시ᄒᆞ다, 손ᄒᆡᄒᆞ다,
Dis-ăd'van-tā'geous, a. 不利, 不便, 리롭지못
ᄒᆞᆫ, 편리치못ᄒᆞᆫ, —— ly, 리롭지안케, 편리

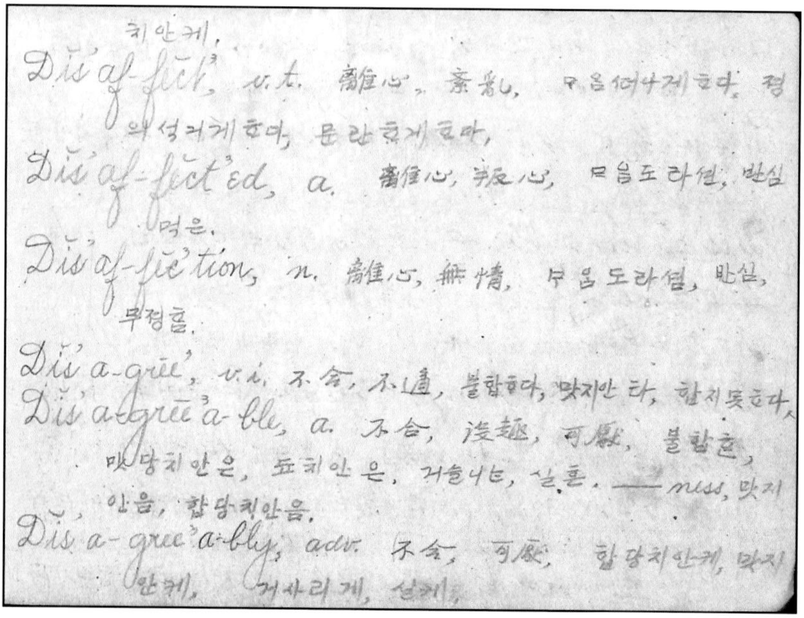

치안케,
Dis'af-fect', v.t. 離心, 紊亂, 마음떠나게ᄒᆞ다, 정의섞러게ᄒᆞ다, 문란ᄒᆞ게ᄒᆞ다,
Dis'af-fect'ed, a. 離心, 叛心, 마음도라션, 반심먹은.
Dis'af-fec'tion, n. 離心, 無情, 마음도라섬, 반심, 무정ᄒᆞᆷ.
Dis'a-gree', v.i. 不合, 不適, 불합ᄒᆞ다, 맛지안타, 합지못ᄒᆞ다,
Dis'a-gree'a-ble, a. 不合, 淺趣, 可厭, 불합ᄒᆞᆫ, 마당치안은, 됴치안은, 거슬니ᄂᆞᆫ, 실흔. ——ness, 맛지안음, 합당치안음.
Dis'a-gree'a-bly, adv. 不合, 可厭, 합당치안케, 맛지안케, 거사리게, 실케,

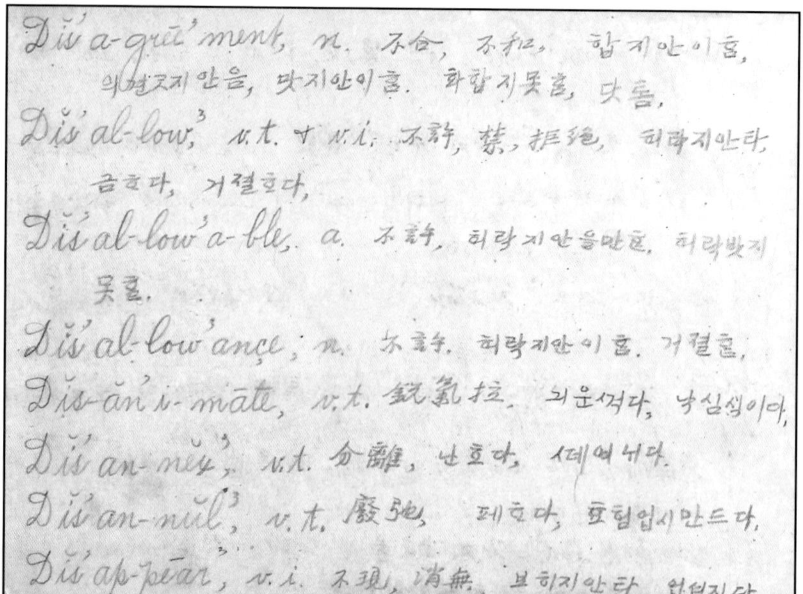

Dis'a-gree'ment, n. 不合, 不和, 합지안이ᄒᆞᆷ, 의견ᄀᆞᆺ지안음, 맛지안이ᄒᆞᆷ. 화합지못ᄒᆞᆷ, 닷홈,
Dis'al-low', v.t. & v.i. 不許, 禁, 拒絶, 허락지안타, 금ᄒᆞ다, 거절ᄒᆞ다,
Dis'al-low'a-ble, a. 不許, 허락지안을만ᄒᆞᆫ, 허락밧지못ᄒᆞᆯ.
Dis'al-low'ance, n. 不許, 허락지안이ᄒᆞᆷ. 거절ᄒᆞᆷ,
Dis-an'i-mate, v.t. 銳氣挫, 긔운꺽다, 낙심식이다,
Dis'an-nex', v.t. 分離, 난호다, ᄯᅦ여내다.
Dis'an-nul', v.t. 廢弛, 폐ᄒᆞ다, 효험업시만드다,
Dis'ap-pear', v.i. 不現, 消無, 뵈히지안타, 업서지다,

Dis'ap-pear'ance, n. 隱沒, 消失, 숨김, 보히지안이 홈, 업서짐.

Dis'ap-point', v.t. 失望, 失敗, 실망식히다, 바라던무 음 서러 트리다, 실패식히다, —— ment, 낙망식힘, 바라던무음서러짐.

Dis-ap'-pro-ba'tion, n. 不准, 譴責, 허락지안이홈, 견칙홈, 잘못훈쥴로 말홈.

Dis-ap'pro-ba-to-ry, a. 譴責, 견칙훈, 그르게녁이는.

Dis'ap-prov'al, n. 不悅, 不適意, 깃부지 안음, 스듯세 맛지안이홈.

Dis'ap-prove', v.t. 譴責, 不許, 견칙후다, 잘못훈 쥴노 녁이다, 허락안이후다.

Dis-ärm', v.t. 兵器奪 군긔쌔앗다, 다시 싸거나 싸호지 못후게 후다.

Dis'ärm'a-ment, n. 兵器奪, 군긔쌔아슴.

Dis'ar-range', v.t. 擾亂, 흔들어 어지럽게 후다, 추서업게 만들다. —— ment, 혼잡식힘.

Dis'ar-ray', v.t. 脫衣, 錯亂, 옷벗기다, 추서업게후다, 착란후게후다.

Dis'ar-tic'u-late, v.t. 分離, 난호다, 시여시다.

Dis'as-sent', n. 不同意, 스듯지아니홈, v.i. 의견굿지 아니후다.

Dis'as-so'ci-ate, v.t. 離絶, 합훈거슬시르다, 절교후다.

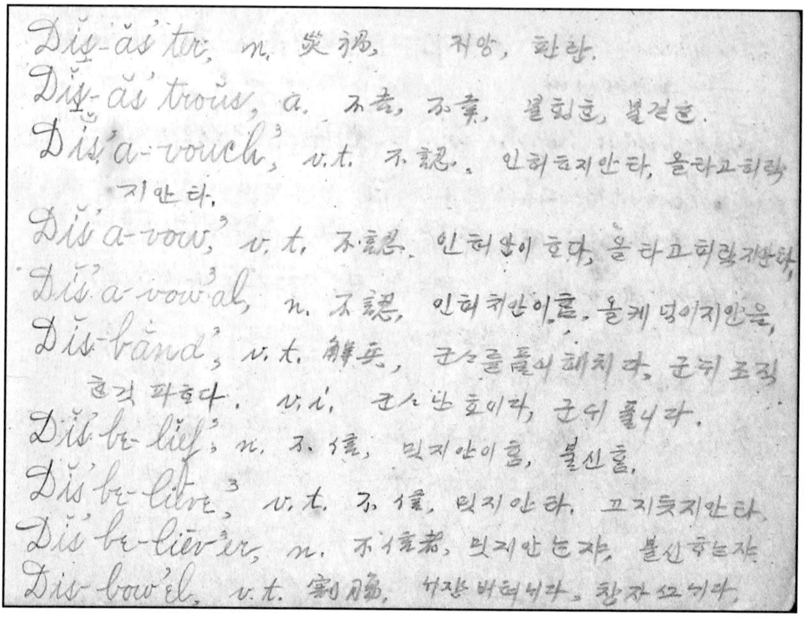

Dĭs-ăs'ter, n. 災禍, 저앙, 화란.
Dĭs-ăs'trous, a. 不吉, 不幸, 불힝ᄒᆞᆫ, 불길ᄒᆞᆫ.
Dis'a-vouch', v.t. 不認. 인허ᄒᆞ지안타, 올타고허락지안타.
Dĭs'a-vow', v.t. 不認. 인허앗이ᄒᆞ다, 올타고허락지안타,
Dĭs'a-vow'al, n. 不認, 인허치안이ᄒᆞᆷ. 올케녁이지안음,
Dĭs-bănd', v.t. 解兵, 군ᄉᆞ를풀어헤치다, 군긔조직ᄒᆞᆫ것파ᄒᆞ다. v.i. 군ᄉᆞ산ᄒᆞ이다, 군긔풀니다.
Dĭs'be-lief', n. 不信, 밋지안이ᄒᆞᆷ, 불신ᄒᆞᆷ.
Dĭs'be-lieve', v.t. 不信, 밋지안타. 고지듯지안타.
Dĭs'be-liev'er, n. 不信者, 밋지안는자, 불신ᄒᆞᄂᆞᆫ자
Dis-bow'el, v.t. 割腸, 서장버혀내다. 창자쓰어내다,

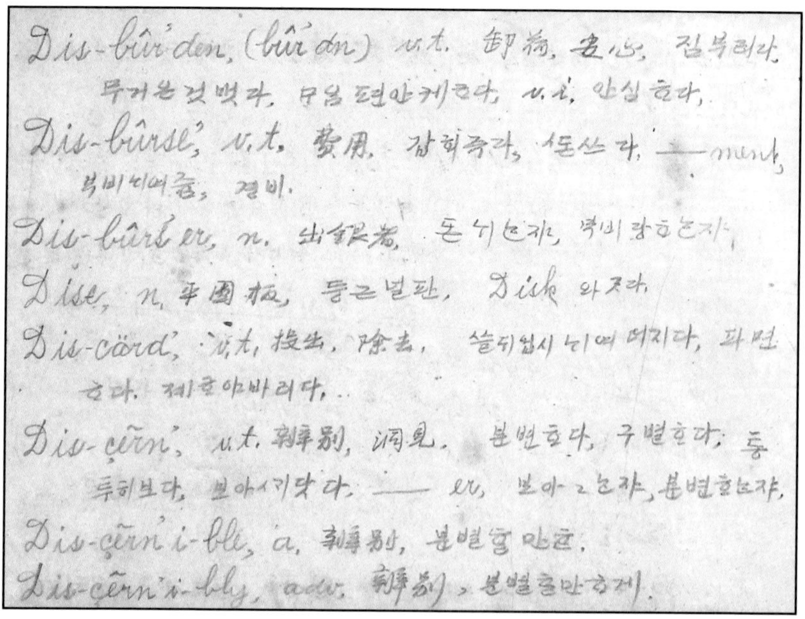

Dis-bûr'den, (bûr'dn) v.t. 卸擔, 安心, 짐부리다. 무거운것벗다. ᄆᆞᄋᆞᆷ편안케ᄒᆞ다, v.i. 안심ᄒᆞ다,
Dis-bûrse', v.t. 費用, 갑허주다, 돈쓰다, —ment, 부비내여줌, 경비.
Dis-bûrs'er, n. 出銀者, 돈내는자, 부비당ᄒᆞᄂᆞᆫ자,
Disc, n. 平圓板, 둥근널판, Disk 와ᄀᆞᆺ다.
Dis-cärd', v.t. 拔出, 除去, 쓸ᄃᆡ업시너여ᄇᆞ리다, 파면ᄒᆞ다. 제ᄒᆞ야ᄇᆞ리다,
Dis-çērn', v.t. 辨別, 洞見. 분변ᄒᆞ다, 구별ᄒᆞ다. 통투히보다, 보아ᄭᆡ닷다. —— er, 보아ᄭᆡᄂᆞᆫ자, 분별ᄒᆞᄂᆞᆫ자.
Dis-çērn'i-ble, a. 辨別, 분별ᄒᆞᆯ만ᄒᆞᆫ.
Dis-çērn'i-bly, adv. 辨別, 분별ᄒᆞᆯ만ᄒᆞ게.

Dis-çern'ment, n. 辨別, 看出. 분별홈, 보아 알ᄂᆞᆫ 것. 분별ᄒᆞᄂᆞᆫ 지혜.

Dis-chärge', v.t. & v.i. 卸荷, 除免, 放. 짐부리다, 무거온 것 벗다, 면관ᄒᆞ다, 벼슬이나 직칙이나 총이나 빗진 거슬 버셔 면ᄒᆞ다, 총 놋다, 활 쏘다, n. 짐 부림, 면관홈, 직칙면홈, 총 노음.

Dis-chärg'er, n. 放人或物. 니여보니ᄂᆞᆫ 자나 혹 것.

Dis-çi'ple, n. 弟子, 門徒, 뎨ᄌᆞ, 문도, 문인. — ship 뎨ᄌᆞ됨.

Dis'çi-plin-a-ble, a. 教訓, 懲戒, 교훈홀만ᄒᆞᆫ, 증계홀만ᄒᆞᆫ.

Dis'çi-plin-ā'ri-an, n. 嚴師, 엄ᄒᆞ게 교훈식히ᄂᆞᆫ 자, a. 교훈에 속ᄒᆞᆫ.

Dis'çi-plin-a-ry, a. 教訓, 懲戒, 교훈ᄒᆞᄂᆞᆫ, 증계ᄒᆞᄂᆞᆫ.

Dis'çi-pline, n. 教育法, 教訓, 懲戒, 교육ᄒᆞᄂᆞᆫ 법, 교훈, 교련, 증계, 다시 못ᄒᆞ게 ᄒᆞᄂᆞᆫ 벌, v.t. 교훈ᄒᆞ라, 교련식히라, 증계ᄒᆞ라.

Dis-clāim', v.t. 不認, 不認為己物. 인허 안이ᄒᆞ다, 올타고 안이ᄒᆞ다, 허락지 안다, 제 것 안이라고 ᄒᆞ다, 면ᄎᆡᆨᄒᆞ다. — er, 거절ᄒᆞᄂᆞᆫ 자, 인허 안이ᄒᆞᄂᆞᆫ 자.

Dis-clōṣe', v.t. 拾, 開, 發顯, 露出. 열다, 들치다, 들어니다, 니여보히라.

Dis-clōṣ'er, n. 開發人, 열어 들어니ᄂᆞᆫ 자.

Dis-clōṣ'ure, n. 開發, 露出. 열어노음, 들어님.

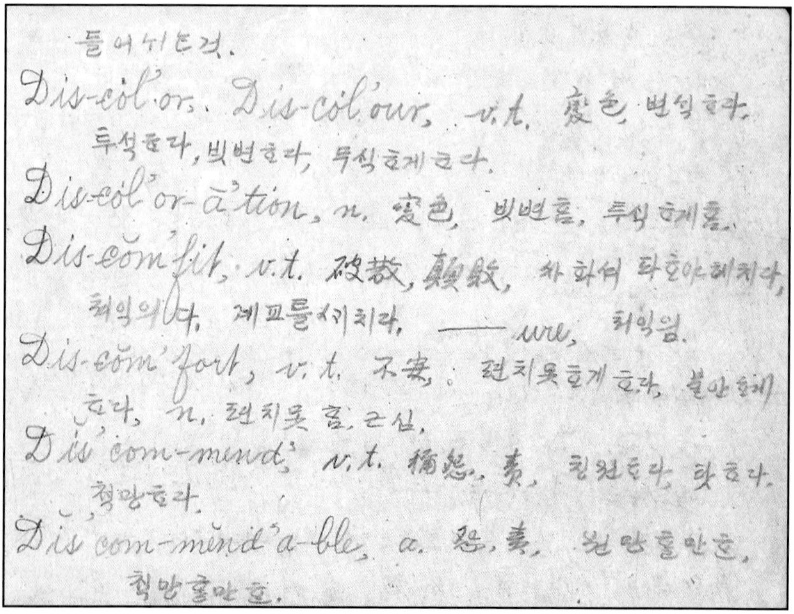

들어쉬는것.
Dis-col'or, Dis-col'our, v.t. 變色, 변석ᄒᆞ다,
투석ᄒᆞ다, 빗변ᄒᆞ다, 투식ᄒᆞ게ᄒᆞ다.
Dis-col'or-a'tion, n. 變色, 빗변홈, 투식ᄒᆞ게홈.
Dis-cŏm'fit, v.t. 破散, 顚敗, 싸화서 파ᄒᆞ야헤치다,
쳐익의다, 제프를시기치라, —— ure, 쳐익임.
Dis-cŏm'fort, v.t. 不安, 편치못ᄒᆞ게ᄒᆞ다, 불안ᄒᆞ게
ᄒᆞ다, n. 편치못홈, 근심.
Dĭs'com-mend', v.t. 稱怨, 責, 칭원ᄒᆞ다, 탓ᄒᆞ다,
척망ᄒᆞ다.
Dĭs'com-mĕnd'a-ble, a. 怨, 責, 원망홀만ᄒᆞᆫ,
척망홀만ᄒᆞᆫ.

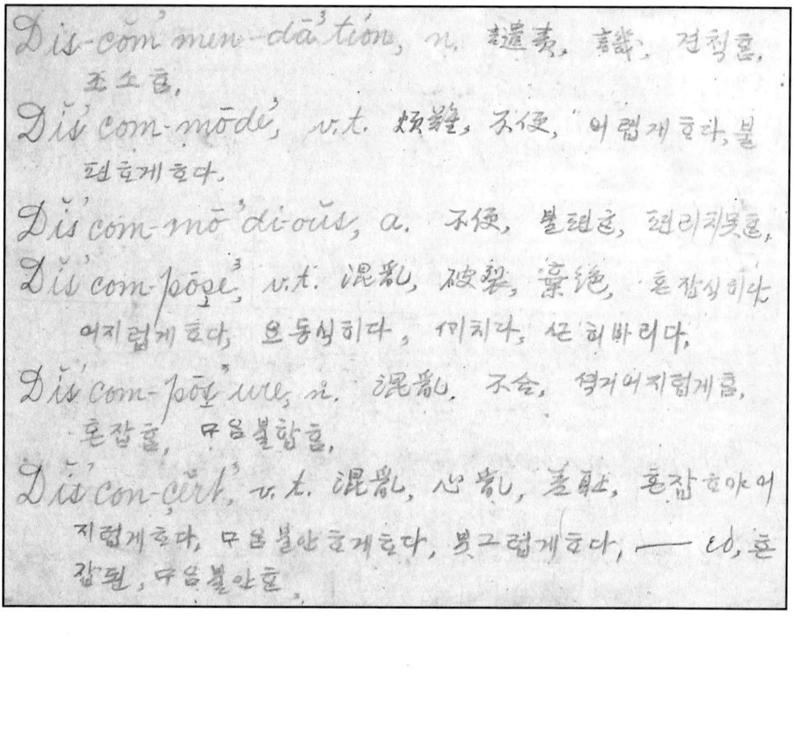

Dis-cŏm'men-dā'tion, n. 譴責, 譏誚, 견척홈,
조소홈.
Dĭs'com-mōde', v.t. 煩難, 不便, 어렵게ᄒᆞ다, 불
편ᄒᆞ게ᄒᆞ다.
Dĭs'com-mō'di-ŭs, a. 不便, 불편ᄒᆞᆫ, 편리치못ᄒᆞᆫ.
Dĭs'com-pōse', v.t. 混亂, 破裂, 棄絶, 혼잡식히다,
어지럽게ᄒᆞ다, 요동식히다, 세치다, 산히바리다.
Dĭs'com-pōs'ure, n. 混亂, 不合, 석거어지럽게홈,
혼잡홈, ᄆᆞ음불합홈.
Dĭs'con-çert', v.t. 混亂, 心亂, 羞恥, 혼잡ᄒᆞ야어
지럽게ᄒᆞ다, ᄆᆞ음불안ᄒᆞ게ᄒᆞ다, 븟그럽게ᄒᆞ다, —— ed, 혼
잡된, ᄆᆞ음불안ᄒᆞᆫ.

Dis'con-cer'tion, n. 混亂, 心亂, 혼잡ᄒᆞ야 어지럽게ᄒᆞᆷ, ᄆᆞ음어지러옴,

Dis'con-form-i-ty, n. 不合式, 법에맛지안이ᄒᆞᆷ, 합당치안이ᄒᆞᆷ,

Dis'con-gru'i-ty, n. 不合, 不適, 합지못ᄒᆞᆷ, 맛당치못ᄒᆞᆷ,

Dis'con-nect', v.t. 分離, 난호다, ᄯᅦ여내다,

Dis'con-nec'tion, n. 分離, 난호여님, ᄯᅥ로ᄯᅦ여님.

Dis-con'so-late, v.t. 不安, 不樂, 悲, 불안ᄒᆞ게ᄒᆞ다, ᄆᆞ음질겁지안케ᄒᆞ다, 슯흐게ᄒᆞ다,

Dis-con'so-la'tion, n. 不樂, 悲, 憂愁, 질겁지안이ᄒᆞᆷ, 슯흠, 근심.

Dis'con-tent, n. 不平, 不滿, ᄆᆞ음불평ᄒᆞᆷ, 풍족치못ᄒᆞᆷ, 흡족지못ᄒᆞᆷ, a. 불평ᄒᆞᆫ, 풍족지못ᄒᆞᆫ, v.t. 풍족지못ᄒᆞ게ᄒᆞ다,

Dis'con-tent'ed-ly, adv. 不滿, 怏怏, 흡족ᄒᆞ지못ᄒᆞ게, 앙앙ᄒᆞ게,

Dis'con-tent'ment, n. 不平, 不滿, 불평ᄒᆞᆷ, 풍족지못ᄒᆞᆷ.

Dis'con-tin'u-ance, n. 不連續, 停止, 연속ᄒᆞ지안이ᄒᆞᆷ, 정지ᄒᆞᆷ, 쉬침, 긋침.

Dis'con-tin'u-a'tion, n. 間斷, 停止, ᄉᆞ이ᄯᅳ기침, 연속ᄒᆞ지안음, 정지ᄒᆞᆷ.

Dis'con-tin'ue, v.t. + v.i. 止, 停, 斷, 긋치다,

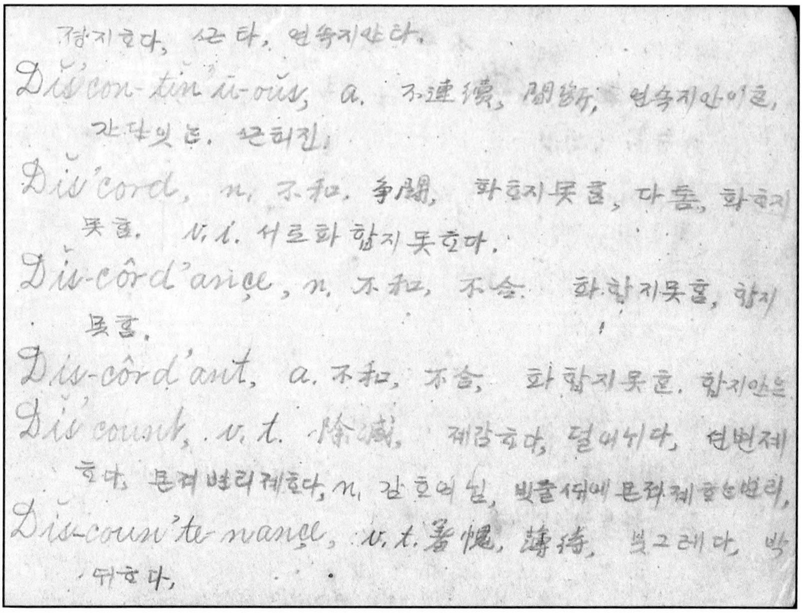

졍지ᄒᆞ다, 쓴다, 연속지안다.
Dis-con-tin'u-ous, a. 不連續, 間斷, 연속지안이ᄒᆞᆫ, 간단잇는, 쓴허진,
Dis'cord, n. 不和, 爭鬪, 화ᄒᆞ지못홈, 다톰, 화ᄒᆞ지못홈. v.i. 서로화합지못ᄒᆞ다.
Dis-côrd'ance, n. 不和, 不合, 화합지못홈, 합지못홈.
Dis-côrd'ant, a. 不和, 不合, 화합지못ᄒᆞᆫ, 합지안는
Dis'count, v.t. 除減, 제감ᄒᆞ다, 덜어내다, 선변제ᄒᆞ다, 몬져변리제ᄒᆞ다, n. 감ᄒᆞ여됨, 빗출젼에몬져제ᄒᆞ는변리,
Dis-coun'te-nance, v.t. 羞愧, 薄待, 붓그레다, 박뒤ᄒᆞ다,

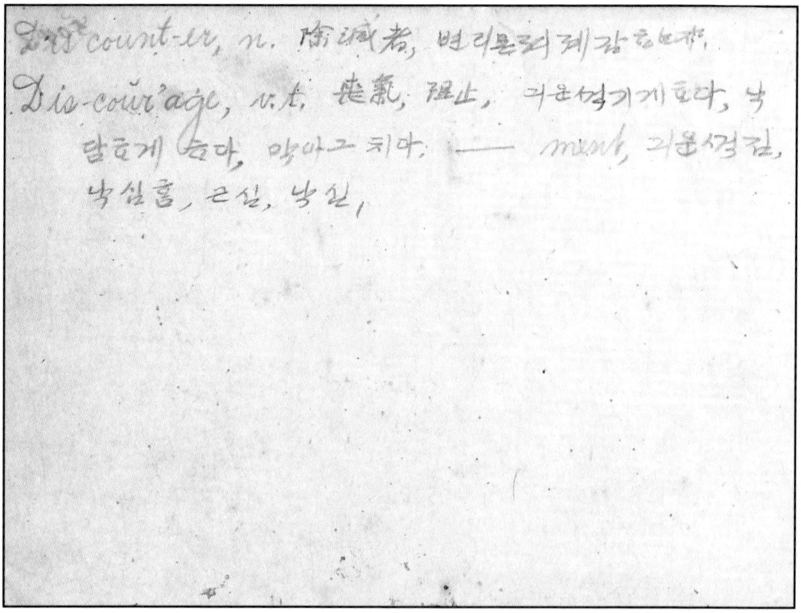

[illegible]count-er, n. 除減者, 변리몬져제감ᄒᆞ는쟈,
Dis-cour'age, v.t. [illegible], 阻止, 긔운썩기게ᄒᆞ다, 낙담ᄒᆞ게ᄒᆞ다, 막아그치다. —— ment, 긔운썩김, 낙심홈, 근심, 낙심,

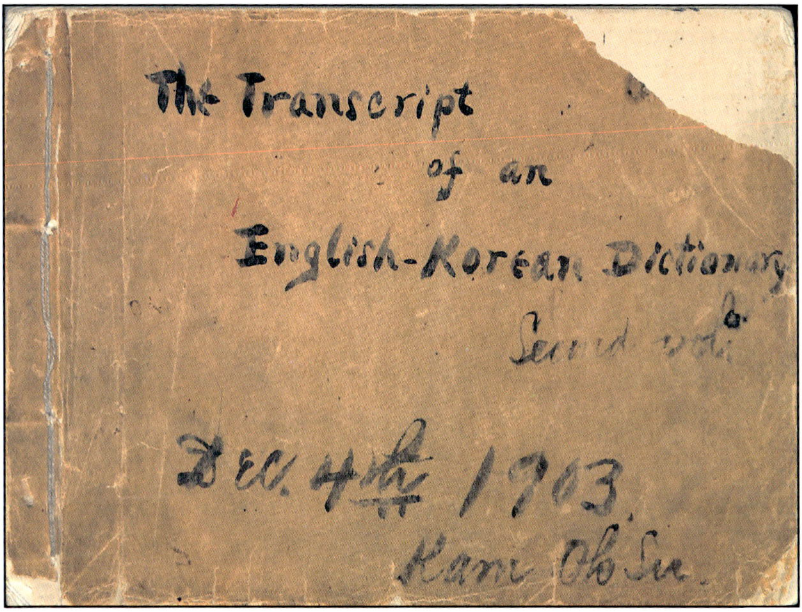
The Transcript
of an
English-Korean Dictionary
Second vol.
Dec. 4th 1903
Kam Ok Sue

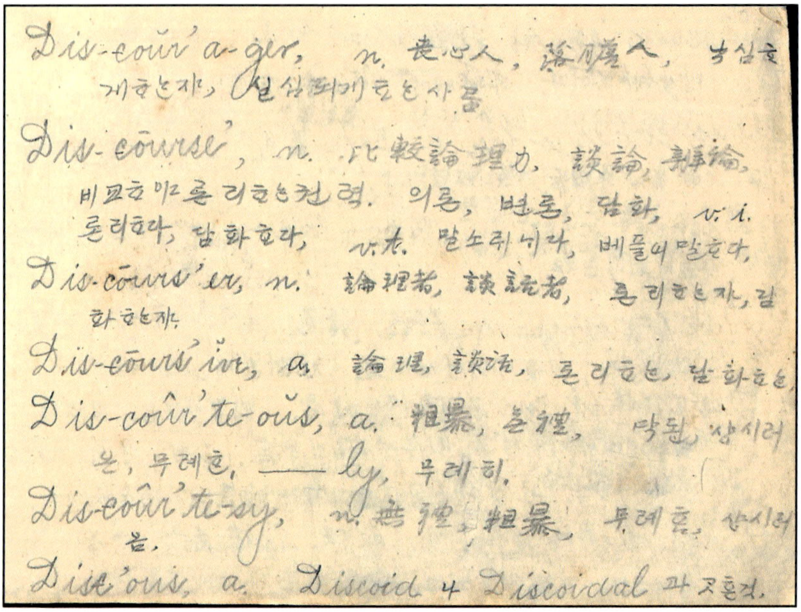
Dis-cour'a-ger, n. 喪心人, 落膽人, 낙심ᄒᆞ게ᄒᆞᄂᆞᆫ자, 실심되게ᄒᆞᄂᆞᆫ사ᄅᆞᆷ
Dis-course', n. 比較論理力, 談論, 辯論, 비교ᄒᆞ야론리ᄒᆞᄂᆞᆫ천력. 의론, 변론, 담화, v. i. 론리ᄒᆞ다, 담화ᄒᆞ다, v. t. 말소리니다, 베플어말ᄒᆞ다,
Dis-cours'er, n. 論理者, 談話者, 론리ᄒᆞᄂᆞᆫ자, 담화ᄒᆞᄂᆞᆫ자.
Dis-cours'ive, a. 論理, 談話, 론리ᄒᆞᄂᆞᆫ, 담화ᄒᆞᄂᆞᆫ,
Dis-cour'te-ous, a. 粗暴, 無禮, 막된, 상시러온, 무례ᄒᆞᆫ, —— ly, 무례히.
Dis-cour'te-sy, n. 無禮, 粗暴, 무례홈, 상시러옴.
Disc'ous, a. Discoid 4 Discoidal 과 ᄀᆞᆺ흔것.

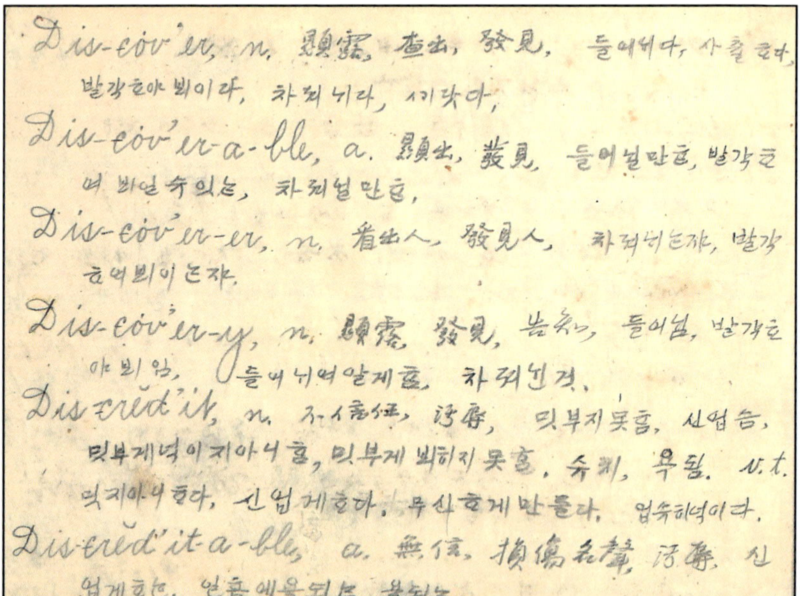
Dis-cov'er, v. 顯露, 查出, 發見, 들어내다, ᄉᆞ출ᄒᆞ다, 발각ᄒᆞ야뵈이다, 차져니다, ᄭᆡ닷다,
Dis-cov'er-a-ble, a. 顯出, 發見, 들어닐만ᄒᆞᆫ, 발각ᄒᆞ여 뵈일수잇ᄂᆞᆫ, 차져닐만ᄒᆞᆫ,
Dis-cov'er-er, n. 看出人, 發見人, 차져니ᄂᆞᆫ자, 발각ᄒᆞ여뵈이ᄂᆞᆫ자.
Dis-cov'er-y, n. 顯露, 發見, 告知, 들어닙, 발각ᄒᆞ야뵈임, 들어니여알게ᄒᆞᆷ, 차져닌것.
Dis-cred'it, n. 不信任, 汚辱, 밋부지못홈, 신업슴, 밋부게녁이지아니ᄒᆞᆷ, 밋부게뵈히지못ᄒᆞᆷ, 슈치, 욕됨. v. t. 밋지아니ᄒᆞ다, 신업게ᄒᆞ다, 무신ᄒᆞ게만들다, 업슈히녁이다.
Dis-cred'it-a-ble, a. 無信, 損傷名聲, 汚辱, 신업게ᄒᆞᄂᆞᆫ, 일홈에욕되ᄂᆞᆫ, 욕되ᄂᆞᆫ.

Dis-creet', a. 能分別, 聰慧, 謹愼, 구별잘ᄒᆞᄂᆞᆫ, 슬긔로온, 조심ᄒᆞᄂᆞᆫ, 삼가ᄂᆞᆫ,

Dis-creet'ly, 謹愼, 삼감으로, 조심스러히.

Dis-crĕp'an-ce, Dis-crĕp'an-cy, n. 不同, 不合, 差別, 곳지아니홈, 불합홈, 다름.

Dis-crĕp'ant, a. 不同, 不合, 곳지안은, 다른, 합지안은.

Dis-crete', a. 區別, 分離, 구별잇ᄂᆞᆫ, 다른, 서로ᄯᅦ여니ᄂᆞᆫ,

Dis-crĕ'tion, n. 聰明, 謹愼, 隨意自行, 총명, 조심, 삼감, 제ᄯᅳᆺ대로ᄒᆞᄂᆞᆫ자유. at Discretion. 의론업시거리ᄭᅵᆫ것업시제ᄯᅳᆺ대로.

Dis-crĕ'tion-al, Dis-crĕ'tion-ar-y, a. 隨意裁制, ᄯᅳᆺ대로결뎡ᄒᆞᄂᆞᆫ.

Dis-crĕ'tion-al-ly, Dis-crĕ'tion-a-ri-ly, adv. 隨意裁制, ᄯᅳᆺ대로, 임의로.

Dis-crē'tive, a. 區別, 구별ᄒᆞᄂᆞᆫ, 서로ᄯᅦ여니ᄂᆞᆫ.

Dis-crĭm'i-nāte, v.t. 辨別, 서로ᄯᅦ여니다, 구별ᄒᆞ다, 특별히표ᄒᆞ야들어나게ᄒᆞ다. v.i. ᄌᆞ세히구별ᄒᆞ다, a. 분별잇ᄂᆞᆫ, —— ly, 분별잇게.

Dis-crĭm'i-nā'tion, n. 辨別, 분변홈, 분변ᄒᆞᄂᆞᆫ지조, 분변ᄒᆞᄂᆞᆫ표.

Dis-crĭm'i-na-tive, a. 辨別, 분변ᄒᆞᄂᆞᆫ, 구별ᄒᆞᄂᆞᆫ, —— ly, 구별잇게, 분변히,

Dis-crĭm'i-nā'tor, n. 辨別人, 분변ᄒᆞᄂᆞᆫ자.

Dis-crĭm'i-na-to-ry, a. 辨別, 분변ᄒᆞᄂᆞᆫ.

Dis-crown', v.t. 王位簒奪, 님군의위를ᄲᅦ앗다.

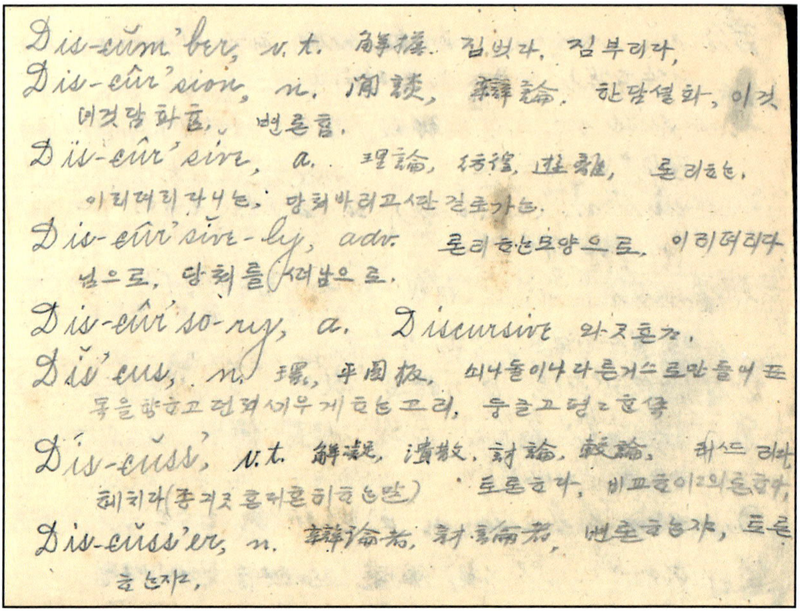

Dis-cŭm'ber, v. t. 解擔. 짐벗다, 짐부리다,

Dis-cûr'sion, n. 閒談, 辯論. 한담셜화, 이것져것담화ᄒᆞᆷ, 변론ᄒᆞᆷ.

Dis-cûr'sive, a. 理論, 彷徨, 遊離, 론리ᄒᆞᄂᆞᆫ, 이리뎌리다니ᄂᆞᆫ, 당쳐바리고ᄉᆡ판길로가ᄂᆞᆫ.

Dis-cûr'sive-ly, adv. 론리ᄒᆞᄂᆞᆫ모양으로, 이리뎌리다님으로, 당쳐를ᄯᅥ남으로.

Dis-cûr'so-ry, a. Discursive 와ᄀᆞᆺᄒᆞᆷ.

Dis'cus, n. 環, 平圓板, 쇠나돌이나다른것으로만들어표목을향ᄒᆞ고던져ᄉᆡ우게ᄒᆞᄂᆞᆫ그릇, 둥글고편편ᄒᆞᆫ것

Dis-cŭss', v. t. 解凝, 潰散, 討論, 較論, 퍼ᄯᅳ리다 헤치다(종긔ᄀᆞᆺᄒᆞᆫ것흘터흔히ᄒᆞᄂᆞᆫ말) 토론ᄒᆞ다, 비교ᄒᆞ야의론ᄒᆞ다,

Dis-cŭss'er, n. 辯論者, 討論者, 변론ᄒᆞᄂᆞᆫ자, 토론ᄒᆞᄂᆞᆫ자,

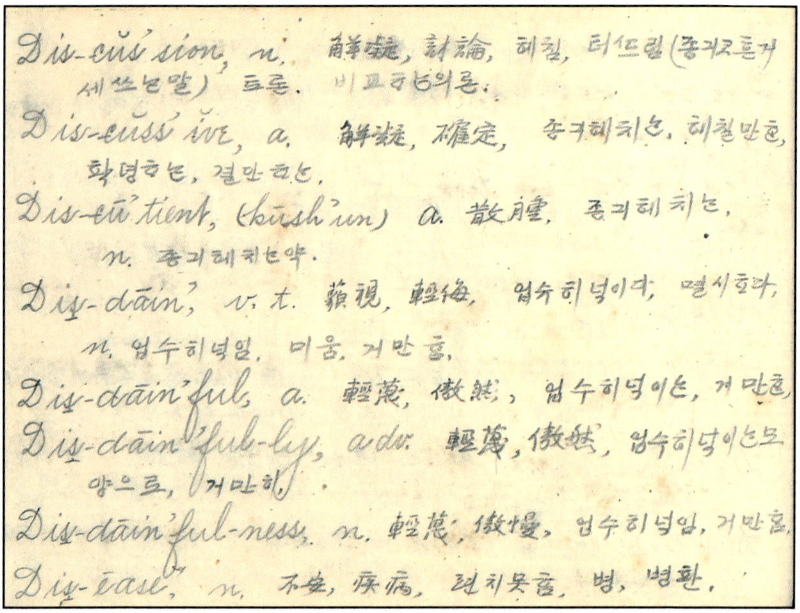

Dis-cŭs'sion, n. 解凝, 討論, 헤침, 터ᄯᅳ림(종긔ᄀᆞᆺᄒᆞᆫ것에쓰ᄂᆞᆫ말) 토론. 비교ᄒᆞᄂᆞᆫ의론.

Dis-cŭss'ive, a. 解凝, 確定, 종긔헤치ᄂᆞᆫ, 헤칠만ᄒᆞᆫ, 확뎡ᄒᆞᄂᆞᆫ, 결단ᄒᆞᄂᆞᆫ.

Dis-cū'tient, (kūsh'un) a. 散腫, 종긔헤치ᄂᆞᆫ, n. 종긔헤치ᄂᆞᆫ약.

Dis-dāin', v. t. 藐視, 輕侮, 업수히넉이다, 멸시ᄒᆞ다, n. 업수히넉임, 미움, 거만ᄒᆞᆷ.

Dis-dāin'ful, a. 輕蔑, 傲然, 업수히넉이ᄂᆞᆫ, 거만ᄒᆞᆫ,

Dis-dāin'ful-ly, adv. 輕蔑, 傲然, 업수히넉이ᄂᆞᆫ모양으로, 거만히.

Dis-dāin'ful-ness, n. 輕蔑, 傲慢, 업수히넉임, 거만ᄒᆞᆷ,

Dis-ēase', n. 不安, 疾病, 편치못ᄒᆞᆷ, 병, 병환.

Dis-ease', v.t. 罹病, 병들니다, 알케ᄒᆞ다.
Dĭs'em-bärk', v.t. & v.i. 下陸, 하륙식히다, 하륙ᄒᆞ다, 륙디에ᄂᆡ리다.
Dis-ĕm'bar-kā'tion, n. 下陸, 하륙ᄒᆞᆷ, 륙디에ᄂᆡ림.
Dĭs'em-bärk'ment, 上同, 웃것와ᄀᆞᆺᄒᆞᆫ것.
Dĭs'em-băr'rass, v.t. 救脫, 脫免困難, 구원ᄒᆞ여버서나다, 곤란을면ᄒᆞ게ᄒᆞ다.
Dĭs'em-băr'rass-ment, n. 脫災, 救出, 어려운것버서남, 구원ᄒᆞ여냄.
Dĭs'em-bŏd'y, v.t. 離脫, 免兵役, 버서지게ᄒᆞ다, 몸에살ᄲᅡ지게ᄒᆞ다, 군뎡면ᄒᆞ다.
Dĭs'em-bōgue', (bōg) v.t. 流出, 시내에귀에흘너ᄂᆡ리듯물내려게ᄒᆞ다.

Dĭs'em-bow'el, v.t. 割出心肝, 창자ᄲᅢ여내다.
Dĭs'em-broil', v.t. 脫免困難, 어려운것면ᄒᆞ게ᄒᆞ다.
Dĭs'em-ploy', v.t. 解雇, 解職, 고용ᄒᆞᆫ소무를버서면ᄒᆞ게ᄒᆞᆷ, —— ment, 직업에서ᄂᆡ러짐.
Dĭs'en-ā'ble, v.t. 使不能, 不合格, 능히ᄒᆞᆯ수업게만드다, 자격에합당치못ᄒᆞ게ᄒᆞ다.
Dĭs'en-chant', v.t. 破除妖術, 요사히유혹ᄒᆞᆷ을시ᄒᆡᆼ못ᄒᆞ게ᄒᆞ다.
Dĭs'en-chant'er, n. 破妖者, 요사히유혹식힘을파ᄒᆞᄂᆞᆫ자,
Dĭs'en-chant'ment, n. 破妖, 요사ᄒᆞᆫ거슬못ᄒᆞ게ᄒᆞᆷ, 요사ᄒᆞᆫ거슬못ᄒᆞ게됨.
Dĭs'en-cŭm'ber, v.t. 救解, 어려운일이나방히되는

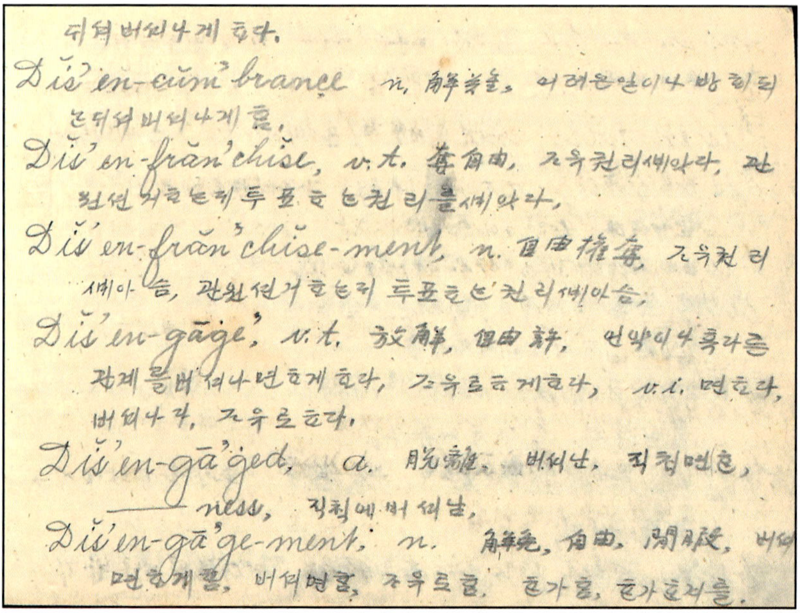

되여버서나게ᄒᆞ다.
Dis'en-cum'brance n. 解脫. 어려운일이나 방해되는되여버서나게ᄒᆞᆷ.
Dis'en-fran'chise, v.t. 奪自由, 자유권리쎄앗다, 관원션거ᄒᆞ는데투표ᄒᆞᄂᆞᆫ권리를쎄앗다.
Dis'en-fran'chise-ment, n. 自由權奪, 자유권리쎄아슴, 관원션거ᄒᆞ는데투표ᄒᆞᄂᆞᆫ권리쎄아슴.
Dis'en-gage', v.t. 放解, 自由許, 언약이나혹다른관계를버서나면ᄒᆞ게ᄒᆞ다, 자유로ᄒᆞ게ᄒᆞ다, v.i. 면ᄒᆞ다, 버셔나다, 자유로ᄒᆞ다.
Dis'en-gaged, a. 脫離. 버서난, 직칙면ᄒᆞᆫ,
——ness, 직칙에버셔남.
Dis'en-ga'ge-ment, n. 解免, 自由, 閒暇, 버서
면ᄒᆞ게ᄒᆞᆷ, 버셔면ᄒᆞᆷ, 자유로ᄒᆞᆷ, ᄒᆞᆫ가ᄒᆞᆷ, ᄒᆞᆫ가ᄒᆞᆫ거를.

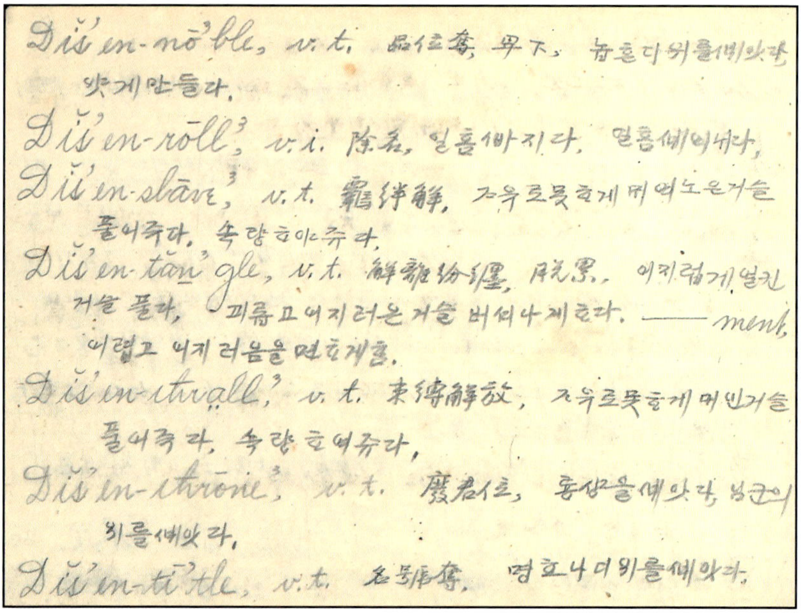

Dis'en-no'ble, v.t. 品位奪, 卑下, 놉흔디위를쎄앗다, 낫게만들다.
Dis'en-roll', v.i. 除名, 일흠ᄈᆞ지다, 일흠쎄여내다,
Dis'en-slave', v.t. 覊絆解, 자유로못ᄒᆞ게ᄆᆡ여노은거슬풀어주다, 속량ᄒᆞ야주다.
Dis'en-tan'gle, v.t. 解離紛纆, 脫累, 어지럽게얼킨거슬풀다, 괴롭고어지러운거슬버셔나게ᄒᆞ다. ——ment, 어렵고어지러움을면ᄒᆞ게ᄒᆞᆷ.
Dis'en-thrall', v.t. 束縛解放, 자유로못ᄒᆞ게ᄆᆡᆫ거슬풀어주다, 속량ᄒᆞ여주다,
Dis'en-throne', v.t. 廢君位, 룡상을쎄앗다, 님군의위를쎄앗다,
Dis'en-ti'tle, v.t. 名號奪, 명호나디위를쎄앗다.

Dĭs′en-tomb′, (tōōm) v.t. 掘墓, 무덤피다.
Dĭs′en-trance′, v.t. 醒起, 攪覺. ᄭᆡ워 불회키다,
정신어리예잠속굿치된뒤에ᄭᆡ우치다.
Dĭs′es-pouse′, v.t. 破婚. 파혼ᄒᆞ다.
Dĭs′es-tăb′lish. v.t. 破壞, 파ᄒᆞ다, 폐ᄒᆞ다, 문허
ᄯᅳ리다, ——ment. 파홈, 폐홈, 업시홈.
Dĭs′es-tēēm′, n. 輕蔑, 嫌惡, 업수히녁임, 멸시홈,
미워홈. v.t. 미워ᄒᆞ다, 멸시ᄒᆞ다.
Dĭs′es-tēēm′er, n. 輕蔑者, 嫌惡者, 업수히녁이는
자, 미워ᄒᆞᄂᆞᆫ자.
Dis-ĕs′ti-mā′tion, n. 輕蔑, 薄待, 嫌惡, 업수히녁임,
박ᄃᆡ홈, 미워홈.
Dis-fā′vor, Dis-fā′vour, n. 嫌惡, 薄待, 失愛

失寵, 미움, 박ᄃᆡ, 정답지아니홈, 무정홈, v.t. 미워
ᄒᆞ다, 총ᄒᆞ고ᄉᆞ랑ᄒᆞ던정을ᄯᅥ러지게ᄒᆞ다,
Dis-fā′vor-a-ble, a. 無情, 薄情, 무정ᄒᆞᆫ, 박정ᄒᆞᆫ,
Dis-fā′vor-a-bly, adv. 無情, 무정히.
Dis-fĭg′ū-rā′tion, n. 容貌毁, 모양상ᄒᆞ게홈,
모양상홈, 모양상ᄒᆞᄂᆞᆫ것.
Dis-fĭg′ūre. v.t. 容貌毁, 모양상ᄒᆞ다, 모양업게ᄒᆞ
다.
Dis-fĭg′ūre-ment, n. 容貌毁, 모양상ᄒᆞ게홈,
모양업슴.
Dis-fôrm′i-ty, n. 不整形狀, 단정치못ᄒᆞᆫ형상.
Dis-frăn′chise, v.t. 民權奪, 自由權奪 빅셩에게
허락ᄒᆞ여준권리를ᄲᅢ앗다. 빅셩의특별ᄒᆞᆫ권리ᄲᅢ앗다.

관원선뎡 홀ᄯᅢ에 투표ᄒᆞᄂᆞᆫ권리나 혹 엇던ᄇᆡᆨ셩의 ᄯᅡ에 살가지ᄂᆞᆫ 권리를ᄲᆡ앗다,

Dis-frăn'chise-ment, n. 民權奪, ᄇᆡᆨ셩의 권리ᄲᆡ앗다, 특별ᄒᆞᆫ권리ᄲᆡ앗다,

Dis-fûr'nish, v.t. 器具奪, 脫衣, 집안에모든셰간ᄲᆡ아셔가다, 옷벗기다,

Dis-găr'ri-son, (sn) v.t. 撤兵, 철병ᄒᆞ다, 군ᄉᆞ것다,

Dis-gôrge', v.t. 吐出, 토ᄒᆞ야내다, 베앗다, 베앗ᄂᆞᆫ것처럼쏫다, 비리로엇은거슬도로내여놋다, —— ment, 토홈, 도로내여노음, 먹엇다가도로주ᄂᆞᆫ것,

Dis-grāçe', n. 失寵, 失恩 失德, 汚辱, 誹謗 은혜나 모아줌을일허바리거나업게됨, 욕, 슈치, 비방, v.t. 미워ᄒᆞ다, 졍의를업시ᄒᆞ다, 믈니치다, 욕되게ᄒᆞ다.

Dis-grāçe'ful, a. 恥辱, 슈치되게ᄒᆞᄂᆞᆫ, 붓그러온, 모양수통시러온, —— ly, 슈치시러히, 모양수통ᄒᆞ게,

Dis-grā'çious, a. 不快樂, 즐겁지못ᄒᆞᆫ, 모양수통ᄒᆞᆫ,

Dis-guīse', v.t. 假裝, 變形, 被酒, 가복장ᄒᆞ다, 거짓거스로모양을변ᄒᆞ다, 위조ᄒᆞ다, 술취ᄒᆞ다. n. 가복장, 거짓흠, 술에약간취ᄒᆞ야모양변홈.

Dis-guīs'ed-ly, adv. 佯托, 거짓, 헛칭탁으로.

Dis-guīs'er, n. 假裝人, 가복장ᄒᆞᆫ사ᄅᆞᆷ, 탈쓴광대.

Dis-gŭst', n. 嫌厭, 憎惡, 구역나고 비위뒤집히게실흔ᄆᆞ음, 미움, v.t. 격분식히다, 비위거사리게ᄒᆞ다.

Dis-gŭst'ful, a. 嫌厭, 비위거사리게격분식히ᄂᆞᆫ. 미운.

Dis-gŭst'ing-ly, adv. 嫌厭, 구역나게실흔모양으로.

Dĭsh, n. 皿, 食品. 음식담ᄂᆞᆫ그릇, 특별ᄒᆞᆫ음식종류, v.t.

그릇세음식담다.

Dis'ha-bille', (dis'a-bil') n. Deshabille 과 ᄀᆞᆺᄒᆞ니 便服, 常服, 평거에입는, 평복,

Dish'cloth, Dish'clout, n. 拭布, 행주, 그릇씻는수건.

Dis-heart'en, (här'tn) v.t. 落心, 絶望, 낙심식히다. ᄇᆞ라던것슬 허스르리다.

Di-shev'el, (shev'l) v.t. 散亂, 머리털것치흣허지게ᄒᆞ다.

Dish'ful, n. (pl. Dish'fuls,) 滿皿, 그릇세가득ᄒᆞᆷ.

Dis-hon'est, (on'est) a. 不正直, 詐僞, 정직지못ᄒᆞᆫ, 진실ᄒᆞ지못ᄒᆞᆫ, 거짓ᄒᆞᆫ. —— ly, 진실치안케, 거짓.

Dis-hon'es-ty, n. 不正直, 不真實, 詐僞, 정직ᄒᆞ지못ᄒᆞᆷ, 진실치아니ᄒᆞᆷ, 거짓ᄒᆞᆷ.

Dis-hon'or, Dis-hon'our, (diz-on'ur) n. 恥辱, 不名譽, 수치, 욕됨, 명예되지못ᄒᆞᆷ. v.t. 욕되게ᄒᆞ다, 명예업시ᄒᆞ다, 염치를상ᄒᆞ다. 갑흘거시나 밧을거슬물니치다.

Dis-hon'or-a-ble, Dis-hon'our-a-ble, a. 不名譽, 恥辱, 醜陋, 명예시럽지못ᄒᆞᆫ, 수치를게ᄒᆞᄂᆞᆫ, 붓그러운, 추ᄒᆞᆫ, 되지못ᄒᆞᆫ. —— ness, 수치러옴, 명예에상ᄒᆞᆷ.

Dis-hon'or-a-bly, Dis-hon'our-a-bly, adv. 沒廉, 恥, 醜陋, 염치업시, 수치로히, 추ᄒᆞ게.

Dis-hu'mor, Dis-hu'mour, n. 怒痲, 노ᄒᆞ기잘ᄒᆞᄂᆞᆫ 성품.

Dis-in'cli-na'tion, n. 嫌厭, 不欲, 실여ᄒᆞᆷ, ᄒᆞ고져아니ᄒᆞᆷ, 미움.

Dis'in-cline', v.t. 厭惡, 미워ᄒᆞᄂᆞᆫ ᄆᆞᄋᆞᆷ나게ᄒᆞ다. 실혀ᄒᆞ게ᄒᆞ다.

Dis'in-fect', v. t. 除毒, 전염병의독기를 졔ᄒᆞ다.
Dis'in-fect'ant, n. 除毒藥, 병젼염ᄒᆞᄂᆞᆫ독긔졔ᄒᆞᄂᆞᆫ약.
Dis'in-fec'tion, n. 除毒, 병젼염ᄒᆞᄂᆞᆫ독긔졔ᄒᆞᆷ.
Dis'in-gen'u-ous, a. 卑劣, 不正直, 不公平, 못된, 감
지ᄂᆞᆫ, 정직지못ᄒᆞᆫ, 공평치못ᄒᆞᆫ. —— ly, 바르지못ᄒᆞ
게, 쳬휼히.
Dis'in-her'i-son, n. 遺產奪 유젼ᄒᆞᄂᆞᆫ지산ᄲᆡ아슴.
Dis'in-her'it, v. t. 遺產奪, 유젼ᄒᆞᄂᆞᆫ지산ᄲᆡ앗다.
Dis'in-her'it-ance, n. Disinherison 과ᄀᆞᆺᄒᆞᆫ즈.
Dis-in'te-gra-ble, a. 分離, ᄇᆞᆫᄒᆞ여여러ᄶᆞ족에될만ᄒᆞᆫ.
Dis-in'te-grate, v. t. 分離, 여러ᄶᆞ족에ᄯᅦ여ᄇᆞᆫᄒᆞ여셔다.
Dis-in'te-gra'tion, n. 分離, ᄇᆞᆫᄒᆞ여여러ᄶᆞ족에남,

ᄯᅡ혜흙으로뎌ᄒᆞᆫ흙이풍우에ᄭᅡ러업셔짐.
Dis'in-ter', v. t. 掘墓, 發露, 뫼를푸다, 무은것ᄭᅥ여내다.
Dis-in'ter-est-ed, a. 無私心, 廉平, 졔리익을도라보지안
ᄂᆞᆫ, 사ᄉᆞ욕심업ᄂᆞᆫ, 공평ᄒᆞᆫ, 쳥렴ᄒᆞᆫ. —— ly, 공평히, 쳥렴히.
Dis-in'ter-est-ed-ness, n. 廉平, 쳥렴ᄒᆞᆷ, 공평ᄒᆞᆷ, 사ᄉᆞ
리익싱각지아니ᄒᆞᆷ.
Dis'in-ter'ment, n. 掘墓, 뫼파여냄.
Dis'in-thrall', v. t. 束縛解放, ᄌᆞ유로못ᄒᆞ게ᄆᆡ여노은것
풀어주다, 속량ᄒᆞ여주다.
Dis'in-thrall'ment, n. 束縛解放, 결박풀어ᄌᆞ유로
ᄒᆞ게ᄒᆞᆷ, 속량ᄒᆞ여줌.
Dis-join', v. t. 分離, ᄯᅦ여내다, ᄇᆞᆫᄒᆞ다, ᄯᅡ로내다. v. i. ᄯᅥ러
져ᄯᅡ로나다.
Dis-joint', v. t. 脫骨, 斷絕, ᄆᆞ듸를익으러ᄯᅳ리다, 합ᄒᆞᆫ

자티ᄯᅥ러지게ᄒᆞ다, ᄯᅦ여니다, ᄯᅡ로니다. v.i. ᄯᅡ로나다,

— ly, ᄯᅡ로히, ᄯᅥ러져셔.

Dis-junct', a. 分離, ᄯᅡ로난, ᄯᅥ러진.

Dis-jŭnc'tion, (jŭnk'shun) n. 分離, ᄯᅡ로ᄯᅦ여딤, 난호여ᄯᅥ러짐.

Dis-jŭnc'tive, a. 分離, ᄯᅦ여시ᄂᆞᆫ. 난호ᄂᆞᆫ, ᄯᅡ로나ᄂᆞᆫ.

— ly, ᄯᅡ로나ᄂᆞᆫ모양으로.

Dis-jŭnc'ture, n. 分離. 난호여님, 난호여님.

Dĭsk, n. 平圓板, 投環, 星面, 葉面, 花心. 둥글고평ᄒᆞᆫ 조희나쇠쪽, 쇠나돌이나혹다른거스로만들어잡ᄂᆞᆫ으로멀니더지ᄂᆞᆫ말둑에시기우게ᄒᆞᄂᆞᆫ고리, 하ᄂᆞᆯ에잇셔사ᄅᆞᆷ의눈에뵈이ᄂᆞᆫ별ᄀᆞᆺᄒᆞᆫ것의앞면, 입사귀의면, 국화ᄀᆞᆺᄒᆞᆫᄭᅩᆺ송이즁심에박인봉.

Dis-like', v.t. 厭惡, 싫여ᄒᆞ다, 미워ᄒᆞ다. n, 미움, 싫흔생각.

Dĭs'lo-cate, v.t. 轉移本位, 移置, 제자리를ᄯᅥ나게

ᄒᆞ다. 옮겨놓다, ᄯᅡ로내다. a. 옮겨노은, ᄯᅡ로난.

Dĭs'lo-cā'tion, n. 轉移本位, 移置, 제자리비ᄯᅥ나게ᄒᆞᆷ, ᄯᅡ로옮겨노음. 바위나ᄯᅡ속에흙이조연히옮겨노힘.

Dis-lŏdge', v.t. 逐出, 轉移, ᄶᅩᆺ처내다, 숨기거나혹쉬ᄂᆞᆫ거슬몰아내다, ᄯᅡ로옮기다.

Dis-lŏdg'ment, (lŏj') n. 逐出, 轉移, ᄶᅩᆺ처냄, ᄯᅡ로옮김.

Dis-loy'al, a. 不忠, 不實, 충셩치못ᄒᆞᆫ, 실상업ᄂᆞᆫ, 거짓스랑ᄒᆞᄂᆞᆫ.

Dis-loy'al-ly, adv. 不忠, 不實, 충셩시럽지안케, 실상업시, 거짓.

Dis-loy'al-ty, n. 不忠, 不實. 충셩치못ᄒᆞᆷ, 신실치못ᄒᆞᆷ. 간사ᄒᆞᆷ.

Dĭs'mal, a. 陰鬱, 悽慘, 憂愁. 눈ᄭᅡ키에침침ᄒᆞᆫ.

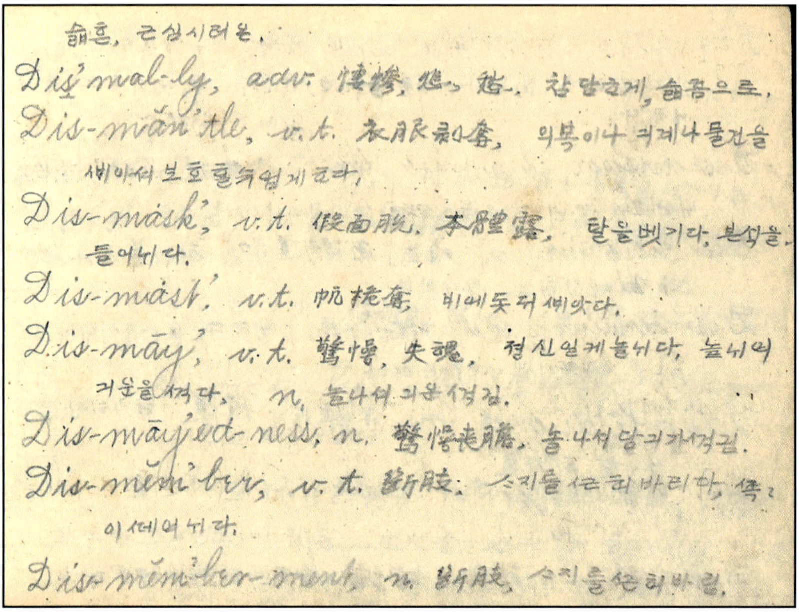

慘ᄒᆞᆫ, 근심시러온.
Dis'mal-ly, adv. 悽慘, 悲ㅅ, 悲ㅡ. 참담ᄒᆞ게, 슯흠으로,
Dis-măn'tle, v.t. 衣服剝奪, 의복이나 긔계나 물건을 ᄲᅢ아서 보호홀슈업게ᄒᆞ다,
Dis-mask', v.t. 假面脫, 本體露, 탈을벗기다, 본식을 들어내다.
Dis-mast', v.t. 帆桅奪, 비에돗대 ᄲᅢ앗다.
Dis-māy', v.t. 驚懼, 失魂, 정신업게놀내다, 놀내여 긔운을셕다, n. 놀나서 긔운셕김.
Dis-māyed-ness, n. 驚懼喪膽, 놀나서 담긔가셕김.
Dis-mĕm'ber, v.t. 斷肢, ᄉᆞ지를 ᄭᅳᆫ허바리다, 쪽ᄶᅩᆨ이 ᄯᅦ여내다.
Dis-mĕm'ber-ment, n. 斷肢, ᄉᆞ지를 ᄭᅳᆫ허바림.

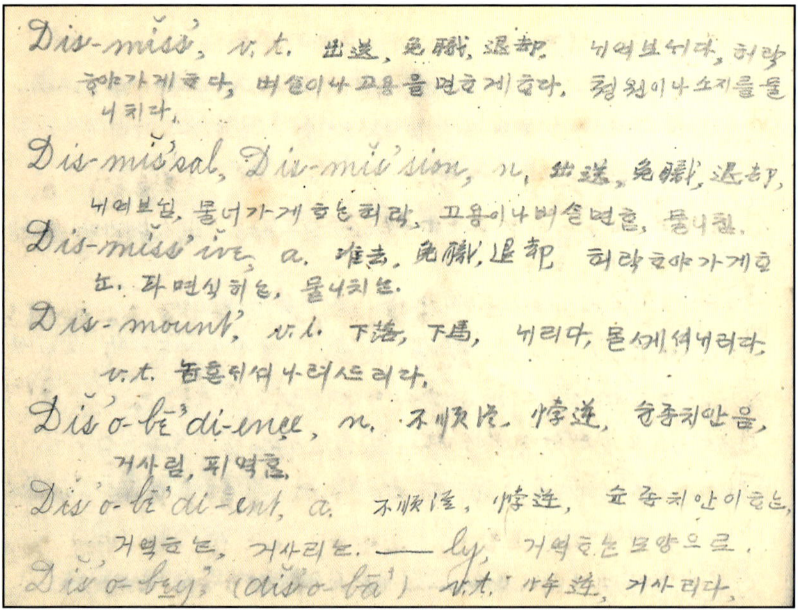

Dis-mĭss', v.t. 出送, 免職, 退却. 내여보내다, 허락ᄒᆞ야가게ᄒᆞ다, 벼슬이나 고용을 면ᄒᆞ게ᄒᆞ다. 쳥원이나 소지를 물니치다.
Dis-mĭs'sal, Dis-mĭs'sion, n. 出送, 免職, 退却, 내여보냄, 물너가게ᄒᆞᄂᆞᆫ 허락, 고용이나 벼슬면홈, 물니침.
Dis-mĭss'ive, a. 准去, 免職, 退却 허락ᄒᆞ야가게ᄒᆞᄂᆞᆫ, 파면식히ᄂᆞᆫ, 물니치ᄂᆞᆫ.
Dis-mount', v.i. 下落, 下馬, 나리다, 몰게셔나리다; v.t. 놉흔ᄃᆡ셔 나려ᄯᅳ리다.
Dĭs'o-bē'di-ence, n. 不順從, 悖逆, 순종치안음, 거사림, 패역홈.
Dis'o-bē'di-ent, a. 不順從, 悖逆, 순종치안이ᄒᆞᄂᆞᆫ, 거역ᄒᆞᄂᆞᆫ, 거사리ᄂᆞᆫ. —ly, 거역ᄒᆞᄂᆞᆫ모양으로.
Dĭs'o-bey' (dĭs'o-bā') v.t. 悖逆, 거사리다,

거역ᄒᆞ다. 항거ᄒᆞ다. v.i. 승종치안타.

Dis-ŏb'li-gā'tion, n. 薄待觸怒, 무졍ᄒᆞ거나무례히 ᄃᆡ졉ᄒᆞ야노ᄒᆞ게ᄒᆞᆷ.

Dis-ŏb'li-ga-to-ry, a. 義務釋, 즉칙을버셔나는.

Dĭs'ob-līge', v.t. 薄待觸怒, 무례ᄒᆞ거나무졍히ᄃᆡ졉ᄒᆞ야 노ᄒᆞ게ᄒᆞ다.

Dĭs'o-blī'ger, n. 薄待觸怒人, 박ᄃᆡᄒᆞ야노ᄒᆞ게ᄒᆞᄂᆞᆫ 사ᄅᆞᆷ

Dĭs'o-blī'ging-ly, adv. 薄待觸怒, 박ᄃᆡᄒᆞ야 노ᄒᆞ게ᄒᆞᄂᆞᆫ모양으로,

Dis-ôr'der, n. 錯亂, 干犯, 搔動, 疾病, 규모와 ᄎᆞ셔업슴, 혼잡됨, 범범ᄒᆞᆷ, 소동됨, 병, 신병, v.t. 셕거어지럽게ᄒᆞ다, — ly, 혼잡ᄒᆞ게, 혼잡ᄒᆞᆫ.

Dis-ôr'gan-i-zā'tion, n. 破壞, 秩序失, 紊亂, 파ᄒᆞᆷ, 문허ᄯᅳ림, 조직ᄒᆞᆫ규모나긔관을업시ᄒᆞᆷ, 혼잡ᄒᆞ고문 란ᄒᆞ게만듬, 혼잡ᄒᆞ게됨.

Dis-ôr'gan-ise, v.t. 破壞, 秩序亂, 紊亂, 파ᄒᆞ다, 문허ᄯᅳ리다, 조직ᄒᆞᆫ규모나긔관을업시ᄒᆞ다, 혼잡식히다,

Dis-ôr'gan-iser, n. 破壞者, 秩序亂人, 파ᄒᆞᄂᆞᆫ쟈, ᄎᆞ셔어지럽게ᄒᆞᄂᆞᆫ쟈, 혼잡ᄒᆞ게ᄒᆞᄂᆞᆫ쟈,

Dis-ōwn', v.t. 否, 拒, 非認, 아니라고ᄒᆞ다, 허락아니ᄒᆞ다, 올타고아니ᄒᆞ다, — ment, 아니라고ᄒᆞᆷ, 허락아니ᄒᆞᆷ,

Dis-păr'age, v.t. 卑下, 輕蔑, 약히지게ᄒᆞ다, 약ᄒᆞᆫ것 과비교ᄒᆞ야욕되게ᄒᆞ다, 약게ᄒᆞᆫ인ᄒᆞ야쳔ᄒᆞ게만들다, 업슈히넉이다,

Dis-pă'age-ment, n. 卑下, 輕蔑, 약게ᄒᆞᆷ, 약ᄒᆞᆫ것과비교 ᄒᆞ야쳔ᄒᆞ게만듬, 약게ᄒᆞᆫ인ᄒᆞ야욕되게ᄒᆞᆷ, 업슈히녁임,

Dis-păr'ag-er, n. 恥辱者, 욕되게ᄒᆞᄂᆞᆫ쟈, 쳔ᄒᆞ게만

드는 자,

Dis'par-ate, a. 不同, 差異, 다른, 굿지안이ᄒᆞᆫ.

Dis-păr'i-ty, n. 差異, 굿지안이홈, 다름(나히나 벼슬이나 나희나 품수에ᄒᆞ는말).

Dis-pärk', v.t. 開放, 벌어놋타, 즈유로ᄒᆞ게열아노타.

Dis-pärt', v.t. & v.i. 分離, 난호이시다, 떼어니다.

Dis-păs'sion, n. 平氣, 不動, 無情, 졍욕에쁠니지안이홈, ᄆᆞ음동치안이홈, 무졍홈.

Dis-păs'sion-ate, a. 氣平, 不動, 無情, 졍에쁠니지안는, ᄆᆞ음동치안는, 무졍ᄒᆞᆫ. —ly, 무졍히, ᄆᆞ음침졍ᄒᆞ게.

Dis-pătch', Des-pătch', v.t. 特派, 急送, 除, 殺, 完結, 특별파송ᄒᆞ다, 사신이나신부를급히보니다, 제ᄒᆞ여업시ᄒᆞ다, 죽이다, 조쳐ᄒᆞ다, 급히ᄒᆞ다. n. 급히파송홈, 급히홈, 급히보니는글이나휘고문.

Dis-pătch'er, n. 特派者, 急遣者, 殺人, 除人, 急辦人, 특별히파송ᄒᆞ는자, 급히보니는자, 죽이는사ᄅᆞᆷ, 제ᄒᆞ는사ᄅᆞᆷ, 급히판단ᄒᆞ는자.

Dis-pătch'ful, a. 急速, 급ᄒᆞᆫ, 속히ᄒᆞ는.

Dis-pĕl', v.t. 逐出, 쫏처니다, 업시ᄒᆞ다.

Dis-pĕn'sa-ble, a. 分配, 適用, 분배될만ᄒᆞᆫ, 합당ᄒᆞ게마초아쓸만ᄒᆞᆫ.

Dis-pĕn'sa-ry, n. 施藥局, 가난ᄒᆞᆫ사ᄅᆞᆷ들의게공히약도주고방문도니여주는곳.

Dĭs'pen-sā'tion, n. 分與, 特許, 난호이홈(하ᄂᆞ님ᄭᅴ서세상사ᄅᆞᆷ의게주신이나신구약과률법에혼히쓰는말) 특별히허락홈, 특별히허락맛흔표.

Dis-pĕn'sa-tive, a. 特許, 分與, 특별히허락ᄒᆞ는, 주는. —ly, 특별ᄒᆞᆫ허락으로.

Dĭs'pen-sā'tor, n. 頒給者, 許可者, 분배ᄒᆞ야주

ᄂᆞᆫ 자, 특별히 허락ᄒᆞᄂᆞᆫ 자.

Dis-pĕn'sa-to-ry, a. 特許, 특별히 허락ᄒᆞᄂᆞᆫ.

Dis-pĕnse', v. t. 分配, 適用, 施行, 분배ᄒᆞ다, 합당ᄒᆞ게 쓰다, 시행ᄒᆞ다. To dispense with, 중지ᄒᆞ다, 곳치다.

Dis-pĕns'er, n. 分配人. 난호아주ᄂᆞᆫ 자, 허락ᄒᆞᄂᆞᆫ 자,

Dis-pēo'ple, (pē'pl) v. t. 人民絶, 백셩 업게 만드다,

Dis-pĕrse', v. t. 傳播. 解散. 전파ᄒᆞ다, 학문이나 빗흘여러 전파ᄒᆞ다, 헤치다, 업시ᄒᆞ다. v. i. 흣허지다, 업서지다.

Dis-pĕrs'er, n. 傳播人, 解散者, 전파ᄒᆞᄂᆞᆫ 자, 헤치ᄂᆞᆫ 자.

Dis-pĕr'sion, n. 傳播, 分散, 전파홈, 널니퍼짐, 흣허짐.

Dis-pĭr'it, v. t. 挫氣, 落心, 긔운 썩다, 낙심되게ᄒᆞ다,

Dis-pĭr'it-ed, a. 挫氣, 落心, 긔운 썩긴, 낙심된,

—— ly, 긔운 썩긴 모양으로.

Dis-plāce', v. t. 移置, 換置, 排斥, 옮겨노다, 밧고아두다, 어지럽게ᄒᆞ다, 물니치다, 파면식히다.

Dis-plănt', v. t. 移植, 拔去. 옴겨심으다, 다른자리로옴기다.

Dis'plan-tā'tion, n. 移植. 옮겨심음, 자리옴김.

Dis-plāy', v. t. 展開, 表明, 陳列, 널니펴다, 들어내여보게ᄒᆞ다, 나타내다. n. 열어노음, 들쳐냄, 나타냄, 들어내여뵈임.

Dis-plēase', v. t. 犯怒, 질겁지안케ᄒᆞ다, 성내게ᄒᆞ다, v. i. 질거워안이ᄒᆞ다, 성내다.

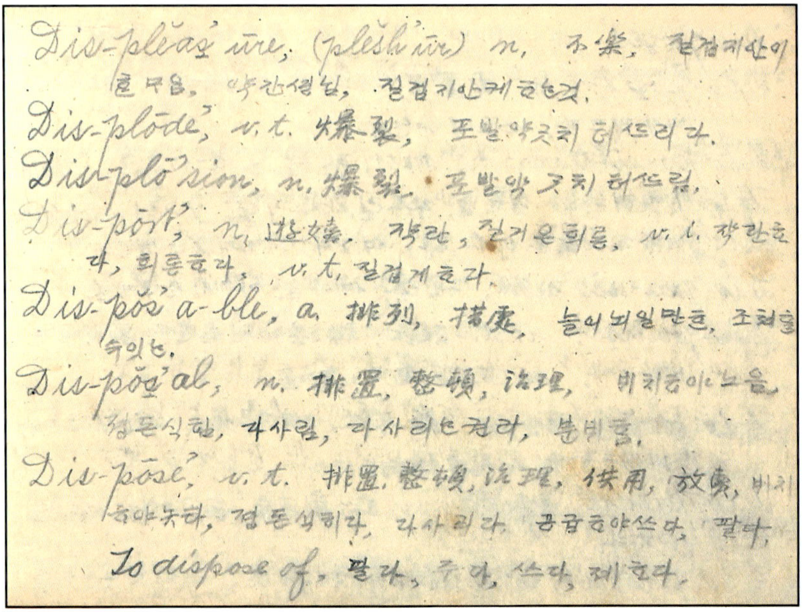

Dis-pleas'ure, (plesh'ure) n. 不樂, 질겁지 안이 흔 무음, 약간 셩남, 질겁지 안케 흐는 것.
Dis-plōde', v.t. 爆裂, 포발약 굿치 허트리다.
Dis-plō'sion, n. 爆裂, 포발약 굿치 허트림.
Dis-pōrt', n. 遊嬉, 작란, 질거온 희롱. v.i. 작란흐다, 희롱흐다. v.t. 질겁게 흐다.
Dis-pōs'a-ble, a. 排列, 措處, 늘어 뇌일 만흔, 조쳐홀 수 잇는.
Dis-pōs'al, n. 排置, 整頓, 治理, 비치흐야 노음, 정돈식힘, 다사림, 다사리는 권리, 분비흠.
Dis-pōse', v.t. 排置, 整頓, 治理, 使用, 放賣, 비치흐야 놋다, 정돈식히다, 다사리다, 공급흐야 쓰다, 팔다.
To dispose of, 팔다, 주다, 쓰다, 제흐다.

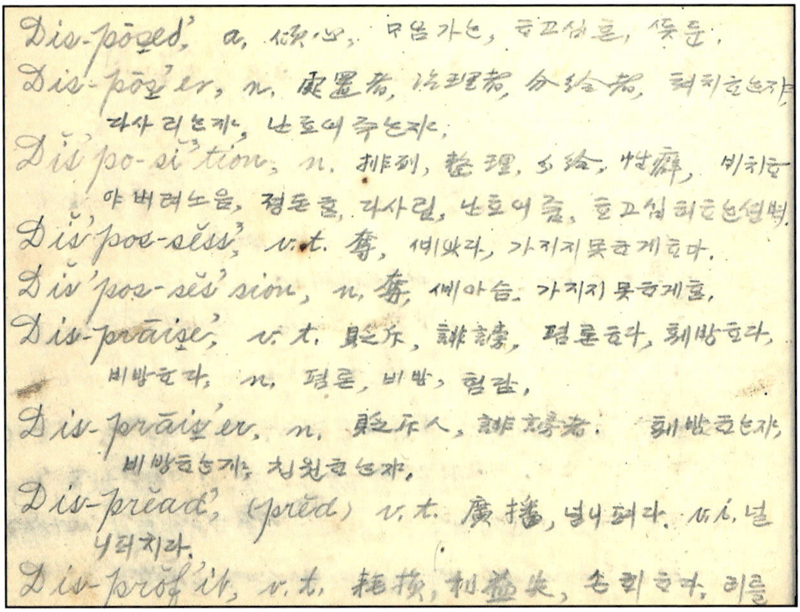

Dis-pōsed', a. 心願, 무음 가는, 흐고 십흔, 뜻 둔.
Dis-pōs'er, n. 處置者, 治理者, 分給者, 처치흐는 자, 다사리는 자, 난호어 주는 자.
Dis'po-si'tion, n. 排列, 整理, 分給, 性癖, 비치흐야 버려 노음, 정돈흠, 다사림, 난호어 줌, 흐고 십허흐는 셩벽.
Dis'pos-sĕss', v.t. 奪, 쎄앗다, 가지지 못흐게 흐다.
Dis'pos-sĕs'sion, n. 奪, 쎄아슴, 가지지 못흐게 흠.
Dis-praise', v.t. 貶斥, 誹謗, 평론흐다, 훼방흐다, 비방흐다. n. 평론, 비방, 험담.
Dis-prais'er, n. 貶斥人, 誹謗者. 훼방흐는 자, 비방흐는 자, 칭원흐는 자.
Dis-prĕad', (sprĕd) v.t. 廣播, 널니 펴다. v.i. 널니 퍼치다.
Dis-prof'it, v.t. 耗損, 利益失, 손해흐다, 리를

벌다,

Dis-proof', n. 證誤, 駁辯, 잘못ᄒᆞᆫ쥴로증거홈, 변박ᄒᆞᄂᆞᆫ의론.

Dĭs'pro-pōr'tion, n. 不均合, 不相適, 고로게맛지안이홈, 서로맛지못홈, ᄀᆞᆺ지안이홈, v. t. 맛지안게ᄒᆞ다.

Dĭs'pro-pōr'tion-a-ble, a. 不均合, 不相適, 고로게합지못ᄒᆞᄂᆞᆫ, 서로맛지안이ᄒᆞᄂᆞᆫ,

Dĭs'pro-pōr'tion-a-bly, adv. 不均合, 不相適, 고로게합지못홈으로, 서로ᄀᆞᆺ지안게,

Dĭs'pro-pōr'tion-al, a. 不均合, 不相稱, 고로게합지안이ᄒᆞᄂᆞᆫ, 서로맛지안는. —— ly, 서로맛지안게.

Dĭs'pro-pōr'tion-ate. Disproportional과 ᄀᆞᆺᄒᆞᆫ거.

Dĭs'pro-pōr'tion-ate-ly, Disproportionally와 ᄀᆞᆺᄒᆞᆫ거.

Dis-prov'a-ble, a. 證誤, 辯駁, 그른쥴로증거될만ᄒᆞᆫ, 변박ᄒᆞᆯ의론ᄒᆞᆫ.

Dis-prove', v. t. 證誤, 辯駁, 그른쥴로증거ᄒᆞ다, 변박ᄒᆞ야의론ᄒᆞ다,

Dis-prov'er, n. 證誤人, 辯駁人, 그른쥴로증거ᄒᆞᄂᆞᆫ자, 변론ᄒᆞᄂᆞᆫ사ᄅᆞᆷ.

Dĭs'pu-ta-ble, a. 爭論, 의론ᄒᆞ야다톨만ᄒᆞᆫ, 론란들을만ᄒᆞᆫ.

Dĭs'pu-tant, n. 爭論者, 다토며의론ᄒᆞᄂᆞᆫ자.

Dĭs'pu-tā'tion, n. 爭論, 다토며의론홈, 론란,

Dĭs'pu-tā'tious, (tā'shus) Dis-pū'ta-tive, a. 辯論好, 변론ᄒᆞ기도하ᄒᆞᄂᆞᆫ, 다토기잘ᄒᆞᄂᆞᆫ.

Dis-pūte', v. t. & v. i. 爭論, 다토며의론ᄒᆞ다, 론

란ᄒᆞ다, n. 혼란, 반덕시비. Without dispute, or beyond dispute, 시비나 반ᄃᆡ 업시.

Dis-put'er, n. 爭論者, 다토아 의론ᄒᆞᄂᆞᆫ 자, 토론ᄒᆞᄂᆞᆫ 자;

Dis-qual'i-fi-cā'tion, n. 能力奪, 資格不合, 무ᄉᆞᆷ 재질 ᄒᆞᆯ 만ᄒᆞᆫ 지조나 힘을 업시ᄒᆞᆷ, 자격에 합당치 못ᄒᆞᆷ, ᄒᆞᆯ 수 업게 만드ᄂᆞᆫ 것.

Dis-qual'i-fy, v.t. 不適合, 能力奪, 합당치 못ᄒᆞ게 만드다, 능히 ᄒᆞᆯ 수 업게 만드다, 지조나 능력을 ᄲᅢ앗다.

Dis-quī'et, v.t. 煩悶, 편안치 못ᄒᆞ게 ᄒᆞ다, 소동식히다, n. 편안치 못ᄒᆞᆷ, 종용치 못ᄒᆞᆷ. — ly, 편안치 못ᄒᆞ게.

Dis-quī'et-ness, Dis-quī'e-tūde, n. 不安, 煩悶, 편안치 못ᄒᆞᆷ, 종용치 안이ᄒᆞᆷ, 번뇌ᄒᆞᆷ.

Dĭs'qui-sĭ'tion, n. 研究, 강론ᄒᆞᆷ, 리치궁구ᄒᆞᆷ, 론리.

Dĭs'qui-sĭ'tion-a-ry, a. 研究, 연구ᄒᆞᄂᆞᆫ, 리치궁구ᄒᆞᄂᆞᆫ,

Dis-quĭs'i-tive, a. 研究, 연구ᄒᆞ기 됴하ᄒᆞᄂᆞᆫ, 리치궁구ᄒᆞᄂᆞᆫ.

Dĭs're-gärd', v.t. 不顧念, 輕視, 도라보지 안이ᄒᆞ다, ᄉᆡᆼ각지 안타, 대ᄉᆞ롭지 안케 녁이다. n. 도라보지 안음.

Dis-rĕl'ish, n. 無味, 嫌惡, 무미ᄒᆞᆷ, 미움, 실흠, 괴악ᄒᆞᆫ 맛, v.t. 맛드리지 못ᄒᆞ다, 즐기지 안타, 실여ᄒᆞ다,

Dis-rĕp'ū-ta-ble, a. 卑劣, 醜陋, 辱ᄒᆞᆫ, 모양사나온, 명예롭지 못ᄒᆞᆫ, 욕되게 ᄒᆞᄂᆞᆫ.

Dis-rĕp'ū-ta-bly, adv. 卑劣, 醜陋, 辱ᄒᆞ게, 수통히, 명예 ᄲᅢ 예ᄒᆡ롭게.

Dis-rĕp'u-tā'tion, } 醜名; 恥辱, 명예업서짐, 드러온일
Dĭs're-pute', } ᄒᆞᆷ, 수치, 욕됨.

Dĭs're-spĕct', n. 不恭, 無禮, 輕蔑, 공손치못ᄒᆞᆷ, 무례ᄒᆞᆷ, 실례ᄒᆞᆷ, 거만ᄒᆞᆷ, 업수히넉임.

Dĭs're-spĕct'ful, a. 不敬, 無禮, 공손치못ᄒᆞᆫ, 무례ᄒᆞᆫ, ——ly, 무례히, 공손치못ᄒᆞ게.

Dis-rōbe', v. t. 剝奪, 의복벗겨ᄲᅢ앗다, 영광시러온거시나 혹 화려ᄒᆞᆫ거슬업시ᄒᆞ다.

Dis-rōōt', v. t. 拔根, ᄲᅮ리를ᄲᅢ다, 거근식히다.

Dis-rŭpt', a. 破裂, ᄶᅵ여진, ᄶᅵ저진.

Dis-rŭp'tion } 破裂, ᄶᅵ트림, ᄶᅵ즘; ᄶᅵ저짐.
Dis-rŭpt'ūre }

Dis-săt'is-făc'tion, n. 不滿, 不快, ᄆᆞ음에넉ᄂᆞ지못ᄒᆞᆷ, 흡족지못ᄒᆞᆷ, 쾌락지못ᄒᆞᆷ, 질겁지못ᄒᆞᆷ.

Dis-săt'is-făc'to-ry, a. 不滿, 不快, ᄆᆞ음에넉ᄂᆞ지못ᄒᆞᆫ, 상쾌치못ᄒᆞᆫ, 질겁지안은.

Dĭs-săt'is-fy, v. t. 不滿, 不快, ᄆᆞ음을흡족지못ᄒᆞ게ᄒᆞ다, 상쾌치못ᄒᆞ게ᄒᆞ다.

Dis-sĕct', v. t. 解剖, 쪽쪽이ᄶᅦ여내다, 초목이나금수를분석ᄒᆞ기위ᄒᆞ야ᄯᅡ로ᄯᅡ로ᄶᅦ여내다, 자세히분석ᄒᆞ다.

Dis-sĕct'i-ble, a. 分解, 분석ᄒᆞᆯ만ᄒᆞᆫ.

Dis-sĕc'tion, n. 解剖, 分割, 쪽쪽이ᄶᅦ여냄, 초목이나금수를쪽쪽이갈나분석ᄒᆞᆷ, ᄯᅡ로ᄯᅡ로버혀냄.

Dis-sĕct'or, n. 解剖者, 쪽쪽이ᄶᅦ여분석ᄒᆞᄂᆞᆫ자.

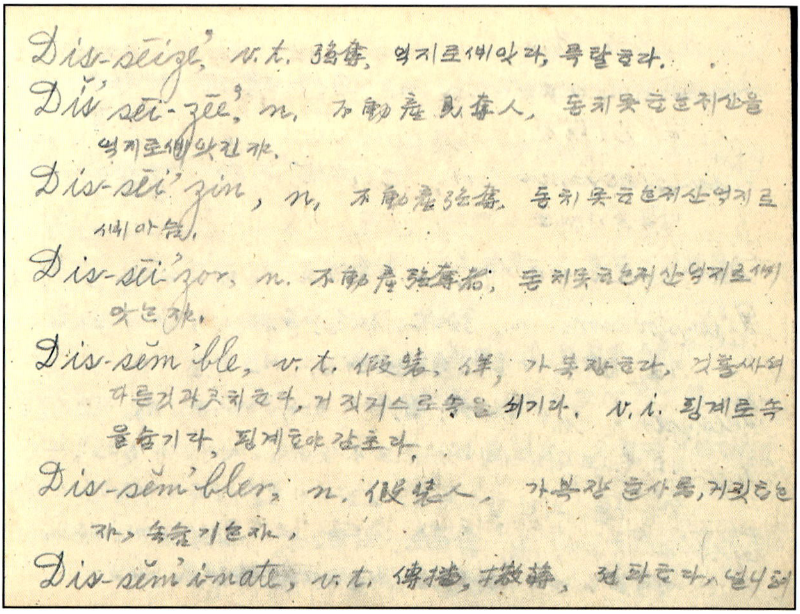

Dis-seize', v.t. 強奪, 억지로세앗다, 륵탈ᄒᆞ다.
Dis-sei-zee', n. 不動產見奪人, 동치못ᄒᆞᄂᆞᆫ지산을
억지로세앗긴자.
Dis-sei'zin, n. 不動產強奪, 동치못ᄒᆞᄂᆞᆫ지산억지로
세아슴.
Dis-sei'zor, n. 不動產強奪者, 동치못ᄒᆞᄂᆞᆫ지산억지로세
앗ᄂᆞᆫ자.
Dis-sĕm'ble, v.t. 假裝, 佯, 가복장ᄒᆞ다, 거롤ᄭᅮ며
다른것과ᄀᆞᆺ치ᄒᆞ다, 거짓지스로속을숨기다. v.i. 핑계로속
을숨기다, 핑계ᄒᆞ야감초다.
Dis-sĕm'bler, n. 假裝人, 가복장ᄒᆞᄂᆞᆫ사ᄅᆞᆷ, 거짓ᄒᆞᄂᆞᆫ
자, 속숨기ᄂᆞᆫ자.
Dis-sĕm'i-nate, v.t. 傳播, 撒播, 전파ᄒᆞ다, 널니펴

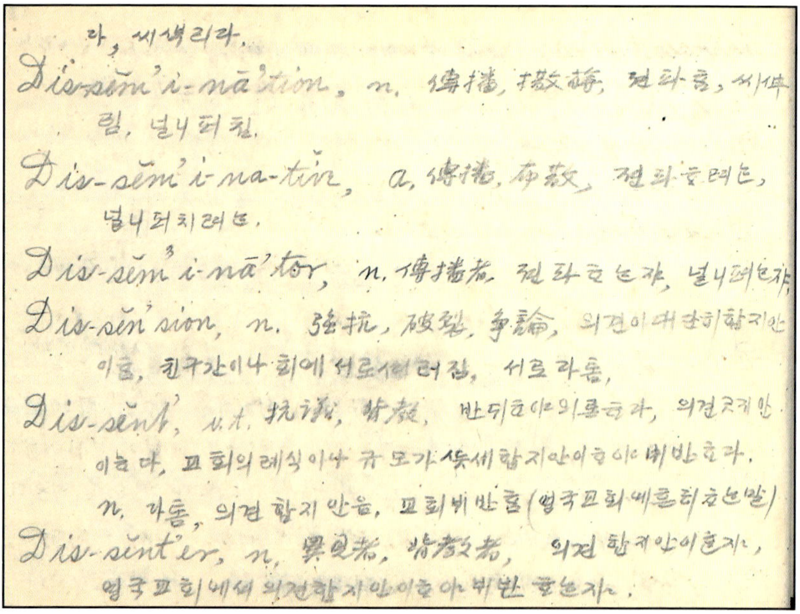

다, 씨섀리다.
Dis-sĕm'i-nā'tion, n. 傳播, 撒播, 전파ᄒᆞᆷ, 씨ᄲᅮ
림, 널니펴침.
Dis-sĕm'i-na-tive, a. 傳播, 布散, 전파ᄒᆞ려ᄂᆞᆫ,
널니펴치려ᄂᆞᆫ.
Dis-sĕm'i-nā'tor, n. 傳播者, 전파ᄒᆞᄂᆞᆫ자, 널니펴ᄂᆞᆫ자,
Dis-sĕn'sion, n. 強抗, 破裂, 爭論, 의견이대걱히합지안
이ᄒᆞᆷ, 친구간이나회에서로ᄯᅥ러짐, 서로다톰,
Dis-sĕnt', v.t. 抗議, 背敎, 반디ᄒᆞ야의론ᄒᆞ다, 의견ᄀᆞᆺ지안
이ᄒᆞ다, 교회의례식이나규모가셔세합지안이ᄒᆞ야배반ᄒᆞ다.
n. 다톰, 의견합지안음, 교회배반ᄒᆞᆷ(영국교회에흔히쓰ᄂᆞᆫ말)
Dis-sĕnt'er, n. 異見者, 背敎者, 의견합지안이ᄒᆞᆫ자,
영국교회에서의견합지안이ᄒᆞ야배반ᄒᆞᄂᆞᆫ자.

Dis-sĕn'tient, (sĕn'shunt) a. 異見, 의견합지안이ᄒᆞᄂᆞᆫ, 뜻합지안이ᄒᆞᆷ을들어내여말ᄒᆞᄂᆞᆫ. n. 의견합지안이ᄒᆞᆷ을들어내여말ᄒᆞᄂᆞᆫ자.

Dĭs'ser-tā'tion, n. 推論, 뜻슬연구ᄒᆞᄂᆞᆫ의론, 연구ᄒᆞᄂᆞᆫ강론.

Dis-sẽrve', v.t. 傷害, 상케ᄒᆞ다, ᄒᆡᄒᆞ다.

Dis-sẽrv'içe, n. 傷害, 상케ᄒᆞᆷ, 손ᄒᆡᄒᆞᆷ, 잘못ᄒᆞᆷ.

Dis-sẽrv'içe-a-ble, a. 傷害, 상케ᄒᆞᄂᆞᆫ, ᄒᆡ롭게ᄒᆞᄂᆞᆫ.

Dis-sĕv'er, v.t. 分裂, 떼여ᄂᆡ다, 난호다, ᄯᅥ러ᄂᆡ다.

Dis-sĕv'er-ançe, n. 分裂, 떼여ᄂᆡᆷ, 난호여ᄂᆡᆷ.

Dĭs'si-dençe, n. 不合, 의견불합ᄒᆞᆷ, 교회에의견합지안이ᄒᆞ야비반ᄒᆞᆷ.

Dĭs'si-dent, a. 不合, 의견합지안ᄂᆞᆫ, n. 의견합지안ᄂᆞᆫ자, 교회배반ᄒᆞᄂᆞᆫ자, 반ᄃᆡᄒᆞᄂᆞᆫ자.

Dis-sĭm'i-lar, a. 不同, ᄀᆞᆺ지안은, 다른, 구별잇ᄂᆞᆫ.

Dis-sĭm'i-lăr'i-ty, n. 不同, ᄀᆞᆺ지안이ᄒᆞᆷ, 다름.

Dis-sĭm'i-lar-ly, adv. 不同, ᄀᆞᆺ지안케, 다르게.

Dĭs'si-mĭl'i-tude, Dissimilarity 와ᄀᆞᆺᄒᆞᆫ자.

Dis-sĭm'u-lāte, v.i. 假裝, 겉를덥허속을숨기다, 거짓ᄒᆞ다, 핑계ᄒᆞ다.

Dis-sĭm'u-lā'tion, n. 假裝, 다른것과ᄀᆞᆺ치ᄒᆞ야속을감촘, 핑계ᄒᆞᆷ, 거짓착ᄒᆞᆫ톄ᄒᆞᆷ.

Dis-sĭm'ū-ler, n. 偽君人, 偽善者, 핑계ᄒᆞᄂᆞᆫ자, 거짓착ᄒᆞᆫ톄ᄒᆞᄂᆞᆫ자.

Dĭs'si-pate, v.t. 分散, 浪費, 난호여헤치다, 부절업시허비ᄒᆞ다.

Dĭs'si-pā'tion, n. 分散, 浪費, 放蕩, 난호여헤침,

흣허짐, 부질업시허비훔, 방탕훔.

Dis-sō'ci-a-ble, a. 不交, 不合. 사괴기어려온, 합동 후기어려온.

Dis-sō'cial, a. 不合群, 여러모힌즁에셔 합후지안는, 반대후는, 서로의기도하는.

Dis-sō'ci-āte, v. t. 分離, 난호다, 서로나다,

Dis-sō'ci-ā'tion, n. 分離, 난호여넘, 써러져감, 화학에물건분석후여넘.

Dĭs'so-lu-ble, a. 分析, 鎔化. 분셕홀만훈, 녹일만훈,

Dĭs'so-lute, a. 放蕩, 淫逸, 방탕훈, 사치음란훈.

Dĭs'so-lute-ly, adv. 放蕩, 淫奢, 방탕히, 음란사치 훈게,

Dĭs'so-lute-ness, n. 放蕩, 방탕훔, 음난사치훔.

Dis'so-lū'tion, n. 解, 鎔化, 解散, [illegible], 滅亡, 서로서로써여넘, 녹임, 분셕훔, 나라일의 [illegible]는국회를 헤쳐파훔. 죽음, 멸망훔.

Dis-sŏlv'a-ble, a. 解散, 鎔化, 分絶, 廢弛, 헤칠만훈, 풀어널만훈, 녹일만훈, 서로난홀만훈, 쓴커나 시기쳐널만훈, 폐홀만훈, 업시홀만훈.

Dis-sŏlve', v. t. 解散, 鎔化, 分絶, 廢弛, 헤쳐보너다, 풀어너다, 녹이다, 스근히너다, 써여너다, 폐후다, 업시후다, v. i. 업셔지다, 풀어지다, 허여지다, 녹다,

Dis-sŏlv'ent, a. 分解力, 녹이거나 분셕후거나 풀어널힘이는. n. 녹일만훈힘잇는것.

Dis-sŏlv'er, n. 分解者, 풀어너는것, 분셕후는자.

Dĭs'so-nançe, n. 不和, 화목지못훔, 합지안이훔,

서로합지안는 소리를홉ᄒᆞᄂᆞᆫ석금.

Dĭs'so-nant, a. 不和, 화목지안는, 서로합지안는, 음률에서로맛지안는.

Dis-suāde', v.t. 諫止, 간ᄒᆞ다, 말니다, 말기를권ᄒᆞ다.

Dis-suād'er, n. 諫止者, 간ᄒᆞᄂᆞᆫ자, 말니ᄂᆞᆫ자, 말니고권ᄒᆞᄂᆞᆫ자.

Dis-suā'sion, n. 諫止, 간홈, 말님, 말니고권홈.

Dis-sŭn'der, v.t. 分裂, 난호다, 찟다.

Dĭs'syl-lăb'ic, a. 二音, 음둘가진, (pā'per 와 ᄀᆞᆺ흔ᄌᆞ)

Dis-syl'la-ble, n. 二音字, 음둘가진글ᄌᆞ (pā'per 와 ᄀᆞᆺ흔ᄌᆞ)

Dĭs'taff, n. (pl. Dis'taffs) 紡輪竿, 실삼ᄂᆞᆫᄃᆡ에 양의털이나삼섬질을 노코 거긔서실을ᄲᅩ바내ᄂᆞᆫ틀, 녀인.

Dis-tain', v.t. 汚染, 汚辱, 드레다, 드러온것무치다.

Dĭs'tance, n. 相距, 遠方, 時間, 尊敬, 상거, 떠러져더러서지가ᄂᆞᆫ리유, 먼곳, 시간, 동안, 공경홈, 례식 v.t. 멀니놋타, 닉의다, 압서다.

Dĭs'tant, a. 遠, 久, 멀니잇ᄂᆞᆫ, 먼, 오란, 석긴, 희미ᄒᆞᆫ. —ly, 멀니, 오래게, 섞긔게.

Dis-tāste', n. 厭忌, 실흠, 맛됴하안이홈, 미움, 깃버안이홈, 흡족지못홈.

Dis-tāste'ful, a. 厭忌, 실흔, 맛됴치안은, 미운,

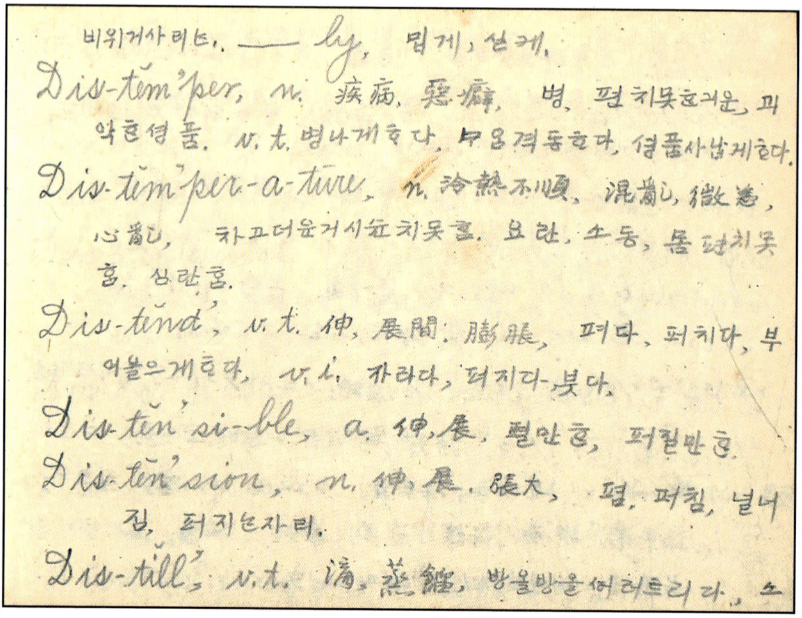

비위거사리는. —— ly, 밉게, 선게.

Dis-tem'per, n. 疾病, 惡癖, 병, 편치못한거운, 괴악한셩품. v.t. 병나게하다, 부울격동하다, 셩품사납게하다.

Dis-tem'per-a-ture, n. 冷熱不順, 混亂, 微恙, 心亂, 차고더운거시순치못함. 요란, 소동, 몸편치못함. 심란함.

Dis-tend', v.t. 伸, 展開, 膨脹, 펴다, 펴치다, 부어불으게하다, v.i. 자라다, 펴지다, 붓다.

Dis-ten'si-ble, a. 伸, 展, 펼만한, 펴칠만한.

Dis-ten'sion, n. 伸, 展, 張大, 폄, 펴침, 널너짐, 펴지는자리.

Dis-till', v.t. 滴, 蒸餾, 방울방울써러트리다, 소

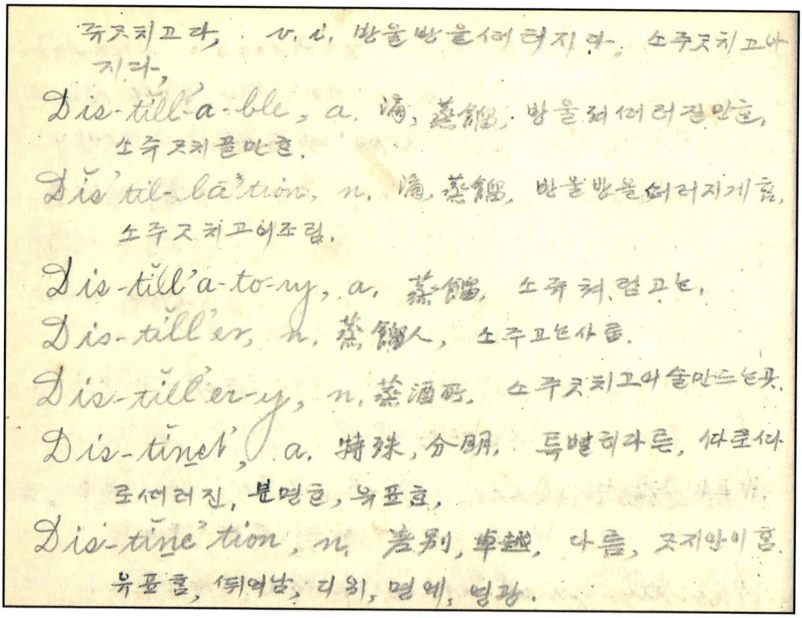

쥬곳치고다, v.i. 방울방울써러지다, 소주곳치고아지다,

Dis-till-a-ble, a. 滴, 蒸餾, 방울방울써러질만한, 소쥬곳치를만한.

Dis'til-la'tion, n. 滴, 蒸餾, 방울방울써러지게함, 소주곳치고아조림.

Dis-till'a-to-ry, a. 蒸餾, 소쥬처럼고는,

Dis-till'er, n. 蒸餾人, 소주고는사름.

Dis-till'er-y, n. 蒸酒所, 소주곳치고아술만드는곳.

Dis-tinct', a. 特殊, 分明, 특별히다른, 싸로싸로써러진, 분명한, 유표한,

Dis-tinc'tion, n. 差別, 卓越, 다름, 곳지안이함, 유표함, 쒸여남, 디위, 명예, 영광.

Dis-tinct'ive, a. 表別, 표ᄒᆞ야분별ᄒᆞᄂᆞᆫ, 유표ᄒᆞ게ᄒᆞᄂᆞᆫ.
Dis-tinct'ive-ly, adv. 分明, 明白, 분명히, 명백히.
Dis-tinct'ly, adv. 分明, 明白, 분명히, 명백히.
Dis-tinct'ness, n. 分明, 明白, 분명ᄒᆞᆷ, 명백ᄒᆞᆷ.
Dis-tĭn'guish, (tĭng'gwish) v. t. 區別, 尊敬, 구별ᄒᆞ다, 분별ᄒᆞ다, 다르게ᄒᆞ다, 유표ᄒᆞ게ᄒᆞ다, 놉히다. v. i. 구별잇다, 다르다.
Dis-tĭn'guish-a-ble, a. 區別, 著明, 구별잇ᄂᆞᆫ, 유표ᄒᆞ게ᄂᆞ타날만ᄒᆞᆫ.
Dis-tĭn'guished, (tĭng'gwisht), a. 區別, 顯著, 卓越, 구별잇ᄂᆞᆫ, 현저ᄒᆞᆫ, 특별히들어난.
Dis-tĭn'guish-er, n. 區別人, 구별ᄒᆞᄂᆞᆫ자,

Dis-tĭn'guish-ing, a. 特殊, 특별히다른, 유표ᄒᆞᆫ.
Dis-tôrt', v. t. 枉曲, 뒤다, 굽게ᄒᆞ다, 억지로ᄯᅳᆺ시뒤집히게만들다.
Dis-tôr'tion, n. 枉曲, 뒤여굽힘, 바른거슬억지로굽게ᄒᆞᆷ.
Dis-tôrt'ive, a. 枉曲, 억지로굽게만드ᄂᆞᆫ.
Dis-trăct', v. t. 混亂, 狂氣, 혼잡ᄒᆞ야어지럽게ᄒᆞ다, 격동식이다, 발광식히다.
Dis-trăct'ed, a. 攪亂, 發狂, 격동된, 어지러운, 발광나게된.
Dis-trăc'tion, n. 紛亂, 瘋狂, 어지러움, 분잡

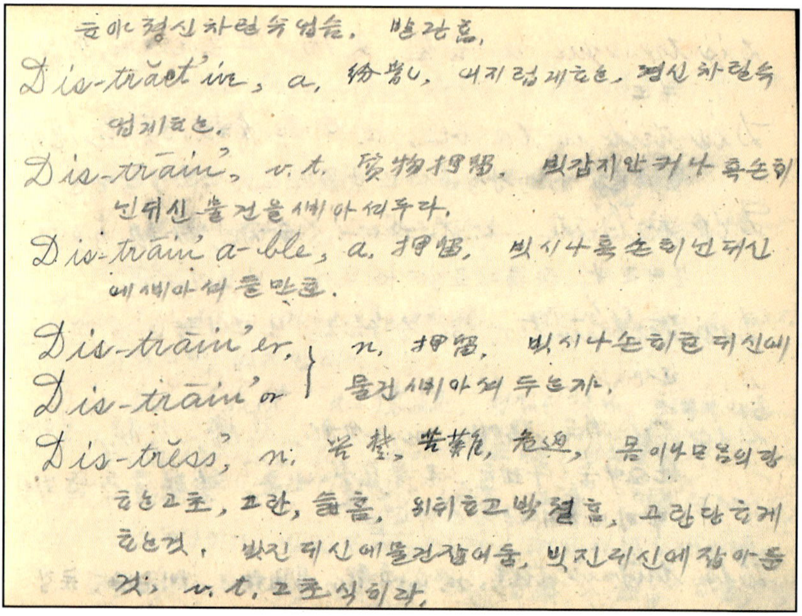

눈이ᄂ 졍신차릴수업슴. 발광홈.

Dis-trăct'ive, a. 紛亂, 어지럽게ᄒᆞᄂᆞᆫ, 졍신차릴수업게ᄒᆞᄂᆞᆫ.

Dis-train', v. t. 質物押留. 빗갑지안커나혹손희난대신 물건을ᄲᆡ아셔두다.

Dis-train'a-ble, a. 押留. 빗시나혹손희난대신에ᄲᆡ아셔올만ᄒᆞᆫ.

Dis-train'er, / Dis-train'or } n. 押留. 빗시나손희ᄒᆞᆫ대신에 물건ᄲᆡ아셔두ᄂᆞᆫ자.

Dis-trĕss', n. 苦楚, 苦難, 危迫, 몸이나ᄆᆞ음의당ᄒᆞᄂᆞᆫ고초, 고란, 슯흠, 위티ᄒᆞ고박졀홈, 고란당ᄒᆞ게ᄒᆞᄂᆞᆫ것. 빗진대신에물건잡어둠, 빗진대신에잡아둔것; v. t. 고초식히다.

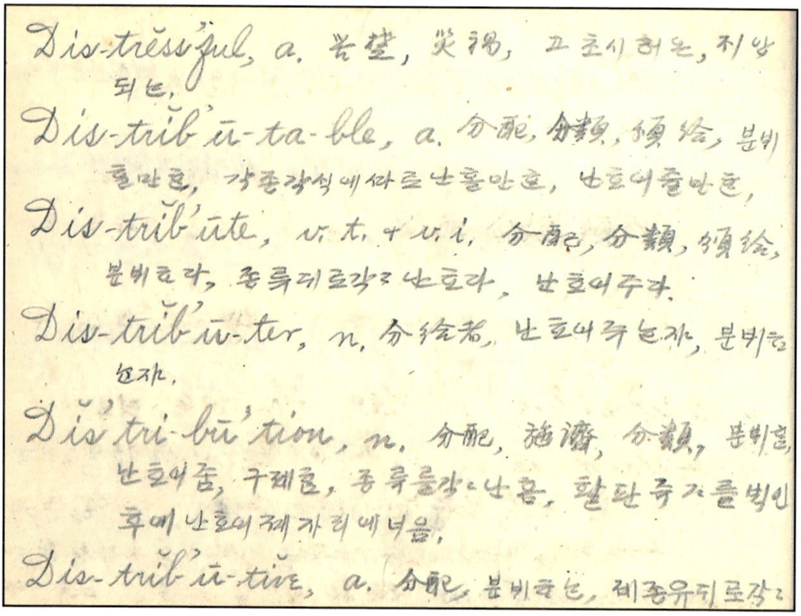

Dis-trĕss'ful, a. 苦楚, 災禍, 고초시러운, 지낭되ᄂᆞᆫ.

Dis-trĭb'ū-ta-ble, a. 分配, 分類, 頒給, 분배ᄒᆞᆯ만ᄒᆞᆫ, 각종각식에따라난홀만ᄒᆞᆫ, 난호아줄만ᄒᆞᆫ,

Dis-trĭb'ūte, v. t. + v. i. 分配, 分類, 頒給, 분배ᄒᆞ다, 종류대로각각난호다, 난호아주다.

Dis-trĭb'ū-ter, n. 分給者, 난호아주ᄂᆞᆫ자, 분배ᄒᆞᄂᆞᆫ자.

Dĭs'tri-bū'tion, n. 分配, 施濟, 分類, 분배홈, 난호아줌, 구졔홈, 종류를각각난홈, 활판쥬ᄌᆞ를박인후에난호아졔자리에너흠.

Dis-trĭb'ū-tive, a. 分配, 분배ᄒᆞᄂᆞᆫ, 졔종류대로각각

난호는, 구별ᄒᆞ는.

Dis-trib'ū-tive-ly, adv. 分配, 분배ᄒᆞᆷ으로, 제졍ᄃᆡ로 각각.

Dĭs'trict, n. 郡縣, 地方, 고을, 골, 디방,

District court, 디방지판소. v.t. 디방을 난호어 구별ᄒᆞ다.

Dis-trŭst', n. 不信, 嫌疑, 밋지안음, 의심, v.t. 의심ᄒᆞ다, 밋지안타.

Dis-trŭst'ful, a. 懷疑, 의심시러온, 밋부지안은.

Dis-trŭst'ful-ly, adv. 懷疑, 의심시럽게.

Dis-tûrb', v.t. 擾亂, 妨害, 不安, 어지럽게ᄒᆞ다, 소동식히다, 방해ᄒᆞ다, 막다, 평안치못ᄒᆞ게ᄒᆞ다.

Dis-tûrb'ance, n. 擾亂, 妨害, 不安, 소동, 어지러움, 방해, 불안ᄒᆞᆷ.

Dis-tûrb'er, n. 擾亂者, 소동식히는자, 요란케ᄒᆞ는자, 불안ᄒᆞ게ᄒᆞ는자.

Dis-ūn'ion, n. 分離, 합ᄒᆞᆫ거서 난호여놈, 합즁국에서 나라즁에 불합ᄒᆞ여 서로놈.

Dis-ūn'ion-ĭst, n. 分離論者, 합ᄒᆞᆫ거서 난호자고 주장ᄒᆞ는자.

Dĭs'ū-nite', v.t. 分離, 不和, 합ᄒᆞᆫ것 난호다, ᄯᅦ여ᄂᆡ다, v.t. 난호여서로나다.

Dis-ū'ni-ty, n. 分離, 난호여남, 서로ᄯᅥ러짐.

Dis-ū'sage, n. 廢弛, 폐ᄒᆞᆷ, ᄡᅳ지안이ᄒᆞᆷ.

Dis-ūse', v.t. 廢弛, 폐ᄒᆞ다, ᄡᅳ지안다.

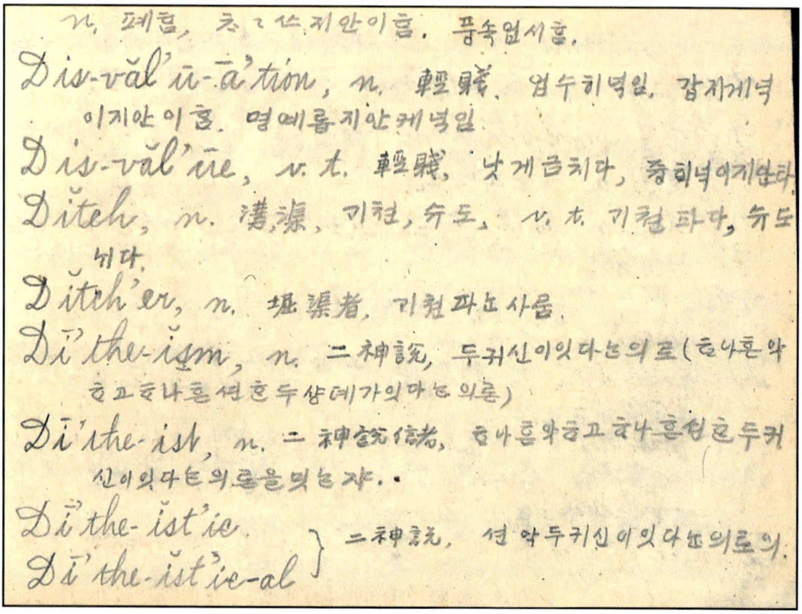

n. 폐홈, ᄎᆞᆯ스지안이홈. 풍속업시홈.
Dis-văl'ū-ā'tion, n. 輕賤. 업수히녁임. 갑지게녁이지안이홈. 명예롭지안케녁임.
Dis-văl'ūe, v. t. 輕賤, 낫게흡치다, 즁히녁이지안타.
Dĭtch, n. 溝渠, 기쳔, 슈도, v. t. 기쳔파다, 슈도ᄂᆡ다.
Dĭtch'er, n. 堀渠者, 기쳔파ᄂᆞᆫ사롬.
Dī'the-ĭsm, n. 二神說, 두귀신이잇다ᄂᆞᆫ의론(ᄒᆞ나흔악ᄒᆞ고ᄒᆞ나흔션ᄒᆞᆫ두샹뎨가잇다ᄂᆞᆫ의론)
Dī'the-ist, n. 二神說信者, ᄒᆞ나흔악ᄒᆞ고ᄒᆞ나흔션ᄒᆞᆫ두귀신이잇다ᄂᆞᆫ의론을밋ᄂᆞᆫ자.
Dī'the-ĭst'ic. / Dī'the-ĭst'ic-al } 二神說, 션악두귀신이잇다ᄂᆞᆫ의론의.

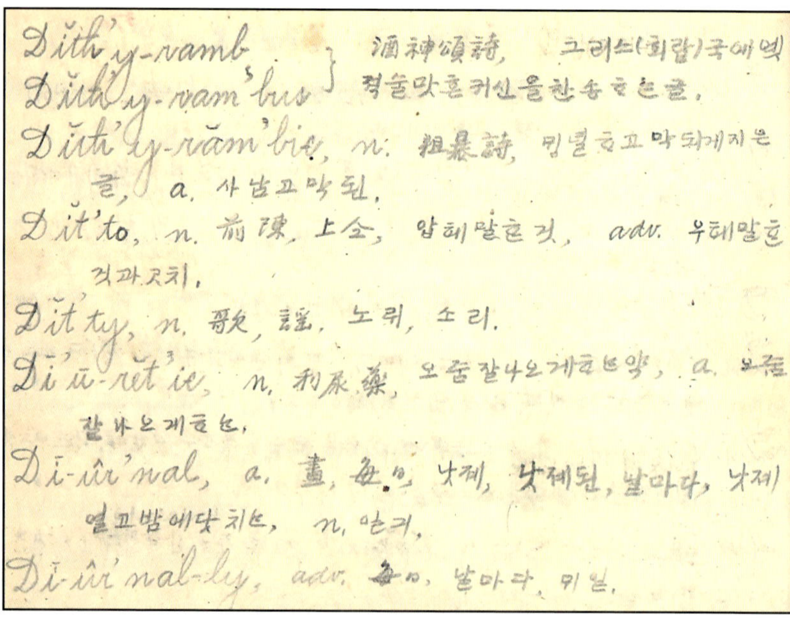

Dĭth'y-ramb / Dĭth'y-ram'bus } 酒神頌詩, 그리스(희랍)국에셔 젹술맛ᄒᆞᆫ귀신을찬숑ᄒᆞᄂᆞᆫ글.
Dĭth'y-răm'bic, n. 粗暴詩, 밍렬ᄒᆞ고막되게지은글, a. 사납고막된.
Dĭt'to, n. 前陳, 上仝, 압헤말ᄒᆞᆫ것, adv. 우헤말ᄒᆞᆫ것과ᄀᆞᆺ치.
Dĭt'ty, n. 歌, 謠, 노리, 소리.
Dī'ū-rĕt'ic, n. 利尿藥, 오좀잘나오게ᄒᆞᄂᆞᆫ약, a. 오좀잘나오게ᄒᆞᄂᆞᆫ.
Dī-ŭr'nal, a. 晝, 每日, 낫제, 낫제된, 날마다, 낫제열고밤에닷치ᄂᆞᆫ, n. 일긔.
Dī-ŭr'nal-ly, adv. 每日, 날마다, 미일.

Di-văn', n. 書冊, 詩集, 簿, 會議, 土耳其國內閣, 朝廷, 法廷, 稅關, 會議所, 謁見所, 客堂, 셔칙, 시지은것모흔사집, 회계문서, 일의론ᄒᆞᄂᆞᆫ 회, 터키(토이기)국 서각, 조정, 법정 or 지판소, 세밧ᄂᆞᆫ곳 or 회관, 모혀 일의론ᄒᆞᄂᆞᆫ곳, 뵈이ᄂᆞᆫ곳 or 현발ᄒᆞᄂᆞᆫ곳.

Di-văr'i-cate, v. t. 兩條分, 두갈니로가장커지게ᄒᆞ다, v. i. 두가장커에갈나지다. a. 널니버려진.

Di-văr'i-ca'tion, n. 兩條分, 1다ᄅᆞ1에여널, 두가장커에난흠, 널니버림.

Dive', v. i. 潛水, 深入, 詳視, 잠수질ᄒᆞ다, 물에머리몬져들어가다, 빠지다, 심히에속치다. 둘추히검게보다,

Div'er, n. 潛水人, 水鳥, 잠수질군, 물속에드러가ᄂᆞᆫ 새일홈.

Di-vẽrge' v. i. 分支, 離道, 갈녀나오다, 바른뒤로빗나가다, 바른길을물니나다.

Di-vẽrge'ment, n. 分岐, 갈나져남, 빗발ᄀᆞ치퍼져남.

Di-vẽr'gence }
Di-vẽr'gen-cy } 우에뜻과ᄀᆞᆺᄒᆞᆫ것.

Di-vẽr'gent, a. 相離, 서로ᄯᅥ나ᄂᆞᆫ, 서로난회ᄂᆞᆫ,

Di'vẽrs, a. 數箇, 두엇되ᄂᆞᆫ, (ᄒᆞ나보다ᄂᆞᆫ만ᄒᆞ되만치ᄂᆞᆫ안은뎌소ᄂᆞᆫ뜻)

Di-vẽrse', a. 數種, 不同, 雜駁, 두어가지되ᄂᆞᆫ, ᄀᆞᆺ지안이ᄒᆞᆫ, 여러가지셕긴.

Di-vẽrse'ly, adv. 各樣, 各方, 각모양으로, 이쪽뎌쪽으로.

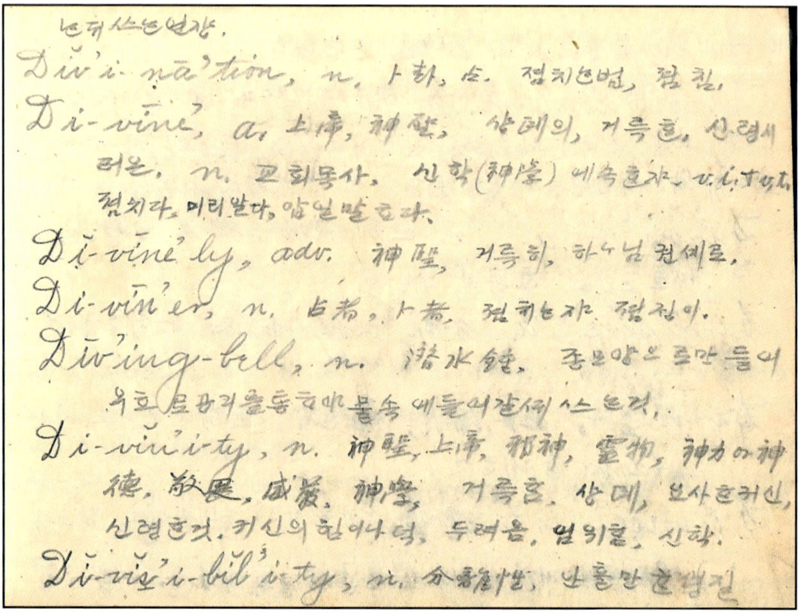

는뎌스스는연장.

Div'i-na'tion, n. 卜術, 占. 점치는법, 점침,

Di-vine', a. 上帝, 神聖, 상뎨의, 거륵훈, 신령서러온. n. 교회목사, 신학(神學)에속훈자. v.i.,v.t. 점치다, 미리말다, 암일말흐다.

Di-vine'ly, adv. 神聖, 거륵히, 하ᄂᆞ님권셰로.

Di-vin'er, n. 占者, 卜者, 점치는자 점쟝이.

Div'ing-bell, n. 潛水鐘. 죵모양으로만들어 우호로공긔를통ᄒᆞ야물속에들어갈ᄯᅢ쓰는것.

Di-vin'i-ty, n. 神聖, 上帝, 邪神, 靈物, 神力の神德, 敬畏, 威嚴, 神學, 거륵훈, 상뎨, 보사훈귀신, 신령훈것, 귀신의힘이나덕, 두려옴, 엄위훈, 신학.

Di-vis'i-bil'i-ty, n. 分割性, 난홀만훈성질

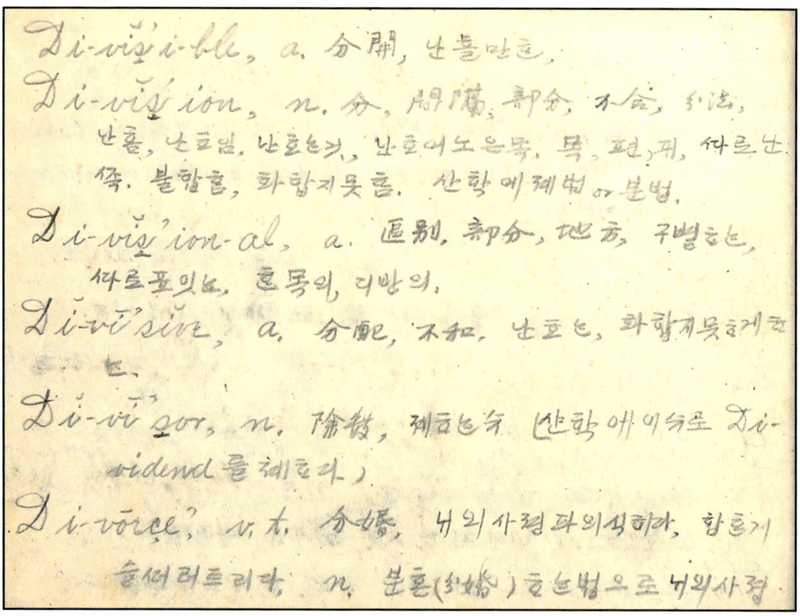

Di-vis'i-ble, a. 分開, 난홀만훈,

Di-vis'ion, n. 分, 間隔, 部分, 不合, 分法, 난홈, 난호임, 난호는것, 난호아노은목, 목, 편, 패, ᄯᅡ로난ᄒᆞᆫ족. 불합홈, 화합지못홈. 산학에졔법の분법.

Di-vis'ion-al, a. 區別, 部分, 地方, 구별ᄒᆞᄂᆞᆫ, ᄯᅡ로표ᄒᆞᄂᆞᆫ, 훈목의, 디방의.

Di-vi'sive, a. 分配, 不和, 난호는, 화합지못ᄒᆞ게ᄒᆞᄂᆞᆫ.

Di-vi'sor, n. 除數, 졔ᄒᆞᄂᆞᆫ수 (산학에이수로 Di-vidend를졔ᄒᆞ니.)

Di-vorce', v.t. 分婚, 내외사졍파의식히다, 합훈거슬ᄯᅥ러ᄯᅳ리다. n. 분혼(分婚)ᄒᆞᄂᆞᆫ법으로내외사졍

Dĭ-vēr'si-fi-cā'tion, n. 不同; 數樣, 變, 굿지안케ᄒᆞᆷ, 두어가지즁류에난홈, 모양변ᄒᆞᆷ.
Dĭ-vēr'si-fied, a. 不同, 굿지안케만든, 다른.
Di-vēr'si-fôrm, a. 數樣, 두어가지모양으로된, 모양굿지안은.
Di-vēr'si-fy, v. t. 不同, 굿지안케만들다, 모양이나셩질을다르게ᄒᆞ다,
Di-vēr'sion, n. 轉向他, 轉意, 解悶, 다른데로도리켜향ᄒᆞᆷ, 兵을돌니게ᄒᆞᆫ것, 돈을치려면셔돌어름, 민망ᄒᆞᆫ거슬풀음.
Di-vêr'si-ty, n. 不同, 錯雜, 굿지안이ᄒᆞᆷ, 여러가지다름.
Di-vêrt', v. t. 轉向他, 譊樂, 다른데로도리키게ᄒᆞ다, 맘을도라서게ᄒᆞ다, 질겁게ᄒᆞ다.
Dĭ-vērt'er, n. 轉意人或物, 譊樂人或物, 兵을도리키게ᄒᆞᄂᆞᆫ사ᄅᆞᆷ이나물건, 질겁게ᄒᆞᄂᆞᆫ지나것.
Di-vēst', v. t. 剝奪, 세앗다(권리ᄀᆞᆺ흔데쓰ᄂᆞᆫ말) 벗기다(의복이나혹그러ᄀᆞᆺ흔데쓰ᄂᆞᆫ말)
Di-vēst'i-ture, n. 剝奪, 벗겨세아슴,
Di-vīde', v. t. 分, 除, 不和, 난호다, 분ᄒᆞ다, 졔ᄒᆞ다, 화합지못ᄒᆞ야서로너다, 분비ᄒᆞ다. v. i. 난회다, 두편에난호여투표ᄒᆞ다.
Dĭv'i-dent, n. 分利金, 리식난혼돈, 회샤에셔리남져셔난호ᄂᆞᆫ돈. 산학에난호이질수,
Dĭ-vīd'er, n. 分人或物, 난호ᄂᆞᆫ사ᄅᆞᆷ이나물건, 직게ᄀᆞᆺ치두다리로열고닷게만들어곳은줄난호고둥근줄그리

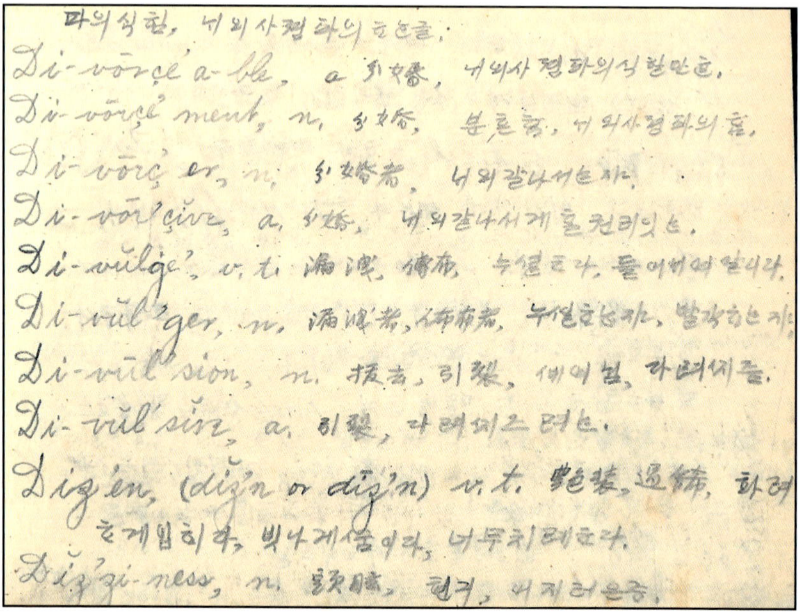

파의식할, 내외사졀파의 혼인을.
Di-vorce'a-ble, a 離婚, 내외사졀파의식할만ᄒᆞᆫ.
Di-vorce'ment, n. 離婚, 분혼함, 내외사졀파의홈.
Di-vorc'er, n. 離婚者, 내외갈나서는자.
Di-vor'cive, a. 離婚, 내외갈나서게할권리잇는.
Di-vulge', v. t. 漏洩, 傳布, 누셜ᄒᆞ다, 들어내어알니다.
Di-vul'ger, n. 漏洩者, 傳布者, 누셜ᄒᆞ는자, 발각ᄒᆞ는자.
Di-vul'sion, n. 拔去, 引裂, 빼여냄, 다려서짐.
Di-vul'sive, a. 引裂, 다려찌즈려는.
Diz'en, (dīz'n or dĭz'n) v. t. 艶裝, 過飾, 화려ᄒᆞ게꿈이다, 빗나게꿈이다, 너무치레ᄒᆞ다.
Dĭz'zi-ness, n. 眩暈, 현긔, 어지러온증.

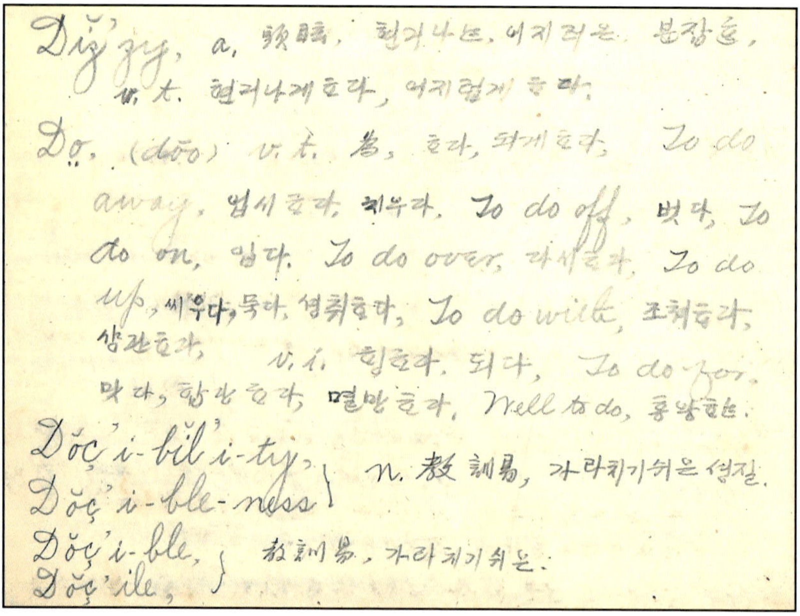

Dĭz'zy, a. 眩暈, 현긔나는, 어지러온, 분잡ᄒᆞᆫ,
v. t. 현긔나게ᄒᆞ다, 어지럽게ᄒᆞ다.
Do. (dōō) v. t. 爲, ᄒᆞ다, 되게ᄒᆞ다, To do away, 업시ᄒᆞ다, 치우다. To do off, 벗다, To do on, 입다. To do over, 다시ᄒᆞ다. To do up, 씨우다, 묵다, 셩취ᄒᆞ다, To do with, 조쳐ᄒᆞ다, 상관ᄒᆞ다, v. i. 힝ᄒᆞ다. 되다, To do for, 막다, 방해ᄒᆞ다, 멸망ᄒᆞ다, Well to do, 풍부ᄒᆞᆫ.
Dŏç'i-bĭl'i-ty, } n. 教訓易, 가라치기쉬온셩질.
Dŏç'i-ble-ness }
Dŏç'i-ble, } 教訓易, 가라치기쉬온.
Dŏç'ile, }

Do-çil'i-ty, n. 教訓易. 가라치기쉬운성질, 기르기쉬움.
Dŏç'i-măs'tic, a. 試驗, 시험ᄒᆞᆫ이 보ᄂᆞᆫ.
Dŏck, n. 牛蒡草, 短尾, 造船所, 法庭欄干. 우방초라ᄂᆞᆫ풀, 덜이나라ᄂᆞᆫ즘ᄉᆡᆼ의 ᄃᆞᆫ겹이ᄉᆞ고리 or 동겹이ᄉᆞ고리 세우ᄂᆞᆫ젼려, ᄇᆡ만드ᄂᆞᆫ곳 or ᄇᆡ드려세우고 고치ᄂᆞᆫ곳, 지판소에죄인드려세우ᄂᆞᆫ난간. v. t. 잘나ᄂᆡ다, 갈ᄒᆞ다, ᄲᆡ혀ᄂᆡ다, ᄇᆡ고치ᄂᆞᆫ자리로ᄇᆡ드려ᄆᆡ다, 멸망식히다.
Dŏck'age, n. 船渠使用料, ᄇᆡ고치ᄂᆞᆫ자리에ᄇᆡ드려세우고 무ᄂᆞᆫ세.
Dŏck'et, n. 要錄, 貨物附札, 爲審事項目錄. 裁判畧記, 요긴ᄒᆞᆫ것만ᄲᆡ여기록ᄒᆞᆫ것, 물건에ᄇᆞᆫ 돕젹이ᄡᅧ치ᄂᆞᆫ쪽지, 판ᄉᆞ의 론ᄒᆞᆯᄉᆞ건 기록ᄒᆞᆫ목록, 지판소에셔 일을만기록ᄒᆞᆫ목록. v. t. 대강만ᄲᆡ여기록ᄒᆞ다, 쪽에ᄡᅧ엇ᄂᆞᆫ거슬뒤에기록ᄒᆞ다.
Dŏck'yärd, n. 造船廠, 軍艦所用物件藏處, ᄇᆡ짓ᄂᆞᆫ곳, 군함에쓸물건저축ᄒᆞᄂᆞᆫ곳

Dŏc'tor, n. 博士, 學士, 醫師, 박ᄉᆞ, 학ᄉᆞ, 의원 or 의ᄉᆞ, (대학교에셔졸업ᄒᆞᆫ학문으로 세상에쓸만치되엿다ᄂᆞᆫ증셔맛ᄐᆞᆫ자) v. t. 의원질ᄒᆞ다, 곳치다, 위조ᄒᆞ다.
Dŏc'tor-al, a. 博士, 學士, 醫師, 박ᄉᆞ나 학ᄉᆞ나 의원의.
Dŏc'tor-ate, n. 博士地位, 박ᄉᆞ나학ᄉᆞ의위.
Dŏc'tri-nal, a. 道理, 教訓, 教, 도리의, 교훈의, 교의,
Dŏc'tri-nal-ly, adv. 道理, 教訓, 도리로, 교훈으로,
Dŏc'trine, n. 道理, 教訓, 教, 도리, 교훈, 교, 도.
Dŏc'ū-ment, n. 文憑, 公文, 빙거ᄒᆞᆯ글, 문셔. 공문, v. t. 글로빙거거리만들다, 공문ᄒᆞ여주다,

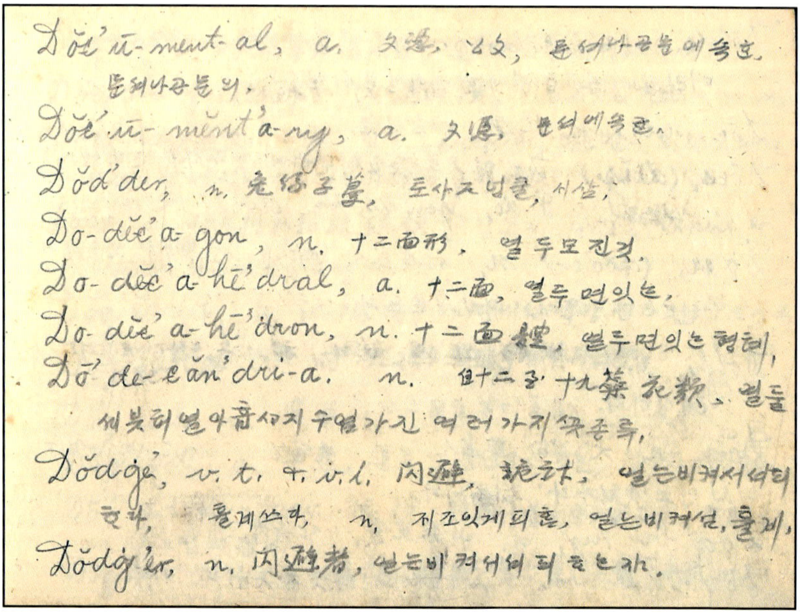

Dŏc'ū-ment-al, a. 文憑, 公文, 문서나공문에속ᄒᆞᆫ, 문서나공문의.
Dŏc'ū-mĕnt'a-ry, a. 文憑, 문서에속ᄒᆞᆫ.
Dŏd'der, n. 兎絲子蔓, 토사즈넝쿨, 새삼,
Do-dĕc'a-gon, n. 十二面形, 열두모진것.
Do-dĕc'a-hē'dral, a. 十二面, 열두면잇는,
Do-dĕc'a-hē'dron, n. 十二面體, 열두면잇는형톄,
Dō'de-căn'dri-a. n. 自十二至十九蘂花類, 열둘셔븟터열아홉ᄭᆞ지수염가진 여러가지ᄭᅩᆺ종류,
Dŏdge, v.t. & v.i. 閃避, 詭詐, 얼는비켜서셔피ᄒᆞ다, 휼계쓰다, n. 재조잇게피ᄒᆞᆷ, 얼는비켜섬, 휼계,
Dŏdg'er, n. 閃避者, 얼는비켜서셔피ᄒᆞᄂᆞᆫ자.

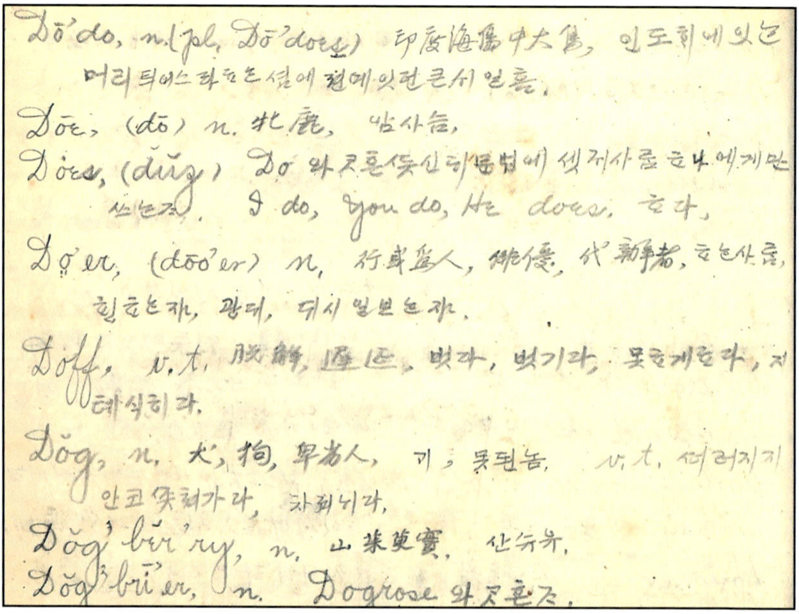

Dō'do, n.(pl. Dō'does) 印度海島中大鳥, 인도히에잇는 머리틔어스라ᄒᆞᄂᆞᆫ셤에 젼에잇던큰새일홈.
Dōe, (dō) n. 牝鹿, 암사슴,
Dōes, (dŭz) Do 와ᄀᆞᆺ흔ᄯᅳᆺ신ᄃᆡ문법에 셋재사ᄅᆞᆷ ᄒᆞ나에게만 쓰ᄂᆞᆫ것. I do, you do, He does. ᄒᆞ다.
Dō'er, (dōō'er) n. 行或為人, 俳優, 代辦者, ᄒᆞᄂᆞᆫ사ᄅᆞᆷ, 힝ᄒᆞᄂᆞᆫ자, 광대, 대신일보ᄂᆞᆫ자.
Dŏff, v.t. 脫解, 遷延, 벗다, 벗기다, 못ᄒᆞ게ᄒᆞ다, 지톄식히다.
Dŏg, n. 犬, 狗, 卑劣人, 개, 못된놈, v.t. ᄯᅥ러지지안코ᄯᆞ라가다, 차ᄌᆞ니다,
Dŏg'bĕr'ry, n. 山茱萸實, 산슈유,
Dŏg'brī'er, n. Dogrose 와ᄀᆞᆺ흔것.

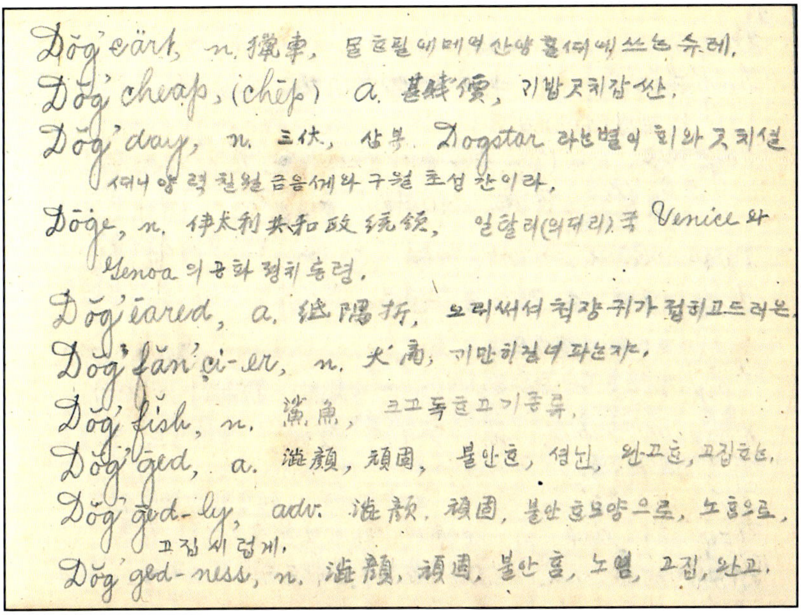
Dŏg'cärt, n. 獵車, 몰ᄒᆞᆫ필에메여산양ᄒᆞᆯ때에쓰ᄂᆞᆫ슈레.
Dŏg'cheap, (chēp) a. 甚賤價, 기밥ᄀᆞᆺ치갑싼.
Dŏg'day, n. 三伏, 삼복. Dogstar 라ᄂᆞᆫ별이 ᄒᆡ와 ᄀᆞᆺ치셜
때니 양력 칠월 금음께와 구월 초삼 간이라.
Dōge, n. 伊太利共和政統領, 일랄리(의대리)국 Venice와
Genoa의공화정치총령.
Dŏg'eared, a. 紙隅折, 오래써서책장귀가접히고드러운.
Dŏg'făn'ci-er, n. 犬商, 기만히길너파ᄂᆞᆫ자.
Dŏg'fish, n. 鯊魚, 크고독ᄒᆞᆫ고기종류.
Dŏg'ged, a. 難顔, 頑固, 불안ᄒᆞᆫ, 셩닌, 완고ᄒᆞᆫ, 고집ᄒᆞᄂᆞᆫ.
Dŏg'ged-ly, adv. 難顔, 頑固, 불안ᄒᆞᆫ모양으로, 노ᄒᆞᆷ으로,
고집시럽게.
Dŏg'ged-ness, n. 難顔, 頑固, 불안ᄒᆞᆷ, 노염, 고집, 완고.

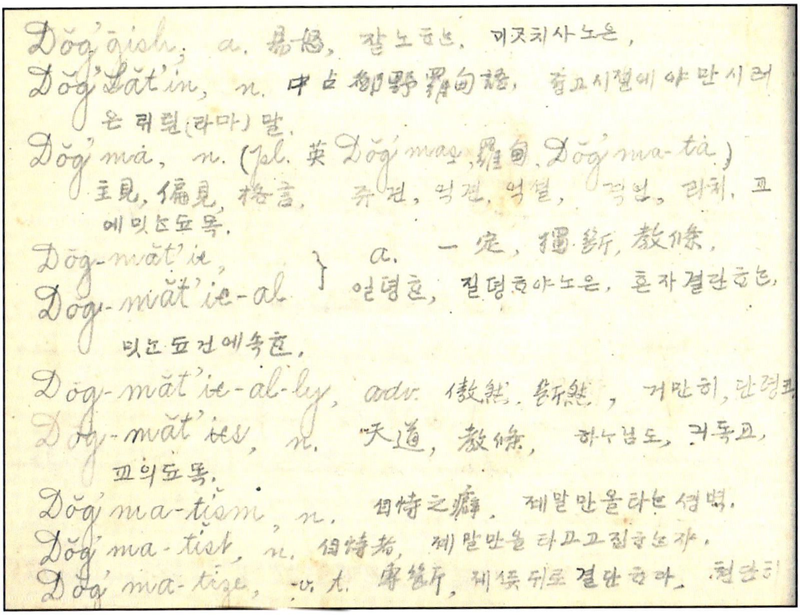
Dŏg'gish, a. 易怒, 잘노ᄒᆞᄂᆞᆫ, 개ᄀᆞᆺ치사나온,
Dŏg'Lăt'in, n. 中古鄙野羅甸語, 중고시절에야만시러
온라뎐(라마)말.
Dŏg'mȧ, n. (pl. 英 Dŏg'mas, 羅甸 Dŏg'ma-tȧ)
主見, 偏見, 格言, 주견, 벽견, 벽설, 격언, 리치, 교
에밋ᄂᆞᆫ도목.
Dŏg-măt'ic, } a. 一定, 獨斷, 敎條,
Dŏg-măt'ic-al } 일뎡ᄒᆞᆫ, 질뎡ᄒᆞ야노은, 혼자결단ᄒᆞᄂᆞᆫ,
밋ᄂᆞᆫ도건에속ᄒᆞᆫ.
Dŏg-măt'ic-al-ly, adv. 傲然, 斷然, 거만히, 단뎡코
Dŏg-măt'ics, n. 天道, 敎條, 하ᄂᆞ님도, 긔독교
교의도목.
Dŏg'ma-tism, n. 自恃之癖, 제말만올타ᄂᆞᆫ셩벽.
Dŏg'ma-tist, n. 自恃者, 제말만올타고고집ᄒᆞᄂᆞᆫ자.
Dŏg'ma-tize, v. t. 專斷, 제ᄯᅳᆺ대로결단ᄒᆞ다, 천단히

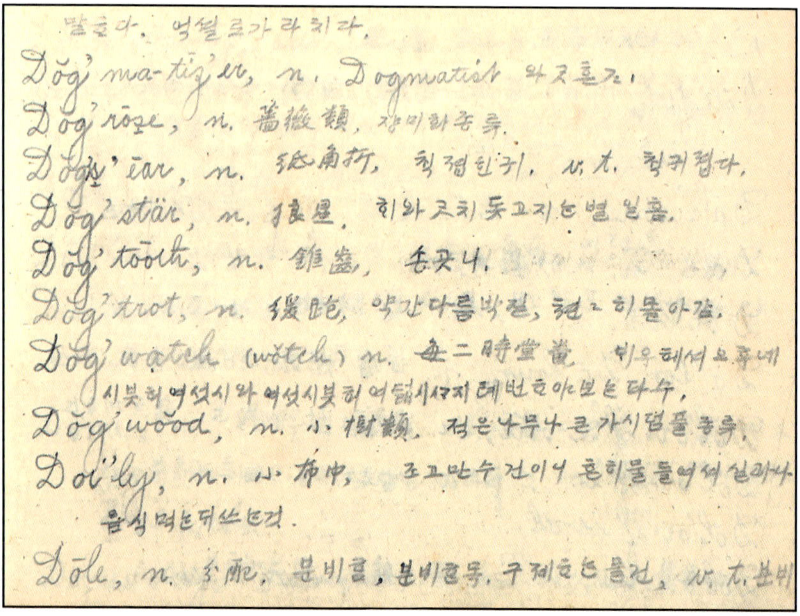

말ᄒᆞ다. 억셜로가라치다,
Dŏg'ma-tīz'er, n. Dogmatist 와 ᄀᆞᆺ흔것,
Dŏg'rōse, n. 薔薇類, 장미화종류.
Dŏgs'ēar, n. 紙角折, 칙졉힌귀. v. t. 칙귀졉다.
Dŏg'stär, n. 狼星, 히와ᄀᆞᆺ치돗고지ᄂᆞᆫ별일홈.
Dŏg'tōoth, n. 錐齒, 송곳니.
Dŏg'trot, n. 緩跑, 약간다름박질, 쳔〻히몰아감.
Dŏg'watch (wŏtch) n. 二時當番 비우헤셔오후네시붓허여섯시와여섯시붓허여덟시ᄭᆞ지ᄯᅢ번ᄒᆞ야보ᄂᆞᆫ다ᄉᆞ.
Dŏg'wōod, n. 小樹類. 적은나무나큰가시덤풀종류.
Doi'ly, n. 小布巾, 조고만수건이니 흔히물들여셔실과나음식먹ᄂᆞᆫ데쓰ᄂᆞᆫ것.
Dōle, n. 分配, 분비홈, 분비ᄒᆞᆫ물. 구제ᄒᆞᄂᆞᆫ물건, v. t. 분비

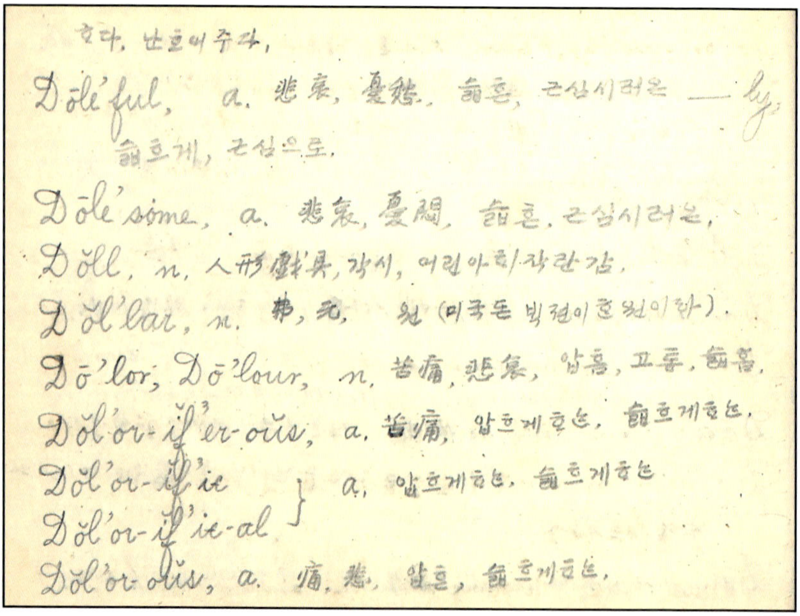

ᄒᆞ다. 난호어주다,
Dōle'ful, a. 悲哀, 憂愁. 슯흔, 근심시러은 —ly, 슯흐게, 근심으로.
Dōle'sŏme, a. 悲哀, 憂悶. 슯흔. 근심시러은,
Dŏll, n. 人形戲具, 각시, 어린아희작란감.
Dŏl'lar, n. 弗, 元, 원 (미국돈 빅젼이ᄒᆞᆫ원이라).
Dō'lor, Dō'lour, n. 苦痛, 悲哀, 압흠, 고통, 슯흠.
Dŏl'or-ĭf'er-oŭs, a. 苦痛, 압흐게ᄒᆞᄂᆞᆫ, 슯흐게ᄒᆞᄂᆞᆫ.
Dŏl'or-ĭf'ic } a. 압흐게ᄒᆞᄂᆞᆫ, 슯흐게ᄒᆞᄂᆞᆫ
Dŏl'or-ĭf'ic-al }
Dŏl'or-oŭs, a. 痛, 悲, 압흔, 슯흐게ᄒᆞᄂᆞᆫ.

Dŏl'or-ous-ly, adv. 悲痛, 슯호고압흔모양으로.

Dŏl'phin, n. 海豚, 鱶魟魚, 바다션선이나장이오혀이나되고죽을때에빗치여러가지로변호는고기, 비미는말식물.

Dŏlt, n. 愚物, 어리석은물건, 텬치, 둔호사롬.

Dŏlt'ish, a. 愚蠢, 어리석은, 둔호, 미련호.

Do-māin', n. 統轄權域地, 관할호권세나셩, 차지호셩, 토디차지호는권리.

Dōme, n. 屋宇, 圓頂閣, 집, 루각, 서양집에놉히짓고꼭닥이에가마속집처럼둥글게만든것, 무이시젼지가마속집모양으로지은것.

Domes'day, (dōōmz'dā) n. Domsday 를보라.

Do-mĕs'tic, a. 家內, 國內, 집안에, 본국에속호, 집안에서나본국에셔만든, 안에서만지내는, 사롬근처에셔사는, 길든. n. 드는군, 안하인, 집안에셔만든것(필육)

Do-mĕs'ti-cāte, v. t. 馴, 親, 길드리다, 사괴다,

Do-mĕs'ti-cā'tion, n. 馴, 親, 길드림, 사굄.

Dō-mes-tĭç'i-ty, n. 家內居, 馴, 집안에서삼, 드는사리, 집안살님, 길듬.

Dŏm'i-çile, n. 住所, 邸宅, 사는곳, 영히거주호려는곳, 댁, 집, v. t. 거주호곳을만들다.

Dŏm'i-çil'i-a-ry, a. 居住, 거쥬호는곳시나사롬에게속호. Domiciliary visit, 집뒤지러다님.

Dŏm'i-çil'i-āte, v.t. 居住定, 영히거쥬ᄒᆞᆯ곳뎡ᄒᆞ다,

Dŏm'i-çil'i-ā'tion, n. 居住所, 영히 거쥬ᄒᆞᄂᆞᆫ곳

Dŏm'i-nance
Dŏm'i-nan-çy } n. 勢力, 權勢, 세력, 권세.

Dŏm'i-nant. a. 管轄, 有權, 다ᄉᆞ리ᄂᆞᆫ, 권력잇ᄂᆞᆫ.
Dominant party, 정부에권세잡은뎡당, Dominant chord, 풍류에음률고로ᄂᆞᆫ줄,

Dŏm'i-nāte, v.t. 治轄, 다사리다, 관할ᄒᆞ다.

Dŏm'i-nā'tion, n. 治轄, 다사림, 관할ᄒᆞᄂᆞᆫ권세.

Dŏm'i-na-tive, a. 治轄, 다사리ᄂᆞᆫ, 관할ᄒᆞᄂᆞᆫ.

Dŏm'i-nā'tor, n. 治轄者, 다사리ᄂᆞᆫ자, 관할ᄒᆞᄂᆞᆫ자.

Dŏm'i-neer' v.i. 專權, 驕奢, 쳔단히다사리다,
방자히법을희롱ᄒᆞ다,

Do-mĭn'ic-al, a. 上帝授, 禮拜日表, 상뎨가주신,
상뎨의속ᄒᆞᆫ, 례비일표ᄒᆞᄂᆞᆫ. Dominical letter,
칙력에례비일표ᄒᆞᄂᆞᆫ글ᄌᆞ,

Do-mĭn'ion, n. 統轄權, 領地, 통할ᄒᆞᄂᆞᆫ권세,
관할ᄒᆞᆫᄯᅡᆼ,

Dŏm'i-no, n. (pl. Dŏm'i-nos, or Dŏm'i-noes) 頭巾附長衫, 頭巾, 私服, 髮子,
뎐폐에수건달아머리와얼골에덥게ᄒᆞ야 녯적에중들이입던 장삼, 텬주교주교와신부의쓰ᄂᆞᆫ수건, 녀인이거상으로머리에쓰ᄂᆞᆫ

것, 스물여덟조각으로 치는주사위나 혹주사위노리.

Dŏn, n. 西班牙貴人尊稱. 스페인(서반아)국의 량반존칭ᄒᆞ는말. 혹영국대학교장. v. t. 입다, 닙히다.

Dō'ñá, n. 西班牙貴夫人尊稱, 스페인(서반아)국의 량반부인존칭ᄒᆞ는말.

Dō'nate, v. t. 給, 與, 주다, 특별히쓰기를위ᄒᆞ야보닉다.

Do-nā'tion, n. 給, 與, 줌, 주는것, 만히주는례믈.

Dŏn'a-tive, n. 施物, 주는것, 보닉는물건, a. 주는.

Do-nā'tor, n. 贈與者, 주는자, 보닉는자.

Dóne (dŭn) (Do 之의過去分詞.) 爲, 行, 發布, ᄒᆞᆫ, 필ᄒᆞᆫ, 된, 반포ᄒᆞᆫ, 반포된(아모년월일에)

Do-nee', n. 受贈人; 례믈밧는사ᄅᆞᆷ. 권세밧은자,

Dŏn'jon, (dŭn'jŭn) n. 牙城. 옛적성에데일굿게싸흔성곽.

Dŏn'key, n. (pl. Dŏn'keys) 驢, 鈍物, 나귀, 둔ᄒᆞᆫ물건, 완악ᄒᆞᆫ자,

Dō'nor, n. 施主, 시주, 물건주는자, 권세주는자.

Dōō'dle, n. 遊閒人, 愚鈍, 게을니노는자, 둔ᄒᆞᆫ자,

Dōōm, v. t. 定罪, 죄를뎡ᄒᆞ다, 판단ᄒᆞ다, 벌금물니다, 벌칙뎡ᄒᆞ다, n. 선고, 판단, 불힝ᄒᆞᆫ운수,

Dōōmṣ'dāy, n. 審判日, 世界末日, 심판ᄒᆞ는날, 죄뎡ᄒᆞ는날. 하ᄂᆞ님이산사ᄅᆞᆷ죽은사ᄅᆞᆷ을다심판ᄒᆞ실날.

Dooms'day-book, n. 英國全地測量簿, 영국에 William the Conqueror 가 명ᄒᆞ야 온 ᄯᅡᆼ을 다 측량ᄒᆞ여 노흔 책.

Dōor, n. 門, 路, 문, 문간, 길, 통로, In doors, or Within doors, 집 안에셔, Out doors, 집 밧게셔, Next door to, 갓가온, 련졉ᄒᆞᆫ.

Dōor'keep'er, n. 守門軍, 문군ᄉᆞ, 문직이, 수문장.

Dōor'nail, n. 金鑿鈕, 문에 밧그로 박은 못시나 손잡이니 누르면 소ᄅᆡ가 나셔 안에셔 듯고 사ᄅᆞᆷ 온 줄 아는 것.

Dōor'plate, n. 門牌, 문패, 호수와 쥬인의 셩명 쳐 셔 문 우에 붓치는 패.

Dōor'post, n. 門柱, 문 셜쥬.

Dōor'way, n. 門路, 문길, 드나드는 길.

Dō'ri-an, } a. 古昔希臘人, 옛적 그리스(희랍)국 Doris
Dŏr'ic } 사ᄅᆞᆷ의게 쇽ᄒᆞᆫ. 옛적 그리스 사ᄅᆞᆷ의 집 짓는 졔도.

Dôr'man-cy, n. 沈眠, 잠, 자는 것, ᄭᆡ지 안이ᄒᆞᆷ.

Dôr'mant, a. 沈眠, 자는, 잠자는, 움작이지 안는.
Dormant partner, 회샤에셔 일은 보지 안코 리히만 ᄎᆞ지ᄒᆞ는 동ᄉᆞ.

Dôr'mer, } n. 屋背窓, 집 마구리에 낸 창,
Dôr'mer-win'dow, } 용마루 ᄆᆞ리 쪽 벽에 내는 창.

Dôr'mi-tive, n. 催眠藥, 조름 오게 ᄒᆞ는 약, 잠 쳥ᄒᆞ는 약,

a. 잠청ᄒᆞᄂᆞᆫ, 조름오게ᄒᆞᄂᆞᆫ.

Dôr'mi-to-ry, n. 寢室, 침방, 자ᄂᆞᆫ쳐소.

Dôr'mouse, n. (pl. Dôr'mice) 冬眠鼠, 나무우헤 셔사ᄂᆞᆫ다람쥐니겨을동안은구멍에숨ᄂᆞᆫ즘싱.

Dôr'sal, a. 背, 脊, 등에속ᄒᆞᆫ, 잔등이에,

Dor-sĭf'er-ous, }
Dor-sĭp'a-rous } a. 葉背結子, 닙사귀뒤에씨안ᄂᆞᆫ, (고비ᄀᆞᆺᄒᆞᆫ데쓰ᄂᆞᆫ말)

Dōse, n. 一貼, 一次服, 苦業, ᄒᆞᆫ첩, ᄒᆞᆫ번에먹을만ᄒᆞᆫ것(약) ᄒᆞᆫ번에밧을만ᄒᆞᆫ것, 면ᄒᆞᆯ수업ᄂᆞᆫ괴로은일. v.t. ᄒᆞᆫ번에먹을만ᄒᆞ게난호다, 실흔거ᄉᆞᆯ먹기다.

Dossier, n. (dŏs'sĭ'ā') 椅子背部, 寢床頭部, 紙夾.

교의의등지되ᄂᆞᆫᄉᆞ죽, 침상머리ᄊᆡ기가되ᄂᆞᆫᄉᆞ죽, 됴희묵금.

Dost, (dŭst) Do와ᄀᆞᆺᄒᆞᆫᄃᆞᆺ시니 문법에둘재사ᄅᆞᆷᄒᆞ나에게만쓰ᄂᆞᆫ자. I do, You do or Thou dost, He does, ᄒᆞ다ᄂᆞᆫᄃᆞᆺ시니 Thou dost ᄂᆞᆫ녯글에쓰ᄂᆞᆫ문법.

Dŏt, n. 點, 嫁奩, 점, 붓시나다른ᄭᅳᆺᄒᆞ로ᄶᅵᆨ은점, 시집갈ᄯᅢ에가져가ᄂᆞᆫ지물이나 전장등속. v.t. 与 v.i. 점박다, 점ᄶᅵᆨ어분별ᄒᆞ다. 늘어노타.

Dō'tage, n. 衰老, 暗愚, 溺愛, 늙어쇠ᄒᆞᆷ, 어리석음, 편벽되히ᄉᆞ랑ᄒᆞᆷ, ᄲᅡ져ᄉᆞ랑ᄒᆞᄂᆞᆫ졍

Dō'tal, a. 嫁奩, 시집갈ᄯᅢ에가져가ᄂᆞᆫ물건에.

Dō'tard, n. 衰老者, 溺愛者. 늙고쇠ᄒᆞ여ᄆᆞ음이약ᄒᆞ게

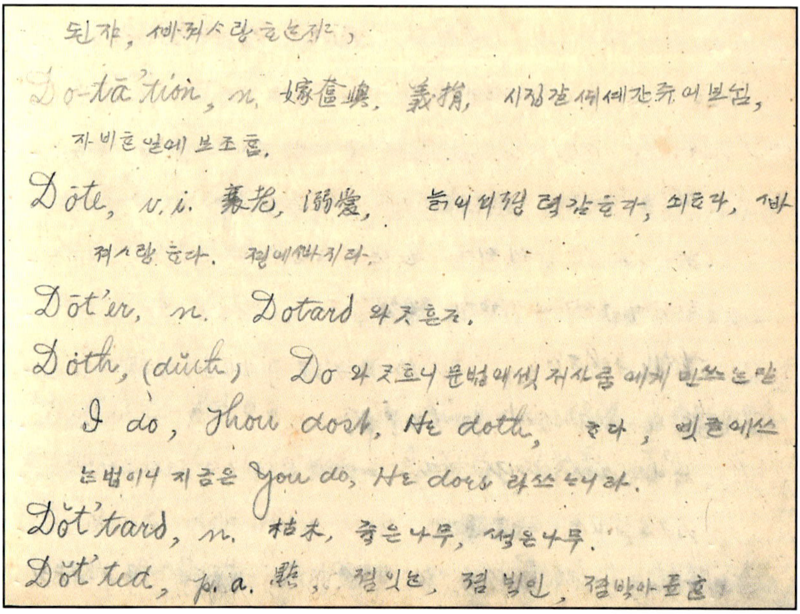

된자, 색시(色)스랑ᄒᆞᄂᆞᆫ자,

Do-tā'tion, n. 嫁奩資, 義捐, 시집갈 ᄯᅢ에 간츄어 보냄, 자비ᄒᆞᆫ 일에 보조ᄒᆞᆷ.

Dōte, v. i. 衰耄, 溺愛, 늙어 뇌경력 감ᄒᆞ다, 쇠ᄒᆞ다, 색시 저ᄉᆞ랑ᄒᆞ다. 정에 ᄲᅡ지다.

Dōt'er, n. Dotard 와 ᄀᆞᆺᄒᆞᆫ자.

Dŏth, (dŭth), Do 와 ᄀᆞᆺᄒᆞ니 문법에셔 저사름 에게만 쓰ᄂᆞᆫ 말 I do, Thou dost, He doth, ᄒᆞ다, 옛글에 쓰ᄂᆞᆫ 법이나 지금은 You do, He does 라ᄒᆞᄂᆞ니라.

Dŏt'tard, n. 枯木, 죽은 나무, 썩은 나무.

Dŏt'ted, p. a. 點, 점잇ᄂᆞᆫ, 점 ᄶᅵᆨ인, 점박아 표ᄒᆞᆫ

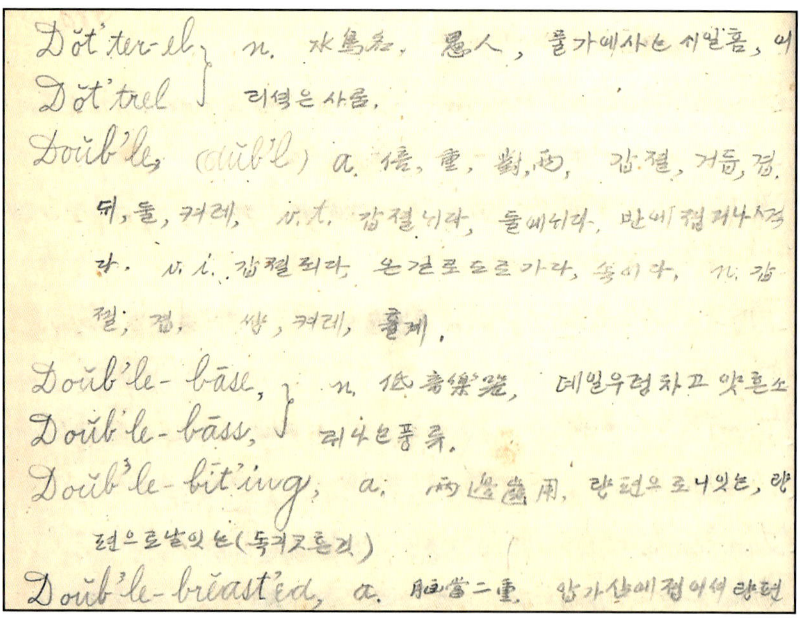

Dŏt'ter-el, Dŏt'trel, n. 水鳥名, 愚人, 물가에 사ᄂᆞᆫ 새일홈, 어리셕은 사ᄅᆞᆷ.

Dŏub'le, (dŭb'l) a. 倍, 重, 對, 兩, 갑절, 거듭, 겹, 뒤, 둘, 켜레, v. t. 갑절 ᄂᆡ다, 둘에 ᄂᆡ다, 반에 접어나ᄉᆞ갑다. v. i. 갑절되다, 온 길로 도로 가다, 속이다, n. 갑절, 겹, 쌍, 켜레, 흉계.

Dŏub'le-bāse, Dŏub'le-bāss, n. 低音樂器, 데일 우렁차고 얏흔소리나ᄂᆞᆫ 풍류.

Dŏub'le-bit'ing, a. 兩邊齒用, 량편으로 나잇ᄂᆞᆫ, 량편으로 날잇ᄂᆞᆫ(독긔ᄀᆞᆺᄒᆞᆫ것)

Dŏub'le-brĕast'ed, a. 胸當二重, 압가삼에 접어셔 량편

에단호단(옷)

Doŭb'le-dēal'er, n. 貳心者, 譎詐用者, 두ᄆᆞᄋᆞᆷ가진자, 에도붓고뎌에도붓ᄂᆞᆫ자, 흘게ᄉᆞᄂᆞᆫ자.

Doŭb'le-dēal'ing, n. 欺騙, 貳心, 속임, 두가지ᄆᆞᄋᆞᆷ, 좌우편보ᄂᆞᆫ 힝위.

Doŭb'le-ĕn'try, n. 複記法, 두줄로문서긔록ᄒᆞᄂᆞᆫ법.

Doŭb'le-fāçe, } n. 貳心, 詐偽, 두가지ᄆᆞᄋᆞᆷ,
Doŭb'le-fāçed-ness, } 두걸보기, 간사홈.

Doŭb'le-flow'er, n. 重瓣花, 두겹꼿.

Doŭb'le-heärt'ed, a. 貳心, 詐偽, 두가지ᄆᆞᄋᆞᆷ먹ᄂᆞᆫ, 두걸보ᄂᆞᆫ, 간사ᄒᆞᆫ.

Doŭb'le-mēan'ing, a. 雙關, 쌍관되ᄂᆞᆫ, 두가지 ᄯᅳᆺ가진.

Doŭb'le-mīnd'ed, a. 無恒心, 뎡ᄒᆞᆫᄆᆞᄋᆞᆷ업ᄂᆞᆫ, 이럭뎌럭ᄒᆞᄂᆞᆫ;

Doŭb'le-ness, n. 倍, 二心, 갑졀됨, 두가지ᄆᆞᄋᆞᆷ, 이럭뎌럭홈.

Doŭb'le-quick, n. 驅步, 急行, 구보, 병뎡의발마최다름박질홈, a. ᄲᆞᆯ니ᄒᆞᆫ, 급히ᄒᆞᆫ, v.t. & v.i. 급히모라가다.

Doŭb'let, n. 對, 雙, 複語, 裡衣, 뒤, ᄯᅩ곳치둘되ᄂᆞᆫ것,

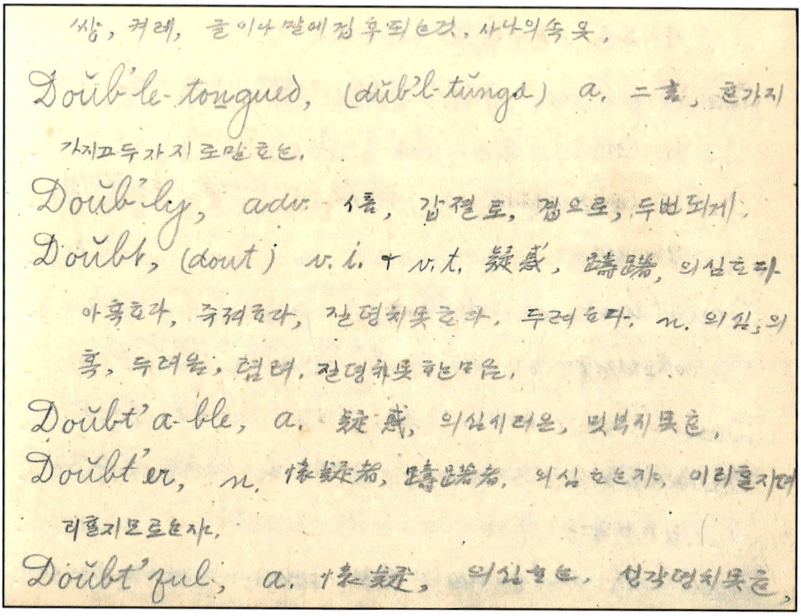
쌍, 켜레, 글이나 말에 겹 후되는것, 사나의속옷,
Doub'le-tongued, (dŭb'l-tŭngd) a. 二言, ᄒᆞᆫ가지
가지고 두가지로 말ᄒᆞᄂᆞᆫ.
Doub'ly, adv. 倍, 갑절로, 겹으로, 두번되게.
Doubt, (dout) v.i. & v.t. 疑惑, 躊躇, 의심ᄒᆞ다,
아혹ᄒᆞ다, 주저ᄒᆞ다, 질뎡치못ᄒᆞ다, 두려ᄒᆞ다. n. 의심, 의
혹, 두려움, 염려, 질뎡치못 ᄒᆞᄂᆞᆫ모음,
Doubt'a-ble, a. 疑惑, 의심시러온, 밋븨지못ᄒᆞᆫ,
Doubt'er, n. 懷疑者, 躊躇者, 의심ᄒᆞᄂᆞᆫ자, 이리ᄒᆞᆯ지뎌
리ᄒᆞᆯ지모로ᄂᆞᆫ자,
Doubt'ful, a. 懷疑, 의심ᄒᆞᄂᆞᆫ, 싱각뎡치못ᄒᆞᆫ,

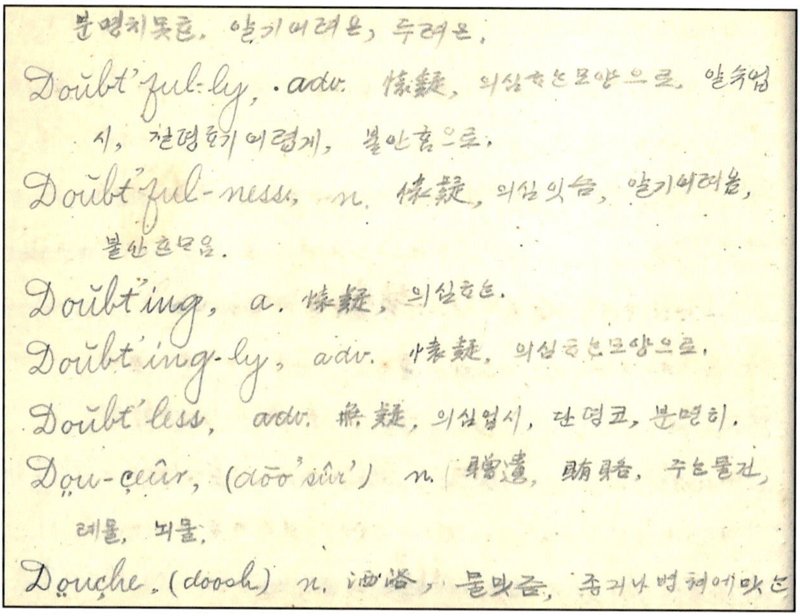
분명치못ᄒᆞᆫ, 알기어려온, 두려온,
Doubt'ful-ly, adv. 懷疑, 의심ᄒᆞᄂᆞᆫ모양으로, 알수업
시, 질뎡ᄒᆞ기어렵게, 불안홈으로,
Doubt'ful-ness, n. 懷疑, 의심잇슴, 알기어려움,
불안ᄒᆞᆫ모음.
Doubt'ing, a. 懷疑, 의심ᄒᆞᄂᆞᆫ.
Doubt'ing-ly, adv. 懷疑, 의심ᄒᆞᄂᆞᆫ모양으로,
Doubt'less, adv. 無疑, 의심업시, 단뎡코, 분명히.
Dou-ceur, (dōō'sûr') n. 贈遺, 賄賂, 주ᄂᆞᆫ물건,
례물, 뇌물.
Douche. (doosh) n. 洒浴, 물뿌림, 종기나 병처에 맛ᄂᆞᆫ

비전, Empress dowager, 황태후.

Dow'di-ness, n. 醜貌, 추함, 모양수룸함, 의복부정함.

Dow'dy, a. 醜粗, 추한, 수룸한, 부정한. n. 상스럽고 의복추한 녀인.

Dow'dy-ish, a. 粗婦如, 추하고 상시러운녀인갓흔.

Dow'el, n. 合釘, 벽에나무쪽 시기우고 그우에다른것을못박아접합케만드는 나무쪽, v. t. 벽에나무쪽박아 다른것 합하게한다;

Dow'el-pin, n. 合釘, 쇠나나무로 만든거멀못,

Dow'er, n. 餽送物, 嫁資, 婦人財產, 주는것, 례물, 시집갈때가져가는 재산, 남편죽은후에 평생먹게한 재산.

Dow'ered, a. 養口產, 남편죽은후에 먹을재산잇는, 시집갈때에가지고온 재물잇는.

Dow'er-less, a. 養口無產, 嫁資無, 남편죽은후에 먹을것업는, 시집갈때가져온것업는.

Dow'las, n. 粗麻布, 굵은뵈.

Down, n. 幼毛, 砂阜, 부드러운털, 부드러운털처럼 난것, 물가에가는모래가바람에몰녀언덕된것, 모래만덥혀 아모것도나지안는시당, adv. 아래로, 나려 Come or go down, 나려오거나 나려가거라, Down in the mouth, 기운적기다, Down with, 잡아나려라, 떠러트려라, 업시한여라, Up and down, 올낫다

물줄기,

Dōugh, (dō) n. 生麥麵, 和拌, 반죽, 가루기여노코익히
지안는것, My cake is dough, 내계피가 일우지못ᄒᆞ다.

Dōugh'fāçe, n. 柔弱者, 심약ᄒᆞᆫ사ᄅᆞᆷ, 무섬을기쉬운자.

Dōugh'nut, n. 粉作糖等油煎菓子, 계란사당등속을가
루에석거 즘셩의기름에 지져고리처럼 둥글게만든과ᄌᆞ,

Dōugh'ti-ly, adv. 勇敢, 용밍시러히, 담대ᄒᆞ게,

Dōugh'ti-ness, n. 勇敢, 용밍, 담대홈.

Dōugh'ty, a. 勇敢, 용밍시러온, 담대ᄒᆞᆫ.

Dōugh'y, (dō'y) a. 柔軟, 보드러온, 신가루반죽ᄀᆞᆺᄒᆞᆫ.

Douse, v.t. 浸水, 물에넛타, 잠그다,

Dove, (dŭv) n. 鳩, 鴿, 집비ᄃᆞᆯ기이.

Dove-cŏt, }
Dove-cōte, } n. 鳩舍, 비둘기장.

Dove-let, n. 鳩子, 비둘이삭기, 젹은비둘이.

Dove-like, a. 鳩如, 비둘이ᄀᆞᆺᄒᆞᆫ.

Dove'tail, n. 鳩尾, 鸞尾, 연미에여서 거맛초는니,
서ᄉᆞ프리ᄀᆞᆺ치 아귀텽이지여 두ᄶᅩᆨ이 잇마처들어맛게ᄒᆞᄂᆞᆫ것, v.t.
연미내여ᄉᆞ귀마초다,

Dow'a-ger, n. 私產保有寡婦, 寡婦區別姑婦號稱表, 영
국법에는뎐쥭은후저물가지는권리잇는과부, 맛며나리의일홈과
분별ᄒᆞ기위ᄒᆞ야 과부에게주는표, Queen dowager, 왕대

- 나려다, 앞흐로 뒤로, 이리뎌리. prep. 아릭, 밋헤, 나려, Down the country, 싀골로 나려, Down the river, 가아릭, a. 낙심혼, 괴운젹긴.

Down'cast, a. 垂頭, 衰氣, 수굿흔, 아릭로향ᄒᆞᄂᆞᆫ, 실심흔, 낙심흔, n. 금광구뎡이 ᄎᆞᆫ 흔 더운공기롤 ᄂᆡ기위ᄒᆞ야 ᄯᅮᆯᄂᆞᆫ구멍,

Down'fall, n. 下落, ᄯᅥ러짐, 나려짐, 앗히짐, 망흠.

Down'fallen, a. 下落, ᄯᅥ러진, 나려진, 망흔.

Down'haul, n. 下帆索, 돗ᄉᆡ곡ᄃᆡ이에ᄆᆡ여 돗나리ᄂᆞᆫ줄.

Down'heart-ed, a. 落心, 낙심된, 괴운젹긴.

Down'hill, n. 斜坡, 언덕, 기우러진ᄃᆡ, a. 나려오ᄂᆞᆫ, 기우러진,

Down'pour, n. 注下, 쏫아져 나리ᄂᆞᆫ것, 비쳐럼 퍼붓ᄂᆞᆫ것.

Down'right, (rit) a. 明白, 不雜, 명빅흔, 잡되지 안은, 진솔노ᄒᆞᄂᆞᆫ, adv. 명빅히, 솔실히, 진솔노,

Down'sit'ting, n. 坐, 休息, 안즘, 쉬힘,

Down'stâirs, a. 下, 階下, 아릭, 층ᄃᆡ아릭. adv. 아릭로, 층ᄃᆡ아릭로, 밋헤셔.

Down'trod, Down'trŏd'den, } a. 蹂躪, 짓ᄇᆞᆲ힌, 눌닌, ᄇᆞᆲ힌.

Down'ward, Down'wards, } adv. 下向, 自古, 우헤셔아릭로, 아릭로향ᄒᆞ야셔, 고로, 옛적붓허나려

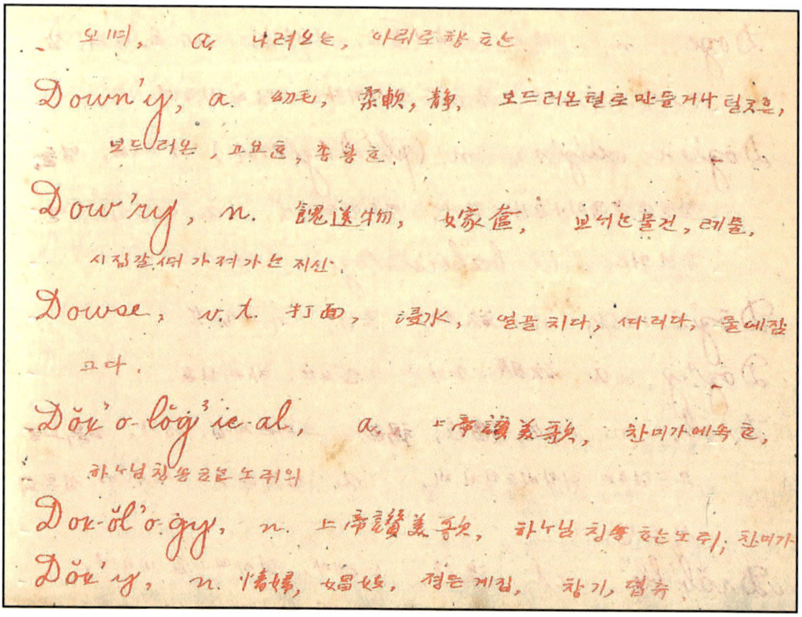

-보이되, a. 나려보는, 아래로 향호는

Down'y, a. 幼毛, 柔軟, 靜, 보드러온털로 만들거나 털잇는, 보드러온, 고요호, 춈용호.

Dow'ry, n. 餽送物, 嫁奩, 보내는물건, 례물, 시집갈때 가져가는 지산.

Dowse, v.t. 打面, 浸水, 얼골 치다, 때리다, 물에잠그다.

Dŏx'o-lŏg'ic-al, a. 上帝讚美詩, 찬미가에속호, 하나님칭송호는노래의

Dox-ŏl'o-gy, n. 上帝讚美詩, 하나님 칭송호는노래, 찬미가

Dŏx'y, n. 情婦, 娼妓, 젊은계집, 창기, 뎜추

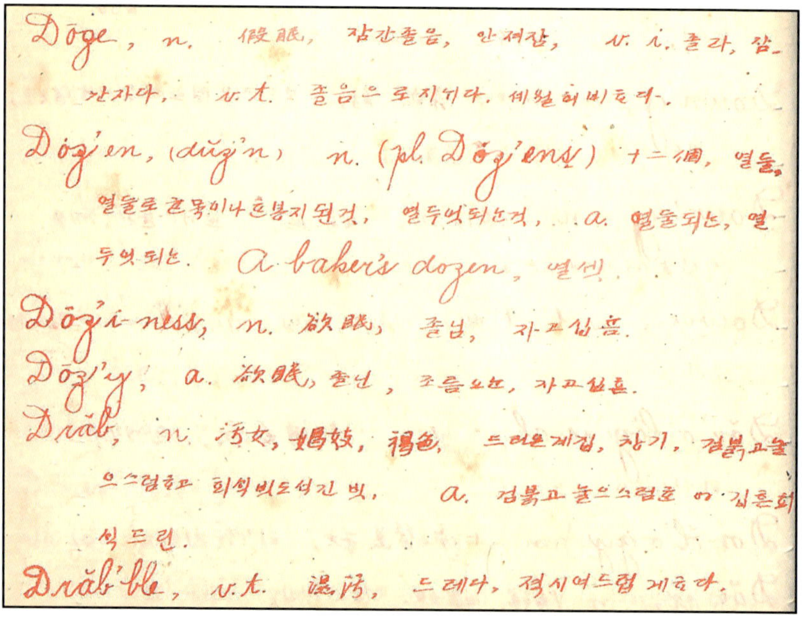

Dōze, n. 假眠, 잠간졸음, 안져잠, v.i. 졸다, 잠간자다, v.t. 졸음으로지내다. 세월허비호다.

Doz'en, (dŭz'n) n. (pl. Doz'ens) 十二個, 열둘, 열둘로호묶이나호봉지된것, 열두엇되는것, a. 열둘되는, 열두엇되는. a baker's dozen, 열셋

Dōz'i-ness, n. 欲眠, 졸님, 자고십흠.

Dōz'y, a. 欲眠, 졸닌, 조름오는, 자고십흔.

Drăb, n. 淫女, 娼妓, 褐色, 드러온계집, 창기, 검붉고눌으스럼호고 회식빗도석긴 빗, a. 검붉고눌으스럼호 여 깁흔회식드린.

Drăb'ble, v.t. 濕汚, 드레다, 젹시여드럽게호다.

Drăchm (drăm). n. Dram 과 ᄀᆞᆺ흔것.

Drăch'mă, n. (pl. 英 Drăch'mas, 羅 Drăch'mae.) 希臘國銀貨名, 希臘國衡量, 그리스(희랍)국 은젼일홈, 그리스국의 져울칭슈니 2 pennyweights 즘슈라.

Dra-cō'ni-an, a. 苛嚴, 殘酷, 너무엄ᄒᆞᆫ, 잔혹ᄒᆞᆫ, 사나온, (예젹 Athen 셩에 법을 사나히스스기로 유명ᄒᆞ던 Draco 라ᄒᆞᄂᆞᆫ이 에게속ᄒᆞᆫ)

Drăff, n. 渣滓, 殘物, 찌겨이, 바린물건, 남져지, 소먹일곡식.

Drăff'y, a. 殘餘, 無用, 찌거이 놈은, 바리ᄂᆞᆫ, 쓸ᄃᆡ업ᄂᆞᆫ.

Drăft, n. 牽, 撰擇, 索償, 換票, 物貨著引. 外形, 草件, 圖, 吸力, 深, 空氣流通, 잇글음, 당김, 짐실이 짐싯고를 ᄭᅳ러림, 군ᄉᆞ나 혹 다른사람 여러무리중에셔 갈희여냄, 은갑흐라고ᄒᆞᆫ, 환표, 물건이 흔충수즁에셔 얼마ᄯᅥ러짐, 도형그려노은것, 격가량만즐쳐논것, 그림, 비ᄉᆞ듸을만ᄒᆞ게물깁흠, 들여마시ᄂᆞᆫ힘, 공긔의ᄯᅩᆼ동길.

v. t. 도형그리다, 초잡다, 긔초ᄒᆞ다, ᄲᅦ여내다, 칙ᄒᆞ다.

Drăft-hôrse, n. 駄馬, 짐싯ᄂᆞᆫ물, 무거온것 ᄭᅳᄂᆞᆫ물.

Drăfts'man, n. Draughtsman 을보라.

Drăg, v. t. 引, 牽, 曳, 破, ᄭᅳᆯ다, 당긔다, 잇글다, 밧갈어노코서설미ᄀᆞ튼거슬ᄭᅳᆯ어흙덩이ᄭᅢ치라, v. i. ᄭᅳᆯ니다, ᄲᅡᆯ니 가지못ᄒᆞ다; 그물ᄭᅳᆯ다, n. ᄭᅳᆯ어셔물밧닥에잇ᄂᆞᆫ것글거올니ᄂᆞᆫ그물, 무거온것ᄭᅳᄂᆞᆫ수레, 밧갈고 흙덩이ᄭᅵ지라고ᄭᅳᄂᆞᆫ것, 나가ᄂᆞᆫ물건의뒤로던져글거ᄃᆞ려더못나가게ᄒᆞᄂᆞᆫ것, 뒤에셔당긔ᄂᆞᆫ것ᄀᆞᆺ치간신히압흐로나아감, 항이러ᄆᆡᄇᆡ닥.

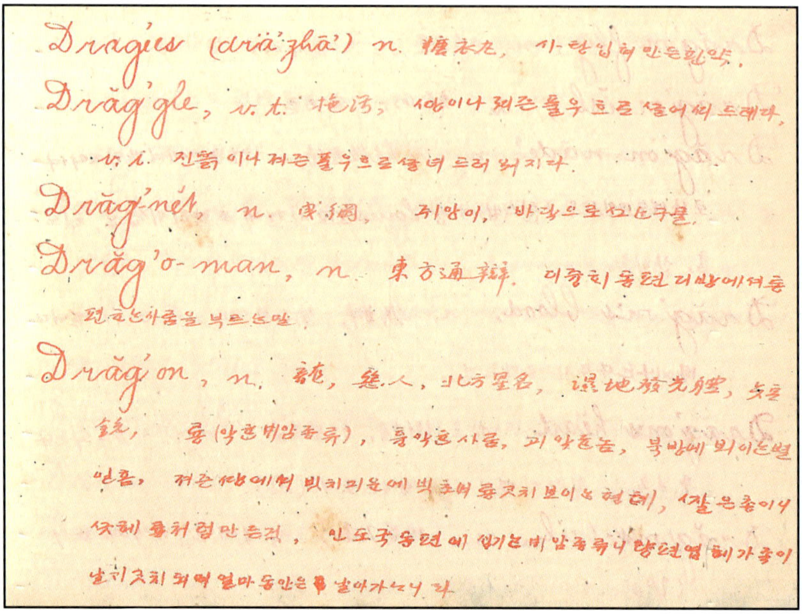

Dragées (drä'zhā') n. 糖衣丸, 사탕입혀 만든환약.

Drăg'gle, v.t. 拖汚, 싱이나 져즌풀우흐로 끌어셔 드레다,
v.i. 진흙이나 져즌풀우흐로 끌녀 드러워지다.

Drăg'nĕt, n. 曳網, 져망이, 바닥으로 끄ᄂᆞᆫ그물.

Drăg'o-man, n. 東方通辯. 디즁히 동편디방에셔 통변ᄒᆞᄂᆞᆫ사ᄅᆞᆷ을 부르ᄂᆞᆫ말.

Drăg'on, n. 龍, 惡人, 北方星名, 謂地發光體, 火箭銃, 룡(악ᄒᆞᆫ비암종류), 흉악ᄒᆞᆫ사ᄅᆞᆷ, 괴악ᄒᆞᆫ놈, 북방에 뵈이ᄂᆞᆫ별일홈, 져즌ᄯᅡ에셔 빗치괴운에 빗초여 룡ᄀᆞᆺ치 보이ᄂᆞᆫ현ᄐᆡ, 살은총이나 ᄉᆞᆺ헤 ᄃᆞᆯ녀 만든것, 인도국동편에 잇ᄂᆞᆫ비암종류니 량편엽헤가죽이 날ᄀᆡᆺ치되여 얼마동안은 날아가ᄂᆞ니라.

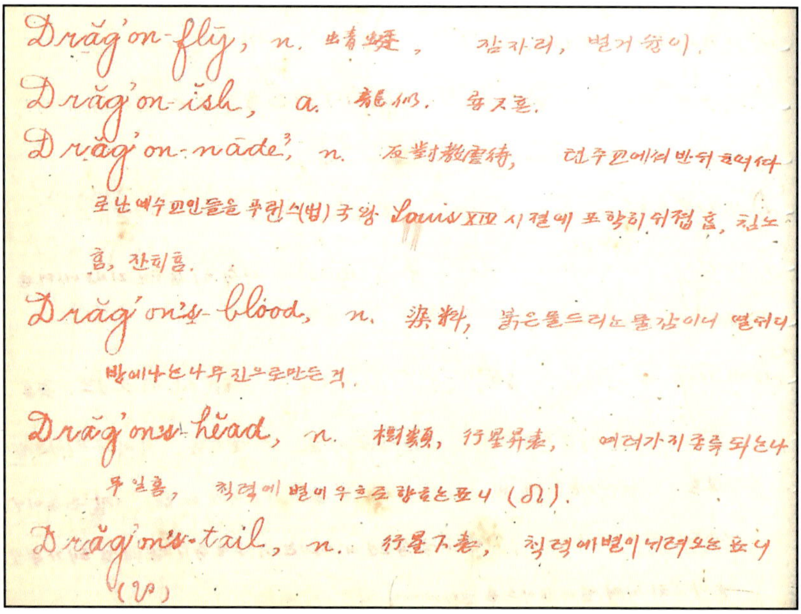

Drăg'on-fly, n. 蜻蜓, 잠자리, 별거숭이.

Drăg'on-ish, a. 龍似, 룡ᄀᆞᆺᄒᆞᆫ.

Drăg'on-nāde', n. 反對教虐待, 텬주교에셔 반ᄃᆡᄒᆞ여셔로난 예수교인들을 푸란스(법)국왕 Louis XIV 시졀에 포학히 ᄃᆡ졉ᄒᆞᆷ, 침노ᄒᆞᆷ, 잔ᄒᆡᄒᆞᆷ.

Drăg'on's-blood, n. 染料, 붉은물드리ᄂᆞᆫ물감이니 열ᄃᆡ디방에나ᄂᆞᆫ나무진으로만든것.

Drăg'on's-hĕad, n. 樹類, 行星昇表, 여러가지종류되ᄂᆞᆫ나무일홈, 칙력에 별이우흐로향ᄒᆞᄂᆞᆫ표니 (☊).

Drăg'on's-tail, n. 行星下表, 칙력에별이나려오ᄂᆞᆫ표니 (☋)

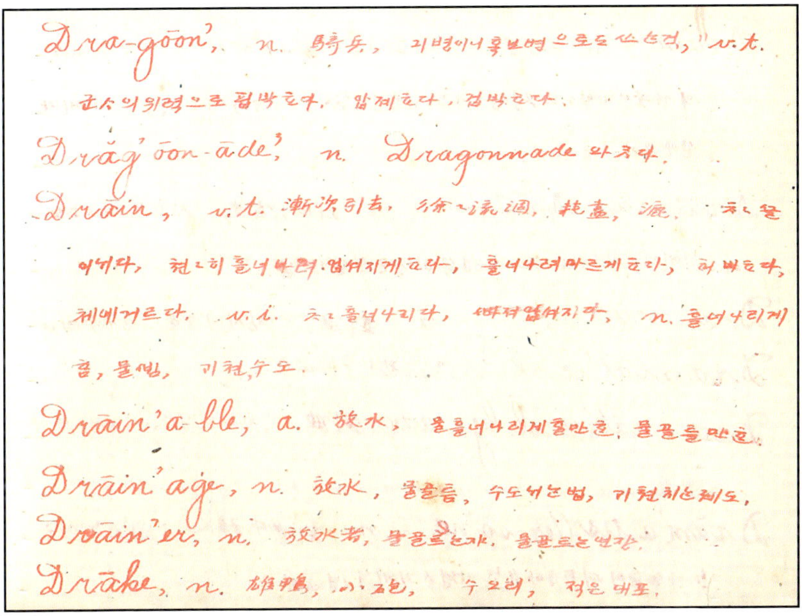

Dra-gōōn', n. 騎兵, 긔병이나 홍보병으로도 쓰는것, v.t. 군ᄉᆞ의위력으로 핍박ᄒᆞ다, 압제ᄒᆞ다, 겁박ᄒᆞ다.

Drăg'ōōn-āde', n. Dragonnade 와ᄀᆞᆺ다.

Drāin, v.t. 漸次引去, 徐徐流涸, 耗盡, 瀝. ᄎᆞᄎᆞ물 여내다, 천천히 흘너ᄂᆞ려 업서지게ᄒᆞ다, 흘너ᄂᆞ려마르게ᄒᆞ다, 허비ᄒᆞ다, 체에거르다. v.i. ᄎᆞᄎᆞ흘너ᄂᆞ리다, ᄲᅡ져업서지다, n. 흘너ᄂᆞ리게 홈, 물쌤, 긔쳔, 수도.

Drāin'a-ble, a. 放水, 물흘너ᄂᆞ리게홀만ᄒᆞᆫ, 물끌을만ᄒᆞᆫ.

Drāin'age, n. 放水, 물끌틈, 수도ᄂᆡᄂᆞᆫ법, 긔쳔치ᄂᆞᆫ졔도,

Drāin'er, n. 放水者, 물끌르ᄂᆞᆫ자, 물끌르ᄂᆞᆫ연장.

Drāke, n. 雄鴨, 小砲, 수오리, 적은대포.

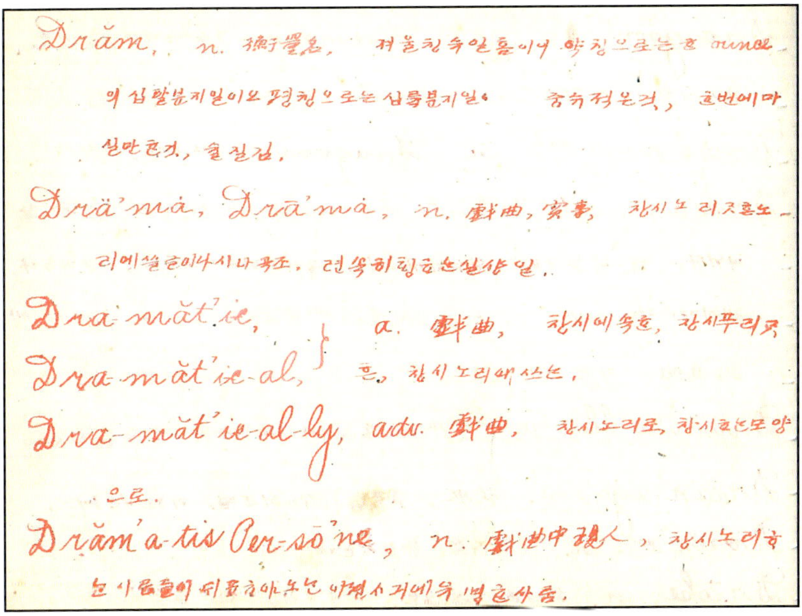

Drăm, n. 衡量名, 져울칭수인듸 약칭으로ᄂᆞᆫ ᄒᆞᆫ ounce 의 십팔분지일이오 평칭으로ᄂᆞᆫ 십륙분지일, 조곰적은것, ᄒᆞᆫ번에마실만ᄒᆞᆫ것, 술질검.

Drä'mȧ, Drā'mȧ, n. 戲曲, 演事, 창시노리ᄀᆞᆺᄒᆞᆫ노리에쓸ᄒᆞᆫ이나시나곡조, 련쇽히ᄒᆡᆼᄒᆞᄂᆞᆫ실샹일.

Dra-măt'ic, }
Dra-măt'ic-al, } a. 戲曲, 창시에쇽ᄒᆞᆫ, 창시풀리ᄀᆞᆺᄒᆞᆫ, 창시노리에ᄊᆞᄂᆞᆫ.

Dra-măt'ic-al-ly, adv. 戲曲, 창시노리로, 창시ᄒᆞᄂᆞᆫ모양으로.

Drăm'a-tis Per-sō'næ, n. 戲曲中諸人, 창시노리ᄒᆞᄂᆞᆫ사ᄅᆞᆷ들이 뒤쥬ᄒᆞ야노ᄂᆞᆫ 아편스게에유명ᄒᆞᆫ사ᄅᆞᆷ.

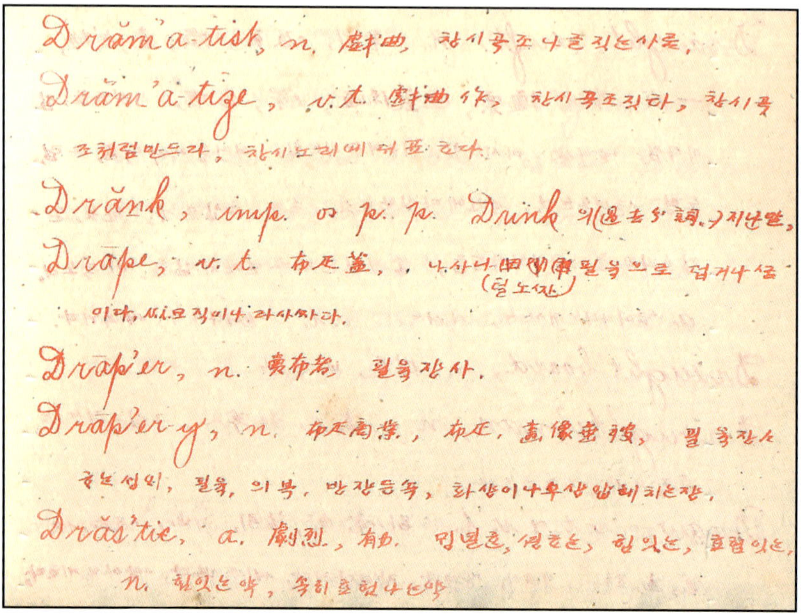

Drăm'a-tist, n. 戲曲, 창시곡조나 글 짓는사람,

Drăm'a-tize, v.t. 戲曲作, 창시곡조짓다, 창시곡조처럼만드러, 창시노리에 뎌표한다.

Drănk, imp. or p.p. Drink 의(過去分詞) 지난말,

Drape, v.t. 布疋蓋, 나사나 (털도사) 필륙으로 덥거나 싸이다, 싸고짓이나 라사싸다.

Drap'er, n. 賣布者 필륙장사.

Drap'er-y, n. 布疋商業, 布疋, 畫像垂被, 필륙장사 하는 생이, 필륙, 의복, 방장등속, 화상이나 우상 입혀치는장,

Drăs'tic, a. 劇烈, 有力 밍렬한, 셩한, 힘잇는, 효험잇는, n. 힘잇는약, 속히 효험나는약

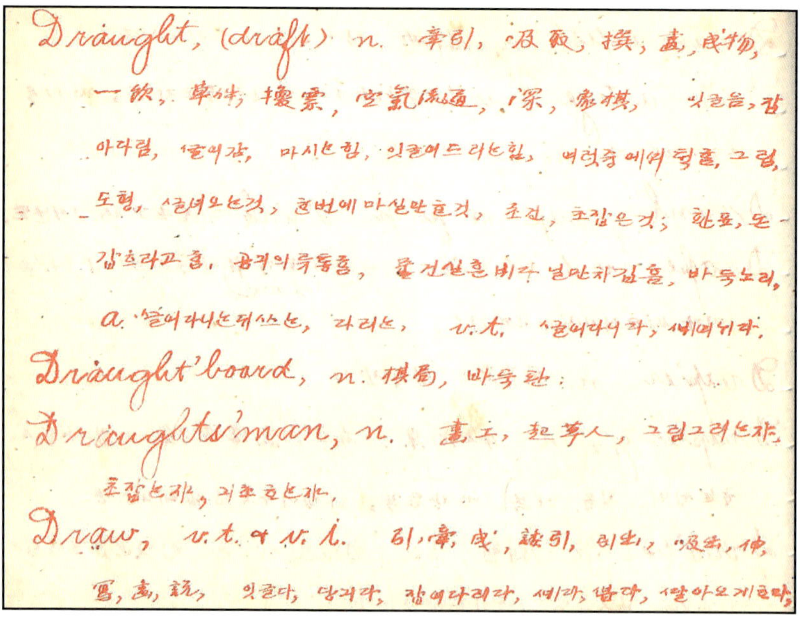

Draught, (draft) n. 牽引, 汲取, 摸, 畫, 民物, 一飮, 草件, 擾票, 空氣流通, 深, 象棋, 잇끌음, 잡아다림, 들어감, 마시는힘, 잇끌어드리는힘, 여럿중에셔 택함, 그림, 도형, 살녀오는것, 한번에 마실만한것, 초건, 초잡은것; 환표, 돈 갑흐라고 함, 공긔의류통함, 물건실흔배가 널만치깁흠, 바독노리, a. 끌어다니는데쓰는, 다리는, v.t. 끌어다니다, 뽑아내다.

Draught'board, n. 棋局, 바둑판:

Draughts'man, n. 畫工, 起草人, 그림그리는자, 초잡는자, 긔초하는자,

Draw, v.t. & v.i. 引, 牽, 拔, 誘引, 引出, 汲出, 伸, 寫, 畫, 記, 잇끌다, 당기다, 잡아다리다, 세다, 뽑다, 쌀아오게하다,

욕인ᄒᆞ다, 잇글어내다, ᄲᅢ아내다, 펴다, ᄲᅢᆨ다, 그리다, 쓰다, 귀초ᄒᆞ다, 협용ᄒᆞ야말ᄒᆞ다, 도형되다, To draw game or battle, 불분승부ᄒᆞ다, To draw a bow, 활쏘다, To draw a curtain, 장을내거나나리다. To draw back, 도로ᄲᅢ다, To draw in, 잇글어드리다, To draw off, 잇글어가다, To draw on, 되게ᄒᆞ다, To draw out, 펴다, 열다, To draw up, 초잡다, 버려세우다, To draw near, or nigh, 갓가히오다. n. 잇글어다림, 제비뽑은 것,

Draw'băck, n. 阻礙, 還稅, 퇴축ᄒᆞᆷ, 물너섬, 막아방해ᄒᆞᆷ, 도로주ᄂᆞᆫ돈, 물건드려올ᄯᅢ에밧은세를물건이도로나가ᄂᆞᆫᄯᅢ에다시내여주ᄂᆞᆫ돈,

Draw'bridge, n. 吊橋, 세엿다노엿다ᄒᆞ게만든다리.

Draw-ee', n. 換票主, 표주, 환표에일홈쓴자, 돈낼자,

Draw'er, n. 拖人, 酌酒者, 畵工, 起草者, 換票~~出~~者, 舌盒, 抽出物, 下袴, 끄ᄂᆞᆫ사ᄅᆞᆷ, 끄ᄂᆞᆫ것, 주셕에셔술붓ᄂᆞᆫ자, 그림그리ᄂᆞᆫ자, 도형내ᄂᆞᆫ자, 아모더셔차즈라고환표쓴자, 셜합, ᄲᅢ여낸것, 다리에입ᄂᆞᆫ속옷,

Draw'hĕad, n. 防觸具, 륜션이나긔차압헤부드쳐ᄭᅢ지지말도록ᄒᆞᆫ용수철ᄀᆞᆺ흔긔계.

Draw'ing, n. 引出, 畵繪, 抽籤分取賞品, 잡아다림, 잇글어냄, 도형ᄒᆞᆫ그림, 제비뽑아상급물건난호아가짐.

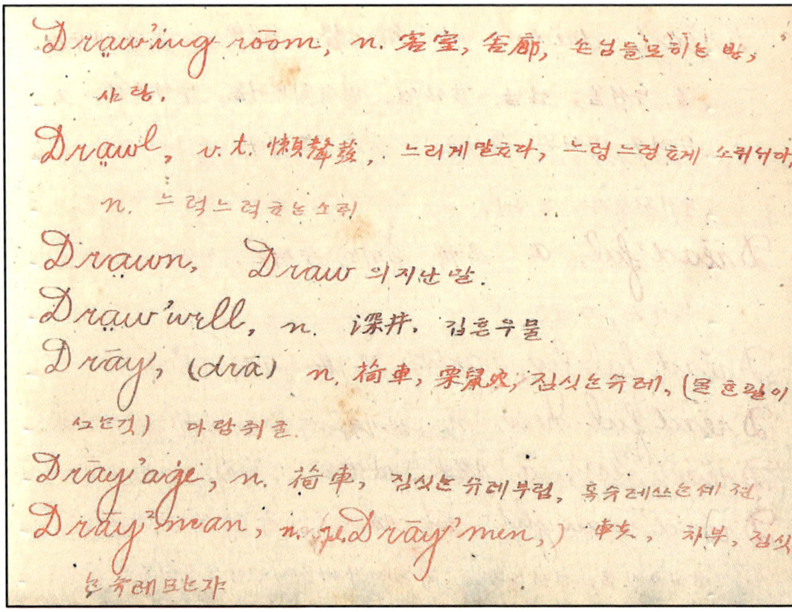

Draw'ing-room, n. 客室, 舍廊, 손님들모히는 방, 사랑.
Drawl, v.t. 懶[illegible], 느리게말ᄒᆞ다, 느럭느럭ᄒᆞ게 소릐ᄂᆡ다, n. 느럭느럭ᄒᆞᄂᆞᆫ 소릐
Drawn, Draw 의지난말.
Draw'well, n. 深井, 깁흔우물
Dray, (drā) n. 椅車, [illegible], 짐싯ᄂᆞᆫ수레, (몰 ᄒᆞᆫ필이 ᄭᅳᄂᆞᆫ것) 마랑쉬글.
Dray'age, n. 椅車, 짐싯ᄂᆞᆫ 슈레부림, 혹슈레쓰ᄂᆞᆫ세 젼
Dray'man, n. (pl. Dray'men,) 車夫, 차부, 짐싯ᄂᆞᆫ슈레모ᄂᆞᆫ자

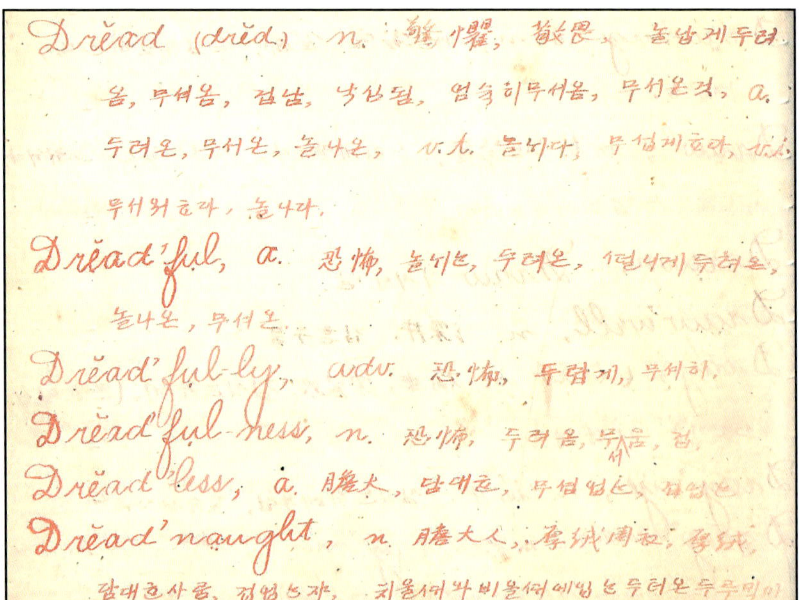

Drĕad (drĕd.) n. 驚懼, 敬畏, 놀납게두려옴, 무셔옴, 겁남, 낙심됨, 엄숙히무서옴, 무서온것, a. 두려온, 무서온, 놀나온, v.t. 놀니다, 무섭게ᄒᆞ다, v.i. 무서워ᄒᆞ다, 놀나다.
Drĕad'ful, a. 恐怖, 놀니ᄂᆞᆫ, 두려온, 떨니게두려온, 놀나온, 무서온.
Drĕad'ful-ly, adv. 恐怖, 두렵게, 무서히.
Drĕad'ful-ness, n. 恐怖, 두려옴, 무서옴, 겁.
Drĕad'less, a. 膽大, 담대ᄒᆞᆫ, 무섭업ᄂᆞᆫ, 겁업ᄂᆞᆫ
Drĕad'naught, n. 膽大人, [illegible], 담대ᄒᆞᆫ사ᄅᆞᆷ, 겁업ᄂᆞᆫ자, 치울ᄯᅢ와 비올ᄯᅢ 에닙ᄂᆞᆫ 두터온 두루마기

두터본옷감,

Dream, n. 夢, 妄想, 꿈, 희미ᄒᆞᆫ졍신, 헛싱각, 망령된ᄯᅳᆺ, 오미, v.t. 싱각ᄒᆞ다, 생각속ᄌᆞ치믹다, 헛싱각ᄒᆞ다, To dream out an hour, ᄒᆞᆫ시를허비ᄒᆞ다, To dream through life, 평싱을헛되히보내다, v.i 꿈ᄭᅮ다, 미리짐작ᄒᆞ다,

Dream'er, n. 夢人, 空想者, 꿈ᄭᅮᄂᆞᆫ사ᄅᆞᆷ, 헛싱각ᄒᆞᄂᆞᆫ사ᄅᆞᆷ,

~~Dream'less, a. 無夢, 꿈업ᄂᆞᆫ.~~

Dream'i-ness, n. [illegible], 多夢, 好夢, 꿈만흠, 꿈각흠,

Dream'ing-ly, adv. 如夢, 꿈ᄭᅮ듯시, 게을니, 졍신차리지안코ᄌᆞ, 천ᄌᆞ히

Dream'less, a. 無夢, 꿈업ᄂᆞᆫ, ᄌᆞᆷ아닌

Dream'y, a. 多夢, 好夢, 꿈만흔, 꿈ᄀᆞᆺᄒᆞᆫ.

Drear, a. 慘憺, 寂寞, 참담ᄒᆞᆫ, 쳐량ᄒᆞᆫ, 슯흔, 쓸ᄊᆞᆯᄒᆞᆫ, 젹ᄌᆞᆨᄒᆞᆫ.

Drear'i-ly, adv. 慘憺, 寂然, 참담히, 쳐량히, 쓸ᄊᆞᆯᄒᆞ게, 신믈시럽게,

Drear'i-ness, n. 慘憺, 凄涼, 참담흠, 쳐량흠, 쓸ᄊᆞᆯ흠.

Drear'y, a. Drear, 와ᄀᆞᆺ치ᄊᆞᄂᆞᆫᄌᆞ.

Drĕdge, n. 取泥機, 물바닥에진흙이나다른것을거올니ᄂᆞᆫ긔계, 무어시던지흙에놀니기위ᄒᆞ야ᄀᆞ쓸어다리ᄂᆞᆫ연장, 굴이나 조

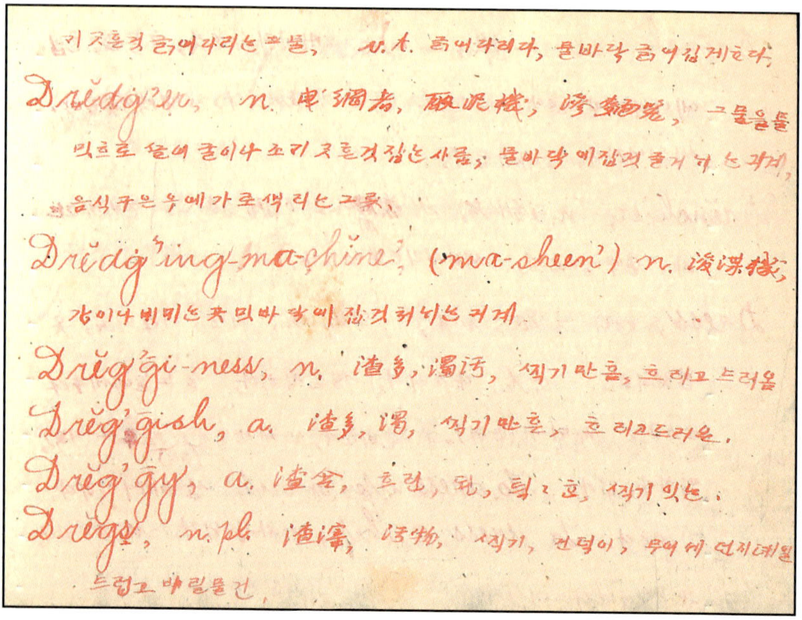

기 곳흔것 긁어다리는 그물, v.t. 긁어다리다, 물바닥 긁어집게ᄒᆞ다,
Drĕdg'er, n. 撈網者, 破泥機, 浚鍋艦, 그물을들
익흐로 쇠어 굴이나 조기 곳흔것잡는 사ᄅᆞᆷ; 물바닥에 잡것 출거 니는 긔계,
음식 ᄭᅳ은 우에 가로 색리는 그릇,
Drĕdg'ing-ma-chine' (ma-sheen') n. 浚渫機,
강이나 비미는곳 미바닥에 잡것 쳐너는 긔계
Drĕg'gi-ness, n. 渣多, 濁汚, 석기 만흠, 흐리고 드러움
Drĕg'gish, a. 渣多, 濁, 석기 만흔, 흐리고드러운,
Drĕg'gy, a. 渣含, 흐린, 된, 텁텁ᄒᆞᆫ, 석기 잇는,
Drĕgs, n. pl. 渣滓, 汚物, 석기, 건덕이, 무어세 던지네일
드럽고 바릴물건,

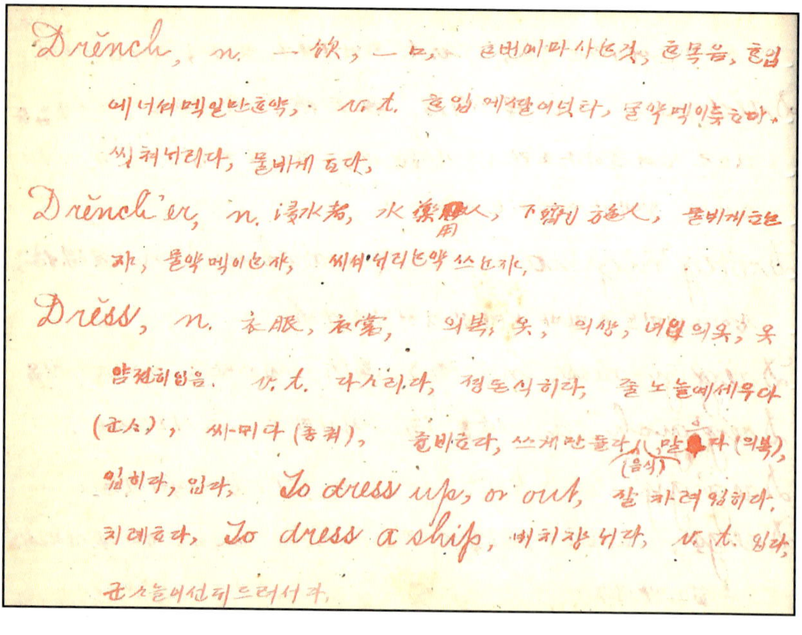

Drĕnch, n. 一飲, 一口, ᄒᆞᆫ번에마 사는것, ᄒᆞᆫ목음, ᄒᆞᆫ입
에너어먹일만ᄒᆞᆫ약, v.t. ᄒᆞᆫ입에쳐말어넣다, 물약먹이듯ᄒᆞ다,
씻쳐너리다, 물비게ᄒᆞ다,
Drĕnch'er, n. 灌水者, 水藥用人, 下劑用ᄒᆞᆫ人, 물비게ᄒᆞ는
자, 물약먹이는자, 씻어너리는약 쓰는자,
Drĕss, n. 衣服, 衣裳, 의복, 옷, 의상, 녜복의옷, 옷
얌젼히입음. v.t. 다ᄉᆞ리다, 졍돈식히다, 줄 노늘예세우다
(군ᄉᆞ), 싸매다 (종쳐), 출비ᄒᆞ다, 쓰게만들다(음식), 말니다(의복),
입히다, 입다, To dress up, or out, 잘 차려입히다,
치례ᄒᆞ다, To dress a ship, 배치장 니다, v.t. 입다,
군ᄉᆞ늘어선데드러서다,

Drĕss'coat, n. 小禮服, 소례복, 아리좀은옷옷.

Drĕss'er, n. 粧裝人, 外科醫助手, 食床, 饌欌, 理髮者, 복장입는자, 옷입는자, 다스리는자, 꾸미는자, 외치ㅎ는의원도아주는일군, 식상, 소반, 찬장, 접시와그릇주는장, 부인의머리수쳐주는사람.

Drĕss'goods, n. pl. 婦人及小兒上衣所用織物, 부인네와아희의옷옷감.

Drĕss'ing, n. 衣服, 包裹, 肥料, 雞鴨豚等製食物, 糊, 膠; 窓戶飾, 의복, 옷, 종기에처미는것, 거름, 두엄, 닭이나도야지고기로썰어서만든음식, 의복에뻣뻣이는풀이나 포수ㅎ는풀, 창이나문에 드리가려알오식여술인것.

Drĕss'ing-gown, n. 講衫, 엷은옷, 점잔은이의집안에서 평시에입는옷.

Drĕss'ing-room, n. 換衣室, 옷바꾸아입는방.

Drĕss'mak'er, n. 裁縫師, 의복만드는자, 옷제도ㅎ는자.

Drĕss'y, a. 艶服, 옷잘입는, 치레ㅎ는, 사치시러운.

Drĭb, v. i. 乞財, 갓가히서 편역사다.

Drĭb'blet, }
Drĭb'let, } 小滴, 小額, 적은방울; 적은수효.

Drī'er, n. 乾人或物, 말니는사나것.

Drĭft, n. 浮流物, 被堆物, 一群, 漂流, 漂去路, 主意, 穿孔具, 隧道, 潮流方向, 떠나가는것, 물에나가는물길, 물

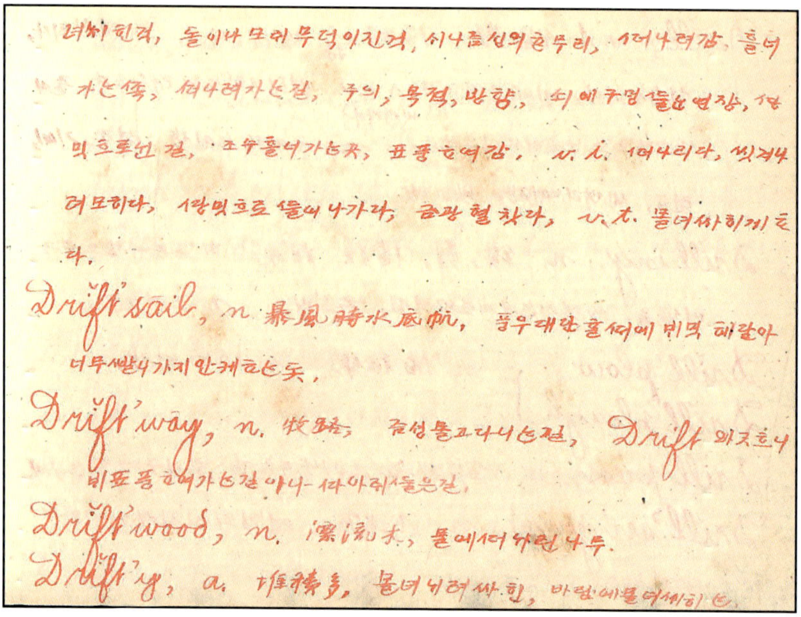

려싸힌것, 돌이나모래무덕이진것, 쉬나흠십의ᄒᆞᆫ무리, 떠나려감, 흘너
가ᄂᆞᆫ쪽, 떠나려가ᄂᆞᆫ길, 주의, 목적, 방향, 쇠에구멍뚤ᄂᆞᆫ연장, 샹
믹흐론길, 조수흘너가ᄂᆞᆫ곳, 표풍ᄒᆞ여감, v. i. 떠나리다, 씻겨나
려모히다, 샹믹흐로 뚤어나가다, 금광혈찻다, v. t. 몰려싸히게ᄒᆞ
다.

Drift'sail, n. 暴風時水底帆, 풍우대단ᄒᆞᆯ때에 배뒤 해갈아
너무쌀니가지안케ᄒᆞᄂᆞᆫ돛,

Drift'way, n. 牧路, 즘ᄉᆡᆼ몰고다니ᄂᆞᆫ길, Drift 와갓ᄒᆞ니
비표풍ᄒᆞ여가ᄂᆞᆫ길이니– 떠나려들은길.

Drift'wood, n. 漂流木, 물에떠나린나무.

Drift'y, a. 堆積多, 몰녀나려싸힌, 바람에몰여싸히ᄂᆞᆫ.

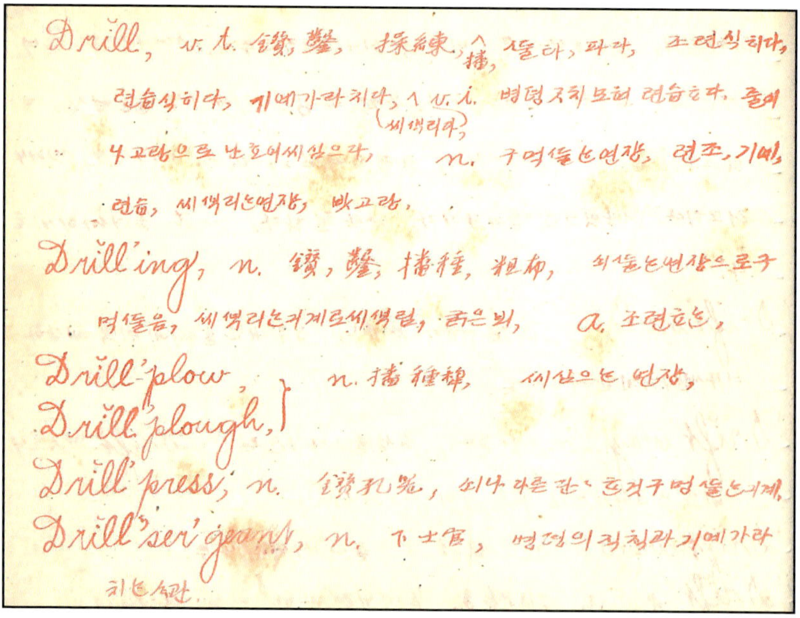

Drill, v. t. 鑽, 鑿, 操練, 播, 뚤다, 파다, 조련식히다,
련습식히다, 기예가라치다, (씨색리다,) v. i. 병뎡조치모혀 련습ᄒᆞ다, 줄에
나고랑으로 눈호어씨심으다, n. 구멍뚤ᄂᆞᆫ연장, 련조, 기예,
련습, 씨색리ᄂᆞᆫ연장, 밧고랑,

Drill'ing, n. 鑽, 鑿, 播種, 粗布, 쇠뚤ᄂᆞᆫ연장으로구
멍뚤음, 씨색리ᄂᆞᆫ기계로씨색림, 굵은뵈, a. 조련ᄒᆞᄂᆞᆫ,

Drill'-plow,
Drill'plough, } n. 播種犁, 씨심으ᄂᆞᆫ연장,

Drill'press, n. 鑽孔器, 쇠나다른것ᄉᆞ혼것구멍뚤ᄂᆞᆫ기계.

Drill'ser'geant, n. 下士官, 병뎡의직칙과기예가라
치ᄂᆞᆫ사관.

Drĭnk, v.i. 飮, 大飮, 마시다, 잔치나노리에서술과히 먹다, To drink to, 잔들고경축ᄒᆞ다, 잔드러참으라고쳥ᄒᆞ다, v.t. 느려마시다, To drink down, 억제ᄒᆞ다, To drink off or up, ᄒᆞᆫ숨에마셔바리다, To drink the health, or to the health, of, 경축ᄒᆞ다, 남의축원을위ᄒᆞ야 술먹다, n. 마시ᄂᆞᆫ것; 마실것

Drĭnk'a-ble, a. 飮, 마실만ᄒᆞᆫ.

Drĭnk'er, n. 飮者, 마시ᄂᆞᆫ자, 주객.

Drĭp, v.t. & v.i. 滴下, 써러지다, 방울노써러지게ᄒᆞ다, n. 방울방울써러짐, 써러지ᄂᆞᆫ물방울, 추녀, 쳠하끗.

Drĭp'ping, n. 滴下物, 방울져써러지ᄂᆞᆫ것, 고기줄서써러지ᄂᆞᆫ기름.

Drĭp'ping-păn, n. 滴油鍋, 고기줄서써러지ᄂᆞᆫ기름 밧ᄂᆞᆫ쳘.

Drĭp'stone, n. 落水石, 창이나문우에차양돌, (비들여치지말나고ᄒᆞᄂᆞᆫ것)

Drīve, v.t. 推, 逐, 驅, 御, 追, 狩, 耕, 逼促, 밀다, 쫏차내다, 몰다, 쫏아내다, 차몰다, 쏫차가다, 산양ᄒᆞ다, 쇠못으로뎡ᄀᆞ히박어들어가다, 핍박ᄒᆞ다, 지촉ᄒᆞ다, 되게ᄒᆞ다, v.i. 밀고나가다, 밀니다, 몰녀나가다, 향ᄒᆞ다, To drive at any thing, 목젹ᄉᆞᆷ다, To let drive, 써리다, 마치다, n. 몰다고드러다님, 흘므ᄂᆞᆫ길, 공치ᄂᆞᆫ노리에바로쳐맛침.

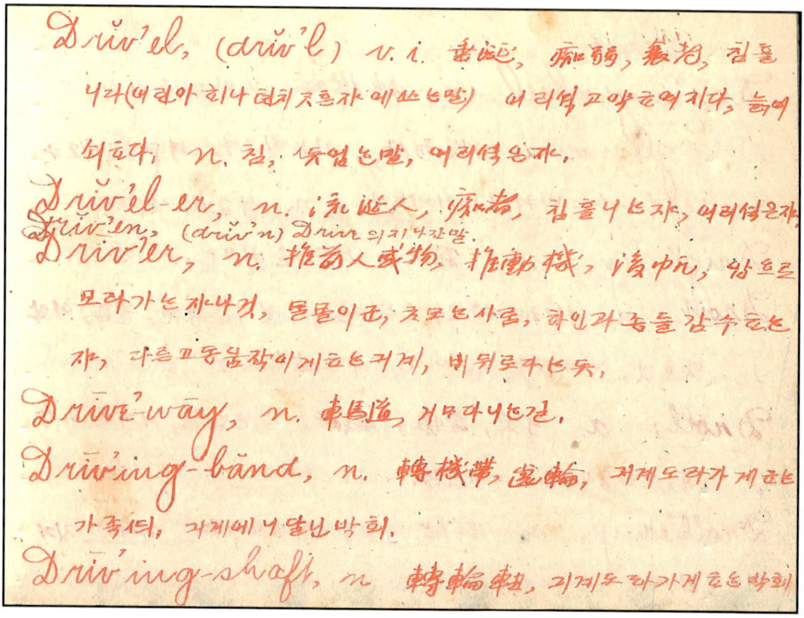

Drĭv'el, (drĭv'l) v. i. 垂涎, 痴話, 衰老, 침흘니다(어린아희나 졍치못혼자에 쓰는말) 어리셕고 약혼여지다, 늙어쇠혼다, n. 침, 쓸업는말, 어리셕은자.

Drĭv'el-er, n. 流涎人, 痴者, 침흘니는자, 어리셕은자,

Driv'en, (drĭv'n) Drive의지나간말.

Driv'er, n. 推前人或物, 推動機, 馭者, 압흐로 모라가는자나것, 몰물이군, 츅모는사룸, 하인과 죵들 감수혼는 자, 다른고동을움작이게혼는긔계, 배뒤로가는뜻,

Drive'-way, n. 車馬道, 거마다니는길.

Driv'ing-bănd, n. 轉機帶, 齒輪, 긔계도라가게혼는 가죡띄, 긔계에나달닌박회.

Driv'ing-shaft, n. 轉輪軸, 긔계도라가게혼는박회

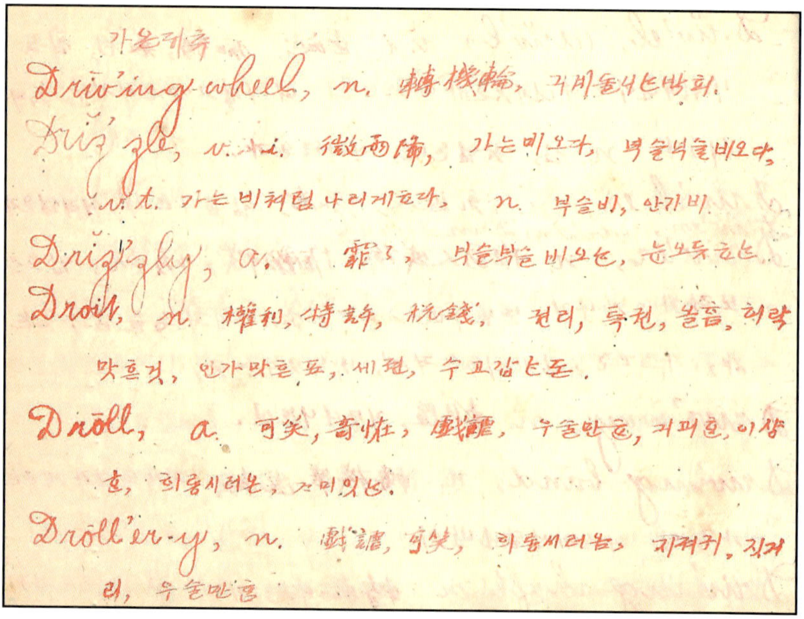

가온디츅

Driv'ing-wheel, n. 轉機輪, 긔계돌니는박회.

Drĭz'zle, v. i. 微雨降, 가는비오다, 부슬부슬비오다, v. t. 가는비처럼나리게혼다, n. 부슬비, 안개비.

Drĭz'zly, a. 霏霏, 부슬부슬비오는, 눈오듯혼는.

Droit, n. 權利, 特許, 稅錢, 권리, 특권, 놀음, 허락맛흔것, 인가맛흔표, 세젼, 수고갑는돈.

Drōll, a. 可笑, 奇怪, 戲謔, 우숩만혼, 긔괴혼, 이샹혼, 희롱시러온, 자미잇는.

Drōll'er-y, n. 戲謔, 可笑, 희롱시러움, 지저귀, 짓거리, 우숩만혼

Droll'ish, a. 戱謔, 희롱시러운, 적이우수은,

Drom'e-da-ry, n. 單峯駱駝, 등이 외안장지은것ᄀᆞᆺ치된 약대.

Drōne, n. 雄蜜蜂, 懶惰者, 鈍聲, 수벌이나 꿀도안이만들고 먹거나는것, 게으른자, 느리게ᄒᆞᄂᆞᆫ소리, 벌ᄀᆞᆺ치웅ᄒᆞᄂᆞᆫ소리, v.i. 놀고먹다, 느린벌ᄀᆞᆺ치소리내다, v.t. 길게외마듸소리로읽다,

Drōn'ish, a. 懶惰, 게으른, 수벌ᄀᆞᆺᄒᆞᆫ,

Drōōl, v.i. 涎流, 침흐르다, 침흘니다,

Droop, v.i. 低垂, 落心, 衰弱, 숙다, 굽으졍ᄒᆞ다, 약ᄒᆞ야쥐다, 낙심ᄒᆞ다, ~~쇠ᄒᆞ야~~ 티지다;

Droop'ing-ly, adv. 低垂, 落心, 숙ᄒᆞ게, 고ᄀᆡ구부졍ᄒᆞ게, 낙심ᄒᆞᆫ모양으로.

Drŏp, n. 滴水, 滴下物, 물방울, 방울져써러지ᄂᆞᆫ물, 물방울처럼써러지ᄂᆞᆫ것, ᄒᆞᆫ방울, v.t. 방울져나리게ᄒᆞ다, 써리다, 써러ᄯᅳ리다, 그만두다, 그치다, 발일으다, 던지부치다, 물ᄲᅢ리다, v.i. 방울져써러지다, 졸디에ᄂᆡ려오다, 써러지다, ᄭᅳᆺ치다, 막히다, 쉬다, 졸디에 신기다, 우연히닥치다, ~~ᄆᆡ리돌니다, 뒤로돌니다,~~ To drop astern, ᄇᆡ머리돌니다, 뒤로돌니다, To drop down, ᄇᆡ질ᄒᆞ야나려가다, To drop in, 친구심방ᄒᆞ다, To drop serene, 눈멀다.

Drŏp'let, n. 微滴, 가늘게써러지ᄂᆞᆫ방울,

Drŏp'lĕt'ter, n. 府內郵書, ᄒᆞᆫ성즁이나 동리에서울톄뎐으

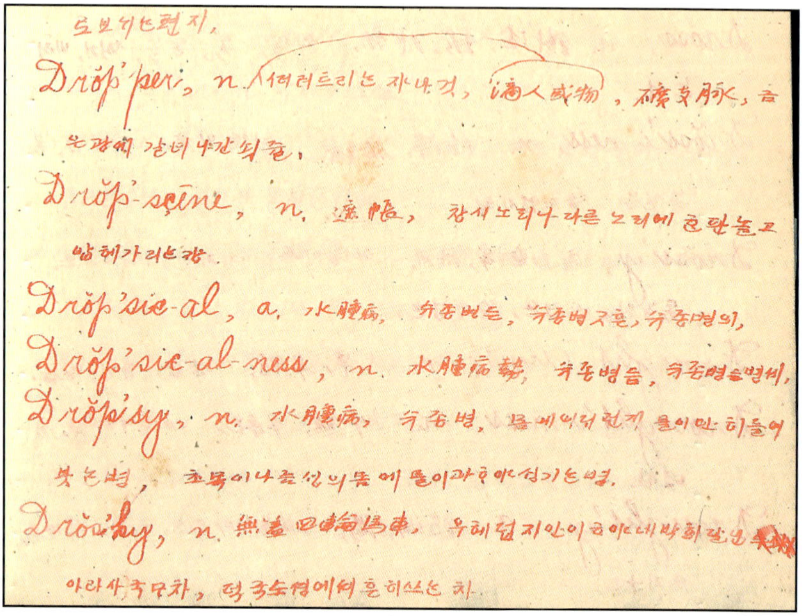

도보내는편지,

Dröp'per, n. 써러트리는자나것, 滴人或物, 礦支脈, 큰 은광에 갈녀나간쇠줄,

Drŏp'-scēne, n. 垂幔, 창시노리나다른노리에 한판놀고 막헤가리는장.

Drŏp'sic-al, a. 水腫病, 슈종병든, 슈종병것흔, 슈종병의,

Drŏp'sic-al-ness, n. 水腫病勢, 슈종병듬, 슈종병든병세,

Drŏp'sy, n. 水腫病, 슈종병, 몸에어ᄂ런지 물이만히들어 붓는병, 초목이나줄긔의틈에 물이과히ᄒ야성기는병.

Drŏs'ky, n. 無蓋四輪馬車, 우헤덥지안이ᄒ고네바퀴달닌 아라사국마차, 덕국슈셩에셔흔히쓰는 차.

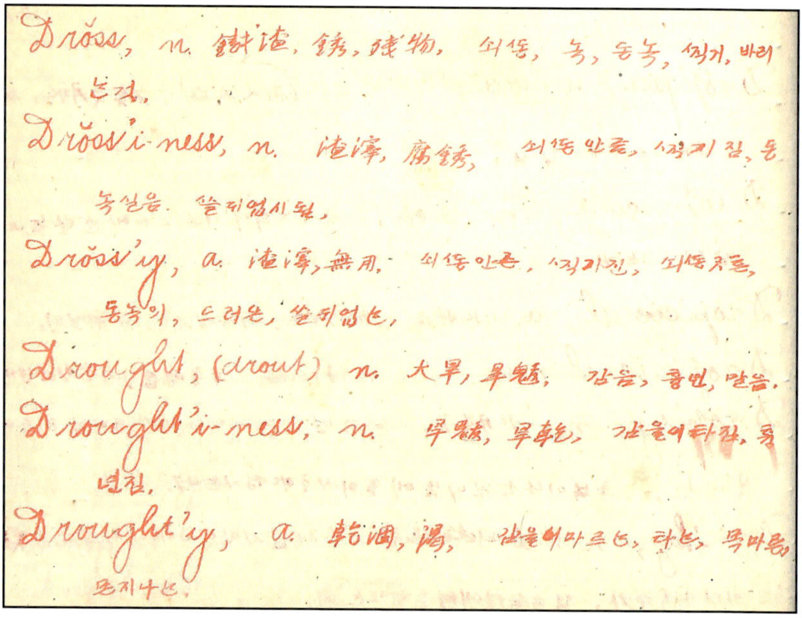

Drŏss, n. 鐵渣, 銹, 殘物, 쇠똥, 녹, 동녹, 쓰러기, 바리는것.

Drŏss'i-ness, n. 渣滓, 腐銹, 쇠똥만흠, 쓰레기짐, 동녹실음. 쓸ᄃᆡ업시됨,

Drŏss'y, a. 渣滓, 無用, 쇠똥만흔, 쓰레기진, 쇠똥것흔, 동녹의, 드러운, 쓸ᄃᆡ업는,

Drought, (drout) n. 大旱, 旱魃, 감음, 흉년, 말음.

Drought'i-ness, n. 旱魃, 旱乾, 가믈어타짐, 흉년짐.

Drought'y, a. 乾涸, 渴, 가믈어마르는, 타는, 목마름, 또지나는.

Drouth, n. Drought 와ᄀᆞᆺᄒᆞᆫ자.

Drove, Drive 의지나간말.

Drove, n. 一群, 灌渠, 집에셔기르ᄂᆞᆫ즘싱몰녀가ᄂᆞᆫ ᄯᅦ, 사ᄅᆞᆷ의ᄒᆞᆫ무리, 농ᄉᆞ에물ᄃᆡᄂᆞᆫ기쳔.

Drov'er, n. 牛羊驅擊人, 소나양의ᄯᅦ를몰고져자에파ᄂᆞᆫ사ᄅᆞᆷ.

Drown, v.t. 沈溺, 浸, 壓勝, ᄲᅡ트리다, 젹시게ᄒᆞ다, 물이창일ᄒᆞ다, ᄲᅡ져죽게ᄒᆞ다, 눌느다, 이긔다. v.i. ᄲᅡ져죽다.

Drowse, v.i. 假寐, 輒睡, 것흐로자다, 졸다, v.t. 졸니게ᄒᆞ다, 게을니지게ᄒᆞ다, n. 졸음, 깁히잠들지못ᄒᆞ고잠.

Drow'si-ly, adv. 睡如, 懶然, 조ᄂᆞᆫ모양으로, 게을니, 젼신희미ᄒᆞ게

Drow'si-ness, n. 睡, 懶, 졸님, 곤뢰ᄒᆞᆷ, 게으름, 둔ᄒᆞᆷ,

Drow'sy, a. 睡, 鈍, 졸닌, 잠오ᄂᆞᆫ, 둔ᄒᆞᆫ, 게으른.

Drub, v.t. 鞭打, 매ᄯᆞ리다, 몽동이로치다. n. 매, 매치, 곤장.

Drub'ber, n. 鞭打者, 매질ᄒᆞᄂᆞᆫ자, 집장ᄉᆞ령.

Drudge, n. 勞力者, 賤業人, 수고로히일ᄒᆞᄂᆞᆫ자, 쳔ᄒᆞᆫ셩의ᄒᆞᄂᆞᆫ자, v.i. 수고로히역ᄉᆞᄒᆞ다, 쳔ᄒᆞᆫ셩의ᄒᆞ다.

Drudg'er, n. 勞力者, 수고히일ᄒᆞᄂᆞᆫ자니 Drudge 와ᄀᆞᆺᄒᆞᆫ자.

Drudg'er-y, n. 勞力, 賤業, 수고로히일ᄒᆞᆷ, 쳔ᄒᆞᆫ셩의.

Drudg'ing-ly, 勞苦, 괴로히, 신고스럽게.

Drug, n. 藥材, 藥料, 滯貨, 약지료, 물감, 팔기어려운물건, A drug in the market, 매매쉽지못ᄒᆞᆫ물건. v.t. 약쓰다,

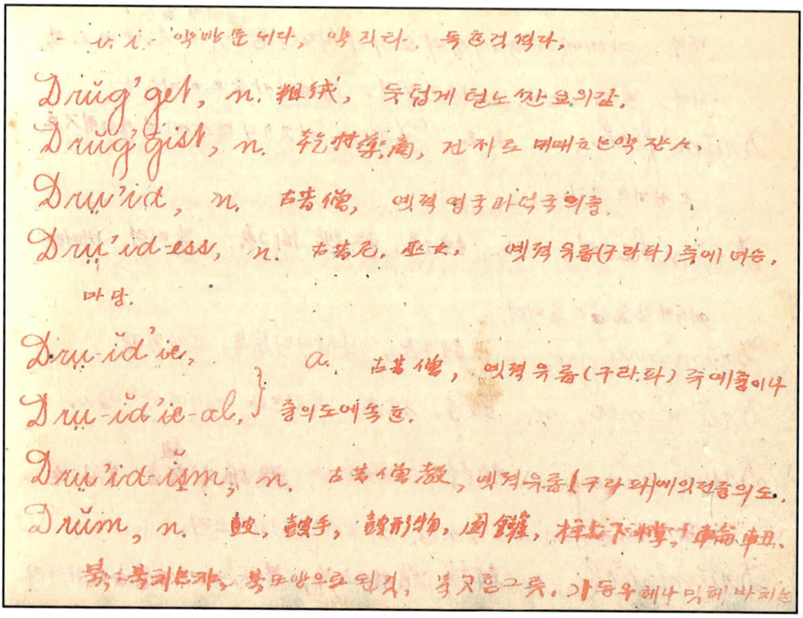

— v. i. 약바르다, 약치다, 독ᄒᆞ게 ᄒᆞ다,

Drŭg'get, n. 粗絨, 두텁게 털노 싼 요의감.

Drŭg'gist, n. 乾材藥商, 건지로 매매ᄒᆞᄂᆞᆫ 약 장ᄉᆞ,

Dru'id, n. 古昔僧, 옛적 영국과 덕국의 중.

Dru'id-ess, n. 古昔尼, 巫女, 옛적 유롭(구라파) 중에 녀승,
마당.

Dru-ĭd'ic,
Dru-ĭd'ic-al, } a. 古昔僧, 옛적 유롭(구라파) 중에 중이나 중의 도에 속ᄒᆞᆫ.

Dru'id-ĭsm, n. 古昔僧教, 옛적 유롭(구라파)에의 전 중의 도.

Drŭm, n. 鼓, 鼓手, 鼓形物, 圓鑵, [illegible], [illegible].
북, 북치ᄂᆞᆫ자, 북모양으로 된것, 북ᄀᆞᆺᄒᆞᆫ 그릇, 가동우 헤나 밑에 바치ᄂᆞᆫ

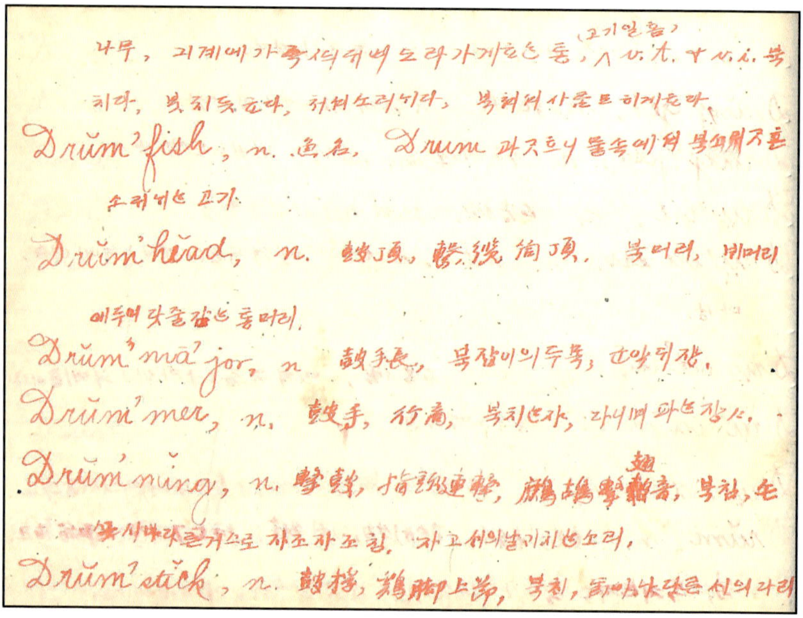

나무, 긔계에 가죽 (고기잡을) [illegible] 노라 가게ᄒᆞᄂᆞᆫ 통, v. t. & v. i. 북
치다, 북치듯ᄒᆞ다, 쳐서 소리내다, 북쳐서 사ᄅᆞᆷ 모히게ᄒᆞ다.

Drŭm'fish, n. 魚名, Drum 과 ᄀᆞᆺᄒᆞ니 물속에서 북소리 ᄀᆞᆺᄒᆞᆫ
소리내ᄂᆞᆫ 고기.

Drŭm'head, n. 鼓頂, [illegible] 鼎頂, 북머리, 배머리
에 두어 닷줄 감ᄂᆞᆫ 통머리.

Drŭm'mā'jor, n. 鼓手長, 북잡이의 두목, 풍악 대장.

Drŭm'mer, n. 鼓手, 行商, 북치ᄂᆞᆫ자, 다니며 파ᄂᆞᆫ 장ᄉᆞ.

Drŭm'ming, n. 擊鼓, 指頭連擊, [illegible] 音, 북침, 손
[illegible] 시 빠르거스로 자조 자조 침, 자고 새의 날기치ᄂᆞᆫ 소리.

Drŭm'stick, n. 鼓椎, 鷄脚上節, 북채, 닭이나 다른 새의 다리

웃마다.

Drŭnk, a. 酩酊, 취ᄒᆞᆫ, 대취ᄒᆞᆫ.

Drŭnk'ard, n. 耆酒者, 주ᄀᆡᆨ, 주정군.

Drŭnk'en, (drŭnk'n) a. 酩酊, 대취ᄒᆞᆫ, 취ᄒᆞ야정신업ᄂᆞᆫ.

Drŭnk'en-ness, n. 酩酊, 酘狂, 취ᄒᆞᆷ, 정신업시취ᄒᆞᆷ, 발광ᄒᆞᆷ.

Dru-pā'ceous, a. 核果的, 씨잇ᄂᆞᆫ실과ᄀᆞᆺ흔, 씨잇ᄂᆞᆫ실과에ᄯᅥᆫ, 씨잇ᄂᆞᆫ실과에속ᄒᆞᆫ.

Drupe, n. 核果, 씨잇ᄂᆞᆫ실과 (복사나오얏종류니거죽만ᄒᆞ히만코굿은씨잇ᄂᆞᆫ것)

Dru'pel, n. 軟果, 살말강말강ᄒᆞ고씨만흔실과 버러가지종류.

Dry, a. 乾, 燥, 旱, 無味, 不飾, 露出, 尖銳, 諷刺, 마른, 조ᄒᆞᆫ, 습ᄒᆞ지안은, 감은, 맛업ᄂᆞᆫ, 장식안이ᄒᆞᆫ, 눈에ᄯᅴᄂᆞᆫ, 썬족ᄒᆞᆫ, 조롱ᄒᆞᄂᆞᆫ, Dry-cupping, 자라붓침, 그릇세약ᄒᆞ야ᄲᅡᆸ히ᄯᅥ살에붓침, Dry goods, 필육등속, Dry measure, 곡식되ᄂᆞᆫ칭수, a dry fable, 맛업ᄂᆞᆫ소설, ~~v.~~ t. ᄯᅩ v. i. 말으다, 말니다,

Dry'bēat, v. t. 強打, 힘써ᄯᅡ리다,

Dry'bēat-en, (bētn) a. 強打, ᄯᅡᆫᄯᅡᆫ히맛[illegible]

Dry'blow, n. 乾打, 피안이나게ᄯᅡ린매.

Dry'bōned, (bōnd) a. 白骨, ᄲᅧ마른, 살업ᄂᆞᆫ.

Dry'dŏck, n. Dock의보라.

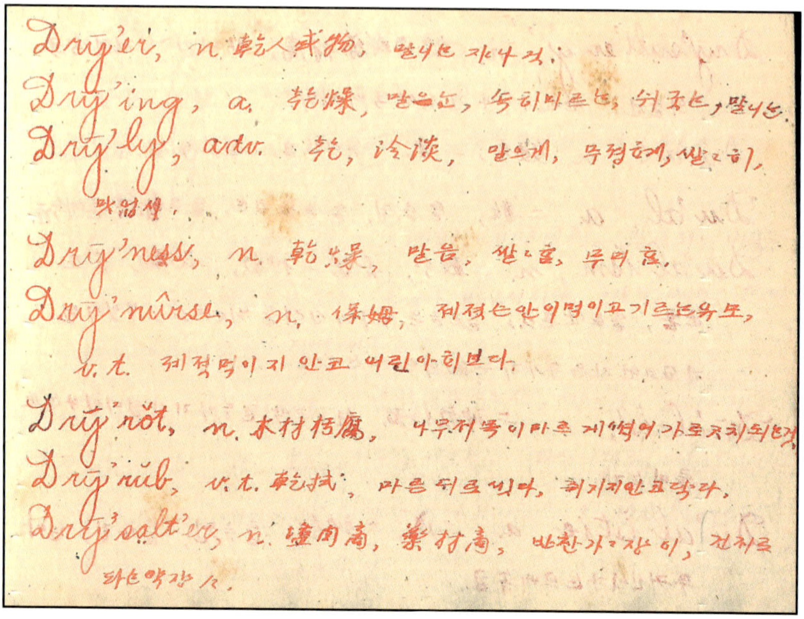

Dry'er, n. 乾人或物, 말니는 자나 것.

Dry'ing, a. 乾燥, 말으는, 속히마르는, 쉬굳는, 말니는.

Dry'ly, adv. 乾, 冷淡, 말으게, 무졍ᄒᆞ게, 쌀ㅅ히, 맛업새.

Dry'ness, n. 乾燥, 말음, 쌀ㅅᄒᆞᆷ, 무미ᄒᆞᆷ.

Dry'nûrse, n. 保姆, 졋먹는 아이 먹이고 기르는 유모, v. t. 졋 먹이지 안코 어린아ᄒᆡ 보다.

Dry'rŏt, n. 木材枯腐, 나무져목이 마르게 셕어 가루 ᄀᆞᆺ치 되는 것.

Dry'rŭb, v. t. 乾拭, 마른 거로 씻다, 젹시지 안코 닥다.

Dry'salt'er, n. 鹽肉商, 藥材商, 반찬가가장이, 건쳐로 파는 약장ᄉᆞ.

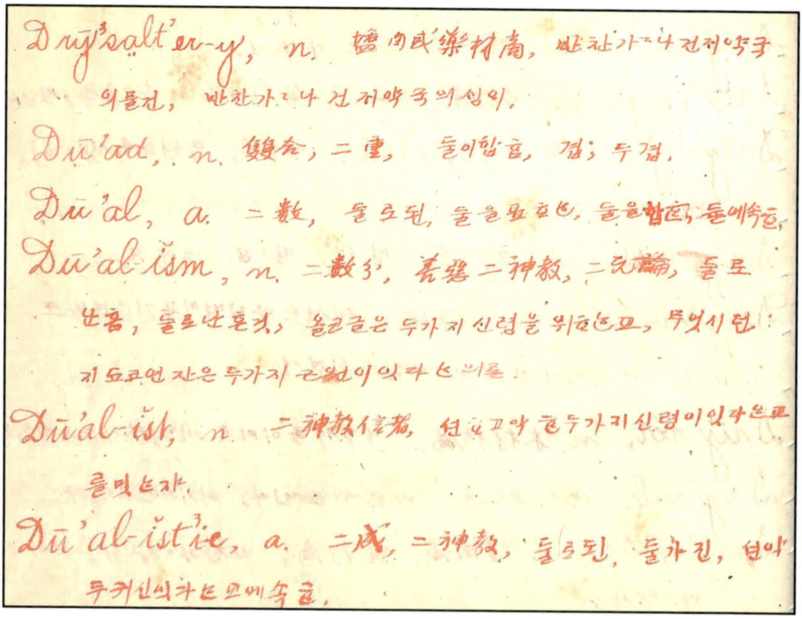

Dry'salt'er-y, n. 鹽肉或藥材商, 반찬가가나 건져약국의 물건, 반찬가가나 건져약국의 싱의.

Dū'ad, n. 雙合; 二重, 둘이합ᄒᆞᆷ, 겹; 두겹.

Dū'al, a. 二數, 둘노된, 둘을표ᄒᆞ는, 둘을합ᄒᆞᆫ, 둘에속ᄒᆞᆫ.

Dū'al-ĭsm, n. 二數分, 善惡二神教, 二元論, 둘로 난홈, 둘로난혼 것, 올코글은 두가지 신령을 위ᄒᆞ는 교, 무엇시던지 됴코언 잔은 두가지 근원이 잇다는 의론.

Dū'al-ĭst, n. 二神教信者, 션ᄒᆞ고악ᄒᆞᆫ 두가지 신령이 잇다는 교를 밋는 자.

Dū'al-ĭst'ic, a. 二數, 二神教, 둘노된, 둘가진, 션악 두가지 신의 라는 교에 속ᄒᆞᆫ.

Dū-ăl'i-ty, n. 二數者, 分; 離, 둘되ᄂᆞᆫ것을표ᄒᆞᄂᆞᆫ것, 난흠, 병합, 둘됨.

Dū'ar-chy, n. 二人政治, 두사ᄅᆞᆷ이다스리ᄂᆞᆫ졍부, 두사ᄅᆞᆷ졍치.

Dŭb, v.t. 封爵, 叙任, 抑制, 争鬪準備, 칼로치ᄂᆞᆫ예식을 ᄒᆡᆼᄒᆞ고 훈작벼슬을봉ᄒᆞ다, 봉ᄒᆞ다, 벼슬시기다, 사귀다, 베다, 둘이 싸호려고변ᄒᆞᆯ가사리며 예비ᄒᆞ다

Dŭb'ber, n. 封爵者, 훈작을봉ᄒᆞᄂᆞᆫ자, 박ᄂᆞᆫ것, 베히ᄂᆞᆫ것,

Dū'bi-ous, a. 疑, 不明, 不決, 의심시러온, 결졍치못ᄒᆞᆫ, 분명치안은, 의심ᄂᆡᄂᆞᆫ, 이럴지뎌럴지모로ᄂᆞᆫ. Dubious battle, 불분승부ᄒᆞᄂᆞᆫ젼쟝.

Dū'bi-ous-ly, adv. 疑, 未定, 不明, 의심시러히; 결졍치못ᄒᆞᆫ모양으로, 분명치안케.

Dū'bi-ous-ness, n. 疑, 未定, 不明, 의심시러옴, 결졍치못홈, 분명치안음.

Dū'bi-ta-ble, a. 疑, 未分明, 의심시러온, 의심ᄒᆞᆯ만ᄒᆞᆫ, 분명치안은.

Dū'bi-ta-bly, adv. 疑, 未分明, 의심시러히, 의심ᄒᆞᆯ만ᄒᆞ게, 분명치안케.

Dū'bi-tā'tion, n. 懷疑, 猶豫, 의심홈, 결졍치못홈.

Dū'bi-ta-tĭve, a. 懷疑, 의심ᄒᆞᄂᆞᆫ, 의심ᄒᆞ려ᄂᆞᆫ,

Dū'cal, a. 公爵, 공작직품에속ᄒᆞᆫ.

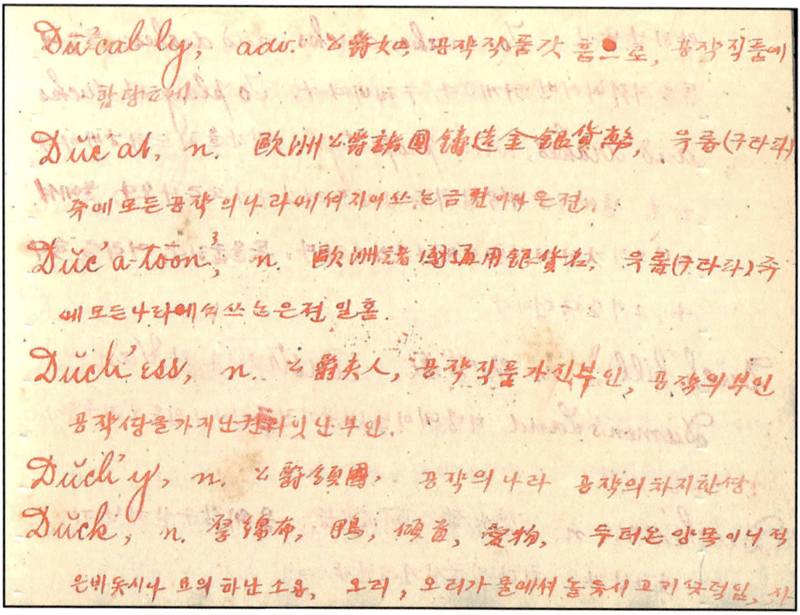

Du'cal ly, adv. 公爵如, 공작직품갓흠으로, 공작직품에 합당ᄒᆞ게.

Duc'at, n. 歐洲公爵諸國鑄造金銀貨幣, 유롭(구라파)주에 모든 공작의 나라에셔 지어 쓰는 금젼이나 은젼.

Duc'a-toon, n. 歐洲諸國通用銀貨名, 유롭(구라파)주에 모든 나라에셔 쓰는 은젼 일홈.

Duch'ess, n. 公爵夫人, 공작직품가진부인, 공작의 부인, 공작셩을 가지난 권리 잇난 부인.

Duch'y, n. 公爵領國, 공작의 나라, 공작의 차지한 셩.

Duck, n. 厚綿布, 鴨, 俯首, 愛物, 두터운 앙목이나 적은 배 돗시나 ㅛ의 하난 소용, 오리, 오리가 물에서 놀듯시 고기 숙덕임, 사

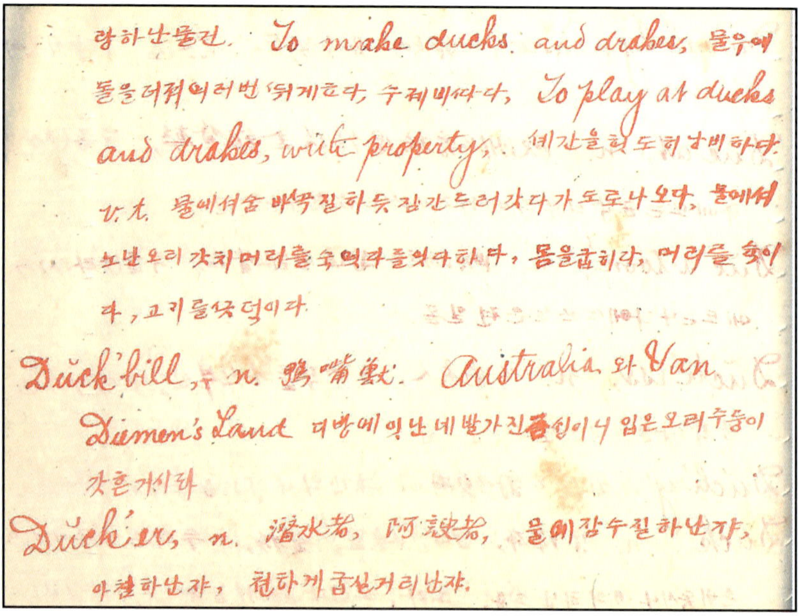

랑하난 물건. To make ducks and drakes, 물우에 돌을 더져 여러번 뛰게ᄒᆞ다, 수제비ᄯᅥ다, To play at ducks and drakes with property, 세간을 헛도히 낭비하다.
v.t. 물에셔 숨바꼭질하듯 잠간 드러갓다가 도로나오다, 물에셔 노난 오리갓치 머리를 숙엿다 들엇다 하다, 몸을 굽히다, 머리를 숙이다, 고기를 숙덕이다.

Duck'bill, n. 鴨嘴獸. Australia와 Van Diemen's Land 디방에 잇난 네발가진 즘생이니 입은 오리주둥이 갓흔 거시라.

Duck'er, n. 潛水者, 阿諛者, 물에 잠수질하난 자, 아첨하난 자, 천하게 굽실거리난 자.

Dŭck'ing-stool, n. 沉水刑具, 널쇠뒤는것갓치만들어 한편쯧헤죄지은자를안치고 기우려물에잠기게하는형벌틀

Dŭck'legged, (lĕgd) a. 短脚, 다리쌰르는.

Dŭck'ling, n. 小鴨, 적은오리.

Dŭck'meat } n. 浮萍, 마름풀.
Dŭck's'meat }

Dŭct, n. 道, 管, 渦, 길, 물통하는홈통, 수도, 통, 줄기.

Dŭc'tile, a. 易教, 柔順, 易訣, 가라치기쉬은, 인도하기 쉬은, 유순한, 부드러온, 늘여실만들기됴흔, 아첨하는, 갈회는,

Dŭc'tile-ness } n. 教易, 柔順, 韌質, 가라치기쉬은것,
Duc-til'i-ty, } 부드러온성품, 유하고질긴성질, 휘청휘청흠.

~~Dudden~~

Dud-een', n. 短烟管, 쌰른담배대, 곰방이.

Dŭd'geon, (dŭd'jun) n. 短劒, 匕首, 短劍柄, 쌰른 칼, 비수, 쌰른칼자로, 악한마음, 독한뜻, 셩냄, 원망.

Dŭds, n. pl. 古衣, 헌옷, 해진의복.

Dūe, a. 負, 當然, 適當, 一定, 緣由, 定期, 滿期, 진, 갑흘, 당연한, 합당한, 마즌, 일뎡한, 인연한, 멸매암은, 긔한뎡 한, 한된, adv. 바로, 곳, 합당히, n. 빗진것, 갑흘것, 세물것, 회사하는돈, 직칙, 당연한의무

Dūe'bill, n. 負債證券, 빗진문서, 빗진증서

Dū'el, n. 決鬪, 較武, 둘이작뎡하고승부를다토어시비결

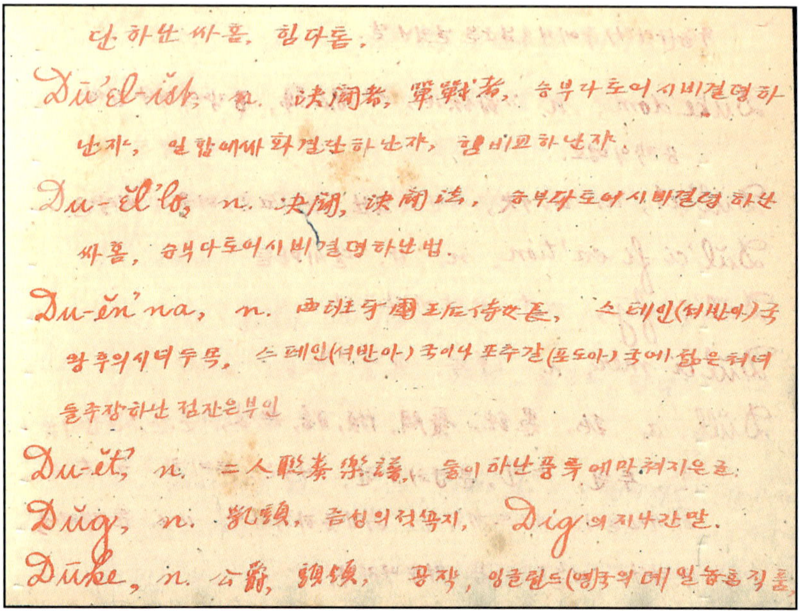

단하난 싸흠, 힘다툼.

Dū'el-ist, n. 決鬪者, 單戰者, 승부다토어시비결뎡하난자, 일합에새화결단하난자, 힘비교하난자.

Du-el'lo, n. 決鬪, 決鬪法, 승부다토어시비결뎡하난싸흠, 승부다토어시비결뎡하난법.

Du-ĕn'na, n. 西班牙國王后侍女長, 스페인(서반아)국왕후의시녀두목, 스페인(서반아)국이나 포추갈(포도아)국에 젊은처녀들추장하난 젊잔은부인

Du-et', n. 二人聯奏樂譜, 둘이하난풍류에맞처지은표.

Dŭg, n. 乳頭, 즘승의젓꼭지, Dig의지나간말.

Dūke, n. 公爵, 頭領, 공작, 잉글런드(영)국의 데일놉흔직품,

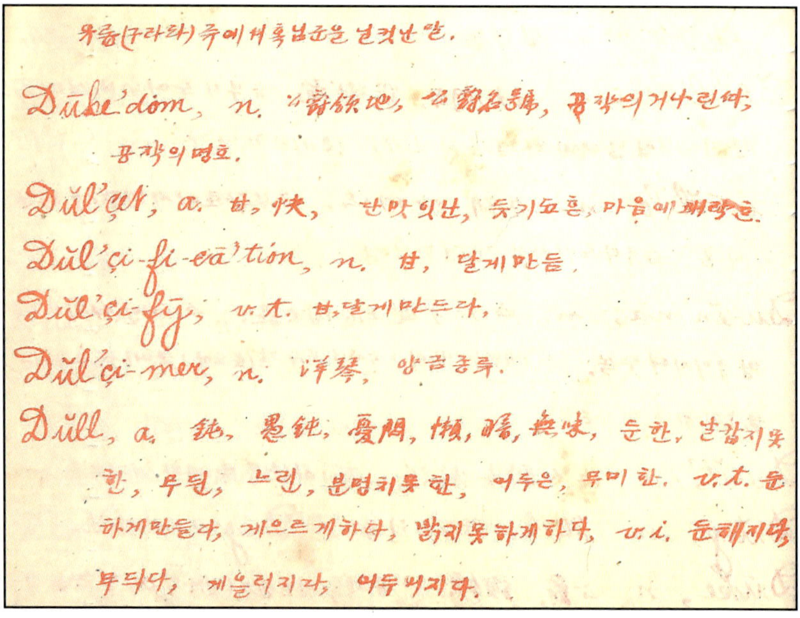

우롭(구라파)주에서혹님군을 닐컷난말.

Dūke'dom, n. 公爵領地, 公爵名號, 공작의거나린따, 공작의명호.

Dŭl'çet, a. 甘, 快, 단맛잇난, 듯기됴흔, 마음에쾌락ᄒᆞᆫ.

Dŭl'çi-fi-cā'tion, n. 甘, 달게만듦.

Dŭl'çi-fȳ, v. t. 甘, 달게만드다,

Dŭl'çi-mer, n. 洋琴, 양금종류.

Dŭll, a. 鈍, 愚鈍, 憂悶, 懶, 暗, 無味, 둔한, 날캅지못한, 무된, 느린, 분명치못한, 어두은, 무미한. v. t. 둔하게만들다, 게으르게하다, 밝지못하게하다, v. i. 둔해지다, 무듸다, 게을러지다, 어두워지다.

Dŭll'ard, n. 鈍人, 痴漢, 둔한사람, 어리석은자.

Dŭll'ness, n. 愚鈍, 昏, 朦昧, 遲慢, 暗, 無味, 우둔함, 둔함, 무딤, 어두음, 새ᄭᅢᆺ지못함, 게으름, 느림, 졸님, 무미함.

Dŭl'ly, adv. 魯鈍, 遲慢, 朦昧, 노둔하게, 게을니, 더듸게, 어둡게.

Dŭlse, n. 藿類, 메역종류.

Dū'ly, adv. 適合, 當然, 適時, 합당히, 합한모양으로, 일뎡하게, 제시에.

Dŭmb, (dŭm) a. 啞, 默, 無言, 벙어리된, 잠자코잇난, 말안이하난,

Dŭmb'bells, n. 啞鈴, 가운대손잡이하고량편에무거운쇠방울달아손에잡고운동하난연장.

Dŭmb'ly, adv. 啞, 默, 아모말업시, 종용히, 잠자코.

Dŭmb'ness, n. 啞, 默, 벙어리됨, 아모말안이함, 잠자코잇슴.

Dŭmb'show, n. 貌戲, 몸으로형상하야말대신보힘, 노리터에서육혈넝이놀듯함.

Dŭmb'wai'ter, n. 運食架 그릇을담아서집안에서이방뎌방이나이층뎌층으로옴겨다니게만든틀.

Dŭm'found, } v.t. 驚呆, 놀나셔말을못하게하다, 억색하게만들다.
Dŭm'found-er, }

Dŭm'my, n. 啞人, 運[illegible]架, 裁縫所木偶, 痴漢, 鈍者,

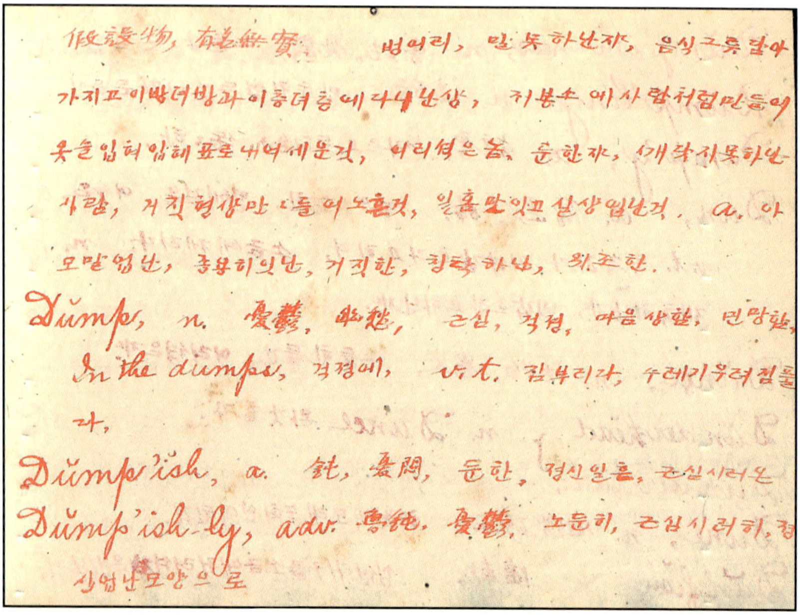

假設物, 有名無實. 벙어리, 말 못하난자, 음식그릇 달아 가지고 이방뎌방과 이층뎌층에 다니난 상, 지붕 소에 사람처럼 만들어 옷을 입혀 입해 표로 내여 세운것, 어리석은 놈, 둔한 자, 생각지 못하난 사람, 거짓 형상만 들어 노흔것, 일홈만 잇고 실상 업난것. a. 아모 말 업난, 종용히 잇난, 거짓한, 칭탁하난, 위조한.

Dŭmp, n. 憂鬱, 悶愁, 근심, 걱정, 마음상함, 민망함, In the dumps, 걱정에, v.t. 짐 부리다, 수레 기우려 짐 풀다,

Dŭmp'ish, a. 鈍, 憂悶, 둔한, 정신일흔, 근심시러온

Dŭmp'ish-ly, adv. 魯鈍, 憂鬱, 노둔히, 근심시러히, 정신업난 모양으로

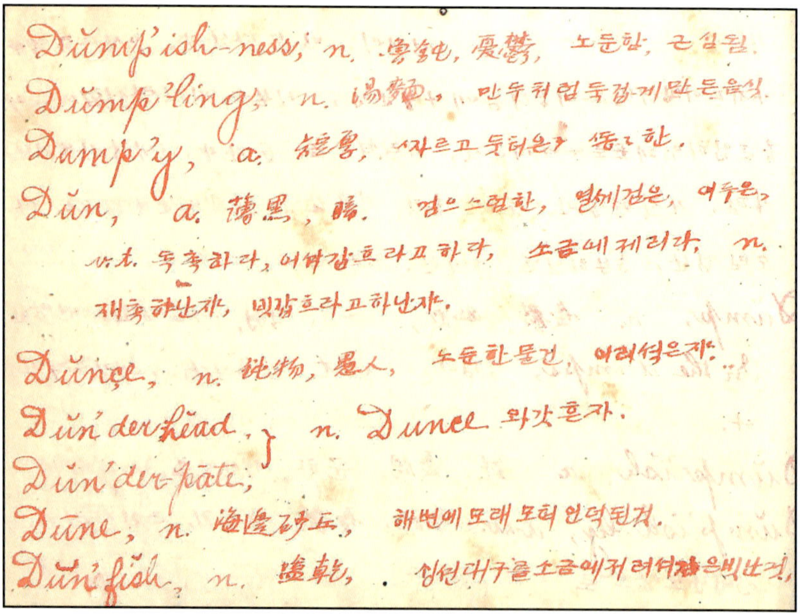

Dŭmp'ish-ness, n. 魯鈍, 憂鬱, 노둔함, 근심됨.

Dŭmp'ling, n. 湯麵, 만두처럼 둑겁게 만든 음식.

Dump'y, a. 短厚, 자르고 둣터은, 똥똥한.

Dŭn, a. 薄黑, 暗. 검으스럼한, 열게 검은, 어두은, v.t. 독촉하다, 어서 갑흐라고 하다, 소금에 저리다, n. 재촉하난자, 빗갑흐라고 하난자.

Dŭnce, n. 鈍物, 愚人, 노둔한 물건, 어리석은 자.

Dŭn'der-head, Dŭn'der-pāte, } n. Dunce 와 갓흔 자.

Dūne, n. 海邊砂丘, 해변에 모래 모혀 언덕된것.

Dŭn'fish, n. 鹽乾, 생선 대구를 소금에 저려서 말은 빗난것,

Dŭng, n. 糞, 屎, ᄯᅩᆼ, 인분, 즘생의ᄯᅩᆼ. v.t. ᄯᅩᆼ거름하다, ᄯᅳᆨ이운 물에 쇠ᄯᅩᆼ섞거서 양목이나 다른 필육 잠거내다, v.i. ᄯᅩᆼ누다.

Dŭn'geon, n. 牢獄, 옥, 구류간, v.t. 옥에가두다.

Dŭng'fôrk, n. 糞叉, ᄯᅩᆼ거름 치난 쇠시랑.

Dŭng'hill, n. 糞堆, 陋賤地位, ᄯᅩᆼ무덕이, 거름 덤이, 더럽고 천한디위, 하천한 형편. 더럽게사난 거쳐.

Dŭng'y, a. 糞, 污, ᄯᅩᆼ 만흔, ᄯᅩᆼ칠한, 더러운.

Dŭn'nage, n. 杠底撒柴, 나무나 외가지를 배밋창에 깔아서 물건이 배창에고힌 물에잠기지 안케하난것. 배에실은 물건이부드져상치 안케틈에ᄭᅵ운것.

Dŭn'ner, n. 債金催促者, 빗받으러다니난자, 돈저촉하난자.

Dŭn'nish, a. 稍黑, 검으시럼흔.

Dū'o, n. 二人奏樂, 두사람이 하난풍류곡조.

Dū'o-dĕç'i-mal, a. 十二分美, 열둘노헴치난.

Dū'o-dĕç'i-mals, n. pl. 十二分美, 열둘노승하난산.

Dū'o-dĕç'i-mo, n. 十二折冊, 칙장늘 열두절에접어서맨책. 열두절에접어만든책만치흠 (12mo나 12º로주려서쓰난것)

Dū'o-dĕn'a-ry, a. 十二數, 十二倍, 十二增, 열둘되난수에속

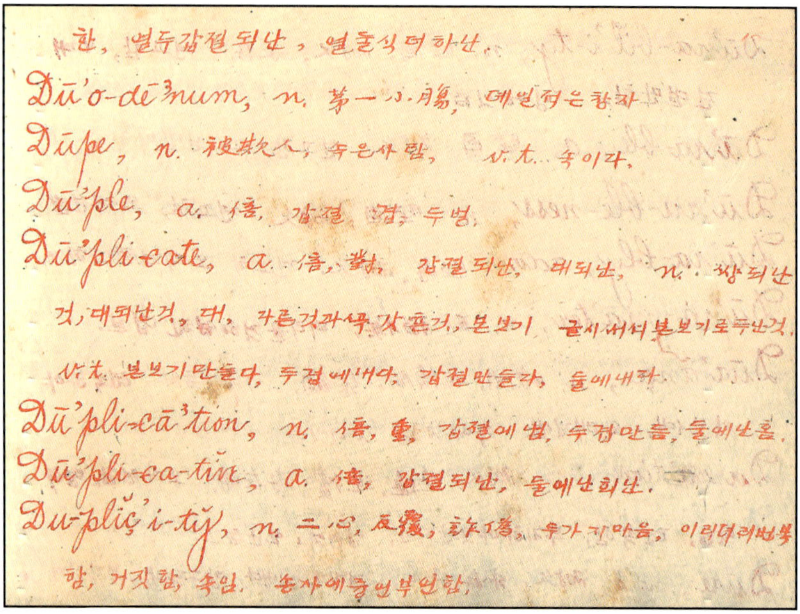
한, 열두갑절되난, 열둘식더하난.
Dū'o-dē'num, n. 第一小腸, 대일적은창자
Dūpe, n. 被欺人, 속은사람, v.t. 속이다.
Dū'ple, a. 倍, 갑절, 겹, 두벌.
Dū'pli-cate, a. 倍, 對, 갑절되난, 대되난, n. 쌍되난 것, 대되난것, 대, 다른것과꼭갓흔것, 본보기, 글시써서본보기로주난것. v.t. 본보기만들다, 두겹에내다, 갑절만들다, 둘에내다.
Dū'pli-cā'tion, n. 倍, 重, 갑절에넘, 두겹만듦, 둘에난홈.
Dū'pli-ca-tive, a. 倍, 갑절되난, 둘에난희난.
Du-plic'i-ty, n. 二心, 反覆, 詐僞, 두가지마음, 이리뎌리번복 함, 거짓함, 속임, 논사에즐언부언함.

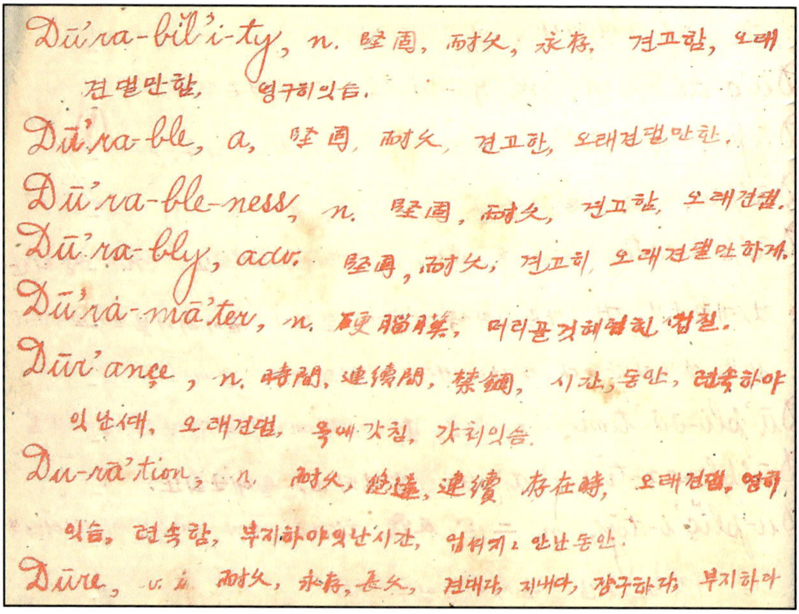
Dū'ra-bil'i-ty, n. 堅固, 耐久, 永存, 견고함, 오래 견델만함, 영구히잇슴.
Dū'ra-ble, a, 堅固, 耐久, 견고한, 오래견델만한.
Dū'ra-ble-ness, n. 堅固, 耐久, 견고함, 오래견델.
Dū'ra-bly, adv. 堅固, 耐久, 견고히, 오래견델만하게.
Dū'ra-mā'ter, n. 硬腦膜, 머리골것헤엷힌 껍질.
Dūr'ance, n. 時間, 連續間, 禁錮, 시간, 동안, 련속하야 잇난대, 오래견델, 옥에갓침, 갓처잇슴.
Du-rā'tion, n. 耐久, 繼續, 連續 存在時, 오래견델, 영히 잇슴, 련속함, 부지하야잇난시간, 엇더케 안난동안.
Dūre, v.i. 耐久, 永存, 長久, 견대다, 지내다, 장구하다, 부지하다

Dū'ress, Du-rĕss', n. 禁錮, 束縛, 艱苦, 強逼, 옥에가둠, 결박지음, 임의로못하게함, 간고, 고초, 법에핍박함.

Dūr'ing, prep. 間, 際, 사이에, 처음에, 동안에, 지간에.

Du-rŏm'e-ter, n. 物質硬度測量器, 단단한물건이나뫼의 단단한 도수를칙량하난긔계.

Dûrst, (Dare의지나간말)

Dŭsk, n. 黃昏, 薄暗, 황혼, 검웃검웃함, 어둑어둑함, a. 황혼되난, 어둑어둑하여지난, 검웃검웃하여지난.

Dŭsk'i-ly, adv. 薄暗, 稍黑, 어슬어슬한모양으로, 검웃검웃하게.

Dŭsk'i-ness, n. 稍暗, 어둑어둑함, 어슬어슬함

Dŭsk'ish, a. 薄暗, 어슬어슬한, 검우스럼한.

Dŭsk'y, a. 稍暗, 稍黑, 悽慘, 憂鬱, 어둑어둑한, 검웃검웃한, 검검한, 근심시러운, 슬픈

Dŭst, n. 塵, 沙, 粉, 砂金, 下賤; 貨幣, 墳, 몬지, 티끌, 흙, 가루, 모래부스럭이, 금가루, 하천함, 돈, 화폐, 무덤, To raise, or kick up, the dust. 소동식히다, 풍파를일희키다. v.t. 몬지떨다, 몬지 일희키다, 가루반둘다 ( )

Dŭst'brush n. 塵掃, 몬지떠난솔

Dŭst'er, n. 塵掃, 外套, 몬지떠난사람이나물건, 몬지안지말게입난덧옷

Dŭst'i-ness, n. 塵多, 몬지만흠, 띄끌만흠

Dŭst'ing, n. 塵掃, 몬지떨음.

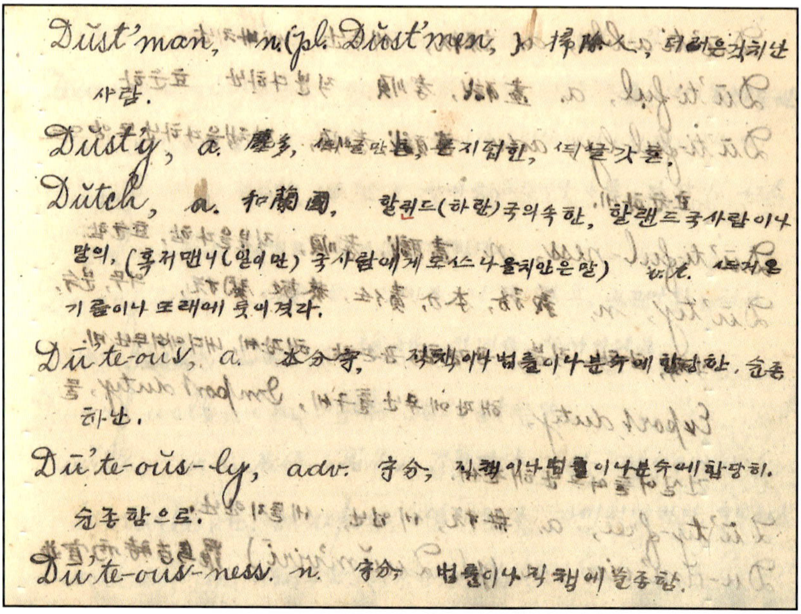

Dust'man, n. (pl. Dust'men,) 더러운것치난 사람.

Dust'y, a. 塵多, 티끌만흔, 몬지덥힌, 티끌갓흔.

Dutch, a. 和蘭國, 할런드(하란)국의속한, 할랜드국사람이나 말의, (혹저맨니(일이만)국사람에게로스스나올치안은말) ... 뎌저을 기름이나 또래에 못어겻다.

Dū'te-ous, a. 本分守, 직책이나법률이나분수에합당한, 순종하난.

Dū'te-ous-ly, adv. 守分, 직책이나법률이나분수에합당히. 순종함으로.

Dū'te-ous-ness. n. 守分, 법률이나직책에블종함.

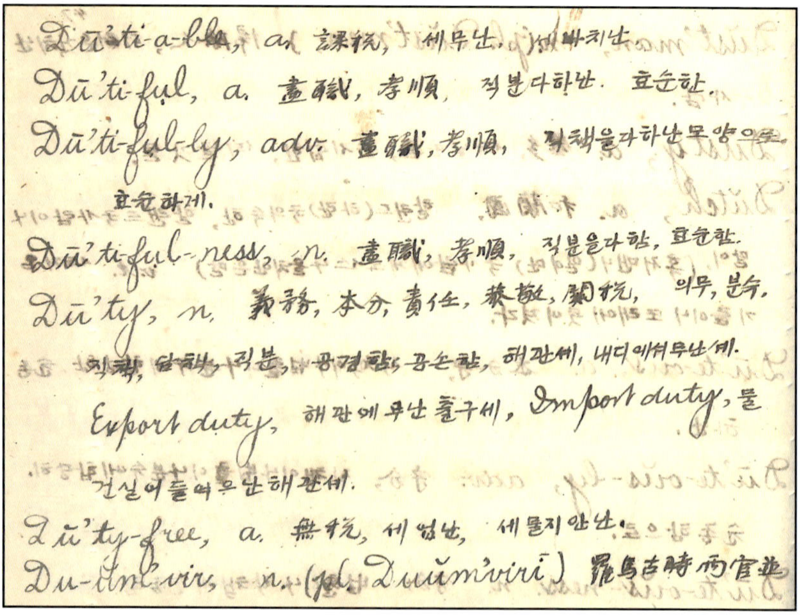

Dū'ti-a-ble, a. 課稅, 세무난, 세바치난.

Dū'ti-ful, a. 盡職, 孝順, 직분다하난. 효순한.

Dū'ti-ful-ly, adv. 盡職, 孝順, 직책을다하난모양으로. 효순하게.

Dū'ti-ful-ness, n. 盡職, 孝順, 직분을다함, 효순함.

Dū'ty, n. 義務, 本分, 責任, 恭敬, 關稅, 의무, 분수, 직책, 담책, 직분, 공경함, 공손함, 해관세, 내디에셔무난세. Export duty, 해관에무난출구세, Import duty, 물건실어들여무난해관세.

Dū'ty-free, a. 無稅, 세업난, 세물지안난.

Du-um'vir, n. (pl. Duum'viri) 羅馬古時兩官並

治者, 옛적에 우롬(라마) 국에 각관원들이 나라 다사리던 자.

Du-um'vi-rate, n. 二官並治, 옛적 우롬(라마)국에 두관원이 한벼살을 합하여 다사림, 두사람이 다사리난 법이나 직책이나 벼살.

Dwarf, n. 矮物, 侏儒, 키작은 초목이나 동물, 난장이. v.t. 난장이 만들다, 제대로 자라지 못하게 하다.

Dwarf'ish, a. 矮短, 키작은, 난장이 같은, 조고마한, 천한.

Dwarf'ish-ness, n. 矮短, 키작음, 난장이 같음,

Dwarf'wall, n. 短墻, 단장, 얕은 담.

Dwell, v.t. 居住, 寓居, 거주하다, 살다, 잠시 우거하다, To dwell on, or upon, 설명하다, 자세히 말하다, 주의하다.

Dwell'er, n. 居住者, 거주하난 사람, 사난 자.

Dwell'ing, n. 住所, 居家, 유하난 곳, 사난 집. a. 거주하난.

Dwelling-house, n. 居住處, 사난 곳 ([illegible] 안이라)

Dwin'dle, v.i. 減縮, 漸消, 衰弱, 감하다, 덜니다, 줄어들다, 없어지다, 쇠하다, v.t. 덜다, 줄이다, 감하다, 적게하다, n. 감함, 줄임.

Dye, v.t. 染, 물들이다, 더레다, n. 물들임, 물들인빛, 더러움.

Dye'house, n. 染舖, 물들이난 집, 염색하난 곳.

Dy'er, n. 染工, 물들이난 장인, 염색장이.

Dye'stuff, n. 染料, 물감, 물들이난 재료.

Dy'ing, a. 臨死, 죽게된, 죽난, 죽음의.

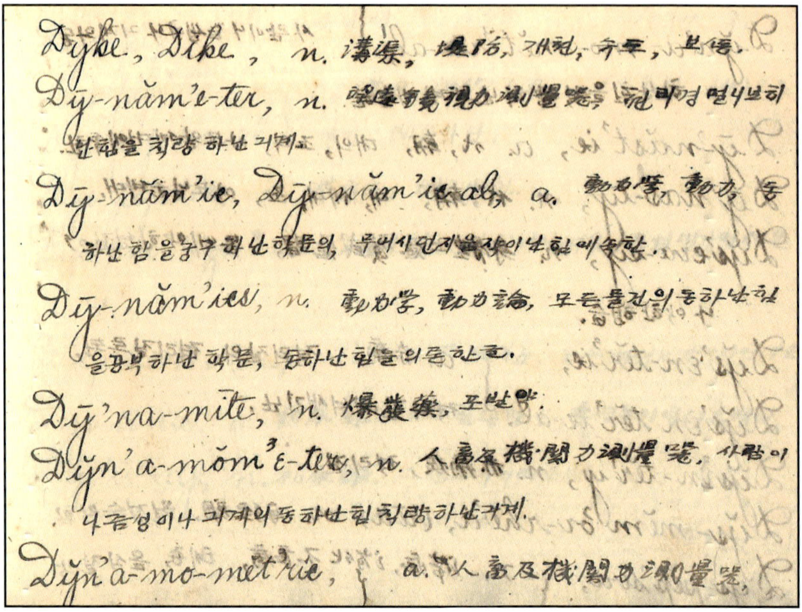

Dyke, Dike, n. 溝渠, 堤防, 개쳔, 슈도, 보둑.
Dy-năm'e-ter, n. [illegible] 力測量器, ... 리며 열니보히
... 힘을 칙량하난 긔계.
Dy-năm'ic, Dy-năm'ic-al, a. 動力学, 動力, 동하난 힘을 궁구하난 학문의, 무어시던지 움작이난 힘에 속한.
Dy-năm'ics, n. 動力学, 動力論, 모든 물건의 동하난 힘을 공부하난 학문, 동하난 힘을 의론한 글.
Dy'na-mite, n. 爆發藥, 포발약.
Dyn'a-mŏm'e-ter, n. 人畜及機關力測量器, 사람이나 즘생이나 긔계의 동하난 힘 칙량하난 긔계.
Dyn'a-mo-met'ric, a. 人畜及機關力測量器,

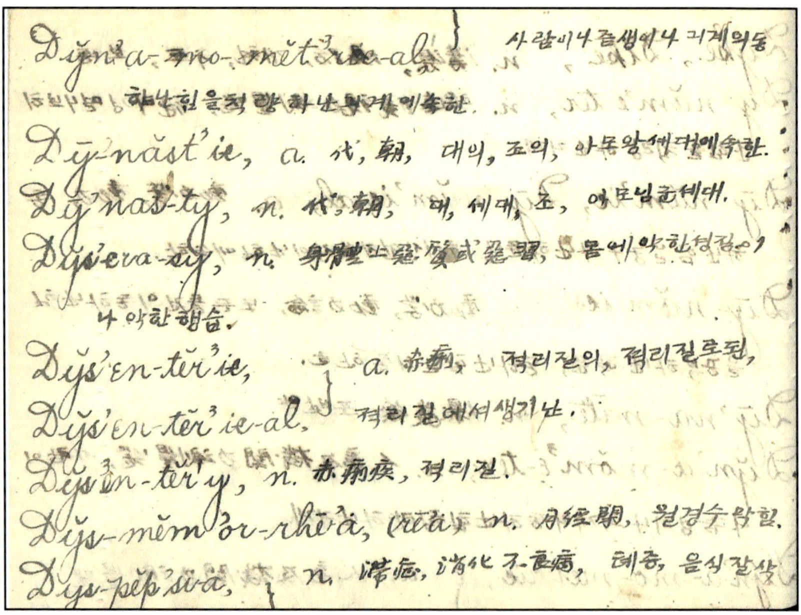

Dyn'a-mo-mĕt'ric-al } 사람이나 즘생이나 긔계의 동하난 힘을 칙량하난 긔계에 속한.
Dy-năst'ic, a. 代, 朝, 대의, 조의, 아모왕 세대에 속한.
Dy'nas-ty, n. 代, 朝, 대, 세대, 조, 아모님군 세대.
Dys'cra-sy, n. 身體上惡質或惡習, 몸에 악한 성질이나 악한 행습.
Dys'en-tĕr'ic, } a. 赤痢, 적리질의, 적리질로 된,
Dys'en-tĕr'ic-al, } 적리질에서 생기난.
Dys'en-tĕr'y, n. 赤痢疾, 적리질.
Dys-mĕn'or-rhē'a, (rē'a) n. 月經閉, 월경수막힘.
Dys-pĕp'si-a, n. 滯症, 消化不良病, 톄증, 음식 잘 삭

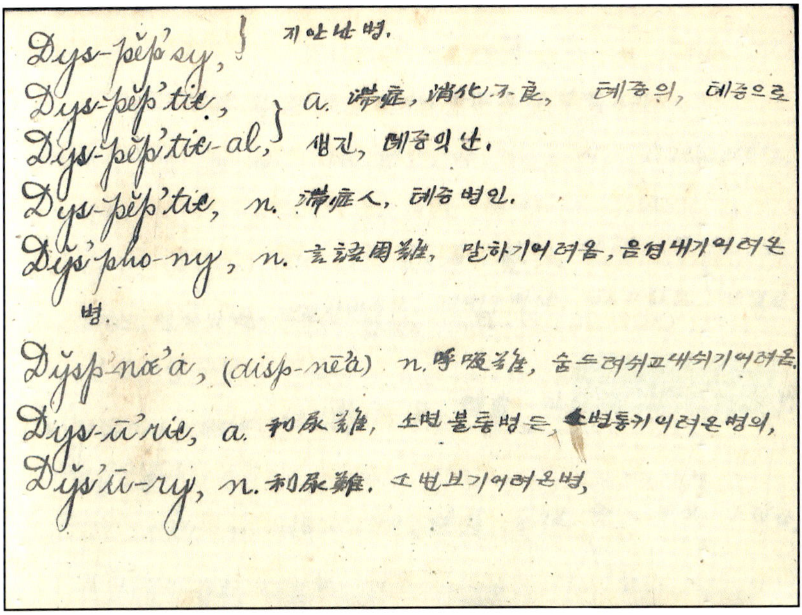

Dys-pĕp'sy, } 지안난병.

Dys-pĕp'tic, } a. 滯症, 消化不良, 체증의, 체증으로

Dys-pĕp'tic-al, } 생긴, 체증의난.

Dys-pĕp'tic, n. 滯症人, 체증병인.

Dys'pho-ny, n. 言語困難, 말하기어려움, 음성내기어려운 병.

Dysp-noe'a, (disp-nē'a) n. 呼吸困難, 숨드려쉬고내쉬기어려움.

Dys-ū'ric, a. 利尿難, 소변불통병든, 소변통기어려운병의,

Dys'ū-ry, n. 利尿難. 소변보기어려운병,

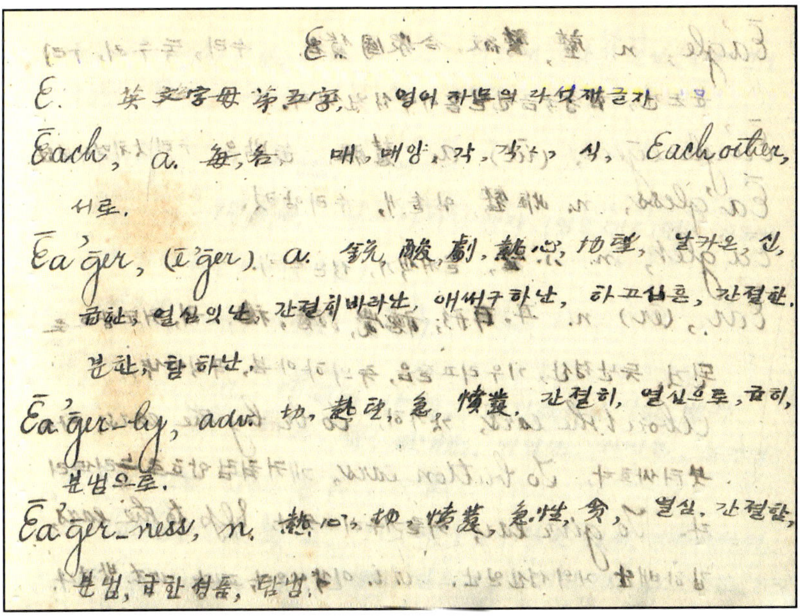

E. 英文字母第五字, 영어자모의다섯재글자

Ēach, a. 每, 各, 매, 매양, 각, 각각, 식, Each other, 서로.

Ēa'ger, (ī'ger) a. 銳, 酸, 劇, 熱心, 切望, 날카운, 신, 급한, 열심있난, 간절히바라난, 애써구하난, 하고십흔, 간절한, 분한, 탐하난.

Ēa'ger-ly, adv. 切, 熱望, 急, 憤發, 간절히, 열심으로, 급히, 분념으로.

Ēa'ger-ness, n. 熱心, 切, 憤發, 急性, 貪, 열심, 간절함, 분념, 급한성품, 탐념.

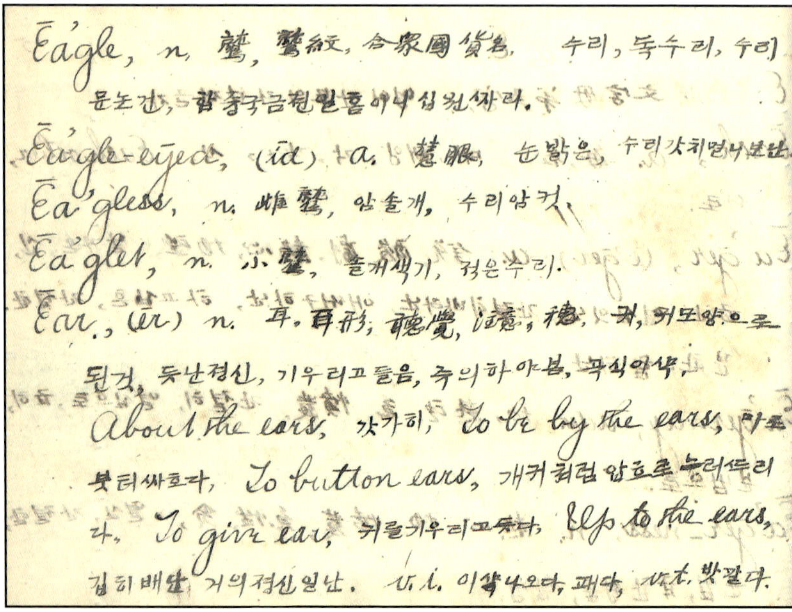

Ēagle, n. 鷲, 鷲紋, 合衆國貨名. 수리, 독수리, 수리문논건, 합중국금전일흠이니 십원ㅅ자리.

Ēagle-eyed, (īd) a. 鷲眼, 눈밝은, 수리갓치멀니보난.

Ēa'gless, n. 雌鷲, 암솔개, 수리암컷.

Ēa'glet, n. 小鷲, 솔개색기, 젹은수리.

Ēar, (ēr) n. 耳, 耳形, 聽覺, 注意, 穗, 귀, 귀모양으로된것, 듯난졍신, 기우리고들음, 주의하야봄, 곡식이삭, About the ears, 갓가히, To be by the ears, 마조붓터싸호다, To button ears, 개귀쳐럼압흐로누러드리다, To give ear, 귀를기우리고듯다, Up to the ears, 깁히배난, 거의졍신일난. v.i. 이삭나오다, 패다, v.t. 밧갈다.

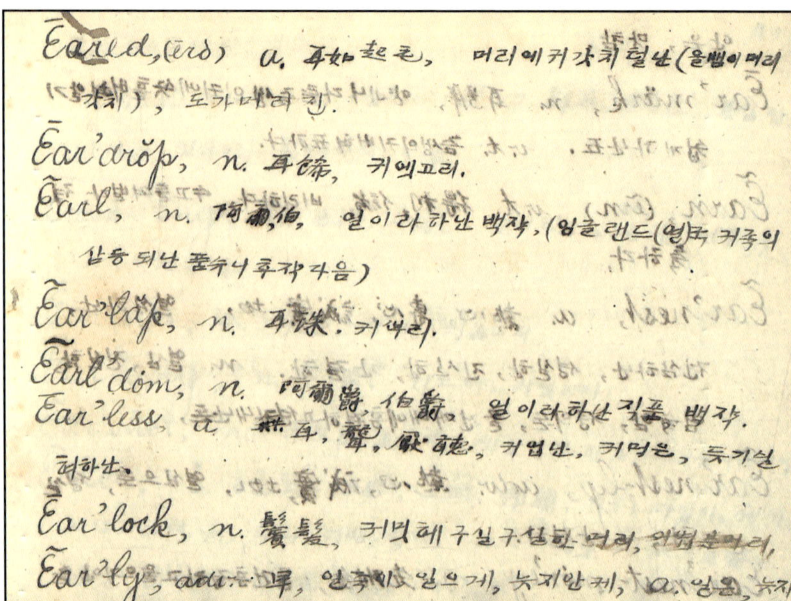

Ēared, (ērd) a. 耳如毛, 머리에귀갓치털난(올뱀이머리갓치), 도가머리친.

Ēar'drŏp, n. 耳飾, 귀엣고리.

Ẽarl, n. 伯爵, 伯, 얼이라하난백작, (잉글랜드(영)국 귀족의삼등되난품수니후작다음)

Ēar'lap, n. 耳朵. 귀바퀴.

Ẽarl'dom, n. 伯爵爵, 伯爵, 얼이라하난직품, 백작.

Ēar'less, a. 無耳, 聾, 缺聽, 귀업난, 귀먹은, 듯기실혀하난.

Ēar'lock, n. 鬢髮, 귀밋헤구실구실한머리, 언벗은머리,

Ẽar'ly, adv. 早, 일즉이, 일으게, 늦지안케, a. 일은, 늦지

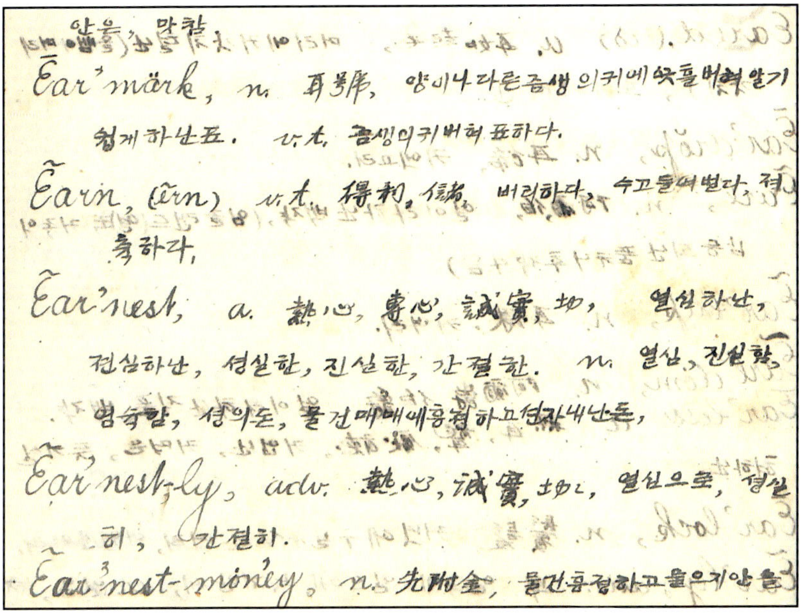

앞을, 막함

Ēar'märk, n. 耳號, 양이나 다른 즘생의 귀에 엇흘 버혀 알기 쉽게 하난 표. v.t. 즘생의 귀 버혀 표하다.

Ẽarn, (ẽrn) v.t. 得利, 儲, 버리하다, 수고들여 벌다, 적축하다.

Ẽar'nest, a. 熱心, 專心, 誠實, 切, 열심하난, 전심하난, 성실한, 진실한, 간절한. n. 열심, 진실함, 엄숙함, 성의돈, 물건매매에 흥정하고 선자내난 돈,

Ẽar'nest-ly, adv. 熱心, 誠實, 切히, 열심으로, 성실히, 간절히.

Ẽar'nest-money, n. 先附金, 물건흥정하고 물으지 안을

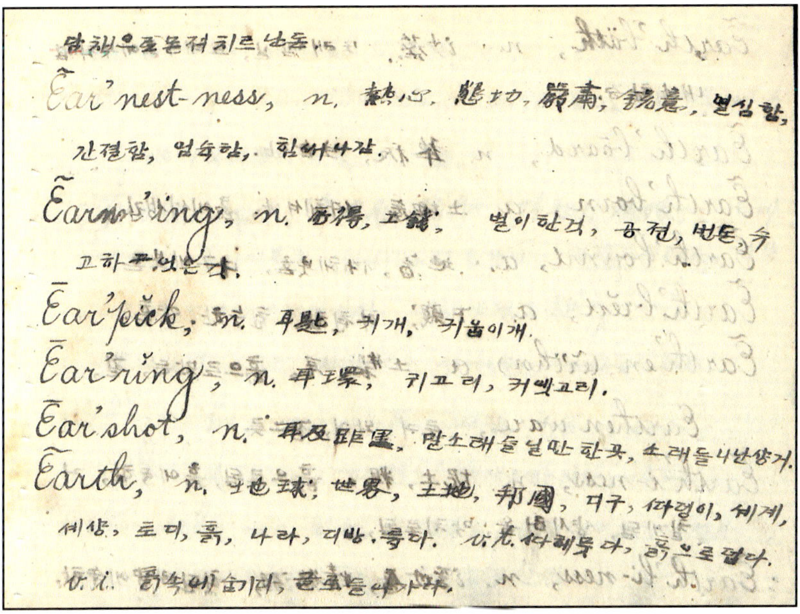

담채우로 몬저 치르난 돈

Ẽar'nest-ness, n. 熱心, 懇切, 嚴肅, 誠意, 열심함, 간절함, 엄숙함, 힘써나감.

Ẽarn'ing, n. 所得, 工錢, 벌이한것, 공전, 번돈, 수고하여 얻은것.

Ēar'pick, n. 耳匙, 귀개, 귀솜이개.

Ēar'ring, n. 耳環, 귀고리, 귀엣고리.

Ēar'shot, n. 耳及距里, 말소래를 널만한 곳, 소래들니난 상거.

Ẽarth, n. 地球, 世界, 土地, 邦國, 디구, 세상, 세계, 세상, 토디, 흙, 나라, 디방, 륙디. v.t. 흙에 묻다, 흙으로 덮다. v.i. 흙속에 숨기다, 土中에 들어가다.

Ēarth'bäth, n. 沙蒸. 모래찜질, 모래나 흙에 무쳐서 땀내는 한증.

Ēarth'bōard, n. 犂板, 보습판.

Ēarth'born, a. 土地產, 세계에서 난, 흙에서 생긴.

Ēarth'bound, a. 地着, 세계에 붙은, 지구에 붙은.

Ēarth'brĕd, a. 下賤, 하천한, 천누한. 얏흔.

Ēarth'en, (ẽrthn) a. 土製, 瓦, 흙으로 만든, 질,

Earthen ware, 토기, 와기, 질그릇.

Ēarth'i-ness, n. 泥土, 粗, 흙으로됨, 흙에속함, 거칠게됨, 상시러움, 막치로됨,

Ēarth'li-ness, n. 浮世屬, 情慾溺, 헛된세상에속함, 이세상것만도하함, 정욕에빠짐.

Ēarth'ling, n. 浮世居者, 草木同枯者, 세상에붓처사난자, 초목과갓치썩어썩을자,

Ēarth'ly, a. 浮世屬, 醜陋, 情慾, 想像, 뜬세상에속한, 육신에붓흔, 텬당이나령혼안인, 천하고더러운, 정욕에매임, 세우해모든물건의, 생각에될듯한.

Ēarth'nut, n. 落花生, 락화생, 락화실, 왜콩,

Ēarth'quāke, n. 地震, 디진, 디동.

Ēarth'ward, adv. 下向, 아래로향하야, 세계로.

Ēarth'work, n. 土工, 土砲臺, 흙을많히옴기난역사, 철로놋커나채칙어칠갓흔역사, 흙으로쌋난포대.

Ēarth'worm, (wûrm) n. 蚯蚓, 鄙夫, 지렁이, 비루한사람, 천한사람.

Ēarth'y, a. 地屬, 地球上, 浮世的, 粗惡, 俗陋, 흙으로된, 디구상에잇난, 헛된세상에붓흔, 텰샹한, 막된, 거친, 사나온.

Ēar'trŭmp'et, n. 耳筒, 귀에대고소래듯난통(먹흔새바르고우흔벌게만들어귀어두은이가귀에셔우고소래듯난변장)

Ēar'wăx, n. 耳垢, 귀지, 귀에지.

Ēar'wit'ness, n. 親聞證人, 귀로친히들은증거.

Ēase, n. 安樂, 安逸, 閒靜, 休憩, 自由, 輕快, 편안함, 질거움, 안정함, 쉬임, 자유, 편함, 경쳡하고속함, v.t. 편하게하다, 고요하게하다, 경편케하다, 쉬게하다, 위로하다, 비웃다, To ease a ship, 배나가난거슬그치다, To ease away a rope, 줄늣치다, To ease off, or away, 배에줄을늣치다.

Ēa'sel, (sl) n. 畫備架, 지게갓치만들어그림바탕걸어노코그리난틀.

Ēase'ment, n. 安逸, 便利, 편안함, 편리함, 경편함.

Ēas'i-ly, adv. 容易, 無難, 輕捷, 安穩, 쉽게, 어렵지안케, 경쳡히, 편안히, 평안히.

Ēas'i-ness, n. 安靜, 便穩, 休憩, 편안함, 고요함, 순편함, 쉬움, 편하게함, 쉬게함, 겨졍업함,

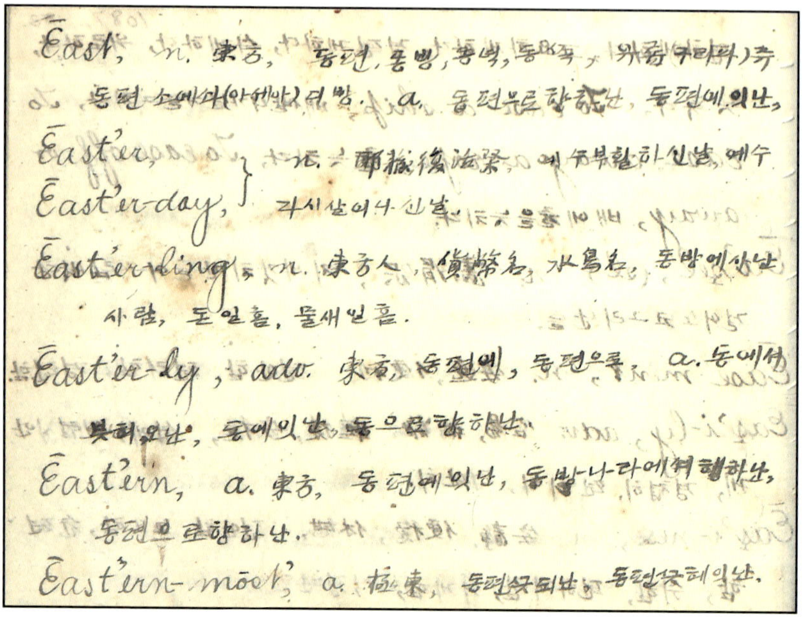

East, n. 東方, 동편, 동방, 동녁, 동쪽, 와롭(구라파)주 동편 소에서(아세아) 더방. a. 동편으로 향하난, 동편에 잇난,

Easter, }
Easter-day, } n. 耶穌復活祭, 예수부활하신날, 예수 다시살어나신날.

Easterling, n. 東方人, 貨幣名, 水鳥名, 동방에 사난 사람, 돈일홈, 물새일홈.

Easterly, adv. 東方, 동편에, 동편으로, a. 동에서 불러오난, 동에잇난, 동으로 향하난.

Eastern, a. 東方, 동편에잇난, 동방나라에셔 행하난, 동편으로 향하난.

Eastern-most, a. 極東, 동편 긋되난, 동편 긋혜잇난.

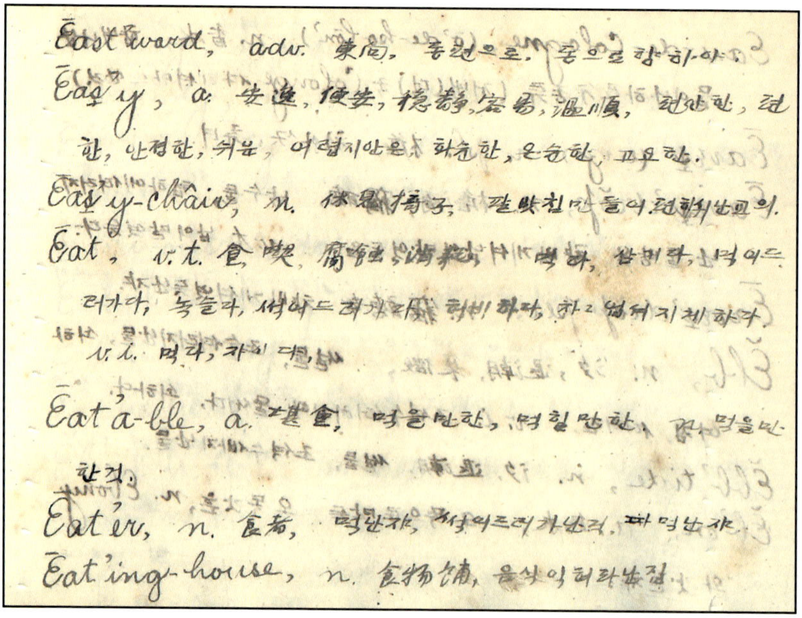

Eastward, adv. 東向, 동편으로, 동으로 향하야.

Easy, a. 安逸, 便安, 穩靜, 容易, 溫順, 편안한, 편한, 안정한, 쉬운, 어렵지안은, 화순한, 온순한, 고요한.

Easy-chair, n. 休息椅子, 팔 밧칠데 들어 편히쉬난 교의.

Eat, v.t. 食, 喫, 腐蝕, 消耗, 먹다, 삼키다, 먹어드러가다, 녹을다, 썩어드러가다, 허비하다, 하고 넘어지게하다.
v.i. 먹다, 차려 대접하다

Eatable, a. 堪食, 먹을만한, 먹힐만한, n. 먹을만한것.

Eater, n. 食者, 먹난자, 썩어드러가난것, 파먹난자.

Eating-house, n. 食物舖, 음식 이러라난집.

Eau-de-Cologne, (ō'de-ko-lōn') n. 香水, 향내나는
물이나 하롱슈 종류 (저먼(덕)국 Cologne 시에서 만드는 것)

Ēaves (evz) n. pl. 檐, 집아삭, 추녀.

Ēaves'drŏp, n. 檐滴, 竊聽, 낙수물, 첨하에서 떠러지
난 물방울, 창밖게서 남의 말 엿들음, v. t. 남의 말 엿듯다.

Ēaves'drŏp-per, n. 竊聽者, 창밖게서 엿듯난 자.

Ĕbb, n. 汐, 退潮, 衰徵, 썰물, 조수 떠러지난 물, 쇠하
여짐, 떠러짐, v. i. 조셕수 떠러지다, 물써다, 쇠하다.

Ĕbb'tide, n. 汐, 退潮, 썰물, 조셕수 싸지난 물.

Ĕb'on, a. 烏木, 오목으로 만든, 오목 갓흔, n. Ebony
와 갓흔 자.

Ĕb-on-y, n. 烏木, 오목,

E-bri'e-ty, n. 大醉, 대취함, 정신업시 취함.

Ē'bri-ŏs'i-ty, n. 半醉, 過飮癖, 반즘 취함, 술과히
먹난 버릇.

E'bri-ous, a. 半醉, 반즘 취한, 적이 취한.

E-bŭl'lience }
E-bŭl'lien-cy } n. 沸騰, 과히 끌음, 펄펄 끌음.

E-bŭl'lient, a. 沸騰, 과히 끌난, 펄펄 끌난.

Ĕb'ul-li'tion, n. 沸騰, 펄펄 끌음, 인심 이소동됨.

E-bur'ne-an, a. 象牙製, 상아로 만든,

Ec-çen'tric, a. 中心離, 圓線離, 常規離, 怪異,

Ec-cĕn'tric-al, 偏僻, 가온대를 벗어나난, 것헤에 있난 박회를 써나난, 떳떳한 법을 억의난, 규모 바리난, 괴이한, 이상한, 편벽된,

Ec-cĕn'tric, n. 不同中心圈, 奇異人, 偏僻人, 常法不合, 離心輪, 가온대점이 한쪽으로 치우쳐 백인 술네, 괴이한 사람, 이상한 사람, 편벽된 사람, 떳떳한 법에 합지 안이한 것, 수레통이 한쪽으로 빅켜잇난 박회,

Ec-cĕn'tric-al-ly, adv. 中心離, 常規外, 奇性, 중심을 써남으로, 떳떳한 법외에, 규모 밧게, 괴괴히, 이상히.

Ĕc'cen-trĭç'i-ty, n. 中心離, 常規外, 奇異, 偏僻, 가온대 점을 바로 박이지 못함, 중심이 한편으로 치우쳐 노힘, 법밧게 일고 규모 업슴, 괴이함, 이상함, 괴임함, 괴상함, 편벽됨, 텬문에 별이 태양을 싸고 돌되 한편은 태양에 갓갑고 한편은 멀게 된 술네.

Ec-clē'si-ärch, n. 教會長, 교회장, 교회 다사리난 이,

Ec-clē'si-ăs'tes, n. 傳教師, 舊約全書篇名, 전도하난 교사, 구약전서의 잇난 편명.

Ec-clē'si-ăs'tic, } a. 宗教, 教會, 종교에 속한,
Ec-clē'si-ăs'tic-al, } 교회에 속한,

Ec-clē'si-ăs'tic, n. 牧師, 僧, 교회목사, 전도사, 교회의 중.

Ec-clē'si-ăs'tic-al-ly, adv. 教會, 교회중으로, 교회의 법대로,

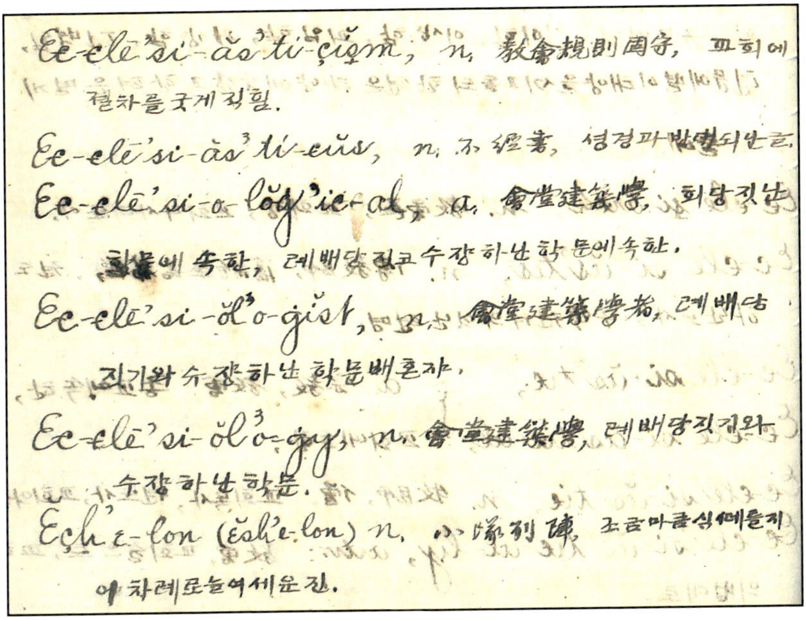

Ec-clē'si-ăs'ti-çiśm, n. 敎會規則固守, 교회에 절차를 굿게 직힘.

Ec-clē'si-ăs'ti-cŭs, n. 不經書, 성경과 발별되난 글.

Ec-clē'si-o-lŏg'ic-al, a. 會堂建築學, 회당짓난 학문에 속한, 례배당짓코 수장하난 학문에 속한.

Ec-clē'si-ŏl'o-gist, n. 會堂建築學者, 례배당 짓기와 수장하난 학문배혼자.

Ec-clē'si-ŏl'o-gy, n. 會堂建築學, 례배당짓기와 수장하난 학문.

Ech'e-lon (ĕsh'e-lon) n. 小隊列陣, 조금마큼식예들지 어 차례로늘여세운진.

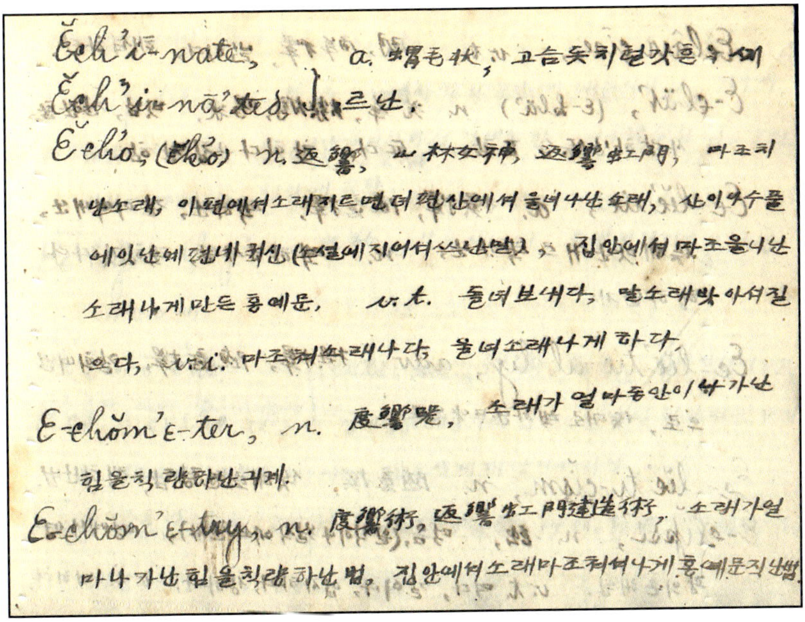

Ĕch'i-nate, a. 蝟毛状, 고슴돗치털갓흔 수세

Ĕch'i-nā'ted, 르난.

Ĕ'chō, (Ĕkō) n. 返響, 山林女神, 返響出工門, 마조치 난소래, 이편에서소래지르면 뎌편산에서 울녀나난소래, 산이나수풀 에잇난예걸네 귀신 (소설에지어서 [illegible]), 집안에서 마조울니난 소래나게만든 홍예문, v.t. 돌녀보내다, 말소래받아서질 으다, v.i. 마조쳐소래나다, 울녀소래나게 하다,

E-chŏm'e-ter, n. 度響器, 소래가 얼마동안이나가난 힘을칙량하난긔계.

E-chŏm'e-try, n. 度響術, 返響出工門建造術, 소래가얼 마나가난힘을칙량하난법, 집안에서소래마조쳐서나게홍예문짓난법.

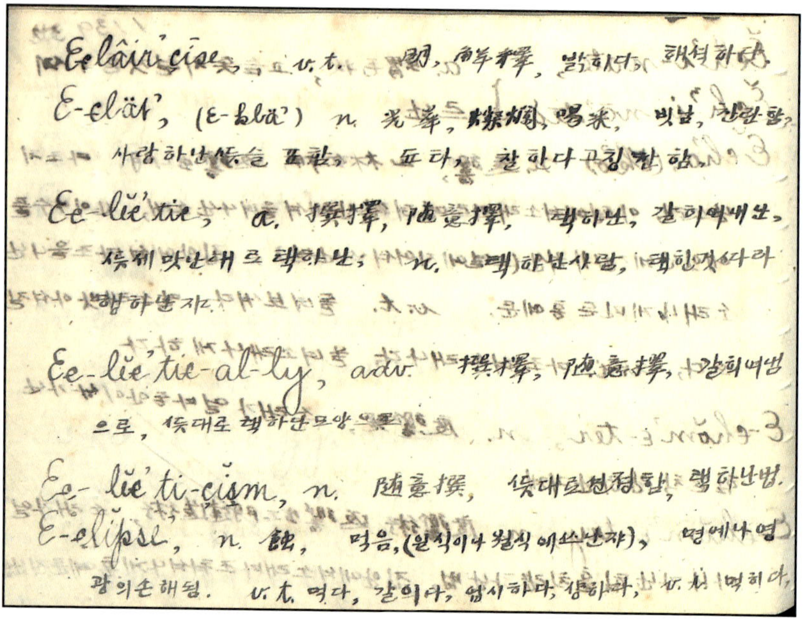

Ec-lair-cise, v.t. 明, 解釋, 밝히다, 해셕하다.

É-clat', (é-klä') n. 光華, 燦爛, 喝采, 빗남, 찬란함, 사랑하난 것을 표함, 표다, 찬하다 고칭찬함.

Ec-lec'tic, a. 撰擇, 隨意擇, 택하난, 갈히여내난, 뜻대로 맛난대로 택하난; n. 택하난사람, 택한 것 다라 행하난자.

Ec-lec'tic-al-ly, adv. 撰擇, 隨意擇, 갈희여냄으로, 뜻대로 택하난 모양으로.

Ec-lec'ti-cism, n. 隨意撰, 뜻대로 선정함, 택하난법.

E-clipse, n. 蝕, 먹음, (일식이나 월식에쓰난자), 명예나 영광의 손해됨. v.t. 먹다, 갈이다, 업시하다, 상하다, v.i. 먹히다,

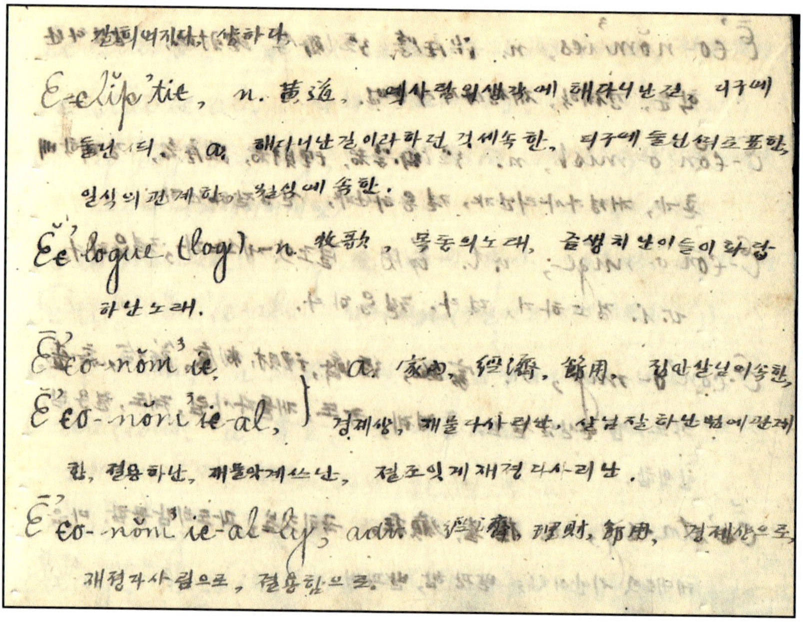

갈히여지다, 상하다.

E-clip'tic, n. 黃道, 옛사람의생각에 해다니난 길, 디구에 돌난 데. a. 해다니난길이라하던 것에속한, 디구에 돌난 선으로 표한, 일식의 관계하난 월식에 속한.

Ec'logue (log) n. 牧歌, 목동의노래, 즘생치난이들이 화답하난노래.

Ec-o-nom'ic, / Ec-o-nom'ic-al, a. 家內, 經濟, 節用, 집안살님에속한, 경제상, 재물다사리난, 살님잘하난법에관계함, 절용하난, 재물악게쓰난, 절조잇게 재정다사리난.

Ec-o-nom'ic-al-ly, adv. 經濟, 理財, 節用, 경제상으로, 재정다사림으로, 절용함으로.

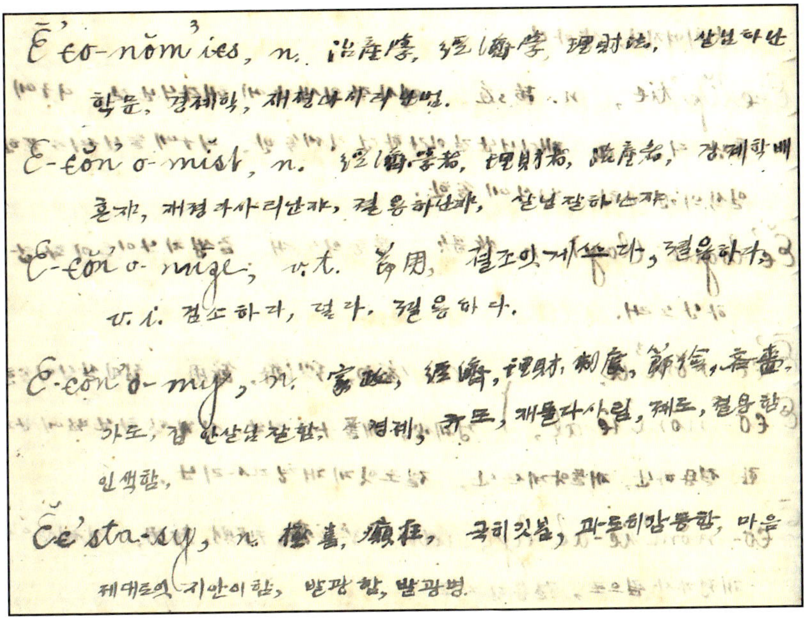

Ec-o-nom-ics, n. 治産學, 經濟學, 理財法, 살님하난 학문, 경제학, 재산다사리난법.

E-con-o-mist, n. 經濟學者, 理財者, 治產者, 경제학배혼자, 재정다사리난자, 절용하난자, 살님잘하난자.

E-con-o-mize, v.t. 節用, 절조잇게쓰다, 절용하다, v.i. 검소하다, 덜다, 절용하다.

E-con-o-my, n. 家政, 經濟, 理財, 制度, 節儉, 吝嗇, 가도, 집안살님잘함, 경제, 규모, 재물다사림, 제도, 절용함, 인색함,

Ec-sta-sy, n. 歡喜, 癲狂, 극히깃봄, 과도히감동함, 마음제대로의지안이함, 발광함, 발광병.

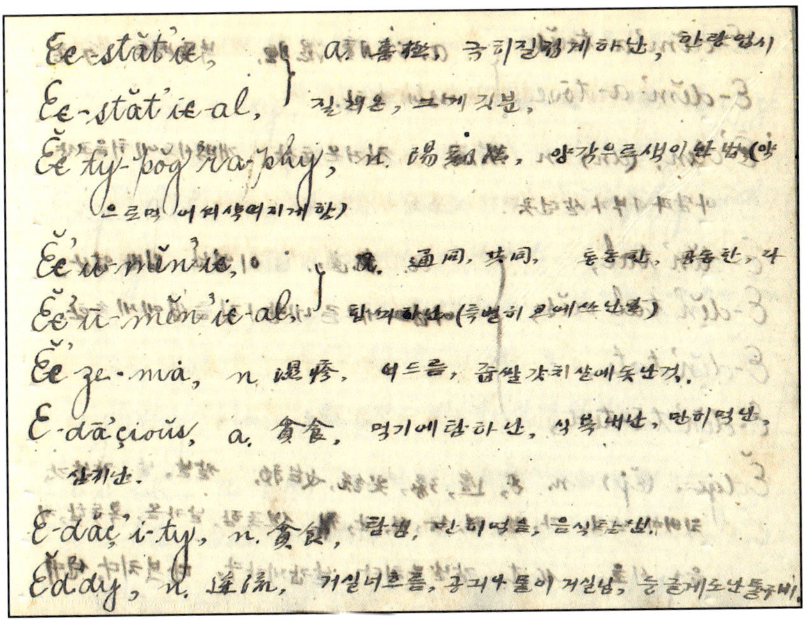

Ec-stat-ic, }
Ec-stat-ic-al, } a. 喜極, 극히질겁게하난, 한량업시질겁운, 크게깃븐,

Ec-ty-pog-ra-phy, n. 陽刻法, 양각으로색이난법(약으로써 에워색여지게함)

Ec-u-men-ic, }
Ec-u-men-ic-al, } a. 通同, 共同, 통동한, 공동한, 각처에미치난(특별히 교에쓰난말)

Ec-ze-ma, n. 濕疹, 버드름, 좁쌀갓치살에돗난것.

E-da-cious, a. 貪食, 먹기에탐하난, 식욕내난, 만히먹난, 삼키난.

E-dac-i-ty, n. 貪食, 탐식, 만히먹음, 음식을즐김.

Ed-dy, n. 逆流, 거실너흐름, 공긔나물이거실님, 늘줄게도난돌구비.

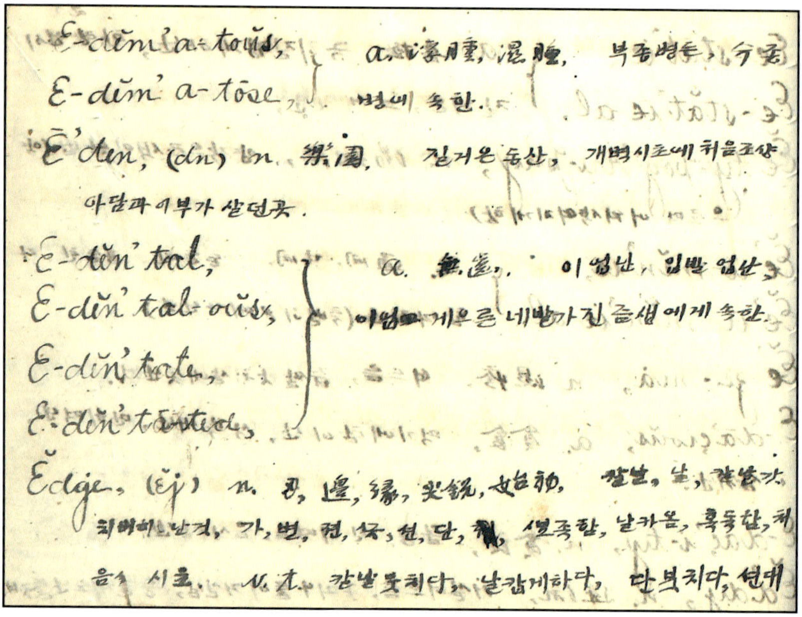

E-dĭm'a-tous, } a. 浮腫, 混腫, 부종병든, 수종
E-dĕm'a-tose, } 병에 속한.
Ē'den, (dn) n. 樂園, 질거온 동산, 개벽시초에 처음조상
아담과 이부가 살던곳.
E-dĕn'tal, } a. 無齒, 이 업난, 입빨 업산,
E-dĕn'tal-ous, } 이업고 게으른 네발가진 즘생에게 속한.
E-dĕn'tate, }
E-dĕn'tated, }
Ĕdge, (ĕj) n. 刃, 邊, 緣, 尖銳, 始初, 칼날, 날, 칼날갓
치예히난것, 가, 변, 전, 슭, 선, 단, 첨, 예족함, 날카옴, 혹독함, 처
음, 시초. v. t. 칼날 뭇치다, 날캅게하다, 단북치다, 선대

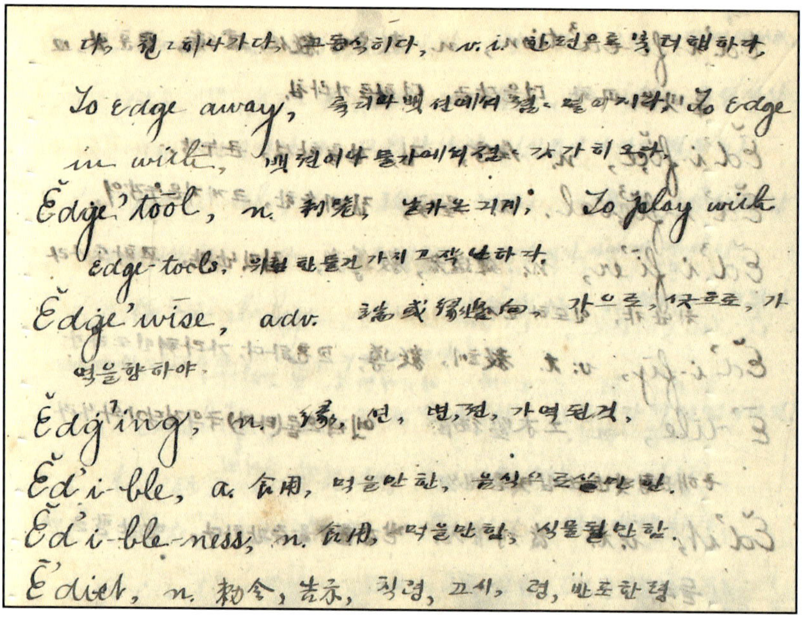

다, 전ㄷ히 나가다, 고동식히다, v. i. 한편으로 옥 더 행하다,
To edge away, 축퇴하며 선에서 점ㄷ 멀어지다; To edge
in with, 백척이나 물가에서 점ㄷ 가가히 오다,
Ĕdge'tool, n. 利器, 날카온 기계; To play with
edge-tools, 위험한 물건 가지고 작난하다.
Ĕdge'wise, adv. 端或緣邊向, 갓으로, 섯으로, 가
역을향하야.
Ĕdg'ing, n. 緣, 연, 변, 전, 가역된것,
Ĕd'i-ble, a. 食用, 먹을만한, 음식으로쓸만한.
Ĕd'i-ble-ness, n. 食用, 먹을만함, 식물될만함.
Ē'dict, n. 勅令, 告示, 칙령, 고시, 령, 반포한령

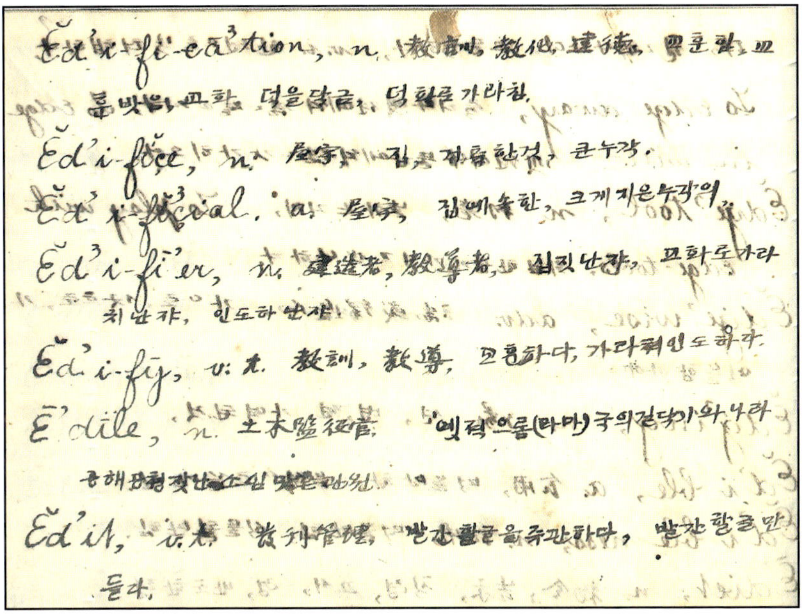

Ĕd'i-fi-cā'tion, n. 教訓, 教化, 建德, 교훈함, 교훈받음, 교화, 덕을닦음, 덕행을가라침.
Ĕd'i-fice, n. 屋宇, 집, 거룩한것, 큰누각.
Ĕd'i-fi'cial. a. 屋宇, 집에속한, 크게지은누각의.
Ĕd'i-fi'er, n. 建造者, 教導者, 집짓난자, 교화로가라치난자, 인도하난자.
Ĕd'i-fy, v. t. 教訓, 教導, 교훈하다, 가라쳐인도하다.
Ē'dile, n. 土木監役官, 옛적 으롬(라마)국의건닥이와나라공해관청짓난소실맡은관원.
Ĕd'it, v. t. 發刊管理, 발간할글을주관하다, 발간할글만들다.

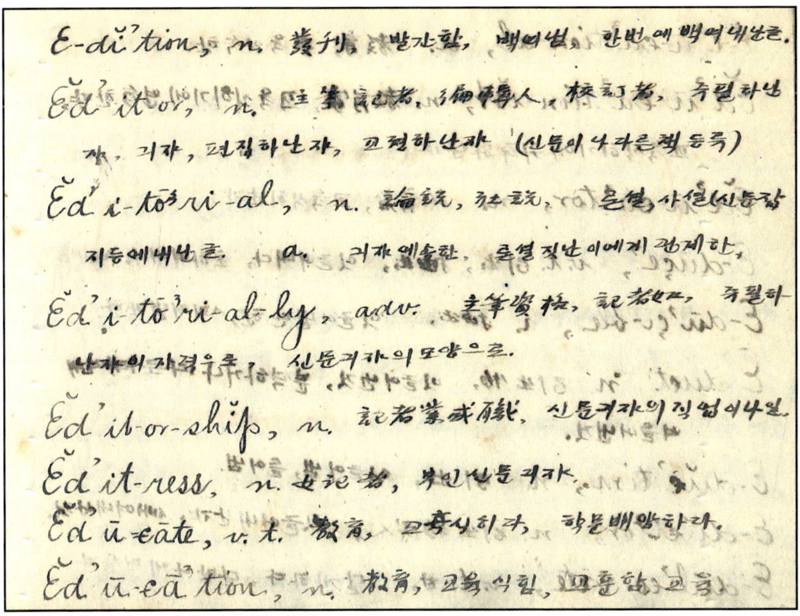

E-dĭ'tion, n. 發刊, 발간함, 백여냄, 한번에백여내난글.
Ĕd'it-or, n. 主筆記者, 編輯人, 校訂者, 주필하난자, 기자, 편집하난자, 교정하난자 (신문이나다른책등류)
Ĕd'i-tō'ri-al, n. 論說, 社說, 론설, 사설(신문잡지등에내난글. a. 기자에속한, 론설짓난이에게관계한,
Ĕd'i-tō'ri-al-ly, adv. 主筆資格, 記者로, 주필하난자의자격으로, 신문기자의모양으로.
Ĕd'it-or-ship, n. 記者業或職, 신문기자의직업이나일.
Ĕd'it-ress, n. 女記者, 부인신문기자.
Ĕd'ū-cāte, v. t. 教育, 교육시히다, 학문배양하다.
Ĕd'ū-cā'tion, n. 教育, 교육식힘, 교훈함, 교육.

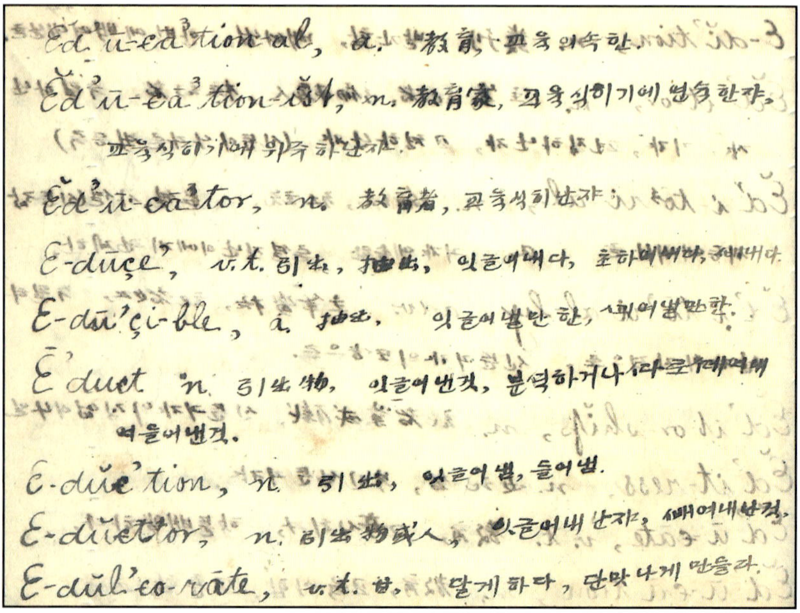

Ed-u-ca-tion-al, a. 敎育, 교육의속한.
Ed-u-ca-tion-ist, n. 敎育家, 교육식히기에 연숙한자,
교육식히기에 뛰쥭 하눈자.
Ed-u-ca-tor, n. 敎育者, 교육식히난자.
E-duce, v.t. 引出, 抽出, 익글어내다, 초하여내다, 끄내내다.
E-du-ci-ble, a. 抽出, 익글어낼만한, 끄러여낼만한.
E-duct n. 引出物, 익글어낸것, 분석하거나 다른데여 써
여을어낸것.
E-duc-tion, n. 引出, 익글어냄, 들어냄.
E-duc-tor, n. 引出物或人, 익글어내난자, 끄어내난것.
E-dul-co-rate, v.t. 甘, 달게하다, 단맛나게 만들다.

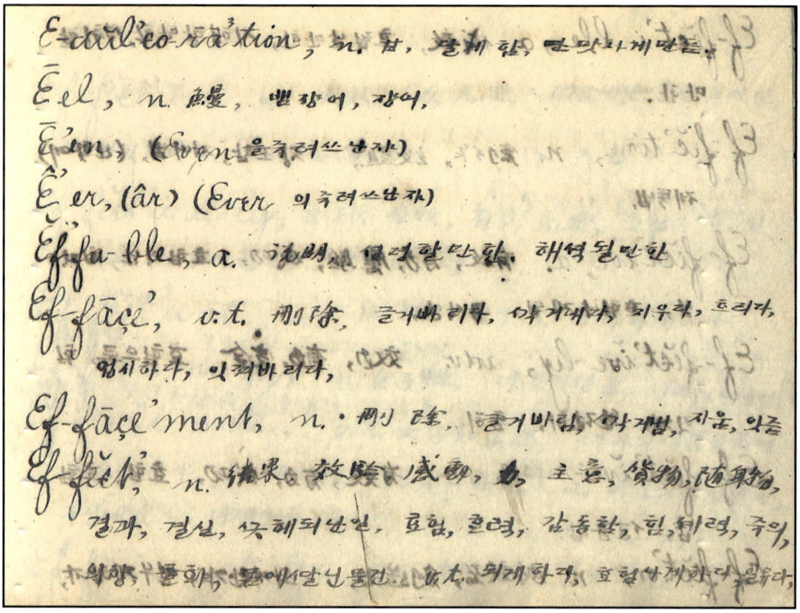

E-dul-co-ra-tion, n. 甘, 달게함, 단맛나게만듬.
Eel, n. 魚鰻, 뱀장어, 장어.
E'en, (Even 을축여쓰난자)
E'er, (âr) (Ever 의축여쓰난자)
Ef-fa-ble, a. 說明, 설명할만한. 해석될만한
Ef-face, v.t. 刪除, 글거바리다, 닥거내다, 지우다, 흐리다,
업시하다, 잊저바리다,
Ef-face-ment, n. 刪除, 글거바림, 닥거냄, 지움, 잊즘
Ef-fect, n. 結果, 效驗, 感動, 力, 主意, 貨物, 隨身物,
결과, 결실, 속해되난일, 효험, 효력, 감동함, 힘, 세력, 주의,
의향, 물화, 몸에실난물건. v.t. 되게하다, 효험나게하다, 일우다,

Ef-fect'i-ble, a. 成效, 효험날만한, 시행할만한, 성취할만한.

Ef-fec'tion, n. 創作, 設題, 창조함, 지어냄, (산학에) 제목냄.

Ef-fect'ive, a. 有效, 有力, 應驗, 成功, 효험있난, 힘있난, 효험나게된, 공있난,

Ef-fect'ive-ly, adv. 效力, 有力, 完全, 효험으로, 힘있게, 완전히, 통히.

Ef-fect'ive-ness, n. 有效, 有力, 成功, 효험, 효험남, 성공함.

Ef-fect'or, n. 成效者, 創造者, 되게한자, 일우게한자,

새로지어낸자,

Ef-fect'u-al, a. 成效, 有力, 充足, 효험내난, 효험날만한, 힘있게하난, 충족한, 넉넉한,

Ef-fect'u-al-ly, adv. 有效, 有力, 充足, 효험으로, 힘있게, 일우게함으로, 충족히, 넉넉히.

Ef-fect'u-ate, v.t. 成就, 일우다, 성취하게하다.

Ef-fem'i-na-cy, n. 女子性, 녀자의성품, 녀자의연약함.

Ef-fem'i-nate, v.t. 女子如柔弱, 녀자의성품갓치연약하게하다, 약하게하다, 녀인갓치만들다, a. 녀인갓치연약한, 부인네갓흔, 녀태있난, 겁있난,

Ef-fem'i-nate-ly, adv. 女子如, 녀자갓치, 녀인으로.

Ef'fer-vĕsce', (Ef'fer-vĕs') v. i. 沸騰, 泡起, 跳躍, 끌어오르다, 거품일다, 긔분이 격동되어 진정치못하다.

Ef'fer-vĕs'cence, } n. 沸騰, 泡起, 끌음, 끌어올음, 거품일음.
Ef'fer-vĕs'cen-cy, }

Ef'fer-vĕs'cent, a. 沸騰, 泡起, 끌난, 부글부글 끌난, 거품이난.

Ef'fer-vĕs'ci-ble, a. 沸騰, 泡起, 끌기쉬운, 끌게할만한,

Ef-fete', a. 絶産, 力盡, 衰耗, 단산한, 해산못하난, 힘다한, 기진한, 늙어쇠한.

Ef'fi-cā'cious, a. 有效, 有力, 효험잇난, 힘잇난, 세력잇난, 공일을만한.

Ef'fi-cā'cious-ly, adv. 有效, 有力, 효험잇게, 힘잇게, 성공할만하게.

Ef'fi-cā'cious-ness, n. 有效, 有力, 효험, 효험나게 하난성질, 힘, 성공함.

Ef'fi-ca-cy, n. 材能, 效驗, 德, 공, 공효, 효험, 힘, 력, 세력.

Ef-fi'cience, } n. 效力, 功能, 효험, 효력, 공, 공효, 힘.
Ef-fi'cien-cy, }

Ef-fi'cient, n. 力, 原因. 힘, 근인, 까닭, 연고. a. 힘잇난, 효험잇난, 공잇난.

Ef-fi'cient-ly, adv. 有力, 有效, 힘잇게, 효험나게, 공되게.

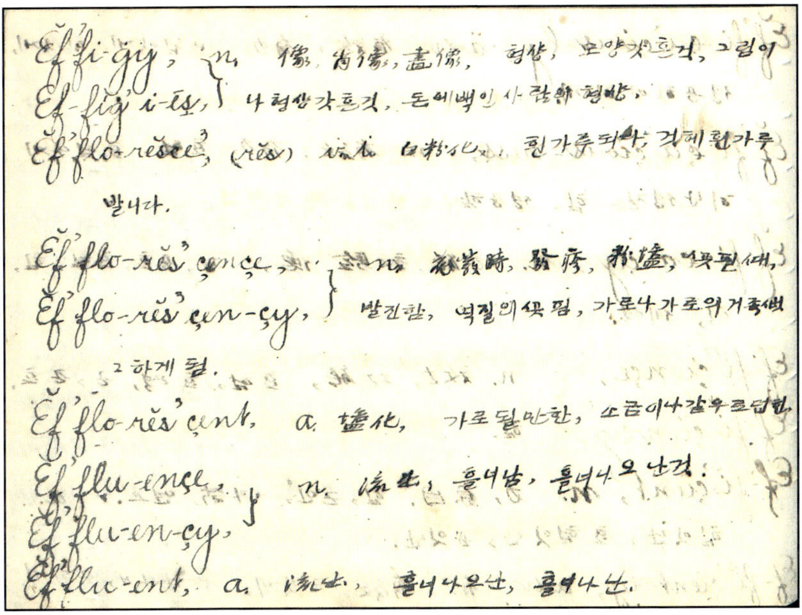

Ĕf'fi-gy, } n. 像, 肖像, 畫像, 형상, 모양갓흔것, 그림이
Ef-fig'i-ēs, } 나 형상갓흔것, 돈에백인 사람의 형상.
Ef'flo-rĕsce', (rĕs) v.i. 白粉化, 흰가루되다, 걱헤흰가루
발나다.
Ĕf'flo-rĕs'cence, } n. 花發時, 發疹, 粉塩, 꽃필새,
Ĕf'flo-rĕs'cen-cy, } 발진함, 역질의꽃핌, 가로나 가초의 거죽색
?하게됨.
Ĕf'flo-rĕs'cent, a. 塩化, 가로될만한, 소금이나갈우로덥힌.
Ef'flu-ence, } n. 流出, 흘너남, 흘너나오난것.
Ef'flu-en-cy, }
Ef'flu-ent, a. 流出, 흘너나오난, 흘너나난.

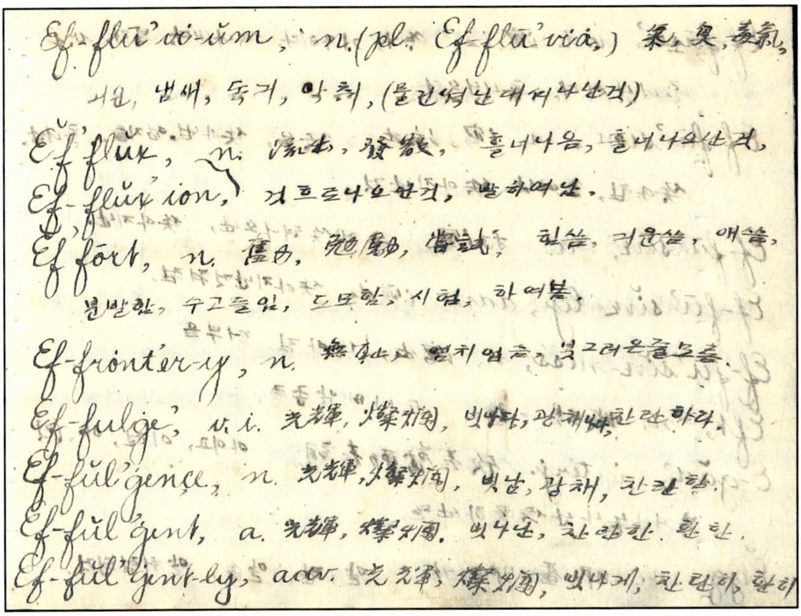

Ef-flu'vi-um, n. (pl. Ef-flu'via,) 氣, 臭, 毒氣,
내음, 냄새, 독기, 악취, (물건썩난데서나난것)
Ef'flŭx, } n. 流出, 發散, 흘너나옴, 흘너나오난것,
Ef-flŭx'ion, } 것흐로나오난것, 발하여남.
Ef'fort, n. 盡力, 勉勵, 嘗試, 힘씀, 긔운씀, 애씀,
분발함, 수고들임, 도모함, 시험, 하여봄.
Ef-frŏnt'er-y, n. 無耻, 염치업슴, 붓그러온줄모름.
Ef-fulge', v.i. 光輝, 燦爛, 빗나다, 광채나다, 찬란하다.
Ef-fŭl'gence, n. 光輝, 燦爛, 빗남, 광채, 찬란함.
Ef-fŭl'gent, a. 光輝, 燦爛, 빗나난, 찬란한, 환한.
Ef-fŭl'gent-ly, adv. 光輝, 燦爛, 빗나게, 찬란히, 환히

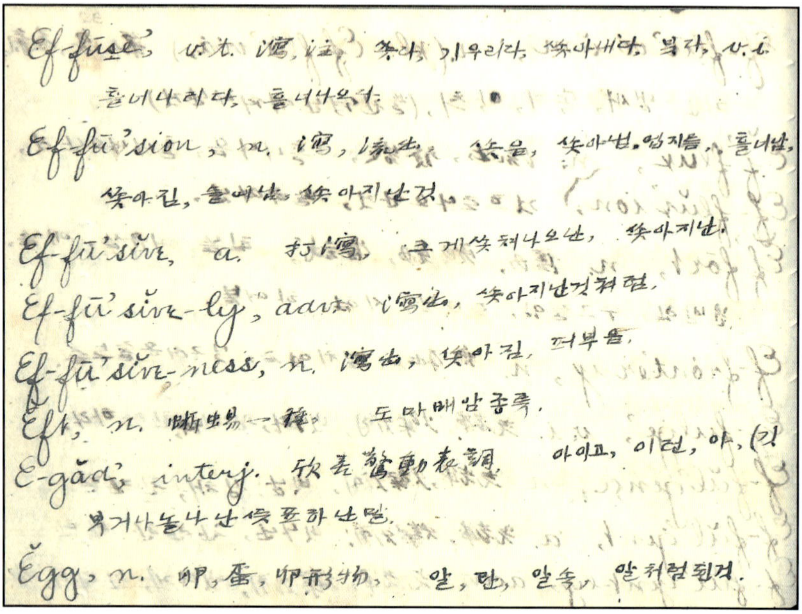

Ef-fūse', v.t. 瀉, 注, 쏟다, 기우리다, 쏘아내다, 붓다, v.i. 흘너나리다, 흘너나오다.

Ef-fū'sion, n. 瀉, 洩出, 쏘음, 쏘아냄, 엎지름, 흘너남, 쏘아짐, 흘네남, 쏘아지난것.

Ef-fū'sive, a. 打瀉, 크게쏘쳐나오난, 쏘아지난.

Ef-fū'sive-ly, adv. 瀉出, 쏘아지난것쳐럼.

Ef-fū'sive-ness, n. 瀉出, 쏘아짐, 퍼부음.

Eft, n. 蜥蜴一種, 도마배암종륙.

E-găd', interj. 欣喜驚動表詞, 아이고, 이런, 아, 기뻐거나놀나난쓰표하난말.

Ĕgg, n. 卵, 蛋, 卵形物, 알, 란, 알속, 알처럼된것.

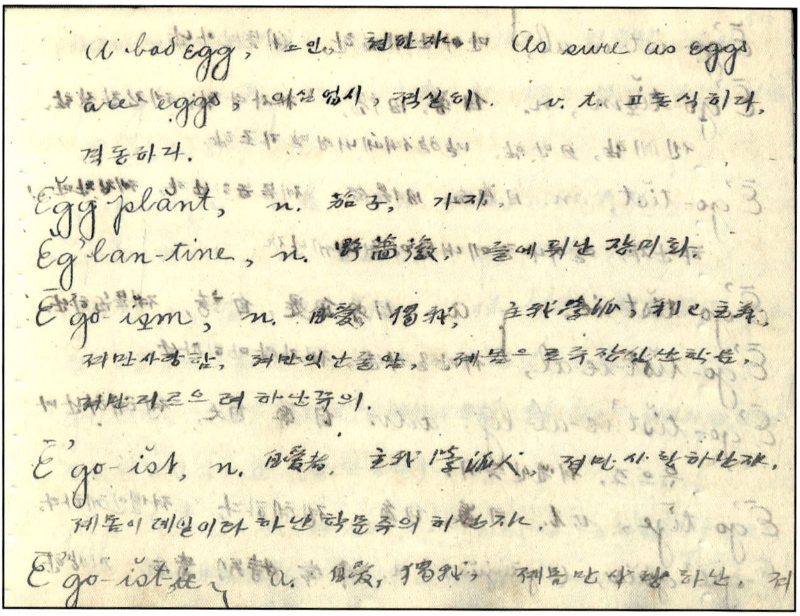

A bad egg, 노인, 실망자. As sure as eggs are eggs, 의심업시, 확실히. v. t. 고동식히다, 격동하다.

Egg'plant, n. 茄子, 가지.

Eg'lan-tine, n. 野薔薇, 들에뎌난 장미화.

E'go-ism, n. 自愛, 偏私, 主我学派, 利己主義, 저만사랑함, 저만의난줄암, 제몸으로 [illegible] 하난 학문주의.

E'go-ist, n. 自愛者, 主我学派人, 저만사랑하난자, 제몸이 데일이라 하난 학문주의 하난자.

E'go-ist'ic, a. 自愛, 獨我, 제몸만 사랑하난, 저

Ē'go-ist-ic-al, } 만아난데잡한, 제몸만아난.

Ē'go-tĭsm, n. 自尊, 自揚, 제자랑함, 제칭찬잘함, 젠체함, 교만함, 말하거나글에내란말자조함.

Ē'go-tist, n. 自尊者, 自揚者, 제몸놉히난자, 제칭찬만히하난자, 말이나글에내몸만히내세난자.

Ē'go-tĭst-ic, } a. 自尊, 自是, 自誇, 제몸놉히난, 저만올다난, 제자랑만히하난.
Ē'go-tĭst-ic-al,

Ē'go-tĭst-ic-al-ly, adv. 自尊, 自大, 젠체하난마음으로, 저밧신듯시.

Ē'go-tīze, v. i. 自尊, 自負, 젠체하다, 저밧인체하다.

E-grē'gious, (Egrē'jŭs) a. 非常, 特別, 貴重, 괴상한(파악한말에서난뜻), 특별한, 이상한, 귀중한, 참진.

E-grē'gious-ly, adv. 甚, 大, 殊, 심히, 크게, 대단히, 붓그러히.

Ē'gress, n. 出發, 나감, 떠남, 떠나난힘.

E-gres'sion, n. 出退, 나감, 떠남.

Ē'gret, n. 鷺, 羽毛, 種子毛, 猿一種, 백로종류, 백로털, 씨네씨갓흔세에는털갓흔것, 원성이종류.

E-grĕtte', n. 羽毛及金剛石之首飾, 絲飾, 새깃과금강석등물노꿈인것, 술, (향수등속)

E-gyp'tian, n. 埃及人, 이집트(애급)국사람, 이집트국말, 우리개걸하난사람, a. 이집트국이나사람에속한.

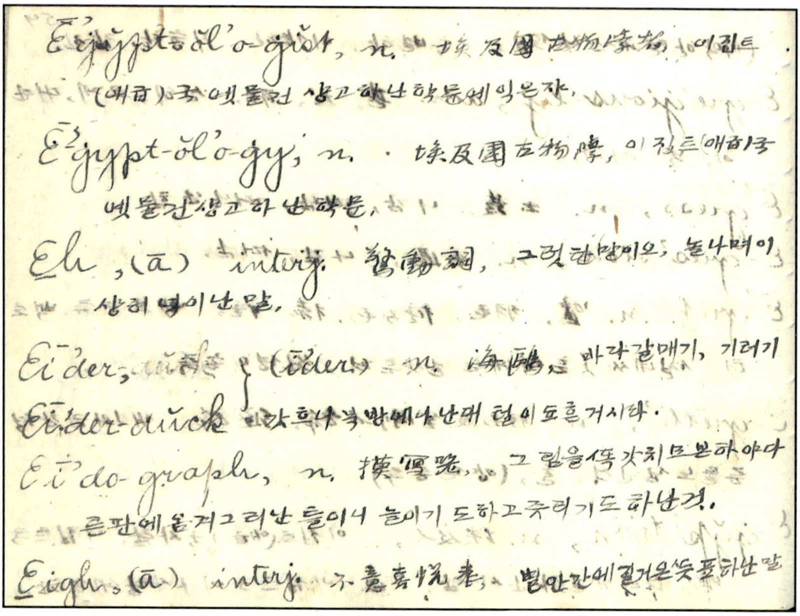
Egyptol'o-gist, n. 埃及國古物學者, 이집트(애굽)국 옛물건 상고하는학문에익은자.

Egypt-ol'o-gy, n. 埃及國古物學, 이집트(애굽)국 옛물건상고하는학문.

Eh, (ā) interj. 驚動詞, 그럿한말이오, 놀나며이상히넉이는말.

Ei'der, Ei'der-duck (īder) n. 海鷗, 바다갈매기, 기러기갓흔새북방에나는데털이됴흔거시라.

Ei'do-graph, n. 摸寫器, 그림을똑갓치모본하야더큰판에옴겨그리는틀이니 늘이기도하고줄이기도하는것.

Eigh, (ā) interj. 不意喜悅者, 별안간에깃거온뜻표하는말

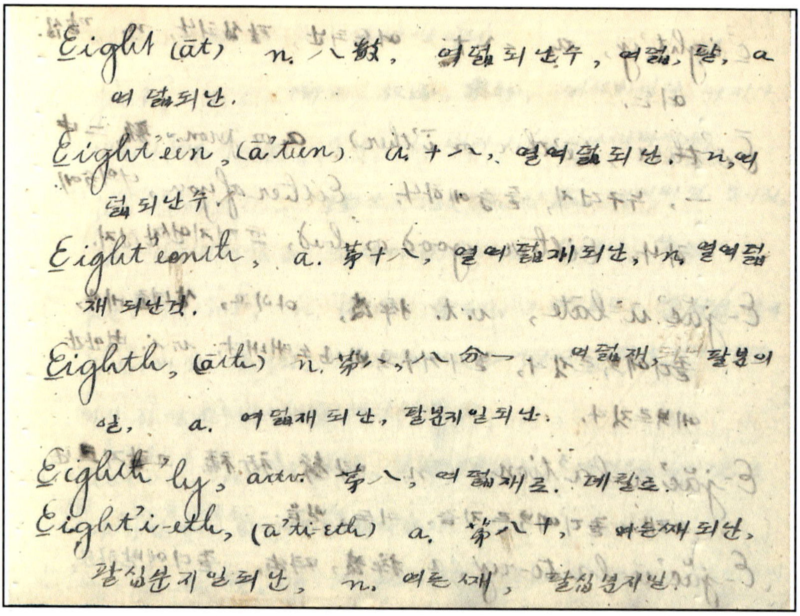
Eight (āt) n. 八數, 여덟되는수, 여덟, 팔, a 여덟되는.

Eighteen, (ā'tēn) a. 十八, 열여덟되는. n. 열여덟되는수.

Eight'eenth, a. 第十八, 열여덟재되는, n. 열여덟재되는것.

Eighth, (āth) n. 第八, 八分一, 여덟재, 팔분의일, a. 여덟재되는, 팔분지일되는.

Eighth'ly, adv. 第八, 여덟재로. 뎨팔로.

Eight'i-eth, (ā'ti-eth) a. 第八十, 여든재되는, 팔십분지일되는, n. 여든재, 팔십분지일.

Eight'y, a. 八十 여든되난, 팔십되난, n. 팔십. 여든.

Ē'i'ther, (ē'ther or ī'thir.) a. or pron. 孰, 二中一, 누구던지, 둘중에하나. Either of you, 너의중에 하나. Either good or bad, 됴턴지언잔턴지.

E-jăc'ū-lāte, v.t. 揮發, 아이고, 살녀즙세(?), 졸디에부르짓다, 놀나거나혹비난소래내다; v.i. 별안간 에부르짓다.

E-jăc'ū-la'tion, n. 叫聲, 祈禱 고함지르난 소래, 졸디에부르지즘, 긔도, 빌음.

E-jăc'ū-la-to-ry, a. 揮發, 叫出, 졸디에발하난, 별안간부르지즈난, 소야발하난.

E-jĕct', v.t. 擲出, 放逐, 棄却, 내여바리다, 던지다, 내치다, 몰아내다, 물니치다, 바리다 (침이나염바리다).

E-jĕc'tion, n. 擲出, 放逐, 吐露, 내여바림, 물니침, 몰아냄, 내여쫏츰, 토하여냄, 들어냄, 돌녀남, 쫏침.

E-jĕct'ment, n. 逐出, 棄却, 土地主?, 쫏쳐냄, 몰아내침, 바림, 물니침, 남의땅에배앗은것을차져달나거나시가없시 침탈한배상받어달나난송사.

E-jĕct'or, n. 放逐人, 土地横占人, 내여쫏난사람, 몰아내난자, 남의땅을배앗난자.

Ēke, v.t. 增, 加, 大, 延, 補, 더하다, 늘히다, 크게하다,

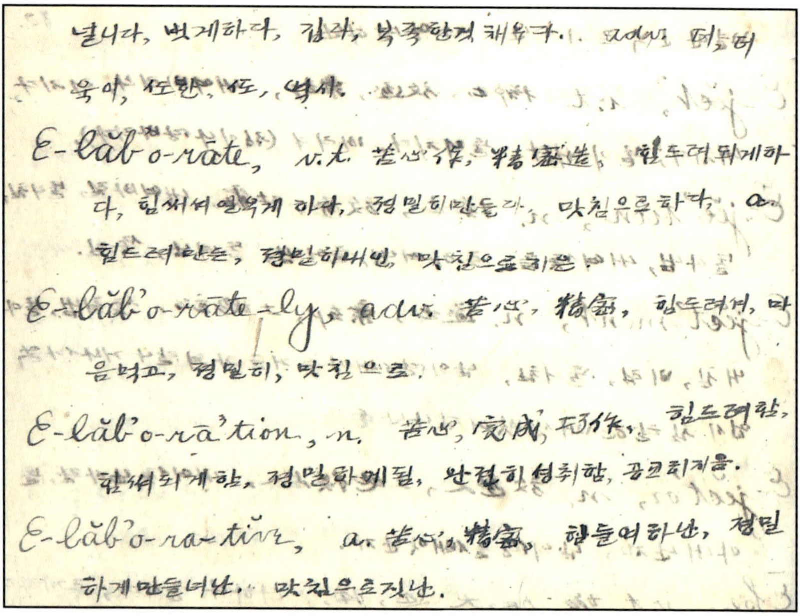

널니다, 번게하다, 길다, 부족한것 채우다. ... 떠돌며
욱이, 선헌, 선도, 역시.
E-lăb'o-rate, v.t. 苦心作, 精造, 힘도려되게하다, 힘써서 일우게 하다, 정밀히 만들다, 맛침으로 하다, a. 힘드려만든, 정밀히 내난, 맛침으로 된
E-lăb'o-rate-ly, adv. 苦心, 精密, 힘드려서, 마음먹고, 정밀히, 맛침으로.
E-lăb'o-ra'tion, n. 苦心, 完成, 巧作, 힘드려함, 힘써되게함, 정밀하게 됨, 완전히 성취함, 공교히 지음.
E-lăb'o-ra-tive, a. 苦心, 精密, 힘들여하난, 정밀하게 만들어난, 맛침으로 짓난.

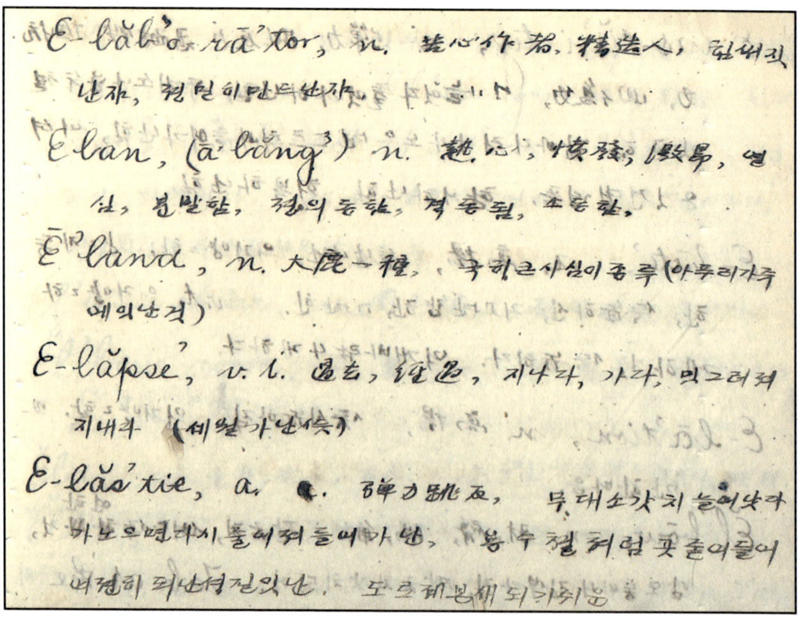

E-lăb'o-ra'tor, n. 苦心作者, 精造人, 힘써지난자, 정밀히 만드난자.
Elan, (ā'läng) n. 熱心, 情熱, 發動, 열심, 분발함, 정의 동함, 격동됨, 조급함.
E'land, n. 大鹿一種, 극히 큰 사슴이 종류 (아프리카주에 있난것)
E-lăpse', v.i. 過去, 經過, 지나다, 가다, 미그러져 지내다 (세월가난 것)
E-lăs'tic, a. 彈力賦(?), 무대소갓치 늘어낫다가 노으면 다시 줄어져들어가난, 용수철처럼 곳 줄어들어 여전히 되난 성질잇난. 도로 제 본새 되기 쉬운

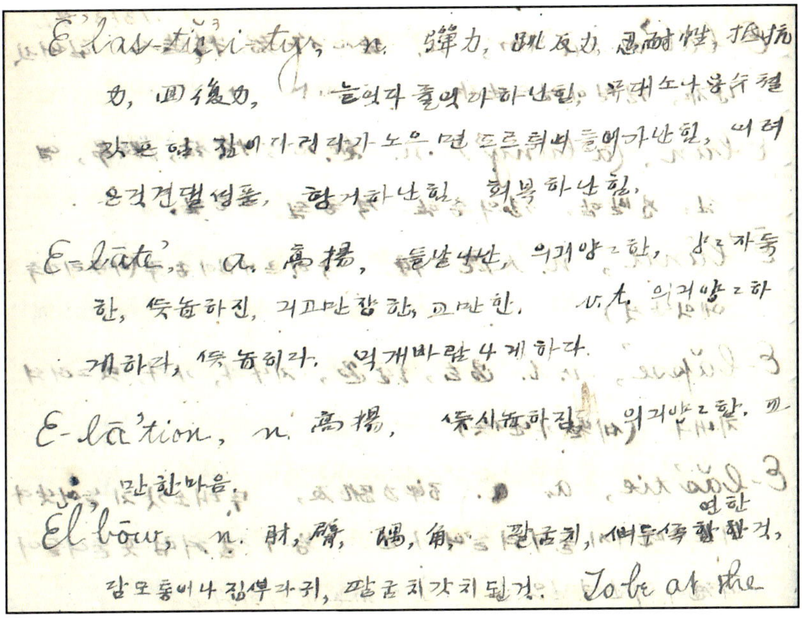

E-las-tic'i-ty, n. 彈力, 彈反力, 忍耐性, 抵抗力, 回復力, 늘엇다 줄엇다 하나난힘, 무대소나 용수철 갓흔 것을 잡아다려다가 노으면 드르혀서 들어가난힘, 어려운것견댈성품, 항거하난힘, 회복하난힘.

E-late', a. 高揚, 들날나난, 의긔양ㄹ한, 자득한, 뜻놉하진, 거고만장한, 교만한. v. t. 의긔양ㄹ하게하다, 뜻놉히다, 억개바람4게하다.

E-la'tion, n. 高揚, 뜻시놉하짐, 의긔양ㄹ함, 교만한마음.

El'bow, n. 肘, 臂, 隅, 角, 팔굼치, 녀두[연한]한것, 담모통이나 집모퉁이, 팔굼치갓치된것. To be at the

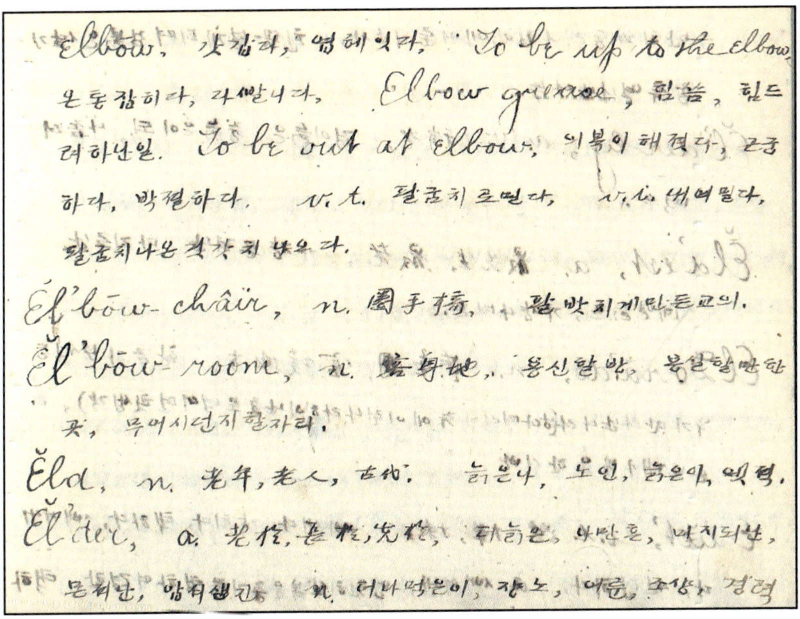

elbow, 갓갑다, 엽헤잇다, To be up to the elbow, 온통잡히다, 다빠나다, Elbow grease, 힘듬, 힘드러하난일. To be out at elbow, 의복이 해졋다, 곤궁하다, 박절하다. v. t. 팔굼치로밀다, v. i. 내여밀다, 팔굼치나온것갓치 낫오다.

El'bow-chair, n. 圈手椅, 팔밧치게만든교의.

El'bow-room, n. 容身地, 용신할밧, 용신할만한곳, 무어시던지할자리.

Eld, n. 老年, 老人, 古代. 늙은나, 노인, 늙은이, 옛적.

El'der, a. 老怜, 長怜, 先怜, 더늙은, 먼저난, 먼저되난, 몬저난, 압저생긴. n. 더나먹은이, 장노, 어룬, 조상, 경력

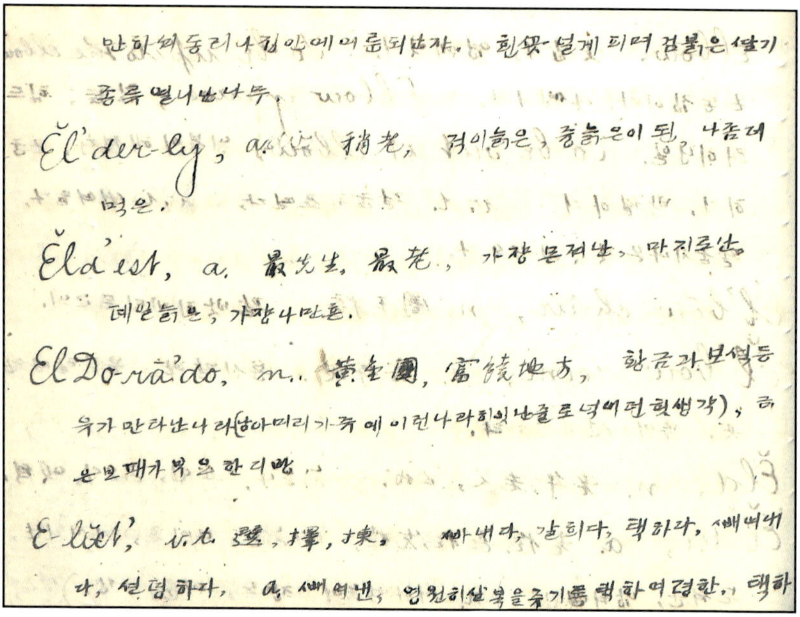
만히써둥러나치인에게며륜되난자. 흰꽃 널게 피며 검붉은 열기 줄륙열니난나무.
Ĕl'der-ly, a. 稍老, 져이늙은, 좀늙은이 된, 나좀더 먹은.
Ĕld'est, a. 最先生, 最老, 가장 몬져난, 마지로난, 뎨일늙은, 가장나만흔.
El Do-rä'do, n. 黃金國, 富饒地方, 황금과보셕등 욱가 만타난나라(남아메리가주에 이런나라히잇난줄로넉이던헛생각), 흔은보패가만은한디방.
E-lĕct', v.t. 選, 擇, 揀, 싸내다, 갈희다, 택하다, 쌔여내다, 션뎡하다, a. 쌔여낸, 영원히살복을주기를택하여뎡한, 택하

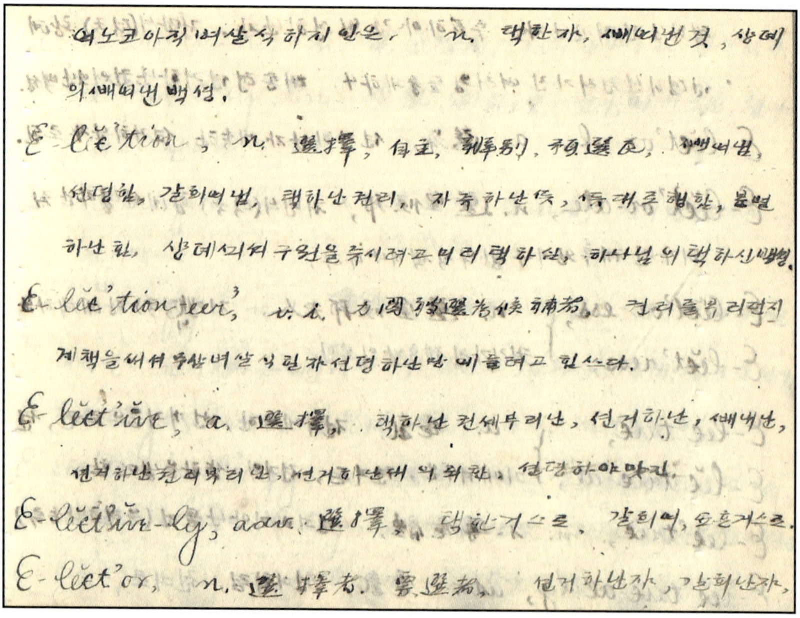
여노코아직니여살식하지안은, n. 택한자, 쌔여낸것, 상뎨의쌔여낸백셩.
E-lĕc'tion, n. 選擇, 自主, 預選, 豫選定, 쌔여냄, 션뎡함, 갈희여냄, 택하난권리, 자주하난뜻, [illegible] 별 하난것, 상뎨씌셔구원을주시려고미리택하심, 하나님의택하신백셩.
E-lĕc'tion-eer', v.i. [illegible] 選舉 [illegible], 권리를부리려지 계책을써셔 [illegible] 션뎡하난대 비들려고 힘쓰다.
E-lĕct'ive, a. 選擇, 택하난권세부리난, 션거하난, 쌔내난, 션거하난권리부리난, 션거하난대의뢰함, 션뎡하야맛김.
E-lĕct'ive-ly, adv. 選擇, 택한것으로, 갈희여, 요흔것으로.
E-lĕct'or, n. 選擇者, 雲選者, 션거하난자, 갈희난자,

택하는권리잇는자, 후보하야고 선뎡하는자, 저만니(덕국) 황뎨
선뎡하는권리가진 여러왕들중에하나, 대통령션거하는권리잇는백셩.

E-lĕct'or-al, a. 選擧, 션거하는자에속한, 션거하는자로된.

E-lĕct'or-ate, n. 選皇候邦, 저맨늬(덕국) 황뎨션뎡하는 권
리가진 제후왕이나 됨의 직책이나나라,

E-lĕct'or-ess, } n. 選皇候邦夫人, 저맨늬(덕국) 황뎨택하는
E-lĕct'ress, } 권리가진 제후왕의부인.

E-lĕc'tric, } a. 電氣, 전긔에속한, 번개긔운으로된, 전
E-lĕc'tric-al, } 긔에셔나온, 전긔든, 전긔의이상함을낼만한.

E-lĕc'tric, n. 不導電體, 전긔밧지안는물건(유리호박종류)

E-lĕc'tric-al-ly, adv. 電氣, 전긔처럼, 전긔로,

E'lec-trĭ'cian., n. 電氣學者, 전긔학배혼자, 전긔학사.

E'lec-trĭç'i-ty, n. 電氣, 電氣理, 전긔, 번개긔운, 전긔
리치, 전긔학.

E-lĕc'tri-fī'a-ble, a. 電氣傳, 電氣受, 전긔전할만한,
전긔밧는,

E-lĕc'tri-fy, v. t. 電氣傳, 激動, 感覺, 전긔전하며, 전
긔넛타, 전긔채와흔들니게하다, 별안간격동하다, 놀래다, 감동하다,

E-lĕc'trize, v. t. 電氣傳, 전긔전하다, 전긔늣하다,

E-lĕc'tro-bi-ŏl'o-gy, n. 生機感電論, 생물긔관에잇는전긔론.

E-lĕc'tro-chĕm'is-try, n. 電氣化學, 화학에전긔될발한학문.

E-lĕc'trōde, n. 流電兩極, 남북극에전긔잇다하는곳.

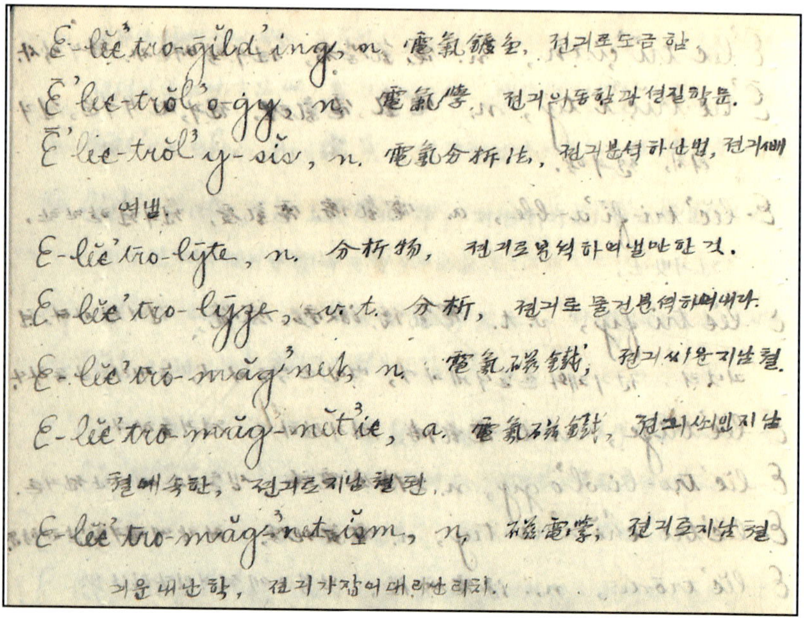

Ē-lĕc'tro-gild'ing, n. 電氣鍍金, 전긔로도금함.
Ē-lĕc-trŏl'o-gy, n. 電氣學, 전긔의동함과성질학문.
Ē'lĕc-trŏl'y-sis, n. 電氣分析法, 전긔분석하난법, 전긔쌔여냄.
Ē-lĕc'tro-lyte, n. 分析物, 전긔로분석하여낼만한것.
Ē-lĕc'tro-lyze, v.t. 分析, 전긔로물건분석하여내다.
Ē-lĕc'tro-măg'net, n. 電氣磁鐵, 전긔씨운지남철.
Ē-lĕc'tro-măg-nĕt'ic, a. 電氣磁鐵, 전긔씨운지남철에속한, 전긔로지남철된.
Ē-lĕc'tro-măg'net-ism, n. 磁電學, 전긔로지남철긔운내난학, 전긔가잡어대리난리치.

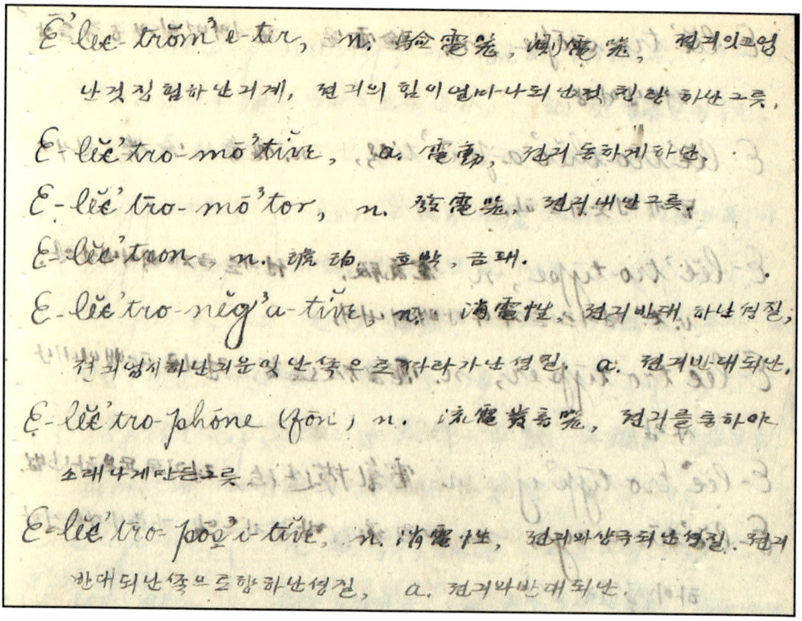

Ē'lĕc-trŏm'e-ter, n. 驗電器, 測電器, 전긔의고엄난것징험하난긔계, 전긔의힘이얼마나되난것칙량하난그릇.
Ē-lĕc'tro-mō'tive, a. 電動, 전긔움하게하난.
Ē-lĕc'tro-mō'tor, n. 發電器, 전긔내난그릇.
Ē-lĕc'tron, n. 琥珀, 호박, 금패.
Ē-lĕc'tro-nĕg'a-tive, n. 消電性, 전긔반대하난성질, 전긔업시하난긔운있난쪽으로따라가난성질, a. 전긔반대되난.
Ē-lĕc'tro-phōne (fōn), n. 流電發音器, 전긔를통하야소래나게만든그릇.
Ē-lĕc'tro-pŏs'i-tive, n. 消電性, 전긔와상극되난성질, 전긔반대되난쪽으로향하난성질, a. 전긔와반대되난.

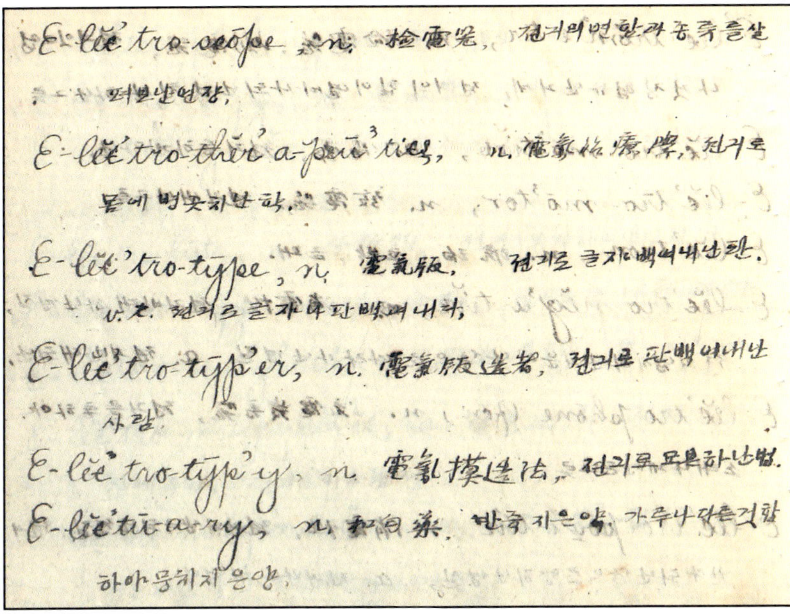
E-lec'tro-scope, n. 檢電器, 전기의변함과 종류를살펴보난연장,
E-lec'tro-ther'a-peu'tics, n. 電氣治療學, 전기로 몸에 병곳치난 학.
E-lec'tro-type, n. 電氣版, 전기로 글자백여내난판. v.t. 전기로 글자와 판백여내다,
E-lec'tro-typ'er, n. 電氣版造者, 전기로 판백여내난 사람.
E-lec'tro-typ'y, n. 電氣模造法, 전기로 모본하난법.
E-lec'tu-a-ry, n. 和白藥, 반죽지은약, 가루나 다른것함하야 뭉치지은약,

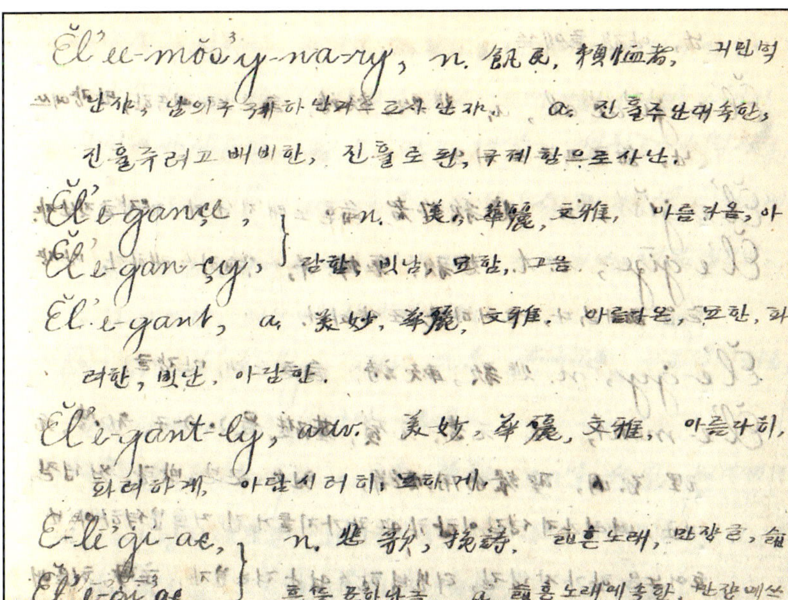
El'ee-mos'y-na-ry, n. 飢民, 賴恤者, 기민, 빌어먹난자, 남의구제하난거로 사난자. a. 진휼주난데속한, 진휼주려고 배비한, 진휼로 된, 구제함으로사난.
El'e-gance, El'e-gan-cy, n. 美, 華麗, 文雅, 아름다음, 아담함, 빗남, 묘함, 고음
El'e-gant, a. 美妙, 華麗, 文雅, 아름다온, 묘한, 화려한, 빗난, 아담한.
El'e-gant-ly, adv. 美妙, 華麗, 文雅, 아름다히, 화려하게, 아담시러히, 묘하게,
E-le'gi-ac, El'e-gi'ac, n. 悲歌, 挽詩, 애곡노래, 만장글, 애곡을 표하난글, a. 애곡노래에속한, 만장에쓰

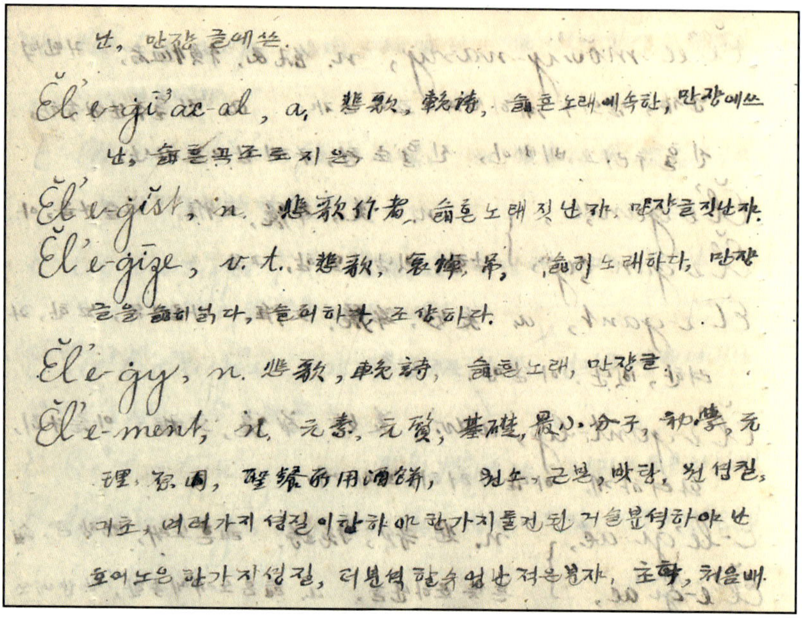
난, 만장 글에쓰.
Ĕl'e-gi'ac-al, a. 悲歌, 輓詩, 슯흔 노래에속한, 만장에쓰
난, 슯흔곡조로지은
Ĕl'e-gist, n. 悲歌作者, 슯흔노래짓난자, 만장글짓난자.
Ĕl'e-gize, v. t. 悲歌, 哀悼, 弔, 슯히노래하다, 만장
글을 슯히읽다, 조상하다.
Ĕl'e-gy, n. 悲歌, 輓詩, 슯흔노래, 만장글.
Ĕl'e-ment, n. 元素, 元質, 基礎, 最小分子, 初學, 元
理, 原因, 聖餐所用酒餠, 원소, 근본, 바탕, 원셩질,
기초, 여러가지 셩질이합하야 한가지로된 거슬분셕하야 난
호어노은 한가지셩질, 더분셕할수없난 적은분자, 초학, 처음배

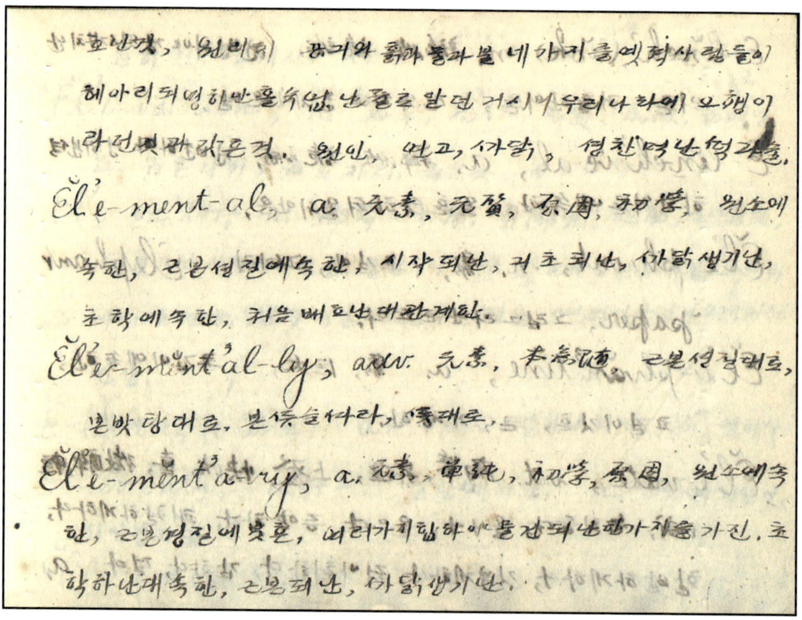
호난것, 원리, [illegible]과 [illegible]과 불 네가지를 옛적사람들이
헤아리되 명히박호홀수없난 물로 말던거시니 우리나라에 오행이
라던것과 같은것. 원인, 연고, 까닭, 셩찬떡난적과술.
Ĕl'e-ment-al, a. 元素, 元質, 原因, 初學, 원소에
속한, 근본셩질에속한, 시작되난, 기초되난, 까닭생기난,
초학에속한, 처음배호난데관계되난.
Ĕl'e-ment'al-ly, adv. 元素, 本來的, 근본셩질대로,
본밧탕대로, 본셩을따라, 原대로,
Ĕl'e-ment'a-ry, a. 元素, 單純, 初學, 原因, 원소에속
한, 근본셩질에붓흔, 여러가지합하야 불셩되난한가지를가진, 초
학하난데속한, 근본되난, 까닭생기난.

E-lĕnch', (lĕnk) n. 辨駁, 詭論, 변박하야 경의시개치난 의론, 커톨한의론, 그럴듯하고 올치안은말,

E-lĕnch'ic-al, a. 辨駁, 詭論, 변박하야 경위분셕하난의론에속한, 올흔듯하되올치안은,

Ĕl'e-phant, n. 象, 코길이, 코끼리. Elephant paper, 그림그리난큰도희,

Ĕl'e-phan'tine, a. 象, 巨大, 코길이에속한, 코길이갓흔, 큰, 거창한.

Ĕl'e-vate, v.t. 高擧, 昇進, 上登, 快活, 喜, 微醉, 輕減, 놉히들다, 올니다, 올으다, 승양하다, 쾌활하게하다, 활발하게하다, 깃부게하다, 적이취하다, 감하다, 덜다. a, 놉히된, 올너간, 벗들난.

Ĕl'e-va'tion, n. 高擧, 高位, 高處, 高度, 놉히들음, 놉흔디위, 놉흔자리, 놉흔곳, 놉흔도수,

Ĕl'e-va'tor, n. 高擧人或物, 昇降器, 起筋, 起骨器, 놉히드난사람이나물건, 물건이나사람을들어놉흔층에올으고나리게하난연장, 살우에불눅하올나온힘줄, 써드러간것나오게하난연장.

E-lĕv'en, (e lĕv'n) a. 十一의 열하나되난, n. 열하나.

E-lĕv'enth, a. 第十一, 열한재되난, n. 열한재되난것, 십일분지일.

Ĕlf, n. (pl. Elves) 鬼魅, 독갑이, 허갑이. v.t.

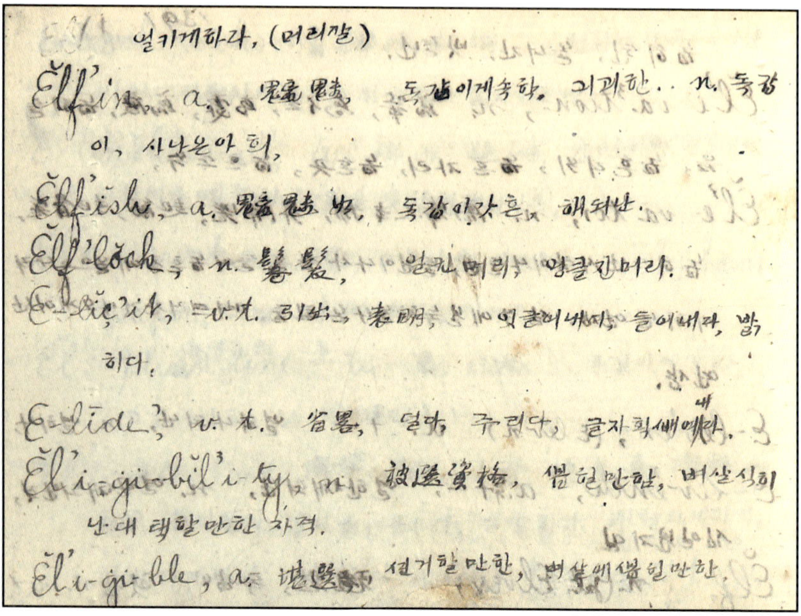

얼기게하다, (머리칼)
Elf'in, a. 鬼魅鬼魅, 독갑이계속한, 기괴한. n. 독갑이, 사나운아희,
Elf'ish, a. 鬼魅鬼魅 的, 독갑이갓흔, 해되난.
Elf'lock, n. 鬈髮, 얽긴머리, 엉클긴머리.
E-lic'it, v.t. 引出, 表明, 끌어내다, 들어내다, 밝히다.
E-lide', v.t. 省略, 덜다, 주리다, 글자획빼내다.
El'i-gi-bil'i-ty, n. 被選資格, 選할만함, 벼살식히난대 택할만한 자격.
El'i-gi-ble, a. 堪選, 선거할만한, 벼살에選할만한,

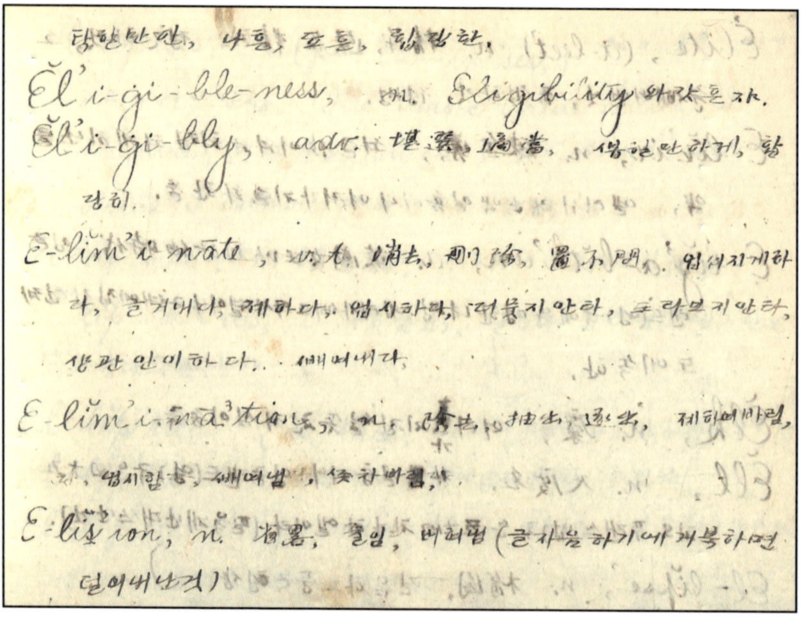

당할만한, 나흔, 조흔, 합당한.
El'i-gi-ble-ness, n. Eligibility와갓흔자.
El'i-gi-bly, adv. 堪選, 適當, 選할만하게, 합당히.
E-lim'i-nate, v.t. 消去, 刪除, 置不問. 업서지게하다, 골거내다, 제하다, 업시하다, 더불지안타, 도라보지안타, 상관안이하다. 빼여내다,
E-lim'i-na'tion, n. 除去, 抽出, 逐出, 제하여바림, 업시함, 빼여냄, 츅차바림.
E-li'sion, n. 省略, 줄임, 빼허림(글자을하기에저북하면 덜어내난것)

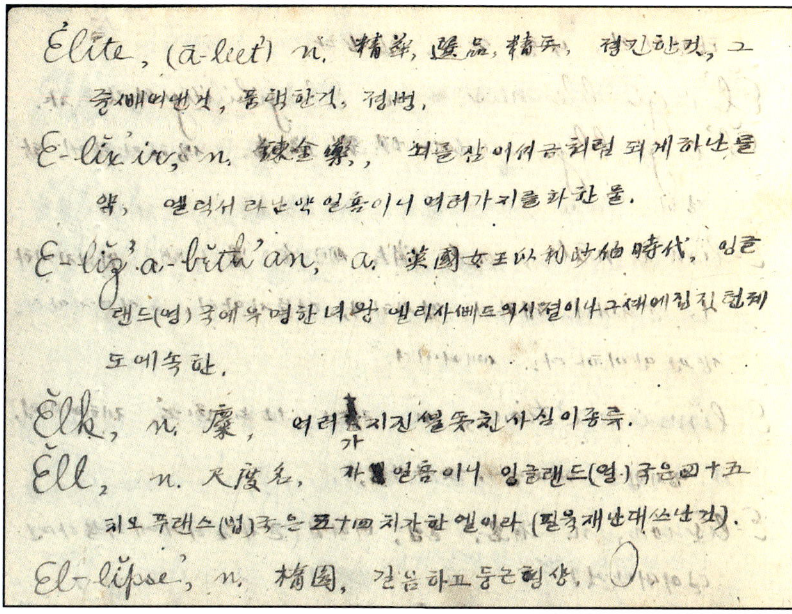

Élite, (ā-leet') n. 精華, 選品, 精兵, 뎡긴한것, 그중에빼여낸것, 품택한것, 졍병,

E-lix'ir, n. 鍊金藥, 쇠를 갈이여서 금되렵 되게하난 물약, 엘릭서라난 약 일홈이니 여러가지를 화한 물.

E-liz'a-beth'an, a. 英國女王以利沙伯時代, 잉글랜드(영)국에 유명한 녀왕 엘리자베드의 시절이나 그때에 잡친 법제도에 속한.

Ĕlk, n. 麋, 여러가지진 뿔돗친 사심이종류.

Ĕll, n. 尺度名, 자일홈이니 잉글랜드(영)국은 四十五치오 푸랜스(법)국은 五十四치가한 엘이라 (필육재난대쓰난것).

El-lipse', n. 楕圓, 길음하고 둥근 형상.

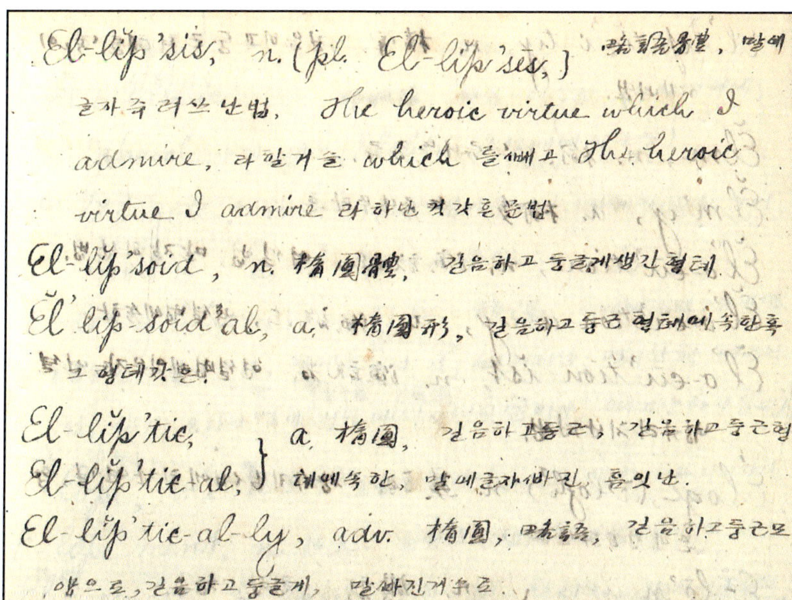

El-lip'sis, n. (pl. El-lip'ses,) 略語省筆, 말에 글자 줄여쓰난법. The heroic virtue which I admire, 라할거슬 which 를빼고 The heroic virtue I admire 라하난 것 같혼 문법

El-lip'soid, n. 楕圓體, 길음하고 둥글게생긴 형테.

Ĕl'lip-soid'al, a. 楕圓形, 길음하고 둥근 형테에 속한 혹 그 형테갓흔.

El-lip'tic, El-lip'tic-al, } a. 楕圓, 길음하고 둥근, 길음하고 둥근형테에 속한, 말에 글자빠진, 흠있난.

El-lip'tic-al-ly, adv. 楕圓, 略語, 길음하고 둥근모양으로, 길음하고 둥글게, 말빠진거스로.

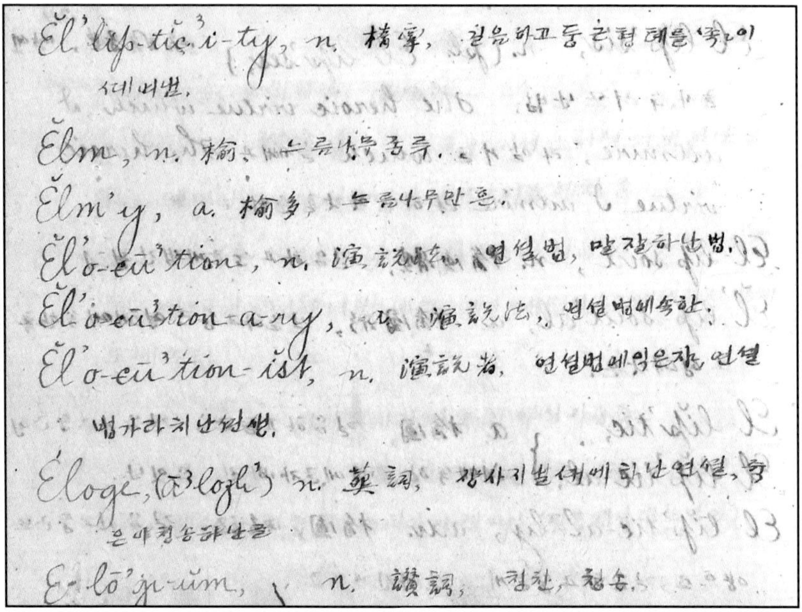

Ĕl'lip-tic'i-ty, n. 橢率, 길음하고 둥근형톄를 ᄯᅩᆨ이 ᄯᅦ내ᄂᆞᆫ법.

Ĕlm, n. 楡, 느릅나무종류.

Ĕlm'y, a. 楡多, 느릅나무만흔.

Ĕl'o-cū'tion, n. 演說法, 연셜법, 말잘하ᄂᆞᆫ법.

Ĕl'o-cū'tion-a-ry, a. 演說法, 연셜법에속한.

Ĕl'o-cū'tion-ist, n. 演說者, 연셜법에익은자, 연셜법가라치ᄂᆞᆫ션ᄉᆡᆼ.

Éloge, (ā'lōzh') n. 頌詞, 장사지낼ᄯᅢ에하ᄂᆞᆫ연셜, 죽은이칭송하ᄂᆞᆫ글.

E-lō'gi-ŭm, n. 讚詞, 칭찬, 칭송.

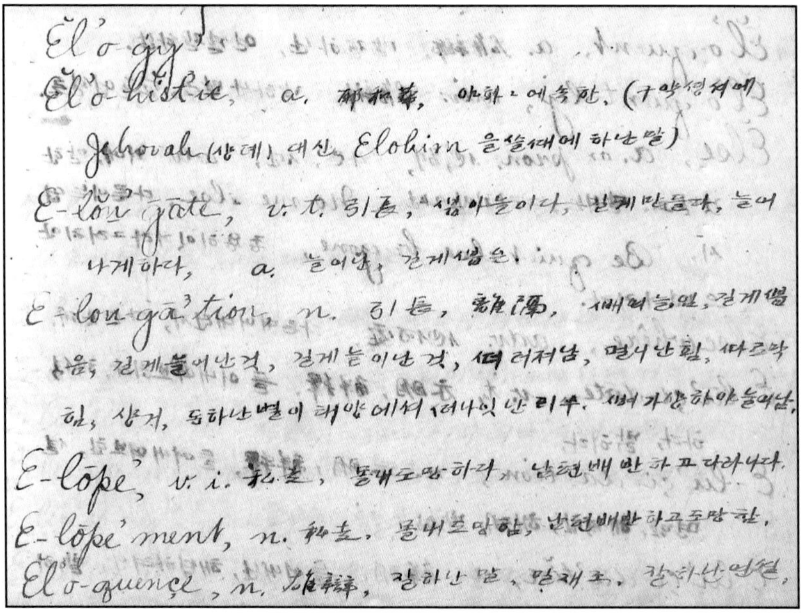

Ĕl'o-gy

Ĕl'o-hist'ic, a. 耶和華, 야화ᄋᆡ에속한, (구약셩셔에 Jehovah (상뎨) 대신 Elohim을쓸ᄯᅢ에하ᄂᆞᆫ말)

E-lon'gate, v. t. 引長, 길이늘이다, 길게만들다, 늘어나게하다, a. 늘어난, 길게ᄲᅡ은.

E'lon-ga'tion, n. 引長, 離隔, ᄲᅢ여늘임, 길게ᄲᅡ음, 길게늘어난것, 길게늘이ᄂᆞᆫ것, ᄯᅥ러져남, 멀니난힘, ᄯᅥ르락함, 상거, 동하ᄂᆞᆫ별이 태양에서 ᄯᅥ나잇ᄂᆞᆫ리수. ᄲᅢ가상하야늘어남.

E-lōpe', v. i. 私走, 몰내도망하다, 남편배반하고다라나다.

E-lōpe'ment, n. 私走, 몰내도망함, 남편배반하고도망함.

El'o-quence, n. 雄辯, 잘하ᄂᆞᆫ말, 말재조, 잘하ᄂᆞᆫ연셜,

Ĕl'o-quent, a. 雄辯, 말잘하난, 연설잘하난.

Ĕl'o-quent-ly, adv. 雄辯 잘하난 말로, 훌륭연설로.

Else, a. or pron. 他,別, 다른, 산, adv. 외에, 말할것말고, 말나는, 그러치안으면, No one else, 다른이는 업시, Be quiet else be gone, 종용히잇거라 그러치안으면 가거라.

Else'where, adv. 他何處, 다른대 어대던지, 다른곳에.

E-lu'ci-date, v. t. 示明, 解釋, 들어내여보히다, 해석하다, 밝히다,

E-lu'ci-da'tion, n. 示明, 解釋, 들어내여보힘, 설명함, 해석함, 해제, 밝힘,

E-lu'ci-da'tive, a. 解明, 들어내난, 해석하려난, 밝히난, 밝히려난.

E-lu'ci-da'tor, n. 解明者, 해석하난자, 들어내난자, 밝히난자.

E-lude', v. t. 巧避, 嘲笑, 공교히속이거나 재조로피하다, 속어피하다, 도망하야버서나다.

E-lud'i-ble, a. 巧避, 공교히 피할만한, 속게 면할만한.

E-lu'sion, n. 巧避, 공교히피함, 도망하야면함, 속어피함,

E-lu'sive, a. 巧避, 공교히피하려난, 속여면하려난.

E-lu'so-ri-ness, n. 巧避, 공교히피함, 속여면함.

E-lu'so-ry, a. Elusive 와갓흔자,

E-lu'tri-ate, v. t. 洗淨, 씻다, 씻어정게하다.

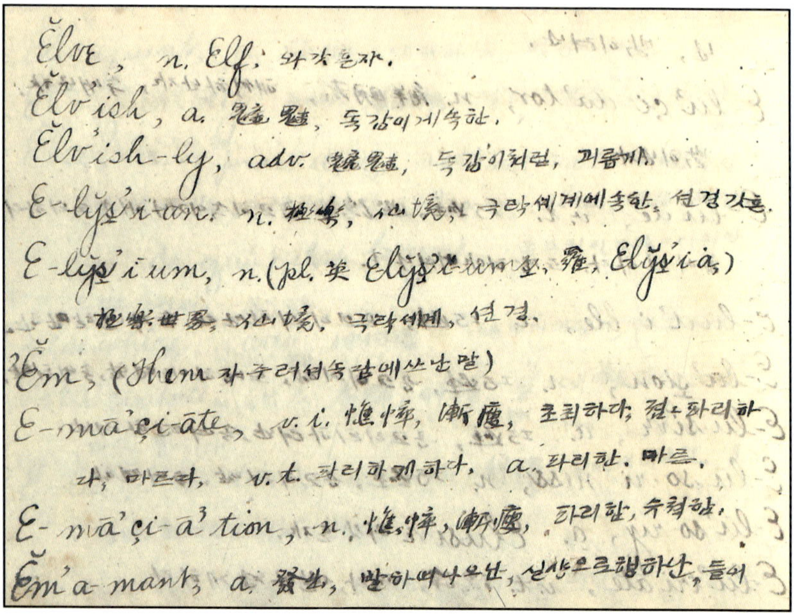

Ĕlve, n. Elf; 외각흔자.
Ĕl'vish, a. 鬼魅, 독갑이게속한.
Ĕl'vish-ly, adv. 鬼魅, 독갑이처럼, 괴롭게.
E-lys'i-an, n. 極樂, 仙境, 극락세계에속한, 선경같흔.
E-lys'i-um, n. (pl. 英 Elys'i-ums, 羅 Elys'i-a) 極樂世界, 仙境, 극락세계, 선경.
Ĕm, (them 자주려서속담에쓰난말)
E-ma'ci-ate, v.i. 憔悴, 瘦瘠, 초최하다; 점점파리하다; 마르다, v.t. 파리하게하다, a. 파리한, 마른.
E-mā'ci-a'tion, n. 憔悴, 瘦瘠, 파리함, 수척함.
Ĕm'a-nant, a. 發出, 발하여나오난, 실상으로됩하난, 들어

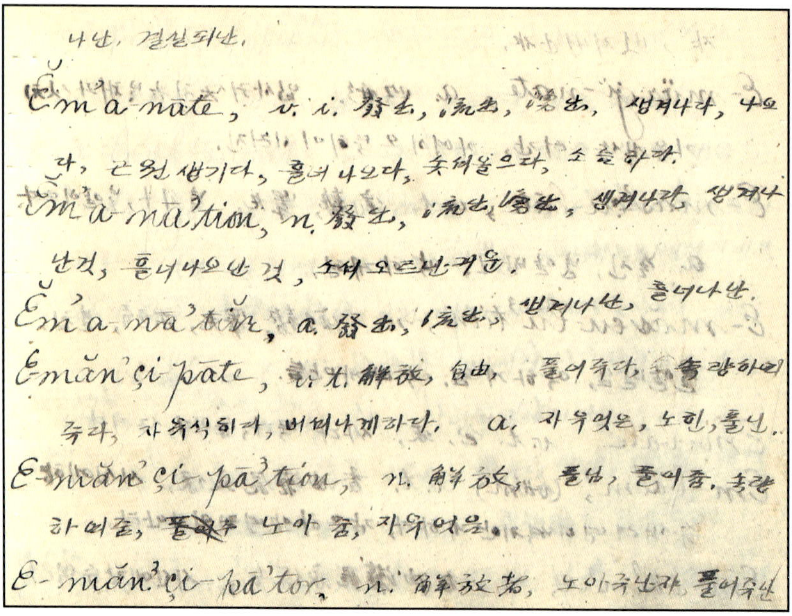

나난, 결실되난.
Ĕm'a-nate, v.i. 發出, 流出, 湧出, 샘겨나다, 나오다, 근원생기다, 흘너나오다, 솟쳐올으다, 소출하다.
Ĕm'a-nā'tion, n. 發出, 流出, 湧出, 샘겨나감, 샘겨난것, 흘너나오난것, 소사오르난기운.
Ĕm'a-na'tive, a. 發出, 流出, 샘겨나난, 흘너나난.
E-măn'ci-pate, v.t. 解放, 自由, 풀어주다, 속량하여주다, 자유식히다, 버서나게하다, a. 자우엇은, 노힌, 풀닌.
E-măn'ci-pā'tion, n. 解放, 풀님, 풀어줌, 속량하여줌, ~~풀어줌~~ 노아줌, 자유엇음.
E-măn'ci-pā'tor, n. 解放者, 노아주난자, 풀어주난

쟈, 빗겨내난쟈,

E-mär-gi-nate, a. 凹形, 입사귀쯧치붐못채와갓치 기운데쇽드러간, 가엳이오목히이지러진.

E-mäs-cu-late, v. t. 割勢, 睾丸, 불치다, 불알바르다,

a. 불친, 불알발린, 약하게된,

E-mäs-cu-lā-tion, n. 割勢, 睾丸, 柔弱, 불친, 불알발님, 약하게됨. 약하게만듬.

Em-bāle, v. t. 包, 束, 싸다, 묵다, 둠아다, 싸리다.

Em-bälm, (bäm) v. t. 香油灌屍永保, 시신에향슈색려 썩히썩지안케하다, 감은하야썩히잇지안타,

Em-bälm'er, n. 香油灌屍永保者, 시신에향슈색려 썩히썩지안케하난자.

Em-bănk, v. t. 築陂, 둑막다, 봇둑쌋다.

Em-bănk'ment, n. 築陂, 둑막음, 봇둑싸음.

Em-bär'go, v. t. 禁止出港, 항구에배나가지못하 게하다, (법이나칙령으로시행하고그안에드는배나가지못 하게함) 금단야, [illegible], n. 배못나가게함,

Em-bärk, v. t. 載舡, 使用, 배에싣다, 부리어쓰다, 복족에 써넣다, v. i. 배타다, 무삼일에던지종사하다.

Em'bar-kā'tion, n. 搭舡, 乘舡, 使用, 從事, 배에 실음, 배에실은물건, 배탐다, 부려씀다, 종사함다, 던사상음,

Em-băr'rass, v. t. 困難, 煩惱, 迷惑, 羞愧, 腤[illegible]

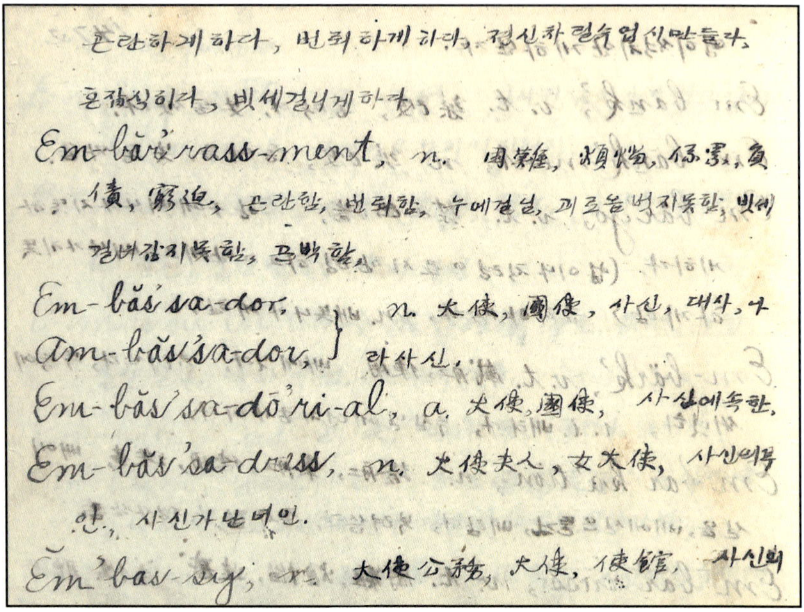

곤란하게 하다, 번뇌하게 하다, 정신차릴수 없이 만들다,
혼잡식히다, 빗세걸니게 하다.
Em-băr'rass-ment, n. 困難, 煩惱, 係累, 負債, 窮迫, 곤란함, 번뇌함, 누에걸님, 괴로움 벗지못함, 빗세걸녀감지못함, 급박함.
Em-băs'sa-dor, } n. 大使, 國使, 사신, 대사, 나라사신.
Am-băs'sa-dor, }
Em-băs'sa-dō'ri-al, a. 大使, 國使, 사신에속한.
Em-băs'sa-dress, n. 大使夫人, 女大使, 사신의부인, 사신가난녀인.
Ĕm'bas-sy, n. 大使公務, 大使, 使館, 사신의

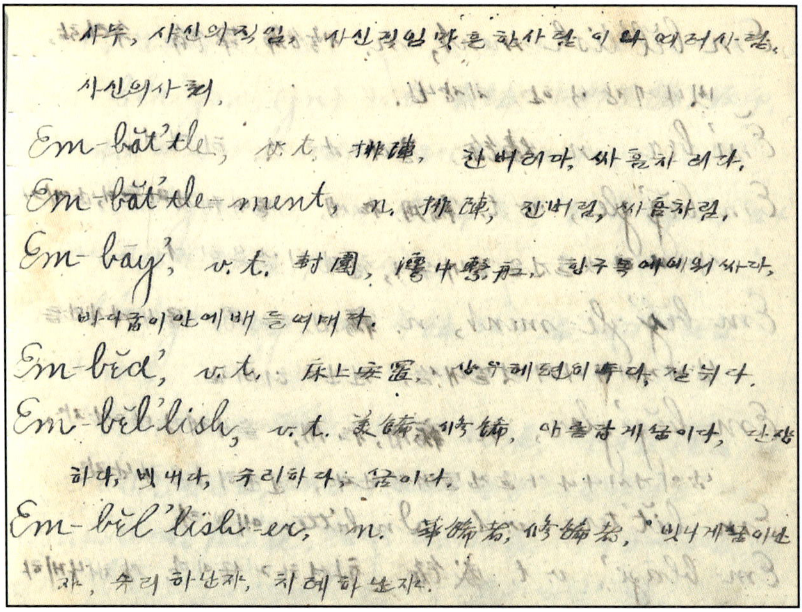

사무, 사신의직임, 사신직임맡흔한사람이나 여러사람, 사신의사처.
Em-băt'tle, v.t. 排陣, 진버리다, 싸홈차리다.
Em-băt'tle-ment, n. 排陣, 진버림, 싸홈차림.
Em-bay', v.t. 封圍, 灣中繫舡, 항구목에에워싸다, 바다곱이안에배를넣어매다.
Em-bĕd', v.t. 床上安置, 상우에편히두다, 잘뉘다.
Em-bĕl'lish, v.t. 美飾, 修飾, 아름답게꾸미다, 단장하다, 빗내다, 수리하다, 꾸미다.
Em-bĕl'lish-er, n. 華飾者, 修飾者, 빗나게꾸미는자, 수리하는자, 치레하는자.

Em-bĕl'lish-ment, n. 修飾, 華飾, 수식함,
빗나게장식함, 치장님.

Ĕm'ber, n. 燼餘, 불다고남은것, 타던것.

Em-bĕz'zle, v. t. 竊用, 私用, 몰내제것맨드다, 남에게
서나나라엣물건을몰내스다, 천만히 남용하다.

Em-bĕz'zle-ment, n. 竊用, 私用, 몰내제것맨듬,
남에게서나나라엣물건몰내씀, 천찬히 허비함.

Em-bĕz'zler, n. 竊用, 私用, 몰내제것 만드난자,
남의거시나나라물건몰내쓰난자, 참혼히 남용하난자.

Em-bĭt'ter, v. t. Imbitter 에보라

Em-blāze', v. t. 盛飾, 화려하게꿈이다, 광채나게하
다, 문놋타.

Em-blā'zon, (zn) v. t. 盛飾, [illegible]美飾, 紋印,
화려하게하다, 빗나게꿈이다, 문놋타.

Em-blā'zon-er, n. 盛飾人, 紋印飾人, 빗나
게꿈이난사람, 문의놋난사람.

Em-blā'zon-ry, n. 華飾, 紋印飾, 빗나게꿈임.
문의노음.

Ĕm'blem, n. 徽章, 表號, 記號, 국기표갓흔표, 다
른물건듯빗난표, 대신하난표, 형상 그르하난표.

Ĕm'blem-ăt'ic, } a. 徽章, 국기표에속한, 표
Ĕm'blem-ăt'ic-al, } 잇난, 표하난데쓰난.

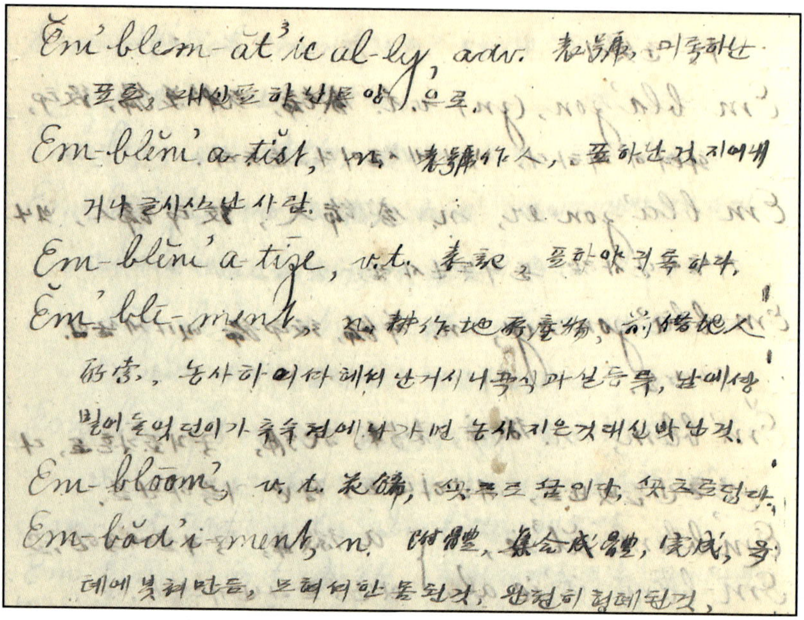

Ĕm′blem-ăt′ic-al-ly, adv. 表號, 미록하난 표로, 대신표 하난 모양으로.
Em-blĕm′a-tist, n. 表號作人, 표하난 것 지어내거나 글시쓰난 사람.
Em-blĕm′a-tize, v.t. 表記, 표하야 긔록하다.
Ĕm′ble-ment, n. 耕作地所產物, 前借地人所有, 농사하여서 해서 난 거시니 곡식과 실 등 류, 남에 땅 빌어 놓엇던 이가 추수 젼에 나가면 농사 지은 것 대신 박난 것.
Em-bloom′, v.t. 花飾, 꽃으로 꾸미다, 꽃으로 덥다.
Em-bŏd′i-ment, n. 附體, 集合成體, 完成, 육톄에 붙혀 만듬, 모혀서 한 몸 된 것, 완젼히 형톄된 것.

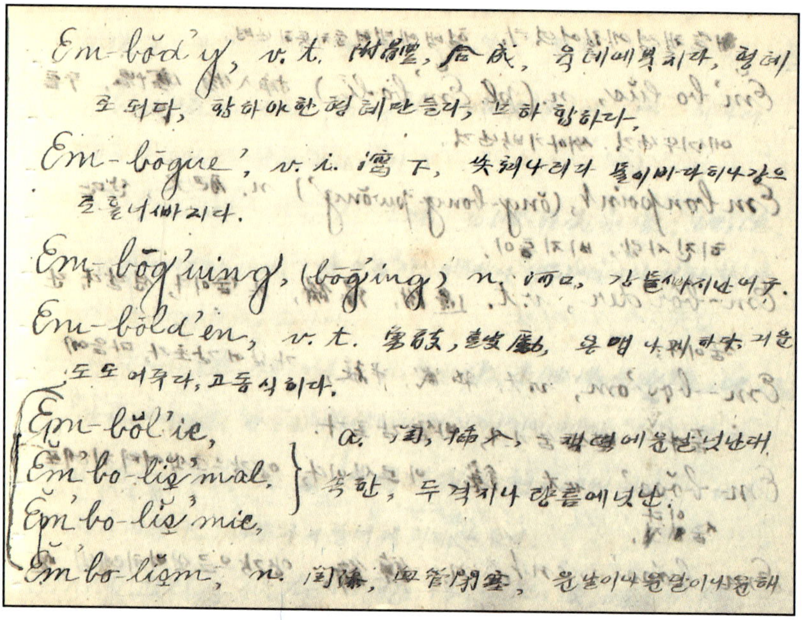

Em-bŏd′y, v.t. 附體, 合成, 육톄에 붓치다, 형톄로 되다, 합하야 한 형톄 만들다, 모하 합하다.
Em-bōgue′, v.i. 瀉下, 쏫쳐나리다 물이 바다히나 강으로 흘너 빠지다.
Em-bōg′uing, (bōg′ing) n. 河口, 강 물 빠지난 어구.
Em-bōld′en, v.t. 鼓勵, 奮勵, 용맹나게 하야 긔운도도아주다, 고동식히다.
Em-bŏl′ic,
Ĕm′bo-lis′mal,
Ĕm′bo-lis′mic,
a. 閏, 揷入, 윤달에 윤날 넛난 데 속한, 두 겻지나 달 틈에 넛난.
Ĕm′bo-lism, n. 閏餘, 血管閉塞, 윤날이나 윤달이나 윤해

해를 채령에 징어엿타, 혈맥에 맥혀 통치못하난병,

Em'bo-lŭs, n. (pl. Em'bo-lī,) 插入物, 塞㮇, 두릅

에 끼우난것. 쐐아기박난것.

Em bonpoint, (ŏng-bong-pwŏng') n. 肥大, 살만

히진사람, 비지둥이.

Em-bor'der, v.t. 邊附, 緣飾, 가 둘이다, 선달다, 란

술이다,

Em-bos'om, v.t. 胸藏, 半蔵, 가삼에감초다, 마음에

품다, 반삼숨기다, 반삼감초다.

Em-bŏss', v.t. 鑲, 아로색이다, 양각으로색여이 치레로 솟아이다 솟게.

Em-bŏss'ment, n. 鑲飾, 양각으로색여치레범, 설

쏙쏙나오게아로색여솟인것, 아로색여진.

Embouchure, (ŏng'boo-shŭr') n. — 어귀

(대로아가리나 강물나오는 어귀)

Em-bow'el, v.t. 去腸, 香油灌屍永保, 埋, 隱,

창자 쓰내버리다, 향수로 시신에 발나 영히 석지안게하다, 묻

다, 속에너두다, 숨기다.

Em-bow'el-ment, n. 去腸, 香油灌屍永保, 埋, 隱,

창자쌔여바림, 향수로시신에발나 영히석지안케함, 뭇음, 숨김,

Em-bow'er, v.i. 亭園休宿, 정자에서쉬다, v.t.

정자 만들다, 나무가지들어서 의지잔만들다.

Em-brace', v.t. 抱, 擁, 懷, 愛抱, 圍, 環, 束縛,

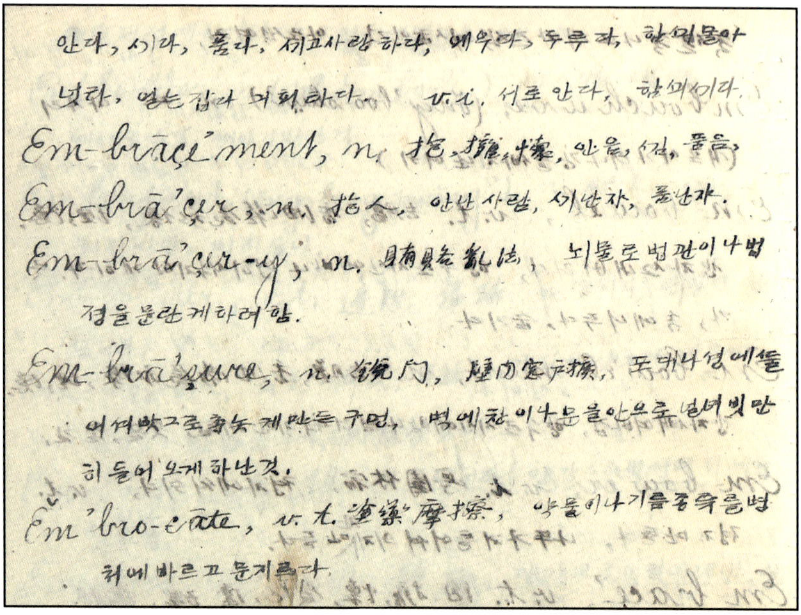

안다, 씨다, 품다, 서로사랑하다, 에우다, 두루다, 한덩몰아 넣다, 열는겁다 거회하다. v.i. 서로 안다, 합쇠이다.
Em-brace'ment, n. 抱, 擁, 懷, 안음, 쐬, 품음,
Em-brā'cer, n. 抱人, 안난사람, 씨난자, 품난자.
Em-brā'cer-y, n. 賄賂亂法, 뇌물로 법관이나 법정을 문란케하려함.
Em-brā'sure, n. 銃門, 城內窓戶擴, 돈대나 성에 뚤어서 밖그로 총놋케 만든 구멍, 벽에 창이나 문을 안으로 넓어 빛만히 들어오게 하난것.
Em'bro-cate, v.t. 塗藥摩擦, 약물이나 기름종류를 병처에 바르고 문지르다.

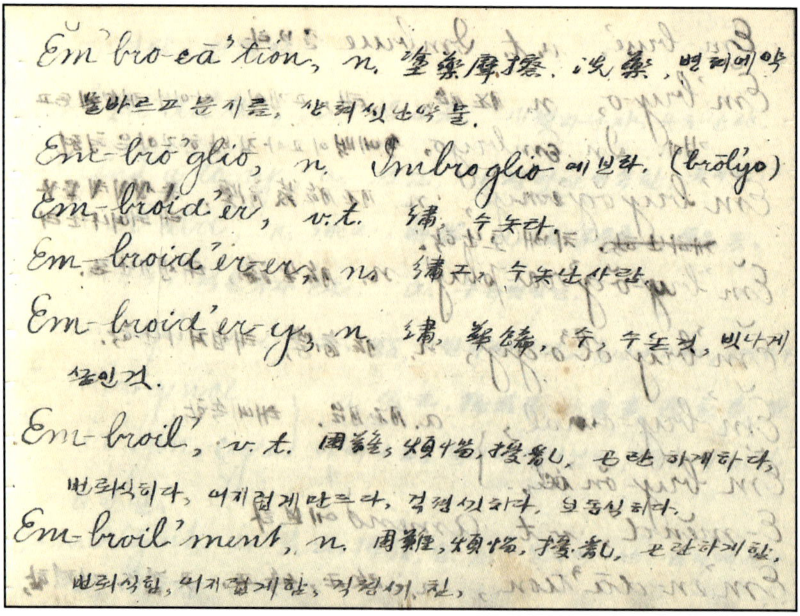

Em'bro-cā'tion, n. 塗藥摩擦, 洗藥, 병처에 약물 바르고 문지름, 상처씻난약물.
Em-bro'glio, n. Imbroglio 에 보라. (brōlyo)
Em-broid'er, v.t. 繡, 수놋다.
Em-broid'er-er, n. 繡工, 수놋난사람.
Em-broid'er-y, n. 繡, 華繡, 수, 수놋것, 빗나게 살인것.
Em-broil', v.t. 困難, 煩惱, 擾亂, 곤란하게하다, 번뇌식히다, 어지럽게만드다, 걱정식히다, 요동식히다.
Em-broil'ment, n. 困難, 煩惱, 擾亂, 곤란하게함, 번뇌식힘, 어지럽게함, 걱정식힘,

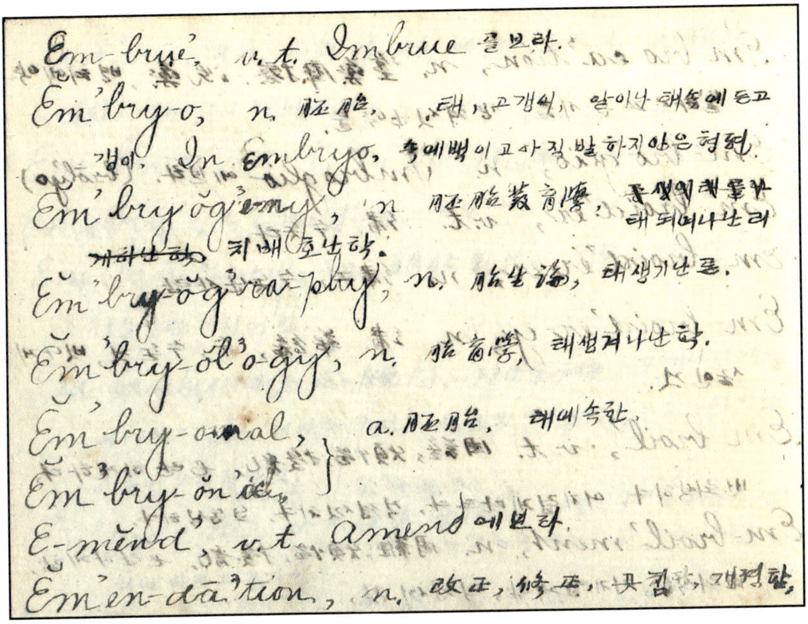

Em-brue', v.t. Imbrue 를보라.

Em'bry-o, n. 胚胎, 태, 고갱이, 알이나 씨속에 든고갱이. In embryo, 속에배이고아직발하지아은형편.

Em'bry-og'e-ny, n. 胚胎發育學, 동생이 태로부터 태되여나난리치 배조난학.

Em'bry-og'ra-phy, n. 胎生論, 태생기난론.

Em'bry-ol'o-gy, n. 胎育學, 태생겨나난학.

Em'bry-o-nal, Em'bry-on'ic, a. 胚胎, 태에속한.

E-mend', v.t. Amend 에보라.

Em'en-da'tion, n. 改正, 修正, 고침, 개정함,

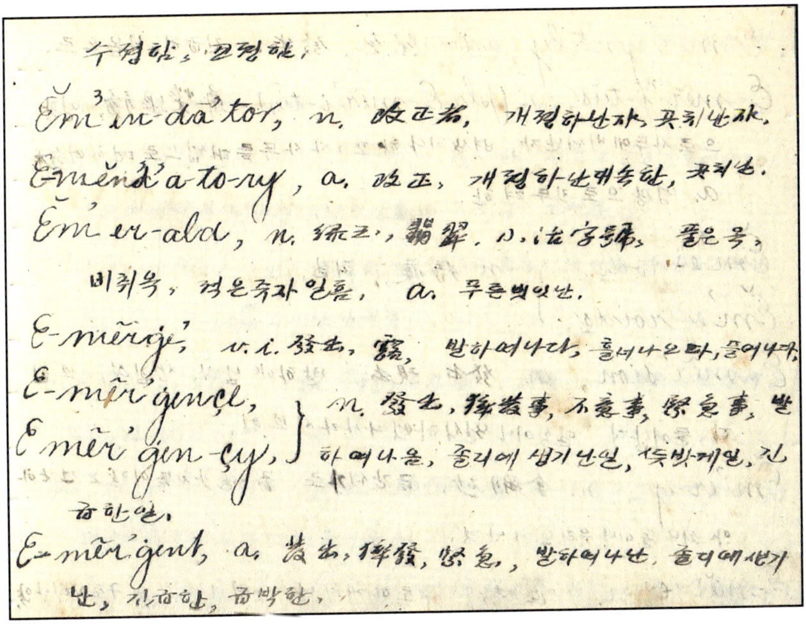

수정함, 교정함,

Em'en-da'tor, n. 改正者, 개정하난자, 고치난자.

E-mend'a-to-ry, a. 改正, 개정하난데속한, 고치난.

Em'er-ald, n. 綠玉, 翡翠, 이.活字名, 푸른옥, 비취옥, 적은활자일홈, a. 푸른빛잇난.

E-merge', v.i. 發出, 露, 발하여나다, 흘너나오다, 들어나다.

E-mer'gence, E-mer'gen-cy, n. 發出, 猝發事, 不意事, 緊急事, 발하여나옴, 졸디에 생기난일, 뜻밧게일, 긴급한일.

E-mer'gent, a. 發出, 猝發, 緊急, 발하여나난, 졸디에생기난, 긴급한, 급박한.

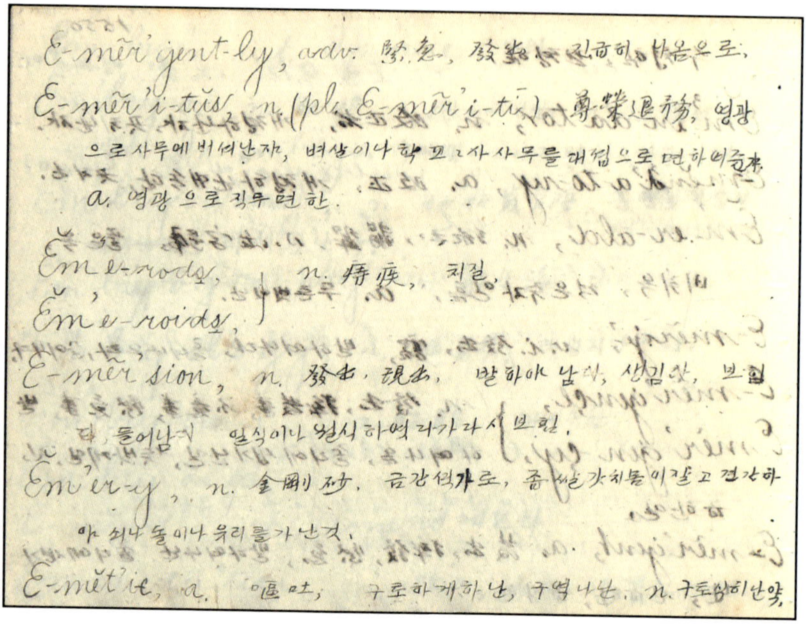

E-mĕr'gent-ly, adv. 緊急, 發出, 긴급히, 나옴으로.

E-mĕr'i-tŭs, n. (pl. E-mĕr'i-tī) 尊榮退務, 영광으로 사무에 버서난자, 벼살이나 학교ㄷ사 사무를 대접으로 면하여준者.

a. 영광으로 직무면한.

Ĕm'e-rods, | n. 痔疾, 치질.

Ĕm'e-roids, |

E-mĕr'sion, n. 發出, 現出, 발하야 남, 생김, 브텀 터 들어남 일식이나 월식하엿다가 다시 보힘.

Ĕm'er-y, n. 金剛砂, 금강석가로, 좁쌀갓치 몹이 잘고 견강하야 쇠나 돌이나 유리를 가난것.

E-mĕt'ic, a. 嘔吐, 구토하게하난, 구역나난. n. 구토식히난약,

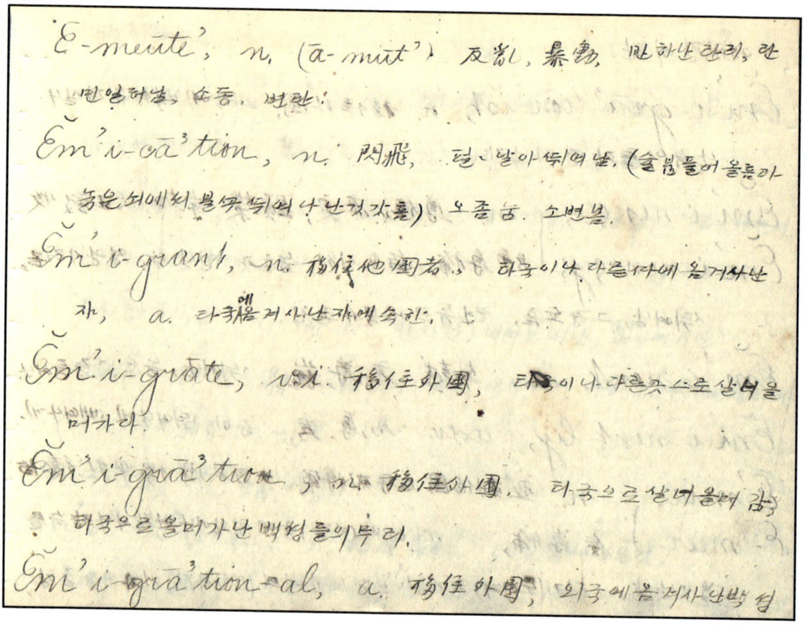

É-meute', n. (ā-mūt') 反亂, 暴動, 叛하난 란리, 란민일어남, 소동, 변란.

Ĕm'i-cā'tion, n. 閃飛, 텰ㄷ날아뛰여남. (쇠붑틀어올흔가 녹은쇠에셔 불똥뛰여나난것갓흠) 오좀눔. 소변봄.

Ĕm'i-grant, n. 移住他國者, 타국이나 다른대에 옴겨사난자, a. 타국에옴겨사난자에속한.

Ĕm'i-grate, v.i. 移住外國, 타국이나 다른곳으로 살녀올머가다.

Ĕm'i-grā'tion, n. 移住外國, 타국으로 살녀올녀감, 타국으로 올머가난 백셩들의무리.

Ĕm'i-grā'tion-al, a. 移住外國, 외국에옴겨사난백셩

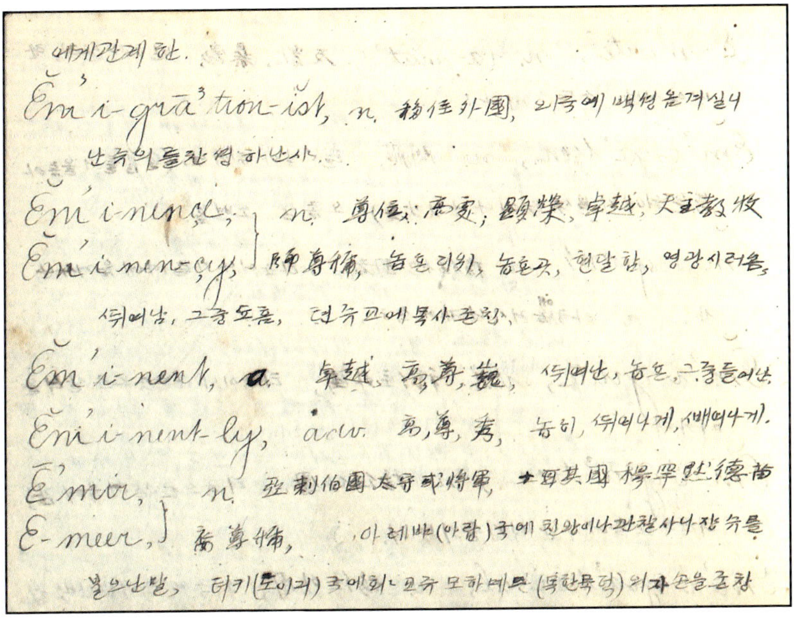

에게관계한.

Ĕm'i-grā'tion-ist, n. 移住外國, 외국에 백셩올겨실니 난주의를찬셩하난사.

Ĕm'i-nence, Ĕm'i-nen-cy, n. 尊位, 高處; 顯榮, 卓越, 天主敎牧師尊稱, 놉흔디위, 놉흔곳, 현달함, 영광시러움, 뛰여남, 그중도흠, 텬쥬교에목사존칭,

Ĕm'i-nent, a. 卓越, 高, 尊, 巍, 뛰여난, 놉흔, 그중들어난,

Ĕm'i-nent-ly, adv. 高, 尊, 秀, 놉히, 뛰여나게, 배여나게.

Ē'mir, E-meer, n. 亞剌伯國太守或將軍, 土耳其國穆罕默德苗裔尊稱, 아례바(아랍)국에 친왕이나관찰사나장슈를 불으난말, 터키(토이긔)국에회ㄴ교쥬 모하메드(목한묵덕)의자손을존칭

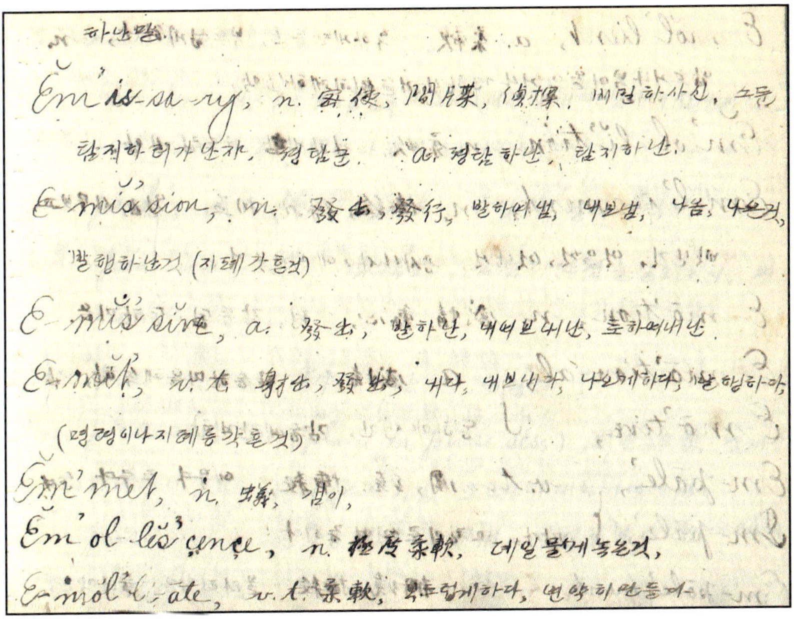

하난말.

Ĕm'is-sa-ry, n. 密使, 間諜, 偵探, 비밀한사신, 소문탐지하러가난자, 졍탐군. a. 졍탐하난, 탐지하난.

E-mis'sion, n. 發出, 發行, 발하여냄, 내보냄, 나옴, 나온것, 발행하난것 (지폐갓흔것)

E-mis'sive, a. 發出, 발하난, 내여보내난, 츌하여내난.

E-mit', v.t. 射出, 發出, 내다, 내보내다, 나오게하다, 발행하다, (명령이나지폐등속흔것)

Ĕm'met, n. 蟻, 개미,

Ĕm'ol-lĕs'cence, n. 極度柔軟, 데일물에녹은것,

E-mol'li-ate, v.t. 柔軟, 부드럽게하다, 연약히만들어-

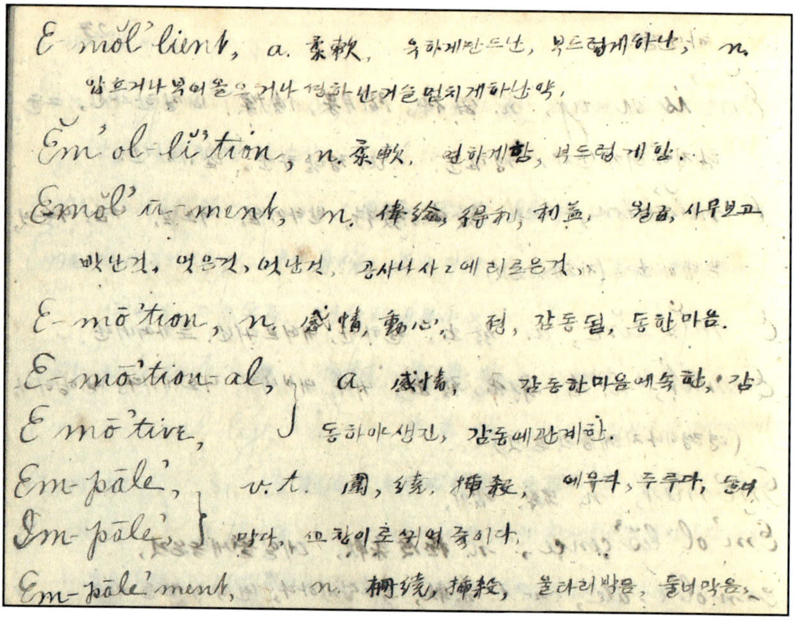

E-mŏl'lient, a. 柔軟, 유하게만드난, 부드럽게하난, n. 알흐거나부어올으거나 병한난거슬 멈치게하난약,
Ĕm'ol-li'tion, n. 柔軟, 연화게함, 부드럽게함.
Emŏl'u-ment, n. 俸給, 得利, 利益, 월급, 사무보고 밧난것, 엇은것, 엇난것, 공사나사ㄹ에 리로은것,
E-mō'tion, n. 感情, 動心, 정, 감동됨, 동한마음.
E-mō'tion-al, a. 感情, 감동한마음에속함, 감
E-mō'tive, 동하야생긴, 감동에관계한.
Em-pāle', v.t. 圍, 繞, 插殺, 에우다, 두루다, 둘너
Im-pāle', 막다, 쓰창이로쒸여죽이다.
Em-pāle'ment, n. 圍繞, 插殺, 울타리막음, 둘너막음,

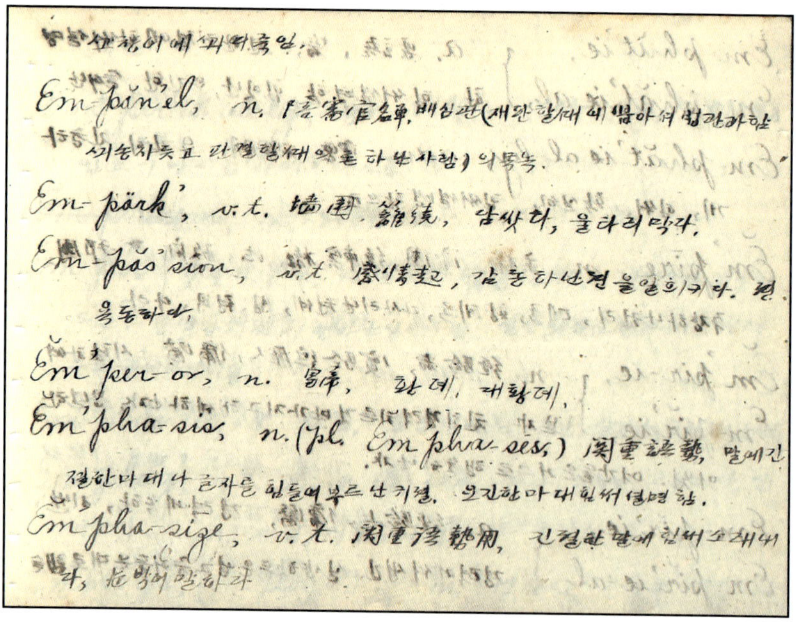

쓰창이에쒸여죽임,
Em-pan'el, n. 陪審官名單, 배심관(재판할때에뽑아서법관과하날 시송차즛고 판결할때의론하난사람)의목녹.
Em-pärk', v.t. 墻圍, 籬繞, 담싸다, 울타리막다,
Em-pas'sion, v.t. 感情起, 감동하난정을일희키다. 정욕동하다,
Ĕm'per-or, n. 皇帝, 황뎨, 대황뎨,
Em'pha-sis, n. (pl. Em'pha-ses,) 關重語勢, 말에긴절한마대나글자를 힘들여부르난 긔졀. 요긴한마대힘써셜명함.
Em'pha-size, v.t. 關重語勢用, 긴절한말에힘써소래내다, 힘써말하다

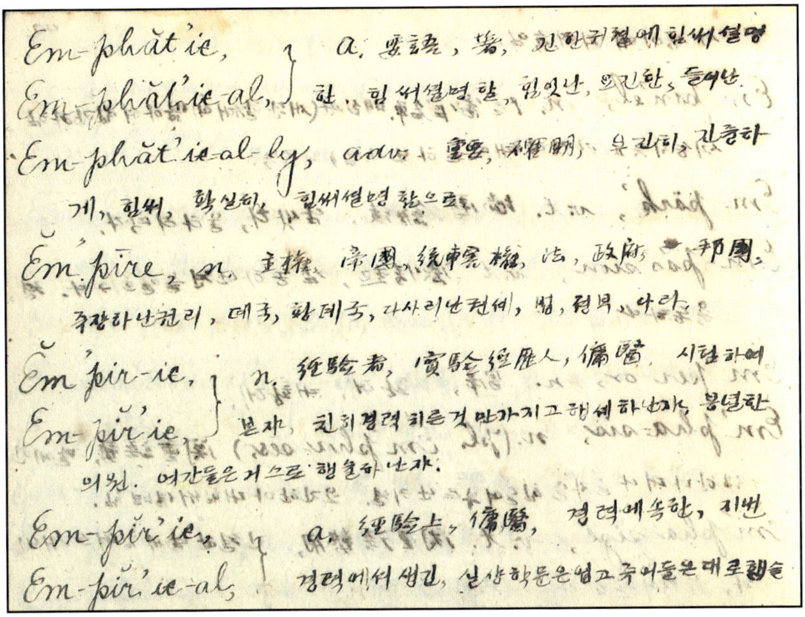

Em-phăt'ic, } a. 要긴, 强, 긴한귀절에 힘써설명
Em-phăt'ic-al, } 한, 힘써설명할, 힘잇난, 요긴한, 들어난.
Em-phăt'ic-al-ly, adv. 重要, 明, 요긴히, 간충하
게, 힘써, 확실히, 힘써설명함으로.
Ĕm'pire, n. 主權, 帝國, 統轄, 法, 政府, 邦國,
주장하난권리, 뎨국, 황뎨국, 다사리난권셰, 법, 정부, 나라.
Ĕm'pir-ic, } n. 經驗者, 實驗經歷人, 偏醫, 시험하여
Em-pĭr'ic, } 본자, 친히경력하은것만가지고행세하난자, 용렬한
의원. 여간들은거스로 행술하난자.
Em-pĭr'ic, } a. 經驗上, 偏醫, 경력에속한, 지번
Em-pĭr'ic-al, } 경력에서생긴, 실상학문은업고주어들은대로행술

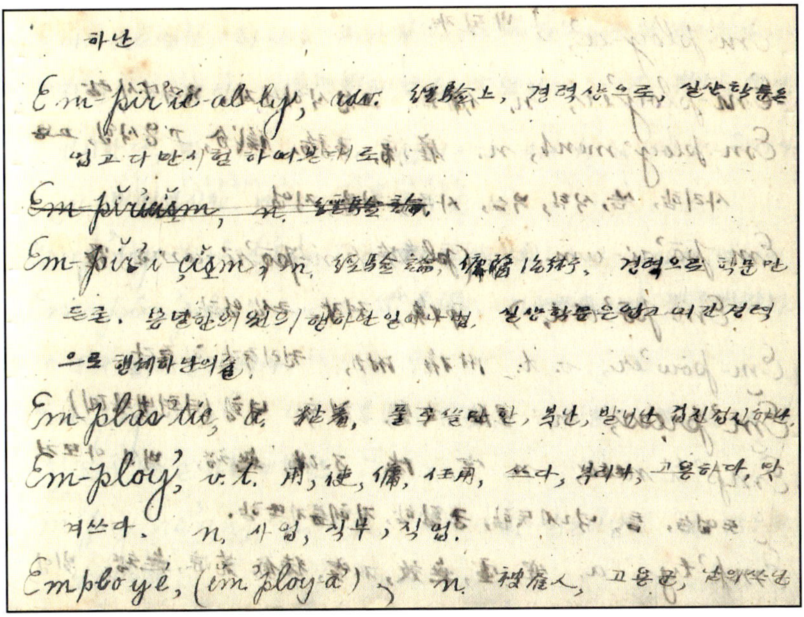

하난
Em-pĭr'ic-al-ly, adv. 經驗上, 경력상으로, 실상학문은
업고다만시험하여본대로
~~Em-pĭriĭsm, n. 經驗論.~~
Em-pĭr'i-cism, n. 經驗論, 偏醫術, 경력으로학문만
드론. 용렬한의원의행하한일이나법, 실상학문은업고다만경력
으로행세하난의술.
Em-plas'tic, a. 粘着, 풀과갓치붓는, 붓난, 발나난, 검진검진하난.
Em-ploy', v.t. 用, 使, 傭, 任用, 쓰다, 부리다, 고용하다, 맛
겨쓰다. n. 사업, 직무, 직업.
Employé, (em-ploy-ā'), n. 被雇人, 고용군, 남의쓰난

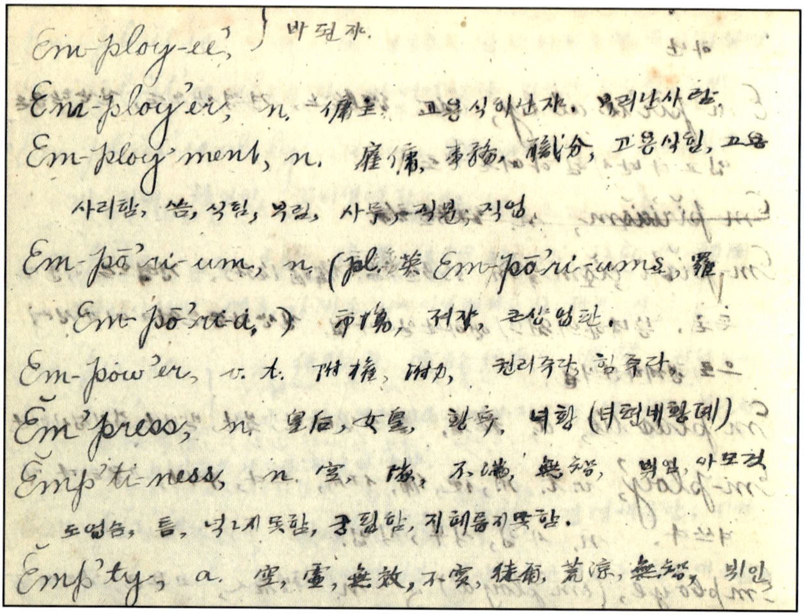
Em-ploy-ee', } 바뎐者.
Em-ploy'er, n. 傭主. 고용식히난자. 부리난사람.
Em-ploy'ment, n. 雇傭, 事務, 職分, 고용식힘, 고용사리함, 業, 식힘, 부림, 사무, 직분, 직업.
Em-pō'ri-um, n. (pl. 英 Em-pō'ri-ums; 羅 Em-pō'ri-a.) 市場, 저잣, 큰상업판.
Em-pow'er, v. t. 附權, 附力, 권리주다, 힘주다.
Em'press, n. 皇后, 女皇, 황후, 녀황 (녀편네황뎨)
Emp'ti-ness, n. 空, 虛, 不滿, 無智, 뷔임, 아모것도업슴, 틈, 넉넉지못함, 공허함, 지혜롭지못함.
Emp'ty, a. 空, 虛, 無效, 不實, 徒有, 荒涼, 無智, 뷔인

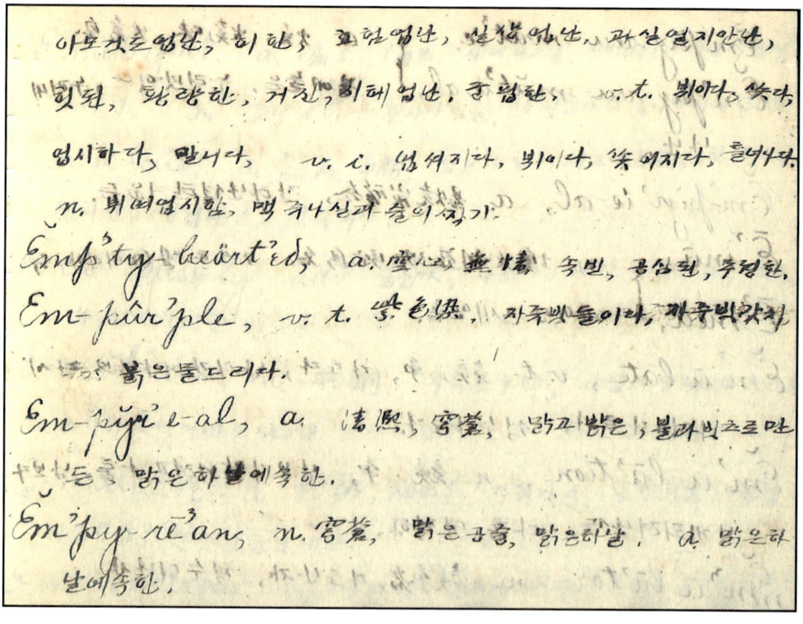
아모것도업난, 헤한, 효험업난, 실상업난, 과실열지안난, 헛된, 황량한, 거친, 지혜업난, 공허한, v. t. 뷔이다, 쏟다, 업시하다, 말니다, v. i. 업서지다, 뷔이다, 쏘어지다, 흘너나다. n. 뷔여업시함, 배쥭나실과 술이칠기.
Emp'ty-heart'ed, a. 空心, 無情, 속빈, 공심한, 무정한.
Em-pûr'ple, v. t. 紫色染, 자주빗들이다, 자주빗갓치붉은물드리다.
Em-pyr'e-al, a. 清熙, 穹蒼, 맑고밝은, 불과빗츠로만든, 맑은하날에속한.
Em'py-rē'an, n. 穹蒼, 맑은공즁, 맑은하날. a. 맑은하날에속한.

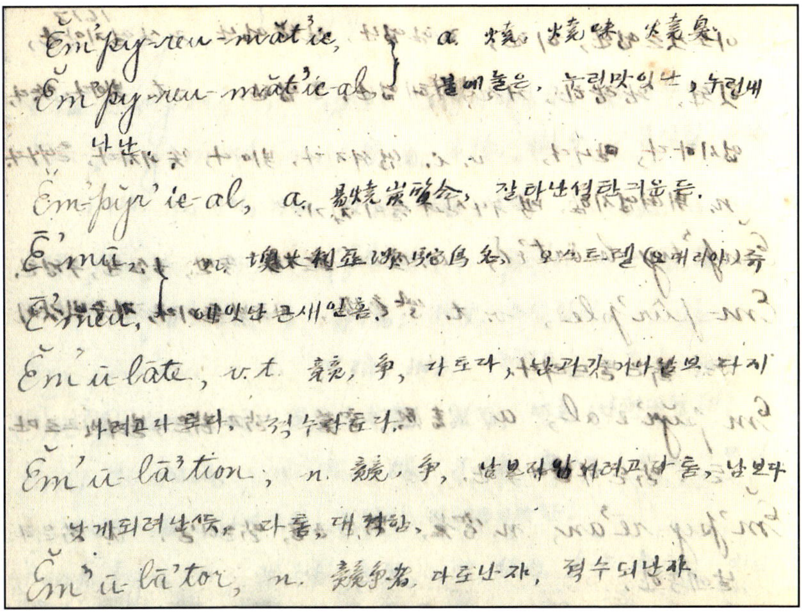

Ĕm-py-reu-măt'ic, } a. 火燒, 火燒味, 火燒臭, 불에눌은, 누린맛잇난, 누린내
Ĕm-py-reu-măt'ic-al, } 나난.

Ĕm-pyr'ic-al, a. 最燒炭酸合, 잘타난셩탄긔운듬.

Ē'mu, } n. 澳太利亞國所産鳥名, 오스트렐(오레리아)쥬에
Ē'meu, } 잇난 큰새일흠.

Ĕm'ū-lāte, v.t. 競, 爭, 다토다, 남과갓거나남보다 지
지아니려고다토다, 적수되다.

Ĕm'ū-lā'tion, n. 競, 爭, 남보다압서려고다톰, 남보다
낫게되려난뜻, 다톰, 대적함.

Ĕm'ū-lā'tor, n. 競爭者, 다토난자, 적수되난자.

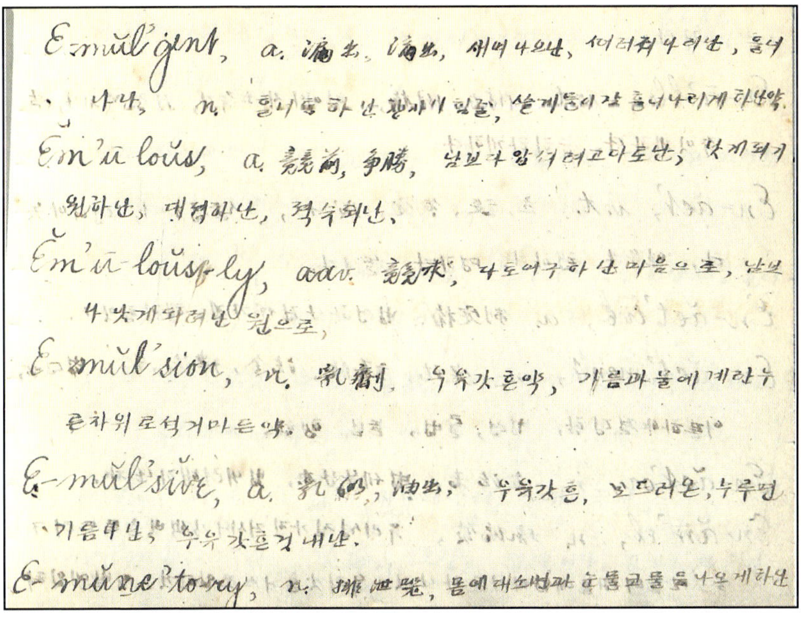

E-mul'gent, a. 漏出, 滴出, 새여나오난, 서려취나러난, 울너
나나, n. 흘너뭉하난 찬까기 힘줄, 살게들이잘 흘너나리게 하난약.

Ĕm'ū-lous, a. 競爭前, 爭勝, 남보다압서려고다토난, 낫게되기
원하난, 대적하난, 적수되난.

Ĕm'ū-lous-ly, adv. 競求, 다토어구하난마음으로, 남보
다낫게되려난 원으로.

E-mul'sion, n. 乳劑, 우유갓흔약, 기름과물에계란누
른자위로섞거마든약.

E-mul'sive, a. 乳的, 油出, 우유갓흔, 보드러운, 누루면
기름나난, 우유갓흔것내난.

E-munc'to-ry, n. 排泄器, 몸에대소변과눈물코물을나오게하난

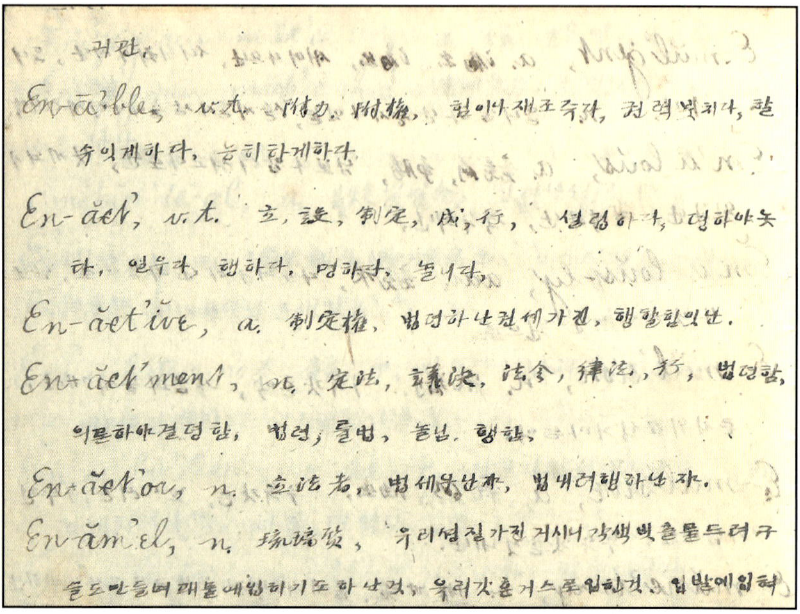

권관,

En-a'ble, v.t. 付力, 付權, 힘이나 재조주다, 권력맛기다, 할 수잇게하다, 능히할게하다.

En-ăct', v.t. 立, 設, 制定, 成, 行, 설령하다, 뎡하야놋다, 일우다, 행하다, 명하다, 놀니다,

En-ăct'ive, a. 制定權, 법뎡하난권세가진, 행할힘잇난.

En-ăct'ment, n. 定法, 議決, 法令, 律法, 行, 법뎡함, 의론하야결뎡함, 법령, 률법, 놀님, 행함,

En-ăct'or, n. 立法者, 법세우난자, 법내려행하난자.

En-ăm'el, n. 琺瑯質, 유리셩질가진거시니 각색빗츨물드려구을도만들며 때로는에입히기도하난것, 유리갓흔거스로입힌것, 입밝에입혀

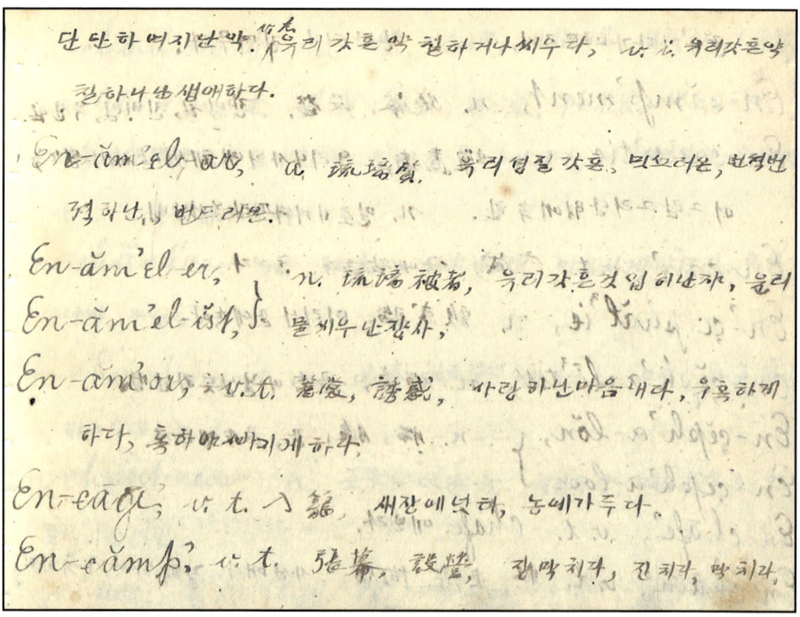

단단하여지난막. 유리갓흔막 칠하거나채우라, v.t. 유리갓흔막칠하나ᄡ 샘애하다.

En-ăm'el-ar, a. 琺瑯質, 유리셩질갓흔, 민소러운, 번젹번젹하난, 번드러운.

En-ăm'el-er, } n. 琺瑯被者, 유리갓흔것입히난자, 유리
En-ăm'el-ist, } 물채우난장사,

En-ăm'or, v.t. 着愛, 誘惑, 사랑하난마음내다, 우혹하게하다, 혹하야ᄲᅡ지게하다,

En-cage', v.t. 入籠, 새장에넛타, 농에가두다.

En-cămp', v.t. 張幕, 設營, 장막치다, 진치다, 막치다,

군사가다가머무르다, v. i. 진박되다, 진머무다;

En-cămp'ment, n. 張幕, 設營, 장막친, 진버린, 우진함.

En-caus'tic, a. 蠟畫術, 우리나사기에 채색할때나 밀노속에 그림그리난법에 속한. n. 밀로지져색파란 올니난법,

En-cāve', v. t. 穴藏, 굴에감초다, 숨기다.

En-çe-phăl'ic, a. 頭或腦, 머리나 골에속한.

En-çĕph'a-lī'tis, n. 腦炎, 골속이불날듯하난병.

En-çĕph'a-lŏn, } n. 腦, 髓, 골, 골속에든것.
En-çĕph'a-los, }

En-chāfe', v. t. chafe 에보라.

En-chāin', v. t. 繫, 束縛, 拘留, 사실매다, 결박하다, 구속하다

En-chāin'ment, n. 繫, 束縛, 사실매임, 결박함, 구속함,

En-chănt', v. t. 迷惑, 奪氣, 奪魂, 極歡, 미혹식히다, 요술이나무당갓흔요사한거스로 마음혹 하게하다, 거운새에악출, 혼을빼앗다, 극히질겁게하다.

En-chănt'er, n. 誘惑人, 妖術者, 미혹하게하난자, 요술하난자, 무당,

En-chănt'ment, n. 迷惑, 妖術, 미혹식힘, 요술, 요술함, 재조부림,

En-chănt'ress, n. 巫女, 妖術女, 계집무당, 계집요술군, 미혹식히난녀인.

En-chāse', v. t. 緣附, 鑲, 가운이다, 선메다, 섞어넣다,

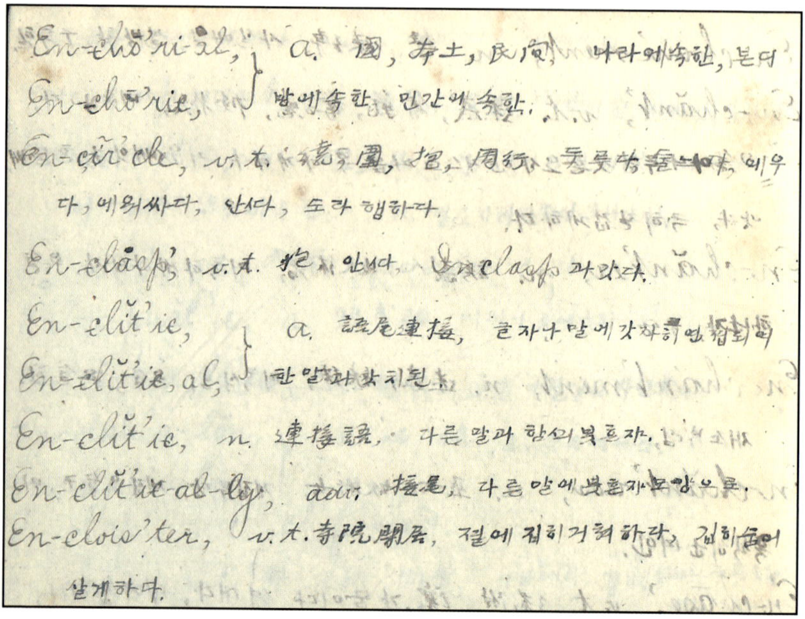

En-chō'ri-al, } a. 國, 本土, 民間, 나라에 속한, 본디
En-chō'ric, } 밖에 속한, 민간에 속한.
En-cir'cle, v.t. 繞, 圍, 抱, 周行, [illegible], 에우다, 에워싸다, 안다, 도라 행하다.
En-clăsp', v.t. 抱, 안다, Inclasp 과 같다.
En-clĭt'ic, } a. 語尾連接, 글자난 말에 갖차히 연접되어
En-clĭt'ic-al, } 한 말과 합치된.
En-clĭt'ic, n. 連接語, 다른 말과 합소리 될 자.
En-clĭt'ic-al-ly, adv. 接尾, 다른 말에 붙은 자 모양으로.
En-clois'ter, v.t. 寺院閉居, 절에 집히거처하다, 깁히숨어 살게하다.

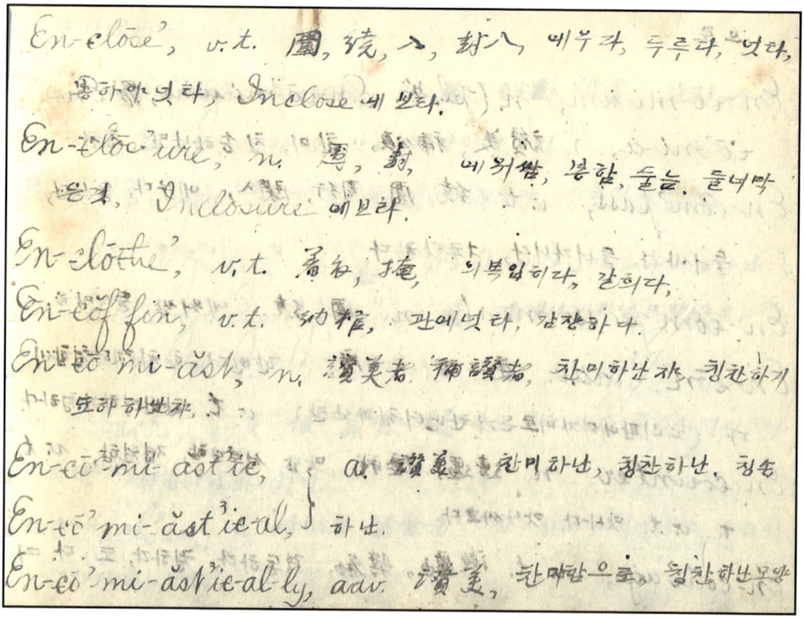

En-clōse', v.t. 圍, 繞, 入, 封入, 에우다, 두르다, 넣다, 봉하여 넣다, Inclose 에 보라.
En-clō'sure, n. 圍, 封, 에워쌈, 봉함, 울늠, 둘너막은 것, Inclosure 에 보라.
En-clōthe', v.t. 着衣, 掩, 의복입히다, 갈히다.
En-cof'fin, v.t. 納棺, 관에 넣다, 감장하다.
En-cō'mi-ăst, n. 讚美者 稱讚者, 찬미하난 자, 칭찬하기 조하하난 자.
En-cō-mi-ăst'ic, } a. 讚美, 찬미하난, 칭찬하난, 칭송
En-cō'mi-ăst'ic-al, } 하난.
En-cō'mi-ăst'ic-al-ly, adv. 讚美, 찬미함으로, 칭찬하난 모양

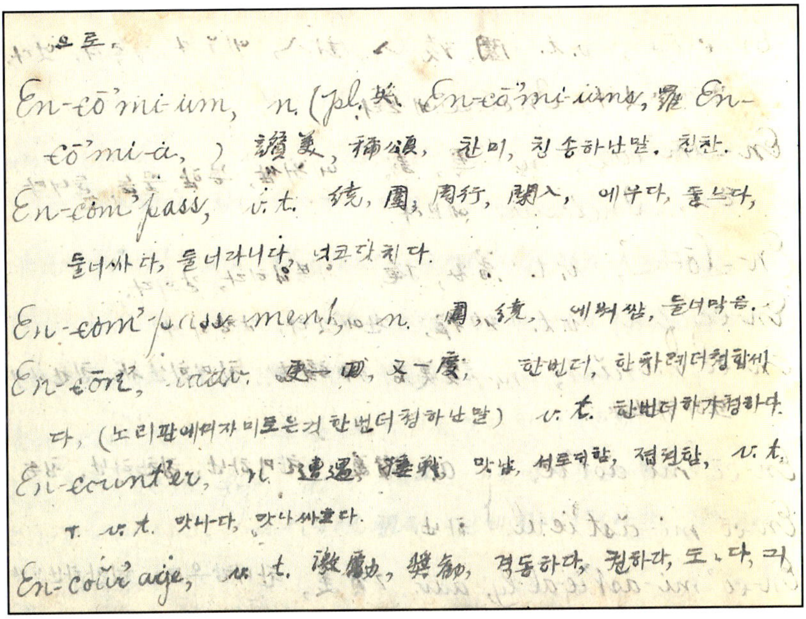

으로.

En-cō'mi-um, n. (pl. 英 En-cō'mi-ums, 羅 En-cō'mi-a,) 讚美, 稱頌, 찬미, 칭송하난말, 칭찬.

En-com'pass, v.t. 繞, 圍, 周行, 闌入, 에우다, 둘느다, 둘너싸다, 둘너다니다, 넝쿠닥치다.

En-com'pass-ment, n. 圍, 繞, 에워쌈, 둘너막음.

En-core', adv. 更一回, 又一度, 한번더, 한번에더청함세다, (노리판에며자미로운것한번더청하난말) v.t. 한번더하기청하다.

En-coun'ter, n. 遭遇, 衝突, 맛남, 서로대함, 접전함, v.t. & v.i. 맛나다, 맛나싸호다.

En-cour'age, v.t. 激勵, 獎勸, 격동하다, 권하다, 도ㄷ다, 긔

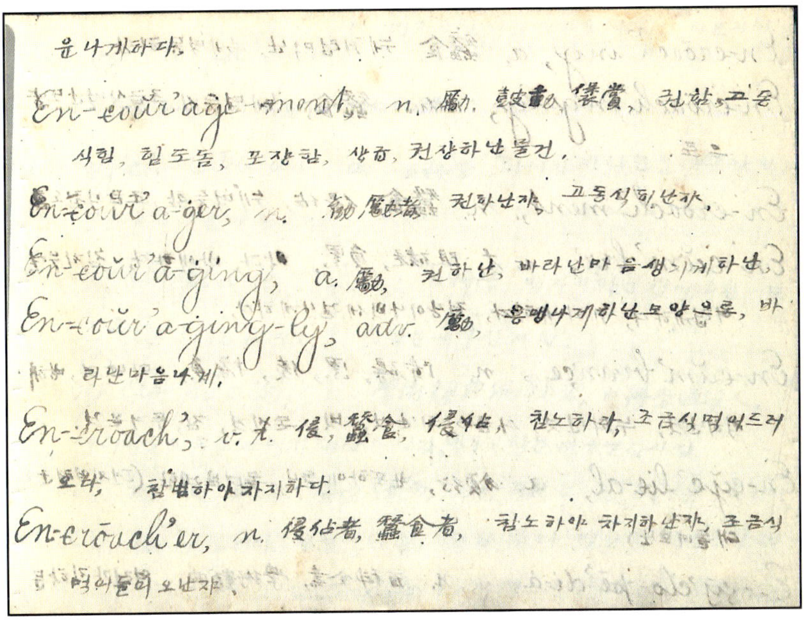

운나게하다.

En-cour'age-ment, n. 勵, 鼓舞, 褒賞, 권함, 고동식힘, 힘도돔, 포장함, 상급, 권상하난물건.

En-cour'a-ger, n. 勸, 獎勵者 권하난자, 고동식히난자.

En-cour'a-ging, a. 勵, 권하난, 바라난마음생기게하난.

En-cour'a-ging-ly, adv. 勵, 용맹나게하난모양으로, 바라난마음나게.

En-croach', v.t. 侵, 蠶食, 侵佔, 침노하다, 조금식먹어드러오다, 참범하야차지하다.

En-croach'er, n. 侵佔者, 蠶食者, 침노하야차지하난자, 조금식먹어들어오난자.

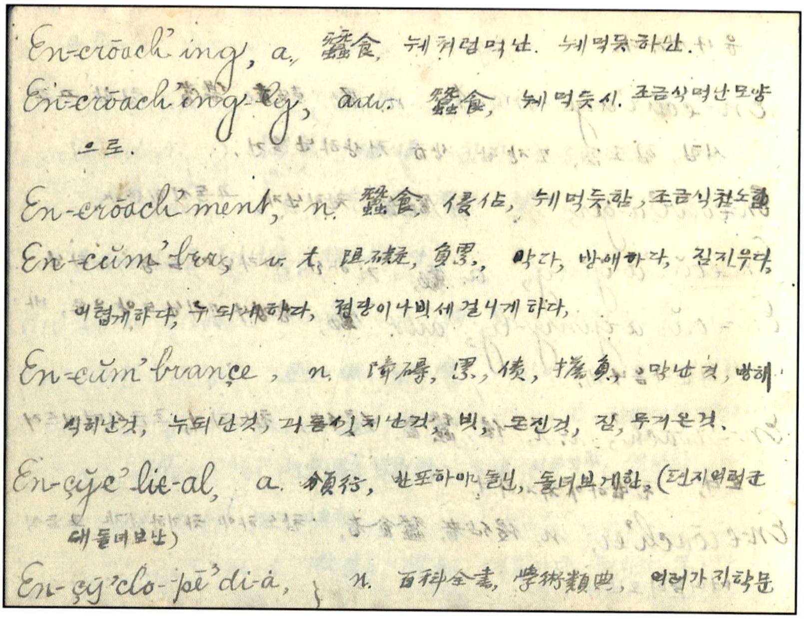

En-croach'ing, a. 蠶食, 누에처럼먹난. 누에먹듯하난.

En-croach'ing-ly, adv. 蠶食, 누에먹듯시. 조금식먹난모양으로.

En-croach'ment, n. 蠶食, 侵佔, 누에먹듯함, 조금식[illegible]

En-cum'ber, v. t. 阻礙, 負累, 막다, 방해하다, 짐지우다, [illegible]하다, 누되게하다, 걱정이나빗세걸니게하다,

En-cum'brance, n. 障礙, 累, 債, 擔負, 막난것, 방해되난것, 누되난것, [illegible], 빗, 모진것, 짐, 무거운것.

En-cyc'lic-al, a. 領行, 반포하야돌난, 돌녀보게함. (편지여러군대돌녀보난)

En-cy'clo-pe'di-a, n. 百科全書, 學術類典, 여러가지학문

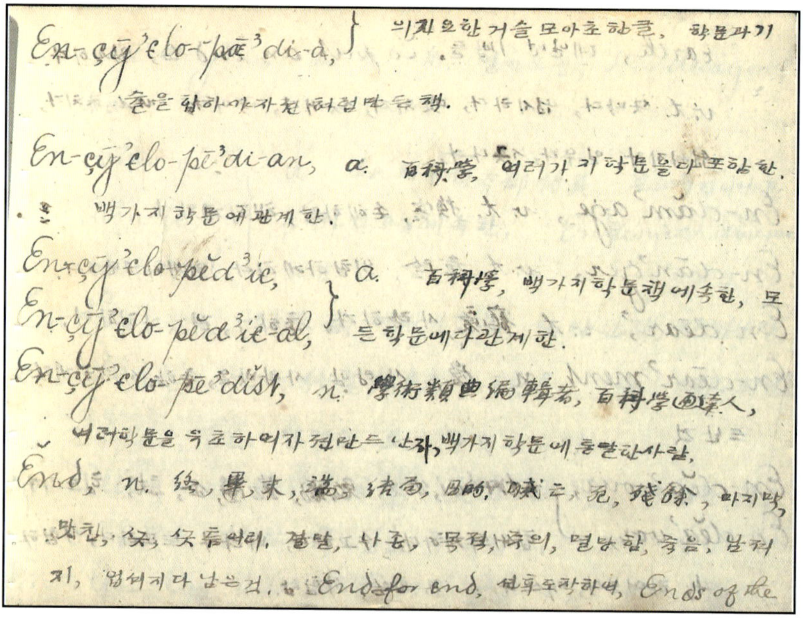

En-cy'clo-pae'di-a, 의지요한거슬모아초한글, 학문과기술을합하야자세히설명한책.

En-cy'clo-pe'di-an, a. 百科學, 여러가지학문을다포함한. 백가지학문에관계한.

En-cy'clo-ped'ic, En-cy'clo-ped'ic-al, a. 百科學, 백가지학문책에속한, 모든학문에다관계한.

En-cy'clo-pe'dist, n. 學術類典編輯者, 百科學[illegible]人, 여러학문을육초하여자[illegible], 백가지학문에통달한사람,

End, n. 終, 畢, 末, [illegible], 結局, [illegible], [illegible], 死, 殘餘, 마지막, 맛친, 끗, 끗[illegible], [illegible], 나종, 목적, [illegible], 멸망함, 죽음, 남저지, 업서지다남은것. End for end, 선후도착하며, Ends of the

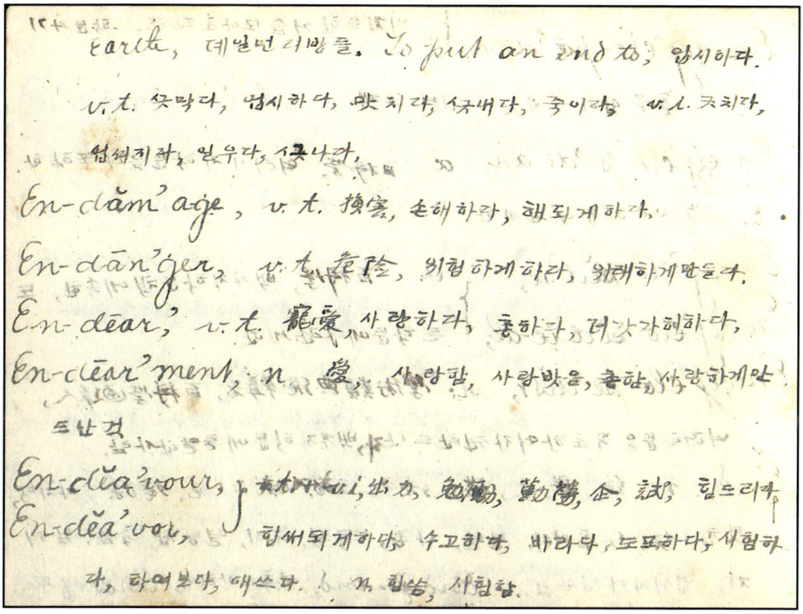

earth, 뎨일먼 디방들. To put an end to; 없시이다.

v.t. 끗막다, 업시하다, 맛치다, 끗내다, 죽이다, v.i. 끗치다,

업서지다, 일우다, 끗나다,

En-dăm'age, v.t. 損害, 손해하다, 해되게하다.

En-dān'ger, v.t. 危險, 위험하게하다, 위태하게만들다.

En-dēar', v.t. 寵愛, 사랑하다, 총하다, 더갓가히하다,

En-dēar'ment, n. 愛, 사랑함, 사랑밧음, 총함, 사랑하게만

드난것

En-dĕa'vour,
En-dĕa'vor, } [illegible], 出力, 勉勵, 勤勞, 企, 試, 힘드리다, 힘써되게하다, 수고하다, 바라다, 도모하다, 시험하다, 하여보다, 애쓰다. n. 힘씀, 시험함.

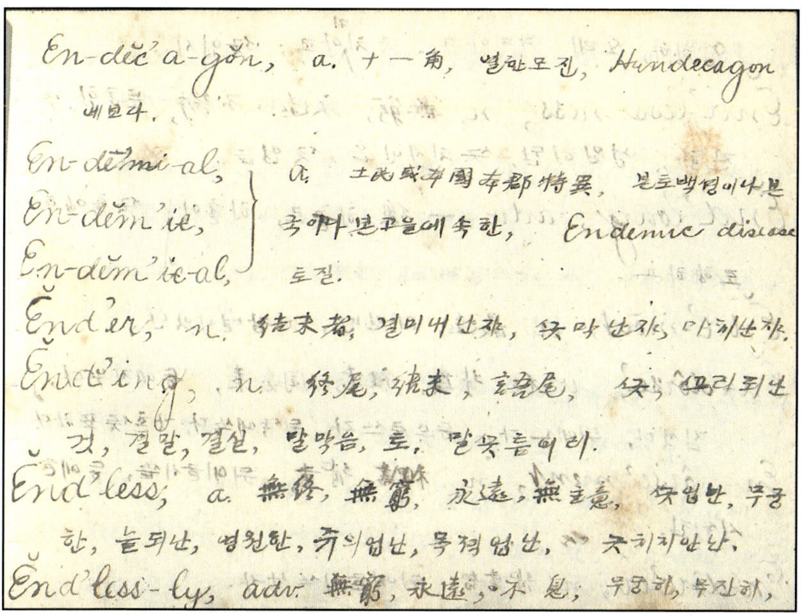

En-dĕc'a-gŏn, a. 十一角, 열한모진, Hendecagon

새보다.

En-dĕmi-al,
En-dĕm'ic,
En-dĕm'ic-al, } a. 土民或本國本郡特異, 본토백셩이나본국이나본고을에속한, Endemic disease 토질.

Ĕnd'er, n. 結末者, 결미내난자, 끗막난자, 마치난자.

Ĕnd'ing, n. 終尾, 結末, 語尾, 끗, 끗리되난것, 결말, 결실, 말막음, 토, 말끗듣머리.

Ĕnd'less, a. 無終, 無窮, 永遠, 無主意, 끗업난, 무궁한, 늘되난, 영원한, 주의업난, 목적업난, 끗치지안난.

Ĕnd'less-ly, adv. 無窮, 永遠, 不息, 무궁히, 무진히,

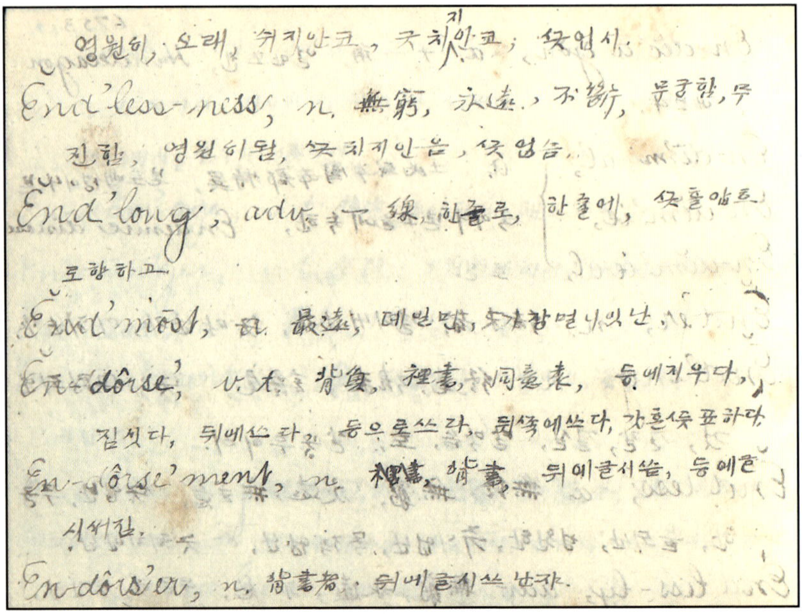

영원히, 오래, 쉬지안코, 긋치지안코; 긋업시.
End'less-ness, n. 無窮, 永遠, 不斷, 무궁함, 무진함, 영원히될, 긋치지안음, 긋업슴.
End'long, adv. [illegible] 一線, 한줄로, 한줄에, 긋흘압흐로향하고.
Ĕnd'mōst, a. 最遠, 제일먼, 긋가장멀니잇난.
En-dôrse', v.t. 背負, 裡書, 同意表, 등에지우다, 짐싯다, 뒤에쓰다, 등으로쓰다, 뒤쪽에쓰다, 가혼수표하다.
En-dôrse'ment, n. 裡書, 背書, 뒤에글시쓴, 등에글시셔짐.
En-dôrs'er, n. 背書者. 뒤에글시쓰난자.

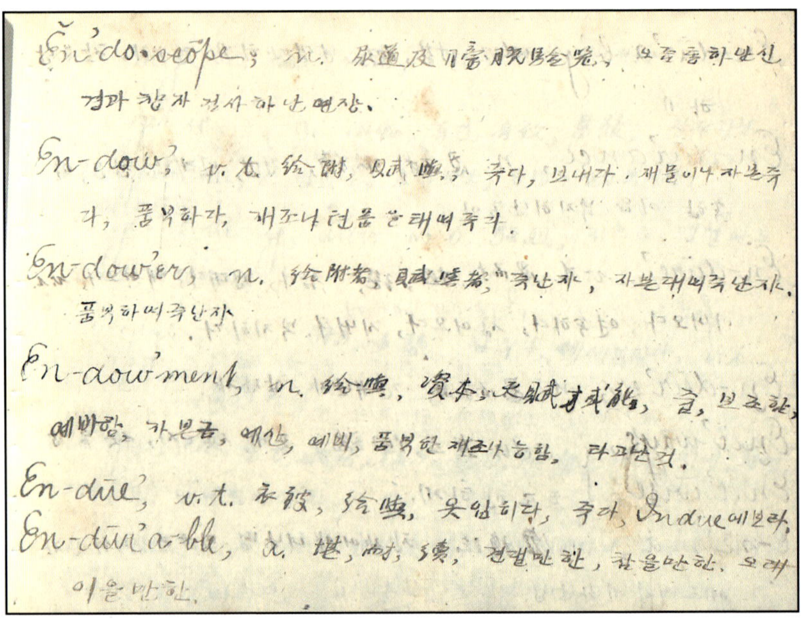

Ĕn'do-scope, n. 尿道及膀胱[illegible], 요즘흠하난신경과창자검사하난연장.
En-dow', v.t. 給與, 賦與, 주다, 보내다. 재물이나자본주다, 품부하다, 재조나천품을태여주다.
En-dow'er, n. 給與者, 賦與者, 주난자, 자본대여주난자, 품부하여주난자.
En-dow'ment, n. 給與, 資本, 天賦才能, 금, 보조함, 예비함, 자본금, 예산, 예비, 품부한재조나능함, 타고난것.
En-dūre', v.t. 衣被, 給與, 옷입히다, 주다, Indue에보라.
En-dūr'a-ble, a. 堪, 耐, 續, 견딜만한, 참을만한, 오래이을만한.

En-dur'a-bly, adv. 堪, 耐, 견댈만하게, 견구히, 참을만
하게.

En-dur'ance, n. 忍耐, 繼續, 견댐, 인내함, 참음, 연
속함, 이음, 부지하난동안.

En-dure', v.t. 忍耐, 抵, 繼, 참다, 견대다, 내여오다, v.i.
이여오다, 연속하다, 참어오다, 지내다, 부지하다.

En-dur'er, n. 忍耐者, 견대난자, 참난자.

End'ways, } adv. 直立, 兩端, 곳게, 섯게시, 긋을압
End'wise, } 흐로향하게.

E-ne'ma, n. 灌腸法, 관장에약넉난법, 밋흐로약너서관장
에드러가게하난법.

En'e-my, n. 敵, 仇敵, 적국, 원수, 반대자.

En-er-get'ic, } a. 活動, 有力, 有效, 奮發, 활동하난,
En-er-get'ic-al, } 힘잇난, 효험잇난, 용맹과열심부리난.

En-er-get'ic-al-ly, adv. 以力, 强烈, 힘으로, 맹렬한모
양으로, 세력잇게.

En'er-gize, v.t. 附力, 奧勢, 힘주다, 세력부치다, v.i.
힘써행하다, 분력하다.

En'er-gy, n. 勢力, 威勢, 精力, 氣力, 權勢, 세력, 위세, 정력,
긔력, 힘, 말에힘드러감.

E-ner'vate, v.t. 減殺氣力, 衰弱, 긔력업시하다, 힘죽이다, 약하
게하다, 힘쓸버히다, a. 약한, 힘업난.

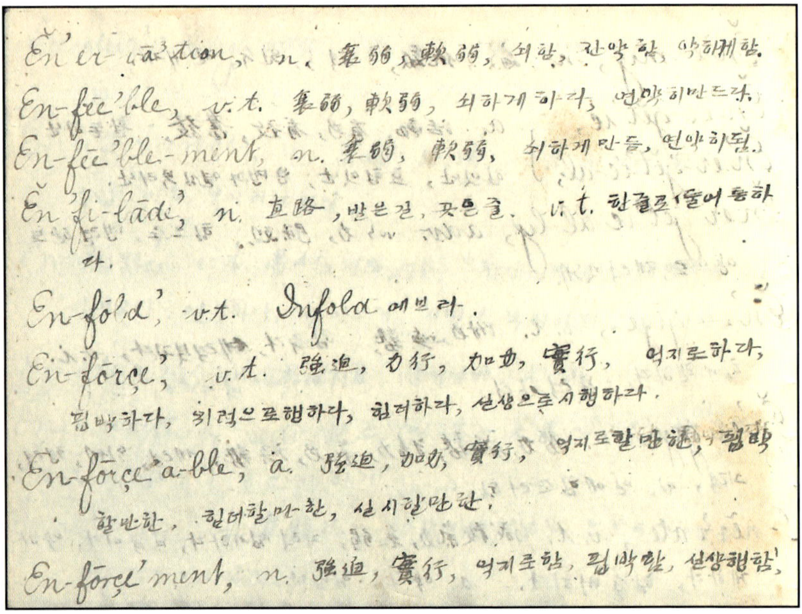

En'er-va'tion, n. 衰弱, 軟弱, 쇠함, 잔약함, 약히게함.
En-fee'ble, v.t. 衰弱, 軟弱, 쇠하게 하다, 연약히 만드다.
En-fee'ble-ment, n. 衰弱, 軟弱, 쇠하게 만듬, 연약히 됨.
En'fi-lade', n. 直路, 바른길, 곳은줄. v.t. 한줄로 둘어 통하다.
En-fold', v.t. Infold 에브러.
En-force', v.t. 強迫, 力行, 加勢, 實行, 억지로하다, 핍박하다, 위력으로행하다, 힘려하다, 실상으로시행하다.
En-force'a-ble, a. 強迫, 加勢, 實行, 억지로할만한, 핍박할만한, 힘려할만한, 실시할만한.
En-force'ment, n. 強迫, 實行, 억지로함, 핍박함, 실상행함.

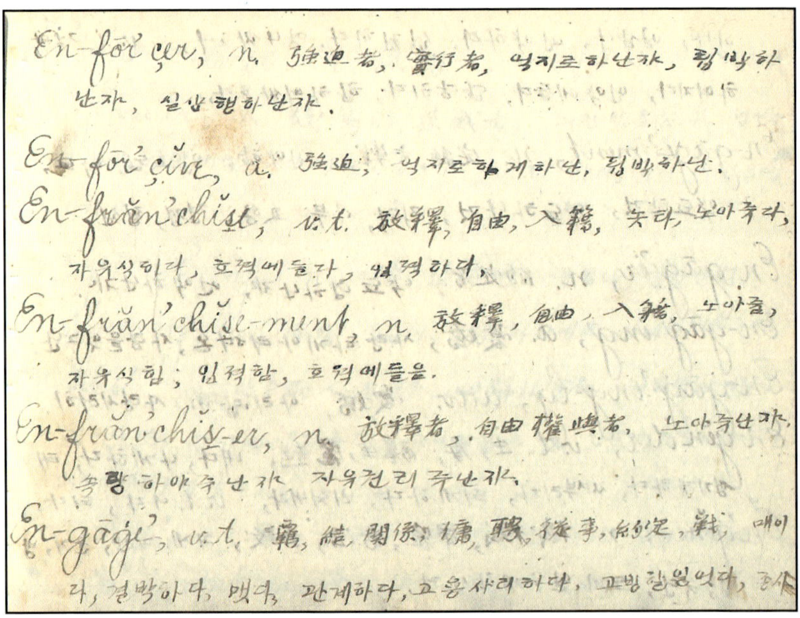

En-for'cer, n. 強迫者, 實行者, 억지로하난자, 핍박하난자, 실상행하난자.
En-for'cive, a. 強迫, 억지로하게하난, 핍박하난.
En-fran'chise, v.t. 放釋, 自由, 入籍, 놋타, 노아주다, 자유식히다, 호적에들다, 입적하다.
En-fran'chise-ment, n. 放釋, 自由, 入籍, 노아줌, 자유식힘; 입적함, 호적에들음.
En-fran'chis-er, n. 放釋者, 自由權與者, 노아주난자, 속량하야주난자 자유권리주난자.
En-gage', v.t. 羈, 結, 關係, 傭, 聘, 從事, 約定, 戰, 매이다, 결박하다, 맥다, 관계하다, 고용사리하다, 고빙힘얻다, 종사

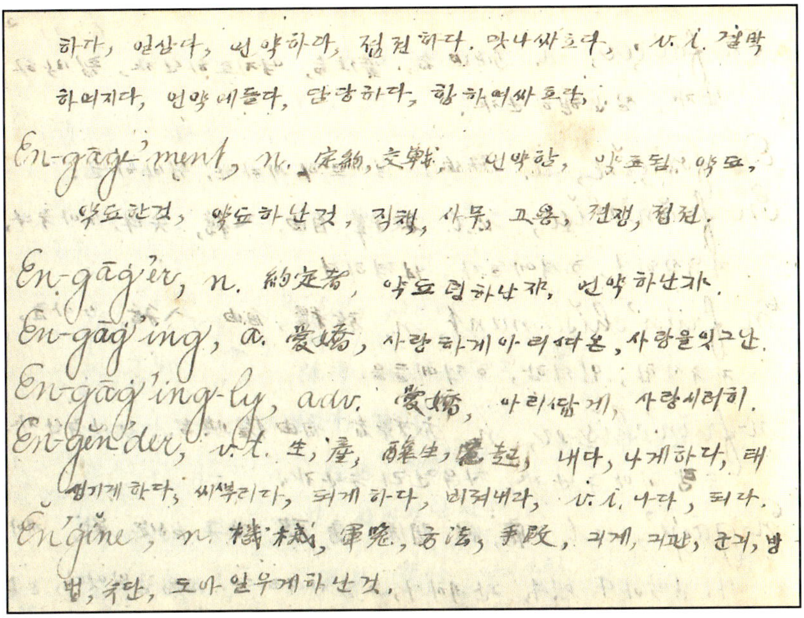

하다, 일삼다, 언약하다, 접전하다, 맛나싸호다, v. i. 결박하여지다, 언약에들다, 담당하다, 항하여싸홈함.

En-gāge'ment, n. 定約, 交戰, 언약함, 약됴됨, 약됴, 약됴한것, 약됴하난것, 직책, 사무, 고용, 견쟁, 접전.

En-gāg'er, n. 約定者, 약됴결하난자, 언약하난자.

En-gāg'ing, a. 愛嬌, 사랑하게아리ᄯᅡ온, 사랑을잇그난.

En-gāg'ing-ly, adv. 愛嬌, 아리ᄯᅡᆸ게, 사랑시러히.

En-gĕn'der, v. t. 生, 產, 釀生, 惹起, 내다, 나게하다, 태엽기게하다, 씨ᄲᅮ리다, 되게하다, 비저내라, v. i. 나다, 되다.

En'gine, n. 機械, 軍器, 方法, 手段, 긔계, 긔관, 군긔, 방법, 수단, 도아일우게하난것.

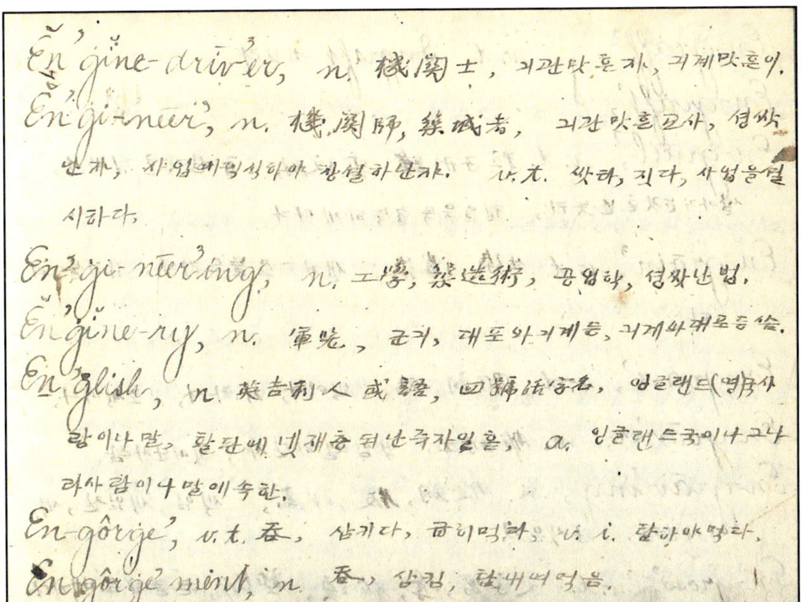

En'gine-driv'er, n. 機關士, 긔관맛흔자, 긔계맛흔이.

En'gi-neer', n. 機關師, 築城者, 긔관맛흔교사, 셩싸난자, 사업에딕식하야 창설하난자. v. t. 싸하, 지다, 사업을설시하다.

En'gi-neer'ing, n. 工學, 製造術, 공업학, 셩쌋난법.

En'gine-ry, n. 軍器, 군긔, 대포와긔계들, 긔계와대포등속.

En'glish, n. 英吉利人 或 語, 四號活字名, 잉글랜드(영)국사람이나말, 활판에넷재층되난즈자일홈, a. 잉글랜드국이나그나라사람이나말에속한.

En-gôrge', v. t. 呑, 삼키다, 급히먹다, v. i. 탐하야먹다.

En-gôrge'ment, n. 呑, 삼킴, 탐내여먹음.

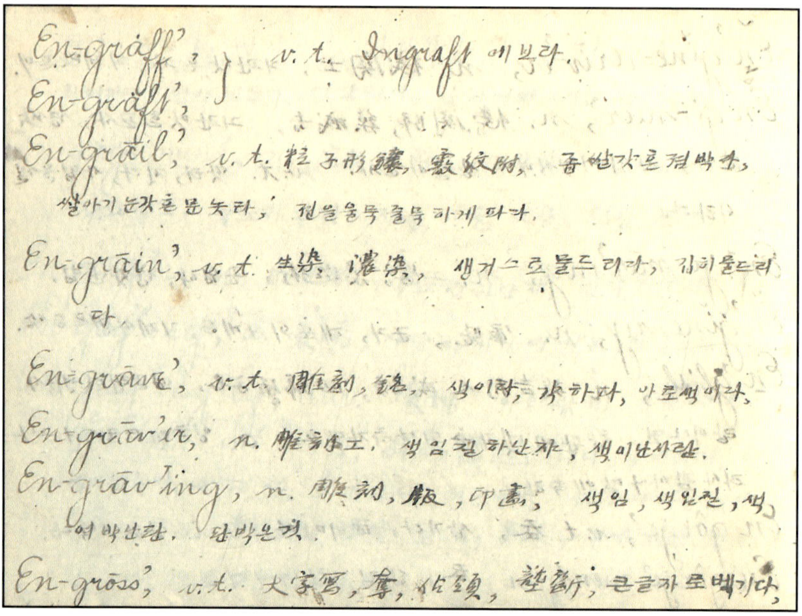

En-gräff', } v. t. Ingraft 에보라.
En-gräft',
En-gräil', v. t. 粒子形鑲, 霰紋附, 좁쌀 같은 점박은, 쌀아기 눈갓은 뭍 놋타, 점을 울뚝 줄뚝 하게 파다.
En-gräin', v. t. 生染, 濃染, 생거스로 물드리다, 깁히 물드리다.
En-gräve', v. t. 雕刻, 銘, 색이다, 각하다, 아로색이다.
En-gräv'er, n. 雕刻工, 색임질 하난 자, 색이난 사람.
En-gräv'ing, n. 雕刻, 版, 印畵, 색임, 색임질, 색여 박난 것, 돌박은 것.
En-gröss', v. t. 大字寫, 奪, 佔領, [illegible], 큰 글자로 벡기다,

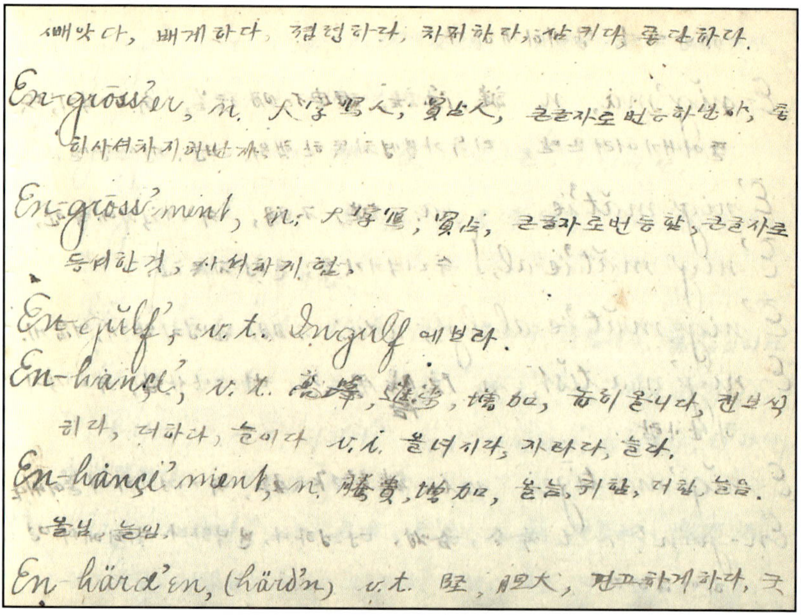

쌔앗다, 배게 하다, 겸병하다, 차지하다, 잡키다, 몽당하다.
En-gröss'er, n. 大字寫人, 買占人, 큰 글자로 번등하난 자, 좁히 사서 차지하난 자
En-gröss'ment, n. 大字寫, 買占, 큰 글자로 번등함, 큰 글자로 등서한 것, 사서 차지함.
En-gŭlf', v. t. Ingulf 에보라.
En-hänce', v. t. 高等, 進進, 增加, 놉히 올니다, 권보식히다, 더하다, 늘이다 v. i. 올녀지다, 자라다, 늘다.
En-hänce'ment, n. 騰貴, 增加, 올님, 귀함, 더함, 늘음, 올님, 늘임.
En-härd'en, (härd'n) v. t. 堅, 膽大, 견고하게 하다, 굳

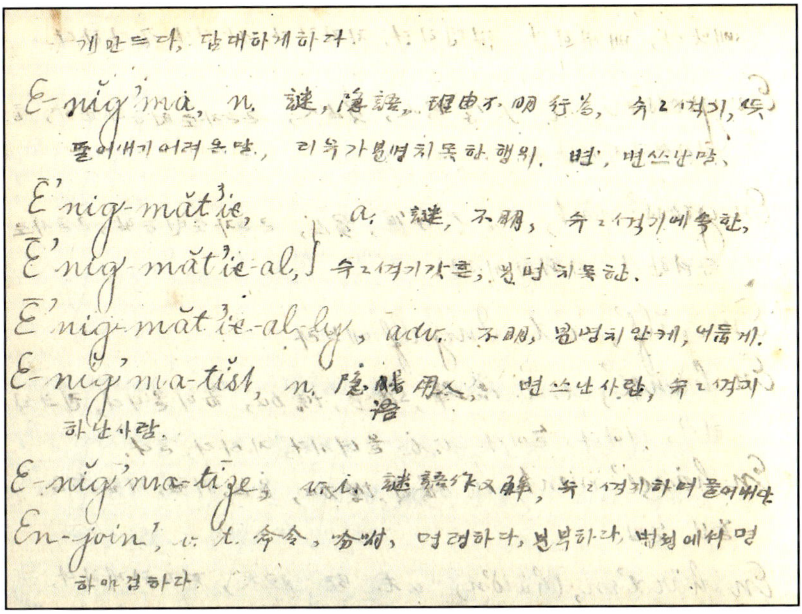

개만드다, 답대하게하다.

E-nĭg'mȧ, n. 謎, 隱語, 理由不明行爲, 슈ᄌ꺽기, 뜻 풀어내기어려운말, 리유가분명치못한 행위. 변, 변스난말.

Ē'nĭg-măt'ic, } a. 謎, 不明, 슈ᄌ꺽기에속한,
Ē'nĭg-măt'ic-al, } 슈ᄌ꺽기갓흔, 분명치못한.

Ē'nĭg-măt'ic-al-ly, adv. 不明, 분명치안케, 어둡게.

E-nĭg'ma-tĭst, n. 隱語用人, 변쓰난사람, 슈ᄌ꺽기하난사람.

E-nĭg'ma-tize, v.i. 謎語作文辭, 슈ᄌ꺽기하며 풀어내다

En-join', v.t. 命令, 吩咐, 명령하다, 분부하다, 법률에서 명하야금하다.

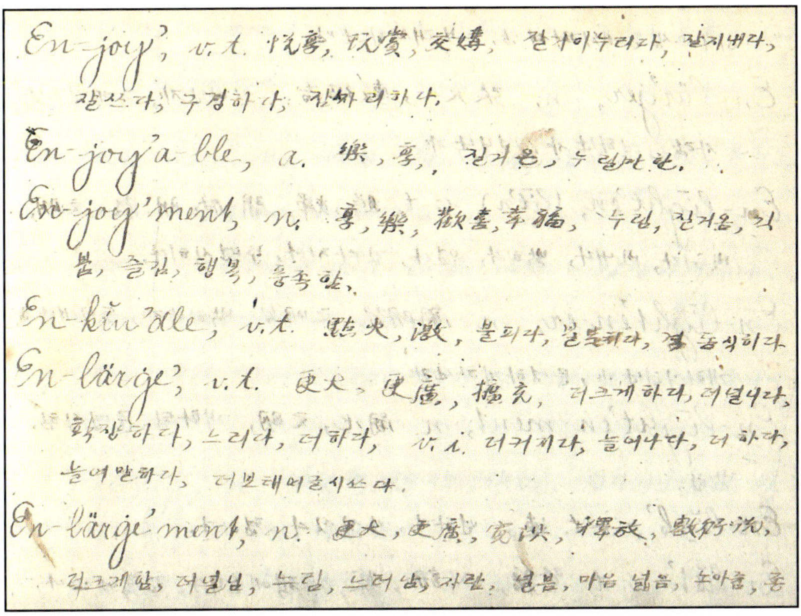

En-joy', v.t. 悅享, 玩賞, 受傳, 질거이누리다, 잘지내다, 잘쓰다, 구경하다, 잘사괴다하다.

En-joy'a-ble, a. 樂, 享, 질거운, 누릴만한.

En-joy'ment, n. 享, 樂, 歡喜, 幸福, 누림, 질거움, 기쁨, 즐김, 행복, 흥족함.

En-kĭn'dle, v.t. 點火, 激, 불피다, 불붓치다, 동식히다

En-lärge', v.t. 更大, 更廣, 擴充, 더크게하다, 더널니다, 확장하다, 느리다, 더하다, v.i. 더커지다, 늘어나다, 더하다, 늘여말하다, 더보태여줄시소다.

En-lärge'ment, n. 更大, 更廣, 寬決, 釋放, 敷衍說, 더크게함, 더널님, 느림, 느러남, 자람, 널븜, 마음넓음, 노아줌, 홍

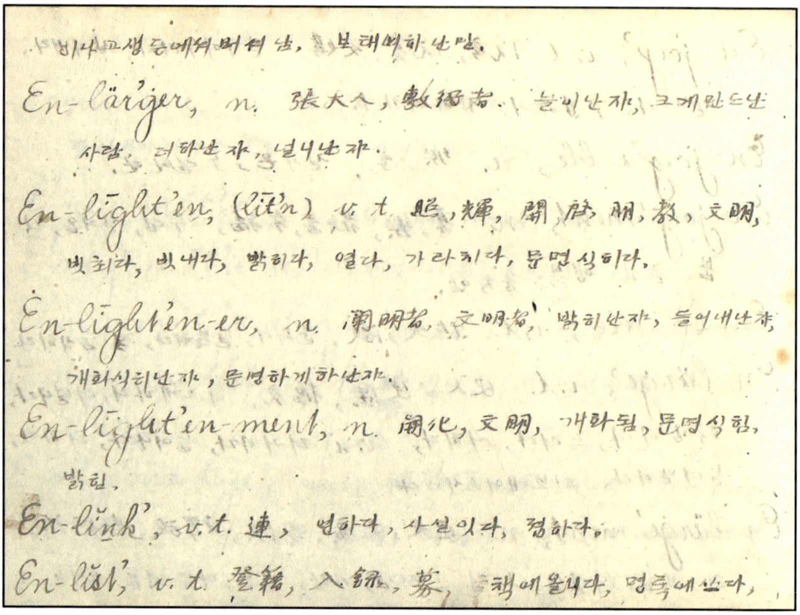
비나고생등에셔버셔남, 보태여하난말.

En-lär'ger, n. 張大人, 擴張者. 늘이난자, 크게만드난사람, 더하난자, 널니난자.

En-light'en, (lit'n) v. t. 照, 輝, 開, 啓, 明, 教, 文明, 빗최다, 빗내다, 밝히다, 열다, 가라치다, 문명식히다.

En-light'en-er, n. 開明者, 文明者, 밝히난자, 들어내난자, 개화식히난자, 문명하게하난자.

En-light'en-ment, n. 開化, 文明, 개화됨, 문명식힘, 밝힘.

En-link', v. t. 連, 련하다, 사실잇다, 접하다.

En-list', v. t. 登籍, 入錄, 募, 책에올니다, 명록에쓰다,

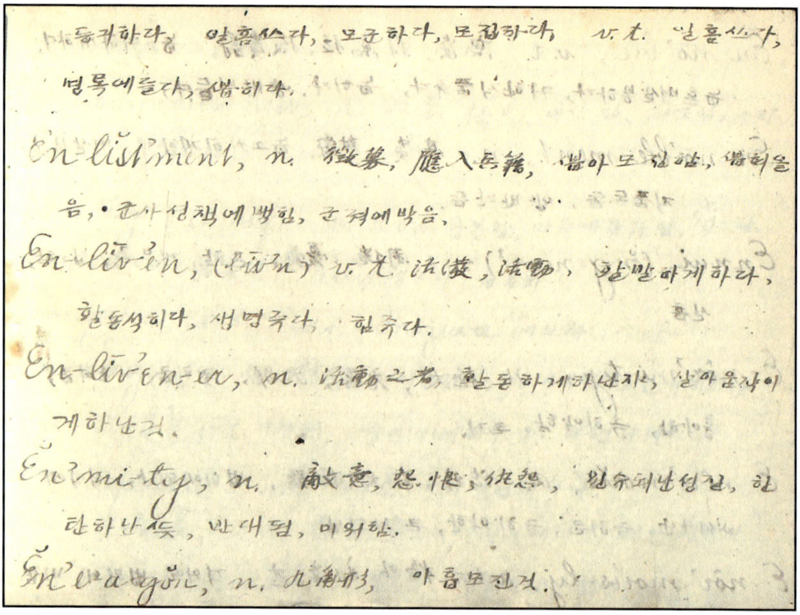
등긔하다, 일홈쓰다, 모군하다, 모집하다, v. i. 일홈쓰다, 명록에들다, [illegible]하다.

En-list'ment, n. 徵募, 應入兵籍, 뽑아모집함, 뽑히울음, 군사성책에뽑힘, 군적에박음.

En-liv'en, (-liv'n) v. t. 活潑, 活動, 활발하게하다, 활동식히다, 생명주다, 힘주다.

En-liv'en-er, n. 活動之者, 활동하게하난자, 살아움작이게하난것.

En'mi-ty, n. 敵意, 怨恨, 仇怨, 원수되난성질, 한탄하난뜻, 반대됨, 미워함.

En'nea-gon, n. 九角形, 아홉모진것.

En-nō'ble, v.t. 高貴, 封高位, 授貴爵, 놉고귀하게하다, 놉흔벼살봉하다, 귀한직품주다, 놉히다. 양반만들다,

En-nō'ble-ment, n. 高貴, 封爵, 놉고귀하게함, 벼살봉함, 직품도둠, 양반만듬.

Ennui, (äng nwē') n. 困倦, 憂鬱, 곤함, 게으름, 답답함, 실흠,

E-nôr'mi-ty, n. 極大, 兇惡, 大罪, 극히큼, 대단히큼, 흉악함, 극히악함, 큰죄.

E-nôr'mous, a. 法外, 極大, 極惡, 법외에되난, 격식에버셔나난, 극히큰, 극히악한, 큰죄되난.

E-nôr'mous-ly, adv. 格外, 非常, 甚, 격외에, 법외에, 비샹히, 심히, 지독히,

E-nôr'mous-ness, n. 非常, 極大, 비샹함, 사나움, 극히큼, 흉악함.

E-nough, (e-nŭf') n. 充分, 충분함, 마음에흡족함, 넉넉함. a. 넉넉한, 흡족한, adv. 넉넉히, 흡족히.

En-quire', v.t. & v.i. Inquire 에보라.

En-rage', v.t. 激怒, 격노하다, 성내게하다, 분내게하다.

En-rănk', v.t. 排列, 줄로버려세우다. 배렬하다.

En-răpture, v.t. 極喜, 극히질겁게하다.

En-răv'ish, v.t. 歡喜, 奪心, 질겁게하다, 정신쌔앗다.

En-răv'ish-ment, n. 歡喜, 질겁게함, 한업시기뿜,

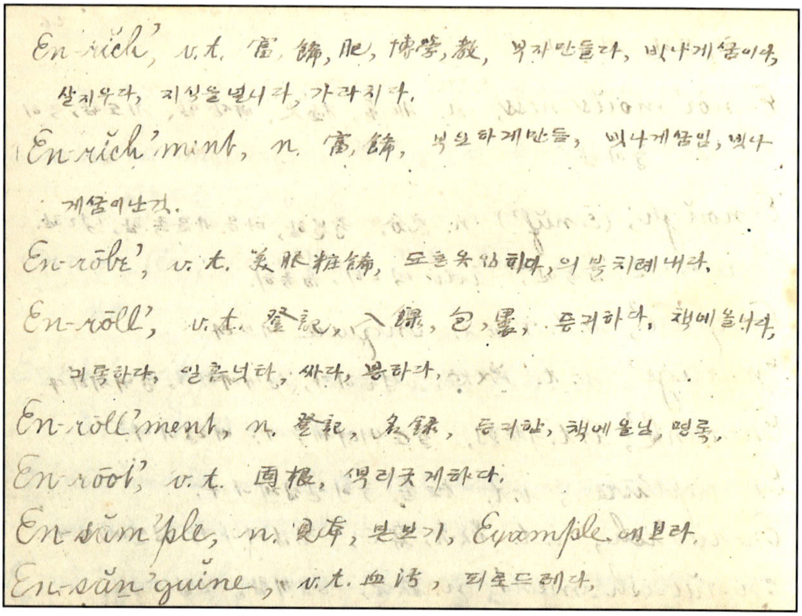

En-rich', v.t. 富, 飾, 肥, 博學, 敎, 부자만들다, 빛나게꾸미다, 살지우다, 지식을널니다, 가라치다.

En-rich'ment, n. 富, 飾, 부요하게만듦, 빛나게꾸밈, 빛나게꾸미난것.

En-rōbe', v.t. 美服粧飾, 됴흔옷입히다, 의복치례내다.

En-rōll', v.t. 登記, 入錄, 包, 畫, 등긔하다, 책에올니다, 긔록하다, 말흘넣다, 싸다, 봉하다,

En-rōll'ment, n. 登記, 名錄, 등긔함, 책에올님, 명록,

En-root', v.t. 固根, 뿌리굿게하다.

En-săm'ple, n. 見本, 본보기, Example 에보라.

En-săn'guine, v.t. 血污, 피로드레다,

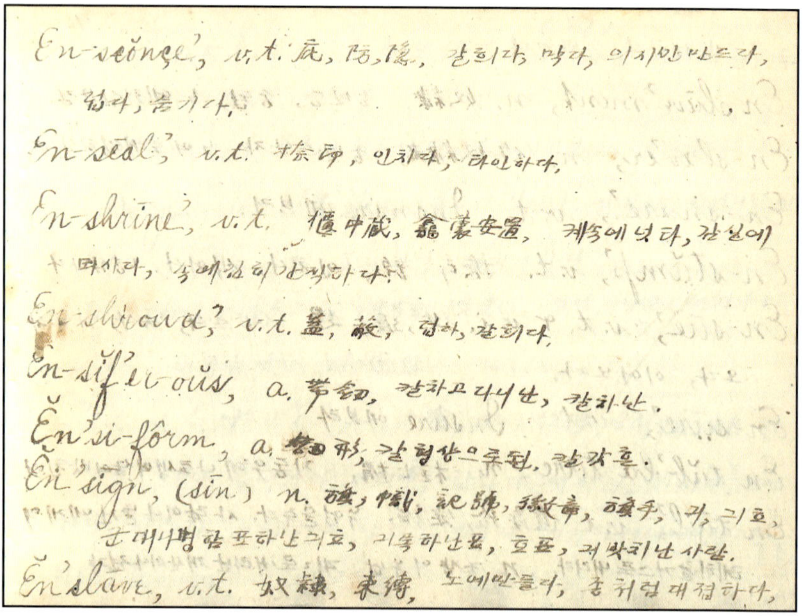

En-scŏnce', v.t. 庇, 防, 隱, 감최다, 막다, 의지만드다, 덥다, 숨기다,

En-seal', v.t. 捺印, 인치다, 타인하다,

En-shrine', v.t. 櫃中藏, 龕裏安置, 궤속에넣다, 감실에 뫼시다, 속에넣히간직하다.

En-shroud', v.t. 蓋, 蔽, 덥다, 감최다.

En-sif'er-oŭs, a. 帶劍, 칼차고다니난, 칼차난.

Ĕn'si-fôrm, a. 劍形, 칼형상으로된, 칼갓흔.

Ĕn'sign, (sīn) n. 旗, 幟, 記號, 徽章, 旗手, 긔, 긔호, 군대나병함표하난긔호, 긔록하난표, 호표, 긔잡지난사람.

Ĕn'slave, v.t. 奴隸, 束縛, 노예만들다, 종처럼대접하다,

압제하다, 속박하다

En-slāve′ment, n. 奴隸, 종만듬, 종됨, 노예처럼복검.

En-slāv′er, n. 作奴隸者, 종만드난자, 노예로대접하난사.

En-snāre′, v.t. Insnare에보라.

En-stămp′, v.t. 捺印, 銘, 인치다, 색이다, 명삼하다.

En-sūe′, v.t. & v.i. 從, 追, 逮, 싸르다, 쏫다, 뒤쫏차오다, 이어오다.

En-sūre′, v.t. Insure에보라

En-tăb′la-tūre, n. 柱上楣, 기동우헤 아로색여삼의 밧친것.

En-tail′, v.t. 遺產給, 定諡, 유업을주다, 사람이나 물건 내게의례히될거스로 내리다, n. 조상의 유업, 대ㄷ로내리난 재산이나 결장.

En-tail′ment, n. 遺產定給, 끼친재산 정하여줌, 조상의 유업 밧음.

En-tāme′, v.t. 馴, 길드리다, 복종식히다.

En-tăn′gle, v.t. 纏結, 混亂, 걸니다, 얼키다, 버셔나기어렵다, 어지러워지다, 혼잡하다, 얼키게하다.

En-tăn′gle-ment, n. 纏結, 混亂, 걸님, 얼김, 버셔나기어려움, 얼키섥게됨, 혼잡함.

Ĕn′ter, v.t. & v.i. 入, 入會, 加, 從事, 到達, 就, 記入, 넉다, 들어가다, 드리다, 참하다, 연하다, 더하다, 종사하다, 이르다, 도박하다, 달하다, 나가다, 기록하여넣다, 시작하다, 살피다.

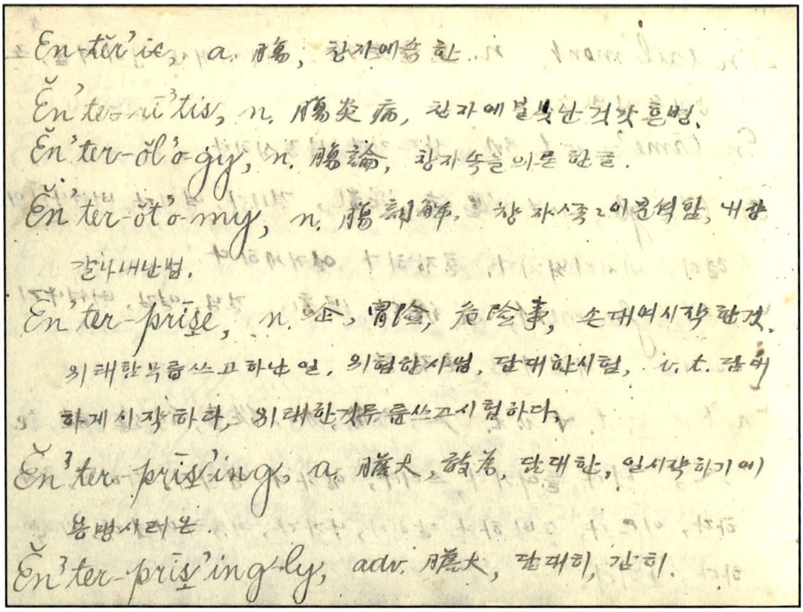

En-ter'ic, a. 腸, 창자에 속한.

En'ter-i'tis, n. 腸炎病, 창자에 발[illegible]난 것

En'ter-ol'o-gy, n. 腸論, 창자 속을 의론한 글.

En'ter-ot'o-my, n. 腸剖解, 창자 속으로 이론석함, 내장 갈나내난법.

En'ter-prise, n. 企, 冒險, 危險事, 손대여 시작한 것, 위태함 무릅쓰고 하난 일, 위험한 시험, 담대한 시험, v.t. 담대하게 시작하다, 위태한 것을 무릅쓰고 시험하다.

En'ter-pris'ing, a. 膽大, 敢爲, 담대한, 일 시작하기에 용맹스러운.

En'ter-pris'ing-ly, adv. 膽大, 담대히, 감히.

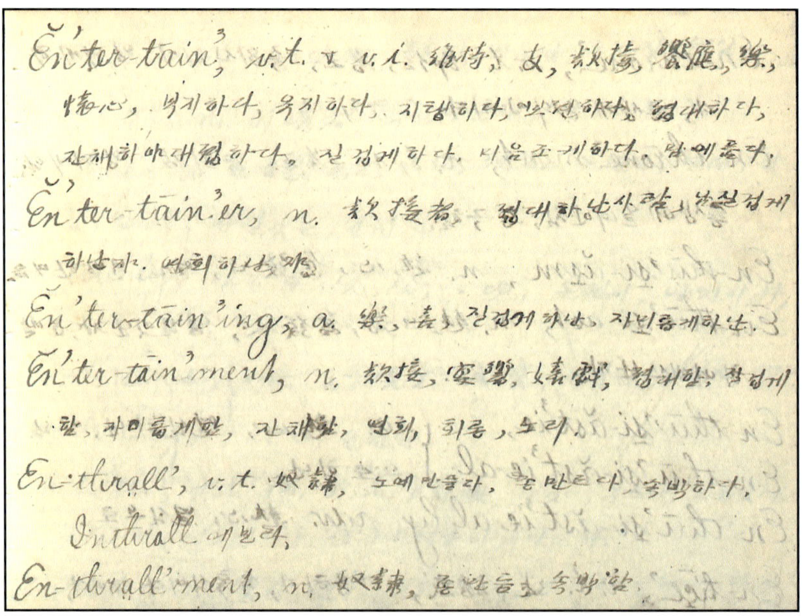

En'ter-tain', v.t. & v.i. 繼待, 友, 款接, 饗應, 樂, 懷心, 봉지하다, 옥지하다, 치탐하다, 여연하다, 접대하다, 잔채하야 대접하다. 질겁게 하다. 마음 조케 하다. 맘에 품다.

En'ter-tain'er, n. 款接者, 접대하난 사람, 질겁게 하난 자. 연희하난 자.

En'ter-tain'ing, a. 樂, 喜, 질겁게 하난, 자미롭게 하난.

En'ter-tain'ment, n. 款接, 宴饗, 娛戲, 접대함, 질겁게 함, 자미롭게 함, 잔채함, 연회, 희롱, 노리.

En-thrall', v.t. 奴隸, 노예 만들다, 종 만들다, 속박하다, Inthrall 에 보라.

En-thrall'ment, n. 奴隸, 종 만듦, 속박함.

En-thrōne', v.t. 卽位, 爲王, 즉위식히다, 왕되게하다, 룡상에 올녀안치다, 등극하다,

En-thrōne'ment, n. 卽位, 爲王, 즉위함, 왕되게함, 룡상에 올녀안침, 등극함,

En-thū'si-ăsm, n. 熱心, 奮發心, 열심, 분발한마음.

En-thū'si-ast, n. 熱心者, 奮發人, 열심있난자, 분발하여쓰난자.

En-thū'si-ăst'ic, } a. 熱心, 열심하난, 열심으로하난.
En-thū'si-ăst'ic-al, }

En-thū'si-ăst'ic-al-ly, adv. 熱心, 열심으로.

En-tīçe', v.t. 迷, 誘惑, 미혹하다, 유혹식이다, 꾀이다,

En-tīçe'ment, n. 迷惑, 誘引, 미혹함, 유인함, 꾀임.

En-tī'çer, n. 引誘者, 유인하난자, 꾀이난자.

En-tīre', a. 全體, 完全, 一切, 純全, 온전한, 전례다함한, 완전한, 한결갓흔, 순전한.

En-tīre'ly, adv. 全, 完, 皆, 一切, 온전히, 완전히, 다, 일톄로, 순히,

En-tīre'ness, } n. 全, 完全, 誠實, 온전함, 완전함, 성실함, 순전함.
En-tīre'ty, }

En-tī'tle, v.t. 稱, 呼, 名, 官爵與, 일커다, 부르다, 일홈짓다, 존칭하다, 벼살식히다, 스스로에 적당하게 만드다.

En'ti-ty, n. 實在, 現存, 실상있난것, 생각에나실적에있난것,

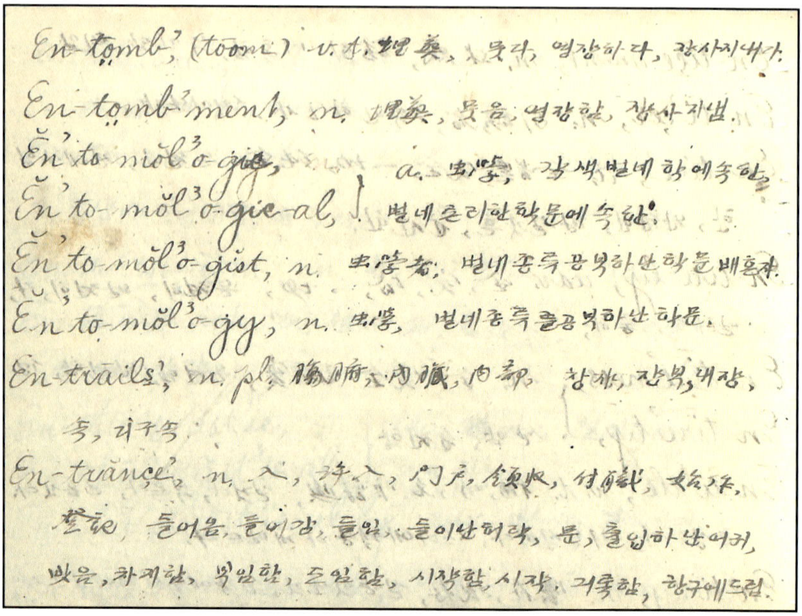
En-tomb', (toom) v. t. 埋葬, 뭇다, 염장하다, 장사지내다.
En-tomb'ment, n. 埋葬, 뭇음, 염장함, 장사지냄.
Ĕn'to-mŏl'o-gic, | a. 虫學, 각색벌네학에속한,
Ĕn'to-mŏl'o-gic-al, | 벌네조리한학문에속한.
Ĕn'to-mŏl'o-gist, n. 虫學者, 벌네종족분별하난학을배혼자.
Ĕn'to-mŏl'o-gy, n. 虫學, 벌네종족을분별하난학문.
En-trails', n. pl. 腸腑, 內臟, 內部, 창자, 장부, 내장, 속, 뇌속.
En-trănce', n. 入, 許入, 門戶, 領收, 就職, 始作, [illegible] 들어옴, 들어감, 들임, 들이난허락, 문, 출입하난어귀, 밧음, 차지함, 복임함, 조임함, 시작함, 시작, 거룩함, [illegible]

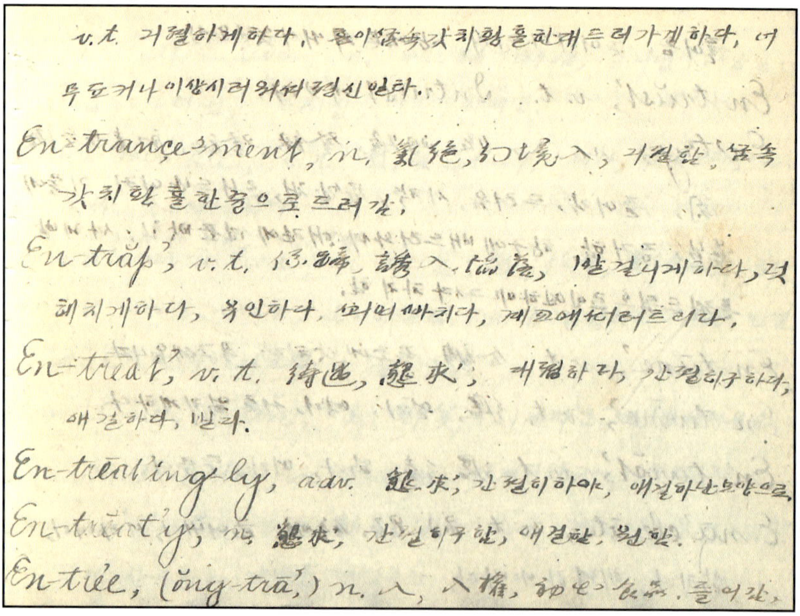
v. t. 거절하게하다, [illegible] 황홀한데드러가게하다, 너무도커나이상시러워서정신일타.
En-trance'ment, n. 氣絶, 幻境入, 거절함, [illegible] 황홀한중으로드러감,
En-trăp', v. t. [illegible], 誘入, 陷害, 덫걸니게하다, 덫해치게하다, 유인하다, 속여빠치다, 계교에써러트리다,
En-treat', v. t. 待遇, 懇求, 대접하다, 간절히구하다, 애걸하다, 빌다.
En-treat'ing-ly, adv. 懇求, 간절히하야, 애걸하난모양으로,
En-treat'y, n. 懇求, 간절히구함, 애걸함, 원함.
En-tree, (ŏng-trā',) n. 入, 入權, [illegible], 들어감,

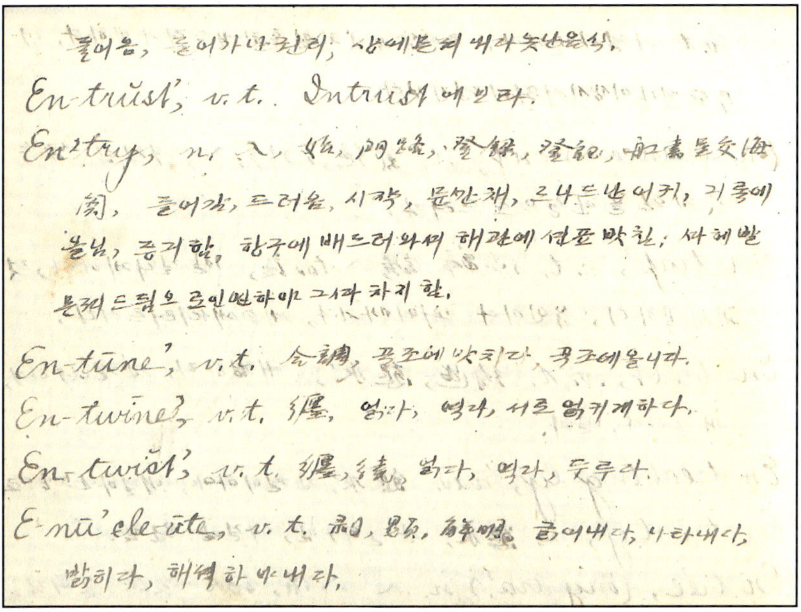
들어옴, 들어가난권리, 상에드려내려놋난음식.
En-trust', v.t. Intrust 에 보라.
En'try, n. 入, 始, 門路, 登錄, 登記, 船貨呈交海關, 들어감, 드러옴, 시작, 문안채, 드나드난어귀, 기록에 올님, 증거함, 항구에 배드러와서 해관에 선표맛침; 사해발
문서를드림으로인연하야 그사람 차지함.
En-tūne', v.t. 合調, 곡조에 맛치다, 곡조에올니다.
En-twine', v.t. 纏, 얽다, 엮다, 서로얽키게하다.
En-twist', v.t. 纏, 繞, 얽다, 엮다, 두루다.
E-nū'cle-āte, v.t. 剖, 顯, 解明, 글어내다, 나타내다, 밝히다, 해석하야내다.

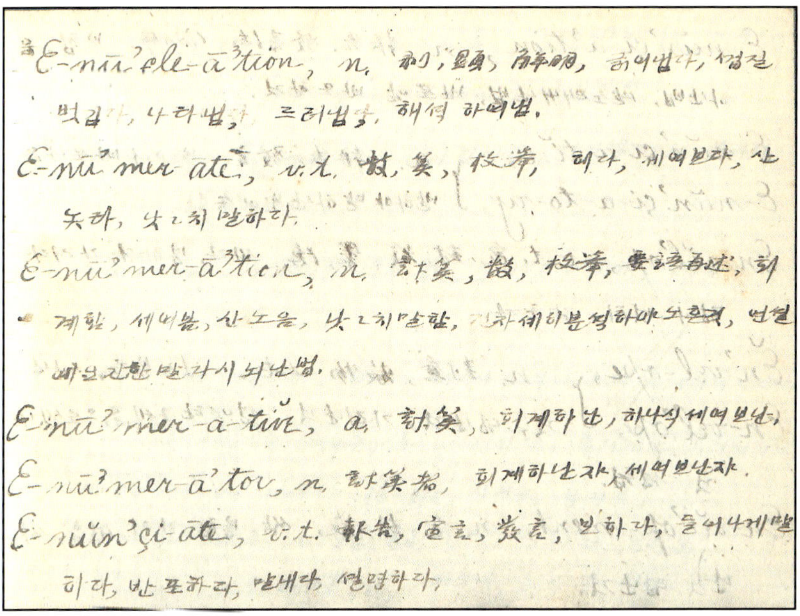
E-nū'cle-ā'tion, n. 剖, 顯, 解明, 글어냄, 설절벗김, 나타냄, 드러냄, 해석하여냄.
E-nū'mer-āte, v.t. 數, 筭, 校筭, 헤다, 세여보다, 산놋타, 낫낫치말하다.
E-nū'mer-ā'tion, n. 計筭, 數, 校筭, 要語再述, 회계함, 세여봄, 산노음, 낫낫치말함, 자세히분석하야노흔것, 연설에요긴한말다시되난법.
E-nū'mer-a-tĭve, a. 計筭, 회계하난, 하나식세여보난,
E-nū'mer-ā'tor, n. 計筭者, 회계하난자, 세여보난자.
E-nŭn'çi-āte, v.t. 報告, 宣言, 發言, 보하다, 들어나게말하다, 반포하다, 말내다, 설명하다,

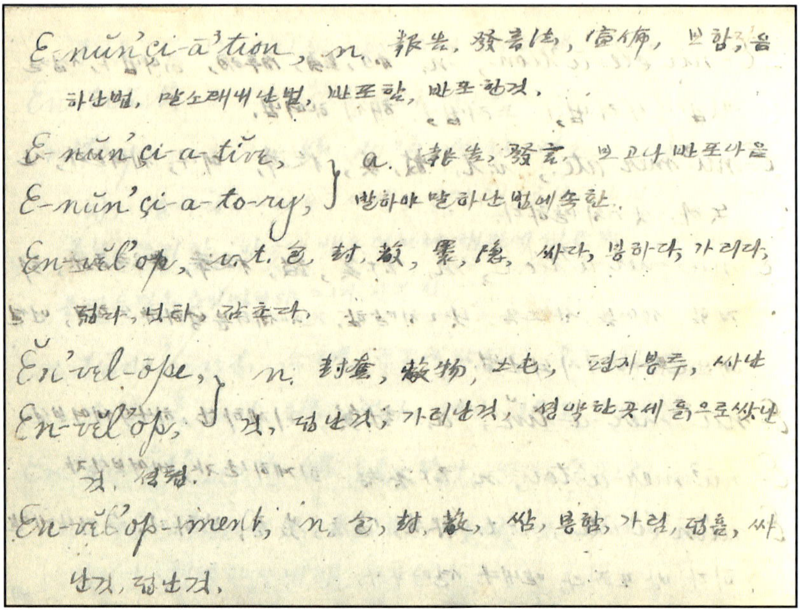

E-nŭn'çi-a'tion, n. 報告, 發言法, 言佈, 보함, 을 하난법, 말소래내난법, 빠포함, 빠포한것.

E-nŭn'çi-a-tive, } a. 報告, 發言, 보고나 빠포사은

E-nŭn'çi-a-to-ry, } 발하야 말하난 법에 속한.

En-vĕl'op, v.t. 包, 封, 斂, 裹, 隱, 싸다, 봉하다, 가리다, 덥다, 넣다, 감초다.

Ĕn'vel-ōpe, } n. 封套, 斂物, 上包, 편지봉투, 싸난

En-vĕl'op, } 것, 덥난것, 가리난것, 섬약한곳세 흙으로쌋난 것, 성첩.

En-vĕl'op-ment, n. 包, 封, 斂, 쌈, 봉함, 가림, 덥흠, 싸난것, 덥난것.

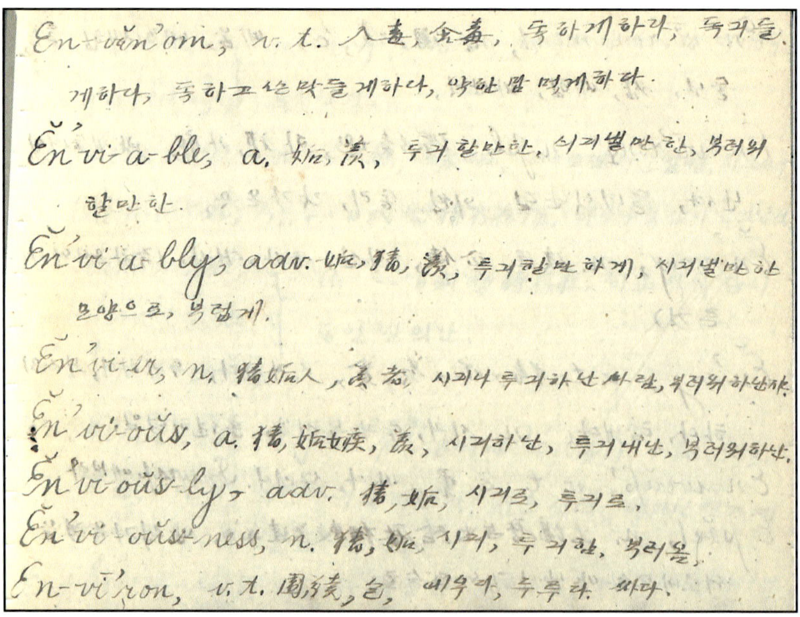

En-vĕn'om, v.t. 入毒, 含毒, 독하게하다, 독기들게하다, 독하고 쓴맛들게하다, 악한 맘 먹게하다.

Ĕn'vi-a-ble, a. 妬, 羨, 투긔할만한, 시긔낼만한, 부러워할만한.

Ĕn'vi-a-bly, adv. 妬, 猜, 羨, 투긔할만하게, 시긔낼만한 모양으로, 부럽게.

Ĕn'vi-er, n. 猜妬人, 羨者, 시긔나 투긔하난 사람, 부러워하난자.

Ĕn'vi-oŭs, a. 猜, 妬嫉, 羨, 시긔하난, 투긔내난, 부러워하난.

Ĕn'vi-oŭs-ly, adv. 猜, 妬, 시긔로, 투긔로,

Ĕn'vi-oŭs-ness, n. 猜, 妬, 시긔, 투긔함, 부러움.

En-vī'ron, v.t. 圍繞, 包, 에우다, 두루다, 싸다.

En-vī'ron-ment, n. 周圍, 環境, 包, 에움, 에워쌔힘, 둘음, 둘님, 쌈, 쌔힘, 싸는것,

En-vī'rons, n. pl. 環境地, 附近, 近郊, 밧게둘너잇난사다, 둘너잇난데, 외편, 동리, 가가온곳,

Ĕn'voy, n. 使臣, 公使, 사신, 공사, 대사, (특히공사와다른것)

Ĕn'vy, v. t. 猜, 妬, 羨, 貪, 시긔하다, 투긔하다, 부러워하다, 탐내다. —n. 시긔, 투긔, 부러움, 흠션히녀김,

En-wrăp', v. t. 包, 裹, 싸다, 두르다. Inwrap에보라.

Ē'păct, n. 太陽曆与太陰曆相較差違年月, 양력과음력을 서로비교하야 남난해와달수효.

Ĕp'au-lĕt, Ĕp'au-lĕtte, n. 肩章, 견장, 해륙군장관복장 억개에 붓치난것.

E-phĕm'e-ra, n. 一日熱, 蜉蝣, 하로만더운열병, 하로사리,

E-phĕm'e-ral, n. 一日或暫時存在物, 하로나혹잠시만잇난것,

E-phĕm'e-ral, E-phĕm'e-ric, E-phĕm'e-rous, a. 一日或暫時存在, 하로나혹잠시동안만잇난.

E-phĕm'e-ris, n. (pl. Eph-e-mer'i-des,) 日記, 天文曆書, 일긔, 날마다긔록하난것, 텬문책력, 행하난별과혜셩등의보히난자리를표하야긔록한것.

E-phĕm'e-rist, n. 行星學者, 日記者, 그 속별로다니난

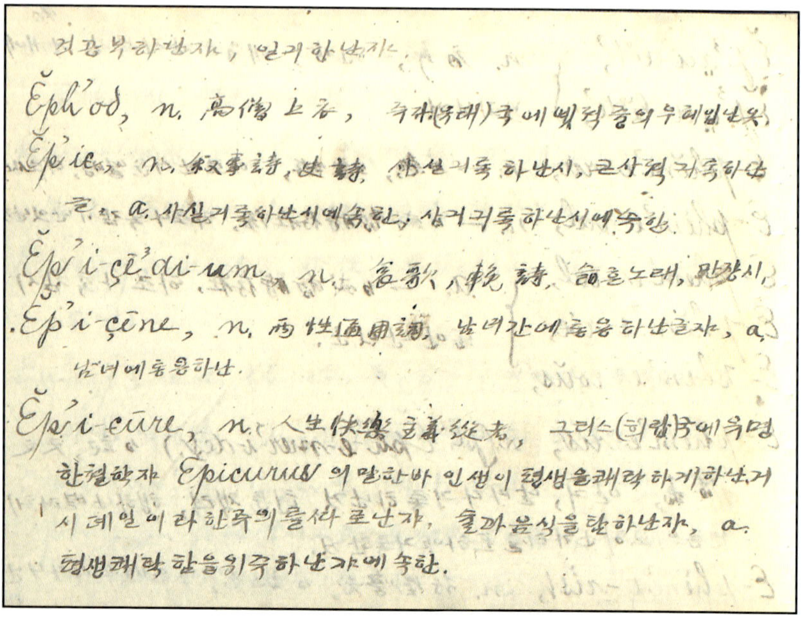

젹공부하난자, 일기한난자.

Ĕph'od, n. 高僧上衣, 유태(유태)국에 벡젹즁의 우헤입난옷.

Ĕp'ic, n. 叙事詩, 史詩, 사실기록하난시, 근사젹기록하난글. a. 사실기록하난시에속한, 실기기록하난시에속한.

Ĕp'i-cē'di-um, n. 哀歌, 挽詩, 슯흔노래, 만장시,

Ĕp'i-çēne, n. 兩性通用詞, 남녀간에통용하난글자, a. 남녀에통용하난.

Ĕp'i-cūre, n. 人生快樂主義從者, 그리스(희랍)국에유명한철학자 Epicurus의 말한바 인생이 평생을쾌락하게하난거시뎨일이라한쥬의를사르난자, 술과음식을탐하난자, a. 평생쾌락함을위쥬하난자에속한.

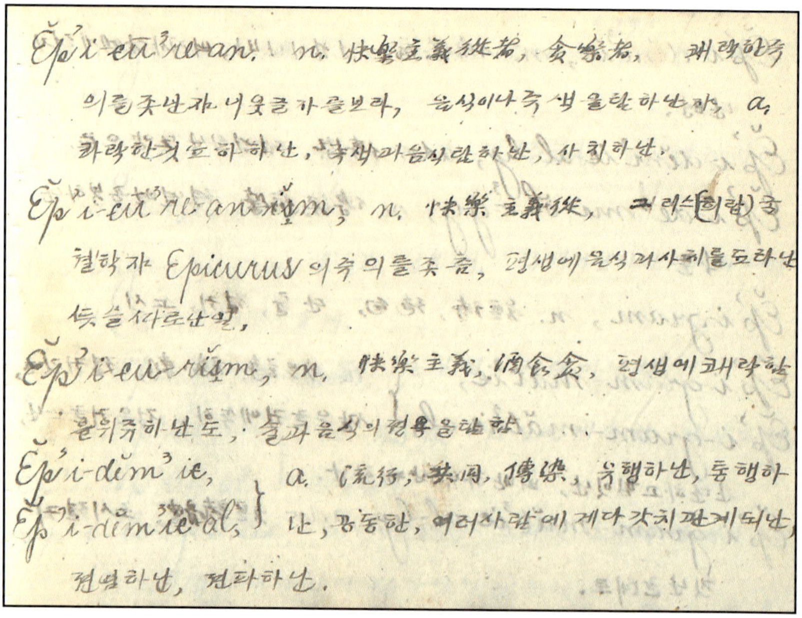

Ĕp'i-cū're-an, n. 快樂主義從者, 貪樂者, 쾌락한쥬의를좃난자, 니웃글자를보라, 음식이나주색을탐하난자, a. 쾌락한것을료하하난, 주색과음식탐하난, 사치하난.

Ĕp'i-cū're-an-ĭsm, n. 快樂主義從, 그리스(희랍)국철학자 Epicurus의쥬의를좃촘, 평생에음식과사치를됴하난것을사르난일,

Ĕp'i-cū-rĭsm, n. 快樂主義, 酒食貪, 평생에쾌락함을위쥬하난도, 술과음식의경욕을탐함.

Ĕp'i-dĕm'ic, } a. 流行, 共同, 傳染, 유행하난, 통행하난, 공동한, 여러사람에게다갓치관계되난, 젼염하난, 젼파하난.
Ĕp'i-dĕm'ic-al, }

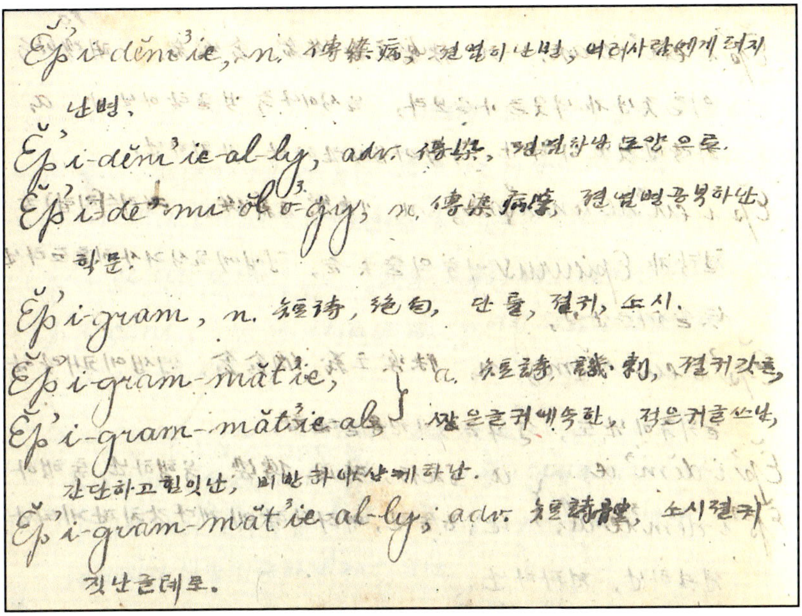
Ĕp'i-dĕm'ic, n. 傳染病, 전염히 나는병, 여러사람에게 전지 나는병,
Ĕp'i-dĕm'ic-al-ly, adv. 傳染, 전염하는 모양으로.
Ĕp'i-de-mi-ŏl'o-gy, n. 傳染病學, 전염병공부하는 학문.
Ĕp'i-gram, n. 短詩, 絶句, 단률, 절귀, 소시.
Ĕp'i-gram-măt'ic, Ĕp'i-gram-măt'ic-al } a. 短詩 諷刺, 절귀같흔, 짧은글귀에속한, 적은귀글쓰는, 간단하고힘잇는, 비판하야상케하는.
Ĕp'i-gram-măt'ic-al-ly, adv. 短詩體, 소시절귀 짓는글례로.

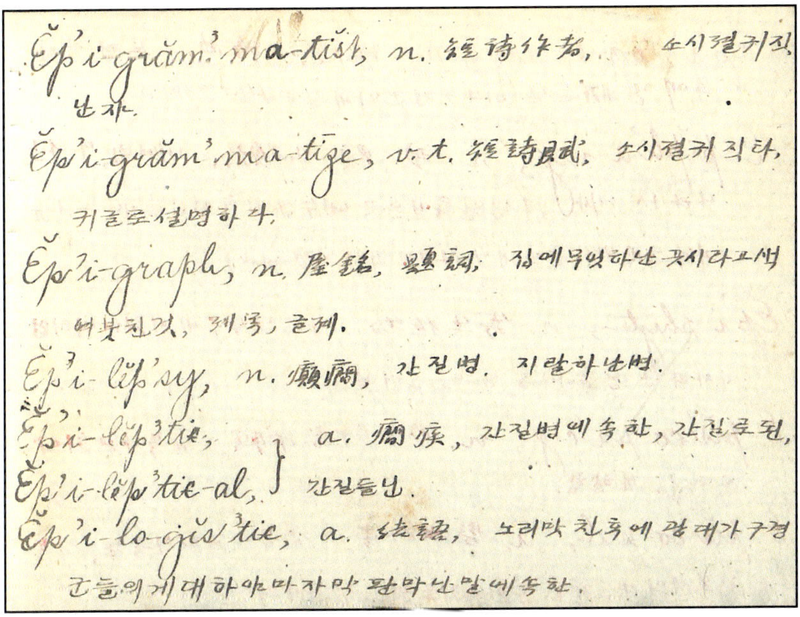
Ĕp'i-grăm'ma-tist, n. 短詩作者, 소시절귀짓는자.
Ĕp'i-grăm'ma-tize, v. t. 短詩賦, 소시절귀 짓다, 귀글로설명하다.
Ĕp'i-graph, n. 屋銘, 題詞, 집에무엇하는곳시라고써 여붓친것, 제목, 글제.
Ĕp'i-lĕp'sy, n. 癲癇, 간질병, 지랄하는병.
Ĕp'i-lĕp'tic, Ĕp'i-lĕp'tic-al, } a. 癎疾, 간질병에속한, 간질로된, 간질들난.
Ĕp'i-lo-gĭs'tic, a. 結語, 노래막 친후에 광대가 구경군들의게대하야마자막 판막는말에속한.

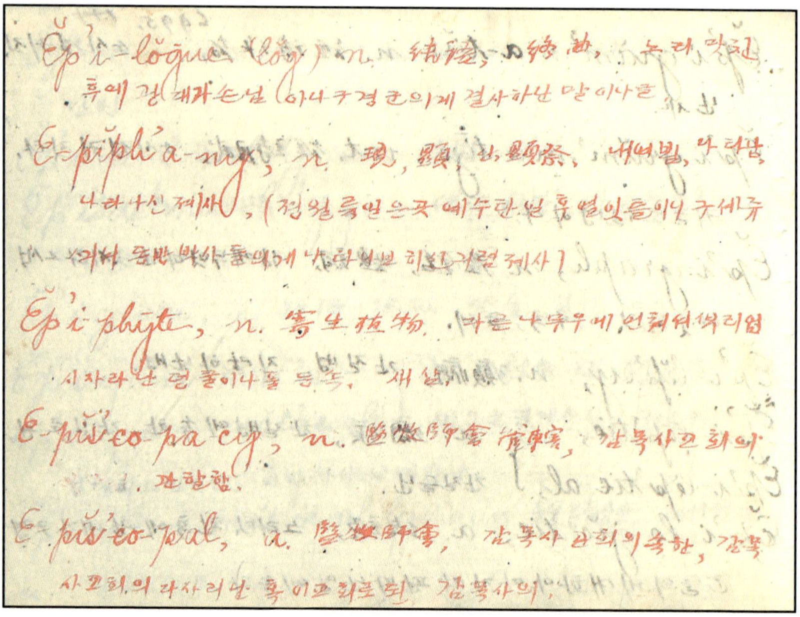
Ep'i-logue (log), n. 結[illegible], 終曲, 노리 맛친 후에 [illegible] 대과 손님 (아나구경 군의게 결사하난 말이나 글

E-piph'a-ny, n. 現, 顯, [illegible], 나[illegible]볼, 나타남, 나타나신 제사, (정월륙일은곳 예수탄생 후 열잇흘이니 구세쥬 [illegible] 동방 박사들의게 나타내보히신 긔렴 제사]

Ep'i-phyte, n. 寄生植物, 다른 나무우에 언쳐 [illegible] 리엄 시자라난 덩굴이나 풀 등속, 새 삶,

E-pis'co-pa-cy, n. 監牧師會 管轄, 감목사교회의 관할함.

E-pis'co-pal, a. 監牧師會, 감목사 교회의 속한, 감목사교회의 다사리난 혹 이 교회로 된 감목사의,

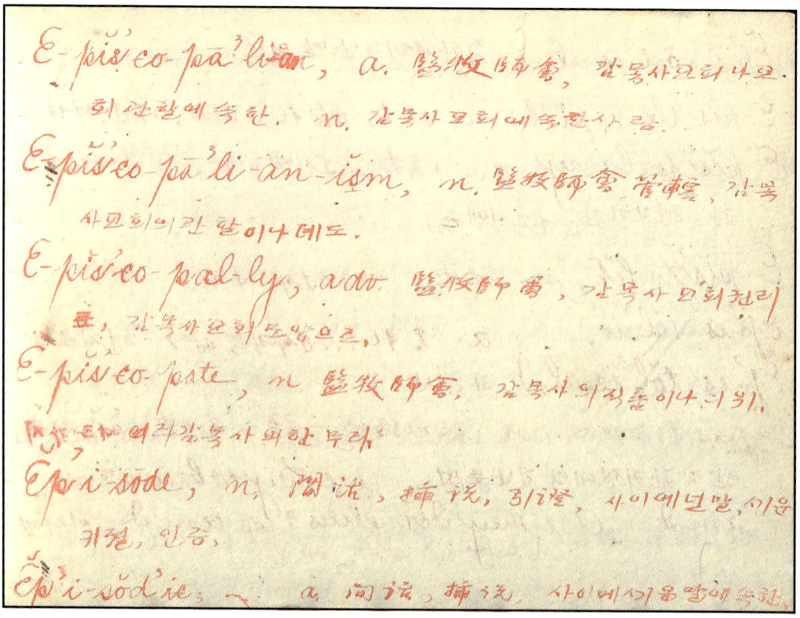
E-pis'co-pa'li-an, a. 監牧師會, 감목사교회나 교회관할에 속한. n. 감목사교회에 속한 사람.

E-pis'co-pa'li-an-ism, n. 監牧師會 管轄, 감목사교회의 관할이나 제도.

E-pis'co-pal-ly, adv. 監牧師會, 감목사교회 천리로, 감목사교회 도법으로,

E-pis'co-pate, n. 監牧師會, 감목사의 직품이나 지위, [illegible] 여러 감목사의 한 무리,

Ep'i-sode, n. 間話, 插話, 引證, 사이에 넌 말, 쉬운 귀절, 인증,

Ep'i-sod'ic, a. 間話, 插話, 사이에 끼운 말에 속한,

Ĕp′i-sŏd′ic-al, } 즁간에셔우는말 잇는.

E-pĭs′tle, (pĭs′l) n. 信書, 翰札, 편지, 서신, 서찰.

E-pĭs′to-la-ry, a. 信書, 편지에속한, 편지에합한, 편지가진, 편지에든.

E-pĭs′to-lĕt, n. 短札, 짜른편지, 단찰.

Ĕp′is-tŏl′ic,
Ĕp′is-tŏl′ic-al, } a. 書札, 편지에속한) 편지로말하려는.

E-pĭs′tro-phe, n. 數句終以一語之文體, 여러가지 말로 한귀절에맛치는문법, Are they Hebrews? so am I. Are they Israelites? so am I. 이러케 쓰는문법.

Ĕp′i-tăph, (tăf) n. 碑銘, 碑文, 비문, 비명, 비에색이는글.

Ĕp′i-tăph′ic, a. 碑銘, 비문에속한, 비문으로된.

Ĕp′i-tha-la′mi-ŭm, n. 婚姻祝賀歌, 혼인에 경축하고치하하는노래.

Ĕp′i-thet, n. 性質形容詞, 名稱, 사람이나물건의 셩질형용하는형용사, 명호, 일홈.

Ĕp′i-thĕt′ic, a. 性質形容詞, 물건이나사람의셩질형용사에속한 혹그뜻가진 혹그뜻만흔.

E-pĭt′o-me, n. (pl. E-pĭt′o-mes,) 要略, 略語, 撮要, 요긴한것만추려노흔것, 강령, 대략, 요긴한것 빼낸말.

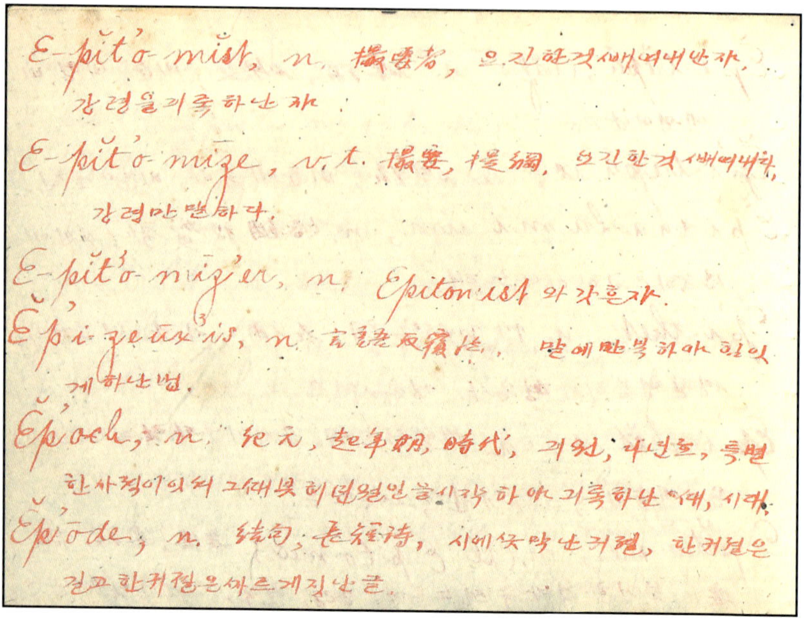

E-pĭt'o-mist, n. 撮要者, 요긴한것ᄲᆡ여내ᄂᆞᆫ자, 강령을긔록하ᄂᆞᆫ자.

E-pĭt'o-mize, v.t. 撮要, 提綱, 요긴한것ᄲᆡ여내며, 강령만맨하다.

E-pĭt'o-miz'er, n. Epitomist와갓흔자.

Ĕp'i-zeux'is, n. 言語反覆法, 말에ᄯᅩ복하야 힘잇게하ᄂᆞᆫ법.

Ĕp'och, n. 紀元, 起年期, 時代, 긔원, 대년호, 특별한사젹이잇서 그ᄯᆡ붓허년월일을시작하야 긔록하ᄂᆞᆫᄯᆡ, 시ᄃᆡ.

Ĕp'ōde, n. 結句, 長短詩, 시에ᄭᅳᆺ막ᄂᆞᆫ귀졀, 한귀졀은 길고한귀졀은ᄶᅡᆯ으게짓ᄂᆞᆫ글.

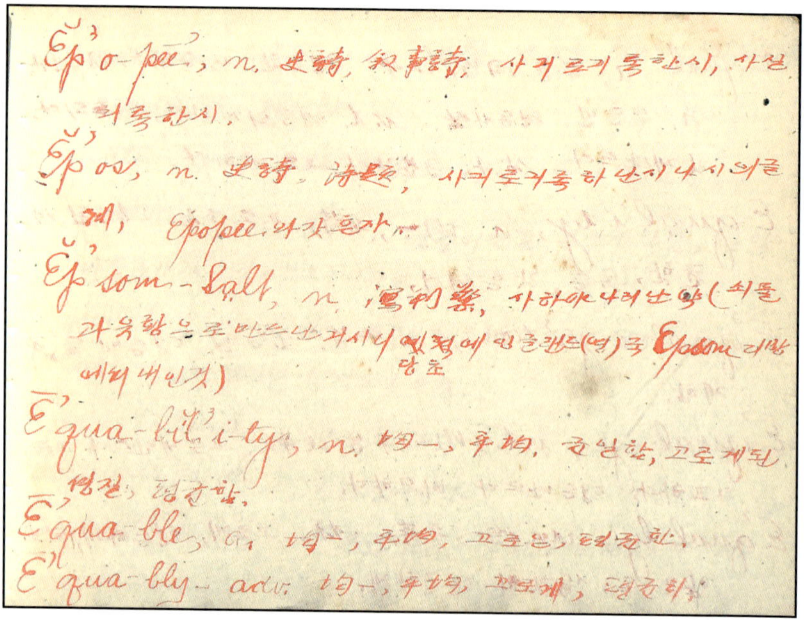

Ĕp'o-pee, n. 史詩, 叙事詩, 사긔로긔록한시, 사실긔록한시.

Ĕp'os, n. 史詩, 詩題, 사긔로긔록하ᄂᆞᆫ시나 시의글제, Epopee와갓흔자.

Ĕp'som-salt, n. 瀉利鹽, 사하야내리ᄂᆞᆫ약(쇠돌과유황으로만드ᄂᆞᆫ거시니 옛젹(당초)에 잉글랜드(영)국 Epsom 디방에셔내인것)

Ē'qua-bil'i-ty, n. 均一, 平均, 균일함, 고로게된셩질, 평균함.

Ē'qua-ble, a. 均一, 平均, 고로운, 평균한.

Ē'qua-bly, adv. 均一, 平均, 고로게, 평균히.

Ē'qual, a. 平等, 同等, 公平, 평등한, 동등되난, 공평한,
n. 동등인, 평등사람. v.t. 평등되게하다, 평등되다,
갓게만드다, 같다, 충분하다, 고로게하다.

E-qual'i-ty, n. 均一, 平等, 고로로움, 평등됨, 평
균함, 동등, 갓흔것되다.

Ē'qual-i-zā'tion, n. 平等, 동등됨, 평등만듦, 갓
게함.

Ē'qual-ize, v.t. 均一, 平等, 比較, 고로게만드다, 고로
다고하다, 평등만드다, 비교하다.

Ē'qual-ly, adv. 均一, 平等, 一樣, 고로게, 평등하게, 한모
양으로, 똑갓치, 평균하게.

Ē'qua-nim'i-ty, n. 沉静, 安全, 安心, 침정함,
마음의안정함, 평심함.

E-quate', v.t. 平均, 平等, 균평히만드다, 고로게하다.

E-qua'tion, n. 均分, 평균히난홈, 고로게난홈, 산학
에두숙가갓흔거슬(=)이표로 표함.

E-qua'tor, n. 赤道, 天球赤道線, 적도, 디구가온데돌난
선, 하날에 둘너잇난 적도갓흔줄.

Ē'qua-tō're-al, }
Ē'qua-tō'ri-al, } a. 赤道, 적도에속한, 디구에돌난선
갓흔줄에속한.

Ē'qua-tō'ri-al, n. 赤道儀, 망원경에 적도모양으로된것.

E-quĕr'ry, n. 大廐, 司馬, 큰마구, 왕이나 귀인의말

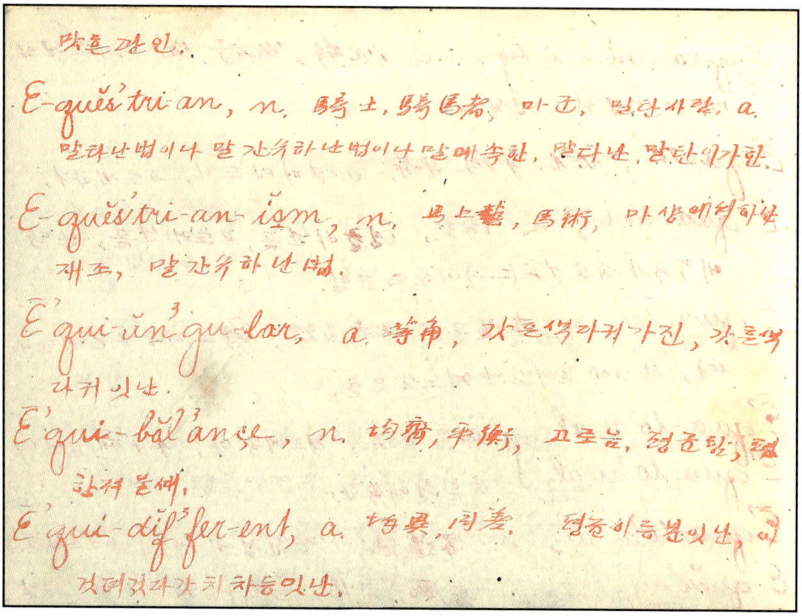

막흔 강인.

Ē-quĕs'tri-an, n. 騎士, 騎馬者, 마부, 말탄사람, a. 말타난법이나 말 간수하난법이나 말에속한, 말타난, 말탄이가한.

Ē-quĕs'tri-an-ism, n. 馬上藝, 馬術, 마상에셔하난 재조, 말 간수하난법.

Ē'qui-ăn'gu-lar, a. 等角, 갓흔엿귀가진, 갓흔엿귀잇난.

Ē'qui-băl'ance, n. 均齊, 平衡, 고로늠, 평균함, 평칭하여 분배.

Ē'qui-dĭf'fer-ent, a. 均異, 同差, 평균히등분잇난, 이것뎌것다갓치 차등잇난.

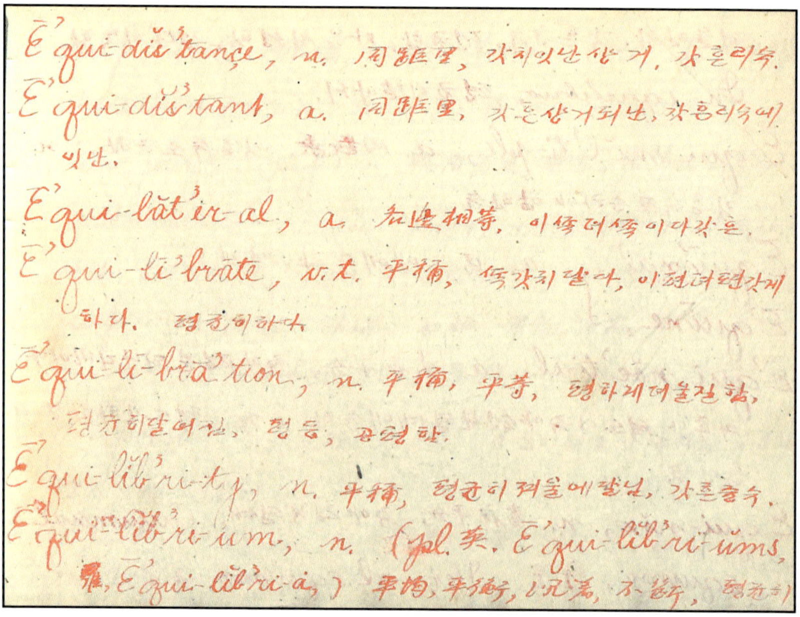

Ē'qui-dĭs'tance, n. 同距里, 갓치잇난상거, 갓흔리수.

Ē'qui-dĭs'tant, a. 同距里, 갓흔상거되난, 갓흔리수에 잇난.

Ē'qui-lăt'er-al, a. 各邊相等, 이쪽뎌쪽이다갓흔.

Ē'qui-lī'brate, v.t. 平稱, 똑갓치 달다, 이뎌뎌평갓게 하다. 평균히하다

Ē'qui-li-brā'tion, n. 平稱, 平等, 평하게뎌울질함, 평균히달어짐, 평등, 공평함.

Ē'qui-lĭb'ri-ty, n. 平稱, 평균히져울에달님, 갓흔즁수.

Ē'qui-lĭb'ri-um, n. (pl. 英. Ē'qui-lĭb'ri-ŭms, 羅, Ē'qui-lĭb'ri-a,) 平均, 平衡, 沉着, 不移, 평균히

퇴울질함, 갓흔중수, 평균함, 마음침정함, 결단치못함.

In equilibrio, 평균티질아서.

Ē'qui-mŭl'ti-ple, a. 同數乘, 갓흔수로승한, n. 갓흔수로승하야 얻한수

Ē'qui-nal, } a. 馬, 말에속한, 말갓흔.
Ē'quine, }

Ē'qui-nŏc'tial, a. 晝夜平分, 주야평분되난디방이나 기후나, 적도나주야평분될때에속한. n. 적도갓치하날에 돌난줄.

Ē'qui-nŏx, n. 晝夜平分, 주야평분될때, Autumnal Equinox, 추분, Vernal Equinox, 춘분,

E-quĭp', v. t. 準備, 供給, 裝飾, 준비하다, 공급하다(군함이나군대등), 장식하다, 닙이다.

Ĕq'ui-page, (pĕj) n. 艦用器具, 軍需, 軍裝, 什物, 衣服, 陪從者, 군함에쓰는제구, 군사의제구, 군사준비하난것, 군사의복장, 각색집물, 추종군.

E-quĭp'ment, n. 準備, 衣服, 軍物, 軍需, 什物, 준비함, 준비됨, 준비하난것, 의복, 군물, 군사의수용할것, 각색집물,

Ē'qui-poise, n. 平稱, 平均, 평균히저울질하것, 평균한 중수, 양편이다갓흠.

Ē'qui-pŏl'lence, } n. 均重, 平重, 평균함, 량편다갓흠,
Ē'qui-pŏl'len-cy, } 중수갓흠,

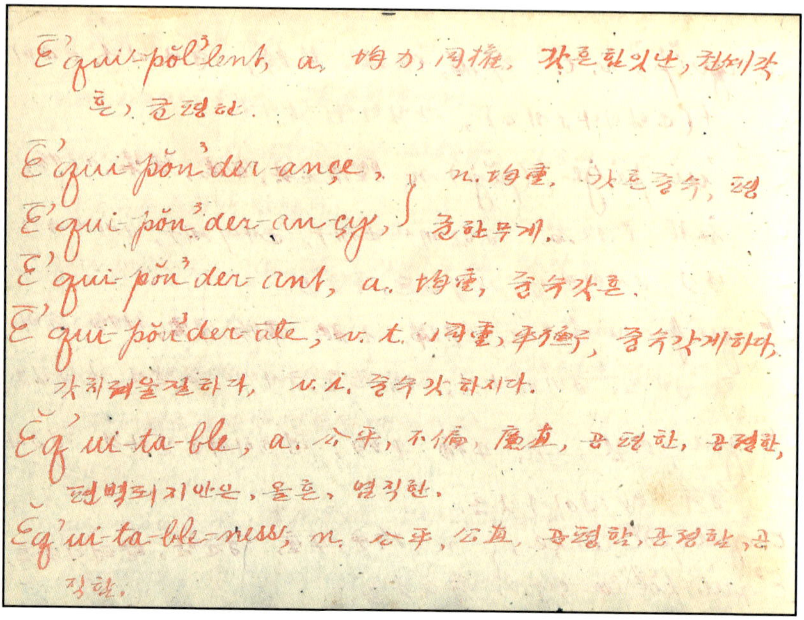

Ē'qui-pŏl'lent, a. 均力, 同權, 갓흔힘잇난, 권세갓흔, 균평한.

Ē'qui-pŏn'der-ance, } n. 均重, 갓흔즁수, 평
Ē'qui-pŏn'der-an-cy, } 균한무게.

Ē'qui-pŏn'der-ant, a. 均重, 즁수갓흔.

Ē'qui-pŏn'der-ate, v. t. 同重, 平衡, 즁수갓게하다, 갓치뎌울질하다, v. i. 즁수갓치하다.

Ĕq'ui-ta-ble, a. 公平, 不偏, 廉直, 공평한, 공평한, 편벽되지안은, 올흔, 염직한.

Ĕq'ui-ta-ble-ness, n. 公平, 公直, 공평함, 공평함, 공직함.

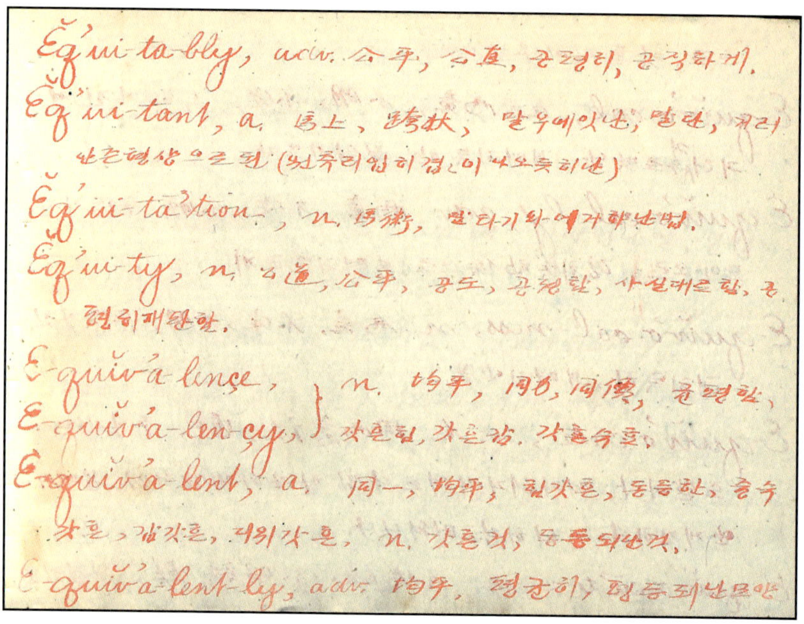

Ĕq'ui-ta-bly, adv. 公平, 公直, 공평히, 공직하게.

Ĕq'ui-tant, a. 馬上, 騎狀, 말우에잇난, 말탄, 겨리난흔형상으로된 (뫼츄리엽히겹ㄷ이나오늣히난)

Ĕq'ui-ta'tion, n. 馬術, 말타기와예가하난법.

Ĕq'ui-ty, n. 公道, 公平, 공도, 공평함, 사실대로함, 공평히재판함.

E-quiv'a-lence, } n. 均平, 同力, 同價, 균평함,
E-quiv'a-len-cy, } 갓흔힘, 갓흔갑, 갓흔슈효.

E-quiv'a-lent, a. 同一, 均平, 힘갓흔, 동등한, 즁수갓흔, 갑갓흔, 대위갓흔, n. 갓흔것, 동등되난것.

E-quiv'a-lent-ly, adv. 均平, 평균히, 동등되난모양

으로, 각흔 할이나 많으로.

E-quiv'o-cal, a. 兩意, 不明, 不定, 두뜻가진, 여러겹으로 맞난, 분명치못한, 진정치못한.

E-quiv'o-cal-ly, adv. 兩意, 不定, 不明, 두뜻가진 모양으로, 명치못한뜻으로, 분명치못하게.

E-quiv'o-cal-ness, n. 兩意, 不定, 不明, 두뜻가짐, 명치못함, 분명치안음.

E-quiv'o-cate, v. t. 用兩意語, 遁辭, 두가지뜻으로말하다, 여기저기대어도다함 할만하게말하다, 분명치안게말하다, 피하다, 버서나다.

E-quiv'o-ca'tion, n. 不定語, 不明語, 遁辭, 진정업난

말, 분명치안은말, 피함, 면함.

E-quiv'o-ca'tor, n. 用不定語者, 진정업난뜻으로 말하난자, 분명치안게말하난자.

Eq'ui-voque, } n. 不定語, 진정업난말, 분명치
Eq'ui-voke, } 안은말,

E-quiv'o-rous, a. 馬肉食, 말고기먹고사난.

E'ra, n. (pl. E'ras,) 紀元, 年紀, 時代, 연대, 기원, 계대계속하난해, 세대계속하난해동안, 시대, 세대.

E-ra'di-ate, v. t. 發出, 射出, 발하야나다, 쏘여나다, 빛발다쳐사면으로쏘이다.

E-ra'di-a'tion, n. 光線射出, 빛발빛최임, 빛발쏘임,

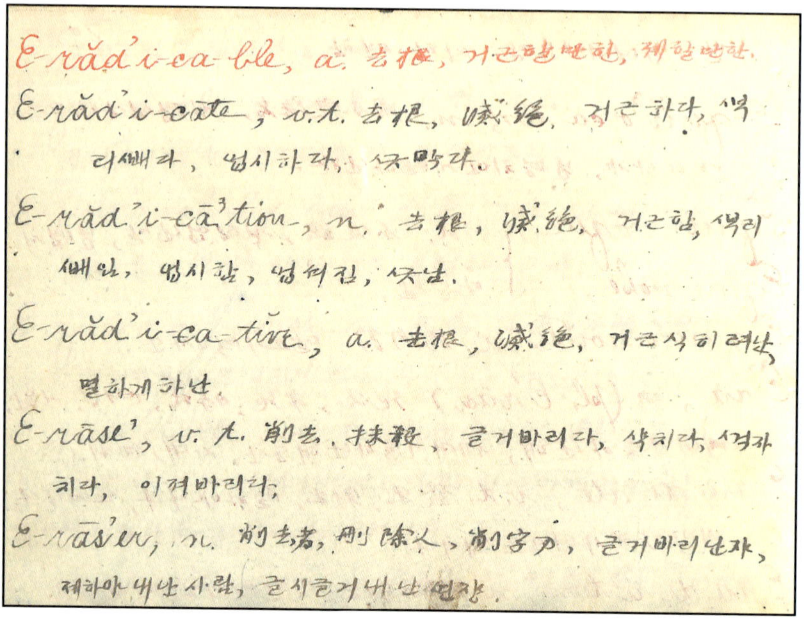

E-răd'i-ca-ble, a. 去根, 거근할만한, 제할만한.

E-răd'i-cate, v.t. 去根, 滅絕, 거근하다, 색리쌔다, 업시하다, 싹막다.

E-răd'i-cā'tion, n. 去根, 滅絕, 거근함, 색리쌔임, 업시함, 업셔짐, 싹남.

E-răd'i-ca-tive, a. 去根, 滅絕, 거근식히려난, 멸하게하난.

E-rāse', v.t. 削去, 抹殺, 글거바리다, 삭치다, 시격자치다, 이져바리다;

E-rās'er, n. 削去者, 刪除人, 削字刀, 글거바리난자, 제하야내난사람, 글시글거내난연장.

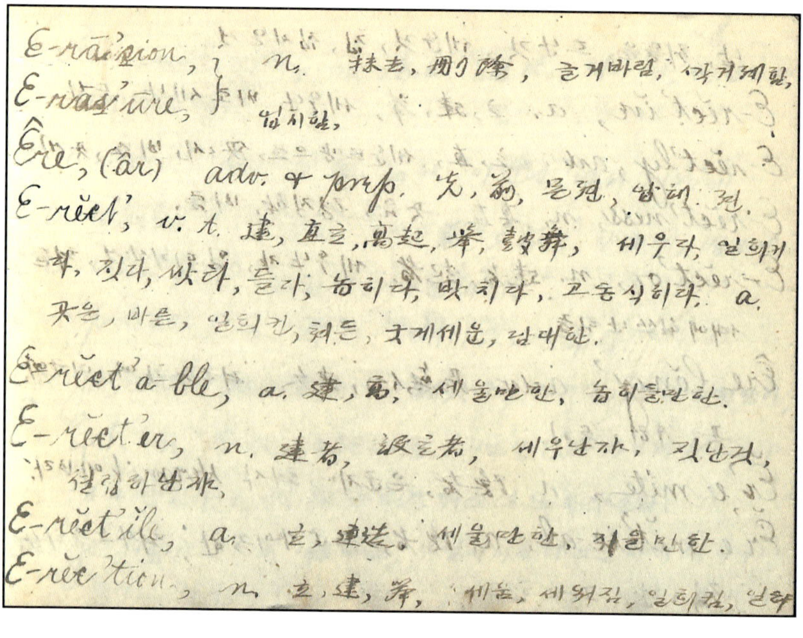

E-rā'sion, } n. 抹去, 刪除, 글거바림, 삭거제함,

E-rās'ure, } 업시함,

Êre, (âr) adv. & prep. 先, 前, 몬젼, 압헤, 젼.

E-rĕct', v.t. 建, 直立, 高起, 峯, 鼓舞, 세우다, 일희키다, 짓다, 싸하, 들다, 놉히다, 밧치다, 고동식히다. a. 곳은, 바른, 일희킨, 쳐든, 굿게세운, 담대한.

E-rĕct'a-ble, a. 建, 高, 세울만한, 놉히들만한.

E-rĕct'er, n. 建者, 設立者, 세우난자, 짓난것, 설립하난자,

E-rĕct'ile, a. 立, 建造, 세울만한, 짓을만한.

E-rĕc'tion, n. 立, 建, 峯, 세움, 세워짐, 일희킴, 일희

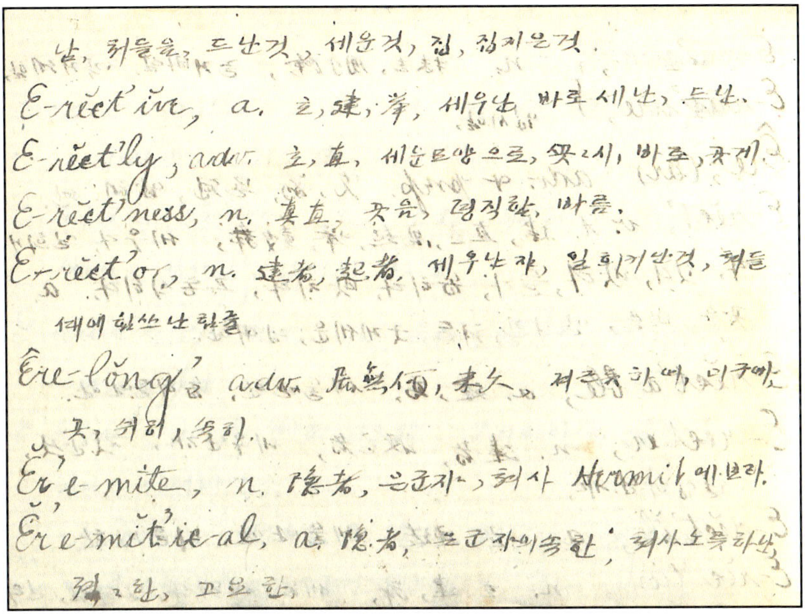
남, 뒤들음, 드난것, 세운것, 집, 짐지은것.
E-rect'ive, a. 立, 建, 峯, 세우난, 바로 세난, 드난.
E-rect'ly, adv. 立, 直, 세운모양으로, 꼿꼿시, 바로, 곳게.
E-rect'ness, n. 真直, 곳음, 뎡직함, 바름.
E-rect'or, n. 建者, 起者, 세우난자, 일희키난것, 쳐들
녜에 힘쓰난 힘줄
Ere-long', adv. 居無何, 未久, 져근듯하여, 미구에,
곳, 쉬히, 속히.
Er'e-mite, n. 隱者, 은군자, 처사 Hermit 에보라.
Er'e-mit'ic-al, a. 隱者, 은군자의속한, 처사노릇하난
젹젹한, 고요한.

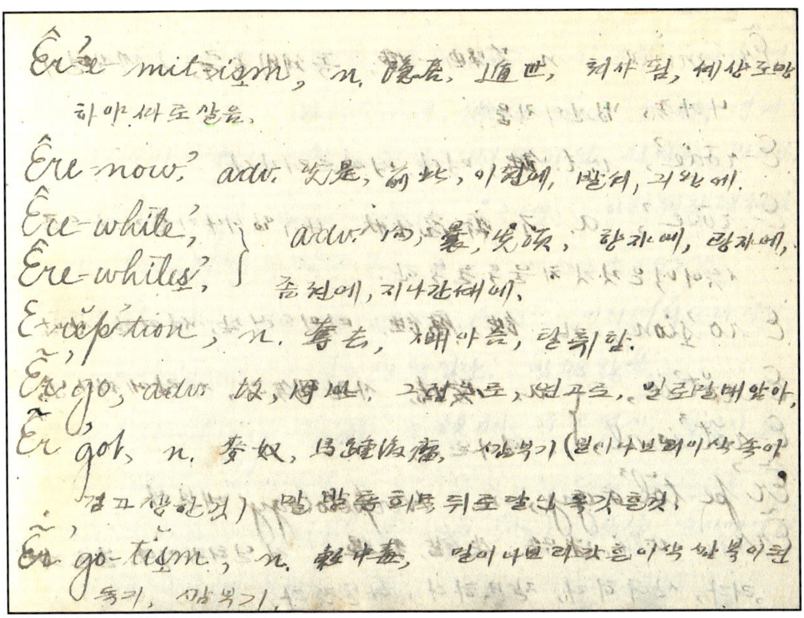
Êr'e-mit-ism, n. 隱居, 遁世, 처사됨, 세상도망
하야 따로 살음.
Êre-now', adv. 先是, 前此, 이젼에, 발셔, 그왼에.
Êre-while', } adv. 向, 曩, 先頃, 향자에, 향자에,
Êre-whiles', 좀젼에, 지나간때에.
E-rep'tion, n. 奪去, 채아슴, 탈취함.
Êr'go, adv. 故, 因此, 그럼으로, 연고로, 일로말매암아.
Êr'got, n. 麥奴, 馬蹄病瘡, 깜북기 (밀이나보리이삭속이
검고썩한것), 말발굽회뒤로말니혹가흔것.
Ẽr'go-tism, n. 穀中毒, 밀이나보리갓흔이삭 깜북이된
독기, 깜북기.

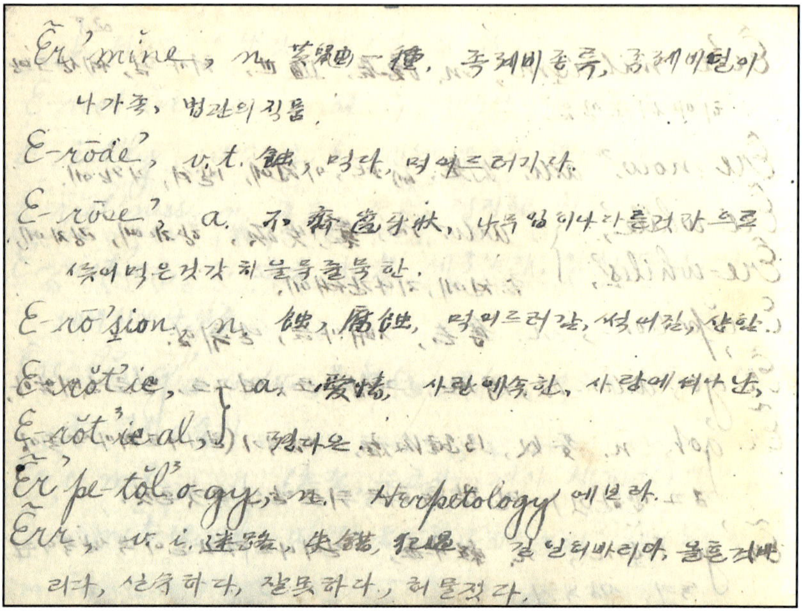

Ĕr'mine, n. 白貂一種, 족제비 종류, 흰 털이나 가죽, 법관의 직품.

E-rōde', v. t. 蝕, 먹다, 먹어드러가다.

E-rōse', a. 不齊當之狀, 나무 잎이나 다른 것 가으로 씹어먹은 것같이 울뚝불뚝한.

E-rō'sion, n. 蝕, 腐蝕, 먹어드러감, 석어짐, 상함.

E-rŏt'ic,
E-rŏt'ic-al, } a. 愛情, 사랑에 속한, 사랑에서 나난, 정다운.

Ẽr'pe-tŏl'o-gy, n. Herpetology 에 보라.

Ẽrr, v. i. 迷路, 失錯, 犯過, 길 일허바리다, 올흔 것 버리다, 실수하다, 잘못하다, 허물짓다.

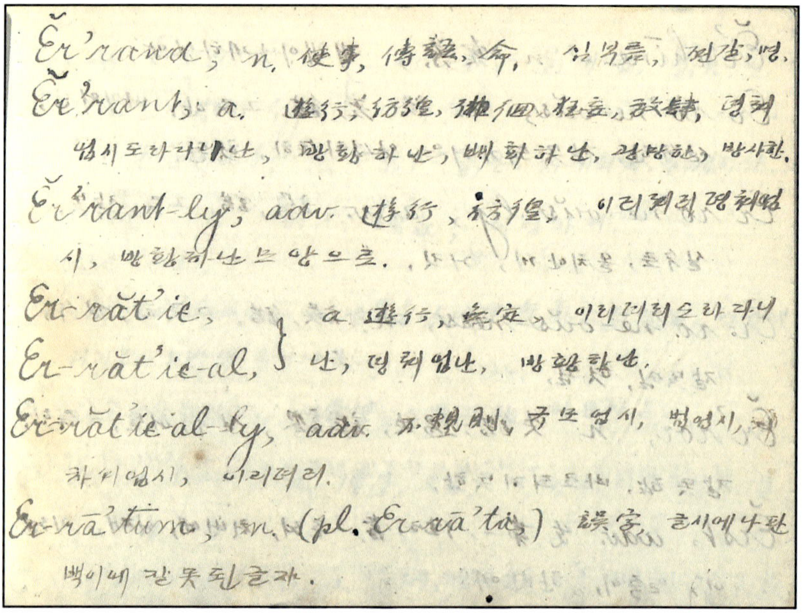

Ĕr'rand, n. 使事, 傳話, 命, 심부름, 전갈, 명.

Ĕr'rant, a. 遊行, 彷徨, 徘徊, 狂走, 放肆, 명해 업시 도라다니난, 방황하난, 배회하난, 광망한, 방사한.

Ĕr'rant-ly, adv. 遊行, 彷徨, 이리저리 명해 업시, 방황하난 모양으로.

Er-răt'ic,
Er-răt'ic-al, } a. 遊行, 無定, 이리저리 도라다니난, 명해 업난, 방황하난.

Er-răt'ic-al-ly, adv. 不規則, 규모 업시, 법 업시, 차례 업시, 이리저리.

Er-rā'tum, n. (pl. Er-rā'ta) 誤字, 글시에나 판백이에 잘못된 글자.

Ĕr'rhine, n. 嚏藥, 재채이나게하난약.

Ĕr-ro'ne-oŭs, a. 誤, 差, 錯, 그릇한, 너그러진, 실수한, 잘못되기쉬은, 안명히못한, 헛된.

Ĕr-ro'ne-oŭs-ly, adv. 誤, 錯, 그릇, 잘못, 실수로, 올치안케, 거짓.

Ĕr-ro'ne-oŭs-ness, n. 誤, 錯, 그릇함, 실수, 잘못됨, 헛됨.

Ĕr'ror, n. 失錯, 過失, 誤謬, 실수, 허물, 그릇함, 잘못함, 바로되지못함.

Ĕrst, adv. 先, 第一, 從前, 昔, 몬저, 첫번에, 첫재, 이전에, 일즉이, 한번에.

Ĕr'u-bĕs'çence, } n. 赤, 붉게됨, 붉음, 벌거케됨.
Ĕr'u-bĕs'çen-çy, }

Ĕr'u-bĕs'çent, a. 赤, 붉은, 붉게되난, 붉게하난.

E-rŭct', } v. t. 噯氣, 트림하다.
E-rŭc'tate, }

Ĕr'uc-tā'tion, n. 噯氣, 트림함, 땅속에서 김이나 바람 불어나옴.

Ĕr'u-dite, a. 博學, 박학한, 학문만흔.

Ĕr'u-di'tion, n. 博學, 文學, 박학함, 학문녹식함, 문학, 학문.

E-ru'gi-noŭs, a. 銅, 銅綠, 구리와 녹갓흔, 구리

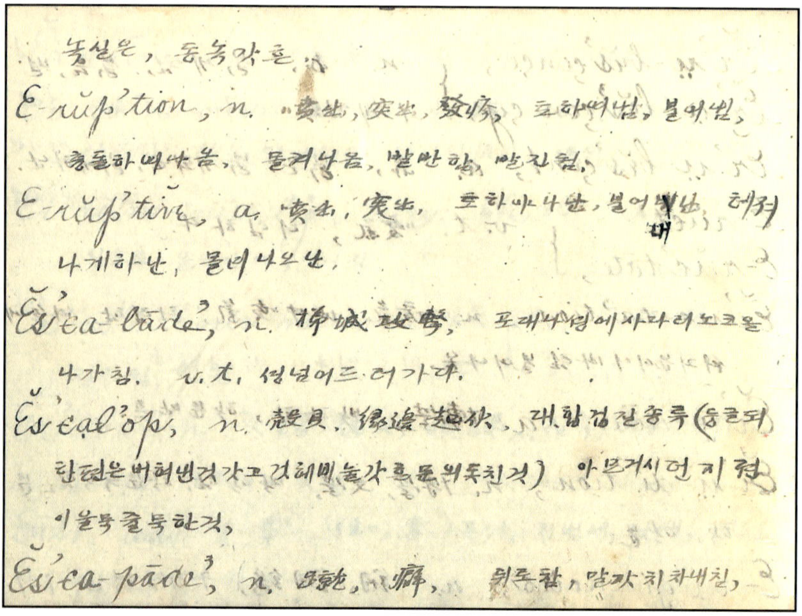

놓실은, 동녹각혼.
E-rup'tion, n. 噴出, 突出, 發疹, 소하여남, 불어남,
충돌하여나옴, 몰겨나옴, 발반함, 발진됨.
E-rup'tive, a. 噴出, 突出, 소하여나난, 불어내난, 헤쳐
나게하난, 몰녀나오난.
Ĕs'ca-lāde', n. [illegible] 攻擊, 포대나셩에사다리노코올
나가침. v.t. 셩넘어드러가다.
Ĕs'cal'op, n. [illegible] 貝, [illegible], 대합검질종류(둥글되
한편은버혀낸것갓고것헤비늘갓흔문의독친것) 아므거시던지 뎐
이울뚝줄뚝한것,
Ĕs'ca-pāde', n. [illegible], [illegible], 뒤로참, 말잣치차내칠,

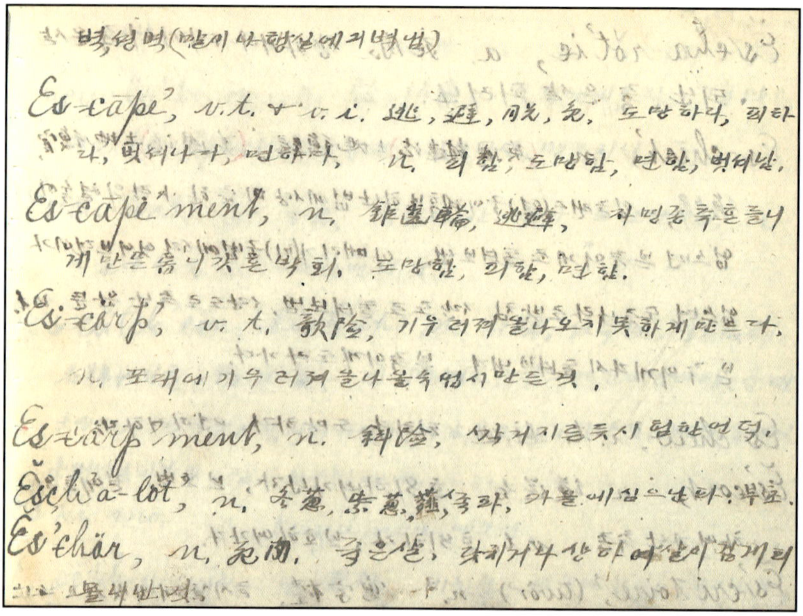

벽셜멱(말이나항상에괴벽냄)
Es-cape', v.t. & v.i. 逃, 避, 脫, 免, 도망하다, 피하
다, 벗서나다, 면하다, n. 피함, 도망함, 면함, 벗서남,
Es-cape'ment, n. [illegible] 輪, 逃避, 시명종축혼들니
게만든층니갓흔박회, 도망함, 피함, 면함.
Es-carp', v.t. [illegible], 기우러져올나오지못하게만드다,
n. 포대에기우러져올나올수업시만든것,
Es-carp'ment, n. [illegible], 산각처지른듯시험한언덕.
Ĕsch'a-lot', n. 冬葱, 紫葱, 蒜, 쪽파, 가을에심으난파의부류.
Ĕs'chär, n. 死肉, 죽은살, 닭치거나상하여살이검게되
고몰나난딱지

Ĕs'cha-rŏt'ic, a. 死肉, 상하거나 데여서 죽은살 되난, 죽은살 되려난.

Es-cheat', n. (英國封建法)土地復歸, (美國法)土地復官, 復歸, 잉글랜드(영)국의 봉건법에서는 마른한 사람의 혈속이 업스면 본주의게로 돌녀보냄, 아메리가(미)국법에서는 임자의 상속자가 업스면 도로나라로 밧침, 땅도로 돌녀보냄, 땅도로 속난 완문. v.i. 본주의게다시 돌녀보내다, 본주의게 도라가다.

Es-chew', v.t. 避, 逃, 피하다, 도망하다, 면하려하다.

Ĕs'cort, n. 護送者, 호위하며가난자, 보호병, 길에호위하며가난 추종. v.t. 호위하다, 보호하며가다.

Ĕs'cri-toire', (twôr) n. 寫字檯, 글시쓸때에 밧치고 쓰난 책상.

Ĕs'cu-lā'pi-an, a. 醫, 治療, 의원에게속한, 의술 맛든 귀신 Esculpius의 계속한, 치료하난, 병고치난.

Ĕs'cu-lent, a. 可食, 먹을만 한, 음식으로쓸만한, n. 먹을만한것, 음식으로쓸만한것.

Es-cŭtch'eon, (kŭch'un) n. 印號, 紋章地, 舟上後部名號所附處, 鑰孔蓋, 인치난 명호, 문수 바인 치난바탕, 훈패 모양으로난 늘어글자색여서 디벌이나 벼살 표로 걱궤차난것, 배뒤 쪽에 일홈써서붓치난 곳, 잠을쇠구멍막애.

Ĕs'ki-mo, n. Esquiman 에보라.

E-sŏph'a-gŭs, n. 胃管, 비외줄, 배속에 음식드러가난길.

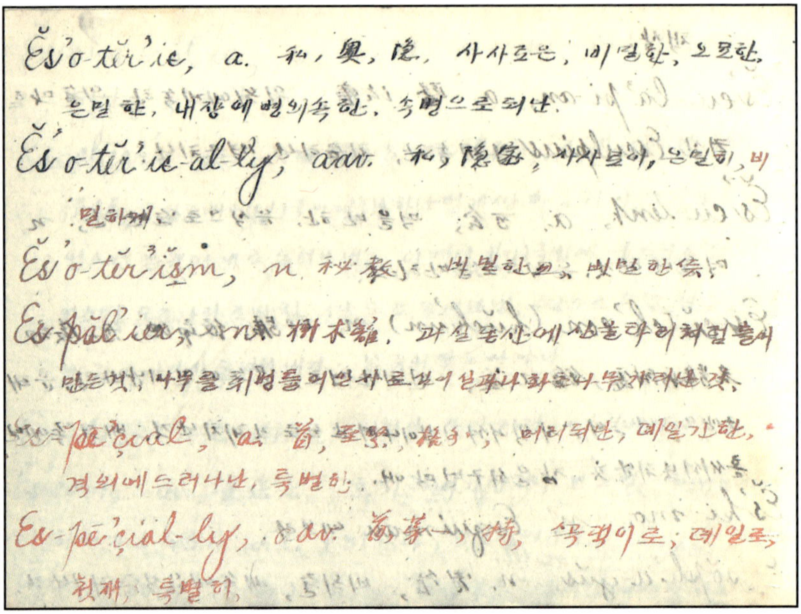
Es'o-ter'ic, a. 私, 奧, 隱, 사사로은, 비밀한, 오묘한, 은밀한, 내장에별의속한, 속뜻으로되난.
Es'o-ter'ic-al-ly, adv. 私, 隱密, 사사로이, 은밀히, 비밀하게.
Es'o-ter-ism, n. 秘教, 비밀한교, 비밀한法.
Es-pal'ier, n. 樹木籬. 과실본산에새를타여쳐럼들어 만든것, 나무를 휘여들어안하로...
Es-pe'cial, a. 首, 至要, 殊特, 머리되난, 뎨일긴한, 격외에드러나난, 특별한.
Es-pe'cial-ly, adv. 爲第一, 殊特, 특별이로, 뎨일로, 특재, 특별히.

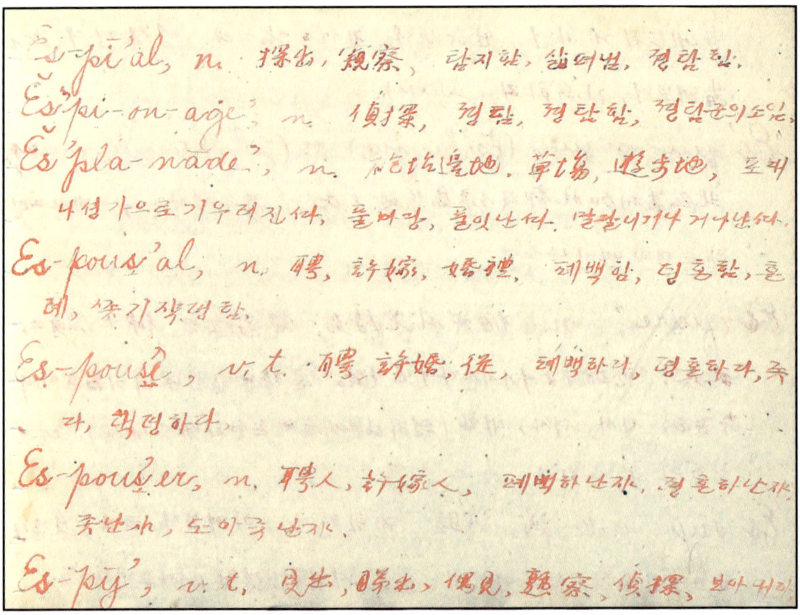
Es-pi'al, n. 探出, 觀察, 탐지함, 살펴봄, 졍탐함.
Es'pi-on-age, n. 偵探, 졍탐, 졍탐함, 졍탐군의소임.
Es'pla-nade', n. 砲台空地. 草場, 遊步地, 포대사녑가으로기우러진데, 풀마당, 풀잇난데. 말달니거나거니난데.
Es-pous'al, n. 聘, 許嫁, 婚禮, 폐백함, 뎡혼함, 혼례, 쇼기작뎡함.
Es-pouse', v.t. 聘 許婚, 從, 폐백하다, 뎡혼하다, 좃다, 작뎡하다.
Es-pous'er, n. 聘人, 許嫁人, 폐백하난자, 뎡혼하난자, 좃난자, 도아주난자.
Es-py', v.t. 見出, 瞭出, 偶見, 瞧察, 偵探, 보아내다

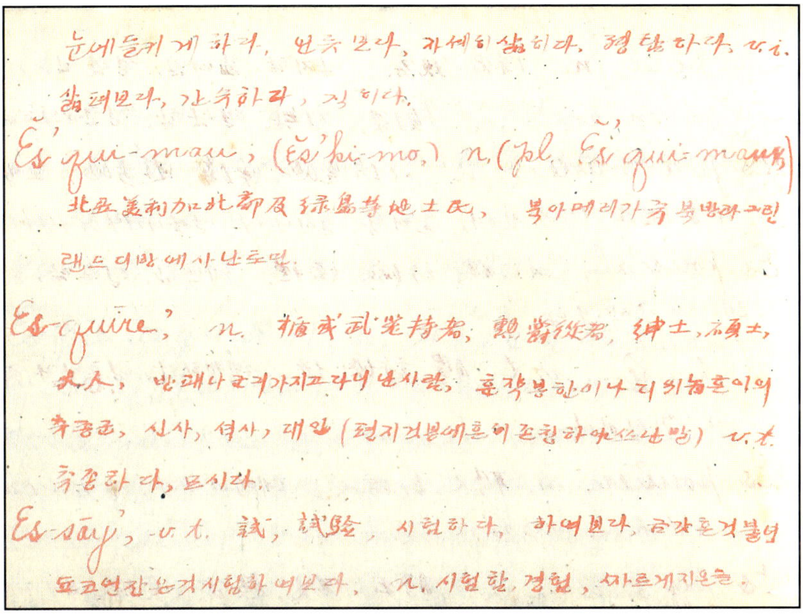
눈에들키게하다, 번주보다, 자세히삷히다, 정탐하다, v.i.
삷혀보다, 간속하다, 직히다.
Ĕs'qui-mau; (ĕs'ki-mo,) n. (pl. Ĕs'qui-maux)
北亞美利加北部及綠島等地土民, 북아메리가주북방과그린
랜드디방에사난토민.
Es-quire', n. 稱武臣筆持者, 執爵從者, 紳士, 碩士,
大人, 방패나군기가지고다니난사람, 훈작붕한이나디위놉흔이의
츄종군, 신사, 석사, 대인 (편지겉봉에흔히존칭하야쓰난말) v.t.
츄종하다, 모시다.
Es-say', v.t. 試, 試驗, 시험하다, 하여보다, 금갓흔것불녀
보고연잔은것시험하여보다, n. 시험함, 경험, 싸르게지은글.

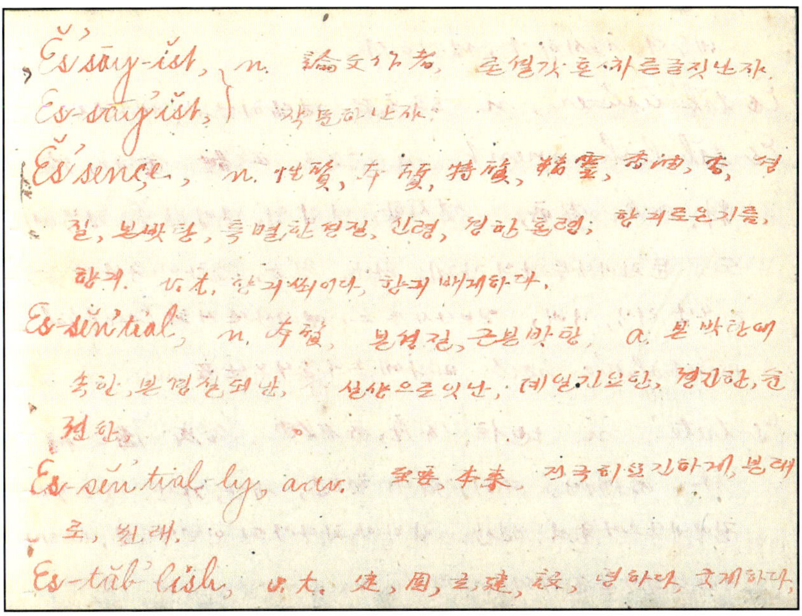
Ĕs'say-ist, } n. 論文作者, 론설갓흔싸른글짓난자,
Es-say'ist, } 작문하난자.
Ĕs'sence, n. 性質, 本質, 特質, 精靈, 香油, 香, 성
질, 본바탕, 특별한정질, 신령, 정한혼령; 향긔로운기름,
향긔. v.t. 향긔씌이다, 향긔배게하다.
Es-sen'tial, n. 本質, 본셩질, 근본바탕, a. 본바탕에
속한, 본셩질되난, 살생으로잇난, 데일긴요한, 정긴한, 순
전한.
Es-sen'tial-ly, adv. 至要, 本來, 지극히요긴하게, 본래
로, 원래.
Es-tab'lish, v.t. 定, 固, 立, 建, 設, 정하다, 굿게하다,

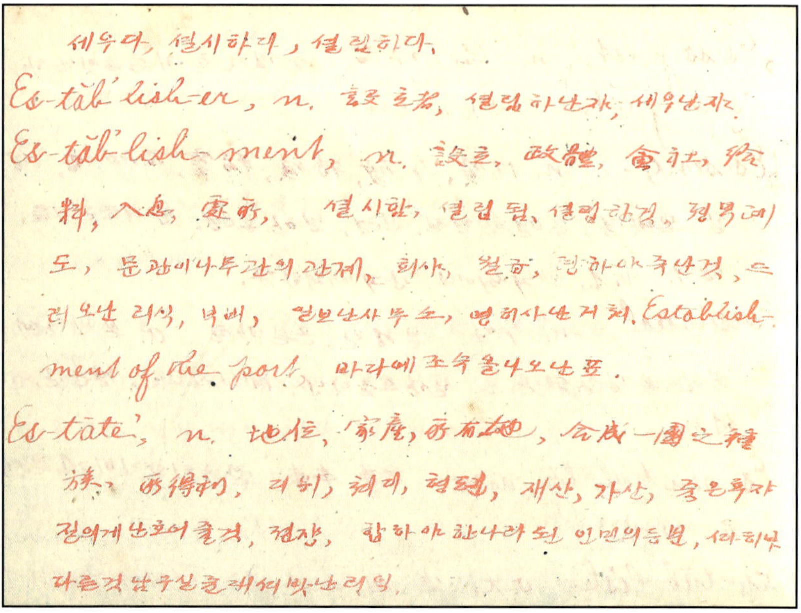
세우다, 설시하다, 설립하다.
Es-tăb'lish-er, n. 設立者, 설립하는자, 세우는자.
Es-tăb'lish-ment, n. 設立, 政體, 會社, 給料, 入息, 定所, 설시함, 설립됨, 설립한것, 정부제도, 문관이나무관의관계, 회사, 설립, 편하야주는것, 드려오는리식, 녹비, 일보는사무소, 영히사는거처. Establishment of the port, 바다에조수올나오는표.
Es-tate', n. 地位, 家產, 所有地, 合成一國之種族, 所得利, 디위, 처디, 형편, 재산, 가산, 죽은후자식에게논호여줄것, 전장, 합하야한나라된 인민의등분, 세히나다른것남구실출게세받는리익.

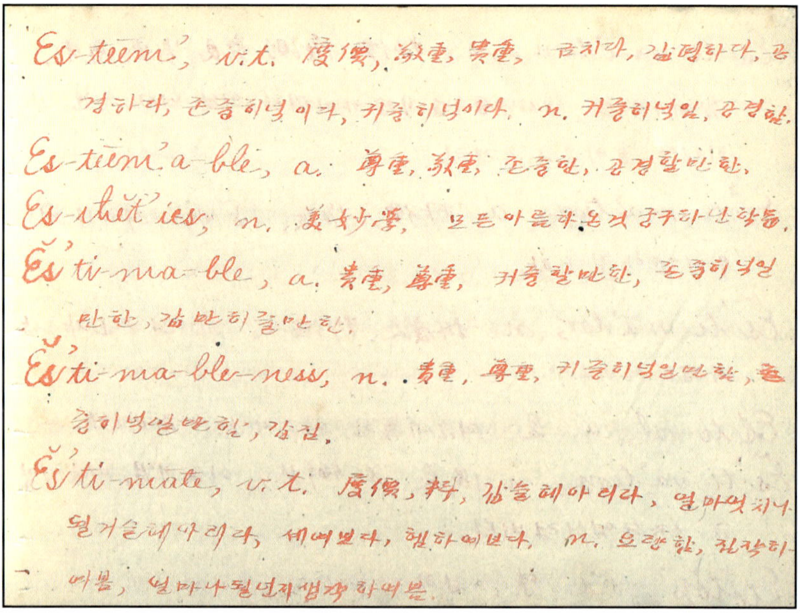
Es-teem', v.t. 度價, 敬重, 貴重, 금치다, 감평하다, 공경하다, 존중히넉이다, 귀중히넉이다. n. 귀중히넉임, 공경함.
Es-teem'a-ble, a. 尊重, 敬重, 존중한, 공경할만한.
Es-thet'ics, n. 美妙學, 모든아름다온것궁구하는학문.
Ĕs'ti-ma-ble, a. 貴重, 尊重, 귀중할만한, 존중히넉일만한, 값만히칠만한.
Ĕs'ti-ma-ble-ness, n. 貴重, 尊重, 귀중히넉일만함, 존중히넉일만함, 값침.
Ĕs'ti-mate, v.t. 度價, 料, 값을헤아리다, 얼마엇치나될거슬헤아리다, 세여보다, 혤하여보다, n. 요량함, 짐작하여봄, 얼마나될넌지생각하여봄.

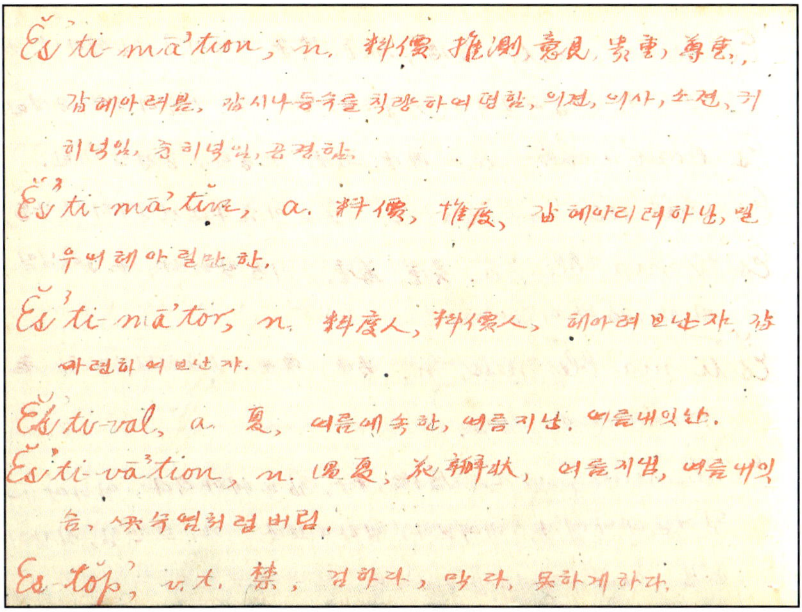

Ĕs'ti-mā'tion, n. 料價, 推測, 意見, 貴重, 尊重,
감혜아려봄, 값시나등수를작량하여뎡함, 의견, 의사, 소견, 귀히녁임, 중히녁임, 공경함.
Ĕs'ti-mā'tive, a. 料價, 推度, 감혜아리려하는, 밀우어헤아릴만한.
Ĕs'ti-mā'tor, n. 料度人, 料價人, 헤아려보는자, 감마련하여보는자.
Ĕs'ti-val, a. 夏, 여름에속한, 여름지나는, 여름내잇는.
Ĕs'ti-vā'tion, n. 過夏, 於蟄伏, 여름지냄, 여름내잇슴, [illegible]속엽처럼버림.
Es-tŏp', v.t. 禁, 금하다, 막다, 못하게하다.

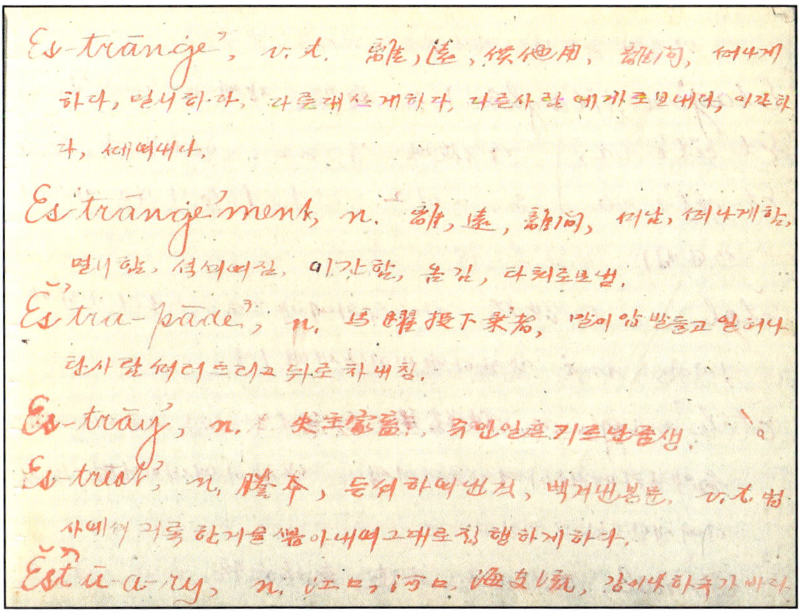

Es-trānge', v.t. 離, 遠, 使他用, 離間, 떠나게하다, 멀니하다, 다른데쓰게하다, 다른사람에게로보내다, 이간하다, 세예여내다.
Es-trānge'ment, n. 離, 遠, 離間, 떠남, 떠나게함, 멀니함, 서외여짐, 이간함, 옮김, 다른데로보냄.
Ĕs'tra-pāde', n. 馬躍掉下乘者, 말이앞발들고일어나탄사람떠러트리고뒤로차내침.
Es-trāy', n. 失主家畜, 주인일흔기르는즘생.
Es-trēat', n. 謄本, 등서하여낸것, 베겨낸본문, v.t. 법사에서기록한거슬뽑아내여그대로집행하게하다.
Ĕst'ū-a-ry, n. 江口, 河口, 海支流, 강이나하수가바다

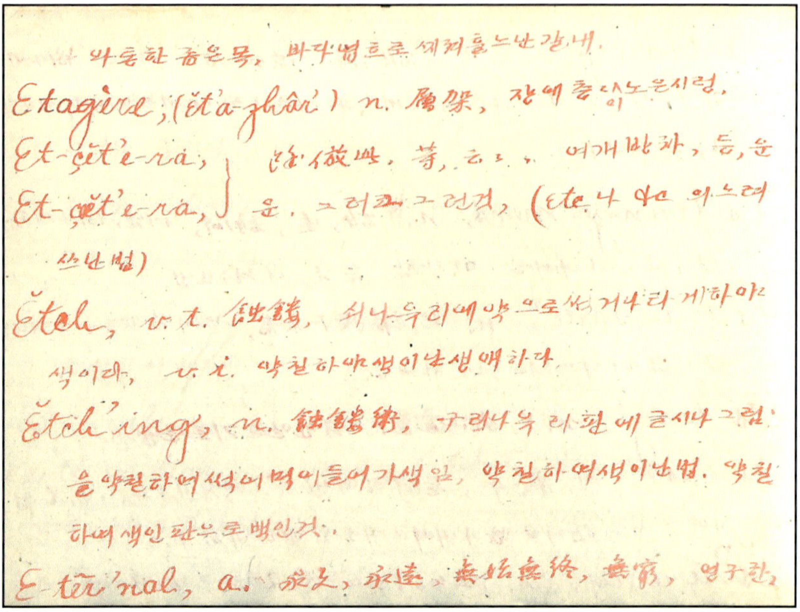
…와 통한 좁은 목, 바다 밀흐로 세쳐흘느난 갈내.
Etagère; (ĕt'a-zhâr') n. 層架, 장에 층 삼아 노은 시렁.
Et-cĕt'e-ra; / Et-cœt'e-ra, } 諸微些, 等, 云云, 여개 밧자, 등, 운운, 그러코 그런 것, (etc 나 &c 의 노려 쓰난 법)
Ĕtch, v.t. 蝕鐫, 쇠나 유리에 약으로 색거나 리 게 하야 색이다, v.i. 약칠하야 색이난 생애하다.
Ĕtch'ing, n. 蝕鐫術, 구리나 유리 판에 글시나 그림을 약칠하여 색이 먹이 들어가 색임, 약칠하여 색이난 법. 약칠하여 색인 판으로 백인 것.
E-tĕr'nal, a. 永久, 永遠, 無始無終, 無窮, 영구한,

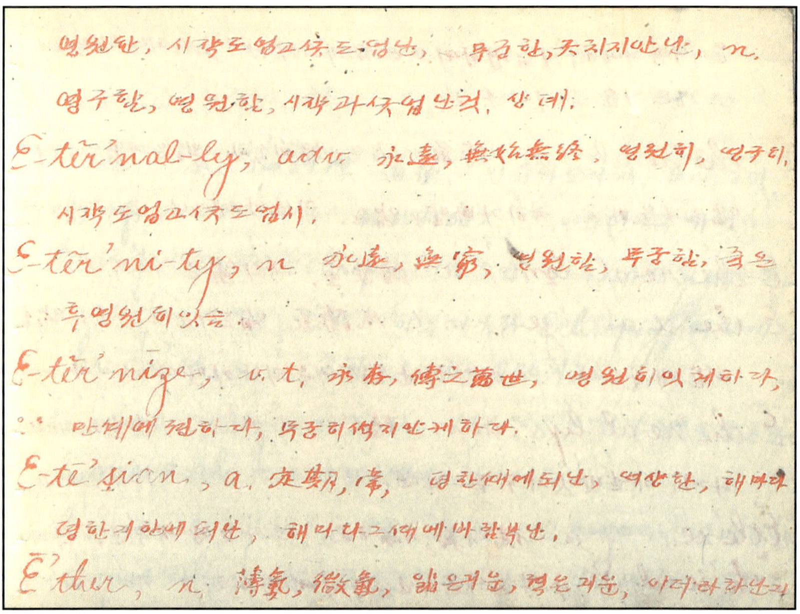
영원한, 시작도 업고 끗도 업난, 무궁한, 끗치지 안난, n. 영구함, 영원함, 시작과 끗 업난 것, 상제.
E-tĕr'nal-ly, adv. 永遠, 無始無終, 영원히, 영구히, 시작도 업고 끗도 업시.
E-tĕr'ni-ty, n. 永遠, 無窮, 영원함, 무궁함, 죽은 후 영원히 잇슴.
E-tĕr'nize, v.t. 永存, 傳之萬世, 영원히 잇게 하다, 만세에 전하다, 무궁히 쓰지 안케 하다.
E-tē'sian, a. 定期, 年, 정한 때에 되난, 연상한, 해마다 정한 때에 되난, 해마다 그 때에 바람 부난,
Ē'ther, n. 薄氣, 微氣, 엷은 긔운, 적은 긔운, 아래라 하난 긔

눈이나공긔에셕겨통햅하여보는톰에르리가때불빛치나햇빛과

스뜨거온긔운통에하난것.

E-the'rē-al, a. 薄氣, 엷은긔운에속한, 엷은긔운으로된,

엷은긔운가진, 극히가바얍고엷은, 하날밧게잇난, 텬당에잇난,

E-thē're-al-ism, n. 薄氣質, 극히엷은긔운의셩질,

E-thē're-al-ize, v. t. 成薄氣, 엷은긔운만드다, 엷은

긔운배게하다, 이더라하난엷은긔운되난화학약만드다,

E-thē're-al-ly, adv. 精微, 비天荼, 졍결하고희미

하게, 하날빗갓치두루스럽한,

Ĕth'ic, }
Ĕth'ic-al, } a. 德儀, 倫理, 덕과모양에속한, 덕과 직책을의론하난, 윤리에관계한.

Ĕth'ic-al-ly, adv. 德儀上, 덕의상으로, 덕과모양에관

계한대로, 덕행을서아다,

Ĕth'ics, n. 倫理學, 道德, 인륜의도리학, 도리, 도덕.

Ē'thi-op, }
Ē'thi-ō'pi-an, } n. 亞非利加人, 아프리가쥬에잇난 Ethiopia 디방토민, 아프리가사람피부그빨.

Ē'thi-ō'pi-an, }
Ē'thi-ŏp'ic, } a. 아프리가쥬 Ethiopia 디방에 속한, 혹그디방에관계한.

Ĕth'moid, }
Ĕth-moid'al, } a. 篩状, 톄모양으로된, (고에힘줄통한 구멍잇난뼈에쓰히쓰난말)

Ĕth'nic, }
Ĕth'nic-al, } a. 人種, 異教, 인죵에속한, 특별한인 죵으로된, 다른교하난, 이단교하난, 긔독교

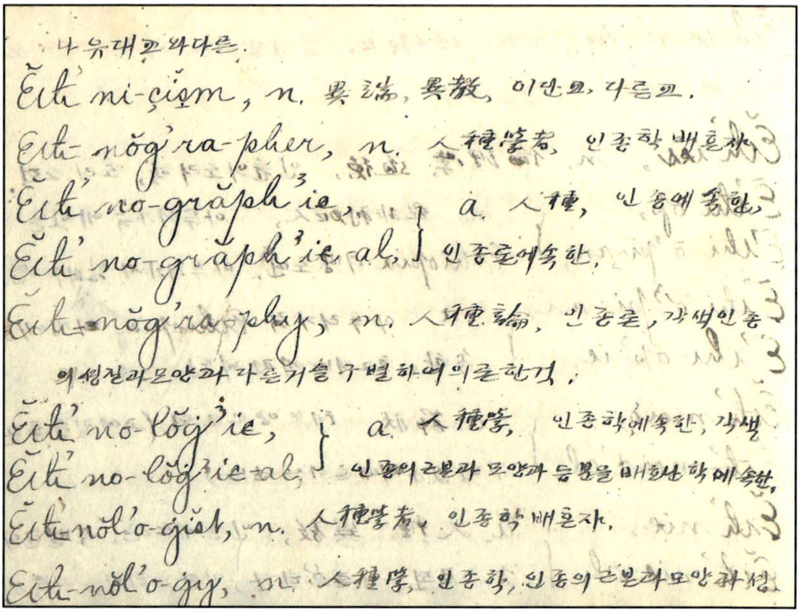

나 유대교와 다른.

Ĕth'ni-çism, n. 異端, 異敎, 이단교, 다른교.

Ĕth-nŏg'ra-pher, n. 人種學者, 인종학 배혼자,

Ĕth'no-grăph'ic, } a. 人種, 인종에 속한,

Ĕth'no-grăph'ic-al, } 인종론에 속한,

Ĕth-nŏg'ra-phy, n. 人種論, 인종론, 각색 인종

의 성질과 모양과 다른 것을 구별하여 의론한 것.

Ĕth'no-lŏg'ic, } a. 人種學, 인종학에 속한, 각색

Ĕth'no-lŏg'ic-al, } 인종의 근본과 모양과 등분을 배호난 학에 속한,

Ĕth-nŏl'o-gist, n. 人種學者, 인종학 배혼자.

Ĕth-nŏl'o-gy, n. 人種學, 인종학, 인종의 근본과 모양과 성

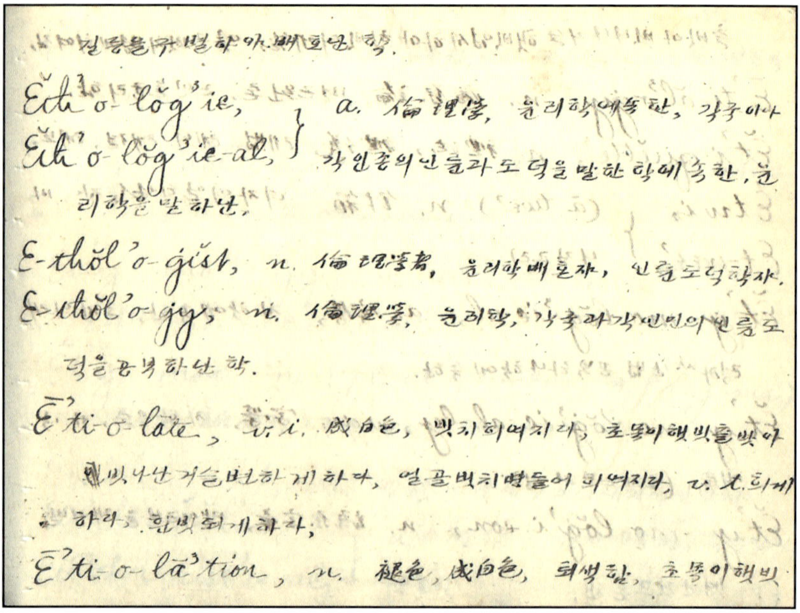

질 등을 구별하야 배호난 학.

Ĕth'o-lŏg'ic, } a. 倫理學, 윤리학에 속한, 각국이나

Ĕth'o-lŏg'ic-al, } 각 인종의 인륜과 도덕을 말한 학에 속한, 윤

리학을 말하난,

E-thŏl'o-gist, n. 倫理學者, 윤리학 배혼자, 인륜도덕학자.

E-thŏl'o-gy, n. 倫理學, 윤리학, 각국과 각 인민의 인륜도

덕을 공부하난 학.

Ē'ti-o-late, v. i. 成白色, 빗치 희여지다, 초목이 햇빗을 빗아

빗나난 것을 변하게 하다, 얼골빗치 병들어 희여지다, v. t. 희게

하다, 흰빗 되게 하다;

Ē'ti-o-lā'tion, n. 褪色, 成白色, 퇴색함, 초목이 햇빗

출박아 빅나난거슬 해빅업시 하야 흰빗되게할, 얼골빗치 병에 희여짐,

Ē-ti-ŏl'o-gy, n. 病源論, 병근원론, 근인을궁리함.

Ĕt'i-quĕtte, n. 禮法, 禮儀, 례법, 례의, 례절, 례모,

Étui, } (ā-twē') n. 針箱, 녀자의일하난실자, 바
Et-wee', } 나질고리.

Ĕt'y-mo-lŏg'ic-al, a. 字學, 자학에속한, 글자의래
력과쓰난법 공부하난학에 속한.

Ĕt'y-mo-lŏg'ic-al-ly, adv. 字學, 자학으로, 자학
대로, (글자근본과법)

Ĕt'y-mo-lŏg'i-con, n. 語源字彙, 말의근본을 캐여발
명한것모흔책.

Ĕt'y-mŏl'o-gist, n. 字學者, 자학배혼자, 글자근본공부
하난자.

Ĕt'y-mŏl'o-gize, v. t. 探源, 글자근본을캐여내다,
v. i. 글자나말근원을궁리하다.

Ĕt'y-mŏl'o-gy, n. 字學, 語源學, 자학, 글자근본
궁리하난학, 말근본과글자변하난문법.

Ĕt'y-mon, n. (pl. Ĕt'y-mons, L. Ĕt'y-ma,)
原形, 語源, 근본형상, 말의근본.

Eū'cha-rĭst, n. 聖餐, 성찬, 교회에서먹난만찬.
Eū'cha-rĭst'ic, } a. 聖餐, 성찬에속한, 주의만찬
Eū'cha-rĭst'ic-al, } 에속한.

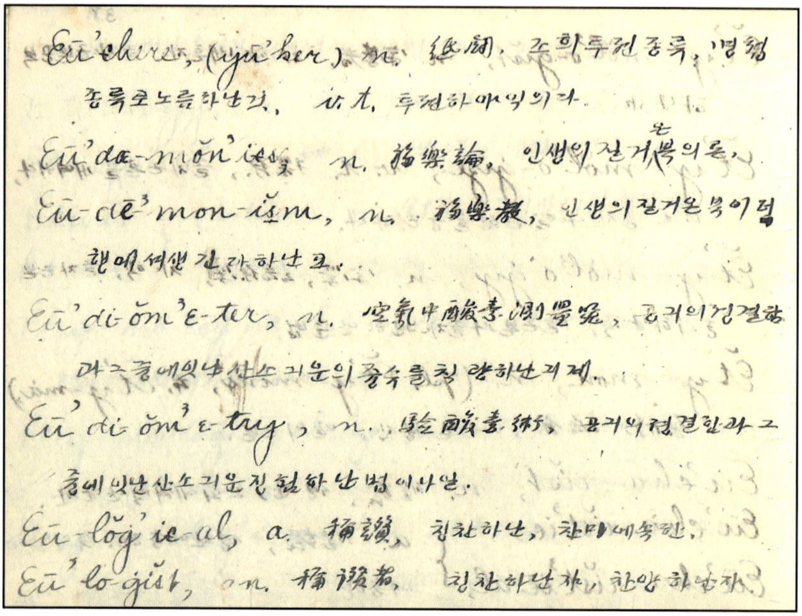
Eu'chre, (yu'ker), n. 紙牌, 주희투전종륙, 명칭 종륙으로노름하난것. v.t. 투전하야익의다.
Eu'dæ-mŏn'ics, n. 福樂論, 인생의 질거온복의론.
Eu-dæ'mon-ism, n. 福樂教, 인생의질거온복이덕행에셔생긴다하난교.
Eu'di-ŏm'e-ter, n. 空氣中酸素測量器, 공긔의정결함과그즁에잇난산소긔운의즁슈를칙량하난긔계.
Eu'di-ŏm'e-try, n. 驗酸素術, 공긔의정결함과그즁에잇난산소긔운질험하난법이나일.
Eu-lŏg'ic-al, a. 稱讚, 칭찬하난, 찬미에속한.
Eu'lo-gist, n. 稱讚者, 칭찬하난자, 찬양하난자.

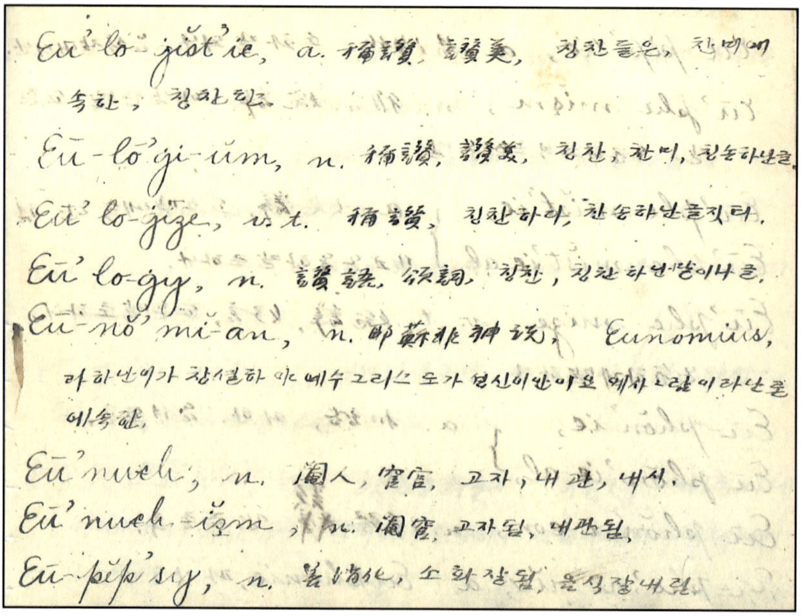
Eu'lo-gĭst'ic, a. 稱讚 讚美, 칭찬들은, 찬미에속한, 칭찬한.
Eu-lō'gi-ŭm, n. 稱讚, 讚美, 칭찬, 찬미, 찬송하난글.
Eu'lo-gize, v.t. 稱讚, 칭찬하다, 찬송하난글짓다.
Eu'lo-gy, n. 讚話, 頌詞, 칭찬, 칭찬하난말이나글.
Eu-nō'mi-an, n. 耶穌非神說, Eunomius, 라하난이가창설하야예수그리스도가신이안이요예사사람이라난론에속한.
Eu'nuch, n. 閹人, 宦官, 고자, 내관, 내시.
Eu'nuch-ĭsm, n. 閹宦, 고자됨, 내관됨.
Eu-pĕp'sy, n. 善消化, 소화잘됨, 음식잘내림.

Eū-pĕp'tic, a. 易消化, 소화 잘 되난. 음식 잘 내리난.

Eū'phe-mism, n. 雅言, 婉辭, 아담한 말, 됴흔 말, 온순하고 복스러운 말.

Eū'phe-mist'ic, } a. 婉辭, 됴흔 말에 속한, 점잔코 온순한 말로 하난.
Eū'phe-mist'ic-al, }

Eū'phe-mize, v. t. 婉辭, 好言, 됴흔 말로 하다, 온순하게 말하다.

Eū-phŏn'ic, } a. 和諧, 화한, 음셩 됴흔,
Eū-phŏn'ic-al, }

Eū-phŏn'i-con, n. 洋琴 類, 양금 종류.

Eū-phō'ni-oŭs, a. Euphonic, 과 갓흔 자.

Eū'pho-nism, n. 和諧音, 諧和音, 화창한 음셩, 화한 소래, 여러 가지 소래 화한 소래.

Eū'pho-ny, n. 和諧音, 諧和音, 화창한 음셩, 여러 소래와 합하기 쉬운 음률.

Eū'phu-ĭsm, n. 粉飾辭, 수식하난 말, 암전치 아니한 말.

Eū'phu-ĭst, n. 粉飾言辭者, 수식 말하난 자, 말 암전히 안코 하난 사람.

Eū-ra'sian, n. 歐亞雜種人, 구라파(구라파)주와 아세아(아세아)주 사람이 내외되여 나흔 아해, 구라파 사람이 아세아에 와서 나흔 아해.

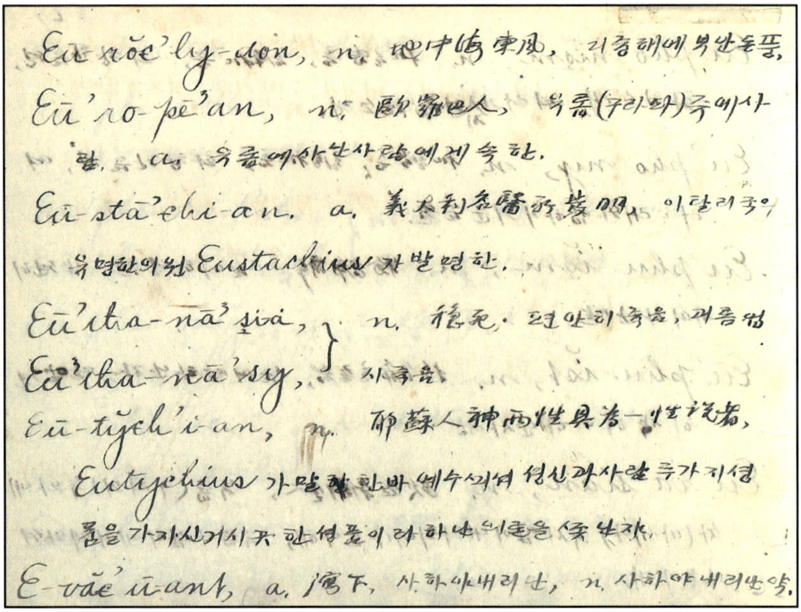

Eu-roc'ly-don, n. 地中海東風, 지중해에 부는 동풍,
Eu'ro-pe'an, n. 歐羅巴人, 유롭(구라파)주에 사는 사람, a. 유롭에 사는 사람에게 속한.
Eu-sta'chi-an, a. 義大利名醫發明, 이탈리국의 유명한 의원 Eustachius 가 발명한.
Eu'tha-na'sia, } n. 穩死. 편안히 죽음, 괴롬 없이 죽음.
Eu'tha-na'sy,
Eu-tych'i-an, n. 耶蘇人神兩性具爲一性說者, Eutychius 가 말한 바 예수께서 신과 사람 두가지 성품을 가지셨거니와 한 성품이 되었다 하는 의론을 쫓는 자.
E-vac'u-ant, a. 瀉下, 사하여 내리는, n. 사하여 내리는 약.

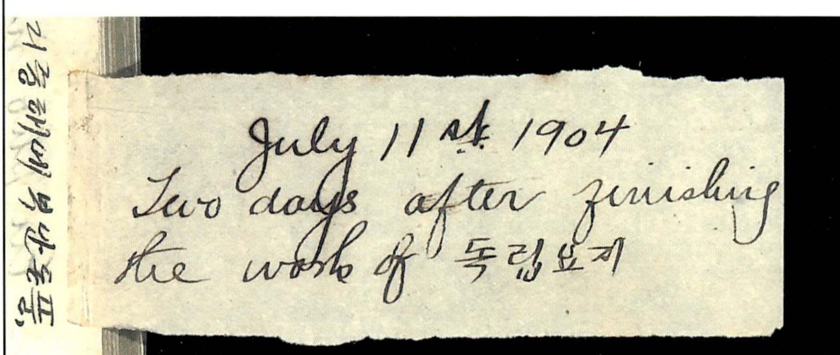

지중해에 부는 동풍,

July 11th 1904
Two days after finishing
the work of 독립요지

E-văc'u-ate, v.t. 空虛, 排除, 放去, 棄去, 逃亡.
비여노타, 쏫아내다. 제하다, 내치다, 바리다, 내노코물너가다, 도망하다, 폐하다.

E-văc-u-ā'tion, n. 空, 排除, 脫去, 廢弛,
비여노음, 쏫아냄, 물니침, 제함, 버서남, 폐함, 내여노음, 쏫쳐나오는것.

E-văc'u-ā-tive, a. 瀉下, 사하여나리게하는, 쏫쳐나오더나는, 속을씨서나리난.

E-văc'u-ā'tor, n. 除去者, 제하야바리난자, 폐하난사람. 물니쳐바리난사람.

E-vade', v.t. & v.i. 逃, 遁, 謀避, 다라나다, 피하다,

새로면하다, 버서나려하다.

Ĕv-a-gā'tion, n. 徘徊, 逍遙, 배회함, 커닐어다님, 이리뎌리다님.

Ĕv'a-nĕs'cence, n. 消失, 消散, 삽아업서짐, 홀히져슬어짐.

Ĕv-a-nĕs'cent, a. 消失, 消散, 忽有忽無, 今日有明日無, 難見, 삽이업서지난, 홀히져보히지안는, 잠시잇다업다하는, 오날잇다래일업서지난, 잘보히지안는.

E-văn'gel, n. 好報, 福音, 됴흔소식, 복음,

E'van-gĕl'ic,
E'van-gĕl'ic-al, } a. 福音, 복음의, 네복음에든, 복음과 맛는, 복음을밋는, (복음은예수힝젹을긔록

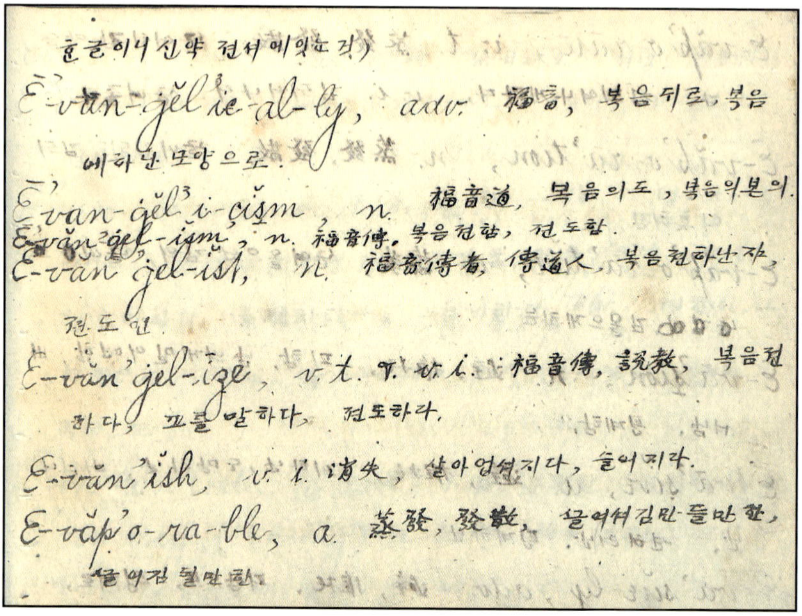

훈글이나 신약 전서에잇는 각)

E-văn-gĕl'ic-al-ly, adv. 福音, 복음되로, 복음에하는 모양으로.

E-van-gĕl'i-cism, n. 福音道, 복음의도, 복음의본의.

E-văn'gel-ism, n. 福音傳, 복음전함, 전도함.

E-van'gel-ist, n. 福音傳者, 傳道人, 복음전하는자, 전도인

E-văn'gel-ize, v.t. & v.i. 福音傳, 說教, 복음전하다, 교를말하다, 전도하다.

E-văn'ish, v.i. 消失, 살아업서지다, 슬어지다.

E-văp'o-ra-ble, a. 蒸發, 發散, 살여서김만들만한, 살어김될만한

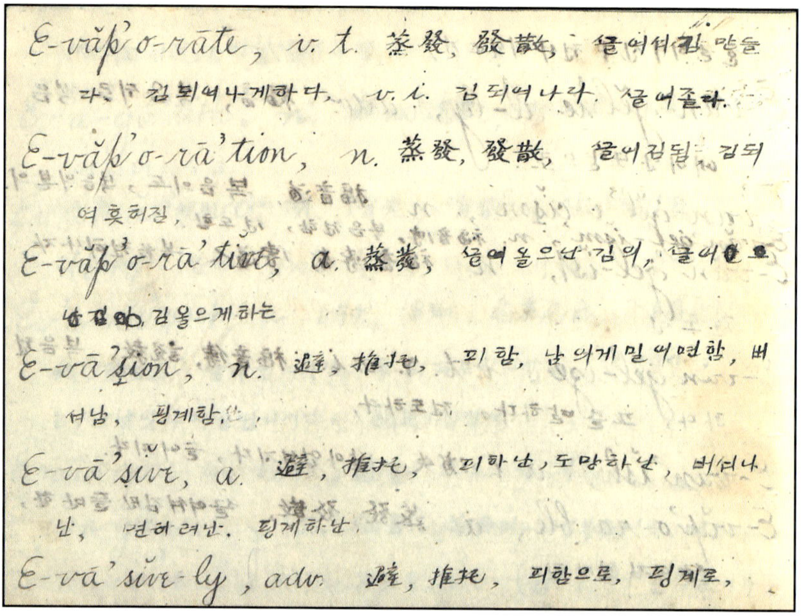

E-văp'o-rāte, v.t. 蒸發, 發散, 살여서김만들다, 김되여나게하다, v.i. 김되여나다. 살어졸다.

E-văp'o-rā'tion, n. 蒸發, 發散, 살어김됨, 김되여흣허짐,

E-văp'o-ra'tive, a. 蒸發, 살여올으는 김의, 살어김으로 김올으게하는

E-vā'sion, n. 避, 推托, 피함, 남의게밀어면함, 버서남, 핑계함,

E-vā'sive, a. 避, 推托, 피하는, 도망하는, 버서나는, 면하려는, 핑계하는

E-vā'sive-ly, adv. 避, 推托, 피함으로, 핑계로,

Ēve, } n. 夕, 晩, 祭日前夕, 저녁, 해질때,
Ē'ven, } (ē-vn) 예수탄일전날저녁, 명일이나무삼측별한날 젼날저녁.

Ē'ven, (ē'vn) a. 平滑, 平均, 一樣, 평々한, 미그러운, 평탄한, 평균한, 똑갓흔, 한모양되난. v. t. 평균히하다, 똑갓치하다, 고루게하다. adv. 평균히, 한모양으로, 갓치, 꼭, 곳그때에, 바라지못할만치, 하여도, 지라도, 도,

Ē'ven-hănd'ed, a. 公平, 不偏, 공평한, 편벽되지안은,

Ē'ven-ing, (ē'vn-ing) n. 夕, 晩, 晩年, 末路, 저녁, 어두어올때, 늙어갈때, 말년, 나중때,

Ē'ven-mīnd'ed, a. 沈靜, 定心, 침령한, 안졍한, 고요한, 마음뎡한

Ē'ven-ness, n. 平坦, 平穩, 평탄함, 편안함,

Ē'ven-sŏng, n. 夕禮拜, 저녁때에하난례배, 저녁례배에하난노래, 저녁례배할때.

E-vent', n. 出來事, 偶然事, 事件, 結果, 된일, 생긴일, 우연히된일, 사건, 결과, 결말, 일. At all events, 엇지하엿던지, 엇더케하던지, 긔어히,

E-vent'ful, a. 多事, 일만흔, 다사한.

Ē'ven-tīde, n. 夕時, 저녁때, 해질때.

E-vĕnt'ū-al, a. 結末, 終末, 결말되난, 나중에되난, 싓

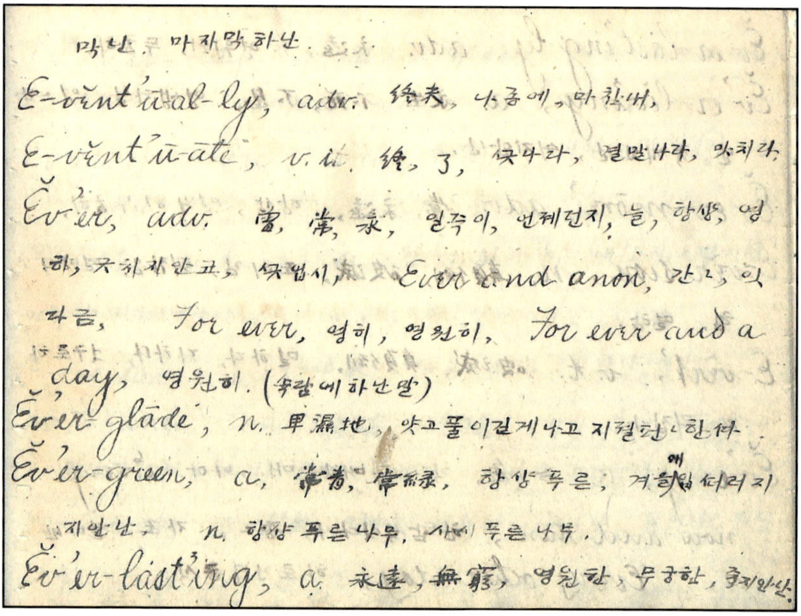

막난. 마자막하난.
E-vĕnt'ū-al-ly, adv. 終末, 나종에, 마참내,
E-vĕnt'ū-ate, v. i. 終, 了, 끗나다, 결말나다, 맛치다,
Ĕv'er, adv. 嘗, 常, 永, 일즉이, 언제던지, 늘, 항샹, 영히, 긋치지안코, 끗업시, Ever and anon, 간〃, 이다금, For ever, 영히, 영원히, For ever and a day, 영원히. (속담에하난말)
Ĕv'er-glāde, n. 卑濕地, 얏고풀이길게나고 지젹〃한따.
Ĕv'er-green, a. 常青, 常綠, 항샹푸른; 겨울에닙떠러지지안난, n. 항샹푸른나무, 사시푸른나무.
Ĕv'er-last'ing, a. 永遠, 無窮, 영원한, 무궁한, 죽지안난.

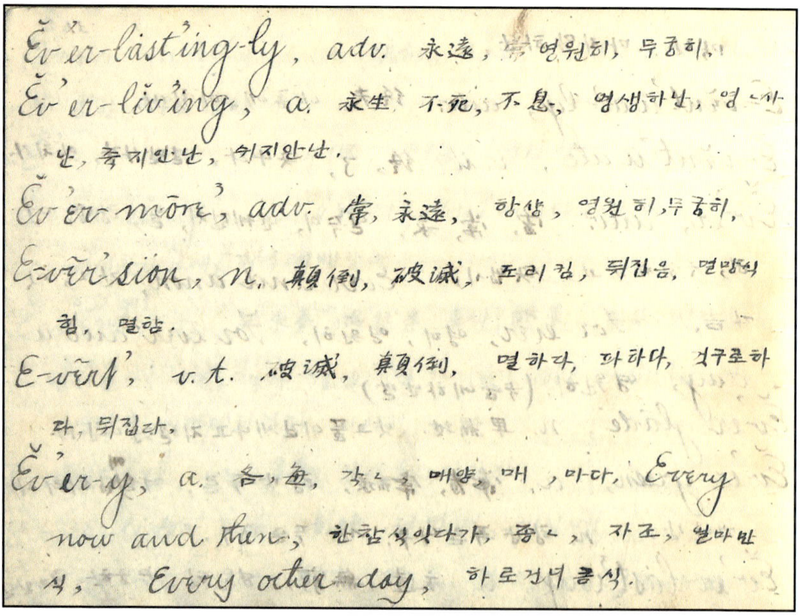

Ĕv'er-last'ing-ly, adv. 永遠, 영원히, 무궁히.
Ĕv'er-liv'ing, a. 永生 不死, 不息, 영생하난, 영〃사난, 죽지안난, 쉬지안난.
Ĕv'er-mōre', adv. 常, 永遠, 항샹, 영원히, 무궁히,
E-vĕr'sion, n. 顚倒, 破滅, 도리킴, 뒤집음, 멸망식힘, 멸함.
E-vĕrt', v. t. 破滅, 顚倒, 멸하다, 파하다, 엇구로하다, 뒤집다,
Ĕv'er-y, a. 各, 每, 각〃, 매양, 매, 마다, Every now and then, 한참식잇다가, 죵〃, 자조, 얼마만식, Every other day, 하로건너큼식.

Ĕv'er-y-day, a. 每日, 常時, 매일, 날마다 쓰난, 항용하난, 예사롭은.

Ĕv'er-y-where, adv. 各處, 각처에, 어대던지, 아모대나.

E-vĭct', v.t. 依法取, 법대로 취하다, 재판하야 법에뎡한대로 쌔앗다.

E-vĭc'tion, n. 依法取, 따히나 물건을 송사하야 쌔앗슴.

Ĕv'i-dence, n. 憑據, 證據 빙거, 증거, 들어나게 하난것, 믿을만한 증거, 증인. v.t. 증거하다, 밝히다.

Ĕv'i-dent, a. 顯然, 明白, 현저한, 나타난, 들어난, 분명한, 명백한.

Ĕv'i-dĕn'tial, a. 證據, 증거하난, 증거의, 증거되난.

Ĕv'i-dent-ly, adv. 證據, 顯然, 증거로, 현저히, 명백히,

Ē'vil, (ē'vl) a. 惡, 凶惡, 災殃, 不幸, 악한, 흉악한, 괴악한, 재앙시러온, 불행한, The evil one, 매귀, 귀신, n. 해롭게하난것, 재앙, 흉악한것, 병. adv. 괴악하게, 불행히, 불량하게.

Ē'vil-eyed, (ē'vl-id). a. 妬眼, 毒心, 투긔하난 눈자질, 악한 뜻잇난.

Ē'vil-mind'ed, a. 惡心, 악심먹은, 독한 마음가진,

Ē'vil-ness, n. 不良, 惡性, 불량함, 악한성품.

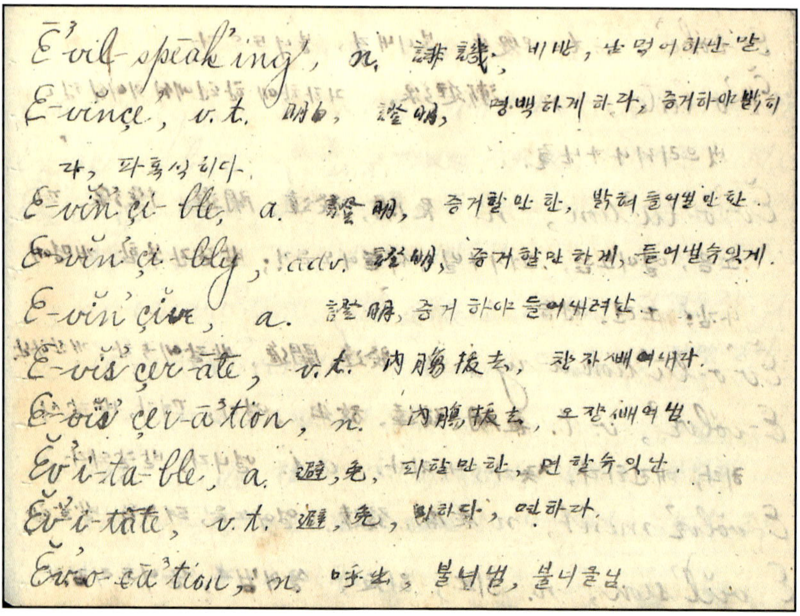

Ē'vil-speak'ing, n. 誹譏, 비방, 남 멈어하난 말.
E-vince', v.t. 明白, 證明, 명백하게 하다, 증거하야 밝히다, 파혹식히다.
E-vin'ci-ble, a. 證明, 증거할 만 한, 밝혀 들어낼 만 한.
E-vin'ci-bly, adv. 證明, 증거할 만 하게, 들어낼 수 잇게.
E-vin'cive, a. 證明, 증거 하야 들어내려난.
E-vis'cer-ate, v.t. 內臟拔去, 창자 새여내다.
E-vis'cer-a'tion, n. 內臟拔去, 오장 새여냄.
Ĕv'i-ta-ble, a. 避, 免, 피할 만 한, 면할 수 잇난.
Ĕv'i-tate, v.t. 避, 免, 피하다, 면하다.
Ĕv'o-ca'tion, n. 呼出, 불너냄, 불너올님.

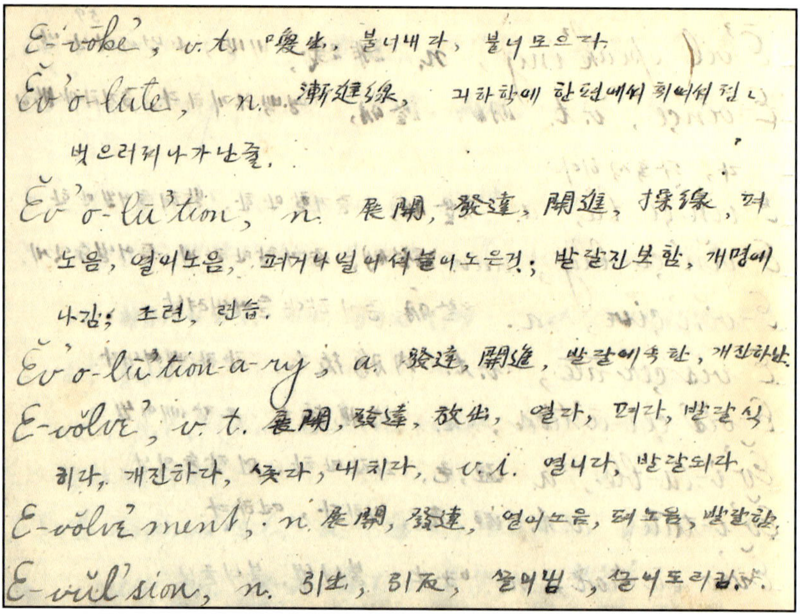

E-voke', v.t. 喚出, 불너내다, 불너모으다.
Ĕv'o-lute, n. 漸進線, 긔하학에 한 편에서 회여서 점ㄴ 벗으러저나가난 줄.
Ĕv'o-lu'tion, n. 展開, 發達, 開進, 操練, 펴노음, 열어노음, 펴거나 빌어서 늘여노은 것; 발달진보함, 개명에 나감; 조련, 련습.
Ĕv'o-lu'tion-a-ry, a. 發達, 開進, 발달에 속한, 개진하난.
E-volve', v.t. 展開, 發達, 放出, 열다, 펴다, 발달식히다, 개진하다, 쏫다, 내치다, v.i. 열니다, 발달되다.
E-volve'ment, n. 展開, 發達, 열어노음, 펴노음, 발달함.
E-vul'sion, n. 引出, 引拔, 끌어냄, 끌어도리김.

Ewe, (yu) n. 牝羊, 암양, 암양것.

Ew'er, (yur) n. 水鑵, 귀대달닌물그릇, (세수물담난그릇)

Ex-ăç'er-bāte, } v.t. 激怒, 激烈, 격노식히다, 더
Ex-a-çēr'bāte, }
격동하게하다, 더욱맹렬하게만드다.

Ex-ăç'er-bā'tion, } n. 更激烈, 激怒, 더격동함, 더
Ex-ăç'er-bĕs'çençe, } 욱격노식힘, 더욱셩함, 더맹렬하여짐, 병이더욱심함.

Ex-ăct', a. 適, 精密, 分明, 맛난, 합하난, 졍밀한, 단졍한, 분명한, 바른, 묘한, 엄졀한, 차착업난, v.t. 물니다, 늑색하다, 요구하다.

Ex-ăct'er, } n. 强求者, 勒索者, 억지로내라난자, 늑
Ex-ăct'or, } 색하난자, 물니난자.

Ex-ăc'tion, n. 聚斂, 强迫, 勒索, 稅, 貢物, 억지로출염식힘, 세력으로요구함, 핍박하야주게함, 늑색함, 늑색한것, 세, 공물,

Ex-ăct'i-tūde, n. 正, 精密, 無差錯, 바름, 꼭맛즘, 졍밀함, 조곰도차착업슴.

Ex-ăct'ly, adv. 適, 正, 精密, 꼭, 맛게, 바르, 졍밀하게, 분명히, 엄졀하게

Ex-ăct'ness, n. 正, 精密, 바름, 졍밀함, 분명함.

Ex-ăg'ger-āte, v.t. 誇大, 過言, 늘여말하다, 키켜세다,

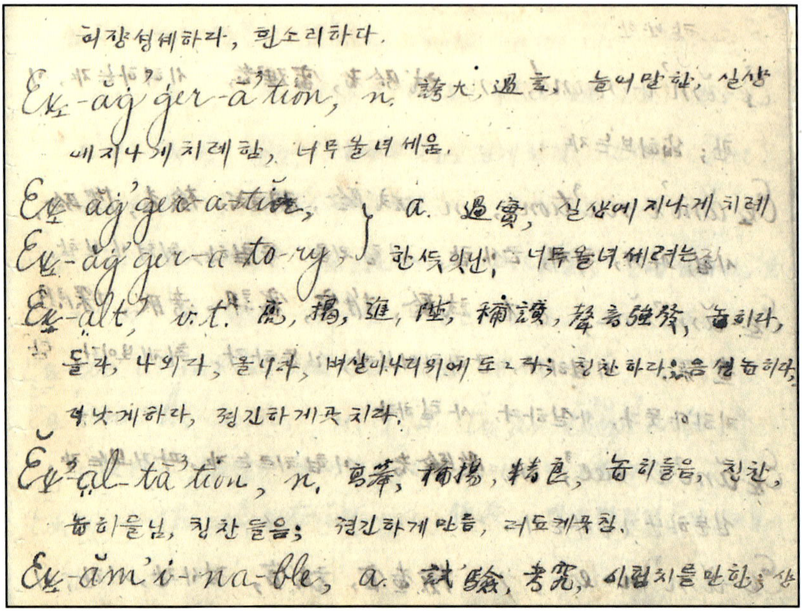

허장성세하다, 흰소리하다.

Ex-ag-ger-a-tion, n. 誇大, 過言, 늘여말함, 실상에지나게치례함, 너무올녀세움.

Ex-ag-ger-a-tive, } a. 過實, 실상에지나게치례
Ex-ag-ger-a-to-ry, } 한, 너무올녀세려는

Ex-alt, v.t. 高, 揚, 進, 陞, 稱讚, 聲音強發, 놉히다, 들다, 나외다, 올니다, 벼살이나직위에도こ다; 칭찬하다; 음셩놉히다, 더낫게하다, 정진하게곤치다.

Ex-al-ta-tion, n. 高舉, 稱揚, 精良, 놉히들음, 칭찬, 놉히들님, 칭찬들음; 정진하게만듬, 더됴케곡침.

Ex-am-i-na-ble, a. 試驗, 考究, 시험치를만한; 상

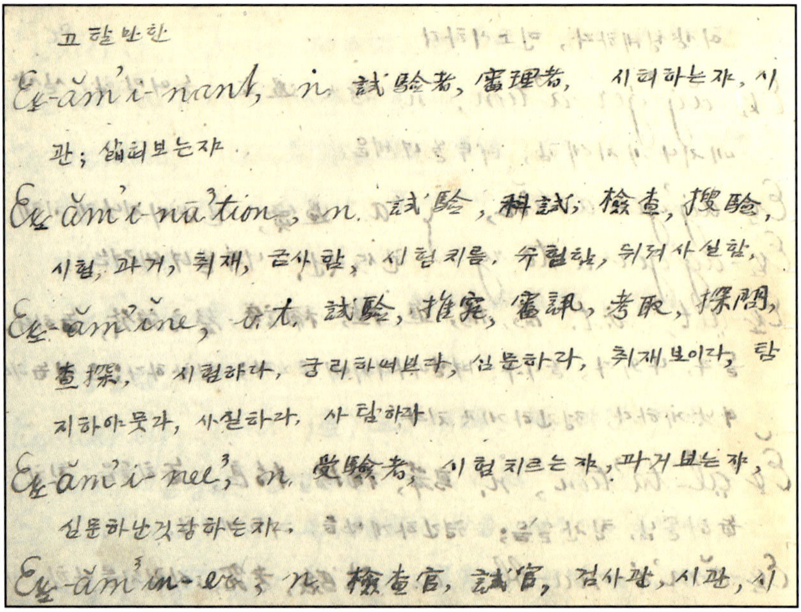

고할만한

Ex-am-i-nant, n. 試驗者, 審理者, 시험하는자, 시관; 살펴보는자.

Ex-am-i-na-tion, n. 試驗, 科試; 檢查, 搜驗, 시험, 과거, 취재, 검사함, 시험치름, 수험함, 뒤져사실함,

Ex-am-ine, v.t. 試驗, 推究, 審訊, 考取, 探問, 查探, 시험하다, 궁리하여보다, 심문하다, 취재보이다, 탐지하야뭇다, 사실하다, 사탐하다

Ex-am-i-nee, n. 受驗者, 시험치르는자, 과거보는자, 심문하난것당하는자.

Ex-am-in-er, n. 檢查官, 試官, 검사관, 시관, 시

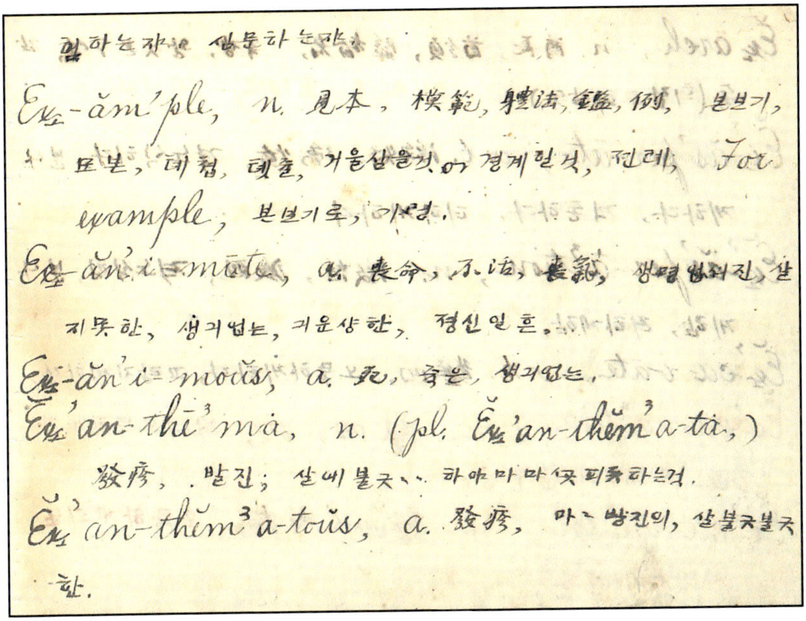
험하는자, 실물하는것.
Ex-ăm'ple, n. 見本, 模範, 體法, 鑑, 例, 본보기, 표본, 대첩, 례출, 거울삼을것, 경계할것, 전례, For example, 본보기로, 이컨데.
Ex-ăn'i-mate, a. 喪命, 不活, 喪氣, 생명없어진, 살지못한, 생긔없는, 긔운상한, 정신잃은.
Ex-ăn'i-mous, a. 死, 죽은, 생긔없는.
Ex'an-thē'ma, n. (pl. Ex'an-them'a-ta,) 發疹, 발진; 살에 불긋불긋하야 마마같이 피하는것.
Ex'an-them'a-tous, a. 發疹, 마마 발진의, 살불긋불긋한.

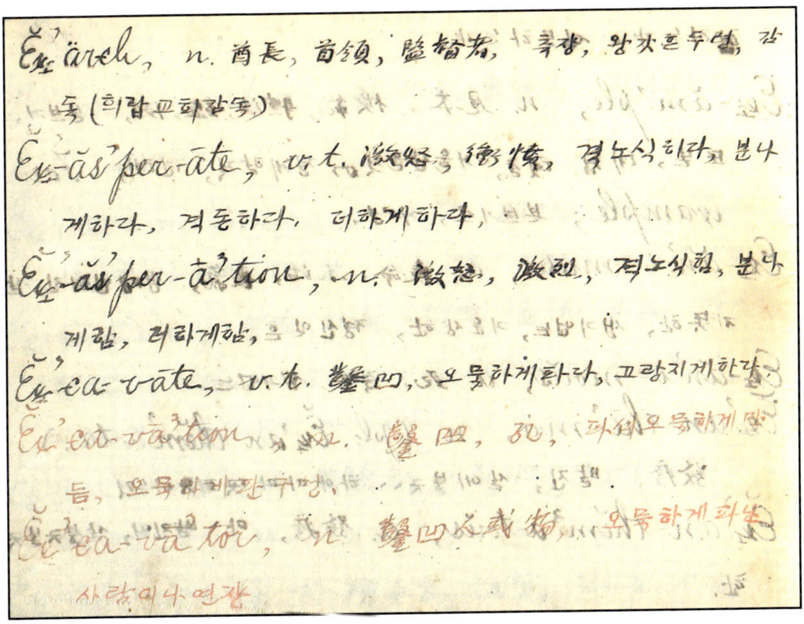
Ex'arch, n. 酋長, 首領, 監督者, 추장, 왕것흔두령, 감독(희랍교회감독)
Ex-ăs'per-āte, v.t. 激怒, 激憤, 격노식히다, 분나게하다, 격동하다, 더하게하다.
Ex-ăs'per-ā'tion, n. 激怒, 激烈, 격노식힘, 분나게함, 더하게함,
Ex'ca-vāte, v.t. 鑿凹, 오목하게하다, 고랑지게하다.
Ex'ca-vā'tion, n. 鑿凹, 孔, 파서오목하게함, 오목하게판구멍,
Ex'ca-vā'tor, n. 鑿凹人 或 器, 오목하게파는사람이나 연장

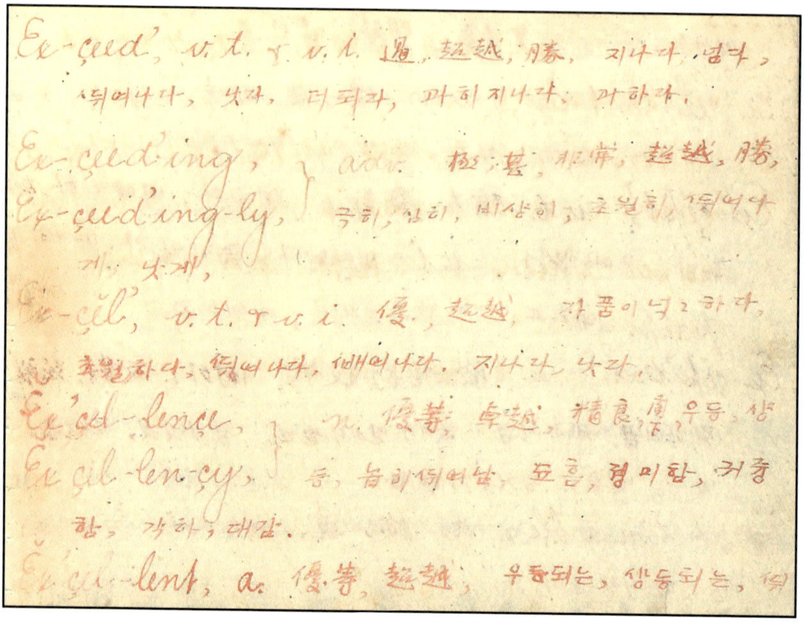
Ex-ceed', v.t. & v.i. 過, 超越, 勝, 지나다, 넘다, 뛰여나다, 낫다, 더되다, 과히지나다, 과하다.
Ex-ceed'ing, } adv. 極, 甚, 非常, 超越, 勝,
Ex-ceed'ing-ly, } 극히, 심히, 비상히, 초월히, 뛰여나게, 낫게,
Ex-cel', v.t. & v.i. 優, 超越, 각품이 넉넉하다, 초월하다, 뛰여나다, 빼여나다, 지나다, 낫다,
Ex'cel-lence, } n. 優等, 卓越, 精良, 尊, 우등, 상
Ex'cel-len-cy, } 등, 놉히뛰여남, 됴흠, 정미함, 귀중함, 각하, 대감.
Ex'cel-lent, a. 優等, 超越, 우등되는, 상등되는, 뛰

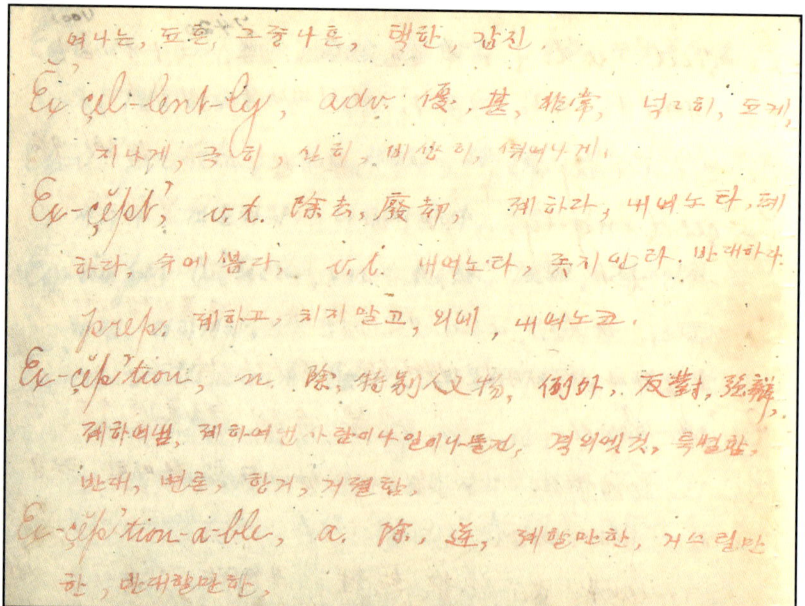
여나는, 됴흔, 그중나흔, 택한, 갑진,
Ex'cel-lent-ly, adv. 優, 甚, 非常, 넉넉히, 됴게, 지나게, 극히, 심히, 비상히, 뛰여나게,
Ex-cept', v.t. 除去, 廢却, 제하다, 내여노다, 제하다, 속에뽑다, v.i. 내여노다, 좃치안타, 반대하다.
prep. 제하고, 치지말고, 외에, 내여노코,
Ex-cep'tion, n. 除, 特別人又物, 例外, 反對, 強辯, 제하여냄, 제하여낸사람이나일이나물건, 격외엣것, 특별함, 반대, 변론, 항거, 거절함,
Ex-cep'tion-a-ble, a. 除, 逆, 제할만한, 거스릴만한, 반대할만한,

Ex-cĕp'tion-al, a. 除, 例外, 優等, 卓越, 제하는, 쳬례외에되는, 나흔, 됴흔, 우승되는, 뛰여나는.

Ex-cĕpt'ive, a. 除, 例外, 異論, 제하는, 쳬례외에되는, 반대하는, 리론하는.

Ex-cĕpt'or, n. 異論者, 反對者, 除者, 이론내는자, 반대하는자, 제하는자.

Ex-cĕrpt', v.t. 拔萃, 選錄, 引用, ᄲᅢ여내다, 초하여내다, 익글어쓰다, 인증하다, n. ᄲᅢ여낸글, 초하여낸것, 뽑아낸귀절.

Ex-cĕrp'tion, n. 抄出, 초하여냄, 초하여낸귀절, 뽑아낸것.

Ex-cĕrp'tor, n. 抄出人, 초하여내는자, 뽑아긔록하는자.

Ex-cĕss', n. 過度, 放蕩, 剩餘, 과도함, 넘우만흠, 한뎡에넘침, 방탕함, 넘는것, 사치, 절조업슴, 남은것, 여재.

Ex-cĕss'ive, a. 過度, 放肆, 過濫, 極, 과도한, 방사한, 과람한, 넘치는, 극한, 심한.

Ex-cĕss'ive-ly, adv. 過度, 甚, 極, 과도히, 너무, 심히, 과히, 극히.

Ex-chānge', v.t. 交換, 貿易, 賣買, 交替, 밧고다, 무역하다, 장사하다, 매매하다, 갈다, 교톄하다, v.i. 밧괴다, 갈니다, 장사에쓰우다. n. 밧곰, 주고밧음, 무역, 매매,

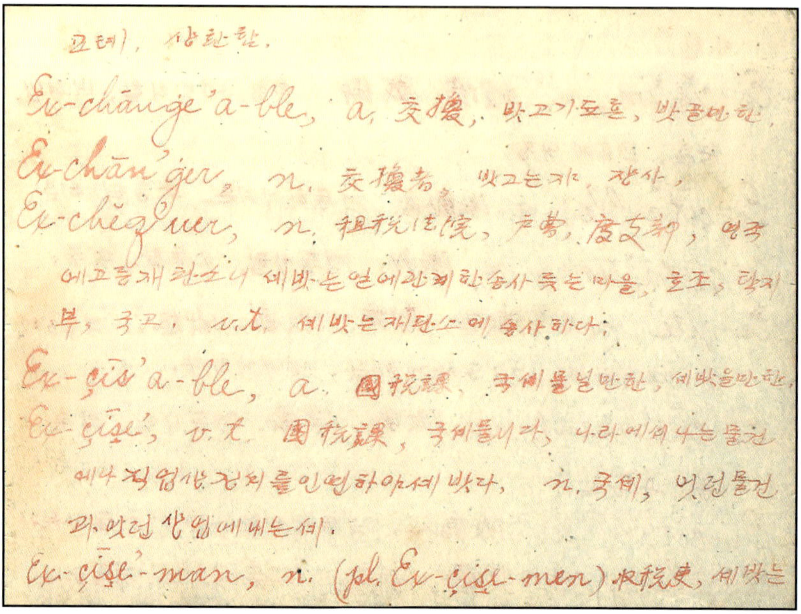
교체, 상환함.
Ex-chānge'a-ble, a. 交換, 밧고기도흔, 밧골만한,
Ex-chān'ger, n. 交換者, 밧고는자, 장사,
Ex-chĕq'uer, n. 租稅法院, 戶曹, 度支部, 영국에고등재판소니 세밧는일에관계한송사듣는마을, 호조, 탁지부, 국고, v.t. 세밧는재판소에 송사하다;
Ex-çīs'a-ble, a. 國稅課, 국세물닐만한, 세밧을만한,
Ex-çīse', v.t. 國稅課, 국세를니다, 나라에서나는물건에나 직업상 장치를인연하야세밧다, n. 국세, 엇던물건과 엇던 산업에내는세.
Ex-çīse'-man, n. (pl. Ex-çīse-men) 收稅吏, 세밧는

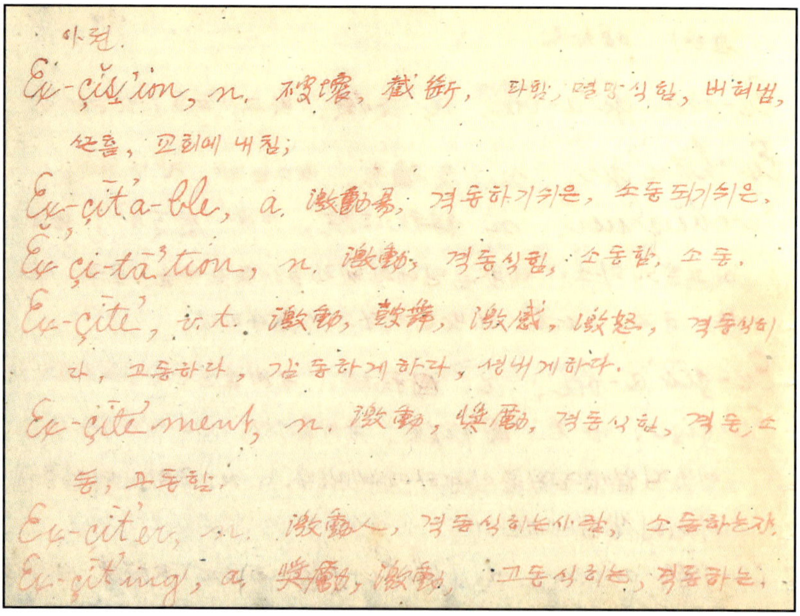
아전.
Ex-çĭs'ion, n. 破壞, 截斷, 파함, 멸망식힘, 버혀냄, 쓴흠, 교회에 내침;
Ex-çīt'a-ble, a. 激動易, 격동하기쉬운, 소동되기쉬운.
Ex'çi-tā'tion, n. 激動, 격동식힘, 소동함, 소동.
Ex-çīte', v.t. 激動, 鼓舞, 激感, 激怒, 격동식히다, 고동하다, 감동하게하다, 성내게하다.
Ex-çīte'ment, n. 激動, 奬勵, 격동식힘, 격동, 소동, 고동함.
Ex-çīt'er, n. 激動人, 격동식히는사람, 소동하는자.
Ex-çīt'ing, a. 奬勵, 激動, 고동식히는, 격동하는.

새우치는.

Ex-çit'ing-ly, adv. [illegible], 격진할 만하게, 새우칠 만하게,

Ex-clāim', v. t. 叫, 大叫, 부르짓다, 크게소래지르다,

Ex-clāim'er, n. 大叫者, 크게부르지즈는자, 소래하는자,

Ĕx'cla-mā'tion, n. 大叫, 驚歎, 歎詞, 크게부르지즘, 즐디예하는소래, 놀나거나 탄식하는소래, 아이고 하또다 嗚呼라 하는말종류,

Ex-clăm'a-tive, } a. 叫喊, 感歎, 부르지즈는, 탄식하는, 감동하는, 놀나온.
Ex-clăm'a-to-ry, }

감동되는대스는, 감동된섯을 표하는.

Ex-clūde', v. t. 排除, 拒, 斥, 물니치다, 제하다, 거절하다,

Ex-clū'sion, n. 排除, 拒, 斥, 물니침, 제함, 거절함,

Ex-clū'sion-a-ry, a. 排除, 물니치는, 거절하는, 사로나게 하는.

Ex-clū'sive, a. 排除, 물니치는, 들이지 안는, 참예 참예못하하는.

Ex-clū'sive-ly, adv. 拒絶, 거절하고, 물니쳐내는 모양으로,

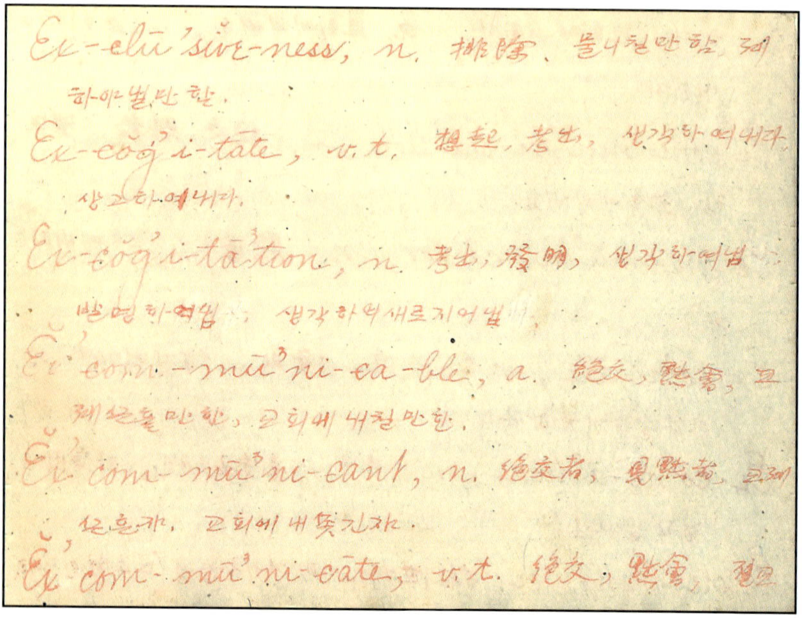

Ex-clu'sive-ness, n. 排除, 몰니칠만함, 제하야벌만함.

Ex-cog'i-tate, v.t. 想起, 考出, 생각하여내다, 상고하여내다.

Ex-cog'i-ta'tion, n. 考出, 發明, 생각하여냄, 발명하여냄; 생각하여새로지어냄.

Ex'com-mu'ni-ca-ble, a. 絶交, 黜會, 교제끊을만한, 교회에내칠만한.

Ex'com-mu'ni-cant, n. 絶交者, 見黜者, 교제끊은자, 교회에내쫓긴자.

Ex'com-mu'ni-cate, v.t. 絶交, 黜會, 절교

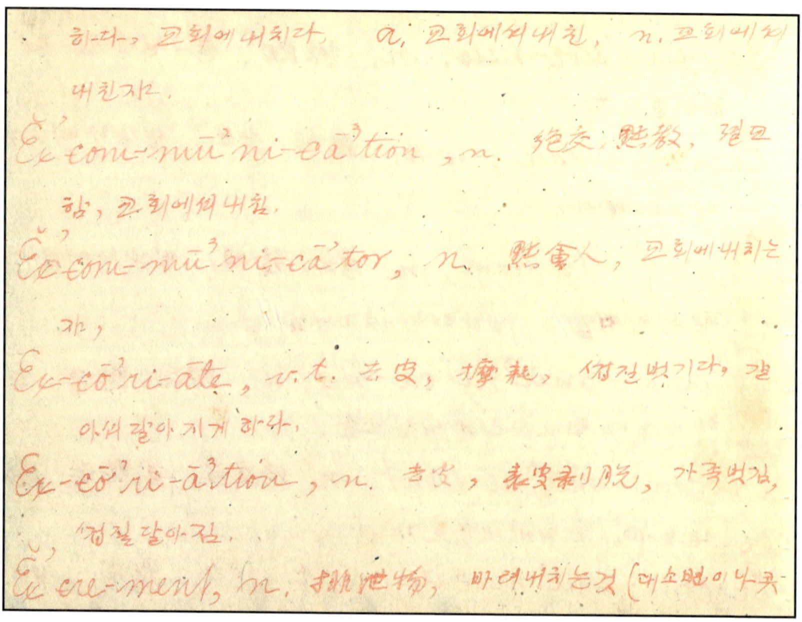

하다, 교회에내치다. a. 교회에서내친, n. 교회에서내친자.

Ex'com-mu'ni-ca'tion, n. 絶交, 黜教, 절교함, 교회에서내침.

Ex'com-mu'ni-ca'tor, n. 黜會人, 교회에내치는자,

Ex-co'ri-ate, v.t. 去皮, 擦耗, 껍질벗기다, 갈아서닳아지게하다.

Ex-co'ri-a'tion, n. 去皮, 表皮剝脫, 가죽벗김, 껍질닳아짐.

Ex'cre-ment, n. 排泄物, 빠려내치는것(대소변이나곳

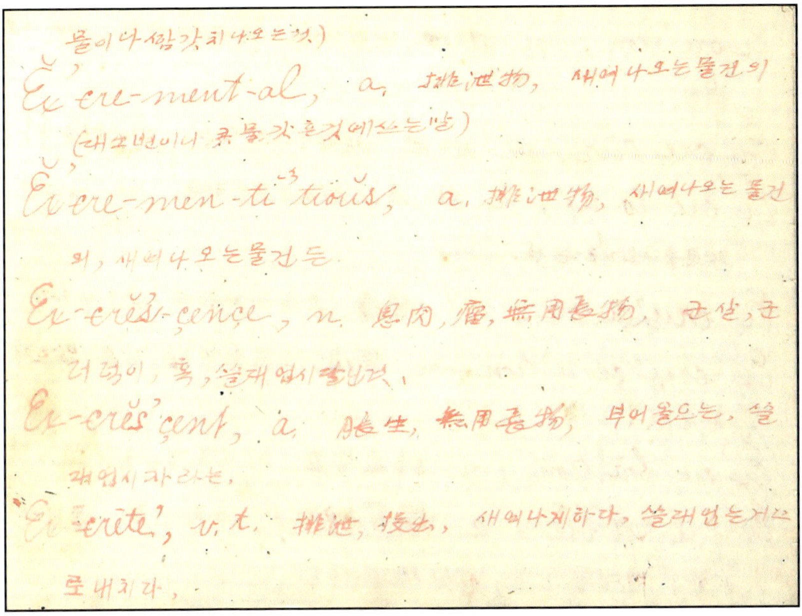

물이나 [illegible] 갓치 나오는 것)

Ex´cre-ment-al, a. 排泄物, 새여나오는 물건의 (대소변이나 흔 물갓흔 것에 쓰는 말)

Ex´cre-men-ti´tious, a. 排泄物, 새여나오는 물건의, 새여나오는 물건 든

Ex-cres´-cence, n. 息肉, 瘤, 無用長物, 군살, 군더덕이, 혹, 쓸대업시 달닌 것,

Ex-cres´cent, a. 長生, 無用長物, 부어올으는, 쓸대업시 자라는,

Ex-crete´, v. t. 排泄, 撲出, 새여나게하다, 쓸대업는 거스로 내치다,

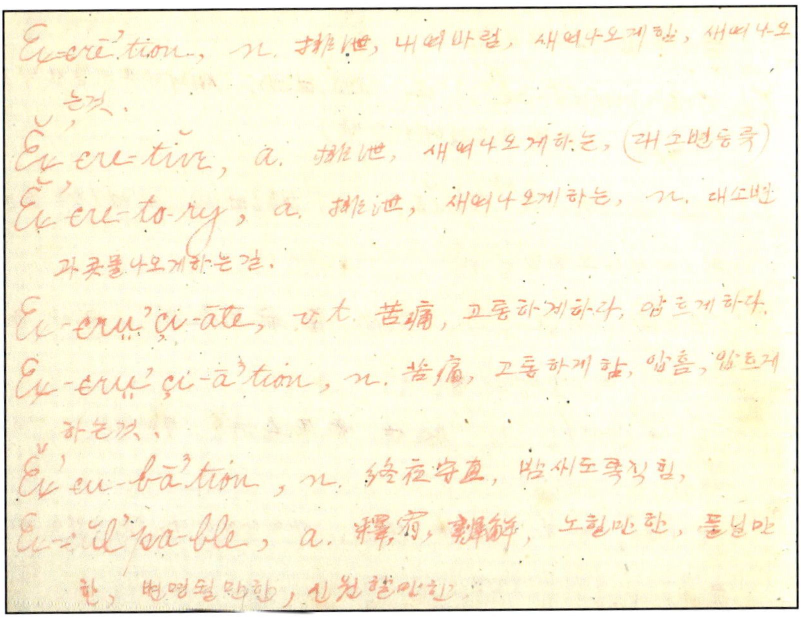

Ex-cre´tion, n. 排泄, 내여바림, 새여나오게함, 새여나오는 것,

Ex´cre-tive, a. 排泄, 새여나오게하는, (대소변 등 혹)

Ex´cre-to-ry, a. 排泄, 새여나오게하는, n. 대소변과 흔물 나오게하는 길.

Ex-cru´ci-ate, v. t. 苦痛, 고롱하게하다, 압흐게하다.

Ex-cru´ci-a´tion, n. 苦痛, 고롱하게함, 압흠, 압흐게하는 것,

Ex´cu-ba´tion, n. 終夜守直, 밤새도록직힘,

Ex-cul´pa-ble, a. 釋宥, 辨解, 노힐만한, 풀닐만한, 변명될만한, 신천할만한.

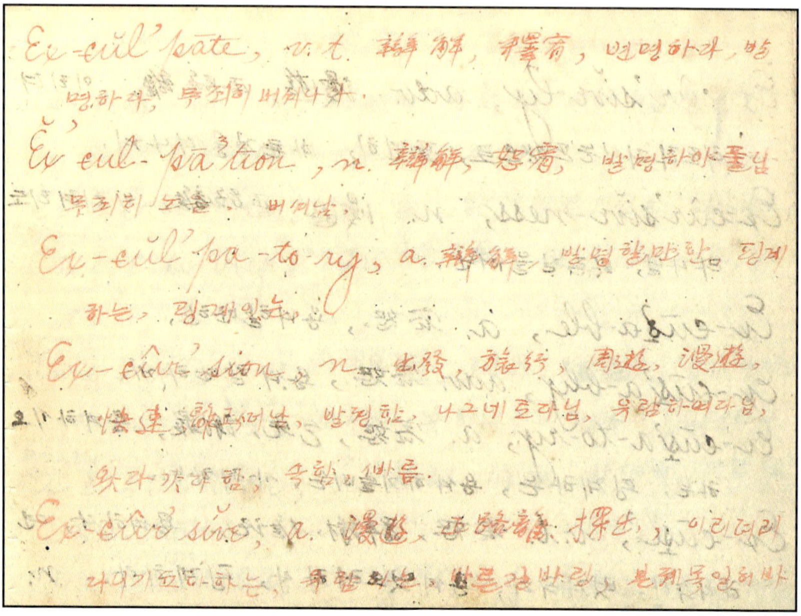

Ex-cŭl'pate, v.t. 辯解, 釋寃, 변명하다, 발명하다, 무죄히 버서나다.
Ex-cul-pa'tion, n. 辯解, 釋寃, 발명하야풀님, 무죄히 노흠, 버서남.
Ex-cŭl'pa-to-ry, a. 辯解, 발명할만한, 핑계하는, 핑계잇는.
Ex-cûr'sion, n. 出發, 旅行, 周遊, 漫遊, [illegible] 돌아다님, 발정함, 나그네로다님, 유람하여다님, 왓다갓다함, 속함, 빠름.
Ex-cûr'sĭve, a. 漫遊, 正路離, 探出, 이리뎌리다니기로드하는, 무졍처한, 바른길바린, 본제목일허바린,

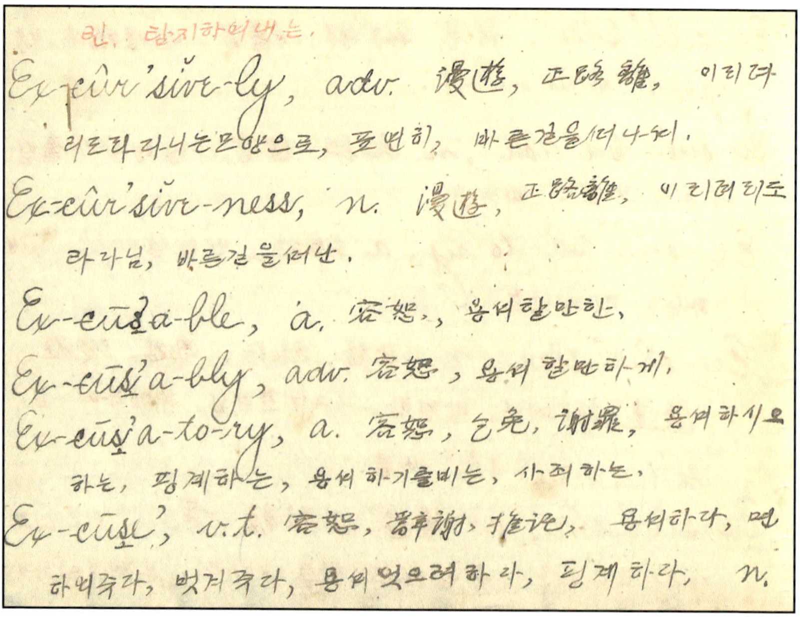

린, 탐지하여내는.
Ex-cûr'sĭve-ly, adv. 漫遊, 正路離, 이리뎌리로다니는모양으로, 표변히, 바른길을떠나셔.
Ex-cûr'sĭve-ness, n. 漫遊, 正路離, 이리뎌리도라다님, 바른길을떠남.
Ex-cūs'a-ble, a. 容恕, 용서할만한,
Ex-cūs'a-bly, adv. 容恕, 용셔할만하게,
Ex-cūs'a-to-ry, a. 容恕, 乞免, 謝罪, 용셔하시오하는, 핑계하는, 용셔하기를비는, 사죄하는,
Ex-cūse', v.t. 容恕, 辭謝, 推託, 용셔하다, 면하여주다, 벗겨주다, 용셔엇으려하다, 핑계하다, n.

용서, 핑계, 면함, 사양.

Ex-cus'er, n. 辯解者, 容恕者, 推託者, 변명하야 주는자, 용서하여주는자, 핑계하는자

Ĕx'e-cra-ble, a. 惡, 厭, 미운, 실은, 보기실흔.

Ĕx'e-cra-bly, adv. 惡, 厭, 밉게, 밉살시러히, 실게, 보기실게.

Ĕx'e-crate, v. t. 呪詛, 棄罪; 憎惡, 방자하다, 악담하다, 죄를돌녀보내다, 욕하다, 미워하다, 실혀하다.

Ĕx-e-cra'tion, n. 呪詛, 憎惡, 방자함, 악담함, 악담, 방자.

Ĕx'e-cūt'a-ble, a. 成就, 執行, 處判; 성취할만한, 일울만한, 행할만한, 처판할만한,

Ĕx'e-cute, v. t. 成就, 執行, 處, 성취하다, 일우다, 집행하다, 처판하다, 성공하다, 효험잇게하다, 직책다하다, 사형에처판하다, v. i. 직책다하다, 풍류한단마치다,

Ĕx'e-cūt'er, n. 成就者, 執行者, 성취하는사람, 일우는자, 집행하는자, 행하는자, 사형에처한죄수집행하는자,

Ĕx'e-cū'tion, n. 竣功, 完成, 執行, 맛침, 필역함, 집행함, 행함, 효험잇게함, 죽는죄인형벌에처함,

Ĕx'e-cū'tion-er, n. 執行者, 집행하는자, 처판하는자, 죽이는죄인집행하는자,

Ex-ĕc'u-tive, a. 執行, 行政, 집행하는, 행하는, 정

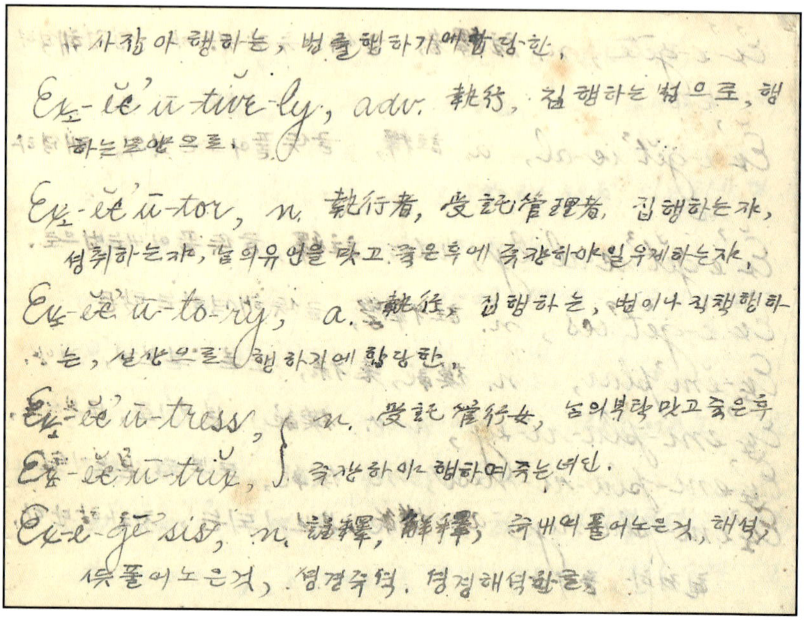

…사람이 행하는, 법을 행하기에 합당한,

Ex-ĕc'ū-tive-ly, adv. 執行, 집행하는 법으로, 행하는 모양으로,

Ex-ĕc'ū-tor, n. 執行者, 受託管理者, 집행하는 자, 성취하는 자, 남의 유언을 맡고 죽은 후에 주장하여 일을 주제하는 자,

Ex-ĕc'ū-to-ry, a. 執行, 집행하는, 법이나 직책 행하는, 실상으로 행하기에 합당한,

Ex-ĕc'ū-tress, Ex-ĕc'ū-trix, n. 受託管行女, 남의 부탁 맡고 죽은 후 주장하여 행하여 주는 여인.

Ex-e-gē'sis, n. 註釋, 解釋, 글 내어 풀어 놓은 것, 해석, 글뜻 풀어 놓은 것, 성경 주석, 성경 해석 함을.

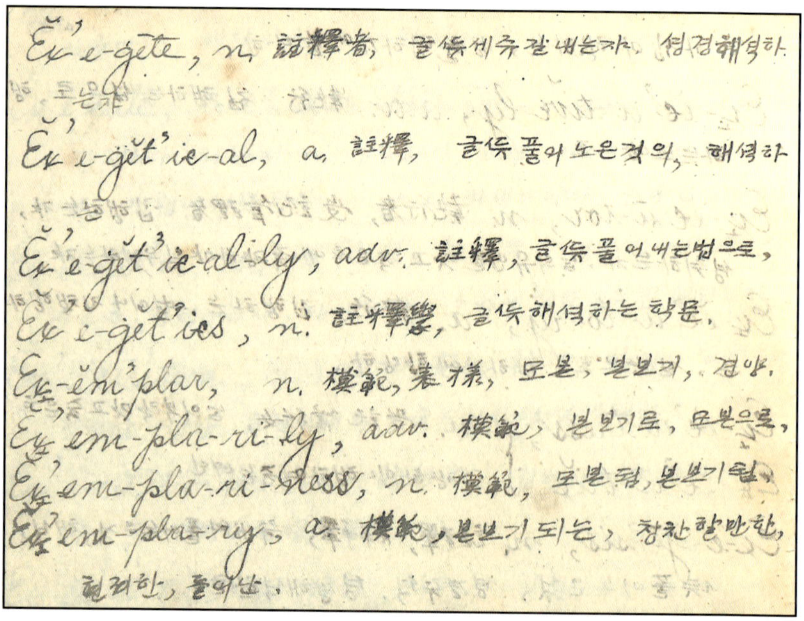

Ĕx'e-gēte, n. 註釋者, 글뜻 새주 길 내는 자, 성경 해석하는 자,

Ĕx'e-gĕt'ic-al, a. 註釋, 글뜻 풀어 놓은 것의, 해석하는,

Ĕx'e-gĕt'ic-al-ly, adv. 註釋, 글뜻 풀어 내는 법으로,

Ĕx'e-gĕt'ics, n. 註釋學, 글뜻 해석하는 학문,

Ex-ĕm'plar, n. 模範, 表樣, 모본, 본보기, 경양,

Ex'em-pla-ri-ly, adv. 模範, 본보기로, 모본으로,

Ex'em-pla-ri-ness, n. 模範, 모본 됨, 본보기 됨,

Ex'em-pla-ry, a. 模範, 본보기 되는, 칭찬할 만한, 현저한, 뛰어난.

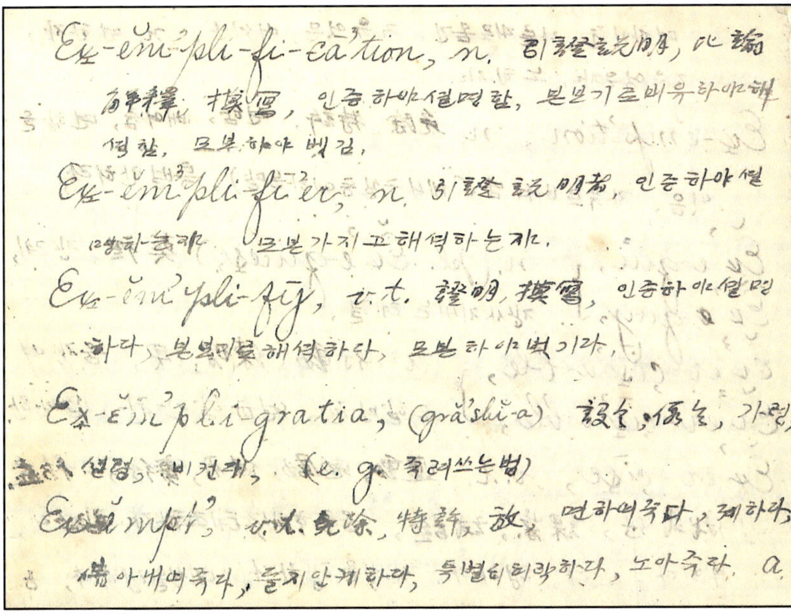
Ex-em-pli-fi-ca'tion, n. 引證說明, 比喩解釋, 摸寫, 인증하야설명함, 본보기로비유하야해석함, 모본하야 뻬김,
Ex-em-pli-fi-er, n. 引證說明者, 인증하야설명하는자, 모본가지고해석하는자,
Ex-em'pli-fy, v.t. 證明, 摸寫, 인증하야설명하다, 본보기로해석하다, 모본하야베기다,
Exempli gratia, (grā'shĭ-a) 設令, 假令, 가령, 설령, 비컨대, (e. g. 줄여쓰는법)
Ex-empt', v.t. 免除, 特許, 放, 면하여주다, 제하다, 빼아내여주다, 들지안케하다, 특별히허락하다, 노아주다. a.

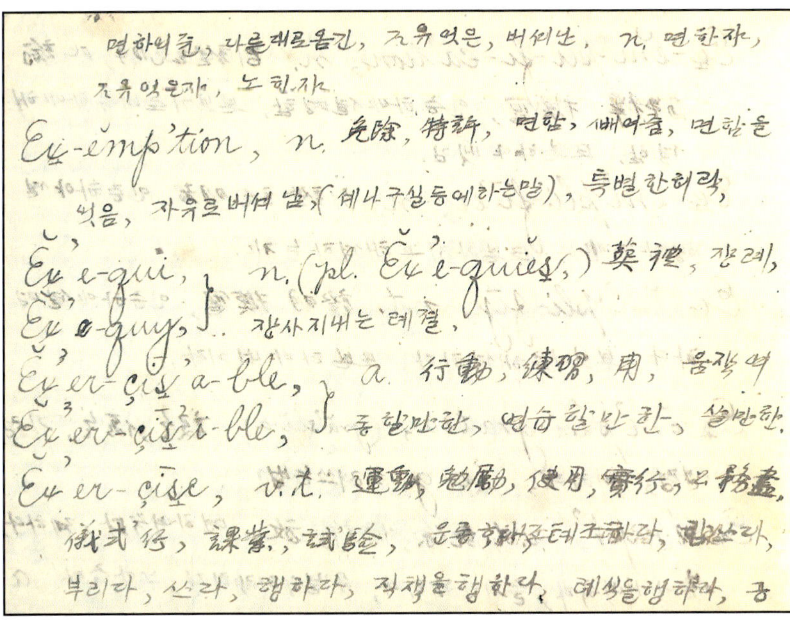
면하여준, 다른데로옴긴, 자유엇은, 버서난, n. 면한자, 자유엇은자, 노힌자
Ex-emp'tion, n. 免除, 特許, 면함, 빼여줌, 면함을 엇음, 자유로버서남, (세나구실등에하는말), 특별한허락,
Ex'e-qui, } n. (pl. Ex'e-quies,) 葬禮, 장례,
Ex'e-quy, } 장사지내는례절,
Ex'er-cis'a-ble, } a. 行動, 練習, 用, 움직여
Ex'er-cis'i-ble, } 동할만한, 연습할만한, 쓸만한.
Ex'er-cise, v.t. 運動, 勉勵, 使用, 實行, 業務盡, 儀式行, 課業, 試驗, 운동하다, 조테조하다, 부리다, 쓰다, 행하다, 직책을행하다, 예식을행하다, 공

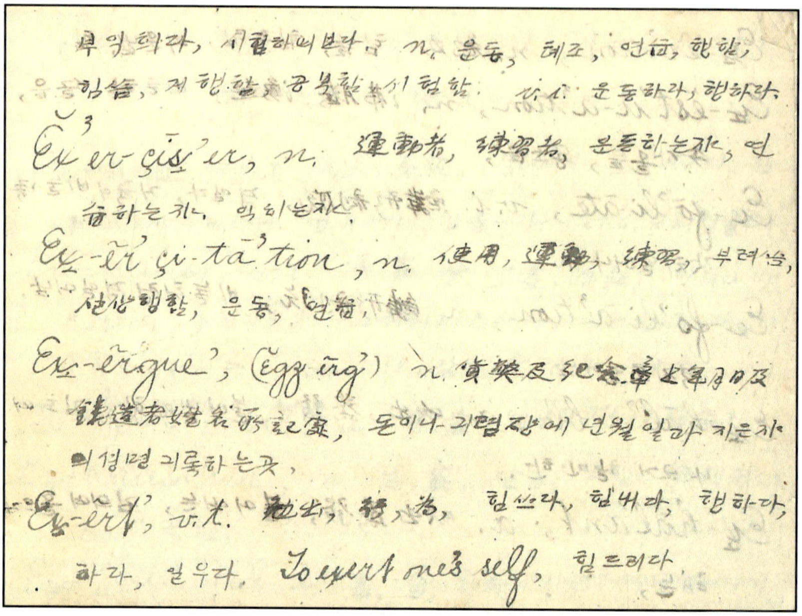
루익히다, 시험하여보다. n. 운동, 체조, 연습, 행함,
힘씀, 재행함, 공부함, 시험함. v.i. 운동하라, 행하다,
Ex'er-cis'er, n. 運動者, 練習者, 운동하는자, 연
습하는자, 익히는자,
Ex-ĕr'ci-tā'tion, n. 使用, 運動, 練習, 부려씀,
사상행함, 운동, 연습,
Ex-ĕrgue', (ĕgz-ŭrg') n. 貨幣及紀念章上年月日及
鑄造者姓名所記處, 돈이나 기념장에 년월일과 지은자
의 성명 기록하는곳,
Ex-ert', v.t. 勉出, 發, 為, 힘쓰다, 힘내다, 행하다,
하라, 일우다. To exert one's self, 힘드리다

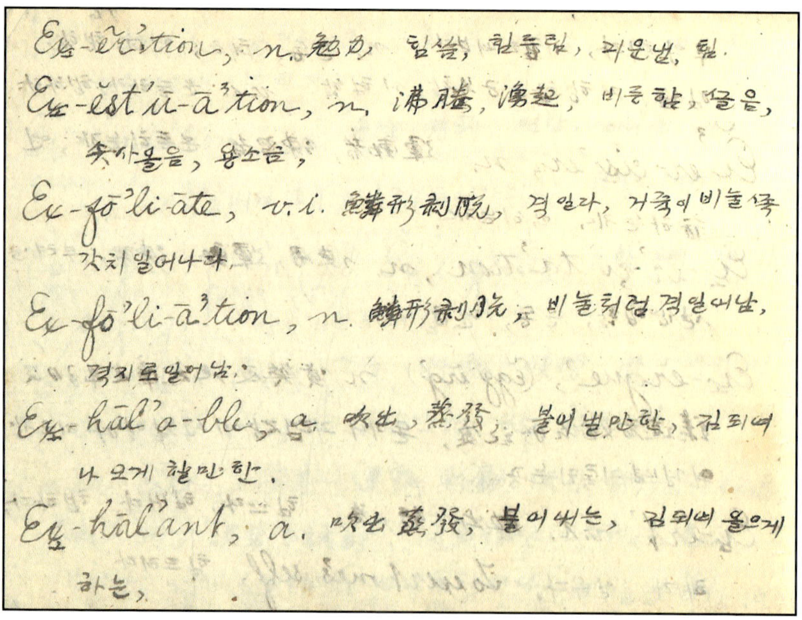
Ex-ĕr'tion, n. 勉力, 힘씀, 힘드림, 기운냄, 힘.
Ex-ĕst'ū-ā'tion, n. 沸騰, 湧起, 비등함, 끌음,
솟아올음, 용소음,
Ex-fō'li-āte, v.i. 鱗形剝脫, 껍일다, 거죽이 비늘속
갓치 일어나다,
Ex-fō'li-ā'tion, n. 鱗形剝脫, 비늘처럼 껍일어남,
껍지로 일어남,
Ex-hāl'a-ble, a. 吹出, 蒸發, 불어낼만한, 김되여
나오게 할만한,
Ex-hāl'ant, a. 吹出蒸發, 불어내는, 김되여 올으게
하는,

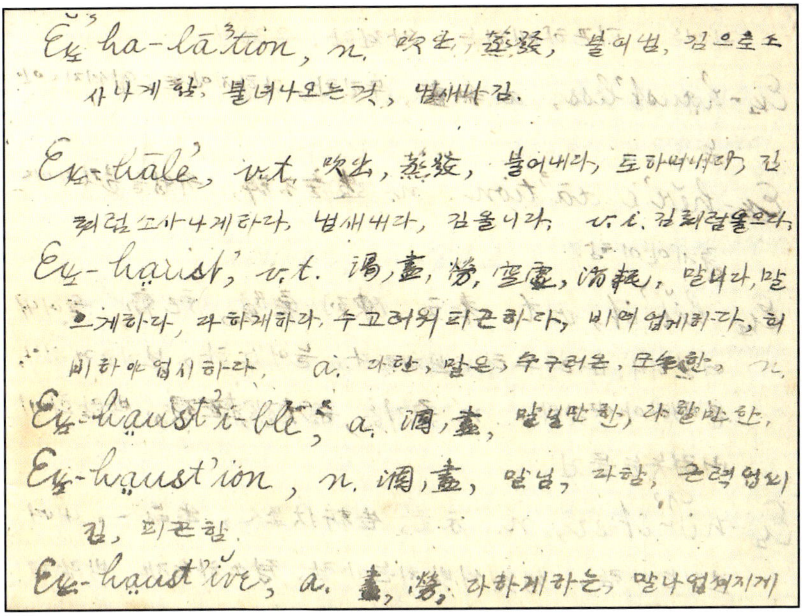

Ex-ha-lā'tion, n. 吹出, 蒸發, 불어냄, 김으로소
사나게함, 불어나오는것, 냄새나감.

Ex-hale', v.t. 吹出, 蒸發, 불어내다, 토하여내다, 김
처럼소사나게하다, 냄새내다, 김올니다; v.i. 김처럼올으다,

Ex-haust', v.t. 竭, 盡, 勞, 空虛, 消耗, 말니다, 말
으게하다, 다하게하다, 수고러워피곤하다, 비여업게하다, 허
비하야업시하다, a. 다한, 말은, 수고러온, 모손한, n.

Ex-haust'i-ble, a. 竭, 盡, 말닐만한, 다할만한,

Ex-haust'ion, n. 竭, 盡, 말님, 다함, 근력업서
짐, 피곤함.

Ex-haust'ive, a. 盡, 勞, 다하게하는, 말나업서지게

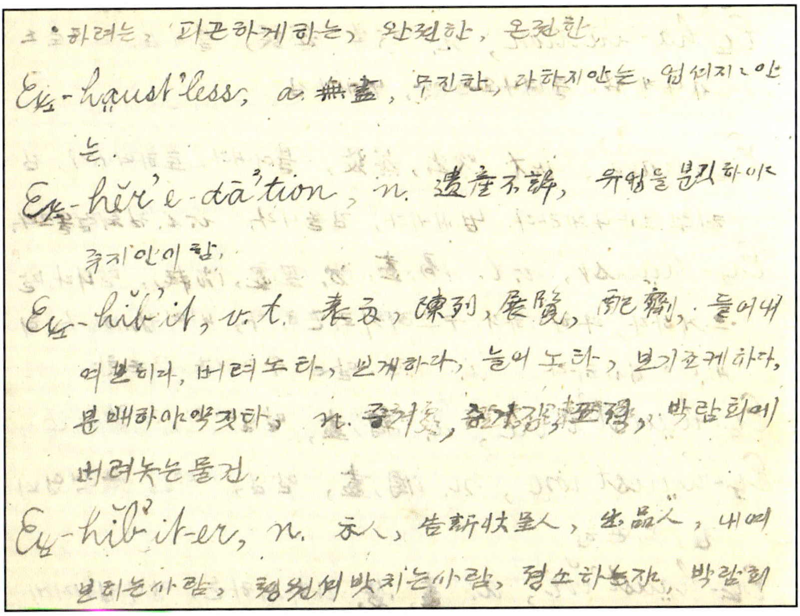

하려는, 피곤하게하는, 완전한, 온전한,

Ex-haust'less, a. 無盡, 무진한, 다하지안는, 업서지지안
는.

Ex-hĕr'e-dā'tion, n. 遺產不許, 유업을분깃하여
주지안이함,

Ex-hib'it, v.t. 表示, 陳列, 展覽, [illegible], 들어내
여보히다, 버려노타, 보게하다, 늘어노타, 보기조케하다,
분배하야약것타, n. [illegible], [illegible], [illegible], 박람회에
버려놋는물건,

Ex-hib'it-er, n. 示人, 告訴狀呈人, 出品人, 내여
보히는사람, 청원서박치는사람, 경소하는자, 박람회

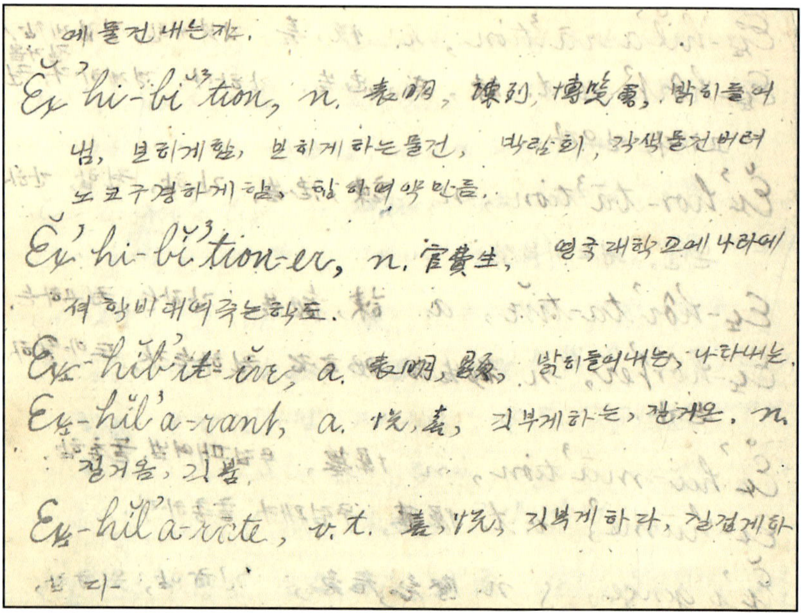
예물건내는자.

Ex hi-bi'tion, n. 表明, 陳列, 博覽會, 밝히들어냄, 보히게함, 뵈히게하는물건, 박람회, 각색물건버려노코구경하게함, 함하여약만듬.

Ex hi-bi'tion-er, n. 官費生, 영국대학교에나라에서학비대여주는학도.

Ex-hib'it-ive, a. 表明, 顯, 밝히들어내는, 나타내는.

Ex-hil'a-rant, a. 悅, 喜, 기부게하는, 질거운. n. 질거움, 기쁨.

Ex-hil'a-rate, v.t. 喜, 悅, 기북게하다, 질겁게하다.

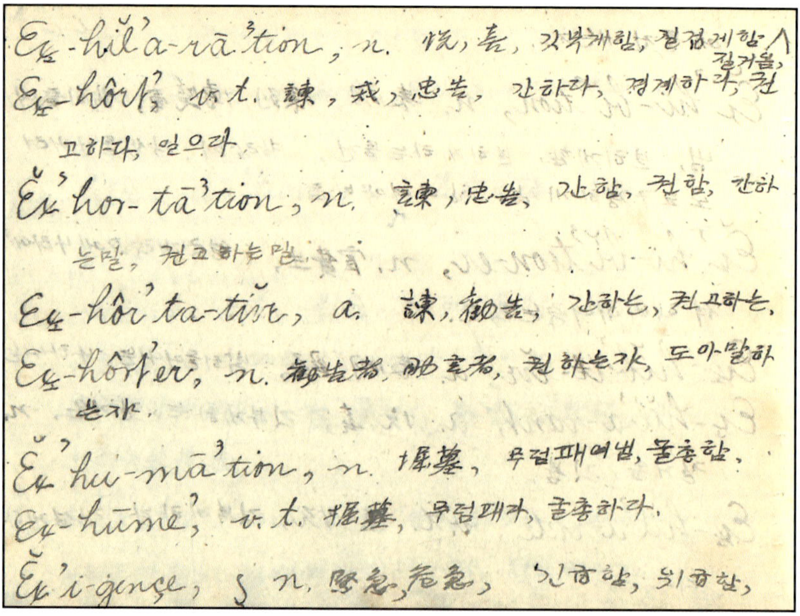
Ex-hil'a-ra'tion, n. 悅, 喜, 깃븍게함, 질겁게함, 질거움.

Ex-hort', v.t. 諫, 戒, 忠告, 간하다, 경계하다, 권고하다, 일으라

Ex'hor-ta'tion, n. 諫, 忠告, 간함, 권함, 간하는말, 권고하는말.

Ex-hor'ta-tive, a. 諫, 勸告, 간하는, 권고하는.

Ex-hort'er, n. 勸告者, 諫言者, 권하는자, 도아말하는자.

Ex'hu-ma'tion, n. 掘墓, 무덤패여냄, 굴총함.

Ex-hume', v.t. 掘墓, 무덤패다, 굴총하다.

Ex'i-gence, n. 緊急, 危急, 긴급함, 위급함,

Ex'i-gen-cy, } 절박한일, 곳행할일, 곤란.

Ex'i-gent, a. 危急, 緊急, 위급한, 긴급한, 절박한, n. 긴급함, 법외에 피난하는 명령장.

Ex'i-gū'i-ty, n. 細微, 적음, 사소함, 가늘음.

Ex-ĭg'ū-oŭs, a. 細小, 微纖, 적음, 가늘음, 사소한

Ex'-ile, a. 細, 小, 薄, 가는, 적은, 약한, 엷은.

Ex'ile, n. 流配, 放逐, 구양보냄, 유배, 물니침, 쫓겨보냄, 구양간사람, 유배죄인. v.t. 쫓처내다, 구양보내다.

Ex-ile'ment, n. 流配, 구양, 유배.

Ex-ist', v.i. 生存, 存在, 成立, 살다, 살아있다, 있다,

되다, 생기다,

Ex-ĭst'ence, } n. 生存, 存在, 實在, 由來, 살아있음,
Ex-ĭst'en-cy, } 있음, 실상으로됨, 생김, 생기는일, 되여있는물건, 세상만물.

Ex-ĭst'ent, a. 現在, 生存, 곳있는, 되여있는, 살아있는,

Ex-ĭst'ing, a. 現在, 生存, 당장있는, 살아있는.

Ĕx'it, n. 退入, 逝去, 門口, 물너감, 창시마당에서광대가놀고물너감, 감, 돌아감, 죽음, 지나간길, 문어귀.

Ĕx'o-dŭs, n. 退去, 聖經舊約出埃及記, 물너나감, 이스라엘자손을 모세 성인이 인도하야 이집트(애급)국에서 나옴, 구약성서에출애급기.

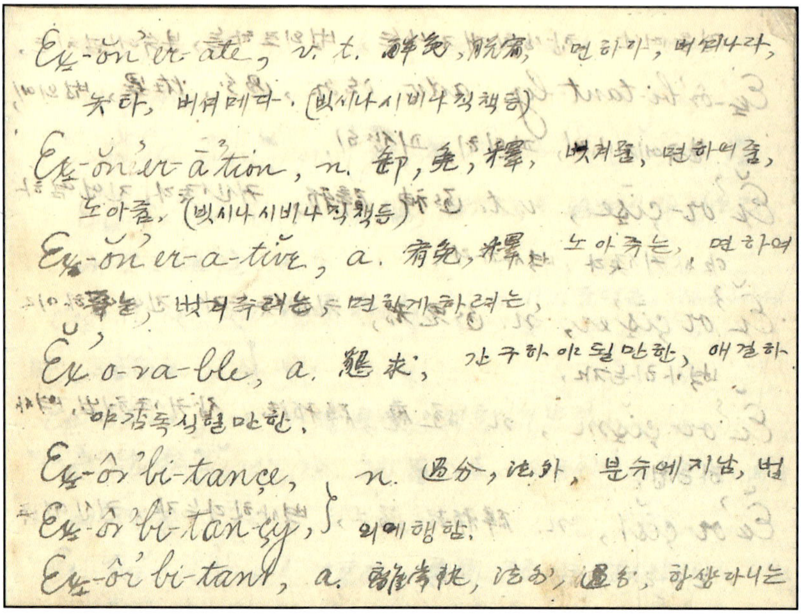
Ex-on'er-ate, v.t. 釋免, 脫?, 면하기, 버서나라, 놋타, 버셔메다. (빗시나 시비나 죄책등)
Ex-on-er-ā-tion, n. 卸, 免, 釋, 벗처줌, 면하여줌, 노아줌. (빗시나 시비나 죄책등)
Ex-on'er-a-tive, a. 宥免, 釋, 노아주는, 면하여주는, 벗겨주려는, 면하게하려는,
Ex'o-ra-ble, a. 懇求, 간구하야될만한, 애걸하야감동식힐만한,
Ex-or'bi-tance, n. 過分, 法外, 분수에지남, 법
Ex-or'bi-tan-cy, } 외에행함.
Ex-or'bi-tant, a. 離常軌, 法外, 過分, 항상다니는

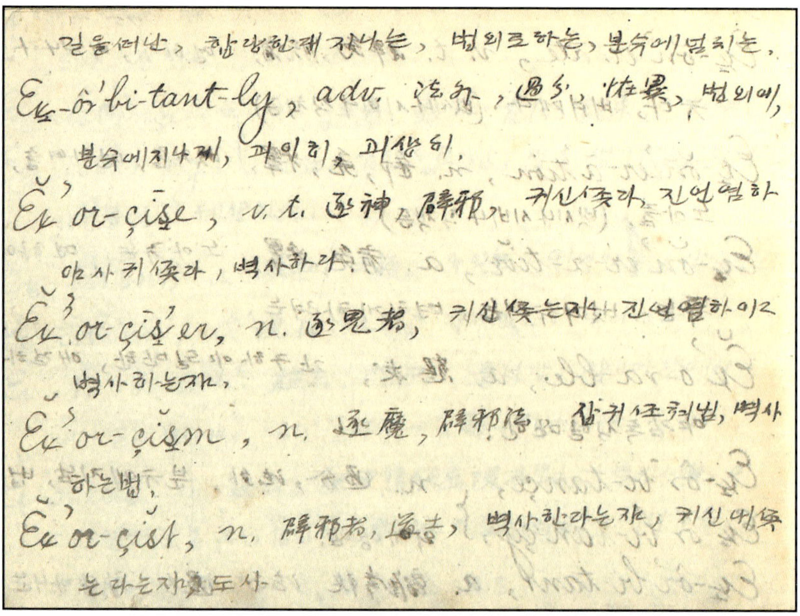
길을떠난, 합당한데지나는, 법외로하는, 분수에넘치는,
Ex-or'bi-tant-ly, adv. 法外, 過分, 怪異, 법외에, 분수에지나게, 괴이히, 괴상히,
Ex'or-cise, v.t. 逐神, 辟邪, 귀신쫏다, 진언염하야사귀쫏다, 벽사하다.
Ex'or-cis'er, n. 逐鬼者, 귀신쫏는자, 진언염하이고벽사하는자,
Ex'or-cism, n. 逐魔, 辟邪法, 잡귀쫏는법, 벽사하는법,
Ex'or-cist, n. 辟邪者, 道士, 벽사한다는자, 귀신내쫏는다는자, 도사.

Ex-ôr'di-al, a. 緖言, 모뎌하는 말의, 모뎌에는
발모하는,

Ex-ôr'di-um, n. (pl. 英 Ex-ôr'di-ŭms, 羅
Ex-ôr'di-a,) 開端, 緖言, 모뎌시작하는것,
처음으로내는말.

Ex-ŏt'ic, a. 外國輸入, 외국에서들여온, 타국에서
Ex-ŏt'ic-al, 出,

Ex-ŏt'ic, n. 外國物產, 외국에서난것,

Ex-ŏt'i-cism, n. 外國入來, 외국에서들어온것, 외국
에서난풀,

Ex-pănd', v.t. 擴張, 展開, 張潤, 확장하다, 펴다,

널다, 널니다, 크게하다, 퍼지게하다. v.i. 열니다, 넓
어지다, 커지다, 펴다.

Ex-pănse', n. 擴張, 穹蒼, 널니벌려노은것, 널음,
넓이, 하날, 푸른공중,

Ex-păn'si-bil'i-ty, n. 展開, 擴張, 膨大, 펴
열만함, 확장할만함, 불어커질만함,

Ex-păn'si-ble, a. 展開, 膨脹, 넓힐만한, 열
어노을수잇는, 불어커질만한,

Ex-păn'sion, n. 開張, 膨大, 擴播, 伸長, 열
어버려노음, 불어크게됨, 넓이, 확장함, 널니펴노음, 상업
이나은행모둔류가널니퍼짐

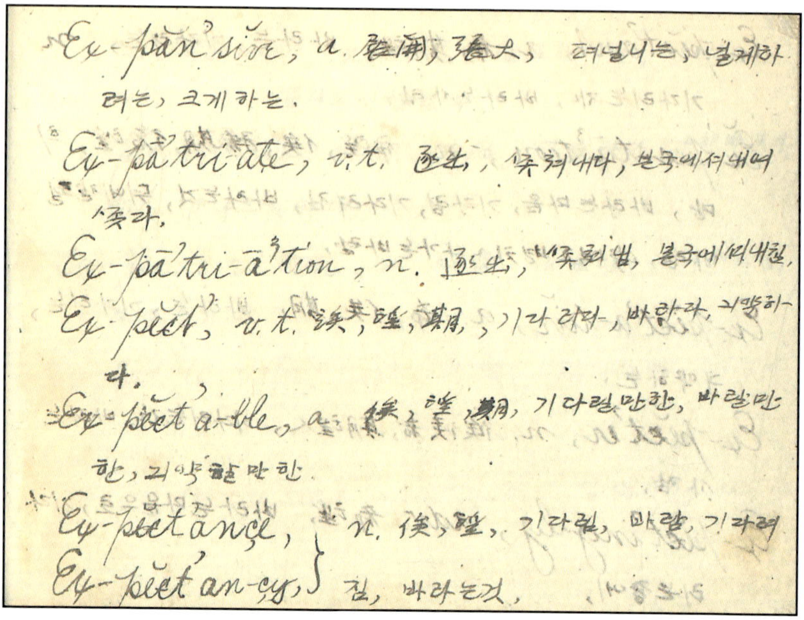

Ex-păn'sive, a. 展開, 張大, 펴널니는, 널게하려는, 크게하는.

Ex-pā'tri-ate, v.t. 逐出, 쏫처내다, 본국에서내여쏫다.

Ex-pā'tri-ā'tion, n. 逐出, 쏫치엿봄, 본국에서내침.

Ex-pĕct', v.t. 俟, 望, 期, 기다리다, 바라다, 긔약하다.

Ex-pĕct'a-ble, a. 俟, 望, 期, 기다릴만한, 바랄만한, 긔약할만한.

Ex-pĕct'ance, Ex-pĕct'an-cy, n. 俟, 望, 기다림, 바람, 기다려짐, 바라는것.

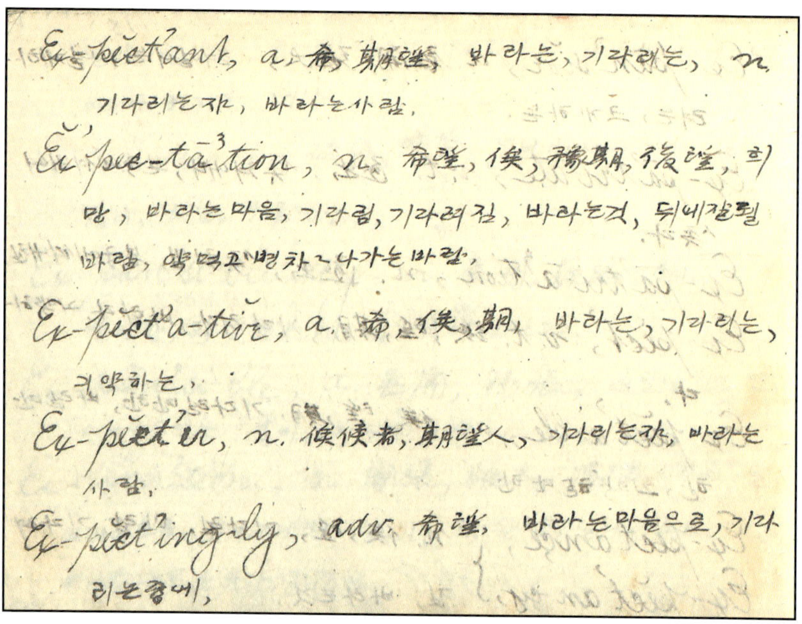

Ex-pĕct'ant, a. 希, 期望, 바라는, 기다리는, n. 기다리는자, 바라는사람.

Ex'pec-tā'tion, n. 希望, 俟, 豫期, 後望, 희망, 바라는마음, 기다림, 기다려짐, 바라는것, 뒤에잘될바람, 약먹고병차ㄴ나가는바람.

Ex-pĕct'a-tive, a. 希, 俟, 期, 바라는, 기다리는, 긔약하는.

Ex-pĕct'er, n. 俟, 俟者, 期望人, 기다리는자, 바라는사람.

Ex-pĕct'ing-ly, adv. 希望, 바라는마음으로, 기다리는중에.

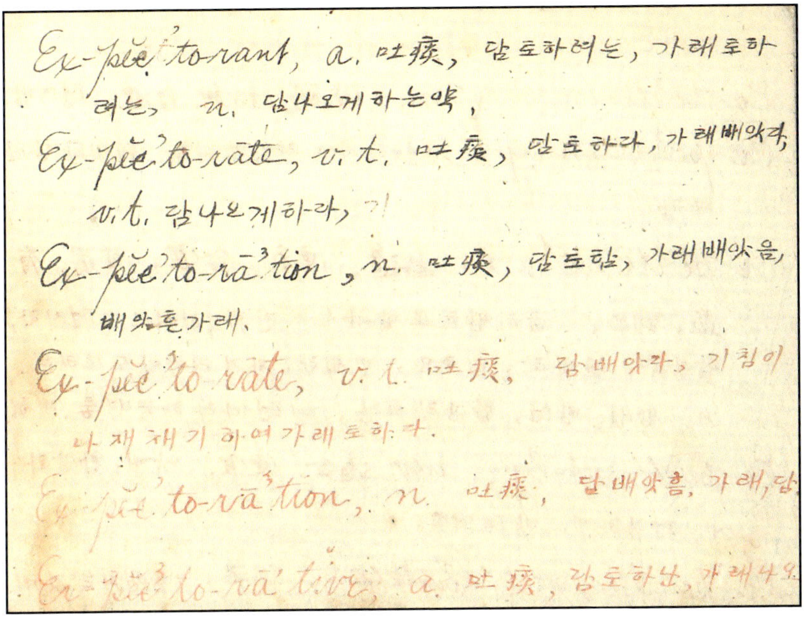

Ex-pĕc'to-rant, a. 吐痰, 담토하려는, 가래토하려는, n. 담나오게하는약,

Ex-pĕc'to-rate, v. t. 吐痰, 담토하다, 가래배앗다, v. t. 담나오게하다,

Ex-pĕc'to-rā'tion, n. 吐痰, 담토함, 가래배앗음, 배앗흔가래.

Ex-pĕc'to-rate, v. t. 吐痰, 담배앗다, 기침이나재채기하여가래토하다.

Ex-pĕc'to-rā'tion, n. 吐痰, 담배앗흠, 가래, 담

Ex-pĕc'to-rā'tive, a. 吐痰, 담토하난, 가래나오

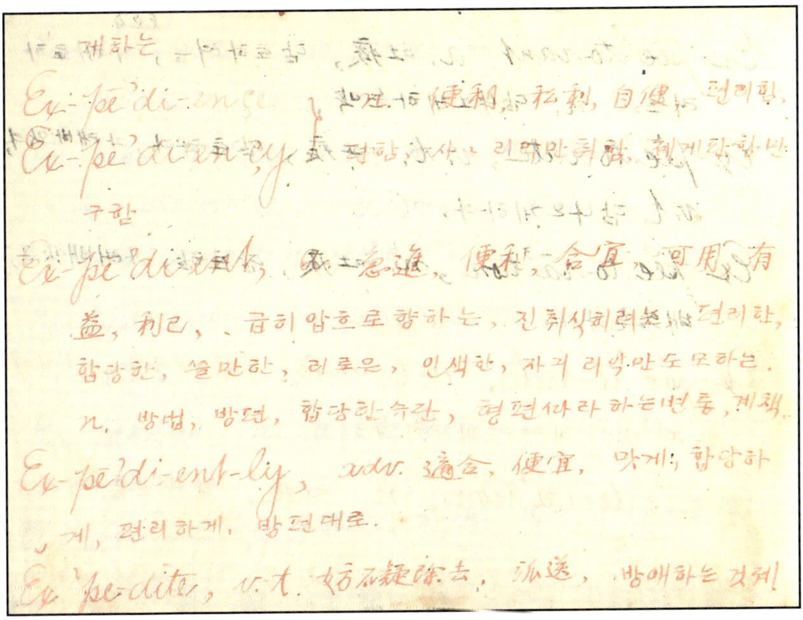

Ex-pē'di-ence, 便利, 私利, 自便, 편리함,

Ex-pē'di-en-cy, 편함, 리익만취함, 계책, 구함

Ex-pē'di-ent, a. 急進, 便利, 合宜, 可用, 有益, 利己, 급히압흐로향하는, 진취식히려는, 편리한, 합당한, 쓸만한, 리로은, 인색한, 자긔리익만도모하는. n. 방법, 방편, 합당한수단, 형편대라하는변통, 계책.

Ex-pē'di-ent-ly, adv. 適合, 便宜, 맛게, 합당하게, 편리하게, 방편대로.

Ex'pe-dite, v. t. 妨礙除去, 派送, 방애하는것제

하다, 경첩히게 하다, 파송하다, 보내다, a. 경첩한, 걸
닐데업는, 싸른,
Ex-pe-dite-ly, adv. 神速, 輕捷, 신속히, 쌀니, 경첩히
게.
Ex-pe-dĭ'tion, n. 神速, 快捷, 遠征, 征行, 신
속함, 경첩함, 쌀음, 급함. 멀니치러감, 멀니치러가는군사.
Ex-pe-dĭ'tioŭs, a. 神速, 快捷, 신속한, 싸른,
급한, 경첩한, 활발한.
Ex-pe-dĭ'tioŭs-ly, adv. 神速, 快捷, 신속히, 경첩
하게, 쌀니, 급히.
Ex-pe-dĭ'tioŭs-ness, n. 神速, 快捷, 신속함, 경첩함.

Ex-pĕl', v. t. 逐出, 放逐, 쫏차내다, 몰아내치다, 구
양보내다, 본국에서 쫏차내다.
Ex-pĕl'la-ble, a. 逐出, 쫏겨날만한,
Ex-pĕnd', v. t. 使用, 費用, 浪費. 쓰다, 부리다, 써
업시하다, 허비하다, v. i. 써업서지다, 허비되다,
Ex-pĕn'di-tūre, n. 費用, 費額, 써업시함, 부비.
Ex-pĕnse', n. 費用, 經費, 入額, 價金, 써업시함, 부비,
경비, 지출한돈, 갑. at another's expense, 남에
게손해맛치고,
Ex-pĕn'sive, a. 高價, 費用多, 浪費, 갑만흔, 부비만
히드는, 허비하는, 사치한,

Ex-pĕn'sĭve-ly, adv. 高價, 巨額, 만흔갑스로, 빗싸게, 부비만히들이고.

Ex-pĕn'sĭve-ness, n. 高價, 奢費, 빗삼, 갑만히듬, 과도한부비, 허비됨.

Ex-pē'ri-ence, n. 經歷, 練熟, 試驗, 경력, 리력, 련숙함, 지내보고익식함, 시험, 경험. v.t. 실디시험치보다, 익히다, 련습하다, 시험하다. To experience religion, 예수교에들어가다.

Ex-pē'ri-enced, a. 練熟, 老練, 련숙한, 익식한, 노련한.

Ex-pē'ri-en-cer, n. 經驗家, 리력잇는자, 지내여본자.

Ex-pĕr'i-ment, n. 試驗法, 憑照, 시험법, 실상일을행하여봄, 시험, 빙거하야보는것, 본보기. v.t. 시험하여보다, 남모로는거슬알아내거나아는거슬더들어내려고행하여봄, 시험

Ex-pĕr'i-mĕnt'al, a. 試驗, 시험의, 시험하여보는, 시험하여된, 하여보게하는, 시험에익은, 시험하며배혼.

Ex-pĕr'i-mĕnt'al-ist, n. 試驗者, 시험식히는자, 시험하기에익은자.

Ex-pĕr'i-mĕnt'al-ly, adv. 試驗, 시험으로, 하여보는법으로.

Ex-pĕr'i-mĕnt'er. Experimentalist 와갓흔자.

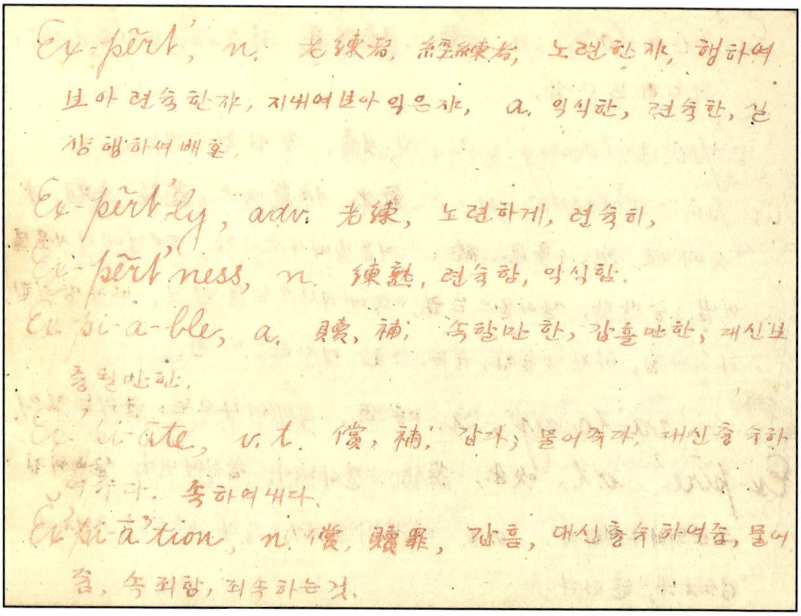
Ex-pert', n. 老練者, 經練者, 노련한자, 행하여보아 련숙한자, 지내여보아 익은자, a. 익식한, 련숙한, 길상행하여배호.

Ex-pert'ly, adv. 老練, 노련하게, 련숙히,

Ex-pert'ness, n. 練熟, 련숙함, 익식함.

Ex-pi-a-ble, a. 贖, 補; 속할만한, 갑흘만한, 대신보출될만한.

Ex-pi-ate, v.t. 償, 補; 갑다; 물어주다; 대신충수하여주다. 속하여내다.

Ex-pi-a'tion, n. 償, 贖罪, 갑흠, 대신충수하여줌, 물어줌, 속죄함, 죄속하는것.

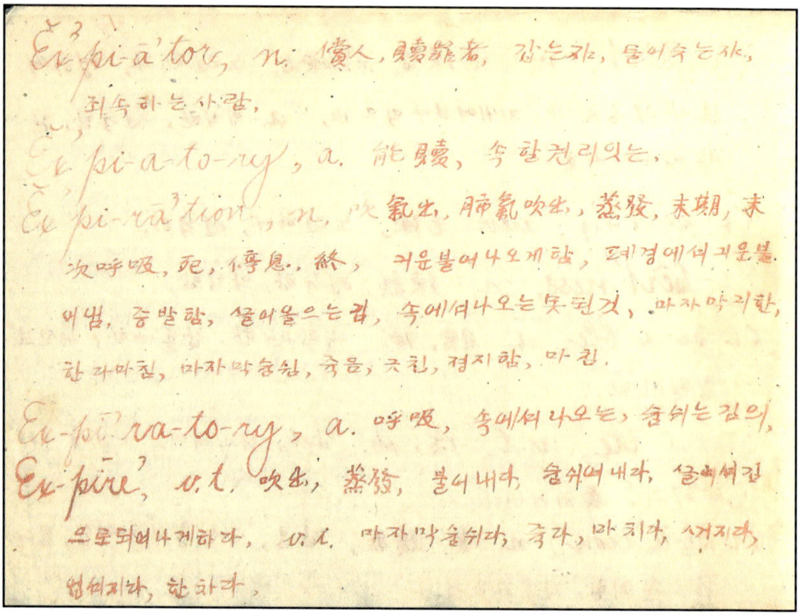
Ex-pi-a'tor, n. 償人, 贖罪者, 갑는자, 물어주는자, 죄속하는사람,

Ex-pi-a-to-ry, a. 能贖, 속할권리잇는,

Ex-pi-ra'tion, n. 吹氣出, 肺氣吹出, 蒸發, 末期, 末次呼吸, 死, 停息, 終, 긔운불어나오게함, 폐경에서긔운불어냄, 증발함, 쉴어올으는김, 속에서나오는못된것, 마자막긔한, 한마마침, 마자막숨쉼, 죽음, 긋침, 정지함, 마침.

Ex-pi-ra-to-ry, a. 呼吸, 속에서나오는, 숨쉬는김의,

Ex-pire', v.t. 吹出, 蒸發, 불어내다, 숨쉬여내다, 실에서김으로되여나게하다, v.i. 마자막숨쉬다, 죽다, 마치다, 사거지다, 업서지다, 한차다.

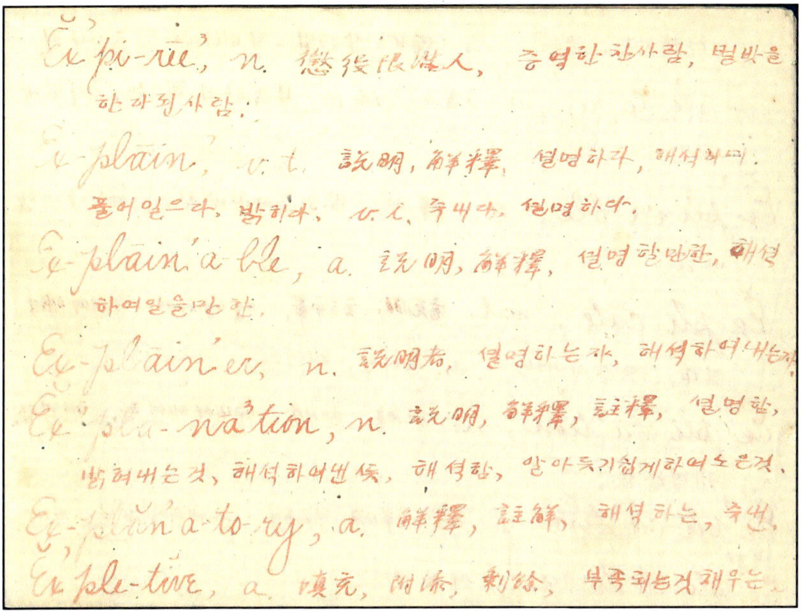

Ĕx-pi-rée, n. 懲役限滿人, 증역한 찬사람, 벌받을 한 다된사람.

Ex-plain, v.t. 說明, 解釋, 설명하다, 해석하다. 풀어알으다, 밝히다. v.i. 죽내다, 설명하다.

Ex-plain'a-ble, a. 說明, 解釋, 설명할만한, 해석하여알을만한.

Ex-plain'er, n. 說明者, 설명하는자, 해석하여내는자.

Ex-pla-na'tion, n. 說明, 解釋, 註釋, 설명함, 밝혀내는것, 해석하여낸뜻, 해석함, 알아듣기쉽게하여노은것.

Ex-plăn'a-to-ry, a. 解釋, 註解, 해석하는, 죽낸.

Ex'ple-tive, a. 塡充, 附添, 剩餘, 부족되는것채우는,

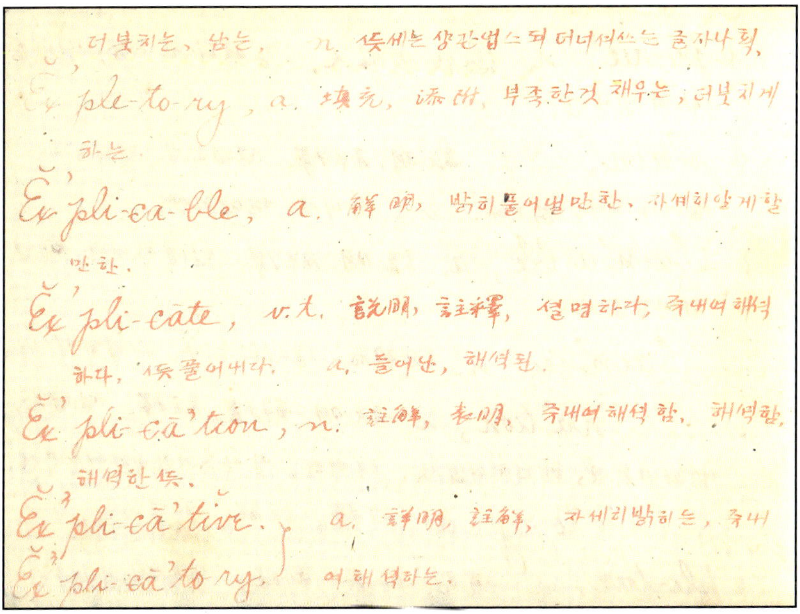

더붙치는, 남는, n. 뜻세는상관업스되 더너어쓰는 글자나획,

Ex'ple-to-ry, a. 塡充, 添附, 부족한것 채우는, 더붙치게 하는.

Ĕx'pli-ca-ble, a. 解明, 밝히풀어낼만한, 자세히알게할 만한.

Ĕx'pli-cate, v.t. 說明, 註釋, 설명하다, 죽내여해석하다, 뜻풀어내다. a. 풀어낸, 해석된.

Ĕx'pli-cā'tion, n. 註解, 表明, 죽내여해석함, 해석함, 해석한뜻.

Ĕx'pli-cā'tive, } a. 詳明, 註解, 자세히밝히는, 죽내여해석하는.
Ĕx'pli-cā'to-ry.

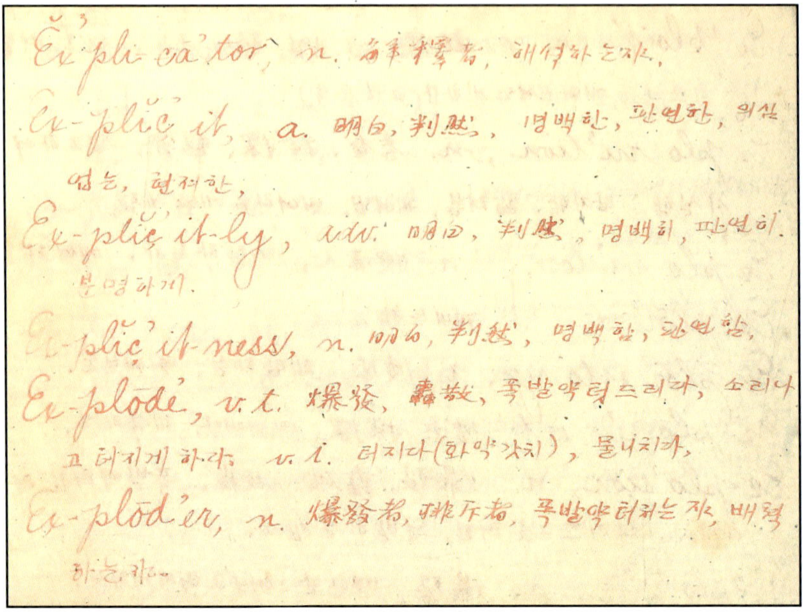
Ex-pli-ca'tor, n. 解釋者, 해석하는자.
Ex-plic'it, a. 明白, 判然, 명백한, 판연한, 의심 업는, 현저한,
Ex-plic'it-ly, adv. 明白, 判然, 명백히, 판연히. 분명하게.
Ex-plic'it-ness, n. 明白, 判然, 명백함, 판연함,
Ex-plode', v.t. 爆發, 轟散, 폭발약터드리다, 소리나고 터지게하다. v.i. 터지다(화약갓치), 물니치다,
Ex-plod'er, n. 爆發者, 排斥者, 폭발약터치는자, 배척하는자.

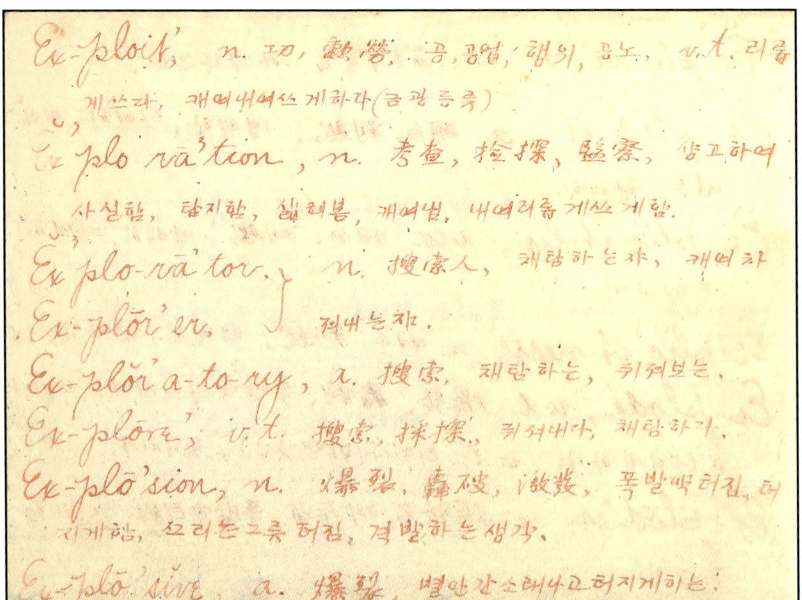
Ex-ploit', n. 功, 勳勞, 공, 공업, 행위, 공노, v.t. 리롭게쓰다, 캐여내여쓰게하다(금광등속)
Ex-plo-ra'tion, n. 考查, 檢探, 驗察, 상고하여 사실함, 탐지함, 살혀봄, 캐여냄, 내여리흠게쓰게함.
Ex-plo-ra'tor, Ex-plor'er, n. 搜索人, 채탐하는자, 캐여차저내는자.
Ex-plor'a-to-ry, a. 搜索, 채탐하는, 차저보는.
Ex-plore', v.t. 搜索, 採探, 차저내다, 채탐하다.
Ex-plo'sion, n. 爆裂, 轟破, 激發, 폭발약터짐, 터지게함, 소리는그릇터짐, 격발하는생각.
Ex-plo'sive, a. 爆裂, 별안간소래나고터지게하는.

Ex-pō'ment, n. 代表人或物, 대표하는사람이나물건.

Ex-pōrt', v.t. 輸出, 외국으로실어내다, 물건항구에내다.

n. 외국으로시러냄, 실어내는물건.

Ex-pōrt'a-ble, a. 輸出, 실어낼만한, 외국에가져갈만한.

Ĕx'por-tā'tion, n. 輸出, 실어냄, 외국에보냄.

Ex-pōrt'er, n. 輸出者, 물건외국으로실어내는자.

Ex-pōse', v.t. 陳列, 陳述, 廣布, 裸, 曝露, 揭發, 放棄, 버려놓다, 베풀다, 버려말하다, 널니펴다, 벗기어, 갈희지안타, 보호업게만드다, 헐들어내다, 내여바리다, To expose a child, 어린아희바리다.

Ex-pōs'er, n. 擺列者, 表白者, 曝露者, 버려놓는자, 들어내는자, 밝히는자.

Ĕx'po-si'tion, n. 擺開, 表白, 曝露, 博覽會, 說明, 註解, 버려노음, 밝히들어냄, 벗겨들어냄, 박람회, 설명함, 해석함; 추내여노은것.

Ex-pŏs'i-tive, } a. 擺開, 解釋, 버려놓는, 들어내는, 해석하는.
Ex-pŏs'i-to-ry }

Ex-pŏs'i-tor, n. 解釋者, 해석하는자, 들어내는자.

Ex-post-fac'to, (羅) 事後, 일지나간후에하는, Ex-post-facto law. 일지난후에마련하야죄다사리는법.

Ex-pos'tu-late, v.i. 諫止, 苦諫, 抗議, 간하야긋치다, 구치간하다, 항거하야의론하다.

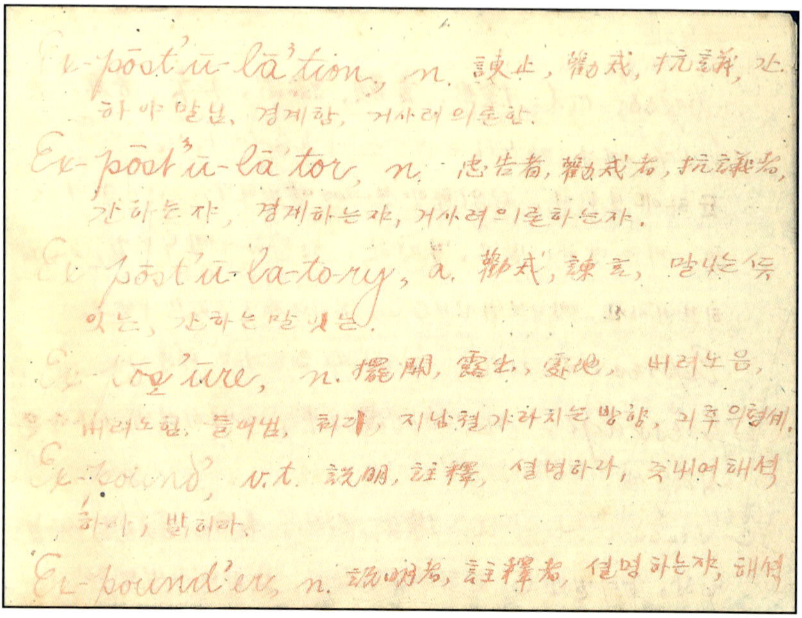

Ex-pŏs'tū-lā'tion, n. 諫止, 勸戒, 抗議, 간
하야 말님, 경계함, 거사려의론함.
Ex-pŏst'ū-lā'tor, n. 忠告者, 勸戒者, 抗議者,
간하는자, 경계하는자, 거사려의론하는자.
Ex-pŏst'ū-la-to-ry, a. 勸戒, 諫言, 말니는듯
잇는, 간하는말잇는.
Ex-pō'sure, n. 擺開, 露出, 處地, 버려노음,
버려노힘, 들어냄, 처지, 지남철가라치는방향, 기후의형세.
Ex-pound', v.t. 說明, 註釋, 설명하다, 풀어서해석
하다, 밝히다.
Ex-pound'er, n. 說明者, 註釋者, 설명하는자, 해석

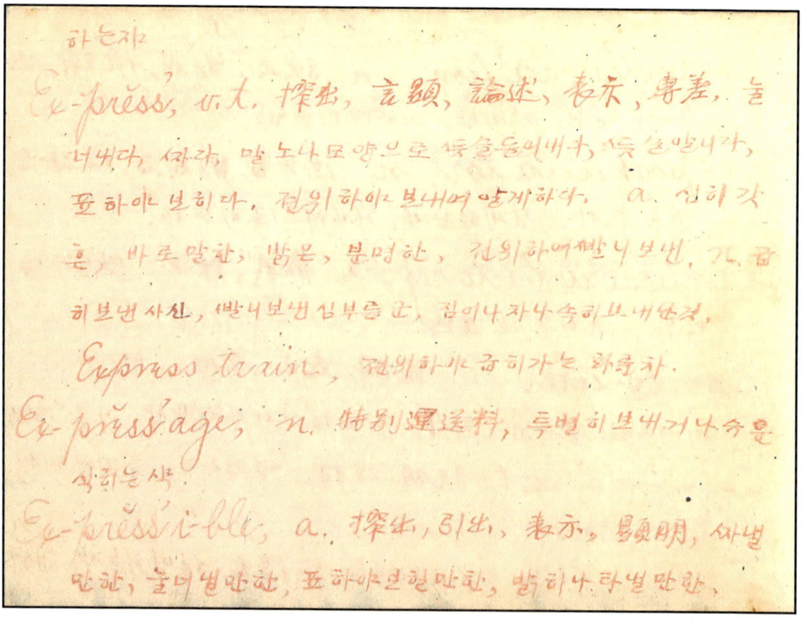

하는자
Ex-prĕss', v.t. 擠出, 言顯, 論述, 表示, 專差, 눌
너내다, 쓰다, 말노나모양으로뜻을들어내다, 뜻을알니다,
표하야보히다, 전위하야보내여알게하다. a. 신히갓
흔, 바로말한, 밝은, 분명한, 전위하여빨니보낸, n. 급
히보낸사신, 빨니보낸심부름군, 짐이나차나속히보내는것.
Express train, 전위하야급히가는화륜차.
Ex-prĕss'age, n. 特別運送料, 특별히보내거나수운
식히는삯.
Ex-prĕss'i-ble, a. 擠出, 引出, 表示, 顯明, 짜낼
만한, 눌너낼만한, 표하야보힐만한, 밝히나타낼만한.

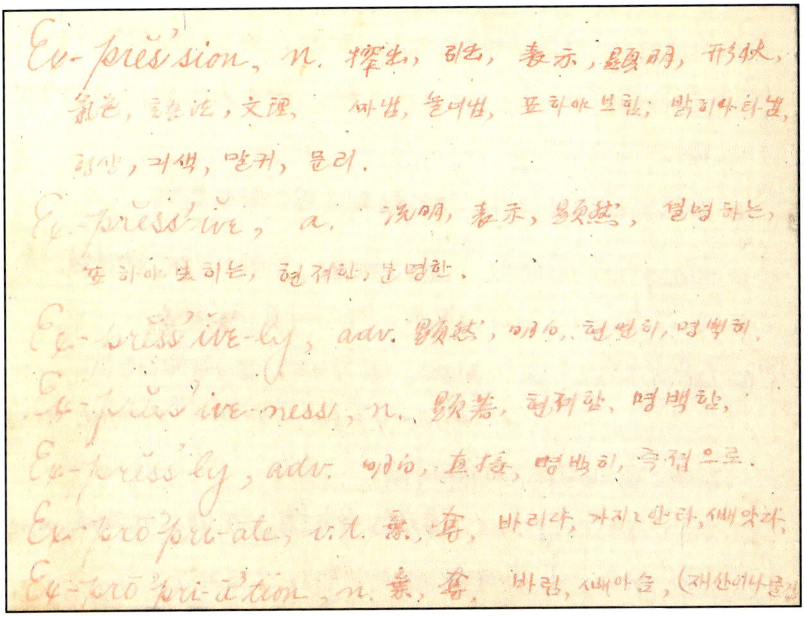

Ex-prĕs'sion, n. 擇出, 引出, 表示, 顯明, 形狀, 氣色, 語法, 文理, 짜냄, 돌녀냄, 표하야보힘; 밝히아티냄, 형상, 긔색, 말귀, 문리.

Ex-prĕss'ĭve, a. 說明, 表示, 顯然, 설명하는, 표하야 보히는, 현져한, 분명한.

Ex-prĕss'ĭve-ly, adv. 顯然, 明白, 현연히, 명백히.

Ex-prĕss'ive-ness, n. 顯著, 현져함, 명백함.

Ex-prĕss'ly, adv. 明白, 直接, 명백히, 직접으로.

Ex-prō'pri-ate, v.t. 棄, 奪, 바리다, 가지지안타, 새앗다,

Ex-prō'pri-ā'tion, n. 棄, 奪, 바림, 새아슴, (재산이나물건

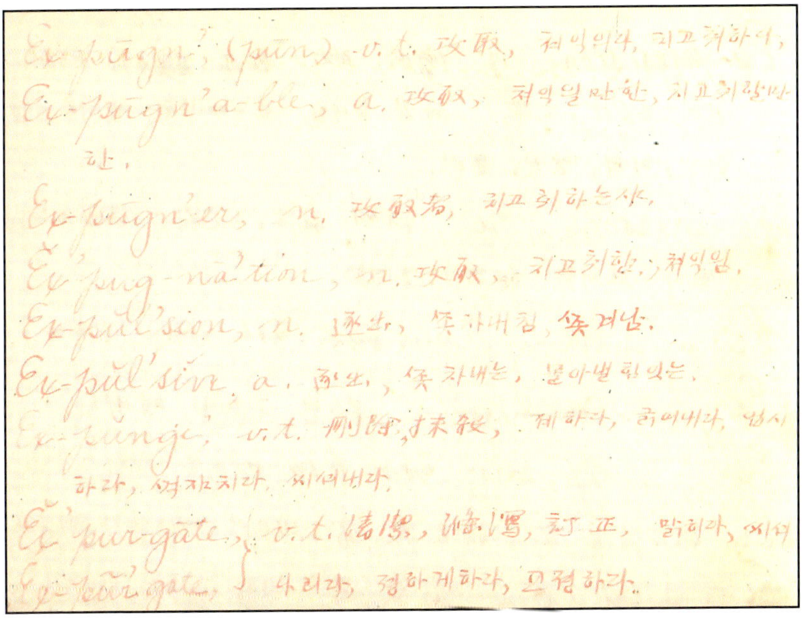

Ex-pugn' (pūn) v.t. 攻取, 쳐익이다, 치고취하다,

Ex-pugn'a-ble, a. 攻取, 쳐익일만한, 치고취할만한.

Ex-pugn'er, n. 攻取者, 치고취하는자,

Ex-pug-nā'tion, n. 攻取, 치고취함, 쳐익임.

Ex-pŭl'sion, n. 逐出, 쫏차내침, 쫏겨남.

Ex-pŭl'sive, a. 逐出, 쫏차내는, 몰아낼힘잇는.

Ex-pŭnge', v.t. 刪除, 抹殺, 제하다, 긁어내다, 업시하다, 엇재치다, 씨서내다.

Ĕx'pur-gāte, Ex-pûr'gate, v.t. 清潔, 脩潤, 訂正, 맑히다, 씨서나리다, 정하게하다, 교정하다.

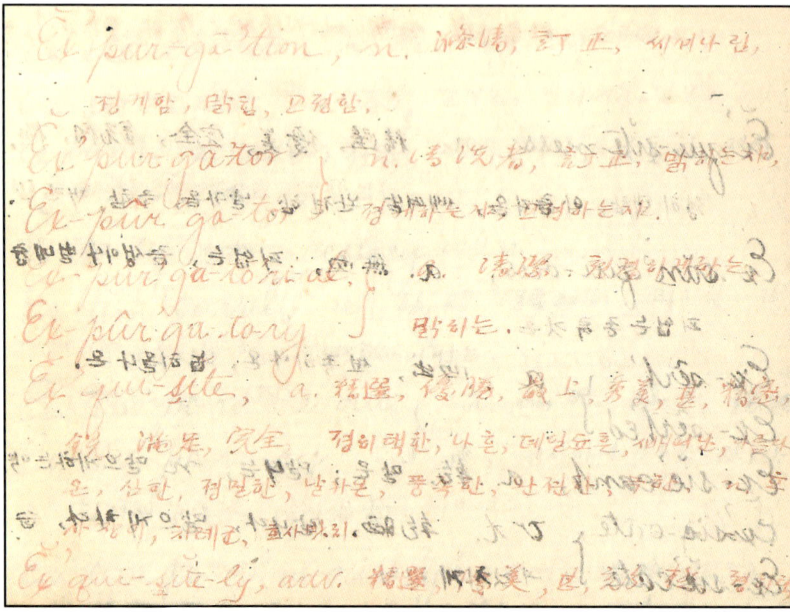
Ex-pur-ga'tion, n. [illegible], 訂正, 세여나림, 졍게함, 맑힘, 교졍함.
Ex-pur'ga-tor, n. [illegible], 訂正, 맑히는자,
Ex-pur-ga-to'ri-al, Ex-pûr'ga-to-ry } a. [illegible] 맑히는.
Ex'qui-site, a. 精選, 優勝, 最上, 秀美, 甚, 精密, 銳, 滿足, 完全, 졍히 택한, 나흔, 데일됴흔, 섀여난, 아름다온, 심한, 졍밀한, 날카론, 풍족한, 완젼한, [illegible]
Ex'qui-site-ly, adv. 精選, 優美, [illegible]

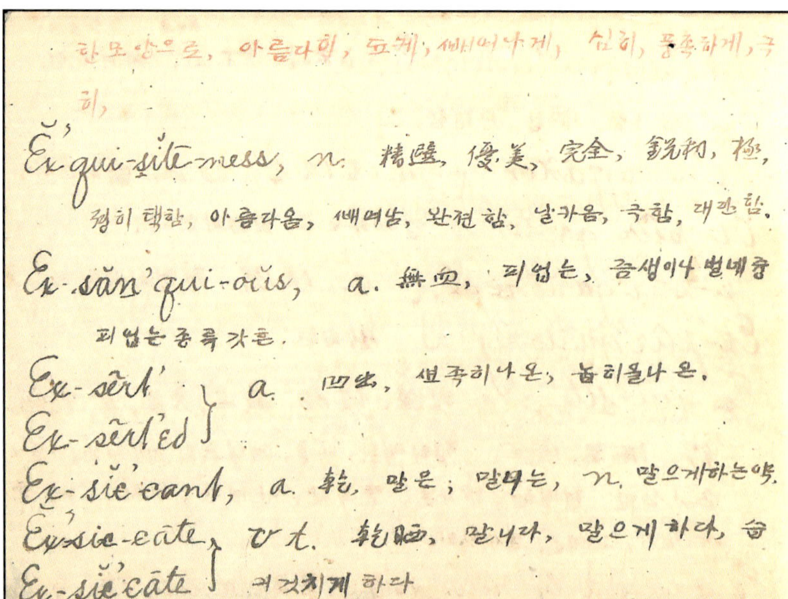
한 모양으로, 아름다히, 묘케, 섀여나게, 심히, 풍족하게, 극히,
Ĕx'qui-site-ness, n. 精巧, 優美, 完全, 銳利, 極,
졍히 택함, 아름다옴, 섀여남, 완젼함, 날카옴, 극함, 대단함.
Ex-săn'gui-oŭs, a. 無血, 피업는, 즘생이나 벌네즁 피업는 죵류 갓흔.
Ex-sêrt', Ex-sêrt'ed } a. 凸出, 섀족히나온, 놉히올나온.
Ex-sĭc'cant, a. 乾, 말은; 말니는, n. 말으게하는약.
Ex'sic-cate, Ex-sĭc'cāte } v.t. 乾晒, 말니다, 말으게 하다, 습긔것치게 하다

Ĕx'sic-ca'tion, n. 乾燥, 말님, 마르게함.

Ĕx-sĭc'ca-tive, a. 乾的, 말니는, 말니려는, 말닐힘잇는,

Ĕx'tant, a. 現出, 存在, 새죽히나온, 우둑한, 여엇치잇는, 되여잇는, 당장잇는.

Ĕx'ta-sy, n. Ecstasy 에보라.

Ex-tĕm'po-ral, a. 臨時, 豫想無, 림시할, 갑시생각나는, 미리생각한것업는,

Ex-tĕm'po-rā'ne-ous
Ex-tĕm'po-ra-ry } a. 臨時, 臨事, 豫想無; 림시하여 나오는, 일을당하여생각나는, 미리생각한 예비업는,

Ex-tem'po-rā'ne-ous-ly, adv. 臨時, 豫考無,

Ex-tĕm'po-ra-ri-ly 림시하야, 미리상고하거나생각한것업시

Ex-tĕm'po-re, adv. 臨時, 豫考無, 림시하야, 미리생각하거나공부한것업시. a. 臨時, 림시한, 예비업는,

Ex-tĕm'po-ri-zā'tion, n. 隨口話, 臨渴掘井, 입에나오는대로말함, 미리생각업시단장에연설함, 일을당하고급히서둘음, 림갈굴정함.

Ex-tĕm'po-rize, v.i. 隨口話, 입에서나오는대로말하다, 예비업시연설하다, { v.t. 예비업시별안간에당하야애쓰다, 림갈굴정하다.

Ex-tĕm'po-riz'er, n. 隨口話者, 即席作者, 나오는대로말하는자, 예비업시연설하는자, 초내지안코 즉석에글짓는자,

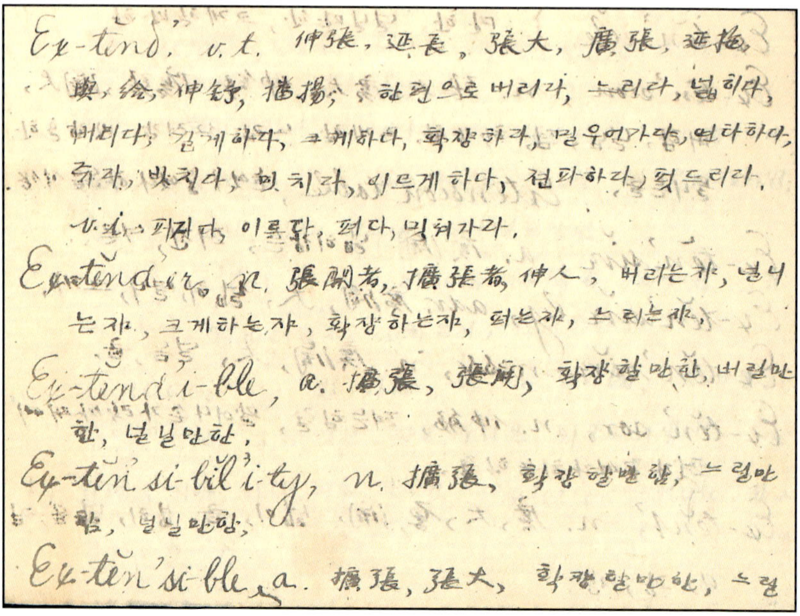

Ex-tĕnd', v.t. 伸張, 延長, 張大, 廣張, 延擴, 與, 給, 伸舒, 播揚; 한편으로 버리다, 느리다, 넓히다, 베리다, 길게하다, 크게하다, 확장하다, 멀우어가다, 연다하다, 주다, 빗치다, 미치다, 이르게하다, 전파하다, 퍼드리다, v.i. 퍼지다, 이르다, 펴다, 미쳐가다,

Ex-tĕnd'er, n. 張開者, 擴張者, 伸人, 버리는자, 널니는자, 크게하는자, 확장하는자, 펴는자, 느리는자,

Ex-tĕnd'i-ble, a. 擴張, 張開, 확장할만한, 버릴만한, 널닐만한,

Ex-tĕn'si-bil'i-ty, n. 擴張, 확장할만함, 느릴만함, 널닐만함,

Ex-tĕn'si-ble, a. 擴張, 張大, 확장할만한, 느릴

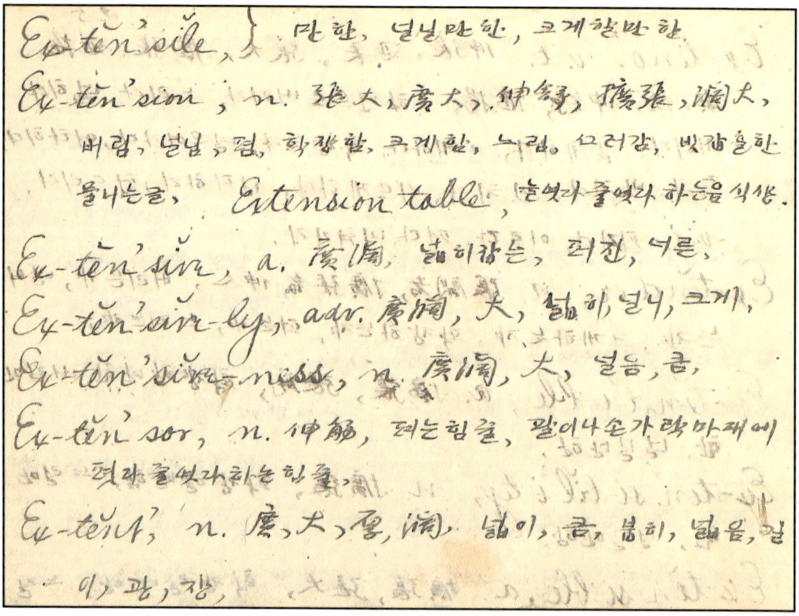

Ex-tĕn'sile, } 만한, 널닐만한, 크게할만한

Ex-tĕn'sion, n. 張大, 廣大, 伸舒, 擴張, 闊大, 버림, 널님, 폄, 확장함, 크게함, 느림, 느러감, 빗갑을한 물니는글, Extension table, 늘엿다 줄엿다 하는음식상.

Ex-tĕn'sive, a. 廣闊, 넓히잡는, 퍼친, 너른,

Ex-tĕn'sive-ly, adv. 廣闊, 大, 넓히, 널니, 크게,

Ex-tĕn'sive-ness, n. 廣闊, 大, 널음, 큼,

Ex-tĕn'sor, n. 伸筋, 펴는힘줄, 팔이나손가락마재에 펴라줄엿다하는힘줄,

Ex-tĕnt', n. 廣, 大, 量, 闊, 넓이, 큼, 붐히, 넓음, 길이, 광, 장,

Ex-tĕn'u-āte, v.t. 引伸, 稀薄, 瘦瘠, 輕減, 늘이다, 잇글어내다, 넓고 얇게 하다, 파리하게 하다, 덜다, 감하다, 약히지게 하다, 명예나 심시를 더럽게 하다. v.i. 얇어지다.

Ex-tĕn'u-a'tion, n. 引伸, 稀薄, 輕減, 펴노음, 잇글어냄, 얇고 경하게 함, 감함, 덜어냄, 죄나 벌을 감함.

Ex-tĕn'u-ā'tor, n. 引伸者, 稀薄者, 減少者, 잇글어내는 자, 얇게 펴는 자, 감하는 자, 적게 하는 자.

Ex-tē'ri-or, a. 外, 外面, 表, 他, 外國, 밧게 붙흔, 외면에 속한, 걷헤 잇는, 다른 데서 온, 외국에서 생기는, n. 외면, 거죽, 외양, 외모, 밧, 겉. Exterior angle, 밧그로 나온 뿌다귀

Ex-tẽr'mi-nāte, v.t. 逐出, 剿滅, 剪除, 去根, 쫓처내다, 몰아내다, 토멸하다, 업시하다, 거근하다, 뿌리째 빼다, 업서지게 하다;

Ex-ter'mi-na'tion, n. 逐出, 消滅, 去根, 쫓차냄, 몰아내침, 멸함, 업시함, 거근함, 뿌리째 뺌.

Ex-tẽr'mi-nā'tor, n. 剿滅者, 去根者, 剿멸하는 자, 거근하는 자, 업시하는 자.

Ex-tẽr'mi-na-to-ry, a. 剿滅, 去根, 멸하며 업시하려는, 거근식히는.

Ex-tẽr'nal, a. 外, 外面, 身體, 外形, 偶然, 外國, 밧게 속한, 신톄에 속한, 외모에 갈난, 외면에 관계한, 우연한,

줄디에 잇는, 외국에서 생기는

Ĕx-ter-năl'i-ty, n. 外存, 外部, 外貌, 박게잇는것, 외면, 외양, 밧, 거죽.

Ex-ter'nal-ly, adv. 外, 外面, 影然, 겻흐로, 밧그로, 외양으로, 현연히, 들어나게.

Ex-ter'nals, n. 外物, 外形, 外面, 무어시던지 것헤 잇는것, 외양, 외모, 외면, 밧게 형례.

Ex-tĕr'ri-tō'ri-ăl'i-ty, n. 治外法權, 외국에다 사리는 권리, (내나라에사는 외국인이 죄범하는거슬 잡아다 사리는 권리니 나라마다 이 권리가 잇스되 우리나라는 아직 업스니 사람마다 분히너겨 법을 곳치며 개명을 힘쓸진대 우리도 차즐날이 잇겟도다)

Ex-tinct', a. 熄, 滅絕, 써진, 멸한, 업서진,

Ex-tinc'tion, n. 消滅, 熄, 滅絕, 스러짐, 써짐, 멸함, 업서짐.

Ex-tin'guish, v.t. 熄, 滅絕; 쓰다, 죽이다, 업시하다, 멸하다,

Ex-tin'guish-a-ble, a. 熄, 滅, 쓸만한, 써질만한, 멸할만한,

Ex-tin'guish-er, n. 熄滅人或物, 쓰는 사람이나 물건, 촛불이나 등잔불 쓰게 만든것,

Ex-tin'guish-ment, n. 熄, 滅絕, 씀, 멸함, 써트림, 업시함,

Ex-tirp'pa-ble, a. 去根, 滅絶, 거근할만한, 멸할만한, 업시할만한,

Ex-tir-pate
Ex-tir'pate } v.t. 拔根, 絶滅, 驅逐, ᄲᅮ리ᄲᅢ다, 거근하다, 멸하다, 업시하다, 몰아내다.

Ex-tir-pa'tion, n. 拔根, 滅盡, 거근함, ᄲᅮ리ᄲᅢᆷ, 멸함, 아조업시함,

Ex-tir-pa'tor, n. 拔根, 滅絶, 거근식히는자, ᄲᅮ리ᄲᅢ는자, 멸하는자,

Ex-tol', v.t. 讚頌, 讚美, 稱揚, 찬송하다, 찬미하다, 칭찬하다,

Ex-tol'ler, n. 讚美者, 稱讚者, 찬미하는자, 칭찬하는자,

Ex-tor'sive, a. 强奪, 위협으로ᄲᅢ앗는, 억탈하는,

Ex-tort', v.t. 强奪, 勒索, 억지로ᄲᅢ앗다, 늑탈하다, 토색하다,

Ex-tort'er, n. 强奪者, 勒索者, 억지로ᄲᅢ앗는자, 늑색하는자, 토색군,

Ex-tor'tion, n. 强奪, 勒索, 억지로ᄲᅢ아슴, 늑색함, 토색함, 토색한물건,

Ex-tor'tion-a-ry,
Ex-tor'tion-ate, } a. 强奪, 勒索, 억지로ᄲᅢ앗는, 토색하는, 늑색의, 토색잘하는.

Ex-tor'tion-er, n. 强奪者, 勒索者, 억지로ᄲᅢ앗는자, 토호질군, 늑색하는자,

Ex'tra, n. 例外, 額外, 格外, 別外, 전례외엣것, 뎡한수외에더

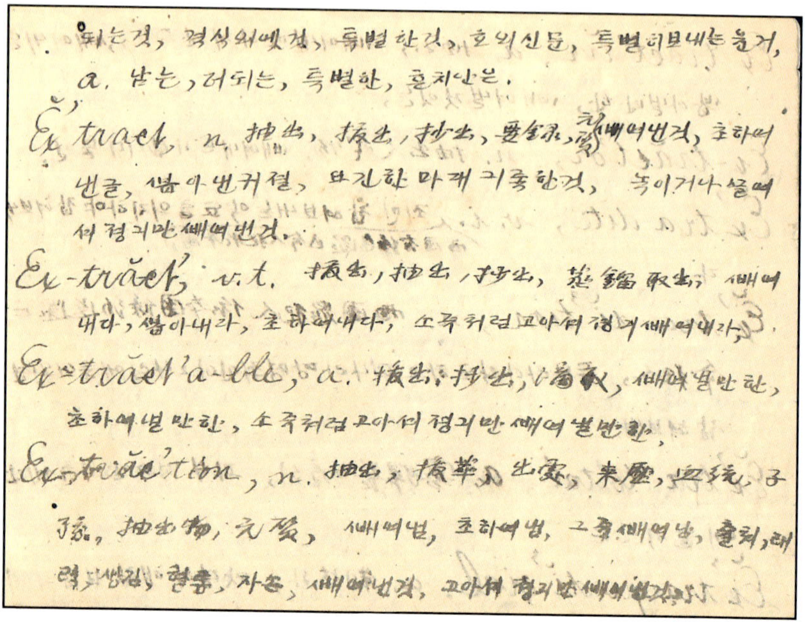

되는것, 격식외에것, 특별한것, 호외신문, 특별히보내는물거,
a. 남는, 더되는, 특별한, 훈치안은.

Ĕx'tract, n. 抽出, 拔出, 抄出, 要錄, 책 빼여낸것, 초하여 낸글, 뽑아낸귀절, 보긴할마래긔록한것, 녹이거나살며셔 졍긔만빼여낸것.

Ex-trăct', v.t. 拔出, 抽出, 抄出, 摘錄取出, 빼여내다, 뽑아내다, 초하여내다, 소주처럼고아셔졍긔빼여내다,

Ex-tract'a-ble, a. 拔出, 抄出, 摘取, 빼여낼만한, 초하여낼만한, 소주처럼고아셔졍긔만빼여낼만한,

Ex-trăc'tion, n. 抽出, 拔萃, 出處, 來歷, 血統, 子孫, 抽出物, 元發, 빼여냄, 초하여냄, 그즙빼여냄, 출처, 래력, 생김, 혈통, 자손, 빼여낸것, 고아셔졍긔만빼여낸것.

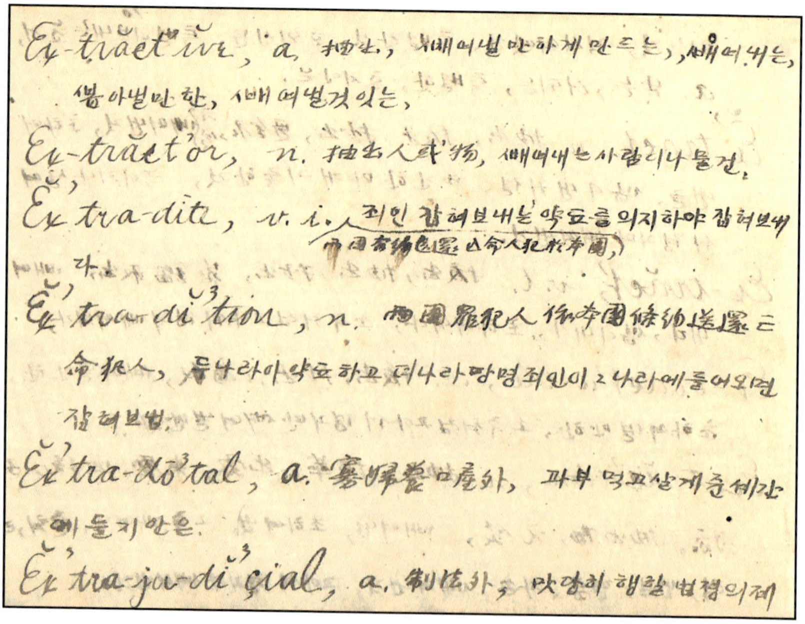

Ex-trăct'ive, a. 抽出, 빼여낼만하게만드는, 빼여내는, 뽑아낼만한, 빼여낼것잇는,

Ex-trăct'or, n. 抽出人或物, 빼여내는사람이나물건.

Ĕx'tra-dite, v.i. 죄인잡혀보내는약됴를의지하야잡혀보내다. (兩國有締結送還亡命人犯於本國)

Ĕx'tra-dĭ'tion, n. 兩國罪犯人依本國條約送還亡命犯人, 두나라이약됴하고뎌나라망명죄인이ㄷ나라에들어오면잡혀보냄.

Ĕx'tra-dō'tal, a. 寡婦養口產外, 과부먹고살게준세간에들지안은.

Ĕx'tra-ju-dĭ'cial, a. 制法外, 맛당히행할법졍의제

한외에속한.

Ĕx'tra-mŭn'dāne, a. 世外, 物外, 有形世界外, 세상밧게잇는, 인간외에속한, 형상잇는세계밧게속한.

Ĕx'tra-mū'ral, a. 郭外, 圍外, 성곽외에잇는, 베[illegible]외에잇는.

Ex-trā'ne-oŭs, a. 異, 不屬, 他國, 다른, 外, 한물건에속하지안은, 외국의속한.

Ex-trā'ne-ous-ly, adv. 異, 另, 不屬, 달니, 별노, 싸로, 속하지안코.

Ex-traôr'di-na-ri-ly, adv. 非常例外, 비상히, 전례외에, 흔치안케, 특별히

Ex-traôr'di-na-ry, a. 非常, 非凡, 格外, 特別, 卓越, 비범한, 비상한, 격식외에되는, 특별한, 뛰여난, 것, 이상한것, 특별한일.

Ĕx'tra-tĕr'ri-to'ri-al, a. 治外法權外, 내리경밧게속한, 내가라사킬권리에속한지않이한.

Ĕx'tra-tĕr'ri-to-ri-ăl'i-ty, n. 治外法權, 외국인다사리는권리, 내리경밧게속함,

Ex-trăv'a-gance, }
Ex-trăv'a-gan-cy, } n. 暴行, 狂妄行, 不品行, 奢侈, 浪費, 濫用, 사나온행실, 광망한행위, 파[illegible]한, 사나옴, 사치함, 랑비함, 한뎡외에나감.

Ex-trăv'a-gant, a. 放縱, 揚行, 奢侈, 浪費, 방탕한, 횡행하는, 사치한, 헛되히낭비하는.

Ex-trav'a-gant-ly, adv. 橫行, 放蕩, 奢侈, 횡행하는모양으로, 방탕히, 사치하게, 허비하야,

Ex-trav'a-gan'za, n. 狂歌, 妄誕, 풍류곡조니 악우치고노는대예쓰계한것, 망령되히 하는말,

Ex-treme', a. 至極, 最遠, 極度, 極端, 最大, 極限, 終, 末, 지극한, 데일먼, 극진한, 씃헤잇는, 가쟝큰, 마자막되는, 씃나는, n. 지극함, 데일멀니잇슴, 데일먼대, 극한도수, 극한씃, 데일모흔거시나 데일먼잔은거시나 데일우헤나 데일아래, 올씃 마자막, 결말

Ex-treme'ly, adv. 極, 最, 극히, 지극히, 극진히, 가쟝,

Ex-trem'ist, n. 極端論者, 극한리경을말하는자, 과격히의론하는자,

Ex-trem'i-ty, n. 極, 極度, 極端, 終末, 극함, 극진함, 극한도수, 극한씃, 마자막, 씃,

Ex'tri-ca-ble, a. 解放, 救出, 풀어노을만한, 구하여낼만한, 벗겨줄만한.

Ex'tri-cate, v.t. 救出, 自由, 解放, 구하여내다, 자유하게하다, 풀어놋다, 벗겨주다,

Ex'tri-ca'tion, n. 救出, 自由, 解..., 구하여냄, 자유하게함, 벗겨줌, 풀어노음,

Ex-trin'sic, Ex-trin'sic-al, a. 不屬, 外, 不緊, 몸에붓지안이한, 밧게속한, 긴치안은,

Ex-trude', v.t. 推出, 壓出, 逐出, 밀어내다, 놀너나오게

하라, 몰아내다,

Ex-tru'sion, n. 推出, 壓出, 驅出, , 밀어냄, 늘어나오게함, 몰아냄,

Ex-tū'ber-ance, }
Ex-tū'ber-an-cy, } n. 瘤, 腫起, 結節, 혹, 군살, 부어올은것, 뭉친마대,

Ex-tū'ber-ant, a. 瘤, 腫起, 結節, 혹된, 부어올은, 뭉치마대된, 볼투라지진,

Ex-ū'ber-ance, }
Ex-ū'ber-an-cy, } n. 豐裕, 茂盛, 풍부함, 부요함, 무성함, 넉넉함,

Ex-ū'ber-ant, a. 豐裕, 茂盛, 多, 풍부한, 무성한, 넉넉한, 남는,

= July 29th 1904 finished.

甲辰六月十七日 終

To be continued in the next number.

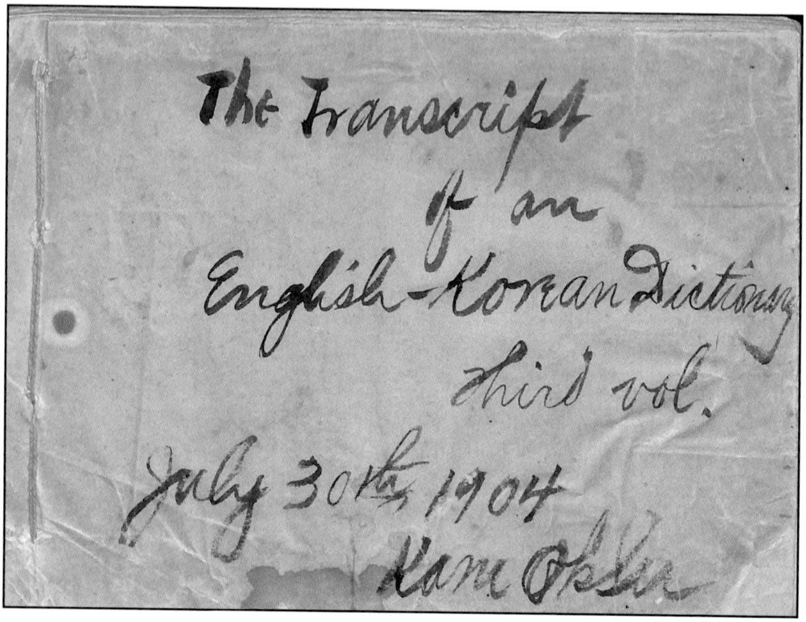
The Transcript
of an
English-Korean Dictionary
third vol.
July 30th 1904

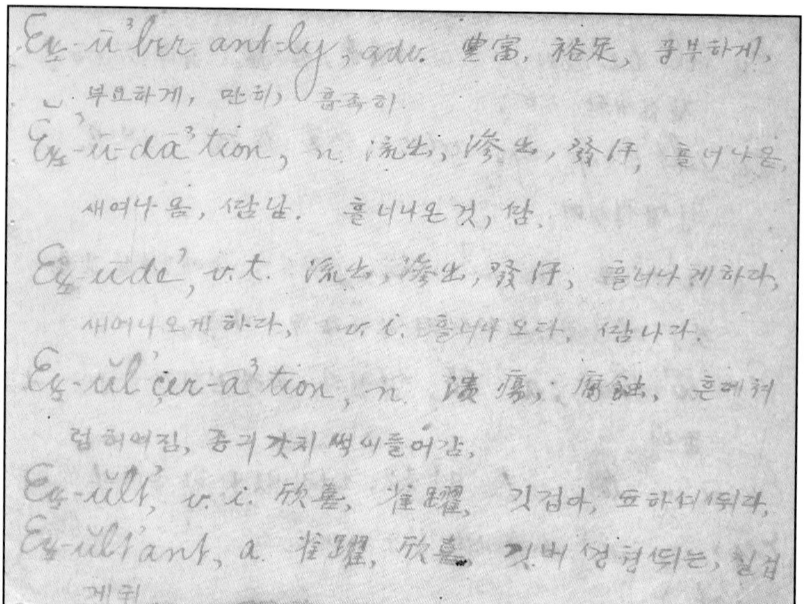
Ex-u'ber-ant-ly, adv. 豊富, 裕足, 풍부하게, 부요하게, 만히, 흡족히.
Ex-u-da'tion, n. 流出, 滲出, 發汗, 흘너나옴, 새여나옴, 땀남. 흘너나온것, 땀.
Ex-ude', v.t. 流出, 滲出, 發汗, 흘너나게하다, 새여나오게하다, v.i. 흘너나오다, 땀나다.
Ex-ul'cer-a'tion, n. 潰瘍; 腐蝕,
Ex-ult', v.i. 欣喜, 雀躍, 깃겁다,
Ex-ult'ant, a. 雀躍, 欣喜,

Ex-ul-ta'tion, n. 欣喜, 雀躍, 기버뛰놀음, 질겁게뛸,

Ex-ult'ing-ly, adv. 欣喜 雀躍, 깃부게, 섬청섬청뛰며,

Ex-u'vi-æ, n. pl. 殼, 섭질, 조개껍질갓흔것, 사족에서 돌처럼된섭질종류, 가족,

Ex-u'vi-al, a. 殼, 섭질의, 조개껍질갓흔것의, 가족의

Ex-u'vi-ate, v.t. 脫殼, 섭질벗다, 가족벗다,

Ey, } n. 小島嶼, 조고마한섬,
Ey'ot, }

Ey'as, (i'as) n. 鷹子, 매색기잣 [illegible]버넌것,

Eye, (i) n. 目, 眼, 視力, 觀察, 意見, 所視, 容貌, 前面, 注意, 眼形物, 눈, 목자, 안력, 보이는힘, 살핌, 의견, 소견, 의사, 보히는곳, 얼골, 모양, 형상, 압, 전면, 주의함, 정신차려봄, 눈갓치생긴것, 바늘귀[illegible], 알구감이진것미우는구멍, 새깃세공작털갓치백인점, 노스이나 줄[illegible]으린고, 나무나뿌리에서나는싹, 알관역, Eye of day, or eye of morning, 해, 햇빛; Eye of a ship, 배머리; To find favor in the eyes, 눈에들네하다; To have an eye to, 엄히눈을써보다; To keep an eye on, 직히다; To see with half

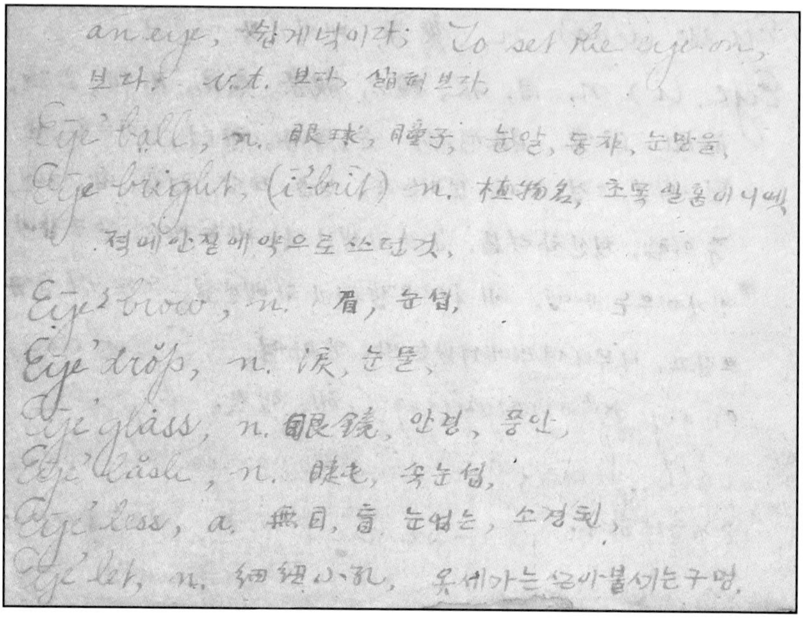
an eye, 쉽게넉이다; To set the eye on,
보다, v.t. 보다, 細히보다,
Eye'ball, n. 眼球, 目瞳子, 눈알, 동자, 눈망울,
Eye'bright, (i'brit) n. 植物名, 초목일홈이니넷
적에안질에약으로쓰던것,
Eye'brow, n. 眉, 눈썹,
Eye'drop, n. 涙, 눈물,
Eye'glass, n. 眼鏡, 안경, 뭉안,
Eye'lash, n. 睫毛, 속눈섭,
Eye'less, a. 無目, 盲 눈업는, 소경된,
Eye'let, n. 細紐小孔, 옷세가는실이-불시는구멍,

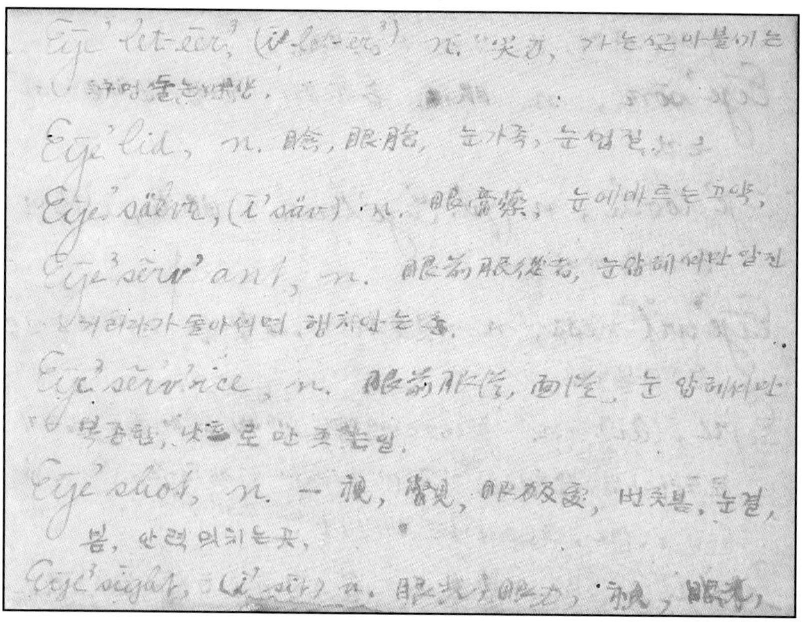
Eye'let-eer, (i'let-er) n. 尖刀, 가는실이-불이는
구멍뚤는바늘,
Eye'lid, n. 目瞼, 眼胞, 눈가죽, 눈엽길, …
Eye'salve, (i'säv) n. 眼膏藥, 눈에바르는고약,
Eye'servant, n. 眼前服從者, 눈압헤서만일진
거러리가돌아서면 행치안는종,
Eye'service, n. 眼前服從, 面從, 눈압헤서만
복종함, 낫츠로만츠는일,
Eye'shot, n. 一視, 瞥見, 眼及處, 번긋봄, 눈결,
봄, 안력및치는곳,
Eye'sight, (i'sit) n. 眼光, 眼力, 視, 眼界,

눈빗, 안력, 봄, 보힘, 구경, 맛[illegible]

Eye'sore, n. 眼瘡, 害眼物, 눈병, 눈해롭게하는것,

Eye'tooth, n. (pl. Eye'teeth) 眼齒, 웃니들의읍니라음에박인니.

Eye'wit'ness, n. 親見證人, 目擊者, 친히본증인, 눈으로본자.

Êyre, (âr) n. 旅行, 巡回, 巡回裁判所, 나그네로도라다님, 슌행함, 각쳐에도라다니는재판소, Justice in eyre, 도라다니는재판관.

Ey'rie, n. 鷙類巢 솔개나수리등속가깃치는곳.

Ey'ry,

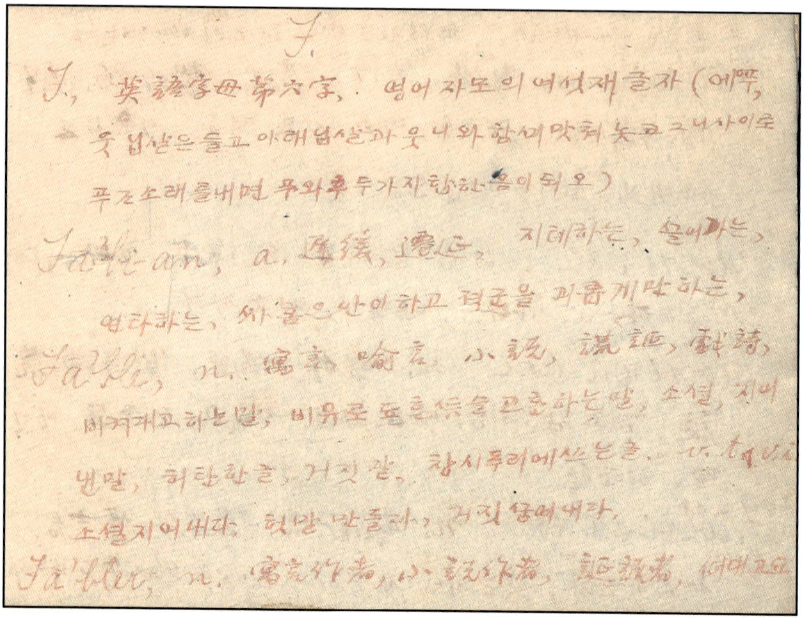

F.

F, 英語字母第六字, 영어 자모의 여섯재 글자 (에쯔, 웃 닙살은 들고 아래 닙살과 웃니와 합서 맛쳐 놓고 그 사이로 푸즈 소래를 내면 ㅍ와 ㅎ 두 가지 합한 음이 되오)

Fā'bi-an, a. 遲緩, 遷延, 지례하는, 늘어가는, 엽타하는, 싸홈은 난이하고 적군을 피곤케만 하는,

Fā'ble, n. 寓言, 喩言, 小說, 謊話, 戲諧, 비겨 가지고 하는 말, 비유로 또는 ...을 교훈하는 말, 소설, 지어낸 말, 허탄한 글, 거짓말, [illegible]. v.t. 소설 지어내다, 헛말 만들다, 거짓 꾸며내다.

Fā'bler, n. 寓言作者, 小說作者, 謊說者, (어데 고요

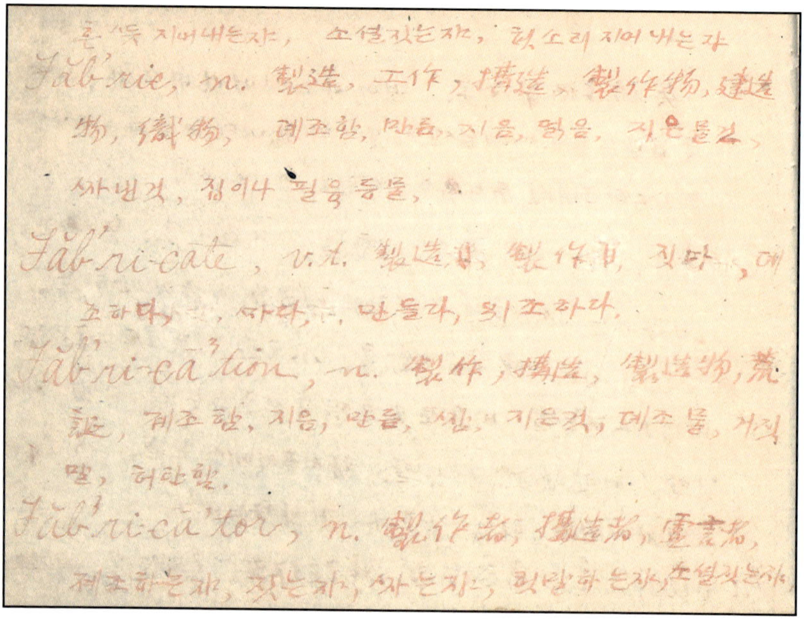

혼 ... 지어내는 자, 소설 짓는 자, 헛소리 지어내는 자

Făb'ric, n. 製造, 工作, 構造, 製作物, 建造物, 織物, 제조함, 만듦, 지음, 얽음, 지은 물건, 싸 넣은 것, 집이나 필육 등물,

Făb'ri-cate, v.t. 製造함, 製作함, 짓다, 제조하다, 싸다, 만들다, 외조하다.

Făb'ri-cā'tion, n. 製作, 構造, 製造物, 荒誕, 제조함, 지음, 만듦, 싸음, 지은 것, 제조물, 거짓말, 허탄함.

Făb'ri-cā'tor, n. 製作者, 構造者, 虛言者, 제조하는 자, 짓는 자, 싸는 자, 헛말하는 자, 소설 짓는 자

Fab'u-list, n. 小說作者, 戲曲作者, 虛談者,
소설짓는자, 잡시판곡조짓는자, 헛말짓는자,

Fab'u-lize, v.t. 小說作, 戲曲作, 虛言, 소설
짓다, 잡지편에쓰는글짓다, 헛소리하다,

Fab'u-lous, a. 謊誕, 無稽, 황탄한, 허무한
실상없는,

Fab'u-lous-ly, adv. 謊誕, 虛誕, 황탄히
게, 허탄히, 실상없시,

Façade', (fa-sād' or fa-sād') n. 前面, 면벽,
집의전면,

Face, n. 面, 顔, 容貌, 面目, 大膽, 沒恥, 假面,

얼골, 낯, 면, 앞, 전면, 외면, 면목, 담대함, 염치
없음, 대함, 대접, v.t. 대하다, 면대하다, 거사
리다, 향하다, 낯내다, 접하다, 면가리다, v.i. 향
하다, 거짓외양치례하다. To make a face,
얼골을강작하다, Face to face, 마조얼골대
하야, To lose one's face, 낯빛새기다; In the
face of the world, 세상에보게,

Fa'cer, n. 僞人, 沒恥人, 거짓하는자, 염치없는자,

Fac'et, }
Fa-cette', } n. 小面, 小表面, 조고마한얼골, 메
우적은외면,

Fa-ce'ti-æ, n. pl. 諧謔畵或語, 희롱하는글이나

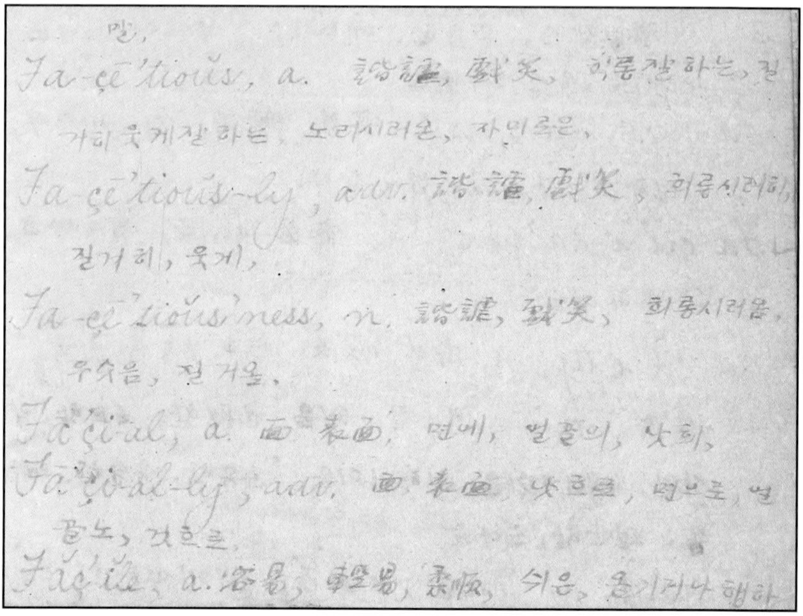

말,
Fa-ce'tious, a. 諧謔, 戲笑, 희롱잘하는, 질
거히웃게잘하는, 노리시러온, 자미로은,
Fa-ce'tious-ly, adv. 諧謔, 戲笑, 희롱시레히,
질거히, 웃게,
Fa-ce'tious-ness, n. 諧謔, 戲笑, 희롱시러움,
우숫음, 질거옴.
Fa'cial, a. 面 表面, 면에, 얼골의, 낫희,
Fa'cial-ly, adv. 面 表面, 낫흐로, 면으로, 얼
골노, 겻흐로,
Fac'ile, a. 容易, 輕易, 柔順, 쉬온, 옴기거나 행하

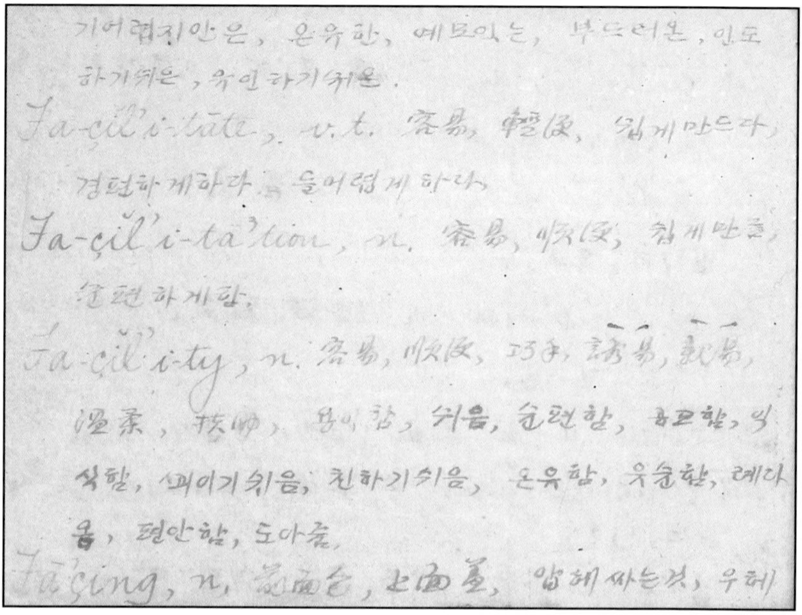

기어렵지안은, 온유한, 예모잇는, 부드러온, 인도
하기쉬온, 움인하기쉬온.
Fa-cil'i-tate, v.t. 容易, 輕便, 쉽게만드다,
경편하게하다, 들어렵게하다,
Fa-cil'i-ta'tion, n. 容易, 快便, 쉽게만듬,
순편하게함,
Fa-cil'i-ty, n. 容易, 快便, 巧手, 諦易, 款易,
溫柔, 挟仰, 용이함, 쉬음, 순편함, 공교함, 익
숙함, 스피이기쉬음, 친하기쉬음, 온유함, 우순함, 례다
옴, 편안함, 도아줌,
Fa'cing, n. 蔽面色, 上面蓋, 압헤싸는것, 우헤

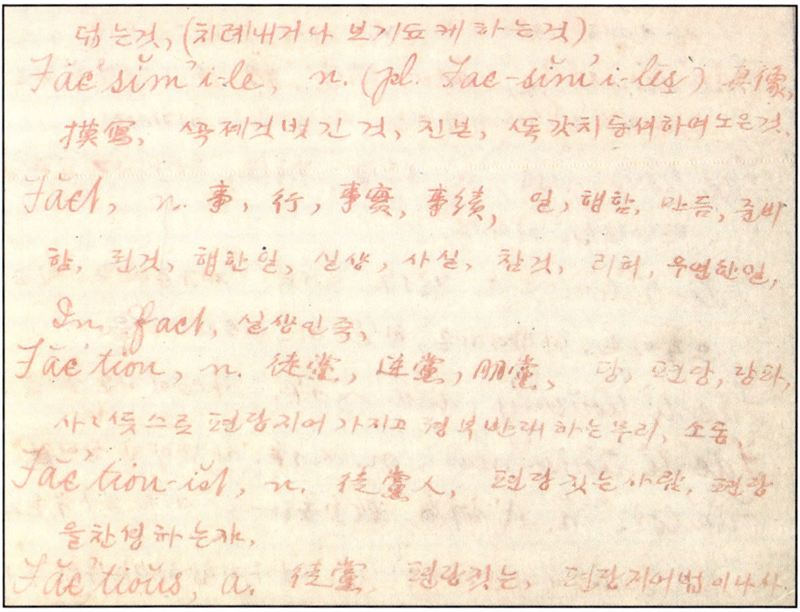

되는것, (치려내거나 보기됴케 하는것)
Făc sim' i-le, n. (pl. Fac-sim' i-les) 眞像, 摸寫, 쏙제것박긴것, 친본, 쏙갓치등셔하여노은것,
Fact, n. 事, 行, 事實, 事績, 일, 행함, 만듬, 준비함, 된것, 행한일, 실상, 사실, 참것, 리허, 우연한일,
In fact, 실상인즉,
Făc'tion, n. 徒黨, 連黨, 朋黨, 당, 편당, 당파, 사사뜻으로 편당지어가지고 경복반대하는무리, 소동,
Făc'tion-ist, n. 徒黨人, 편당짓는사람, 편당을찬셩하는자,
Făc'tious, a. 徒黨, 편당짓는, 편당지어법이나사

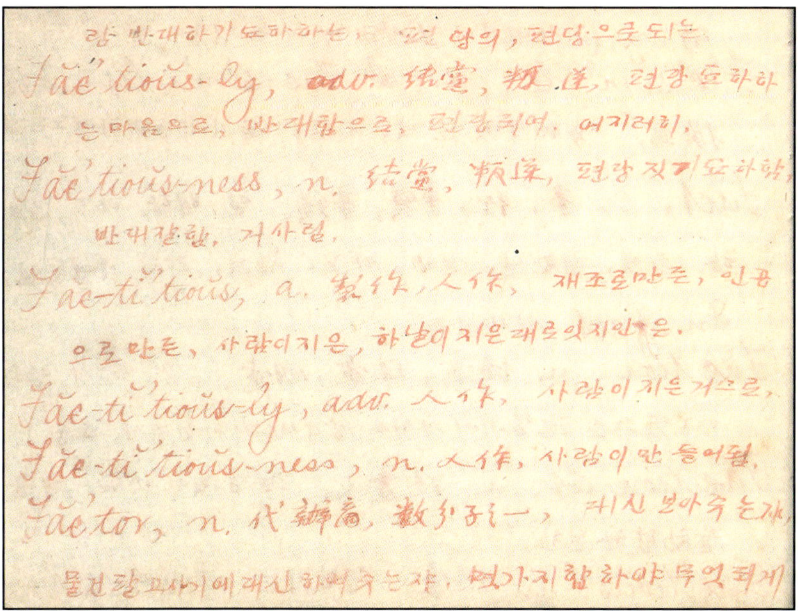

람반대하기됴하하는, 편당의, 편당으로되는
Făc'tious-ly, adv. 結黨, 叛逆, 편당됴하하는마음으로, 반대함으로, 편당지여, 어지러히,
Făc'tious-ness, n. 結黨, 叛逆, 편당짓기됴하함, 반대잘함, 거사림,
Făc-ti'tious, a. 製作, 人作, 재조로만즌, 인공으로만든, 사람이지은, 하날이지은대로잇지안은,
Făc-ti'tious-ly, adv. 人作, 사람이지은거스로,
Făc-ti'tious-ness, n. 人作, 사람이만들어됨,
Făc'tor, n. 代辦商, 數의子之一, 대신보아주는자, 물건팔고사기에대신하여주는자, 몃가지합하야무엇되게

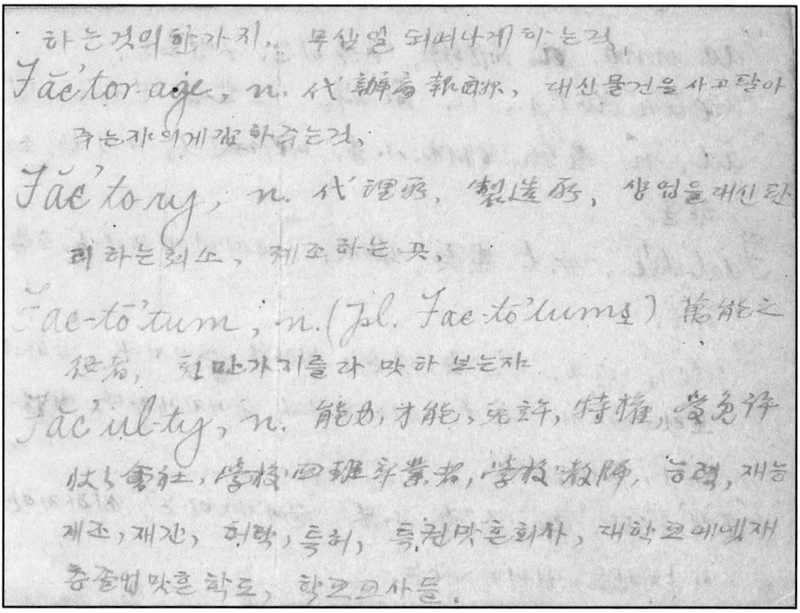

하는것의한가지, 무삼일 되여나게 하는것,

Fac'tor-age, n. 代辦商報酬, 대신물건을사고팔아 주는자의게갑 하는것,

Fac'to-ry, n. 代理所, 製造所, 상업을대신보는 회하는회소, 제조하는곳,

Fac-to'tum, n. (pl. Fac-to'tums) 萬能之役者, 천만가지를다맛하보는자

Fac'ul-ty, n. 能力, 才能, 免許, 特權, 免許狀ㅅ會社, 學校四班卒業者, 學校教師, 능력, 재능 재조, 재간, 허락, 특허, 특권맛흔회사, 대학교에네재총졸업맛흔학도, 학교교사들.

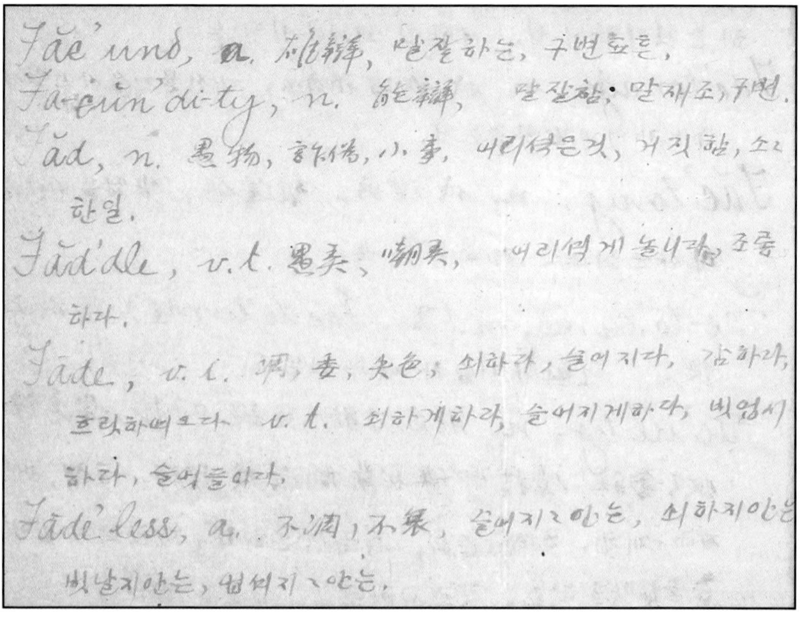

Fac'und, a. 能辯, 말잘하는, 구변요흔,

Fa-cun'di-ty, n. 能辯, 말잘함, 말재조, 구변.

Fad, n. 愚物, 詐偽, 小事, 어리석은것, 거짓말, 소소한일.

Fad'dle, v.t. 愚弄, 嘲弄, 어리석게놀니다, 조롱하다.

Fade, v.i. 凋, 衰, 失色, 쇠하다, 슬어지다, 감하다, 흐릿하여보다 v.t. 쇠하게하다, 슬어지게하다, 빗엄시하다, 슬어들이다.

Fade'less, a. 不凋, 不衰, 슬어지지안는, 쇠하지안는 빗날지안는, 섭서지지안는.

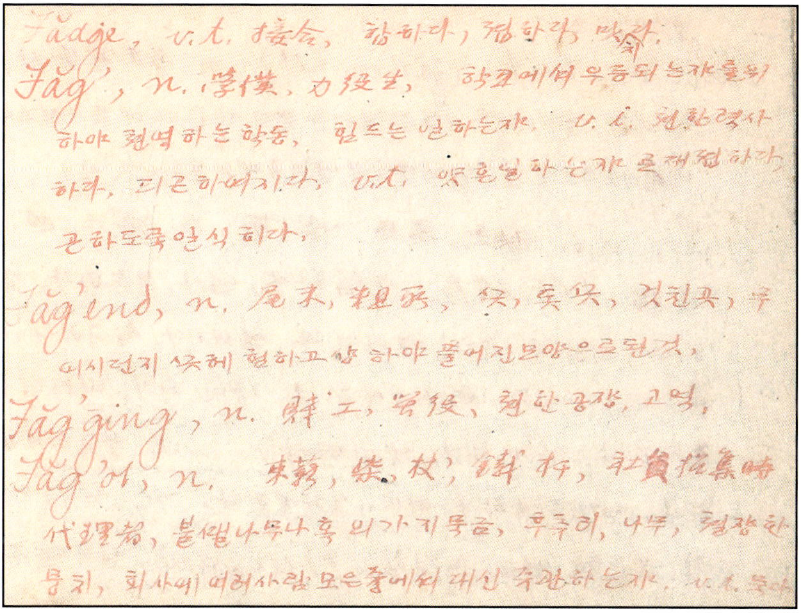

Făd'ge, v.t. 接合, 합하다, 적합하다, 맛치다.
Făg', n. 學僕, 力役生, 학교에서 우등되는자를 위하야 천역하는 학동, 힘드는 일하는자. v.i. 천한 력사하다, 피곤하여지다, v.t. 엇흔일하는자로 체졉하다, 곤하도록 일식히다,

Făg'end, n. 尾末, 粗頭, 끗, 天끗, 깃친곳, 무이시던지 끗헤 헐하고 상하야 풀어진모양으로된것,
Făg'ging, n. 賤工, 苦役, 천한공장, 고역,
Făg'ot, n. 束薪, 柴, 杖; 鐵杆, 社員總集時代理者, 불땔나무나 혹 외가지 뭇금, 후추리, 나무, 철장한뭉치, 회사에 여러사람 모은중에서 대신 주관하는자, v.t. 뭇다

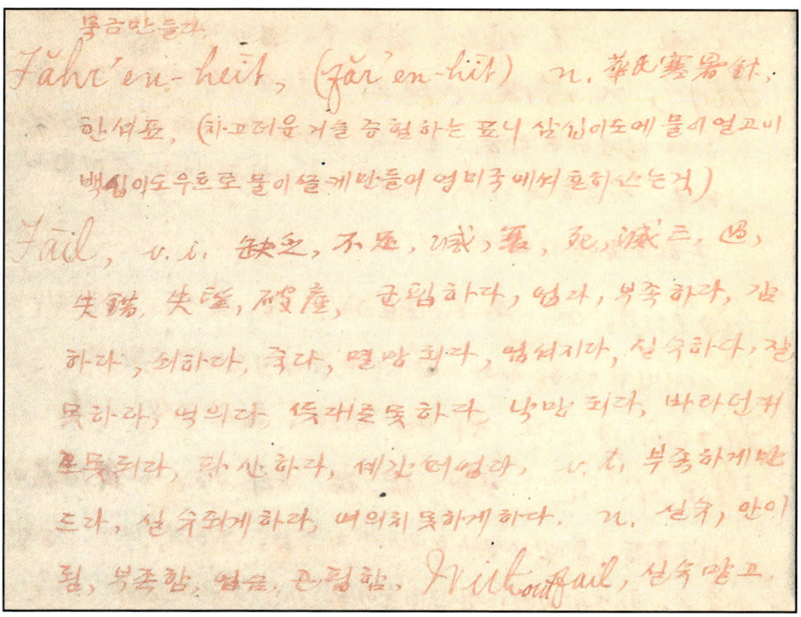

뭇금만들다,
Făhr'en-heit, (făr'en-hīt) n. 華氏寒暑針, 한서표, (차고더운 거슬 증험하는 표니 삼십이도에 물이 얼고 이백십이도우흐로 물이 끌게 만들어 영미국에서 흔히 쓰는것)
Fail, v.i. 缺乏, 不足, 減, 衰, 死, 滅亡, 過, 失錯, 失望, 破產, 곤핍하다, 업다, 부족하다, 감하다, 쇠하다, 죽다, 멸망하다, 업서지다, 실수하다, 잘못하다, 닉의다, 득재흘못하다, 낙망되다, 바라던거ᄉ로 못되다, 파산하다, 세간 떠얼다, v.t. 부족하게 만드다, 실수되게하다, 떠의치 못하게 하다. n. 실수, 안이됨, 부족함, 업슴, 곤핍함, Without fail, 실수 업고.

Fail'ing, n. 失錯, 不足, 窮乏, 破產, 실수함, 잘못함, 그릇함, 부족함, 업슴, 곤핍함, 파산함, 판셈함,

Fail'ure, n. 停給絶止, 困乏, 不足, 頹廢, 失錯, 破產, 廢止, 당연할것을 안하, 업슴, 곤핍함, 부족함, 쇠함, 폐함, 행치못함, 실수, 잘못함, 재산판셈함, 폐지함, 돈갚을수업슴,

Fain, a. 喜, 願, 깃분, 원하는, 질거하는, adv. 질거히, 깃부게, 반가이,

Fainéant, (fā'nā'ŏng') a. 懶怠, 逸樂, 게으른, 편안히질기는, 아모것도 안이하는, 한가한, n. 게으른

것조하하는 자, 아모것도 안이 하고 편한자.

Faint, a. 衰弱, 無勇, 怯懦, 不明, 쇠약한, 약한, 쇠한, 용맹업는, 심겁한, 담량업는, 분명치안은, 긔진한, n. 쇠함, 긔진함, 심겁함, 약하여짐, v. i. 약하야지다, 긔진하다, 쇠하다, 늘어지다, 업서지다,

Faint'heart'ed, a. 怯懦, 喪心, 겁내는, 심약한, 마음쇠러진, 긔운상한,

Faint'heart'edness, n. 怯懦, 喪心, 심겁함, 락심됨,

Faint'ish, a. 怯懦, 겁이좀잇는, 담량좀부족한,

Faint'ly, adv. 衰, 弱, 怯, 쇠한모양으로, 약하게,

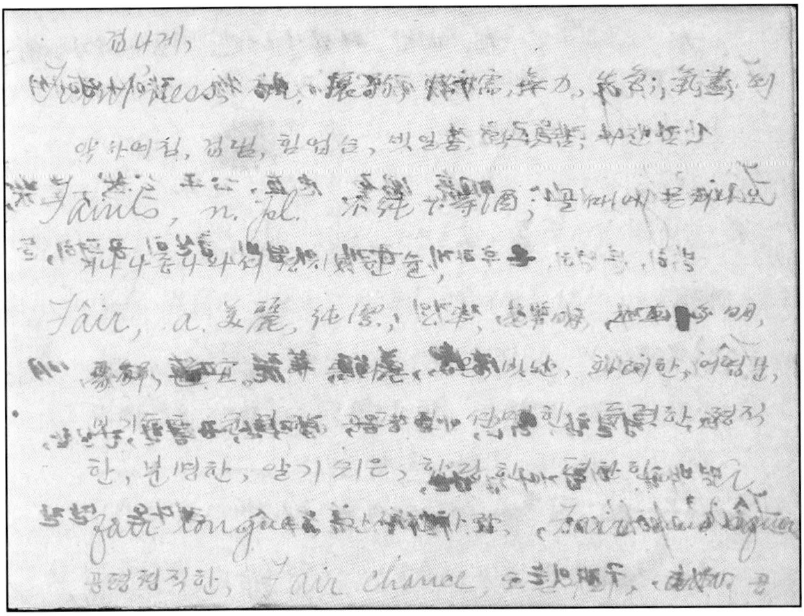
겁나게,

[illegible] 氣盡, 되

약하여짐, 겁냄, 힘업슴, 빗일흠, [illegible]

Faints, n. pl. [illegible]

[illegible]

Fair, a. 美麗, 純潔, [illegible] 明,

[illegible] 화려한, 어엽분,

[illegible]

한, 분명한, 알기쉬운, [illegible]

fair tongue [illegible], Fair [illegible]

공평정직한, Fair chance [illegible]

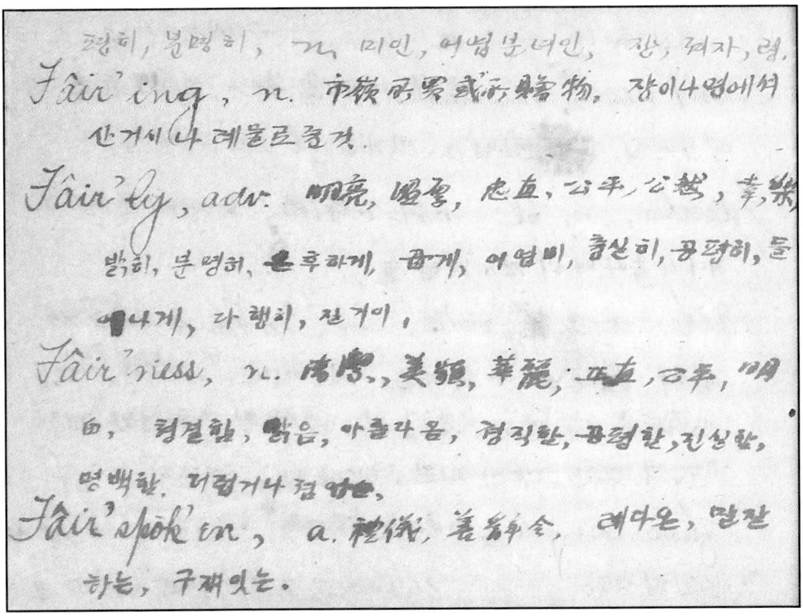
광명히, 분명히, n. 미인, 어엽분녀인, 장, 져자, 령,

Fair'ing, n. 市鎭所買或所贈物, 장이나뎜에서

산거시나 례물로줄것.

Fair'ly, adv. 明亮, 明白, 忠直, 公平, 公然, 幸樂,

밝히, 분명히, 온후하게, 곱게, 어엽비, 충실히, 공평히, 들

에나게, 다행히, 즐거이,

Fair'ness, n. 清潔, 美貌, 華麗, 正直, 公平, 明

白, 청결함, 맑음, 아름다옴, 정직함, 공평함, 진실함,

명백함, 더럽거나 졈 없음.

Fair'spok'en, a. 禮儀, 善辭令, 례다온, 말잘

하는, 구재잇는.

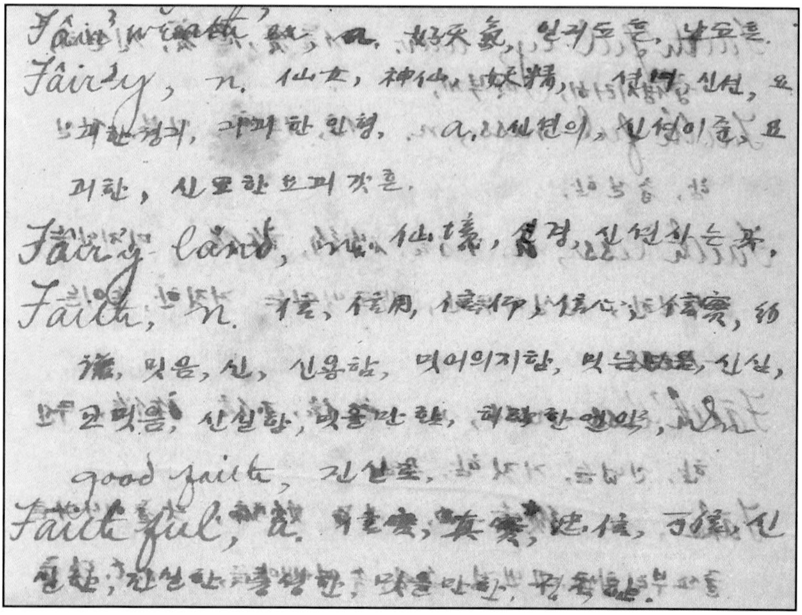

Fairy, n. 仙女, 神仙, 妖精, 션녀, 신션, 요괴한 형레, 괴괴한 인형, a. 신션의, 신션이 줄, 요괴한, 신묘한 요괴 갓흔.

Fairy land, 仙境, 션경, 신션 사는 곳,

Faith, n. 信, 信用, 信仰, 信心, 信實, 約諾, 밋음, 신, 신용함, 밋어의지함, 밋는 마음, 신실, 교인, 믿음, 신실함, 밋을만한, 허락한 언약, In good faith, 진실로,

Faithful, a. 忠實, 眞實, 忠信, 可信, 신실한, 진실한, 충성한, 밋을만한,

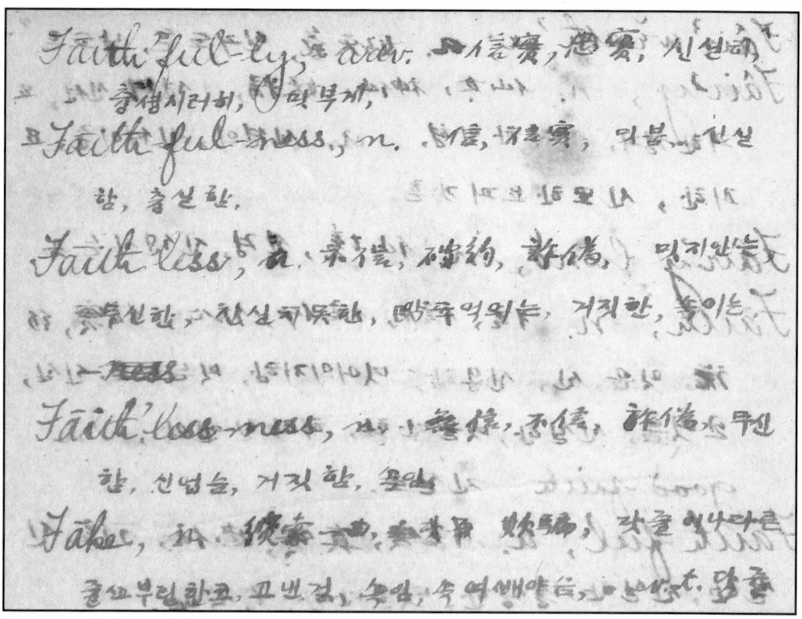

Faithfully, adv. 信實, 忠實, 신실히, 충성시러히, 미덥게,

Faithfulness, n. 信, 忠實, 신실함, 충실함,

Faithless, a. 無信, 不守約, 詐偽, 밋지 안는, 불신한, 신실치 못한, 거짓한, 속이는,

Faithlessness, n. 無信, 不信, 詐偽, 무신함, 신 업슴, 거짓 함,

Fake, v. t. 속임, 꾸며

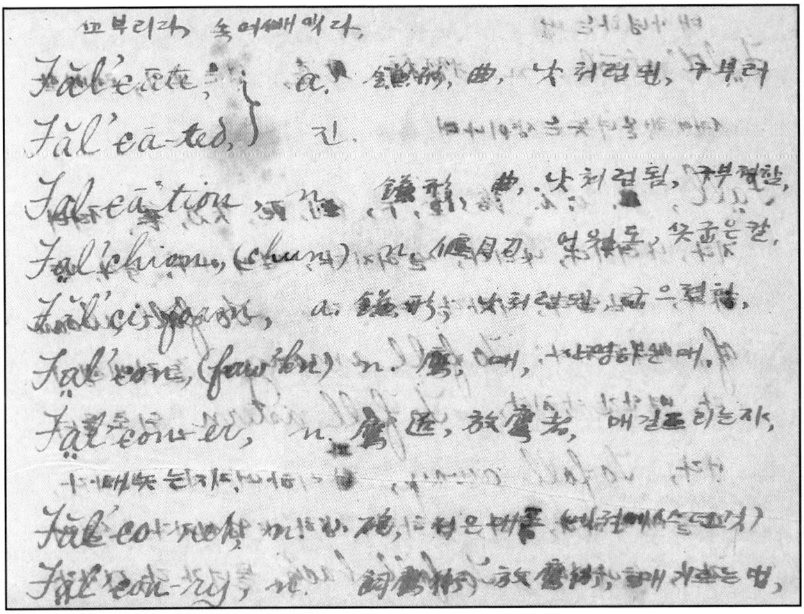

꼬부리다, 속여애먹다,
Fal'cate, } a. 鎌形, 曲, 낫처럼된, 구부러
Fal'ca-ted, } 진.
Fal-ca'tion, n. 鎌形, 曲, 낫처럼됨, 구부러짐,
Fal'chion, (chun) n. 偃月刀, 언월도, 굽은칼,
Fal'ci-form, a. 鎌形의, 낫처럼된, 굽으러짐,
Fal'con, (faw'kn) n. 鷹, 매, 사냥하는매,
Fal'con-er, n. 鷹匠, 放鷹者, 매길드리는자,
매놋는자,
Fal'co-net, n. 砲, 적은대포 (옛적에쓰든것)
Fal'con-ry, n. 飼鷹術, 放鷹術, 매치는법,

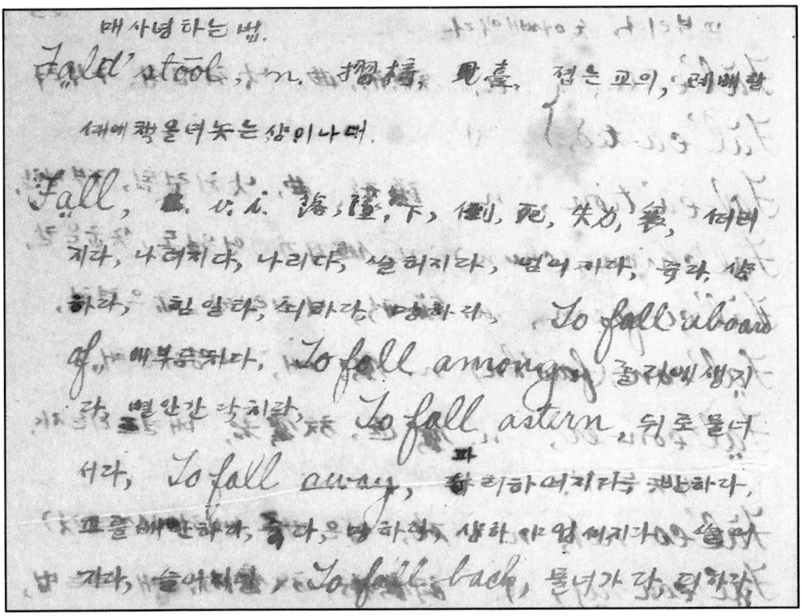

매사냥하는법.
Fald'stool, n. 摺椅, 見臺, 접는교의, 례배할
째에책올녀놋는상이나대.
Fall, v. i. 落, 墜, 下, 倒, 死, 失力, 衰, 떠러
지다, 나려지다, 나리다, 실허지다, 넘어지다, 죽다, 상
하다, 힘잃다, 쇠하다, 망하다, To fall aboard
of, 배부듸치다, To fall among, 중간에생기
다, 별안간닥치다, To fall astern, 뒤로물너
서다, To fall away, 파리하여지다, 배반하다,
교를배반하다, 죽다, 으망하다, 상하야없어지다, 슬퍼
지다, 슬퍼하다, To fall back, 물너가다, 퇴하다,

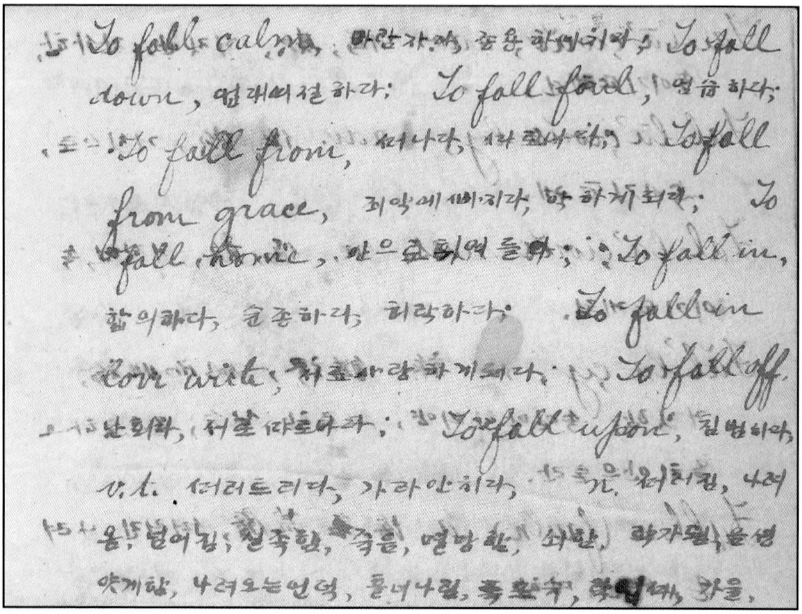

To fall calm, 바람 자다, 잔잔하여지다; To fall down, 엎드려 절하다; To fall foul, 엄습하다; To fall from, 떠나다, 배반하다; To fall from grace, 죄악에 빠지다, 박하게 되다; To fall home, 안으로 휘어 들다; To fall in, 합의하다, 순종하다, 허락하다; To fall in love with, 사랑하게 되다; To fall off, 반하다, 떨어지다; To fall upon, 침범하다, v.t. 떨어뜨리다, 가라앉히다, n. 떨어짐, 내려옴, 넘어짐, 실족함, 죽음, 멸망함, 쇠함, 타락함, 물 앗게함, 내려오는 언덕, 폭포, [illegible], 가을,

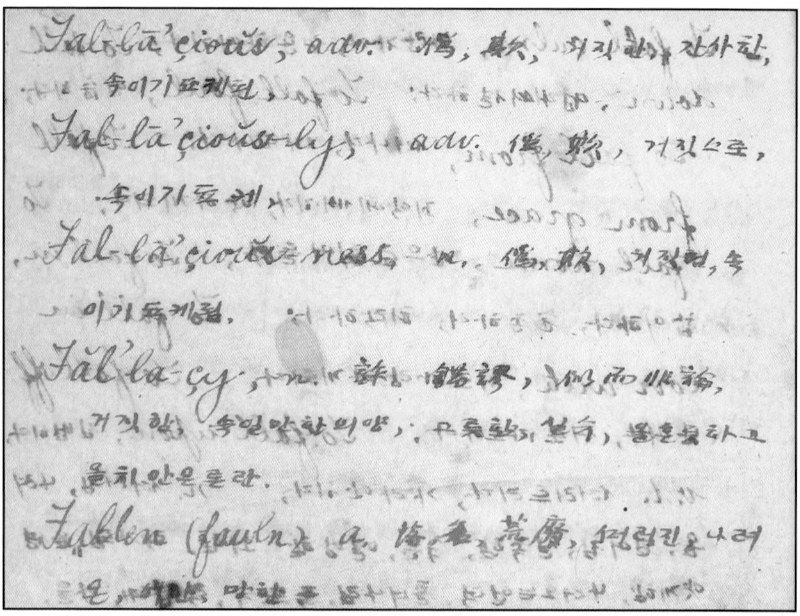

Fal-lā'cious, a. 詐, 巧, 회치한, 간사한, 속이기로 계획,

Fal-lā'cious-ly, adv. 僞, 詐, 거짓으로, 속이기로 계

Fal-lā'cious-ness, n. 僞, 詐, 거짓됨, 속이기로 계획됨.

Făl'la-cy, n. 詐, [illegible], 거짓 함, 속일 만한 의양, [illegible], [illegible]하고 옳지 않은 론란.

Fallen (fauln) a. 落, [illegible], 떨어진, 내려온, [illegible] 망한

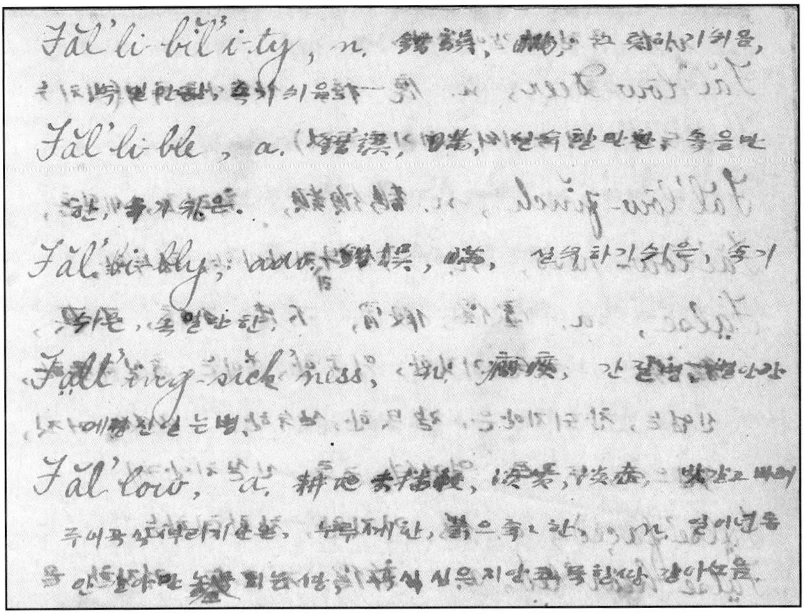

Făl'li-bil'i-ty, n. [illegible], [illegible] [illegible]하기쉬움,

Făl'li-ble, a. [illegible] [illegible] 할 [illegible] 을만

[illegible] 은.

Făl'li-bly, adv. [illegible]誤, [illegible], 실수하기쉬운, [illegible]

[illegible], 속일만한,

Fall'ing-sick-ness, n. 癲疾, 간질 [illegible]

[illegible]에 [illegible] 는병,

Făl'low, a. 耕地 [illegible], [illegible], [illegible] 갈고 [illegible]

주어곡식심[illegible]지안은, [illegible]한, 붉은[illegible]한, n. [illegible] 을

을 안[illegible] [illegible] 되는[illegible] 심으지안코 묵힌[illegible] 갈아두음,

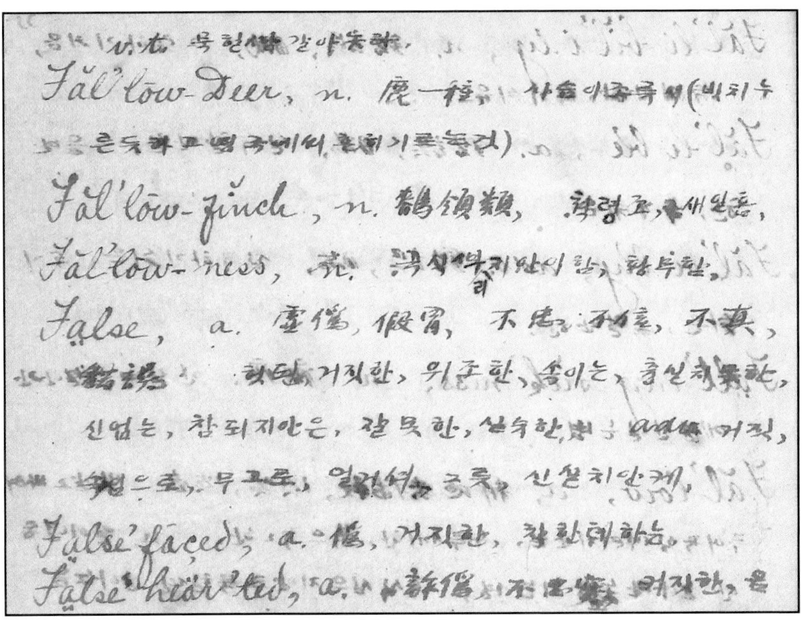

[illegible] 묵힌[illegible] 갈아둔땅,

Făl'low-Deer, n. 鹿一種, 사슴에종류 [illegible](빗치누

른듯하고 [illegible] 에서 [illegible] 기르는것)

Făl'low-finch, n. [illegible]類, [illegible], 새일홈,

Făl'low-ness, n. [illegible] 지안이함, [illegible]함,

False, a. 虛偽, 假冒, 不忠, 不信, 不真,

[illegible] [illegible] 거짓한, 위조한, 속이는, 충실치못한,

신업는, 참되지안은, 잘못한, 실수한, [illegible] 거짓,

[illegible]으로, 무고로, [illegible], 신실치안케,

False'faced, a. 僞, 거지한, 참한테하는,

False'heart-ed, a. 詐僞, 不忠[illegible], 거지한, 음

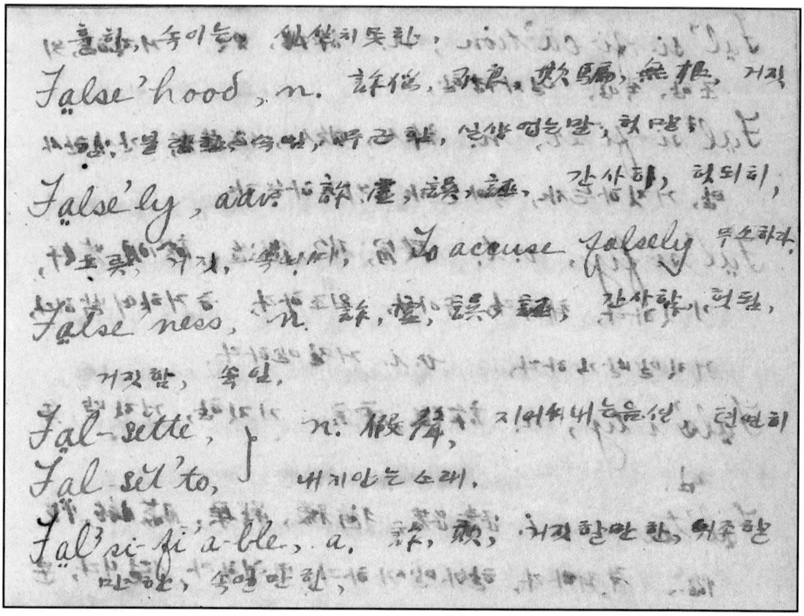
흉함, 속이는, 불성실치 못한,
Falsehood, n. 詐僞, 虛妄, 欺騙, 無根, 거짓말, 실상 없는 말, 헛말
Falsely, adv. 詐, 虛, 誤, 謬, 간사히, 헛되이, 거짓, To accuse falsely 무소하다,
Falseness, n. 詐, 虛, 誤, 謬, 간사함, 헛됨, 거짓함, 속임,
Falsette, Falsetto, n. 假聲, 지어서 내는 음성, 천연히 내지 않는 소리.
Falsifiable, a. 詐, 假, 거짓할 만한, 위조할 만한, 속일 만한,

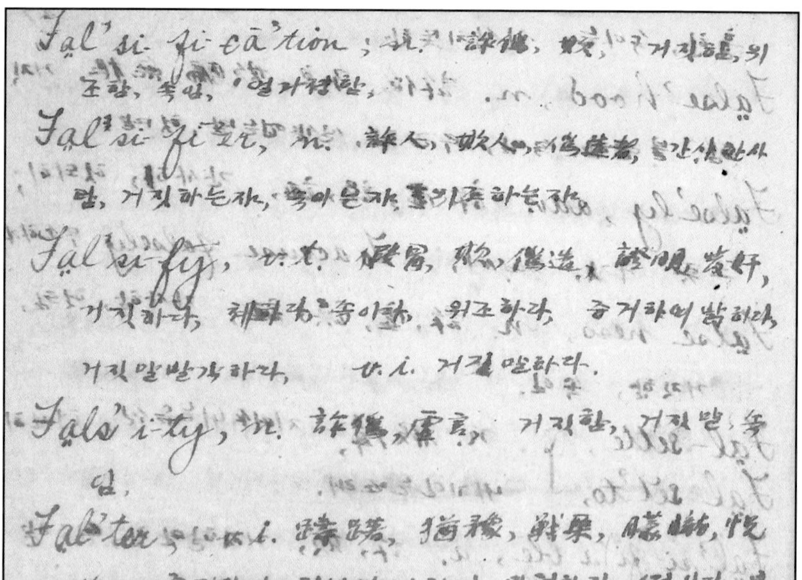
Falsification, n. 詐僞, 假, 거짓함, 위조함, 속임,
Falsifier, n. 詐人, 欺人, 僞造者, 불간실한 사람, 거짓하는 자, 속이는 자, 위조하는 자,
Falsify, v.t. 假冒, 欺, 僞造, 證明, 거짓하다, 체하다, 속이다, 위조하다, 증거하여 밝히다, 거짓말 발각하다, v.i. 거짓말하다.
Falsity, n. 詐僞, 虛言, 거짓함, 거짓말, 속임,
Falter, v.i. 躊躇, 猶豫, 戰慄, 朦朧, 恍惚, 주저하다, 할까말까하다, 떨다, 소리 나다,

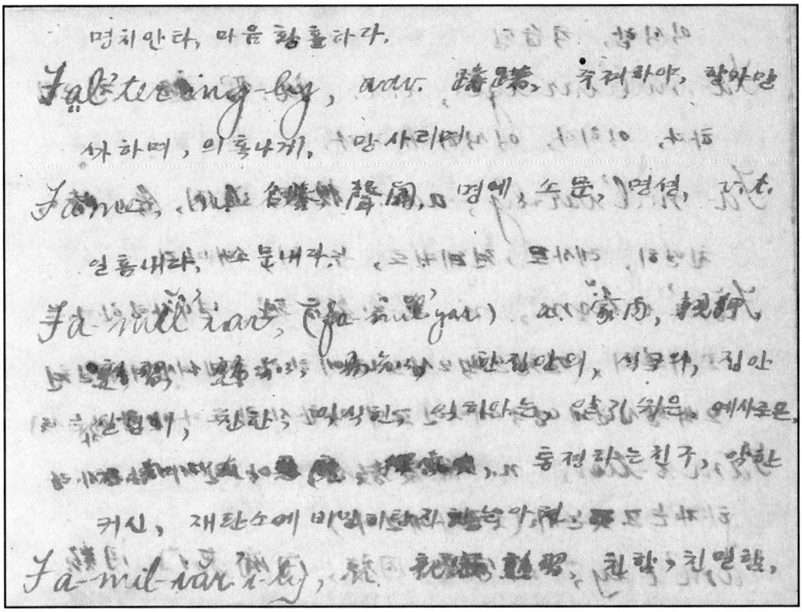

명치안다, 마음 황홀하다.

Faltering-ly, adv. 躊躇, 주저하야, 말하기를 [illegible]

[illegible]하며, 의혹나게.

Fame, [illegible] 聲聞, 명예, 소문, 명성, v.t.

일홈내다, 소문내다.

Fa-mil-iar, (fa-mil'yar) a. 家内, 親狎, [illegible]

[illegible] 집안의, 식구와, 집안

[illegible], [illegible] 익숙한 [illegible] 읽기 쉬운, 예사로운,

[illegible] 동정하는 친구, 악한

귀신, 재판소에 [illegible]

Fa-mil-iar-i-ty, [illegible] 親習, 친함, 친밀함,

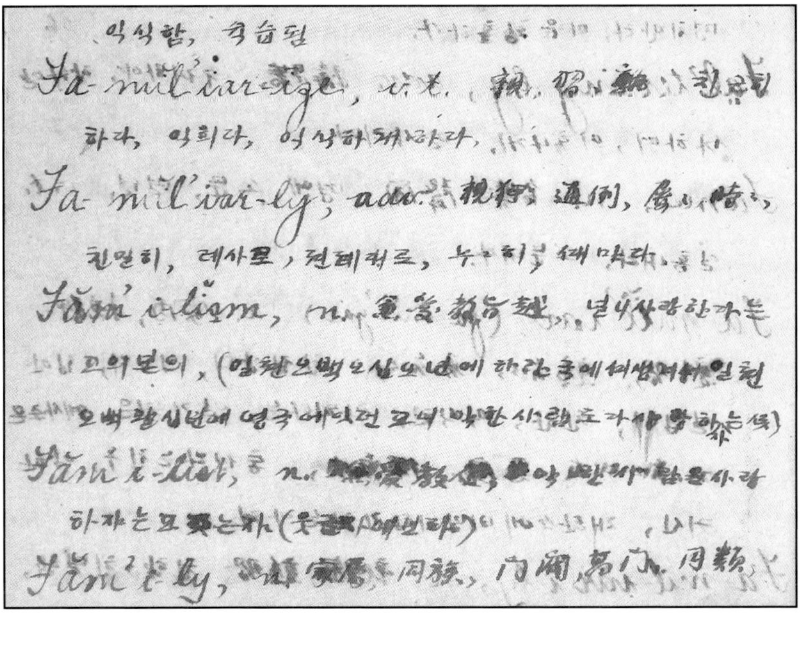

익숙함, 숙습됨

Fa-mil-iar-ize, v.t. 親, 習, [illegible] 친[illegible]

하다, 익히다, 익숙하게하다,

Fa-mil'iar-ly, adv. 親狎, 通例, [illegible]

친밀히, 례사로, 전례대로, 누누히, [illegible]

Fam'i-lism, n. [illegible] 널리 사랑한다는

교의 본의, (일천오백오십오년에 [illegible]

오백팔십년에 영국에 있던 교의 [illegible] 사람도 다 사랑하는 [illegible])

Fam'i-list, n. [illegible] 사람

하자는 교 [illegible] (옛[illegible])

Fam'i-ly, [illegible] 家屬, 同族, 門閥, 萬門, 同類,

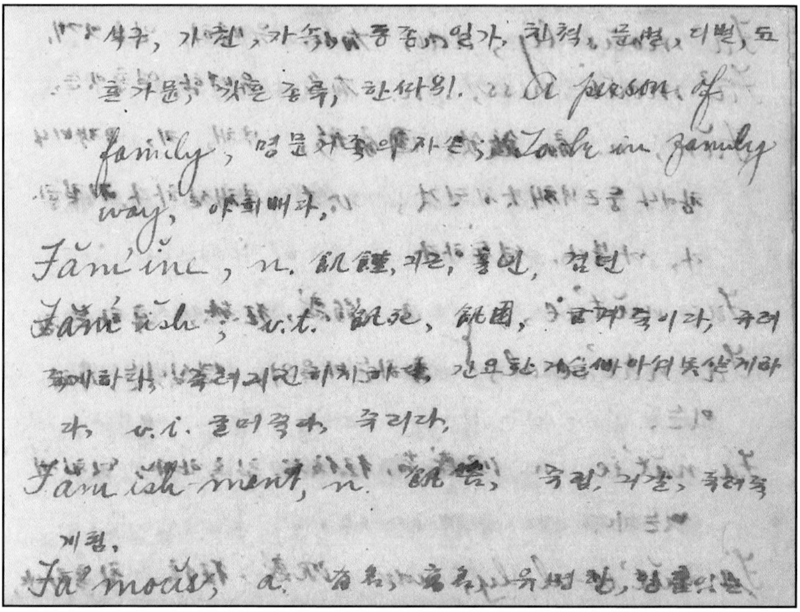
식구, 가친, 가속, 종족, 일가, 친척, 문벌, 티벌, 또는 가문, 좋은 종족, 한 사위. a person of family, 명문 자손; in the family way, 아이배다,

Făm'ine, n. 飢饉, 기근, 흉년, 철년

Făm'ish, v.t. 餓死, 飢困, 굶겨 죽이다, 주려 [illegible] 가르치다 [illegible] 다, v.i. 굶어 죽다, 죽리다,

Făm'ish-ment, n. 飢餓, 굶김, 기갈, 주려 죽게 함,

Fa'mous, a. 有名, 유명한, [illegible]

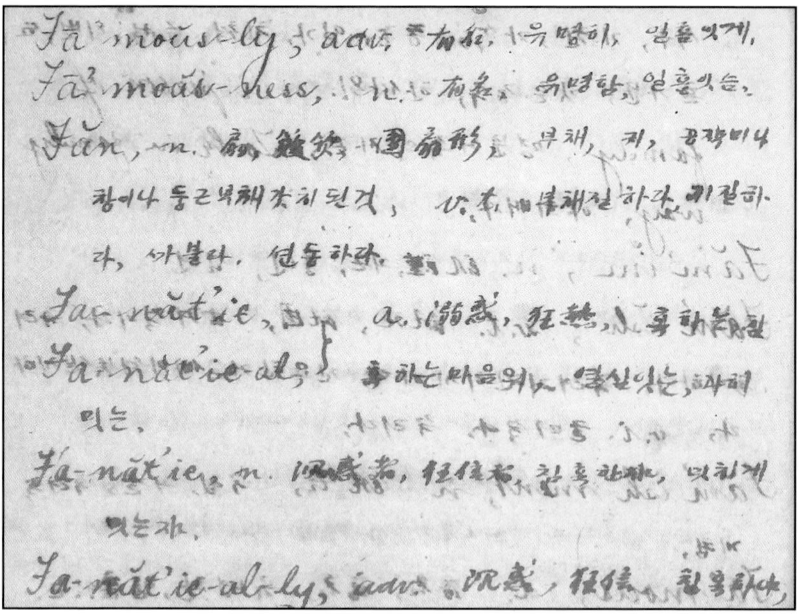
Fa'mous-ly, adv. 有名, 유명히, 이름있게,

Fa'mous-ness, n. 有名, 유명함, 이름있음,

Făn, n. 扇, [illegible], 부채, 키, 공작이나 둥근부채 같이 된 것, v.t. 부채질하다, 키질하다, 사불다, 선동하다,

Fa-năt'ic, Fa-năt'ic-al, a. 狂惑, 狂熱, 혹하는 마음의, 열심있는, 미쳐 믿는,

Fa-năt'ic, n. 狂惑者, 狂信者, 침혹한 자, 미치게 믿는 자,

Fa-năt'ic-al-ly, adv. 狂惑, 狂信, 침혹하게,

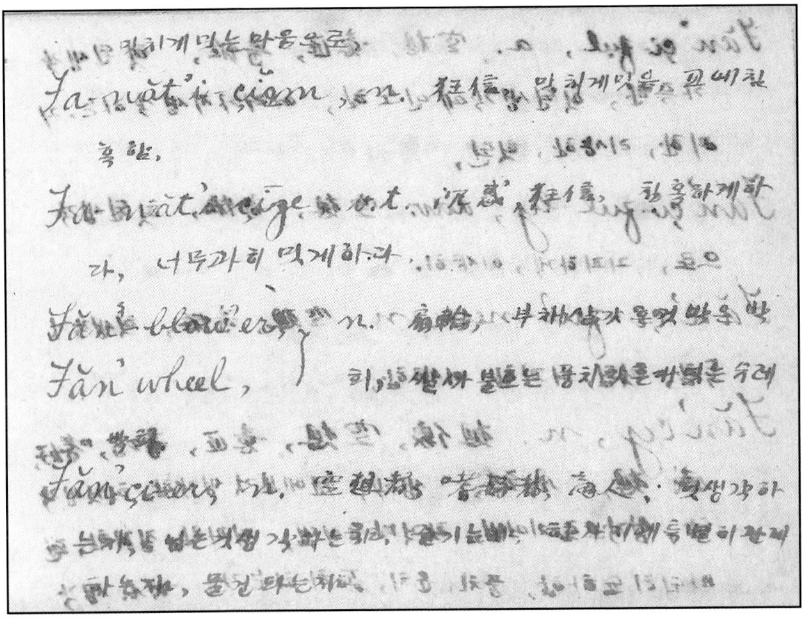
Fa-năt'i-cism, n. 狂信, 미칠게믿음 [illegible]
혹함.
Fa-năt'i-cize, v.t. 迷惑, 狂信, 광혹하게하
다, 너무과히 믿게하다.
Făn'-blower, n. 扇輪, 부채살가 [illegible]
Făn' wheel, 히, [illegible] 수레
Făn'ci-er, n. 空想家, 嗜好家, 畵匠, 헛생각하
[illegible]
[illegible]

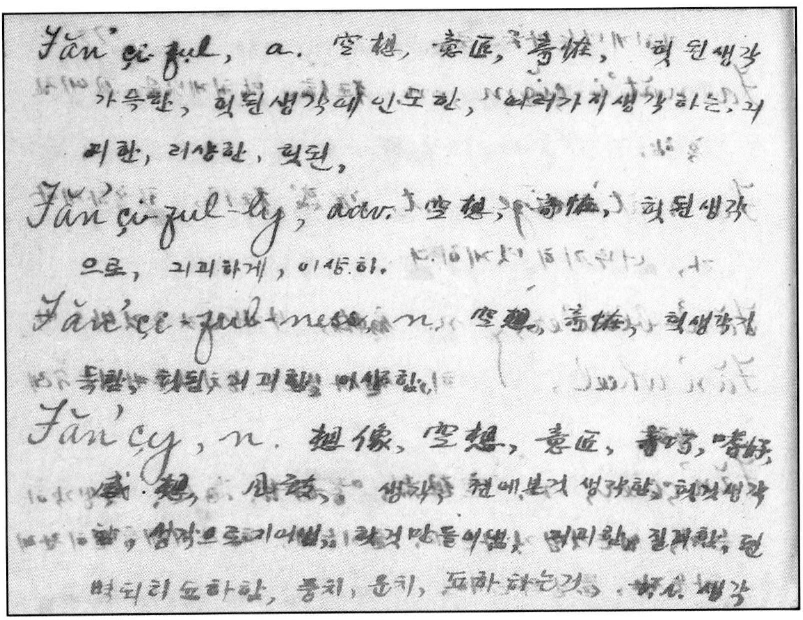
Făn'ci-ful, a. 空想, 意匠, 奇怪, 헛된생각
가득한, 헛된생각에 인도한, 여러가지생각하는, 괴
괴한, 리상한, 헛된,
Făn'ci-ful-ly, adv. 空想, 奇怪, 헛된생각
으로, 괴괴하게, 이상히.
Făn'ci-ful-ness, n. 空想, 奇怪, 헛생각가
득함, 헛된, 괴괴함, 이상함.
Făn'cy, n. 想像, 空想, 意匠, 奇[illegible], 嗜好,
[illegible] 헛것생각
[illegible]
[illegible], 풍치, 운치, [illegible] 생각

하다, v.t. 생각하여 [illegible]리다, 질기다, a. 칠겁게하는, 풍치잇게 한[illegible], 긔묘한, Fancy-goods. 긔이하게만 든물건, Fancy store, 긔이한물화 모아노흔가가

Făn-dăn'go, n. [illegible]國舞名, 스[illegible]페인(셔반아)국 이나 아메리가주에잇는 [illegible]페인 사람의 [illegible]노는춤일홈,

Fāne, n. 廟, 祠, 사당, 묘, 당집.

Făn'fa-ron, n. 誇大者, 헛자랑하는자, 너무과장하는자,

Fan-făr'on-āde', n. [illegible]誇, 헛된자랑, 너무자랑하는말,

Făng, n. 尖牙, 爪, 개나 [illegible]의새족한니, 께발톱,

Făn'light, n. 扇形窓, 부채모양으로 만든창,

Făn'ner, n. 扇人, [illegible]人, 送風物, 부채질하는 사람, 키질하는사람, 바람 보내는것,

Făn'on, n. [illegible], [illegible], 가사 (텬주교에 중들의 왼편팔에메는 것) 긔, 긔호,

Făn'tasm, n. 空想, 공연한생각, 헛생각,

Fan-tăs'tic, n. 好[illegible]人, 美服者, 이상한것 도하하는자, 의복과모양이상하게하는자, 고은의복도하라는자,

Fan-tăs'tic, }
Fan-tăs'tic-al, } a. 空想, 奇[illegible], 不規則, 不定, 헛되히지어낸, 참되지안은,

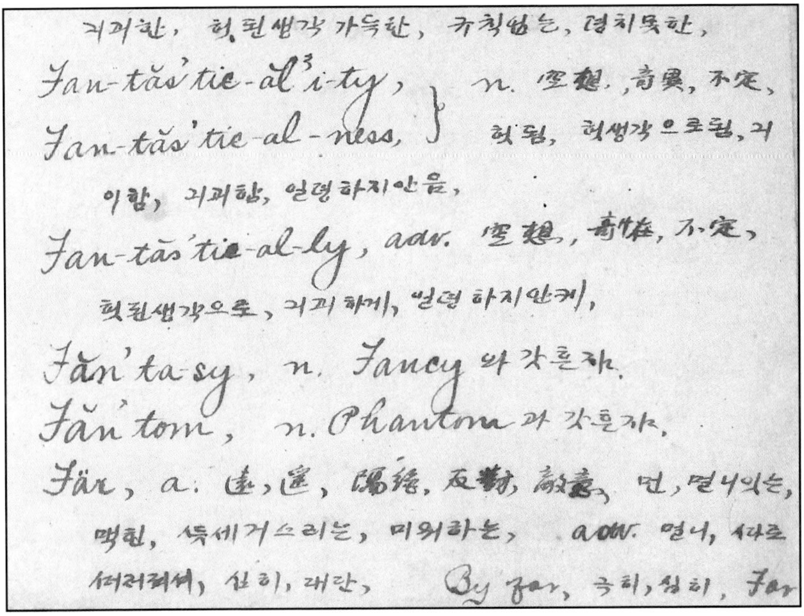

괴괴한, 헛된생각 가득한, 규칙없는, 졍치못한,

Fan-tăs'tic-al'i-ty, } n. 空想, 奇異, 不定,
Fan-tăs'tic-al-ness, } 헛됨, 헛생각으로됨, 긔
이함, 긔괴함, 일졍하지안음,

Fan-tăs'tic-al-ly, adv. 空想, 奇怪, 不定,
헛된생각으로, 긔괴하게, 일졍하지안케,

Făn'ta-sy, n. Fancy와 갓흔자.

Făn'tom, n. Phantom과 갓흔자.

Fär, a. 遠, 遥, 隔絶, 反對, 敵意, 먼, 멀니잇는,
막힌, 샹셰거스리는, 미워하는, adv. 멀니, 서로
써러져셔, 심히, 대단, By far, 극히, 심히, Far

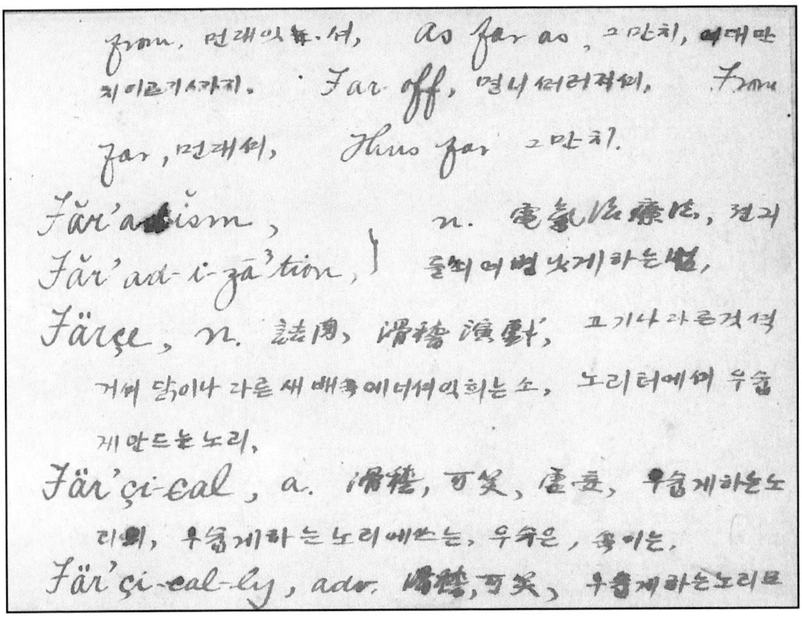

from, 먼데잇셔셔, As far as, 그만치, 어대만
치 이르기까지. Far off, 멀니써러져셔, From
far, 먼데셔, Thus far 그만치.

Făr'adism, } n. 電氣治療法, 전긔
Făr'ad-i-zā'tion, } 들회여병낫게하는法,

Färçe, n. 諧謔, 滑稽演戲, 고기나 다른것석
거셔 닭이나 다른새배속에너어익히는소, 노리터에셔 우숩
게만드는노리,

Fär'çi-cal, a. 滑稽, 可笑, 虛妄, 우숩게하는노
리의, 우숩게하는노리에쓰는, 우숩은, 속이는.

Fär'çi-cal-ly, adv. 滑稽, 可笑, 우숩게하는노리로

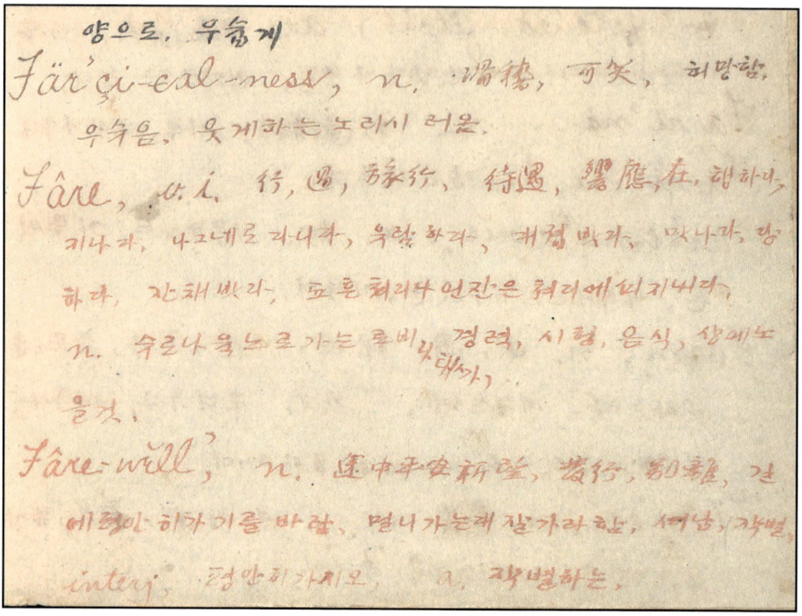

양으로, 우습게

Fär'çi-cal-ness, n. 滑稽, 可笑, 허망함, 우숙음, 웃게하는 노리시 러운.

Fâre, v.i. 行, 過, 旅行, 待遇, 饗應, 在, 행하니, 지나가, 나그네로 다니다, 육행하다, 대접받다, 맛나다, 당하다, 잔채받다, 도혼처리나 연잔은 쳐리에 되지니라,

n. 수로나 육노로 가는 로비 및 대사가, 경력, 시험, 음식, 상에노흘것,

Fâre-well', n. 途中平安祈望, 發行, 別離, 길에평안히가기를 바람, 떠나가는데 잘가라함, 떠남, 작별, interj. 평안히가시오, a. 작별하는,

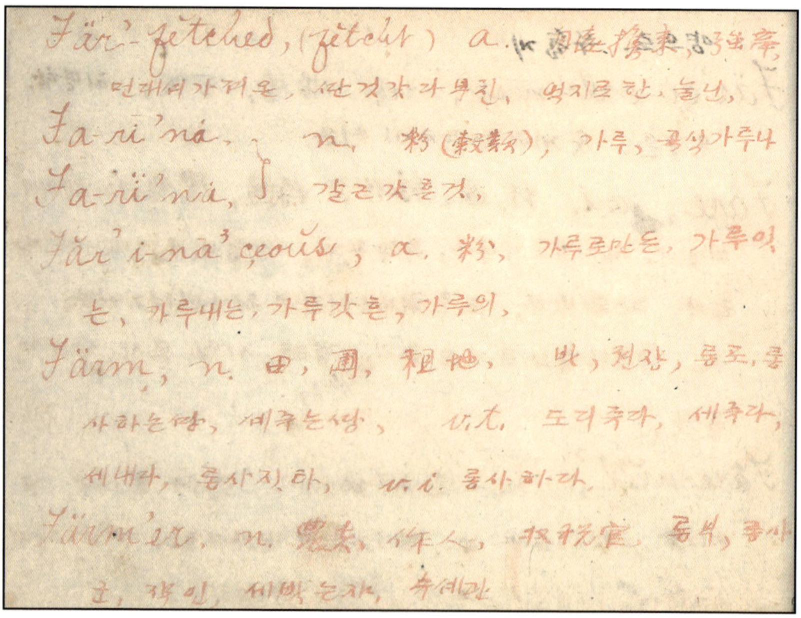

Fär'-fetched, (fetcht) a. 遠來, 擦來, 强牽, 멀리서가져온, 억지로 갖다부친, 억지로한, 늘난,

Fa-ri'na, n. 粉(穀粉), 가루, 곡식가루나

Fa-ri'na, } 갈근 갓흔 것,

Fär'i-na'ceous, a. 粉, 가루로만든, 가루익는, 가루내는, 가루갓흔, 가루의,

Färm, n. 田, 圃, 租地, 밧, 전장, 롱토, 롱사하는땅, 세주는땅, v.t. 도지주다, 세주다, 세내다, 롱사짓다, v.i. 롱사하다.

Färm'er, n. 農夫, 作人, 收稅官, 롱부, 롱사군, 작인, 세받는자, 수세관

Färm'er-y, n. 農人家庭 농사군의집과뜰,

Färm'house, n. 農家, 농가, 농사군의집,

Färm'ing, n. 農業, 농업, 농사.

Fär'möst, a. 最遠, 가장먼, 뎨일멀니잇는,

Färm'yard, n. 穀倉之庭, 農地, 곡간에붓흔뜰, 사면에농가잇는마당,

Fär'ness, n. 遠, 멂은, 멀니떠남,

Far-răg'i-noŭs, a. 混合, 혼합한, 여러가지섞근,

Far-rā'go, n. 混合物, 잡물, 여러가지섞거논것,

Făr'ri-er, n. 蹄鐵工, 獸醫, 즘생발에신신기는장인, 즘생병곳치는의원.

Făr'ri-er-y, n. 蹄鐵術, 獸醫術, 즘생발에신신기는법, 즘생병곳치는법.

Făr'rōw, v.t. & v.i. 産子, 색기낫타(도야지종류) n. 색기, 도야지색기.

Fär'sight'ed, a. 遠視, 遠慮, 원시하는, 먼데만보는, 멀니생각하는,

Fär'ther, a. 猶遠, 更永, 加之, 더먼, 더긴, 더되는, adv. 더멀니, 더길게, 기외에, 더욱이,

Fär'thest a. 最遠, 뎨일먼, 가장멀니잇는, adv. 뎨일멀니, at farthest, or at the farthest, 뎨일늣게, 가장더대게,

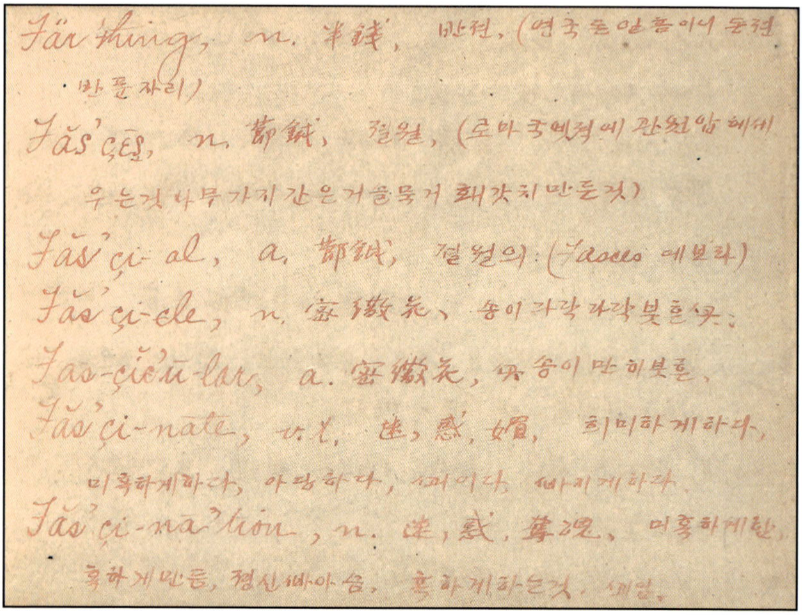

Făr'thing, n. 半錢, 반젼, (영국돈일홈이니 동젼 반푼자리)

Făs'çēs, n. 節鉞, 졀월, (로마국예젼에 관원압헤서 우는것 나무가지갓은거을묵거 쾌갓치만든것)

Făs'çi-al, a. 節鉞, 졀월의: (Fasces 에보라)

Făs'çi-cle, n. 密簇花, 송이가락가락붓흔곳;

Fas-çicū-lar, a. 密簇花, 송이만히붓흔,

Făs'çi-nate, v.t. 迷, 惑, 媚, 희미하게하다, 미혹하게하다, 아당하다, 쇡이다, 빠지게하다.

Făs'çi-nā'tion, n. 迷, 惑, 奪魂, 미혹하게한, 혹하게만든, 졍신빼아슴, 혹하게하는것, 쇡임,

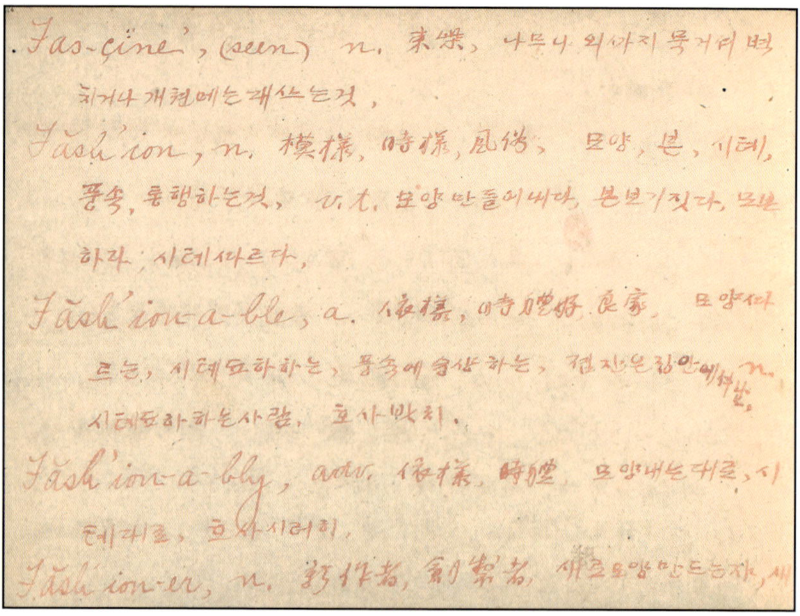

Fas-çine', (seen) n. 束柴, 나무나외가지묵거서 벽치거나 개쳔에는대쓰는것,

Făsh'ion, n. 模樣, 時樣, 風俗, 모양, 본, 시톄, 풍속, 통행하는것, v.t. 모양만들어내다, 본보기짓다, 모본하다; 시톄따르다,

Făsh'ion-a-ble, a. 依樣, 時體好. 良家, 모양따르는, 시톄됴하하는, 풍속에숭샹하는, 졈지은집안에서난, n. 시톄됴하하는사람, 호사맛치.

Făsh'ion-a-bly, adv. 依樣, 時體 모양내는대로, 시톄대로, 호사시러히,

Făsh'ion-er, n. 新作者, 創案者, 새로모양만드는자, 새

로치어내는자,

Fast, a. 固, 固着, 確定, 誠實, 速, 放蕩, 굿은, 단단히 붓흔, 든든히선, 여일한, 신실한, 속한, 빠른, 요동하거나 깨치기어려운, 방탕한, Fast and loose, 붓헛다 다 셔러쳣다하다, To live fast, 방탕히지내다 adv. 단단히, 굿게, 빨니, 속히; v.i. 금식하다, 재계할때에음식쓴다; n. 금식함, 교인들음식금하는 례식,

Fast'day, n. 禁食日, 齋日, 음식쓴는날, 재계하는날,

Fast'en, (fas'n) v.t. 繫附, 固着, 縛, 단단히붓치다, 굿게대다, 함의매다, 합하다, 겹히다, v.i. 붓다, 매여지다,

Fast'en-er, (fas'n-er) n. 結束物之人, 묵거나 합하는 [illegible]

Fast'en-ing, (fas'ning) n. 結束物, 매는것, 묵는것, 굿게붓치는것(낙과삼을쇠등).

Fast'er, n. 禁食者, 음식쓴는자, 재계하는자

Fast'hand'ed, a. 貪慾, 탐하는, 욕심많흔.

Fas-tid'i-ous, a. 易怒, 乖僻, 성내기잘하는, 마음맛치기어려운; 까다로운,

Fas-tid'i-ous-ly, adv. 易怒, 乖僻, 성잘내는마음으로, 괴벽하게, 까다롭게.

Fas-tid'i-ous-ness, n. 易怒, 乖僻, 성내기쉬움, 괴벽함, 까다로움.

Fast'ing, 禁食, 금식함, 음식쓴고재계함,

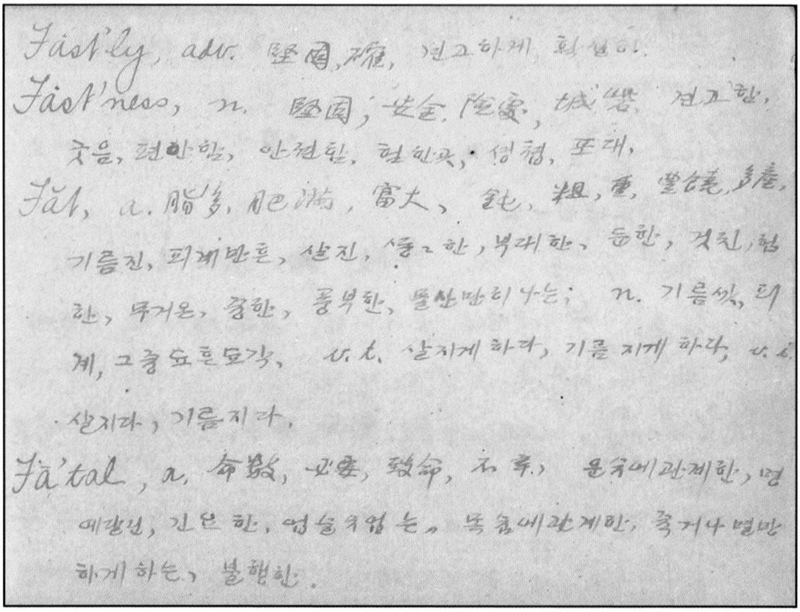

Fast'ly, adv. 堅固, 確, 견고하게, 확실이.

Fast'ness, n. 堅固; 安全, 險要, 城堡, 견고함, 굿음, 편안함, 안전함, 험한곳, 성첩, 포대,

Făt, a. 脂多, 肥滿, 富大, 鈍, 粗, 重, 豐含美, 多產, 기름진, 피계만흔, 살진, 살ㅅ한, 부대한, 둔한, 것친, 둔한, 무거온, 중한, 풍부한, 물산만히나는; n. 기름씩, 피계, 그중됴흔모각, v.t. 살지게하다, 기름지게하다, v.i. 살지다, 기름지다,

Fā'tal, a. 命數, 必要, 致命, 不幸, 운수에관계한, 명에갈닌, 긴요한, 면술수업는, 목숨에관계한, 죽거나멸망하게하는, 불행한.

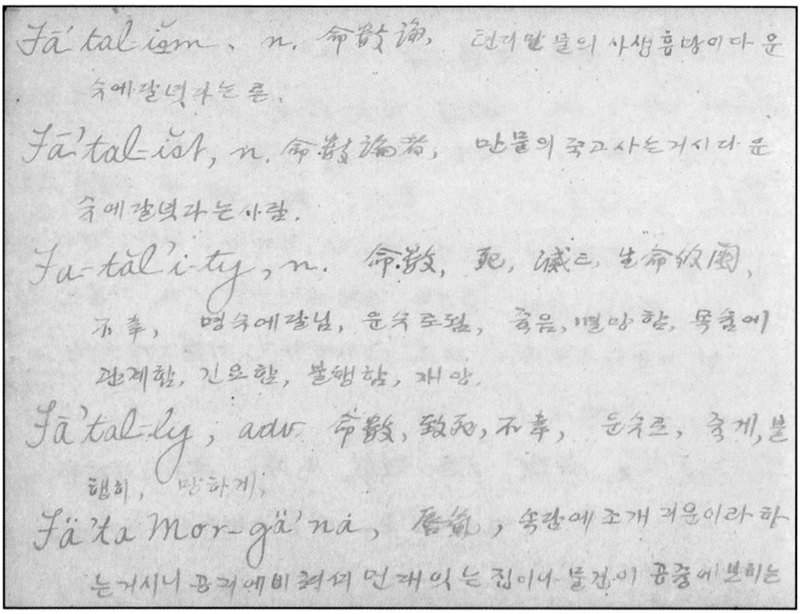

Fā'tal-ism, n. 命數論, 텬디만물의사생흥망이다운수에갈녓다는론.

Fā'tal-ist, n. 命數論者, 만물의죽고사는거시다운수에갈녓다는사람.

Fa-tăl'i-ty, n. 命數, 死, 滅亡, 生命攸關, 不幸, 명수에갈님, 운수로됨, 죽음, 멸망함, 목숨에관계함, 긴요함, 불행함, 재앙.

Fā'tal-ly, adv. 命數, 致死, 不幸, 운수로, 죽게, 불행히, 망하게,

Fä'ta Mor-gä'nä, 蜃氣, 속담에조개긔운이라하는거시니공긔에비최여먼데잇는집이나물건이공중에뵈히는

것.

Fate, n. 命, 命數, 死, 滅亡, 명, 운수, 죽음, 멸망함, 팔자, 마자막,

Fat'ed, a. 命數, 운수에관한, 팔자에매여는.

Fate'ful, a. 生死, 禍福, 사생관계한, 화복을매는.

Fat'head'ed, a. 愚鈍, 노둔한, 둔한.

Fä'ther, n. 父, 先祖, 神父, 長者, 發明者, [illegible] 上帝, 아바지, 아비, 선조상, 신부, 라마교회에놉흔이, 예수교회에놉흔이, 어룬, 새로지어낸이, 만들어낸자, 선생, 샹뎨, 하나님, v.t. 아비되다, 인자하다, 친히지엇다고 말하다.

Fä'ther-hood, n. 為父, 아비됨, 아비된권리

Fä'ther-in-law, n. 岳父, 外舅, 阿翁, 악부, 장인, 시아바지, 시부,

Fä'ther-länd, n. 故國, 本國, 故鄕, 고국, 본국, 고향, 부모의나라,

Fä'ther-less, a. 無父, 若作者不知, 아비없는, 지은사람이누군지모르는,

Fä'ther-li-ness, n. 為父心, 慈愛, 아비됨, 아비된 마음, 사랑함, 인자함,

Fä'ther-ly, a. 父, 如父, 慈愛, 愛護, 아비의, 아비갓흔, 사랑하는, 사랑하야 보호하는

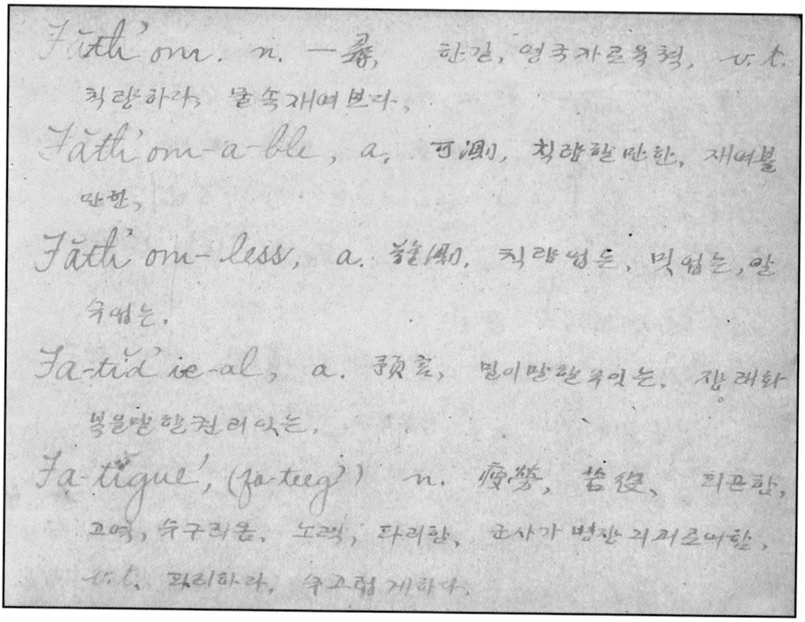

Fath'om. n. 一尋, 한길, 영국자로육쳑, v.t. 칙량하다, 물속재여보다,

Fath'om-a-ble, a. 可測, 칙량할만한, 재여볼만한,

Fath'om-less, a. 不可測, 칙량업는, 밋업는, 알수업는.

Fa-tid'ic-al, a. 預言, 미리말할수잇는, 장래화복을말할권리잇는,

Fa-tigue', (fa-teeg') n. 疲勞, 苦役, 피곤함, 고역, 슈구러움, 노력, 파리함, 군사가 병장외의로역함, v.t. 파리하다, 슈고럽게하다,

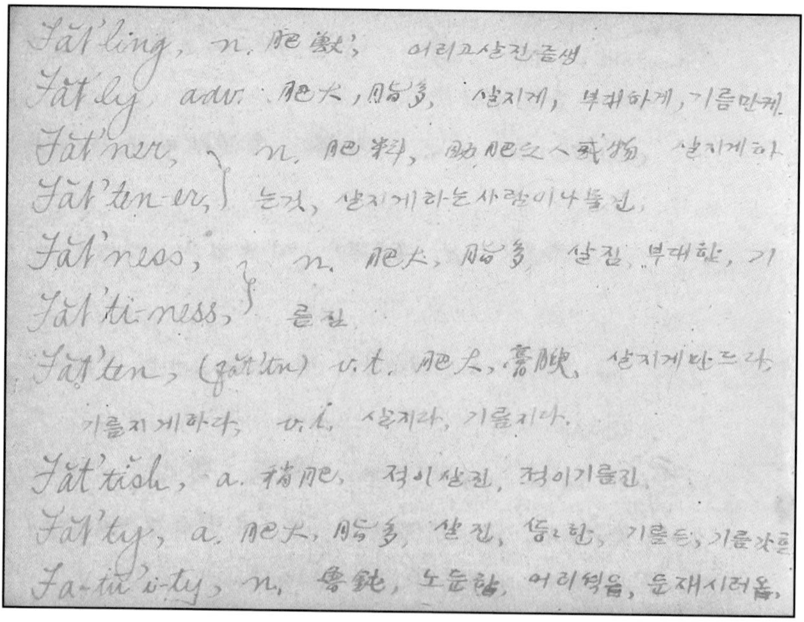

Fat'ling, n. 肥獸, 어리고살진즘생

Fat'ly adv. 肥大, 脂多, 살지게, 부귀하게, 기름만케

Fat'ner, Fat'ten-er, n. 肥料, 助肥之人或物 살지게하는것, 살지게하는사람이나물건,

Fat'ness, Fat'ti-ness, n. 肥大, 脂多 살짐, 부대함, 기름짐

Fat'ten, (fat'tn) v.t. 肥大, 膏腴, 살지게만드다, 기름지게하다, v.i. 살지다, 기름지다.

Fat'tish, a. 稍肥, 적이살진, 적이기름진

Fat'ty, a. 肥大, 脂多, 살진, 뚱뚱한, 기름든, 기름잇는

Fa-tu'i-ty, n. 魯鈍, 노둔함, 어리석음, 둔재시러움,

Fat'u-ous, a. 心弱, 無能, 痴相, 심약한, 약한, 어리석은, 둔한, 무능한, 허천, 심상안인.

Fau'cal, a. 咽喉, 인후의, 목구멍에서나온, 목구멍에서나오는소리의,

Fau'ces, n. pl. 咽喉, 인후, 목구멍, 목덜미안,

Fau'cet, n. 放管, 킥개, 물자올니는것,

Faugh, (faw) interj. 賤惡, 천하다멀다하는뜻 표하는말.

Fault, n. 過失, 缺乏, 瑕疵, 缺點, 錯誤, 鑛脈中斷, 獵犬失嗅失, 탓, 과실, 허물, 실수, 없슴, 부족함, 하자, 흠절, 결빠시, 과회, 잘못하는것, 광맥이나 금광맥이 줄디에끈허질, 사냥할새에 즘생의자최일허바릴,

At fault, 즘생의자최차잘수업서; In fault, 실수로; To a fault, 과도히. v.t. 실수하게하다, 밧고여석귀게하다,

Fault'i-ly, adv. 過失, 실수로, 잘못,

Fault'i-ness, n. 過失, 허물, 실수, 잘못함.

Fault'less, a. 無過, 無瑕, 完全, 허물업는, 실수업는, 결업는, 완전한,

Fault'less-ly, adv. 無過, 無瑕, 실수업시, 허물업시, 결업시,

Fault'less-ness, n. 無過, 無點, 실수업슴 결업슴,

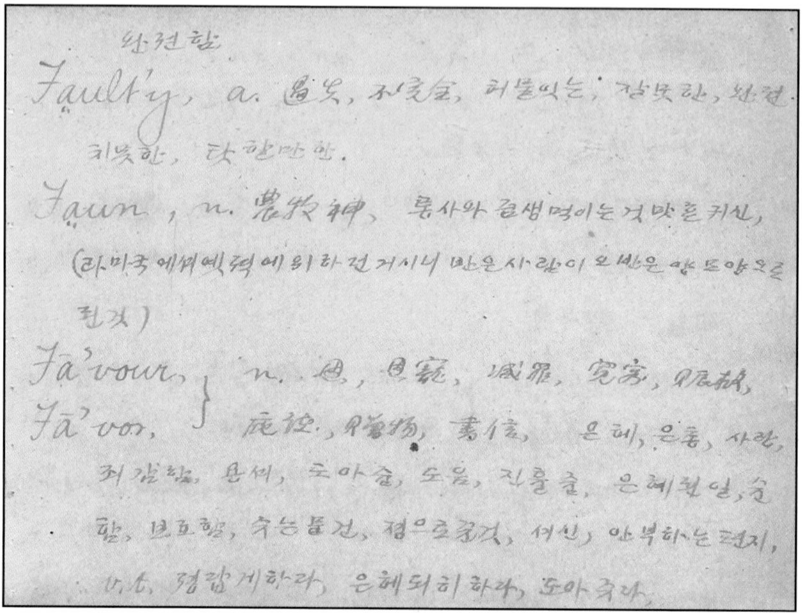

셔젼할
Faulty, a. 過失, 不完全, 허물잇는, 잘못한, 셔젼치못한, 탓할만한.
Faun, n. 農牧神, 롱사와 즘생먹이는것맛흔귀신, (라마국에서옛적에위하던거시니 반은사람이오반은양모양으로된것)
Fā'vour, Fā'vor, n. 恩, 恩寵, 赦罪, 寬容, 保護, 庇護, 保獲, 書信, 은혜, 은총, 사랑, 죄감함, 용서, 도아줌, 도음, 친률즐, 은혜된일, 두호함, 보호함, 주는물건, 정으로준것, 서신, 안부하는편지, v.t. 정답게하라, 은혜되히하라, 도아주라,

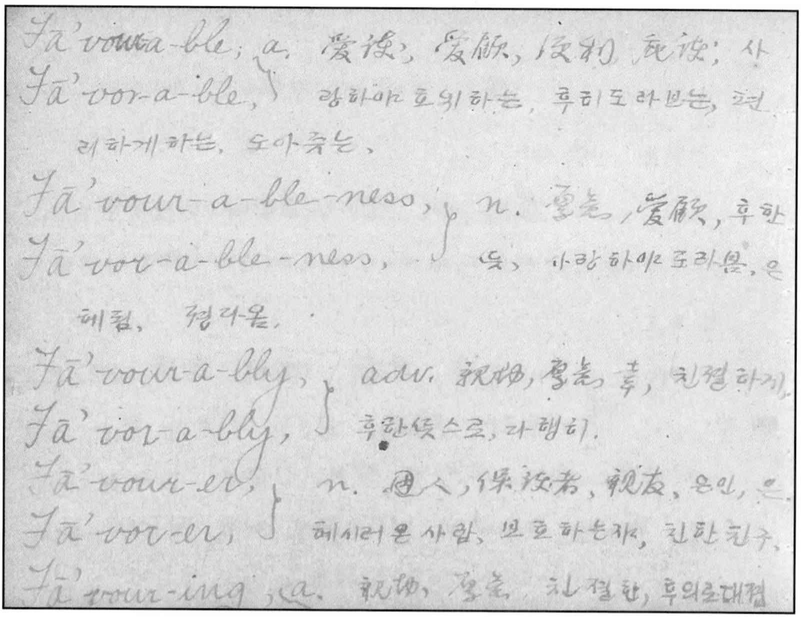

Fā'vour-a-ble, Fā'vor-a-ble, a. 愛護, 愛顧, 便利, 庇護; 사랑하야호위하는, 후히도라보는, 편리하게하는, 도아주는,
Fā'vour-a-ble-ness, Fā'vor-a-ble-ness, n. 厚意, 愛顧, 후한뜻, 사랑하야도라봄, 은혜롬, 정다옴,
Fā'vour-a-bly, Fā'vor-a-bly, adv. 親切, 厚意, 후, 친절하게, 후한뜻스로, 다행히.
Fā'vour-er, Fā'vor-er, n. 恩人, 保護者, 親友, 은인, 은혜시러온사람, 보호하는자, 친한친구,
Fā'vour-ing, a. 親切, 厚意, 친절한, 후의로대접

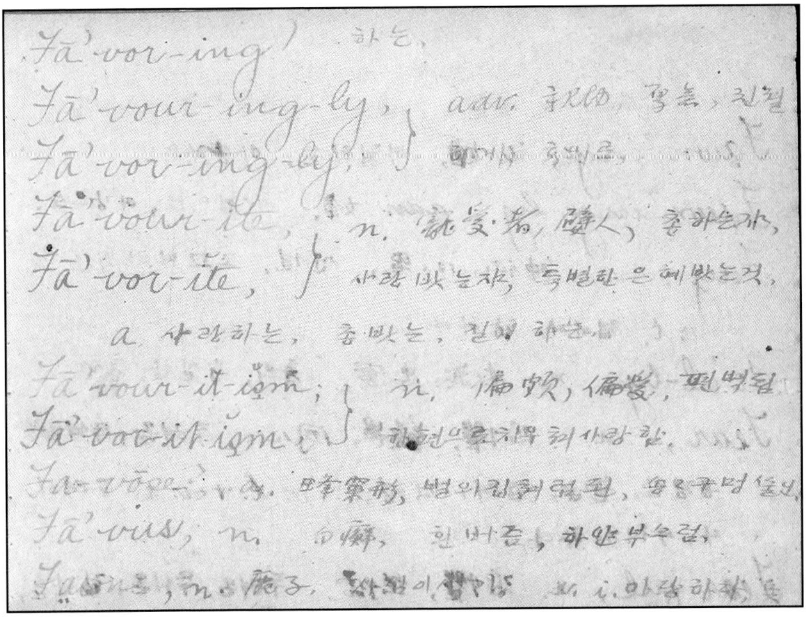

Fā'vor-ing) 하는,

Fā'vour-ing-ly, } adv. [illegible], 후히, 친절

Fā'vor-ing-ly, } 하게, 후하게로,

Fā'vour-ite, } n. 寵愛者, 匹人, 총하는자,

Fā'vor-ite, } 사랑받는자, 특별한 은혜받는것,

a. 사랑하는, 총받는, 질[illegible] 하는

Fā'vour-it-ism; } n. 偏頗, 偏愛, 편벽됨

Fā'vor-it-ism, } [illegible] 최사랑함,

[illegible] v. t. [illegible], 별의 [illegible], [illegible]

Fā'vus, n. 白癬, 흰버즘, 하얀부스럼,

Fa[illegible], n. 麀子, [illegible] v. i. 아당하다,

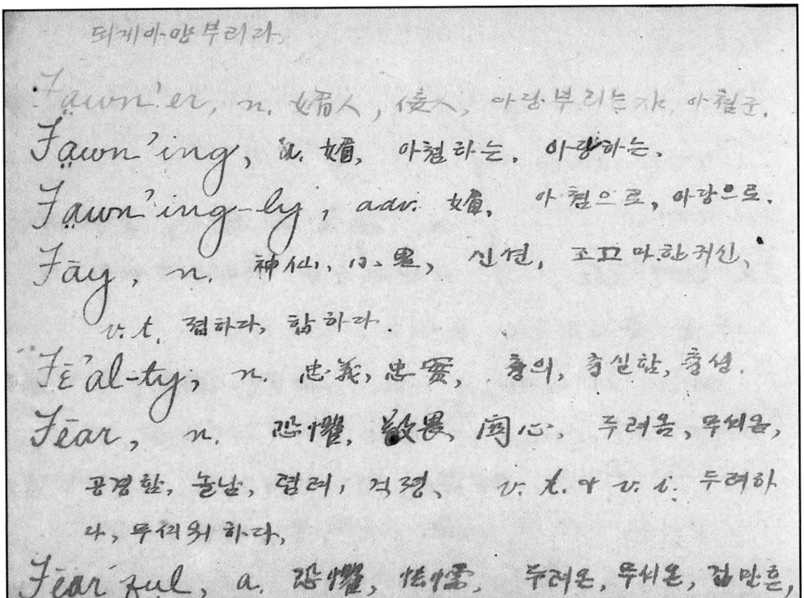

되게 아당부리다,

Fawn'er, n. 媚人, 佞人, 아당부리는자, 아첨군,

Fawn'ing, a. 媚, 아첨하는, 아당하는.

Fawn'ing-ly, adv. 媚, 아첨으로, 아당으로.

Fāy, n. 神仙, 小鬼, 신선, 조고마한귀신,

v. t. 접하다, 합하다.

Fē'al-ty, n. 忠義, 忠實, 충의, 충실함, 충성.

Fear, n. 恐懼, 敬畏, 関心, 두려움, 무서움,

공경함, 놀남, 렴려, 걱정, v. t. & v. i. 두려하

다, 무서워하다,

Fear'ful, a. 恐懼, 怯懦, 두려운, 무서운, 겁만흔,

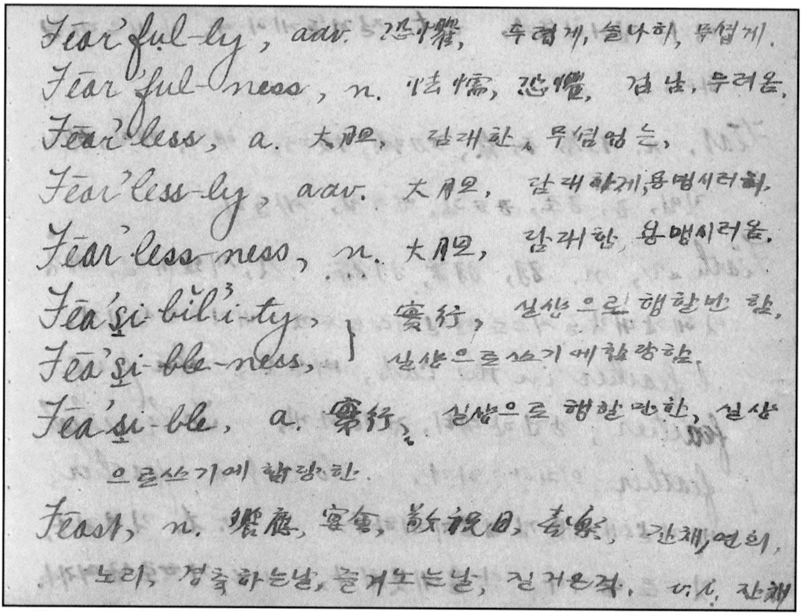

Fear'ful-ly, adv. 恐懼, 두렵게, 놀나히, 무섭게.
Fear'ful-ness, n. 怯懦, 恐懼, 겁남, 두려옴.
Fear'less, a. 大膽, 담대한, 무섬없는,
Fear'less-ly, adv. 大膽, 담대하게, 용맹시러히,
Fear'less-ness, n. 大膽, 담대함, 용맹시러옴.
Fea'si-bil'i-ty, } 實行, 실상으로 행할만 함,
Fea'si-ble-ness, } 실상으로 쓰기에 합당함.
Fea'si-ble, a. 實行, 실상으로 행할만한, 실상으로 쓰기에 합당한.
Feast, n. 饗應, 宴會, 歡祝日, 喜樂, 잔채, 연회, 노리, 경축하는날, 즐겨노는날, 질거온적, v. i. 잔채

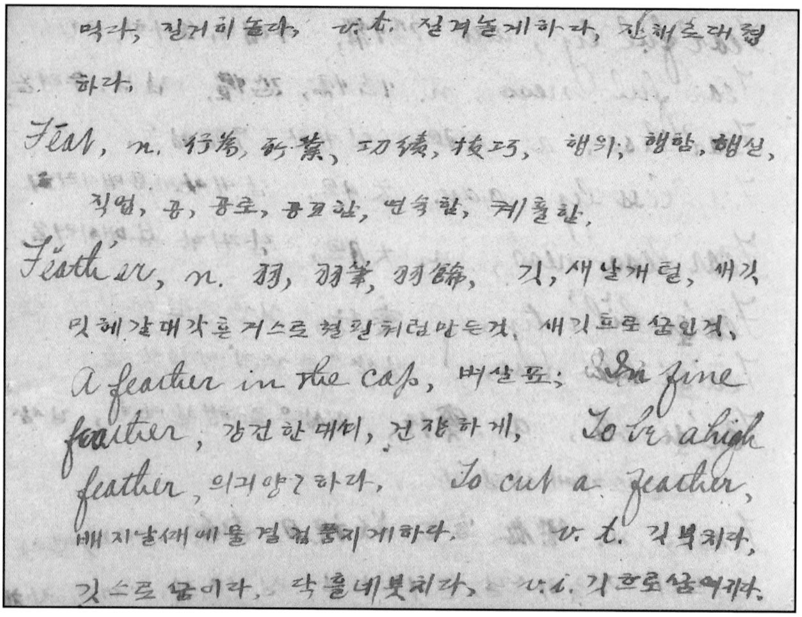

먹다, 질거히놀다, v. t. 질겨놀게하다, 잔채로대접하다.
Feat, n. 行爲, 所業, 功績, 技巧, 행위; 행함, 행실, 직업, 공, 공로, 공교함, 연숙함, 케활한,
Feath'er, n. 羽, 羽筆, 羽翰, 깃, 새날개털, 새깃밋헤갈대각흔거스로 철필처럼만든것, 새깃트로 삼인것,
A feather in the cap, 벼살표; In fine feather, 강건한 대씨, 건장하게, To be a high feather, 의기양양하다, To cut a feather, 배지날새에물결컴풀지게하다. v. t. 깃복치다, 깃스로 삼이다, 닥흘네봇치다, v. i. 깃흐로삼어지다.

Feath'er-bed, n. 毛褥, 깃흐로속넌요,

Feath'er-board'ing, n. 櫛比板蓋, 즐비하게도은널판, 새깃처럼 더엽히게 널판 노은것,

Feath'ered, (erd) n. 羽飾, 깃흐로꿈인, 깃붓친.

Feath'er-y, a. 羽 갓헤, 깃갓흔, 깃흐로덥흔,

Feat'ly, adv. 能, 巧, 능란히, 공교히, 잘,

Feat'ure, n. 形狀, 容貌, 美貌, 형상, 모양, 얼골, 면, 낫, 아름다운얼골.

Feat'ure-less, a. 容貌尋常, 모양예사로은,

Feat'ure-ly, adv. 容貌特殊, 모양새여난, 특별한얼골가진.

Feb'ri-fa'cient, }
Fe-brif'ic, } a. 發熱, 더운긔운내는, 열곰생기는.

Feb'ri-fu'gal, }
Fe-brif'u-gal, } a. 治熱, 열치는, 열긔몰아내는,

Feb'ri-fuge, n. 治熱藥, 열치는약, 열병약,

Fe'brile, }
Feb'rile, } a. 熱病, 열병의, 열병되는, 열병으로된.

Feb'ru-a-ry, n. 二月, 이월, (양력에항상이십팔일이오윤월은이십구일)

Fe'cal, a. 渣滓, 찌꺽이의, 시씨든,

Fe'ces, n. pl. 渣滓, 屎, 糞, 찍기, 가라안즌것, 더

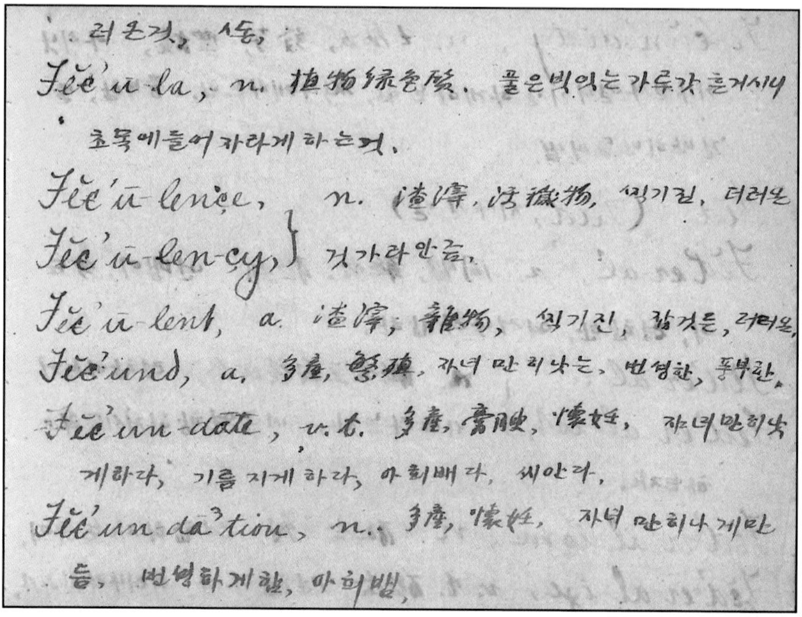
러운것, 사둔,
Fĕc'u-la, n. 植物綠色質. 풀은빛의는 가루갓흔거시니 초목에들어자라게하는것.
Fĕc'ū-lence, } n. 渣滓, 汚穢物, 씩기검, 더러온
Fĕc'u-len-cy, } 것가라안즘.
Fĕc'u-lent, a. 渣滓, 穢物, 씩기진, 잠것든, 더러온,
Fĕc'und, a. 多産, 繁殖, 자녀만히낫는, 번성한, 풍부한.
Fĕc'un-date, v. t. 多産, 豊腴, 懷妊, 자녀만히낫게하다, 기름지게하다, 아희배다, 씨안다,
Fĕc'un-dā'tion, n. 多産, 懷妊, 자녀만히나게만듬, 번성하게함, 아희뱀,

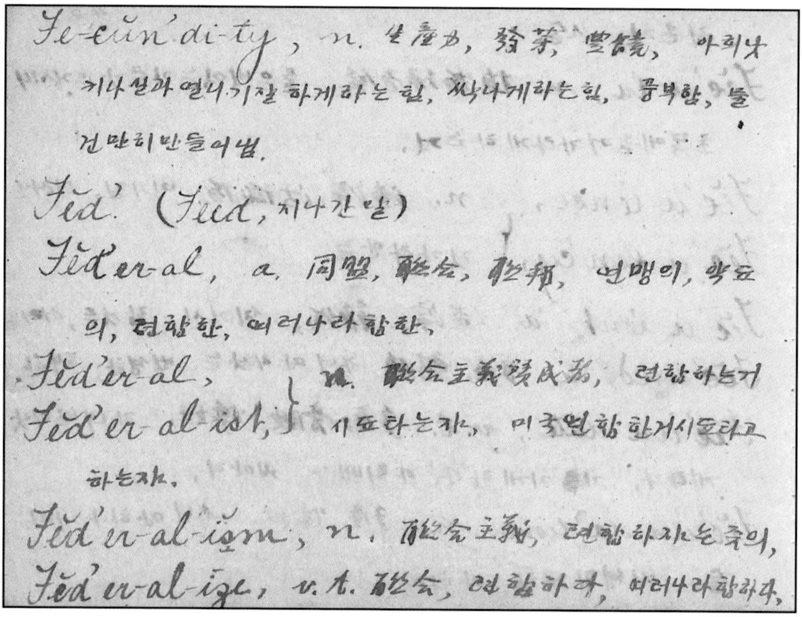
Fe-cŭn'di-ty, n. 生産力, 發芽, 豊饒, 아희낫기나실과열니기잘하게하는힘, 싹나게하는힘, 풍부함, 물건만히만들어냄.
Fĕd' (Feed, 지나간말)
Fĕd'er-al, a. 同盟, 聯合, 聯邦, 연맹의, 약됴의, 련합한, 여러나라합한,
Fĕd'er-al, } n. 聯合主義贊成者, 련합하는거시됴타는자, 미국연합한거시됴타고하는자.
Fĕd'er-al-ist, }
Fĕd'er-al-ism, n. 聯合主義, 련합하자는주의,
Fĕd'er-al-ize, v. t. 聯合, 련합하다, 여러나라합하다,

Fed'er-ate, a. 聯合, 련합한, 여러나라합한,
Fed'er-a'tion, n. 聯合, 련합함, 동맹,
Fed'er-a-tive, a. 聯合, 련합하는, 동맹하는,
Fee, n. 所有, 家產, 給料, 俸祿, 謝金, 酬勞, 借地, 地租, 가진것, 차지한것, 가산, 재물, 주는것, 요, 록, 삭, 고전, 회사하는돈, 수고갑는돈, 구실내는땅, 땅에속한구실, [illegible] 회사하다, 갑다, 갑미불다.
Fee'ble, a. 弱, 無力, 약한, 힘없는, 기운없는,
Fee'ble-mind'ed, a. 懦弱, 암약한, 마음약한, 아둔한, 겁있는.
Fee'ble-ness, n. 弱, 無力, 약함, 힘없슴, 무력함, 무기함
Fee'bly, adv. 弱, 懦弱, 약하게, 실약하게, 겁있게,
Feed, v. t. 飼, 養, 充滿, 給, 牧, 秣, 悅, 먹이다,

기르다, 채우다, 주다, 양식주다, 감주다, 소골트기다, 질겁게하다, To feed the eye, 눈을 질겁하게하다, v. i. 먹다, 살다, To feed highly, 잘 차려먹다, n. 먹는것, 쇠골, 여물, 긔계감아에채우는물, 작도갓흔 연장에 밥주는것.
Feed'er, n. 給食人, 機械材料充給人或物, 牧畜者, 支流, 支線, 먹이는자, 기르는사람, 밥주는사람, 긔계에작도밥갓흔것주는자, 즘생치는자, 가[illegible]흘너나려서내나간물만케하는줄기, 철로에 곁가지길, 금광에 옆으로난굴.
Feel, v. t. 感, 試驗, 感覺, 감동되야보다, 만져서깨갈아보다, 시험하다, 살펴보다, 생너갈동심하다, v. i. 감동하다, 새닷다, n. 감동, 새갈음,

Feel'er, n. 觸感人或物, 만지거나 살펴서 깨달아보는 사람이나 물건, 곤충이나 벌네가 수염각 흔거스로 만하보고 건들여보는것, 의향을보려고 몬져 발론 하여보는것,

Feel'ing, n. 感覺, 感情, 精神, 감동함, 무어시 다 쳐서 깨닷는생각, 감동하는정, 정신, a. 깨닷는, 감동하는,

Feel'ing-ly, adv. 感動, 감동하야, 감동하는 모스로

Feet, (Foot의 여럿 되는대신쓰는자)

Feign, (fān) v.t. 想像, 托言, 虛飾, 佯, 僞, 헛생각하다, 핑계하다, 칭탁하다, 하는톄하다, 거짓하다, 지어내다,

Feign'er, n. 托言者, 佯人, 핑계하는자, 그런톄하는자,

Feint, (fānt) n. 假托, 詭譎, 핑계, 거짓한것, 이거슬맛치려며뎌거슬 거짓 겨양 하는 톄함, v.i. 거짓치는톄하다,

Fe-liç'i-tāte, v.i. 喜, 樂, 祝賀, 깃버하다, 즐거워하다, 치하하다, a. 다행한.

Fe-liç'i-tā'tion, n. 祝歎, 치하함, 치하,

Fe-liç'i-tous, a. 喜, 幸, 巧, 適當, 깃븐, 즐거온, 다행한, 공교한, 익숙한, 합당한,

Fe-liç'i-tous-ly, adv. 喜, 幸, 巧, 適當, 깃브게, 즐거히, 다행히, 공교히, 익숙히, 합당하게.

Fe-lic'i-tous-ness, n. 喜, 樂, 幸, 기쁨, 즐거움; 다행함,

Fe-lic'i-ty, n. 幸福, 吉祥, 慶事, 다행한복, 길한일, 경사, 즐거운일, 즐거움,

Fe'line, a. 猫, 고양이의,

Fell, (Fall의지나간말)

Fell, n. 獸皮, 즘생의가족, a. 잔혹한, 사나운, 악한, 야만이러운, v. t. 쓸어ㅅ드리다, 버혀넘기다, 의복가를삼이다, 仕삼이다,

Fell'er, n. 打倒者, 쳐서쓸어ㅅ드리는자, 버혀넘기는자,

Fell'mon'ger, n. 羊皮商, 獸皮匠, 양피장사, 양의털깍는장색,

Fell'ness, n. 殘忍, 兇惡, 잔인함, 흉악함, 사나움,

Fel'loe, n. (Felly와갓흔자)

Fel'low, n. 伴侶, 匹儔, 同等人, 賤漢, 學術會友, 사귀, 동관, 함ᄭᅴ잇는사람, 배필, 동등사람, 천한사람, 놈, 영국학교에세입을어오는것노코는목세 참예하는학도, 회원,

Fel'low-cit'i-zen, (zn) n. 同國民, 한나라백성, 갓치백성된동포,

Fel'low-creat'ure, n. 同類, 同種, 同造者, 동류, 동종, 갓흔류, 갓흔인종, 한나라외, 한하나님의갓치

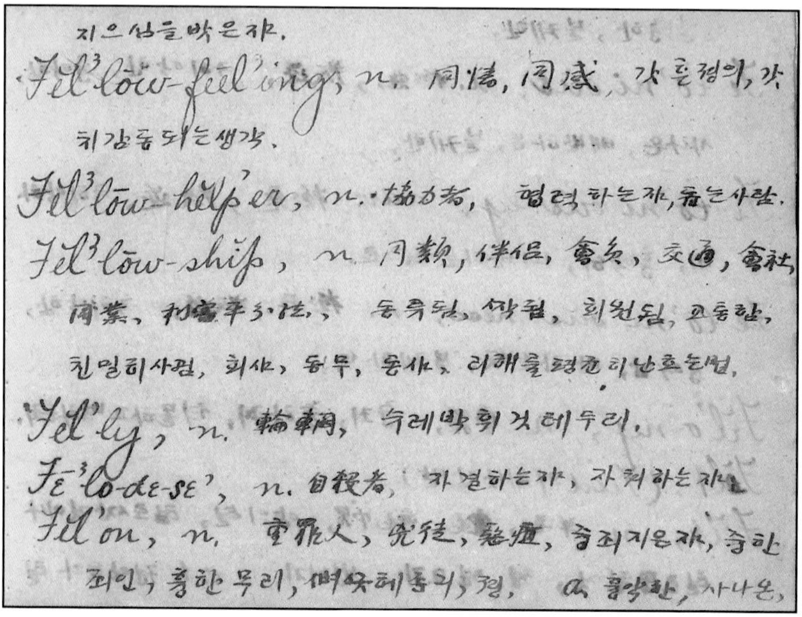
지으심을박은자.
Fel'low-feel'ing, n. 同情, 同感, 갓흔졍의, 갓치감동되는생각.
Fel'low-help'er, n. 協力者, 협력하는자, 돕는사람.
Fel'low-ship, n. 同類, 伴侶, 會友, 交通, 會社, 同業, 利害平分法, 동류됨, 작쳡, 회원됨, 교통함, 친밀히사귐, 회사, 동무, 동사, 리해를평균히난호는법.
Fel'ly, n. 輪輞, 수레박휘것테두리.
Fe'lo-de-se', n. 自殺者, 자결하는자, 자쳐하는자.
Fel'on, n. 重罪人, 兇徒, 瘭疽, 중죄지은자, 중한죄인, 흉한무리, 생손헤롬이, 졍, a. 흉악한, 사나온,

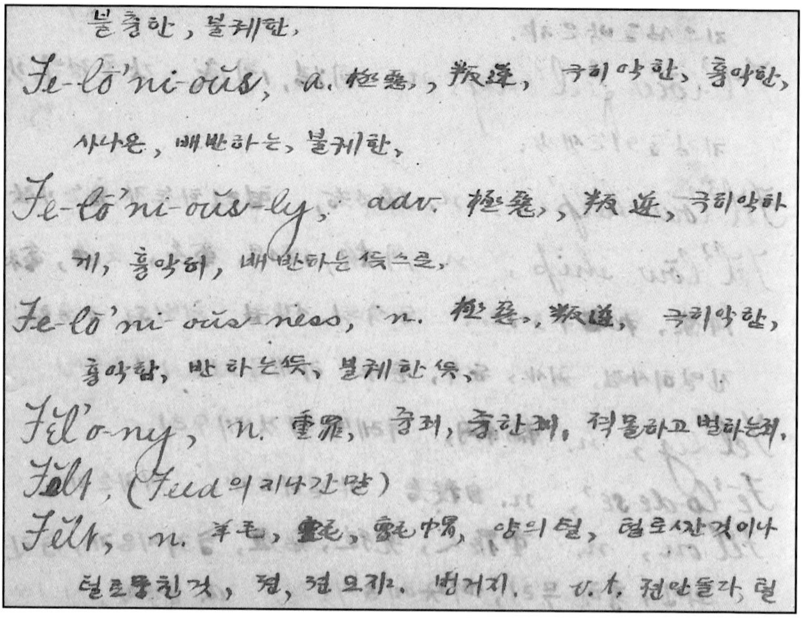
불충한, 불케한,
Fe-lo'ni-ous, a. 極惡, 叛逆, 극히악한, 흉악한, 사나온, 배반하는, 불케한,
Fe-lo'ni-ous-ly, adv. 極惡, 叛逆, 극히악하게, 흉악히, 배반하는모양으로,
Fe-lo'ni-ous-ness, n. 極惡, 叛逆, 극히악함, 흉악함, 반하는모양, 불케한모양,
Fel'o-ny, n. 重罪, 중죄, 중한죄, 젹몰하고벌하는죄.
Felt, (Feel의지나간말)
Felt, n. 羊毛, 毛氈, 毛帽, 양의털, 털로시잔것이나 털로뭉친것, 졍, 졍모자, 벙거지. v. t. 젼만들다, 털

초덥다,

Felt'ing, n. 毛氈料, 벙거지감, 전, 담,

Fe-lüc'ca, n. 地中海小帆船, 디중해에다니는젹은배 일홈.

Fē'male, n. 女, 牝, 雌, 雌蘂植物, 녀편네, 암컷, 암컷씨앗열가진초목, a. 암컷되는, 녀인의.

Feme-covert, Femme-covert, } (fem-küv'ert) n. 既婚女, 혼인한녀인, 시집간새악시.

Feme-sole, Femme-sole, } (fem-sōl') n. 未婚女, 혼인안이한녀인, 처녀.

Fĕm'i-nine, a. 女, 如女, 溫順, 柔和, 情愛, 녀인의, 녀인갓흔, 녀자의셩질잇는, 온유한, 연약한, 쳥다온,

Fĕn, n. 沼, 澤, 濕地, 土, 효리물고힌데, 늪, [illegible]

Fĕnce, n. 墻, 柵, 籬, 防禦, 擊劍術, 담, 벽, 목책, 울타리, 막는것, 제몸보호, 격금법, 금술, v.t. 담쌋라, 둘너막다, 울타리하다, 보[illegible]하다, 격금하다, v.i. 막다, 보위하다, To be on the fence, 중립하다, 량편시비에참예하지안코가운대셔보다,

Fĕnce'less, a. 無衛, 보호업는, 열어노은, 담업는.

Fĕn'cer, n. 築墻者, 擊劍者, 담이나울타리막는자, 격금하는자, 금술하는자,

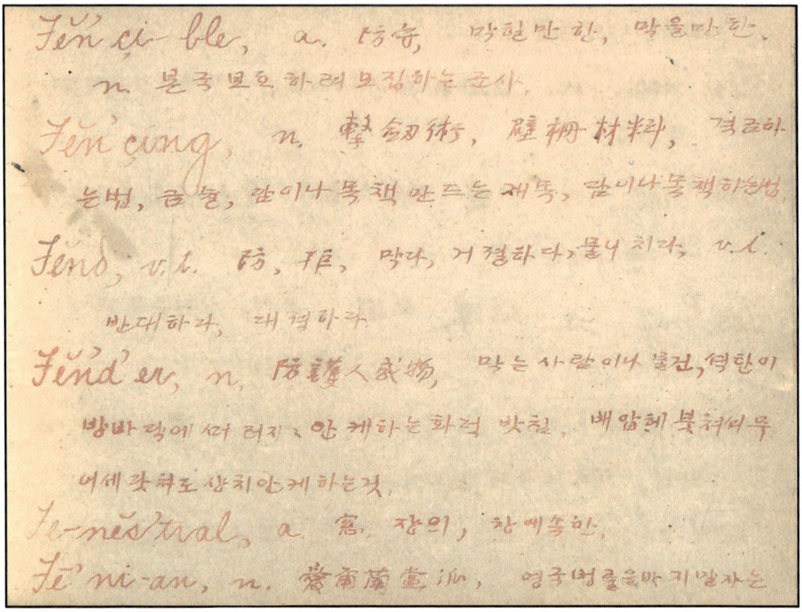

Fĕn'ci-ble, a. 防禦, 막힐만한, 막을만한.
n. 본국보호하려 모집하는 군사.
Fĕn'cing, n. 擊劍術, 籬柵材料, 격검하는법, 검술, 담이나 목책 만드는 재목, 담이나 목책하는법,
Fĕnd, v.t. 防, 拒, 막다, 거절하다, 물니치다, v.i. 반대하다, 대적하다.
Fĕnd'er, n. 防護人或物, 막는 사람이나 물건, 석탄이 방바닥에 떠러지지 안케하는 화덕 밧침, 배옆헤 붓쳐서 무어세 갓쳐도 상치안케하는것.
Fe-nĕs'tral, a. 窓, 창의, 창에속한.
Fē'ni-an, n. 愛爾蘭黨派, 영국법률을 반지말자는

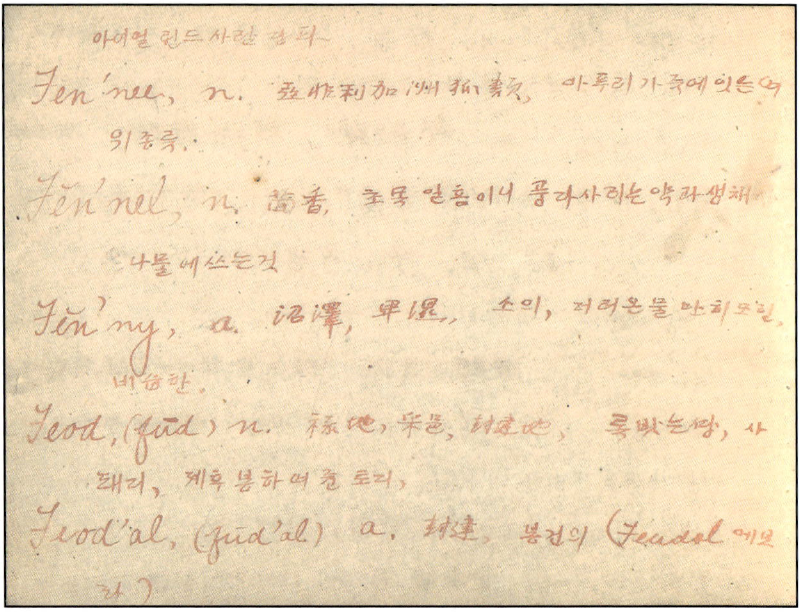

아이얼랜드사람 당파.
Fen'nec, n. 亞非利加洲狐類, 아프리카주에 잇는 여위종류.
Fĕn'nel, n. 茴香, 초목 일홈이니 풀다사리는 약과 생채나물에 쓰는것
Fĕn'ny, a. 沼澤, 卑濕, 소의, 더러온물 만히 모힌, 비습한.
Feod, (fūd) n. 祿地, 采邑, 封建地, 록밧는땅, 사패디, 제후 봉하여 준 토디,
Feod'al, (fūd'al) a. 封建, 봉건의 (Feudal 에보라)

Feoff, (fĕf) n. 采地, 녹밧는땅, 사패디, v.t. 땅마련하여녹밧게하다, 사패하다,

Feof-fee' (fĕf-fee') n. 賜地受人, 사패디밧은사람, 봉하여준땅차지한사람,

Feof'fer, } n. 賜地授与者, 사패디주는자, 땅
Feof'for, } 버혀봉하여주는자,

Feoff'ment, n. 賜地授与, 世襲地付与証書, 사패디봉하여줌, 대대로전하는땅주는문적

Fe'ral, a. 凶悪, 葬, 危, 흉악한, 장사지내는, 위태한,

Fer'e-to-ry, n. 骨室, 高僧墳, 성인들의뼈모아두는감실장, 높흔옛중의무덤,

Fe'ri-al, a. 節日, 명일의, 노는날에속한,

Fe'rine, a. 野生, 猛獸, 들에서나는, 길들일수업는, 사나운,

Fer'ment, n. 醱酵, 酵, 熱, 紛擾, 누룩긔운, 가루에석거떡만들면보풀보풀하게만드는긔운, 더운긔운, 열, 분요함, 소동, v.t. 누룩긔운들게하다, 부풀어일게하다, 소동식히다, v.i. 부풀어올으다, 소동되다,

Fer-ment'a-ble, a. 醱酵, 擾動, 술긔운처서부풀어올으게할만한, 소동식할만한,

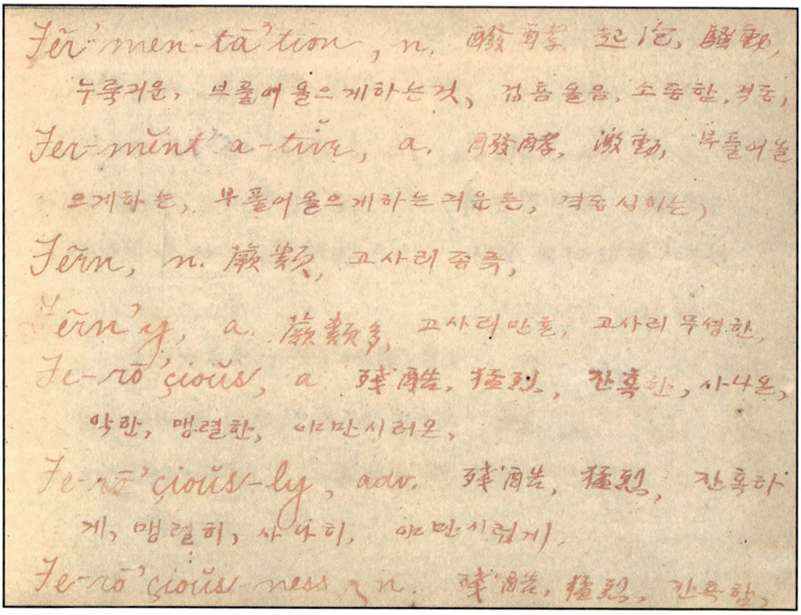

Fer'men-ta'tion, n. 醱酵, 起泡, 騷動,
누룩거운, 부풀어 올으게하는것, 검흠 올음, 소동함, 격동,
Fer-ment'a-tive, a. 醱酵, 激動, 부풀어올
으게하는, 부풀어올으게하는 거운는, 격동 시히는)
Fern, n. 蕨類, 고사리 종족,
Fern'y, a. 蕨類多, 고사리 만흔, 고사리 무셩한,
Fe-ro'cious, a. 殘酷, 猛烈, 잔혹한, 사나온,
악한, 맹렬한, 야만시러온,
Fe-ro'cious-ly, adv. 殘酷, 猛烈, 잔혹하
게, 맹렬히, 사나히, 야만시럽게,
Fe-ro'cious-ness, n. 殘酷, 猛烈, 잔혹함,

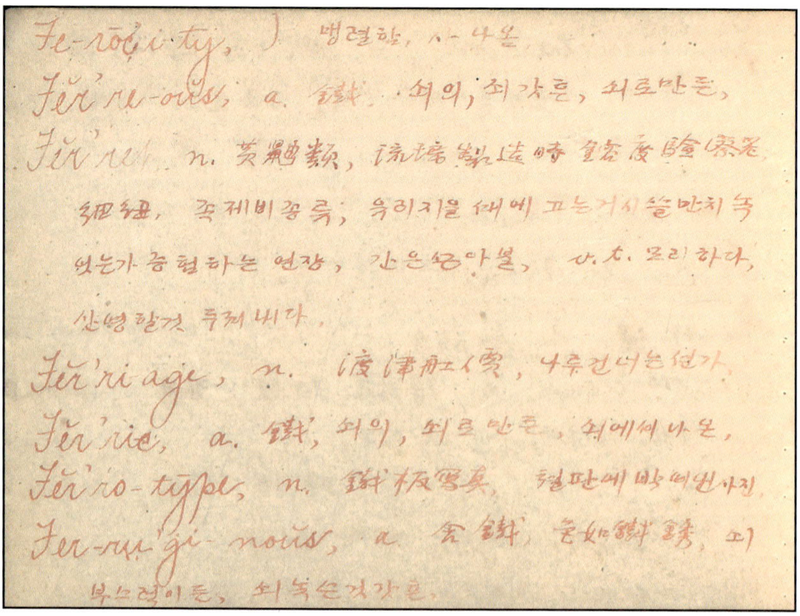

Fe-roc'i-ty,) 맹렬함, 사나온
Fer're-ous, a. 鐵, 쇠의, 쇠갓흔, 쇠로만든,
Fer'ret, n. 黃鼬類, 琉璃製造時 鑑定度驗[illegible]
細紐, 족제비종류, 유리지을 때에 고는거시 쓸만치 녹
엇는가 증험하는 연장, 가는 [illegible], v.t. 모리하다,
산영할것 투처내다,
Fer'ri-age, n. 渡津船價, 나루건너는 선가,
Fer'ric, a. 鐵, 쇠의, 쇠로 만든, 쇠에서 나온,
Fer'ro-type, n. 鐵板寫真, 철판에 박여낸 사진,
Fer-ru'gi-nous, a. 含鐵, 色如鐵銹, 쇠
부스럭이든, 쇠녹슨것갓흔,

Fĕr'rule, (fĕr'ril, or fĕr'rul) n. 環, 고리, 테
두리 (칼잽이나 손잡이에 터지지 말나고 씨는것)

Fĕr'ry, n. 津船, 渡頭, 渡船橋, 나루배, 나루터,
나루배질하는 천리. v.t. 나루건네다,

Fĕr'ry-boat, n. 津船, 나루배,

Fĕr'ry-man, n. (pl. Fĕr'ry-men) 津人,
나루에잇는사람, 나루사공,

Fĕr'tile, a. 豐饒, 富贍, 풍요한, 풍부한, 만히나
게하는, 실과열니는,

Fĕr'tile-ly, adv. 豐富, 풍부하게, 부요히, 기름지게,

Fĕr'tile-ness, n. 豐富, 膏腴, 풍부함, 부요함,

Fer-til'i-ty, 기름짐, 토옥함,

Fĕr'ti-li-zā'tion, n. 豐饒, 膏腴, 풍요하게
함, 토옥하게만듬, 거름함

Fĕr'ti-lize, v.t. 豐饒, 肥沃, 풍요하게만들다,
기름지게하다, 토옥하게만드다

Fĕr'ti-liz'er, n. 肥料, 기름지게 만드는것, 거름,
풍요하게만드는것,

Fĕr'ule, (ril, or rul,) n. 小兒打罰木尺, 아희때리
는조고마한나무쪽, v.t. 아희벌주는데 채로때리다,

Fĕr'ven-cy, n. 熱, 沸騰, 熱心, 뜨거움, 설
음, 비등함, 열심, 진실함, 격동함,

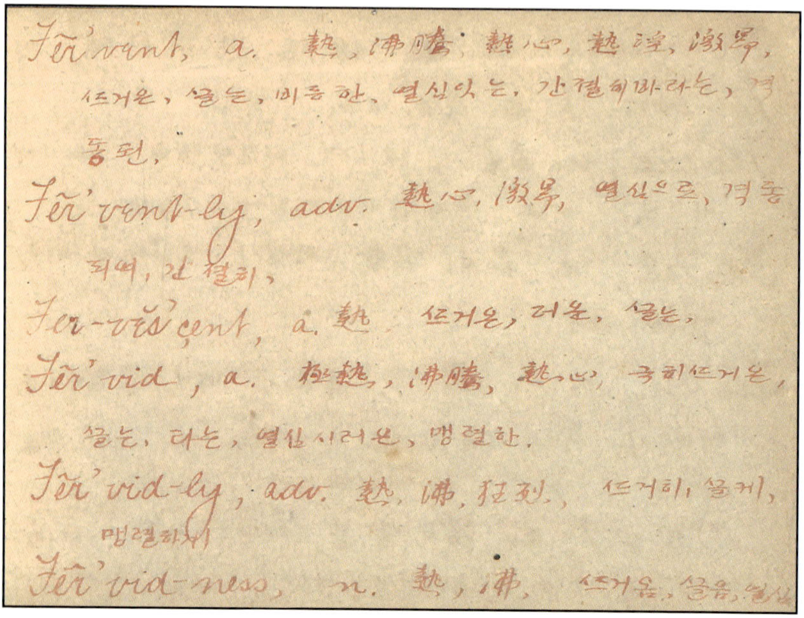

Fĕr'vent, a. 熱, 沸騰, 熱心, 熱望, 激昂, 뜨거운, 끓는, 비등한, 열심잇는, 간절히바라는, 격동된,
Fĕr'vent-ly, adv. 熱心, 激昂, 열심으로, 격동되여, 간절히,
Fer-vĕs'cent, a. 熱, 뜨거운, 더운, 끓는,
Fĕr'vid, a. 極熱, 沸騰, 熱心, 극히뜨거운, 끓는, 타는, 열심스러운, 맹렬한.
Fĕr'vid-ly, adv. 熱, 沸, 猛烈, 뜨거히, 끓게, 맹렬하게
Fĕr'vid-ness, n. 熱, 沸, 뜨거움, 끓음, 열심

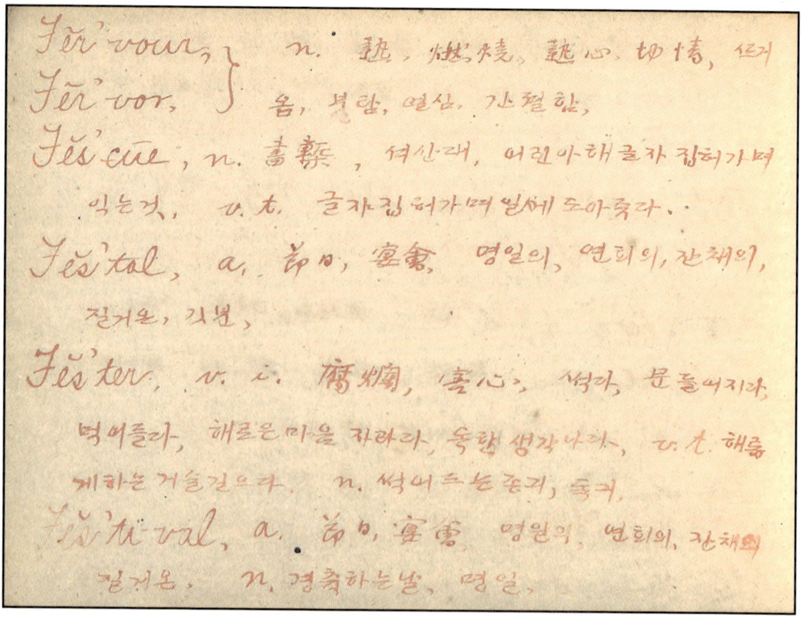

Fĕr'vour, Fĕr'vor, } n. 熱, 燃燒, 熱心, 切情, 뜨거움, [illegible], 열심, 간절함,
Fĕs'cue, n. 書棒, 셔산대, 어린아해글자짚허가며 익는것, v.t. 글자짚허가며 일세 도아주다.
Fĕs'tal, a. 節日, 宴會, 명일의, 연회의, 잔채의, 질거운, 깃븐,
Fĕs'ter, v.i. 腐爛, 害心, 썩다, 곪들어지다, 벅어뜰다, 해로은마음자라다, 독한생각나다, v.t. 해롭게하는거슬길으다. n. 썩어드는종기, 독기,
Fĕs'ti-val, a. 節日, 宴會 명일의, 연회의, 잔채의 질거운, n. 경축하는날, 명일,

Fes'tive, a. (Festal 과갓흔자.)

Fes-tiv'i-ty, n. 節日, 歡悅, 宴會, 명일, 경축함, 연회함, 잔채, 질거워함.

Fes-toon', n. 花綵, 꼿송이 역거셔 치레로매다는것 v.t. 꼿송이역거걸게만들거나꿈이다.

Fe'tal, a. 胚胎, 태의,

Fetch, v.t. 捕, 獲, 携來, 取, 得, 賣, 蘇生, 成, 達, 及, 잡다, 엇다, 가져오다, 취하다, 엇어오다, 팔다, 소생하다, 째여나다, 일우다, 일으다, 밋다 n. 計畫, 계교, 수괴,

Fetch'er, n. 携來人, 가져오는자.

Fête, (fāt) n. 節日, 慶祝, 명일, 경축, 잔채, v.t. 잔채차려경축하다.

Fe'tich, (tish)
Fe'tish, } n. 亞弗利加土人崇拜物, 아프리가족사람의 위하는 물건.

Fet'ichism,
Fet'i-cism, } n. 呪物崇拜, 돌과나무와 즘생 버러등 천한물건 위함.

Fet'id, a. 惡臭, 악한냄새나는, 썩는

Fet'lock, n. 馬脚毛叢處, 말발톱우헤뒤로털길게난곳.

Fe'tor, n. 惡臭, 악한냄새, 독긔, 썩는내.

Fet'ter, n. 足械, 抑制, 고랑, 발에매여두는사

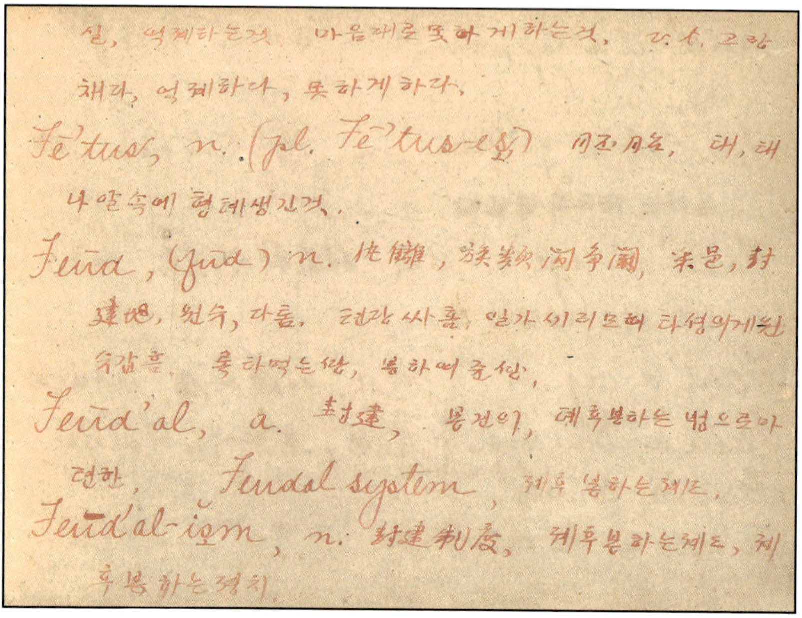

실, 억제하는것, 마음대로 못하게하는것, v.t. 고랑채다, 억제하다, 못하게하다,

Fe'tus, n. (pl. Fe'tus-es) [illegible], 태, 태나 알속에 형체생긴것.

Feud, (fūd) n. 仇讎, 族類間爭鬪, 采邑, 封建地, 원수, 다톰, 권각싸홈, 일가끼리모혀 타셩의게원수갑흠. 톡타먹는 싸, 봉하여 준 싸,

Feud'al, a. 封建, 봉건의, 제후봉하는 법으로 마련한, Feudal system, 제후 봉하는 제도,

Feud'al-ism, n. 封建制度, 제후봉하는제도, 제후봉하는 정치.

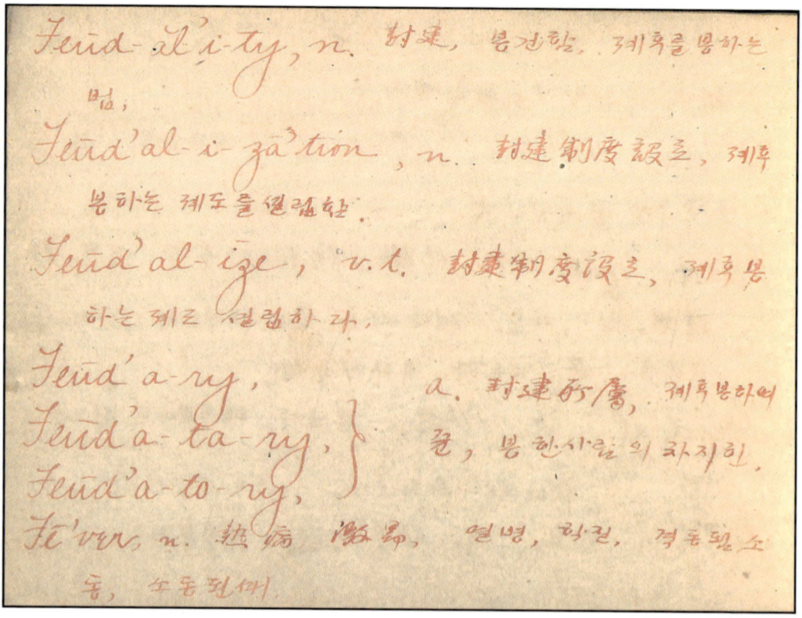

Feud-al'i-ty, n. 封建, 봉건함, 제후를 봉하는 법;

Feud'al-i-za'tion, n. 封建制度設立, 제후봉하는 제도를 설립함.

Feud'al-ize, v.t. 封建制度設立, 제후봉하는 제도 설립하다,

Feud'a-ry,
Feud'a-ta-ry,
Feud'a-to-ry, } a. 封建所屬, 제후봉하여 준, 봉한사람의 차지한.

Fe'ver, n. 熱病 激昂, 열병, 학질, 격동된 소동, 소동된 때.

Fe'ver-ish, a. 熱病, 열병든, 열병의, 열병갓흔, 열병되는.

Fe'ver-ish-ly, adv. 熱病, 열병처럼, 열병되게

Fe'ver-ish-ness, n. 熱病, 열병됨, 열병들음

Few, a. 少, 稀, 少數, 적은, 만치안은, 몃못되는, 듬은, 수적은.

Few'ness, n. 少, 稀, 적음, 듬음, 만치안음; 몃못됨,

Fez, n. 土耳其人等所着紅絨帽子, 터키(토이기)국 사람들이 붉은션둘너쓰는 모자.

Fiacre, (fe-ä'kr) n. 法國所乘金馬車, 법(불란서)국 사람의 타는 마차

Fiance, n. 結婚者, 혼인뎡한 남자.

Fiancee, (fe-än'sa) n. 許嫁者, 혼인뎡한 처녀.

Fi-as'co, n. 失敗, 失錯, 실수, 랑패, 풍뉵곡조잘못함.

Fi'at, n. 號令, 命令, 령, 명령, 전령, 뎌분,

Fib', n. 虛言, 거짓말, 허언, v.t. 거짓말하라, 허언하라.

Fi'ber, }
Fi'bre, } n. 纖絲, 細根, 가는실, 가는색리, 옥수수염갓흔것.

Fi'bril, n. 小纖根, 적은가는색리, 조고마흔힘

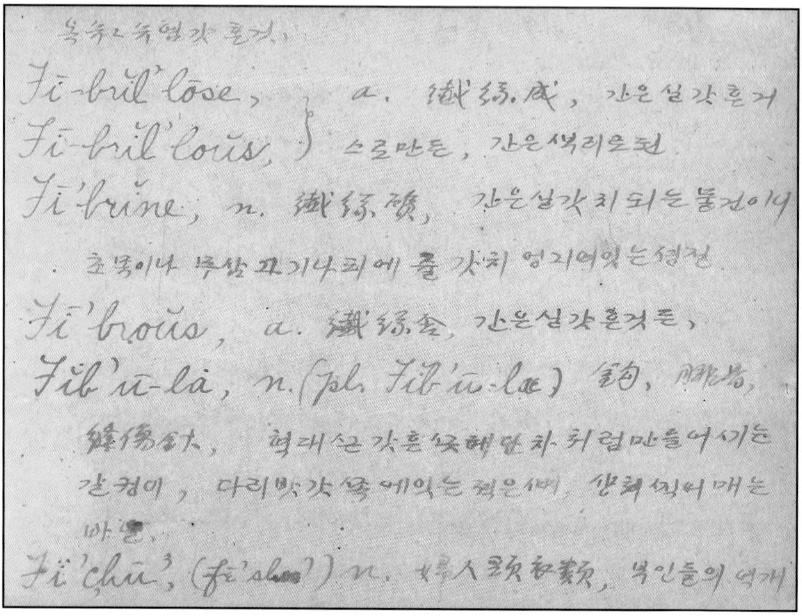

녹슈ㄹ 슈염갓 흔것,

Fi-bril'lose, } a. 纖絲成, 가는실갓흔거
Fi-bril'lous, } 스로만든, 가는색리온ᄯᅥᆯ

Fi'brine, n. 纖絲質, 가는실갓치되는물건이니
초목이나 부살꼬기나리에 줄갓치 엉긔여잇는셩질

Fi'brous, a. 纖絲含, 가는실갓흔것든,

Fib'u-la, n. (pl. Fib'u-lae) 金鉤, 腓骨,
縫傷針, 혁대쇠곤갓흔속혜단차 허리만들어시기는
갈고리, 다리뼈갓속에잇는적은뼈, 상쳐쇄여매는
바늘.

Fi'chu, (fe'shoo') n. 婦人頸衣裝, 부인들의 목개

와가삼싸셔 추루는것

해제

박홍근
(연세대학교 영어영문학과 강사)

I. 서론

19세기 말부터 영한사전이 발간되기 시작했으나, 당시의 영한사전은 집필 주체가 언더우드(Horace G. Underwood)나 게일(James S. Gale)과 같은 미국인 선교사들이었으며 이들은 원활한 선교 활동을 위하여 사전을 만들었다. 따라서 사전의 이용자가 미국인 선교사나 한국인들 가운데 일부 식자층이나 종교인에 제한되어 있었다.[1] 선교 이외의 목적으로 만들어진 영한사전은 해방 이후에야 비로소 발행되기 시작했다. 해방 직후인 1946년 이후부터 류형기(柳瑩基), 이양하(李敭河), 권중휘(權重輝)와 같은 우리나라의 영문학자나 목사들과 민중서관, 어문각, 을유문화사 등과 같은 국내

1 최초의 영한사전은 미국인 선교사 언더우드에 의해 1890년 일본 요코하마에서 간행되었다. 이는 영한과 한영의 합본으로서 총 294쪽으로 된 매우 간략한 분량의 사전이었다. 선교사 게일의 한영사전은 언더우드의 한영사전보다 훨씬 많은 표제어를 담은 것으로 1897년에 초판, 1911년에 2판이 발간되었다(한철호 1998, 이상현 2010, 이준환 2012).

출판사들에 의해 영어학습자를 위한 본격적인 영한사전들이 출간되었다.[2] 이렇듯 해방을 기점으로 영한사전의 집필 주체와 목적이 명확하게 구분되는데, 해방 이전에는 미국인 선교사들이 선교 활동을 목적으로 영한사전을 만들었으며 해방 이후에는 우리나라 사람들과 출판사들에 의해 영어 교육을 목적으로 한 영한사전이 만들어졌다고 볼 수 있다.

위 사실에 비춰볼 때 이승만의 영한사전은 매우 독특한 성격을 띠고 있다. 해방을 훨씬 앞선 시점인 1903년에 집필 작업이 시작되었으나, 이승만은 미국인 선교사들과는 다른 목적으로 작업을 시작했다. 『옥중잡기』의 여러 부분에서 알 수 있듯이, 이승만은 나라의 독립과 새로운 정치제도의 구현을 위해 일반 대중의 계몽과 교육의 중요성을 절감하였고, 그를 위해 일반 대중으로 하여금 신학문을 배워 익히는 것을 강조했다.[3] 신학문을 습득하는 과정에서 영어 학습이 필연적으로 선행되어야 한다는 자각에서 이승만의 사전 집필이 시작되었다. 즉, 이승만은 해방 이후에 발행된 영한사전들에서나 볼 수 있는 집필 목적인 영어 교육을 염두에 두고 사전 집필을 시작했던 것이다.

독특한 사전 편찬의 목적 외에도, 한국인에 의해 시도되었다는 점 역시 주목할 만하다.[4] 왜냐하면 미국인 선교사들과 달리, 이승만은 표제어들을 한자 정의와 함께 매우 적확하고 쉬운 우리말로 뜻풀이를 하고 있기 때문

---

2 송은하(2013)에 따르면, 류형기 목사의 '신생영한사전'이 1946년에 초판이 발행되어 해방 직후 가장 이른 시기에 출판된 사전으로 볼 수 있다.

3 『옥중잡기』는 이승만이 한성 감옥에 갇혀 있을 때 집필했던 각종 글 가운데, 발표되지 않은 채 원고 형태로 보관되어 왔던 자료들을 모은 것이다. 『옥중잡기』에는 약 40여 종의 주제에 관해 국한문, 한문, 영문 등 다양한 문체로 작성된 육필(肉筆) 기록들이 담겨 있다. 『옥중잡기』에 관한 상세 연구는 유영익(2002) 참조.

4 1895년경 서재필(徐載弼) 박사가 영한사전을 편찬하고자 시도했으나 무위로 끝나고 말았다.

이다. 따라서 이승만의 영한사전은 19세기 말 우리말의 모습을 생생히 보여주고 있어 한국어 어학 연구에 있어서도 높은 학문적 가치를 지니고 있다고 볼 수 있다.

비록 완성되지는 못했으나, 위에 약술한 바와 같이 이승만의 영한사전은 집필 주체와 집필 목적에서 남다른 특징들을 갖고 있으며, 사전의 구성과 내용 자체도 이승만의 학자적 능력을 가늠케 해 줄 단초들을 제공할 뿐 아니라 연구 가치가 높은 시대상을 반영하고 있다. 본 해제는 사전 집필 배경과 함께 사전의 구성과 내용을 살펴봄으로써 이승만의 영한사전에 대한 온전한 이해를 도모하고자 집필되었다. 제2장에서는 영한사전의 집필에 이르는 이승만의 다양한 경험을 연대기적으로 살펴보았다. 제3장에서는 영한사전의 구성과 내용에서 발견되는 특징들에 관해 기술하였다. 마지막으로 제4장에서는 상기 내용을 요약함과 함께 영한사전의 가치 및 의의(意義)를 강조하며 본 해제를 맺었다.

Ⅱ. 사전 집필의 배경과 목적

앞서 언급한 바와 같은 독특한 특징들을 갖는 이승만의 영한사전이 어떠한 배경과 과정을 거쳐 출현한 것인지 이해한다면, 사전에 대한 올바른 이해와 평가가 가능할 것이다. 그러한 이유로 본 장에서는 이승만의 영어 학습과 영한사전 집필과 밀접한 관계가 있는 그의 경험을 살펴보고자 한다.

1. 구체제의 붕괴와 신학문과의 만남[5]

이승만은 황해도 평산(平山)에서 태어나 만 2세 때 서울로 이사하여 도동(桃洞)의 우수현에서 성장하였다. 7세에 낙동서당(洛洞書堂)에 입학하여, 천자문과 동몽선습을 학습하고, 이후 도동서당(桃洞書堂)에서 사서삼경과 다양한 당송 시문을 익히고 한문 소설을 읽는 등 과거제도를 대비한 실력을 쌓았다. 14세인 1889년부터 과거에 응시하였으나 부패한 과거제도로 인해 번번이 낙방하였다. 이승만의 아버지 이경선은 양녕대군의 16대손이었으나 5대조부터 벼슬길이 끊긴 상태였다. 이런 몰락한 양반 가문에서 태어난 이승만이 당시 인맥과 학연 등이 실력보다 우선시되던 당시의 과거제에서 낙방한 것은 어쩌면 당연한 결과였다.

1894년 청일(淸日)전쟁에서 청나라가 패배하자, 이승만은 세계 질서가 새롭게 확립된 것을 깨닫고 신학문의 필요성을 절감하게 되었다. 또한 1894년 7월부터 1896년 2월까지 3차에 걸쳐 실시된 갑오경장(甲午更張)을 계기로 과거제가 폐지됨으로써, 결국 이승만은 과거급제의 뜻을 이루지 못하였다(국사편찬위원회 2000). 그에 따라 이승만은 20세가 되던 1895년 4월 배재학당(培材學堂)에 입학하여 영어와 신학문을 배우기 시작했다.

2. 학문적·정치적 성장

이승만은 미국 선교사 아펜젤러(Henry G. Appenzeller)가 설립한 배재학당 영어과에서 1895년 4월부터 1897년 7월까지 약 2년 동안 영어 및 역사, 지리, 수학, 성경 등 신학문을 공부하였다. 이승만의 영어 실력은 모든

---

5 이하 기술되는 내용의 상세 내용은 유영익(2002) 참고.

학생 중에서 출중하여, 입학한 지 8개월 만인 1895년 가을학기부터 학당의 영어 조교사(助教師)로 발탁되었다.[6] 또한 이승만은 의료원이자 의학 교육 기관이던 제중원(濟衆院)에서 근무하던 여의사 화이팅(Georgiana E. Whiting)에게 우리말을 가르칠 정도로 발군의 어학 능력을 발휘하였다.[7]

이승만은 1897년 7월 8일에 배재학당을 졸업하는데, 이때 졸업생 대표 연사로 선정되어 '조선의 독립'(Independence of Korea)이라는 제목으로 영어연설을 하였다. 이 졸업식은 배재학당이 설립된 후 첫 졸업식으로서 정동 예배당에서 거행되었는데, 조선의 정치인들과 관리, 각국의 외교관 등 600여 명의 내빈이 참석할 정도로 사회적으로 매우 큰 관심을 모은 행사였다. 이러한 자리에서 실시된 이승만의 연설은 한국 역사상 최초로 대중을 상대로 행해진 영어연설이었다. 연설문의 적절한 주제와 이승만의 뛰어난 영어 실력으로 인해 이승만의 영어연설은 졸업식 하객들로부터 절찬을 받았다. 이승만의 연설에 대해 『코리안 리포지토리(The Korean Repository)』는 다음과 같이 기술하고 있다.

> "This embryonic valedictorian took for his subject, 'The Independence of Korea.' It was fitting that this should be the

6 배재학당의 교사진은 외국인 교사뿐 아니라 조선인 교사들도 포함하고 있었다. 이승만이 임용된 조교사는 정규 교사에 속하지는 않았으나, 초급 영어반을 담당하여 교육하면서 정규 교사를 보조하는 업무를 수행하는 직책이었다.

7 영어와 문법구조가 상이한 한국어를 미국인에게 가르칠 수 있었다는 것은 한국어의 문법 체계에 대해서도 이승만은 의식화된 지식을 소유하고 있었다고 추론할 수 있다. 제3장에서 기술한 바와 같이, 그가 영어와 한국어뿐 아니라, 희랍어와 라틴어 등 영어와 발생적(發生的)으로 연관된(genetically related) 언어들에 대해서도 해박한 지식과 분석력을 갖고 있었음은 영한사전의 표제어, 특히 영어 어휘의 상당수를 차지하는 차용어(借用語) 표시와 뜻풀이를 통해서도 알 수 있다.

subject of the first college commencement oration in Korea. [...] Mr. Yi's diction was good, his sentiments fearlessly expressed and his enunciation clear and distinct." (전도유망한 이 젊은 졸업생 대표자는 '조선의 독립'을 연설의 주제로 선택했다. 이는 조선에서 실시되는 최초의 대학 졸업 연설로 적절한 주제일 것이다. 이승만의 어법은 훌륭했고, 그의 감정도 대담하게 표현되었고, 그의 영어 발음도 분명하고 명확했다.)[8]

위의 졸업 연설을 통해서도 짐작할 수 있듯이, 배재학당 재학 시 이승만은 영어와 신학문을 학습하는 것 외에도, 정치제도적 견문을 넓히고 한국의 정치 상황과 정치제도에 관한 인식을 정립하기 시작하였다. "나는 오로지 영어를 배우기 위해 배재학당에 입학했다. 하지만 곧 나는 영어보다 더욱 중요한 것을 배웠음을 알게 되었다. 그것은 정치적 자유라는 개념이다"[9] 라고 이승만 스스로 밝혔듯이, 역사 수업과 선교사들을 통해 법치주의와 민주주의 제도와 같은 당대의 혁신적인 사상에 눈을 뜨게 되었고, 나아가 미국과 같은 기독교 국가의 민주주의 제도를 우리나라에 실현하는 것이 '억압받는 우리 동포들에게 커다란 축복'(a great blessing to my down-trodden fellow men)이 될 것으로 생각하였다.

이러한 이승만의 생각은 1896년 5월부터 매주 목요일 배재학당에서 실시된 서재필(徐載弼) 박사의 특강을 들으면서 심화되었다. 서재필 박사는 10여 년간의 미국 망명 생활을 정리하고 1895년 12월 말에 귀국하여 중추원(中樞院)의 고문으로 임명되었고, 1896년에는 『독립신문』을 창간하는 등

8 The Korean Repository, 1897 vol. 4, July. 이러한 졸업식 일화 및 이승만의 뛰어난 영어 실력에 대해서는 김영철(2011), 강준만(2014) 등 다수의 저서에 기술됨.

9 올리버(Robert T. Oliver) 편집 "Autobio Rhee, 1912" (p. 5 일부 번역).

활발한 정치·사회 활동을 하였을 뿐 아니라, 배재학당의 교수로서 조선의 청년 학생들을 교육하고 인재를 양성하는 데 노력을 아끼지 않았다. 서재필 박사의 특강은 세계 지리, 역사 및 정치학, 의사 진행법 등에 관한 것이었는데, 이승만은 서재필 박사의 특강에 크게 매료되었으며 1896년 11월에는 서재필 박사의 지도하에 조직된 협성회(協成會)에 가입하기까지 하였다. 이와 함께 당시 이승만은 중국과 미국에서 유학을 마치고 귀국한 윤치호(尹致昊) 및 그를 추종하는 일단의 청년들과 어울리기도 했다. 윤치호는 중국 유학 기간에 기독교인이 되었으며, 기독교와 입헌정치의 수립에 호의적인 태도를 견지하고 있었다는 점에서 일정 정도 이승만과 정치적 견해를 공유했다.[10]

3. 언론인과 정치인으로서의 활동

배재학당을 졸업한 이승만은 1898년 1월 1일 협성회의 초대 회장인 양홍묵(梁弘默)과 함께 『협성회회보』를 창간하여 주필로 활동함으로써 언론인으로서의 활동을 시작했다.[11] 같은 해 4월에는 『매일신문(每日新聞)』의 창간에 참여하였으며, 8월 10일에는 이종일(李鍾一)과 함께 『제국신문(帝國新聞)』을 창간하여 주필과 논설자로 활약했다. 이승만은 1899년 한성 감옥

10 하지만 윤치호는 군부대신의 아들로서 청일전쟁 중 정부 요직에 기용되어 일했고, 기존의 왕권정치를 혁파하는 대신 점진적인 정치제도의 변화를 추구했다는 점에서 이승만과 다른 입장이었다.

11 협성회는 서재필 박사의 권고로 만들어진 우리나라 최초의 토론 중심 학생회 조직이었다. 참여 학생들은 사회 · 정치 · 경제 · 군사 등의 다양한 주제에 대해 열띤 토론을 벌이는 가운데 근대 시민사회의 개념을 정립하였을 뿐 아니라, 민중 계몽의 필요성 및 지식인들의 적극적 사회 참여의식 고양을 주장함으로써 후일 학생운동의 효시를 이뤘다고 볼 수 있다(김영철 2011).

에 투옥된 이후에도 2년이 넘게 『제국신문』에 논설을 기고했다. 『제국신문』은 순 한글로 쓰였으며, 일반 대중을 대상으로 기획된 신문으로서 일반 대중의 계몽에 선도적 역할을 하였다.

언론인으로서의 활발한 활동과 함께, 이승만은 독립협회 회원으로 협회가 추진하는 정치개혁 운동의 선봉에 섬으로써 정치인으로서의 역량도 함께 키워나갔다. 대한제국의 국권을 위해 이승만은 독립협회의 만민공동회 운동에서 가두 연설을 하고, 만민운동회 결의서를 정부에 전달하는 등 선도적 역할을 담당하였다. 이 대중운동의 결과로 러시아 정부는 한국에서의 이권 획득 책동과 군사 및 재정 지원 활동을 중단하게 되었으며, 대한제국의 자주독립권이 크게 확보되었다. 이와 함께, 이승만은 민주적 제도의 도입을 위한 정치 활동에도 적극적으로 참여하였다. 독립협회는 1898년 8월에 윤치호와 이상재(李商在)가 독립협회의 회장과 부회장직을 각각 맡으면서 인민참정권 운동에 박차를 가했는데, 이승만은 이 운동에서 누구보다 열정적이고 급진적인 입장을 견지하며 활동하였다. 1898년 10월 독립협회가 고종 황제에게 제안한 정책결의서인 '헌의6조(獻議六條)'가 수용되는 등 정치제도의 변혁이 마련되는 듯 보였으나, 친러수구파 관료들의 모함으로 독립협회 간부 17명이 체포되고 독립협회가 해산되는 결말을 맞게 되었다. 이에 이승만은 배재학당 학생들과 민중을 규합하여 경무청(警務廳)과 평리원(平理院) 건물 앞에서 연일 철야농성을 벌였고, 결국 고종은 11월 10일 구속된 17명 전원을 석방하게 되었다. 대중 정치인으로서의 이승만의 역량을 깨달은 고종과 수구파 관료들은 회유의 목적으로 약관 24세의 이승만을 11월 29일 중추원(中樞院)의 의관으로 임명하였다.

4. 투옥과 옥중 활동(1899년 1월 9일~1904년 8월 7일)

중추원 의관이 되었음에도 이승만은 종전보다 더 과감하게 정치개혁을 추진하였다. 결국 고종을 폐위하고 친일 개화파 정치인 박영효(朴泳孝)를 중심으로 한 혁신 내각을 구성하려고 했던 일명 '무술년정변(戊戌年政變)'에 가담하였고, 쿠데타 계획의 사전 누출로 인해 박영효 일당과 함께 체포·구금되었다. 1899년 7월 11일 평리원(平理院)의 판결에서 이승만은 태1백(笞一百)과 종신징역을 선고받았다. 한성 감옥에 수감된 이후 이승만의 석방을 촉구하는 움직임이 다방면에서 일었고, 특히 미국 공사 알렌(Horace Newton Allen)의 노력으로 1899년 12월에 형기가 10년으로 단축되기도 했다. 1904년 2월 9일 러일전쟁이 발발하고, 정부 요직에 일단의 개혁지향 관료들이 들어서면서 이승만의 출옥 분위기가 마련되었고, 법부대신 겸 외부대신 서리 이지용(李址鎔)과 미국 공사 알렌의 노력으로 1904년 8월 7일 출옥, 마침내 이승만은 5년 7개월간의 감옥 생활을 마감하였다. 출옥 후 그는 상동청년학원(尙洞靑年學院)의 초대 교장으로 추대되어 기독교 교육 운동에 투신하다가, 한국의 독립을 위한 외교활동을 벌이라는 밀명을 받고 11월 4일 미국으로 떠난다.

한성감옥서(漢城監獄署)는 종로구 서린동에 위치하여 일명 '종로 감옥'이라고 불리기도 했다. 1900년 전후 한성 감옥에는 350명 이상의 죄수가 갇혀 있었으며, 이 중에는 역모 죄인이나 정부 시책에 반대하는 운동을 했던 인사들과 같은 정치범들도 상당수 포함되어 있었다. 감옥은 조악한 급식이 제공되었고, 빈대와 같은 벌레로 피부병이 생길 만큼 비위생적이었을 뿐만 아니라 한 방에 수십 명이 수감될 정도로 협소하여, 누구에게나 감방살이가 매우 고통스러웠다. 힘든 옥중 생활에도 불구하고, 이승만은 "학문과 교육을 자기의 소임으로 여겨 밥 먹고 쉬는 동안에도 부지런히 힘쓰며 게으름 피우지 않고 열심히 해나가고 있다. 이에 한국인들만 성심(誠心)으로 기뻐하고 탄복할 뿐 아니라 외국인들도 모두 한번 만나보고 싶어 한다"고 기록될 정도로 영어를 비롯한 신학문을 열심히 공부하고, 기독교에 관한 이해와 전파에도 노력을 아끼지 않았다.[12] 이승만의 학문과 교육에 대한 열정에 감복한 국내외 저명인사들로부터 도움을 받아, 1900년 2월경 이후 이승만은 다소 환경이 나은 감방에 배정되어 독서는 물론 『제국신문』을 위한 논설과 기타 저술 활동 및 감옥 내 교육활동을 할 수 있게 되었다.

우선, 이승만은 기독교 토착 지도자로 미국 선교사들로부터 높은 평가를 받았으며, 이들 선교사는 그의 요청에 따라 성경과 찬송가는 물론, 상해의 광학회(廣學會)에서 출판된 다양한 기독교 관련 서적들을 차입해 주었다(원영희·최정태 1995). 이것들을 기초로 이승만은 감옥에서 '성경반'과 '옥중학당'을 설립하여 기독교와 신학문의 교육과 전파에 힘을 썼다. 옥중학당은 처음에는 아이들을 대상으로 한글과 『동국역사』, 『명심보감』 등을 가르치다 점차 영어와 산수, 지리 등 신학문 과목까지도 가르쳤다. 나중에는 어른반까지 개설하여 동료 죄수를 가르치기까지 했다. 이 옥중학당은 초급 교육기관으로서뿐만 아니라 기독교 전도의 장으로서 이중적인 기능을 하였으므로, 한국 형정사(刑政史)상으로도 그 전례가 없으며 교육사적으로 매우 특기할 만하다.

이승만은 옥중 생활 초기에 신약성서를 읽고 성경 말씀에 크게 감동하여 기독교에 귀의하기로 결심하였다(이덕수·장규식 2009). 독실한 기독교 신자가 된 이승만은 '성경방'을 설립하여 동료 죄수들과 함께 성경 공부와 신학 연구를 하는 한편, 무려 40여 명에 달하는 죄수와 간수들을 기독교로 개종시키기도 했다. 이들 중에는 양반 계층의 지식인들은 물론 한성 감옥의 간

12 유영익(2002)의 『역주 옥중잡기』 중 "[정해상(鄭海相)이 쓴 신학문을 권장하는 글]" 참조.

수장과 그의 동생도 포함되어 있었는데, 이는 당시 양반들이나 기득권 계층에 속한 사람들이 개신교를 받아들인 일이 거의 없었다는 점에 비춰볼 때 매우 특이한 일이었다(서정민 1988).

이승만은 일본어를 자습하는 한편, 영어를 완벽하게 구사할 수 있도록 엄청난 노력을 기울였다. 영어 단행본은 물론, 신문과 다양한 잡지들을 읽으면서, 사전에 있는 단어들을 모두 외우고 잡지에 있는 다수의 문장까지도 통째로 외우는 방식으로 영어 공부를 했다고 한다. 이는 전통적 서당 공부 방식에 영향을 받은 것으로 보이나, 현대 교육학적 관점에서도 전체적 접근방식(holistic approach)이 언어 습득에 효과적임을 고려할 때, 이승만의 영어 학습이 매우 효과적으로 이뤄졌다고 볼 수 있다. 이는 구어체 영어만이 아니라, 그의 영문(英文) 기록물을 통해 확인할 수 있다.

이승만은 투옥된 후 『중동전기(中東戰記)』 등 몇 권의 책들을 번역하고 한시 모음집인 『체역집(替役集)』 등 3~4권의 책을 저술했다. 특히 이승만의 옥중 저술 활동 중 주목할 만한 문필업적은 『신(新)영한사전』이었다. 영한사전의 특징에 관해서는 다음 제3장에서 상세히 기술하겠지만, 1903년 4월 20일부터 시작된 이승만의 사전편찬사업은 한국인에 의한 최초의 영한사전 편찬의 시도로서 한국 영어학사상 특기할 만하다. 특히, 『옥중잡기』의 여러 부분에서 알 수 있듯이, 사전 편찬의 목적이 일반 대중으로 하여금 신학문을 배워 익히도록 하는 것이었고 그 과정에서 필연적으로 영어 학습이 선행되어야 한다는 자각에서 비롯되었다는 점이다. 따라서 기존에 있던 사전을 단순히 번역하는 것이 아니라, 어떤 의미에서 일종의 영어 교재를 만드는 작업이었다고 볼 수 있다. 그 결과, 표제어의 뜻풀이를 한문과 이해하기 쉬운 순 한글을 병행하여 당시 한문에 익숙했던 식자층은 물론 교육을 제대로 받지 못한 일반인들까지 사용하기 쉽게 만들고자 하였다. 1904년 2월 러일전쟁의 발발로 이승만은 급히 2월 19일부터 『독립정신』을 저술하기 시작하게 되었고, 그에 따라 아쉽게도 영한사전의 편찬 작업은 중지되고 미완성의 영한사전으로 남게 되었다.

Ⅲ. 신영한사전(A New English-Korean Dictionary)

앞서 언급한 바와 같이 1903년 4월부터 1904년 2월까지 10여 개월 동안 진행된 이승만의 영한사전 편찬 작업은 최초로 한국인에 의한 사전 편찬 작업일 뿐 아니라 그 대상이 일반 영어학습자였다는 점에서 종전의 미국 선교사들에 의해 만들어진 사전들과 명확히 대조된다. 아울러, 이승만의 영한사전은 1945년 이후 한국인들에 의해 발간된 영한사전들과도 구별되는 독특한 특징을 보여주고 있다.[13] 이는 기본적으로 이승만의 영한사전이 기존의 사전을 '번역'하는 것이 아니라, 신학문 수용의 도구로서 영어가 필요하다는 그의 교육관에 따라 나름의 새로운 방식으로 집필되었기 때문이다. 본 장에서는 이승만 영한사전의 구성과 표제어 및 발음 표시 방식, 그리고 표제어의 뜻풀이에 관해 살펴보면서, 이승만의 영한사전에 나타나는 특징들에 대해 부연하도록 하겠다.

1. 사전의 구성

16절지보다 약간 큰 갱지를 1백여 장씩 묶어서 한 권으로 만든 이승만 영한사전의 유고는 표지 포함 1,054페이지이고, 표제어들과 뜻풀이를 포

13 개화기 및 1945년 이후 국내에서 출판된 영한사전들의 분석에 관해서는 송은하(2013) 참고.

함하는 본문은 1,024페이지로 구성되어 있다. 페이지마다 7~10개 단어씩 총 8천여 개 단어를 담고 있다.[14] 이는 A군의 a('영문자모음자'로 정의됨)부터 F군의 fichu('부인들의 어깨와 가슴을 감싸서 두르는 것'으로 정의됨)까지만 정리된 것으로, 1904년 2월 이후 다른 저술 작업과 정치 활동으로 더 이상의 사전 편찬 작업은 이뤄지지 않았다. 만약 집필 작업이 완료되었다면 이승만의 영한사전은 대략 3천여 페이지에 3만 개 이상의 표제어를 담았을 것으로 추정된다.[15]

이 같은 크기의 어휘 수는 일상적으로 사용되는 소위 기본 영어 단어(core vocabulary)의 개수 2,000~4,000개를 훨씬 초과하는 것이다.[16] 1890년에 발행되어 우리나라 최초의 영한사전으로 알려진 언더우드(Horace G. Underwood) 목사의 영한사전은 주로 일상어를 중심으로 구성된 휴대용의 소사전이었다. 언더우드 영한사전이 총 6,702개의 단어를 포함하고 있다는 점에 비추어 이승만의 영한사전은 소사전의 규모를 뛰어넘는 것이다. 따라서 이승만의 영한사전은 선교 활동에 필요한 일상적 영어 단어들로 구성된 외국인 선교사들의 사전과 달리 본격적인 영어 학습을 목적으로 하는 일반인들을 대상으로 집필된 것임을 알 수 있다.

표제어들의 선택에 있어서도 이승만의 영한사전은 독특한 특징을 보여준다. 이승만이 기존의 사전을 기초로 일정한 기준에 의해 기계적으로 표제어를 선택했다면, 이승만의 영한사전 표제어 구성은 일견 이해하기 힘들

14 유영익(2002)은 사전의 표제어 숫자를 총 8,233개로 밝힘.

15 이러한 추정치는 9만 5천~10만 개의 표제어로 구성된 영한사전 2권(넥서스 영한사전, 엣센스 영한사전)을 참고하여 투사적으로 계량한 결과다.

16 여기에서 말하는 기본 영어 단어란 외국어로서의 영어(EFL, English as a Foreign Language) 환경에서 영어 학습자에게 필요한 기본 수준의 낱말 갯수를 가리키는 것이다(신명신 1996, 장경숙 2007).

수 있다. 예를 들어, 어휘 수준별 기준에 따른 표제어 선택이 사용되었다면 'answer – ant – antagonism – antarctic – antecedent – antenna – anterior'와 같은 단어들이 포함되었을텐데, 실제 이승만의 영한사전에는 'answer – ant – antagonist – antarctic – antecedent – antedate – antediluvian – antelope – antemeridian – anterior'와 같은 단어들이 포함되어 있다.[17] 기본 어휘가 아님에도 사전에 포함된 antedate, antediluvian, antelope, 그리고 antemeridian과 같은 단어들은 실제 원어민의 영문(英文)에서 흔히 사용되거나, 텍스트의 장르에 따라 출현 빈도수가 높을 개연성이 있는 단어들이다. 다시 말해서 antemeridian은 a.m.이라는 단축 표현으로 영문잡지나 사적인 글에서 자주 사용되며, 역사나 종교에 관한 텍스트에서 antecede나 antediluvian은 매우 빈번하게 발견되는 단어들이다. 이승만은 옥중에서 엄청난 양의 독서를 하였다고 전해지는데, 이승만의 『옥중잡기』와 '감옥서 도서 대출부'를 통해 드러난 그의 독서 목록에는 국한문의 서적들뿐만 아니라, 영문으로 된 다양한 종류의 책, 신문, 잡지들이 포함되어 있다. 이승만은 우선 기독교 서적을 탐독하였고, 역사 서적과 시사 관련 서적, 문학 서적 및 산학(算學)과 같은 옥중학당 교재용 책 등을 읽었으며, 특히 당시 국내외 정황을 파악하기 위해 이승만은 영국과 일본, 중국 등에서 발간되던 주요 신문과 잡지 등 정기간행물들을 애독하였다. 따라서 상기 단어들이 일반적인 영어 학습자의 기준에서는 기본 어휘에 해당되지 않지만, 폭넓은 주제들에 관해 다수의 책을 읽은 사람에게는 익숙한 단어로 간주될 수 있을 것이다. 결론적으로 이승만은 기존의 사전을 일부 참고했을 수 있으나 그와 더불어 자신의 해박한 독서

17 수준별 어휘 목록은 넥서스 영한사전과 엣센스 영한사전 참고.

경험에 기초하여 표제어들을 선택하였을 것으로 추정된다.[18]

2. 표제어 표시

이승만 영한사전에서 표제어들은 보통의 사전들과 마찬가지로 알파벳 순서로 정렬되어 있으며, 표제어가 속한 품사가 표시되어 있다. 이 외에 이승만의 영한사전에는 다음과 같은 몇가지 특징이 보인다.

첫째, 표제어의 첫 철자는 Break, Degree, Engender 등과 같이 모두 대문자로 표기되어 있다. 이러한 표제어 표기 방식은 현재의 사전들에서 사용되는 표기 방식과 다르지만 언더우드, 스캇(James Scott), 게일 등 19세기 말 외국인들에 의해 만들어진 영한사전들에 공통적으로 쓰인 표기 방식이었다.[19] 따라서 이승만 역시 당시의 사전 편찬 관행을 참고하였다고 볼 수 있다.

둘째, 다음 3절의 '발음표시' 부분에서 상술된 바와 같이, 표제어의 발음과 강세가 각 괄호나 사선(斜線) 부호를 통해 별도로 표시되어 있지 않다. 이것 또한 당대의 다른 영한사전의 모습과 유사하지만, 그것들과는 다르게

---

18 이승만은 한성 감옥에 투옥 중 미국인 선교사 에디(Sherwood Eddy)와 애비슨(Oliver R. Avison), 아펜젤러(Henry G. Appenzeller) 등을 통해 성경과 영어 사전을 요청하여 받았던 것으로 알려져 있다. 옥중 동지 신흥우(申興雨)에 따르면, 이승만이 화영사전(和英사전, 즉 日英사전)을 가지고 있었다고 하는데 미국 선교사를 통해 받은 사전이 바로 이 화영사전이었던 것으로 보인다(전택부 1971). 화영사전 외에도 미국 선교사들로부터 받은 영어 사전은 웹스터 영어사전(Webster's English Dictionary)도 포함되어 있었다고 한다.

19 조남호(2016)에서 알 수 있듯이, 대문자로 시작하는 표제어 표기 방식은 영한사전뿐 아니라 당시 외국인들에 의해 발간된 다양한 종류의 대역사전(佛韓사전, 露韓사전, 羅韓사전 등)에서 통용되었다.

이승만은 표제어의 철자에 다양한 특수 부호를 덧붙여 발음을 나타내고 강세 역시 표제어에 직접 표시하였다. 로마자 알파벳의 대표적 발음과 특수부호들의 쓰임새에 관한 상세한 설명이 무려 9페이지에 걸쳐 주어져 있어서 표제어 발음에 큰 도움을 주고 있다. 사전의 'Supplementary note for Pronunciation(發音附式)'에서 밝힌 바와 같이, 이승만은 한국어와 영어의 상이한 음소(phoneme, 音素) 구조는 물론 조선인이 영어 단어를 올바르게 발음하는 것이 어렵다는 점을 인식하고 있었다. 하지만 배재학당 졸업식에서 훌륭한 영어연설을 할 수 있었을 정도로 이승만은 외국인으로서 구어체 영어의 습득에 필요한 경험과 방법론을 갖고 있었고, 이것들이 기존의 사전들과는 다르게 특수 부호를 통한 자세한 발음 정보 제공의 바탕이 되었다고 볼 수 있다.

셋째, 이승만은 표제어에 하이픈(hyphen)을 사용하고 있는데, 이는 표제어의 형태론적(形態論的) 구조를 나타내고 있는 것으로 보인다. 현재의 영한사전들에서는 표제어의 음운론적(音韻論的) 구조, 즉 음절(音節, syllable) 경계를 표시해주는 것이 일반적인 경향이고, 당시의 영한사전들에서는 표제어에 어떠한 유형의 구조가 표시되지 않았다. 예를 들어, 'admit'라는 단어에 대해 현재 영한사전에서는 'ad·mit'와 같이 작은 점을 사용하여 음절 경계를 표시하고 있는 반면, 언더우드의 사전에서는 'Admit'처럼 음절 경계와 같은 구조 표시가 없다. 반면에 이승만의 영한사전에서는 'Ad-mit'로 표기되어 있다.

일견 이승만의 영한사전에 쓰인 하이픈이 음절 경계를 표시해주는 것으로 보이나, 다른 단어들을 보면 그렇지 않다는 것을 알 수 있다. 가령, 'ability'와 같은 단어는 4음절로 구성된 낱말이며 음절 경계로 표시하면 'a·bil·i·ty'와 같다. 하지만 이승만의 영한사전에서 해당어는 'a-bili-ty'로 주어져 있다. 이는 명확히 하이픈이 음절 경계를 표시해주는 부호가 아니었음을 보여준다. 'a-bili-ty'와 같은 구조 분석은 [[able]+[-ty]]처럼 형용사 able과 접미사 -ty로 우선 낱말을 나누고 구성 성분인 형용사 자체를 세부적으로 분석한 결과로 볼 수 있다. 실제 형용사 able은 라틴어의 habilis 또는 -abilis에서 유래된 것으로 둘 다 habēre(to have)라는 동사에서 파생된 낱말들이다.[20] 특히 접미사로 쓰이는 -abilis는 동사의 어간 모음(stem vowel) a와 분사형 유래 형용사 -bilis(capable or worthy of)로 구성된 낱말이다.[21] 위와 같은 어원과 형태론적 분석에 따르면 ability가 3개의 형태소(形態素, morpheme)로 이뤄진 것임을 알 수 있으며, 이승만은 하이픈을 사용하여 이런 정보를 표제어에 표시한 것으로 볼 수 있다.

따라서 앞서 언급된 낱말 'admit'이 'Ad-mit'로 표시된 것은 음운론적 구조가 아니라 라틴어 유래의 형태론적 구조, 즉 접두사 ad-와 동사 mittere(to send)가 합쳐진 결과를 보여주는 것이다. 이승만의 사전에서 하이픈의 사용은 외래어 기원의 어원론적 정보를 표시하는 데 국한되지 않고, 영어발달사적 어휘 형성 과정도 표현해 주고 있다. 흔히 서술적(敍述的) 위치에 한정되어 쓰이는 일부 형용사들, 예를 들어 afloat나 alive와 같은 형용사에서도 하이픈이 쓰였는데(A-float, A-live), 이는 해당 형용사들이 고대영어에서 전치사구 'on flot', 'on līf'에서 유래되었다는 사실을 보여주고 있다고 추정된다.[22]

위와 같은 어원론적 또는 영어발달사적 정보가 모든 표제어에 명백하게 표시된 것은 아니지만, 이승만이 사전에서 사용한 하이픈은 표제어의 형태

---

20 모음 위에 표시된 짧은 선은 매크론(macron)으로 불리며 해당 모음이 장모음(長母音)임을 나타낸다.

21 Merriam-Webster 사전 참고.

22 영어의 발생학적 연관 언어들(즉, 인도유럽어족)과 영어의 변천사에 대해서는 Algeo(2010)와 동일 저서 참고문헌 참조.

론적 특징을 보여주기 위한 장치임은 분명해 보인다. 이러한 형태론적 구조는 현재의 일반적 영한사전에서조차 표시되지 않을 뿐 아니라, 영어의 발달 과정에 대한 해박한 지식이 없이는 제공하기 어려울 것이다. 따라서 표제어의 형태론적 구조 표시는 이승만의 어학에 대한 해박한 지식과 통찰력이 남달랐음을 증명하는 예시라고 볼 수 있다.

3. 발음표시

현재 대부분의 사전에서는 표제어 옆에 국제음성기호(International Phonetic Alphabet, IPA)를 사용하여 그 발음을 병기하고 있으나, IPA가 보편적으로 사용되지 않았던 때에 만들어진 이승만의 영한사전은 별도의 음성기호를 사용하는 대신 표제 단어의 철자에 다양한 종류의 특수 부호를 덧붙여 발음을 표시하였다.[23]

이승만은 사전의 첫머리 부분에 'Key to the Pronunciation(發音ᄒᆞᄂᆞᆫ式)'과 'Supplementary note for Pronunciation(發音附式)'을 통해 표제어 발음 방식을 안내하고 있다. '발음하는 식'과 '발음부식'은 각각 6페이지와 3페이지에 이르는데, 여기에 영어철자의 대표적 발음과 특수 부호의 사용에 대한 상세한 설명이 주어져 있다. 몇 가지 예를 들면 다음과 같다.

우선 자음을 보면, 주어진 단어에서 해당 철자가 그것의 대표 발음으로 읽히는 경우 별도의 특수 부호는 사용되지 않았다. 가령, n이 [n]으로 발음되거나 ng가 [ŋ]으로 발음되는 경우에는 특수 부호가 쓰이지 않았지만,

---

23 1886년에 프랑스의 언어학자 폴 파시(Paul Passy)를 중심으로 한 일련의 프랑스어와 영어 교사들이 국제 음성 협회를 조직하면서 오늘날 국제 음성 기호라고 부르는 이 기호 체계를 개발하기 시작했다. 단체가 설립되고 나서 2년 후 국제 음성 협회는 국제 음성 기호의 첫 공식 판을 발간했으며, 이후 다양한 수정을 거쳐 현재까지 사용되고 있다.

uncle의 n이 뒤따르는 연구개음 [k]의 영향을 받아 연구개비음 [ŋ]으로 발음되는 경우에는 n 아래에 밑줄을 그어 비전형적 발음임을 표시하였다. 밑줄 부호는 'auxiliary'와 같이 하나의 철자가 연속된 두 개의 자음([gz])으로 발음되는 경우처럼 발음상 유의할 경우에도 사용되었다. 철자 c의 경우에는 [k]를 대표 발음으로 간주하고, [s]로 발음되는 경우(mercy) 또는[ʃ]로 발음되는 경우(chaise)에는 불어의 시딜러(cedilla, ç)와 유사한 부호를 c 아래에 붙여 비전형적 발음을 표시하였다.[24] 자음과 함께 사용된 또 다른 특수부호로 한글 모음 '오'가 있는데, 이는 무성마찰음이 유성음으로 발음되는 경우(has [hæz]) 해당 자음 밑에 'ㅗ'를 써넣는 방식으로 사용되었다.

모음의 경우에는 단일모음(monophthong)과 이중모음(diphthong)을 구분하여 기술하고 있는데, 이승만은 장음부호(macron), acute accent(揚音악센트 á), circumflex accent(곡절악센트 또는 상승성조 ǎ), grave accent(抑音악센트, 저악센트 à), 하강성조(â), 움라우트기호(ü), 또는 단일점 부호(·) 등을 사용하여 매우 정교하게 모음 발음을 표시하였다. 모음 a를 예로 들면 다음과 같다. ā는 fate와 같이 이중모음을 표시하고,[25] â는 share에서와 같이 전설중위모음과 소위 schwa로 불리는 중설중위모음의 연결체(=[ɛə])를 나타내고, ă는 add와 같이 전설저위모음(=[æ])을 표시하고, ä는 far와 같이 길게 발음되는 후설저위모음(=[a])을 표시하고, ȧ는 ä와 동일하게 발음되나 단모음을 나타낸다. 나아가, 움라우트 기호와 단일점 부호를 모음의 아래쪽에 표시하여 모음 a가 후설중위이완모음(back mid lax vowel) [ɔ] 또는 schwa [ə]로 발음됨을 나타냈다(all, wander).

---

24 이중자(二重字, digraph) ch가 무성파찰음 [ʧ]으로 발음되는 경우(child)는 대표 발음으로 간주하여 특수 부호가 사용되지 않았다.

25 종종 장음부호는 장모음을 표시하는 데 쓰이기도 했다.

위와 같이 이승만은 강세와 함께 대부분 영어 철자의 대표적 발음과 어느 정도 일반화가 가능한 비대표적 발음을 특수 부호를 사용하여 표제어에 직접 표시했는데, 'busy'와 같이 일반화조차 힘든 매우 특수한 경우에는 표제어 옆의 괄호 속에 그 발음을 별도로 표시하였다(Busy (bizy).a.) 이처럼 상세한 표제어 발음 표시는 당시 외국인 선교사들에 의해 만들어진 영한사전에서는 찾아볼 수 없으며, 이승만은 'Key to the Pronunciation(發音ᄒᆞᄂᆞᆫ式)'과 'Supplementary note for Pronunciation(發音附式)'에서 각각의 영어 발음에 상응하는 한글 문자를 제공함과 함께 발음하는 방법에 대해서도 자세히 기술하고 있다. 영어 발음에 대한 이 같은 명확한 표시는 이승만이 올바른 영어 발음을 매우 중시했음을 반증한다. 그리고 이러한 작업이 가능했던 것은 영어와 우리말 간의 음운 구조와 발음 방식에 큰 차이가 있다는 인식과, 배재학당에서의 수학 시절부터 구어체 영어에 능통한 이승만의 경험에서 비롯되었다고 볼 수 있다.

4. 표제어 정의

이승만의 영한사전에서 표제어 정의 부분은 당시에 발간된 영한사전에서 보이지 않은 다수의 특징을 보이고 있다.

우선, 표제어 정의에 앞서 필요한 경우 '法'(법률학), '哲'(철학), '神'(귀신학)과 같이 낱말의 주된 사용 분야를 밝혀 두었다. 이것은 현재의 일반 영한사전의 관례와 동일한데, 이승만의 영한사전에 마련된 42개의 사용 분야에는 '라틴어'와 '불어'와 같은 어원 또는 차용어와 연관된 언어학적 항목도 포함되어 있다. 언어학적 항목이 실제 사전의 표제어들에서는 밝혀져 있지 않지만, 앞서 언급한 바와 같이 최소한 이승만이 영어 어휘 형성에 라틴어와 불어가 지대한 영향을 미쳤다는 사실을 알고 있었고 집필을 시작할 당시에는 이 같은 어학적 사실도 기술하고자 했던 것으로 보인다.

둘째, 동사나 명사의 불규칙한 굴절형(inflected form)은 별도의 표제어로 분류해 놓고 있다. 가령, 동사 break의 과거시제 형태인 broke를 별도의 표제어로 나타내면서, 그것을 'break의 지나간 말'로 표현하고 있다. 사전 첫머리의 '약자표'에는 p.p(past participle)로 '과거분사'라는 용어가 소개되고 있으나, 본문에서는 표제어들이 뜻풀이에서와 마찬가지로 쉬운 우리말로 풀어쓰고 있다.

셋째, 이승만 영한사전에서 표제어는 품사 표시에 이어 먼저 한자 정의가 주어지고 한글 뜻풀이가 뒤따르고 있다. 예를 들어, doctor의 경우, '博士, 學士, 醫師, 박사, 학사, 의원 or 의사'로 뜻풀이가 되어 있다. 언더우드나 게일이 만든 한영사전과 존스(George Jones)가 만든 영한사전에서 한자 정의가 주어져 있으나, 이것은 한자병용 한글(Sino-Korean) 낱말에 대해 제한적으로 사용되었다(송은하 2010; 조남호 2016 참조). 반면에, 이승만은 모든 표제어에 한자 정의를 제공하고 있다. 이처럼 한자 정의와 한글 뜻풀이가 병기된 것은 당시까지만 해도 상당수의 일반 대중은 물론 대다수 지식인이 한문 교육을 받았던 상황을 고려할 때, 사전의 사용자층을 확대할 수 있는 효과적인 방법으로 여겨지고, 그러한 병기가 가능했던 것은 이승만 자신이 해박한 한학 지식을 소유했기 때문에 가능했을 것이다.[26]

26 송은하 · 정영국(2014)은 영한사전에서 영어 표제어에 대한 우리말 대응어의 적절성에 대해 논의하고 있다. 결론적으로 그들은 현재 영한사전들에서 발견되는 부적절한 우리말 대응어의 기원은 19세기 말 개화기 영한사전이 아니라, 해방 이후 편찬된 영한사전들에 있다고 주장한다. 해당 논문에서 이승만의 영한사전은 언급되지 않았으나, 그들이 살펴본 apology나 cause, commune과 같은 낱말의 뜻을 살펴볼 때 이승만은 매우 적확한 우리말 대응어를 제공했음을 알 수 있다. 다만 대응어의 적절성은 낱말의 사용 맥락의 빈도수와 밀접한 관계가 있는 주제이기 때문에, 본 해제는 이에 관한 논의는 포함하지 않았다.

넷째, 이승만은 표제어 정의를 일반 대중이 충분히 이해할 수 있도록 노력했다. 예를 들면, 상기의 doctor에 '博士, 學士, 醫師, 박사, 학사, 의원 or 의사'와 같은 축약적(縮約的)인 뜻풀이 밑에 '대학교에서 졸업한 학문으로 세상에 쓸 만치 되었다는 증서 받은 자'라는 부연 설명이 괄호 속에 표기되어 있다. 이러한 풀어쓰기식의 설명은 이승만이 단순히 '박사'나 '학사'와 같은 용어에 익숙한 일부 식자층이 아닌 일반 대중을 염두에 두고 영한사전을 집필하였음을 보여주는 것이다. 유사하게, chloroform을 '무색휘발성 액체, 마취약'과 같이 전문용어로 정의하는 대신, 일반인들이 쉽게 이해할 수 있도록 일상 용어를 사용하여 '병을 고칠 때 정신을 잃게 하는 약'으로 풀이하고 있다.[27] 또한 dumbness를 '벙어리됨, 아무 말도 아니함, 잠자코 있음'과 같이 풀이하여, 한자어가 자주 사용되는 현대 영한사전에서의 정의 '벙어리임, 무언, 침묵'과 대비된다.[28] 이러한 한글 뜻풀이는 일반 대중을 위한 해독성을 높이는 효과는 물론, 19세기 말~20세기 초 우리말의 모습과 함께, 영어와 우리말 간의 개념화에 나타나는 유사성과 차이점들도 살펴볼 수 있어서 어학적, 문화·사회적 가치를 갖는다고 볼 수 있다.

마지막으로, 다의어(多意語)의 경우 표제어의 정의들은 대표적인 것을 가장 앞에 두고, 기타의 정의들은 의미의 주변성 또는 사용 빈도수에 따라 차례대로 배열하였다. 이는 현대 영한사전의 관례와 동일하나, 이승만의 사

---

27 한문에도 능통한 이승만이었으나, 다음 1904년에 집필한 『독립정신』의 서문에 나타난 바와 같이 일반 대중을 상대로 쓴 글들에서는 자신의 해박한 지식을 드러내기보다 교육과 계몽을 우선으로 하였음을 알 수 있다(이승만 2019, p. 18). "지명과 인명을 많이 쓰지 않고 항상 쓰는 쉬운 말로 길게 늘여 설명한 것은 고담소설 같이 읽기 쉽게 만들려는 것이며, 오로지 국문으로만 기록한 것은 전국의 수많은 인민이 보기 쉽게 만들려는 것이며, 특별히 백성 쪽을 향하여 많이 의론한 것은 대한의 장래가 전적으로 아래 인민들에게 달려 있기 때문이다."

28 엣센스 영한사전 참고.

전에서는 특이하게도 숙어적 또는 관용적 표현에서 나타나는 의미도 종종 표제어의 정의에 포함되어 있다. 예를 들어, eye의 정의에 '앞, 전면'의 뜻이 포함되어 있는데, 이러한 뜻은 in the eye of the wind (바람을 정면으로 향하여, 방해를 무릅쓰고)와 같은 숙어에서 얻을 수 있는 것이다. 유사하게, face의 정의에도 lose one's face와 같은 숙어적 표현에서 나타날 수 있는 의미인 '염치없음'이 포함되어 있다. 기본적이고 일상적인 낱말들은 흔히 다양한 숙어적 표현으로 쓰일 수 있고, eye나 face 역시 그러하다. 실제 이승만의 영한사전에서도 두 낱말에 약간의 숙어적 표현들이 소개되어 있다. 따라서 이승만은 현재 통상적으로 숙어적 표현으로 얻어진다고 간주하는 의미들 중 일부를 표제어의 대표적 의미로부터 파생되어 나오는 것으로 분석한 것으로 보인다. 이 같은 분석은 다의어 자체의 의미적 연관성을 파악하는 데 있어서 보다 유연한 어휘의미론을 시사함과 함께, 현대 언어학에서도 숙어성(idiomaticity) 판단에 다양한 기준과 의견이 있다는 점에서 어느 정도 예상할 수 있다고 볼 수 있다.[29]

Ⅳ. 결론

한국 근현대사상 주도적 역할을 했던 인물들 가운데 이승만은 핵심적 인물이었다. 해방 전에는 문필가이자 언론인으로, 그리고 정치인으로서 이승만은 정치·사회적 개혁을 주장하고, 다양한 대중 계몽과 국내외에서 구국

---

29 영어표현의 숙어성(idiomaticity)에 관한 표준적 이론과 대체 이론들에 관해서는 Nunberg, Sag, and Wasow(1994)와 Espinal and Mateu(2010) 및 해당 논문에 기술된 눈헌들 참고.

활동을 하였다. 1948년 이후에는 초대 대통령으로서 해방된 신생 대한민국의 발전과 번영을 위한 다양한 활동을 했다. 하지만 정치적·이념적 이유들로 인하여, 이승만에 대한 일관된 사회적 평가나 학계의 연구가 부재한 상태이다. 다행히 최근 한국 근현대사의 올바른 이해를 위해 이승만에 관한 본격적인 연구의 필요성이 대두되었다. 본 영한사전의 해제는 그와 같은 연구 작업의 단편으로 볼 수 있을 것이다.

이승만은 고종 폐위와 혁신 내각 구성 시도와 연관되어 체포되어 수감되었는데, 이때 그의 나이 25세였다. 젊은 이승만의 정치 활동은 당시 세계 질서의 변화를 자각하고, 조선의 정치적·사회적 변혁이 절박하다는 인식에 기초하였다. 그러한 목적을 성취하기 위해 이승만은 신학문을 적극적으로 수용하였고, 옥중에서 그는 '옥중학당'을 설립하여 동료 죄수를 가르치는 등 신학문을 일반 대중에게 전파하려는 시도를 시작하였다. 이승만은 신학문을 습득함에 있어 영어의 중요성을 잘 알고 있었고, 영어 교육의 일환으로 옥중에서 영한사전의 편찬 작업에 착수하였다.

신학문 학습의 도구로서의 영어 습득이라는 명확한 목표하에 집필된 이승만의 영한사전은 당연히 당시 외국인 목사나 선교사, 또는 외교관 등에 의해 만들어졌던 영한사전과는 확연하게 다른 특징들을 보이고 있다. 무엇보다도 그는 일부 식자(識者)만이 아니라 일반 대중을 사전의 사용자층으로 삼아 집필하였다. 그에 따라 표제어의 정의가 한자와 축약적 한글 정의 및 필요한 경우 자세한 풀어쓰기식 한글 설명으로 주어져 있어 일반인의 이해를 쉽게 하였다. 또한, 이승만은 영어 단어의 정확한 발음을 표시하기 위해 각별한 노력을 기울였다. 이 역시 기존의 영한사전들과는 매우 다른 특징으로서, 이것은 그가 영미인과의 효율적인 의사소통을 위해 발음이 중요하다는 자신의 경험과 배움에서 비롯된 것이다. 이 외에도 이승만은 표제어에 형태론적(形態論的) 구조를 표시하고, 다의어(多義語)의 뜻풀이에 있어

자신만의 독특한 방식을 사용하기도 했다.

결론적으로, 이승만의 영한사전은 영어의 쓰임새에 대한 순수한 교육철학적 관점에서 집필이 시작되었으며, 사전의 구성과 내용은 자신의 해박한 지식과 언어적 통찰력을 반영하면서도 최대한 사전 사용자의 이해력을 고양시키도록 기술되었다. 이러한 사전의 개괄적 특징 외에도, 이승만은 영어 표제어에 대해 적확한 우리말 대응어를 제공하였고, 축약적인 한자와 한글 정의와 함께 필요한 경우 한글로 풀어쓰기식의 상세한 뜻풀이를 제공하였다. 따라서, 이승만의 영한사전은 우리나라의 영한사전 편찬사에서도 독특한 지위를 가질 뿐만 아니라, 어학 및 사회·문화적 측면에서도 충분한 연구 가치를 지닌 자료로 볼 수 있다. 본 해제가 그러한 연구의 출발점이 되기를 기대하고, 그 결과들은 다양한 각도에서 이승만의 사상과 행적에 대한 온전한 연구와 평가를 위한 초석(礎石) 중 하나가 될 것으로 확신한다.

■ 참고문헌

강준만. 『한국인과 영어: 한국인은 왜 영어를 숭배하는가』. 서울: 인물과사상사, 2014.

국사편찬위원회 편. 『한국사 40: 청일전쟁과 갑오개혁』. 과천: 국사편찬위원회, 2000.

김영철. 『영어, 조선을 깨우다 2』. 서울: 일리, 2011.

서정민. "구한말 이승만의 활동과 기독교(1885~1904)." 『한국기독교사연구』 18 (1988).

송은하. "영한사전의 역사와 시대별 영한사전의 특징." 『한국사전학』 22(2013), 127-159.

송은하·정영국. "영한사전 대응어 오류의 역사적 고찰." 『한국사전학』 23(2014), 130-152.

신명신. "영어 기본 어휘 목록 제안." 『영어교육』 51(1996), 151-175.

원영희·최정태 편. 『뭉치면 살고···: 언론인 이승만의 글모음(1898~1944)』. 서울: 조선일보사, 1995.

유영익. 『젊은 날의 이승만: 한성감옥생활(1899-1904)과 옥중잡기연구』 서울: 연세대학교 출판부, 2002.

이덕주·장규식. "이승만의 기독교 신앙과 국가건설론: 기독교 개종 후 종교활동을 중심으로(1899~1913)." 『한국기독교와 역사』 30(2009), 35-90.

이상현. "언더우드 이중어사전 간행과 한국어의 재편과정." 『東方學志』 151(2010), 223-278.

이승만. 『독립정신』. 서울: 연세대학교 대학출판문화원, 2019.

이준환. “개화기 및 일제 강점기 영한사전의 미시 구조와 국어 어휘 및 번역어 고찰: 공통 표제어 대응 어휘를 중심으로.” 『대동문화연구』 80(2012), 401-444.

장경숙. “영어과 개정교육과정의 기본 어휘 목록.” 『영어교육』 62(2007), 331-353.

전택부. 『人間 申興雨』. 서울: 대한기독교서회, 1971.

조남호. “서양인 편찬의 개화기 대역사전에 대한 종합적 검토: 어휘연구 자료의 관점에서.” 『국어사연구』 22(2016), 47-80.

한철호. 『親美開化派硏究』. 서울: 국학자료원, 1998.

Algeo, John. *The Origins and Development of the English Language* (6th edition). Wadsworth, Cengage Learning, 2010.

Espinal, Teresa and Jaume Mateu. “On classes of idioms and their interpretation,” *Journal of Pragmatics* 42(2010), 1397-1411.

Nunberg, Geoffrey, Ivan A. Sag, and Thomas Wasow. “Idioms,” *Language* 70(1994), 491-538.

Oliver, Robert T. ed. “Autobio Rhee, 1912” [1912년 이전 이승만 자서전 자료 채록(採錄)]. 올리버 수집(蒐集)·이정식 소장(所藏) 문서.

The Korean Repository. 1892, 1895~1898. Reprinted 5 Vols. New York: Paragon Book Reprint Corp, 1964.

넥서스 영한사전. 도서출판 넥서스. 2008.

엣센스 영한사전(6판). 민중서림. 1995.

Merriam-Webster's Collegiate Dictionary. 11th Edition. 2020.

해제자

박홍근(朴弘根, Hong-Keun Park)

연세대학교 영어영문학과 강사
남가주대학(로스엔젤레스 소재) 언어학과 박사
연세대학교 영어영문학과 BK21 사업단의 연구교수 역임
가천대학교와 이화여자대학교 등 다수 대학(원)에서 언어학 과목 강의

주요 논문
"Epenthesis in Polish," *Formal Approaches to Slavic Linguistics* 4 (1995)
"On Selo," *Japanese/Korean Linguistics* 8 (1998)
"Control Constructions in Korean Revisited." 『생성문법연구』 (2012)
"On Tough Constructions." 『언어사실과 관점』 (2019) 등
음운론과 통사론 관련 논문 다수.